Politik
IM FOKUS

Herausgegeben von
Wilhelm Gleichsner

Erarbeitet von
Wilhelm Gleichsner
Karin Herzig
Holger Keilwerth
Otto Schmidt
Marc Susemihl

Schöningh

Westermann Schroedel Diesterweg Schöningh Winklers GmbH
Braunschweig, Paderborn, Darmstadt

www.schoeningh-schulbuch.de
Schöningh Verlag, Jühenplatz 1–3, 33098 Paderborn

Druck A 5 4 3 2 / Jahr 2019 18 17 16
Alle Drucke der Serie A sind im Unterricht parallel verwendbar.
Die letzte Zahl bezeichnet das Jahr dieses Druckes.

Umschlaggestaltung: Nora Krull, Bielefeld
Umschlagfotos: Stefan Boness/Ipon (U1), picture alliance/Ingo Wagner (U4)
Druck und Bindung: westermann druck GmbH, Braunschweig

ISBN 978-3-14-035975-7

Vorwort

Politik im Fokus ist ausgerichtet an den Erfordernissen modernen Unterrichtens und soll die Leser dazu befähigen, Kompetenzen aufzubauen und diese weiterzuentwickeln. **Politik im Fokus** greift die politischen, ökonomischen und gesellschaftlichen Themen und die Herausforderungen des 21. Jahrhunderts auf und stellt sie didaktisch aufbereitet zur Bearbeitung und Diskussion.

Das durchgängige Farbkonzept erleichtert die rasche Orientierung. Zudem ist jedes Kapitel nach demselben Muster aufgebaut, was die Nutzung des Buches leicht verständlich und nachvollziehbar macht.

Jedes Großkapitel beginnt mit einer Auftakt-Doppelseite, die durch Bild- und Textimpulse die wesentlichen Inhalte des Kapitels umreißt und zu einer ersten gedanklichen Auseinandersetzung mit der Thematik anregt. Die klare Kompetenzbeschreibung auf dieser Doppelseite ist angelehnt an die Vorgaben der Lehr- und Bildungspläne und vermittelt eine klare Vorstellung der anzustrebenden Kompetenzen. Geeignete Methoden zur konkreten Umsetzung der Ziele finden sich gebündelt am Ende des Buches und können flexibel eingesetzt werden. Exkurse in einzelnen Kapiteln geben zusätzliche Anregungen, auch einmal einen Blick „über den Tellerrand“ hinaus zu wagen.

Die Aufgaben zu den einzelnen Materialien sind direkt neben den entsprechenden Materialien angeordnet und haben einen klaren Bezug zu den Texten und Schaubildern. Schwierigkeitsgrad und Umfang der Aufgaben lassen sich aus den verwendeten Operatoren ableiten. Jedes einzelne Material bietet dadurch die Möglichkeit, unterschiedliche Anspruchsniveaus abzudecken. Sie können somit zur häuslichen Bearbeitung ebenso eingesetzt werden wie zur gezielten Prüfungsvorbereitung. Die verwendeten Operatoren werden am Ende des Buches in einem gesonderten Katalog dargestellt und erläutert. Dies schafft Transparenz und Klarheit hinsichtlich der Arbeitsanweisungen und ermöglicht es, sich umfassend auf Prüfungen bis hin zum Abitur vorzubereiten und entsprechende Anforderungen mit den einzelnen Operatoren zu verbinden.

Abgeschlossen werden die Kapitel durch Wissensseiten („Auf den Punkt gebracht“), die das Gelernte kompakt zusammenfassen und einen nachhaltigen Wissenserwerb ermöglichen. Mit den sich anschließenden Trainingsseiten kann eigenständig geübt werden, etwa zur Vorbereitung auf Schulaufgaben und Klausuren.

Politik im Fokus bietet Schülern wie Lehrern ein modernes und aktuelles Arbeitsbuch, das die aktuellen Themen und Herausforderungen herausgreift und zur konstruktiven und kritischen Auseinandersetzung einlädt. **Politik im Fokus** ist von Praktikern konzipiert. Es hat die tägliche Unterrichtspraxis im Blick und ist gezielt schülerorientiert.

Das Autorenteam wünscht Ihnen viel Spaß bei der Arbeit mit diesem Buch!

INHALT

Sozialstruktur und Sozialstaatlichkeit im Wandel

1. Sozialer Wandel

Sozialstruktur

Politik ist, einfach gesagt, die Gestaltung der Wirklichkeit. Somit beginnt alle Politik bei der Wirklichkeit und alle Sozialpolitik bei der gesellschaftlichen Wirklichkeit. Was aber ist die Gesellschaft und wie verändert sie sich? Lassen sich beispielsweise Entwicklungslinien vorhersagen, die auf neue Herausforderungen hinweisen? Die Beschreibung und Analyse der gesellschaftlichen Situation, aber insbesondere auch des sozialen Wandels, ist also für die politischen Entscheidungen in Deutschland maßgeblich.

Ehe und Familie

Die private Entscheidung der Menschen, ob und wie sie das Zusammenleben mit einem Partner organisieren wollen und ob sie Kinder in die Welt setzen wollen, hat erheblichen Einfluss auf die Gestaltungsanforderungen der Politik hinsichtlich der Gesundheitsversorgung und vor allem der Pflege im Alter und in Notsituationen. Es besteht hier durchaus eine Wechselwirkung, da die Abnahme sozialer Bindungen und somit gegenseitiger Verantwortung im privaten Bereich zu einem stärkeren Einsatz institutioneller Versorgung führt.

Demografische Alterung

Besonders verstärkt wird diese Fragestellung durch die Entwicklung der demografischen Alterung. Ein Blick auf die Veränderungen der Sozialstruktur und der Bevölkerungspyramide zwingt zu Überlegungen, wie wir die Herausforderungen einer Gesellschaft, in der Ältere stärker zunehmen als Kinder und Jugendliche, bewältigen können. Müssen wir uns zwischen Altersarmut und dem Kind als Armutsrisiko entscheiden oder finden wir eine andere Form der gesellschaftlichen Solidarität?

Wertewandel und Individualisierung

Beispielsweise nehmen momentan die sozialen Bindungen ab, weil sie einen geringeren Nutzen für den Einzelnen versprechen. Aber was bedeutet „uns" überhaupt noch etwas? Es wird hier angedeutet, was im folgenden Kapitel noch offensichtlicher zu Tage tritt: dass politische Entscheidungen maßgeblich auf der Analyse und der Bewertung der gesellschaftlichen Situation beruhen. Auch wenn es darum geht, Jugendliche auf ihr zukünftiges Leben vorzubereiten, ist es notwendig, den soziokulturellen Wandel in unserer Gesellschaft im Auge zu behalten.

Bedeutung sozialen Wandels

Dieser hat sich in den letzten Jahren beschleunigt und verändert tief gehend Struktur und Kultur des Alltags. Aber nur wer versteht, was Menschen bewegt, wird diese auch bewegen können zu tun, was eine erfolgreiche Bewältigung der Zukunftsaufgaben bewirkt. Hier fallen viele Aspekte zusammen: Dadurch, dass klassische Familienstrukturen erodieren, müssen sich Jugendliche immer stärker in Eigenregie sozialisieren; gleichzeitig ist es schwieriger geworden, sich von den eigenen Eltern abzugrenzen.

Persönlicher Bezug

Es ist also nicht nur hilfreich für die Politik, sich über gesellschaftliche Veränderungen zu informieren, sondern es hilft jedem Einzelnen, die gesellschaftliche Situation zu verstehen und kommende Änderungen zu antizipieren. Ihnen als Jugendlichen fällt es unter Umständen leichter, für Sie passende Entscheidungen zu treffen, wenn Sie einen Blick auf die gesamtgesellschaftliche Entwicklung werfen können. Dieser Überblick soll Ihnen helfen, die Gestaltungskraft des Einzelnen im gesellschaftlichen Gefüge, aber auch in der Politik, zu erkennen. Somit kann ein Verständnis des sozialen Wandels Ihnen helfen, selbstbestimmt zu leben.

Kompetenzen:

In dem folgenden Kapitel gewinnen Sie Einblicke in die Sozialstruktur und ihre Veränderungen.

Ausgehend davon hilft es Ihnen, die Sozialstruktur Deutschlands unter verschiedenen Aspekten zu beschreiben und Indikatoren des sozialen Wandels zu beurteilen. Dazu dient auch die Auswertung von Daten zur Analyse der Sozialstruktur

Weitergehend bietet sich Ihnen die Möglichkeit, Ursachen, Entwicklungstendenzen und mögliche Auswirkungen des gesellschaftlichen Wandels zu erfassen und zu erläutern, um Schlussfolgerungen für eine weitere Entwicklung des gesellschaftlichen Prozesses und Ihre eigene Rolle darin zu ziehen.

Im Anschluss erkennen Sie Möglichkeiten der Gesellschaftspolitik und können diese unter verschiedenen Gesichtspunkten des sozialen Wandels erörtern.

1.1 Wovon die Rede ist: Die Sozialstruktur

M1 Das Fan-Volk

Noch nie haben sich so viele Menschen für Fußball interessiert, die sich nicht für Fußball interessieren. Public Viewing macht den einstigen Proletensport zum hochwertigen Unterhaltungsprodukt – und versetzt Gelegenheitsfans in einen behaglich-zivilisierten Massenrausch.

Fußballfans während der EM 2008

Es ist wieder so weit: Heerscharen von Menschen verlassen ihre gemütlichen Wohnzimmersessel, um im dichten Gedränge der Public Viewing-Plätze die Fußball-Europameisterschaft zu verfolgen. Jene, die sonst über jede Verkehrsverdichtung fluchen, reihen sich in die Autoschlangen rund um das öffentliche Rudelgucken ein. Vertreter gepflegter Hygiene nehmen klaglos die Kapitulation öffentlicher Toiletten vor dem Ansturm der Massen hin.

Es handelt sich dabei nicht um fehlgeleitete Lemminge, sondern um Menschen wie du und ich. Menschen, die sich mitunter noch nicht einmal besonders für Fußball interessieren. Was ist passiert in deutschen Landen? Was erklärt die Liebe zum Bad in der Menge, die Lust am Gedränge?

Der Sachverhalt ist komplex. Verschiedene Trends liegen als treibende Kräfte hinter dem Phänomen. Deren Dechiffrierung verspricht daher besonderen Aufschluss über den Seelenzustand unserer Gesellschaft. Von zentraler Bedeutung ist der Megatrend Individualisierung. Je mehr Menschen in Single-Haushalten ihre Individualität auskosten – in Großstädten wie München, Frankfurt oder Hamburg immerhin jeder zweite Haushalt –, desto größer wird das Bedürfnis nach sozialer Geborgenheit. Man möchte zwar autonom, aber deswegen noch lange nicht allein sein.

Deswegen boomen Restaurantkonzepte wie Vapiano, wo sich die Gäste um große Tische gruppieren und alle das Gefühl haben, an einem großen Familienmahl teilzunehmen. Ähnlich verhält es sich mit dem Public Viewing. Es vermittelt Familienanschluss – allerdings mit dem Unterschied, dass sich die „Familie" zum Gefallen aller schnell wieder auflöst. Es handelt sich um eine Bindung auf Zeit, die sich in einem kurzen dramatischen Moment verdichtet. Die freigesetzte Intensität der Gefühle, wenn sich wildfremde Menschen nach einem Tor um den Hals fallen, braucht das Temporäre, den zeitlich befristeten Ausnahmezustand. Weihnachten würde auch nicht so gut funktionieren, wenn es jeden Tag stattfände.

Andreas Steinle, „Das Fan-Volk", in: www.manager-magazin.de, 25.06.2008 [28.10.2013]

Aufgaben

1 *Schildern Sie Ihre eigenen Erfahrungen mit Public Viewing.*

2 *Nennen und beurteilen Sie die Gründe, die in dem Artikel für die Popularität des Public Viewing genannt werden.*

M2 Was versteht man unter „Sozialstruktur"?

Geht man von den beiden Wortbestandteilen aus, so ist nach der Bedeutung der Begriffe „Sozial-" und „Struktur" zu fragen.

Mit „Sozial“ ist – wie immer in der Soziologie – nichts anderes als „zwischenmenschlich“ gemeint, also jene direkten und indirekten Beziehungen, die zwischen Menschen bestehen. Mit „sozial“ im Sinne von „gut zu Mitmenschen“ ist das nicht notwendigerweise identisch.

Unter „Struktur“ wird in der Soziologie eine relativ beständige, „innere“ (d.h. äußerlich nicht unbedingt erkennbare) Zueinanderordnung von Elementen eines Ganzen verstanden. Die Untersuchung von Strukturen erfordert also zunächst ein Zergliedern des Gesamtzusammenhangs in die zugrunde liegenden Elemente und dann die Ergründung der jeweiligen Zueinanderordnungen, das heißt der Wirkungs- und Beziehungsgefüge zwischen den Elementen. In der Soziologie wird der Begriff „Struktur“ ähnlich verwendet wie in vielen anderen Wissenschaften, etwa wenn von der „Molekularstruktur“ einer chemischen Verbindung oder von der „grammatikalischen Struktur“ einer Sprache die Rede ist. [...]

Betrachten wir die beiden Wortbestandteile im Zusammenhang, so kann man Sozialstruktur definieren als die „Gesamtheit der relativ dauerhaften sozialen Gebilde (Gruppierungen, Institutionen, Organisationen) einer Gesellschaft, der sozialen Beziehungen und Wirkungszusammenhänge innerhalb und zwischen diesen Gebilden sowie deren Grundlagen“. [...]

Strukturelemente und die ihnen entsprechenden Gruppierungen der Sozialstruktur lassen sich auf drei Ebenen anordnen:

- auf der Ebene des unmittelbaren menschlichen Gegenübers (in Cliquen, Familien etc.),
- auf der Ebene formeller Organisationen, in denen Menschen meist nur mittelbar miteinander in Beziehung treten (Betriebe, Universitäten, Sozialversicherungen usw.), und
- auf der Ebene gesellschaftlicher Subsysteme (das wirtschaftliche, politische, soziokulturelle System), wo Menschen in einem abstrakten, nur bedingt erfahrbaren Sinn miteinander zu tun haben. [...]

Stefan Hradil, Die Sozialstruktur Deutschlands im internationalen Vergleich, VS Verlag für Sozialwissenschaften, Wiesbaden 2006, S. 13 ff.

Stefan Hradil gilt als einer der führenden Soziologen in Deutschland. Er ist neben seiner Hochschultätigkeit auch Vorstandsvorsitzender der Schader-Stiftung, auf deren Internetseite (www.schader-stiftung.de) sich zusätzliche Informationen zur Sozialstruktur finden lassen.

Aufgaben

1 *Veranschaulichen Sie Ihre eigene Position in der Sozialstruktur Deutschlands auf jeder der drei im Text genannten Ebenen.*

2 *Vergleichen Sie Ihre Ergebnisse und diskutieren Sie die Bedeutung der gesellschaftlichen Vernetzung für den Einzelnen und die Gesellschaft.*

M3 Aspekte der Sozialstruktur und Indikatoren für den sozialen Wandel

1.2 Formen des Zusammenlebens: Familie und ihre Alternativen

M1 Hochzeitsmesse zeigt neue Trends: Rund ums Ja-Wort geht es edel bis flippig zu

Auf der Hochzeitsmesse „Traumtage“ der Traumwelt Lautenbacher im VIP-Bereich der SGL-Arena in Augsburg zeigten rund 100 Aussteller, wie einer der wichtigsten Tage im Leben zu einem unvergesslichen Moment wird.

Man gibt sich nicht einfach nur ein Ja-Wort. Vielmehr ist es ein bedeutsamer Akt, den man gerne mit Brief und Siegel bekannt gibt. Deshalb macht eine Einladungskarte mit dem eigenen Siegel des Brautpaares schon etwas her. Bei Dieter Hirsch von Paper & Art gibt es alles, was man dafür braucht. Paare können sich mit ihren Initialen Stempel oder Prägezangen erstellen oder sogar eigene Wappen kreieren lassen. „Gäste staunen nicht schlecht, wenn sie so edel eingeladen werden. Außerdem macht sich das Zeichen auf Tisch- und Dankeskarten ebenso gut“, erklärt Hirsch.

Komfortabel abholen und durch den Tag kutschieren lassen kann man sich von Yücel Karakus. Mit seinem 190er Mercedes-Benz aus dem Jahr 1964 fährt er standesgemäß mit Chauffeursmütze vor.

Daniela und Oliver Mehlhorn hatten bereits 2012 standesamtlich geheiratet. Doch die große Traumhochzeit steht noch bevor. Am 15. Juni ist es so weit und es soll ganz märchenhaft werden. Sie sind beide begeistert von dem außergewöhnlich arrangierten Blumenschmuck [...].

Beide machen bei dem Messe-Wettbewerb „Traumbrautpaar 2013“ mit und sind voll und ganz im Hochzeitsfieber. Ihre Erlebnisflitterwochen gehen zum Sachsenring Motorrad Grand Prix.

Simone Steidle und Maximilian Rößle haben zwar noch nicht vor zu heiraten, doch traut sich Steidles Schwester und deshalb gucken sich die beiden schon mal Traumreisen an. „So eine Traumschiff-Reise hat schon etwas“, geben die beiden zu. Heike Spiegelhauer von Panther-Reisen macht diese Flitterwochen auch wirklich schmackhaft und preist ein Erlebnis der besonderen Art an: „Man kann sich auf dem Schiff vom Kapitän trauen lassen.“

Die neusten Brautmodentrends gibt Josefine Lautenbacher aus: „Es wird langsam wieder etwas flippiger, aber immer noch romantisch.“ Man trage heuer vor allem Brautkleider, die vorne kurz und hinten lang sind.

Der Fantasie und Kreativität sind bei Hochzeiten keine Grenzen gesetzt. Die vielfältigen Möglichkeiten von Ringkissen, Make-up, Wachskunst, Erlebnisgastronomie bis hin zu bedruckten Keramiktellern über witzige Fotoshootings und ausgefallene Hochzeitstänze wie etwa zu Gangnam Style wurden auf der Messe wunderbar gezeigt.

Diana Deniz, „Hochzeitsmesse zeigt neue Trends“, www.augsburger-allgemeine.de, 07.01.2013 [18.2.2013]

Liebesschlösser an einer Brücke

M 2

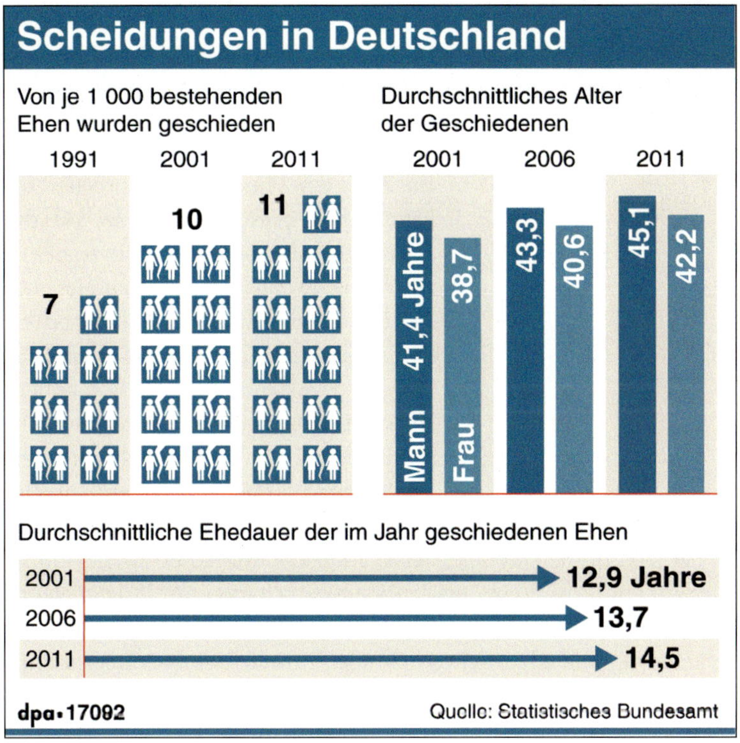

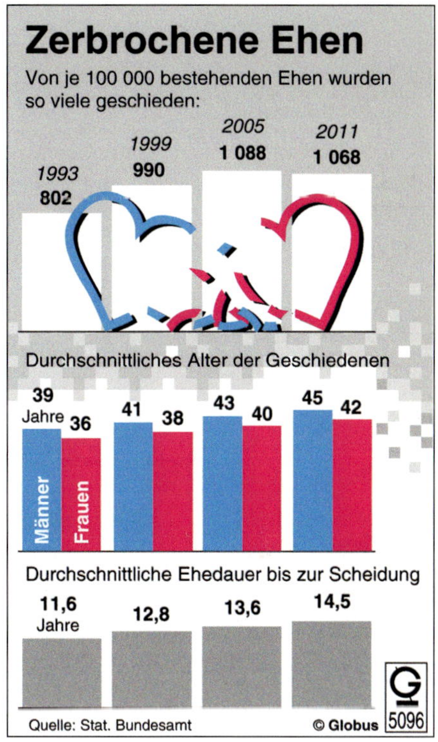

Aufgaben

1 *Vergleichen Sie Ihre Ansichten über die Bedeutung von Hochzeiten und Liebesschlössern.*

2 *Erklären Sie den Erfolg von Hochzeitsmessen und entsprechenden Informationsseiten im Internet.*

3 *Analysieren Sie die beiden Darstellungen zu Scheidungen in M 2. Beurteilen Sie, welche Statistik aussagekräftiger ist.*

M 3 „Bisher unbekannte Pluralität" – die Differenzierung privater Lebensformen

Bis weit in die 1960er-Jahre hinein, dem „golden age of marriage", war die sog. „Normalfamilie" eine kulturelle Selbstverständlichkeit und ein millionenfach fraglos gelebtes Grundmuster. Sie galt der großen Bevölkerungsmehrheit als die einzige gesellschaftlich „richtige" und rechtlich legitimierte private Lebensform. Man heiratete relativ früh und den Statistiken ist eine enorme Ehe-Freudigkeit zu entnehmen. 95 % der Bevölkerung hatten wenigstens einmal im Leben geheiratet. Die Zahl der Ehescheidungen war niedrig, erwerbstätige Mütter waren relativ selten. Die Ehe mit Kindern war die übliche und normale Lebensform eines erwachsenen Menschen. Ledig blieben nur katholische Priester und Ordensleute, Frauen, die wegen des Männermangels nach dem Zweiten Weltkrieg keinen

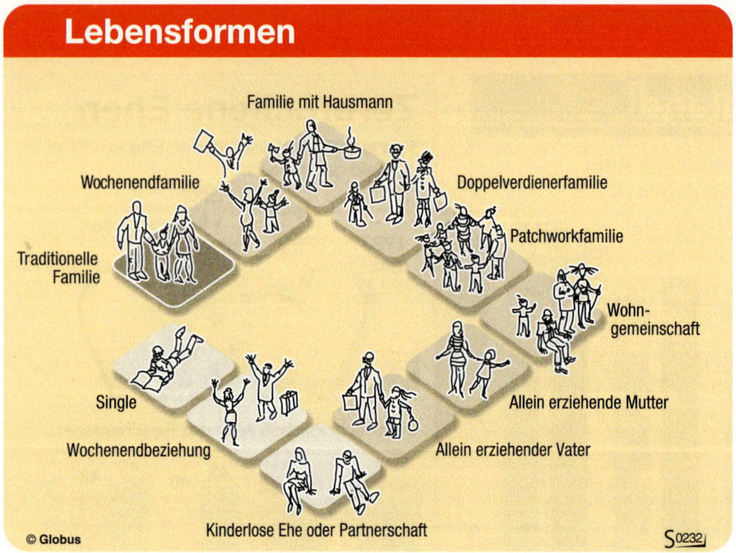

Ehepartner finden konnten sowie die kleine Gruppe der dezidiert Eheunwilligen. „Unkonventionelle" und „alternative" Lebensformen wurden bestenfalls als „Notlösungen" toleriert, in der Regel aber mit offenen oder verdeckten Sanktionen bedacht.

Im Zuge der Pluralisierung privater Lebensformen erweist sich eine auf die „Normalfamilie" beschränkte Perspektive als familiensoziologisch unzureichend. Ehe und Familie haben infolge des erweiterten Spektrums an Handlungsspielräumen an Attraktivität verloren und anders strukturierte Variationen des privaten Zusammenlebens drängen stärker in den Vordergrund. Das relativ einheitliche Muster, auf das sich der säkulare [langfristige] Entwicklungsprozess der Familie hinbewegte, hat sich binnen weniger Jahre aufgelöst und einer bislang unbekannten Pluralität von Privatheitsmustern Raum geschaffen. Die Privatheit polarisiert sich zunehmend in einen wachsenden Nicht-Familiensektor (kinderlose Paare, allein Lebende) und einen schrumpfenden Familiensektor (Ehepaare mit Kindern, allein Erziehende, nichteheliche Lebensgemeinschaften mit Kindern), wobei der Familiensektor etwas mehr als die Hälfte (rd. 53 %) der Bevölkerung umfasst.

Thomas Meyer, „Die Familie im demographischen Wandel", in: Bernhard Frevel (Hg.), Herausforderung demographischer Wandel, VS Verlag für Sozialwissenschaften, Wiesbaden 2004, S. 65 f.

Aufgaben

1 *Ermitteln Sie aus dem Schaubild die Lebensformen, die Ihrer Ansicht nach keine Familien sind.*

2 *Überprüfen Sie die Aussagen in M 3 anhand Ihrer eigenen Familiengeschichten.*

M 4 Familie: Konzeption und Realität

Für die Individuen bieten Partnerschaft und Familie Leistungen, die zum Teil gar nicht oder nur schwer anderswo zu bekommen sind. Allerdings hat der Wohlfahrtsstaat in den letzten 150 Jahren viele Aufgaben oder Funktionen übernommen, die vormals allein der Familie zugeordnet waren und von ihr den gesellschaftlichen Verhältnissen mehr oder weniger angemessen erfüllt wurden. Die Menschen sind weniger auf die Familie angewiesen, wenn es um die Sicherung individueller Wohlfahrt, Hilfe bei Krankheit und die existenzielle Absicherung im Alter geht. Daher wird vielfach die These vom Funktionsverlust der Familie vertreten. Diese dient als Begründung dafür, dass die Motivation, eine Familie zu gründen, beständig zurückzugehen scheint. Allerdings dürfte diese Argumentation zu kurz greifen.

Soziale Beziehungen in der Gesellschaft, in der Arbeitswelt und Öffentlichkeit können zu materiellem Erfolg, sozialem Status und sozialer Anerkennung verhelfen. Die emotionale Bedeutung der Familienbeziehungen kann aber nicht durch diese Arten individuellen Erfolgs aufgewogen werden.

Der Wohlfahrtsstaat ist auf diese Leistungen der Familien angewiesen. Da aber Menschen Familien nicht deshalb gründen, um die damit verbundenen Leistungen für die Gesellschaft zu erbringen, sondern aus einem individuellen Interesse am Familienleben, muss die Gesellschaft einen Beitrag dazu leisten, dass die-

ses individuelle Interesse erhalten bleibt. Sie muss ebenso Sorge dafür tragen, dass Familien in der Lage sind, die von ihnen erwarteten Aufgaben in befriedigender Weise zu erfüllen. Denn die Auswirkungen des Handelns von Individuen in Familien können für die Gesellschaft sehr problematisch werden und mit hohen sozialen Kosten verbunden sein, so zum Beispiel, wenn Eltern ihren Erziehungsaufgaben nicht mehr oder nicht hinreichend nachkommen.
Wird den Menschen der Raum gewährt, den sie brauchen, um die gewünschten Leistungen in Familien zu erbringen? Wir haben es in Deutschland – stärker als in vielen anderen Ländern – mit einem paradoxen Widerspruch zwischen einem noch vorherrschenden konventionellen, am bürgerlichen Familienideal orientierten Familienleitbild und den Anforderungen des post-industriellen Zeitalters an die Individuen zu tun. Während die bürgerliche Familie mit ihrer geschlechtsspezifischen Arbeitsteilung noch das adäquate Arrangement bot, um der aufstrebenden Industrialisierung zu ihrem Sieg zu verhelfen, hat ein wesentliches Element dieser Ordnung, die geschlechtsspezifische Arbeitsteilung zwischen Erwerbsarbeit und Haushalt, zunehmend an Gültigkeit verloren. Eng damit verknüpft ist die steigende Tendenz zur dauerhaften Berufstätigkeit der Frauen. Sie hat ihre Rolle in Partnerschaft, Familie und Gesellschaft nachhaltig verändert, die weibliche Normalbiografie neu strukturiert und zu einem veränderten Selbstverständnis geführt, das mit dem traditionellen bürgerlichen Familienleitbild nicht mehr vereinbar ist. Wenn dieses nicht mehr adäquat funktioniert, was tritt an seine Stelle? Es müssen Vereinbarungen geschaffen werden, die es Frauen und Männern erlauben, familiales und außerfamiliales Engagement in Einklang miteinander zu bringen.

Johannes Huinink, „Familie: Konzeption und Realität", in: Informationen zur politischen Bildung (Heft 301): Familie und Familienpolitik, www.bpb.de, 20.03.2009 [28.10.2013]

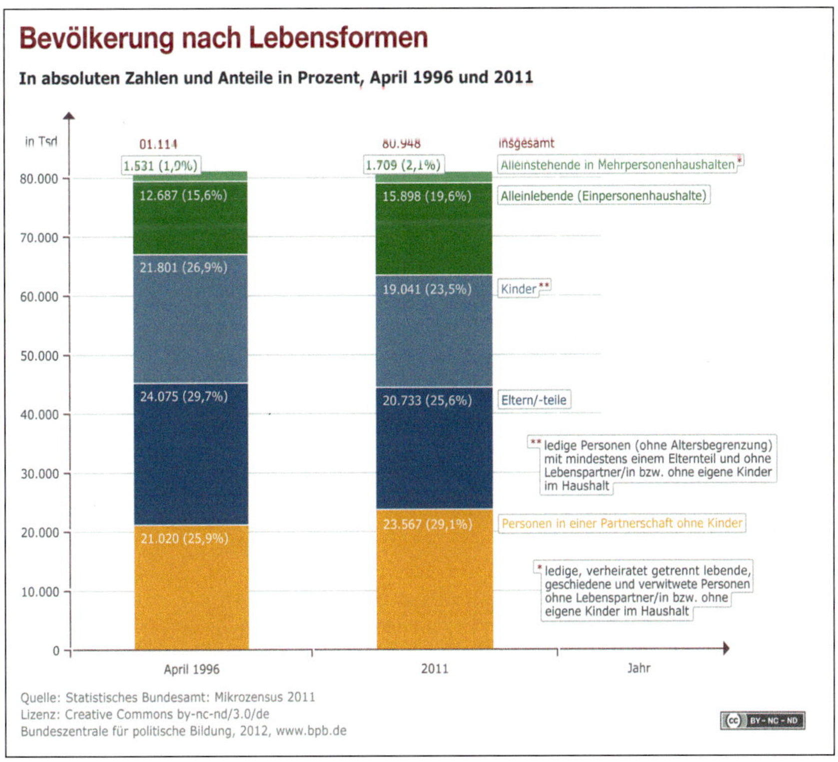

Aufgaben

1 *Arbeiten Sie die Aussagen der Statistik heraus und leiten Sie daraus politische Zielsetzungen ab.*

2 *Erläutern Sie die These vom Funktionsverlust der Familie und erörtern Sie Folgen, die sich daraus für die Gesellschaft ergeben können.*

3 *„Nur in der Familie gedeiht der Mensch." Erörtern Sie diese Aussage.*

M5 Familienbezogene Leistungen: Politik zeugt keine Kinder

Gegen die sinkenden Geburtenzahlen steuert die Familienpolitik mit immer mehr Geld an. Bislang vergeblich. [...]

In jedem Frühjahr, wenn das Bundesfamilienministerium seinen Familienreport vorstellt, ist die Liste der „familienbezogenen Leistungen" des Staates wieder etwas länger. Die neueste Auflistung umfasst 13 Seiten: 160 Maßnahmen, drei mehr als im Vorjahr. Angesichts dieser Fülle an „Instrumenten" ist nachvollziehbar, dass sich die Berliner Familienpolitik sehr potent fühlt. Aber das entscheidende Instrument fehlt ihr. Kinder zeugen kann sie nicht. [...]

Tipp

www.bmfsfj.de
→ Service → Publikationen →
Sucheingabe: Familienreport

Mehr Geld für jedes Kind als in den meisten anderen Staaten

[...Familienpolitik] sagt: Wir tragen dazu bei, dass es die Familien gut haben. Die sozial- und gleichstellungspolitischen Ziele werden höher gewichtet, das verfehlte Ziel der Geburtensteigerung wird als nebensächlich erklärt. Dabei war genau dieses in den vergangenen 15 Jahren immer stärker betont worden – von den Familienministerinnen Renate Schmidt (SPD), Ursula von der Leyen (CDU) oder nun Kristina Schröder (CDU). Als im ersten Jahr nach Einführung des Elterngeldes 2010 die Geburtenzahl tatsächlich leicht stieg, reklamierte die damalige Ministerin Ursula von der Leyen dies unverzüglich als politischen Erfolg.

Schon jetzt gibt Deutschland laut OECD mehr Geld für jedes Kind aus als die meisten anderen Staaten. Trotzdem bleibt Deutschland das einzige Land, das sein niedriges Geburtenniveau (rund 1,4 Kinder je Frau) schon seit fast 40 Jahren hält. Schon unter Kanzler Helmut Kohl, als die große Alterung langsam in die Schlagzeilen rückte, avancierte die Familienpolitik daher zu einem ernst genommenen und mit viel Geld ausgestatteten Politikfeld, da die Kinder im Adenauerschen Sinne eben nicht mehr „einfach so" kamen. 1986 führte Kohl ein Erziehungsgeld ein. Der benevolente Staat in Gestalt von Franz-Josef Würmeling (CDU) hatte die Spendierhosen aber schon in den Fünfzigerjahren entdeckt. Würmeling ließ kinderreiche Familien zum halben Preis Zug fahren. Das von ihm erfundene Kindergeld gibt es seit 1951, während die geburtenreichen Vereinigten Staaten eine derartige Leistung bis heute nicht eingeführt haben.

Mit rund 39 Milliarden Euro kostete das Kindergeld Bund, Länder und Kommunen 2010 von allen Familienfördermaßnahmen am meisten. Seit es 1955 eingeführt wurde – in Höhe von 25 DM vom dritten Kind an –, ist es die beliebteste Stellschraube der Familienpolitik. Seit 1961 wird es vom zweiten Kind an ausgezahlt, seit 1975 schon für das erste. [...]

Rund 123 Milliarden Euro gab der Staat 2010 für familienpolitische Leistungen aus. Dazu zählten auch eine Reihe von Steuerfreibeträgen, die größtenteils im Posten „Kindergeld" als steuerlicher Familienlastenausgleich verbucht sind. Seit 1949 gibt es einen Kinderfreibetrag. Der Familienminister Heiner Geißler erfand ihn 1983 als Wahloption zum Kindergeld neu. Es gibt mittlerweile mehrere Freibeträge, wie etwa Zuschläge für Betreuungskosten oder Alleinerziehende.

[...]

Sinkende Geburtenzahlen – trotz teurer Fördermaßnahmen

2013 soll eine erste „Gesamtevaluation" vorliegen

Der Krippenausbau kostet bis 2013 rund 12 Milliarden Euro. Auch der soll nun nicht mehr in erster Linie die Geburtenzahl erhöhen. Die sogenannte frühkindliche Bildung wird als Ziel genannt wie auch eine frühere Beteiligung der Väter an der Erziehung. Die wurde auch schon erreicht: Nirgendwo nehmen so viele

Männer Erziehungszeit wie in Deutschland. Schon rund ein Viertel der Männer tut dies, die meisten aber nur wenige Wochen und nicht selten fernab der Familie oder mit Mutter und Kind an fernen Stränden.

Und auch, wer beim Kind ganz zu Hause bleibt, soll fortan belohnt werden. Das vom Bundeskabinett beschlossene Betreuungsgeld (100 bis 150 Euro im Monat für alle Eltern, die keine staatlich bezuschusste Krippe oder Tagesmutter in Anspruch nehmen) wird mit 1,2 Milliarden Euro budgetiert. Damit die Ärmeren unter den wenigen Kindern auch etwas musizieren können, führte Sozialministerin von der Leyen 2011 für 2,5 Millionen Kinder Bildungsgutscheine ein. So sollte auch „die Verwirklichung von Kinderwünschen“ befördert werden. Bis heute nehmen die Hartz-IV-Empfänger die Gutscheine aber vor allem für Essensgutscheine in Anspruch, selten für Geigenstunden.

Nach jahrzehntelanger familienpolitischer Expansion könnte Kristina Schröder als erste Ministerin in die Geschichte eingehen, die den Instrumentenstrauß etwas ausdünnt. 2013 soll jedenfalls das seit Jahren versprochene Ergebnis einer ersten „Gesamtevaluation“ vorliegen, die alles auf den Prüfstand stellt.

Jan Grossarth, „Politik zeugt keine Kinder“, www.faz.net, 11.07.2012 [28.10.2013]

Aufgaben

1 *Gliedern Sie den Text in geeignete Aspekte, beispielsweise Gründe, Maßnahmen, Erfolg/Misserfolg, Zielsetzung oder Ähnliches.*

2 *Was ist eine erfolgreiche Familienpolitik? Legen Sie treffende und messbare Indikatoren fest.*

3 *Erläutern Sie, aus welchen Gründen der Staat Familien unterstützt, und erklären Sie in diesem Zusammenhang die Wirksamkeit der familienbezogenen Maßnahmen des Staates.*

4 *Gestalten Sie ein Konzept, das an die Stelle von Familienförderung Kinderförderung stellt. Bedenken Sie dabei die Wirkung dieser Maßnahmen.*

Wirtschaft und Familie

Letztlich hängt die Verwirklichung der eigenen Lebensplanung maßgeblich von äußeren Faktoren ab. Beispielsweise gehört zur Gründung einer Familie bzw. einer Lebenspartnerschaft ein geeigneter Partner. Zugleich legen wir üblicherweise Wert auf die Akzeptanz unseres gesellschaftlichen Umfeldes. Einen besonderen Stellenwert hat in unserem Leben allerdings die Erwerbstätigkeit erlangt. Diese hat neben den materiellen Aspekten zunehmend auch den Zweck der Selbstverwirklichung und der gesellschaftlichen Akzeptanz. Was bedeutet es aber, wenn wir unsere Lebensplanung vermehrt an unserer Berufstätigkeit und den Erfordernissen der Arbeitswelt ausrichten? Wie verändert sich der Lebensrhythmus durch wirtschaftliche Anforderungen? Erleben wir eine Ökonomisierung von Familie und Familienstrukturen?

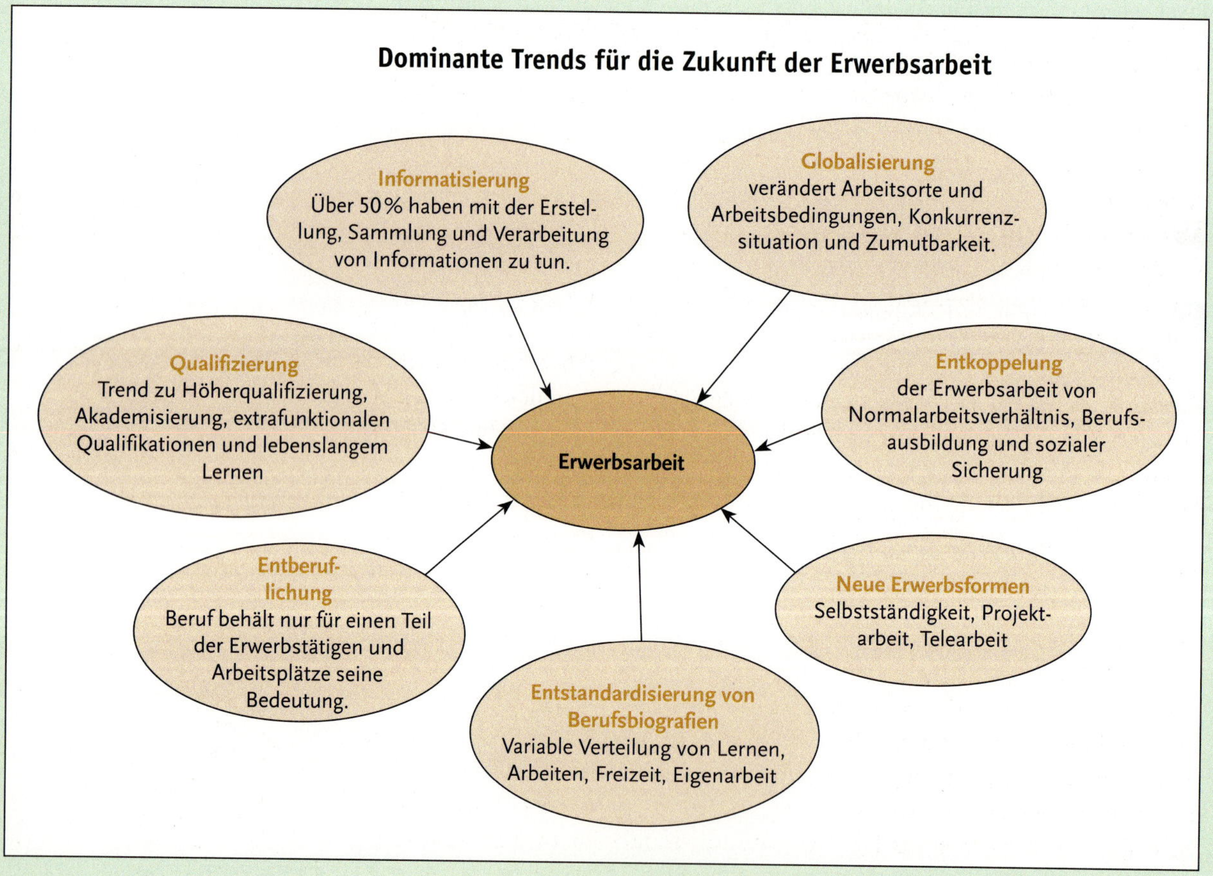

M 6 Lebensphasen sind kaum noch planbar

Erinnern wir uns an die Generation unserer Großeltern. Arbeitsbeginn mit 14 Jahren und Rente mit 65 waren damals die Regel, ein 40-jähriges Dienstjubiläum durchaus üblich, auch 50 Jahre Betriebszugehörigkeit lagen im Bereich des Möglichen. Ganz anders heute: Weder die Arbeitgeber noch die Arbeitnehmer favorisieren diesen Weg. Treue und Engagement ja – doch sehen beide Seiten auch Vorteile im Wechsel. Sie versprechen sich dadurch neue Impulse und frischen Wind in der Hoffnung, damit Betriebsblindheit zu vermeiden. Dass Veränderung und Rotation auch ausarten und zu einer „hire and fire"-Mentalität führen können, steht auf einem anderen Blatt.

Noch prägen die linearen Biografien unser Selbstverständnis. Sie gehen von einer Lernphase von 20 bis 30 Jahren aus, es folgen 25 bis 30 Jahre Arbeit, dann 20 bis 30 Jahre Ruhestand. Gerade das Gros der mittleren Generation, die heute 30- bis 50-Jährigen, haben dieses Lebens- und Bildungsmodell verinnerlicht und erwarten, dass es verlässlich und tragfähig ist. Diese typische Biografie der fest abgrenzbaren Lebensabschnitte Ausbildung, Erwerbsleben, Ruhestand mit gewissermaßen planbaren Arbeitszeiten, Gehaltsentwicklungen und Aufstiegsmöglichkeiten wird sich jedoch überholen. [...]

Folgt man der traditionellen Unterteilung, umfasst das Leben drei Abschnitte: Jugend, Erwerbstätigkeit, Ruhestand. Das rechtlich wichtige Datum ist für den Menschen die Volljährigkeit; als soziologisch wichtig wird der Eintritt ins Erwerbsleben gesehen. Für einen Großteil der Bevölkerung dauerte die Phase des Erwerbslebens vom 20. bis zum 65. Lebensjahr. Im Anschluss folgte der Ruhestand, definiert über das offizielle Renteneintrittsalter. Plakativer bezeichnet Norbert Bolz in seinem Beitrag zu „Trend 2004", herausgegeben vom Trendbüro Hamburg, die Zeitphasen des sozialen Lebens: Der „Exploration", Phase der Neugier und Frechheit, folgt die Zeit des „Advancement", in der der Schwerpunkt auf der eigenen Karriere liegt und selektiert wird, was dem eigenen Fortkommen hilft. In der abschließenden dritten Phase „Protection" soll das Erreichte gesichert und stabilisiert werden. Seit den 1970er-Jahren hat sich diese Einteilung verändert. Matthias Horx, Leiter des Zukunftsinstituts in Kelkheim (Megatrends), etwa erweitert die typische Lebensbiographie auf fünf Phasen: An das Teenager-Alter schließt sich eine Phase der Selbstfindung, des Ausprobierens und Suchens an, auch als Postadoleszenz bezeichnet. Der Zeitraum des Erwerbslebens wird verkürzt und beginnt aufgrund der verlängerten Jugend erst mit 30 Jahren und endet durch einen sogenannten „zweiten Aufbruch" mit etwa 50 Jahren. Oftmals geht mit diesem Aufbruch eine Reflexion einher, verbunden mit einer privaten oder auch beruflichen Veränderung und Neuorientierung, bevor dann ein mehr oder weniger typischer Ruhestand folgt. In der Realität lässt sich beobachten, dass die meisten Menschen ihre effektive Berufstätigkeit mit 30 beginnen und dann bereits ab Mitte 40 in eine schwierige Situation kommen, was den Arbeitsmarkt angeht. Da Unternehmen die über 50-Jährigen größtenteils abgebaut haben, bleiben oft gerade mal 15 bis maximal 20 Jahre effektive Berufszeit, um den Lebensunterhalt zu verdienen und für den Ruhestand vorzusorgen.

Vera Bloemer, Patchwork-Karriere, Walhalla Fachverlag, Regensburg/Berlin 2005, S. 28–31

Aufgaben

1 *Arbeiten Sie aus dem Text die Veränderungen, die sich in der Arbeitsbiografie ergeben haben, heraus.*

2 *Erläutern sie, welche Herausforderungen sich aus dieser Veränderung hinsichtlich der privaten Lebensgestaltung, insbesondere bezogen auf Lebenspartnerschaften, ergeben.*

M7 Vom Beruf auf Lebenszeit zur Lebensabschnittstätigkeit

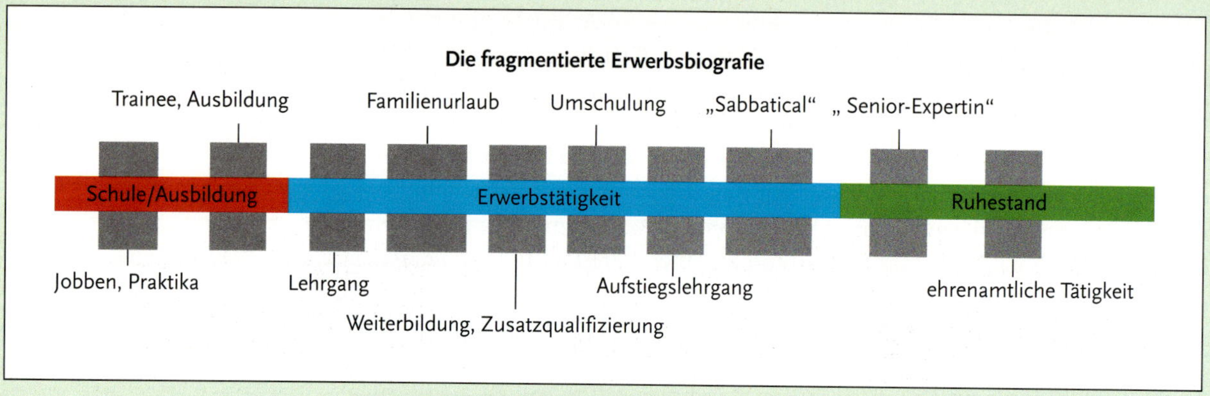

Berufsarbeit als auf Dauer angelegte, qualifizierte Erwerbstätigkeit, die der Sicherung des Lebensunterhalts dient, wird es zwar auch weiterhin geben, sie wird jedoch zunehmend ergänzt durch andere Formen der Arbeit, die heute noch als „atypische“ Formen der Beschäftigung bezeichnet werden [...], aber vermutlich schon bald zur Normalität einer sich wandelnden Arbeitswelt gehören dürften. [...] Atypische Beschäftigungsformen sind u. a.: Teilzeitarbeit, befristete Beschäftigung, geringfügige Beschäftigung, „Minijobs“, Leiharbeit (Zeitarbeit), scheinselbstständige Arbeit, Arbeit als „Freelancer“ (freie Mitarbeiter) bzw. „e-lancer“ (= „Freelancer“ im Internet), Telearbeit und Heimarbeit, Projektarbeit auf Zeit, befristete Management-Arbeit, „unterwertige“ (der Ausbildung nicht entsprechende) Arbeit.

An die Stelle der ein ganzes Arbeitsleben andauernden Erwerbstätigkeit in einem Normalarbeitsverhältnis tritt eine allgemeine Tauglichkeit für Erwerbsarbeit: „lifetime employment“ wird durch „lifetime employability“ ersetzt – die Bereitschaft und die Fähigkeit, im Laufe der Zeit mehrere Berufe bzw. Tätigkeitskombinationen auszuüben. [...]

Gerhard Willke, Die Zukunft unserer Arbeit, Campus Verlag, Frankfurt/New York 1999, S. 144 f., 156 ff.

Aufgaben

1 *Erläutern Sie den Begriff „fragmentierte Erwerbsbiografie“.*

2 *Diskutieren Sie aus gesellschaftlicher, politischer und ökonomischer Sicht Chancen und Risiken einer „fragmentierten Erwerbsbiografie“.*

3 *Bringen Sie Vor- und Nachteile dieser veränderten Biografie mit Ihren eigenen Zukunftsvorstellungen in Zusammenhang und bewerten Sie diese.*

1.3 Demografische Alterung

M 1a Haus Deutschland

Waldemar Mandzel

M 1b Und dann die Familie

Familien-Vorplanung

Baaske Cartoons/Lothar Ursinus

M 2 Verzicht auf Kinder

Immer mehr Frauen bleiben in Deutschland ohne Kinder. [...]

Manche Warnungen waren verfrüht und dramatisch. Aber es bleibt einstweilen dabei: Immer mehr Frauen bleiben in Deutschland ohne Kinder. So waren im vergangenen Jahr 35 Prozent der 34 Jahre alten Frauen kinderlos. Manche werden es nicht bleiben, viele bekommen heute deutlich später Kinder als früher; aber ein Trend ist dennoch zu erkennen.

Nicht neu ist auch die Formel: Je höher der Bildungsstand, desto häufiger ist eine Frau kinderlos. Vor allem Akademikerinnen im Westen Deutschlands bleiben ohne Kinder. Aber was heißt hier Warnung? Es handelt sich um private, freie Entscheidungen, die freilich erhebliche Auswirkungen auf die Gesellschaft – früher hätte man gesagt: auf das Volk – haben.

Der Staat kann bis zu einem gewissen Grade die Bedingungen verbessern; hier besteht zu Recht eine überparteiliche Einigkeit, wenn man etwa auf das Ziel blickt, Familie und Beruf besser unter einen Hut zu bringen. Zu einer freien Entscheidung gehört freilich auch, dass man wirklich weiß, auf was man in der Gegenwart und für die Zukunft verzichtet, wenn man auf Kinder verzichtet.

Reinhard Müller, „Verzicht auf Kinder", www.faz.net, 29.07.2009 [28.10.2013]

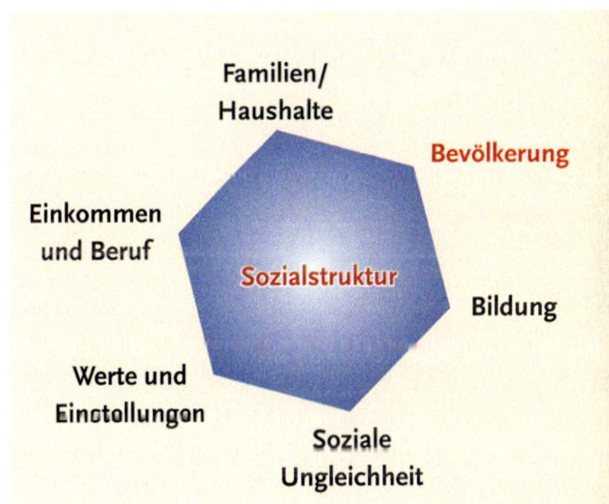

Aufgaben

1 *Erarbeiten Sie aus den Karikaturen M 1a/b, wie sich die Situation im Haus Deutschland Mitte des Jahrhunderts darstellen wird.*

2 *Fassen Sie die Aussagen des Textes M 2 zusammen und erörtern Sie weitere Gründe für den Rückgang der Kinderzahlen in Deutschland.*

M 3 Deutschland vergreist – was tun?

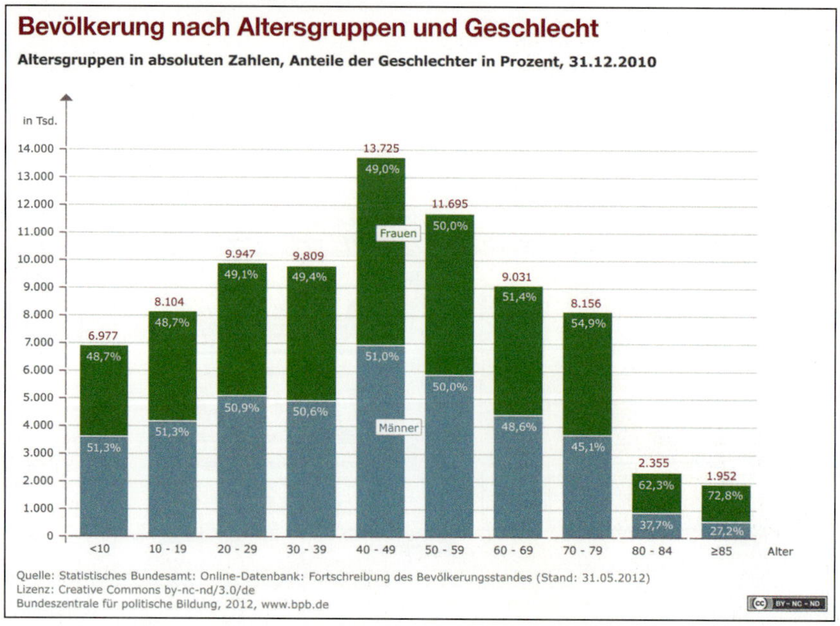

M 4 Deutschlands Bevölkerungsaufbau: früher – heute – morgen

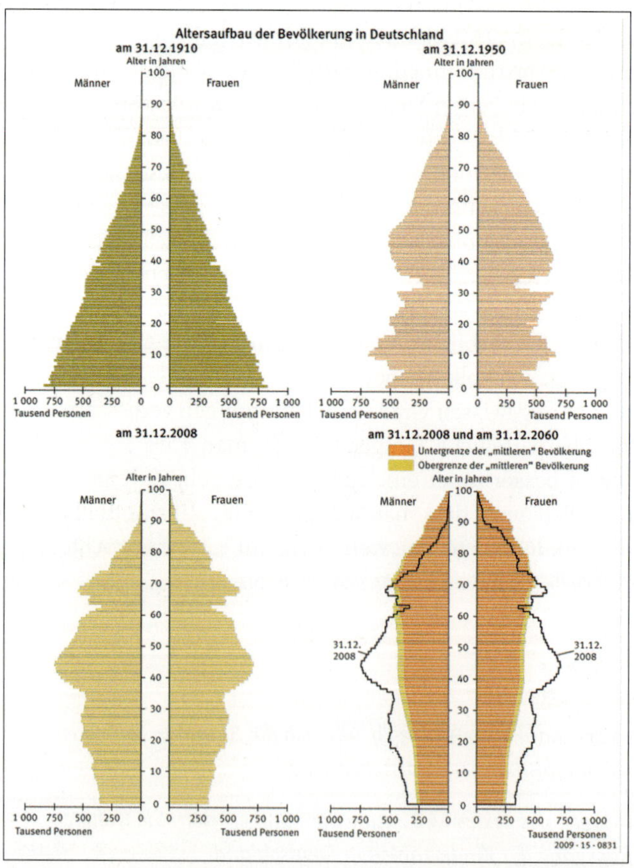

© DESTATIS. Statistisches Bundesamt, Wiesbaden 2014

Aufgaben

1 *Stellen Sie mithilfe von M 3 dar, wie sich die Bevölkerung im Jahr 2010 zusammensetzte.*

2 *Erläutern Sie mithilfe von M 4 die Veränderungen im Strukturaufbau bis 2008 und erörtern Sie, warum eine Altersstruktur wie 1910 erstrebenswert ist.*

3 *Beschreiben Sie, wie sich der Bevölkerungsaufbau im Jahr 2060 verändert haben wird.*

M 5 Was der Altersaufbau verrät – 100 Jahre deutsche Geschichte

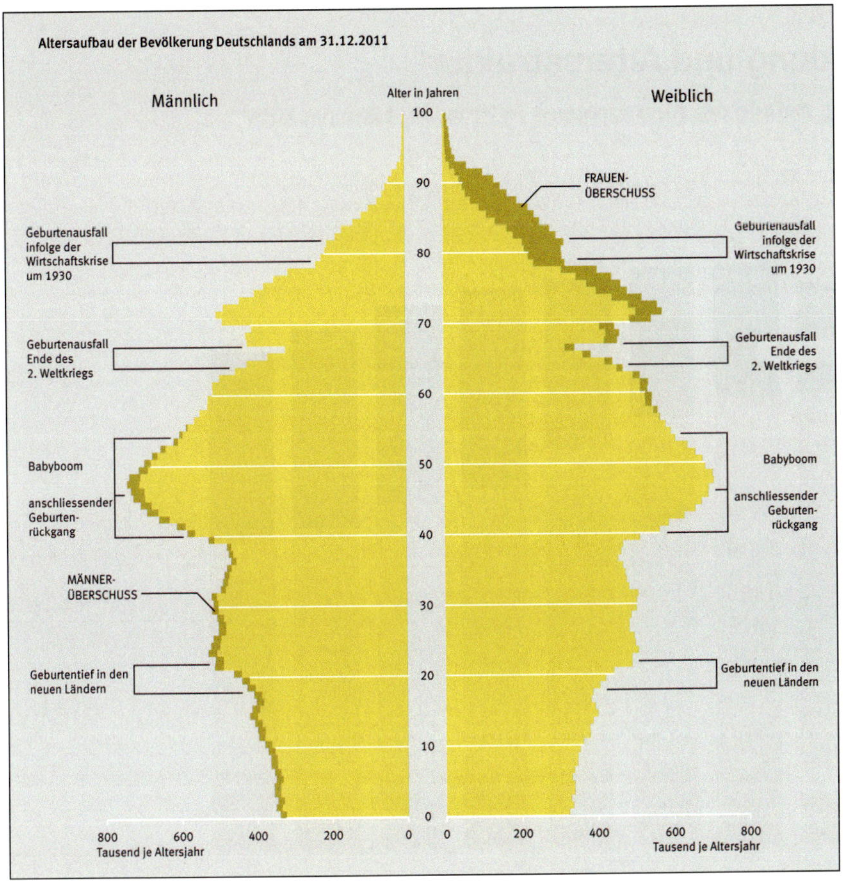

Aufgabe

Das Schaubild zeigt Ihnen die Einflüsse geschichtlicher Ereignisse auf den Altersaufbau. Analysieren Sie das Schaubild M 5 dahingehend, wie bestimmte Faktoren aus der Vergangenheit den Bevölkerungsaufbau der Gegenwart und Zukunft beeinflussen.

© DESTATIS. Statistisches Bundesamt, Wiesbaden 2014

M 6 Natürliche Bevölkerungsbewegung

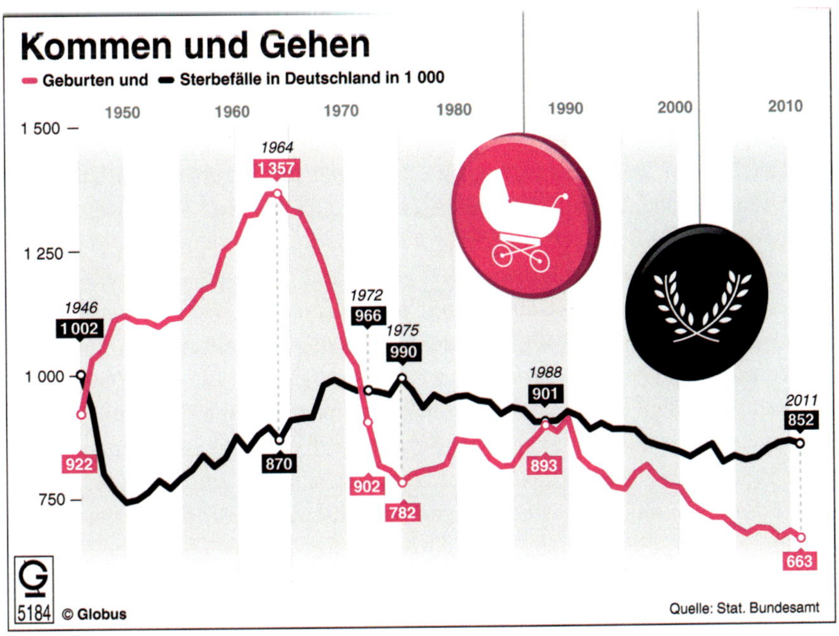

Aufgaben

1 *Beschreiben Sie die Entwicklung der Geburten und Sterbefälle in Deutschland.*

2 *Erläutern Sie, warum die Bevölkerung in Deutschland trotz der Darstellung in M 6 zum Teil erheblich zunehmen konnte.*

3 *Erörtern Sie Gründe für den Babyboom (vgl. M5) der Nachkriegszeit und den dramatischen Rückgang der Geburtenrate ab Mitte der 1960er-Jahre.*

M7 Immer weniger, immer älter

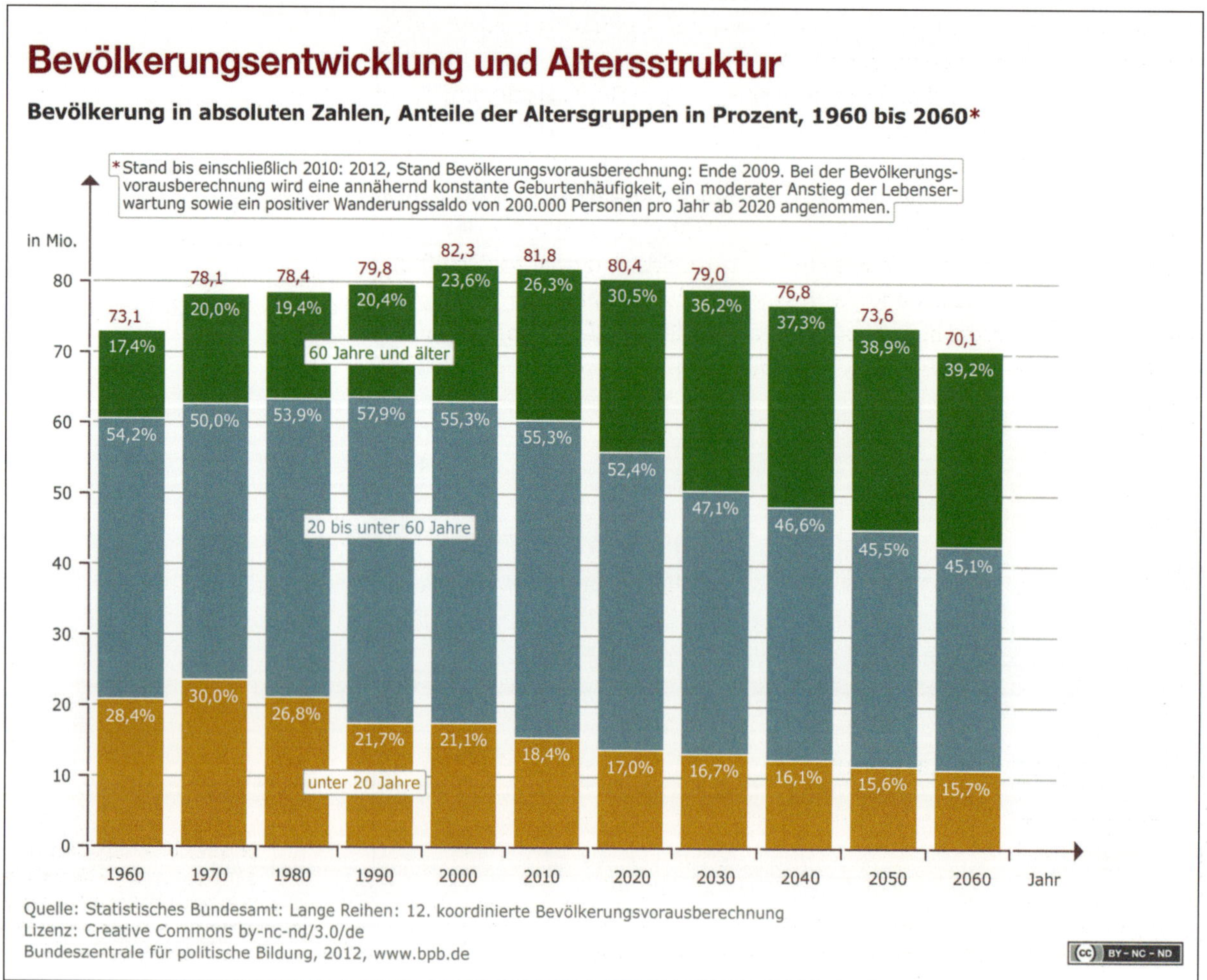

Aufgaben

1 *Erarbeiten Sie aus dem Schaubild, wie sich die altersmäßige Zusammensetzung der Bevölkerung Deutschlands bis zum Jahr 2060 verändern wird.*

2 *Erörtern Sie mögliche Ursachen für diese Entwicklung.*

M8 Demografische Alterung: Ein „unausweichliches Schicksal?"

Kennzeichen für Deutschland wie für alle Länder der Europäischen Union ist der Prozess der demografischen Alterung, der sich aus zwei Teilprozessen zusammensetzt: Die Bevölkerung altert von unten (durch ein langfristig niedriges Geburtenniveau) und sie altert von oben (durch eine steigende Lebenserwartung Älterer). Mit Einsetzen des Geburtenrückgangs, dem tragenden Element der demografischen Alterung, wurde der Altersaufbau der Bevölkerung von unten her immer mehr eingeengt. Den stark besetzten Jahrgängen aus den 1950er- und 1960er-Jahren folgten schwach besetzte Jahrgänge aus den 1970er- und 1980er-Jahren, wobei die zusammengefasste Geburtenziffer im früheren Bundesgebiet von 2.36 im Jahre 1960 auf 1.34 im Jahr 2003 gesunken ist. Eine zusätzliche Alterung erfolgt von der Spitze des Altersaufbaus aufgrund des Rückgangs der Alterssterblichkeit, die bei einer Überschreitung von 70 Jahren einsetzt. Im Jahr 2000 betrug die durchschnittliche Lebenserwartung zum Zeitpunkt der Geburt bei Frauen 81 Jahre und bei Männern 75 Jahre. Hundert Jahre zuvor betrug die

Lebenserwartung nur 48 Jahre bzw. 45 Jahre. Da die Bevölkerung in Deutschland die Lebenserwartung von 70 Jahren überschreitet, altert sie sowohl von der Basis als auch von der Spitze. Der Alterungsprozess der deutschen Bevölkerung beruht dabei nicht nur auf den gegenwärtigen und künftigen demografischen Prozessen, sondern ist weitgehend bereits in den heutigen Bevölkerungsstrukturen festgeschrieben. Einen modulierenden Einfluss auf diese relativ konstanten Größen hat das Wanderungsgeschehen, das nur schwer zu prognostizieren ist. Der Umfang der Wanderungsprozesse dürfte allerdings nicht so groß sein, dass er den Alterungsprozess der Bevölkerung in Deutschland nennenswert beeinflusst. Selbst eine sehr hohe Zuwanderung kann den aufgrund des langfristig niedrigen Geburtenniveaus und der sinkenden Alterssterblichkeit vorprogrammierten Alterungseffekt nicht wesentlich abschwächen oder gar aufhalten. [...] Die demografische Alterung stellt sich somit als unausweichliches Schicksal.

Rüdiger Peuckert, Familienformen im sozialen Wandel, VS Verlag für Sozialwissenschaften, Wiesbaden, [5]2004, S. 354 f.

Aufgaben

1 *Erklären Sie aus M 8 den Begriff von der „doppelten Alterung".*

2 *Erörtern Sie, ob sich eine verantwortungsvolle Politik auf Prognosen verlassen darf oder sogar muss.*

M 9 Die Sicht des Karikaturisten

Thomas Plaßmann

Roger Schmidt

Aufgaben

1 *Analysieren Sie die Aussagen der beiden Karikaturen.*

2 *Zeigen Sie mithilfe der beiden Karikaturen, dass die demografische Alterung ein Problem für Jung und Alt ist.*

M 10 Demografische Alterung – die Folgen

→ 3. Sozialstaat S. 88 – 133

Deutschland wandelt sich. Die Bevölkerung wird immer älter, die Jungen immer weniger. Der demografische Wandel beschleunigt sich. Auch der soziale Bereich und die sozialen Sicherungssysteme sind davon betroffen. Die gesetzliche Rente reicht nicht mehr aus und muss um eine private Altersvorsorge ergänzt werden, die Pflegeversicherung gerät in Schieflage, ganze Landstriche verwaisen. Dabei haben die Probleme gerade erst begonnen.

Die demografische Entwicklung in Deutschland ist aufgrund der aktuellen Bevölkerungsstruktur vorgezeichnet. Mit weitreichenden Konsequenzen für die sozialen Sicherungssysteme. Immer mehr Menschen droht Altersarmut, da immer weniger Beitragszahler für die Finanzierung der Renten sorgen. Der Generationenvertrag ist gefährdet und mit ihm auch das Verhältnis zwischen Jung und Alt. Ein drastisches Umdenken ist nötig, um die Folgen dieser Entwicklung einzudämmen. [...]

Auf dem Arbeitsmarkt spürt man die Auswirkungen der demografischen Entwicklung am stärksten. Bis 2025 geht die Zahl der Personen im Erwerbsalter um bis zu 6,5 Millionen zurück. Dadurch fehlen der Wirtschaft vor allem qualifizierte Fachkräfte, um das Wachstum und damit den Wohlstand in Deutschland zu sichern. Denn je weniger Arbeitnehmer, desto geringer sind die Steuereinnahmen sowie die Renten-, Sozial- und Krankenversicherungsbeiträge. Statistiken zufolge beträgt der Wohlstandsverlust bis zum Jahr 2030 über vier Billionen Euro.

Sinkende Renten

Kamen im Jahr 1991 noch über vier Arbeitnehmer auf einen Rentner, so waren es 2008 nur noch etwa drei. Bis 2030 wird diese Zahl auf unter zwei sinken, bis 2060 sogar auf 1,3. Das bedeutet, weit weniger als zwei Personen müssten eine volle Rente finanzieren. Damit das gelingt, muss entweder der Rentenversicherungsbeitrag enorm steigen oder aber die Rente drastisch sinken. Der Generationenvertrag wankt. Um dem entgegenzusteuern, wurde zwar das Renteneintrittsalter angehoben und die private Altersvorsorge eingeführt. Doch Experten sind sich einig: Diese Maßnahmen reichen bei Weitem nicht, um das Problem zu lösen.

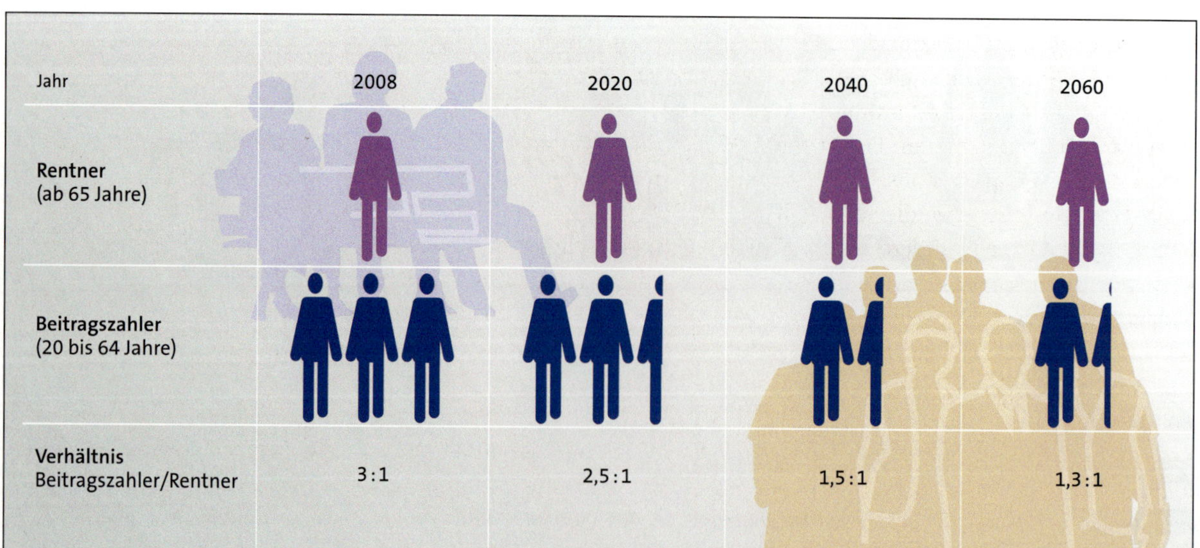

Die Konsequenz: Altersarmut

Bereits 2009 nahmen über 400 000 Rentner die Grundsicherung von 637 Euro in Anspruch, weil ihre Rente zu gering ausfiel. Besonders stark betroffen sind westdeutsche Frauen. [...] Doch auch die bundesdeutsche Höhe der Eintrittsrente sinkt rapide. Ein westdeutscher Arbeitnehmer, der 2009 zum ersten Mal Altersrente bezog, bekam mit 820 Euro ganze 150 Euro weniger als der Durchschnitt der zu dem Zeitpunkt bereits Rente Beziehenden. Schuld daran ist unter anderem die steigende Zahl der Geringverdiener, die weder ausreichend in die gesetzliche Rentenkasse einzahlen noch privat vorsorgen können. Fast jedem Sechsten droht damit der Absturz unter die Armutsgrenze und die Notwendigkeit der Grundsicherung für Rentner. Und je stärker die Zahl der Älteren gegenüber den Erwerbstätigen steigt, desto größer wird die Gefahr von Altersarmut in Deutschland.

Gesundheit und Pflege werden immer teurer

Mit einer wachsenden Zahl Älterer steigen auch die Anforderungen an Gesundheitswesen und Pflege. Zwar werden die Deutschen immer fitter und bleiben länger leistungsfähig, trotzdem steigt die absolute Zahl der Pflegebedürftigen. Heute sind es etwa 2,3 Millionen. Bereits im Jahr 2020 rechnet man mit über 2,9 Millionen, bis 2060 gar mit fast doppelt so vielen. Schon heute aber fehlt dem Pflegebereich Personal – die knappen Ressourcen werden also zwangsläufig teurer.
Damit Pflege und Gesundheit bezahlbar bleiben, bedarf es auch struktureller Veränderungen. Untersuchungen haben ergeben: Je länger ein Mensch körperlich und geistig aktiv gefordert wird und arbeitet, desto länger bleibt er fit und zufrieden
Arbeiten im Alter kann also sowohl den Pflegebedarf in Grenzen halten als auch für die notwendige finanzielle Absicherung gegen Altersarmut sorgen. Eine der zentralen Aufgaben von Politik und Gesellschaft wird daher sein, Arbeitsmöglichkeiten für Ältere zu schaffen. Ein Umdenken und neue Ideen sind gefordert. [...]

Versorgungsengpässe auf dem Land

Angesichts kommender Herausforderungen durch die Demografie in Deutschland treten vor allem ländliche Regionen mehr und mehr in den Mittelpunkt. Ärztemangel ist nur ein Faktor, den es schon heute zu beobachten gilt. Fehlender oder wegziehender Nachwuchs gefährdet den sozialen Zusammenhalt. Die Industrie auf dem Land findet immer schwerer die benötigten neuen Mitarbeiter, ganze Landstriche verwaisen. Dieser Entwicklung muss dringend entgegengesteuert werden, denn die Konsequenzen immer dramatischerer demografischer Verschiebungen können verheerend sein.
Besonders kleine und mittlere Unternehmen in strukturschwachen Regionen benötigen Unterstützung, um nicht von der Entwicklung erdrückt zu werden. Sie bilden das Rückgrat gesellschaftlichen Wohlstands und sollten daher besondere Beachtung finden. Personelle und finanzielle Engpässe gilt es zu überwinden. Bestehende Ressourcen müssen besser genutzt und eingebracht werden, um sich den Problemen des demografischen Wandels zu stellen. Besonderes Augenmerk gilt dabei den neuen Bundesländern, da sich hier die Entwicklung ungleich stärker abzeichnet. [...]

Sentiso GmbH (Hg.), „Auswirkungen des demografischen Wandels auf die soziale Sicherheit", www.sentiso.de, 12.10.2011 [28.10.2013]

Aufgaben

1 *Visualisieren Sie die Aussagen aus M 10 in Form einer Mindmap.*

2 *Erörtern Sie unter Einbeziehung von M 11 Auswirkungen auf die gesellschaftliche Infrastruktur in den Bereichen Bildung, Alter und Pflege.*

3 *Recherchieren Sie, inwieweit die Politik auf die bevorstehenden Veränderungen bereits reagiert.*

M 11 Altenheim Deutschland?

Mario Lars/toonpool.com

M 12 Können Demografen irren?

Demografen haben etwas von Untergangspropheten. Seit Jahrzehnten sagen sie eine Vergreisung Deutschlands voraus. Doch wie verlässlich sind diese Ergebnisse eigentlich? Fünf Fragen und Antworten zu einer oft falsch verstandenen Wissenschaft.

1. Welche Daten stehen der Demografie zur Verfügung?

Überraschend wenige. Alle Vorausberechnungen der künftigen Bevölkerung stützen sich auf drei Grundvariablen: Geburten, Sterbefälle und die Wanderungsbewegungen. Geburten und Todesfälle werden in Deutschland von den Standesämtern erfasst [...]. Ähnlich funktioniert das bei der Wanderungsstatistik, die sich aus Angaben der Einwohnermeldeämter speist. Die Statistikämter sammeln alle Informationen und bereiten sie auf. Darüber hinaus können die Demografen den Mikrozensus nutzen, eine jährliche Befragung von einem Prozent der deutschen Haushalte – also eine repräsentative Erhebung, die sich auf die Gesamtbevölkerung hochrechnen lässt. Manche Forschungsinstitute führen auch selbst Erhebungen durch – zumeist als Stichproben. [...]

2. Ist der demografische Wandel nur eine Behauptung?

Nein, er ist Tatsache. Auch wenn der Datenbestand der Demografie alles andere als optimal ist, gibt es keinen Zweifel daran, dass sich die Altersstruktur unserer Gesellschaft verändert: Es wird immer mehr Ältere und weniger Junge geben.
Wie kommen die Demografen darauf? Kurz gesagt, sie betrachten die Vergangenheit und berechnen daraus die Zukunft. Auf der Grundlage der bisherigen Bevölkerungsentwicklung treffen sie Annahmen über künftige Geburten, Lebenserwartung und Wanderung. Weil heute niemand genau weiß, wie sich diese

drei Variablen entwickeln werden, entwerfen die Statistiker mehrere Szenarien. [...]
Natürlich passiert immer wieder Unvorhergesehenes. Ungewöhnlich starke Wanderungsbewegungen, ein neuer Babyboom oder aber Kriege, Seuchen und Katastrophen könnten die Ergebnisse über den Haufen werfen. Den demografischen Wandel an sich würden sie aber kaum aufhalten. „Da müssten extreme Dinge passieren, die in Deutschland nicht zu erwarten sind", sagt Eckart Bomsdorf, Professor für Wirtschafts- und Sozialstatistik an der Universität Köln. Selbst wenn beispielsweise jede Frau im Durchschnitt zwei oder mehr Kinder bekäme, würde die Gesamtzahl der Neugeborenen nicht kräftig steigen, weil gleichzeitig die Anzahl der potenziellen Mütter abnimmt.

Rabe/toonpool.com

3. Wo irren die Demografen?

Beim großen Trend bieten die Ergebnisse der Demografen also kaum Interpretationsspielraum. Wohl aber im Detail. Hier offenbaren sich erstaunliche Lücken und Fehler, die zu falschen politischen Schlüssen führen können.
Das Problem: Viele Informationen werden in den amtlichen Statistiken nicht erfasst und können nur geschätzt werden. So weiß beispielsweise niemand genau, wie alt Mütter durchschnittlich sind, wenn sie ihr erstes Kind bekommen. Auch die Stammtischparole „Die Falschen kriegen die Kinder" – gemeint ist: Ungebildete Schichten haben mehr Nachwuchs – kann nur schwer wissenschaftlich bestätigt werden. „Beim Standesamt fragt niemand nach der gesellschaftlichen Schicht", sagt Professor Bomsdorf.
Auch auf einem anderen wichtigen Feld tappen die Demografen im Dunkeln, bei der ethnischen Zusammensetzung der Bevölkerung nämlich. Offiziell leben circa acht Millionen Ausländer in der Republik. Wie viele Deutsche einen Migrationshintergrund haben, taucht aber in keiner offiziellen Statistik auf. Denn bei Geburten wird ausschließlich nach der Staatsbürgerschaft gefragt, nicht nach der ethnischen Zugehörigkeit. [...]

4. Wie viele Menschen leben in Deutschland?

Das wohl spektakulärste Beispiel für statistische Fehler hat ebenfalls mit Zuwanderern zu tun. Denn während sich Einwanderer bei der Ankunft in Deutschland meist bei den Ämtern melden, unterlassen es viele Auswanderer, sich abzumelden. Das hat zur Folge, dass etliche Personen, die längst dem Land den Rücken gekehrt haben, in der Statistik weiterleben. Professor Bomsdorf geht davon aus, dass sich die Zahl dieser „Karteileichen" auf mindestens eine Million summiert hat. [...]
Man kann also davon ausgehen, dass die offizielle Bevölkerungszahl von 82 Millionen falsch ist. Weil „Karteileichen" zudem nicht sterben, werden sie immer älter. Das fällt nicht weiter auf, solange es viele Gleichaltrige gibt. Bei den Hochbetagten jedoch, wenn nur noch wenige eines Jahrgangs übrig sind, machen sich die „Unsterblichen" deutlich bemerkbar. [...] Mit anderen Worten: Es

gibt in Deutschland längst nicht so viele Hochbetagte, wie die Statistik vorgaukelt.
Und so können auch einige daraus abgeleitete Erkenntnisse nicht stimmen. Das Durchschnittsalter in Deutschland dürfte um einige Monate niedriger liegen. Der Befund, dass die Sterblichkeit von Männern ab 90 niedriger ist als die der Frauen, ist falsch. Und auch die Pflegefallwahrscheinlichkeit der Bundesbürger ist ungenau berechnet.

5. Sterben die Deutschen aus?

Demografische Daten sind also unzuverlässig. Und genauso können die Schlüsse falsch sein, die daraus gezogen werden. Schon früher hat es berühmte Fehleinschätzungen gegeben. Adenauers „Kinder kriegen die Leute immer“ oder Blüms „Die Rente ist sicher“ gehören dazu. Auch heutige Parolen wie „Die Deutschen sterben aus“ oder „Rente gibt es bald nicht mehr“ greifen zu kurz. Professor Bomsdorf: „Jede Elterngeneration reproduziert sich zu zwei Dritteln. Es wird weniger Menschen in Deutschland geben, aber die Deutschen sterben nicht aus.“ Wenn zudem die Menschen länger gesund leben, länger arbeiten und auch mehr Frauen ins Erwerbsleben einsteigen, drohe weder ein Arbeitskräftemangel noch ein Kollabieren der sozialen Sicherungssysteme. „Wenn es ein Drittel zu wenig Kinder gibt, um die gesetzliche Rente zu finanzieren, muss eben ein Drittel der Altersvorsorge privat oder betrieblich finanziert werden.“ Zugegeben, auch diese Interpretation könnte falsch sein.

Rainer Kellers, „Können Demografen irren?“, http://themenwoche2008.ard.de, 02.04.2008 [28.10.2013]

Aufgaben

1 *Erarbeiten Sie die Kernaussagen des Textes.*

2 *Analysieren die Karikatur und erörtern Sie die Aussage des Karikaturisten.*

3 ***Demografie – mehr als Kaffeesatzleserei?*** *Erörtern Sie die Verlässlichkeit demografischer Projektionen vor dem Hintergrund des bisher Gelernten.*

1.4 Wertewandel

M1 Schleichende Veränderung

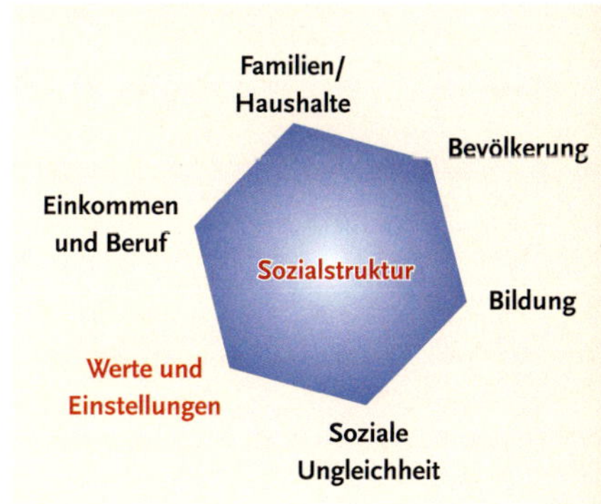

Die Altersklasse bis 30 Jahre fügt sich nicht nahtlos in die Gesamtbevölkerung ein. Sie informiert sich anders und interessiert sich für anderes als die Generation davor.

Es gibt gesellschaftliche Veränderungen von großer Tragweite, die anfangs kaum bemerkt werden, da sie sich aus einzelnen Bevölkerungsgruppen heraus entwickeln. Seit einigen Jahren verändert sich das Interessenspektrum der jungen Generation langsam, aber ständig. Sie zieht sich immer mehr von Themen und Diskussionen zurück, die sich mit der Gesellschaft, den politischen Möglichkeiten, der Wirtschaft, den sozialen Fragen oder kulturellen Themen beschäftigen.

Tiefer gehendes Interesse an Politik bekunden heute nur noch 9 Prozent der Jugendlichen bis 30 Jahre, ein ebensolches Interesse an wirtschaftlichen Entwicklungen 8 Prozent.

Auch die Befassung mit Umweltfragen ist gesunken, gegenläufig zur Stärke der öffentlichen Diskussion. [...]

Fasst man Politik, Wirtschaft, Wissenschaft, Umwelt, lokale Ereignisse, Kunst und Kultur zusammen, so liegt der Interessenpegel der gesamten Bevölkerung heute nur knapp unter dem Niveau am Ende der Neunzigerjahre, derjenige der jungen Generation dagegen erheblich darunter.

Zugleich gibt es durchaus Themen, welche die Jugendlichen bis zur Altersgrenze von 30 Jahren stärker interessieren als früher. Das gilt insbesondere für alle Felder der Kommunikationstechnologie, von Computer und Internet über Handy, digitales Fernsehen bis hin zu digitaler Fotografie und Videotechnik; das gilt jedoch auch für andere Konsumfelder wie Kosmetik und Mode. Die Neugier auf psychologische Themen und auf Gesundheitsinformationen ist zumindest tendenziell angestiegen, das Interesse an beruflicher Weiterbildung ist stabil.

Diese Veränderungen ergeben ein Muster: Fast alle Themen, die zum einen mit dem klassischen Bildungskanon und zum anderen mit der gesellschaftlichen Entwicklung verbunden sind, finden heute weniger Aufmerksamkeit, während Informationen, die unmittelbar auf den eigenen Alltag übertragen werden können und zur Optimierung von Beruf, Kaufentscheidungen und Privatleben dienlich sind, stabiles oder sogar größeres Interesse finden.

Parallel wandeln sich die Rangordnungen und Werte. Erfolg im Beruf, ein hohes Einkommen, ein gepflegtes Aussehen, aber auch eine eigene Familie, Kinder zu haben, sind den jungen Menschen bis 30 Jahre heute wichtiger als vor einem Jahrzehnt, gesellschaftliche Ziele dagegen weniger wichtig. Das gilt sogar für die soziale Gerechtigkeit, ein Thema, das in letz-

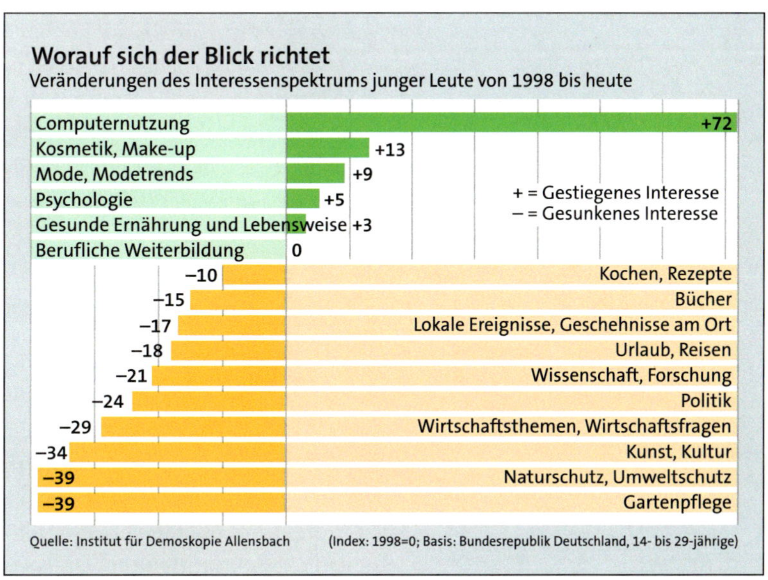

ter Zeit in der öffentlichen Diskussion eine regelrechte Renaissance erlebt hat. Der Anteil derer, die in dieser Altersklasse der sozialen Gerechtigkeit besonders große Bedeutung beimessen, hat sich binnen zehn Jahren von 60 auf 53 Prozent vermindert.
Insgesamt wird die Neigung der jungen Leute schwächer, sich kontinuierlich zu informieren. Der Anteil derer, die über das aktuelle Geschehen auf dem Laufenden sein wollen, sank allein in den letzten fünf Jahren von 45 auf 37 Prozent.
Die Begründung scheint auf den ersten Blick eindeutig zu sein: Das Informationsbedürfnis sinkt, weil das Interesse an politischen, wirtschaftlichen und gesellschaftlichen Themen zurückgeht. Sicher wäre in der öffentlichen Diskussion rasch Übereinstimmung gefunden, dass das rückläufige Interesse auf Politikverdrossenheit, die Komplexität der politischen und wirtschaftlichen Entscheidungen und den daraus folgenden Fatalismus der Bürger zurückzuführen ist. Dies erklärt jedoch kaum, warum auch Kunst und Kultur, Forschung und Wissenschaft oder Umweltthemen heute weniger Jugendliche interessieren als noch vor zehn Jahren. [...]
Dies verändert auch die Voraussetzungen für den gesellschaftlichen und besonders den politischen Diskurs. Eine Gesellschaft, die teilweise auf kontinuierliche Information und Urteilsbildung verzichtet, wird spontaner, in der Urteilsbildung beweglicher, sogar sprunghafter und anfälliger für Manipulation.

Renate Köcher, „Schleichende Veränderung", in: Frankfurter Allgemeine Zeitung v. 20.08.2008, Nr. 194, S. 5

Aufgaben

1 *Arbeiten Sie die Aussagen des Textes stichpunktartig heraus und überprüfen Sie deren Richtigkeit vor dem Hintergrund Ihrer eigenen Erfahrungen.*

2 *Vergleichen Sie Erklärungsansätze für die Aussage, dass sich immer weniger Jugendliche kontinuierlich über Politik informieren (Z. 49f.).*

3 *Führen Sie eine Fernsehdiskussion zum Thema „Erst ich und dann die andern" durch. (Geeignete Rollen neben der Moderation könnten sein: ein Elternteil, das zugunsten der Familie auf Karriere verzichtet hat; ein älterer Mensch, der sich gesellschaftlich engagiert, beispielsweise als Betreuer von Schülern nicht deutscher Herkunft oder in einem Verein; ein älterer Mensch, der von sich sagt, er habe sein Leben lang Rücksicht genommen und dürfte sich nun alles erlauben; ein Karrierist, dem der Erfolg im Beruf alle Bedürfnisse hinsichtlich Selbstverwirklichung, materieller Befriedigung und sozialer Anerkennung stillt.)*

M2 Was uns in unseren Entscheidungen leitet: Werte und Normen

Über den Handlungsreisenden Willy Loman schreibt Arthur Miller: „Er besitzt tatsächlich Werte. Nur die Tatsache, dass diese Werte sich nicht verwirklichen lassen, ist es, was ihn zur Verzweiflung treibt, wie so viele andere Menschen leider auch. Nur derjenige, der wirklich ohne alle Werte und Ideale lebt, fühlt sich immer und überall vollkommen wohl, denn zwischen nichts und irgendetwas ist ja kein Konflikt möglich." (Arthur Miller im Programmheft „Der Tod eines Handlungsreisenden", Schauspiel Essen 1993, S. 9) Das Erste mag man wohl glauben, das Zweite ist soziologisch wohl nicht denkbar, denn es gibt kein Individuum ohne Werte und eine Gesellschaft ohne Werte wäre keine Gesellschaft. Im soziologischen Sinne kann man unter Werten die bewussten oder unbewussten Vorstellungen der Mitglieder einer Gesellschaft verstehen, was man erstreben und wie man handeln soll. Durch diese kollektiven Vorstellungen des Guten und Richtigen fühlen sich die Individuen einander verbunden. Werte geben einen allgemeinen Orientierungsrahmen für Denken und Handeln ab, Normen schreiben mehr oder weniger streng vor, wie gehandelt werden soll. Normen sind Regeln, über deren Einhaltung die Gesellschaft wacht. Das tut sie mittels positiver oder negativer Sanktionen, also Lob und Strafe. Sie erreicht Normkonformität aber viel wirkungsvoller dadurch, dass uns Normen im Prozess der Sozialisation als „normal" nahegebracht werden, dass wir sie als vernünftige Regelungen internalisieren und sie im täglichen Handeln als „selbstverständlich" bestätigen.

Heinz Abels, Einführung in die Soziologie, Bd. 1: Der Blick auf die Gesellschaft, VS Verlag für Sozialwissenschaften, Wiesbaden [3]2007, S. 355 ff.

Aufgaben

1 *Beschreiben Sie, was man unter dem Begriff „Werte" versteht, und zeigen Sie den Zusammenhang zwischen Werten und Normen auf.*

2 *Erörtern Sie die These, dass gemeinsame Werte für eine Gesellschaft unverzichtbar sind. Reichen nicht die Normen des Rechtsstaats?*

M3 „Der Wertewandel entspricht den Entwicklungen und Erfordernissen der modernen Gesellschaft"

Helmut Klages (*1930) stimmt mit Inglehart überein, dass es in den Industriegesellschaften einen Wertewandel gegeben hat. In der Bundesrepublik setzte er Anfang der 60er-Jahre ein. Klages bezeichnet ihn als Wandel von Pflicht- und Akzeptanzwerten zu Selbstentfaltungswerten. Er belegt es an Erziehungswerten, die das Meinungsforschungsinstitut EMNID in repräsentativen Befragungen über mehrere Jahrzehnte erhoben hat. Eltern wurden gefragt, auf welche Eigenschaften die Erziehung der Kinder in erster Linie hinzielen sollte. Die Antworten zeigen, dass Werte wie Gehorsam und Unterordnung deutlich zurückgehen, während Selbstständigkeit und freier Wille stark ansteigen:

Erziehungsziele in der Bundesrepublik und den alten Ländern 1951–1995 (Angaben in % „wichtig")							
	1951	1964	1972	1981	1991	1995	2001
Ordnungsliebe und Fleiß	25	31	37	38	36	33	40
Gehorsam und Unterordnung	28	25	14	8	9	9	6
Selbstständigkeit und freier Wille	41	45	45	52	63	65	55

Tab. in Anlehnung an Helmut Klages, „Werte und Wertewandel", in B. Schäfers und W. Zapf (Hg.), Handwörterbuch zur Gesellschaft Deutschlands, Leske + Budrich, Opladen 1998, S. 702/Emnid-Institut, Bielefeld

Interessanterweise halten sich gleichzeitig Ordnungsliebe und Fleiß auf einem konstanten, relativ hohen Niveau. Das ist einer der Gründe, weshalb Klages gegen Inglehart kritisch einwendet, der Wertewandel gehe nicht komplett in eine Richtung. Zweitens stimmt er mit Inglehart überein, dass sich eine statistische Korrelation zwischen der Höhe des Bruttosozialprodukts und der Ausprägung eines „individualistischen" Wertkomplexes feststellen lässt. Doch anders als besorgte Leser der Inglehartschen These von der Zunahme postmaterialistischer Werte sieht Klages darin eine Entwicklung, die vom Bildungs- und Beschäfti-

Info

Ronald Inglehart geht davon aus, dass sich in der Gesellschaft ein sogenannter **Wertewandel** weg von den „materiellen" Pflicht- und Besitzwerten hin zu den „postmateriellen" Werten der Selbstverwirklichung und Kommunikation ergeben hat.

gungssystem geboten ist. Drittens schließlich stellt Klages wie Inglehart fest, dass es offensichtlich einen Zusammenhang zwischen eher individualistischen Werten und der Höhe des Bildungsniveaus gibt. [...] Der Wertewandel machte sich insbesondere bei Schülern und Studenten in der Altersgruppe zwischen 16 und 24 Jahren bemerkbar. Diese Gruppe ist traditionell progressiver in ihren Einstellungen als berufstätige Jugendliche. Ihre Wertedisposition wurde durch die Intensivierung der Bildungsprozesse verstärkt, und die Gruppe wurde erheblich größer, weil mehr Jugendliche länger im Bildungssystem blieben. [...]
Eine ganz andere Frage ist nun, was dieser Wertewandel für die Gesellschaft bedeutet. Wie ich oben gezeigt habe, haben ja viele besorgte Beobachter der Gesellschaft die These vom Übergang zu postmaterialistischen Werten als Beleg für eine Entwicklung gelesen, dass der Einzelne nur noch an sich denkt. Als Klages in Deutschland eine Abnahme von Pflicht- und Akzeptanzwerten und eine Zunahme von Selbstentfaltungswerten konstatierte, konnte das auf den ersten Blick genauso gelesen werden. „In einer solchen Formel", räumt Klages ein, „schien ein mit dem Wertewandel einhergehender Moralitätsverlust ja fast schon überdeutlich mit bloßen Händen greifbar zu sein." Umso energischer verteidigte er dann auch den Wertewandel. [...]
Zum einen erinnerte er daran, [...] dass die sozioökonomische Entwicklung Differenzierung beinhaltet. Es entstehen mehr oder weniger autonome Subsysteme, die untereinander zwar in einem strukturierten Zusammenhang verbunden sind und einander bedingen, die selbst aber eigene Werte ausbilden. [...] Das hat Konsequenzen für das Individuum und sein Wertebewusstsein. Da es in unterschiedlichste Teilsysteme eingebunden ist, die alle einer eigenen Logik folgen, also je eigene Werte vertreten, kann es gar nicht anders, als sich flexibel auf diese jeweils vertretenen einzulassen. Es muss lernfähig sein, Entscheidungen selbst treffen und individuelle, besondere Leistungen unter gewandelten Bedingungen erbringen können. Vonseiten der Teilsysteme sind Kreativität, Beweglichkeit und Neugier gefragt, „d. h. Eigenschaften, die viel eher mit ‚individualistischen' Selbstentfaltungswerten Hand in Hand gehen." [...]
Klages belegte zudem, dass von einem Verlust solcher Werte wie Ordnungsliebe, Fleiß und Pflichterfüllung überhaupt nicht die Rede sein könne. [...] Es sei vielmehr so, dass Werte flexibel und situationsangemessen gehandhabt würden. [...] Selbstentfaltung bedeute keineswegs Egoismus und Verantwortungslosigkeit. So sei die Toleranz gegenüber andersartigen Menschen deutlich angestiegen. Selbstentfaltung habe auch nicht die oft beschworene Anonymisierung und Isolation gebracht. Im Gegenteil seien ganz neue soziale Netzwerke entstanden. Die Bindung an den Wohnort sei außerordentlich hoch. Schließlich hätten die empirischen Befunde gezeigt, dass die meisten Eltern ihren Kindern weite Rechte einräumen, sich

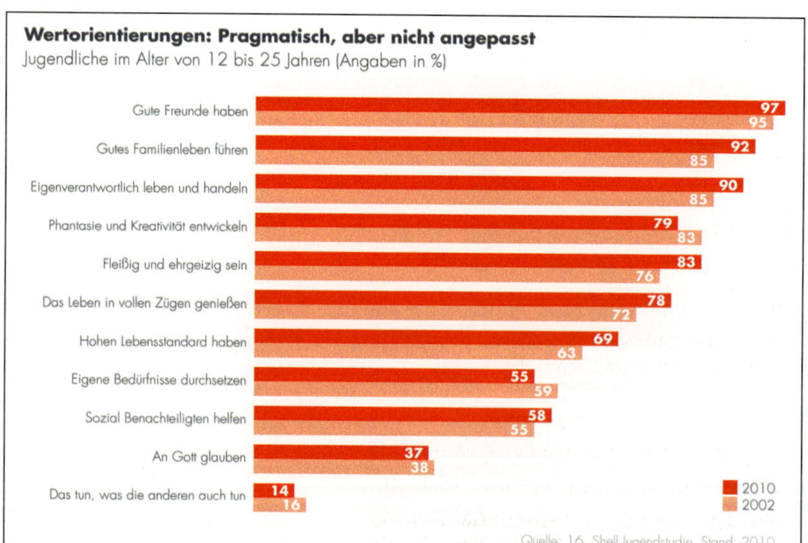

frei zu entfalten, was Hobbys, Kleidung, politische Ansichten, Freunde oder Religion anbetrifft. Auf der anderen Seite sind sie aber genauso entschieden der Meinung, sie sollten (und wollten) ihre Kinder beeinflussen, was ihr Benehmen, den Umgang mit der Wahrheit, ihr Verhalten anderen Menschen gegenüber oder ihre Einstellung zu Schule und Beruf angeht. Ob sie es tatsächlich tun und wie erfolgreich es ist, das steht natürlich auf einem anderen Blatt! Alles in allem kann man Klages wohl zustimmen, dass von einem totalen Umbau der Werte keine Rede sein kann. Es scheint vielmehr so zu sein, dass Werte je nach Bedarf synthetisiert werden. Deshalb hält sich auch der „alte" Erziehungswert „Ordnung und Fleiß" trotz der seit den späten 60er-Jahren deutlich ansteigenden Zustimmung zu dem „neuen" Wert „Selbstständigkeit und freier Wille" auf einem konstanten Niveau.

Heinz Abels, Einführung in die Soziologie, Bd. 2: Die Individuen in ihrer Gesellschaft, VS Verlag für Sozialwissenschaften, Wiesbaden [2]2007, S. 45 ff.

Aufgaben

1 *Geben Sie die Methode von Klages und die zentralen Ergebnisse seiner Studie in eigenen Worten wieder.*

2 *Erklären Sie die Aussage in Z. 23f. und zeigen Sie in diesem Zusammenhang die Bedeutung von Schule und Studium für die Werteorientierung auf.*

3 *Zeigen Sie an geeigneten Beispielen, dass Selbstentfaltung nicht zwangsläufig Moralitätsverlust bedeuten muss.*

M 4 Wertetypen zwischen „Konventionalisten" und „Idealisten"

Speyerer Typenschema für Wertetypen

	Pflicht- und Akzeptanzwerte[1]	Hedonistisch-materialistische Selbstentfaltung[2]	Idealistische Selbstentfaltung[3]
Typ 1: Ordnungsliebende Konventionalisten	hoch	niedrig	niedrig
Typ 2: Perspektivenlose Resignierte	niedrig	niedrig	niedrig
Typ 3: Aktive Realisten	hoch	hoch	hoch
Typ 4: Hedonistische Materialisten	niedrig	hoch	niedrig
Typ 5: Nonkonforme Idealisten	niedrig	niedrig	hoch

1 *Gesellschaftsbezogene Pflicht- und Akzeptanzwerte:* Disziplin, Gehorsam, Leistung, Ordnung, Pflichterfüllung, Treue, Unterordnung, Fleiß, Bescheidenheit; *persönlichkeitsbezogene Pflicht- und Akzeptanzwerte:* Selbstbeherrschung, Pünktlichkeit, Anpassungsbereitschaft, Fügsamkeit, Enthaltsamkeit

2 *Hedonistische Werte:* Genuss, Abenteuer, Spannung, Abwechslung und Ausleben emotionaler Bedürfnisse; *materialistische Werte:* hohes Einkommen, materieller Wohlstand

3 *Gesellschaftsbezogen:* Emanzipation von Autoritäten, Gleichbehandlung, Gleichheit, Demokratie, Partizipation und Autonomie des Gesellschaftsmitglieds; *persönlichkeitsbezogen:* Kreativität, Spontaneität, Selbstverwirklichung, Ungebundenheit, Eigenständigkeit

Thomas Gensicke, Deutschland im Wandel, Speyerer Forschungsberichte 154, Forschungsinstitut für öffentliche Verwaltung bei der Hochschule für Verwaltungswissenschaften Speyer, 1996, S. 25

Ein Überblick über die Merkmale der insgesamt fünf von uns aufgefundenen Wertetypen zeigt große Unterschiede in der Fähigkeit und Neigung, sich produktiv und „sozialverträglich" auf die Anforderungen der gesellschaftlichen Modernisierung und der Bürgergesellschaft einzulassen. Vorrangig traditionell orientierte Menschen halten sich eher ans Bewährte und lassen wenig Neigung zur Selbstständigkeit und Risikofreude erkennen. Vorrangig hedonistisch und materiell Orientierte sind zwar flexibel, die Dominanz des Lustprinzips und Jagd nach schnellen Gewinnen lassen sie jedoch nicht selten die Grenzen des sozial und legal Verträglichen austesten. Vorrangig idealistisch Eingestellte sind zwar verbale Fortschrittsbejaher, stehen jedoch wegen ihrer oft ideologisch geprägten Sichtweise der Realität der Modernisierung frustrationsanfällig gegenüber. „Perspektivenlos Resignierte" sind die eigentlichen „Stiefkinder" des gesellschaftlichen Wandels; Rückzug, Passivität und Apathie sind für sie typisch. Aktive Realisten können dagegen von dieser mentalen Grundausstattung her am ehesten als hochgradig modernisierungstüchtige Menschen charakterisiert werden.

Helmut Klages, „Brauchen wir eine Rückkehr zu traditionellen Werten?", in: Aus Politik und Zeitgeschichte, Bd. 29/2001 v. 13.7.2001, S. 11 f.

M 5

Burkhard Mohr

Aufgaben

1 *Nehmen Sie in Ihrem Kurs eine Fremd- und Selbstzuordnung bezüglich der Wertetypen vor und diskutieren Sie die Ergebnisse.*

2 *Vergleichen Sie die Wertetypen und erörtern Sie, inwiefern eine solche Zuordnung sinnvoll ist.*

M 6 Ein Erklärungsansatz für sozialen Wandel

Grundsätzlich bedeutet sozialer Wandel eine grundlegende Änderung der Strukturen der Gesellschaft, ihrer Institutionen oder ihrer zentralen Werte. Die Soziologie versucht, diesen Änderungen einen Sinn zu geben, indem sie sie bündelt und in ein theoretisches Konzept einbettet. Sozialer Wandel ist also nicht nur ein objektives Phänomen, sondern auch eine Konstruktion des jeweiligen Wissenschaftlers, der die Daten auswertet. Man unterscheidet zwischen finalen und kausalen Erklärungsansätzen. Finale Erklärungsansätze versuchen, den sozialen Wandel als Konstrukt mit einem vorherbestimmten Ziel zu deuten. Der Marxismus mit dem Ziel der klassenlosen Gesellschaft ist hierfür ein Beispiel. Finale Theorien werden heute kaum mehr vertreten. Heute fasst man die Sozialstruktur komplexer auf und erklärt die Klassen- oder Schichtzugehörigkeit nur zu einem Indikator für den sozialen Wandel. Also betrachtet man die Ursachen und leitet daraus Folgen ab. Beispiele hierfür sind Max Weber oder auch Ulrich Beck. Zudem wird der soziale Wandel als multikausal beschrieben, sodass sehr vielfältige Zusammenhänge zwischen Ursachen und Wirkungen möglich sind. Beispielsweise ist es sehr schwer zu entscheiden, was die Ursache und was die Folge, also die Veränderung der Gesellschaft in einem bestimmten Punkt, ist. Außerdem werden die Folgen selbst wieder zu Ursachen für weitere Veränderungen.

Im Folgenden skizzieren wir einen multikausalen Erklärungsansatz, der die Veränderungen bei den einzelnen Indikatoren von der Agrar- bis zur postindustriellen Gesellschaft beschreibt: das modernisierungstheoretische Modell.

(Autorentext)

M7 Das modernisierungstheoretische Modell der Sozialstrukturentwicklung

	Vormoderne Agrargesellschaft	Moderne Industriegesellschaft	Moderne postindustrielle (Wissens- und Dienstleistungs-)Gesellschaft
Bevölkerung	Heiratsbeschränkungen; maximale Anzahl von Geburten in Ehen; hohe Sterblichkeit; geringe Bevölkerungsvermehrung	Erster demografischer Übergang: wenige Geburten, längere Lebenserwartung, „sparsame" Bevölkerungsweise; sporadische Außenwanderungen; geringe Bevölkerungsvermehrung	Zweiter demografischer Übergang: Geburtendefizit, Alterung; systematische Zuwanderung
Haushalte	das „ganze Haus" dominiert; arbeiten und wohnen am gleichen Ort	Zwei-Generationen-Kernfamilie dominiert; Urbanisierung; Trennung von Arbeiten und Wohnen; Männer erwerbstätig, Frauen im Haushalt	weniger und späteres Heiraten; spätere Geburten; geringere Stabilität von Ehen; mehr Frauen sind erwerbstätig; Pluralisierung von Lebensformen
Bildung	Grundbildung nur für Teile der Bevölkerung; Bildungschancen formell von Standeszugehörigkeit abhängig	Massenbildung für alle; formale Chancengleichheit zur Erlangung von Bildungsabschlüssen; soziale Stellung immer mehr an Bildungsgrad gebunden	a) Bildungsexpansion, weiterführende Bildung für viele, systematische Weiterbildung; b) organisatorische Ausdifferenzierung des Bildungssystems; c) mehr faktische Chancengleichheit
Erwerbstätigkeit	die Landwirtschaft dominiert; Arbeit und Freizeit sind wenig getrennt	der Landwirtschaftssektor schrumpft; der Produktionssektor dominiert; der Beruf ist die Schlüsselstellung der Menschen; Spezialisierung und Maschinenbedienung setzen sich durch; Lohnabhängigkeit dominiert; Trennung von Arbeit und Freizeit; standardisierte Arbeitsverhältnisse in arbeitsteiligen Großunternehmen (Fabriken)	a) zunehmende Erwerbstätigkeit, vor allem von Frauen; sinkende Arbeitslosigkeit; b) Landwirtschafts- und Produktionssektor schrumpfen; Tertiarisierung: Der Dienstleistungssektor dominiert; Höherqualifizierung der Arbeitenden; Flexibilisierung von Karrieren, Arbeitsverhältnissen und Arbeitsbedingungen; c) steigende Wirtschaftsleistung und wachsender Wohlstand
Ungleichheit	die jeweilige „Geburt" prägt die Stellung der Menschen im Ungleichheitsgefüge; Ständegesellschaft, sozialer Auf- und Abstieg kaum möglich	erst Besitz, dann Beruf prägen Stellung im Ungleichheitsgefüge; erst Klassen, dann Schichten entstehen; zuerst viel, dann immer weniger Verteilungs- und Chancenungleichheit; die Mittelschicht wächst; mehr Auf- und Abstiege	außerberufliche Determinanten und Dimensionen sozialer Ungleichheit gewinnen an Bedeutung, aber Beruf bleibt wichtig; Klassen und Schichten fächern sich auf; immer bessere Ressourcenausstattung; noch gleichere Verteilung innerhalb und zwischen den Gesellschaften; noch mehr Chancengleichheit
Soziale Sicherung	Sicherung durch die Familie bzw. durch das „ganze Haus"	Großorganisationen zur sozialen Sicherung gegen Standardrisiken (Alter, Krankheit, Unfall, Arbeitslosigkeit, Armut)	Großorganisationen werden zu teuer, lösen neue Sicherungsprobleme nicht; ein „welfare-mix" entsteht
Lebensweisen, Massenkultur	zahlreiche lokale, religiöse Sonderkulturen	Einebnung lokaler, religiöser etc. Sonderkulturen durch Arbeits-, Klassen- und Schicht-Kulturen sowie nationalstaatliche Kulturen	Differenzierung (Milieus, Lebensstile, ethnische Kulturen); kulturelle Verflechtung der Länder; weniger arbeits-, mehr freizeit- und konsumgeprägte Orientierungen

Stefan Hradil, Die Sozialstruktur Deutschlands im internationalen Vergleich, VS Verlag für Sozialwissenschaften, Wiesbaden 2006, S. 13 ff.

Aufgaben

1 *Stellen Sie ausgehend von der Tabelle die Zusammenhänge in geeigneter Form dar (Wirkungsgefüge, Mindmap, Conceptmap).*

2 *Problematisieren Sie die Zusammenhänge einzelner Indikatoren.*

3 *Vergleichen Sie, welche der Aspekte in Ihrem persönlichen Lebensumfeld erfüllt sind.*

Info

Optionen ergeben sich aus Anrechten und Angeboten, beispielsweise hilft das Demonstrationsrecht, demokratisch Einfluss auf die Regierung auszuüben, und zeigt die Wahlfreiheit des Einzelnen auf.
Ligaturen sind die sinnstiftenden Bindungen an kulturelle Werte und soziale Gemeinschaften. Diese Bindungen können höchst vielgestaltig sein – von Freundschaften oder einem guten Betriebsklima bis hin zur Identifikation mit einem Pop-Idol oder der eigenen Nation.

Nach: Ralf Dahrendorf

M8 Individualisierung der Lebensführung

Das Ideal der individuellen Autonomie

Der bereits in der Renaissance einsetzende moderne Individualismus betonte von Anfang an die Autonomie und Einzigartigkeit des Einzelnen – ursprünglich in Absetzung von der starken Eingebundenheit des mittelalterlichen Menschen in rigide lokale Gemeinschaften. Bis heute neigt der Kult des Individuums zu einer Überbetonung von Optionen auf Kosten der Ligaturen. Auf seinem Programm steht u. a. eine rigorose Enttraditionalisierung aller Lebenszusammenhänge, um der Person ein möglichst selbstbestimmtes Leben zu ermöglichen. Traditionen sollen nicht mehr binden. Die Kehrseite dieser Optionserweiterung ist Ligaturenverlust. Der Schützenverein beispielsweise ist eben nicht bloß spießiger Konformitätsterror, sondern kann auch echtes Gemeinschaftserleben – genau wie in der Raver-Szene – bedeuten.

Die drei Voraussetzungen des Individualisierungsprozesses

Der Individualisierungsschub der letzten Jahrzehnte geht vor allem auf drei Entwicklungen zurück. Erstens hat eine bis in die 1980er-Jahre anhaltende Wohlstandssteigerung in fast allen Bevölkerungsgruppen zwar die sozialen Ungleichheiten nicht nivelliert, wohl aber einen „Fahrstuhl-Effekt“ ausgelöst: Alle konnten sich kontinuierlich ein bisschen mehr leisten, z. B. Fernreisen oder den Zweitfernseher im Kinderzimmer. Zweitens hat die deutliche Verkürzung der Arbeitszeit den vollerwerbstätigen Gesellschaftsmitgliedern entsprechend mehr Freizeit beschert, in der sie eigenen Interessen, vom Hobby bis zum politischen Engagement oder zur Weiterbildung, nachgehen können. Drittens schließlich hat das gestiegene Bildungsniveau, wie es sich vor allem im höheren Abiturienten- und Studierendenanteil zeigt, zum einen dazu geführt, dass immer mehr Menschen bessere Chancen des sozialen Aufstiegs über eine berufliche Karriere bekommen haben. Zum anderen bedeutet höhere Bildung auch die Vermittlung kognitiver Kompetenzen und Anregungen, um profunder über sich selbst und das eigene Leben nachzudenken und auf dieser Grundlage selbstbestimmtere Lebensentscheidungen zu treffen, wie auch ein höheres Interesse daran.

Sozialer Aufstieg

Aus diesen Entwicklungen erwuchs eine zunehmende Individualisierung, die sich mit ihrer positiven Seite an einer ganzen Reihe von Phänomenen festmachen lässt. Zunächst ist darauf hinzuweisen, dass von den 1950er- bis zu den 1980er-Jahren mehr Gesellschaftsmitglieder als zuvor – und danach – einen sozialen Aufstieg geschafft haben. Diese Aufsteiger, etwa vom Arbeiterkind zum Akademiker, sind schon deshalb individualisiert, weil sie mit dem sozialen Milieu, in dem sie sich dann bewegen, erst einmal nicht vertraut sind.

Pluralisierung der Lebensstile

Aber auch darüber hinaus hat eine zunehmende Diversifizierung von Lebensstilen stattgefunden, was als Übergang in eine Erlebnisgesellschaft verzeichnet worden ist. Seit den 1960er-Jahren haben viele Menschen in den entwickelten Ländern des Westens eine ganz neuartige Lebenseinstellung kultiviert. Bis dahin ging es primär darum, zunächst vor allem materielle Grundbedürfnisse zu befriedigen und sodann, insbesondere über Bildungsanstrengungen angegangen, berufliche Leistung zu erbringen und Karriere zu machen. Seitdem hat sich das Lebenskonzept vieler in Richtung „schöner Erlebnisse“ verschoben, die neben kulturellen Aktivitäten im engeren Sinne viele weitere Lebensbereiche erfassen: vom Wohnen über Freizeitaktivitäten und Bildungsinteressen bis zum Umgang mit dem eigenen Körper und zum Essen.

Die Notwendigkeit, zwischen verschiedenen Optionen zu entscheiden

[...] Jeder muss immer mehr Fragen selbst entscheiden, anstatt einfach das zu tun, was „man“ in seinem Milieu in entsprechenden Situationen so tut. Das reicht von vergleichsweise belanglosen Fragen wie der, wo man Urlaub macht, bis zu weittragenden Entscheidungen der Berufswahl oder der Gestaltung einer Lebenspartnerschaft.

Weil aber der Einzelne so viele zugemutete Entscheidungen gar nicht auf sich allein gestellt zu bewältigen vermag, springt ihm die Wissensgesellschaft hilfreich zur Seite. Sie stellt ein unerschöpfliches Reservoir an Ratschlägen und Rezepten zur Verfügung, wie man sie tagtäglich in Zeitungen, Zeitschriften und Fernsehprogrammen, aber auch in der Ratgeberliteratur sowie natürlich mittlerweile im Internet angeboten bekommt. Diese wissensgesellschaftliche Rundum-Beratung der Person ist an die Stelle der früheren Traditionen getreten, wie beispielsweise ein Blick auf die Kindererziehung zeigt. In sozialen Milieus fest verankerte, fraglos geltende standardisierte Normen der richtigen Erziehung sind in den letzten Jahrzehnten einem wissenschaftlich beeinflussten Wissen über Kindererziehung gewichen. Welchem der vielen und oft konträren Ratschläge jemand freilich folgt, muss er letztlich immer noch selbst entscheiden.

Die Entstehung neuer sozialer Bewegungen

Ein weiteres Ergebnis des gesellschaftlichen Individualisierungsschubs waren die sogenannten „neuen sozialen Bewegungen“, die nach der Studentenbewegung der späten 1960er-Jahre als ganz neuartige politische Akteure aufgekommen sind: die Frauen-, die Umwelt- und die Friedensbewegung. Nicht nur in den inhaltlichen Forderungen, auch in den Aktionsformen, die von der „außerparlamentarischen Opposition“ der Studenten übernommen wurden, fand die neu gewonnene Individualität vor allem jüngerer Menschen aus der Mittelschicht ihren Ausdruck. Es ging um postmaterialistische Werte, um „Lebensqualität“ statt um bloßen „Lebensstandard“.

Schattenseiten der Individualisierung

Soweit zum positiv verzeichneten Zugewinn an Optionen! Dieser hat allerdings auch seine Schattenseiten, die im Laufe der Zeit immer deutlicher zum Vorschein gekommen sind.

Die Zunahme der Entscheidungszumutungen

Die eine davon ist als „Multioptionsgesellschaft“ porträtiert worden. Wie bereits angesprochen, explodieren die Entscheidungszumutungen, mit denen sich jeder tagtäglich konfrontiert sieht, aufgrund des Ligaturenverlusts. Alles könnte auch anders gemacht werden und nicht zuletzt die Massenmedien versorgen einen mit Alternativangeboten. Beratungsangebote können partiell abhelfen, bleiben aber hinterfragbar – und dann steht jeder letztendlich mit dem vagen, aber nachhaltig schlechten Gefühl da, er hätte es vielleicht doch besser machen können.

Die weitreichende Selbstverantwortung

Die andere Schattenseite der Individualisierung besteht darin, dass der „homo optionis“ auch selbst dafür verantwortlich gemacht wird, was aus seinen Entscheidungen wird. Wer z. B. einen Beruf wählt, der ihn dann mit Mitte Vierzig arbeitslos werden lässt, kann nicht mehr so einfach sagen, er habe nur das getan, was sein Vater und Großvater ihm vorgelebt und geraten haben – es war kein Milieu-Schicksal, sondern seine höchstpersönliche Entscheidung! Niemandem sonst und schon gar nicht „der Gesellschaft" kann die Schuld zugeschoben werden. Selbstverantwortung ist immer schwer – aber sie kann zu einer übermenschlichen Belastung werden, wenn es um unabsehbare Folgen einer Entscheidung geht oder einem die gesellschaftlichen Umstände keine Chance lassen.

Zunehmende Ausländerfeindlichkeit

Auch die zunehmende Ausländerfeindlichkeit, die Deutschland seit den 1990er-Jahren kennt und die sich immer wieder nicht nur verbal, sondern auch gewaltsam äußert, muss als Schattenseite der Individualisierung gesehen werden. Wer auch immer die Rädelsführer sind: Die Gefolgschaft und die Sympathisanten setzen sich zu großen Teilen aus jenen zusammen, die wirtschaftlich abgehängt sind und gesellschaftlich nicht mehr mitkommen. Sie suchen Sündenböcke, die sie für die eigene Misere verantwortlich machen können. Dazu taugen bestimmte Gruppen von Ausländern, in Deutschland insbesondere Türken. Sie sind in der Öffentlichkeit an ihrem Äußeren zumeist gut erkennbar; sie haben einen fremdartigen, nicht christlich geprägten kulturellen Hintergrund, der noch dazu spätestens seit „9/11" über den radikalen Islamismus mit Terrorismus assoziiert wird; und sie nehmen Deutschen – so das simple Wahrnehmungsschema – Arbeitsplätze und/oder Sozialhilfe weg.

Nicht wenige Gesellschaftsmitglieder – und nicht nur dezidierte Ausländerfeinde – sehen die Gefahr einer „Überfremdung" der deutschen Kultur durch zu viele hier lebende Ausländer, wiederum vor allem mit Blick auf Türken. Der Bau von Moscheen oder der Gebetsruf des Muezzins sind in den letzten Jahren immer wieder Steine des Anstoßes geworden, ganz zu schweigen von der Beschneidung junger Mädchen oder der familialen Gewalt gegen Frauen. Spätestens letztere Phänomene lassen schnell befürchten, dass der von manchen Medienberichterstattungen dramatisierte weltweite „Kampf der Kulturen" nun in Deutschland, gleich um die Ecke, angekommen sei und dass man die „deutsche Kultur" – was immer man genau darunter verstehen mag – entschieden verteidigen müsse, bevor es zu spät sei.

Nach: Uwe Schimank, „Individualisierung der Lebensführung", in: Stefan Hradil (Hg.), Deutsche Verhältnisse: Eine Sozialkunde, Bundeszentrale für politische Bildung, Bonn 2012, S. 27 ff.

Aufgaben

1 *Erstellen Sie eine Rangfolge Ihrer Optionen und Ligaturen. Vergleichen Sie die Ergebnisse in Ihrem Kurs.*

2 *Ordnen Sie den „Kampf" um die „deutsche Kultur" (Z. 122 ff.) in die Begrifflichkeit von Optionen und Ligaturen ein.*

3 *Erläutern Sie, unter welchen Bedingungen der „Kult des Individuums" (Z. 5) als Gewinn oder als Verlust gesehen wird.*

4 *Individualisierung gilt als eine der Hauptursachen von gesellschaftlichen Missständen, sei es wegen zu weniger Kinder oder fehlendem zivilgesellschaftlichem Engagement. Erörtern Sie, inwiefern Individualisierung Ursache oder Folge gesellschaftlicher Entwicklungen ist.*

M 9 Ulrich Becks Individualisierungstheorie

a) Rufen wir uns die These von Beck noch einmal in Erinnerung. Danach hat die Moderne zu einer Individualisierung geführt, die sich in drei einander bedingenden Formen zeigt: „Herauslösung aus historisch vorgegebenen Sozialformen und -bindungen im Sinne traditionaler Herrschafts- und Versorgungszusammenhänge (‚Freisetzungsdimension'), Verlust von traditionalen Sicherheiten im Hinblick auf Handlungswissen, Glauben und leitende Normen (‚Entzauberungsdimension') und – womit die Bedeutung des Begriffes gleichsam in ihr Gegenteil verkehrt wird – eine neue Art der sozialen Einbindung (‚Kontroll- bzw. Reintegrationsdimension')."

Was Entzauberung meint, liegt auf der Hand: Es gibt keine verbindlichen Sinnsysteme mehr, auf die sich alle bezogen. Das wurde nicht erst durch die Aufklärung in Gang gesetzt, erhielt aber dort seine moralische und politische Rechtfertigung. Ganz entscheidend haben im 20. Jahrhundert die Medien, und hier vor allem das Fernsehen, dazu beigetragen, dass aus der Darstellung der Fülle des Lebens für alle ein Schluss herauskam: Für fast alles gibt es gute Gründe und kein Wert und keine Norm, kein Geheimnis und kein Glaube ist im Prinzip besser oder schlechter als ein anderer. Entzauberung heißt denn auch, dass naives Vertrauen auf irgendeinen Sinn nicht mehr möglich ist. Das Individuum muss im Grunde ohne Netz und doppelten Boden alles selbst erfinden, entscheiden – und vor anderen rechtfertigen! In dieser Hinsicht trifft es den einen mehr und den anderen weniger. Der eine ist zu einem solchen Verhalten mehr in der Lage als ein anderer, dieser ist in soziale Beziehungen eingebunden, die eine relative Sicherheit in dieser Hinsicht geben, und jener ist ratlos auf sich gestellt. Der soziale Wandel besteht in einem Mentalitätswandel, in dem es auch um emotionale Sicherheit und Gewissheit der eigenen Person und die Stellung zur Gesellschaft geht.

[...] Das Individuum ist gehalten, aus seiner individuellen Lage die Entscheidungen seines eigenen Lebens zu treffen, aber es sieht sich von Institutionen und Regelungen, von Moden und Erwartungen umstellt, die seine individuellen Entscheidungen in eine bestimmte Richtung lenken oder Standardentscheidungen sogar erzwingen. Das meint Beck, wenn er von einem neuen Modus der Re-Integration und Kontrolle spricht, der mit den entstehenden Individuallagen verbunden ist. Das Private wie das Öffentliche geraten unter den Druck von Moden und Konjunkturen, von Institutionen und Standards.

Vor allem die Biografie, als der scheinbar einzigartige Bereich individuellen Lebens, gerät unter Kontrolle und Individuallagen werden zu institutionenabhängigen Individuallagen. Es sind die institutionellen Regelungen des Bildungssystems, des Arbeitsmarktes, des Konsums, der sozialen Versorgung, der Moden usw., durch die unser Leben prozessiert wird. Sie reintegrieren und kontrollieren das Individuum und je nach sozialer Lage bilden sich so etwas wie Normalbiografien heraus. „Ständisch geprägte, klassenkulturelle oder familiale Lebenslaufrhythmen werden überlagert oder ersetzt durch institutionelle Lebenslaufmuster: Eintritt und Austritt aus dem Bildungssystem, Eintritt und Austritt aus der Erwerbsarbeit, sozialpolitische Fixierungen des Rentenalters, und dies sowohl im Längsschnitt des Lebenslaufes (Kindheit, Jugend, Erwachsenensein, Pensionierung und Alter) als auch im täglichen Zeitrhythmus und Zeithaushalt (Abstimmung von Familien-, Bildungs- und Berufsexistenz)."

Heinz Abels, Einführung in die Soziologie, Bd. 1: Der Blick auf die Gesellschaft, VS Verlag für Sozialwissenschaften, Wiesbaden [3]2007, S. 355 ff.

b) In der modernen Gesellschaft kommen auf den Einzelnen neue institutionelle Anforderungen, Kontrollen und Zwänge zu. Über Arbeitsmarkt, Wohlfahrtsstaat und Bürokratie wird er in Netze von Regelungen, Maßgaben, Anspruchsvoraussetzungen eingebunden. Vom Rentenrecht bis zum Versicherungsschutz, vom Erziehungsgeld bis zu den Steuertarifen: All dies sind institutionelle Vorgaben mit dem besonderen Aufforderungscharakter, ein eigenes Leben zu führen. Für die neuen Vorgaben muss man etwas tun, sich aktiv bemühen. Hier muss man erobern, in der Konkurrenz um begrenzte Ressourcen sich durchzusetzen verstehen – und dies nicht nur einmal, sondern tagtäglich. Die Normalbiografie

Ulrich Beck, geb. 1944, Professor für Soziologie an der Universität München

Aufgaben

1 *Ordnen Sie das Schaufenster eines Handy-Ladens (s. Foto auf S. 42) in den theoretischen Zusammenhang von Becks Individualisierungstheorie ein.*

2 *Zeigen Sie weitere Beispiele aus Ihrem Lebensumfeld, bei denen Individualität und Konformismus einander widersprechen.*

Handy-Zubehör in einem Schaufenster

wird damit zur „Wahlbiografie“, [...] zur „Bastelbiografie“.
Das muss nicht gewollt sein und es muss nicht gelingen. Bastelbiografie ist immer zugleich „Risikobiografie“, [...] ein Zustand der (teils offenen, teils verdeckten) Dauergefährdung. [...] Der falsche Beruf oder die falsche Branche, dazu die privaten Unglücksspiralen von Scheidung, Krankheit, Wohnungsverlust – Pech gehabt!, heißt es dann. Im Fall des Falles wird offen erkennbar, was untergründig immer schon angelegt ist: Die Bastelbiografie kann schnell zur Bruchbiografie werden.

Ulrich Beck/Elisabeth Beck-Gernsheim, „Individualisierung in modernen Gesellschaften“, in: Riskante Freiheiten, Frankfurt/M. 1994, S. 10 ff.

Aufgaben

1 *Becks These ist in der Wissenschaft auf teils heftige Kritik gestoßen. M 9 c) vermittelt einen kleinen Einblick davon. Stellen Sie die verschiedenen Dimensionen der Individualisierungstheorie dar und zeigen Sie Ansatzpunkte für Kritik auf.*

2 *Begründen Sie, inwieweit aus Ihrer Sicht die Einschätzung, dass Becks Thesen „den Zeitgeist und den Nerv vieler Menschen treffen“ (Z. 19), zutrifft.*

3 *Erläutern Sie Ihre eigene Stellung im Individualisierungsprozess und beurteilen Sie in Bezug auf die verschiedenen Aspekte der Modernisierung, wer der größte Gewinner in einer vollständig individualisierten Gesellschaft ist.*

c) Kritiker haben unter anderem darauf hingewiesen, dass der Individualisierungsbegriff Ulrich Becks unklar ist. So bleibe im Dunkeln, inwieweit Individualisierung ein „subjektiver“ Vorgang ist, der eine bewusst betriebene Emanzipation der Einzelnen aus (Zwangs-)Gemeinschaften thematisiert, oder inwieweit er ein „objektiver“ Prozess ist, der mehr oder minder unbemerkt abläuft.
[...] Zudem wurde kritisiert, dass ein Begriff, der neben der individuellen Herauslösung aus Konventionen und Gemeinschaften auch das Gegenteil umfasst (konventionelles Verhalten, Vergemeinschaftung), empirisch nicht geprüft werden kann. – Weiterhin wurde darauf hingewiesen, dass die Individualisierung sowie deren von Beck angeführte Ursachen allenfalls zum Teil stattgefunden haben. Individualisierung sei ein Phänomen der jüngeren städtischen Mittelschichten. Und keineswegs seien Auf- und Abstiege und Umzüge so häufig geworden, dass die Gesellschaft, wie es Beck formulierte, „durcheinandergewirbelt“ wurde. [...]
Schon die Fülle der genannten Kritikpunkte macht deutlich, dass Ulrich Becks Thesen eine überaus heftige Diskussion innerhalb und außerhalb der Soziologie ausgelöst haben. Klar ist, dass Becks Aussagen überzeichnet sind und so (noch?) nicht überall in der Gesellschaft Realität sind. Gleichwohl treffen aber die Beck'schen Thesen den Zeitgeist und den Nerv vieler Menschen. Die Individualisierungsthese weckt einerseits Hoffnungen auf Autonomie und Selbstverwirklichung. Sie bringt aber auch die Befürchtungen vieler Menschen zum Ausdruck, einsam, haltlos und mit dem ständigen Risiko des Scheiterns leben zu müssen. Die Individualisierungsthese trifft so die gemischten Gefühle, mit denen viele Menschen heute dem Modernisierungsprozess entgegensehen.

Stefan Hradil, Die Sozialstruktur Deutschlands im internationalen Vergleich, VS Verlag für Sozialwissenschaften, Wiesbaden 2006, S. 268

M 10 Gibt es die „Gesellschaftstheorie"?

Der Begriff Gesellschaft [...] birgt eine Reihe von Schwierigkeiten. Diese Schwierigkeiten bündeln sich besonders deutlich in der Frage, ob es so etwas wie eine *Theorie der Gesellschaft* geben kann.

Die Bezeichnung „Gesellschaftstheorie" steht in den Gesellschaften nicht für irgendeine theoretische Erklärung oder Deutung gesellschaftlicher Teilaspekte oder konkreter sozialer Prozesse. Sie steht vielmehr für eine Theorie, die das Funktionsprinzip, die Entwicklungsrichtung und die treibenden Kräfte eines bestimmten Typus von Gesellschaft insgesamt zu erklären versucht. [...]

Ein bis heute diskutiertes Modell einer Gesellschaftstheorie ist die von Karl Marx (1818–1883) begründete Analyse kapitalistischer Gesellschaften. Für sie steht die Art des Wirtschaftens, also die spezifische Art, wie die Arbeit organisiert ist, durch die sich Gesellschaften mit ihren Lebensgrundlagen versorgen, im Zentrum der Theorie. Marx bezeichnet dies als die *Produktionsverhältnisse*, wobei unter diesem Begriff sowohl die technischen Möglichkeiten als auch die Art der Arbeitsteilung sowie das Eigentum an den Produktionsmitteln gemeint sind. Seine Theorie entstand im Angesicht der sich entwickelnden Industriegesellschaften, wobei die Dampfkraft und die maschinelle Produktion ein enorm hohes Maß an Arbeitsteilung erzwangen. Der Arbeiter hatte als ein Rädchen innerhalb einer großen industriellen Maschinerie bestimmte Handgriffe zu verrichten. Entscheidend war aus Marx' Sicht allerdings, dass der Besitz der aufwendigen und teuren Anlagen viel Kapital erforderte und sich die Gesellschaft fortschreitend in einen Gegensatz zwischen kapitalbesitzenden Unternehmern und abhängigen Lohnarbeitern entwickelte. Sehr allgemein gesprochen, prognostizierte Marx, dass sich die weitere Entwicklung kapitalistischer Gesellschaften durch die Verwertungslogik des investierten Kapitals und den Zwang zur Profitmaximierung ergeben werde. Alle anderen gesellschaftlichen Teilaspekte würden nach und nach in die Logik des Kapitals einbezogen und dadurch geformt, sie und letztlich auch die Menschen selbst würden zu „Waren" innerhalb einer umfassenden kapitalistischen Gesellschaft werden.

Eine von mehreren möglichen Gegenpositionen formuliert die in der Mitte des 20. Jahrhunderts entstandene *Konvergenztheorie*. Während sich die seit der Revolution von 1917 in Russland etablierte sowjetische Gesellschaftsordnung auf Marx berief und sich ausdrücklich als Gegenmodell zu den kapitalistischen Gesellschaften Westeuropas und der Vereinigten Staaten begriff, hob die Konvergenztheorie die Gemeinsamkeit beider Systeme hervor, weil beide auf industrielle Produktion, Wachstum und Modernisierung konzentriert seien. Pitirim A. Sorokin [...] prognostizierte, dass sich die unterschiedlichen gesellschaftlichen Ordnungen ungeachtet der politisch-weltanschaulichen Differenzen angesichts der treibenden und prägenden Kraft der industriellen Produktionsweise mittelfristig einander angleichen würden. Die sogenannte *Modernisierungstheorie* griff diesen Gedanken auf. In der Konvergenz- und Modernisierungstheorie werden nicht die *kapitalistischen* Eigentumsverhältnisse, sondern wird die *industrielle* Produktionsweise als die zentrale gesellschaftliche Triebkraft angesehen. Die beiden Diagnosen lassen sich dementsprechend in den Begriffen „Kapitalismus" oder „Industriegesellschaft" bündeln, zwischen denen zu Zeiten des Kalten Krieges hitzige (politische) Auseinandersetzungen geführt wurden. Heute könnte man den Blick mit einer ähnlichen Fragestellung auf die wirtschaftliche und politische Entwicklung der Volksrepublik China richten.

Es geht hier nicht darum, die Analysen und Prognosen von Marx oder dessen Gegenpositionen im Detail darzustellen und deren jeweilige Vorhersagen auf ihre Stichhaltigkeit zu prüfen. Besonders die Marx'sche Theorie soll als Beispiel dienen, um die Reichweite und den Deutungsanspruch einer umfassenden Gesellschaftstheorie zu veranschaulichen. Vor diesem Hintergrund lässt sich dann die Frage aufwerfen, ob eine Gesellschaftstheorie mit einem derartigen Anspruch angesichts immer komplexerer, vielgestaltigerer und global verflochtener gesellschaftlicher Prozesse und Differenzierungen überhaupt noch möglich ist. Gibt es *den* zentralen Mechanismus oder Faktor, der als die eigentlich treibende Kraft hinter den sichtbaren gesellschaftlichen Phänomenen steht? Oder ist der Anspruch vermessen, Gesellschaften mit einer Theorie aus einem Guss erklären zu wollen und ihnen dabei eine Abhängigkeit von nur einem leitenden Prinzip zu unterstellen?
Auch die umgekehrte Frage lässt sich stellen: Können die Gesellschaftswissenschaften auf eine Gesellschaftstheorie verzichten und sich beispielsweise auf konkrete empirische Studien über ungleiche Bildungschancen oder die konkreten Folgen einer technischen Innovation beschränken? [...]

Gesellschaftsbegriffe als Gesellschaftsdiagnosen

Agrargesellschaft Der Begriff zielt auf die Landwirtschaft als Produktions- und Lebensweise, die das Leben eines Großteils der Bevölkerung bestimmt. Agrargesellschaften sind typischerweise Naturalwirtschaften, auch Abgaben werden in Form von Naturalien und nicht in Geld geleistet. Das unterstützt die Sesshaftigkeit der Bevölkerung, die zugleich durch die rechtliche Verfassung erzwungen wird (*Feudalgesellschaft*). Das Leben der Bevölkerungsmehrheit ist durch traditionale Ordnungen geprägt, Schrift wird kaum benutzt. In Europa entwickelte sich seit der Frühen Neuzeit eine kleine („adelige") Oberschicht, die aufgrund der Abgaben von der Arbeit entbunden war und kulturelle Leistungen hervorbringen konnte.

Industriegesellschaft Im Zentrum des seit dem Ende des 18. Jahrhunderts entstandenen Gesellschaftstyps stehen Produktion und Lohnarbeit. Dementsprechend sind Industriegesellschaften durch Geldwirtschaft geprägt. Wenn man den Schwerpunkt auf die durch die industrielle Produktion beförderte Eigentumsform legt, kann man von *kapitalistischen Gesellschaften* sprechen. Wenn man den Blick auf die Spaltung der von Lohnarbeitern und Kapitalbesitzern gekennzeichneten Sozialstruktur richtet, von einer *Klassengesellschaft*. Zur Industrialisierung gehört ein umfassender Wandel der Lebensformen, eine *Urbanisierung* und Herauslösung von Menschen aus traditionalen Zusammenhängen und, sobald das materielle Elend der frühen Industrialisierung überwunden war, eine breite *Individualisierung*.

Mittelstands-/Mittelschichtsgesellschaft Bereits in den 1920er-Jahren diagnostizierte Theodor Geiger (1949) eine „Klassengesellschaft im Schmelztiegel" und das Entstehen eines neuen Mittelstandes. In den 1950er-Jahren prägte Helmut Schelsky (1953) den Begriff der „nivellierten Mittelschichtsgesellschaft". Zur Zeit des Wirtschaftswunders schien die Mehrheit der Bevölkerung ein gehobenes Wohlstandsniveau in der Mitte der Schichtungspyramide erreicht zu haben.

Zwei-Drittel-Gesellschaft Seit den 1970er-Jahren geht die Entwicklung der Einkommen und der Sozialstruktur wieder weg von der Mittelschichtsgesellschaft. Die Schere zwischen hohen und niedrigen Einkommen öffnet sich. Während zwei Drittel der Gesellschaft im Wohlstand leben, erschien ein Drittel durch langfristige Arbeitslosigkeit von der Entwicklung abgekoppelt. Aktuell ist eher die Rede von „Unterschichten" und „Exklusion", um auf einen Teil der Bevölkerung hinzuweisen, der nicht in das Arbeitsleben der Wohlstands- und Konsumgesellschaft integriert ist.

Postindustrielle Gesellschaft In den 1970er-Jahren von Daniel Bell (1975) und Alain Touraine (1972) geprägter Begriff, mit dem nicht nur gemeint ist, dass sich der Schwerpunkt weg von der industriellen Produktion von Gütern (also der Beseitigung von Knappheit) und hin zu Dienstleistungen (*Dienstleistungsgesellschaft*) und Informationen verlagert. Die Berufsstruktur wandelt sich hin zu höher qualifizierten Tätigkeiten. Und eine allgemeine Sättigung mit materiellen Gütern geht einher mit einem Wertewandel von materialistischen zu postmaterialistischen Einstellungen, wie ihn Ronald Inglehart (1989) beschreiben hat.

Informationsgesellschaft Ebenfalls in den 1970er-Jahren entstandener Begriff, der darauf abhebt, dass Informationen im weiteren Sinn zu den wichtigsten Gütern der Gesellschaft werden. Als Folge wurden gegensätzliche Konsequenzen abgeleitet. Einerseits lässt sich Information ohne Kosten vervielfältigen, es würde also zu einer Vermehrung und Verbreiterung von Wohlstand kommen. Andererseits wurde erwartet, dass sich eine neue Informationselite bildet, die demokratisch schwer zu kontrollieren ist.

Risikogesellschaft Mitte der 1980er-Jahre prägte Ulrich Beck (geb. 1944) den Begriff der Risikogesellschaft. Er beschreibt zunehmende Risiken im Lebenslauf, die von den Individuen bewältigt werden müssen. So garantiert eine gute Ausbildung oder eine einmal erreichte Karriereposition nicht, dass diese dauerhaft erhalten bleibt. Praktisch aus jeder sozialen Position ist ein sozialer Absturz möglich.

Erlebnisgesellschaft Als Konsequenz des Wertewandels von materiellen zu postmateriellen Einstellungen (siehe postindustrielle Gesellschaft) und als Fortsetzung der Individualisierung diagnostizierte Gerhard Schulze zu Beginn der 1990er-Jahre den Begriff „Erlebnisgesellschaft“, um eine Gesellschaft zu beschreiben, in der ein symbolisch inszenierter Lebensstil und das Leben in kulturell definierten Milieus gegenüber rein materiell definierten sozialen Schichten immer wichtiger werden (Schulze 1992).

Thomas Schwietring, „Was ist Gesellschaft?“, Bundeszentrale für politische Bildung, Bonn 2012, S. 75 ff.

Aufgaben

1 *Gestalten Sie aus den einzelnen Theorien/Aspekten eine heute zutreffende Gesellschaftstheorie.*

2 *Stellen Sie einen Zusammenhang zwischen den dargestellten Gesellschaftstheorien und den politischen Begleitumständen der jeweiligen Zeit her.*

3 *In M 11 wird Ihnen eine aktuelle Gesellschaftstheorie vorgestellt. Zeigen Sie, inwiefern auch hier nur ein Teil der gesellschaftlichen Wirklichkeit Einfluss findet.*

4 *Bewerten Sie den politischen Nutzen von Gesellschaftstheorien.*

M 11 Informationsgesellschaft

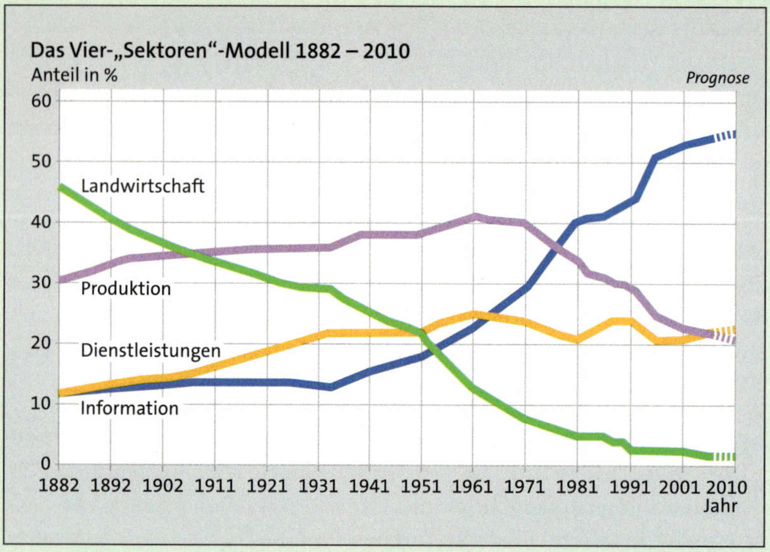

Bezeichnung für eine Wirtschafts- und Gesellschaftsform, in der die Gewinnung, Speicherung, Verarbeitung, Vermittlung und Nutzung von Information und Wissen zentrale Bedeutung erlangt haben, wirtschaftlich einen wesentlichen und stetig wachsenden Anteil des Inlandsprodukts bilden und in ihren soziokulturellen Auswirkungen die Arbeits- und Lebensbedingungen der Menschen nachhaltig verändern; von den Sozialwissenschaften als eine im Ergebnis umfassenden Wandels der Industriegesellschaft entstandene Gesellschaftsform beschrieben, die einen Hauptaspekt des gegenwärtigen Übergangs zur postindustriellen Gesellschaft verkörpert und potenziell deren Entwicklung zur Wissensgesellschaft ermöglicht. Der Begriff Informationsgesellschaft wurde bereits 1971 in Japan geprägt und v.a. durch Arbeiten des Soziologen D. Bell bekannt.

Zur heutigen Verbreitung und Akzeptanz haben v.a. folgende Entwicklungen beigetragen: Vor dem Hintergrund zunehmender Verbreitung moderner Informations- und Kommunikationstechniken – Computer, Rechnernetze und interaktive Kommunikation (Internet) – spielen Informationsgewinnung und -verarbeitung in der Wirtschaft eine immer größere Rolle. In den Wirtschaftswissenschaften wird „Information" zunehmend als weiterer Produktionsfaktor neben Kapital, Arbeit und Boden sowie als Rohstoff betrachtet. Die Informationswirtschaft wird mitunter als neuer „vierter Sektor" neben den drei klassischen Wirtschaftssektoren (Landwirtschaft, Produktion, Dienstleistung) angesehen. [...]

Die gesellschaftlichen Chancen und Risiken der Informationsgesellschaft werden in Wissenschaft und Politik kontrovers diskutiert. Kritisch vermerkt wird zumeist, dass die Befürworter des Konzepts der Informationsgesellschaft lediglich mit technologischen und wirtschaftlichen Begründungen operieren. Übereinstimmung besteht jedoch sowohl bei den Befürwortern wie den Kritikern darüber, dass der Wandel von der Industrie- zur Informationsgesellschaft die Gesellschaft insgesamt verändern und für den größten Teil der Menschen nachhaltige Auswirkungen auf ihre Lebens- und Arbeitsbedingungen haben wird, aber auch ihr kulturelles Anspruchs- und Rezeptionsverhalten verändern wird. [...] Im Zentrum der Diskussion um die globalen Perspektiven der Informationsgesellschaft steht die Frage, ob die durch die modernen Informations- und Kommunikationstechniken möglich gewordene Entwicklung in ihrem Ergebnis zu einem „globalen Dorf" führt, in dem alle Bewohner Zugang zu den weltweit verfügbaren Informationsangeboten haben, oder ob vielmehr einem (großen) Teil der Weltbevölkerung die Informationswelt sowohl finanziell als auch technologisch verschlossen bleiben wird.

Der Brockhaus: in 15 Bänden, permanent aktualisierte Online-Auflage, F.A. Brockhaus, Leipzig/ Mannheim 2002–2007

Aufgaben

1 *Fassen Sie den Text thesenartig zusammen.*

2 *Wägen Sie Vor- und Nachteile der Informationsgesellschaft ab und beurteilen Sie diese einmal aus Ihrer Sicht und einmal aus der Sicht eines Jugendlichen aus einem Entwicklungsland.*

Kontinuität und Wandel in der Gesellschaft

Begriffliche Grundlagen: Gesellschaft und Sozialstruktur

Bei der Behandlung gesellschaftlicher Fragestellungen sind eine klare Begriffsbestimmung und -verwendung zwingend erforderlich. In diesem Zusammenhang werden übereinstimmend die folgenden, allgemein üblichen Definitionen verwendet. Sozial meint zwischenmenschlich und beschreibt wertfrei direkte und indirekte Beziehungen zwischen Menschen. Unter Struktur verstehen wir eine relativ beständige „innere" Zuordnung von Elementen eines Ganzen. Daraus ergibt sich Sozialstruktur als Gesamtheit der relativ dauerhaften sozialen Gebilde (Gruppierungen, Institutionen, Organisationen) einer Gesellschaft, der sozialen Beziehungen und Wirkungszusammenhänge innerhalb und zwischen diesen Gebilden sowie deren Grundlagen. Sozialer Wandel beinhaltet die Gesamtheit der Veränderungen der Basisstrukturen einer Gesellschaft. Beispielsweise im Normen- und Wertesystem, aber auch in den übrigen hier behandelten Bereichen, wie dem sozioökonomischen Strukturwandel.

Sozioökonomischer Strukturwandel

Grundlage der Untersuchung des sozioökonomischen Strukturwandels ist die Drei-Sektoren-Hypothese von Fourastié. Sie besagt, dass der Schwerpunkt der wirtschaftlichen Tätigkeit sich zunächst vom primären (Agrar-) auf den sekundären (Produktions-) Sektor und anschließend vom sekundären auf den tertiären (Dienstleistungs-) Sektor verlagert. Gründe hierfür sind Verschiebungen bei der privaten Nachfrage, Veränderungen in den Lebensbedingungen, im Wertesystem oder in der Bevölkerungsstruktur. Das weist wiederum auf die wechselseitigen Wirkungszusammenhänge des sozialen Wandels hin. An die Stelle der ein ganzes Arbeitsleben andauernden Erwerbstätigkeit tritt eine allgemeine Tauglichkeit für Erwerbsarbeit.

Formen des Zusammenlebens: Familie und ihre Alternativen

Von den Veränderungen im Berufsleben ist zentral das Familienleben betroffen. Familie ist ein stark werthaft besetzter Begriff, der formal zu alternativen Lebensformen kaum abzugrenzen ist. Die politische Übereinstimmung geht derzeit dahin, Familie dort zu sehen, wo Kinder sind. Weitere konstitutive Merkmale von Familie sind die biologisch-soziale Doppelnatur aufgrund der Übernahme zumindest der Reproduktions- und der Sozialisationsfunktion. Im Normalfall treten noch die Haushaltsfunktion und die Erholungsfunktion hinzu. Der Begriff Familie beinhaltet ein besonderes Kooperations- und Solidaritätsverhältnis und ist durch eine Generationsdifferenzierung bestimmt.
Im Rahmen des sozialen Wandels seit den 1950er-Jahren vollzog sich auch ein Wandel der Familie und es traten gleichrangige alternative Lebensformen hinzu. So veränderte die bürgerliche Kleinfamilie (Vater, Mutter, Kind/er) ihr Gesicht durch abnehmende Kinderzahl, die Zunahme erwerbstätiger Mütter und spätere Heirat. Alternative Formen gewannen größere Akzeptanz, vor allem Alleinerziehende und nichteheliche Lebensgemeinschaften. Auch Singlehaushalte nahmen stark zu. Gründe für diese Entwicklung sind neben den allgemeinen Tendenzen, verursacht durch den sozialen Wandel im Bereich der Werte und der Ökonomie, insbesondere die Folgen der Modernisierung (s. u.). Konkret können der Wohlstandsanstieg, die Bildungsexpansion, eine gestiegene Mobilität, die Frauenemanzipation, Individualisierung und Säkularisierung angeführt werden.

Trotz aller Veränderungen bleibt das Kleinfamilienmodell für die Mehrheit der Bevölkerung Fixpunkt und Leitbild der privaten Lebensorientierungen. Umstritten sind die politischen Möglichkeiten zur Förderung von Familien und Kindern, die sich immer noch an einem konservativen Familienbild orientieren. Inwiefern damit den Leistungen, die Familien und familienähnlichen Gemeinschaften erbringen, ausreichend Rechnung getragen wird, ist eine ungelöste Frage.

Wertewandel

Gerade die Gestaltung der eigenen Lebenswelt ist mehr denn je eine Frage der persönlichen Ansichten. Je nach Dauer und Lenkungskraft für den Einzelnen und nach Konkretheit unterscheiden wir hierbei Werte, Einstellungen und soziale Normen. Werte bieten dauerhafte Orientierungen des Individuums in Bezug auf das sozial Wünschenswerte, besitzen verhaltenssteuernde Funktion und beziehen sich auf wenige, gesellschaftlich akzeptierte neutrale Positionen, woraus sich ein hoher Allgemeinheitsgrad ergibt. Einstellungen besitzen eine geringere Stabilität als Werte, eine geringere gesellschaftliche Verbindlichkeit und beziehen sich auf verschiedenste Objekte. Soziale Normen beziehen sich auf spezifische Situationen oder konkretes Verhalten und werden oft aus Werten abgeleitet.
Ausgangspunkt moderner Wertewandelsforschung ist die von R. Inglehart in den 1970er-Jahren formulierte Theorie des Wertewandels. Seine Theorie besagt, dass bei steigendem Wohlstand einer Gesellschaft das Bestreben nach materialistischen Werten abnimmt, während das Bestreben nach postmaterialistischen Werten zunimmt. Seine Ergebnisse wurden von H. Klages kritisch erweitert. Er kam zu dem Schluss, dass Werte nicht verloren gehen, sondern situationsangemessen gehandhabt werden (Wertesynthese). In dem Maße, in dem in anderen Bereichen der Gesellschaft die Pluralisierung zunimmt, wird die Menge möglicher Werte größer und damit auch die Wahlmöglichkeit und Wahlverpflichtung des Einzelnen.

Sozialer Wandel als Prozess der Modernisierung

Sozialer Wandel wird in der Soziologie als Veränderungsprozess auf der Makroebene (Sozialstruktur und Kultur), der Mesoebene (Institutionen) und der Mikroebene (Individuum und Familie) verstanden. Auslöser eines sozialen Wandels können demografische Verschiebungen, wissenschaftlich-technologischer Fortschritt, Veränderungen im Werte- und Normenbereich oder auch andere Faktoren sein.
Gesellschaftliche Entwicklungstendenzen in modernen Ländern wie Deutschland haben komplexe Ursachen. Damit befassen sich Theorien sozialen Wandels. Eine der zentralen Theorien beruht auf der Beobachtung der Modernisierung. Diese zeigt sich in funktionaler Differenzierung (Spezialisierung und Aufgliederung), Integration, Rationalisierung sowie Universalisierung und Pluralisierung. Modernisierung wird heute nicht länger ausschließlich positiv bewertet.

Gründe und Folgen des soziokulturellen Wandels: Die Individualisierungstheorie

Einen anderen Ansatz verfolgt Ulrich Beck mit seiner Individualisierungstheorie. Sie beschreibt sozialen Wandel mit stärkerer Berücksichtigung des Individuums in drei Dimensionen. Die Menschen werden aus traditionellen Klassenbindungen und Versorgungsbezügen herausgelöst und auf ihr individuelles Arbeitsmarktschicksal verwiesen (Freisetzungsdimension). Hinzu kommt ein Verlust traditionaler Sicherheiten im Hinblick auf Handlungswissen, Glauben und leitende Normen (Entzauberungsdimension). Gleichzeitig erfolgt jedoch eine neue Art sozialer Einbindung (Kontroll- und Reintegrationsdimension). Die freigesetzten Individuen werden arbeitsmarktabhängig und damit abhängig vom Bildungssystem, Beschäftigungssystem, Sozialstaat und der Dienstleistungsgesellschaft. Damit sieht Beck eine Lösung von Tradition und eine Bindung an Institutionen.

Aufgabe 1
Politikanalyse

Untersuchen Sie die Darstellung von Wandlungsprozessen in der Presse oder durch Politiker. Erläutern Sie mögliche Lenkungsabsichten dieser Darstellungen und zeigen Sie politische Zielsetzungen auf, die daraus abzuleiten sind.

Aufgabe 2
Projekt

→ P-Seminar

Veranstalten Sie eine Berufsinformationsbörse.
Gehen Sie von Ihren soziologischen Kenntnissen aus und entwickeln Sie ein Szenario zur Berufs(qualifikations)entwicklung.
Laden Sie den zuständigen Vertreter Ihrer ARGE oder der Agentur für Arbeit ein. Stellen Sie ausgewählte Berufsfelder und ihre Bedeutung für eine Gesellschaft von morgen vor.

Berufe: Gewinner und Verlierer

Veränderung der sozialversicherungspflichtigen Beschäftigung von 1987 bis 2002 in 1.000

Die größten Gewinner	
Bürofachkräfte	613
Datenverarbeitungsfachleute	248
Sozialarbeiter, Sozialpfleger	171
Krankenschwestern, -pfleger, Hebammen	156
Kindergärtnerinnen, Kinderpflegerinnen	125
Lager-, Transportarbeiter	117
Sprechstundenhelfer	114
Heimleiter, Sozialpädagogen	97
Bankfachleute	84
Helfer in der Krankenpflege	74

Die größten Verlierer	
Chemiebetriebswerker	-45
Bauschlosser	-48
Tischler	-51
Elektrogeräte-, Elektroteilemontierer	-64
Betriebsschlosser, Reparaturschlosser	-65
Maschinenschlosser	-68
Bergleute	-76
Oberbekleidungsnäher	-96
Maurer	-116
Stenografen/-typisten, Maschinenschreiber	-144

nur Westdeutschland; Quelle: Bundesagentur für Arbeit

Institut der deutschen Wirtschaft Köln

iwd – Informationsdienst des Instituts der deutschen Wirtschaft Köln, Nr. 11/2004, S. 3; © Deutscher Instituts-Verlag Köln

Aufgabe 3
Dossier

Erstellen Sie ein Dossier, das die Zusammenhänge zwischen „Modernisierung" und den Entwicklungen im Familienbereich anhand von Zeitungsausschnitten aufzeigt und auch Erklärungsansätze beinhaltet.

Aufgabe 4
Wandzeitung

Gestalten Sie eine Wandzeitung zum Thema: „Die Familie von morgen".

2. Soziale Ungleichheit und Migration

Dimensionen sozialer Ungleichheit

Soziale Ungleichheit und Migration gehören in der heutigen Zeit sicherlich zu den kontroversen Themen der Gesellschaftspolitik. Es vergeht praktisch kein Tag, an dem nicht Meldungen zu diesen beiden Themen über die Ticker der Nachrichtenagenturen laufen. Und beide Themen bergen sozialen Sprengstoff in sich. Es liegt also nichts näher, als sich mit diesen beiden Aspekten konstruktiv, aber auch kritisch auseinanderzusetzen. Nicht zuletzt betreffen Entscheidungen in diesen beiden Bereichen auch Sie und Ihre Zukunftschancen ganz erheblich. In was für einer Gesellschaft werden Sie also leben?

Erhebliches Beharrungspotenzial bei Fragen der Ungleichheit

Seit der PISA-Studie wissen wir, dass in keinem Land der OECD der spätere Erfolg im Leben und die soziale Platzierung so sehr von der Herkunft abhängen wie in Deutschland. Damit können wir uns nicht zufriedengeben. Für eine gerechte Gesellschaft mit Chancengleichheit muss Deutschland seine in Teilen selektierende und ungerechte Gesellschaftsordnung überwinden. Die Politik hat dieses Problem erkannt. Trotz aller Bemühungen bleiben die Erfolge bisher weitgehend aus. Zudem lassen die Ungleichheiten in unserer Gesellschaft sehr starke Beharrungstendenzen erkennen. Meint es Deutschland aber ernst mit der Überwindung sozialer Unterschiede, müssen Beharrungstendenzen und Besitzstandswahrung überwunden werden. Was müssen Sie dabei aufgeben, was können Sie gewinnen?

Sozialstrukturmodelle

Seit der Mitte des letzen Jahrhunderts wird Deutschland als Schichtgesellschaft bezeichnet. Es gibt unterschiedliche Modelle, diese Schichtgesellschaft zu beschreiben und zu analysieren. Im täglichen Sprachgebrauch verwenden wir Begriffe wie Mittel-, Unter- und Oberschicht ganz selbstverständlich. Spätestens seit der Diskussion über die Abgehängten der Gesellschaft, das sogenannte Prekariat, hat der Schichtenbegriff wieder eine Renaissance erfahren. Aber ist die deutsche Gesellschaft wirklich noch mit Modellen aus dem letzten Jahrhundert zu erfassen und zu beschreiben? In was für einer Gesellschaft werden Sie leben?

Zuwanderung – Chancen und Herausforderungen

Vermutlich in einer zunehmend diversifizierten Gesellschaft. Diese Gesellschaft dürfte kulturell vielfältiger in ihrer Zusammensetzung sein, als das Ihre Vorfahren erlebt haben und sogar Sie selbst es im Augenblick noch erleben. Möchte Deutschland im Zeitalter der Globalisierung konkurrenzfähig bleiben, wird es eine größere Zahl an Zuwanderern als bisher aufnehmen müssen. Deutschland dürfte dann tatsächlich zum Einwanderungsland werden. Gerade die Wirtschaft braucht aufgrund des Fachkräftemangels diese Menschen. Gleichzeitig heißt Zuwanderung auch mehr Konkurrenz auf dem Arbeitsmarkt, speziell für geringer Qualifizierte. Und das macht diesen Menschen natürlich Angst.

Integration und Integrationspolitik

Und mit Zuwanderung ist dieses Problem beileibe nicht gelöst. Eine der Zukunftsaufgaben der deutschen Politik und Gesellschaft wird es sein, die zugewanderten Menschen sinnvoll und nachhaltig in unser bestehendes System zu integrieren. Soll dieser Prozess gelingen, bedarf es einer guten Portion Toleranz und gegenseitigen Verständnisses. Der Wille dazu ist da, es liegt nun auch an Ihnen, dieses große Zukunftsprojekt zu realisieren.

Kompetenzen:

Am Ende dieses Kapitels können Sie Aspekte der sozialen Ungleichheit beschreiben und die Struktur von sozialer Ungleichheit anhand von Dimensionen erkennen und analysieren.

Sie werden in der Lage sein, die Zusammenhänge zwischen Bildung, Einkommen und sozialer Herkunft zu erschließen und die Wichtigkeit dieser Faktoren für Ihre spätere soziale Platzierung zu erörtern.

Sie werden mithilfe von Modellen lernen, soziale Strukturen zu erfassen, und die Relevanz dieser Modelle für die Gesellschaft Deutschlands erschließen können.

Im zweiten Abschnitt dieses Kapitels werden Sie sich aktiv mit der Zuwanderung nach Deutschland auseinandersetzen, die damit zusammenhängenden Probleme und Chancen erkennen und beurteilen können. Sie werden die Ursachen für Zuwanderung erkennen und Maßnahmen der Integrationspolitik in Deutschland erläutern und zu der Kontroverse über Integration Stellung beziehen können.

2.1 In welcher Gesellschaft leben Sie? – Von Schichten zu Milieus und zurück?

Betrachtet man die Sozialstruktur eines Landes, so fragt man sich unweigerlich, wie ein so komplexes System auf der Makroebene zu erfassen ist. Seit der 1. Hälfte des letzten Jahrhunderts haben Sozialforscher versucht, darauf eine Antwort zu finden. Im folgenden Kapitel werden Sie die wichtigsten Methoden kennenlernen.

M 1 Soziale Ungleichheit – eine Begriffsbestimmung

Hans Traxler

„Im Sinne einer gerechten Auslese lautet die Prüfungsaufgabe für Sie alle gleich: Klettern Sie auf den Baum!"

Unter **„Lebensbedingungen"** werden die äußeren Rahmenbedingungen des Lebens und Handelns von Menschen verstanden (Wohnung, Arbeitsplatz, etc.). Sie haben (wie z. B. ungesunde Arbeitsbedingungen oder Armut) auch dann Auswirkungen, wenn Einzelne die jeweiligen Lebensbedingungen nicht wahrnehmen oder nicht wahrhaben wollen oder ganz unterschiedlich bewerten. Als **„soziale Ungleichheiten"** bezeichnet man Lebensbedingungen (Arbeitsbedingungen Einkommen, Vermögen, Bildungsgrad, etc.), die es Menschen erlauben, in ihrem alltäglichen Handeln allgemein geteilte Ziele eines „guten Lebens" (wie z. B. Gesundheit, Sicherheit, Wohlstand, Ansehen) besser als andere Menschen zu erreichen. Soziale Ungleichheiten beziehen sich *erstens* auf Güter, die in einer Gesellschaft als *wertvoll* gelten. Wertvoll sind diese „Güter" dann, wenn sie zum einen prinzipiell geeignet sind, ein „gutes Leben" zu führen, zum anderen aber auch knapp oder „verknappt" sind. Wasser ist in Deutschland zwar notwendig zum Leben, aber nicht knapp. Dies ist in vielen arabischen Ländern anders. *Zweitens* beziehen sich soziale Ungleichheiten nur auf solche wertvollen „Güter", die bestimmten Gesellschaftsmitgliedern in größerem Umfang als anderen zur Verfügung stehen. Und *drittens* beziehen sich soziale Ungleichheiten auf jene wertvollen, ungleich verteilten „Güter", die Menschen aufgrund ihrer gesellschaftlichen Positionen und ihrer sozialen Beziehungen, also aus sozialstrukturellen Gründen, besser oder schlechter, höher oder tiefer als andere stellen – und nicht etwa aus individuellen, aus natürlichen oder aus zufällig zustande gekommenen Gründen.

Soziale Ungleichheiten vermitteln Vor- bzw. Nachteile. Sie sind somit begrifflich zu trennen von ***sozialen Unterschieden***. Diese stellen nur Andersartigkeiten dar. Wenn z. B. ein Schlosser und ein Schreiner lediglich anderes tun, aber keiner bezüglich Einkommen, Abeitsbedingungen, Ansehen, etc. Vorteile hat, handelt es sich um keine soziale Ungleichheit, sondern um soziale Unterschiedlichkeit.

Stefan Hradil, Die Sozialstruktur Deutschlands im internationalen Vergleich, VS Verlag für Sozialwissenschaften, Wiesbaden 2004, S. 195 f.; eigene Hervorhebungen

Aufgaben

1 *Erstellen Sie mithilfe von M 1 und M 2 eine Mindmap zum Thema ‚soziale Ungleichheit'.*

2 *Interpretieren Sie die Karikatur in M 1.*

M2 Dimensionen sozialer Ungleichheit

Die Erscheinungsformen sozialer Ungleichheit sind und waren überaus vielfältig: Teurer Schmuck und zerfetzte Kleidung, „Hütten und Paläste" (Büchner 1834), Herrengebaren und sklavische Abhängigkeit, ungesunde, gefährliche Arbeitsplätze und klimatisierte Büros und viele andere Phänomene mehr stell(t)en „Erscheinungsformen" sozialer Ungleichheit dar. Sozialwissenschaftler haben daher immer versucht, die Fülle der Phänomene zu bündeln und so „begreiflich" und soziologisch handhabbar zu machen. [...]
Dies führte zu vier sog. **„Basisdimensionen"** [vgl. Schaubild] sozialer Ungleichheit, die sich in allen Gesellschaften fanden und finden. Diese Dimensionen sozialer Ungleichheit betreffen auch moderne Gesellschaften. Sie haben (un-)vorteilhafte Auswirkungen, wenn es Menschen darum geht, gesellschaftlichen Wertvorstellungen eines „guten Lebens" näher zu kommen. [...]

Soziale Ungleichheit durch **ungleiche Verfügung über wertvolle Güter (Ressourcen):**

Dimensionen	materieller Wohlstand	Macht	Bildung	Prestige
	|	|	|	|
Indikatoren	Einkommen, Vermögen, Armut	Einfluss und Herkunft von Machteliten	soziale Herkunft von Schülern und Studenten	Berufsprestige

In modernen Gesellschaften reicht die Konzentration auf nur diese vier Dimensionen sozialer Ungleichheit jedoch nicht mehr aus. Ausgeweitete Zielsetzungen (so rückte beispielsweise der Wert „Gesundheit" mit in den Vordergrund) sowie vermehrte Ressourcen und Handlungsmöglichkeiten (z. B. infolge wohlfahrtsstaatlicher Leistungen) lassen es notwendig erscheinen, auch auf soziale Ungleichheiten innerhalb der Dimensionen Arbeits-, Wohn-, Umwelt- und Freizeitbedingungen einzugehen.
Ungleichheiten verschiedener Dimensionen sind zwar logisch unabhängig voneinander, empirisch jedoch nur bedingt. So lässt sich materieller Wohlstand unter Umständen in bessere Wohnbedingungen, in mehr Freizeit, Macht und Prestige überführen; aber auch umgekehrt kann man Prestige und Macht oft in klingende Münze und Wohlstand „umtauschen". Während manche dieser Konvertierungschancen (z. B. die Überführung politischer Macht in geldwerte Vorteile) in der Öffentlichkeit nicht gebilligt werden, entsprechen andere den Zielsetzungen moderner Gesellschaften voll und ganz: So erzielen besser Gebildete, meist unter Zustimmung ihrer Mitmenschen, höhere Einkommen und genießen mehr Prestige als geringer Gebildete. Allerdings: Lassen sich ungleich verteilte „wertvolle" Güter vollständig und jederzeit in andere „umtauschen" (wie zum Beispiel Geld in Eigentum an Grund und Boden), so handelt es sich vielleicht logisch, nicht aber empirisch um eigene Dimensionen sozialer Ungleichheit. Diese sollten also empirisch wenigstens teilweise unabhängig voneinander sein.
Unter den genannten Dimensionen sozialer Ungleichheit sind „objektive" und „subjektive" zu unterscheiden. „Objektive Ungleichheiten (zum Beispiel des formalen Bildungsgrades) bestehen und vermitteln Vor- bzw. Nachteile, ob dies den

Betroffenen oder ihren Mitmenschen bewusst ist oder nicht, ob sie ihnen Gewicht zumessen oder gleichgültig gegenüberstehen. „Subjektive" Ungleichheiten (zum Beispiel der Integration, des Prestiges, vorteilhafter bzw. nachteiliger Mentalitäten, teilweise auch der Macht) bestehen hingegen nicht ohne das Denken und Handeln der Beteiligten.
Zur empirischen Erfassung sozialer Ungleichheit bedarf es geeigneter **Indikatoren**. Im Falle des materiellen Wohlstands und der Bildung existieren in modernen Gesellschaften Institutionen, nämlich Geld und formale Bildungsabschlüsse, die es Sozialwissenschaftlern erleichtern, die Indikatoren zu bilden, um die Ungleichheitsdimensionen des Wohlstands und der Bildung zu erfassen. Oft werden die Indikatoren Geld und Bildungsabschlüsse dem materiellen Wohlstand und der Bildung sogar gleichgesetzt. Bei der empirischen Erforschung von anderen Dimensionen sozialer Ungleichheit, wie zum Beispiel von Prestige oder Macht, gestaltet sich die Suche nach geeigneten Indikatoren weit schwieriger. Oftmals müssen mehrere Indikatoren kombiniert werden oder es müssen gewagte Schlüsse von Teilerscheinungen auf die Dimension insgesamt gezogen werden.
Soziale Ungleichheiten innerhalb der einzelnen Dimensionen werden erst dann in ihrer Bedeutung voll verständlich, wenn deren Konsequenzen im privaten und öffentlichen Leben mit berücksichtigt werden. So bestehen beispielsweise die Vorteile des Wohlstands durchaus nicht nur im jeweiligen Kontostand, sondern in Graden der Freiheit, der Kontakte, des Selbstbewusstseins, der Gesundheitschancen, der Mobilität usw. Erst dies macht die Besserstellung wohlhabender Menschen vollends aus.

Nach: Stefan Hradil, Soziale Ungleichheit in Deutschland, VS Verlag für Sozialwissenschaften, Wiesbaden [8]2005, S. 31 ff.; eigene Hervorhebungen

Aufgaben

1 *Geben Sie eine Definition von sozialer Ungleichheit.*

2 *Erstellen Sie ein Wirkungsgefüge zu den Dimensionen sozialer Ungleichheit.*

Die Rolle von Bildung und Einkommen im Rahmen sozialer Platzierung

M3 Bildung in Deutschland – Ergebnis oder Ursache sozialer Ungleichheit?

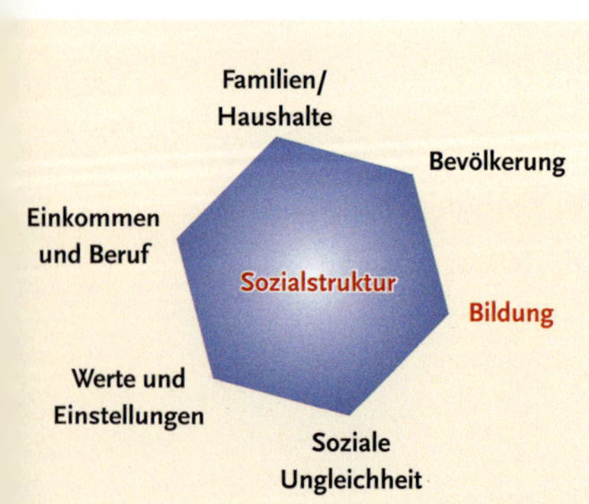

Betrachtet man die soziale Ungleichheit in Deutschland, muss man feststellen, dass sich seit der Aufbruchsstimmung in den 1960er-Jahren zwar viel getan hat, aber hat sich auch wirklich viel verändert? Damit sollen die Erfolge bei der Verbesserung der Bildungssituation, die Fortschritte bei der Gleichberechtigung von Männern und Frauen und auch die verbesserte Förderung von Kindern und Jugendlichen mit Migrationshintergrund nicht kleingeredet und vergessen werden. Trotzdem bleibt festzuhalten, dass ähnlich wie in den 60er-Jahren immer noch die soziale Herkunft ganz erheblichen Einfluss auf die späteren Chancen im Leben und die Platzierung in der gesellschaftlichen Hierarchie hat. Besonderen Stellenwert hat in diesem Zusammenhang der formale Bildungsabschluss, da er in der heutigen Zeit eine immer größere Rolle bei der Chancenverteilung spielt. Die Chancengleichheit beim Zugang zu Bildung als einem wichtigen gesellschaftlichen Gut ist ein Gebot sozialer Gerechtigkeit. Unter Chancengleichheit wird in der Regel verstanden, dass alle – entsprechend ihren Fähigkeiten und Leistungen – gleiche Chancen zum Erwerb mittlerer oder höherer Ausbildungsabschlüsse erhalten. Leistungsfremde Kriterien – wie zum Beispiel Geschlecht,

soziale Herkunft, Wohnort, Religion oder Nationalität – sollen bei der notwendigen Auslese im Bildungssystem keine Rolle spielen.
In den 1960er-Jahren bestand jedoch unter Bildungsforschern und -politikern Einigkeit darüber, dass die Bildungschancen ungleich verteilt waren, oder anders formuliert: dass im deutschen Bildungssystem neben der Auslese nach Leistung auch eine leistungsunabhängige und daher „illegitime“ soziale Auslese stattfand. Als wichtige benachteiligte Gruppen wurden Mädchen und Arbeiterkinder identifiziert. Während die Bildungsdefizite der Mädchen inzwischen verschwunden sind, erweisen sich die schichttypischen Chancenunterschiede als außerordentlich widerstandsfähig. Nicht nur in Deutschland, auch in anderen europäischen Gesellschaften gelang es nicht, die Bildungsbenachteiligung der Kinder aus unteren Schichten im Zuge der Bildungsexpansion entscheidend abzubauen.

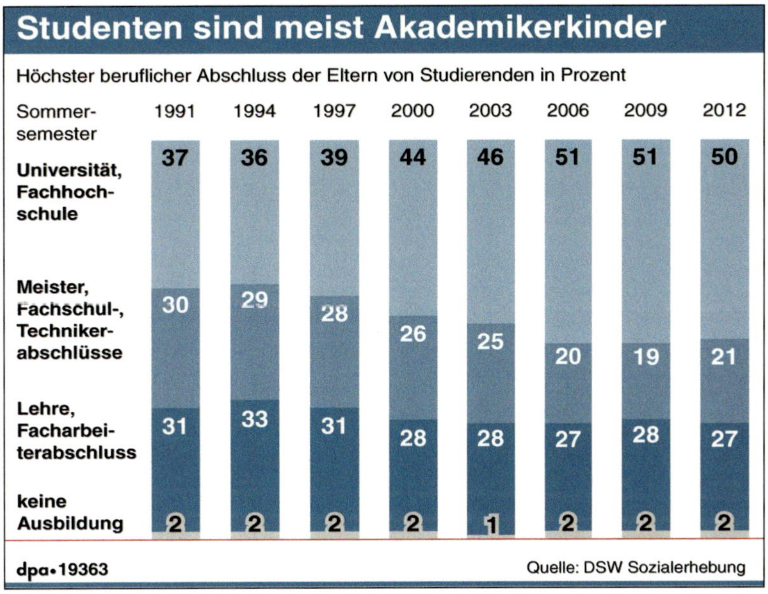

Vom Ausbau der Realschulen profitieren insbesondere die Kinder von Arbeitern (einschließlich Arbeiterelite), von Landwirten und von ausführenden Dienstleistern. Auf der Ebene des mittleren Bildungsniveaus sind also die Chancen zugunsten der benachteiligten Schichten umverteilt worden. Anders sieht es hingegen an den Gymnasien aus. Die Hauptgewinner der gymnasialen Expansion sind die Kinder – insbesondere die Töchter – des nichtlandwirtschaftlichen Mittelstands sowie der höheren Dienstleistungsschicht, die bereits 1950 die besten Bildungschancen hatten. Recht gut mithalten konnten auch die Kinder der mittleren Angestellten und Beamten. Die Kinder von einfachen Dienstleistern und der Arbeiterelite dagegen und insbesondere die Arbeiterkinder haben trotz gestiegener Chancen gegenüber allen anderen Gruppen an Boden verloren. Zudem haben sich ihre Chancen seit den 1980er-Jahren nicht mehr erhöht. Beim Wettlauf um die höheren Bildungsabschlüsse haben sich also die Chancenabstände zwischen privilegierten und benachteiligten Gruppen vergrößert. Die Kinder der Ungelernten sind die stark benachteiligten Schlusslichter im Bildungswettlauf geblieben. Die PISA-Studie zeigt, dass für sie die Hauptschule auch im Jahr 2000 die Regelschule geblieben ist, und die Minderheit unter ihnen, die eine Sonderschule besuchen muss (sieben Prozent), ist fast so groß wie die Minderheit, die ein Gymnasium besuchen darf (elf Prozent). Nur jedes fünfzigste Kind eines Ungelernten begann Ende der 1980er-Jahre mit einem Universitätsstudium im Vergleich zu 82 Prozent der Kinder von Freiberuflern (Ärzten, Rechtsanwälten, Wirtschaftsprüfern etc.); die Chancen, an einer Universität zu studieren, sind für die Letztgenannten also einundvierzig (!) Mal so hoch wie diejenigen der Kinder von Ungelernten.

Rainer Geißler, „Bildung in Deutschland – Ergebnis oder Ursache sozialer Ungleichheit?“, in: Bundeszentrale für politische Bildung (Hg.), Informationen zur politischen Bildung, Heft 269: Sozialer Wandel in Deutschland, Bonn 2004, S. 39 ff.

Aufgaben

1 *Erarbeiten Sie die Bedeutung von Bildungsabschlüssen für berufliche Lebenschancen.*

2 *Zeigen Sie an selbst gewählten Beispielen, wie sich die Bildungschancen von Mädchen/Frauen seit den 1960er-Jahren entwickelt haben. Kann man Ihrer Meinung nach heute noch von einer geschlechtsspezifischen Benachteiligung sprechen?*

3 *Beurteilen Sie mithilfe der Materialien M 3 – M 6 die Gerechtigkeit des deutschen Bildungssystems im Hinblick auf die Chancengleichheit der unterschiedlichen Gruppen.*

M4 Die soziale Herkunft entscheidet, oder nicht?

Bildungsbeteiligung 14-jähriger Schüler/innen mit Vorschulbildung nach ihrer sozialen Herkunft 1992–2003

	Hauptschule	Realschule	Gymnasium
	in %		
Westdeutsche Kinder/Arbeiterkinder			
Mit Kindergartenbesuch	39	35	27
Ohne Kindergartenbesuch	71	23	7
Kinder un- und angelernter Arbeiter			
Mit Kindergartenbesuch	53	28	18
Ohne Kindergartenbesuch	71	18	12
Kinder aus der oberen und unteren Dienstklasse			
Mit Kindergartenbesuch	13	27	61
Ohne Kindergartenbesuch	0	36	64
Kinder mit Migrationshintergrund (West)/Arbeiterkinder			
Mit Kindergartenbesuch	53	32	16
Ohne Kindergartenbesuch	61	31	8
Kinder un- und angelernter Arbeiter			
Mit Kindergartenbesuch	55	29	17
Ohne Kindergartenbesuch	69	27	4
Kinder aus der oberen und unteren Dienstklasse			
Mit Kindergartenbesuch	10	24	67
Ohne Kindergartenbesuch	33	67	0
Ostdeutsche Kinder/Arbeiterkinder			
Mit Kindergartenbesuch	16	49	35
Ohne Kindergartenbesuch	0	75	25

Aufgaben

1 *Analysieren Sie die tabellarische Übersicht M 4 hinsichtlich des Zusammenhangs zwischen Schulausbildung und sozialer Herkunft.*

2 *Das dreigliedrige deutsche Schulwesen differenziert schon sehr früh und legt damit den Grundstein für den späteren Schulerfolg. Nehmen Sie – aus der Sicht betroffener Eltern – kritisch Stellung zu dieser Form der frühen Differenzierung. Ziehen Sie dabei die Aussage von M 7 (S. 58) mit heran.*

Lesehilfe: Von allen Arbeiterkindern (Westdeutschland), die einen Kindergarten besucht haben, befinden sich im Alter von 14 Jahren 39 % an der Hauptschule, 35 % an der Realschule und 27 % am Gymnasium.

Datenbasis: SOEP 1992–2003

M5 Die Herkunft entscheidet – immer noch?

Für den Präsidenten des Deutschen Studentenwerks, Prof. Dr. Dieter Timmermann, ist die soziale Selektivität beim Zugang zum deutschen Hochschulsystem „erschreckend" stabil. Bei der Vorstellung der 20. Sozialerhebung des Deutschen Studentenwerks am 26.06.13 in Berlin sagte Timmermann: „Die Bildungsbiografie eines Menschen hängt in Deutschland noch immer entscheidend von der Bildungsherkunft seiner Familie ab. Diese grundlegende und seit Jahren unveränderte soziale Selektivität müsste die Verfechter von sozialer Gerechtigkeit und Chancengleichheit mächtig und nachhaltig erschrecken, uns jedenfalls erschreckt sie." Timmermann: „Dagegen hat die deutsche Bildungspolitik bislang weder Rezept noch Konzept. Ich plädiere mit Nachdruck dafür, dass wir anfangen, ein Konzept politisch zu entwickeln." Laut Timmermann seien die hochschulpolitischen Schlüsselbegriffe unserer Zeit Exzellenz, Elite, Autonomie. „Von sozialer Gerechtigkeit und Chancengleichheit ist kaum die Rede. Auch wir wollen Exzellenz, aber Exzellenz in Forschung und Lehre, in der Spitze und in der Breite sowie Exzellenz in der sozialen Infrastruktur, das Ganze aber auf dem Fundament von sozialer Gerechtigkeit und Chancengleichheit", erklärt Timmermann.

DSW Deutsches Studentenwerk (Hg.), „Soziale Selektion beim Hochschulzugang ‚erschreckend'", www.studentenwerk-muenster.de [14.03.2013]

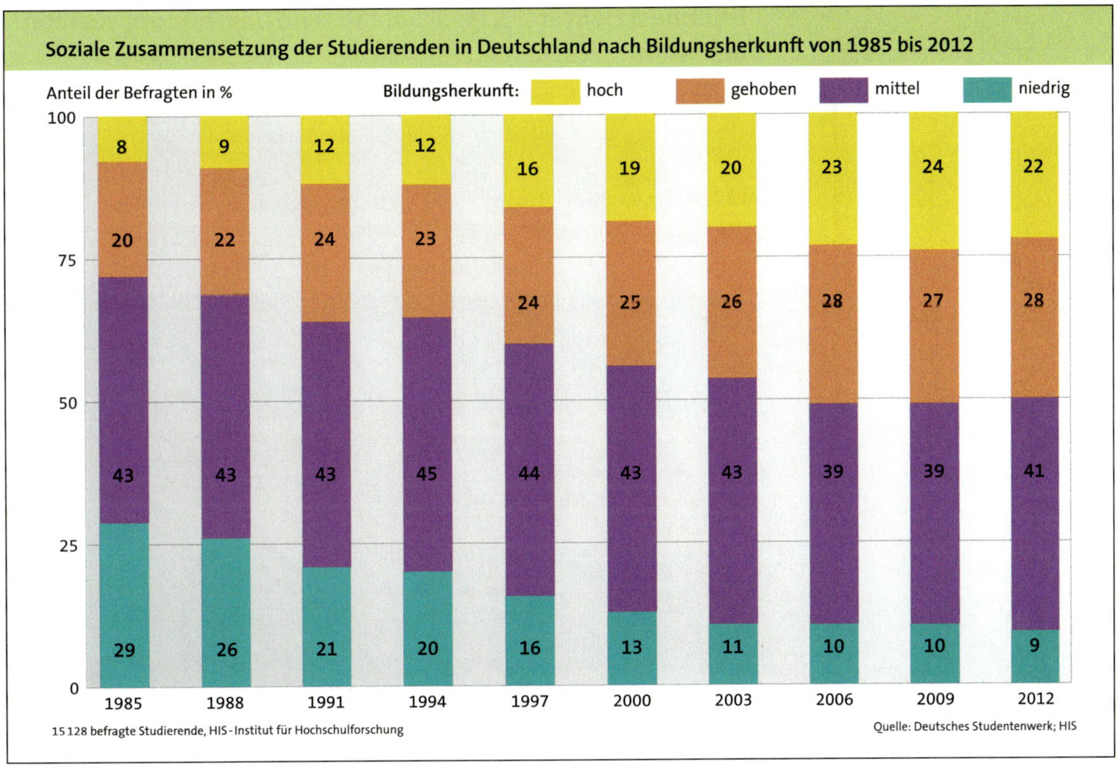

Lesehilfe:
Die Statistik zeigt die soziale Zusammensetzung der Studierenden in Deutschland nach Bildungsherkunft im Zeitraum von 1985 bis 2012. Im Jahr 2012 hatten 9 Prozent der Studierenden eine niedrige Bildungsherkunft.
Die Bildungsherkunft ist eine statistische Typisierung, mit der Merkmale der beruflichen Bildung des Vaters und der Mutter der Studierenden zusammengefasst werden. Diese Typisierung fasst die Angaben zu den höchsten beruflichen Abschlussen von Vater und Mutter zu vier Ausprägungen zusammen:
- niedrig: maximal ein Elternteil mit einem Berufsabschluss, der zudem nicht akademisch ist
- mittel: beide Eltern mit nicht akademischem Berufsabschluss
- gehoben: ein Elternteil mit akademischem Abschluss
- hoch: beide Eltern mit akademischem Abschluss.

Aufgaben

1 *Erläutern Sie mithilfe von M 5 den Zusammenhang von Elternhaus und Studium.*

2 *Erstellen Sie ausgehend von M 6 politische Forderungen an das Bildungswesen in Deutschland.*

3 *Erläutern Sie Timmermanns Forderung nach „Exzellenz in Forschung und Lehre, in der Spitze und in der Breite“ (M5) vor dem Hintergrund von Chancengleichheit und Bildung.*

4 *Inzwischen haben alle Bundesländer die allgemeinen Studiengebühren wieder abgeschafft. Erörtern Sie, ob diese Maßnahme zu mehr Bildungsgerechtigkeit führen wird.*

M6 Bildungstrichter 2009: Schematische Darstellung sozialer Selektion

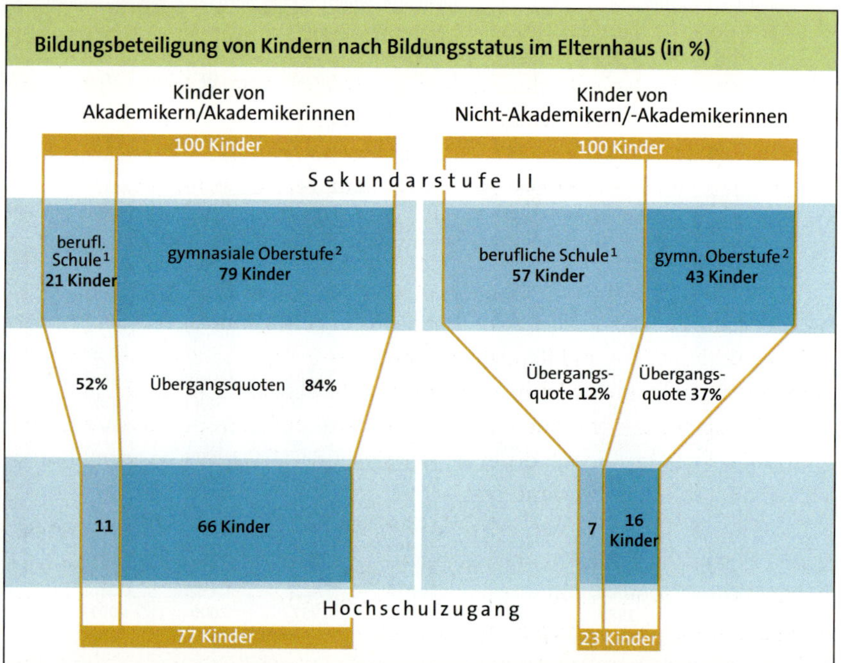

DSW/HIS-HF 20. Sozialerhebung

[1] Fachoberschule, Berufsoberschule, Technische Oberschule, Berufs(fach)schule, Fachakademie (Bayern), Berufsakademie, Schule des Gesundheitswesens, Berufsvorbereitungsjahr, Berufsgrundbildungsjahr

[2] Allgemeinbildende Gymnasien, Gesamtschulen, Fachgymnasien

Quellen: StBA, Sonderauswertungen des Mikrozensus 1999 und 2009, HIS-Studienanfängerbefragung 2009, eigene Berechnungen von HIS-HF

M7 Wohin geht die Reise?

Gerhard Mester

Tipp

www.studentenwerke.de
www.sozialerhebung.de
www.his.de

M8 Die vertikale Mobilität in Deutschland nimmt zu – drei Thesen

Die einfach klingende Frage, ob die Generationenmobilität in der Bundesrepublik zugenommen hat, ob die Bundesrepublik eine „offenere" Gesellschaft geworden ist, war unter Mobilitätsforschern lange Zeit umstritten. Angesichts der Erschütterungen der Gesellschaft durch den Zweiten Weltkrieg – Zerstörung, Vertreibung, Flucht, Verluste an Besitz und Vermögen, Lücken in der Bevölkerungsstruktur durch die Kriegsopfer, Neuaufbau von Existenzen, schnelles Wirtschaftswachstum – liegt die Vermutung nahe, dass die Gesellschaft stark in Bewegung geriet und sozial durcheinandergewirbelt wurde. Andererseits lassen sich auch mobilitätshemmende Faktoren ausmachen: Lastenausgleich für verlorenes Vermögen, eine restaurative Wirtschaftsordnung und eine Wirtschaftspolitik, die Besitz sichert und Kapitalvermehrung begünstigt. Empirische Analysen lieferten bis in die 1970er-Jahre widersprüchliche und umstrittene Resultate zur Entwicklung der Generationenmobilität. Neuere Studien ergeben ein eindeutigeres Bild. Ihre Ergebnisse, die sich überwiegend auf Männer beziehen, lassen sich zu drei Thesen komprimieren:

1. Die Gesellschaft der Bundesrepublik ist in den vergangenen 50 Jahren geringfügig mobiler geworden.
2. Es sind insbesondere die Aufstiegschancen gestiegen, während die Bedrohung durch sozialen Abstieg zurückgegangen ist.
3. Die zurückgelegten Entfernungen nach oben sind seit den 1970er-Jahren größer geworden.

Rainer Geißler, Die Sozialstruktur Deutschlands. Zur gesellschaftlichen Entwicklung mit einer Bilanz zur Vereinigung, VS Verlag für Sozialwissenschaften, Wiesbaden 2006, S. 256 f.

Info

In der liberalen Vorstellungswelt soll der jeweils fähigste Bewerber für eine Stellung ausgewählt werden und dadurch der Nutzen des Einzelnen möglichst groß sein. Im freien Wettbewerb wird die Möglichkeit gesehen, die jeweils fähigsten Bewerber zu ermitteln. Gesellschaften, in denen sich dieses Prinzip durchgesetzt hat, werden **Leistungsgesellschaften** genannt. Mobilitätsbarrieren sind nicht mit dem Prinzip der Leistungsgesellschaft vereinbar.

Stefan Hradil, Soziale Ungleichheit in Deutschland, VS Verlag für Sozialwissenschaften, Wiesbaden [8]2005, S. 380

Aufgabe

Stellen Sie Faktoren, welche die vertikale Mobilität fördern oder einschränken, in Form einer Mindmap dar.

M9 Mobilitätschancen von Männern und Frauen

Im Laufe der vergangenen Jahrzehnte begannen die Frauen ihre berufliche Tätigkeit im Vergleich zu ihren Vätern in immer besser gestellten Berufspositionen. Diese vergleichsweise guten Chancen intergenerationeller Mobilität verdanken sie aber weniger individuellen Aufstiegschancen, sondern der Verschiebung der Berufsstruktur hin zum Dienstleistungssektor.

Ganz anders sieht es mit den Karrierechancen aus: Frauen starten ihre beruflichen Laufbahnen schon aus durchweg niedrigeren Ausgangspositionen als Männer. [...] Frauen können diese Hypothek in ihrer beruflichen Laufbahn nur selten abtragen. Anders als Frauen erreichten die Männer im Karriereverlauf überwiegend einen Aufstieg aus ihrer ohnehin schon besseren Anfangsstellung. Nur noch 19 % arbeiteten in ihrer „letzten Berufsposition" als Unqualifizierte. Die schlechteren Karrierechancen von Frauen zeigen sich auch in folgenden Zugangserfolgen: Aufstiege in die „obere und untere Dienstklasse" (Meister, Techniker, Vorarbeiter, Facharbeiter) erreichten 32 % der ungelernten Männer in der Landwirtschaft, 39 % der un- und angelernten Arbeiter und sogar 61 % der männlichen Angestellten. Entsprechende Erfolge erzielten nur 10 % der ungelernten Frauen in der Landwirtschaft, 9 % der un- oder angelernten Arbeiterinnen und 20 % der (vielen) nicht qualifizierten weiblichen Angestellten. Darüber hinaus tragen Frauen, die ihre Laufbahn in der „oberen oder unteren Dienstklasse" oder als Facharbeiterinnen begonnen haben, auch ein höheres Abstiegsrisiko als ihre männlichen Kollegen. Eine wesentliche Rolle spielen hierbei Unterbrechungen der Erwerbstätigkeit, meist aus familiären Gründen.

Stefan Hradil, Soziale Ungleichheit in Deutschland, VS Verlag für Sozialwissenschaften, Wiesbaden [8]2005, S. 397

Aufgabe

Erarbeiten Sie die Kernaussagen des Textes M 9 und setzen Sie diese in Verbindung mit den Aussagen des Schaubildes.

Gesamtmobilität, vertikale und horizontale Mobilität, Auf- und Abstiegsraten						
	Westdeutschland				Ostdeutschland	
	1976–1980	1981–1990	1991–2000	2001–2004	1991–1992	2000–2002
	in %					
Männer						
Gesamtmobilität	67	66	68	67	59	60
Gesamtmobilität umfasst:						
vertikale Mobilität	42	43	47	47	39	38
horizontale Mobilität	25	24	21	20	20	22
Verhältnis vertikale/horizontale Mobilität	1,7	1,8	2,3	2,4	2,0	1,7
Vertikale Mobilität umfasst:						
Aufwärtsmobilität	30	30	33	31	25	18
Abwärtsmobilität	12	13	14	16	14	20
Verhältnis Aufstiege/Abstiege	2,4	2,4	2,4	1,9	1,8	0,9
Frauen						
Gesamtmobilität	75	75	75	76	74	74
Gesamtmobilität umfasst:						
vertikale Mobilität	41	40	42	45	43	37
horizontale Mobilität	33	35	33	31	31	37
Verhältnis vertikale/horizontale Mobilität	1,2	1,1	1,3	1,5	1,4	1,0
Vertikale Mobilität umfasst:						
Aufwärtsmobilität	18	20	24	30	24	19
Abwärtsmobilität	23	20	19	16	19	18
Verhältnis Aufstiege/Abstiege	0,8	1,0	1,3	1,9	1,3	1,1

Datenbasis: ALLBUS, SOEP, ZUMA-Standarddemografie, 1976–2004

Lesehilfe: Bei den westdeutschen Männern steigt der Anteil an vertikaler Mobilität um fünf Prozentpunkte in den letzten 30 Jahren, während die horizontale Mobilität um fünf Prozentpunkte schrumpft. Somit erhöht sich das Verhältnis zwischen diesen beiden Größen von 1,7 auf 2,4 zugunsten der vertikalen Mobilität, d. h. vertikale Mobilität kommt heute 2,4-mal so häufig vor wie horizontale Mobilität. Im Osten dagegen sinkt dieses Verhältnis für Männer leicht von 2,0 auf 1,7 – in Ostdeutschland erfahren derzeit somit weniger Männer einen Auf- bzw. Abstieg im Vergleich zu ihren Vätern als noch zum Zeitpunkt unmittelbar nach der Wende. Bei den ostdeutschen Frauen ist dieser Trend noch stärker ausgeprägt.

Bundeszentrale für politische Bildung (Hg.), Datenreport 2006, S. 602 f.

M 10 Die Reichen werden immer reicher – Stimmt das?

Rein statistisch betrachtet sind Reiche in Deutschland ein Phantom. Der Staat zählt zwar, wie viele seiner Bürger arm sind. Wie viele Reiche es gibt und ob sie immer reicher werden, weiß aber niemand so ganz genau. Wie will man auch Reichtum definieren? [...] Manche Forscher sagen: Reich ist, wer relativ zu den anderen besonders viel verdient – das Zweifache des mittleren Nettoeinkommens zum Beispiel. Das Problem: Reich wäre man nach dieser Definition schon als Alleinstehender mit etwas mehr als 3000 Euro netto im Monat. Ein gutes Gehalt, aber ist man damit schon reich?

Die Reichen werden reicher – die anderen Einkommen stagnieren

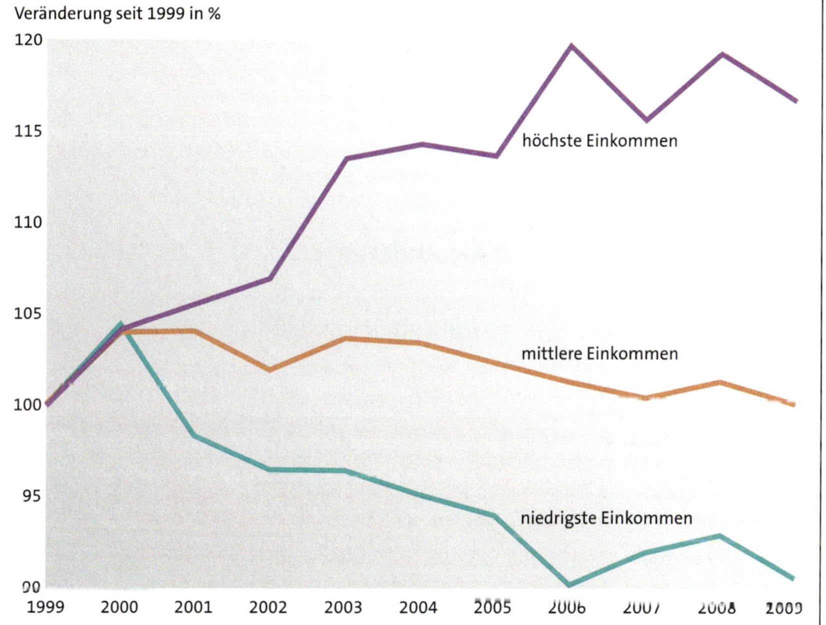

Quelle: Markus Grabka, Deutsches Institut für Wirtschaftsforschung

Werden die Reichen nun reicher? Tatsächlich sind die obersten Einkommen in den vergangenen Jahren deutlich schneller gewachsen als alle anderen. Während die mittleren und unteren Einkommen in den Jahren 1999 bis 2009 stagnierten oder nur langsam anstiegen, wuchsen sie am oberen Rand um rund 17 Prozent (siehe Grafik). „Am oberen Rand spielt die Musik", sagt [ein DIW-Forscher]. Glaubt man verschiedenen internationalen Studien, vollzieht sich diese Entwicklung in ähnlicher Weise in vielen Industriestaaten – nicht nur in Deutschland. [...]

Allerdings greift der Blick auf die Einkommen allein zu kurz. Die entscheidende Frage ist, woher die Reichen im Land ihre Einkünfte beziehen. Die Antwort lautet: zu einem wachsenden Teil aus Zinsen und Kapitaleinkünften, die sie mit ihren Vermögen erwirtschaften. Genau diese Vermögen aber sind in Deutschland ungleich verteilt. Rund 59 Prozent des Vermögens in Deutschland lag im Jahr 2007 in den Händen der obersten zehn Prozent, schätzen die DIW-Forscher. 2002 waren es noch rund 58 Prozent [...]. Die Vermögenskonzentration hat bis zur Krise also leicht zugenommen. Ob sich der Trend seither umgekehrt hat, ist ungewiss. [...]

Info

Das **Sozio-ökonomische Panel** (SOEP) wird seit 1984 jährlich als Längsschnitt erhoben. 2011 lagen 29 Wellen vor. Befragt werden Deutsche, Ausländer und Zuwanderer in Deutschland. Es werden circa 11 000 Haushalte mit etwa 20 000 Menschen nach bestimmten Gesichtspunkten (Haushaltseinkommen, Erwerbs- und Familienbiografie, Erwerbsbeteiligung und berufliche Mobilität) befragt. Erhoben werden die Daten durch eine Projektgruppe am Deutschen Institut für Wirtschaftsforschung (DIW) in Berlin.

→ Vgl. auch S. 234 ff.

Die Reichen werden also reicher – und doch ist der Satz nicht ganz richtig. Denn die Statistiken der DIW-Leute enthalten ein überraschendes Detail. Die Ökonomen untersuchten, wie viele der Besitzer großer Vermögen des Jahres 2002 auch noch unter den Reichsten des Jahres 2007 waren. Ergebnis: Nur 64 Prozent der einstmals Reichen gehörten noch immer zum obersten Zehntel. Immerhin 36 Prozent stellten sich schlechter. Korrekt müsste der Satz also lauten: Die Reichen werden immer reicher – aber nicht immer die gleichen sind reich. Manche stürzen ab.

Philip Faigle, „Viel für wenige", www.zeit.de, 20.04.2011 [28.10.2013]

Aufgaben

1 *Beschreiben Sie das Schaubild in M 10 und erläutern Sie die These, dass die Reichen immer reicher werden.*

2 *Erörtern Sie, inwieweit die Unterschiede in den Einkommen der Bevölkerung die soziale Mobilität in Deutschland befördern. Arbeiten Sie mit Schaubild M 11.*

Info

Ein **Quintil** ist ein „Bevölkerungsfünftel". Bei dieser Methode der Erfassung von Einkommen und Vermögen handelt es sich um ein Verfahren zur Feststellung der Ungleichverteilung in der Gesellschaft, (s. auch S. 64: „Gini-Koeffizient").

M 11 Aufsteigen tun nur die Anderen!?

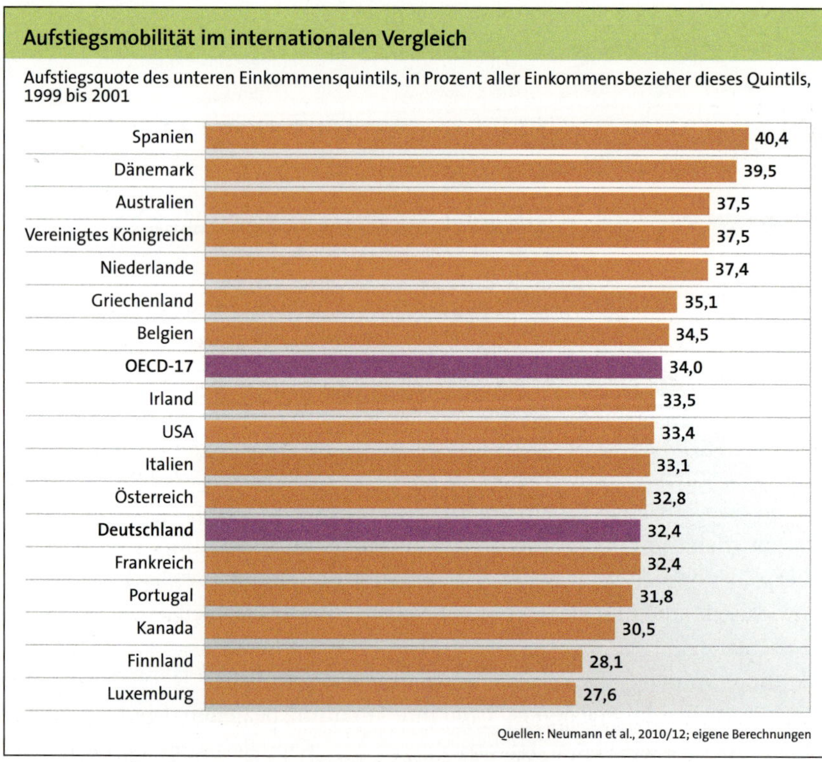

Dominik H. Enste/Vera Erdmann/Tatjana Kleineberg, „Mythen über die Mitteschicht", hg. vom Roman Herzog-Institut, Information Nr. 9/2011, S. 13

M 12 Einkommen und Vermögen – Wer ist wirklich reich?

Deutschland insgesamt	1991	1994	1997	2000	2003	2004	2005
Äquivalenzeinkommen im Monat (real)							
Ärmste 20%	9,7	9,9	10,1	10,9	9,4	9,5	9,4
Reichste 20%	35,2	35,2	34,4	34,7	36,1	35,8	35,9
Gini	0,255	0,252	0,241	0,245	0,264	0,261	0,263
Alte Bundesländer	**1991**	**1994**	**1997**	**2000**	**2003**	**2004**	**2005**
Äquivalenzeinkommen im Monat (real)							
Ärmste 20%	10,1	9,7	10,0	10,0	9,3	9,5	9,5
Reichste 20%	34,2	35,3	34,6	34,8	36,2	35,9	35,8
Gini	0,240	0,252	0,241	0,245	0,267	0,262	0,262
Neue Bundesländer	**1991**	**1994**	**1997**	**2000**	**2003**	**2004**	**2005**
Äquivalenzeinkommen im Monat (real)							
Ärmste 20%	11,5	10,9	11,1	10,8	10,2	10,2	9,8
Reichste 20%	30,8	31,4	31,5	31,9	33,2	33,4	34,0
Gini	0,193	0,203	0,202	0,209	0,229	0,234	0,242

Bundeszentrale für politische Bildung, Datenreport 2006, S. 609, www.destatis.de/download/d/datenreport/2_18_2006.pdf; und Mitteilung des Deutschen Instituts für Wirtschaftsforschung, Abteilung „Sozio-ökonomisches Panel" (SOEP) vom 16.10.2006

M 13 Verteilung der Nettoäquivalenzeinkommen auf die Bevölkerung

Info

Zu Ermittlung des **Nettoäquivalenzeinkommens** wird zunächst das von allen Haushaltsmitgliedern tatsächlich erzielte Haushaltseinkommen zusammengefasst. Dieses setzt sich zusammen aus dem Einkommen aus selbstständiger und unselbstständiger Erwerbstätigkeit, dem Einkommen aus Vermögen, Renten und Pensionen sowie empfangenen laufenden Transfers – wie zum Beispiel Arbeitslosengeld, Sozialgeld oder Kindergeld. Direkte Steuern und Sozialbeiträge werden abgezogen. Anschließend wird das verfügbare Einkommen gewichtet bzw. das Äquivalenzeinkommen ermittelt. Dazu wird das verfügbare Haushaltseinkommen unter Berücksichtigung eines Gewichtsschlüssels (Äquivalenzskala) geteilt. Die Äquivalenzskala weist dabei der ersten erwachsenen Person stets das Gewicht 1 zu. Weitere Erwachsene und Kinder ab 14 Jahren erhalten das Gewicht 0,5, Kinder unter 14 Jahren das Gewicht 0,3.
Ein Beispiel: Eine Familie mit zwei Erwachsenen und zwei Kindern unter 14 Jahren hat nach der Äquivalenzskala das Gewicht 2,1 (1 plus 0,5 plus 0,3 plus 0,3). Zur Berechnung des Äquivalenzeinkommens muss das verfügbare Haushaltseinkommen demnach durch 2,1 – und nicht durch die Anzahl der Personen – geteilt werden. Bei einem verfügbaren Haushaltseinkommen von beispielsweise 2100 Euro hat jeder der vier Haushaltsmitglieder ein Äquivalenzeinkommen von 1000 Euro.

Aufgaben

1 *Vergleichen Sie die Aussagen des „Gini-Koeffizienten" (s. Info S. 64) und der Äquivalenzeinkommen in M 12 und ziehen Sie Rückschlüsse auf die Einkommensverteilung in Deutschland.*

2 *„Die Armen werden immer ärmer und die Reichen immer reicher." Überprüfen Sie diese These auf der Basis der Materialien M 10 bis M 13.*

3 *Kann man Ihrer Meinung nach von einer Zunahme sozialer Ungleichheit sprechen? Begründen Sie Ihren Standpunkt.*

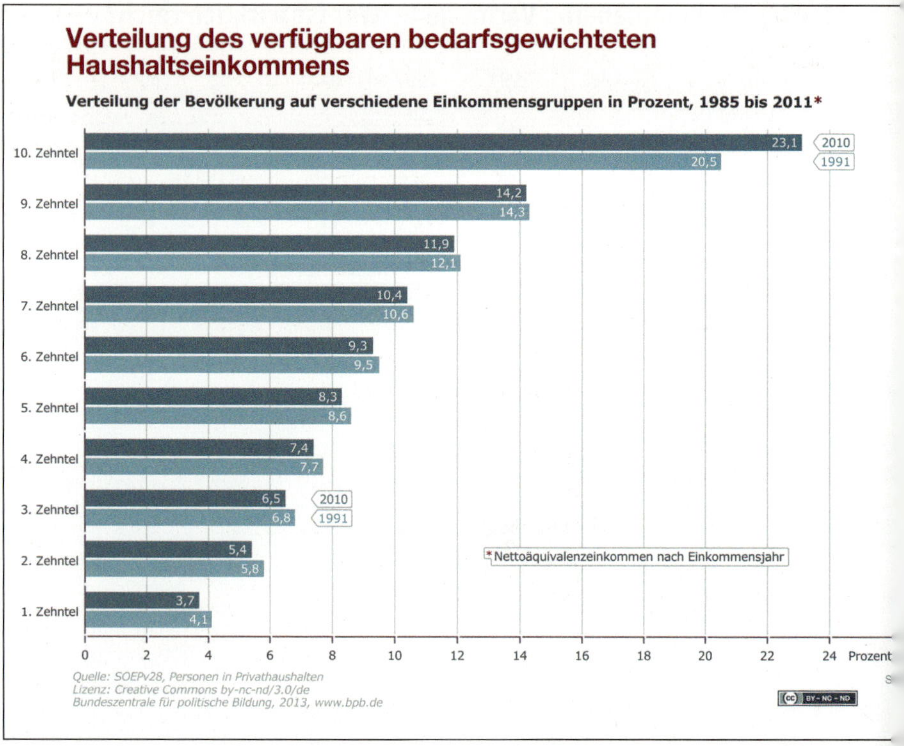

Info

Der **Gini-Koeffizient** oder auch **Gini-Index** ist ein statistisches Maß, das vom italienischen Statistiker Corrado Gini zur Darstellung von Ungleichverteilung entwickelt wurde. Der Koeffizient kann beispielsweise als Kennzahl für die Ungleichverteilung von Einkommen oder Vermögen eingesetzt werden. Er wird besonders in der Wohlfahrtsökonomie verwendet.
Der Wert kann eine beliebige Größe zwischen 0 und 1 (bzw. 0 und 100 Prozent) annehmen. Je näher der Gini-Koeffizient an 1 ist, desto größer ist die Ungleichheit, zum Beispiel einer Einkommensverteilung (s. auch S. 234 f.).

www.wikipedia.de, 03.11.2008

Nach Angaben des Sozio-oekonomischen Panels (SOEP) hatte im Jahr 2010 das Zehntel der Bevölkerung mit den niedrigsten Einkommen (1. Dezil) einen Anteil von lediglich 3,7 Prozent am gesamten Nettoeinkommen (jeweils bedarfsgewichtet). Bei den 10 Prozent mit den höchsten Einkommen (10. Dezil) lag der entsprechende Wert bei 23,1 Prozent – der Anteil war damit höher als der Anteil der unteren vier Zehntel (1. bis 4. Dezil) zusammen (22,9 Prozent).
1991 lag der Einkommensanteil des obersten Zehntels noch bei 20,5 Prozent. Das entspricht einer Steigerung um 12,3 Prozent bis 2010. Während das oberste Zehntel seinen Anteil am Einkommen vergrößern konnte, ist bei allen anderen Dezilen der Einkommensanteil gegenüber dem Jahr 1991 gesunken. Dabei gilt: Je niedriger das Einkommen des jeweiligen Dezils 1991 war, desto stärker sank der Einkommensanteil in den Folgejahren. [...] Insbesondere in den Jahren 1991 bis 2005 nahm die Einkommensungleichheit insgesamt zu, seitdem haben sich die Werte stabilisiert bzw. nahm die Einkommensungleichheit sogar leicht ab. [...]
Ab wann eine Person oder ein Haushalt aufgrund des Einkommens als reich gilt, ist nach wie vor Gegenstand reger Diskussion. Am gebräuchlichsten ist in der Wissenschaft die Einkommensgrenze von 200 Prozent des mittleren Nettoäquivalenzeinkommens (Median). Im Jahr 2010 bezogen laut SOEP 7,6 Prozent aller Personen ein solches Einkommen (mehr als 3 310 Euro pro Monat), dabei lag bei 1,9 Prozent das Einkommen sogar bei mehr als 300 Prozent des Medianeinkommens (mehr als 4 965 Euro pro Monat, wobei das SOEP grundsätzlich selbstgenutztes Wohneigentum berücksichtigt).

SOEPv28, Personen in Privathaushalten; Bundesministerium für Arbeit und Soziales (BMAS): Lebenslagen in Deutschland. Armuts- und Reichtumsberichterstattung der Bundesregierung (Endfassung: 06.03.2013), in: www.bpb.de, 27.09.2013 [04.03.2014]

Aufgaben

1 *Formulieren Sie mit Bezug auf M 13 drei Thesen zur Entwicklung der Nettoäquivalenzeinkommen in Deutschland.*

2 *Recherchieren Sie im Internet zum Thema „Entwicklung von Managergehältern in Deutschland“. Gestalten Sie dazu eine Wandzeitung, die den sozialen Sprengstoff der Debatte über Einkommensungleichheit widerspiegelt.*

3 *In seinem Buch „Soziale Ungleichheit in Deutschland“ schreibt Stefan Hradil: „Soziale Ungleichheit ist in modernen Gesellschaften keineswegs generell unerwünscht. Bestimmte Ungleichheiten gelten als tolerierbar oder als akzeptabel oder sogar ausdrücklich als gewollt.“ (S. 416)*
Diskutieren Sie Hradils These mit Blick auf die Leistungsgesellschaft (s. Info S. 59).

M 14 Wie ist Sozialstruktur zu erfassen? Erklärungsansätze und Begriffe

Dass unsere Gesellschaft komplex und vielschichtig aufgebaut ist, zeigt die Vielfältigkeit, nach der wir Deutschland betrachten können. Je nachdem, worauf wir unseren Fokus legen, können wir unsere Gesellschaft nach alten und jungen Menschen, Frauen und Männern, ärmeren und reicheren Menschen, Menschen, die entweder im Norden, Süden, Osten oder Westen Deutschlands leben, einordnen. Auch Zuordnungen nach Ausbildung, Beruf oder Hobbys und auch andere Faktoren sind möglich.

Die Schwierigkeit besteht darin, die unterschiedlichsten sozialen Verhältnisse darzustellen. Die Beantwortung der aktuellen Fragen, wie beispielsweise „Befindet sich Deutschland auf dem Weg zu einer Klassengesellschaft?“, „Wer steht ganz oben und wer unten?“, „Steht das persönliche Schicksal von vornherein fest?“ sowie „Wenn nicht, wie können wir unsere Position selbst bestimmen?“, benötigt Instrumente und Daten, um die Sozialstruktur der Bundesrepublik Deutschland analysieren zu können.

Der Ansatz, Deutschland in **Schicht- und Klassenmodelle** einzuteilen, stellt zugleich eine Möglichkeit dar, die Gesellschaft der Bundesrepublik Deutschland zu „sortieren“. Modellhaft wird versucht, eine gewisse Ordnung in die Unübersichtlichkeit der sozialen Ungleichheiten zu bringen. Vor- und zugleich Nachteil dieses Ansatzes bestehen darin, die komplexe Wirklichkeit zu vereinfachen, also die wesentlichen Strukturen der Realität genauer zu erkennen. Zugleich wird allerdings die Vielfältigkeit auf ein Wesentliches reduziert und Unwichtiges ausgeklammert.

Der Soziologe Rainer Geißler geht davon aus, dass die Begriffe **„Klasse“** und **„Schicht“** Menschen in ähnlicher sozioökonomischer Lage zusammenfassen. Ihnen ist gemeinsam, dass sie aufgrund ähnlicher Le-

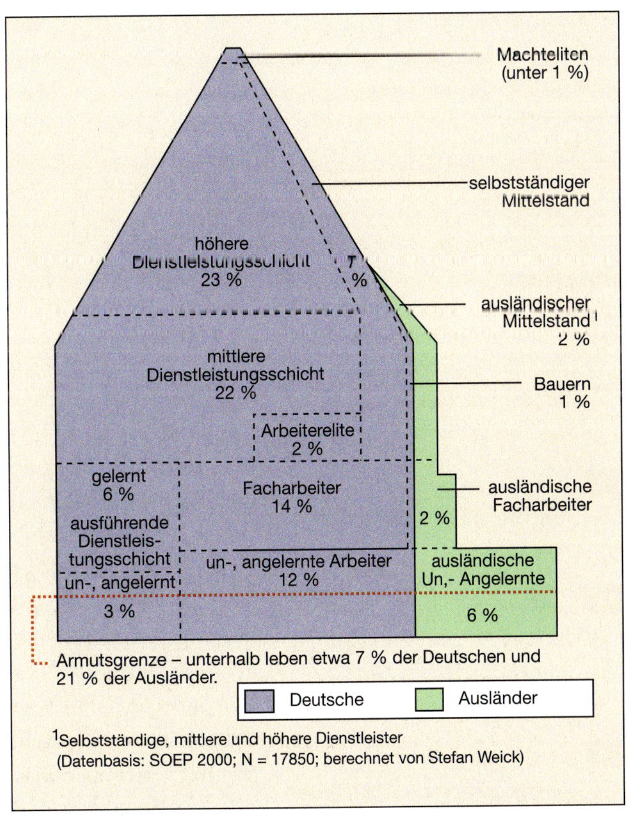

Rainer Geißler, Die Sozialstruktur Deutschlands im internationalen Vergleich, VS Verlag für Sozialwissenschaften, 5. Aufl., Wiesbaden 2008, S. 100

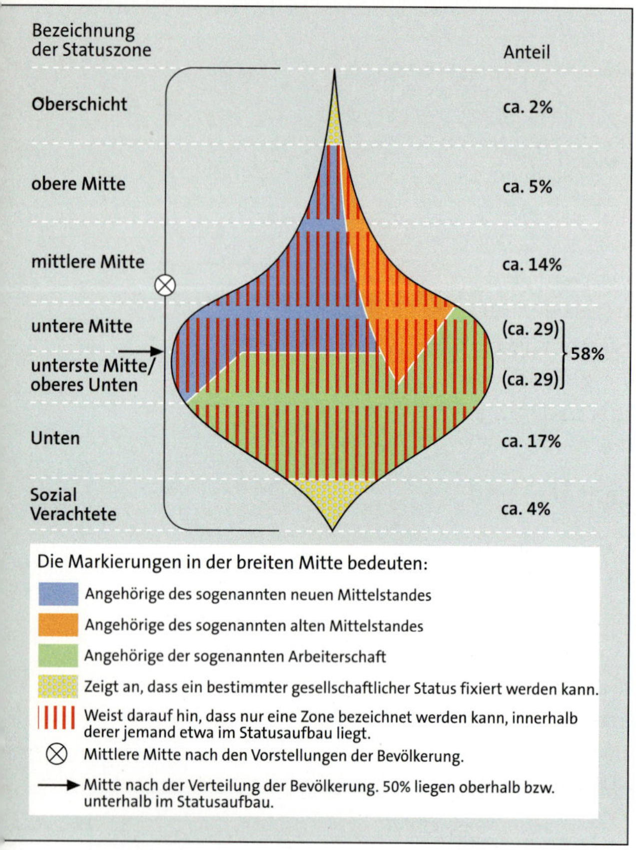

Rainer Geißler, Die Sozialstruktur Deutschlands im internationalen Vergleich, VS Verlag für Sozialwissenschaften, 5. Aufl., Wiesbaden 2008, S. 98

benserfahrung ähnliche Persönlichkeitsmerkmale aufweisen sowie durch ähnliche Lebenschancen und Risiken miteinander verbunden sind. Klassen- und Schichtmodelle unterscheiden sich darin, dass Klassenmodelle eine Gesellschaft in Klassen einteilen und somit ökonomische Kriterien im Vordergrund stehen. Infolgedessen und durch deren Konflikt- und Machtorientierung bedeutet Klassenanalyse immer auch eine Analyse von Konflikten und Machtbeziehungen zwischen den Klassen. Dabei stehen die historische und die theoretische Orientierung im Vordergrund. Auch wenn Schichtanalysen ebenfalls ökonomische Kriterien zur Schichteinteilung heranziehen, Konflikte zwischen den Schichten sowie Zusammenhänge von sozialer Schichtung und Machtstruktur berücksichtigen, wird der Schichtbegriff oft nur zur beschreibenden, statischen Bestandsaufnahme verwendet.

Die **Modelle der sozialen Lagen** erweitern die Klassen- und Schichtmodelle, da sie auf eine Beschränkung auf die vertikale Dimension (oben/unten) verzichten und neben vertikalen Ungleichheiten (Berufsstatus) auch horizontale Ungleichheiten (z. B. Geschlecht, Alter, Herkunft ...) berücksichtigen. Gemäß dem Soziologen Stefan Hradil wird demnach mit „Modellen der ‚sozialen Lage' [...] versucht, einige [...] Nachteile zu vermeiden. Lagenmodelle dienen dazu, die gesamte Bevölkerung nach Gruppen zu unterscheiden, die im Hinblick auf die relevanten Dimensionen jeweils ähnliche (un-)vorteilhafte Lebensbedingungen aufweisen."[1] Dazu gehören Geschlecht, Alter, ethnische Herkunft, regionale Ungleichheiten, Familienstand. Demzufolge erfassen diese Modelle die gesamte Bevölkerung (Erwerbstätige und Nichterwerbstätige) und sind gut geeignet, über Merkmalskonstellationen spezifisch benachteiligte und privilegierte Gruppen ausfindig zu machen. Allerdings stoßen die Modelle an ihre Grenze. Durch eine Beschränkung auf die äußere Lebenslage lassen Lagemodelle offen, inwieweit auch eine innere Haltung damit verbunden ist.

Innere Haltungen werden in sogenannten Milieumodellen erforscht. Seit Beginn der 1990er-Jahre werden **soziale Milieus** als Gruppen in der Bevölkerung ausgemacht, die sich nicht nur in ihren äußeren Lebensbedingungen wie Einkommen oder Wohnumfeld ähnlich sind, sondern auch ähnliche Wertehaltungen, Motive und Ziele haben. Im Gegensatz zu sozialen Schichten können Menschen trotz gleicher äußerer Lebensbedingungen sehr unterschiedliche Wertorientierungen und Lebensziele haben. Beim Marktforschungsmodell, dem sogenannten Sinus-Milieu, werden Menschen nach ähnlichen Lebensauffassungen und Lebensweisen gruppiert, die dann mit der vertikalen Dimension der Sozialstruktur in Beziehung gesetzt werden. Vorteile dieses Verfahrens liegen darin, dass nicht nur das typische Milieu einer Schicht ermittelt wird, sondern mehrere nebeneinander existierende Milieus innerhalb derselben Schicht.

Petra Reiter-Mayer, „Wie die Sozialstruktur erfassen? Erklärungsansätze und Begriffe", in: Politik betrifft uns, Heft 3/2012, S. 6

Aufgaben

1 *Charakterisieren Sie die Begriffe vertikale und horizontale Dimension sozialer Ungleichheit.*

2 *Vergleichen Sie in Tabellenform die im Text beschriebenen Modelle.*

3 *Analysieren Sie die beiden Schaubilder aus dem Text und erarbeiten Sie Unterschiede in der Darstellung.*

4 *Erörtern Sie, ob diese Darstellungen zur Abbildung komplexer Gesellschaften geeignet sind.*

---

[1] Stefan Hradil, Soziale Ungleichheit in Deutschland, Leske und Budrich, Opladen ^{8}2001

M 15 a Soziale Milieus – eine Definition

Neben dem Soziallagenansatz gehört insbesondere die Milieuforschung zu den wichtigen neueren Ansätzen der deutschen Sozialstrukturanalyse. Sie wurde in den Achtzigerjahren vom Sinus-Institut für die Markt- und Wahlforschung entwickelt und danach von den Sozialwissenschaften übernommen, wo sie vor allem zu einem Boom von Lebensstiluntersuchungen führte. Man kann sie als „subjektivistischen" oder „kulturalistischen" Ansatz der Sozialstrukturanalyse bezeichnen: Während die Schichtanalyse eine Bevölkerung zunächst nach ähnlichen „objektiven Lebensbedingungen" oder „objektiven Soziallagen" untergliedert und dann untersucht, welche Mentalitäten, Einstellungen, Verhaltensweisen und Lebenschancen mit diesen unterschiedlichen Lebensumständen typischerweise verknüpft sind, gruppiert der Milieuansatz die Menschen zunächst nach Unterschieden in ihren Wertorientierungen und Lebensstilen. [...] Die Bevölkerung wird nach ihren Wertorientierungen und Lebenszielen, nach ihren Einstellungen zu Arbeit, Freiheit und Konsum, zu Familie und Partnerschaft, nach ihren Zukunftsperspektiven, politischen Grundüberzeugungen und Lebensstilen befragt und dann nach diesen Merkmalen zu „sozialen Milieus" bzw. „‚subkulturellen' Einheiten" zusammengefasst. Die Abgrenzungen zwischen den sozialen Milieus ähneln den Grenzlinien in den Schichtmodellen: Sie markieren keine scharfen „realen" Grenzen. Milieus sind – wie Schichten – keine klar gegeneinander abgrenzbaren Gruppen, sondern es gibt fließende Übergänge, Zwischenformen und Überschneidungen.

→ Vgl. S. 32 – 36 (Wertewandel)

Rainer Geißler, „Facetten der modernen Sozialstruktur", in: Bundeszentrale für politische Bildung (Hg.), Informationen zur politischen Bildung Nr. 269, München 2004, S. 72 f.

M 15 b Warum soziale Milieus?

Vieles spricht dafür, dass sich die Mitglieder moderner Dienstleistungsgesellschaften nicht mehr so vorrangig wie die Menschen in typischen Industriegesellschaften nach ihrer Berufs- und Schichtzugehörigkeit definieren, sondern ihre gesellschaftliche Ortsbestimmung auch im Hinblick auf ihre Milieuzugehörigkeit und ihren Lebensstil ausbilden. Oft symbolisieren sie diese Identität in Kleidung, Musikgeschmack etc. und tragen so ihre Zugehörigkeit nach außen.
Die Menschen, die einem bestimmten sozialen Milieu angehören, verhalten sich in der Praxis ähnlich, und zwar in recht unterschiedlichen Bereichen: Sie kaufen ähnliche Konsumgüter, wählen ähnliche Parteien, erziehen ihre Kinder in ähnlicher Weise etc. Milieugliederungen sind daher wichtige Hilfsmittel für Marketinganalysten, Wahlkampfstrategen, Sozialisationsforscher etc.

Stefan Hradil, Soziale Ungleichheit in Deutschland, VS Verlag für Sozialwissenschaften, Wiesbaden [8]2005, S. 278

M 16a Was sind die „Sinus-Milieus"?

Man lernt Zielgruppen nicht wirklich kennen, wenn man – wie das häufig gemacht wird – nur Alters-, Berufs- oder Einkommensschwerpunkte zur Charakterisierung heranzieht. Denn Zielgruppen setzen sich aus lebendigen Menschen zusammen, die nicht auf den künstlichen Status von „Merkmalsträgern" reduziert werden sollten.

Was sind die Sinus-Milieus?

- Die Definition der Sinus-Milieus geht aus von der Lebenswelt und dem Lebensstil der Menschen – und nicht von formalen demografischen Kriterien wie Schulbildung, Beruf oder Einkommen.
- Grundlegende Wertorientierungen gehen dabei ebenso in die Analyse ein wie Alltagseinstellungen (zur Arbeit, zur Familie, zur Freizeit, zum Konsum).
- Die Sinus-Milieus fassen also Menschen zusammen, die sich in Lebensauffassung und Lebensweise ähneln. Man könnte die Milieus als „Gruppen Gleichgesinnter" bezeichnen. Die Sinus-Milieus sind Basis-Zielgruppen für das Marketing, die sich bereits in den unterschiedlichsten Märkten bewährt haben.

AGF Arbeitsgemeinschaft Fernsehforschung (Hg.), Die Sinus-Milieus® im Fernsehpanel. Das gesamtdeutsche Modell, Frankfurt/M. 2002, www.agf.de [28.10.2013]

M 16 b Sinus-Milieus – wofür?

„Wir unterscheiden heute in Deutschland zehn verschiedene Milieus", erklärt der promovierte Soziologe Carsten Wippermann von der Heidelberger Firma Sinus Sociovision. [...] Es gibt Berührungspunkte und Übergänge zwischen den Milieus.

Um gesellschaftliche Prozesse und Entwicklungen zu verstehen, ist der differenzierte Blick auf die verschiedenen Milieus unabdingbar. Verständlich, dass politische Parteien und Marktforscher gierig auf die Erkenntnisse der Soziologen sind. Schließlich kann man ja nur anhand einer Milieu-Karte herausfinden, bei welchen gesellschaftlichen Gruppen man noch auf Stimmenfang gehen kann. Auch der Niedergang der SPD lässt sich zweifelsohne ein Stück weit mit einer gewandelten Milieu-Karte erklären. Und wer ein neues Produkt auf den Markt bringen möchte, tut gut daran, zuvor darüber nachzudenken, in welchen Milieus dieses Produkt auf Interesse stoßen kann und in welchen nicht. Nur bei wenigen Produkten ist der Verkaufserfolg unabhängig vom jeweiligen Milieu. Aber nicht immer sind hier die Zuordnungen so einfach wie bei Sportwagen oder Springerstiefeln.

In dem Milieu-Diagramm [s. M 18] von Sinus Sociovision ist die soziale Lage, die sich durch Bildung, Einkommen und Berufsprestige definieren lässt, umso höher, je weiter oben ein Milieu positioniert ist. Von links nach rechts wächst hingegen der Grad der Modernität. So spielen in den links angeordneten Milieus traditionelle Werte eine große Rolle. Rechts sind die Modernen und Postmodernen eingeordnet. Insgesamt ergibt sich ein komplexes Milieu-Bild, in dem sich einzelne Gruppen durch eine ähnliche soziale Lage, ähnliche Wertvorstellungen und auch vergleichbare Lebensstile auszeichnen. Ihre Auffassungen vom Leben ähneln sich.

Norbert Lossau, „Und welcher Weihnachtstyp sind Sie?", www.welt.de, 21.12.2009 [28.10.2013]

Aufgaben

1 *Erarbeiten Sie aus M 15 a – M 16 a eine Definition des Begriffs „soziale Milieus".*

2 *Stellen Sie davon ausgehend die Unterschiede zwischen den Schichtmodellen und den sozialen Milieus dar.*

3 *Wie erklärt der Soziologe C. Wippermann den (Mehr-)Wert sozialer Milieus? Arbeiten Sie mit M 16 b.*

M 17 Wer schaut das Dschungelcamp? – Ich doch nicht!

Unter den 14- bis 49-jährigen Zuschauern ist *RTL* Marktführer in Deutschland. Die Fernsehmacher aus Köln hatten im Januar 2013 in dieser werberelevanten Zielgruppe einen durchschnittlichen Marktanteil von 18 %. Allein im Vergleich zum Vormonat konnten sie vier Prozentpunkte zulegen. Ausschlaggebend dafür

war insbesondere die siebte und mit einem durchschnittlichen Marktanteil von 41,6 % unter den 14- bis 49-Jährigen erfolgreichste Staffel des Dschungelcamps (Ich bin ein Star – Holt mich hier raus!). Hinter diesem Reichweiten-Erfolg steht exaktes Wissen über die Zielgruppe. Darüber müssen sich alle TV-Verantwortliche permanent Gedanken machen, um nicht an den Ansprüchen ihrer Zuschauer vorbei zu produzieren – mit unter Umständen verheerenden wirtschaftlichen Folgen. Wir müssen Märkte segmentieren, Zielgruppen definieren und Reichweiten optimieren. Eine große Hilfe bilden dabei die Sinus-Milieus, die ich auch in meiner Zusatzfunktion als Verantwortlicher eines TV-Spartensenders nutze:
Die Heidelberger Psychologen und Sozialwissenschaftler des Sinus-Instituts unterstützen seit Jahrzehnten Medienhäuser, Zeitungshäuser, Agenturen, Hersteller von Markenartikeln und andere Unternehmen bzw. Organisationen mit Angeboten zur Markt- und Sozialforschung. Sie teilen die Mitglieder unserer Gesellschaft in Gruppen von Menschen ähnlicher Lebensauffassungen und Lebensweisen ein. Seit der jüngsten Neustrukturierung im Jahre 2010 gibt es aktuell zehn Sinus-Milieus. Sie unterscheiden sich zum Teil deutlich in der TV-Nutzung[1]. [...]
Die Sendung **Ich bin ein Star – Holt mich hier raus!** ist deshalb ein großer Erfolg, weil sie von vielen Zuschauern (durchschnittlich 7,34 Mio. in der siebten Staffel) in mehreren Sinus-Milieus gesehen wird. In der gesellschaftlichen Oberschicht gehören Angehörige des Performer-Milieus und des expeditiven Milieus dazu. Ferner tragen Zuschauer der bürgerlichen Mitte und des adaptiv-pragmatischen Milieus zum Erfolg des **Dschungelcamps** bei. Schließlich finden sich viele Zuschauer in der gesellschaftlichen Unterschicht, dem hedonistischen Milieu.
Auch wenn die Sinus-Milieus eine Hilfe sind, um das eigene Programm auf definierte Zielgruppen abstimmen zu können, so bilden sie doch nicht die komplexe Realität ab. In Wahrheit sind die Grenzen fließend. Und: Mediennutzer wollen immer seltener in Schubladen gesteckt werden. Sie wollen stattdessen als Individuen mit speziellen Informations- und Unterhaltungsbedürfnissen wahr- und ernstgenommen werden. Darauf müssen wir eingehen, vor allem mit den Möglichkeiten der sozialen Medien, die mit TV-Formaten verknüpft werden können (Second Screen). Das gilt insbesondere für jene Zuschauer, die Medien non-linear, synchron und mobil nutzen.

Dominik Faust, „Dschungelcamp & Co. in den zehn Sinus-Milieus", www.dominik-faust.de, 25.02.2013 [29.03.2013]

[1] Die Angaben über die TV-Nutzungen stammen primär von der Gesellschaft für Konsumforschung (***GfK***), die *Dr. Walter Klingler*, Leiter Medienforschung des SWR, aufbereitet und am 25. Januar 2013 in München im Rahmen einer Veranstaltung der ***MDG*** über Sinus-Milieus präsentierte.

Tipp

www.sinus-institut.de/loesungen/digital-user-groups.html
www.dominik-faust.de/dschungelcamp-co-in-den-zehn-sinus-milieus

Aufgaben

1 *Informieren Sie sich in der Quelle zu M 17 über die unterschiedlichen Milieus der Sinus-Studie zur Mediennutzung und stellen Sie diese Ihrem Kurs vor (s. Tipp).*

2 *Erwägen Sie die Gründe für die Mediennutzung der einzelnen Milieumitglieder und erörtern Sie ihr Verhalten in Bezug auf die Sendung Dschungelcamp.*

M 18 Ein Modell sozialer Milieus

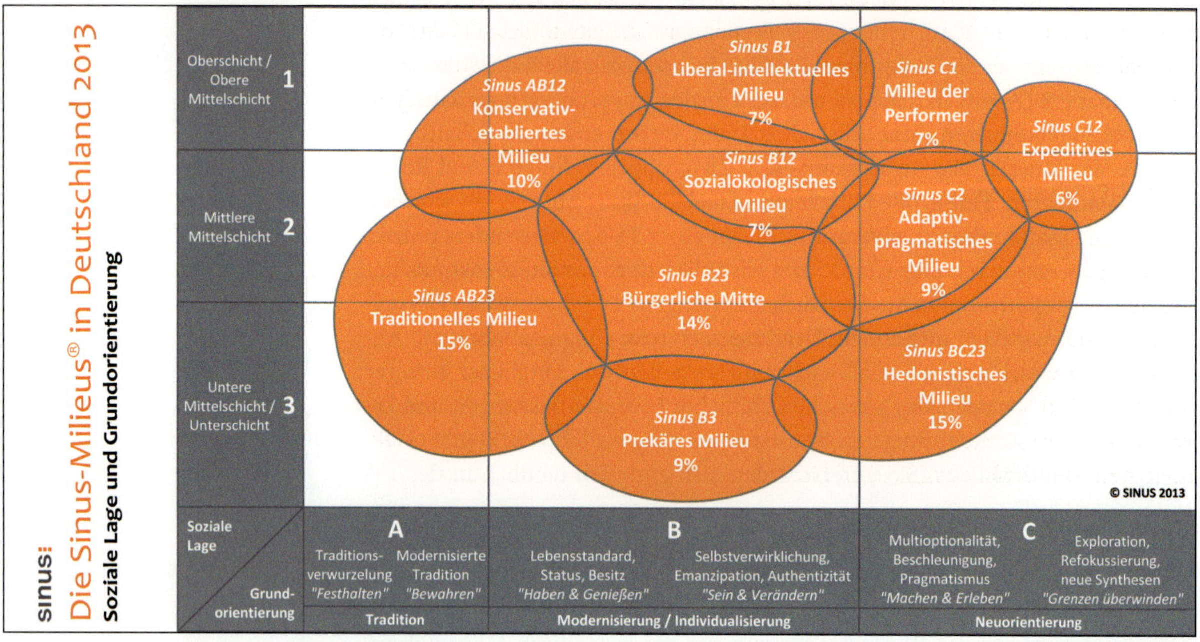

Aufgaben

1 *Erörtern Sie, inwieweit das Milieumodell die Schichtmodelle erweitert.*

2 *Beurteilen Sie die Aussagekraft des oben dargestellten Modells für die Gesellschaft Deutschlands.*

3 *Erörtern Sie, inwiefern ein Modell aus der Marktforschung geeignet ist, Gesellschaft zu beschreiben.*

4 *Beschreiben Sie, wie die Wahlforschung solche Grafiken nutzt.*

M 19 Steckt der Fahrstuhl fest?

Möglichkeiten für sozialen Aufstieg sind schlecht

Die Verteilungsforscherin Judith Niehues vom arbeitgebernahen Institut der Deutschen Wirtschaft (IW) hat für die F.A.S. versucht, auf der Basis von Erträgen wie etwa Zinsen, Dividenden oder Mieteinnahmen die mutmaßliche Entwicklung der Vermögensbestände zu berechnen. [...] „Die Vermögensungleichheit hat womöglich vor der Finanzkrise ihren Höhepunkt erreicht." Im Krisenjahr selbst sei sie durch die sinkenden Kurse zurückgegangen. „Seither ist ein neuerlicher Anstieg nicht erkennbar." Wenig deutet [...] darauf hin, dass sich die Schere wieder öffnet. „Die Konzentration der Vermögenseinkommen bei den einkommensreichsten 10 Prozent der Bevölkerung hat von 2009 auf 2010 sogar weiter abgenommen."

Woher also kommt der Unmut der Leute? [...] Auf der Suche nach Gründen, warum so viele Deutsche eine wachsende Ungerechtigkeit beklagen, findet der Verteilungsökonom Berthold etwas viel Wichtigeres als die Einkommensunterschiede: Es sei die soziale Mobilität, um die es in Deutschland immer schlechter bestellt ist. „Man steigt nicht mehr so leicht auf", sagt er. „Ungleichheit lässt sich viel leichter tolerieren, wenn jeder das Gefühl hat, dass er es schaffen kann."

Familienhintergrund prägt ökonomischen Erfolg

Materielle Lebenspositionen sollen veränderbar bleiben. Menschen können gesellschaftlich auf- und auch absteigen, im Laufe des eigenen Lebens oder auch von einer Generation zur nächsten. Das ist das Grundprinzip einer Leistungsgesellschaft.

Anders als bei den umstrittenen Statistiken zu Einkommen oder Vermögen ist es bei den Aufstiegschancen völlig unstreitig, dass sich die Abstände zwischen

den sozialen Schichten vergrößert haben. Nach Einschätzung des Sachverständigenrates für Wirtschaft [...] haben sich die Aufstiegschancen vor allem in den unteren Einkommensklassen verringert. In seinem Gutachten stellte [... er] vor zwei Jahren fest, „dass die Durchlässigkeit im Zeitverlauf abgenommen hat". Das bedeutet: Wer einmal unten ist, kommt nicht mehr so schnell hoch. Spiegelbildlich dazu sind in der oberen Einkommensklasse die Abstiegsrisiken gestiegen, allerdings nicht im gleichen Ausmaß.
Auch das arbeitgebernahe IW Köln stellt fest, dass es zwei Drittel der Menschen im unteren Segment nicht mehr schaffen, in eine höhere Einkommensklasse aufzusteigen. Ähnlich düster sieht es mit der Mobilität zwischen den Generationen aus. Kinder aus ungelernten Haushalten, die in den Jahren 1950 bis 1959 geboren sind, hatten deutlich bessere Aufstiegschancen als solche, die erst 1980 das Licht der Welt erblickten. „Der Familienhintergrund prägt den eigenen ökonomischen Erfolg", bilanzieren die IW-Forscher. 40 Prozent der Ungleichheit im individuellen Arbeitseinkommen lassen sich nach ihren Berechnungen direkt durch den Familienhintergrund erklären.

„Fahrstuhleffekt" zieht alle ein Stückchen nach oben

Dabei war die Bundesrepublik einmal ein Land der Aufsteiger. Mehr Bildung, mehr Wohlstand, mehr Anerkennung – das war einer der Leitgedanken im Nachkriegsdeutschland, eine Idee von integrierender Kraft. Im Wirtschaftswunder der ersten Nachkriegsjahrzehnte wurden die Grenzen zwischen den unterschiedlichen Gesellschaftsschichten durchlässiger. Das klassische Arbeitermilieu löste sich auf, nicht nur in Bezug auf die einst bescheidenen Einkommen, sondern auch auf Habitus und Konsumgewohnheiten. Jeder, der Talent, Leistungsbereitschaft und ein Quentchen Glück mitbrachte, konnte es schaffen.
[...] Im Zuge der Bildungsexpansion und des Zuwachses an qualifizierten Positionen gelang Millionen der Aufstieg zur nächsthöheren Stufe. Sozialwissenschaftler sprechen vom „Fahrstuhleffekt": Der Wirtschaftsaufschwung zog alle ein Stückchen mit nach oben

Trockenes Brot für alle?

Heute ist das anders, die Aufwärtsmobilität ist ins Stocken geraten. Das große Versprechen der Nachkriegszeit, dass es allen immer besser gehen werde, hat nicht mehr für alle Gesellschaftsschichten dieselbe Plausibilität. Der sozioökonomische Wandel bringt heute neben Gewinnern auch viele Verlierer hervor. Die sozialen Milieus schotten sich stärker ab. Das gilt nicht nur für die Oberschicht. Auch die statusbewusste grüne Mittelschicht in den Großstädten achtet heute wieder darauf, die eigenen Kinder nach Möglichkeit vom Nachwuchs bildungsferner Schichten abzuschirmen.
Der Theoretiker der Gerechtigkeit, der amerikanische Philosoph John Rawls, hat es einmal so formuliert: Ungleichheit ist gerechtfertigt, wenn auch die Schwächsten davon einen Vorteil haben. Ein plastischeres Bild fand der frühere Schweriner Ministerpräsident Harald Ringstorff: „Wollt ihr, dass alle Menschen nur trockenes Brot bekommen, oder wollt ihr, dass alle Brot mit Margarine bekommen und einige sich zusätzlich Kaviar draufschmieren können?" Die Ostdeutschen, so Ringstorffs Botschaft, wollten dann lieber trockenes Brot. Inzwischen bezweifeln auch im Westen immer mehr Menschen, ob der Kaviar für die Reichen tatsächlich noch die Margarine für alle nach sich zieht.

Ralph Bollmann/Inge Kloepfer, „Der Aufstieg ist bedroht", www.faz.net, 01.04.2013 [28.10.2013]

Aufgaben

1 *Erarbeiten Sie aus dem Text Erklärungsansätze zur Untermauerung der These, dass Deutschland immer noch eine Schichtgesellschaft ist.*

2 *Erörtern Sie die These von John Rawls (Z. 63/64).*

2.2 Migration

M1 Deutschland, ein Einwanderungsland?! – Die Anfänge

Als vor 50 Jahren die ersten türkischen „Gastarbeiter" nach Deutschland kamen, glaubte niemand, dass dies eine Langzeitbeziehung werden würde. Doch die Türkinnen und Türken kamen, und viele von ihnen blieben. Sie haben das Gesicht dieses Landes verändert.
Sie brachten nicht nur den Döner und das Kopftuch ins deutsche Straßenbild, Mesut Özil in die Bundesliga und Fatih Akin in die deutschen Kinos, sondern auch Diskussionen um die deutsche „Leitkultur" und Integrationsdebatten in die Feuilletons.

Deutschlandradio, „50 Jahre türkische Einwanderung", www.dradio.de, 28.10.2011 [05.09.2013]

M2 Geschichte der Migration nach Deutschland

Die Geschichte Deutschlands ist nicht erst seit Bestehen der Bundesrepublik durch Zu- und Abwanderungen als Massenbewegungen geprägt. Deutsche gingen über die Jahrhunderte als Arbeits-, Siedlungs-, Heirats-, Wohlstands- und Kulturwanderer in großer Zahl ins Ausland, ebenso wie Ausländerinnen und Ausländer nach Deutschland kamen. Hinzu traten vor allem in der ersten Hälfte des 20. Jahrhunderts millionenfache Zwangswanderungen während und im Gefolge der beiden Weltkriege.
Die größten Migrationsbewegungen des 20. Jahrhunderts, meist in Form von Flucht, Vertreibung sowie Deportation zur Zwangsarbeit, fanden von 1933 bis 1945 statt: Hunderttausende Juden und politisch Verfolgte emigrierten in den Jahren vor Beginn des Zweiten Weltkriegs.
Über zwölf Millionen deutsche Flüchtlinge und Vertriebene sowie rund zehn bis zwölf Millionen „Displaced Persons", ehemalige Zwangsarbeiter und ausländische KZ-Insassen mussten nach dem Ende des Krieges eine neue Heimat finden bzw. repatriiert werden.
Seit Mitte der 1950er-Jahre ist Deutschland eines der wichtigsten europäischen Zielländer von Migranten und Migrantinnen. Diese sind meist entweder als Gastarbeiter angeworben worden oder als Aussiedler und Aussiedlerinnen und Asylbewerber und Asylbewerberinnen nach Deutschland gekommen. Zu Beginn der 1990er-Jahre erreichte die Zuwanderung von Asylbewerbern und Asylbewerberinnen und Aussiedlern und Aussiedlerinnen ihren Höhepunkt. Seitdem sind Einwanderung und Integration erneut ein wichtiges bzw. kontrovers diskutiertes innenpolitisches Thema. Bedeutende Ereignisse waren:
- der Asylkompromiss 1993, der den Zugang zu politischem Asyl nachhaltig einschränkte;
- das neue Staatsangehörigkeitsgesetz, das im Januar 2000 in Kraft trat;
- die Einführung der „Green Card" zur Anwerbung von Computer-Fachkräften 2000 [bis 2004];
- der langwierige Prozess zur Verabschiedung des Zuwanderungsgesetzes, das im Januar 2005 in Kraft trat.

Wie kann Integration zu einem beidseitigen Prozess werden? Welches sollen die zentralen Werte dieser Gesellschaft sein und für wen ist sie offen? Das sind die

Aufgaben

1 *Erläutern Sie, warum niemand glaubte, dass die Gastarbeiter in Deutschland „eine Langzeitbeziehung" werden würden (M 1).*

2 *Informieren Sie sich im Internet über die in M 2 genannten Gruppen von Zuwanderern und erstellen Sie ein Schaubild zu den Phasen der Zuwanderung und den entsprechenden Gruppen.*

3 *Die heute in Deutschland lebenden Nachkommen der ersten türkischen Gastarbeiter werden oft als die „dritte Generation" von Migranten bezeichnet. Erläutern Sie diesen Begriff genauer und stellen Sie begründet dar, ob Sie diese Bezeichnung für sinnvoll erachten.*

zentralen Fragen der Diskussion. Zwei Ereignisse können hier stellvertretend angeführt werden: Die PISA-Studie von 2001 verdeutlichte die Benachteiligung von Schülern und Schülerinnen mit Migrationshintergrund im deutschen Bildungssystem. Die Terroranschläge vom 11. September 2001 rückten Sicherheitsfragen und die Integration muslimischer Migranten in den Mittelpunkt. [...]

Bundeszentrale für politische Bildung (Hg.), „Eckpunkte deutscher Migrationspolitik", www.bpb.de, 15.01.2008 [28.10.2013]

M3 Migrationsbewegungen – eine Übersicht

a)

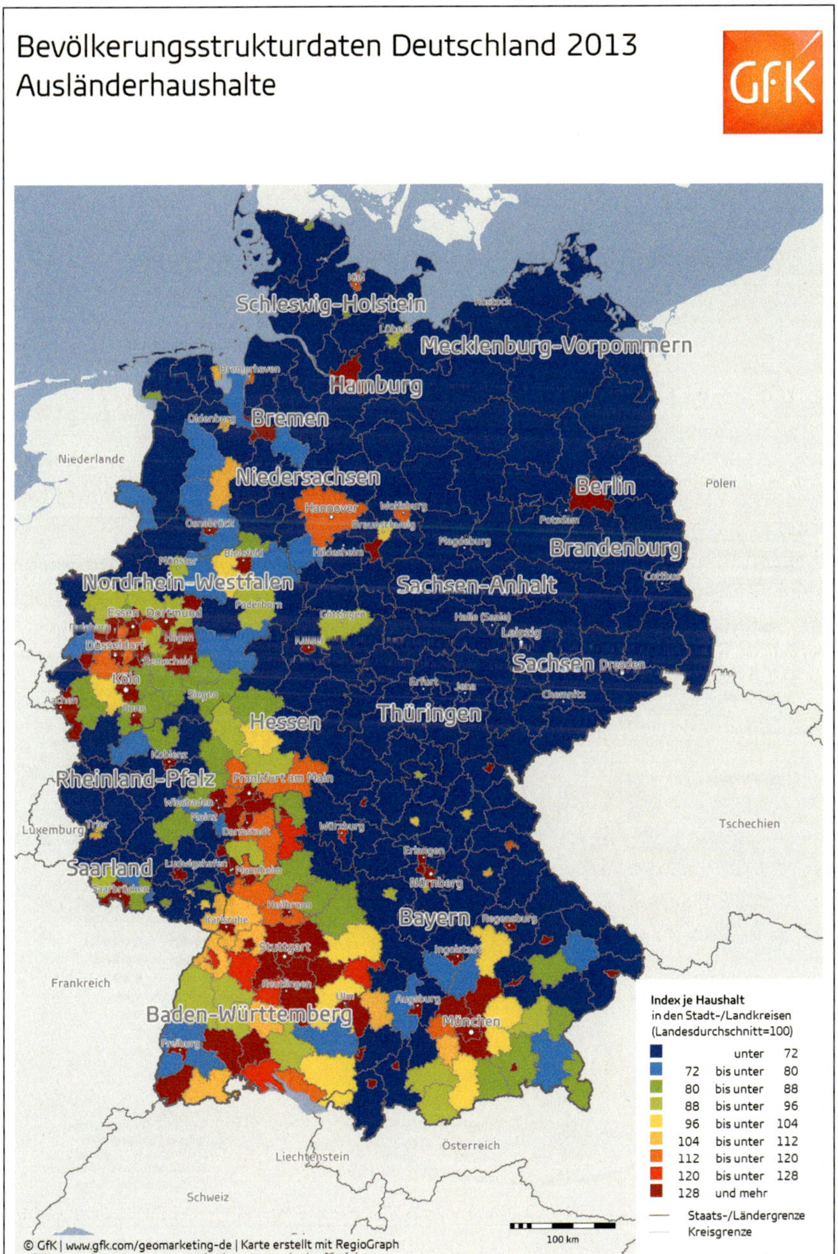

Aufgaben

1 *Werten Sie die beiden Schaubilder in M 3 hinsichtlich Wanderungsbewegungen und regionaler Ballung von Migranten aus.*

2 *Analysieren Sie Abbildung b) hinsichtlich der Gründe (politischer, gesellschaftlicher oder ökonomischer Art) für die Spitzenwerte und Einschnitte im Kurvenverlauf.*

b)

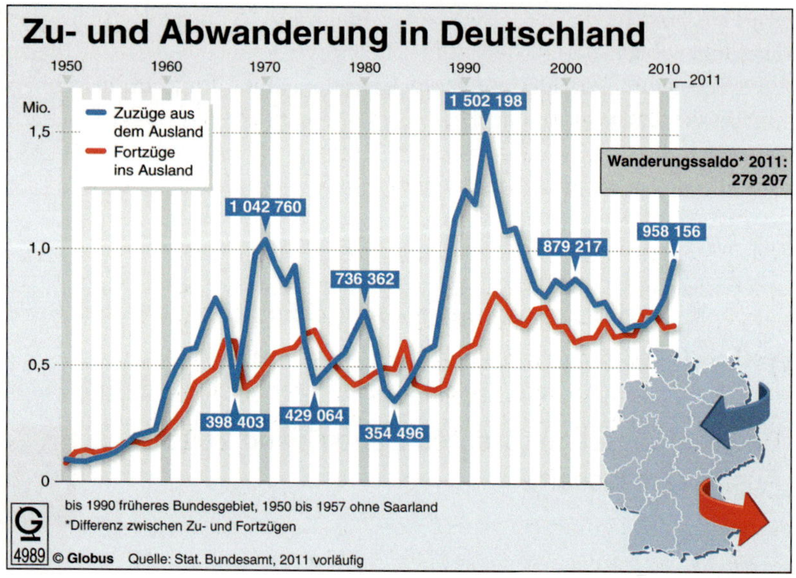

„Der Ansatz für Multikulti ist gescheitert, absolut gescheitert."

Bundeskanzlerin Angela Merkel (CDU) am 16. Oktober 2010 vor der Jungen Union in Potsdam

M 4 Zuwanderung – eine aktuelle Bestandsaufnahme

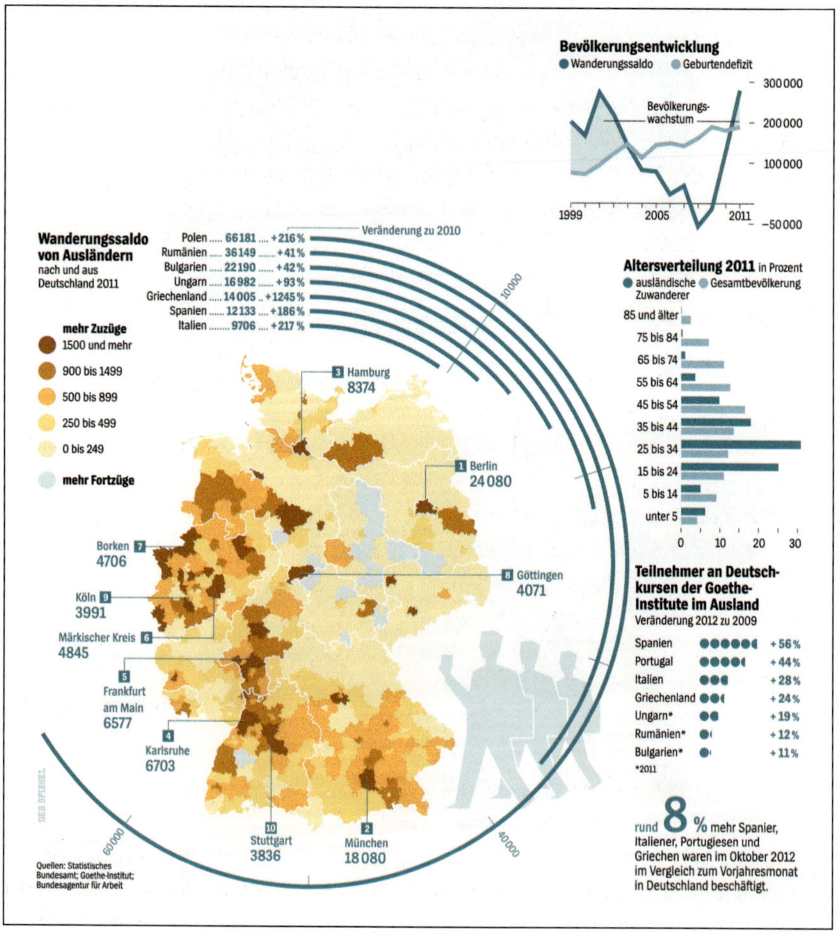

Der Spiegel Nr. 4 vom 21.01.2013, S. 16

Die Bundesregierung hat [...] den vom Bundesminister des Innern vorgelegten Migrationsbericht 2011 beschlossen.

Die jährlich auf Wunsch des Bundestages erstellte, umfassende statistische Datensammlung über Migration dient der Öffentlichkeit als Informationsquelle und der Politik und Verwaltung als Grundlage für ihre Entscheidungsfindung im Bereich der Migrationspolitik.

Neben den allgemeinen Wanderungsdaten zu Deutschland und einer detaillierten Darstellung der verschiedenen Migrationsarten enthält der Bericht einen europäischen Vergleich zum Migrationsgeschehen und zur Asylzuwanderung. Er behandelt das Phänomen der illegalen Migration und informiert über die Struktur der ausländischen Bevölkerung sowie der Bevölkerung mit Migrationshintergrund.

Wichtige Aussagen des Migrationsberichtes 2011 sind:

- Bei den Wanderungsdaten zeigt der europäische Vergleich, dass Deutschland weiterhin ein Hauptzielland von Migration ist.
- In 2011 kamen insgesamt ca. 280 000 Personen mehr nach Deutschland (fast 960 000 Zuzüge), als in dem Jahr fortzogen (etwa 680 000 Fortzüge).
- 62,1 Prozent aller Zuzüge kamen aus der EU, rund 12,2 Prozent waren zurückkehrende deutsche Staatsangehörige. Aus den besonders von der Finanzkrise betroffenen EU-Ländern erhöhte sich in 2011 die Zahl der Zuzüge leicht (Griechenland: + 12 700 Personen; Spanien: + 8 200 Personen; Italien: + 7 300 Personen).
- Die Zahl der Fortzüge von Deutschen ist im Jahr 2011 im Vergleich zum Jahr 2010 leicht gesunken und die Zahl der Zuzüge leicht angestiegen; insgesamt blieb der Wanderungssaldo von Deutschen jedoch negativ (– 23 500 Personen; in 2010: – 26 200 Personen).

Der Blick auf die Zahl ausländischer Staatsangehöriger, die in Deutschland leben, ergibt folgendes Bild:

- Nach wie vor sind knapp ein Viertel dieser Gruppe Türken (23,2 Prozent bzw. ca. 1,6 Mio. Personen).
- Etwa gleich viele Personen haben die Staatsangehörigkeit eines der west- und mitteleuropäischen EU-Staaten (1,65 Mio. Personen; darunter ist die Gruppe der Italiener mit etwas über 0,5 Mio. Personen am größten).
- Die Zahl der Staatsangehörigen aus den osteuropäischen EU-Staaten hat sich seit dem Vorjahr auf 951 000 Personen (2010: 820 000) erhöht.

Der Blick auf den Zweck der Zuwanderungen zeigt Folgendes:

- 20 Prozent aller Zuzüge von Nicht-EU-Bürgern im Jahr 2011 erfolgten aus familiären Gründen;
- fast 18 Prozent zur Aufnahme eines Studiums, zur Ausbildung oder für Sprachkurse.
- 14 Prozent der Zuzüge von Nicht-EU-Bürgern in 2011 erfolgten zum Zweck der Aufnahme einer Erwerbstätigkeit. Es wurden 36 000 Aufenthaltserlaubnisse zur Ausübung einer Beschäftigung erteilt. Das ist gegenüber 2010 ein Anstieg um 27,4 Prozent. Fast zwei Drittel haben eine qualifizierte Beschäftigung aufgenommen.

Bundesministerium des Innern (Hg.), „Migrationsbericht 2011“, www.bamf.de, 30.01.2013 [28.10.2013]

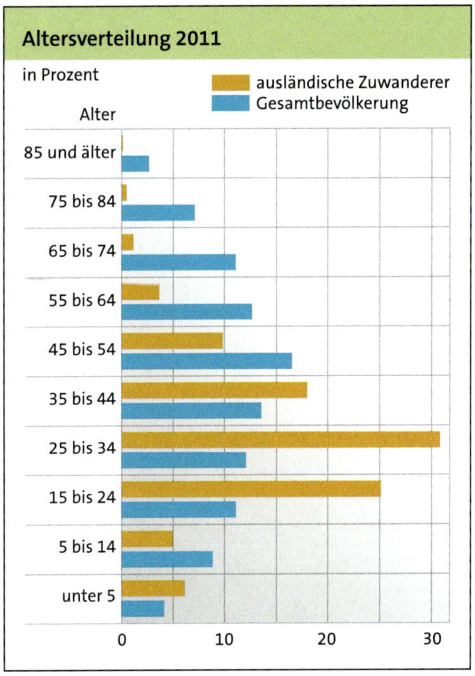

Quelle: Der Spiegel Nr. 4 vom 21.01.2013, S. 16

Aufgaben

1 *Erwägen Sie, welche Herausforderungen an die deutsche Politik sich aus der Entwicklung, die in den Schaubildern in M 4 dargestellt ist, ergeben können.*

2 *Erklären Sie, welche Auswirkungen die dargestellten Wanderungsbewegungen auf den Altersaufbau in Deutschland haben werden, und erörtern Sie anschließend, ob diese Form der Zuwanderung für Deutschland erstrebenswert ist.*

3 *Problematisieren Sie den Ausspruch von Bundeskanzlerin Merkel aus dem Jahr 2010 vor dem Hintergrund der Zahlen des Migrationsberichtes.*

M 5 Deutschland – ein Einwanderungsland? Seehofers „Sieben-Punkte-Plan"

Seehofer hatte in der Integrationsdebatte mit drastischer Wortwahl nachgelegt: „Wir als Union treten für die deutsche Leitkultur und gegen Multikulti ein – Multikulti ist tot." Am Samstag berichtete der „Focus" von einem „Sieben-Punkte-Plan" Seehofers. Darin heißt es:

- Deutschland sei kein Zuwanderungsland. Integration bedeute „nicht nebeneinander, sondern miteinander leben auf dem gemeinsamen Fundament der Werteordnung unseres Grundgesetzes und unserer deutschen Leitkultur, die von den christlich-jüdischen Wurzeln und von Christentum, Humanismus und Aufklärung geprägt ist".
- Ein prognostizierter Fachkräftemangel könne kein Freibrief für ungesteuerte Zuwanderung sein. Den Zuzug Hochqualifizierter nennt Seehofer „ausreichend geregelt".
- Eine Aufweichung der restriktiven Regeln des geltenden Zuwanderungsgesetzes, eine Zuwanderung nach Kontingenten oder Punktesystemen dürfe es nicht geben.
- „Integrationsbereitschaft und Integrationsfähigkeit" solle als zusätzliches Kriterium neben der Qualifikation eingeführt werden.
- Das Nachzugsalter für Kinder solle von 16 auf 12 Jahre herabgesetzt werden. „Je jünger Kinder bei der Einreise sind, desto besser können sie sich integrieren", schreibt Seehofer und plädiert für eine Änderung der entsprechenden EU-Richtlinie.
- Für Integrationsverweigerer fordert Seehofer eine konsequente Anwendung der Sanktionsmöglichkeiten „vom Bußgeld bis zur Leistungskürzung". Auch „wer die Integration seiner Familienangehörigen behindert", solle „wie bei eigener Integrationsverweigerung sanktioniert" werden.
- Eine nach wie vor hohe Bedeutung für gelungene Integration misst Seehofer dem Erwerb der deutschen Sprache bei. „Hierfür ist der Nachweis der deutschen Sprache bereits im Herkunftsland zu erbringen."

Zahlreiche Unionspolitiker kritisieren inzwischen Seehofers Forderung, keine zusätzliche Zuwanderung aus anderen Kulturkreisen zuzulassen. So sprachen sich [...] Ursula von der Leyen und [...] Annette Schavan (beide CDU) ausdrücklich dafür aus, die Hürden für qualifizierte Arbeitskräfte aus dem Ausland zu senken, um den Fachkräftemangel zu bekämpfen.

Von der Leyen betonte, dass Fachkräfte weltweit gefragt seien. Im Vorjahr seien gerade einmal 600 Spezialisten nach Deutschland gekommen. Man müsse hier deshalb Weltoffenheit ausstrahlen. „Sie müssen das Signal bekommen, wir sind offen für sie", sagte die Ministerin.

Arbeitgeberpräsident Dieter Hundt sagte der „Frankfurter Allgemeinen Zeitung": „Die deutsche Wirtschaft braucht die Zuwanderung von qualifizierten Fachkräften." Der Präsident des Deutschen Industrie- und Handelskammertages (DIHK), Hans Heinrich Driftmann, warnte, inzwischen fehlten der Wirtschaft rund 400 000 Ingenieure, Meister und gut ausgebildete Fachkräfte. Deutschland verzichte dadurch jährlich auf rund 25 Milliarden Euro Wertschöpfung. „So geht uns rund ein Prozent Wirtschaftswachstum verloren."

ore/dapd/dpa, „Integration: Merkel erklärt Multikulti für gescheitert", www.spiegel.de, 16.10.2010 [28.10.2013]

Aufgaben

1 *Setzen Sie sich kritisch mit dem Begriff der „deutschen Leitkultur" auseinander und zeigen Sie, wo die Konfliktlinie in der öffentlichen Diskussion verläuft.*

2 *Erörtern Sie Seehofers Vorschläge.*

3 *Formulieren Sie Ihren eigenen Standpunkt in der Diskussion über Zuwanderung und Integration von Zuwanderern.*

M6 Zuwanderung und Integration – zwei Seiten einer Medaille

„Migration“, also Ein- und Auswanderungsprozesse über nationalstaatliche Grenzen hinweg, ist eines der großen gesellschaftspolitischen Themen unserer Zeit. Und es hat viele soziale, kulturelle, ökonomische und politische Facetten, die von „Abschiebung“ bis „Integration“ und von „Computerindern“ bis zu „unbegleiteten Flüchtlingskindern“ reichen.

In der Migrationspolitik wurden mit dem Inkrafttreten des neuen Staatsangehörigkeitsrechts im Jahr 2000 und des Zuwanderungsgesetzes Anfang 2005 von der damaligen rot-grünen Bundesregierung grundlegende Weichen gestellt. Insbesondere wurde ein Konsens erzielt, dass Deutschland de facto zu einem Einwanderungsland geworden ist. Seither haben Migrations- und Integrationspolitik als zwei Seiten einer Medaille enorm an Bedeutung gewonnen. Dies zeigt sich sowohl in der Neujustierung der Integrationspolitk, welche mit dem Regierungswechsel im Herbst 2005 vorgenommen wurde, als auch in ihrer Aufwertung zu einem bundespolitischen Handlungsfeld durch das Zuwanderungsgesetz.

Carolin Butterwegge, „Neue Zuwanderungs- und Integrationspolitik seit 2005“, www.bpb.de, 20.07.2007 [03.04.2013]

Aufgaben

1 *Recherchieren Sie die Inhalte der gesetzlichen Neuerungen aus den Jahren 2000 und 2005 und präsentieren Sie Ihre Ergebnisse in geeigneter Form.*

2 *Führen Sie im Kurs/in der Oberstufe einen Einbürgerungstest durch und werten Sie die Ergebnisse aus (z. B. mit GrafStat).*

3 *Erörtern Sie, ob ein Einbürgerungstest ein geeignetes Instrument der Integrationspolitik ist.*

M7 Die Integrationspolitik der Bundesregierung

Der Nationale Aktionsplan Integration bedeutet einen Paradigmenwechsel in der Integrationspolitik. Der Bund legt einen Schwerpunkt darauf, durch Strukturen nachhaltig zu verändern und dauerhafte Grundlagen für gelingende Integration zu schaffen. Eine neue Qualität der Integrationspolitik stellt der Nationale Aktionsplan Integration aber auch deshalb dar, weil künftig die Erreichung von Zielen in der Integrationspolitik anhand von Indikatoren überprüfbar wird. Diesen Weg gilt es in Zukunft konsequent fortzusetzen. In diesem Zusammenhang kommt dem Integrationsmonitoring des Bundes eine wichtige Rolle zu.

Jugendliche unterschiedlicher Herkunft feiern gemeinsam mit Deutschlandflagge.

Der Aktionsplan ist als Prozess angelegt, der über die Legislaturperiode hinausweist. Eine Überprüfung der

Zielerreichung soll in regelmäßigen Abständen erfolgen. Die Ergebnisse werden in einem Fortschrittsbericht veröffentlicht. Es gilt, die Umsetzung der Zielvorgaben und Überprüfung der Zielerreichung in einem Folgeprozess durch alle Partner, zum Beispiel im Rahmen von Dialogforen, zu begleiten.
Solange die gleichberechtigte Teilhabe von Menschen mit Migrationshintergrund in zentralen gesellschaftlichen Bereichen – wie etwa Bildung, Ausbildung, Arbeitsmarkt, Gesundheitsversorgung – noch nicht umfassend gewährleistet ist, besteht für alle Akteure der Integrationspolitik Handlungsbedarf. Entscheidende Schritte sind eingeleitet worden, Vieles ist seit dem ersten Integrationsgipfel im Jahr 2006 erreicht. So wird heute bereits früh mit der Förderung von Kindern begonnen. Insbesondere dem Erlernen der deutschen Sprache wird eine hohe Bedeutung beigemessen. Im Bildungsbereich werden gezielte Maßnahmen angeboten, um den Schulerfolg und den Übergang von der Schule in den Arbeitsmarkt zu verbessern. Die Integration in den Arbeitsmarkt wird gefördert, Beschäftigungs- und Erwerbschancen werden verbessert. Der Nationale Aktionsplan zeigt, dass sich Deutschland bei der Integration auf einem guten Weg befindet. Zukunftsaufgabe der Integrationspolitik ist es, das Ziel der gleichberechtigten Teilhabe zu verwirklichen. Dazu leistet der Bund seinen Beitrag – gemeinsam mit Ländern, Kommunen, Vereinen, Verbänden und Migrantenorganisationen. Alle Beteiligten haben gezeigt, dass sie sich ihrer Verantwortung in der Erreichung dieses gemeinsamen Ziels stellen. Der Nationale Aktionsplan Integration wird den gesellschaftlichen Zusammenhalt in Deutschland stärken.

Die Bundesregierung (Hg.), Nationaler Aktionsplan Integration, www.bundesregierung.de, 31.01.2012, S. 14 [28.10.2013]

Aufgaben

1 *Ist das gemeinsame Feiern von Menschen mit und ohne Migrationshintergrund bei sportlichen Großveranstaltungen (in Deutschland) bereits Zeichen einer gelungenen Integration?*
a) Sammeln Sie Argumente in Form einer Mindmap.
b) Führen Sie im Kurs eine Pro-Kontra-Debatte durch.

2 *Erötern Sie, ob die in M 7 und M 8 vorgestellten Beispiele Integration und gleichberechtigte Teilhabe fördern können.*

M 8 Integrationskonzepte – Zwei Beispiele

Arbeitsmarkt und Erwerbsleben
Der Arbeitsmarkt hat entscheidende Bedeutung für die Integration – Arbeitsmarktintegration ist ein Kernelement gesellschaftlicher Integration.
Der NAP-I* hat im Zusammenhang mit der Verbesserung der Arbeitsmarktintegration von Migrantinnen und Migranten folgende Ziele vereinbart:
- Beschäftigungs- und Erwerbschancen sowie Qualifizierung erhöhen;
- interkulturelle und migrationsspezifische Qualifizierung des Beratungspersonals sicherstellen;
- betriebliche Integration verbessern;
- Fachkräftebasis sichern durch verbesserte Integration.

Gesundheit und Pflege
Neu ist auch die Behandlung des Themas Gesundheit und Pflege im NAP-I*. Damit wird der wachsenden Bedeutung dieser Fragen – insbesondere im Hinblick auf die älter werdende Bevölkerung mit Migrationshintergrund – Rechnung getragen.
Ziele sind die Verbesserung des Zugangs zu
- Prävention und Gesundheitsförderung;
- Einrichtungen und Leistungen des Gesundheitssystems;
- Einrichtungen und Leistungen der Pflege;
- Beschäftigung im Gesundheits- und Pflegesystem.

* NAP-I: Nationaler Aktionsplan Integration

Die Bundesregierung (Hg.), Nationaler Aktionsplan Integration, Flyer, www.bundesregierung.de, 31.01.2012 [03.04.2013]

M 9 Kontroversen um Integration(spolitik)

„Integration“ ist zum Zauberwort in der politischen und medialen Diskussion um Zuwanderung in Deutschland geworden. Zu den Auslösern einer neuen Integrationsdebatte, die durch oft polemische Presseartikel verschärft wurde, gehörten unter anderem der Mord an dem islamkritischen niederländischen Regisseur Theo van Gogh (November 2004), der „Ehrenmord“ an einer kurdischstämmigen jungen Türkin in Berlin durch Familienangehörige (Februar 2005) mit dem darauffolgenden Prozess, die Einführung einer Deutschpflicht auf zwei Berliner Schulhöfen (Anfang 2006) sowie ein „Hilferuf“ des Lehrerkollegiums der Rütli-Hauptschule mit der Bitte um Auflösung der Schule (März 2006). Aber auch die anhaltend niedrigen Schulerfolge vieler junger Zuwanderer lösten eine dauerhafte Kontroverse um die Integrationsleistung des deutschen Bildungssystems aus.

Deutschkurs in der VHS Berlin-Schöneberg

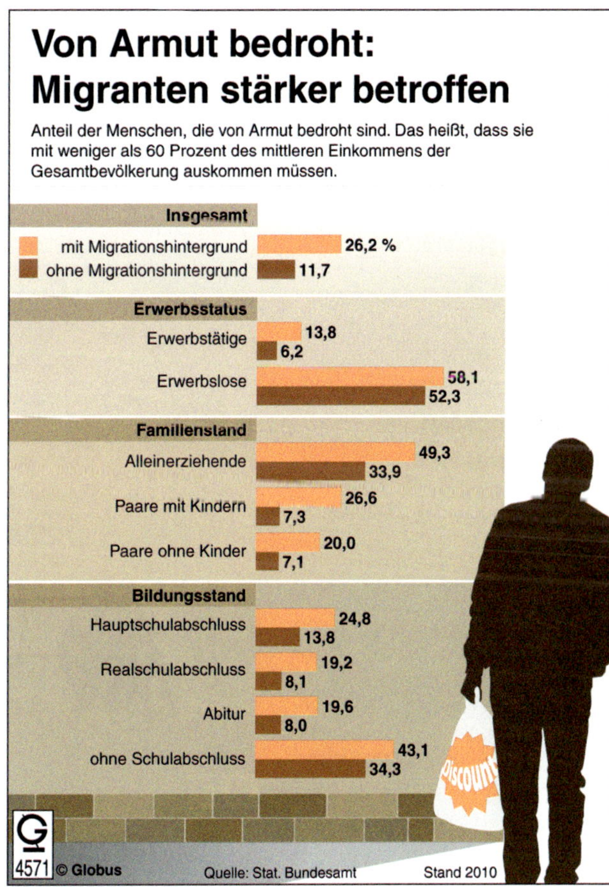

Dabei ist der Integrationsbegriff vieldeutig, umstritten und wird von Befürwortern ebenso wie von Gegnern der Einwanderung oft überstrapaziert. Konsens besteht indes darin, dass es sich bei Integration nicht um eine Einbahnstraße mit einseitigen Anpassungsleistungen von Zuwanderern handelt, wenngleich ihr Beitrag zu diesem wechselseitigen Prozess stets der größere ist. Vielmehr ist Integration ein „gesellschaftliches Unternehmen auf Gegenseitigkeit“ (Klaus J. Bade), das beide Seiten, also Aufnahmegesellschaft wie Einwanderer, verändert.

Die Diskurse um Integration bleiben dennoch kontrovers und ihre Resultate widersprüchlich. Konservative Kommentare gehen angesichts der großen Probleme von Kindern mit Migrationshintergrund im Bildungssektor und von erwachsenen Zuwanderern auf dem Arbeitsmarkt von einer „gescheiterten Integration“ aus. Angesichts von Gettoisierungstendenzen in einzelnen Großstadtvierteln wird allerorts über „problematische Eingliederungsprozesse“ besonders muslimischer Einwanderer diskutiert: Probleme der Partizipation an der demokratischen Bürgergesellschaft und Erfahrungen mit dem Vordringen islamistischer und antisemitischer Propaganda unter muslimisch geprägten Jugendlichen stehen neu auf der Tagesordnung.

Ein globaler Blick auf die Geschichte der Einwanderung nach Deutschland und ein Vergleich mit ähnlichen Problemen in Nachbarländern wie Frankreich, England und den Niederlanden lassen gleichwohl eine gelassene Bewertung zu. Seit dem Zweiten Weltkrieg ist es gelungen, Millionen von Vertriebenen erfolgreich zu integrieren. Die Aufnahme von vier Mio. (Spät-)Aussiedlern aus Osteuropa und den GUS-Staaten seit Ende der 1980er-Jahre war im Wesentlichen eine Erfolgsgeschichte für beide Seiten. Ebenso haben sich die materiellen Lebensbedingungen eines Teils der eingewanderten Bevölkerung in den letzten 30 Jahren insgesamt verbessert und messbar an jene der deutschen Bevölkerung angenähert, wie sich etwa an den Wohnverhältnissen ablesen lässt. Auch die wachsende Zahl von binationalen Eheschließungen, Einbürgerungen und studierenden Bildungsinländern zeigen einen insgesamt positiven Verlauf des Integrationsprozesses. Erfolge oder Misserfolge der Integration liegen also vor allem im Auge des Betrachters. Dennoch, so das Fazit, hat das Thema bis heute in Deutschland und vielen europäischen Staaten ununterbrochen an Bedeutung gewonnen: Insbesondere die Frage, wie sich Einwanderer – unabhängig von Herkunft, Religion und Hautfarbe – mit den demokratischen Prinzipien des Gemeinwesens identifizieren und für seine Belange einsetzen können, wird die Einwanderungsdebatte weiter prägen.

Christoph Müller-Hofstede/Carolin Butterwegge, „Neue Integrationsdebatten und -politik", www.bpb.de, 15.05.2007 [03.04.2013]

Aufgaben

1 *Zeigen Sie mithilfe des Schaubildes (S. 79), warum Integration eine zentrale Aufgabe darstellt.*

2 *Die Integrationsdebatte wird im vorliegenden Text vor allem am Bereich der Bildung dargestellt. Geben Sie weitere Bereiche aus Ihrem Erfahrungsbereich an, wo Ihrer Meinung nach Integration stattfinden muss.*

3 *Erörtern Sie die Frage, ob die Identifikation mit „demokratischen Grundprinzipien des Gemeinwesens" (Z. 60) Voraussetzung oder Folge von Integration ist.*

M 10 Deutschland braucht Fachkräfte – Die „Blue-Card-Initiative" der Bundesregierung

Der Vorstandsvorsitzende der Bundesagentur für Arbeit (BA), Frank-Jürgen Weise, die damalige Bundesarbeitsministerin Ursula von der Leyen (CDU) und der damalige Bundeswirtschaftsminister Philipp Rösler (FDP) (v. r. n. l.) posieren bei der Vorstellung eines Großplakats zur Fachkräfteoffensive: Bislang hatte diese aber nicht den durchschlagenden Erfolg

Info

Die im Sommer 2012 eingeführte **„Blue Card"** der Bundesregierung zeigt kaum Wirkung. In den ersten zwei Monaten nach Einführung wurde sie nur 139-mal vergeben.

M 11 Zuwanderung und europäische Schuldenkrise – Junge Europäer suchen ihr Glück in Deutschland

Die hohe Jugendarbeitslosigkeit in Südeuropa bringt viele dazu, ihr Glück in Deutschland zu versuchen. Davon profitieren beide Seiten. Aber nicht alle bleiben. In ihrer Heimat Madrid haben Klimatechniker David Gonzalez und Krankenpfleger Ignacio Rodríguez Úbeda keinen Job gefunden. Die beiden Spanier entschieden sich angesichts einer Jugendarbeitslosigkeit von mehr als 50 Prozent dafür, ihr Glück in Deutschland zu versuchen. Zuwanderer aus den südeuropäischen Krisenländern bescherten Deutschland 2012 zusammen mit Osteuropäern das größte Zuwandererplus seit 17 Jahren. Die Republik wuchs nach den Zahlen des Statistischen Bundesamtes so um etwa 369 000 Menschen und damit um eine Stadt der Größe von Bochum oder Wuppertal.

Zuwanderer: Ein europäischer Arbeitsmarkt entsteht.

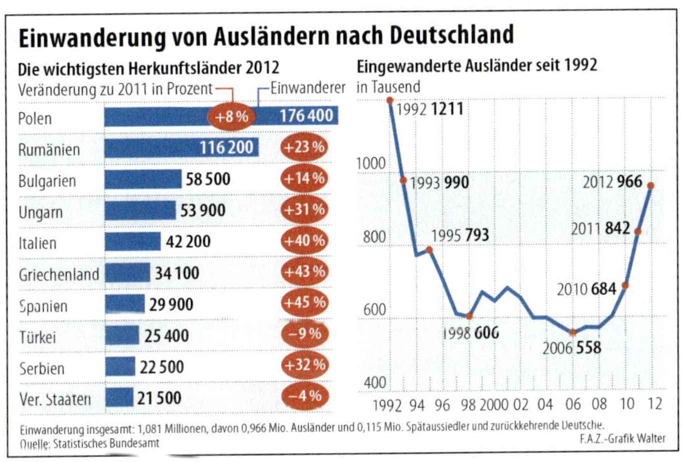

Europäischer Arbeitsmarkt entsteht

„Deutschland entwickelt sich zum Magneten für gut qualifizierte, junge Zuwanderer aus der EU", sagt die Vorsitzende des Sachverständigenrats deutscher Stiftungen für Integration und Migration (SVR), Christine Langenfeld. Dies sei angesichts des Fachkräftemangels ein Gewinn. „Es entsteht ein echter europäischer Arbeitsmarkt." Davon profitierten auch die Zuwanderer: „Sie finden in Deutschland eine Arbeit und können dadurch auch ihre Qualifikation erhalten. In den Herkunftsländern verringern sich die sozialen Transferleistungen", erläutert die Jura-Professorin. „Europa wird damit im Alltag für immer mehr Menschen ganz konkret als Chance erfahrbar."

Zahl der Fachkräfte sinkt kaum noch

Rund 300 000 Zuwanderer jährlich könnten den demografisch bedingten Rückgang an Arbeitskräften in Deutschland fast aufhalten, bei 400 000 Zuwanderern pro Jahr sinke die Zahl der Fachkräfte kaum noch, sagt Johann Fuchs vom Institut für Arbeitsmarkt- und Berufsforschung (IAB) der Bundesagentur für Arbeit in Nürnberg. Über die berufliche Qualifikation der Menschen, die 2012 nach Deutschland kamen, gebe es noch keine Erhebungen. Fachmann Fuchs geht davon aus, dass die meisten eher zwischen 20 und 40 Jahre alt und „nah am Arbeitsmarkt" sind. „Viele gerade aus den Krisenländern suchen ja einen Job." Wer deshalb nach Deutschland komme, gehöre meist zu den agileren und mutigeren Leuten. Erfahrungsgemäß seien mehr Männer als Frauen darunter und der Familiennachzug spiele nicht so eine Rolle wie bei der Zuwanderung früherer Jahre.

Die meisten Zuwanderer sind qualifiziert

„In der Mehrheit kommen gut qualifizierte Personen", sagt auch Steffen Kröhnert vom Berlin-Institut für Bevölkerung und Entwicklung. Das Bildungssystem in den Ländern Osteuropas sei gut. Unterm Strich seien die Ressourcen für den Arbeitsmarkt besser als bei den Zuwanderungswellen früherer Jahrzehnte. „Dennoch ist es sinnvoll, Zuwanderung zu steuern und sie nicht nur geschehen zu lassen." Gerade angesichts des Lehrlingsmangels in vielen Branchen sei eine Art Anwerbung und Vorbereitung in den Herkunftsländern sinnvoll.

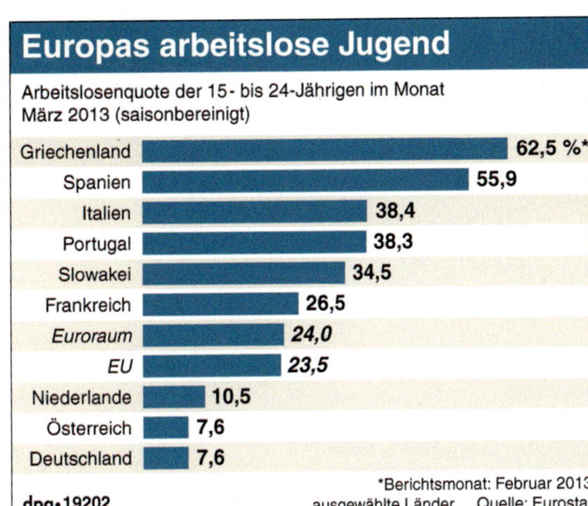

Aufgaben

1 *Vergleichen Sie die Aussagen aus M 10 und M 11. Inwieweit könnte die vermehrte Zuwanderung junger Menschen aus Süd- und Südosteuropa Probleme des deutschen Arbeitsmarktes lösen?*

2 *Analysieren Sie die im Text dargestellte Entwicklung hinsichtlich ihrer Auswirkungen auf die demografische Situation in Deutschland.*

3 *Stellen Sie mögliche weitere Konsequenzen der vermehrten Zuwanderung junger Menschen nach Deutschland in einer geeigneten grafischen Form dar.*

4 *Erörtern Sie ausgehend von den Thesen von Frau Langenfeld Ihre Chancen auf einem „europäischen Arbeitsmarkt".*

5 *Analysieren Sie die Karikatur.*

6 *Setzen Sie sich vor dem Hintergrund der Ergebnisse aus M 11 kritisch mit der Aussage der Karikatur auseinander.*

Schnupperpraktikum als Auslöser

David Gonzalez und Ignacio Rodríguez Úbeda etwa haben von Initiativen der hessischen Landesregierung, der Handwerkskammer und des Verbands privater Anbieter sozialer Dienste profitiert. Gonzalez kam kürzlich zusammen mit fast 50 anderen jungen Landsleuten zu einem Schnupperpraktikum ins Rhein-Main-Gebiet. Etwa 40 von ihnen werden im August voraussichtlich eine Ausbildung anfangen. Unabhängig von der Ausbildung zieht es die meisten Zuwanderer in prosperierende Ballungsräume. „Die Zuwanderung mildert die Verwerfungen zwischen Stadt und Land nicht ab", sagt Kröhnert.

Viele gehen auch wieder

Bei Rodríguez, den es ins ländliche Wölfersheim verschlagen hatte, war dann doch das Heimweh stärker. Nach rund drei Monaten beendete er seinen Job in einem Altenheim wieder – wegen der Entfernung in die nächste Großstadt und wegen der Liebe. Seine Freundin, eine Krankenschwester, habe dann doch einen Job in Madrid gefunden und sei nicht nachgekommen.

Ira Schaible/dpa/Haufe Online Redaktion, „Junge Europäer suchen ihr Glück in Deutschland", www.haufe.de, 13.05.2013 [26.05.2013]

M 12 Wirklich ein Problem?

picture alliance/dieKLEINERT.de

M 13 Integration – Auf die Kommunen kommt es an

Immer häufiger verankern Städte, Gemeinden und Landkreise Integration als Querschnittsaufgabe in der Verwaltung. Zudem entwickeln immer mehr Kommunen eine eigene Gesamtstrategie zur Integration von Migrantinnen und Migranten.

Das geht aus der Studie „Stand der kommunalen Integrationspolitik in Deutschland“ hervor, die [...] in Berlin [...] vorgestellt wurde.
Staatsministerin Maria Böhmer erklärte: „Integration entscheidet sich vor Ort, in den Städten, Gemeinden und Landkreisen. Dort kommen Menschen unterschiedlichster Herkunft tagtäglich zusammen: am Arbeitsplatz, in der Schule, in der Nachbarschaft, im Verein.
Umso wichtiger sind die drei Kernbotschaften der Studie:

- Immer mehr Kommunen machen Integration zur „Chefsache“. Damit erhält die Zukunftsaufgabe Integration den Stellenwert, der dem Thema gerecht wird.
- Integration wird zunehmend als Querschnittsaufgabe in der Verwaltung verankert – von der Altenhilfe bis zur Kinderbetreuung. Dadurch kommt es zu einer stärkeren Vernetzung der Akteure vor Ort – Integrationsangebote können dadurch effektiver und passgenauer vermittelt werden.
- Notwendig ist ein Paradigmenwechsel: von der Projektförderung hin zum Regelangebot. Das sichert die nachhaltige Förderung der Integration vor Ort.

Mit ihrem Einsatz leisten die Städte, Gemeinden und Landkreise einen wertvollen Beitrag zur Stärkung des Zusammenhalts.“ [...]

Die Bundesregierung (Hg.), „Integrationspolitik ist zentrale Zukunftsaufgabe in den Kommunen“, www.bundesregierung.de, 08.05.2012 [28.10.2013]

Vorstellung der Studie „Stand der kommunalen Integrationspolitik in Deutschland“ (Mai 2012)

M 14 Integration – Beispiel Stuttgart

In Stuttgart leben mehr Ausländer als in anderen Großstädten – und hier klappt Integration vorbildlich. Warum?
Wolfgang Schuster, Oberbürgermeister von Stuttgart, sitzt an einem sonnigen Herbstnachmittag am Konferenztisch seines Büros im ersten Obergeschoss des Rathauses und ärgert sich. Und zwar „saumäßig, auf gut Schwäbisch gesagt“. Über ein Buch, das Heinz Buschkowsky, Bezirksbürgermeister aus Berlin, geschrieben hat. „Neukölln ist überall“ heißt es und belegt seit Wochen Platz eins der Bestsellerlisten. Die Botschaft lautet, vereinfacht formuliert: Die Integration in Deutschland ist gescheitert.
Schuster sieht das anders. Denn vor zwölf Jahren beschloss er, die Ausländer in seiner Stadt abzuschaffen. Auf seine ganz eigene Art. Der CDU-Mann stellte sich hin und sagte: „Jeder, der in Stuttgart lebt, ist ein Stuttgarter.“ Er löste das Amt des Ausländerbeauftragten auf – braucht man ja nicht, wenn es keine Ausländer mehr gibt – und schmiedete stattdessen ein „Bündnis für Integration“. Ein überparteiliches Netzwerk, in dem sich Bürgerinitiativen, Migrantenvereine, Stiftungen, Stadt und Land gemeinsam für Bildung starkmachen. Integration ist seitdem nicht mehr Sache des Sozialamtes, sondern Chefsache. „Ich wollte, dass die Migranten Teil der Stadtgesellschaft werden“, sagt Schuster.
Und dann kommt so ein Buch, das wieder einmal breit Probleme beschreibt, über Migranten klagt, die in der Schule versagen, aber nur wenige Seiten für Erfolge und Lösungsansätze übrig hat.
Das beste Beispiel dafür, dass Neukölln nicht überall ist, ist Stuttgart. In der Stadt mit den 600 000 Einwohnern leben Menschen aus 180 Nationen. Die meisten von ihnen kommen aus der Türkei, aus Italien, Griechenland und Kroatien. Über 40 Prozent der Stuttgarter haben einen „Migrationshintergrund“, unter den Jugendlichen hat sogar jeder Zweite ausländische Wurzeln – das ist weit

Tipp
www.stuttgart.de/integration

mehr als in Berlin, Köln oder Hamburg. Dass das kaum jemand mitbekommt, ist ein gutes Zeichen dafür, dass die Integration funktioniert.
Das hat viel mit Schuster zu tun, was hat ihn angetrieben? Der 63-Jährige mit der unaufgeregten Sprache sagt: Er habe es immer als Kompliment empfunden, dass die Stadt Menschen aus aller Welt anziehe, die sich hier bessere Zukunftschancen erhofften. Und als Herausforderung: Man will ja, dass sie gute Stuttgarter werden; und bei gut denken die Schwaben natürlich immer „ans Schaffen". Man will Menschen in der Stadt, die etwas leisten, sei es in Wirtschaft, Wissenschaft oder Kultur. Dafür muss man ihnen Chancen bieten.
Und noch eine Antriebsfeder gab es: Schuster hatte damals ein demografisches Szenario für Stuttgart in Auftrag gegeben. Was dabei herauskam, war nicht schmeichelhaft: Die Statistiken zeigten die Stadt, in der es viermal so viele Autos wie Kinder gibt, auf dem direkten Weg, sich in ein großes Altersheim zu verwandeln. Wenn die Kinder der Einwanderer auch noch wegziehen würden, wäre der Weg sehr kurz.
Stuttgart ist eine Stadt der Ingenieure, eine reiche Stadt, hier sitzen die Aushängeschilder der deutschen Industrie: Daimler, Porsche, Bosch, dazwischen zahlreiche Hidden Champions, Mittelständler, oft führend auf dem Weltmarkt. Eine Stadt, die Fachkräfte braucht, mit einer Arbeitslosenquote von fünf Prozent. Zum Vergleich: Berlin hat zwölf Prozent. Ist unter diesen Bedingungen Integration überhaupt noch ein Kunststück, Herr Schuster?
„Natürlich haben wir es leichter", sagt der Bürgermeister, „es gibt mehr Ausbildungsplätze, bessere wirtschaftliche Bedingungen." Aber er sieht Integration nicht als eine Frage des Geldes. Es gehe darum, alle an einem Netzwerk zu beteiligen, ein basisorientierter Ansatz, den man in Neukölln auch versuchen könne. Außerdem beginne Integration bei der Bildung, nicht auf dem Arbeitsmarkt.
Um Majlinda Syla hat die Stadtverwaltung geworben. Nach dem Realschulabschluss begann die Albanerin mit einer Ausbildung für Bürokommunikation. Mit dem Programm „Deine Stadt – deine Zukunft" richtet sich Stuttgart an Auszubildende mit Einwanderungsgeschichte, 30 Prozent sind es bereits in der Stadtverwaltung. Mehr als in jeder anderen Großstadt. Majlinda Syla ist 19 Jahre alt, hat lange blonde Haare, wäre da nicht ihr Name, jeder hielte sie für eine Schwäbin. Geboren ist sie in Prishtinë, aufgewachsen in einer Kleinstadt nahe Stuttgart; ihr Vater ist Facharbeiter. „Hier ist meine erste Heimat", sagt sie. Sie hatte immer viele deutsche Freunde, trotzdem haben ihre Eltern und Verwandten „ganz schön geschaut", als sie ihnen gesagt hat, dass sie bei der Stadt anfängt. Ihre Ausbildungsleiterin erzählt von einer türkischen Mutter, die ihr gesagt habe: Seit sie wisse, dass die Stadt Einwanderer einstellen wolle, fühle sie sich angekommen in Deutschland. [...]
Es gibt noch viel zu tun: Die Arbeitslosenquote unter den Ausländern ist mit 9 Prozent fast doppelt so hoch wie unter den Deutschen. Noch immer kommen fast 80 Prozent der Hauptschüler aus Einwandererfamilien, am Gymnasium sind es nur 25 Prozent. Jedes Jahr investiert Stuttgart 600 Millionen Euro in Kinder und Jugendliche, natürlich nicht nur für die Migranten unter ihnen. Aber Angebote wie vorschulische Sprachförderung, Schulsozialarbeit und interkulturelle Elternbildung kommen ihnen besonders zugute. [...]

Arnfrid Schenk, „Migranten werden Schwaben", www.zeit.de, 24.11.2012 [28.10.2013]

Aufgaben

1 *Informieren Sie sich über zentrale Aussagen aus Buschkowskys Buch und bewerten Sie diese.*

2 *Erarbeiten Sie aus M 13 und M 14 den Stellenwert der kommunalen Integrationspolitik.*

3 *Informieren Sie sich über Integrationspläne/-initiativen vor Ort und stellen Sie diese in Ihrem Kurs vor.*

4 *Zeigen Sie Chancen und Grenzen des hier dargestellten Ansatzes.*

5 *Erörtern Sie abschließend, ob das „Stuttgarter Modell" auch auf andere Städte übertragbar ist.*

Soziale Ungleichheit und Migration

Soziale Ungleichheit und soziale Mobilität

Unter *sozialer Mobilität* versteht man in erster Linie *vertikale Bevölkerungsbewegungen (Auf- und Abstiegsprozesse)*, z. B. auf der „Karriereleiter". Diese sog. berufliche Mobilität wird auch als intragenerationelle Mobilität bezeichnet. Sie ist zu unterscheiden von der intergenerationellen Mobilität, also der Mobilität zwischen zwei oder mehr Generationen. Diese vertikalen Bevölkerungsbewegungen sind für den Sozialforscher wichtig, um Mobilität fördernde oder hemmende Faktoren zu erkennen und zu analysieren und daraus dann Rückschlüsse über Chancen(un)gleichheit in einer Gesellschaft zu ziehen.
Horizontale Mobilität (z. B. Wechsel des Wohnorts/des Familienstandes) ist die zweite Form sozialer Mobilität. Bei dieser Form der Mobilität bleiben der Status oder die Position eines Menschen in aller Regel gleich. Der Einzelne bleibt somit auf demselben gesellschaftlichen Level.
Bei der Betrachtung der vertikalen Mobilität steht im Mittelpunkt, welche Rolle *Bildung und Bildungserfolg* (auch abhängig von Herkunft und Status der Eltern), aber auch die *finanziellen Ressourcen* spielen.
Vom Grad der *vertikalen Mobilität* hängt unter anderem die Klassifizierung Deutschlands als eine *offene Gesellschaft* ab. Gleichzeitig ist soziale Mobilität auch ein Kennzeichen einer *Leistungsgesellschaft*.

Sozialstrukturmodelle

Da die „klassischen" Beschreibungsansätze (*Klassen- und Schichtungsmodelle*) der Sozialstruktur für moderne Gesellschaften nicht mehr ausreichen, ist man seit den 80er-Jahren des letzten Jahrhunderts dazu übergegangen, Modelle zu entwerfen, die neben den vertikalen Kategorien (Bildung, Einkommen, Macht, Beruf/Prestige) auch die für eine umfassendere Klassifizierung notwendigen horizontalen Einteilungskriterien (Wohn-/Umweltbedingungen, soziale Integration und Partizipation, Werthaltungen) stärker ins Zentrum rücken. Die sich hieraus ergebenden Modelle der *sozialen Lagen und Lebenslagen* und der *sozialen Milieus* tragen dem Rechnung. Bei den Lage-Modellen geht es in erster Linie darum, Menschen, die unter ähnlichen oder vergleichbaren sozioökonomischen Bedingungen leben, zu bestimmten Lagen zusammenzufassen. Beim Modell der *sozialen Milieus* wiederum stehen vor allem die Wertorientierungen von Menschen im Mittelpunkt. In beiden Fällen wird versucht, ein möglichst differenziertes Abbild der deutschen Gesellschaft zu vermitteln und daraus Schlüsse zu ziehen auf die soziale Differenzierung unserer Gesellschaft.

Migration

Migration beschreibt als Begriff in der Regel den dauerhaften Wechsel des Wohn- und Aufenthaltsortes. Dieser Wechsel kann beruflich, persönlich oder auch politisch oder religiös bedingt sein. Bei Migration handelt es sich also um räumliche Wanderungsbewegungen, die von der sozialen Mobilität (s. o.) zu unterscheiden ist. Im Rahmen des vorliegenden Buches geht es ausschließlich um transnationale Migration, also Wanderungsbewegungen über Staatsgrenzen hinweg, und das daraus resultierende Problem der Integration sowohl für die Aufzunehmenden als auch für die aufnehmende Gesellschaft. Besonders in den Bereichen Bildung und Arbeitswelt zeigt sich hier erheblicher Handlungsbedarf. Für die Zusammensetzung der Gesellschaft und für das Wachstum bzw. das Schrumpfen einer Gesellschaft sind die Zuzüge und Wegzüge von Teilen der Bevölkerung ein wichtiges

Kriterium, vor allem dann, wenn eine Gesellschaft nicht in der Lage ist, sich selbst zu reproduzieren.

Integration

Deutschland wird auch in Zukunft auf Zuwanderer angewiesen sein oder wird zumindest weiterhin für Zuwanderung aus Süd- und Südosteuropa sehr attraktiv bleiben. Zudem muss sich Deutschland schon heute mit der dritten und vierten Generation von ehemaligen Gastarbeitern, die in Deutschland geboren sind und hier leben, auseinandersetzen. Lange hat sich unser Land gegen die Realität, ein Einwanderungsland zu sein, gewehrt und nötige Integrationsschritte verpasst. Inzwischen hat auch die Politik erkannt, dass eine strukturierte und gezielte Einwanderungs- und Integrationspolitik der einzige Weg ist, um in einer globalisierten Welt wettbewerbsfähig zu bleiben. Erste Schritte sind bereits getan, weitere müssen folgen. Noch immer möchte Deutschland seine Verantwortung für die Integration ausländischer Mitbürger nicht in vollem Umfang übernehmen. Noch immer versucht man, durch künstliche Barrieren die Zuwanderung nach Deutschland unattraktiv zu machen. Doch der Mangel an qualifizierten Arbeitskräften in der Wirtschaft spricht eine andere Sprache. Deutschland braucht Zuwanderung und eine gelingende Integration dieser Zuwanderer in unsere Gesellschaft

OECD-Studie: Soziale Ungleichheit in Deutschland wächst rasant

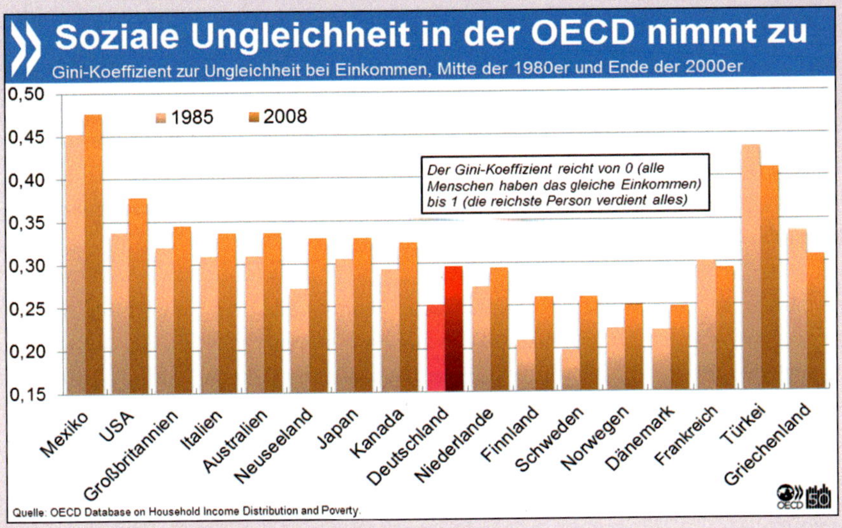

Das Wohlstandsgefälle zwischen Arm und Reich hat sich in Deutschland deutlich vergrößert. Die Einkommensunterschiede und der Anteil armer Menschen an der Bevölkerung wuchsen in der Bundesrepublik schneller als in den meisten anderen Ländern der Organisation für wirtschaftliche Zusammenarbeit und Entwicklung (OECD). Das geht aus der [2008] veröffentlichten OECD-Studie „Mehr Ungleichheit trotz Wachstum?" hervor.

Der Anstieg zwischen 2000 und 2005 habe die Zunahme in den vorherigen 15 Jahren übertroffen. Während die Armutsquote in Deutschland Anfang der neunziger Jahre noch rund ein Viertel geringer war als im OECD-Mittel, liegt der Anteil der Menschen, die in relativer Armut leben, der Studie zufolge mittlerweile knapp über dem OECD-Schnitt.

Langzeitarmut (Armut über drei und mehr Jahre) ist hingegen ein Phänomen, das in Deutschland seltener als in anderen Ländern auftritt. Nur etwa zwei bis drei Prozent der Bevölkerung sind davon betroffen – was der Hälfte des OECD-Durchschnitts entspricht. Ebenso ist das Niveau der Entbehrung von Grundbedürfnissen (Haushaltsgüter, Freizeit oder zufriedenstellende Wohnsituation) in Deutschland niedriger als in den meisten anderen Ländern.

Die Einkommensunterschiede, die im internationalen Vergleich lange Zeit eher gering gewesen waren, haben der Studie zufolge fast das OECD-Niveau erreicht. Abgesehen von Frankreich, Spanien, Irland, Griechenland und der Türkei hat in allen 30 OECD-Ländern die Einkommensungleichheit zwischen 1985 und 2005 zugenommen, heißt es in der Untersuchung.

Die OECD macht mehrere Entwicklungen für die Zunahme von Einkommensungleichheit und Armut in Deutschland verantwortlich. Seit Mitte der neunziger Jahre hätten sich die Löhne und Gehälter drastisch auseinanderbewegt.

Außerdem trage in der Bundesrepublik die Arbeitslosigkeit mehr als in den meisten OECD-Ländern zur ungleichen Einkommensverteilung bei. Zwischen 1995 und 2005 sei der Anteil der Menschen, die in Haushalten ohne jedes Erwerbseinkommen leben, auf 19,4 Prozent gestiegen – der höchste Wert innerhalb der OECD. […]

ssu/AFP/Reuters, „OECD-Studie: Soziale Ungleichheit in Deutschland wächst rasant", www.spiegel.de, 21.10.2008 [24.03.2014]

Aufgaben

1 *Stellen Sie die Rolle und Bedeutung des sogenannten Gini-Indexes [s. S. 64] für die Messung sozialer Ungleichheit in eigenen Worten dar.*

2 *Bewerten Sie die Aussage aus der Überschrift des Artikels vor dem Hintergrund der Textaussagen und des Schaubilds.*

3 *Überprüfen Sie die Aussage von zunehmender sozialer Ungleichheit in Deutschland mithilfe aktuellen statistischen Materials (z. B. aktueller Armuts- und Reichtumsbericht der Bundesregierung; www.bmas.de).*

3. Die Ausgestaltung des Sozialstaats

Sozialstaatlichkeit

Was kommt uns heute in den Sinn, wenn wir über den Begriff Sozialstaat nachdenken? Ist es die Idee der sozialen Hängematte im Wohlfahrtsstaat? Ist es Hartz IV, das in den letzten Jahren immer mehr zu einem Synonym für sozialen Abstieg, zumindest aber für die neuen Härten der Sozialgesetzgebung wurde? Oder ist es der Sozialstaat des Grundgesetzes, der in Deutschland seit knapp 70 Jahren mehr oder weniger gut funktioniert und für innere Stabilität und sozialen Frieden sorgt?

Soziale Sicherung

Meistens denken wir bei dem Begriff Sozialstaat an Probleme und an die Belastungen für die nachfolgenden Generationen. Was werfen wir dem deutschen Sozialstaat also vor? Immer wieder dasselbe. Er ist nicht (mehr) finanzierbar, er hat Gerechtigkeitsdefizite und versagt hinsichtlich seiner Aufgaben, nämlich neben sozialer Absicherung gerade für soziale Gerechtigkeit zu sorgen. Können und wollen wir uns Sozialstaatlichkeit in einer auf Leistung getrimmten Gesellschaft überhaupt noch leisten? Brauchen wir diesen Sozialstaat überhaupt, wenn er ja doch nicht das leistet, was wir erwarten?

Soziale Gerechtigkeit

Diesen Fragen wollen wir im folgenden Kapitel nachgehen und sie einer genaueren Prüfung unterziehen. Ist der Sozialstaat wirklich so problembeladen, wie wir das empfinden, oder wird uns das von der veröffentlichten Meinung nur so suggeriert? Sie werden sich damit beschäftigen, in welchen Bereichen des Sozialstaates Reformbedarf besteht und welche Konzepte die Politiker dafür anbieten oder bereits vorgeschlagen und umgesetzt haben.

Sozialstaatsgebot des Grundgesetzes

Nachdem der Sozialstaat seit geraumer Zeit, insbesondere wegen der Frage seiner Finanzierbarkeit, in die Diskussion geraten ist, berufen sich Gegner wie Befürworter seiner heutigen Ausprägung immer wieder auf den Verfassungstext, nach dem die Bundesrepublik ein ***sozialer*** Rechtsstaat sei. Was aber bedeutet das eigentlich? Wie definiert das Grundgesetz „Sozialstaat" überhaupt? Mit dieser Frage werden sie sich auseinandersetzen, ebenso wie mit dem Spannungsverhältnis, das zwischen dem Sozialstaatsgebot und dem Recht auf Freiheit besteht.

Solidarität vs. Subsidiarität

Ein weiterer Kerngedanke des Sozialstaats ist die Solidarität der Starken mit den Schwächeren. Vor dem Hintergrund der Diskussion um den Sozialstaat und der Individualisierungstendenzen in unserer Gesellschaft steht auch dieses Prinzip auf dem Prüfstand. Die Grundfrage lautet hierbei: Soll der Staat für die Wechselfälle des Lebens haften oder liegt das nicht doch in der Verantwortung des Einzelnen?

Europäische Sozialstaatlichkeit

Wir müssen auch überlegen, ob in einem zusammenwachsenden Europa mit vermehrter Kompetenzverlagerung auf die Ebene der EU ein Sozialstaat in rein nationalstaatlicher Ausprägung überhaupt noch zeitgemäß ist oder ob sozialstaatliche Aufgaben nicht viel besser grenzübergreifend gelöst werden könnten. Aber gibt es da nicht das Subsidiaritätsprinzip? Und was bedeutet das genau? Und welche Kompetenzen besitzt die EU bereits auf diesem Gebiet?
Auf all diese Fragen werden Sie im folgenden Abschnitt Antworten finden oder Lösungsansätze für diese Fragen erarbeiten.

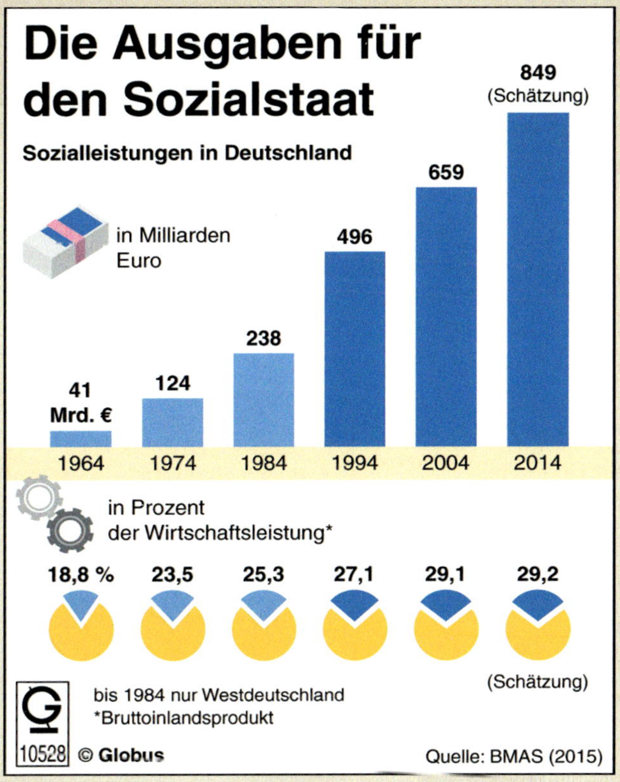

„Die Erhöhung von Hartz IV war ein Anschub für die Tabak- und Spirituosen-industrie."

Philipp Mißfelder, MdB (CDU), im Februar 2009

Kompetenzen:

Am Ende dieses Kapitels werden Sie in der Lage sein, über die verschiedenen Prinzipien und Strukturelemente des deutschen Sozialstaates kompetent Auskunft zu geben. Sie werden darüber hinaus verstehen, warum sich Sozialstaatlichkeit und Rechtsstaatlichkeit in einem Spannungsverhältnis zueinander befinden, und Sie werden Antworten finden auf die Frage, wie dieses Spannungsverhältnis aufgelöst werden kann.

Sie können das System der sozialen Sicherheit in Deutschland in seinen Grundzügen darstellen und seine Funktionsweise und Regelungen kritisch bewerten.

Eine weitere zentrale Aufgabe des Sozialstaats ist es, für soziale Gerechtigkeit zu sorgen. Sie werden in diesem Kapitel in die Lage versetzt, den Aspekt sozialer Gerechtigkeit aus verschiedenen Blickwinkeln zu beleuchten und zu diesem Themenkomplex begründet Stellung zu nehmen.

Generationengerechtigkeit spielt gerade für Sie in der Sozialstaatsdiskussion eine entscheidende Rolle, wird dieser Aspekt doch Einfluss auf Ihr zukünftiges Leben haben. Sie werden die Notwendigkeit einer auf die Zukunft gerichteten und nachhaltigen Sozialpolitik erkennen und mit den aktuellen Bestrebungen in der Sozialgesetzgebung kontrastieren können.

Sie erweitern Ihre Perspektive auf das soziale Europa und beurteilen, ob die Chance auf einen europäischen Sozialstaat konkrete Gestalt annimmt oder aber auf absehbare Zeit Fiktion bleiben wird.

3.1 Sozialstaat oder Wohlfahrtsstaat – Sozialstaatlichkeit in Deutschland

M 1 Leben im Sozialstaat

Die Bundesrepublik Deutschland ist ein Sozialstaat. Aber was heißt das eigentlich? Das Wort sozial kommt vom lateinischen Wort „socialis“ und heißt so viel wie „die Gesellschaft betreffend, gesellig“. Ob ein Mensch sozial denkt oder handelt, merkt man meistens schnell im persönlichen Umgang. Doch wann ist ein Staat sozial? Was heißt das für jeden Einzelnen?

Stiftung Jugend und Bildung in Zusammenarbeit mit dem Bundesministerium für Arbeit und Soziales (Hg.), Sozialpolitik. Ein Arbeitsheft für die Sekundarstufe I, Ausgabe 2012/2013, Universum Kommunikation und Medien AG, Wiesbaden 2013, S. 2

Aufgabe

Vergleichen Sie die Äußerungen der jungen Menschen in M 1 und beschreiben Sie dann, was Sie selbst unter einem „sozialen“ Staat verstehen und wie er für Sie idealerweise gestaltet sein soll.

M2 Aus der Entscheidung des Bundesverfassungsgerichts vom 18. Juli 2012

Art. 1 Abs. 1 GG in Verbindung mit dem Sozialstaatsprinzip des Art. 20 Abs. 1 GG garantiert ein Grundrecht auf Gewährleistung eines menschenwürdigen Existenzminimums (vgl. BVerfGE 125, 175). Art. 1 Abs. 1 GG begründet diesen Anspruch als Menschenrecht. Er umfasst sowohl die physische Existenz des Menschen als auch die Sicherung der Möglichkeit zur Pflege zwischenmenschlicher Beziehungen und ein Mindestmaß an Teilhabe am gesellschaftlichen, kulturellen und politischen Leben. Das Grundrecht steht deutschen und ausländischen Staatsangehörigen, die sich in der Bundesrepublik Deutschland aufhalten, gleichermaßen zu.

Normenkontrollverfahren über die Höhe der im Asylbewerberleistungsgesetz (AsylbLG) vorgesehenen existenzsichernden Geldleistungen und ihre Vereinbarkeit mit dem Grundgesetz, BVerfG, 1 BvL 10/10 vom 18.07.2012, Leitsatz 2, www.bverfg.de [28.10.2013]

Info

Sozialstaatsgebot
Die Bundesrepublik Deutschland ist ein demokratischer und sozialer Bundesstaat.
Art. 20 (1) GG

Aufgabe

Arbeiten Sie aus dem Urteil des Bundesverfassungsgerichts (M 2) die Begründung für den Sozialstaat heraus.

M3 Sozialstaat – warum?

Der Sozialstaat als Weiterentwicklung des Staatsbegriffes definiert in seinem Handeln als anzustrebende Werte die soziale Sicherheit und die soziale Gerechtigkeit und allen Bürgerinnen und Bürgern soll die Teilhabe daran ermöglicht werden. Daher richtet die Gesamtheit staatlicher Institutionen ihre Steuerungsmaßnahmen auf diese Normen aus. Um dies zu erreichen, ist es notwendig, Lebensrisiken und soziale Folgewirkungen abzufedern.

Grundlage hierfür bildet das Menschenbild, welches davon ausgeht, dass jeder Person existenziell die gleiche Würde zukommt.

Historisch entstand der moderne Sozialstaat im 19. Jahrhundert als Folge der Industriellen Revolution und der Massenverelendung breiter Bevölkerungsschichten. Ende des 19. Jahrhunderts führte daraufhin Reichskanzler Otto von Bismarck die Renten-, Kranken- und Unfallversicherung ein. Die Konkretion des Sozialstaatsgedankens erfolgte in den folgenden Jahren unter anderem durch die Einführung der Sozialversicherung für Angestellte (1912), des Schwerbeschädigtenschutzes (1919) und der Arbeitslosenversicherung (1927).

Grundsätzlich wird das Sozialsystem durch den Staat direkt und durch die Sozialversicherungen getragen. Zu diskutieren ist dabei, ob der Sozialstaat als absichernder Staat oder fürsorgender Staat fungieren soll und ob die Solidargemeinschaft wirksamen finanziellen Schutz vor den großen Lebensrisiken und deren Folgen bieten kann. Eine Antwort auf diese Frage ist teilweise in den Grundprinzipien des Sozialstaates zu finden. Die Trias aus

Info

Menschenwürde
Die Würde des Menschen ist unantastbar. Sie zu achten und zu schützen ist Verpflichtung aller staatlicher Gewalt.
Art. 1 (1) GG

Info

Solidarität (abgeleitet vom lateinischen *solidus* für *gediegen*, *echt* oder *fest*; Adjektiv: *solidarisch*) bezeichnet eine zumeist in einem ethisch-politischen Zusammenhang benannte Haltung der Verbundenheit mit – und Unterstützung von – Ideen, Aktivitäten und Zielen anderer. Sie drückt ferner den Zusammenhalt zwischen gleich gesinnten oder gleichgestellten Individuen und Gruppen und den Einsatz für gemeinsame Werte aus.

http://de.wikipedia.org/wiki/Solidarität [28.10.2013]

Freiheit, Gleichheit und Solidarität (s. Info) sowie die Kollektiv- und Individualverantwortlichkeiten bilden die ethische Grundlage für Umverteilungsmaßnahmen bzw. für Tauschgerechtigkeit. Ein weiteres Fundament des Sozialstaates bildet das Prinzip der Subsidiarität, sprich das Ziel aller sozialstaatlichen Bemühungen sollte die Förderung der Selbsthilfe sein. Weitere Kernprinzipien sind die Versicherung, die Fürsorge und die Versorgung, denen jedoch eine unterschiedliche moralische Wertigkeit zukommt.

Die obersten Ziele des Sozialstaates sind der Schutz der Menschenwürde des Einzelnen und die Ermöglichung der Entfaltung ihrer Persönlichkeit und ihrer Grundrechte, nicht nur durch die formelle Gleichstellung vor dem Gesetz. Im Vordergrund steht hier die soziale Gerechtigkeit, sprich die Chancengleichheit und der soziale Ausgleich und die Frage, was mit Menschen geschieht, die in einer liberalen Erwerbs- und Eigentumsgesellschaft nicht über das notwendige materielle Startkapital (z. B. Geld) oder immaterielle Startkapital (z. B. Gesundheit, Bildung) verfügen.

Das staatliche Handeln aller Organe und Einrichtungen orientiert sich an den sozialen Werten „soziale Sicherung" und „soziale Gerechtigkeit".

Um eine soziale Absicherung gewährleisten zu können, ist der Sozialstaat in Deutschland in drei Hauptbereiche untergliedert. Zum einen gibt es die „fünf Säulen" der Sozialversicherung, sprich die Renten-, Unfall-, Kranken-, Arbeitslosen- und Pflegeversicherung. Zum anderen werden Sozialfürsorge und soziale Transferleistungen wie Sozialhilfe, Wohngeld, Arbeitslosengeld II und Kindergeld zur Verfügung gestellt. Als dritte Säule fungieren die sozialen Dienste wie beispielsweise Kindergärten, Schulen, Universitäten, Alten- und Pflegeheime und ambulante Dienste. Darüber hinaus stellen Steuersubventionen wie Pendlerpauschalen, Eigenheimzulage oder sozialer Wohnungsbau einen weiteren Baustein des Sozialstaatsgefüges in Deutschland dar.

Der „Sozialstaatsgedanke" hat zum Kernelement, dass derjenige, der unverschuldet in Not geraten ist, von der Solidargemeinschaft finanziell unterstützt wird, wodurch dem Individuum wirtschaftliche und soziale Sicherheit gewährt werden soll. Grundgedanke dieses Handelns ist es, dass für die Partizipation des Einzelnen Voraussetzungen wie die Grundsicherung und Teilhabemöglichkeit geschaffen werden müssen. Jedoch ergeben sich aus dem Sozialstaatsprinzip keine subjektiv einklagbaren Ansprüche einzelner Bürger oder Unternehmen auf Leistungen, auf Vornahme oder Unterlassung bestimmter staatlicher Maßnahmen. [...]

E. Nagel, „Ethische und ökonomische Perspektiven des Sozialstaats", in: Passion Chirurgie, April 2011, 1(4): Artikel 02_01, www.bdc.de, 01.04.2011 [20.08.2013]

Aufgaben

1 *Stellen Sie die geschichtliche Entwicklung des deutschen Sozialstaats in Form eines Zeitstrahls dar.*

2 *Erarbeiten Sie aus dem Text die Grundlagen, Prinzipien und Werte des Sozialstaates und stellen Sie Ihr Ergebnis anschaulich dar.*

3 *Erläutern Sie die zentralen Begriffe „Solidarität" und „Subsidiarität" und diskutieren Sie ihre Rolle im Sozialstaat.*

4 *Erläutern Sie, ausgehend von der Illustration in M 3, das Bild vom sozialen Netz.*

M 4 Sozialstaat – Was heißt das konkret?

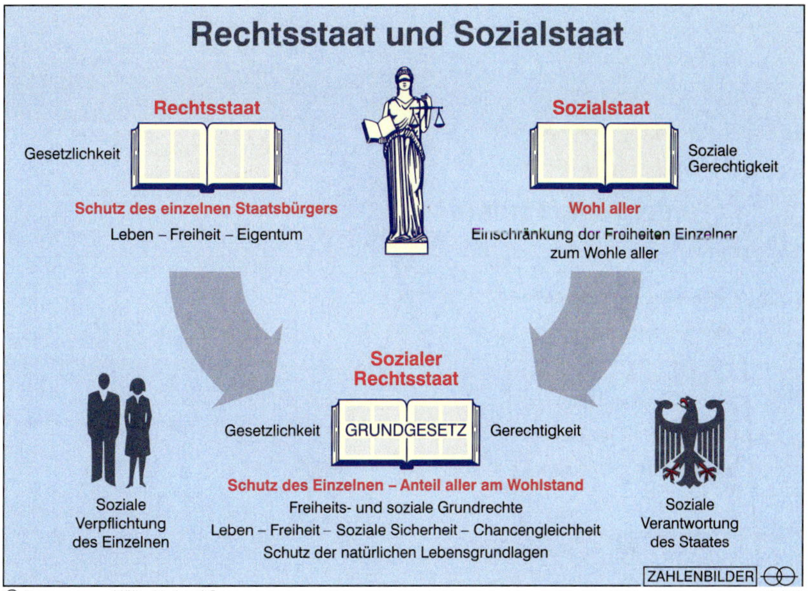

 60 050

Anders als das Rechtsstaatsprinzip wird der soziale Auftrag des Staates, das Sozialstaatsgebot, nur an wenigen Stellen des Grundgesetzes im Einzelnen konkretisiert. Der Parlamentarische Rat hat davon abgesehen, ein verbindliches Modell des Sozialstaates vorzuschreiben. Er hat die Ausgestaltung weitgehend dem Gesetzgeber überlassen.

Die Prinzipien des Rechtsstaates sind unveränderlich und zeitlos gültig. Soziale Gerechtigkeit, die zentrale Zielsetzung des Sozialstaates, lässt sich nicht ein für alle Mal verbindlich definieren. Ihre Ausgestaltung hängt ab von der wirtschaftlichen und sozialen Entwicklung sowie dem gesellschaftlichen Bewusstsein. Das Sozialstaatsprinzip ist somit ein dynamisches Prinzip, das den Gesetzgeber verpflichtet, die sozialen Verhältnisse immer wieder neu zu regeln.

Gesetzgebung und Rechtsprechung haben das Sozialstaatsgebot auf vielfältige Weise in die Tat umgesetzt. Sozialpolitik ist nicht auf einen bestimmten Politikbereich beschränkt, sondern greift mit dem Ziel der Angleichung der Lebenschancen und der Verbesserung der Lebensbedingungen in viele Bereiche ein. Kern der Sozialpolitik sind die klassischen Systeme der sozialen Sicherung gegen Lebensrisiken: Alter, Krankheit, Unfall, Pflegebedürftigkeit, Arbeitslosigkeit. Dazu gehören ferner Maßnahmen des sozialen Ausgleichs und der Hilfe in Notlagen: Kindergeld, Kinderfreibeträge, Erziehungsgeld, Mutterschutz, Wohngeld und Sozialhilfe.

Sozialpolitik im weiteren Sinne umfasst Maßnahmen der Bildungspolitik (Ausbildungsförderung für Schülerinnen und Schüler sowie Studierende), der Wohnungsbaupolitik (sozialer Wohnungsbau und Wohnungsbauprämien), der Arbeitsmarktpolitik (Arbeitsbeschaffungsmaßnahmen, Fortbildung und Umschulung von Arbeitslosen, Kurzarbeitergeld), der Steuerpolitik (Steuerermäßigungen und -befreiungen für niedrige Einkommen). Durch das Sozialstaatsgebot ist der Staat schließlich dazu verpflichtet, die Arbeitsbedingungen so zu regeln, dass die schwächere soziale Position der Arbeitnehmerinnen und -nehmer gestärkt wird. Dazu gehören der Schutz im Betrieb durch Arbeitszeitregelungen, der Schutz vor Gefahren des Arbeitslebens, der Schutz vor Entlassungen sowie die oben erwähnten Maßnahmen der Ordnung des Arbeitsmarktes.

Horst Pötzsch, Die Deutsche Demokratie, Bundeszentrale für politische Bildung, Bonn [5]2009, S. 32–33

Tipp

www.bpb.de → Wissen (zum Nachschlagen für die Bedeutung von Fachbegriffen)

Aufgaben

1 *Begründen Sie ausgehend von M 4 die Offenheit des Sozialstaatsprinzips.*

2 *Unterscheiden Sie die beiden grundlegenden Zielrichtungen des Sozialstaatsprinzips (soziale Sicherung und sozialer Ausgleich) und ordnen Sie diesen Zielrichtungen Ihnen bekannte Sozialleistungen zu.*

3 *Die Sozialstaatlichkeit ist ebenso wie die Rechtsstaatlichkeit eines der grundlegenden Verfassungsprinzipien. Erarbeiten Sie aus dem Schaubild das Spannungsverhältnis zwischen den beiden Prinzipien.*

M 5 Sozialstaat oder Wohlfahrtsstaat? Eine Grundentscheidung

Nach herrschender juristischer Meinung beinhaltet die Sozialstaatsklausel des Grundgesetzes (GG) die Ermächtigung und den Auftrag an den Gesetzgeber und die Verwaltung für eine sozialordnungsgestaltende Tätigkeit, die auf die Ziele sozialer Gerechtigkeit und sozialer Sicherheit im Staat der freiheitlich demokratischen Ordnung bezogen ist.

Als Sozialstaat gilt ein Staat, der

1. Hilfe gegen Not und Armut leistet und ein der Menschenwürde entsprechendes Existenzminimum sichert;
2. auf rechtliche *und* tatsächliche Gleichheit durch den Abbau von Wohlstandsdifferenzen und Abhängigkeitsverhältnissen zielt;
3. soziale Sicherheit gegenüber den Risiken des Unfalls, der Krankheit, der vorzeitigen Erwerbsunfähigkeit, der Arbeitslosigkeit, des Alters, der Pflegebedürftigkeit und des Verlustes des Ernährers gewährleistet;
4. den Wohlstand mehrt und für eine als gerecht beurteilbare Verteilung dieses Wohlstandes sorgt. [...]

Staaten, die sozialstaatliche Funktionen überdehnen, werden als Wohlfahrtsstaaten bezeichnet. Die Grenzen vom Sozial- zum Wohlfahrtsstaat werden überschritten, wenn dem Einzelnen die Sorge um die Existenz- und Zukunftssicherung weitgehend abgenommen wird, d. h. wenn das Subsidiaritätsprinzip so sehr missachtet und das Solidaritätsprinzip so sehr überdehnt wird, dass sich Anspruchs- und Besitzstandsdenken verbreiten, gesellschaftliche Grundwerte wie persönliche Freiheit, Leistungsgerechtigkeit (Leistungsprinzip), Bereitschaft zur Selbsthilfe und Selbstverantwortung verletzt und die nationale und internationale Leistungsfähigkeit der Volkswirtschaft durch eine Steuer- und Sozialabgabenüberlastung der Unternehmen und der Bürger sowie durch eine aufgrund der Zahlung übermäßiger (Erhaltungs-)Subventionen erstarrte Produktionsstruktur nachhaltig gefährdet werden.

Trotz unterschiedlicher Auffassungen im politischen und wissenschaftlichen Raum, wo und wann die Grenzen zum Wohlfahrtsstaat überschritten werden, besteht überwiegend Übereinstimmung, dass folgende Bereiche der Sozialpolitik und der Sozialordnung sozialstaatlicher Ausgestaltung bedürfen:

1. die Sozialversicherung und die soziale Grundsicherung;
2. die Arbeitswelt durch die Arbeitnehmerschutz-, die Betriebsverfassungs-, die Arbeitsmarktordnungs-, die Arbeitsmarktprozess- und die Vollbeschäftigungspolitik;
3. das Wirtschaftsleben durch eine Ordnungspolitik des Wettbewerbs und eine Schutzpolitik für die wirtschaftlich Schwächeren (z. B. Verbraucherschutz-, Mieterschutz-, Mutterschutzpolitik);

M 6 Fordern oder Fördern?

„Los, tu mal was für mich!“

Jupp Wolter (Künstler)/Haus der Geschichte, Bonn

Info

Konrad-Adenauer-Stiftung (KAS). Parteinahe Stiftung der CDU mit Sitz in Sankt Augustin. Sie ist benannt nach dem ersten deutschen Bundeskanzler Konrad Adenauer. Ihre Hauptziele sind die politische Bildung sowie die Förderung der europäischen Einigung. Sie unterstützt Kunst und Kultur, fördert begabte Studenten und Doktoranden mit Stipendien.

Nach: http://de.wikipedia.org [28.10.2013]

4. der Bereich der Bildung durch eine auf Chancengleichheit gerichtete Politik (Bildungspolitik);

5. die Lebensbedingungen der Familien und der wirtschaftlich schwächeren Haushalte durch Familien- und Wohnungspolitik sowie durch eine Politik (sorgfältig dosierter) Einkommens- und Vermögensumverteilung;

6. die Umwelt durch eine Umweltschutzpolitik.

Nach: Heinz Lampert, Sozialstaat und Wohlfahrtsstaat, herausgegeben von der Konrad-Adenauer-Stiftung, www.kas.de, 17.11.2011 [28.10.2013]

Aufgaben

1 *Grenzen Sie die beiden Begriffe Sozialstaat und Wohlfahrtsstaat mithilfe des Textes (M 5) voneinander ab.*

2 *Überprüfen Sie, ob die genannten Aufgaben notwendig sind, um dem Sozialstaatsprinzip gerecht zu werden.*

3 *Vergleichen Sie die Anforderungen an einen Sozialstaat aus dem Text M 4 mit Ihren eigenen Vorstellung aus M 1 (Aufgabe).*

4 *Bewerten Sie die Aussagen des Karikaturisten zum Sozialstaat (M 6).*

3.2 Das System der sozialen Sicherung

M 1a Die Grundpfeiler der sozialen Sicherheit

Unter dem System sozialer Sicherung im engeren Sinne versteht man die Gesamtheit staatlicher Maßnahmen zum Schutz gegen die Standardrisiken Krankheit, Unfall, Alter, Tod des Ernährers oder Arbeitslosigkeit. In der Bundesrepublik Deutschland fallen hierunter die gesetzliche Renten-, Kranken-, Arbeitslosen-, Unfall- und Pflegeversicherung, die Beamtenversorgung sowie berufsständische Versorgungswerke.

Das soziale System im weiteren Sinne umfasst neben den oben genannten Bereichen auch soziale Transferleistungen wie die Kriegsopferfürsorge oder die Sozialhilfe.

Jörg Altbarnmer, „Soziale Sicherungssysteme", in: Winfried Becker/Günter Buchstab u. a. (Hg.), Lexikon der Christlichen Demokratie in Deutschland, Schöningh, Paderborn 2002, S. 648 f.

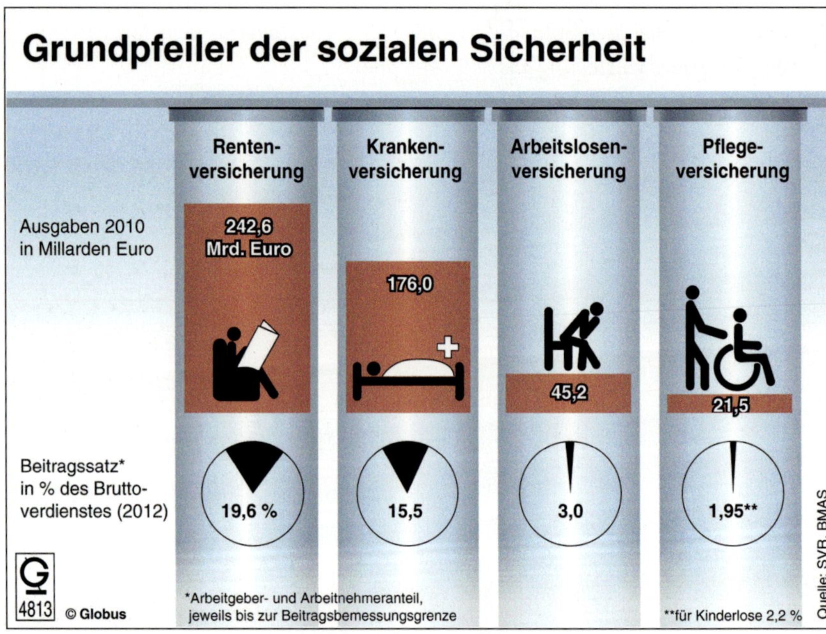

M 1b Prinzipien der sozialen Sicherung

Soziale Sicherungssysteme können nach den Prinzipien der Versicherung, der Versorgung oder der Fürsorge organisiert sein [vgl. Schaubild S. 97].

- Beim Versicherungsprinzip erfolgt die Finanzierung durch Beitragszahlungen der Versicherten und der Arbeitgeber, an deren Höhe und Dauer sich die Leistungen des Versicherungsträgers orientieren. Die Lohn- und Beitragsbezogenheit der Leistungen entspricht dem Prinzip der persönlichen Verantwortung. In der Sozialversicherung wird das strenge Äquivalenzprinzip [s. Info] durch den Grundsatz der Solidarität in zweifacher Weise modifiziert: So differenziert der Beitrag nicht nach dem individuellen Risiko und die Versicherungsleistungen sind nicht streng beitragsorientiert. Diesem Organisationsprinzip entspricht die soziale Sicherung der Arbeiter und Angestellten.

Info

Äquivalenzprinzip
Eine Versicherungsleistung wird im Verhältnis zu Risiko, Dauer und Höhe der angesparten Eigenbeiträge gewährt.

- Beim Versorgungssystem besteht ein Leistungsanspruch ohne vorhergehende Beitragszahlungen, die Finanzierung erfolgt über allgemeine Haushaltsmittel. Die Leistungen sind nach Art und Höhe normiert. Diesem Prinzip entspricht die Beamten- und Kriegsopferversorgung.
- Beim Fürsorgesystem werden bei Eintritt des Schadenfalls ebenfalls öffentliche Geld- und Sachleistungen ohne vorhergehende Beitragszahlungen vergeben. Im Gegensatz zum Versorgungsprinzip besteht ein Anspruch auf Leistungen gemäß dem Subsidiaritätsprinzip nur bei Bedürftigkeit des Empfängers; Art und Umfang der Leistungen sind nicht normiert, sondern von den Umständen des Einzelfalls abhängig.

© Bergmoser + Höller Verlag AG 141 050

Die Finanzierung des Systems der sozialen Sicherung im engeren Sinne kann durch das Kapitaldeckungs- oder das Umlageverfahren erfolgen. Im Kapitaldeckungsverfahren wird für jede Versichertengruppe ein Kapitalstock in jener Höhe angespart, dass er zuzüglich der anfallenden Zinserträge die erwarteten Versicherungsleistungen abdeckt. Im Umlageverfahren werden die Ausgaben durch die laufenden Beitrags- oder Steuereinnahmen abgedeckt.

Jörg Althammer, „Soziale Sicherungssysteme", in: Winfried Becker/Günter Buchstab u. a. (Hg.), Lexikon der Christlichen Demokratie in Deutschland, Schöningh, Paderborn 2002, S. 648 f.

Tipp

www.sozialleistungen.info
www.sozialpolitik.com
www.bpb.de/politik/innenpolitik/rentenpolitik/141469/grundprinzipien
www.bmas.de
www.safety1st.de

Aufgaben

1 *Recherchieren Sie die Höhe der aktuellen Beiträge zu den in M 1a dargestellten Versicherungsarten und ermitteln Sie die finanzielle Belastung getrennt nach Arbeitnehmern und Arbeitgebern in Deutschland.*

2 *Erstellen Sie aus M 1b für die drei Prinzipien Versicherung – Versorgung – Fürsorge eine tabellarische Übersicht nach den Kriterien Sicherungsvoraussetzung, Leistungsanspruch, Leistungshöhe sowie Bedürftigkeitsprüfung und geben Sie jeweils konkrete Beispiele für die drei Sicherungsmodelle.*

M 2 Woran lässt sich das Solidarprinzip in der gesetzlichen Krankenversicherung festmachen? – Ein Fallbeispiel

Was das Solidarprinzip in der GKV bedeutet, zeigt ein Vergleich der beiden fiktiven Kassenmitglieder Paul Schmidt und Jürgen Müller. (Um das Beispiel zu vereinfachen, wurde von einem paritätischen Beitragssatz ausgegangen. Der zusätzliche Beitragssatz von 0,9 Prozent, den die Versicherten seit Juli 2005 entrichten müssen, ist im Rechenbeispiel nicht berücksichtigt.)

Info

GKV: kurz für **Gesetzliche Krankenversicherung**, in Abgrenzung zur PKV, der Privaten Krankenversicherung.

Paul Schmidt ist verheiratet, hat aber keine Kinder. Seine Frau ist ebenfalls berufstätig und daher selbst Mitglied einer Krankenkasse. Von Paul Schmidts Einkommen von jährlich 36 400 Euro werden 13 Prozent, also 4732 Euro an seine Krankenkasse abgeführt (Arbeitnehmer- und Arbeitgeberbeitrag zusammen – der von Paul Schmidt zu zahlende Anteil beträgt also 2 366 Euro).
Paul Schmidt ist kerngesund. Im Jahr 2011 war er einmal beim Zahnarzt und einmal wegen einer Reiseimpfung beim Hausarzt. Die Impfung musste er sogar selbst bezahlen, weil Reiseimpfungen keine Kassenleistung sind. Insgesamt hat er seiner Krankenkasse Kosten in Höhe von circa 50 Euro verursacht.
Jürgen Müller hat bei vergleichbarem Einkommen im Jahr 2011 einen ähnlichen Kassenbeitrag wie Paul Schmidt gezahlt.
Jürgen Müller hat Familie: Seine Frau Susanne ist zurzeit nicht berufstätig, sondern betreut die beiden Kinder Harry und Sarah. Alle drei sind im Rahmen der Familienversicherung ohne zusätzliche Beitragszahlung mitversichert. Das bedeutet: Familie Müller zahlt nur einen Beitrag, aber es können vier Personen Leistungen in Anspruch nehmen.
Eines der beiden Kinder der Familie Müller leidet seit seiner Geburt unter einer chronischen Krankheit und musste bereits mehrfach operiert werden. Auch Susanne Müller war 2011 mehrfach krank. Wegen der beiden kranken Familienmitglieder waren im Jahr 2011 ein Krankenhausaufenthalt, zahlreiche Arztbesuche und viele Medikamente erforderlich. In der Summe kamen 6 000 Euro für die medizinische Versorgung der Familie Müller zusammen.

Das Solidarprinzip: Nettozahler und Nettoempfänger		
Mitglied (Beitragszahler)	Jürgen Müller	Paul Schmidt
Mitversicherte (beitragsfrei)	Susanne Müller Harry Müller Sarah Müller	– – –
Ausgaben der Krankenkasse für die gesundheitliche Versorgung 2011	6 000 Euro	50 Euro
Einkommen pro Jahr	32 500 Euro	36 400 Euro
Beitragssatz der Krankenkasse	14,5%	13,0%
An die Krankenkasse abgeführte Beiträge 2011 (Arbeitgeber- und Arbeitnehmeranteil)	4 712 Euro	4 732 Euro

Das Beispiel zeigt zwei wesentliche Facetten des Solidarprinzips:
Zum einen gilt: Ob jemand der GKV hohe oder niedrige Kosten verursacht, spielt für die Höhe des Beitrages keine Rolle.
Zum anderen findet innerhalb des Systems der GKV auch ein sozialer Lastenausgleich beziehungsweise eine Umverteilung von Einkommen statt.
Besonders deutlich wird dies bei der Familienversicherung: Kinder und nicht erwerbstätige Ehegatten sind beitragsfrei mitversichert. Das bedeutet aber nichts anderes, als dass Alleinstehende beziehungsweise Kinderlose durch ihre Beiträge die Versorgung der Familien mitfinanzieren.

Thomas Gerlinger/Wolfram Burkhardt, „Einer für alle, alle für einen – Das Solidarprinzip der gesetzlichen Krankenversicherung", www.bpb.de, 01.03.2012 [28.10.2013]

M 3 Solidarität in der Gesetzlichen Krankenversicherung – sozial gerecht?

Niemand wird bezweifeln, dass Herr Schmidt im Vergleich zu Familie Müller im oben geschilderten Beispiel (M 2) deutlich schlechter abschneidet. Aber das ist nun einmal der Sinn von Solidarität, dass diejenigen Mitglieder, die leistungsfähiger und -stärker sind, jene mitfinanzieren und unterstützen, die dieser Unterstützung bedürfen. Das folgende Schaubild verdeutlicht das noch einmal auf anschauliche Weise:

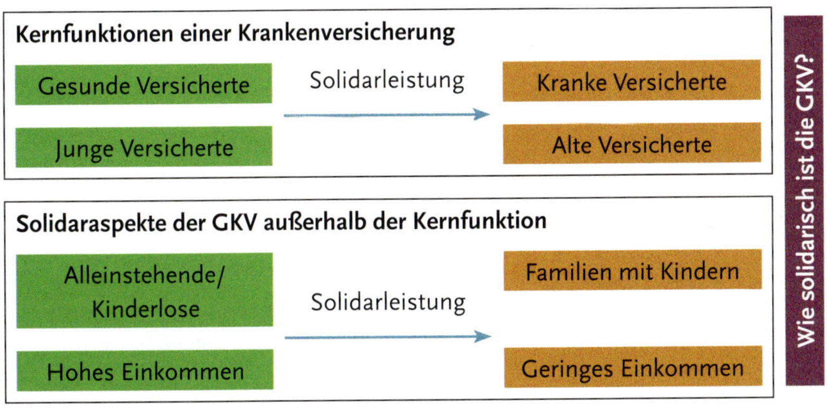

© Bundeszentrale für politische Bildung 2012

Doch führen wir das Beispiel aus M 2 etwas fort. Nehmen wir an, Herr Schmidt ist nicht nur kerngesund, sondern auch extrem sportlich und ehrgeizig. Aus diesem Grund liebt er es, gerade im Urlaub einem seiner Hobbys nachzugehen und Extremsport zu betreiben. Nehmen wir weiter an, Herr Schmidt verletzt sich bei der Ausübung seines Hobbys im Urlaub erheblich, was einen längeren und sehr teuren Krankenhausaufenthalt nach sich zieht. Auch diese Behandlungen werden in der Regel von der gesetzlichen Krankenkasse ohne entsprechen-

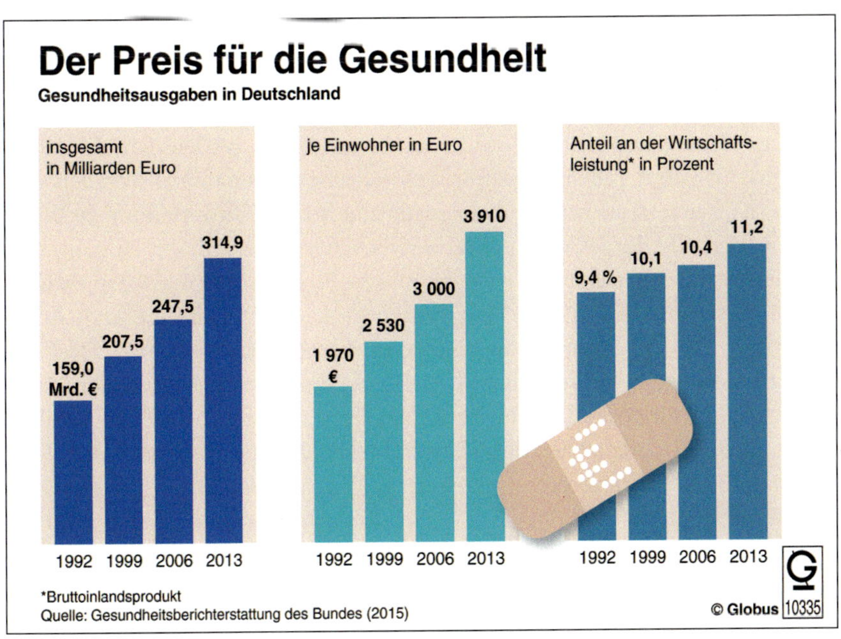

den Risikozuschlag bezahlt. Auch in diesem Fall zahlt die Solidargemeinschaft für einen Einzelnen und dessen extravagante Hobbys. Wie stellt sich der Fall für Sie jetzt dar?
Hieraus wird ersichtlich, dass Solidarität auch außerhalb der sog. Kernfunktionen gegeben sein muss, will ein Staat seine Bürger wirklich ausreichend absichern. Wie Sie dem Schaubild auf S. 99 unten entnehmen können, kann es jeden treffen.

(Autorentext)

M 4 Solidargemeinschaft – Alle für einen statt jeder für sich?

Gesetzliche Krankenversicherung - eine für alle!

Jede Versicherungsgemeinschaft stellt dem Grunde nach eine Solidargemeinschaft dar. In der Sozialversicherung ist dabei der Solidargedanke stärker betont als in der Individualversicherung, weil in der Sozialversicherung in vielen Fällen auf eine risikoadäquate Beitragsgestaltung verzichtet wird und insofern oftmals die versicherungstechnische Äquivalenz durchbrochen ist. Die Sozialversicherung hat in vielen Fällen nicht nur den versicherungsmäßigen Schadensausgleich [...], sondern sie hat darüber hinaus eine soziale Umverteilung zu bewirken (so trägt z. B. die gesetzliche Krankenversicherung im großen Umfang zum Familienlastenausgleich bei). Diese zusätzliche Aufgabe setzt meist den zwangsweisen Zusammenschluss von Versicherten voraus (Pflichtversicherung). Andererseits ist aber für ein optimales Gelingen dieses Ausgleichs ein verbreitetes Solidarbewusstsein der Versicherten Voraussetzung. Erst dieses Solidaritätsbewusstsein gibt die Grundlage für die soziale Umverteilung ab. Fehlt die Solidarität, dann besteht tendenziell der Wunsch für die durch den sozialen Ausgleich Belasteten in der Versicherungsgemeinschaft, sich dieser Lasten zu entziehen. Im weiteren Sinn ist der Solidargedanke aber auch tragendes Element für die Institutionen der Versorgung und der Sozialhilfe. Hier umfasst die Solidargemeinschaft alle Steuerzahler. [...]

„Solidargemeinschaft", www.wirtschaftslexikon24.com [28.10.2013]

Aufgaben

1 *Beschreiben Sie ausgehend von der Karikatur die Rolle der Solidargemeinschaft im Rahmen der gesetzlichen Krankenversicherung.*

2 *Erläutern Sie analog zum ersten Schaubild in M 3 den Solidargedanken in anderen Zweigen der Sozialversicherung.*

3 *Zeigen Sie, ausgehend von der gesetzlichen Krankenversicherung, in welchem Maße das System der Subsidiarität in den Zweigen der sozialen Sicherung verankert ist.*

4 *Erörtern Sie vor dem Hintergrund steigender Gesundheitsausgaben (vgl. Schaubild S. 99), ob ein individuell erhöhtes Risiko, z. B. durch Extremsport, von der gesetzlichen Sozialversicherung abgedeckt werden soll. Beziehen Sie dabei die Aussage der Karikatur mit in Ihre Überlegungen ein.*

M 5 Ist solidarisch gleich gerecht? – Auf der Suche nach sozialer Gerechtigkeit

Klaus Stuttmann

Aufgaben

1 *Analysieren Sie die Karikatur M 5 und erörtern Sie die Aussage des Karikaturisten.*

2 *In einem gemeinsamen Beschluss der Präsidien von CDU und CSU im Mai 2003 hieß es: „Sozial ist, was Arbeit schafft.“ Erörtern Sie diese Aussage.*

M 6 Dimensionen sozialer Gerechtigkeit

Wenn mit der sozialen Gerechtigkeit normative Erwartungen an die gesellschaftliche Verteilung von Gütern und Lasten formuliert werden, so ist dies historisch gesehen ein vergleichsweise junges Phänomen. Denn erst in der zweiten Hälfte des 20. Jahrhunderts wird soziale Gerechtigkeit zu einer in den politischen Auseinandersetzungen gebrauchten programmatischen Forderung. Dies ist unmittelbar verknüpft mit dem Ausbau der europäischen Wohlfahrtsstaaten nach dem Zweiten Weltkrieg. Der Wohlfahrtsstaat übernimmt fürsorgende Aufgaben, die vorher der Familie zufielen (z. B. Versorgung im Krankheitsfall oder im Alter), und es wird von ihm erwartet, bei einem Versagen der Märkte – insbesondere des Arbeitsmarktes – kompensierend einzugreifen. [...] Zugleich wird die Gesellschaft als ein Kooperationszusammenhang verstanden und ihren Mitgliedern ein Anrecht auf die Früchte dieser Zusammenarbeit zugestanden, was zugleich an die Erwartung gekoppelt ist, entsprechende Beiträge zur allgemeinen Wohlfahrt zu leisten.

Eine zentrale Funktion kommt dabei der Idee der sozialen Gerechtigkeit zu. Sie besagt, dass es bei der Verteilung von Gütern und Lasten zu keiner systematischen Bevorzugung oder Benachteiligung einzelner Gruppen kommen soll (Unparteilichkeit), die bestehenden Verteilungsregeln für alle gleich angewandt werden sollen (Gleichheitsgrundsatz) und der Einzelne als legitim angesehene Anrechte geltend machen kann. Während in den 1960er- und 1970er-Jahren soziale Gerechtigkeit primär mit der (Um-)Verteilung von Einkommen und Vermögen gleichgesetzt wurde, wird das ihr zugrunde liegende Verteilungsproblem mittlerweile breiter verortet. Es geht nun um eine gerechte Verteilung von Chancen, also den Möglichkeiten, seine eigenen Lebenspläne zu verwirklichen. Dies umfasst nicht nur die materielle Absicherung oder einen Anteil am gesellschaftlichen Wohlstand, sondern vor allem auch den Zugang zu Bildung, Kultur und die Ermöglichung politischer Teilnahme.

Stefan Liebig, „Dimensionen sozialer Gerechtigkeit“, in: Aus Politik und Zeitgeschichte, Nr. 47/16.11.2009

Tipp

www.grafstat.de
www.bpb.de

Aufgaben

1 *Erarbeiten Sie, was der Text als soziale Gerechtigkeit definiert.*

2 *Diskutieren Sie, wie bestimmte Lebensformen (z. B. Single, Familie) und Institutionen (Schule, Kirche) die Vorstellung von sozialer Gerechtigkeit prägen.*

3 *Entwerfen Sie einen Fragebogen (s. Tipp) zum Thema soziale Gerechtigkeit. Führen Sie die Umfrage durch und stellen Sie die Ergebnisse im Kurs vor.*

Heinz Buschkowsky (SPD) ist Bezirksbürgermeister von Neukölln in Berlin.

M 7 Soziale Gerechtigkeit ist Chancengerechtigkeit

Viele setzen soziale Gerechtigkeit mit materiellem Wohlstand gleich. Ich verbinde jedoch mehr damit als nur die Frage, ob Hartz-IV-Empfänger fünf Euro im Monat mehr bekommen sollen oder 500 000 Euro Gehalt für Bankmanager an Ausbeutung grenzen. Soziale Gerechtigkeit misst sich eher daran, ob alle Menschen, die in unserem Land geboren werden und leben wollen, tatsächlich die gleichen Chancen auf ein selbstbestimmtes Leben haben.

Die Würde des Menschen ist unantastbar. Aber verträgt sich unser oberster Verfassungsgrundsatz mit unserer gesellschaftlichen Praxis, Kinder im Milieu zu belassen, wohl wissend, dass sie dort häufig weder gefördert noch gefordert werden und niemand ihre Anlagen und Talente entdeckt? Natürlich nicht. Deswegen gibt es nur einen einzigen Weg, langfristig zu einer gerechteren Gesellschaftsordnung zu kommen: die Kinder zu fördern.

Wir alle stehen in der Verantwortung dafür, dass Kinder in den Werten unserer Gesellschaft heranwachsen und erzogen werden. Im Normalfall gemeinsam mit den Eltern. Wenn es sein muss, aber auch ohne sie. Vor allem dort, wo es an sozialer Kompetenz bei den Eltern fehlt und sie so zur größten Gefahr für die Zukunft ihrer Kinder werden. Das erfordert Konsequenz und – falls nötig – auch Sanktionen. Beliebigkeit und Laisser-faire sind an dieser Stelle falsch. Die monetären Leistungen der Gesellschaft können durchaus regelkonformes Verhalten stimulieren.

Obwohl Deutschland von allen OECD-Staaten das meiste Geld für die Familienförderung aufwendet, sind andere Länder auf diesem Sektor weitaus erfolgreicher. Sie investieren direkt in die Welt der Kinder. In Krippen, Kindergärten, Ganztagsschulen, freie Lernmittel, Lehrer und Sozialarbeiter an den Schulen. In Deutschland hingegen hat mit dem Instrument des Kindergeldes der direkte finanzielle Transfer in das Familienbudget Tradition. Aber gerade dort, wo die Kinder es am meisten benötigen, wird diese staatliche Unterstützung für anderen Konsum verwendet.

Es liegt also nicht am Geld, es liegt an unserem System. Wenn wir über die Kinder zu einer gerechteren Gesellschaft kommen wollen, müssen wir es grundlegend reformieren. Das bedeutet Kindergartenpflicht, auch verbindliche Vorschulerziehung genannt, für alle. Die kognitiven Fähigkeiten bilden sich bereits sehr früh heraus. Mit der Einschulung ist dieser Prozess bereits so gut wie abgeschlossen. Deshalb muss die Vorschularbeit spätestens ab dem dritten, aber eigentlich bereits ab dem vollendeten ersten Lebensjahr einsetzen. Und sei es zwei- bis dreimal in der Woche für vier Stunden. Wenn wir die Verfassung zur Verstaatlichung von Banken ändern konnten, kann man dies für die Vorschulerziehung sicher auch.

Die Einführung der obligatorischen Ganztagsschule ist ebenfalls ein unverzichtbarer Bestandteil auf dem Weg zu Chancengleichheit und sozialer Gerechtigkeit. Kein Land außer Deutschland leistet sich ein Schulsystem, in dem Kinder nur halbtags unterrichtet werden, damit sie ab dem frühen Nachmittag vor dem Fernseher sitzen. Gemeinsame Hausaufgabenbetreuung und Freizeitgestaltung sind Teil des Zusammenlebens über alle sozialen Schranken hinweg.

Was bleibt, ist wie immer die Frage der Finanzierung. Die jüngste Kindergelderhöhung hätte ausgereicht, um die gesamte Vorschulerziehung für alle Kinder kostenfrei anbieten zu können. Der Ausbau der Krippenplätze für 35 Prozent der Kinder kostet 13 Milliarden Euro. Die Commerzbank musste mit 18 Milliarden Euro gestützt werden. Egal wie man es nennt, ob Umverteilung oder Schulden zugunsten derjenigen, die sie einmal bezahlen müssen, es bleibt eine Frage der politischen Gewichtung.

All das wird nicht die vielschichtigen Probleme einer nach wie vor sehr ungerechten Weltwirtschaftsordnung oder Wohlstandsverteilung beheben können. Aber es könnte ein Beginn sein, damit eine Jugend, die in sozialer Gerechtigkeit aufwächst, auch anders denkt als heute. Solange wir jedoch die soziale Schichtung unserer Gesellschaft auch mit dem Bildungssystem manifestieren, werden wir auf dem Weg zur Gerechtigkeit nicht vorankommen.

Heinz Buschkowsky, „Was ist gerecht?“, www.zeit.de, 11.03.2011 [28.10.2013]

Aufgaben

1 *Fassen Sie die Aussagen thesenartig zusammen.*

2 *Erläutern Sie das Prinzip der Chancengerechtigkeit.*

3 *Erörtern Sie die Frage nach einer „Kindergartenpflicht“ (Z. 31) ab dem 3. Lebensjahr für alle Kinder in Deutschland.*

3.3 Probleme des Sozialstaats

M 1 Sozialstaat – Umbau oder Neubau?

Kostas Koufogiorgos

Durch zahlreiche andere Sozialleistungen, wie z. B. Sozialhilfe und Arbeitsförderung, wird der Staat weiter belastet. Ihm, als „Steuermann" der Sozialen Marktwirtschaft, steht finanziell das Wasser aber selbst bis zum Hals. Insofern sind dringend Reformen notwendig. Das Sozialversicherungssystem muss gründlich überdacht, verträgliche Lösungen müssen gefunden werden.

Nach: Wirtschaft und Schule (Hg.), „Soziale Sicherung", www.wirtschaftundschule.de [28.10.2013]

Aufgaben

1 *Analysieren Sie die Materialien auf dieser Seite hinsichtlich möglicher Probleme des Sozialstaates.*

2 *Ergänzen Sie Ihre Ergebnisse aus Aufgabe 1 um weitere Herausforderungen.*

M 2 Ist der Sozialstaat überfordert?

Es ist unbestreitbar, dass der Sozialstaat in Deutschland vor großen Herausforderungen steht. Die Frage dabei ist, ob er diesen Herausforderungen gewachsen ist.

Glaubt man den Unkenrufen der Demografen, aber auch denen wirtschaftsnaher Kreise, so ist es schlecht bestellt um den deutschen Sozialstaat. Die Herausforderungen, seien es der demografische Wandel, die Überalterung der Gesellschaft oder die Globalisierung, für keine dieser Herausforderungen scheint der Sozialstaat gerüstet.

Es ist unstrittig, dass das System der Umlagefinanzierung schon seit Längerem in der Krise steckt. Zunächst durch die hohe Arbeitslosigkeit seit Mitte der 1990er-Jahre, dann durch den Rückgang der sozialversicherungspflichtigen Arbeitsverhältnisse und nicht zuletzt durch die demografische Entwicklung in Deutschland. Glaubt man den Demografen, dann wird die Zahl derer, die in die Versicherungssysteme einzahlen, in den nächsten Jahren weiter zurückgehen, während die Zahl derer, die Leistungen aus dem System beanspruchen, deutlich zunehmen wird. Die finanziellen Folgen für die Sozialsysteme sind leicht vorhersehbar.

Doch nicht nur das Verhältnis von Jungen zu Alten verändert sich. Durch die steigende Lebenserwartung in Deutschland steigt auch die Bezugsdauer der Rente ständig weiter, was zu zusätzlichen Herausforderungen für die Rentenkassen führt. Daran ändert auch die Rente mit 67 nicht viel.

Ältere Arbeitnehmer in Deutschland bleiben inzwischen zwar wieder deutlich länger im Arbeitsprozess. Das ist erfreulich. Die Menschen werden in Deutschland heute aber auch deutlich älter. Auch das ist erfreulich, erhöht aber auch die Bezugsdauer von Renten. Ältere Menschen werden im Durchschnitt zudem öfter krank und sorgen dadurch für höhere Kosten im Gesundheitswesen. Der zunehmende Kostendruck in der Kranken- und Pflegeversicherung, der daraus entsteht, kann nicht allein über steigende Beiträge abgefangen werden, was die Finanzierungsproblematik noch verschärft.

Der Generationenvertrag, der über Jahrzehnte hinweg die Alterssicherung garantierte, droht in die Brüche zu gehen und die Generationengerechtigkeit, einen Pfeiler des deutschen Sozialstaats, zumindest zu gefährden.

Aus Sicht der Wirtschaft und der Unternehmen sind die Sozialabgaben vor allem unter dem Aspekt der Konkurrenzfähigkeit ein Problem. Der mit der Globalisierung verbundene weltweite Anstieg des Welthandels und der transnationalen Beziehungen setzt gerade auch deutsche Unternehmen unter erheblichen Konkurrenzdruck. Es verwundert also nicht, wenn deutsche Unternehmen die eigenen Kosten senken möchten, immer wieder die hohen Lohnnebenkosten für Nachteile in den internationalen Handelsbeziehungen verantwortlich machen und von staatlicher Seite entsprechendes Entgegenkommen verlangen.

Aufgaben

1 *Im Text M 2 wird als zentrales Finanzierungsproblem des Sozialstaats herausgestellt, dass das Gleichgewicht zwischen Beitragsempfänger und Beitragszahler nicht mehr existiert. Nennen Sie Gründe, die zu diesem Ungleichgewicht führten.*

2 *Häufig wird in den Medien von der Kostenexplosion im Sozialwesen berichtet. Überprüfen Sie diese Behauptungen mithilfe von M 3 auf ihre Richtigkeit.*

3 *Diskutieren Sie, ob die Finanzierungskrise des Sozialstaats eher auf der Einnahmen- oder auf der Ausgabenseite zu suchen ist.*

M 3 Eine „Explosion" der Kosten?

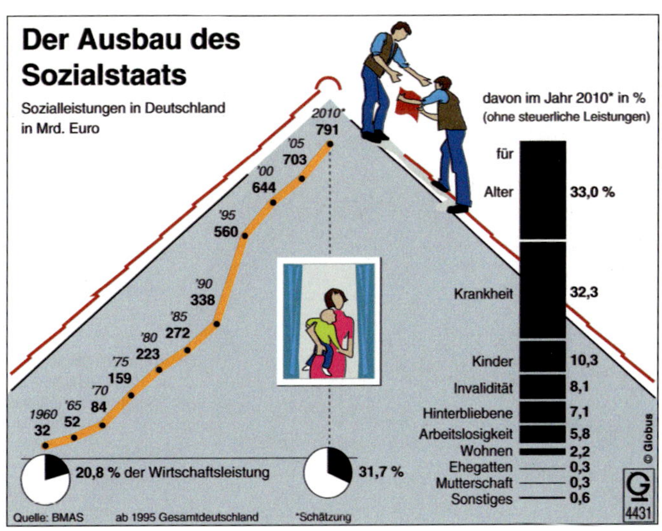

Somit sieht sich der Sozialstaat in mehrfacher Hinsicht unter Druck. Er hat nicht nur die demografischen, sondern auch politische und ökonomische Herausforderungen zu bewältigen. Das könnte den deutschen Sozialstaat, der immer noch auf die Beitragsfinanzierung und die lebenslange (männliche) Erwerbsbiografie ausgerichtet ist, in Zukunft zunehmend an seine Grenzen bringen.

(Autorentext)

M 4a Der Generationenvertrag – gelebte Solidarität zwischen Jung und Alt

Wenn über die Zukunft der sozialen Sicherungssysteme in Deutschland debattiert wird, steht unweigerlich auch der sogenannte **Generationsvertrag** auf dem Prüfstand. Im engeren Sinne bezeichnet dieser Begriff das Funktionsprinzip der sozialen Alterssicherung, wie sie mit der Rentenreform von 1957 im damaligen Bundesgebiet eingeführt wurde und bis heute fortbesteht. Die Reform brachte den Übergang zur „dynamischen Rente", die nicht mehr nur die größte Not im Alter lindern, sondern den Rentnern darüber hinaus die Beibehaltung ihres im Arbeitsleben erworbenen Lebensstandards ermöglichen sollte. Zu diesem Ziel wurden die Renten an die laufende Entwicklung der Arbeitnehmereinkommen gekoppelt.

Die Finanzierung des Rentensystems erfolgte seitdem im **Umlageverfahren**, das heißt die Rentenversicherungsbeiträge der aktiven Arbeitnehmer wurden nicht zu deren Gunsten aufgehäuft und angelegt, sondern sogleich wieder für die laufenden Renten ausgegeben. Die Beitragszahler erwarben mit ihren Einzahlungen in die Rentenkasse aber einen Anspruch, im Alter selbst wieder in gleicher Weise unterstützt zu werden. Mit diesem staatlich organisierten Ausgleich zwischen den Generationen übernahm die gesetzlich Rentenversicherung eine Aufgabe, wie sie früher – unter günstigen Voraussetzungen – innerhalb des Familienverbands bewältigt werden konnte.

Grundlage des Generationenvertrags ist das Vertrauen vor allem der aktiven Generation auf eine gerechte Verteilung der Lasten und auf die zuverlässige Einlö-

141 055 © Bergmoser + Höller Verlag AG

sung ihrer zukünftigen Ansprüche. Verschieben sich die Gewichte zwischen Leistung und später zu erwartender Gegenleistung über das zumutbare Maß hinaus, droht der gesellschaftliche Konsens, auf dem der Generationenvertrag beruht, verloren zu gehen. Um dies zu verhindern, sind in die **Rentenformel**, nach der sich die Höhe der laufenden Renten berechnet, automatisch wirkende Stabilisatoren eingebaut: Werden die aktiven Einkommen durch Steuern und Sozialbeiträge stärker belastet, sorgen sie dafür, dass die Renten im Gegenzug langsamer ansteigen und damit der Druck auf die Beitragszahler wieder nachlässt.

Fasst man den Generationenvertrag allerdings so weit, dass auch die Sorge für den eigenen Nachwuchs dazugehört, ist das Gleichgewicht von Geben und Nehmen zwischen den Generationen schon seit Längerem gravierend gestört. Die nachlassende Bereitschaft, Kinder großzuziehen, ist eine der Hauptursachen für die ungünstige **demografische Entwicklung**, die heute dazu zwingt, über rentenpolitische Lösungen außerhalb des Generationenvertrags nachzudenken.

Klaus Hurrelmann, „Warum die junge Generation politisch stärker partizipieren muss", www.bpb.de, 26.05.2002 [28.10.2013]

Aufgaben

1 *Erläutern Sie das Prinzip des Generationenvertrags.*

2 *Zeigen Sie mithilfe von M 4 a und b wie sich die Finanzierbarkeit der Rentenkassen entwickeln wird.*

3 *Recherchieren Sie konkrete Schritte der Politik, um die Rentenfinanzierung dauerhaft zu gewährleisten (s. Tipp) und stellen Sie die Maßnahmen im Kurs vor.*

M 4 b ... heute und auch in Zukunft?

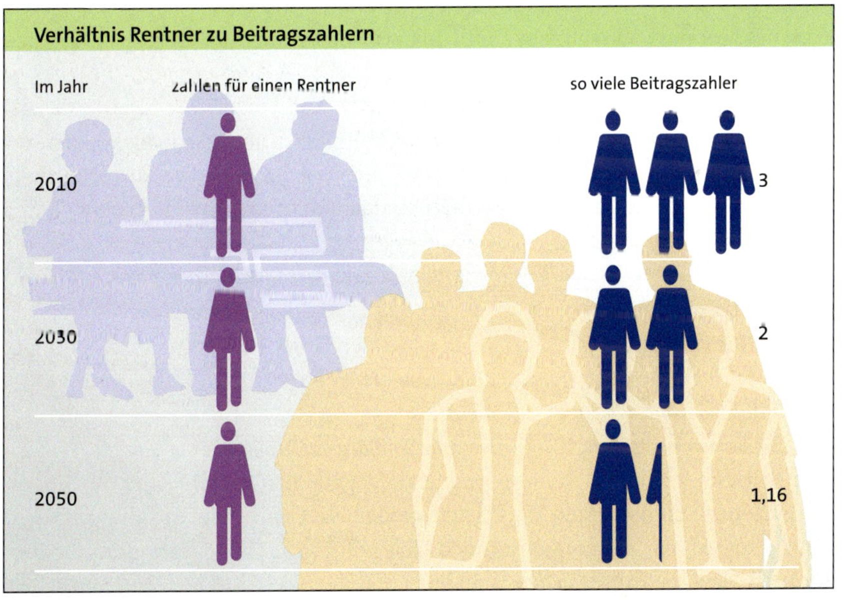

Quelle: Statistisches Bundesamt, 12. koordinierte Bevölkerungsvorausberechnung 2009, Variante 1-W2, Obergrenze der „mittleren" Bevölkerung, für 2010 Rentenversicherung in Zeitreihen Oktober 2011, S. 262

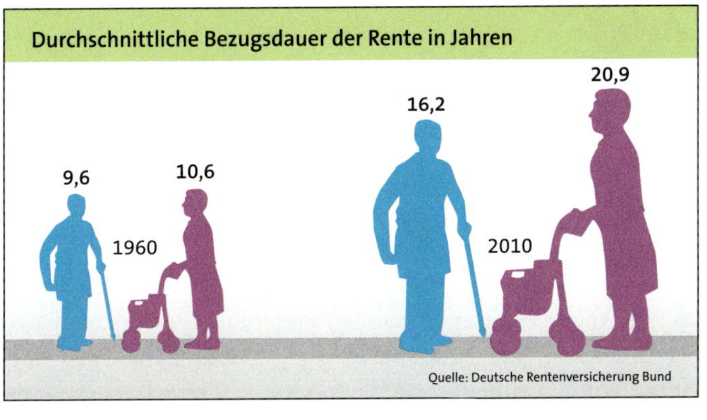

Tipp

www.sozialpolitik.com
www.deutsche-rentenversicherung.de
www.bmas.de

M 5 „Ich kündige den Generationenvertrag"

Pawel Kuschke, 20 Jahre, Student, will weg. Er beklagt die Macht der Alten, die geringen Chancen der Jungen und plant die Auswanderung.

Herr Kuschke, Sie haben der F.A.Z. in einem Leserbrief geschrieben, dass Sie die Nase voll von Deutschland haben. Warum so verärgert?
Weil mit den jungen Leuten in diesem Land nicht fair umgegangen wird.
Können Sie das erläutern?
Der Arbeitsmarkt wird immer unsicherer. Wir sollen mehr Geld in die Sozialversicherungen einzahlen, bekommen aber immer weniger heraus, wenn wir mal alt, krank oder arbeitslos sein werden. Und die Steuern werden auch steigen. Wenn man die katastrophale Lage der öffentlichen Haushalte sieht, ist das unvermeidbar. Und eigentlich müssten wir noch privat fürs Alter vorsorgen und möchten Kinder kriegen. Woher das Geld dafür kommen soll, weiß ich nicht. [...]
Die Koffer sind gepackt?
Nein, ich studiere zurzeit [...]. In zwei Jahren werde ich damit voraussichtlich fertig sein. Und dann entziehe ich mich dem Generationenvertrag, wenn es den überhaupt jemals gab.
Und lassen die alternde Gesellschaft zurück.
Ja, ich sehe nicht ein, mit den älteren Generationen teilen zu müssen, die in den letzten 30 Jahren selbst nicht zu teilen bereit waren und die stattdessen den Sozialstaat ausgeplündert haben.
Was meinen Sie mit „Sozialstaat ausgeplündert"?
Das Land lebt seit 30 Jahren über seine Verhältnisse. Die Ausgaben wurden stetig erhöht, obwohl schon lange klar ist, dass die Gesellschaft sich das nicht mehr leisten kann. [...] Wir sollen einen Wohlfahrtsstaat erhalten, der schon lange nicht mehr finanzierbar ist.
Was sagen denn Ihre älteren Familienmitglieder zu Ihrer Haltung zur Generationengerechtigkeit?
Meine Eltern können mich verstehen. Mit der Großelterngeneration sind Gespräche heikel. Sie weist darauf hin, dass sie in harten Jahren das Land aufgebaut hat. Das kann ich auch gut verstehen.
Aber Sie halten nichts von Solidarität und Solidargemeinschaft?
Natürlich bin ich bereit, Steuern und Sozialabgaben zu leisten. Aber die jungen Menschen werden einfach überlastet werden. Ich will eine Familie gründen, Kinder haben, für sie sorgen können. Ich will gar nicht reich werden. Meine Sorge ist, dass ich mir das alles nicht leisten können werde. Die Generation über uns nennt sich Sandwich-Generation, weil sie schon so stark belastet ist. Meine Generation ist die Schrottpressengeneration: Druck von allen Seiten. Deshalb will ich weg.
Was würden Sie wohl sagen, wenn Ihre Kinder in 25 Jahren den Generationenvertrag mit Ihnen kündigen?
Wenn alles gut geht, werde ich in einem Land leben, in dem junge Menschen auf die Herausforderungen besser vorbereitet werden.
Sie könnten wenigstens Dankbarkeit verspüren dafür, dass Sie in Deutschland kein Schulgeld und [...] keine Studiengebühren bezahlen mussten.
Das finde ich auch gut. Aber das klingt immer so, als ob Bildung ein Geschenk des Staates an mich und meine Kommilitonen sei. [...] Bildung ist doch die einzige Chance unseres Landes, wettbewerbsfähig zu sein. Wir brauchen die Aus-

bildung doch, um überhaupt auf dem Arbeitsmarkt bestehen zu können. Das sagen doch Politiker [...] immer. Aber wenn ich meinen Studienalltag betrachte, dann klingt das wie ein Lippenbekenntnis. [...]
Ich studiere Wirtschaft und Ostasienkunde. Die Pflichtkurse in Wirtschaft besuchen mehrere Hundert Leute, einige sitzen draußen auf den Gängen. Wie soll da vernünftig und zügig gelernt werden? Länder wie Indien und China stecken sehr viel Geld in die Bildung, während in Deutschland inzwischen 50 Prozent des Bundeshaushaltes für Arbeit und Soziales draufgehen. Das ist doch nicht produktiv [...].

Was würden Sie als Politiker jetzt machen? Vielleicht sollten Sie sich politisch engagieren, statt das Weite zu suchen.

Ich bin ja noch in der Jungen Union, aber nicht mehr lange.

Sie sind doch jung. Warum sind Sie bloß so verzagt?

Bin ich gar nicht für mich persönlich. Aber für Deutschland.

Wollen Ihre Altersgenossen auch alle weg aus Deutschland?

Viele meiner Kommilitonen diskutieren darüber. Die Sorgen teilen fast alle. Und die Chancen, die Probleme zu lösen, werden immer geringer, je älter die Gesellschaft wird. Die ältere Generation will nicht teilen und sie hat bald die Mehrheit. [...] Manchmal wundere ich mich, dass die jungen Leute in Deutschland nicht auf die Straße gehen [...].

Und andere Länder machen es besser [...]?

Ich bin nicht blauäugig. In den Vereinigten Staaten haben sie gar keinen Kündigungsschutz. Aber in Ländern, die weniger fürsorglich sind, haben die Leute mehr Chancen. In Amerika können Sie schnell einen Job verlieren, aber schnell wieder einen neuen finden.

In welches Land wollen Sie denn auswandern?

Auf meiner Liste stehen Australien, Neuseeland, Singapur und Taiwan.

Pawel Kuschke ist 20 Jahre alt [2006] und studiert im 4. Semester Ostasienwissenschaften an der Universität Duisburg.

Nach: Winand von Petersdorff, „Ich kündige den Generationenvertrag“, in: Frankfurter Allgemeine Sonntagszeitung, 09.04.2006, Nr. 14, S. 37, www.taz.net [28.10.2013]

Aufgaben

1 *Formulieren Sie die Aussagen Pawel Kuschkes in Thesenform.*

2 *Beurteilen Sie die Position von Herrn Kuschke.*

3 *Führen Sie im Kurs eine Pro-Kontra-Diskussion zum Thema „Ausstieg aus dem Generationenvertrag“ durch.*

M 6 Demografie als Demagogie

Thomas Plaßmann

Kanzler Schröder hat im März 2003 in seiner Regierungserklärung den Weg in den massiven Sozialabbau gewiesen. Die Kernbegründung: Die veränderte Altersstruktur der Bevölkerung, der demografische Wandel zwingt zum Handeln. CDU-Vorsitzende Angela Merkel verschärft in der gleichen Parlamentssitzung den Angriff auf den Sozialstaat: „All das, was heute hier gesagt wurde, reicht bei Weitem nicht aus, um die demografischen Veränderungen in unserer Gesellschaft wirklich zu beschreiben.“
Bei den Parteien im Bundestag besteht mittlerweile ein breiter Konsens: Die Überalterung unserer Gesellschaft ist eines der wichtigsten Probleme. Vergleiche mit einer „demografischen Zeitbombe“, die „immer lauter tickt“, sind in den Medien an der Ta-

gesordnung. Die Devise lautet: „Weg mit den alten sozialstaatlichen Zöpfen. Den Sozialstaat in seiner heutigen Form können wir uns nicht mehr leisten."
Für Rot-Grün sowie Schwarz-Gelb ist klar: Eine höhere finanzielle Last für uns, drastische Einschnitte in die Sozialversicherung, Privatisierungen und Kürzungen bei der Rente werden als Notwendigkeiten ohne Alternative propagiert. Kanzler Schröder verkauft uns den Sozialabbau als moderne, mutige Politik, mit der Schlimmeres verhindert werden soll. Für die gegenwärtigen Finanzierungsprobleme des Sozialstaats ist neben Fehlern in der Steuer- und Finanzpolitik jedoch vor allem die Massenarbeitslosigkeit verantwortlich. „Bis dato hat Deutschland noch gar keines der viel bemühten strukturellen Alterungs- und Demografieprobleme", so auch Thomas Fricke jüngst in der Financial Times Deutschland. Zur Begründung für den gegenwärtigen Sozialabbau wird dennoch die Demografie als Vorwand genutzt. Die „demografische Zeitbombe" wird scheinbar eingängig illustriert: Heute kommen noch knapp vier Erwerbsfähige auf einen über 65-Jährigen. In 50 Jahren werden es nur noch zwei sein [vgl. M 4b]. Vielen scheint sofort einsichtig, dass das nicht gut gehen kann. Wenn die Menschen immer länger leben und gleichzeitig immer weniger Kinder bekommen, dann scheinen „natürliche" Sachzwänge zu bestehen, die Gesellschaft umzubauen.
Diese Verschiebungen sind aber überhaupt nichts Neues. Vor 100 Jahren kamen auf einen über 65-Jährigen noch zwölf Erwerbsfähige. 1950 betrug das Verhältnis von Jung zu Alt noch sieben zu eins. Wir haben also bereits einen dramatischen demografischen Wandel hinter uns. Nur gemerkt hat es anscheinend niemand. In Anbetracht von gut laufender Wirtschaft in der Nachkriegszeit, niedrigen Arbeitslosenzahlen und bis in die 1970er-Jahre erfolgtem Ausbau der Sozialsysteme gab es auch keinen Anlass, um sich mit Demografie zu beschäftigen.

ver.di – Vereinte Dienstleistungsgewerkschaft (Hg.), „Mythos Demografie", Berlin 2003, S. 1 f.

Aufgaben

1 *Erörtern Sie, ob die Probleme, die Kanzler Schröder im Jahr 2003 angeführt hat, heute noch Gültigkeit besitzen.*

2 *Tickt „die demografische Zeitbombe" (Z. 14 f.) in Deutschland tatsächlich immer lauter? Beurteilen Sie diese Aussage vor dem Hintergrund der Materialien M 4 – M 6.*

3 *Stellen Sie dar, inwiefern die Karikatur in M 6 die Textaussage stützt.*

4 *In M 5 und M 6 wird die Reform des Sozialstaats in Richtung mehr Eigenverantwortung und Eigeninitiative thematisiert. Erörtern Sie, inwieweit dieser Ansatz zu einer Entsolidarisierung unserer Gesellschaft führen kann.*

M 7 Die Pflegeversicherung – eine weitere Baustelle

Fünfzehn Jahre lang war Anita Schmitt ein Pflegefall in einem Kölner Altenheim. Ihre kleine Rente und die staatliche Pflegeversicherung reichten für die Kosten nicht aus. Die Seniorin besaß kein Haus oder dickes Sparbuch, das die Lücke hätte füllen können. Deshalb musste ihre Tochter Julia Schmitt bis zu 500 Euro im Monat an die gesetzliche Sozialkasse überweisen. In ihrem Fall sind

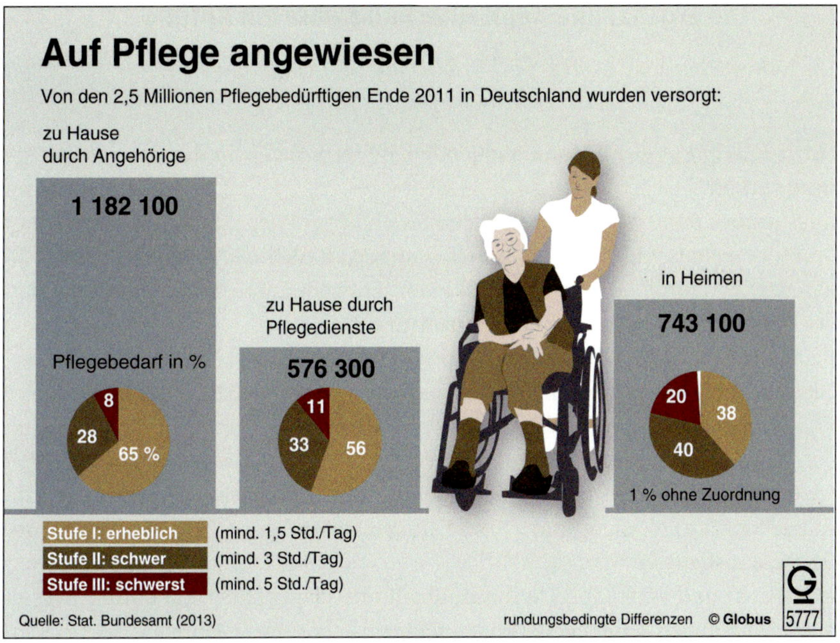

vom Nettogehalt zwar 1500 Euro offiziell garantierter „Selbstbehalt"; da sie aber mehr verdient, muss sie nach demselben Gesetz den Überschuss bis zur Hälfte abgeben. „Das Geld hätte ich sonst gut für meine eigene Altersvorsorge investieren können, von der Politiker gern sprechen, oder für das Studium meines Sohnes", klagt die Lehrerin. An einen Traumurlaub, wie ihn sich ihre Kollegen gönnen, denkt sie gar nicht. Die Mittvierzigerin bekennt: „Ich habe meinen festen Partner nur deshalb nicht geheiratet, weil der sonst für den Unterhalt der Schwiegermutter mit herangezogen worden wäre."

Die Pflege wurde vor beinahe zwei Jahrzehnten als staatliche Aufgabe anerkannt und durch eine Pflichtversicherung geregelt. „Dass der Staat für die Finanzierung trotzdem auch die Kinder als Privatschuldner heranzieht, halte ich für inkonsequent, widersprüchlich und deshalb für ungerecht", sagt nicht nur Julia Schmitt. Die Mehrheit der Deutschen (51 Prozent) ist laut einer repräsentativen Umfrage des *Generationenbarometer* aus dem Jahr 2006 dagegen, dass die Kinder die ungedeckten Pflegekosten der Eltern übernehmen. Nur jeder Vierte ist einverstanden. Der Fachanwalt Jörn Hauss schreibt in seinem Standardwerk *Elternunterhalt*, dass dieses Thema oft Streit in der Familie der Kinder hervorruft und manchmal bis zur Ehescheidung führt.

Verschont bleiben natürlich alle, die etwa als Geringverdiener oder Teilzeitbeschäftigte unter der Freigrenze verdienen – außerdem sämtliche Beamtenkinder. Denn der Staat muss seine Diener laut Grundgesetz auf Lebenszeit „amtsangemessen" versorgen. Praktisch trifft der gesetzliche Regress nur besser verdienende soziale Aufsteiger, deren Eltern selber nichts auf der hohen Kante haben. Das zeigt der Jurist Martin Hillebrecht in einer von der Körber-Stiftung ausgezeichneten Doktorarbeit über den Eltern- oder fachsprachlich *Aszendentenunterhalt*. „Wer beispielsweise in eine Arztfamilie geboren wurde", so Hillebrecht, „muss normalerweise höchstens befürchten, dass von der erhofften Erbschaft wegen der Pflege nichts übrig bleibt".

Hermann Horstkotte, „Kinder haften für ihre Eltern", www.zeit.de, 11.09.2012 [28.10.2013]

Jochen Pimpertz

M 8 Die ergänzende Kapitaldeckung wäre ein Anfang

Dr. Jochen Pimpertz, Experte für Sozialpolitik im Institut der deutschen Wirtschaft Köln, über die Reform der Pflegeversicherung:

Führt überhaupt ein Weg an steigenden Beitragssätzen in der Pflegeversicherung vorbei?

Dass immer mehr Versicherte aus der gesetzlichen Pflegekasse versorgt werden müssen, steht definitiv fest. Wenn dies weiterhin über das Umlageverfahren finanziert wird, gibt es zwei Möglichkeiten: Entweder man senkt die Leistungen der Versicherung oder der Beitragssatz muss steigen.

Beides geht vor allem auf Kosten jüngerer Menschen.

Das stimmt. Aber es gibt einen Ausweg. Dazu müsste man die Finanzierung der Pflegeversicherung ändern. Im derzeitigen Umlageverfahren trifft der demografische Wandel die ganz Jungen besonders hart. Stellt man dagegen auf das Kapitaldeckungsverfahren um, würden die heutigen Beitragszahler selbst für ihre Pflegekosten vorsorgen, und auf die jungen Leute käme kein solch extremer Beitragsanstieg zu.

CDU/CSU und FDP haben in ihrem Koalitionsvertrag [2009] die Einführung einer ergänzenden kapitalgedeckten Pflegeversicherung verabredet. Was halten Sie davon?

Es wäre zumindest ein Anfang. Wenn in der sozialen Pflegeversicherung alles beim Alten bleibt, also der Beitragssatz weiter bei knapp zwei Prozent liegt und die Pflegesätze nicht angehoben werden, dann deckt die gesetzliche Versicherung einen immer kleineren Teil des tatsächlichen Pflegebedarfs ab. Wenn diese Lücke durch eine ergänzende kapitalgedeckte Pflegeversicherung geschlossen wird, kann die Lastenverschiebung zwischen den Generationen zumindest begrenzt werden.

Wie könnte das praktisch aussehen?

Grundsätzlich muss jeder Bürger zu einer solchen Zusatzversicherung verpflichtet werden. Dann gibt es zwei Möglichkeiten: Entweder sichern alle Versicherten

→ Szenariotechnik

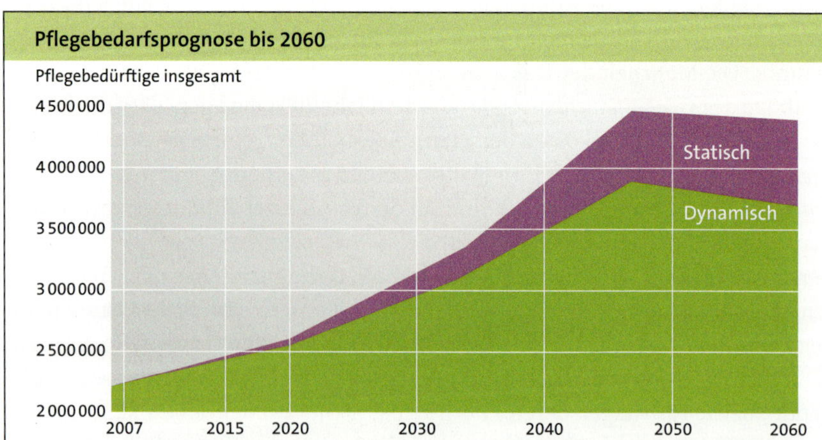

Grafik: eigene Berechnung/Darstellung beruhend auf Daten des Statistischen Bundesamtes (Pflegestatistik 2007 + Bevölkerungsstand zum 31.12.2007 +12. koordinierte Bevölkerungsvorausberechnung 2009, Variante 1 – W 2)

Nach: Prof. Dr. Walter Ried, Vorlesung „Soziale Sicherung", Universität Greifswald, Wintersemester 2012/13 die gleiche Zusatzleistung ab. Das würde für ältere Mitglieder höhere Prämien bedeuten, weil ihnen weniger Zeit bleibt, ausreichend Kapital zu bilden. Oder aber alle zahlen den gleichen festen Betrag pro Monat. Wer dann beispielsweise in zehn Jahren pflegebedürftig wird, erhält aufgrund der relativ kurzen Ansparphase nur eine geringe Aufstockung der gesetzlichen Pflegesätze; wer hingegen erst in 30 Jahren Pflegehilfe braucht, für den fällt der Zuschuss aus der kapitalgedeckten Säule höher aus. Trotzdem kämen Jüngere wie Ältere auf den gleichen Versicherungsschutz, denn die Versorgungslücke wächst ja erst langsam.

Initiative Neue Soziale Marktwirtschaft (Hg.), „Die ergänzende Kapitaldeckung wäre ein Anfang", www.wirtschaftundschule.de [28.10.2013]

Aufgaben

1 *Stellen Sie das Dilemma dar, in dem sich Frau Schmitt (M 7) befindet, und ziehen Sie Rückschlüsse hinsichtlich der Reformbedürftigkeit der Pflegeversicherung.*

2 *Bewerten Sie die in M 8 dargestellten Ansätze aus Ihrer Sicht als möglicher Hauptbetroffener.*

3 *Erläutern Sie das Schaubild vom Pflegenotstand in M 8.*

4 *Recherchieren Sie das sog. „Bahr-Modell" zur privaten Ergänzung der Pflegeversicherung und stellen Sie es in geeigneter Form (z. B. Lernplakat) im Kurs vor.*

M 9 Der Sozialstaat – fit für das 21. Jahrhundert?

Anjo/toonpool.com

Info

Die Höhe der Staatsverschuldung pro Kopf betrug im Jahr 2013 ca. 25 300 Euro. (Quelle: Bund der Steuerzahler)

Aufgaben

1 *Erläutern Sie die beiden Abbildungen vor dem Hintergrund der Fragestellung in der Überschrift zu M 9.*

2 *Bewerten Sie die Aussagen der Karikatur und der Anzeige.*

Aufgaben

1 *Erarbeiten Sie aus dem Text die Vorstellung eines liberalen Sozialstaats und stellen Sie dar, warum der Sozialstaat in den Augen liberaler Kräfte ein Auslaufmodell darstellt.*

2 *Setzen Sie die Aussagen aus M 9 und M 10 in Beziehung zueinander und beurteilen Sie vor diesem Hintergrund den Reformbedarf des deutschen Sozialstaats.*

M 10 ... oder ein Auslaufmodell?

Eine vollständige Absicherung des Lebensstandards kann die Sozialversicherung in Zukunft nicht mehr leisten; hier bedarf es ergänzender Vorsorge in Eigenverantwortung.
Bürgern, die sich nicht aus eigener Kraft absichern können, garantiert Steuerfinanzierung auch künftig das Existenzminimum.
Der liberale Sozialstaat konzentriert seine Hilfe auf die wirklich Bedürftigen.
Der sozialdemokratische Wohlfahrtsstaat verteilt an alle ein wenig. [...]
Die solidarische Hilfe soll – wo immer möglich – die Rückkehr in die Arbeitswelt zum Ziel haben. Nicht Daueralimentation ist das Ziel, sondern die Befähigung zu einem ausreichenden Einkommen aus eigener Erwerbstätigkeit.

FDP (Hrsg.), Wiesbadener Grundsätze. Für die liberale Bürgergesellschaft. Beschlossen 1997, S. 21, zitiert nach: www.fdp.de [24.03.2014]

M 11 Der Paradigmenwechsel in der Sozialpolitik – der aktivierende Sozialstaat

Auf der Ebene konkreter sozialpolitischer Maßnahmen wurden von der rot-grünen Bundesregierung [1998 bis 2005] zahlreiche Reformen durchgesetzt oder vorbereitet, die durchaus auf eine Neuorientierung hinweisen. So wurden in allen Zweigen der Sozialversicherung durchgängig die Elemente privater Verantwortlichkeit und Vorsorge gestärkt. Ferner kam es in der Arbeitsmarkt- und Berufsbildungspolitik zu einer stärkeren Betonung aktivierender Elemente. Beide – Privatisierung von Verantwortung für Lebensrisiken und Arbeitsmarkt-Aktivierung – sollten ursprünglich mit positiven Konnotationen und Werten wie persönliche Autonomie oder Teilhabe am gesellschaftlichen Leben in Verbindung gebracht werden. In der Umsetzung sind die neuen Formen der Sozialpolitik jedoch oft mit einem hohen Maß an Bevormundung und Zwang verbunden.
1. In der Arbeitsmarktpolitik war es das zentrale Ziel der sozialdemokratisch geführten Bundesregierung, vor allem durch einen Ausbau von Bildung und Training Arbeitsmarktintegration für möglichst weite Teile der Gesellschaft zu ermöglichen. Letztere wird allerdings als aktiver Prozess begriffen, den der/die Einzelne – ggf. unter Zwang – selbst gestalten muss. Dem neuen Leitbild entspricht somit auch eine Individualisierung von (sozialstaatlicher) Verantwortung. In Bezug auf die Verteilung der Mittel für Arbeitsmarktpolitik hat es jedoch keine fundamentalen Verschiebungen zugunsten der aktiven Arbeitsmarktpolitik gegeben. Allerdings ist es innerhalb der aktiven Arbeitsmarktpolitik zu veränderten Schwerpunktsetzungen gekommen, z. B. zur stärkeren Förderung Jugendlicher und zur Beschäftigungsförderung im Bereich geringer Erwerbseinkommen (400-Euro-Jobs).
Die mit den Hartz-Gesetzen durchgeführten Änderungen der Lohnersatzleistungen markieren ebenfalls einen Paradigmenwechsel im System der sozialen Sicherung. Bereits nach einer Dauer von einem

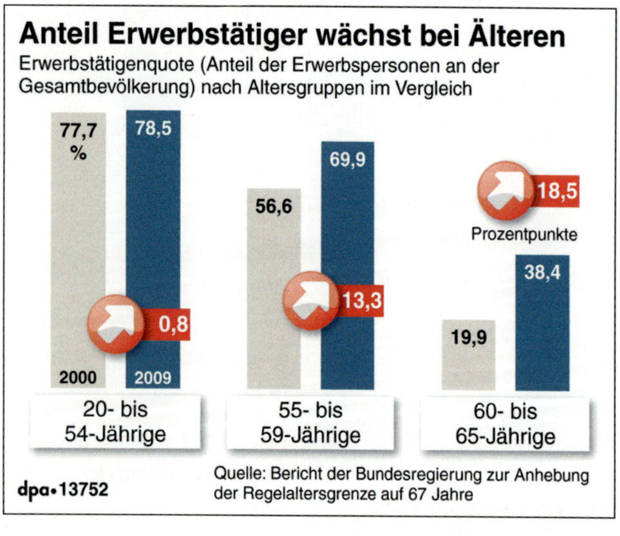

Jahr Arbeitslosigkeit haben Arbeitnehmer keinen Anspruch mehr auf am ehemaligen Einkommen orientierte Lohnersatzleistungen, sondern erhalten lediglich eine von Bedürftigkeitsprüfungen abhängige Grundsicherung. Dies bedeutet eine Abkehr vom Versicherungsprinzip.

2. In der Familienpolitik fand eine graduelle Abkehr vom alten Leitbild des männlichen Alleinernährers statt. Während in Skandinavien bereits während der Sozialstaatsexpansion der 70er- und 80er-Jahre eine auf Gleichberechtigung orientierte Familienpolitik umgesetzt wurde, die mit einer radikalen Politik der Arbeitsmarktintegration von Frauen einherging, ist in der Bundesrepublik bis weit in die 90er-Jahre hinein das westdeutsche Familienernährer-Leitbild bekräftigt worden. Erst mit Rot-Grün hat sich hierzulande zunehmend auch die Erkenntnis durchgesetzt, dass eine moderne Familienpolitik nicht länger auf Geldleistungen wie Kindergeld und Betreuungsgeld beschränkt bleiben kann, sondern dass der Staat daneben auch konsequent in eine bessere Vereinbarkeit von Familie und Berufsleben gerade für die Frauen in Deutschland sorgen muss.

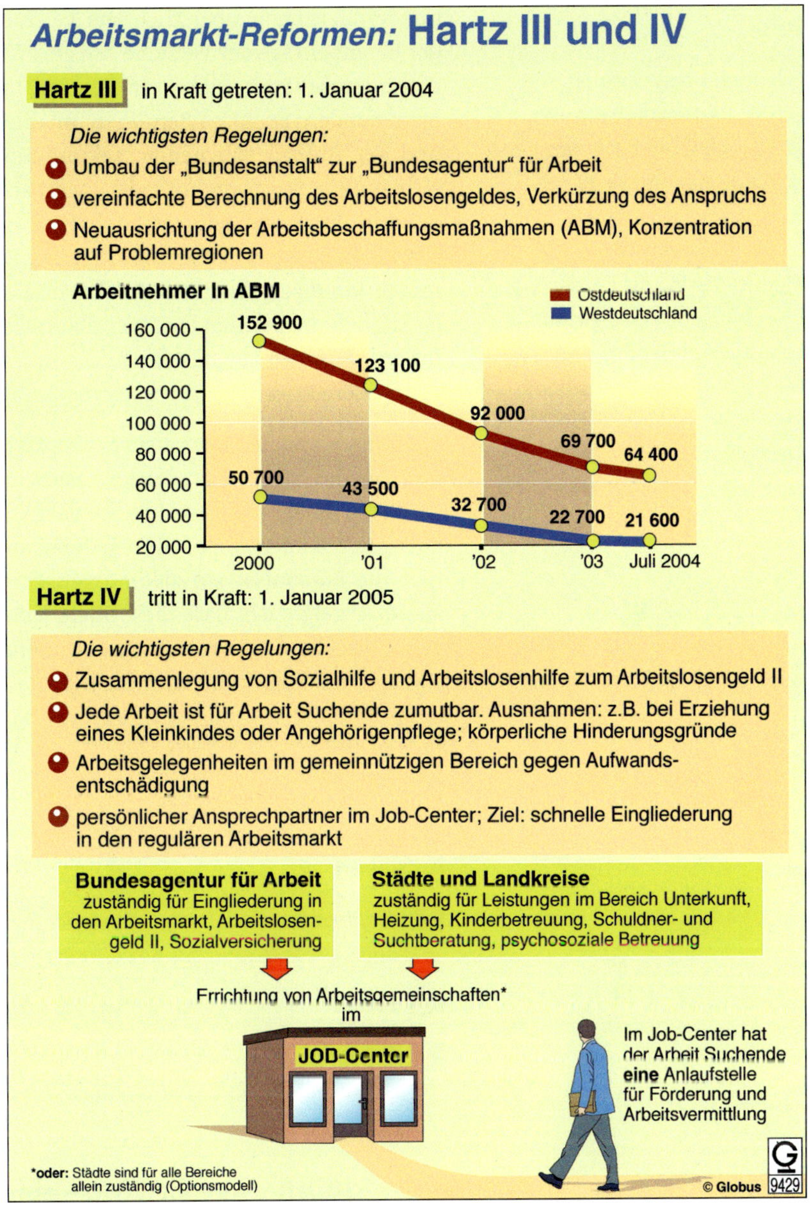

3. Die Rentenpolitik war gekennzeichnet von der stärkeren Betonung der individuellen Verantwortung für die Altersvorsorge. Das Ziel der Beitragssatzstabilität erlangte Priorität, was in gravierenden Kürzungen von Leistungsansprüchen seinen Ausdruck fand. Erreicht wurden diese durch Modifikationen im Rentenanpassungsverfahren sowie durch Einschnitte bei einzelnen Rentenansprüchen (etwa beim Berufsunfähigkeits-Risiko, für das es seit 2001 keine Absicherung innerhalb der gesetzlichen Rentenversicherung mehr gibt). De facto wurde durch all diese Einschnitte die Verantwortung für die Sicherung des Lebensstandards im Alter teilprivatisiert. Ihren praktischen Ausfluss fand diese Reorientierung in der öffentlichen Förderung von privater und betrieblicher Altersvorsorge, welche die rot-grüne Bundesregierung 2001 einführte bzw. erweiterte.

4. Jenseits der Rücknahme einiger gesundheitspolitischer Maßnahmen der Vorgängerregierung war die Gesundheitspolitik der rot-grünen Koalition von Struk-

Info

Friedrich-Ebert-Stiftung (FES). Parteinahe Stiftung (SPD), benannt nach dem sozialdemokratischen Reichskanzler Friedrich Ebert. Sie verfolgt als Hauptaufgabe die Förderung der politischen und gesellschaftlichen Bildung von Menschen aus allen Lebensbereichen im Geiste von Demokratie und Pluralismus.

Nach: http://de.wikipedia.org

turveränderungen, aber auch von Leistungskürzungen und von der Erhöhung der Eigenbeiträge der Versicherten gekennzeichnet. Zu den strukturellen Veränderungen gehörten nicht nur die Einführung von Fallpauschalen im Krankenhaus, sondern auch das Bemühen um die Verbesserung der Versorgungsqualität und der Aufbau von neuen, sektorenübergreifenden Versorgungsstrukturen. Neben diese positiven Veränderungen setzte die Koalition jedoch auch eine Erhöhung der Eigenbeiträge durch Praxisgebühr [inzwischen wieder zurückgenommen] und erhöhte Zuzahlungen (z. B. zum Zahnersatz und zu den Arzneimitteln) und sorgte mit der Einführung eines ausschließlich von den GKV-Mitgliedern zu begleichenden Zusatzbeitrags in der Höhe von 0,9 Prozentpunkten für den Ausstieg aus der paritätischen Finanzierung der GKV. Außerdem wurden weitere Kürzungen im Leistungskatalog der GKV durchgesetzt.

Ergebnisse sozialdemokratischer Wohlfahrtsstaatsreformen
Das Ziel des Ausgleichs sozialer Lasten und ökonomischer Ungleichheiten und die Vorstellung einer gerechten sozialstaatlichen Umverteilung wurden von den Sozialdemokraten bei all diesen Reformen zwar nicht aufgegeben. Betrachtet man die Ergebnisse sozialdemokratischer Reformpolitik in Bezug auf den Sozialstaat, zeigt sich, dass diese Ziele jedoch zunehmend weniger erreicht werden. Aktuelle Studien zur Einkommensverteilung belegen einen Trend zur wachsenden Einkommensspreizung. [...]

Claudia Bogedan/Simone Grimmeisen u. a., „Vom Dritten Weg zum Vorsorgenden Sozialstaat“, in: WISO direkt, hg. von der Abteilung Wirtschafts- und Sozialpolitik der Friedrich-Ebert-Stiftung, August 2007

Aufgaben

1 *Erklären Sie unter Einbeziehung der Schaubilder in M 11, welche Ziele die angestrebte Reform des Sozialstaats verfolgte.*

2 *Erläutern Sie in eigenen Worten das Leitbild von einem aktivierenden Sozialstaat.*

3 *Erörtern Sie vor dem Hintergrund des Schaubilds auf S. 114, ob die Ziele der Arbeitsmarktpolitik der rot-grünen Bundesregierung erreicht wurden.*

M 12 10 Jahre Agenda 2010 – eine erste Bilanz

„Etwas Besseres als Hartz IV werden wir allemal finden“, sagte sich Siegfried Liebscher, als er und seine Frau arbeitslos wurden. Und er fühlt sich jeden Morgen bestätigt, wenn er die Ladentür aufschließt. Der hoch qualifizierte Techniker verkauft heute Zeitungen und Zigaretten. Davor war er drei Jahre arbeitslos. „Vom Arbeitsamt kam wenig“, sagt er. Und: „Von wegen Fördern und Fordern“. Seine heutige Arbeitsstelle hat er selbst gefunden.
Gabriele Grosse hatte nicht so viel Glück. Seit neun Jahren hält sie sich mit Minijobs über Wasser. Eine feste Arbeit, von der sie leben kann, hat sie nicht gefunden.

Beide haben die Hartz-Reformen von Anfang an zu spüren bekommen und sind mitnichten in Feierlaune anlässlich des zehnjährigen Jubiläums der Agenda 2010. Siegfried Liebscher verdient heute weniger, als er als Arbeitsloser bekom-

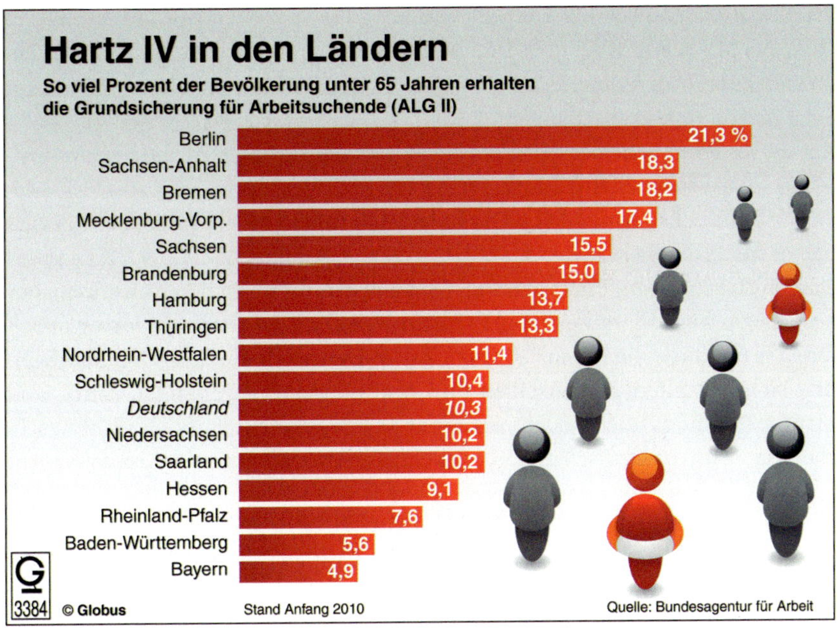

men hat. Aber er sei nicht in den Hartz-IV-Apparat gefallen. Das war damals seine große Angst.

Umstrittene Sozialreform

Die Agenda 2010 und die Hartz-Reformen sollten die größte Sozialreform der bundesdeutschen Geschichte werden. Sie haben zu einem wirtschaftlichen Aufschwung geführt und dazu beigetragen, die Arbeitslosenzahlen zu senken, sagen Befürworter. Alles Augenwischerei, die Hartz-Reformen sind nichts anderes als staatlich verordnete Armut, meinen Kritiker. Ein „Geburtstag“, den die einen feiern und die anderen verfluchen.

„Zur Sache Baden-Württemberg!“, http://programm.ard.de, 17.03.2013 [28.10.2013]

Aufgaben

1 *Verfassen Sie eine Rede vor dem deutschen Bundestag, in der Sie 10 Jahre Umbau des Sozialstaats bewerten. Übernehmen Sie dabei die Rolle eines Abgeordneten der im Bundestag vertretenen Parteien.*

2 *Erörtern Sie mithilfe der Informationen aus M 12, inwieweit der Umbau des Sozialstaats den sozialen Frieden in Deutschland gefährden kann.*

M 13 Neue Ideen braucht das Land – Weg mit der Arbeitslosenversicherung!

Besonders viel Freizeit hatte er noch nie. Aber seitdem Edmund Phelps im vergangenen Jahr den Nobelpreis für Wirtschaft gewann, ist er so gut wie gar nicht mehr zu Hause. Gerade kommt er aus Korea, davor war er bereits in Deutschland, jetzt nochmals, morgen geht es weiter nach Mexiko, dann Venezuela. Seine Vorträge sind begehrt.

Sonderlich gestresst sieht der 74-Jährige trotz aller Reisestrapazen trotzdem nicht aus. Entspannt sitzt er da, bei seinem Vortrag an der Universität Mannheim. Er nimmt sich viel Zeit zum Nachdenken. Man merkt ihm die innere Ruhe an, die Ruhe eines Mannes, der es niemandem mehr beweisen muss.

Der Professor der Columbia University, New York, gilt als der einflussreichste Ökonom der vergangenen 40 Jahre. Seine Arbeiten, für die er den Nobelpreis bekam, beschäftigen sich mit der Funktionsweise des Arbeitsmarktes und dem Phänomen der Arbeitslosigkeit. Nun möchte jedes Land in der Welt von ihm wissen, wie es um die eigene Wirtschaft steht. [...]

Nobelpreisträger Edmund Phelps

Info

Kombilohn: „Kombilohn" bedeutet, dass der Staat ein niedrig entlohntes Arbeitsverhältnis finanziell bezuschusst. Der Begriff Kombilohn resultiert aus der Kombination aus Lohn- und Transferzahlungen. [...] Häufig steht die Annahme dahinter, dass transferabhängige Personen mit einem geringen Verdienstpotenzial einen Anreiz brauchen, um wieder eine Beschäftigung aufzunehmen. Gleichzeitig wird unterstellt, es gebe genügend Arbeitsplätze im Niedriglohnbereich, die nur deswegen nicht besetzt werden können, weil die Lohnerwartungen der Arbeitnehmer unangemessen hoch sind.
Ziel von Kombilöhnen ist zum Teil auch, dazu beizutragen, Armut trotz Erwerbstätigkeit zu vermeiden oder zumindest zu reduzieren, indem niedrige Marktlöhne durch staatliche Leistungen aufgestockt werden.

Frank Oschmiansky, „Kombilohn", www.bpb.de, 01.06.2010 [28.10.2013]

Staatliche Krankenversicherung als Vorbild

„Ich verstehe nicht, wie Sie in Deutschland jetzt daran denken können, mit Reformen aufzuhören", ereifert er sich, „jetzt, wo es doch eigentlich überhaupt erst Sinn macht, richtig anzufangen."

Auf der anderen Seite des Atlantiks blickt man häufig spöttisch auf den europäischen Sozialstaat. Phelps hingegen ist ein Befürworter des europäischen Modells – zumindest prinzipiell. Die staatliche Krankenversicherung zum Beispiel hält er für vorbildlich. [...]

Daraus zu schließen, Phelps könne sich auch für die deutschen Gewerkschafter begeistern, wäre allerdings falsch – im Gegenteil: „Eine absolute Horrorvorstellung ist für mich die Tatsache, dass man in Deutschland seinen Job kündigen und sich anschließend hinstellen und Arbeitslosengeld verlangen kann. Und man bekommt es auch noch!", erklärt er. [...] „Verstehen Sie mich nicht falsch, aber man kann in Deutschland überleben, ohne etwas zu tun – das ist doch nicht normal."

Die Folgen seien in Deutschland an jeder Ecke zu besichtigen, sagt der Gelehrte. Fehlende Motivation und Anspruchsdenken würden jede Eigeninitiative ersticken. Nicht nur Deutschland, ganz Europa fehle es an Dynamik, an Mut, an Veränderungswillen, an der Freude am Problemlösen, überhaupt an Ehrgeiz. Deutschland? Er zieht die Brauen nach oben. „Mal sehen, wie es mit dem sozialen Ausgleich in 20 Jahren aussieht." Phelps sieht das Land aufgrund der demografischen Entwicklung vor einem „riesigen Problemberg". „Umso mehr wäre es Zeit, jetzt mal richtig durchzustarten und die Dinge anzugehen", findet er.

Seine Rezepte sind bekannt: Weg mit dem öffentlichen Bankensektor, weg mit den Gewerkschaften, die notwendige gesellschaftliche Änderungen blockieren, weg mit Kündigungsschutz und Arbeitslosenversicherung, hin zu einem freien Arbeitsmarkt, der den Preis für Arbeit selbst bestimmt. „Die Extreme kann der Staat dann durch ein Kombilohnmodell ausgleichen. Das ist sozial, weil es Arbeit schafft."

Flammendes Plädoyer für mehr Offenheit und Neugierde

Für europäische Ohren klingt das ziemlich brutal. Phelps scheint schlichtweg mehr Vertrauen in die Fähigkeiten des Einzelnen zu haben, als man es in Europa gewohnt ist. In Mannheim breitet er seine schöne neue Wirtschaftswelt aus. Mit einer Strickleiter aus den Begriffen Wissen, Glück, Freiheit, Wille und Begeisterung führt er die Zuhörer zu seinem Lieblingsziel: zu einer funktionierenden Wirtschaft, deren Prozesse im Einklang mit den arbeitenden Menschen ablaufen. Es ist ein flammendes Plädoyer für Offenheit, Neugierde und für die Freude an der Herausforderung. „Unsere Welt besteht aus Kreativität und Abenteuer", sagt Phelps begeistert. Gerade hier in Europa wirbt er für mehr Vitalität, für Mut zum Risiko, Spaß am Versuchen und am Unternehmen. „Auf der Basis einer Versicherung werden sie nicht glücklich."

Die Voraussetzung, in dieser neuen Zeit glücklich zu werden, sei aber der gesellschaftliche Wille dazu. Ohne den komme keine Wirtschaft aus. Und ohne ein gemeinsames Ziel und den Glauben an einen konkreten Nutzen könne eine Gesellschaft nicht motiviert werden, glaubt der Ökonom. Der Öko-Konsens in Deutschland, einschließlich alternativer Energien und Bio-Lebensmittelbranche, könnte ein solches gesellschaftliches Ziel sein.

Jochen Schönmann, „Nobelpreisträger Phelps: Mehr Kreativität, weg mit der Arbeitslosenversicherung!", www.spiegel.de, 24.10.2007 [28.10.2013]

Aufgaben

1 *Halten Sie die Vorstellungen von Edmund Phelps in Deutschland für realisierbar? Begründen Sie Ihre Position.*

2 *Erörtern Sie die These von Phelps, dass der Markt die anstehenden Probleme am besten lösen könne.*

3.4 Europäische Sozialpolitik

Im Rahmen einer fortschreitenden Vereinheitlichung und Vertiefung der EU und einer rasant zunehmenden Globalisierung der Wirtschaft und der Arbeitsmärkte stellt sich an dieser Stelle die Frage, ob es sinnvoll ist, Sozialpolitik weiterhin nationalstaatlich zu denken, oder ob es angebracht ist, auch die Sozialpolitiken innerhalb der EU zu vereinheitlichen, gerade auch um die erheblichen Diskrepanzen bei den Sozialstandards zu verringern.
Allerdings hat die EU in Sachen Sozialpolitik nach wie vor wenige Kompetenzen und kann nicht sehr viel mehr tun als die Sozialpolitiken der Mitgliedsländer zu koordinieren und grundsätzliche Rahmenbedingungen zu schaffen. Muss die europäische Sozialpolitik nicht ganz weit nach oben auf die politische Agenda?

M 1 Jugendarbeitslosigkeit – Ist der europäische Sozialstaat die Lösung?

Mehr als sechs Millionen junge Menschen sind europaweit ohne Job. Insbesondere in den Eurokrisenländern gibt es kaum Perspektiven für Jugendliche – in Griechenland oder Spanien ist mehr als jede/r zweite unter 25 arbeitslos. Die EU verspricht gegenzusteuern. Sechs Milliarden Euro sollen in ein Programm gegen die Jugendarbeitslosigkeit fließen. Aus Sicht der Gewerkschaften ist das zu wenig.

Deutscher Gewerkschaftsbund (Hg.), „Jugendarbeitslosigkeit in Europa: Jugend macht Ansagen", einblick 12/2013 vom 24.06.2013, http://einblick.dgb.de [10.10.2013]

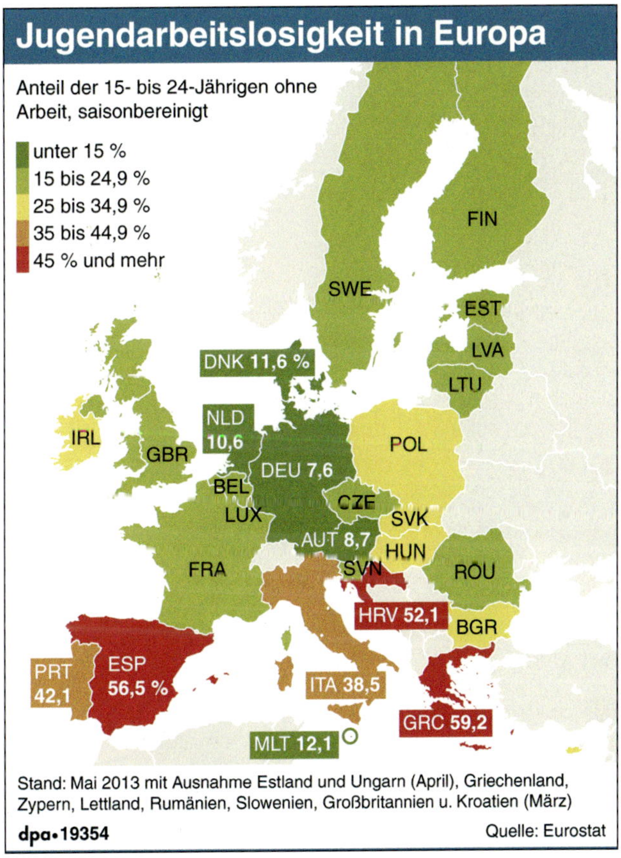

M 2 Leben in Europa

Europa – für viele ist das der Kurztrip ohne Grenzkontrollen, etwa zum Skifahren nach Österreich oder zum Mountainbiken an den Gardasee. Oder essen gehen beim Griechen, Italiener, Franzosen und beim Spanier um die Ecke. Oder die Fußball-Champions-League. Europa – das ist aber noch mehr: Ungefähr die Hälfte aller Gesetze in Deutschland geht auf die Europäische Union (EU) zurück. Das klingt jetzt zwar nach Bürokratie, hat aber auch handfeste Vorteile.

Schon nach einem Jahr streikt der MP3-Player? Die EU hat dafür gesorgt, dass Hersteller mindestens zwei Jahre Gewährleistung für ihre Produkte geben müssen. Dank „Leonardo da Vinci" ein Praktikum beim Pariser Stardesigner? Auch das ist ganz im Sinne der EU. Ob mit Schulpartnerschaften, Auslandspraktika oder beim Studium – das Ticket hierzu bieten verschiedene Programme der EU. Ein Fahrschein, den viele von uns mittlerweile gerne lösen. Europa zeigt Wirkung bis in unseren Alltag hinein! Daher engagiert sich Bayern auch in Europa: z. B. beim Verbraucherschutz oder in der Arbeits- und Sozialpolitik. „Hautnah" erleben wir Europa vor allem dann, wenn es uns unmittelbar berührt:

→ s. S. 127 f., M 12

- Für mehr Beschäftigung: Sie können von Mitteln des Europäischen Sozialfonds, kurz ESF, profitieren, mit denen in der EU u. a. die berufliche Qualifizierung gefördert wird.
- Arbeit ohne Grenzen: Ihren Arbeitsvertrag unterschreiben Sie im EU-Ausland ohne staatliche Extraerlaubnis. Denn als Arbeitnehmer besitzen Sie „Freizügigkeit" in ganz Europa – und das ohne sozialversicherungsrechtliche Nachteile.
- Auch in puncto Arbeitsschutz sorgen europaweite Mindestvorschriften dafür, dass Arbeiter, ob auf Baustellen in Portugal oder Bayern, nur bestimmten Lärmgrenzen ausgesetzt werden. Oder dass Ihre tägliche Arbeitszeit beim ausländischen Hotelpraktikum nicht uferlos wird.
- Gleichberechtigung: Europa kümmert sich um die Gleichbehandlung von Männern und Frauen, etwa bei der Vergütung.

Die EU hat in diesen Bereichen ein Wort mitzureden, sie hat Kompetenzen. Sie beschließt Mindestvorschriften, Rahmenbedingungen oder Koordinierungsregelungen. Die EU kann und darf aber auch nicht alles. In vielen wesentlichen Fragen bleiben die Mitgliedstaaten und Regionen selbst zuständig. Nicht jedes Problem in Europa ist ein Problem für Europa, Bayern bleibt also gefragt.

Bayerisches Staatsministerium für Arbeit und Soziales, Familie und Integration (Hg.), „Leben in Europa", www.stmas.bayern.de [28.10.2013]

M 3 Fachkräfte dringend benötigt?!

© Gerhard Mester

Aufgaben

1 *Stellen Sie die Inhalte aus M 1 und M 2 vergleichend gegenüber und erarbeiten Sie die vorgestellten Aspekte der EU-Politik.*

2 *Analysieren und bewerten Sie die Karikatur M 3.*

3 *Welche Herausforderung für die reicheren Länder in Europa stellt die hohe Jugendarbeitslosigkeit in Europa dar? Erörtern Sie Chancen und Gefahren.*

M 4 Europäische Sozialstaatsmodelle – Wie passt das zusammen?

Das **skandinavische Modell**, dessen Charakteristika in Schweden, Finnland, Norwegen, Dänemark und mit Vorbehalten in den Niederlanden dominieren, gründet sich auf hohe Erwerbsbeteiligung beider Geschlechter durch ein breites öffentliches Dienstleistungsangebot (Kinder- und Altenbetreuung) mit einer effizienten Arbeitsmarktvermittlung (Recht auf Arbeit) und beruflicher Weiterbildung, die die Teilnahme am Erwerbsleben aktiv fördert („workfare society"). Die Sozialpartner spielen eine zentrale Rolle am Arbeitsmarkt, wo Arbeitsbedingungen und Löhne nach dem Prinzip „Equal Pay for Equal Work" auf zentraler Ebene ausgehandelt werden. Die Lohnunterschiede sind dabei vergleichsweise gering. Der Staatsanteil ist hoch und der Staat ein wichtiger Arbeitgeber – insbesondere für Frauen.

Die re-distributive Funktion des Staates ist umfassend, universalistisch und in hohem Maße erwerbsunabhängig. Die sozialen Sicherungs- bzw. Versicherungssysteme sind für die gesamte Bevölkerung einheitlich und haben hohe Mindeststandards. Die Armutsgefährdung ist gering.

Das **korporatistische (kontinentale) Modell** ist in Kontinentaleuropa, nämlich in Deutschland, Österreich, Italien und Belgien am stärksten ausgeprägt. Es basiert auf dem Bismarck'schen Sozialversicherungssystem und ist erwerbszentriert und beitragsfinanziert; d. h. eine gute soziale Absicherung ist an die frühere Erwerbstätigkeit bzw. eine stabile Partnerbeziehung gebunden. Priorität gilt dem Erhalt des im Erwerbsleben errcichten sozialen Status. Die Sozialversicherung ist nach der sozialen Schichtung nach Arbeitern, Angestellten, Beamten und Selbstständigen organisiert und auf den Erhalt sozialer Differenzierung bedacht. Die Mindestabsicherung für Randgruppen außerhalb des Erwerbslebens ist lückenhaft. Am Arbeitsmarkt dominiert das Recht auf Sozialleistung gegenüber dem Recht auf Arbeit. Der Staat tritt in erster Linie als Transferleistungsanbieter in Erscheinung und weniger als Anbieter von Dienstleistungen oder als Arbeitgeber. Der Umverteilungsprozess stützt sich stärker auf Steuern und universelle Transfers als auf soziale Dienste. Die Sozialpartner spielen in der gesamten Wirtschafts- und Sozialpolitik eine große Rolle. Die Lohnpolitik findet zentral oder auf Branchenebene statt, dies findet in den branchenspezifischen Lohndifferenzen seinen Niederschlag.

Das **liberale Modell** („Anglo-Saxon model") ist durch geringen Staatseinfluss und selektive Wohlfahrtssysteme gekennzeichnet, die überwiegend über das allgemeine Steuersystem finanziert werden. Die Leistungen sind in der Regel einkommensgeprüft („means-tested") und auf die Bedürftigen zentriert („targeted"). Die Aufgabe des Sozialsystems ist auf Armutsbekämpfung fokussiert und weniger auf Umverteilung. Niedrige Sozialstandards sollen die Arbeitsbereitschaft erhalten. Der Arbeitsmarkt ist wenig reguliert und Löhne und Arbeitsbedingungen werden weitgehend dezentral auf Betriebsebene ausgehandelt. Beispiele für Länder, in denen die liberalen Sozialstaatselemente vorherrschen, sind in Europa Irland und Großbritannien.

Das staats- und familienbasierte **mediterrane Modell** („mixed model") dominiert in Spanien, Portugal und Griechenland [...]. In diesen Ländern finden sich teils mit der Sozialversicherung Elemente des korporatistischen Modells und mit geringem sozialen Engagement des Staates sowie mit geringer De-Kommodifikation auch Teile des liberalen Modells. Die Gewerkschaften spielen eine große

Info

Unter **Dekommodifizierung** versteht man die Abkopplung sozialer Sicherheit vom Arbeitsmarkt. Dekommodifizierung umfasst zum einen Eingriffe in den Arbeitsmarkt, die der Arbeit den Charakter der „Ware" (commodity), auf deren Verkauf sich die materielle Existenz des Arbeitnehmers gründet, nehmen sollen. Zum anderen bedeutet ein hoher Dekommodifizierungsgrad eine weitgehende Entkopplung der Sozialleistungen von (früherer) Erwerbstätigkeit, wie sie zum Beispiel in einem Altersversorgungssystem mit steuerfinanzierten Grundrenten für alle Einwohner verwirklicht wird.

Nach: http://de.wikipedia.org [28.10.2013]

Rolle, die Bedingungen am Arbeitsmarkt sind aber häufig noch durch die Bedeutung der Agrarwirtschaft beeinflusst. Die soziale Absicherung und soziale Dienste durch den Staat sind eher rudimentär entwickelt und stützen sich in hohem Maße auf die Familienbande. Die Erwerbsbeteiligung – insbesondere jene von Frauen – ist niedrig.

Karl Aiginger, Das Europäische Modell zwischen Stagnation, Pariser Konsens und proaktiver Reformpolitik, in: Richard Leutner, Grundlagen eines Europäischen Sozialmodells aus Arbeitnehmerperspektive, Verlag des ÖGB GmbH, Wien 2007, S. 25 f.

Aufgaben

1 *Stellen Sie die unterschiedlichen Sozialstaatsmodelle in ihren Grundzügen dar und bilden Sie Gemeinsamkeiten und Unterschiede in Form einer Matrix ab.*

2 *Erörtern Sie anhand von M 5, welches der vier Modelle man für einen europäischen Sozialstaat wählen sollte.*

M 5 Effizienz oder Gleichheit – Was braucht der europäische Sozialstaat?

		Effizienz hoch	Effizienz niedrig
Gleichheit	hoch	Nordisch	Kontinental
	niedrig	Angelsächsisch	Mediterran

Norbert Berthold, „Globalisierung und Sozialstaat – Wettbewerb oder Koordination", http://wirtschaftlichefreiheit.de, 09.08.2008 [28.10.2013]

Info

AEUV: Kurzform für „Vertrag über die Arbeitsweise der Europäischen Union". Grundlage ist der EWG-Vertrag von 1967.
www.aeuv.de

M 6 Die Kompetenzen der EU

In der Sozialpolitik teilen sich EU und Mitgliedstaaten die Zuständigkeit „hinsichtlich der in diesem Vertrag genannten Aspekte" (Art. 4 AEUV). Die EU hat im Sozialbereich also nach wie vor nur eine eingeschränkte Handlungsermächtigung. Sie kann die Zusammenarbeit der Mitgliedstaaten in der Sozialpolitik unterstützen und fördern, um gemeinsame Ziele zu erreichen – wie Verbesserung der Arbeitsbedingungen, ein hohes Maß an sozialem Schutz, Chancengleichheit von Frau und Mann und Bekämpfung jeder Form von Ausgrenzung und Diskriminierung auf dem Arbeitsmarkt (Art. 151 AEUV).
Dabei muss das Subsidiaritätsprinzip beachtet werden, das heißt: Die Union darf nur regeln, was die Mitgliedstaaten allein nicht ausreichend lösen können. Außerdem darf die Wettbewerbsfähigkeit der Wirtschaft nicht durch Maßnahmen der EU beeinträchtigt werden. Die EU muss auch die Vielfalt der einzelstaatlichen Regelungen in der Sozialpolitik, z. B. in Tarifverträgen, berücksichti-

Aufgabenbereich Sozialpolitik und Beschäftigung
(Anfänge seit 1957, verstärkt nach der „Pariser Erklärung" von 1972)

	Zuständig in den EU-Organen
Europäisches Parlament	Ausschuss Beschäftigung und soziale Angelegenheiten Ausschuss Rechte der Frau und Gleichstellung der Geschlechter
Rat	Rat Beschäftigung, Sozialpolitik, Gesundheit und Verbraucherschutz
Kommission	Kommissar Beschäftigung, Soziales und Integration Generaldirektion Beschäftigung, soziale Angelegenheiten und Chancengleichheit

Rechtsgrundlage: vor allem Art. 151 bis 161 AEUV

gen. Im Sozialbereich ist überdies jegliche Harmonisierung der Rechts- und Verwaltungsvorschriften der Mitgliedstaaten ausgeschlossen.
Das Europäische Parlament (EP) kann gemeinsam mit der qualifizierten Mehrheit im Rat soziale Mindeststandards beschließen, wenn diese keine weitreichenden finanziellen Folgen für die Mitgliedstaaten haben oder die Gründung kleiner und mittlerer Unternehmen erschweren. In einigen sensiblen Bereichen wie soziale Sicherheit, Schutz der Arbeitnehmer oder Mitbestimmung hat das EP nur ein Anhörungsrecht wie der WSA und der AdR, der Rat muss einstimmig beschließen. Er kann jedoch einstimmig festlegen, dass für alle Bereiche außer der sozialen Sicherheit und dem sozialen Schutz der Arbeitnehmer das ordentliche Gesetzgebungsverfahren (Art. 294 AEUV) angewandt wird.

aktion europa (Hg.), „Aufgabenbereich Sozialpolitik und Beschäftigung", www.europarl.europa.eu, Juni 2012 [28.10.2013] © Europäische Union, 1995–2014. Für die Wiedergabe und Anpassung ist allein der Schöningh Verlag verantwortlich.

Info

WSA: kurz für Wirtschafts- und Sozialausschuss der EU. Der WSA ist eines von zwei beratenden Organen im Institutionengefüge der EU.

Info

AdR: kurz für Ausschuss der Regionen. Auch der AdR hat beratende Funktion.

Aufgabe

Beurteilen Sie die Chancen auf eine gemeinsame EU-Sozialpolitik auf Basis von M 6.

M 7 Die EU – eine einzige Baustelle?

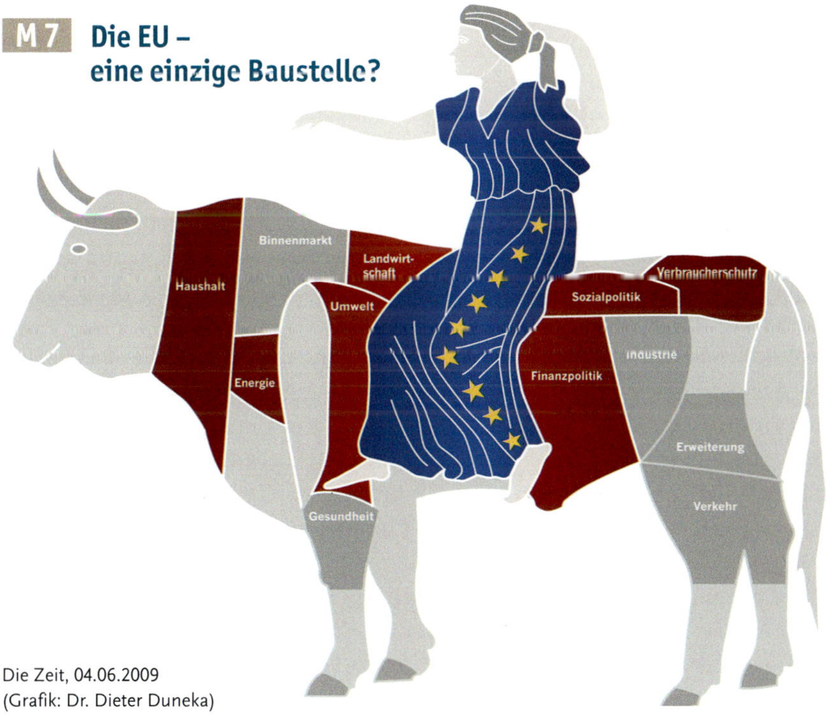

Die Zeit, 04.06.2009
(Grafik: Dr. Dieter Duneka)

Aufgabe

Erarbeiten Sie aus M 4 – M 7, warum die Sozialpolitik eine der großen Baustellen der EU-Politik ist.

M 8 Europäische Kommission legt Paket zu Sozialinvestitionen vor – Empfehlungen zu Investitionen in den sozialen Zusammenhalt und die Fähigkeiten der Menschen

Die Europäische Kommission hat am 20. Februar 2013 ein Paket zu Sozialinvestitionen für Wachstum und sozialen Zusammenhalt vorgelegt. Nach ihrer Überzeugung sollen die EU-Mitgliedstaaten ihre Sozialausgaben effektiver und effizienter einsetzen.

Lásló Andor: EU-Kommissar für Beschäftigung, Soziales und Integration (seit 2012)

Das Paket besteht aus einer **Mitteilung**, in der die Europäische Kommission die von ihr und den Mitgliedstaaten umzusetzenden Maßnahmen beschreibt, und **Leitlinien** für die Verwendung von EU-Fördermitteln zur Unterstützung der Reformen in den Mitgliedstaaten. Das Paket hat die Kommission vor dem Hintergrund der in vielen Ländern zu beobachtenden gravierenden sozialen Probleme, die durch die noch nicht überwundene Wirtschafts- und Finanzkrise verursacht wurden, erarbeitet. Zu den Auswirkungen zählt die Europäische Kommission hohe finanzielle (Zins-)Belastungen einzelner Mitgliedstaaten, zunehmende Armut und soziale Ausgrenzung sowie gravierende Arbeitslosigkeit, vor allem unter Jugendlichen unter 25 Jahren. Für die Europäische Kommission stellen diese Probleme die Nachhaltigkeit und die Angemessenheit der nationalen Systeme auf die Probe. In diesem Zusammenhang macht sie darauf aufmerksam, dass manche EU-Länder trotz vergleichbarer oder geringerer Haushaltsmittel bessere Ergebnisse im Sozialbereich erzielen und damit zeigen, dass damit Spielraum für eine effizientere sozialpolitische Ausgabenpolitik bestehe. Es zeige sich, dass in den Mitgliedstaaten, die viel für die Entwicklung der Fähigkeiten und Qualifikationen ihrer Bürger/innen getan hätten, auch weniger Menschen von Armut und sozialer Ausgrenzung betroffen seien; gleichzeitig seien in diesen Ländern ein höheres Bildungsniveau, höhere Beschäftigungsquoten, ein geringeres Staatsdefizit und höhere Pro-Kopf-Einkommen zu beobachten.
„Sozialinvestitionen sind der Schlüssel, wenn wir stärker, solidarischer und wettbewerbsfähiger aus der aktuellen Krise hervorgehen wollen. Angesichts der derzeitigen Haushaltszwänge müssen die Mitgliedstaaten den Schwerpunkt auf Investitionen in Humankapital und sozialen Zusammenhalt legen. Das wird sowohl den Betroffenen als auch der Wirtschaft insgesamt zugute kommen. Investitionen werden jetzt helfen zu verhindern, dass die Mitgliedstaaten später einen sehr viel höheren – finanziellen und sozialen – Preis zahlen müssen“, sagte anlässlich der Vorstellung des Pakets der für Beschäftigung, Soziales und Integration zuständige EU-Kommissar Lászlo Andor.
In der **Mitteilung** fordert die Europäische Kommission die Mitgliedstaaten auf, Priorität auf soziale Investitionen zu legen und ihre Systeme der sozialen Sicherheit zu modernisieren. Dazu gehören bessere Strategien der aktiven Inklusion und ein effizienter und effektiverer Einsatz von Haushaltsmitteln im Sozialbereich. Unter anderem geht es der Europäischen Kommission um eine „erschwingliche und hochwertige“ Kinderbetreuung und Bildung, um die Vermeidung von Schulabbruch, Unterstützung – besonders von Jugendlichen – bei der Berufsbildung und Arbeitsplatzsuche, um Wohnungsförderung und dem Zugang zur Gesundheitsvorsorge. Dabei müssten die sozialen Sicherungssysteme so organisiert sein, dass sie den Menschen in besonders schwierigen Lebenssituationen unterstützten.
Eine besondere Bedeutung misst die Europäische Kommission der frühzeitigen Förderung von Kindern zu; finanzielle Förderung und Betreuungs- und Unterstützungsangebote soll verhindern, dass Kinder frühzeitig in armen Verhältnissen aufwachsen. Auch sei es wichtig, durch entsprechende Gesundheitsfürsorge die Grundlagen dafür zu legen, dass Kinder im späteren Alter gesund und leistungsfähig sind und bleiben. Hierdurch erhöhten sich auch die Chancen auf eine höhere Bildung und höhere Löhne bzw. Gehälter, was wiederum das Abgleiten in Armut verhindern könne.
Die **Leitlinien** enthalten Empfehlungen für eine gezieltere Sozialpolitik und eine

optimale Verwendung der EU-Finanzhilfen, insbesondere aus dem Europäischen Sozialfonds (ESF – fördert in allen EU-Mitgliedstaaten z. B. Qualifizierungsmaßnahmen für Landzeitarbeitslose). In der kommenden Haushaltsperiode (2014–2020) plant die Europäische Kommission die Einrichtung einer „Wissensbank", in der die besten Beispiele („best practices") zur Nutzung der ESF Mittel gesammelt werden. Außerdem kündigt die Europäische Kommission an, im Rahmen des Europäischen Semesters [...] die Leistung der sozialen Schutzsysteme zu beobachten und ggfs. länderspezifische Empfehlungen an betroffene EU-Mitgliedstaaten zu geben.

Europäische Kommission Deutschland, „Europäische Kommission legt Paket zu Sozialinvestitionen vor", EU-Aktuell vom 20.02.2013

Aufgaben

1 *Erarbeiten Sie aus dem Text Gründe für die neue Schwerpunktsetzung der EU-Kommission.*

2 *Beurteilen Sie diese Maßnahmen unter den Kriterien ihrer Wünschbarkeit und Realisierbarkeit.*

M 9 Deutsche Wirtschaft wehrt sich gegen EU-Sozialpolitik

Die deutsche Wirtschaft ist alarmiert. Die Arbeitgeber fürchten, dass mit der auf dem letzten EU-Gipfel im Juni angekündigten Stärkung der „sozialen Dimension der EU" eine Abkehr vom bisherigen Sparkurs droht.

Im Kampf gegen die europäische Schuldenkrise sei aber die Verbesserung der Wettbewerbsfähigkeit in den Mitgliedstaaten entscheidend, heißt es in einem internen Papier der Bundesvereinigung der Deutschen Arbeitgeberverbände (BDA), das der „Welt" vorliegt. Deshalb dürfe das eingeführte Verfahren zur Überwachung und Kontrolle der Mitgliedstaaten keineswegs durch sozialpolitische Indikatoren ergänzt werden, fordern die Arbeitgeber. Ansonsten „droht die Gefahr, dass die Zielerreichung nicht über die Wettbewerbsfähigkeit verbessernde strukturelle Reformen erfolgt, sondern über kurzfristige Maßnahmen wie zum Beispiel kreditfinanzierte öffentliche Ausgabenprogramme".

Noch sind lediglich ein paar gedrechselte Sätze aus den Schlussfolgerungen des EU-Gipfels von Ende Juni Grundlage der Besorgnis der deutschen Wirtschaft. Die soziale Dimension der Wirtschafts- und Währungsunion (WWU) solle verstärkt werden, heißt es im Beschluss der EU-Staats- und Regierungschefs.

Die EU-Kommission werde dazu „in Kürze" eine Mitteilung vorlegen. [...] Veröffentlicht werden soll sie vor dem nächsten EU-Gipfel Ende Oktober, denn dann wollen sich die Regierungschefs erneut mit dem Thema befassen. [...]

Die Marschrichtung für die Stärkung der „sozialen Dimension" der gemeinsamen Währungspolitik haben die Regierungschefs bereits festgelegt. „Als erster Schritt dazu müssen die soziale Lage und die Lage an den Arbeitsmärkten in der WWU besser überwacht und berücksichtigt werden", heißt es in dem Abschlussdokument vom Juni.

Weiter sollte die Beschäftigungs- und Sozialpolitik in den Mitgliedstaaten besser untereinander abgestimmt werden. „Dabei sind die einzelstaatlichen Zuständigkeiten umfassend zu beachten", heißt es in dem Dokument zwar. Das aber könne sich als bloßes Lippenbekenntnis erweisen, fürchtet nun die hiesige Wirtschaft.

Grundsätzlich hat die EU in Sachen Arbeitsmarkt und Rente den Ländern nichts hineinzureden, denn diese Politikbereiche sind nicht vergemeinschaftet. Aber in den Krisenzeiten hat sich gezeigt, dass Entscheidungen über das Rentenalter in einzelnen Ländern Auswirkungen auf die Stabilität des Euro haben können und die nationalen Sparprogramme in den betroffenen Staaten mit hoher Arbeitslosigkeit einhergehen.

M 10 So sieht es die Bevölkerung

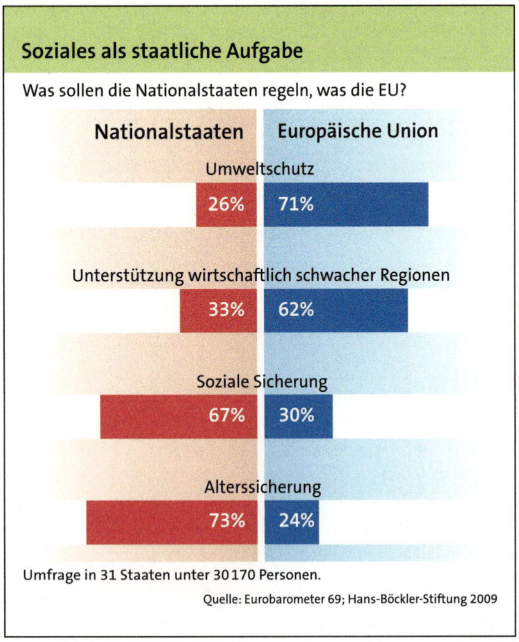

Hier sehen die Verfechter einer „sozialen Dimension" Handlungsbedarf – und einen Hebel, um den von ihnen gewünschten größeren Einfluss der EU auf die Sozialpolitik durchzusetzen. So sollen insbesondere „die sozial- und beschäftigungspolitischen Indikatoren" Einfluss auf die wirtschaftspolitischen Empfehlungen nehmen, die die Kommission jährlich einem jeden Land macht.

Die Arbeitgeber warnen davor, die harten Wirtschafts-Indikatoren, mit denen frühzeitig Fehlentwicklungen in den Mitgliedstaaten identifiziert werden sollen, durch Sozialindikatoren wie etwa die Einkommensverteilung oder die Qualität von Beschäftigungsverhältnissen zu ergänzen.

„Die Behauptung der Gewerkschaften und von Teilen der Politik, dass es sich bei der EU und der WWU nur um einen Binnenmarkt ohne soziale Dimension handele, ist verfehlt", stellt der BDA fest. Der Binnenmarkt habe in allen Mitgliedstaaten Wohlstand und Beschäftigung gebracht und somit soziale Wirkungen entfaltet. Auch gebe es schon Mindeststandards im Arbeitsschutz und zur Koordinierung der Sozialsysteme.

Florian Eder/Dorothea Siems, „Deutsche Wirtschaft wehrt sich gegen EU-Sozialpolitik", www.welt.de 09.09.2013 [06.10.2013]

M 11 Soziales Europa adé

Die EU-Kommission sorgt sich um die soziale Schieflage der Wirtschafts- und Finanzpolitik. Sozialkommissar Andor hat nun Vorschläge zur „sozialen Dimension" der Währungsunion gemacht. Doch sie sind das Papier nicht wert, auf dem sie gedruckt wurden.

Für Empörung sorgt vor allem, dass die Kommission die Idee einer gemeinsamen Arbeitslosenversicherung für die Euro-Länder gestrichen hat.

Dieses Projekt hatten EU-Ratspräsident Van Rompuy und Kommissionschef Barroso im vergangenen Jahr vorgeschlagen, um die Jobkrise in der Währungsunion einzudämmen.

Die Arbeitslosenkasse, die von allen Euro-Ländern gemeinsam finanziert werden soll (nicht nur von Deutschland), war auch noch in ersten Entwürfen zur „sozialen Dimension" enthalten.

Doch offenbar mit Rücksicht auf Kanzlerin Merkel und die Bundestagswahl wurde der Text immer mehr verwässert. In der nun veröffentlichten Endfassung ist bis auf ein paar unverbindliche Absichtserklärungen kein einziges neues Sozialprojekt mehr enthalten.

Nur die „Mobilität der Arbeitnehmer" – also die grenzüberschreitende Suche nach einem Job – wird als förderungswürdig herausgestellt. Offenbar will man noch mehr arbeitslose Spanier nach Deutschland schicken, mit schönem Gruß von der EU.

Ansonsten schlägt Brüssel eine stärkere Überwachung der Euroländer vor – diesmal auf dem Feld der Sozialpolitik. Die Arbeitslosenquote, das Armutsrisiko und die Einkommensentwicklung sollen künftig näher unter die Lupe genommen werden.

Allerdings soll es keine mit Strafen bewehrte Grenzwerte wie in der Finanzpoli-

Aufgaben

1 *Erarbeiten Sie aus den Materialien M 9 und M 11 wesentliche Schwierigkeiten bei der Umsetzung einer europäischen Sozialpolitik.*

2 *Stellen Sie dar, welche Schwerpunkte die EU einerseits und die deutsche Wirtschaft andererseits bei der Schaffung einer gemeinsamen Sozialpolitik setzen, und bewerten Sie diese Schwerpunktsetzung.*

3 *Analysieren Sie das Schaubild M 10 hinsichtlich der Umsetzbarkeit einer gemeinsamen europäischen Sozialpolitik.*

tik geben. Ein dreiprozentiges Budgetdefizit kann milliardenschwere Sanktionen auslösen, 50 Prozent Jugendarbeitslosigkeit hingegen bleiben ohne Folgen. Letztlich bleibt die „soziale Dimension" damit ein Feigenblatt für die asoziale Austeritätspolitik, die von der Mehrheit der Europäer abgelehnt wird.
Das „soziale Europa", das uns seit dem Maastricht-Vertrag 1992 versprochen wurde, ist gestorben. Auch die „echte Währungsunion", die die Euro-Chefs noch 2012 schaffen wollten, ist offenbar passé.
Aber wir haben ja die Fiskalunion, das reicht doch völlig, nicht wahr, Frau Merkel?

Eric Bonse, „Soziales Europa adé", http://lostineu.eu, 03.10.2013 [20.10.2013]

Info

Austeritätspolitik: eine auf starke Haushaltsdisziplin und Ausgabenbeschränkung ausgerichtete Finanzpolitik mit dem Ziel eines ausgeglichenen Haushalts.

M 12 Der Europäische Sozialfonds – ein Ansatz

Seit mehr als 55 Jahren fördert Europa mit dem Europäischen Sozialfonds (ESF) Arbeitsmarkt- und Beschäftigungspolitik in den Mitgliedstaaten der EU.
Der ESF hilft den Menschen in Deutschland und in Europa, ihr Bildungsniveau und ihre Qualifikationen zu verbessern und damit ihre beruflichen Chancen zu erhöhen. Davon profitieren insbesondere Arbeitslose, Auszubildende, Arbeitnehmerinnen und Arbeitnehmer sowie Gründerinnen und Gründer. Der ESF ist damit Europas wichtigstes Instrument der Europäischen Union zur Förderung von Beschäftigung. Er trägt dazu bei, die Ziele der Europäischen Union zu erreichen. Im Rahmen der Strategie Europa 2020 der Europäischen Union sollen mit der Europäischen Beschäftigungsstrategie in der gesamten EU mehr und bessere Arbeitsplätze geschaffen werden. [...]
Der ESF hilft Menschen durch:
1. die Bereitstellung von Ausbildung und Umschulung,
2. die Verbesserung von Qualifikationen,
3. Karriereentwicklung und
4. die Förderung unternehmerischer Initiative.

Besonderes Gewicht legt der ESF auf die Gleichbehandlung von Männern und Frauen und die Vermeidung jeglicher Art von Diskriminierung. Daher kümmert sich der ESF besonders um diejenigen, die Gefahr laufen, aus dem Arbeitsmarkt ausgegrenzt zu werden, wie z. B. Alleinerziehende, Menschen mit Behinderungen, Migranten und Migrantinnen und Minderheiten.
In Deutschland erhalten Bund und Länder von 2007 bis 2013 insgesamt 9,38 Milliarden Euro aus dem ESF.
Die ESF-Mittel verteilen sich zu knapp 40 Prozent auf das ESF-Programm des Bundes und zu gut 60 Prozent auf die 17 ESF-Länderprogramme. Da die ESF-Mittel nur zur Verfügung stehen, wenn ein Teil der Kosten für die geförderten Projekte von den Mitgliedstaaten selber getragen wird (Kofinanzierung), stehen durch den ESF in den nächsten sieben Jahren insgesamt fast 16 Milliarden Euro zusätzlich für Beschäftigte, Arbeitsuchende und Unternehmen in Deutschland bereit. [...]
[Mit diesen Geldern verfolgt das] ESF-Bundesprogramm folgende Ziele:
1. Erhöhung der Erwerbstätigkeit, insbesondere von Frauen
2. Erhöhung der Weiterbildungsbeteiligung
3. Senkung der Langzeitarbeitslosigkeit
4. Erhöhung der Chancen der jungen Generation.

Bundesministerium für Arbeit und Soziales (Hg.), „Europäischer Sozialfonds", www.bmas.de, 05.03.2013 [01.10.2013]

Aufgaben

1 *Erarbeiten Sie aus M 12 die Schwerpunkte der Arbeit des ESF und leiten Sie daraus die Ausrichtung der bisherigen Sozialpolitik der EU ab.*

2 *Erörtern Sie, wie Sie als Jugendlicher in Europa von diesen Maßnahmen profitieren können.*

M 13 Auf den sozialen Kompass kommt es an

Die Sozialpolitik ist eines der zukunftsweisenden Themen der EU. Die politischen Akteure sollten hierfür wesentlich sensibler sein, als dies bisher der Fall war. Sie riskieren sonst ihr Auseinanderbrechen.

„Was sind Staaten anderes als große Räuberbanden, wenn es in ihnen keine Gerechtigkeit gibt." Der Philosoph und Kirchenlehrer Aurelius Augustinus (354–430 n. Chr.) hat hiermit deutlich gemacht, dass die Politik immer einen Ausgleich verschiedener Interessen im Blick haben sollte, anstatt eine Schieflage zulasten der Schwachen in der Gesellschaft entstehen zu lassen.

Deutschland wird seitens der gegenwärtigen Bundesregierung gerne als Musterbeispiel für ein Land bemüht, das, aufgrund von tief greifenden Arbeitsmarktreformen, im europäischen Vergleich die Wirtschafts- und Finanzkrise wesentlich besser überstanden hat als beispielsweise die sogenannten GIPSI-Staaten (Griechenland, Italien, Portugal, Spanien und Irland).

Soziales Gefüge aus den Fugen geraten

Außer Acht gelassen wird jedoch die Kehrseite der Medaille: Professor Ulrich von Alemann hat im August 2012 festgestellt, dass die Zahl der „atypischen Arbeitsverhältnisse", das heißt Leiharbeit, Teilzeitarbeit, Mini-Jobs oder auch befristete Arbeitsverhältnisse, infolge der Agenda 2010 und der daraus resultierenden Zusammenlegung von Arbeitslosen- und Sozialhilfe am 1. Januar 2005, erheblich angestiegen ist. Außer der vorgenannten Feststellung ist die Situation, dass gegenwärtig rund 2,65 Mio. Arbeitnehmer in Deutschland einen Zweitjob brauchen und dass viele Geringverdiener ihren Lohn aufstocken lassen müssen, ein Indikator dafür, dass das soziale Gefüge aus den Fugen geraten ist.

Auf europäischer Ebene ist eine ähnliche Entwicklung festzustellen. Die Wirtschafts- und Finanzkrise hat zu einer Zunahme des Gefälles zwischen armen und reichen Ländern geführt. Ein wesentliches Problem des bisherigen europäischen Integrationsprozesses bestand darin, dass das Schwergewicht angesichts des Drucks durch die permanente Bewertung von Ratingagenturen, eher auf den wirtschaftlichen Kennzahlen der Europäischen Union lag, als dass die Aufmerksamkeit auch auf die Entwicklung der sozialen Wohlfahrt gelenkt wurde.

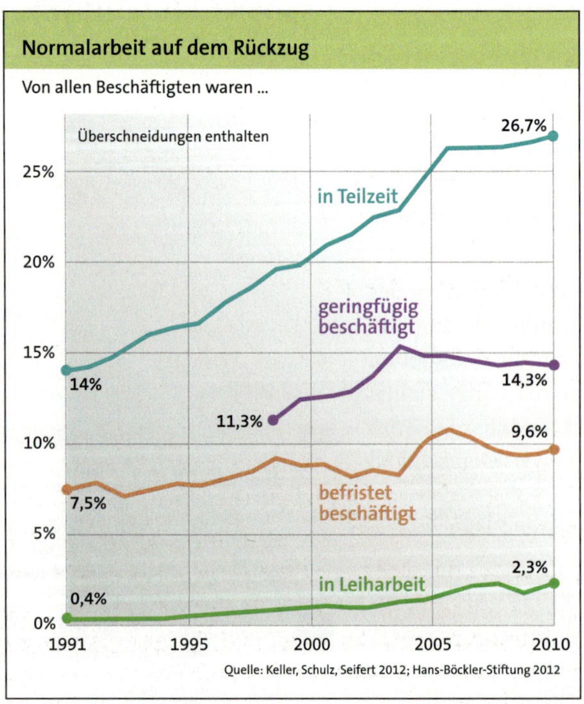

Quelle: Keller, Schulz, Seifert 2012; Hans-Böckler-Stiftung 2012

Dies wirft Fragen auf, wie etwa „Wo ist vor dem Hintergrund der europäischen Wirtschafts- und Finanzkrise der Mensch geblieben? Bedeutet eine hohe Gewichtung der Sozialpolitik zwangsläufig höhere Kosten für den Staat und die Gesellschaft?" Diese Themen wurden im Rahmen des Symposiums „Soziales Europa mit Blick auf die Europawahl 2014" erörtert, dem ich beiwohnte.

NRW-Europaministerin Angelika Schwall-Düren sprach sich dort dafür aus, dem Sozialen in der Europapolitik mehr Bedeutung beizumessen. „Unternehmen profitieren von einem guten sozialen Zusammenhalt der Gesellschaft, ebenso wie die Bürger. Dies ist eine Win-Win-Situation", betonte die Ministerin.

Sie liegt mit ihrer Argumentation genau richtig. Eine einseitige Politik, die nur wirtschaftliche, monetäre und finanzielle Aspekte im Sinn hat, wird letztendlich nicht die Herzen der Menschen für sich gewinnen. Sie wird bei den Menschen zu Frustration, zu fehlender Solidarität und schließlich zu einer Ellbogengesellschaft und dadurch zu enormen Folgekosten für die Gesellschaft führen. Andererseits ist eine EU, die auf einer absoluten und verbindlichen Harmonisierung durch soziale Maximalstandards beruht, auch eine Illusion. Denn die nationalen Volkswirtschaften der verschiedenen EU-Mitgliedstaaten sind nicht im Gleichgewicht.

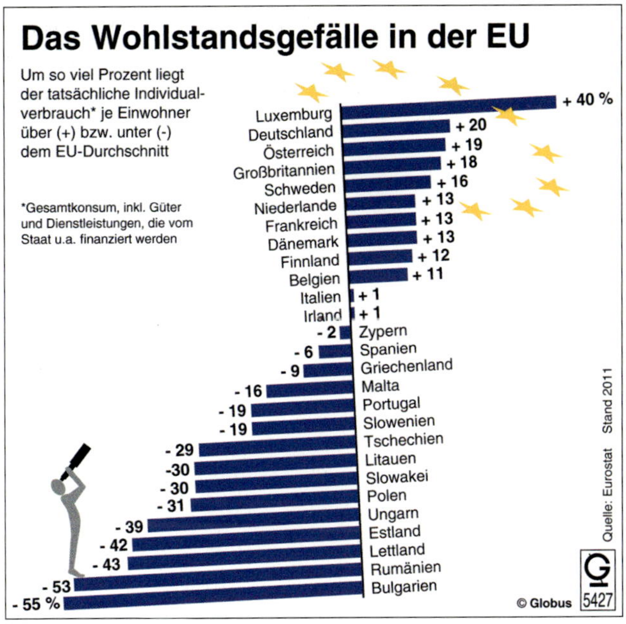

Dies ist durch Geburtsfehler bei der Euroeinführung bedingt. Es wäre besser gewesen, wenn der Euro nach der Harmonisierung der Wirtschaftspolitik in der EU eingeführt worden wäre, [...] anstatt darauf zu hoffen, dass der Euro zu einem Katalysator für eine tiefere politische Integration wird.

Die Alternativen zu einer absoluten Harmonisierung der Sozialpolitik in allen EU-Mitgliedstaaten sind von der Europäischen Kommission festgelegte sozialpolitische Mindeststandards, deren Erfüllung im Wege der Methode der offenen Koordinierung jährlich überprüft wird. Soziale Mindeststandards, die verbindlich sind, verfehlen jedoch ihre Wirkung, denn wenn sie nicht eingehalten werden, wird es weiterhin erhebliche Unterschiede in Bezug auf die Ausgestaltung der Sozialpolitik innerhalb der EU-Mitgliedstaaten geben [...].

Risiko: Auseinanderbrechen der EU

Darüber hinaus führten die Art und Weise der Bekämpfung der Wirtschafts- und Finanzkrise und die Rettungsmaßnahmen für die europäischen Länder, die am meisten von der Krise betroffen sind, in Kombination mit der Verpflichtung dieser Länder, die Kosten im öffentlichen Sektor drastisch zu senken, zu einem erheblichen Gefälle innerhalb der EU, welches den sozialen Zusammenhalt der europäischen Bürger bedroht. Daher besteht eine dringende Notwendigkeit, diese Politik zu korrigieren, wenn die politischen Akteure nicht das Auseinanderbrechen der EU riskieren wollen. [...]

Christian Dick, „Auf den sozialen Kompass kommt es an", The European, www.theeuropean.de, 13.09.2013 [04.10.2013]

Aufgaben

1 *Teilen Sie die Auffassung aus dem Text, dass aufgrund der Finanz- und Wirtschaftskrise in Europa der soziale Zusammenhalt in der EU bedroht wird? Nehmen Sie in Form einer Positionslinie dazu Stellung.*

2 *Erläutern Sie, warum der Rückgang der Normalarbeitsverhältnisse in Deutschland zu einer Krise des Sozialstaates führte, und ziehen Sie Parallelen zu der Situation in der EU.*

M 14 Die Armut in Europa steigt – Wir brauchen die Sozialunion!

[...] „In der EU ist von Schuldenunion, Fiskalunion und Bankenunion die Rede, aber ganz selten von einer Sozialunion", kritisierte EU-Abgeordneter Josef Weidenholzer. Die Sozialdemokratische Fraktion fordere deshalb eine soziale Säule: „Weil Wachstum, das auf Ungleichheit basiert, nicht nachhaltig ist. Die Länder, die viel für soziale Sicherheit ausgeben, sind auch die wettbewerbsfähigsten", sagte der EU-Abgeordnete.

Durchschnittlich werde die Armutsgefährdung durch die Sozialleistungen des Staates halbiert [...]. In sechs Staaten werde das Risiko um mehr als die Hälfte reduziert: Irland, Finnland, Schweden, Dänemark, Niederlande und Ungarn. [...]

Die Länder mit der höchsten Armutsgefährdung waren 2010 neben Lettland Rumänien, Bulgarien und Spanien – mit jeweils über 20 Prozent. Auch in Litauen und Griechenland war jeder Fünfte armutsgefährdet. Zu den am meisten bedrohten Gruppen zählen EU-weit Arbeitslose (45,1 Prozent) und Alleinerzieher (36,8 Prozent). Außerdem gefährdet sind Teilzeitbeschäftige, Menschen mit geringer Bildung, kinderreiche Familie, Ältere und Zuwanderer.

Armut betrifft nicht nur die östlichen und südlichen Länder: 36 Millionen Menschen in Westeuropa sind gefährdet. „Zuwanderer sind doppelt bis dreimal so häufig betroffen. Arbeitslose sind in Deutschland die am meisten gefährdeten." Dort waren 2010 70,3 Prozent armutsgefährdet.

EU-weit am wenigsten bedroht sind Personen mit einem Hochschulabschluss und Vollzeit-Erwerbstätige. Die Armutsgefährdungsquote gibt den Anteil der Bevölkerung an, deren Haushaltseinkommen weniger als 60 Prozent des nationalen Medianeinkommens beträgt.

apa/red, „Jeder Sechste gefährdet", www.news.at, 22.10.2012 [28.10.2013]

Aufgaben

1 *Stimmen Sie der Einschätzung aus M 14 zu, dass die Schaffung einer EU-weiten Sozialunion eine der drängendsten Zukunftsaufgaben der EU ist? Nehmen Sie begründet Stellung.*

2 *Die geplante Sozialunion wird häufig gleichgesetzt mit einer riesigen Umverteilungsmaschine zuungunsten wirtschaftlich starker Länder. Erörtern Sie, in welcher Beziehung soziale Gerechtigkeit und wirtschaftlicher Erfolg zueinander stehen.*

3 *Erörtern Sie, ob das Solidaritätsprinzip auch in der Sozialunion der EU gelten soll.*

Die Ausgestaltung des Sozialstaats

Sozialstaatlichkeit und Grundgesetz

Wenn vom Sozialstaat in Deutschland die Rede ist, hilft ein Blick ins Grundgesetz nicht unbedingt weiter. In zwei kargen Aussagen in den Artikeln 20 (1) und 28 (1) GG wird Deutschland einmal als „sozialer Bundesstaat" und ein anderes Mal als „sozialer Rechtsstaat" bezeichnet. Abgesehen von diesen wenigen Konkretisierungen wird die Sozialstaatlichkeit eher aus Grundprinzipien des Grundgesetzes abgeleitet. Oberste Richtschnur für die Ausgestaltung der Sozialstaatlichkeit ist sicherlich Art. 1 GG mit seinem alles überwölbenden Schutz der Menschenwürde. Von diesem Grundprinzip ausgehend bleibt es Aufgabe des Gesetzgebers, die Ausgestaltung des Sozialstaatsgebots in Deutschland zu konkretisieren.
Sozialstaatlichkeit ist somit ein äußerst dynamisches Prinzip, und der Gesetzgeber muss es ständig überprüfen und anpassen. Dabei hat er die beiden Zielrichtungen der Sozialstaatlichkeit, nämlich die Gewährung sozialer Sicherung und sozialen Ausgleichs, stets im Auge zu behalten.

System der Sozialen Sicherung

Als Grundelement der sozialen Sicherung gilt das Sozialversicherungssystem mit seinen fünf Säulen. Dieses System wurde vor mehr als 100 Jahren vom damaligen Reichskanzler Bismarck eingeführt und ist bis auf die Ergänzung durch die Pflegeversicherung (1995) trotz verschiedentlicher Reformen bis heute im Kern unverändert geblieben. Durch das Versicherungssystem werden die Grundrisiken des menschlichen Lebens, nämlich Krankheit, Alter, Arbeitslosigkeit, Unfall und Pflege, abgedeckt. Drei dieser Versicherungen werden nach dem sogenannten Umlageverfahren finanziert, bei dem sowohl Arbeitnehmer als auch Arbeitgeber einen festgesetzten Betrag des Bruttolohns in die Versicherung einzahlen und damit solidarisch die Gesamtheit der Versicherten tragen. Allein die Rentenversicherung mit ihrem Generationenvertrag ist nach dem sogenannten Äquivalenzprinzip geregelt, bei dem die Höhe der Beiträge und die Dauer der Mitgliedschaft schlussendlich über die individuelle Rentenzahlung entscheidet.
Ergänzt wird dieses System durch ein steuerfinanziertes soziales Netz, das diejenigen Gesellschaftsglieder auffangt, die durch die soziale Sicherung nicht ausreichend abgesichert sind. Durch die Zusammenführung der Arbeitslosenhilfe und Sozialhilfe im Rahmen der Hartz-Gesetzgebung kam es hier zu einem Paradigmenwechsel in der Sozialpolitik. Die Eigenverantwortlichkeit des Einzelnen sollte gestärkt werden, um Anreize zu schaffen, den Sozialstaat zu entlasten. Es entstand das Bild vom aktivierenden Sozialstaat. Dieser wurde nicht zuletzt deshalb geschaffen, um die Sozialsysteme zukunftsfester zu machen, sondern vor allem auch, um das Sozialsystem auf Dauer finanzierbar zu halten. Ob dieser Ansatz Erfolg hat, wird sich erst in den nächsten 10 bis 15 Jahren zeigen, wenn die geburtenstarken Jahrgänge aus dem Arbeitsleben ausscheiden und in Rente gehen. Das wird dann der Lackmustest für den deutschen Sozialstaat.

Herausforderungen des Sozialstaats

Die größte Herausforderung wird neben der Finanzierbarkeit der Rente die Pflege sein. Der Pflegesektor hat sich in den letzten Jahren bereits als weitere Baustelle des Sozialstaats herauskristallisiert. Die 1995 eingeführte Pflegeversicherung kann zurzeit schon kaum kostendeckend arbeiten. Bereits heute gäbe es einen akuten Pflegenotstand und eine erhebliche finanzielle Unterdeckung, würden nicht sehr viele Menschen zuhause und von Angehörigen gepflegt. Wie der Sozialstaat auf diese Herausforderung reagieren wird, ist noch nicht vollständig klar. Ein erster Schritt, dem Dilemma zu begegnen, wurde mit der Einführung des sogenannten „Pflege-Bahrs“, benannt nach dem damaligen Gesundheitsminister Daniel Bahr, bereits unternommen. Ob diese von staatlicher Seite geförderte private Vorsorge für den Pflegefall allerdings ausreicht, bleibt abzuwarten.

Soziale Gerechtigkeit

Neben der sozialen Sicherung stellt sich in jedem Sozialstaat die Frage nach der Gerechtigkeit. Was ist also sozial gerecht? Geht es in einem Sozialstaat um Startchancengleichheit, um Leistungsgerechtigkeit, oder um Bedarfsgerechtigkeit? Zwischen diesen Polen muss die Orientierung des Sozialstaats verlaufen. Soziale Gerechtigkeit ist in erster Linie die gerechte Verteilung von Lasten und Gütern in einer Gesellschaft. Anders als noch in den 1960er- und 1970er-Jahren ist heute aber soziale Gerechtigkeit mehr als die Umverteilung von Vermögen und Einkommen. Heute ist die Frage nach sozialer Gerechtigkeit in erster Linie eine Frage nach der Verteilung von Startchancen für die nachfolgenden Generationen. Und diese Startchancen sind maßgeblich bedingt durch den Zugang zu Bildung und zu entsprechenden Schulabschlüssen. An der Antwort auf diese zentrale Frage wird sich der deutsche Sozialstaat messen lassen müssen.

Europäischer Sozialstaat

Am Beginn des letzten Abschnitts dieses Kapitels steht die Frage nach einem europäischen Sozialstaat bzw. die Frage, ob in einem zusammenwachsenden Europa eine nationale Regelung der Sozialstaatlichkeit noch Sinn macht. Zunächst bleiben zwei Dinge festzuhalten. Zum ersten, dass Europa trotz vieler Fortschritte und Bestrebungen noch weit davon entfernt ist, ausreichend Kompetenzen auf dem Gebiet der Sozialstaatlichkeit zu besitzen. Zum zweiten, dass es ein einheitliches Sozialstaatsmodell in Europa nicht gibt. Vielmehr konkurrieren vier Modelle, das nordische, das kontinentale, das angelsächsische und das mediterrane, um die Meinungsführerschaft. Sie unterscheiden sich vor allem hinsichtlich des Grades der Dekommodifizierung und der Art der sozialen Sicherheit. Gerade die deutsche Wirtschaft wehrt sich gegen einen europäischen Sozialstaat, weil sie befürchtet, dass die Reformen, die den deutschen Sozialstaat zukunftsfähig machen sollen und die gerade die Arbeitgeberseite zu einem gewissen Grad entlasten, in einem europäischen Sozialstaat wieder zunichte gemacht werden könnten. Nicht zuletzt durch die enorm hohe Jugendarbeitslosigkeit in den Krisenländern der EU in der Folge der Wirtschaftskrise und durch das hohe Wohlstandsgefälle innerhalb der Union dürfte der Ruf nach einer Sozialunion in Europa in den nächsten Jahren an Lautstärke weiter zunehmen. Europaweit unstrittig ist nämlich die Tatsache, dass sozialstaatliche Leistungen die Armutsgefährdung deutlich verringern.

Generationengerechtigkeit – Verschwörung gegen die Jungen

Kostas Koufogiorgos

Wenige Tage, bevor sie nachgab, zeigte sich die Kanzlerin noch zum Gegenteil entschlossen. In mehreren Vorträgen bereitete sie die Arbeitgeber zwar auf den Mindestlohn und andere Zugeständnisse an den künftigen Koalitionspartner SPD vor. Aber in Sachen Rente klang es, als ziehe sie rote Linien. „Ich werde darauf achten, dass die Rente mit 67 nicht zerlöchert wird", sagte sie noch vor anderthalb Wochen. „Alles andere wäre gegenüber der jungen Generation nicht zu vertreten."

Knapp eine Woche später unterschrieb sie die „Rente mit 63" dann doch. Auf Wunsch der SPD, die sich seit Jahren über die „Rente mit 67" ihres früheren Vorsitzenden Franz Müntefering zerstreitet. Es war auch eine Gegenleistung dafür, dass die CDU ihrem Frauenverband einen Herzenswunsch erfüllen durfte: Die Ausdehnung der „Mütterrente", die eigentlich für die jüngere Generation gedacht war, auf die älteren Geburtsjahrgänge. [...]

„Das ist eine Rolle rückwärts", sagt etwa Axel Börsch-Supan, Direktor des Münchener Max-Planck-Instituts für Sozialrecht und Sozialpolitik. „Die bislang sehr erfolgreichen Anstrengungen, mehr Ältere in den Betrieben zu lassen, werden zunichte gemacht." Nach den Beschlüssen von Union und SPD sollen Erwerbstätige vom 1. Juli nächsten Jahres an schon zwei Jahre früher in Rente gehen können. Das allerdings nur, wenn sie mindestens 45 Jahre Beiträge bezahlt haben. Arbeitslosigkeit und Erziehungszeiten zählen dabei mit.

Rund 17 Prozent der Beschäftigten können die neue Regel in Anspruch nehmen, rechnet der Ökonom Börsch-Supan vor – und sie werden es auch tun. Denn bleiben sie bis zur offiziellen Grenze von 65 oder künftig 67 Jahren im Job, steigt dadurch die Monatsrente um keinen Cent. „Die Rente mit 63 passt nicht in die demografische Realität und schadet der jüngeren Generation", sagt Börsch-Supan. Er plädiert schon lange dafür, in der alternden Gesellschaft die geschenkten Jahre im Verhältnis 2:1 aufzuteilen: Steigt die Lebenserwartung um zwei Jahre, könnten die Menschen demnach ein Jahr länger arbeiten und würden dann immer noch ein Jahr länger Rente beziehen. Das würde ausreichen, um die Rentenversicherung langfristig finanzierbar zu halten.

Deutschland ist für Europa kein Vorbild mehr

Im vorigen Jahr erregte der Direktor des Rostocker Max-Planck-Instituts für demografische Forschung, James Vaupel, mit der Forderung nach einer Rente mit 72 Aufsehen – allerdings erst für das Jahr 2050. „Die Menschen müssen schlicht einen vernünftigen Teil ihrer Lebenszeit arbeiten", sagte er. Dabei glaubt Vaupel nicht einmal an die demografischen Untergangsszenarien eines stark schrumpfenden Deutschland, da setzt er auf Zuwanderung und steigende Geburtenraten. Es ist schlichtweg unsere Langlebigkeit, die ein längeres Arbeitsleben nicht nur finanziell nötig, sondern auch gesellschaftlich sinnvoll macht.

Wer will schon eine Gesellschaft, in der ein immer größerer Teil der Bevölkerung von einem der zentralen Orte der sozialen Integration ausgeschlossen ist, eben der Arbeit?

Ralph Bollmann, „Verschwörung gegen die Jungen", www.faz.net, 01.12.2013 [24.03.2014]

Aufgaben

1 *Interpretieren Sie die Karikatur zum Generationenkonflikt.*

2 *Erörtern Sie anhand der im Text beschriebenen Vorgehensweise während der Koalitionsverhandlungen, wie sich konkrete politische Entscheidungen der Gegenwart auf zukünftige Generationen auswirken können.*

3 *Beurteilen Sie in diesem Zusammenhang die Verantwortung von Politikern gegenüber zukünftigen Generationen.*

Wirtschaftliche Dynamik und Wirtschaftspolitik

AERSK
MAERSK

1. Markt und Staat

Knappheit als Grundproblem

Warum müssen Sie, wie alle anderen auch, wirtschaften? Die Frage stellt sich beim knappen Taschengeld genauso wie in Familien, Unternehmen und dem Staat. In all diesen Bereichen kann man fragen, wie die ökonomischen Ziele mit dem geringsten Aufwand erreicht werden können, weil Zeit, Arbeit und Geld für andere Verwendungen gespart werden sollen oder die natürlichen Ressourcen geschont werden können.

***Was* soll *wie* und *für wen* hergestellt werden?**

Sie können meist selbst entscheiden, ob, wann und wie Sie neben der Schule etwas arbeiten, einen Kuchen backen oder ein Fahrrad reparieren. Sie können auch entscheiden, ob Sie Ihre Leistungen verschenken oder verkaufen.
Jede Gesellschaft muss aber politisch entscheiden, wie die Bedürfnisse der Bürger und die Herstellung und Verteilung von Gütern koordiniert werden sollen.

Wirtschaftsordnungen

In der Überschrift des Kapitels sind die grundsätzlichen Alternativen genannt, wie Wirtschaft koordiniert werden kann, wenn wir das Geben aus Tradition, Pflichtgefühl und Sympathie, z. B. in Familien, unberücksichtigt lassen.
Welche Bereiche wie geregelt werden sollen, meist in einer Mischung aus Ordnungen, Eingriffen und individueller Handlungsfreiheit, können Sie politisch mitentscheiden.

Soziale Marktwirtschaft

Auch das Konzept der Sozialen Marktwirtschaft ist nicht erstarrte Theorie, sondern die Fragen nach leistungsfähiger Organisation und guter Verteilung der Ergebnisse sind fortdauernd aktuell und können von Ihnen mitbeantwortet werden.

Grenzen des Wachstums

Bislang haben wir wirtschaftliche Entwicklung immer mit Wachstum und Produktionssteigerungen gleichgesetzt. Das hat uns einen bisher nicht gekannten allgemeinen Wohlstand gebracht, aber auch Ressourcen verbraucht, die sich nur zum Teil selbst erneuern. Im folgenden Kapitel werden Sie sich damit beschäftigen, in welchem Maße wir nachhaltiger wirtschaften und Grenzen des Wachstums akzeptieren müssen. Damit sind Sie bei der Grundfrage, welche Art Wirtschaft wir wollen und welchen Werten und Maßstäben Ihr Wirtschaften verpflichtet sein sollte.

Ein Wochenmarkt in Deutschland

Eine Bodega in Havanna, in der subventionierte Lebensmittel auf Bezugsschein (Libreta) angeboten werden

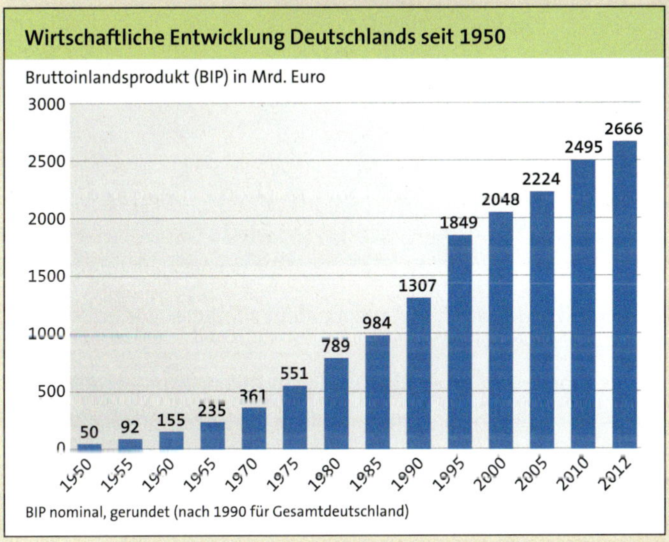

Quelle: Statistisches Bundesamt/Richter-Publizistik, Bonn (www.crp-infotec.de)

Kompetenzen:

Dieses Kapitel hilft Ihnen, die grundlegenden Probleme des Wirtschaftens zu verstehen und die Bedeutung von grundlegenden Konzepten für die Gestaltung der Wirtschaftsordnung in der politischen Entscheidung angemessen zu beurteilen.

Sie erkennen die Dynamik der Marktwirtschaft und können ökologische und soziale Probleme dieser Wirtschaftsform und Lösungsmöglichkeiten beurteilen.

Sie können sich auf der Grundlage der Konzepte und in der Betrachtung der konkreten Umstände ein begründetes Urteil über die Rolle des Staates in der Marktwirtschaft bilden.

Dabei verstehen Sie, dass die konkrete Ausgestaltung der Wirtschaftsordnung sich jeweils an politisch bestimmten Werten orientiert.

1.1 Freie Marktwirtschaft oder Zentralverwaltungswirtschaft – die Pole der Auseinandersetzung

M1 Eine Reise ins Paradies?

Um über wirtschaftliche Grundfragen zu entscheiden, schlagen wir ein Gedankenexperiment vor.
Stellen Sie sich vor, Sie machen in Ihrer Klasse oder in Ihrem Kurs eine Flugreise, die Sie über den Südpazifik führt. Wegen einer Schlechtwetterfront musste das Flugzeug den Kurs ändern und vor einer unbewohnten Insel im Wasser notlanden. Alle Schülerinnen und Schüler können sich auf die Insel retten, aber das Flugzeug und alles andere versinken vor der Insel in unerreichbaren Tiefen. Auf der Insel finden Sie eine Quelle. Es scheint möglich, sich zunächst von Früchten und Nüssen zu ernähren. Da Sie keine Hoffnung auf Rettung haben, beschließen Sie, eine ökonomische Ordnung zu entwerfen.

(Autorentext)

Aufgaben

1 *Gestalten Sie in Gruppen die grundsätzlichen Regelungen Ihrer ökonomischen Ordnung. Dabei sollen für die folgenden Fragen Regelungen getroffen werden:*
- *Was soll produziert werden und wer entscheidet darüber?*
- *Wie werden diese Güter produziert und wer entscheidet darüber?*
- *Für wen werden diese Güter produziert und wer entscheidet darüber?*

2 *Vergleichen und erörtern Sie die Vorschläge.*

M 2a The Wealth of Nations

In der Geschichte haben sich abhängig von den Umständen und der politischen Ordnung unterschiedliche Wirtschaftsformen und Wirtschaftsordnungen entwickelt. Die für die Neuzeit wirkungsmächtigste Vorstellung ist im vorindustriellen England entstanden und wurde von Adam Smith in der zweiten Hälfte des 18. Jahrhunderts in seinem grundlegenden Werk *„An Inquiry into the Nature and Causes of the Wealth of Nations“* (1776) formuliert.
Smith entwirft ein Modell einer sich selbst regulierenden freien Wirtschaft, die sich von den merkantilistischen Bevormundungen des Staates emanzipiert und den Einzelnen das Recht auf Privateigentum als Natur- oder Menschenrecht zuspricht. Er muss nicht mehr im Interesse eines Herrschers ökonomisch handeln und eine Orientierung am „guten Leben in der Polis“ oder einem gottgefälligen Leben ist nicht mehr zwingend. Mit einer Umbewertung der überkommenen Tugenden gibt er dem aufgeklärten Eigeninteresse (Egoismus) eine positive Bedeutung und sieht in der Mehrung des individuellen Nutzens eine der Grundlagen des Wohlstandes der gesamten Nation. Der Egoismus wird von Smith entgegen populärer Vorstellungen jedoch nicht zur absoluten alleinigen Grundlage, er ist eingebettet in eine durch Werte verbürgte Orientierung am Gemeinwohl.

(Autorentext)

Info

Merkantilismus: Bezeichnung für eine durch massive Staatseingriffe in die Wirtschaft gekennzeichnete Wirtschaftspolitik während der Zeit des Absolutismus zwischen dem 16. und 18. Jahrhundert. Ziel war die Steigerung der nationalen Wirtschaftskraft und die Erhöhung der Staatseinkünfte, z. B. durch die Erhebung von Schutzzöllen und die Förderung der frühindustriellen Produktion.

Duden Wirtschaft von A bis Z: Grundlagenwissen für Schule und Studium, Beruf und Alltag, Bibliographisches Institut & F. A. Brockhaus AG, Mannheim 42009

M 2b Adam Smith, Der Wohlstand der Nationen

Nun ist das Jahreseinkommen jedes Volkes immer gerade so groß wie der Tauschwert der gesamten Jahresergebnisse seines Fleißes oder vielmehr das Einkommen ist nichts anderes als dieser Tauschwert selber. Da aber jeder sein Kapital möglichst zur Unterstützung des inländischen Gewerbefleißes zu verwenden und diesen Gewerbefleiß so zu leiten sucht, dass sein Produkt den größten Wert erhält, so arbeitet auch jeder notwendig dahin, das Jahreseinkommen des Volks so groß zu machen, als er kann. Allerdings beabsichtigt er in der Regel weder, das allgemeine Wohl zu fördern, noch weiß er, in welchem Maß er es befördert. Wenn er dem heimischen Gewerbefleiß vor dem fremden den Vorzug gibt, so hat er nur seine eigene Sicherheit vor Augen, und wenn er diesen Gewerbefleiß so lenkt, dass sein Produkt den größten Wert erhält, so bezweckt er lediglich seinen eigenen Gewinn und wird in diesem wie in vielen anderen Fällen von einer unsichtbaren Hand geleitet, einen Zweck zu befördern, der ihm keineswegs vorschwebte. Das Volk hat davon keinen Schaden, dass jenes seine Absicht nicht war. Oft fördert er durch die Verfolgung seines eignen Interesses das der Gesellschaft weit wirksamer, als wenn er es zu befördern wirklich beabsichtigte. Ich habe niemals gesehen, dass Leute, die zum allgemeinen Besten Handel zu treiben vorgaben, viel Gutes ausgerichtet hätten. In der Tat geben es die Kaufleute auch nur selten vor und es bedarf nur weniger Worte, es ihnen auszureden.
Auf welche Gattung des heimischen Gewerbefleißes jemand sein Kapital verwenden soll und bei welcher das Produkt den größten Wert verspricht, kann offenbar jeder Einzelne nach seinen örtlichen Verhältnissen weit besser beurteilen, als es ein Staatsmann oder Gesetzgeber für ihn tun könnte. Der Staatsmann, der sich versucht fühlte, Privatleuten Anleitung zu geben, wie sie ihre Kapitalien anlegen sollen, würde sich nicht allein eine höchst unnötige Fürsorge aufladen, sondern sich eine Autorität anmaßen, die nicht einmal einem Ministerium oder

Adam Smith (1723–1790)

Stecknadelmanufaktur

einem Senat, geschweige denn einem einzelnen Manne getrost überlassen werden könnte und die nirgends so gefährlich sein würde als in der Hand eines Mannes, der töricht und dünkelhaft genug wäre, sich dazu fähig zu erachten.

Den Erzeugnissen inländischen Gewerbefleißes irgendwelcher Art das Monopol des heimischen Marktes zugestehen, heißt aber gewissermaßen nichts anderes, als Privatleuten die Art vorzeichnen, wie sie ihre Kapitalien anlegen sollen, und muss fast in allen Fällen eine nutzlose oder schädliche Maßnahme sein. Können die Produkte des heimischen Gewerbefleißes ebenso wohlfeil geliefert werden wie die des ausländischen, so ist die Maßnahme offenbar nutzlos; wo nicht, so muss sie in der Regel schädlich sein. Bei jedem klugen Hausvater ist es Grundsatz, niemals etwas im Hause machen zu lassen, was er billiger kaufen kann. Der Schneider macht sich seine Schuhe nicht selbst, sondern kauft sie vom Schuhmacher; der Schuhmacher macht sich seine Kleider nicht, sondern beschäftigt den Schneider; und der Landmann macht weder das eine noch das andere, sondern gibt den beiden Handwerkern zu tun. Sie alle finden es in ihrem Interesse, ihren ganzen Fleiß auf dasjenige zu verwenden, worin sie etwas vor ihren Nachbarn voraus haben, und mit einem Teile ihrer Erzeugnisse oder, was dasselbe ist, mit dem Preise eines Teils davon ihren Bedarf zu kaufen.

Was im Verfahren jeder Familie Klugheit ist, kann in dem eines großen Reichs schwerlich töricht sein. Wenn uns ein fremdes Land mit einer Ware wohlfeiler versehen kann, als wir selbst sie zu machen imstande sind, so ist es besser, dass wir sie ihm mit einem Teile vom Erzeugnis unserer Industrien, in denen wir vor dem Auslande etwas voraushaben, abkaufen. Der allgemeine Gewerbefleiß des Landes, der sich immer nach dem darin angelegten Kapitel richtet, wird dadurch so wenig vermindert wie der Gewerbefleiß der oben erwähnten Handwerker, sondern es bleibt ihm nur überlassen, die einträglichste Beschäftigung zu wählen. Sicherlich verfehlt er diesen Zweck, wenn er auf eine Sache gelenkt wird, die man wohlfeiler kaufen kann, als er sie zu verfertigen vermag.

Adam Smith, Der Wohlstand der Nationen, Lizenzausgabe für Zweitausendeins, Frankfurt 2009, S. 524ff.

Aufgaben

1 *Arbeiten Sie aus den Texten die Elemente heraus, die die Dynamik der Marktwirtschaft ermöglichen.*

2 *Erklären Sie die Metapher von der „unsichtbaren Hand" (Z. 13).*

M3 Vollkommene Märkte – im Modell

Aus der Beobachtung typischer Reaktionen und Zusammenhänge auf Märkten und ihren Bedingungen haben Ökonomen das Modell idealer Märkte entworfen. Wird in der wirtschaftspolitischen Auseinandersetzung von den positiven Wirkungen von Märkten gesprochen, sind im Allgemeinen die Leistungen gemeint, die sich erst vollständig unter idealen Marktbedingungen ergeben.
Märkte sind die Orte, an denen Angebot und Nachfrage aufeinandertreffen; das können reale überschaubare Wochenmärkte sein, aber auch der Markt für Autoversicherungen oder internationale Finanzmärkte für Kapitalanlagen. Die Abgrenzung der Märkte ist schwierig; meist werden ganze Gruppen von ähnlichen Produkten gebündelt, man spricht dann vom europäischen Automarkt. Man könnte aber auch bis zum Markt für ein Automodell in einem abgegrenzten Bereich differenzieren.
Auf einem typischen Markt treten potenzielle Verkäufer als Anbieter und potenzielle Käufer als Nachfrager auf. Alle Beteiligten sind zu einem Tausch (Ware gegen Ware oder heute fast immer Ware gegen Geld) bereit, wenn ihre Erwartungen an den Tausch erfüllt werden. Die Verkäufer hoffen auf einen möglichst hohen Preis (als Produzenten wollen sie mindestens die Kosten bezahlt bekommen); die Käufer haben je nach ihrem Budget und den Alternativen, für die sie ihre beschränkten Mittel ausgeben könnten, eine eingeschränkte Zahlungsbereitschaft. Da der Tausch freiwillig ist, werden nur solche Geschäfte gemacht, bei denen beide Parteien gewinnen (win-win-Situation), weil einem Tauschenden z. B. in einer bestimmten Situation eine Cola mehr wert ist, als das Geld zu behalten.
Die gesammelten Preisvorstellungen, die auf der einen Seite die Herstellungskosten und auf der anderen die Zahlungsbereitschaft spiegeln, lassen sich für Anbieter und Nachfrager getrennt in einem Preis-Mengen-Diagramm darstellen. Dabei zeigt sich ein typischer Verlauf der Kurven, da im Allgemeinen zu einem hohen Preis alle Anbieter bereit sind zu verkaufen und auf der anderen Seite bei einem niedrigen Preis die nachgefragte Menge größer ist.
Jeder Punkt auf den Kurven ist durch die beiden Bezugsachsen definiert und lässt sich übersetzen in eine Aussage folgender Form: Bei einem Preis von Y wird die Menge X angeboten oder bei einem Preis von Y wird die Menge X nachgefragt. Die Kurven zeigen, dass es für die hohen Preisvorstellungen der Anbieter nur wenige Nachfrager gibt. Auf der anderen Seite würden viele das Gut für einen niedrigen Preis kaufen, aber es gibt in diesem Preisbereich keine Angebote. Der Schnittpunkt der beiden Kurven zeigt den Preis, bei dem sich die meisten Erwartungen treffen. Zu diesem Preis kann die größte Menge umgesetzt werden. Der Preis und die Menge, die durch den Schnittpunkt bestimmt werden, werden Gleichgewichtspreis und Gleichgewichtsmenge genannt.

Märkte sind gewöhnlich gut für die Organisation des Wirtschaftslebens.

N. Gregory Mankiw/Mark P. Taylor, Grundzüge der Volkswirtschaftslehre, Regel Nr. 6, Schäffer-Poeschel, Stuttgart [5]2012, S. 11

Vilfredo Pareto, italienischer Ökonom (1848–1923)

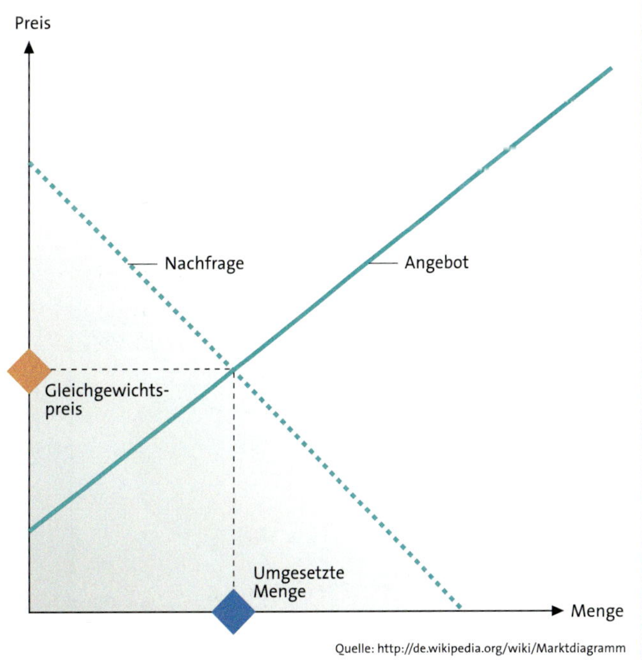

Quelle: http://de.wikipedia.org/wiki/Marktdiagramm

Der Preis, zu dem der größte Umsatz gemacht werden kann (Markt- oder Gleichgewichtspreis) wirkt als Signal auf die Anbieter und Nachfrager, die sich außerhalb des Gleichgewichtsbereiches befinden. Die Anbieter mit höheren Preisen müssen billiger anbieten, um Umsätze zu machen, die mit niedrigeren werden ggf. die Gewinnmöglichkeiten nutzen und die Preise erhöhen.
Der Marktmechanismus bewirkt eine Tendenz zum Ausgleich bei einer optimalen Menge. Bei keinem anderen Preis und bei keiner anderen Menge kann für mehr Marktteilnehmer (Anbieter und Nachfrager) ein größerer Nutzen aus ihren Tauschgeschäften erzielt werden (Pareto-Optimum).
Damit es zu diesem optimalen Ergebnis auf einem Markt kommen kann, müssen einige Bedingungen erfüllt sein: Alle Anbieter und Nachfrager müssen vollständige Informationen über die Preisvorstellungen aller Beteiligten haben; die gehandelten Güter dürfen sich nicht voneinander unterscheiden; es müssen so viele Anbieter und Nachfrager konkurrieren, dass das Marktergebnis von Einzelnen nicht beeinflusst werden kann und alle müssen vollkommen rationale Entscheidungen treffen und dürfen keine bestimmten Marktteilnehmer bevorzugen.
Das Prinzip des Einzelmarktes kann auf alle Marktformen übertragen werden, bis hin zur Annahme einer Gleichgewichtstendenz als Grundhypothese. Im Marktpreis verdichten sich alle wesentlichen Informationen über Kosten und Nutzeneinschätzungen eines Gutes.
Der Markt sorgt durch den Wettbewerb für die kostengünstigste und ressourcenschonendste Versorgung der Konsumenten mit Gütern. Das Verteilungsproblem wird so gelöst, dass derjenige vorrangig zum Zuge kommt, für den das gehandelte Gut den höchsten Nutzen hat, was sich in seiner Zahlungsbereitschaft ausdrückt.

(Autorentext)

Aufgaben

1 *Erläutern Sie den Verlauf der Kurven des Preis-Mengen-Diagramms.*

2 *Erklären Sie den Mechanismus der Preisbildung und die Wirkungen des Gleichgewichtspreises.*

3 *Erstellen Sie eine Übersicht mit den Bedingungen und Wirkungen eines idealen Marktes.*

M 4 Wozu brauchen wir Märkte?

Was bieten Produzenten? Was wollen Kunden? Die Antworten gibt es nur auf Märkten. Wir brauchen sie um der Freiheit willen. Unter der Fuchtel einer Zentralplanungsbehörde verliert der Mensch nämlich die Souveränität über seine Entscheidungen.

Wir brauchen Märkte, weil die Welt nicht fertig ist. Nur der Wandel ist stetig – das gilt auch für die Bedingungen des Wirtschaftens. Märkte helfen uns beim Suchen nach neuen und besseren Lösungen, in der Not auch nach Ersatz. Der mag schlechter sein, er ist dann aber immerhin doch die zweitbeste Lösung. So helfen uns Märkte, das Wünschbare ins Mögliche zu übersetzen.
Bekannte Rohstoffe werden knapp, weil Kriege die Handelswege blockieren oder weil im Frieden über eine lange Zeit immer mehr produziert wird. Erfindungen revolutionieren das Transportwesen und schieben Kontinente zusammen, weil die Raumüberwindung billiger wird. Die Naturwissenschaften ermöglichen eine neue Informationstechnologie, machen die Telefonfräuleins vom

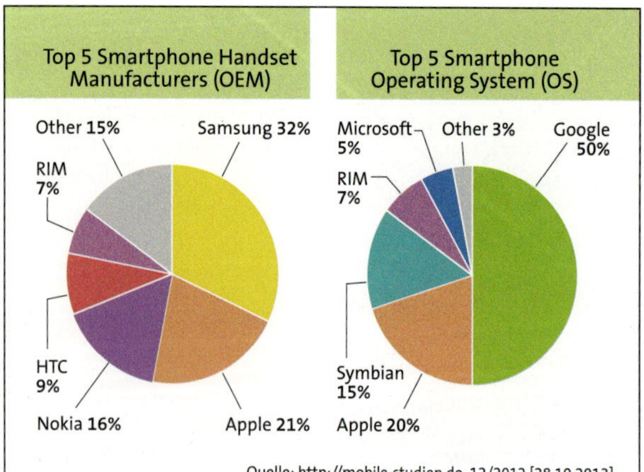

Quelle: http://mobile-studien.de, 12/2012 [28.10.2013]

Amt arbeitslos und legen doch gleichzeitig die Basis für eine neue Industrie der schier entgrenzten Massenkommunikation, die auf der Welt Abermillionen Arbeitsplätze entstehen lässt. Die Chinesen schicken zuerst billige Turnschuhe und übernehmen dann die Produktion der empfindlichsten Teile der feinsten europäischen Automobile. Bisweilen dämmert die Wirtschaftsgeschichte fast ereignislos vor sich hin. Dann aber scheint die Gegenwart uns in großen Sprüngen zu enteilen.

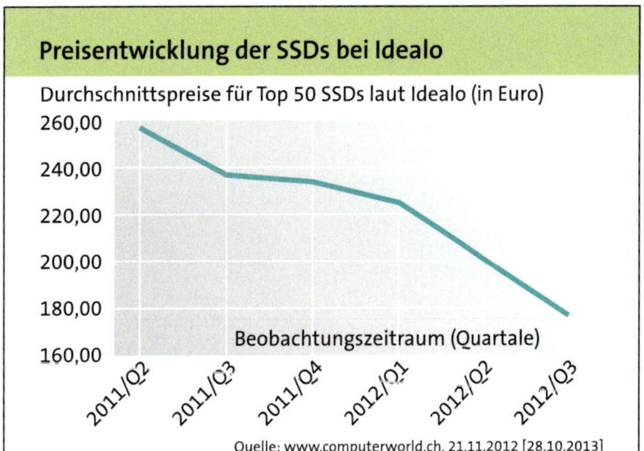

Quelle: www.computerworld.ch, 21.11.2012 [28.10.2013]

Märkte liefern Preissignale

Die Welt ist nicht fertig. Wenn wir in ihr zurechtkommen wollen, brauchen wir die Märkte. Sie liefern uns die Preissignale, an denen wir unser wirtschaftliches Handeln ausrichten: als Anbieter und Nachfrager, als Arbeitnehmer und Arbeitgeber, als Produzenten und als Konsumenten. An den Aktienbörsen geht das blitzschnell, die Terminmärkte für Rohstoffe schauen in die Zukunft. Wir müssen dafür keine komplizierten Gleichungen lösen. Das tun die Märkte, im Zusammenspiel von Angebot und Nachfrage. Sie bündeln Erwartungen und Informationen, Spekulationen und Eindrücke. Sie bündeln Bewertungen und Reaktionen, Herausforderungen und Antworten, die sich zu neuen Mustern der Weltwirtschaft ordnen. So scheinen in dauernder Vorläufigkeit neue Muster am Rande unseres Zeithorizonts auf. Der Horizont rückt umso weiter in die Zukunft, je freier die Märkte sind und je mehr Menschen auf ihnen Informationen, Güter und Dienste austauschen können.

Erwartungsgrößen

Die Informationen, die wir so gewinnen, offenbaren sich in Preisen und Mengen: als Erlöse, als Zinsen, als Kosten, als Einkommen, als Beschäftigungsverhältnisse. Anders als in der Planwirtschaft sind sie nicht erdacht und gemacht. Es sind Erwartungsgrößen. Aber ihr Informationswert ist groß, weil sie nicht von einem Zentralamt politisch gesetzt sind. Hinter ihnen stehen die Einschätzungen von Millionen von Menschen. Deren vorrangiges Interesse ist es, die Gegenwart und die nahe Zukunft möglichst genau zu erkennen und zu ihrem Vorteil zu deuten.

Informationssplitter

So ergibt sich ein anpassungsfähiges System des Sammelns von Informationspartikeln. Auf Seite 1 unserer Tageszeitung [...] lesen wir von besorgniserregend zunehmenden Spannungen im Nahen Osten. Auf Seite 13 erklärt uns ein Energiefachmann, was das für den Ölpreis bedeuten könnte. [...]

Auf Seite 15 steht ein Bericht über energiesparende Verfahren, die einen hohen Einsatz von teuren Edelmetallen erfordern. Die kommen aus Ge-

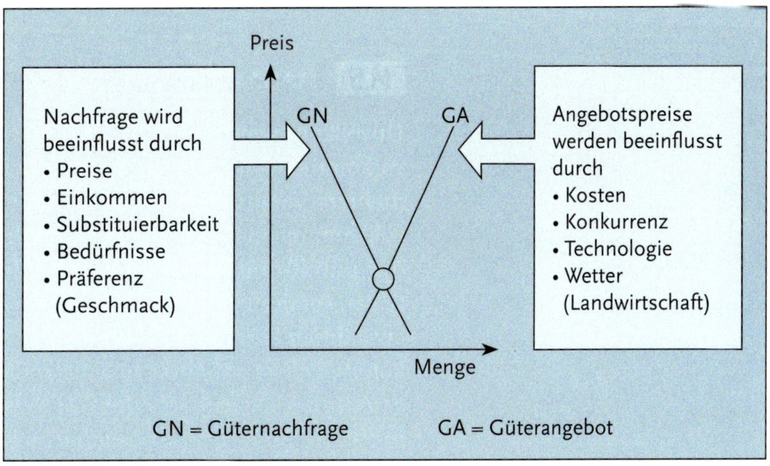

Quelle: W. Malcik/R. Schachermeier, Wirtschaftskundliches Seminar, Folge 7: Preisbildung, www.hoelzel.at, 02.02.2009 [28.10.2013]

genden Afrikas, die jetzt noch politisch berechenbar sind, es aber nicht mehr lange bleiben müssen. [...]
Das alles sind Informationssplitter und individuelle Deutungsversuche. Es sind Teilantworten auf die Frage: Was lesen wir aus den Zeichen der Gegenwart für die Bedingungen des Wirtschaftens in der Zukunft?

Richtig und falsch, Gewinn und Verlust
Jeder liest für sich. Ihren Informationswert gewinnen diese Teilantworten beim Abgleich von Daten, Deutungen und Interessen im weltweit verbundenen System der Märkte. In diesem System erscheint die Investition eines Unternehmers oder die Berufsentscheidung eines jungen Menschen wie eine Hypothese im Wissenschaftsbetrieb: als eine Theorie, die sich im Wettbewerb alternativer Weltdeutungen zu bewähren hat. Im Lichte der Wirklichkeit erweist sie sich als richtig oder falsch.
Was wirtschaftlich richtig ist und was falsch, offenbart sich am Markt durch Gewinn und Verlust. Und wenn Gewinn ohne Monopole und Kartelle im Wettbewerb erzielt wird, dann ist das ein Zeichen dafür, dass der erfolgreiche Unternehmer auch im Sinne einer Wohlfahrtsrechnung richtig liegt: Er produziert das, was die Kunden kaufen wollen. Er produziert es ressourcensparend und dadurch zu so niedrigen Kosten, dass sich die Güter oder Dienste auch im Wettbewerb mit anderen Angeboten verkaufen lassen.

Um der Freiheit willen
Ein solches Unternehmen stellt Arbeitskräfte ein, anstatt sie zu entlassen. Die Investitionshypothese hat sich im Wettbewerb bewährt, das zeigt ein Gewinn auf das eingesetzte Kapital – und die Investition hat die Welt ein wenig heller gemacht, als sie vorher war. Auch unter diesem Gesichtspunkt bewährt sich der Vergleich des Marktes mit dem forschenden Wettbewerb um die Erkenntnis.
Unter dem Auge des Großen Bruders, unter der Fuchtel einer Zentralplanungsbehörde, verliert der Mensch die Souveränität über seine Entscheidungen zur Lebensführung – aber auch in der Bevormundung durch manche Erscheinungsformen des Sozialstaats. Letztlich also: Warum brauchen wir Märkte? Wir brauchen sie um der Freiheit willen. Wir brauchen sie um unserer Würde willen.

Hans D. Barbier, Erklär mir die Welt (32): Warum brauchen wir Märkte? Frankfurter Allgemeine Sonntagszeitung, Nr. 3 vom 21.01.2007, S. 54

Aufgaben

1 *Arbeiten Sie aus diesem Plädoyer für freie Märkte deren Bedingungen, Funktionen und Leistungen heraus.*

2 *Erörtern Sie, ob die Marktprinzipien auch in den Bereichen Bildung und Infrastruktur angewendet werden sollen.*

3 *Vergleichen Sie die Ergebnisse mit Ihren Überlegungen aus dem Gedankenexperiment (M 1).*

4 *Erörtern Sie die Möglichkeiten der konsequenten Übertragung des Modells auf Ihre Insel.*

M 5 Marktwirklichkeit

Unvollkommener Markt ist die Bezeichnung für die meisten in der Wirklichkeit vorkommenden Märkte, die deshalb als unvollkommen gelten, weil eine oder mehrere Voraussetzungen, die von der Wirtschaftstheorie an das Vorliegen von vollkommenen Märkten gestellt werden, fehlen.
Auf unvollkommenen Märkten werden z. B. keine homogenen (gleichartigen) Güter, sondern heterogene (ungleichartige) Güter gehandelt, da die Güter sich etwa durch Form, Aufmachung oder Verpackung unterscheiden. Auf dem vollkommenen Markt herrscht vollständige Transparenz (Marktübersicht). Im Gegensatz dazu sind die Käufer und Verkäufer auf einem unvollkommenen Markt nicht vollständig über Bedingungen wie die Qualität der Güter und deren Preise informiert. Darüber hinaus kommt es auf unvollkommenen Märkten zu Präferenzen (Vorlieben) der Käufer. Sachliche Präferenzen entstehen, weil in der Re-

gel keine homogenen Güter verkauft werden, was Vorlieben der Verbraucher für bestimmte Güter bewirkt. Persönliche Präferenzen ergeben sich durch Vorlieben der Käufer für bestimmte Anbieter oder Geschäfte, weil ihnen der Inhaber persönlich bekannt oder das Bedienungspersonal besonders freundlich ist. Räumliche Präferenzen bestehen, weil Käufer z. B. aus Bequemlichkeit häufig den nächstgelegenen Anbieter einer Ware einem entfernteren, preisgünstigeren Anbieter vorziehen. Zeitliche Präferenzen sorgen dafür, dass z. B. Anbieter, die schneller liefern können als ihre preiswerteren Konkurrenten, von den Käufern bevorzugt werden.

Die Bedingungen des unvollkommenen Marktes schaffen für die Unternehmen als Anbieter von Waren und Leistungen damit die Möglichkeit, die Preise ihrer Güter etwa nach räumlichen Merkmalen (z. B. Preisunterschiede zwischen Großstadt und Land) oder zeitlichen Gesichtspunkten (z. B. befristete Angebotspreise) unterschiedlich zu gestalten. Darüber hinaus können die Anbieter die Präferenzen der Käufer durch verschiedene Marketingmaßnahmen, z. B. eine geeignete Werbung, die attraktive Gestaltung von Ware und Verpackung, laufende Qualitätsverbesserungen oder Kundendienstleistungen, verstärken.

„unvollkommener Markt", in: Duden Wirtschaft von A bis Z: Grundlagenwissen für Schule und Studium, Beruf und Alltag, Bibliographisches Institut F. A. Brockhaus, Mannheim [5]2013

Aufgaben

1 *Ordnen Sie die Merkmale unvollkommener Märkte der Verkäufer- oder der Käuferseite zu und diskutieren Sie die strittigen Fälle.*

2 *Welche Möglichkeiten haben Konsumenten, Märkte leistungsfähiger zu machen?*

M 6 Marktformen

Nachfrager / Anbieter	Einer (1)	Wenige (2)	Viele (3)
Einer (1)	Zweiseitiges Monopol	Beschränktes Angebotsmonopol	Angebotsmonopol
Wenige (2)	Beschränktes Nachfragemonopol	Zweiseitiges Oligopol	Angebotsoligopol
Viele (3)	Nachfragemonopol	Nachfrageoligopol	Polypol

Quelle: Lexikon Betriebswirtschaft, www.iwk-svk-dresden.de

Aufgaben

1 *Ordnen Sie den unterschiedlichen Marktformen Beispiele zu.*

2 *Erläutern Sie an den Beispielen Wirkungen der unterschiedlichen Marktformen.*

M 7 Apples Gewinnmaschine

Apple schafft es mit seinem neuen iPhone, trotz hoher Produktionskosten, auf eine atemberaubende Gewinnmarge. Eines der Geheimnisse: Der Preis für das Smartphone bleibt auch Monate nach dem Verkaufsstart stabil.

Die Zahlen haben es in sich: 849 Dollar verlangt Apple für das Topmodell des neuen iPhone 5. Werden die Produktionskosten von 238 Dollar abgezogen, bleibt eine Rohertragsmarge von 72 Prozent. Ein atemberaubender Wert. Der IT-Riese Hewlett-Packard etwa kommt nur auf 23 Prozent. Der Marktforscher

Das iPhone 5

Isuppli hat das neueste Smartphone-Modell von Apple unter die Lupe genommen. Ergebnis: Es ist in der Fertigung zwar das teuerste seit drei Jahren, aber das iPhone bleibt eine Gewinnmaschine für Apple. [...]

> *Platz 1: Mit einem Marktanteil von 18,4 Prozent führte Apple im zweiten Quartal des Jahres den Smartphone-Markt an. Insgesamt 20,34 Millionen Smartphones lieferte der Hersteller in diesem Zeitraum an den weltweiten Handel. Im Vergleich zum ersten Quartal entspricht das einer Steigerung von über neun Prozent. Verglichen mit dem Vorjahr konnte Apple damit sogar eine Steigerung von über 140 Prozent erzielen.*

Unter dem Strich ergeben sich beim teuersten Gerät mit einem Speicher von 65 Gigabyte Materialkosten von 230 Dollar. Hinzu kommt die Montage, die Isuppli mit acht Dollar veranschlagt. Beim billigsten Modell mit 16 Gigabyte sind es 199 Dollar für Material, der Zusammenbau kostet ebenfalls acht Dollar. Die Zahlen zeigen, dass Apple vor allem bei den Topmodellen beim Preis kräftig hinlangt. Diese Preisgestaltung sorgt immer wieder für Kritik, weil die Verkaufspreise der Topmodelle nicht durch entsprechend höhere Materialkosten zu rechtfertigen sind.
Doch Apple schweigt zu diesem Vorwurf. Auch zu den von Isuppli aufgeführten Kosten will das Unternehmen nichts sagen. Lediglich Apples Finanzchef Peter Oppenheimer hatte vor längerer Zeit die Zahlen der Marktforscher in einer Investorenkonferenz angezweifelt, ohne allerdings eigene zu nennen. Zudem umfasst die Kalkulation von Isuppli auch die Kosten für Forschung und Entwicklung sowie das Marketing nicht.
Darauf weisen die Experten des Marktforschers explizit hin. Die enormen Margen sind auch deshalb so beeindruckend, weil es Apple besser als anderen Smartphoneherstellern gelingt, die Preise über den üblichen Lebenszyklus des Handys hoch zu halten. Das zeigen Statistiken des Analyseunternehmens Strategy Analytics. Danach sinkt der Marktpreis des iPhones in den ersten 18 Monaten nach Verkaufsstart kaum. Dagegen gibt der Preis von Nokia-Smartphones schon einen Monat nach Verkaufsbeginn nach, der von HTC nach drei Monaten. Die hohen Preise hindern die Käufer allerdings nicht daran, sich auf das neue Smartphone zu stürzen. Innerhalb von nur einem Tag erhielt Apple zwei Millionen Bestellungen. [...]
Das iPhone ist inzwischen zum wichtigsten Produkt des wertvollsten Unternehmens der Welt geworden – deswegen wird die Stimmung der Kunden immer sehr aufmerksam beobachtet. Eine Woche später bringt Apple das iPhone 5 in 22 weiteren Ländern auf den Markt. Der Apple-Aktie bescherte das große Interesse am neuen iPhone neue Rekordstände und sie knackte erstmals die Marke von 700 Dollar.

Joachim Hofer/Jens Koenen, „Run auf Apples Gewinnmaschine gestartet“, in: Handelsblatt, 21.09.2012 [28.10.2013]

Aufgaben

1 *Ordnen Sie das iPhone in die Marktformen (M 6) ein.*

2 *Überprüfen Sie anhand von M5, inwieweit es sich beim beim iPhone um einen vollkommenen Markt handelt.*

3 *Erklären Sie den erstaunlichen Preis.*

4 *Funktioniert der Marktmechanismus beim iPhone?*

M 8 Der Marktungläubige

Ha-Joon Chang ist ein Ketzer unter den Ökonomen. Er hält freie Märkte für eine Illusion, fordert mehr Staatseingriffe und Protektionismus. An der Elite-Uni Cambridge war der Koreaner damit lange ein Außenseiter [...].
„Ich kam auf dem Höhepunkt der Thatcher-Revolution nach England“, erinnert

Wirtschaftsmetropole Seoul – das einst arme Agrarland Korea hat sich mit einer starken staatlichen Lenkung zu einem sehr erfolgreichen Technologiestandort entwickelt.

sich Chang an seine Ankunft als 23-jähriger Student. Die konservative Thatcher glaubte an die Weisheit des Marktes, den Staat sah sie als Bedrohung. Die Ökonomen, bei denen Chang sein Handwerk lernen sollte, teilen diese Meinung. „Ich konnte nicht glauben, wie feindselig die Menschen Staatseingriffen gegenüberstanden.“ [...]

Chang ist ein Marktungläubiger. Kein Kapitalismusgegner, aber einer, der freie Märkte für eine Illusion hält. Seiner Ansicht nach mischt sich jeder Staat in die Wirtschaft ein, und das zu Recht. Dass Länder auf die Selbstregulierung von Unternehmen und Kapital setzen, hält Chang für einen gefährlichen Irrtum. Diese Sichtweise hat stark an Popularität gewonnen. Aus dem koreanischen Studenten, der mit seiner neuen Heimat fremdelte, ist ein angesehener Cambridge-Dozent geworden – spätestens mit der Finanzkrise. [...]

Hinter der Krise sieht er Ökonomen, die mit der Komplexität ihrer eigenen Modelle überfordert waren und sich deshalb für hochgefährliche Finanzinstrumente starkmachten. „Man stelle sich vor, ein Pharmakonzern würde ein Medikament namens Finanzderivate erfinden, welches Millionen Menschen tötet“, sagt Chang. „Die Firma würde geschlossen und das Medikament verboten.“ Genau das müsse mit allen Derivaten geschehen – bis ihre Unschädlichkeit bewiesen ist.

Harte Forderungen in einem Land wie Großbritannien, das sich unter Thatcher von der herkömmlichen Industrie abwendete und stattdessen auf die Finanzindustrie der Londoner City als nächste Wachstumsbranche setzte. Doch auch dort finde er mittlerweile Gehör, sagt Chang. Das Problem seien nach wie vor seine Kollegen.

„Viele Ökonomen haben keine Ahnung, was in der Wirtschaft passiert.“ [...]

Der Ökonom glaubt außerdem, dass in der Zukunft Staatseingriffe akzeptiert sein könnten, die wir heute noch ablehnen. Schließlich hätten auch die Abschaffung von Sklavenhandel und Kinderarbeit einst als gefährlicher Eingriff in den Markt gegolten. Heute sei es hingegen selbstverständlich, dass Regierungen diese Art von Geschäften verhindern. Die Zeit der ganz großen Marktgläubigkeit ist auch in Großbritannien vorbei.

David Böcking, „Cambridge-Ökonom Chang: Der Marktungläubige“, www.spiegel.de, 03.01.2013 [28.10.2013]

Tipp

www.zeit.de/2012/36/Leistungsvergleich-Wirtschaftssystem-China-USA

Aufgaben

1 *Womit begründet Chang seine Skepsis gegenüber der Weisheit des Marktes?*

2 *Begründen Sie ausgehend vom Text die geforderten Eingriffe (Interventionen) in den Markt.*

3 *Recherchieren Sie vergleichend die wirtschaftliche Entwicklung von Ländern (z. B. China und USA), die sich im Hinblick auf staatliche Lenkung und Staatseingriffe unterscheiden und überprüfen Sie Changs Position.*

M9 Das Charakteristikum der Planwirtschaft

Als Reaktion auf die ungerechte Verteilung in den frühkapitalistischen Gesellschaften, entwickelten die sozialistischen Staaten des 20. Jahrhunderts Wirtschaftssysteme mit zentraler Produktionsplanung und staatlich organisierter Verteilung der Güter. (Autorentext)

Info

Wirtschaften ist planvolles Handeln zur Herstellung und Verwendung knapper Güter zum Zweck der Bedürfnisbefriedigung.

[Planwirtschaft ist die] Bezeichnung für eine Wirtschaftsordnung, in der das gesamte wirtschaftliche Geschehen von einer zentralen Stelle nach politischen und wirtschaftlichen Zielvorstellungen geplant, gelenkt und verwaltet wird. Der Staat bzw. staatliche Planungsbehörden auf allen Planungsebenen bestimmten die gesamte Produktion (d.h.: wer welche Güter womit herstellt), die Verteilung (d.h.: wer welche Güter wo erhält) und die Preise aller Güter und Dienstleistungen.

Der deutsche Ökonom Walter Eucken (*1891, gestorben 1950) prägte für die Planwirtschaft die Bezeichnung Zentralverwaltungswirtschaft, um den Unterschied zu einer Marktwirtschaft, in der alle Unternehmen und alle Haushalte ebenfalls planen, besser zu verdeutlichen. Der Begriff Zentralverwaltungswirtschaft trifft deshalb den Charakter dieser durch den Staat zentral geleiteten und verwalteten Wirtschaft genauer. Begriffe wie Kommando- oder Befehlswirtschaft sind jedoch auch gebräuchlich für diese Wirtschaftsordnung, da in einer solchen Wirtschaft Anweisungen und Planvorgaben der staatlichen Planungsbehörden verbindlich sind und keine oder nur ganz geringe Entscheidungsspielräume bestehen. Die Planwirtschaft war bis 1990 die Wirtschaftsordnung der meisten sozialistischen Staaten im Einflussgebiet der ehemaligen Sowjetunion und der Volksrepublik China.

„Planwirtschaft", in: Duden Wirtschaft von A bis Z: Grundlagenwissen für Schule und Studium, Beruf und Alltag, Bibliographisches Institut F. A. Brockhaus, Mannheim [4]2009

M 10 Planwirtschaften – zum Scheitern verurteilt?

[...] Die zentral geplante Strukturpolitik sollte der DDR Krisenfreiheit und Wohlstand bringen, den Staat im Innern befrieden und gegenüber äußeren Gegnern stärken. Diese Ziele glaubte sie durch die Effizienz des eigenen Wirtschaftssystems erreichen zu können, das nach Überzeugung der SED-Führung die überlegene Innovationsfähigkeit, die optimale Zusammensetzung der Produktionsfaktoren, die kontinuierliche Produktion und die Beschleunigung des Wirtschaftswachstums garantierte.

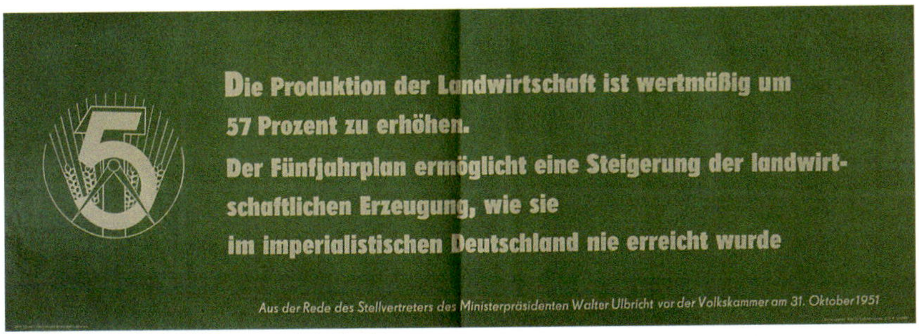

Die Daten über die Entwicklung der Investitionen und der Beschäftigten- und Produktionsstruktur, wie auch die (interne) Kritik der DDR-Wirtschaftswissenschaftler an der volkswirtschaftlichen Unterspezialisierung, dem zu hohen Energie- und Materialverbrauch, der nicht bedarfsgerechten Güterstruktur und der Konzentration der Investitionen auf wechselnde Entwicklungsschwerpunkte bei gleichzeitiger Vernachlässigung der restlichen Bereiche zeigten aber, dass die Innovationsfähigkeit gering und die Zusammensetzung der Produktionsfaktoren nicht optimal war. Daher konnten weder der angestrebte Wohlstand noch die innere und äußere Sicherheit erreicht werden. Die Führungen der DDR und der anderen sozialistischen Länder behaupteten zwar, ihr Wirtschaftssystem sei dem kapitalistischen überlegen, doch der Leistungsvergleich fiel immer deutlicher zugunsten der westlichen Industrieländer aus.

Info

Terms of trade bezeichnen das Austauschverhältnis zwischen dem Import und dem Export eines Landes, d. h. sie geben an, welche Menge an Gütern eine Volkswirtschaft importieren kann, gemessen an der Gütermenge, die exportiert wird (reale Austauschverhältnisse).

Nach: Klaus Schubert/Martina Klein, Das Politiklexikon, 5., aktual. Aufl., Dietz, Bonn 2011

Die DDR-Wirtschaft blieb in ihrer strukturellen Entwicklung hinter den westlichen Industrieländern zurück. Sie vermochte sich nicht von einer Industrie- zu einer Dienstleistungsgesellschaft zu wandeln. [...] In den 80er-Jahren schließlich gerieten alle Planwirtschaften sozialistischen Typs in eine Krise, deren Merkmale überall die gleichen waren: sinkende Zuwachsraten des Sozialprodukts, abnehmende Kapital- und Arbeitsproduktivität, niedrige Investitionsraten, Verschlechterung der terms of trade im Westhandel und in fast allen RGW-Ländern, wachsende Verschuldung gegenüber den OECD-Staaten.

[...] In allen sozialistischen Staaten behinderte die zentrale Steuerung von Entscheidungen und Informationen die Innovationsfähigkeit. Das Preissystem verhinderte überall eine ökonomisch effiziente Strukturpolitik, denn trotz aller Reformversuche gelang es nirgends, den „gesellschaftlich notwendigen Arbeitsaufwand" durch die Preise zu erfassen; die zentral festgesetzten Preise vermittelten in keinem Land zutreffende Informationen über die Knappheitsverhältnisse, und mangels gesamtwirtschaftlicher Rentabilitätskriterien war deshalb die Konzentration der Investitionen auf die effizientesten Sektoren, Zweige und Produkte nirgends möglich. Eine Ökonomisierung der Wirtschaftsbeziehungen zwischen den RGW-Ländern scheiterte an den gleichen Systemdefekten: Da ökonomisch begründete Preise fehlten, prägte der bilaterale Tausch von Produkten den Außenhandel, und die Staaten verhinderten eine multinationale Strukturpolitik u. a. auch, weil deren ökonomischer Nutzen nicht quantifizierbar war und damit nicht in ihrem Interesse liegend erschien. [...]

Siegfried Kupper, „Ziele und Folgen des zentralgelenkten sektoralen und regionalen Strukturwandels in der DDR-Planwirtschaft", in: Eberhard Kuhrt u. a. (Hg.), Die Endzeit der DDR-Wirtschaft, Leske + Budrich, Opladen 2000

Aufgaben

1 *Arbeiten Sie aus dem Text die Unzulänglichkeiten und Mängel der Zentralverwaltungswirtschaft der DDR heraus und charakterisieren Sie ihre wesentlichen Schwächen.*

2 *Vergleichen Sie die Idealformen der Wirtschaftssysteme nach folgenden Gesichtspunkten: Lenkung, Verteilung, Eigentumsverfassung, Bedeutung der Preise für Güter und Arbeit, Menschenbild, Leistungen, Schwächen.*

3 *Erklären Sie, warum Planwirtschaften scheitern, obwohl doch gerade planvolles Handeln das Wirtschaften ausmacht.*

1.2 Auf die richtige Mischung kommt es an

M1 Gemischtwirtschaftliche Systeme

Im ausgehenden 19. Jahrhundert wurden die Schwächen reiner Marktwirtschaften immer deutlicher und der Staat übernahm in der Folge zunehmend die Aufgabe, in das Wirtschaftsgeschehen einzugreifen. Nach dem Zweiten Weltkrieg herrschte 35 Jahre lang der Konsens, dass nur Gemischtwirtschaften in der Lage sind, die strukturellen Schwächen der idealtypischen Wirtschaftssysteme (reine Marktwirtschaft und Zentralverwaltungswirtschaft) auszugleichen. Es bildeten sich Mischformen heraus, die mal stärker marktwirtschaftlich (z. B. USA), mal stärker sozialstaatlich (z. B. Schweden) sowie marktwirtschaftlich-sozialistisch (z. B. Jugoslawien) orientiert waren. Zunächst standen Fragen der sozialen Sicherung und der wirtschaftlichen Stabilität im Mittelpunkt der Staatseingriffe. Daher wurde in Deutschland in den 50er-Jahren auch der Name *soziale Marktwirtschaft* verwendet. Als geistige Väter werden *Walter Eucken* (1891–1950) und *Alfred Müller-Armack* (1901–1978) bezeichnet. Seit den 90er-Jahren wird von vielen Autoren der Begriff *sozial-ökologische Marktwirtschaft* verwendet (wir sprechen von Gemischtwirtschaft). Anerkannte Rolle des Staates ist es hierbei, die Ziele der Wirtschaftspolitik durch den Eingriff in das Wirtschaftsgeschehen zu erreichen. Diese gemischtwirtschaftlichen Systeme sorgten über Jahrzehnte für eine bis dahin nicht gekannte politische und wirtschaftliche Stabilität sowie einen Wohlstand für breite Teile der Bevölkerung in den Industriestaaten. Trotz dieser Erfolge fordern neoliberale Ökonomen seit den 80er-Jahren zunehmend, den Staat aus dem Wirtschaftsgeschehen zurückzudrängen – eine Entwicklung, die durch die Globalisierungsprozesse weiter verstärkt wird. [...] Seit der UN-Konferenz für „Umwelt und Entwicklung“ im Jahr 1992 in Rio de Janeiro, auf der eine nachhaltige Entwicklung als neues Entwicklungsleitbild der Menschheit fixiert wurde, wird oft von einer *sozial-ökologischen Marktwirtschaft* gesprochen. Ziel einer derartigen Gemischtwirtschaft ist es, mittels politisch-rechtlicher Instrumente (Rechtsnormen) die von der Gesellschaft gewünschten Ziele sicherzustellen und das Marktversagen auszugleichen. Stiglitz [Wirtschafts-Nobelpreisträger und zeitweiliger Chefökonom der Weltbank] fasst die *Aufgaben einer Gemischtwirtschaft* wie folgt zusammen, wenn er die Korrektur des *Marktversagens* durch den Staat fordert:

- Dämpfung der Stabilitätsprobleme
- Verhinderung von Wettbewerbsbeschränkungen
- Schutz der Natur (Beschränkung des Verbrauchs von freien Gütern)
- Versorgung mit elementaren Gemeingütern wie z. B. Wasser oder Bildung
- Umverteilung von Einkommen und Ressourcen
- Steuerung der internationalen Wirtschaftspolitik.

Holger Rogall, Volkswirtschaftslehre für Sozialwissenschaftler, VS Verlag für Sozialwissenschaften, Wiesbaden 2013, Seite 123

Info

Gemeingüter: Güter, von deren Nutzung niemand ausgeschlossen werden kann. Sie können natürlich vorhanden sein (Luft), vom Staat oder von Privatpersonen bereitgestellt werden. Ob ein bestimmtes Gut – wie z. B. medizinische Versorgung – Gemeingut sein soll, ist politisch strittig.

Aufgaben

1 *Ordnen Sie die Aufgaben, die gemischtwirtschaftliche Systeme übernommen haben, in einen Zeitstrahl ein.*

2 *Erläutern Sie die zu- oder abnehmende Bedeutung einzelner Aufgaben im Verlauf der Geschichte.*

3 *Diskutieren Sie, welche Rangfolge die Aufgaben aktuell haben sollen.*

Info

Die **Staatsquote** drückt das Verhältnis der gesamten Staatsausgaben zum Bruttoinlandsprodukt aus.

M2 Staatsquoten im Vergleich

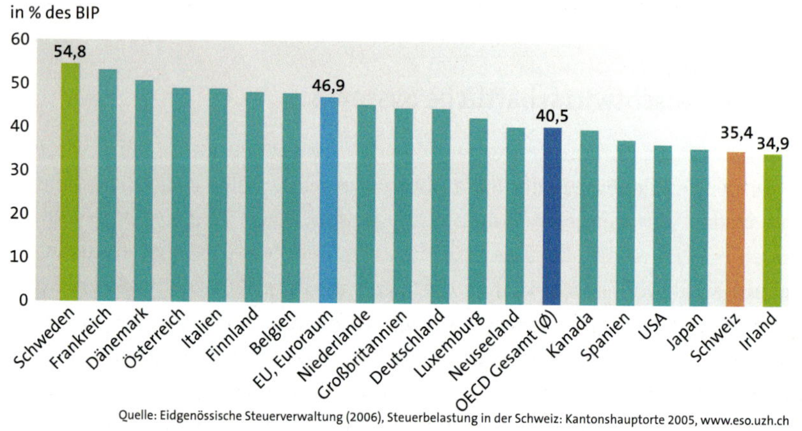

Quelle: Eidgenössische Steuerverwaltung (2006), Steuerbelastung in der Schweiz: Kantonshauptorte 2005, www.eso.uzh.ch

Aufgaben

1 *Erläutern Sie an zwei Beispielen die Ziele und Verfahren einer markt- und planwirtschaftlichen Lösung des Knappheitsproblems.*

2 *Erörtern Sie, ob die Staatsquote in Deutschland angemessen ist oder ob sie gesenkt werden sollte. Berücksichtigen Sie dabei die vom Staat übernommenen Aufgaben (z. B. Infrastruktur, Bildung, Soziales, Verteidigung).*

M3 Mischungsverhältnisse

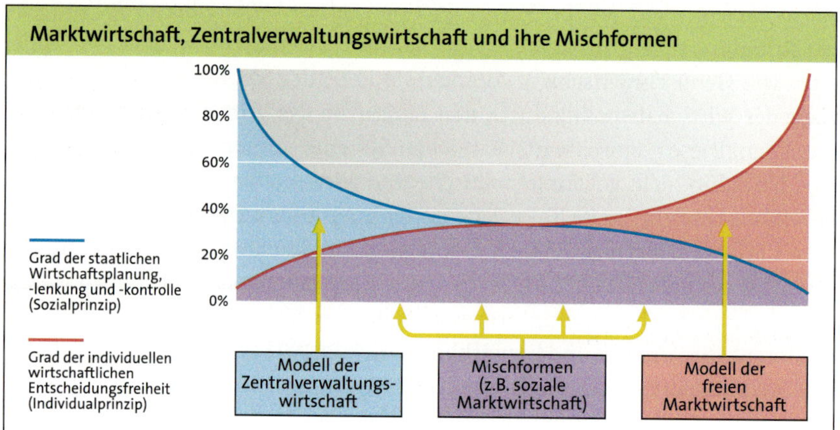

Quelle: Mensch und Politik, Schroedel, Braunschweig 1994

M4 Wie viel Staat brauchen die Märkte?

Neue Rolle für den Staat

Amartya Sen lehrt Wirtschaft und Philosophie an der Universität Harvard. 1998 erhielt der Inder den Nobelpreis für Wirtschaftswissenschaften.

Obwohl Adam Smith die konstruktive Rolle des Marktes erklärte und verteidigte, machte er sich zugleich große Sorgen über Armut, Analphabetismus und Mangel, die auch in einer gut funktionierenden Marktwirtschaft fortbestehen können. Er wollte eine Vielfalt der Institutionen und Motivationen, keine monolithischen Märkte und keine alleinige Dominanz des Profitstrebens.
Smith verteidigte nicht nur die Rolle des Staates dort, wo der Markt nicht handeln kann, wie etwa bei der Gewährleistung von Bildung für alle und der Eindämmung der Armut. Er plädierte allgemein dafür, Institutionen an die entstehenden Probleme anzupassen – und nicht, sie an starre Formeln wie eben jene zu binden, dass alles dem Markt überlassen wird.

Amartya Sen, Indiens Nobelpreisträger für Wirtschaftswissenschaften (1998)

Nach meiner Ansicht rufen die heutigen Wirtschaftsprobleme nicht nach einem „neuen Kapitalismus“. Vielmehr erfordern sie eine vorurteilslose Auseinandersetzung mit bisherigen Ansichten zu Reichweite und Grenzen der Marktwirtschaft. Vor allem ist eine nüchterne Einschätzung vonnöten, wie unterschiedliche Institutionen funktionieren.

Amartya Sen, „Neue Rolle für den Staat“, www.ftd.de, 05.03.2009

So viel Markt wie möglich

Gesine Schwan war Kandidatin der SPD für das Amt des Bundespräsidenten.

Nach wie vor gilt: Wir brauchen so viel Markt wie möglich, so viel Staat wie nötig. Wir müssen uns darauf verständigen, wie wir das Verhältnis von Staat und Wirtschaft neu balancieren wollen. Fünf Grundsätze scheinen mir hier wesentlich. Erstens: Die Rettung privater Unternehmen darf nicht nach dem Prinzip „Koste es, was es wolle“ erfolgen. Zweitens: Wir dürfen nicht in ein neues Zeitalter des Protektionismus verfallen. Drittens: Die Krisenintervention darf nicht die dauerhafte Handlungsfähigkeit des Staates beeinflussen. Eine langfristige Rücknahme des Sozialstaats und der Verzicht auf Zukunftsinvestitionen wären inakzeptabel. Viertens: Dort, wo die Allgemeinheit für private Firmen zahlt, muss sie am Produktivvermögen beteiligt werden. Fünftens: Gerade wegen der vielfältigen Staatsinterventionen sollten wir uns auf die Grundprinzipien der sozialen Marktwirtschaft besinnen. In ihr soll der Staat mit Regeln den Wettbewerb stärken, Leitmärkte identifizieren und besetzen sowie für sozialen Ausgleich sorgen. Der Markt bietet das effizienteste Verfahren für wirtschaftliche Transaktionen. Gelingt uns diese Rückbesinnung nicht, stehen wir bald vor der Systemfrage.

Gesine Schwan, „So viel Markt wie möglich“, www.ftd.de, 05.03.2009

Gesine Schwan

Weder Marx noch Smith

Paul Kennedy ist Historiker an der US-Universität Yale.

Trotz anderslautender Hoffnungen von Karl Marx dürfte unser schadhaftes System nicht durch eine völlig egalitäre Gesellschaft ersetzt werden. Aber auch Adam Smith und seine Anhänger werden an unserer künftigen Volkswirtschaft wohl nicht viel Freude haben: Der Staat wird mehr als uns lieb ist in „den Markt“ eingreifen, die Steuern werden höher sein und die Öffentlichkeit wird das Prinzip der Gewinnmaximierung missbilligen.
Schumpeter und Keynes würden sich in unserer postexzessiven, neokapitalistischen politischen Ökonomie vermutlich deutlich wohler fühlen. In diesem System wird das Instinktverhalten des Marktes von verschiedenen nationalen und internationalen Wärtern genau beobachtet und gezähmt werden. Einem Ritualmord wird das Prinzip des freien Unternehmertums aber nicht zum Opfer fallen, selbst wenn wir weiter in die Depression abrutschen. Der Homo oeconomicus erhält eine kräftige Abreibung, aber der Kapitalismus wird nicht verschwinden, höchstens gewandelt. Wie die Demokratie hat der Kapitalismus ernste Schwächen. Aber wie bei der Demokratie werden die Kritiker feststellen, dass alle anderen Systeme noch schlimmer sind.

Paul Kennedy, „Weder Marx noch Smith“, www.ftd.de, 05.03.2009

Paul Kennedy

Aufgaben

1. *Vergleichen Sie die Positionen und erörtern Sie die zentralen Argumente.*
2. *Veranstalten Sie alternativ eine Talkshow zum Thema und besetzen Sie die Rollen von Sen, Schwan und Kennedy.*

Walter Eucken (1891–1950)

M5 Ordoliberalismus – die Ordnung der Freiheit

„Es sind also nicht die sogenannten Missbräuche wirtschaftlicher Macht zu bekämpfen, sondern wirtschaftliche Macht selbst.“ *(Walter Eucken)*

Walter Eucken wurde am 17. Januar 1891 [...] geboren. [...] Während seiner nationalökonomischen Ausbildung in der damals vorherrschenden „Historischen Schule“ und seiner Arbeit für den Reichsverband der Textilindustrie (1921 bis 1924) erkannte er, wie die akademische Ökonomie sich von wirtschaftlichen Interessengruppen beeinflussen ließ. Vor allem beobachtete er, wie sich die erste deutsche Demokratie in Deutschland der Machtergreifung durch die Nationalsozialisten nicht erwehren konnte. Als Konsequenz dieser Erfahrungen stellte Eucken in das Zentrum seines Werkes die Kritik wirtschaftlicher Macht und die Suche nach Strukturen, die sie begrenzen könnten [...]. [Er] entwickelte die „Ordnungspolitik“, die Idee des „Ordo“ – Maßstäbe einer Wirtschaftsverfassung, in der der Staat zwar den Rahmen setzt, die Individuen darin aber frei entscheiden können. [...]

Politiker wie Ludwig Erhard, Karl Schiller und Otto Graf Lambsdorff beanspruchten Eucken für ihre Wirtschaftspolitik als den „maßgebenden Verfechter der Marktwirtschaft“ (Erhard). Otto Schlecht, Eucken-Schüler und Staatssekretär im Wirtschaftsministerium von 1973 bis 1991, hält Euckens Hauptwerke für die einflussreichsten ökonomischen Bücher der jüngeren Wirtschaftsgeschichte. Der Begriff „Ordnungspolitik“ ist aus der Diskussion in Deutschland nicht mehr wegzudenken; im Wirtschaftsministerium schwärmt man gar von der „Exportfähigkeit der ordnungspolitischen Grundsätze von Walter Eucken“. [...]

In einem Grundsatzpapier vom Januar 1946 erklärt Eucken die Methoden der Zentralverwaltungswirtschaft *und* der freien Wirtschaft für gescheitert. „Das ist das wichtige Ergebnis der neusten Wirtschaftsgeschichte. Beide Wirtschaftsformen berühren sich im Übrigen auch in ihrem Aufbau sehr nahe. Der IG-Farben-Konzern oder die großen Kohlensyndikate haben sich ohne Weiteres in die deutsche Zentralverwaltungswirtschaft des Krieges eingefügt und zwischen amerikanischen Trusts und russischen zentralen Planstellen besteht nur ein kleiner Unterschied. ‚Kapitalismus‘ und ‚Sozialismus‘ bekämpfen sich in der Doktrin; de facto gehen sie ineinander über.“

Wie kommt Eucken zu dieser heute doch überraschenden Aussage? Wird die Marktwirtschaft sich selbst überlassen, so führt sie nach seiner Überzeugung zu immer größerer Machtkonzentration. Wirtschaftliche Interessengruppen kontrollieren immer mehr Märkte durch Kartelle, Fusionen, Dumpingpreise, Marktsperren und anderes. Die Folge: Unternehmen können demokratische Regierungen durch bloße Wirtschaftsmacht legal erpressen. An die Stelle der Konsumentenentscheidung auf den Märkten tritt eine unkontrollierbare Verflechtung von ökonomischer und staatlicher Herrschaft. Die extremste Form, so Euckens Analyse, ist die Planwirtschaft.

Im Gegensatz dazu steht Euckens erster Grundsatz: „Die Politik des Staates sollte darauf gerichtet sein, wirtschaftliche Machtgruppen aufzulösen oder ihre Funktionen zu begrenzen.“ Das ist nur möglich durch die politische Grundentscheidung für eine bestimmte Form der Marktwirtschaft – den „vollständigen Wettbewerb“. Für Eucken ist die Marktwirtschaft kein Naturprodukt; daher fordert er, dass „die Herstellung eines funktionsfähigen Preissystems vollständiger Konkurrenz zum wesentlichen Kriterium jeder wirtschaftspolitischen Maßnahme gemacht wird“.

Ein radikales Ziel: Alle Marktteilnehmer tragen zur Preisbildung bei, aber keiner kann sie steuern. Dabei ging es Eucken nicht um irgendeinen Mittelweg zwischen Kapitalismus und Sozialismus. „Mehr oder weniger Staatstätigkeit – diese Frage geht an dem Wesentlichen vorbei." Der Staat soll nicht die Produktion lenken, sondern die Rahmenbedingungen setzen, die die Freiheit des Marktes erst ermöglichen.

Eine derartige Wettbewerbsordnung, so schreibt er 1947 in einem Gutachten, sei notwendig für die Demokratie, „weil in ihr durch den Konsumenten, d. h. durch das Volk, in alltäglicher Abstimmung der Wirtschaftsprozess – durch die Preisbildung hindurch – gelenkt wird". Dem steht nach Eucken die permanente Gefahr gegenüber, dass der demokratische Rechtsstaat sich in einen „Wirtschaftsstaat" verwandelt. [...]

In Gutachten und Zeitungsbeiträgen trat er in der akuten Not nach Kriegsende für den freien Welthandel ein, während viele auf eine autarke und staatlich geplante Versorgung der Bevölkerung setzten. Internationaler Handel war für Eucken ökonomische Friedenssicherung, autarke Nahrungsmittelproduktion der Weg in noch größeres Elend. Folglich müsse das Land in der Industrieproduktion wieder exportfähig werden, um so Devisen für Nahrungsmittelimporte zu verdienen. [...]

Während heute der Gedanke populär ist, Monopole und massive Marktmacht seien auf nationaler Ebene im Dienste der internationalen Weltmarktfähigkeit hinzunehmen, argumentierte Eucken genau umgekehrt. „Weltmarktfähigkeit" im Sinne einer wettbewerbsgelenkten und gerechten Weltwirtschaft wird nach Eucken durch mächtige Konzerne verhindert. [...] Darüber hinaus wollte Eucken, dass große Unternehmen nur bestehen blieben, wenn sie durch tatsächliche Leistung im Wettbewerb und nicht durch Kartelle, Großfusionen und Ähnliches gewachsen waren. Gegenüber der Euckenschen Forderung, dass nur Wachstum durch Leistungswettbewerb legitim ist, könnte heute kaum ein einziges der mächtigsten Unternehmen bestehen. [...]

Eucken unterstreicht: „Es genügt auch nicht, etwa Kartelle zu verbieten. Das Prinzip ist nicht in erster Linie negativ. Vielmehr ist eine positive Wirtschaftsverfassungspolitik notwendig." [...] Die Wirtschaftspolitik müsse „in allen Bereichen eine Benachteiligung der Klein- und Mittelbetriebe unterlassen und sie vielmehr fördern. Diese Maxime sollte für die Steuerpolitik, die Verteilung von Aufträgen, Zuteilung von Rohstoffen und alle übrigen Teile der Wirtschaftspolitik sofort Gültigkeit erlangen" (1947). [...]

Eucken lehnt die Bezeichnung „liberal" für seine Konzeption als „nicht treffend" ab. Marx folgend, wirft er der Politik des „Laisser-faire" vor, nur „formal" Freiheit zu sichern. Die Wirtschaftsordnung „soll so sein, dass der Mensch frei ist". Diesen Anspruch stellte er nicht nur im Weltmaßstab, sondern auch im Kleinen: So schlug Eucken zusammen mit von Dietze 1946 Experimente mit Gewinn-/Verlustbeteiligung der Arbeiter vor, wie auch die Selbstverwaltung von Werkstätten in Industriebetrieben. Denn „die moderne Fabrik und ihre Organisation hat den Arbeiter vielfach zum unselbstständigen Werkzeug der Produktionsmaschine gemacht".

In der *FAZ* hieß es über die Wirkung Euckens: „Die soziale Marktwirtschaft, die ihm vorschwebte, wurde in der Bundesrepublik Wirklichkeit." Das stimmt nicht: Wären die Konzepte, die Eucken nach 1945 vorgelegt hat, verwirklicht worden, eine andere Republik wäre entstanden. Noch heute könnten aber aus den Eu-

Tipp

Die Ludwig Erhard Stiftung bietet aus ihrer Sicht dazu Material: www.ludwig-erhard-stiftung.de

Aufgaben

1 *Erklären Sie die Aufgaben des Staates nach der Vorstellung der Ordoliberalen.*

2 *Ergänzen Sie den Vergleich zwischen Marktwirtschaft und Zentralverwaltungswirtschaft um die Konzeption des Ordoliberalismus. Greifen Sie dabei auf Ihre Ergebnisse aus Aufgabe 2, Seite 150 zurück.*

3 *Überprüfen Sie die wirtschaftspolitischen Konzepte der Parteien anhand der Positionen des Ordoliberalismus.*

ckenschen Konzepten Werkzeuge für die Lösung der brennenden Gegenwartsprobleme entwickelt werden: in Form einer gerechten und ökologischen Weltwirtschaftsordnung.

Walter Oswalt, „Die Ordnung der Freiheit", www.zeit.de, 06.11.1992 [28.10.2013]

M 6 Die Freisetzung der Marktkräfte für Wohlstand für alle

Die Wirtschaftsordnung der Bundespublik Deutschland nach dem Zweiten Weltkrieg wurde geprägt durch den ersten Bundeswirtschaftsminister und späteren Bundeskanzler Ludwig Erhard (1897 bis 1977). Sie verbindet Elemente der freien Marktwirtschaft wie Eigentumsgarantie, freie Preisbildung und das Recht auf freie wirtschaftliche Betätigung mit einer staatlichen Rahmensetzung, die durch eine Kartellgesetzgebung einen funktionsfähigen Wettbewerb gewährleisten soll. Durch eine aktive Wirtschaftspolitik und staatliche Sozialversicherungssysteme für Renten und die Risiken von Arbeitslosigkeit und Krankheiten übernimmt der Staat Aufgaben der Daseinsfürsorge und sorgt für eine soziale Absicherung. Die Nachteile der freien Marktwirtschaft, wie die Konzentration wirtschaftlicher Macht durch Monopole und eine ungerechte (unsoziale) Verteilung der Wirtschaftsleistung, sollen damit vermieden werden. Die Tarifautonomie sorgt dafür, dass Arbeitgeber und Arbeitnehmer als Tarifpartner den wachsenden **Wohlstand** in freien Tarifverhandlungen **für alle** verteilen.

Damit verbindet die soziale Marktwirtschaft das Prinzip der Freiheit auf dem Markt mit dem des sozialen Ausgleichs.

Erhards Wirtschaftspolitik setzte jedoch auf die faire Verteilung des wachsenden Wohlstandes, der durch eine Freisetzung der Marktkräfte möglich wird. Den Umverteilungsvorstellungen seines Staatssekretärs Alfred Müller-Armack stand er ablehnend gegenüber. In ihrer konkreten Ausgestaltung ist die „soziale Marktwirtschaft" geprägt von (neo-)liberalen und ordoliberalen Vorstellungen der Freiburger Schule um Walter Eucken.

(Autorentext)

Wirtschaftliche Entwicklung Deutschlands seit 1950

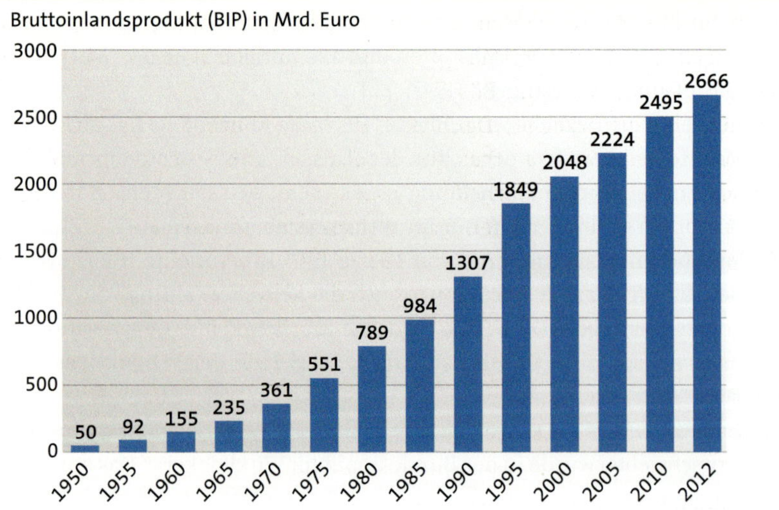

BIP nominal, gerundet (nach 1990 für Gesamtdeutschland)

Tipp

Zur **sozialen Absicherung** vgl. Kapitel „Sozialstaat", S. 88 ff.

Info

Neoliberalismus

Eine Richtung der Nationalökonomie, die nach den Wirtschaftskrisen der 1930er-Jahre einen neuen Liberalismus forderte. „Der neue Liberalismus [...] fordert einen Staat oberhalb der Wirtschaft, oberhalb der Interessenten, da, wo er hingehört." Die wohlstandsmehrende Kraft der Marktwirtschaft sollte genutzt, destruktive Monopole und Kartelle aber sollten gebändigt werden.

„Was bedeutet eigentlich neoliberal?", www.handelsblatt.com, 14.08.2013 [28.10.2013]

Die Prinzipien der deutschen Wirtschaftspolitik

Auszüge aus einem Vortrag von Ludwig Erhard

Wir haben unsere Wirtschaftspolitik in Deutschland mit dem Begriff „Soziale Marktwirtschaft“ ausgestattet. Das Beiwort „sozial“ ist dabei mehr als nur eine Arabeske[1] oder gar nur eine Verbrämung von Absichten, die auf wenig Zuspruch hoffen können. Soziale Marktwirtschaft ist fest und ehrlich gemeint.
Wir wollten nicht an die kapitalistische Wirtschaft der Vergangenheit anknüpfen und wir waren auch nicht bereit, die Politik eines nationalen staatlichen Dirigismus als Grundgesetz unserer wirtschaftlichen Ordnung anzuerkennen. [...]
Marktwirtschaft als ökonomisches Prinzip bedeutet, dass sich jeder einzelne Mensch frei entfalten kann, dass er als Unternehmer nicht vom Staat behindert oder gegängelt wird, dass er in der unternehmerischen Sphäre keinem Befehl des Staates zu folgen hat und dass es allein seine Angelegenheit ist – sein Risiko, aber auch seine Chance ausmacht –, im Markte zu gewinnen, was seine Existenz gewährleistet. Auf der Seite des Verbrauchers bedeutet Freiheit, dass jeder Einzelne in freier Konsumwahl – und wieder: ohne dem Befehl und der Leitung einer Bürokratie unterworfen zu sein – sein Leben so gestalten kann, wie es seinem eigenen Willen und seinen Vorstellungen von Glück, Zufriedenheit und Würde entspricht. [...] Marktwirtschaft bedeutet, dass der Unternehmer auf Gedeih und Verderb darauf angewiesen ist, sich im Wettstreit mit seinen Konkurrenten zu behaupten und immer Besseres zu leisten, um seine Position zu sichern – sei es in Bezug auf die Qualität, sei es in Bezug auf die Preiswürdigkeit seiner Waren und Leistungen. [...] Doch noch ein Wort zum Begriff „Soziale Marktwirtschaft“: Wir sprechen in Deutschland von Sozialer Marktwirtschaft, weil wir es im Gegensatz zum Kapitalismus vergangener Tage und zum Liberalismus früherer Prägung – etwa dem „Manchester-Liberalismus“ – nicht mehr zulassen wollen, dass sich innerhalb der Wirtschaft Machtpositionen bilden. Wir lehnen vor allem Kartelle ab. Wir glauben, dass sich künstlich konstruierte Machtpositionen nicht mit der Vorstellung eines freien Wettbewerbs in Einklang bringen lassen. [...] Mein Ziel ist, den freien Leistungswettbewerb unter allen Umständen sicherzustellen. [...]
Ich habe es immer wieder zum Ausdruck gebracht, dass es in meinem Bild der Wirtschaft nur einen Maßstab gibt, und das ist der Verbraucher. Es gibt nur einen Richter über Gut und Böse in der Wirtschaft, über das Nützliche und das Unnütze: den Verbraucher. Denn welchen anderen Zweck sollte eine Wirtschaft haben als den, der Gesamtheit eines Volkes zu immer besseren und freieren Lebensbedingungen zu verhelfen, Sorgen zu überwinden und den Segen der Freiheit – nicht nur der materiellen, sondern auch der geistigen und seelischen Freiheit – allen teilhaftig werden zu lassen? Das Gefühl der Befreiung beruht zu einem guten Teil auf der ökonomischen Grundlage. Wenn viele Menschen in einer Wirtschaft, in einem Staat, von der Sorge gequält sind, was morgen ihr Schicksal sein wird, kann man nicht von Freiheit sprechen. Denn frei, wahrhaft frei als Persönlichkeit und wahrhaft frei gegenüber dem Staat und seinen Einrichtungen ist nur derjenige, der gewiss sein kann, kraft eigener Leistung und

[1] ornamentaler Schmuck ohne tragende Funktion

Ludwig Erhard mit seinem Buch „Wohlstand für Alle“ (1957)

Info

Manchester-Liberalismus bezeichnet eine extrem liberale Position, die ganz auf den freien Markt vertraut.

Info

Kartelle sind „Vereinbarungen zwischen Unternehmen, Beschlüsse von Unternehmensvereinigungen und aufeinander abgestimmte Verhaltensweisen, die eine Verhinderung, Einschränkung oder Verfälschung des Wettbewerbs bezwecken oder bewirken“.

§1 Gesetz gegen Wettbewerbsbeschränkungen (GWB)

eigener Arbeit bestehen zu können, ohne Schutz, aber auch ohne Behinderung durch den Staat. [...]
Der Staat hat nicht die Aufgabe, die Wirtschaft und den wirtschaftenden Menschen zu gängeln. Und wenn er das tut, hat das üble Folgen. Wir haben unsere Wirtschaftspolitik auf eine neue Grundlage gestellt und [...] wir haben damit auch eine Grundvoraussetzung der demokratischen Ordnung geschaffen, nämlich die Freiheit, denn politische, wirtschaftliche und menschliche Freiheit bilden ein Ganzes und Unteilbares. Man kann nicht einen Teil herausreißen, ohne das Gesamte einstürzen zu lassen. [...]
Der Unternehmer muss gegebenenfalls bereit sein, unterhalb seiner Kosten zu verkaufen. Das ist sein Schicksal, denn er ist nur so lange freier Unternehmer, wie er Risiken und Chancen gleichermaßen tragen will. Es geht nicht an, dass er nur die Chancen wahrnehmen und die Risiken durch Kartellbildungen oder durch die Anrufung des Staates abwenden will. [...]
Eine freie Marktwirtschaft besteht nur so lange, wie der Wettbewerb als Motor lebendig und der Preis als Steuerungsmittel von niemandem angetastet wird. [...] Wir wollen freie Preisbildung und lehnen die staatliche Preisbindung als etwas Gefährliches ab, weil sie die Reagibilität und Anpassungsfähigkeit der Wirtschaft schmälert. Wir können aber auch keine unternehmerische Preisbindung auf kollektiver Ebene gutheißen. Ein gebundener Preis ist ein gebundener Preis, ob er nun vom Staat oder von einem Kartell fixiert wird. [...]
Aus diesem Grunde ist das letzte Geheimnis meiner Wirtschaftspolitik wohl, dass ich immer wieder versucht habe, die deutsche Wirtschaft in einer dynamischen, expansiven Entwicklung zu halten, und zwar im Rahmen einer freien Unternehmungswirtschaft. Denn das System der freien Unternehmungswirtschaft ist sozial, weil es trotz der Anstrengungen der Unternehmer diese nie zur Ruhe kommen lässt, weil es nicht zu Pfründen und Renten führt, sondern gewährleistet, dass jeder wirtschaftliche Erfolg, wo immer er erzielt wird, im harten Wettbewerb an den Verbraucher weitergegeben wird. Auf diese Weise erfüllt die Wirtschaft ihren einzig möglichen Zweck: Sie ist Dienerin des Volkes.

Ludwig Erhard, „Die Prinzipien der deutschen Wirtschaftspolitik", Auszüge aus einem Vortrag, gehalten am 31. Mai 1954 in Antwerpen

Aufgaben

1 *Arbeiten Sie aus der Rede von Ludwig Erhard die zentralen Elemente der „sozialen Marktwirtschaft" heraus.*

2 *Charakterisieren Sie die Aufgaben und die Rolle des Staates in der „sozialen Marktwirtschaft".*

3 *Erörtern Sie die heutigen Möglichkeiten des Staates, die „Wirtschaft in einer dynamischen, expansiven Entwicklung zu halten" (Z. 66f.).*

M7 Von der wirtschaftspolitischen Zurückhaltung zur Globalsteuerung – Etappen der westdeutschen Wirtschaftsentwicklung

Der Wiederaufbau der westdeutschen Wirtschaft nach dem Kriege schuf in verschiedener Hinsicht eine besondere Situation, die manchmal übertrieben als „Wirtschaftswunder" bezeichnet wurde. Dazu gehören: Aufbau einer modernen Technologie nach den Zerstörungen des Zweiten Weltkrieges, hohe Investitionsquote und dementsprechend Wachstumsraten, relativ geringe Manifestationen sozialer Konflikte (Streiks, Aussperrung usw.) und damit verbunden eine vergleichsweise niedrige Preissteigerungsrate. Dabei hat die neoliberale Wirtschaftskonzeption vor allem politisch-ideologische Bedeutung. Auch unter Erhard wurde ein Instrumentarium staatlicher Interventionen in den Wirtschaftsprozess geschaffen und in gewissem Maße angewendet. Die Verbindung industriellen Wiederaufbaus auf kapitalistischer Basis mit steigenden Löhnen und sozialen Leistungen war in der Phase starken Wirtschaftswachstums durch Verteilung der hohen Zuwachsraten ein Mittel zur Vermeidung sozialer Konflikte und damit zur Erreichung hoher Leistungsfähigkeit der westdeutschen Wirtschaft.

Es lassen sich daher in erster grober Annäherung zwei große Etappen der Wirtschaftsentwicklung feststellen.

a. Die Wiederaufbauphase bis etwa 1965, die gekennzeichnet ist durch hohe Wachstumsrate, relative Geldwertstabilität und Vorherrschaft der neoliberalen Ideologie einerseits, Einkommens-, Vermögens- und Unternehmenskonzentration andererseits.

b. Diese Entwicklung musste folgerichtig sowohl in ökonomischer als auch in gesellschaftlicher und politischer Hinsicht zu gefährlichen Störungen und Konflikten führen. War ein relativ lebhafter Wettbewerb – zusammen mit den außerordentlichen Investitionsanreizen durch Währungsreform, Marshallplan und staatliche Investitionsförderung – die Grundlage für die Aufwärtsentwicklung gewesen, so nahm die Bedeutung des Wettbewerbs durch zunehmende Konzentration, Monopolisierung, Marktabsprachen u.a. stetig ab. Die Abschwächung des Wettbewerbs wie auch die Verringerung profitabler Investitionschancen führten zu einer Abschwächung des Wirtschaftswachstums und einer Steigerung der Inflationsrate. Zugleich nahm mit wachsendem Wohlstand die Wiederaufbaumentalität ab und die Widersprüche und Ungleichheiten in der westdeutschen Gesellschaft wurden zunehmend offenkundig.

Dieser Prozess wurde nachhaltig gefördert durch die Erfahrungen der Wirtschaftskrise 1966/67, welche die Ideologie und die Politik des Neoliberalismus – insbesondere die bis dahin verbreitete Auffassung von einer kontinuierlichen,

Info

Globalsteuerung ist die Beeinflussung volkswirtschaftlicher Gesamtgrößen wie Wachstum, Volkseinkommen, Preisniveau, Investitionen, Außenhandel oder Beschäftigung durch die Wirtschafts- und Geldpolitik. Die Globalsteuerung ist darauf gerichtet, Konjunkturschwankungen und deren negative Begleiterscheinungen (Arbeitslosigkeit, Inflation) zu verhindern und ein gesamtwirtschaftliches Gleichgewicht zu erreichen.

„Globalsteuerung", in: Duden Wirtschaft von A bis Z: Grundlagenwissen für Schule und Studium, Beruf und Alltag, Bibliographisches Institut F.A. Brockhaus, Mannheim [4]2009

Tipp

Keynes: vgl. Kapitel Wirtschaftspolitik, S. 174 ff.

Tipp

www.bpb.de
www.wirtschaftslexikon24.com
www.wiwi-treff.de

stabilen, krisenfreien Wirtschaftsentwicklung – im Bewusstsein der Öffentlichkeit nachhaltig widerlegten. Kurzarbeit, Entlassungen und Arbeitslosigkeit führten zu einer Mobilisierung der Arbeitnehmerschaft und auch bei Unternehmern wurde angesichts sinkender Gewinnchancen, Investitions- und Wachstumsraten ein Meinungsumschwung deutlich: An die Stelle alt- und neoliberaler Überzeugungen trat zunehmend die Forderung nach staatlichem Eingreifen im keynesianischen Sinne, d. h. nach Stabilisierung der Profite durch staatliche Zusatzaufträge.
Bei der Überwindung der Krise von 1966/67 zeigte sich die auf keynesianischen Vorstellungen basierende, vom sozialdemokratischen Wirtschaftsminister Schiller propagierte „Globalsteuerung" relativ erfolgreich. [...] Die Problematik dieser keynesianisch orientierten Wirtschaftspolitik ist inzwischen aber offenkundig geworden.

Hans G. Nutzinger, „Vom Wirtschaftswunder zur Globalsteuerung", in: R. Picht (Hg.), Deutschlandstudien II, DAAD, Bonn 1975, S. 129–171

Aufgaben

1 *Erarbeiten Sie ausgehend von der knappen Darstellung mithilfe der Materialien der Bundeszentrale für politische Bildung (s. Tipp) Kurzvorträge zu Etappen der Wirtschaftsentwicklung der BRD.*

2 *Gestalten Sie einen Zeitstrahl mit Schlagzeilen zur Wirtschaftsentwicklung.*

1.3 Darf's noch etwas mehr sein? Ökonomie, Ökologie und Werte

M1 Auf der Suche nach der überzeugenden Wachstumskritik

Fast vier Jahrzehnte nachdem der Club of Rome im Jahr 1972 sein Manifest *The Limits to Growth* veröffentlicht hat, erlebt die Wachstumskritik in der Wirtschaftswissenschaft eine Renaissance. Finanzkrise, Rohstoffknappheit und Klimawandel lassen immer mehr Forscher daran zweifeln, ob unsere Art des Wirtschaftens auf Dauer zukunftsfähig ist.

Was die Wachstumskritiker eint, ist die Überzeugung, dass es so wie bisher nicht weitergehen kann. Die größten Herausforderungen der Menschheit ließen sich nicht durch wirtschaftliches Wachstum lösen: der Klimawandel, die Massenarbeitslosigkeit und die explodierende Staatsverschuldung.

Wachstum werde zu Unrecht als Allheilmittel für alle ökonomischen Krankheiten angesehen, kritisiert Herman Daly, früherer Weltbankmanager von der University of Maryland, Vordenker der Bewegung. In den Entwicklungsländern ist Wachstum auch nach Ansicht der Kritiker nötig, um die Armut zu bekämpfen und den Lebensstandard der Menschen zu verbessern – aber in hoch entwickelten Ländern erhöhe weiteres Wachstum den gesellschaftlichen Wohlstand nicht. Daher fordern sie neue Wohlstandsindikatoren, die Ungleichheit, Bildungschancen und den Zustand des Gesundheitssystems berücksichtigen.

Vor allem befürchten die Forscher, dass weiteres Wachstum nur auf Kosten der Umwelt möglich ist. Mit der traditionellen Wirtschaftstheorie ist die Forderung nach Wachstumsverzicht nicht vereinbar. Standardökonomen halten Stillstand für Rückschritt. Ohne Wirtschaftswachstum werde unweigerlich die Arbeitslosigkeit zunehmen, warnen sie. Denn jedes Jahr steige aufgrund des technischen Fortschritts in den Unternehmen die Arbeitsproduktivität – wenn nicht gleichzeitig die Produktionsmenge steige, müsse die Beschäftigung zwangsläufig sinken. Wachstumsskeptiker versuchen, diese Sorgen zu entkräften. Diese sollen zeigen, dass auch eine nicht wachsende Ökonomie stabil sein könnte. Vordenker Daly postuliert beispielsweise einen *Steady State* , in dem wir nur so viele Ressourcen verbrauchen, wie auch nachwachsen. Und steigende Produktivität bedeute nicht zwangsläufig, dass wir mehr produzieren müssen. Stattdessen lasse sich auch die Arbeitszeit des Einzelnen verkürzen oder die Arbeit auf mehr Köpfe verteilen. Diese Idee, die Gewerkschaften und Politik in Europa bis in die Neunzigerjahre verfolgten, ist in den vergangenen Jahren völlig aus der Mode gekommen.

Generell pochen wachstumskritische Ökonomen auf eine grundlegend andere Wirtschaftspolitik. Der Staat solle den Verbrauch von Ressourcen höher besteuern und mehr in öffentliche Güter investieren, die der Allgemeinheit zugutekommen – zum Beispiel in Grünanlagen, Schulen und Krankenhäuser.

Insgesamt aber leidet die Argumentation der Wachstumskritiker unter einem Schönheitsfehler: So klar und schonungslos diese die aktuelle Lage auch analysieren, so diffus sind bisher noch ihre Vorschläge, wie eine wachstumsfreie Phase überhaupt herbeigeführt werden könnte.
Noch verharren die meisten Analysen der Post-Wachstum-Forscher auf der abstrakten gesamtwirtschaftlichen Ebene. „Viele sind da sehr staatsgläubig", sagt André Reichel von der Universität Stuttgart. Er ist einer von wenigen Forschern, die sich mit den betriebswirtschaftlichen Aspekten des Themas beschäftigen. Dabei geht es ihm darum, wie Firmen der Wachstumsdruck genommen werden kann, ohne dass Kreativität und Unternehmertum gebremst werden müssen. „Dass Unternehmer Gewinne machen möchten, ist gut so, genau das treibt sie ja an", sagt Reichel. Das Problem sieht er eher im Streben nach ständigen höheren Gewinnen, wie es in börsennotierten Unternehmen zum Alltag gehört.
Vertreter der traditionellen Volkswirtschaftslehre halten sich aus der neu entbrannten Debatte noch raus – oder sie propagieren mehr Wachstum als Lösung für die großen Probleme der Menschheit. „Die Kosten, die mit der Anpassung an ökologische Umwälzungen unweigerlich einhergehen, lassen sich in einer florierenden Wirtschaft leichter tragen", sagt zum Beispiel der Kölner Ökonomieprofessor Juergen Donges. Es werde systematisch unterschätzt, wie gut sich Wirtschaft und Gesellschaft an veränderte Bedingungen anpassen könnten.
Ähnlich argumentiert der kanadische Ökonom Richard Lipsey. Der Mensch werde durch seinen Erfinder- und Unternehmergeist Auswege finden, es wäre gefährlich, ihn gerade jetzt zu stoppen. Zudem sei dem Menschen das ökonomische Wachstum quasi angeboren: „Es liegt tief in unseren Genen, neue Dinge zu erfinden und Altes zu verbessern." Nur ein diktatorischer Staat, der den Menschen alle Anreize nehme, Erfolg zu haben, könnte das ändern.
Damit zielt er direkt auf die Achillesferse der Post-Wachstums-Ökonomen – denn tatsächlich entsteht Wirtschaftswachstum nicht auf Anordnung einer Regierung, sondern als Nebenprodukt des freien Wirtschaftstreibens unzähliger Akteure.

Hans-Christian Müller, „Auf der Suche nach der überzeugenden Wachstumskritik", www.zeit.de, 15.02.2011 [28.10.2013]

Aufgaben

1 *Vergleichen Sie die Argumente für mehr Wachstum und die Argumente für eine Beschränkung des Wachstums.*

2 *Kann man „angemessenes Wachstum" definieren? Erörtern Sie diese Frage.*

M2 Es geht um Werte statt Wachstum

FOCUS Online: Herr Sedlacek, in Ihrem Buch behaupten Sie, in der Wirtschaft sei nichts wertneutral. Warum?

Tomas Sedlacek: Weil es in der Wirtschaft nicht nur um Bewertungen, sondern um Werte geht. Und Werte haben mit Moral zu tun. Jeder Apfel, den Sie kaufen, schließt eine ethische Entscheidung mit ein: Glauben Sie etwa an Fair Trade oder nicht? Wenn Sie an der Tankstelle Benzin in den Tank füllen, hat das Konsequenzen für die nachfolgenden Generationen. Wir sollten uns darüber Gedanken machen.

Ein Kauf ist also nicht einfach ein Kauf ...

... nein, er ist eine Abstimmung mit Geld für oder gegen etwas. Es ist wie bei einer politischen Wahl: Ich stimme bei meinem Kauf für Coca-Cola oder Pepsi, ich stimme für eine Cola mit oder ohne Zucker.

Glauben Sie wirklich, die Mehrheit der Apfelkäufer im Supermarkt denkt über mehr als den Preis nach?

Tomas Sedlacek

Nein, natürlich tun die meisten das nicht. Aber, mal hart formuliert: Wenn Sie jemanden töten, ohne darüber nachzudenken, sind Sie deshalb unschuldig? Es geht einfach ums Abwägen der Konsequenzen. [...]

Und wir wissen zu wenig?

Die Frage ist, ob das heutige Wirtschaftssystem das richtige Werkzeug zur Verfügung stellt, wenn es darum geht, dass Gutes geschehen soll. Und die Frage ist auch, ob die Wirtschaftswissenschaften die notwendige Debatte darüber ermöglichen. Denn deren oberstes Prinzip ist ja, bloß nicht zu werten. Die Wirtschaftswissenschaft würde eher über die Ökonomie der Pornografie reden als über Werte. [...]

Damit sind wir bei der Frage des Menschenbilds der Ökonomie.

Ja, und es liegt schon Ironie darin, dass sich die Wissenschaft, die versucht, sich jeder Wertung zu enthalten, auf Adam Smith beruft. Denn die Wurzeln der Ökonomie liegen in Moraldebatten und Adam Smith war ein Moralphilosoph, der nicht nur „Der Wohlstand der Nationen" geschrieben hat, sondern auch die „Theorie der ethischen Gefühle", die bis heute an den Universitäten gelesen wird.

Was können wir von Adam Smith heute lernen?

Adam Smith propagierte einerseits den Gedanken von Effizienz und Arbeitsteilung. Aber er war auch der Meinung, dass eine gewisse Sympathie für den Mitmenschen – man könnte auch sagen, ein bisschen Liebe – die Grundlage der Moral und die Triebfeder der Arbeit sei. In seinem Denken gab es die starke Liebe innerhalb enger Freundes- und Familienkreise, darüber hinaus aber eine Grundsympathie [...]. Diese Grundsympathie, die uns aneinander bindet und die Gesellschaft zusammenhält, müssten wir wieder stärker suchen.

Sehen Sie positive Veränderungen innerhalb der Marktwirtschaft, wo Werte eine Rolle spielen?

Durchaus. [...] Während es lange Zeit nur um Gewinn ging, [tragen Firmen] nun auch Verantwortung – für ihre Mitarbeiter, ihre Umwelt und so weiter. [...]

Wie können wir die ausgetretenen Diskussionspfade verlassen und Neuland betreten?

Die Kernfrage, die wir uns stellen müssen, ist nicht: „Läuft die Wirtschaft?", so wie wir das seit Jahrzehnten tun. Sondern: „Läuft die Wirtschaft so, wie wir es wollen?" Das Bruttoinlandsprodukt allein kann künftig kein Maßstab mehr für Fortschritt sein. [...] Weil es zu wenig aussagt. Wenn Sie in Deutschland alle Bäume abholzen und ins Ausland verkaufen, haben Sie einen tollen Effekt aufs BIP. Und wenn Sie die Kinder nicht in die Schule, sondern in die Fabrik schicken würden, ebenfalls. Aber wäre das gut?

Sie kritisieren den Wachstumsimperativ?

Ich denke, es gibt ein Leben nach dem Wachstum – auch wirtschaftlich. Heute schauen wir nur auf die nächsten zwei Jahre [...]. Wir sollten stattdessen eine Vision für die nächsten 20 Jahre entwickeln und uns überlegen, wie und in welchen Bereichen wir wachsen wollen.

Denken Sie, dass es ohne Wachstum geht? [...]

Ich bestreite, dass der Kapitalismus Wachstum braucht. Ich sehe übrigens auch keine Krise des Kapitalismus, sondern eine Krise des Wachstumskapitalismus. Nehmen wir das Beispiel Japan. Vielleicht ist das Land an eine Art unsichtbare Barriere gestoßen. Es kann einfach nicht mehr weiter wachsen, weil jeder alles hat. Aber warum empfinden das alle als ein Riesenproblem?

Info

Tomas Sedlacek ist der „junge Wilde" unter den Ökonomen. Im FOCUS-MONEY-Interview fordert der Regierungsberater und Chefökonom einer Bank mehr Verantwortungsbewusstsein – von allen. Er kritisiert unser rein funktionales Verständnis von Wirtschaft, den Wachstumsfetischismus und die hemmungslose Verschuldungsmentalität. [...]
In seinem Heimatland gilt Tomas Sedlacek schon länger als Überflieger. Er ist Mitglied des Nationalen Wirtschaftsrats und Chefökonom der größten tschechischen Bank. [...] Das renommierte Magazin „Yale Economic Review" ernannte ihn zu einem der „fünf heißesten Köpfe" der Wirtschaft.

www.focus.de, 04.02.2012 [28.10.2013]

Weil es irgendwann an seinen Schulden erstickt.
Ein Land kann sich immer weiter verschulden, um Wachstum zu generieren. Es kann aber auch seine Schulden zurückzahlen, ohne zu wachsen. [...].
Wenn wir über Schulden reden, müssen wir auch über Zinsen reden. Sind Zinsen auch schlecht?
Das ist eine sehr große ethische Debatte seit Anbeginn der Zivilisation. Egal, welches Vermächtnis der Menschheit Sie lesen, das Alte Testament, die Schriften des Aristoteles, den Koran, alle haben uns vor den Zinsen gewarnt. Warum? Weil wir ihre Auswirkungen zu wenig verstehen. Zinsen haben etwas Unheimliches an sich, weil sie außer Kontrolle geraten können. Was haben wir getan? Wir haben Zinsen zu einem Eckpfeiler unserer Gesellschaft gemacht, zum Fundament für Wachstum und Wohlstand.
Viele beneiden uns um unseren Wohlstand.
Der ist zum Teil rein künstlich. [...] Geborgt, der Zukunft entliehen. Wenn Sie für die 10 000 geborgten Euro ein Auto kaufen, ist es nicht eine Frucht Ihrer Arbeit und gehört eigentlich der Bank.
Aber ist es nicht so, dass die Menschen das so wollen: schnell, sofort und am besten alles?
Ja, natürlich. Schon die alten Griechen haben deshalb die Mäßigung der Begierden gefordert. Das war das Neue am Kreditkapitalismus: Mit Schulden braucht man seine Begierden nicht mehr zügeln. [...]
Wie wichtig ist Ihnen persönlich Geld?
Geld hat so viel Macht, wie wir ihm geben. Für mich ist es kein Ziel, sondern ein Mittel zum Leben.

Hans Sedlmaier, „Tschechiens Star-Ökonom Tomas Sedlacek: ‚Es geht um Werte statt Wachstum'", www.focus.de, 04.02.2012 [28.10.2013]

Aufgaben

1 *Arbeiten Sie aus dem Interview die zentralen Thesen Sedlaceks heraus.*

2 *Welche Konsequenzen hat es für Konsumenten, Unternehmen und den Staat, wenn wir im Sinne Sedlaceks wirtschaften?*

3 *Vergleichen Sie Ihre Wertmaßstäbe mit den geforderten. Erörtern Sie, ob wir in einer werteorientierten Wirtschaft besser leben.*

M3 Nachhaltigkeit statt Wachstum

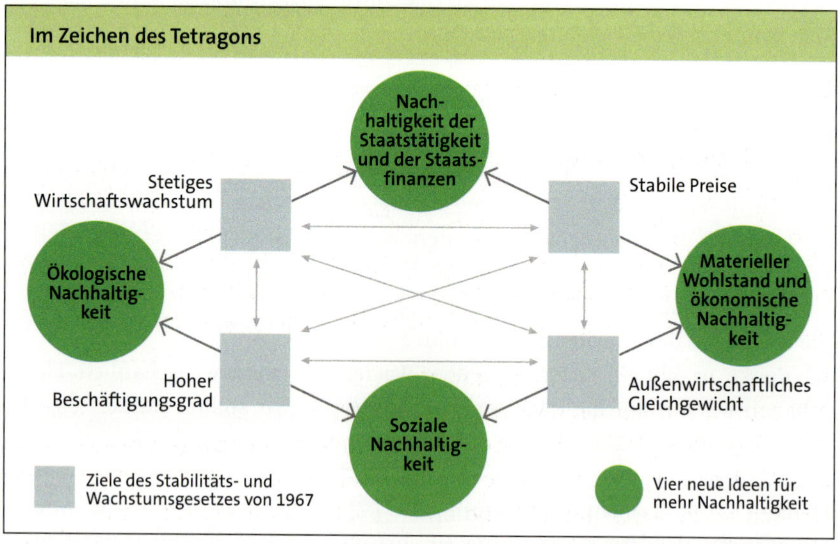

Das „magische Viereck" nach Karl Schiller – und nach den Vorstellungen von SPD und Grünen

Deutschland geht es angeblich wirtschaftlich gut, zumindest nach den üblichen Kriterien. SPD und Grüne sehen das anders. Sie wollen die Wirtschaftspolitik Deutschlands auf ein völlig neues Fundament stellen – und es auf Nachhaltigkeit statt ewiges Wachstum ausrichten.

Sie schlagen vor, die Wirtschafts-, Finanz- und Sozialpolitik in Deutschland auf ein völlig neues Fundament zu stellen und das vom einstigen SPD-Star-Minister Karl Schiller kreierte „Magische Viereck“ der Wirtschaftspolitik durch ein zeitgemäßeres Tetragon zu ersetzen: Statt wie bisher nach stetigem Wachstum, stabilen Preisen, hoher Beschäftigung und außenwirtschaftlichem Gleichgewicht zu streben, soll die Bundesregierung vier neue Ziele ins Visier nehmen, die allesamt dem Primat der Nachhaltigkeit gehorchen – nachhaltige Staatsfinanzen, nachhaltiger Wohlstand, soziale Nachhaltigkeit und schließlich ökologische Nachhaltigkeit.

Schillers ursprünglicher Vierklang leitete sich aus den Grundsätzen der Freiheit, der Gerechtigkeit und des Wohlstands ab, die die nach dem Krieg entworfene „soziale Marktwirtschaft“ der Bundesrepublik kennzeichnen sollten. 1967 verankerte die große Koalition die vier Ziele in Paragraf 1 des Stabilitäts- und Wachstumsgesetzes, das bis heute in Kraft ist. Rasch wurde aus dem Vierklang das „Magische Viereck“, was einerseits beschwörerisch anmutete, zugleich aber die Erkenntnis widerspiegelte, dass sich alle vier Ziele kaum auf einmal umsetzen lassen.

Vielmehr gab und gibt es unter ihnen Zielkonflikte und Wechselwirkungen, wie ein Beispiel zeigt: Zinserhöhungen zur Sicherung der Preisstabilität etwa dämpfen die Investitionstätigkeit der Betriebe und gefährden damit tendenziell das Ziel einer hohen Beschäftigung. Die Debatte gipfelte 1972 im berühmten Satz des späteren Kanzlers und damaligen Wirtschafts- und Finanzministers Helmut Schmidt (SPD), der in einer Wahlkampfrede ausrief, er habe „lieber fünf Prozent Inflation als fünf Prozent Arbeitslosigkeit“.

Neudefinition des wirtschaftspolitischen Koordinatensystems

Nicht diese Konflikte sind es jedoch, die das von SPD-Generalsekretärin Andrea Nahles, Grünen-Bundesgeschäftsführerin Steffi Lemke, den Gewerkschaftern Yasmin Fahimi (IG BCE) und Michael Guggemos (IG Metall) geführte „Denkwerk Demokratie“ zu einer Neudefinition des wirtschaftspolitischen Koordinatensystems bewogen haben. Die vier Vorstandsmitglieder verweisen in ihrem Beitrag vielmehr auf den Unterschied zwischen der statistisch gemessenen und der gefühlten Lage.

„Deutschland geht es wirtschaftlich gut“, heißt es im Papier […]. „Gemessen am ‚Bruttoinlandsprodukt‘ und an der ‚Zahl der Erwerbstätigen‘ leben wir offenbar in goldenen Zeiten“, so die Autoren. Tatsächlich jedoch sagten die beiden herkömmlichen Indikatoren wenig über die Lebensqualität und die soziale Realität aus. „Sie verschleiern wachsende Ungerechtigkeit und Unzufriedenheit und liefern keine Informationen über die Zukunftsfähigkeit unserer Wirtschaft.“

Wirtschaft ist „aus der Balance geraten“

Aus Sicht des Denkwerks ist die deutsche Wirtschaft grundsätzlich „aus der Balance geraten“: Die Finanzindustrie dominiere mit ihren falschen Leitbildern und Fehlanreizen die Realwirtschaft, der Wohlstand sei ungleich verteilt, die Umwelt werde weiter zerstört und immer mehr Menschen könnten von ihrer Hände Arbeit nicht leben. Deshalb müsse die Politik „ein neues ‚Magisches Viereck‘ definieren, das den Herausforderungen des 21. Jahrhunderts gerecht wird“.

Eine künftige Bundesregierung, so heißt es in dem Papier, solle die neuen Zielmarken verbindlich festschreiben, etwa in einem Wohlstands- und Nachhaltig-

denkwerk demokratie

Info

Das **Denkwerk Demokratie** ist ein gemeinnütziger Verein, der sich für eine soziale, ökologische und demokratische Zukunftsgestaltung einsetzt. Er versteht sich als „Think-Net“ bzw. als Denk-Netzwerk und bringt Analysen, Ideen und Akteure aus Politik, Gewerkschaften, NGO und Wissenschaft zusammen.

Denkwerk Demokratie (Hg.), „Was ist das Denkwerk Demokratie?“ [28.10.2013] keitsgesetz. Dieses könnte das viereinhalb Jahrzehnte alte Stabilitäts- und Wachstumsgesetz ablösen. Zudem soll die Regierung einen jährlichen „Jahreswohlstandsbericht" vorlegen, der die bereits bestehenden Berichte – darunter der Jahreswirtschafts-, der Armuts- und der Nachhaltigkeitsbericht – zusammenführt.

„Entkopplung von Wachstum und Ressourcenverbrauch"

Zur Nachhaltigkeit der Staatsfinanzen heißt es im Vierecks-Entwurf, die öffentliche Verschuldung müsse „abgebaut werden, ohne notwendige Zukunftsausgaben zu vernachlässigen". Dazu seien „ausreichende Einnahmen" nötig. Die „ökonomische Nachhaltigkeit" soll gewährleistet werden, indem die Politik die Rahmenbedingungen für Vollbeschäftigung und „eine möglichst ausgeglichene Leistungsbilanz" schafft. „Soziale Nachhaltigkeit" lasse sich vor allem durch eine „gerechtere Einkommensverteilung und bessere Bildungschancen" erreichen. Unter „ökologischer Nachhaltigkeit" verstehen die Initiatoren etwa die „Entkopplung von Wachstum und Ressourcenverbrauch". [...]

Christoph Hickmann/Claus Hulverscheidt, „SPD und Grüne entwerfen grundlegend neue Wirtschaftspolitik", www.sueddeutsche.de, 13.02.2013 [28.10.2013]

Aufgaben

1 *Erläutern Sie die im Text genannten Probleme, die eine „Neudefinition des wirtschaftspolitischen Koordinatensystems" nach Meinung der Autoren nötig machen.*

2 *Erörtern Sie, inwieweit die Vorschläge des „Denkwerks" den Forderungen von Club of Rome und Sedlacek gerecht werden.*

M4 Bhutan – Glück für die Welt

Bruttonationalglück als Alternative zum Bruttoinlandsprodukt – im Königreich Bhutan steht das Recht auf Glück in der Verfassung, der Staat misst es mit einem dicken Fragebogen. Kann die Welt von Bhutan lernen? Die Vereinten Nationen laden an diesem Montag zu einer Glücks-Konferenz.

Wie sehr genießen Sie Ihr Leben? Es gibt nicht viele Staaten, die ihren Bürgern solche Fragen stellen. Bhutan tut es. Mit einem dicken Fragebogen misst das Himalaya-Königreich sein „Bruttonationalglück", das seit dem Jahr 2008 als Ziel in der Verfassung verankert ist. Den Begriff hat in den Siebzigerjahren der damalige König Jigme Singye Wangchuck geprägt – als Alternative zum Bruttoinlandsprodukt. Nun macht das Entwicklungsland Bhutan sich auf, die Welt auf den Pfad des Glücks zu bringen. An diesem Montag lädt das Land bei den Vereinten Nationen in New York zu einem Spitzentreffen ein. Die Konferenz soll den Weg zu einer neuen Wirtschaftsordnung ebnen, in der Wohlbefinden im Fokus steht – nicht Wachstum.

Die Resonanz ist beachtlich: 600 Teilnehmer sind angekündigt. UN-Generalsekretär Ban Ki Moon hält die Eröffnungsrede, Costa Ricas Präsidentin Laura Chinchilla gibt sich ebenso die Ehre wie Nobelpreisträger Joseph Stiglitz und, per Videobotschaft, Prinz Charles. Aber was hat das Glückskonzept eines Himalaya-Staates mit weniger als einer Million Einwohnern der Welt zu bieten?

Das Bruttoinlandsglück des buddhistischen Landes umfasst neun Domänen, neben Gesundheit und Lebensstandard spielen auch spirituelle Bedürfnisse und die Verwendung von Zeit eine Rolle. Man könne das Konzept nicht zur Gänze nach Europa übertragen, sagt Christian Kroll, Mitglied eines britischen Expertengremiums zur Messung des nationalen Wohlstands. Doch auch Europäer, meint er, sollten systematischer fragen, welche Rolle das Glück der Bürger für die praktische Politik spielen könne.

„Entscheidend ist, dass Bhutan die Priorisierung des Bruttoinlandsprodukts infrage stellt", sagt Johannes Hirata, Professor für Volkswirtschaftslehre an der Hochschule Osnabrück, der zur UN-Konferenz reist. Das BIP, da sind sich viele Ökonomen und Politiker einig, reicht nicht mehr aus als Gradmesser für Lebensqualität. Immer mehr Länder haben sich auf die Suche nach neuen Maßstäben gemacht. Frankreichs [ehemaliger] Präsident Nicolas Sarkozy beauftragte zwei Nobelpreisträger, in Großbritannien entstand eine Initiative zur Vermessung des Wohlstands, im Bundestag befasst sich eine Enquete-Kommission mit dem Thema.

Alternative Indizes gibt es schon. Die Vereinten Nationen haben den Human Development Index, die OECD verwendet den Better Life Index, aus Ökologen-Sicht bietet sich der Happy Planet Index an. Seit Jahrzehnten diskutiert die Welt über die „Grenzen des Wachstums" – umso erstaunlicher, dass es der Initiative Bhutans bedarf, um eine globale Bewegung anzuzetteln, die stärker auf Nachhaltigkeit und Wohlbefinden setzen soll. Beim Weltgipfel Rio +20 im Juni will Bhutan ein neues Wirtschaftsmodell präsentieren.

Ministerium für Glück und Wohlbefinden, http://ministeriumfuerglueck.de

Info

Der **Happy Planet Index (HPI)** ist ein Index, der ein Maß für die ökologische Effizienz der Erzeugung von Zufriedenheit zu bilden versucht. Dazu werden Werte für **Lebenszufriedenheit**, **Lebenserwartung** und **Ökologischen Fußabdruck** kombiniert. [...] Im Gegensatz zu etablierten volkswirtschaftlichen Indizes wie **Bruttoinlandsprodukt** (BIP) oder **Human Development Index** (HDI) bezieht der Happy Planet Index (HPI) das Kriterium der **Nachhaltigkeit** mit ein.

„Happy Planet Index (HPI)", www.wikipedia.de, 01.04.2013 [28.10.2013]

Tipp

Informationen zum **HPI** finden Sie unter anderem hier:
www.happyplanetindex.org/
www.oekonomenstimme.org/artikel/2012/01/planet-happy/
http://economyaustria.at/leben/das-mass-des-lebensgluecks
www.bpb.de/system/files/pdf/693SMO.pdf

Ganz neu ist das Streben nach Glück als politische Maxime allerdings nicht, schon die US-Unabhängigkeitserklärung nannte es ein unveräußerliches Recht. Eine Weltformel des Glücks werde bei den Vereinten Nationen nicht aufgestellt, sagt Forscher Kroll. Es sei „eine Veranstaltung, die eine politische Bewegung generieren soll". Wirtschaftsethiker Hirata will dafür werben, dass ein Bekenntnis zu demokratischen und rechtsstaatlichen Prinzipien nicht fehlt – vor dem Hintergrund mancher Befürchtungen, Staaten könnten das Glück ihren Bürgern verordnen wollen. Das Treffen könne ein Schritt hin zu Veränderungen sein, sagt Hirata: „Damit wäre ich schon ganz zufrieden."

Caroline Ischinger, „Glück für die Welt", www.sueddeutsche.de, 02.04.2012 [28.10.2013]

Aufgaben

1 *Beschreiben Sie die Maßstäbe, mit denen Bhutan die Entwicklung des Landes messen und fördern will.*

2 *Recherchieren Sie den Happy-Planet-Index (Tipp) und erörtern Sie, inwieweit er als Maßstab angemessen ist.*

3 *Erörteren Sie, inwieweit sich der Staat lenkend um das Glück seiner Bürger kümmern soll.*

1.4 Der Mensch – nur Homo oeconomicus?

M1 Das Modell

Homo oeconomicus: Modellvorstellung der Wirtschaftstheorie eines idealen, ausschließlich nach wirtschaftlichen Gesichtspunkten denkenden und handelnden Menschen. Der Homo oeconomicus kennt nur ökonomische Ziele und ist besonders durch Eigenschaften wie rationales Verhalten, das Streben nach größtmöglichem Nutzen (Nutzenmaximierung), die vollständige Kenntnis seiner wirtschaftlichen Entscheidungsmöglichkeiten und deren Folgen sowie die vollkommene Information über alle Märkte und Eigenschaften sämtlicher Güter (vollständige Markttransparenz) charakterisiert. Das Ideal des Homo oeconomicus dient dazu, elementare wirtschaftliche Zusammenhänge in der Theorie durchsichtig und ohne praktische Unzulänglichkeiten beschreiben zu können.

„Homo oeconomicus", in: Duden Wirtschaft von A bis Z: Grundlagenwissen für Schule und Studium, Beruf und Alltag, Bibliographisches Institut F. A. Brockhaus, Mannheim 5 2013

M2 Ist der Homo oeconomicus kalt und unmenschlich?

Er ist ein kühler, rationaler Nutzenmaximierer, der Homo oeconomicus, dessen Fiktion das Fundament der gesamten Wirtschaftswissenschaften ist: die Annahme eines Menschen, der allen Gütern einen persönlichen Nutzen beimisst und seine so gebildete Nutzenfunktion gnadenlos optimiert. Und genau hier beginnt die Kritik. Kein Mensch maximiere jederzeit seine persönliche Nutzenfunktion, Menschen seien oft irrational und würden auch von Motiven geleitet, die nicht in den Nutzenkalkülen der Ökonomen vorkommen. [...]

Der erste Kritikpunkt der Psychologen setzt an der Gestalt der Nutzenfunktion an, welche Ökonomen unterstellen: Sie vermuten, dass der Nutzen eines Gutes von der absoluten Höhe des Wertes oder der absoluten Menge des Gutes abhängen. Falsch, sagen Psychologen: Menschen achten weniger auf absolute Werte, sondern auf Veränderungen. Nicht die absolute Höhe des Konsums, des Ein-

kommens, des Vermögens sei das entscheidende Argument in der Nutzenfunktion, sondern deren Veränderung. Beispielsweise steigere es den Nutzen eines Menschen, wenn er bemerkt, wie er reich wird; ist er aber erst einmal reich, so kann der Grad der Zufriedenheit rasch wieder auf das gleiche Niveau fallen, das der betreffende Mensch hatte, bevor er reich wurde.

[...] Psychologen sehen weitere Fallstricke bei der Modellierung des Homo oeconomicus: Sie konstatieren bei Menschen eine Überreaktion auf Veränderungen, die sich nicht in einer normalen Nutzenfunktion einfangen lassen. Menschen, so glauben die Psychologen, machen bei der Bewertung von Veränderungen zwei Fehler: Sie überschätzen die Dauer solcher Veränderungen und es gelingt ihnen nicht, einzelne Ereignisse wie beispielsweise einen Verlust in einen größeren Zusammenhang zu stellen: Was ist ein Verlust von 20 Dollar auf Sicht von 20 Jahren?

Was nützen mir diese Überlegungen, fragt sich der Ökonom. Die Antwort der Psychologen: Diese Überreaktion auf Veränderungen im Nutzenniveau könnte, korrekt modelliert, hilfreich sein bei der Frage danach, warum Menschen in welchem Ausmaß Sicherheit, beispielsweise in Form von Versicherungen, nachfragen. Die Antwort der Ökonomen: Menschen fragen Versicherungen nach, weil der zusätzliche Nutzen des Vermögens mit steigendem Vermögen abnimmt – bei einem großen Vermögen fällt es leicht, auf ein paar Euro zugunsten der Versicherung zu verzichten. Sollte es aber so sein, wie Psychologen vermuten, dass die Haltung der Menschen zu Risiken geprägt ist von der Furcht vor Veränderungen, dann müssten etliche Schlussfolgerungen der klassischen Modelle – warum Menschen welche Versicherungen in welcher Kombination nachfragen – noch einmal auf den Prüfstand.

Auch eine andere Annahme der Ökonomen gehört Psychologen zufolge auf die Couch – die Idee, dass Menschen strikte Nutzenmaximierer sind. Experimente der Psychologen haben gezeigt: Menschen legen auch Wert auf Fairness und haben Abneigungen gegen Menschen, die ungerecht sind, und – Menschen sind auch rachsüchtig. Mit anderen Worten: Sie legen nicht nur Wert auf die Ergebnisse beispielsweise eines Verteilungsprozesses, sondern sie achten auch, auf welchem Weg man dorthin gelangt ist. Und sie sind bereit, für Fairness und Bestrafung einen Preis zu zahlen – ein Kalkül, das beim Homo oeconomicus keine Rolle spielt. Die Überlegung, dass Menschen bereit sind, für Fairness, Bestrafung und Rache einen Preis zu zahlen, könnte nach Ansicht der Psychologen beispielsweise helfen, Arbeitskämpfe oder Preiskriege realitätsnäher zu modellieren [...].

Hanno Beck, „Ökonomen auf die Couch", in: Frankfurter Allgemeine Sonntagszeitung, Nr. 35, 31.08.2003, S. 30

Aufgaben

1 *Erläutern Sie die Aussage, der Homo oeconomicus sei ein „Nutzenmaximierer".*

2 *Stellen Sie dar, welche Einwände gegen den Homo oeconomicus vorgebracht werden.*

3 *Erörtern Sie, inwieweit die Frau auf dem Bild (S. 169) dem Modell des Homo oeconomicus entspricht.*

M 3 Der Homo oeconomicus lebt

Die Finanzkrise hat auch das Theoriegebäude der Wirtschaftswissenschaften ins Wanken gebracht. In den Hörsälen wird der Ruf nach einem Neuanfang lauter. Ob sich in der Ökonomie ein Paradigmenwechsel vollzieht, ist aber längst nicht ausgemacht.

Ökonomen können sich auf diese Argumentation nicht zurückziehen. Denn die Finanz- und Wirtschaftskrise ist keine Naturkatastrophe, sie ist von Menschen gemacht. Und – Hochmut kommt vor dem Fall – die Forscher selbst hatten für sich reklamiert, dank ihrer ausgefeilten Modelle vor bösen Überraschungen gefeit zu sein. [...] Abgesehen von einzelnen Querdenkern haben auch die Ökonomen beruhigt, nicht gewarnt.

Umso heftiger erschüttert das Beben der Märkte die Wirtschaftswissenschaften. Auf Fachkonferenzen und in Hörsälen wird der Ruf nach einem Neuanfang lauter, die offengelegten Schwächen der Modelle bringen selbst Grundpfeiler des Theoriegebäudes ins Wanken. Besonders unter Beschuss: der Homo oeconomicus, die zentrale Figur neoklassischer Ökonomie. [...] Es wächst die Gruppe der Forscher, die den Homo oeconomicus für erledigt erklären [...].

Aufgebrochen wird die Schablone durch auf den ersten Blick unerklärbare Ereignisse: Warum kollabieren die Märkte, obwohl sie sich doch eigentlich durch eine „unsichtbare Hand" immer im Gleichgewicht befinden müssten? Warum teilen Menschen mit anderen, wenn sie doch Egoisten sind? Solche Anomalien [...] verursachen Phasen „fachwissenschaftlicher Unsicherheit", es kommt zu einem „Wuchern konkurrierender Ansätze", die den Mainstream angreifen.

Genau diese Dynamik ist derzeit zu beobachten: Verhaltensökonomen, die menschliche Triebe und scheinbar irrationale Verhaltensweise in ihre Modelle aufnehmen, streiten sich mit Neurowissenschaftlern, Wirtschaftshistorikern und -philosophen darum, an Deutungsmacht zu gewinnen und den Homo oeconomicus-Anhängern das Wasser abzugraben. Zahlreiche neue Ideen machen die Runde – doch so etwas wie ein neues Paradigma, das sich wie der Homo oeconomicus als Fundament für ein neues umfassendes Theoriegebäude eignen würde, ist nicht zu erkennen. [...] Experimentalökonomen [...] konfrontieren Probanden im Labor mit einfachen Spielsituationen und stoßen dabei regelmäßig darauf, dass sich Menschen altruistisch und fair verhalten, anstatt die Ellenbogen auszufahren. Ein Bruch mit dem Homo oeconomicus? Im Gegenteil: In ihren neueren Modellen erweitern die Forscher kurzerhand die Vorlieben des Modellmenschen, sie ordnen ihm „soziale Präferenzen" zu. An der zentralen Annahme, dass der Mensch in jeder Situation seinen Nutzen maximiert, rüttelten sie nicht. Dem modernen Homo oeconomicus geht es besser, wenn er Gutes tut. Den Vordenkern der Disziplin wie Adam Smith dürfte diese Entwicklung sogar gefallen – schließlich definierten sie ihren Modellcharakter umfassender als ihre Nachfolger und schrieben ihm Sympathien und moralische Gefühle zu. [...]

Johannes Pennekamp, „Der Homo oeconomicus lebt", www.faz.net, 25.10.2012 [28.10.2013]

Nobelpreisträger Robert Lucas war es, der 2003 verkündete, die Volkswirtschaftslehre habe „das zentrale Problem, wie Depressionen zu verhindern sind, gelöst".

Aufgaben

1 *Beschreiben Sie die im Text genannten Phänomene, die zu der Phase „fachwissenschaftlicher Unsicherheit" (Z. 21) führen.*

2 *Erstellen Sie eine Übersicht der in M 2 und M 3 dargelegten menschlichen Verhaltensweisen, die nicht ins ökonomische Verhaltensmodell passen.*

3 *Erörtern Sie, ob Glück als maximaler individueller Nutzen bestimmt werden darf.*

Markt und Staat

Die ökonomischen Grundfragen nach der Herstellung und der Verteilung von Gütern können abhängig von den Zielen und Werten der Einzelnen und des Gemeinwesens verschieden beantwortet werden.

Bedürfnisse und Knappheitsproblem

Ausgangspunkt ist jedoch immer die Feststellung, dass den Bedürfnissen der Menschen begrenzte Möglichkeiten zur Befriedigung (knappe Güter) gegenüberstehen und eine Organisationsform gefunden werden muss, dieses grundlegende Knappheitsproblem zu lösen. Dies gilt auch in einer Wohlstandsgesellschaft ohne echten Mangel. Wirtschaften wird somit zur planvollen Herstellung (Produktion) und Verteilung von Gütern mit dem Ziel der Bedürfnisbefriedigung (Konsum). Für die Koordination der unzähligen wirtschaftlichen Tätigkeiten kann man drei grundsätzliche Möglichkeiten unterscheiden.

Solidarität, Markt und Staat als Möglichkeiten

Traditionell werden in Familien und persönlichen Beziehungen Leistungen aus Solidarität erbracht und Herstellung und Verteilung durch Normen und Absprachen geregelt, häufig zur Selbstversorgung. Dies hat z. B. bei der Pflege der älteren Generation eine enorme volkswirtschaftliche Bedeutung. Die meisten Waren und Dienstleistungen, die wir als Menschen heute brauchen oder wollen, werden jedoch in allen modernen Gesellschaften arbeitsteilig hergestellt und müssen ihren Weg zum Konsumenten finden. Der Möglichkeit, ohne Zwang zu produzieren und auf einem Markt Güter zu tauschen, steht die Organisation der Produktion und Verteilung durch den Staat gegenüber.

Mischsysteme

Über diese grundsätzlichen Alternativen wird je nach Umständen und Notwendigkeiten politisch entschieden. Für verschiede Güter wie z. B. Kleidung, Bildung, Infrastruktur oder Sicherheit finden wir daher unterschiedliche Lösungen als Antworten auf die Grundfragen: was, wie und für wen produziert werden soll; zumeist Kombinationen aus einem staatlichen Ordnungsrahmen und Marktelementen. Die Anhänger freier Märkte können dabei die enormen wohlfahrtsteigernden Wirkungen anführen, aber die Tendenz zur Aushebelung des Wettbewerbs durch Marktmacht und ungerechte Verteilung der Marktergebnisse verlangen staatliche Regelungen und Eingriffe. Alle realen Wirtschaftssysteme sind daher Mischsysteme.

Institutionen, Wettbewerb und sozialer Ausgleich

Spätestens der Zusammenbruch der staatlichen Strukturen im Ostblock hat gezeigt, dass für die Leistungsfähigkeit einer Wirtschaft nicht nur die Ressourcen, die Bodenschätze und die Produktionsmöglichkeiten, sondern auch funktionierende Institutionen nötig sind, die einen Ordnungsrahmen, z. B. für einen funktionierenden Wettbewerb, sicherstellen. Die Bundesrepublik hat sich mit dem Leitbild der sozialen Marktwirtschaft darüber hinaus zu einer fairen Verteilung der Wohlstandszuwächse entschieden und damit für einen sozialen Ausgleich.

Grenzen des Wachstums und Wohlstandsmaßstäbe

Nachdem man bislang davon ausging, dass alle wirtschaftlichen Probleme vorrangig durch Wachstum gelöst werden könnten, treten zunehmend die „Grenzen des Wachstums“ durch einen übermäßigen Verbrauch von Natur und Ressourcen ins Bewusstsein. Die Schonung oder Wiederherstellung der Ressourcen für folgende Generationen soll durch nachhaltigeres Wirtschaften gewährleistet werden. Wohlstand allein an einer steigenden Güterversorgung zu messen, wird fraglich. Auch andere Kriterien und Werte könnten berücksichtigt werden. Das Modell des *Homo oeconomicus* als rationaler Nutzenmaximierer stößt dabei an seine Grenzen, weil sich wertbestimmte Entscheidungen der Menschen nur schwer einordnen lassen.

Die Freiheit der wirtschaftlich Mächtigen und die Freiheit in der Wirtschaft

Aus einer Rede des Bundespräsidenten Joachim Gauck zum 60. Jubiläum des Walter Eucken Instituts:

Wer eine freiheitliche Gesellschaft möchte, möge sich einsetzen für Markt und für Wettbewerb und gegen zu viel Macht in den Händen weniger. Er muss aber auch wissen: Eine freiheitliche Gesellschaft beruht auf Voraussetzungen, die Markt und Wettbewerb allein nicht herstellen können. Da schreibt er [Eucken], dass „die Gewährung von Freiheit eine Gefahr für die Freiheit werden kann, wenn sie die Bildung privater Macht ermöglicht; dass zwar außerordentliche Energien durch sie geweckt werden, aber dass diese Energien auch freiheitszerstörend wirken können". Klingen diese Worte nicht sehr vertraut, wenige Jahre nachdem Banken und politische Versäumnisse die Wirtschaft vieler Staaten und damit auch Millionen Menschen in eine tiefe Krise stürzten, und dann, weil „too big to fail", mit Milliarden der Steuerzahler gestützt und gerettet werden mussten? ...
Und dann denkt da ein Freiburger Ökonom gemeinsam mit seinen Mitstreitern über die Entmachtung all dieser Mächtigen nach! Er entwirft eine Ordnung, in der der Staat so viel wie irgend möglich dem freien Spiel des Wettbewerbs überlässt – aber keinesfalls das Setzen der Regeln selbst. Eine Ordnung, die den Einzelnen weder einer staatlichen Bevormundung unterwirft noch einem Markt, auf dem die Starken so groß werden können, dass sie selbst die Regeln bestimmen. Eine Ordnung, die auf „das Anliegen der sozialen Gerechtigkeit" zielte und – zur Erfüllung dieses Anliegens – auf den höchstmöglichen wirtschaftspolitischen Wirkungsgrad. [...] Und doch halten viele Deutsche die marktwirtschaftliche Ordnung zwar für effizient, aber nicht für gerecht. Mit Marktwirtschaft assoziieren sie – laut einer aktuellen Umfrage – „gute Güterversorgung" und „Wohlstand", aber auch „Gier" und „Rücksichtslosigkeit".

Joachim Gauck, „Festveranstaltung zum 60. Jubiläum des Walter Eucken Instituts", www.bundespraesident.de, 16.01.2014 [24.03.2014]

Ein kritischer Kommentar dazu:

Die Politik soll regulieren – so viel wie nötig, so wenig wie möglich. So verstehe ich Gauck. Nur: Das ist Schönwettersprech von vorgestern. Wir befinden uns längst in einem Stadium der kapitalistischen Entwicklung, in dem Lobbyisten direkt Einfluss auf Gesetzestexte nehmen und in dem sich Politiker als Sachwalter der Interessen der Konzerne ihres Landes verstehen, nicht länger als Sachwalter der Interessen ihrer Bürger [...]. Kfz-Hersteller-Lobbys spielen ihren ganzen Einfluss in Brüssel aus. Nahrungsmittelkonzerne verhindern, dass Lebensmittel mit der Ampel gekennzeichnet werden. Einflussreiche Bankenkreise manipulieren den Libor-Zinssatz. Die Politik scheint zu kraftlos zu sein, um diesen Umtrieben etwas entgegenzusetzen [...]. DAS, lieber Herr Gauck, ist unsere wirtschaftliche Realität! Wettbewerb? Wo ist er denn, der Wettbewerb, wenn unsere Konzerne „too big to fail" sind?

Bronski, „Die Freiheit der wirtschaftlich Mächtigen und die Freiheit in der Wirtschaft", www.frblog.de, 22.01.2014 [24.03.2014]

Aufgaben

1 *Erklären Sie die Herausforderungen und die Aufgaben des Staates in der Wirtschaft, die der Bundespräsident in seiner Rede, bezugnehmend auf Walter Eucken, formuliert.*

2 *Ordnen Sie die Kritikpunkte Bronskis den Positionen des Bundespräsidenten zu.*

3 *Erörtern Sie die Kraft und die Handlungsmöglichkeiten des Staates, die Regeln der Wirtschaft zu bestimmen.*

2. Wirtschaftspolitik

Wertschöpfung und Verteilung

Wie viel in Ihrer Volkswirtschaft erwirtschaftet wird und wie der Wohlstand verteilt wird, bestimmt Ihr Leben grundlegend. Auch wird Ihre Zufriedenheit und Zustimmung zum Staat zu einem großen Teil bestimmt davon, was er Ihnen an Verdienst-, Gewinn- und Konsummöglichkeiten bieten kann. Alle Staaten haben daher ein elementares Interesse daran, dass ihre Wirtschaft gut läuft.

Die Leistungsfähigkeit der Wirtschaft ist zum einen abhängig von funktionierenden staatlichen Institutionen, wie einem verlässlichen Rechtssystem und den Rahmenbedingungen und Ordnungen, in denen Unternehmen und Verbraucher frei handeln können. Die Politik muss aber auch entscheiden, ob und mit welchen Mitteln sie in das Wirtschaftsgeschehen eingreifen soll, um die Ergebnisse zu verbessern oder wirtschaftliche Krisen zu verhindern: Wie kann man angemessenes Wachstum fördern? Wie kann es gelingen, möglichst viele oder gar alle Menschen von ihrer eigenen Arbeit leben zu lassen? Wie kann das Geld zugleich anerkanntes Tauschmittel, wachstumsfördernder Kredit und verlässliches Wertaufbewahrungsmittel sein? Kann Deutschland seine Exportstärke mit der Forderung nach einem Ausgleich der Leistungsbilanzen verbinden? Wie werden Sie und Ihre Generation diese Fragen lösen? Und werden mit diesen Entscheidungen auch die nachfolgenden Generationen gleiche Chancen auf Wohlstand und Sicherheit haben?

Stabilität der Märkte

Im folgenden Kapitel werden Sie sich ausgehend von den konjunkturellen Schwankungen der Wirtschaft mit der Grundfrage beschäftigen, ob die Märkte selbst ausreichend stabil sind oder ob staatliche Eingriffe bis hin zu einer Steuerung der Gesamtwirtschaft die Leistungsfähigkeit der Wirtschaft verbessern.

Angebotsorientierung/ Nachfrageorientierung

Sie werden beurteilen, ob für Wachstum und Stabilisierung eher die Bedingungen der Produktion verbessert werden müssen oder ob die Wirtschaft durch die Nachfrage der Konsumenten und des Staates stabilisiert und in Schwung gehalten wird.

Kompetenzen:

Dieses Kapitel hilft Ihnen, die aktuelle gesamtwirtschaftliche Situation anhand der zentralen Kriterien Wachstum, Beschäftigung, Geldwertstabilität und Außenbeitrag zu erfassen und in den Konjunkturverlauf und langfristige Entwicklungen einzuordnen.

Gemessen am Maßstab der wirtschaftlichen Zielgrößen beurteilen Sie die Notwendigkeit und die Möglichkeiten staatlicher Wirtschaftspolitik. Sie erkennen unterschiedliche Bewertungen der wirtschaftspolitischen Ziele und können die Forderung nach Ergänzungen und die Spannungen zwischen den Zielen beurteilen.

Sie können wirtschaftspolitische Grundkonzepte, Angebots- und Nachfragetheorie, und ihre praktischen Auswirkungen darstellen.

In den Handlungsfeldern der Wirtschaftspolitik können Sie Maßnahmen und Forderungen den Denkmustern der jeweiligen Grundkonzepte zuordnen und die kurz- und langfristigen Wirkungen auf die Akteure und die Gesamtwirtschaft bewerten.

Auf dieser Grundlage können Sie aktuelle Probleme und wirtschaftspolitische Auseinandersetzungen auf den Feldern der Wachstumspolitik, Konjunkturpolitik, Arbeitsmarktpolitik, Strukturpolitik sowie in der Geld- und Fiskalpolitik darstellen und beurteilen.

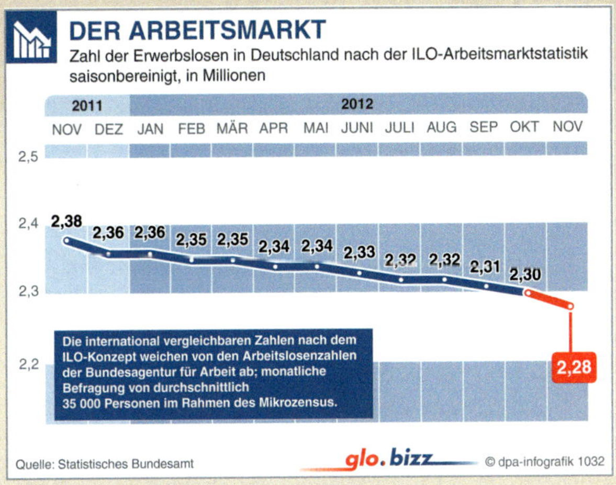

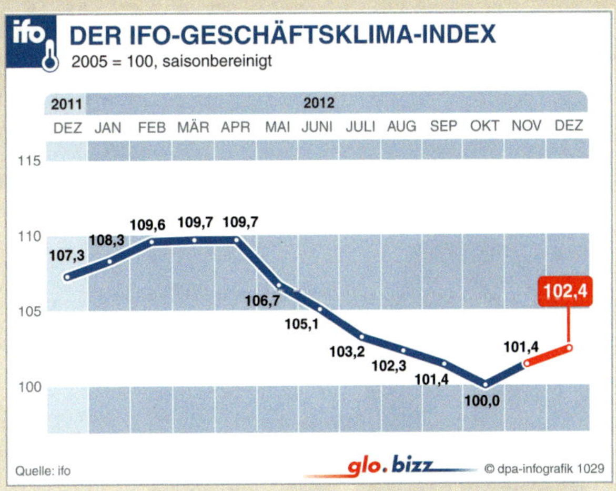

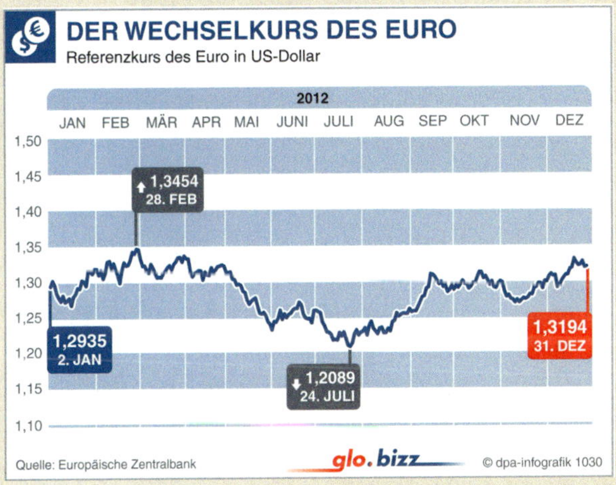

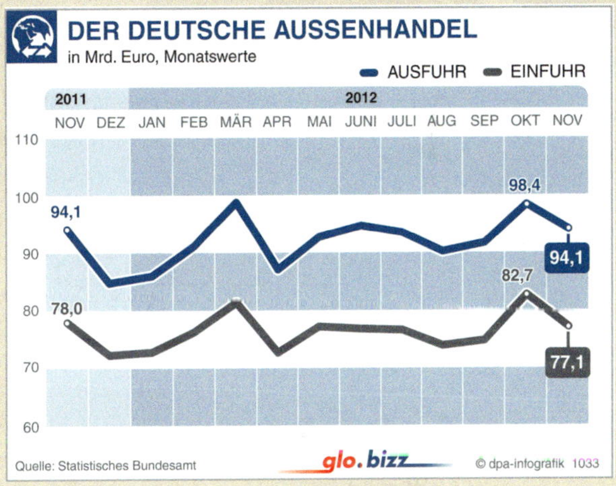

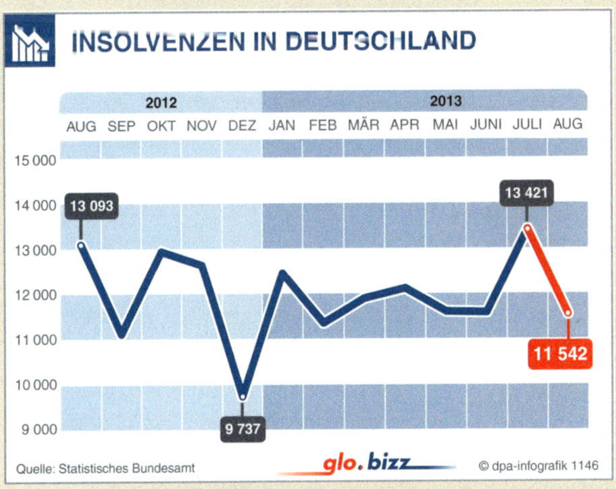

Jan Tomaschoff/toonpool.com

2.1 Soll der Staat die Konjunktur steuern?

M 1 Ökonomen warnen vor Konjunkturprogramm

„Man sollte den Geist in der Flasche lassen", sagt Beatrice Weder di Mauro, Mitglied des Sachverständigenrats

Die Anzeichen einer Rezession in den Vereinigten Staaten verdichten sich. Der Einkaufsmanagerindex des amerikanischen Dienstleistungssektors ist im Januar unerwartet stark von 54,4 auf 41,9 Zähler eingebrochen, wie das Institute for Supply Management (ISM) am Dienstag mitteilte. Ein derart niedriges Niveau war zuletzt in der Rezession 2001 erreicht worden. Der deutsche Aktienmarkt reagierte mit starken Kurseinbrüchen auf die Nachricht. Immer mehr Ökonomen halten nun eine schrumpfende amerikanische Wirtschaft für wahrscheinlich. Noch in dieser Woche wird der amerikanische Senat über ein von Präsident George Bush geplantes Konjunkturpaket verhandeln.

Ein keynesianisches Programm ist aber kein Vorbild für Deutschland, warnen Ökonomen. „Man sollte den Geist in der Flasche lassen. Zum jetzigen Zeitpunkt halte ich die Diskussion in Deutschland für nicht angebracht", sagt die Mainzer Wirtschaftsprofessorin Beatrice Weder di Mauro, die auch Mitglied des Sachverständigenrats ist. Und der Chefvolkswirt der Commerzbank, Jörg Krämer, warnt: „Das Letzte, was wir in Deutschland brauchen, ist ein Ankurbelungsprogramm mit mehr Staatsausgaben und mehr Staatslenkung." Alle Erfahrungen mit solchen Programmen seien schlecht gewesen. Sie hätten nur steigende Verschuldung gebracht, aber wirtschaftliche Einbrüche nicht verhindern können.

Philip Plickert/Manfred Schäfers, „Ökonomen warnen vor Konjunkturprogramm", www.faz.net, 05.02.2008 [28.10.2013]

M 2 Merkel beruft Konjunkturgipfel ein

Jetzt schaltet sich die Kanzlerin ein: Angela Merkel lädt die Spitzen von Wirtschaft und Gewerkschaften für Mittwoch zum Krisengipfel ins Kanzleramt. Sie will einem ZDF-Bericht zufolge für ihr geplantes 16-Punkte-Konjunkturpaket werben – das schon kurz zuvor im Kabinett beschlossen werden soll.

Deutschlands Wirtschaft droht eine Rezession – jetzt greift die Regierung ein. Sie hat ein 16-Punkte-Konjunkturprogramm aufgelegt, um Unternehmen vor einer tiefen Krise zu schützen – und will nach ZDF-Informationen jetzt persönlich bei Arbeitnehmern und -gebern für dieses Paket werben. Kanzlerin Angela Merkel plant demnach einen Gipfel mit den Spitzen von Gewerkschaften und Wirtschaftsverbänden im Kanzleramt, unmittelbar nach der Kabinettssitzung am Mittwoch, auf der die Hilfsmaßnahmen beschlossen werden sollen.

ssu/plö/dpa, „Merkel beruft Konjunkturgipfel im Kanzleramt ein", www.spiegel.de, 02.11.2008 [28.10.2013]

M 3 Wirtschaftsweise fordern Konjunkturprogramm

Die fünf Wirtschaftsweisen unter Führung des Finanzwissenschaftlers Bert Rürup kritisieren die bisherigen Pläne der Regierung als „Sammelsurium“ und fordern ein größeres Paket.

Deutschland braucht ein Konjunkturprogramm, das vor allem höhere Investitionen in Straßen und Schienen fördern soll. Das jedenfalls fordern die fünf Wirtschaftsweisen unter Führung des Finanzwissenschaftlers Bert Rürup von der Bundesregierung. In ihrem aktuellen Jahresgutachten sprechen sich die Wissenschaftler in Abkehr von früheren Gutachten für kurzfristig höhere Staatsschulden aus. Sie begründen ihre Kehrtwende mit den „gravierenden Schocks im Finanzsystem“, die auch in Deutschland „die Realwirtschaft in Mitleidenschaft ziehen“. Anders als in einem normalen Abschwung müsse die Regierung der Rezession 2009 aktiv begegnen.

dri/pt/dhs, „Wirtschaftsweise fordern Konjunkturprogramm“, www.tagesspiegel.de, 12.11.2008 [28.10.2013]

Aufgaben

1 *Sammeln Sie im Kurs die Vorstellungen zur Rolle des Staates in der Wirtschaftspolitik und halten Sie sie für die spätere Überprüfung als Thesen fest.*

2 *Arbeiten Sie aus den drei Meldungen die wirtschaftspolitischen Ziele heraus.*

3 *Überprüfen Sie die erwarteten Wirkungen anhand der wirtschaftlichen Rahmendaten (vgl. M 4).*

M 4 Wirtschaftsentwicklung in der Bundesrepublik Deutschland

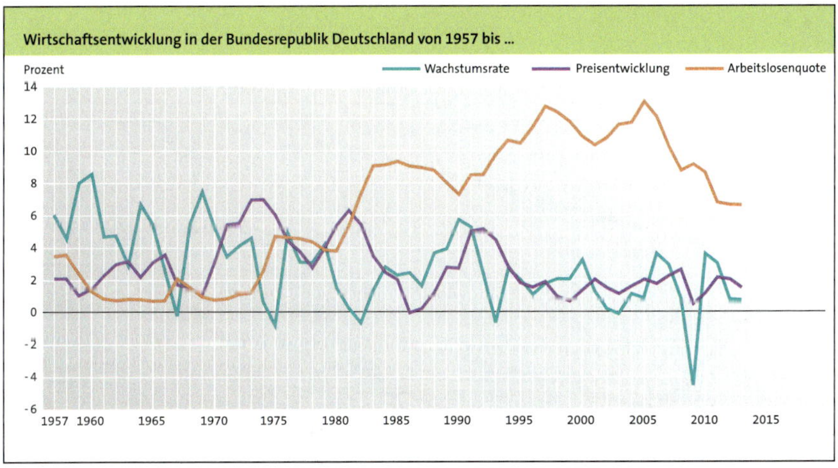

Eigene Darstellung

Tipp

www.bmwi.de/DE/Mediathek/publikationen.html
www.sachverstaendigenrat wirtschaft.de/ziele.html
www.destatis.de

Aufgaben

1 *Recherchieren Sie den aktuellen Stand der wirtschaftlichen Entwicklung (siehe Tipp) und ergänzen Sie das Schaubild.*

2 *Beschreiben und charakterisieren Sie den Verlauf der Kurven. Versuchen Sie eine Erklärung der Zusammenhänge.*

3 *Formulieren Sie zu den Daten und Meldungen thesenartig Forderungen an den Staat, die Arbeitnehmer, Arbeitgeber oder die Konsumenten.*

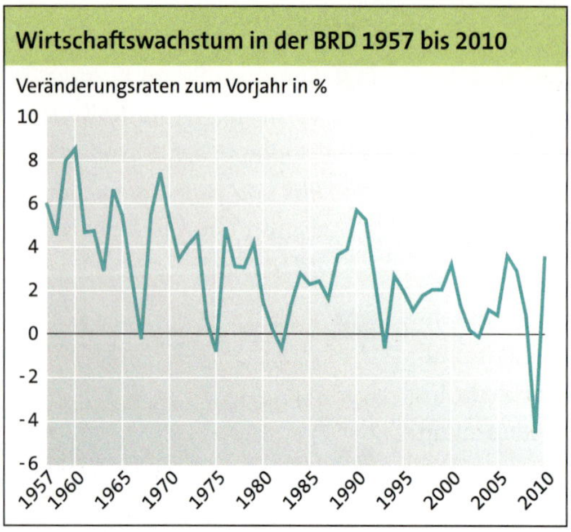

Eigene Darstellung

M 5 Konjunktur und Konjunkturzyklus

Das immer und überall beobachtbare Auf und Ab der wirtschaftlichen Entwicklung, das auch am Beispiel der Bundesrepublik erkennbar ist, wird als Konjunktur bezeichnet, wobei Konjunktur im engeren Sinne die jeweils aktuelle Lage meint und der Konjunkturzyklus die regelmäßige Abfolge von typischen Phasen (vgl. M 6).

Die modellhaft unterscheidbaren vier Konjunkturphasen zeigen sich in unterschiedlichen Merkmalen und Wirtschaftsdaten. Zentraler Indikator ist die Veränderung des Bruttoinlandsproduktes (BIP), die als prozentuale Veränderung im Vergleich zum Vorjahr angegeben und als Wachstum bezeichnet wird. Das Investitionsverhalten der Unternehmer spiegelt die Zukunftserwartungen an die Entwicklung der Absatzmärkte und stellt damit einen wichtigen Indikator (Anzeiger) für die Entwicklung dar. Die Preisentwicklung auf den Konsumgütermärkten zeigt, ob die Haushalte aus Sorge vor einer negativen Entwicklung sparen oder bereit sind, ihren Konsum auszuweiten, also größere Anschaffungen zu machen oder teure Produkte nachzufragen. Die Auslastung der Produktionsmöglichkeiten oder ihre Ausweitung wirken auf den Beschäftigungsstand und die Lohnhöhe.

(Autorentext)

M 6 Konjunkturverlauf

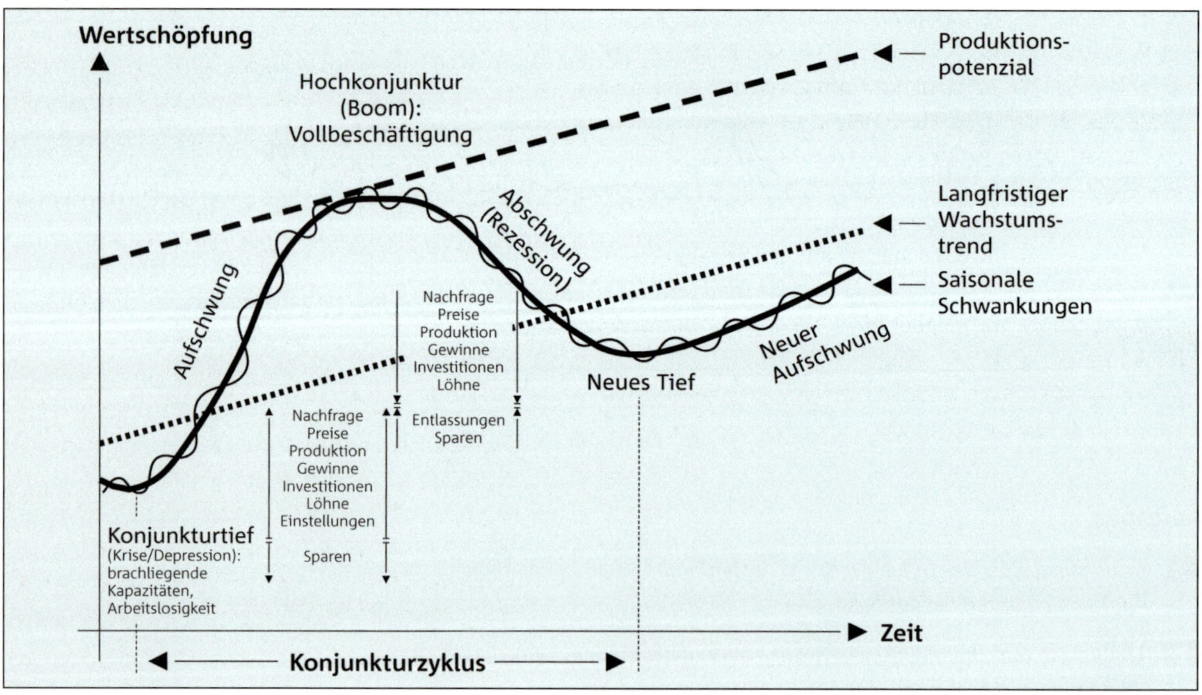

Bankenverband, Schul/Bank, 2013, http://schulbank.bankenverband.de/

Aufgabe

Beschreiben und erklären Sie (ggf. arbeitsteilig) Überlegungen der Unternehmen und der Haushalte in den verschiedenen Phasen der Konjunktur im Hinblick auf ihre wirtschaftlichen Entscheidungen: Konsumieren und/oder Sparen, Investieren oder Kosten senken.

M 7 Typische Merkmale von Konjunkturphasen

Hochkonjunktur oder Boom

In der Hochkonjunktur sind die Produktionsmöglichkeiten der Volkswirtschaft voll ausgelastet. Alle Arbeitsplätze sind besetzt und es besteht weiter Nachfrage nach Arbeitskräften. Die hohe Nachfrage kann nur durch eine Überlastung verbunden mit Kostensteigerungen befriedigt werden. Es steigen die Produktionskosten und die Verbraucherpreise.

Abschwung oder Rezession

Abschwünge können durch unterschiedliche Ursachen ausgelöst werden: Die Preissteigerungen beim Rohstoff Erdöl führten in den 1970er-Jahren zu steigenden Produktionskosten und zu einem Abfluss der Kaufkraft aus der BRD (Angebotsschock). Ein Nachfragerückgang auf den Märkten kann durch negative Zukunftserwartungen ausgelöst werden, die konkrete Ursachen wie platzende Spekulationsblasen, z. B. die Immobilienkrise in den USA, haben können oder eher unbegründet auf der Angst vor schlechteren Zeiten basieren.

Unterer Wendepunkt, ggf. Depression

Die Verkäufe der Unternehmen (Absatz) bleiben deutlich unter den Produktionsmöglichkeiten. Die sinkende Nachfrage kann auch durch Preissenkungen nicht aufgehalten werden. Die Unternehmen senken die Kosten durch Personalabbau und Rationalisierungen. Durch steigende Arbeitslosigkeit sinken tendenziell die Löhne. Unsicherheiten und Ängste veranlassen die Haushalte zum Sparen, wodurch die Nachfrage weiter sinkt.

Konjunkturaufschwung

Im Konjunkturaufschwung wächst das BIP. Die Zukunftsvorstellungen vieler Menschen wenden sich ins Positive und verstärken sich gegenseitig. Die gesunkenen Preise und das Arbeitskräfteangebot (die Arbeitslosen) werden als Möglichkeiten und Chancen wahrgenommen. Investitionen und Nachfrage steigen. Die Bereitschaft zur Kreditaufnahme und Kreditvergabe steigt. (Autorentext)

Aufgabe

Erklären Sie die Konjunktur im Zusammenhang, indem Sie die Merkmale der Phasen beschreiben, die das Fortschreiten bewirken können.

Info

Rezession

Leichter bis mittelschwerer Konjunkturabschwung in der Regel in zwei aufeinanderfolgenden Quartalen.

Depression

Lang anhaltender und starker Konjunkturabschwung.

Info

Psychologische Erklärung:

Die konjunkturellen Berg- und Talfahrten werden in hohem Maße von Stimmungen begleitet. In Aufschwüngen ist man optimistisch und in Rezessionen pessimistisch. Interessant ist, dass diese Stimmungen ansteckend sind. Die Zukunftsvorstellungen vieler Menschen schwanken gleichförmig und verstärken die konjunkturelle Dynamik.

Bernhard Beck, Volkswirtschaft verstehen, Vdf Hochschulverlag, Zürich 2006, S. 337

Info

BIP (Bruttoinlandsprodukt)

Das BIP gibt rein summarisch den Wert der im Inland produzierten Waren und Dienstleistungen in Form einer Geldsumme wieder, die in einem bestimmten Zeitraum erwirtschaftet wurde (Produktionswert zu Herstellungspreisen ./. Vorleistungen + Gütersteuern ./. Gütersubventionen).

Bei staatlichen Leistungen und den Sozialversicherungen wird, weil es keine Preise gibt, der Aufwand für Arbeitnehmerentgelte und Abschreibungen (= Bruttowertschöpfung) genommen. Schwarzarbeit wird geschätzt. Arbeiten, die unentgeltlich insbesondere in privaten Haushalten oder Organisationen ohne Erwerbszweck geleistet werden, und Tauschhandel werden nicht erfasst.

Nach: Norbert Reuter, „Probleme der BIP-Messung", www.bundestag.de, 11.03.2011 [28.10.2013]

M 8 Konjunktur im Wirtschaftskreislauf

„Die Hälfte der Wirtschaftspolitik ist Psychologie."

Ludwig Erhard

Betrachtet man die Wirkungen der Konjunktur im Wirtschaftskreislauf, wird deutlich, dass die Einkommen der Haushalte und die Ausgaben für Waren und Dienstleistungen einen sich selbst verstärkenden Mechanismus bilden, der die Konjunkturschwankung verstärkt und zur konjunkturellen Dynamik beiträgt.

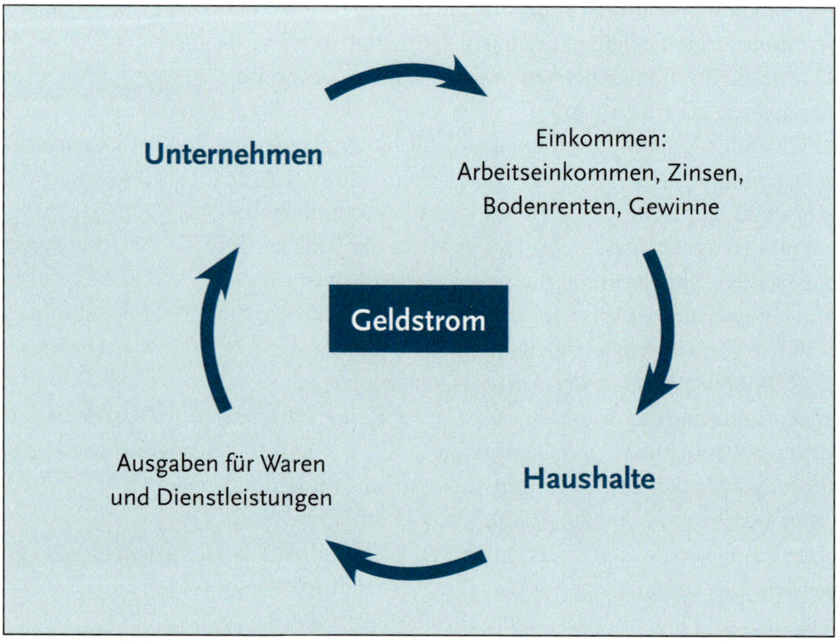

Im Schaubild sind nur die Einkommens- und Ausgabenströme, also die Geldströme, eingezeichnet: Das Modell hebt hervor, wie niedrigere Einkommen direkt zu kleineren Ausgaben führen und diese wiederum direkt zu einer Verminderung der Produktion und der Einkommen. Mit dieser Sichtweise verstehen wir, wie die Gesamtwirtschaft auf eine große Veränderung reagiert, bevor ein Ausgleich auf den betroffenen Märkten zustande kommen kann.
Wenn man die Märkte wie im Modell weglässt, sieht man, wie die Entscheidungen der Unternehmen direkt auf die Haushalte und die Entscheidungen der Haushalte auf die Untenehmen wirken.

Text nach: Bernhard Beck, Volkswirtschaft verstehen, Vdf Hochschulverlag, Zürich 2006, S. 316;
Schaubild: eigene Darstellung

Aufgaben

1 *Arbeiten Sie aus M 7 und M 8 mögliche Ursachen für Konjunkturschwankungen heraus.*

2 *Erklären Sie, wie es trotz der beobachtbaren Tendenz zur Selbstverstärkung zu regelmäßigen Konjunkturumschwüngen kommen kann. Berücksichtigen Sie die Funktionsmechanismen von Märkten und die Erwartungen der Unternehmen und Haushalte.*

3 *Interpretieren Sie die Aussage Erhards.*

M 9 Produktionspotenzial und Auslastungsgrad

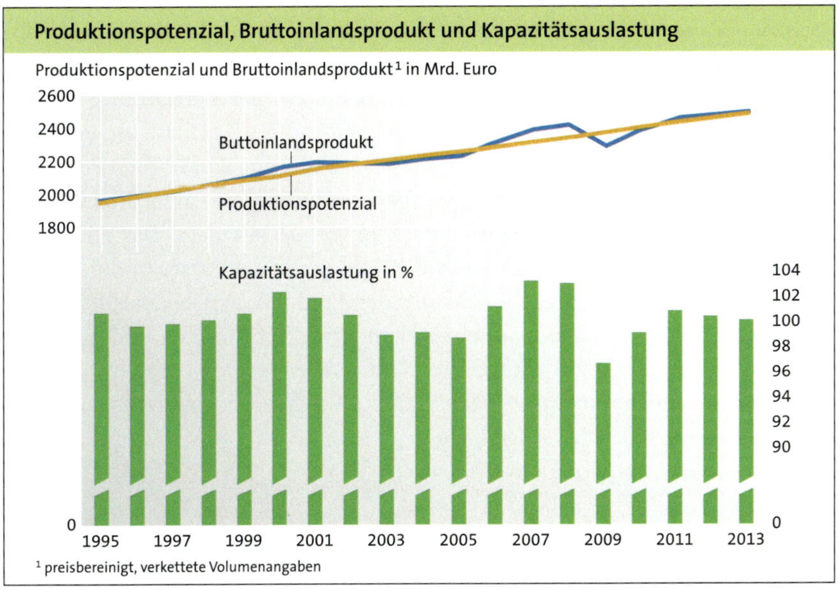

Quelle: Sachverständigenrat, Jahresgutachten 2012/13

Die Fähigkeit der gesamten Volkswirtschaft, eine bestimmte Menge an Waren und Dienstleistungen herzustellen, bezeichnen wir als Produktionspotenzial. Es stellt die Summe der Produktionsmöglichkeiten aller Unternehmenen einer Volkswirtschaft dar. Dabei bezeichnet der 100 %-Wert die für Gewinn und Qualität optimale Menge; vergleichbar ist dies mit dem optimalen Drehzahlbereich eines Automotors, mehr ist möglich, schadet aber der Substanz.
Bei der Betrachtung und Analyse der Konjunktur vergleicht man die Produktionskapazität, also die Möglichkeiten, mit der tatsächlichen Produktionsmenge. Das Verhältnis des erwirtschafteten Bruttoinlandsproduktes zum möglichen BIP wird in Prozentpunkten angegeben.
(Autorentext)

M 10 Jahresgutachten des Sachverständigenrates

Der Sachverständigenrat gibt in seinen Jahresgutachten unter anderem eine genaue Einschätzung der Entwicklungsmöglichkeiten, indem er die einzelnen Faktoren des Wachstums untersucht und ihre Entwicklung vorhersagt, z.B.:

Der Sachverständigenrat bei der Übergabe des Gutachtens 2013/14

Info

Sachverständigenrat
Kurzbezeichnung für den „Sachverständigenrat zur Begutachtung der gesamtwirtschaftlichen Entwicklung“, der mit gesetzlichem Auftrag seit 1963 als unabhängiges Expertengremium zur Beratung der Bundesregierung in wirtschaftspolitischen Fragen tätig ist. Der S. besteht aus fünf Mitgliedern („fünf Weise“), deren Aufgabe es ist, jährliche Gutachten über die aktuelle gesamtwirtschaftliche Lage und die zukünftige wirtschaftliche Entwicklung vorzulegen und auf Fehlentwicklungen, Handlungsbedarf und alternative Möglichkeiten zu verweisen.

Nach: Klaus Schubert/Martina Klein, Das Politiklexikon, 5. aktual. Aufl., Dietz, Bonn 2011

Info

BIP-Lücke
Differenz zwischen dem potenziellen und dem tatsächlichen BIP. Je nachdem, ob das tatsächliche unter oder über dem potenziellen BIP liegt, spricht man von einer negativen oder positiven BIP-Lücke.

Bernhard Beck, Volkswirtschaft verstehen, Vdf Hochschulverlag, Zürich 2006, S. 320

Info

Kapitalstock ist der Bestand an Sachkapital in einer Volkswirtschaft – wie Fabrikgebäude, Maschinen oder technische Anlagen –, der zu Produktionszwecken eingesetzt wird. Veränderungen des Kapitalstocks werden als Investitionen bezeichnet.

Nach: Duden Wirtschaft von A bis Z: Grundlagenwissen für Schule und Studium, Beruf und Alltag, Bibliographisches Institut & F.A. Brockhaus, Mannheim [5]2013, S. 26

„Das mit dem produktionstheoretischen Verfahren des Sachverständigenrates geschätzte Produktionspotenzial wird im Jahr 2012 um voraussichtlich 1,1 % wachsen. Bei einem stagnierenden Arbeitsvolumen leistete der Kapitalstock dabei einen Wachstumsbeitrag von 0,3 Prozentpunkten und die totale Faktorproduktivität einen Beitrag von 0,8 Prozentpunkten. Bei der Berechnung hat der Sachverständigenrat die Bevölkerungsvorausberechnung des Statistischen Bundesamts unterstellt, die eine jährliche Nettozuwanderung von 100 000 Personen annimmt. Ferner wurde davon ausgegangen, dass die totale Faktorproduktivität mittelfristig wieder mit einer jährlichen Rate von 0,9 % zulegt. Das entspricht dem durchschnittlichen Wachstum in den Jahren vor der Krise. In den Jahren 2013 und 2014 dürfte sich das Wachstum des Produktionspotenzials leicht abschwächen. Dies ist vor allem auf einen demografisch bedingten Rückgang des Arbeitskräftepotenzials zurückzuführen. Der Sachverständigenrat rechnet für diese Jahre nur noch mit einem Wachstum des Produktionspotenzials von 1,0 % beziehungsweise 0,9 %."

Sachverständigenrat, Jahresgutachten 2012/13, S. 44

Info

Faktorproduktivität ist der Quotient aus dem Gesamtertrag, der durch Einsatz aller Produktionsfaktoren erzielt wird, und der Einsatzmenge eines Faktors (**partielle Faktorproduktivität**) bzw. den totalen Faktorkosten (**totale Faktorproduktivität**).

Gabler Wirtschaftslexikon (Hg.), „Faktorproduktivität", http://wirtschaftslexikon.gabler.de [28.10.2013]

Aufgaben

1 *Klären Sie die unbekannten Begriffe.*

2 *Charakterisieren Sie die Aussagen des Schaubildes M 9 und erklären Sie Ursachen für das Entstehen der BIP-Lücken durch die Konjunktur.*

3 *Erarbeiten Sie aus dem Text M 10, welche Bedeutung die unterschiedlichen Anteile bei der Schätzung des Produktionspotenzials haben.*

M 11 Konjunkturprognosen – mehr als Kaffeesatzlesen?

Die Vorhersage der künftigen Konjunkturentwicklung ist immer mit vielen Unwägbarkeiten behaftet und die Aussagekraft der Prognosen daher begrenzt. Neben den „harten" Indikatoren, wie z. B. Auftragseingänge in der Industrie und Baugenehmigungen, sind für ein exportorientiertes Land wie die Bundesrepub-

Klaus Stuttmann

Aufgabe

Interpretieren Sie die Karikatur.

lik auch die Entwicklungen auf den Absatzmärkten und auf den Märkten für Rohstoffe und Vorprodukte von zentraler Bedeutung. Der Sachverständigenrat für die Beurteilung der gesamtwirtschaftlichen Lage berücksichtigt daher bei seinen Gutachten auch die Entwicklungen und Risiken der mit der heimischen Wirtschaft verflochtenen Volkswirtschaften. So werden eine Vielzahl von Faktoren gewichtet und in einem komplexen Modell berechnet. Da neben den direkt messbaren Indikatoren insbesondere die Erwartungen der Unternehmen ihre Investitions- und Geschäftstätigkeit bestimmen, werden diese „weichen" Indikatoren regelmäßig durch Befragungen von Unternehmen (Geschäftsklima-Index) und Verbrauchern (Konsumklima-Index) erfasst. Die tatsächlichen Konsumausgaben weichen jedoch häufig von den Erwartungen ab, da die wirtschaftliche Situation der Haushalte von der Entwicklung der Gesamtwirtschaft abhängt.

(Autorentext)

Info

Der **Konsumklimaindex** (KKI) des Nürnberger Marktforschers GfK soll die Konsumneigung der Privathaushalte widerspiegeln. Dazu befragt die GfK 2000 repräsentativ ausgewählte Personen ab 14 Jahren nach ihren Einkommens- und Konsumerwartungen auf Sicht von 12 Monaten sowie nach ihrer Anschaffungsneigung und ihren Erwartungen an die gesamtwirtschaftliche Situation.

„Konsumklimaindex", http://de.wikipedia.org [28.10.2013]

M 12 Harte Indikatoren

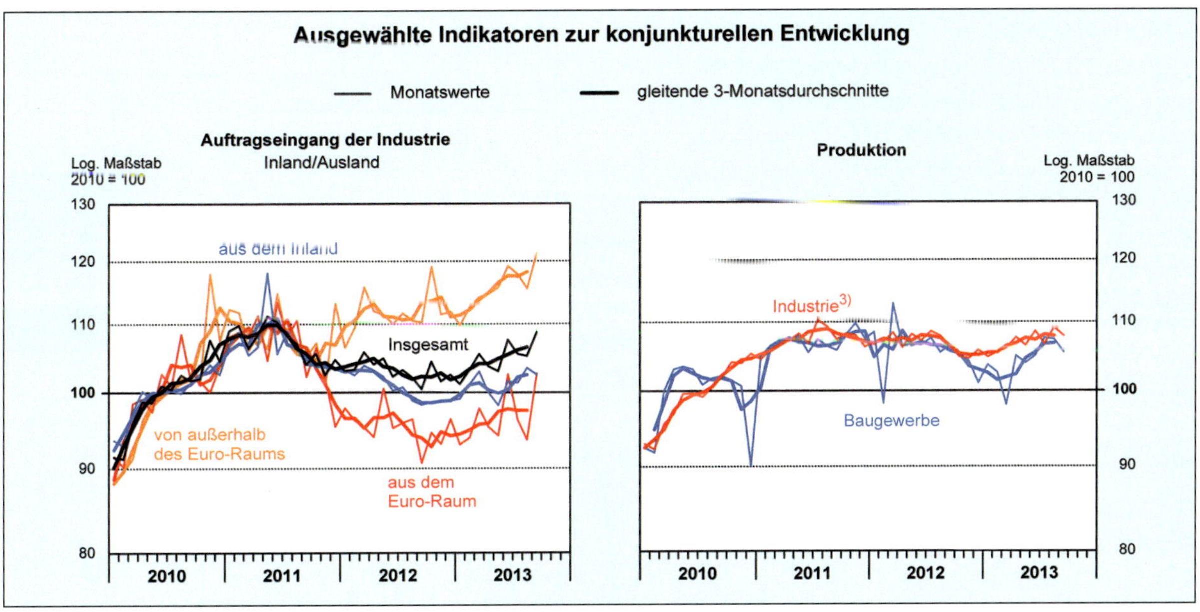

Sachverständigenrat (Hg.), Jahresgutachten 2013/14, Wiesbaden 2013, Schaubild 25, S. 67

Aufgaben

1 *Erklären Sie, warum die dargestellten Indikatoren als „hart" bezeichnet werden.*

2 *Beschreiben Sie die dargestellten „Kurven" im Einzelnen.*

3 *Überprüfen Sie den Zusammenhang zwischen den Auftragseingängen und der Produktion.*

4 *Erklären Sie die moderate Abschwächung der Industrieproduktion im Jahr 2012.*

Tipp

Aktuelle Daten finden Sie unter: www.sachverstaendigenrat-wirtschaft.de

M 13 Frühindikatoren

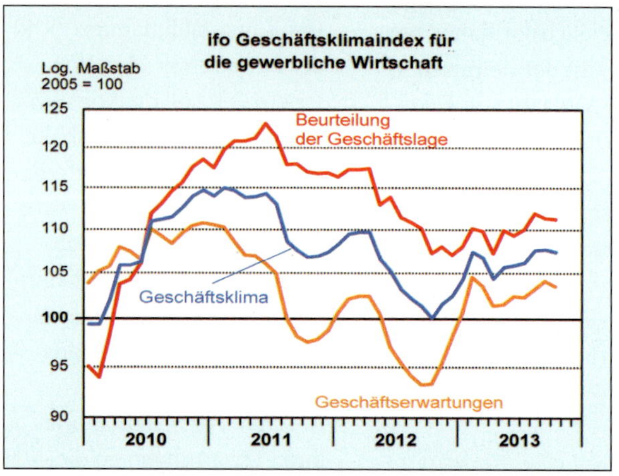

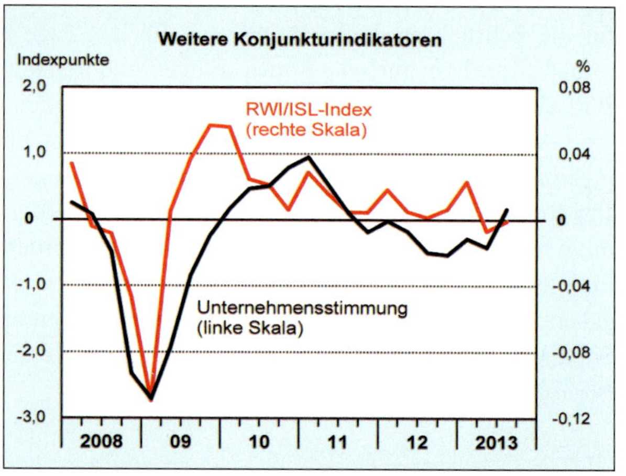

RWI/ISL-Index: Containerumschlag-Index nach Berechnungen des Rheinisch-Westfälischen Instituts für Wirtschaftsforschung (RWI) und des Instituts für Seeverkehrswirtschaft und Logistik (ISL)

Info

Der **ifo-Geschäftsklimaindex** ist ein monatlich vom ifo Institut für Wirtschaftsforschung erstellter, viel beachteter, weicher Frühindikator für die konjunkturelle Entwicklung in Deutschland. Das ifo-Geschäftsklima wird seit 1972 regelmäßig vom ifo Institut für Wirtschaftsforschung veröffentlicht. Die aus den Fragebögen erhaltenen Antworten werden entsprechend der Firmengröße gewichtet und unter Hinzuziehung der Branchengewichte im deutschen BIP aggregiert.

Nach: „Geschäftsklimaindex", http://de.wikipedia.org [28.10.2013]

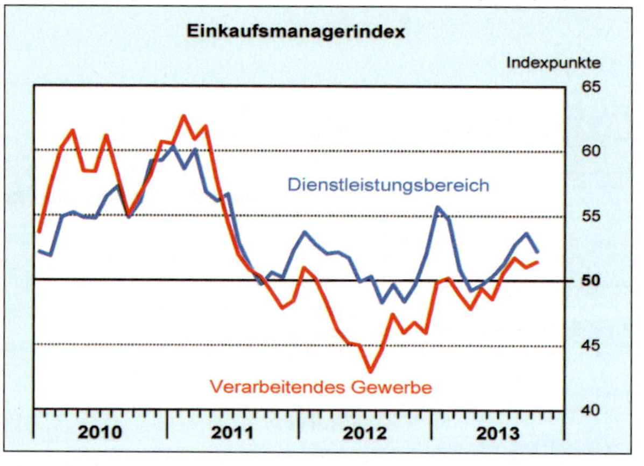

Sachverständigenrat, Jahresgutachten 2013/14, www.sachverstaendigenrat.de

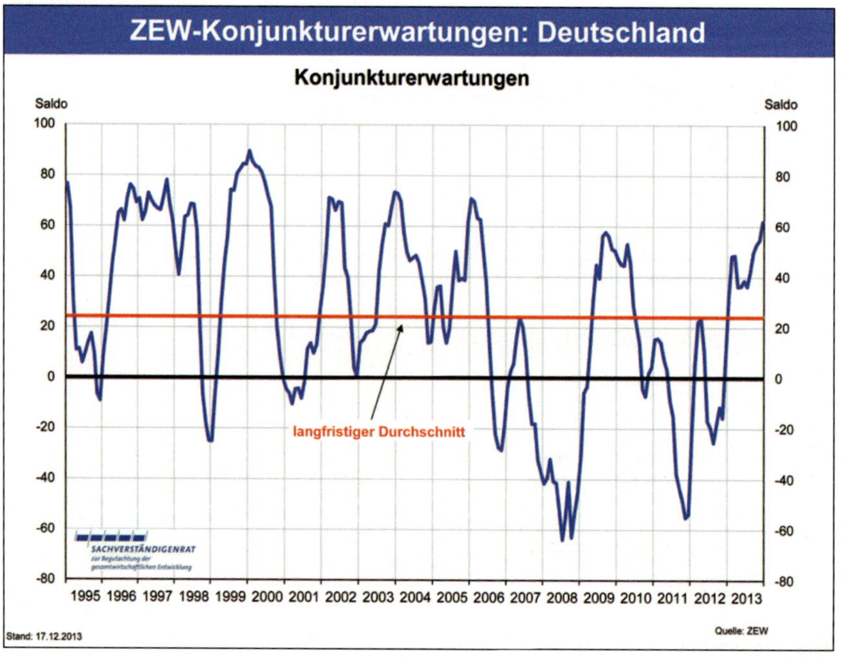

Info

Der **ZEW-Index** ist ein Konjunkturindex des Mannheimer Zentrums für Europäische Wirtschaftsforschung (ZEW). Dabei werden rund 400 Analysten und institutionelle Anleger nach ihren mittelfristigen Erwartungen bezüglich der Konjunktur- und Kapitalmarktentwicklung befragt.

Nach: „ZEW-Index", http://de.wikipedia.org [28.10.2013]

Aufgaben

1 *Prüfen Sie, ob es sich bei den dargestellten Indikatoren um „harte" oder „weiche" handelt.*

2 *Beschreiben und erklären Sie den Verlauf der dargestellten Einzelkurven beim ifo-Geschäftsklimaindex.*

3 *Überprüfen Sie anhand der tatsächlichen Konjunkturentwicklung die Aussagekraft der Indikatoren.*

M 14 Prognosen zur Entwicklung des deutschen Bruttoinlandsproduktes

Quelle	Prognose vom	Prognose für 2013	Prognose für 2014
Bundesregierung	Oktober 2013	+0,5 %	+1,7 %
EU-Kommission	November 2013	+0,5 %	+1,7 %
Internationaler Währungsfonds	Oktober 2013	+0,5 %	+1,4 %
OECD	November 2013	+0,5 %	+1,7 %
Bundesbank	Dezember 2013	+0,5 %	+1,7 %
Sachverständigenrat zur Begutachtung der gesamtwirtschaftlichen Entwicklung	November 2013	+0,4 %	+1,6 %
Gemeinschaftsdiagnose der führenden Wirtschaftsinstitute	Oktober 2013	+0,4 %	+1,8 %
Deutsches Institut für Wirtschaftsforschung DIW	September 2013	+0,4 %	+1,7 %
ifo Institut für Wirtschaftsforschung an der Universität München	Juni 2013	+0,6 %	+1,9 %
Institut für Weltwirtschaft ifW Kiel	September 2013	+0,5 %	+1,8 %
Institut der deutschen Wirtschaft Köln	Oktober 2013	+0,75 %	+1,5 %
Hamburgisches WeltWirtschaftsInstitut	September 2013	+0,5 %	+1,7 %
Institut für Wirtschaftsforschung Halle IWH	September 2013	+0,6 %	+2,0 %
Institut für Makroökonomie und Konjunkturforschung IMK	Oktober 2013	+0,4 %	+1,2 %
Kiel Economics Research & Forecasting	September 2013	+0,6 %	+2,0 %
Rheinisch-Westfälisches Institut für Wirtschaftsforschung RWI	September 2013	+0,4 %	+1,9 %

Stand: 19.11.2013

www.tagesschau.de

Tipp

Einen Überblick bietet in regelmäßigen Abständen die Tagesschau: www.tagesschau.de/wirtschaft/konjunkturprognose114.html

Aufgaben

1 *Bestimmen Sie anhand der aktuellen Wachstumszahlen und der Prognosen die konjunkturelle Situation Deutschlands.*

2 *Recherchieren Sie aktuelle Prognosen für das kommende Jahr und erörtern Sie die Aussagekraft.*

3 *Erklären Sie, wie Haushalte, Unternehmen und der Staat auf diese Prognose reagieren können und welche Auswirkungen diese Reaktionen auf neue Prognosen haben können.*

M 15 „Die beste Prognose ist die, die nicht eintritt“

Klaus Abberger

Info

Die **Eidgenössisch-technische Hochschule (ETH) in Zürich** ist eine Universität mit technisch-naturwissenschaftlicher Ausrichtung.

Im Herbst überbieten sich Wirtschaftsforscher mit Vorhersagen für das kommende Jahr. Doch die Qualität der Prognosen nimmt ab. Woran das liegt erläutert Klaus Abberger, Konjunkturforscher an der ETH Zürich.

Herr Abberger, die Treffsicherheit von Konjunkturprognosen sinkt. Was macht Ihre Arbeit so schwierig?

ABBERGER: Prognosen befassen sich mit der Zukunft. Die zur Verfügung stehenden Daten – und seien sie noch so neu – spiegeln immer die Vergangenheit wider – nicht einmal die Gegenwart. In diesen Daten sucht man nach Mustern aus der Vergangenheit, um für die Prognose zu lernen ...

... aber das hilft offenbar nicht immer.

Die Trefferquote ist selten 100 %. Treten im Prognosezeitraum plötzlich kleine oder große Schocks ein, gibt es ein Problem: In der zuvor erstellten Prognose konnten diese Schocks nicht berücksichtigt werden. So geschehen 2008/2009, als infolge der Finanzkrise die deutsche Wirtschaft einbrach. Das Bruttoinlandsprodukt (BIP) ging um über 5 % zurück. Kaum eine Konjunkturprognose hat damals diesen Wirtschaftseinbruch widergespiegelt.

Auch die anschließende kräftige Konjunkturerholung hat Sie auf dem falschen Fuß erwischt.

Für ein solches Muster gab es wenige Erfahrungen aus der Vergangenheit. Zwar hat man ökonomische Modelle, die einen bei der Prognose leiten. Aber für konkrete Prognosezahlen fehlen Daten, aus denen man Vergleiche ableiten kann. Und selbst wenn man Muster findet, muss man bedenken, ob die Zusammenhänge auch jetzt so gelten.

Wie sehr können sich Konjunkturforscher auf die Daten der Statistikämter verlassen? Die werden ja im Nachhinein häufig korrigiert.

Die Arbeit der Ämter ist zweifellos gut und für die Prognostiker unverzichtbar – aber sie ist auch schwieriger geworden: Die heute wesentlich stärkere Arbeitsteilung ist national wie auch international schwerer zu erfassen. [...]

Konjunkturelle Wendepunkte sind offenbar besonders schwer vorherzusagen. Versagt da die Konjunkturtheorie?

Es gibt Theorien zu dem Problem. Dennoch bleibt es schwierig, die Wendepunkte in der Praxis zu erkennen. Gerade Wendepunkte – und damit eine neue konjunkturelle Phase – zu prognostizieren, erfordert eine gewisse Sicherheit. Man wartet also, bis man mehrere Indikatoren hat, die auf eine Wende hindeuten.

Das klingt plausibel. Wo liegt dann das Problem?

Gerade zu Beginn einer Wende gibt es viele sich widersprechende Indikatoren. Auch durch empirische Schätzungen sind konjunkturelle Wendepunkte nur schwer zu ermitteln. Man wartet also, bis sich die Indikatoren mehren, die auf eine Wende hindeuten. Der Prognostiker muss sich sicher sein, damit es nicht leichtfertig zu Fehlprognosen kommt. [...]

Mit Prognosen nehmen Konjunkturforscher ja auch Einfluss auf das Verhalten von Verbrauchern, Unternehmen, Regierungen. Ist das gewollt?

Ja, es ist unter Umständen auch gewollt. Man kennt die gegenwärtigen Verhältnisse und trifft unter der Bedingung, dass sie sich fortsetzen, die Prognose. Die bedingte Prognose zeigt also auf, was passiert, wenn es weitergeht wie bisher. Eine solche Prognose soll auch Signale an die Politik aussenden – zum Beispiel nicht in eine Rezession zu steuern. In diesem Fall wäre es ein Optimum, wenn sich die Prognose selbst zerstören würde ...

... etwa indem die Regierung Maßnahmen ergreift, um die Konjunktur anzukurbeln.

Ja, die Politik kann die Signale aufnehmen und reagieren. In diesem Fall gilt: Die beste Prognose ist die, die nicht eintritt.

Also geht es dem Prognostiker nicht nur darum, eine Prognose abzugeben, sondern es spielen für ihn auch die Reaktionen auf Prognosen eine Rolle?

Vieles in der Wirtschaft ist von Erwartungen und Plänen geprägt. Es ist schon wichtig, wie die Unternehmen auf Prognosen reagieren: Zum Beispiel wird nicht investiert, wenn die Zukunftserwartungen eher negativ sind.

Oder für den weiteren Konsum ist von zentraler Bedeutung, wie die künftige Arbeitsmarktentwicklung eingeschätzt wird. Denn davon hängt die Sicherheit des Arbeitsplatzes ab, die für Konsumentscheidungen wesentlich ist. Die Prognose hat zwar künftiges Handeln der Wirtschaftssubjekte im Blick, berücksichtigt aber nicht mögliches Handeln der Politik als Reaktion darauf.

Es kann aber auch zu sich selbst erfüllenden Prognosen kommen. Etwa: Je negativer die Prognose, desto schlechter wird es.

Diese Gefahr ist bekannt und daher ist es das Ziel des seriösen Prognostikers, den Pessimismus nicht zu verstärken, sondern durch rechtzeitige Signale konstruktives Handeln auszulösen. [...]

Sinn und Zweck von Prognosen ist es auch, dem Ziel eines glatteren und reibungsloseren Konjunkturverlaufs nicht entgegenzuwirken. Schließlich geht es auch darum, Übertreibungen, Abwärtsspiralen oder Blasenbildungen zu vermeiden.

Nach dem Prognosedesaster in der Finanzkrise rief ein bekannter Wirtschaftsforscher dazu auf, Konjunkturprognosen zu unterlassen. Sein Ruf verhallte. Warum?

2008/2009 war man mit einem Ereignis konfrontiert, das es so zuvor nie gegeben hatte. Es fehlte an Erfahrungen. Zur üblichen Unsicherheit trat damals ein völlig überraschendes Ereignis. [...]

Was sind die häufigsten Ursachen für Prognosefehler?

Zunächst: Die Prognosen der deutschen Wirtschaftsforschungsinstitute sind handwerklich solide erstellt und werden verantwortungsbewusst präsentiert. Das Problem besteht darin, dass positive und negative Schocks, die auf die Wirtschaft zukommen, vorher oft nicht absehbar sind und daher auch nicht prognostiziert werden können. [...]

Müssen Prognosen unbedingt mit Zahlen operieren? Würde nicht auch die Angabe von Tendenzen reichen?

[...] Als Prognostiker hat man in der Tat selten das Glück, auch die Zahlen nach dem Komma noch genau zu treffen. Aber der Prognostiker ist oft zu ambitioniert und läuft Gefahr, eine Präzision zu suggerieren, die so in der Prognose gar nicht möglich ist.

Dieter Heumann, „Die beste Prognose ist die, die nicht eintritt“, www.ingenieur.de, 12.10.2012 [28.10.2013]

Aufgaben

1 *Beschreiben Sie die wesentlichen Schwierigkeiten bei der Vorhersage der Wirtschaftsentwicklung.*

2 *Erklären Sie an einem konkreten Beispiel den Satz: „Die beste Prognose ist die, die nicht eintritt“.*

3 *Erörtern Sie die Verantwortung und die Risiken des Prognostikers, „durch rechtzeitige Signale konstruktives Handeln auszulösen“.*

2.2 Wachstum und Vollbeschäftigung durch Angebots- und Nachfrageorientierung

M 1 Lohnzurückhaltung

Thomas Plaßmann

Aufgaben

1 *Interpretieren Sie die Karikatur und bewerten Sie die Aussage des Karikaturisten.*

2 *Sammeln Sie im Kurs die Vorstelllungen, wie eine erfolgreiche Wachstums- und Beschäftigungspolitik aussehen sollte, und formulieren Sie sie thesenartig.*

Karl Schiller

Info

Karl Schiller (1911–1994) war ein deutscher Wissenschaftler und Politiker (SPD). Er war federführend an der Entstehung des Stabilitäts-

M 2 Im Staate Liliput: In der Konjunkturdebatte zeigt sich die Ratlosigkeit der Experten

Im Zwergenstaat Liliput tobte, so erzählt es der englische Schiffsarzt Lemuel Gulliver, ein Meinungsstreit über die Zukunft des Landes. Die herrschenden Slamecksan waren sicher, die Wahrheit gepachtet zu haben. Sie trugen ausschließlich Schuhe mit flachen Absätzen. Die oppositionellen Tramecksan hingegen wollten alles anders machen, weshalb sie ausschließlich auf hohen Absätzen standen.

Der Meinungsstreit der Liliputaner erinnert an die wirtschaftspolitische Debatte in Deutschland. Ziel ist es, die Bundesrepublik vor einer schlimmen Rezession zu bewahren. Mit großem Selbstbewusstsein empfehlen Ökonomen und Politiker ihre Patentrezepte gegen die wirtschaftliche Krise. Doch ihre Sicherheit ist vorgetäuscht. Auch sie kennen den richtigen Weg nicht. Wegen des unbekannten Terrains vertrauen sie wie die Slamecksan und Tramecksan vor allem auf die gewohnten Treter.

Zwei Denkschulen prägen den Diskurs. Auf der einen Seite finden sich die Strukturreformer, die auf Steuer- und Abgabensenkungen setzen, weil sie schon immer glaubten, der Staat nehme Bürgern und Unternehmen zu viel. Diese, so die zentrale Annahme, wüssten im Zweifel ohnehin viel besser, was sie mit dem Geld anstellen sollten. Das ist die Doktrin der flachen Absätze, man kann sie auch ordo- oder neoliberal nennen. Sie prägt das wirtschaftspolitische Handeln in Deutschland seit etwa Mitte der 80er-Jahre, wenn auch nicht in Reinform. Ihre Empfehlungen führen vor allem zu langfristigen Erfolgen und taugen für akute Notsituationen nur begrenzt.

Die Träger hoher Schuhe berufen sich auf den britischen Ökonomen John M. Keynes. Dessen Empfehlung lautet, dass der Staat in Krisenzeiten Initiative ergreifen und die Konjunktur mit möglichst großen Ausgabeprogrammen in Schwung bringen solle. Das half in den USA im Kampf gegen die große Depression und später gegen den Ölpreis-Schock. Keynes war in Deutschland lange Zeit in Verruf, weil die politische Umsetzung seiner Theorie in den 70er-Jahren zu einem traurigen Dreiklang führte: hohe Inflation, hohe Arbeitslosigkeit und hohe Staatsschulden.

Welche Absätze taugen nun am besten, um durch das gegenwärtige Konjunkturtal zu marschieren? So bitter es ist: Keiner kennt die Antwort. Das liegt daran, dass die Ökonomie im Gegensatz zur Physik oder zur Mathematik eben keine exakte Wissenschaft ist. Ökonomen sind sehr gut darin, Ab- und Aufschwünge im Nachgang zu erklären. Vorhersagen stellen sie aber schon in normalen Zeiten vor große Probleme. Einen beispiellosen und völlig neuartigen Wirtschaftsschock, wie es die Finanzkrise ist, können ihre Prognosemodelle kaum erfassen, weil sie vor allem auf Erfahrungswerten der Vergangenheit beruhen. Sie versagen bei überraschenden Entwicklungen. Die als Frühwarnsysteme gebauten Indikatoren wie das Ifo-Barometer sind weit davon entfernt, verlässliche Anhaltspunkte zu liefern. Zu oft lagen sie in der Vergangenheit daneben.

Tatsächlich stochern die Experten schon bei der Analyse im Nebel. Die Frage, ob es eine Kreditklemme gibt oder nicht, wird mit „ja“, „nein“ oder „vielleicht“ beantwortet. Wie positiv wirkt der Rückgang der Energiepreise, von dem die deutsche Wirtschaft mit geschätzten 30 Milliarden Euro profitiert? Keiner kann es mit Sicherheit sagen. Wie verhalten sich Bürger und Unternehmen, wenn ihnen der Staat mehr Geld gibt, sie aber gleichzeitig um Jobs und Existenz bangen müssen? Sparen sie oder gehen sie einkaufen? Keiner weiß es. Auch die Regierenden anderer Länder sind nicht klüger und ihre Konjunkturprogramme nicht besser, nur weil sie größer sind. Großbritannien, Frankreich, China – jede Volkswirtschaft hat ihre eigenen, völlig unterschiedlichen Gegebenheiten und Probleme. Daraus lassen sich, wenn überhaupt, nur wacklige Rückschlüsse auf die deutsche Situation ziehen.

Ein wenig mehr Demut täte also gut, egal ob die Diskutanten der einen oder der anderen Schule anhängen. Sie sollten der Bevölkerung klarmachen, dass es einfache Antworten nicht gibt. Vielleicht erwächst daraus ja neues Vertrauen.

Guido Bohsem, „Im Staate Liliput“, www.sueddeutsche.de, 01.12.2008 [28.10.2013]

Aufgaben

1 *Arbeiten Sie aus dem Text die Merkmale der zwei Denkschulen mit ihren jeweiligen Vorzügen und Nachteilen heraus.*

2 *Erklären Sie die Skepsis des Autors gegenüber konjunkturpolitischen Patentrezepten.*

und Wachstumsgesetzes mit seinen im „Magischen Viereck“ dargestellten Zielen beteiligt. Weil er der Globalsteuerung in Deutschland eine gesetzliche Grundlage gab, wird er häufig zusammen mit Ludwig Erhard als bedeutendster Wirtschaftspolitiker der Nachkriegszeit benannt.

Nach: „Karl Schiller“, http://de.wikipedia.org [28.10.2013]

Milton Friedman

Info

Milton Friedman (1938–2009), US-amerikanischer Ökonom und Nobelpreisträger, war der zentrale Vertreter der Angebotsorientierung. Friedman wird neben John Maynard Keynes als der einflussreichste Ökonom des 20. Jahrhunderts angesehen. Friedman, der sich selbst als klassischen Liberalen betrachtete, hob besonders die Vorteile eines freien Marktes und die Nachteile staatlicher Eingriffe hervor.

Nach: „Milton Friedman“, http://de.wikipedia.org [28.10.2013]

M 3 Arbeitslosigkeit als Herausforderung der Wirtschaftspolitik

Seit Mitte der Siebzigerjahre ist die treppenartig ansteigende strukturelle Arbeitslosigkeit zu einem Hauptfeld der wirtschaftspolitischen Auseinandersetzung geworden. „Massenarbeitslosigkeit," mit nahezu fünf Millionen registrierten Arbeitslosen in der BRD 2005, stellt den modernen Daseinsfürsorgestaat bei der Bekämpfung der Ursachen und der Bewältigung der individuellen und gesellschaftlichen Folgen vor große Herausforderungen.

Vollbeschäftigung ist ein zentrales wirtschaftspolitisches Ziel, weil Massenarbeitslosigkeit die Stabilität des gesamten politischen Systems gefährden kann, weil die Kosten, Mindereinnahmen und Sozialleistungen (2011: 57 Mrd. €) den Staatshaushalt enorm belasten und die Betroffenen neben den materiellen Einbußen auch gesellschaftliche Anerkennung verlieren.

In der klassischen Wirtschaftstheorie ist Arbeitslosigkeit nur ein Missverhältnis zwischen Arbeitsangebot und Nachfrage nach Arbeit. Das Überangebot an Arbeit wird nicht nachgefragt, weil der Preis zu hoch ist. Das freie Spiel der Kräfte auf dem Arbeitsmarkt führt dazu, dass der Preis für Arbeit so weit sinkt, bis Vollbeschäftigung möglich ist. Eingriffe und staatliche Regelungen behindern die Preisbildung und die Leistungsfähigkeit des Arbeitsmarktes.

Dieses Vertrauen auf die Marktkräfte war spätestens nach der Weltwirtschaftskrise erschüttert. Eine arbeitsmarktpolitische Untätigkeit des Staates bei hoher Arbeitslosigkeit gilt als ökonomisch gefährlich und ist in einer Demokratie kaum vorstellbar. Die zwei zentralen Konzepte für mehr Beschäftigung setzen bei den Gütermärkten an und wollen diese entweder durch eine Stärkung der Nachfrage nach Gütern oder durch eine Verbesserung der Rentabilität der Produktion, also auf der Angebotsseite, erreichen. Die Reformen auf dem Arbeitsmarkt selbst können der Angebotstheorie zugeordnet werden, da sie den Produktionsfaktor Arbeit flexibler und z. T. auch billiger gemacht haben.

(Autorentext)

Info

Strukturelle Arbeitslosigkeit entsteht dadurch, dass durch nachhaltige Veränderungen der Nachfrage in einzelnen Wirtschaftszweigen Arbeitsplätze entweder abgebaut oder betroffene Unternehmen ganz stillgelegt werden. Strukturelle Arbeitslosigkeit ist meist langfristig.

Nach: Duden Wirtschaft von A bis Z: Grundlagenwissen für Schule und Studium, Beruf und Alltag, Bibliographisches Institut & F. A. Brockhaus, Mannheim [5]2013

Arbeitslosenquote in der Bundesrepublik Deutschland von 1957 bis ...

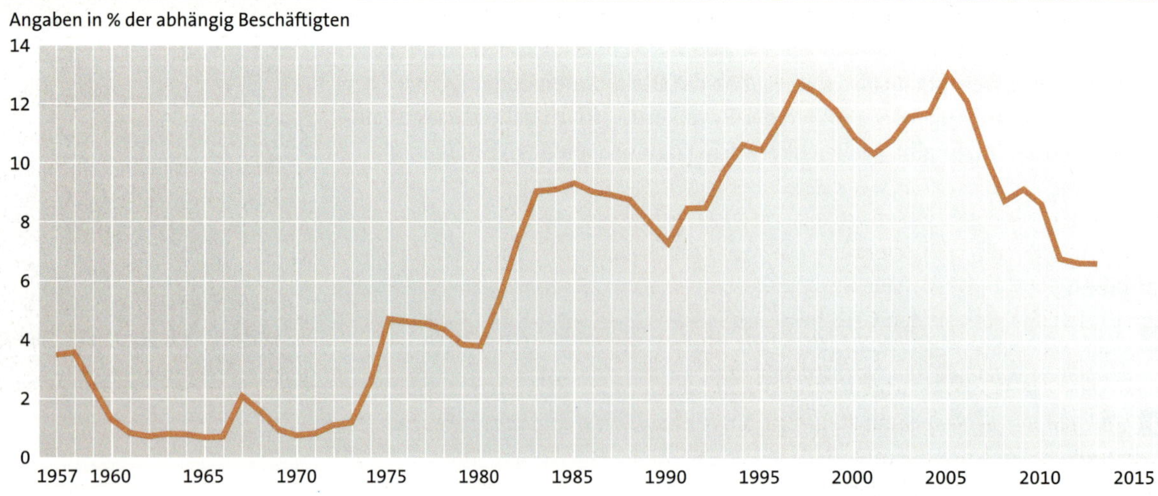

Eigene Darstellung

M 4 Arbeitslosenquoten ausgewählter Länder

Harmonisierte Arbeitslosenquoten, ausgewählte Länder, 1970 bis 2010

	1970	1975	1980	1985	1990	1995	2000	2005	2010
Deutschland[a]	0,6	4,0	3,2	8,0	6,2	8,0	7,5	10,6	6,9
Frankreich	–	–	5,8	9,6	8,4	11,0	9,0	9,3	9,8
Niederlande	1,0	5,8	4,3	7,3	5,1	7,0	3,0	5,3	4,5
Schweden	1,5	1,6	2,1	2,9	1,7	8,8	5,6	7,7	8,4
Spanien	–	4,1	9,0	17,8	13,0	18,4	11,1	9,2	20,1
Vereinigtes Königreich[b]	3,4	4,1	5,8	11,2	6,9	8,5	5,4	4,8	7,8
USA	4,9	8,5	7,1	7,2	5,6	5,6	4,0	5,1	9,6

– keine Angaben verfügbar

[a] Werte bis 1990 nur für damalige Bundesrepublik Deutschland nach landesspezifischer Definition

[b] UK: Wert in der Spalte 1970 stammt aus 1971.

Quelle: OECD.statExtracts, Labour Force Statistics, http://stats.oecd.org/index.aspx?DatasetCode=MEILABOUR

Daten extrahiert am 24.4.2011

Aufgaben

1 *Beschreiben und analysieren Sie die Entwicklung der Arbeitslosenquoten in M 3 und M 4.*

2 *Formulieren Sie ausgehend von M 4 Hypothesen für den Erfolg und Misserfolg der Länder im Kampf gegen die Arbeitslosigkeit.*

M 5 Der Kern von Keynes

Der englische Nationalökonom und Regierungsberater John M. Keynes (1883–1946) revolutionierte mit seinem Hauptwerk, der „Allgemeinen Theorie der Beschäftigung, des Zinses und des Geldes" (1936) das ökonomische Denken, indem er zeigte, wie durch Eingriffe des Staates ökonomische Krisen bewältigt werden können.

(Autorentext)

John Maynard Keynes

Zwei Thesen bilden die Essenz der „Allgemeinen Theorie": Der Kapitalismus, so die eine, ist aus sich selbst heraus instabil und unfähig, aus eigener Kraft Vollbeschäftigung zu schaffen. Der Staat jedoch, das ist die zweite wichtige These, kann diese Schwäche in den Griff bekommen – und zwar ohne gleich die Marktwirtschaft komplett abschaffen zu müssen. Im Original liest sich das so: „Es ist sicher, dass die Welt die Arbeitslosigkeit, die, von kurzen Zeiträumen der Belebung abgesehen, – nach meiner Ansicht unvermeidlich – mit dem heutigen kapitalistischem Individualismus verbunden ist, nicht viel länger dulden wird. Durch eine richtige Analyse des Problems sollte es aber möglich sein, die Krankheit zu heilen und gleichzeitig Leistungsfähigkeit und Freiheit zu bewahren." Als eigentliches Problem diagnostiziert Keynes: Die Nachfrage nach Gütern auf

Arbeitslose in den USA warten vor dem städtischen Obdachlosenheim in New York (Aufnahme von 1930).

gesamtwirtschaftlicher Ebene kann dauerhaft geringer sein als das Angebot – ohne dass es wie auf einzelnen Produktmärkten über sinkende Preise zu einem Ausgleich von Angebot und Nachfrage kommt.

Schafft sich das Angebot seine Nachfrage?

Vor ihm waren Ökonomen überzeugt, dass es zwischen Einzelmärkten und der Gesamtwirtschaft keinen fundamentalen Unterschied gibt. Jedes Angebot, so das Postulat, schaffe sich seine eigene Nachfrage, im Zweifel über niedrigere Preise. Keynes greift diese Sicht an. Ob Angebot und Nachfrage auf gesamtwirtschaftlicher Ebene gleich groß sind, stehe und falle damit, was die Ersparnisse und was die Investitionen in einer Volkswirtschaft treiben. Nur wenn beides gleich groß sei, seien Angebot und Nachfrage identisch. Denn wenn Menschen einen Teil ihres Einkommens sparen, dann fragen sie weniger Güter nach. Es entsteht eine Lücke, die nur durch Investitionen geschlossen werden kann. Die Klassiker waren überzeugt: Der Zins bringt Ersparnis und Investitionen ins Gleichgewicht. Keynes hält das für falsch. Der Zins sei zwar ein Faktor, der die Investitionen beeinflusse. Die Ersparnis aber hänge vom Einkommen ab – genauso wie die Konsumausgaben.

Er spricht von einem „grundlegenden psychologischen Gesetz“: Wenn das Einkommen steigt, steige auch der Konsum, aber nicht im gleichen Ausmaß. Wie viel ein Mensch von einem zusätzlichen Euro ausgibt und wie viel er spart, sei kurzfristig konstant. Wenn es keinen Marktmechanismus gibt, der Ersparnisse und Investitionen automatisch in Einklang bringt, sind verschiedene Gleichgewichte möglich. Ob dabei Vollbeschäftigung herrscht, ist längst nicht selbstverständlich. Historisch betrachtet sei der Hang zum Sparen größer als die Neigung zum Investieren.

Nachfragemangel sei daher wahrscheinlich. Für den Arbeitsmarkt sei das fatal, so Keynes. Schließlich könne „die Beschäftigung nur im Gleichschritt mit den Investitionen zunehmen, es sei denn, es ändert sich die Konsumneigung“.

Die Folge: Massenarbeitslosigkeit oder – in den Worten von Keynes ausgedrückt – „der öffentliche Skandal unbenutzter Ressourcen“.

Info

Makroökonomie: die Betrachtung gesamtwirtschaftlicher Probleme wie Wachstum, Beschäftigung und Geldwertstabilität.

Wie kann der Staat steuern?

Hier kommt die Wirtschaftspolitik ins Spiel. Diese solle die Investitionen so steuern, dass die Nachfrage stabil ist und Vollbeschäftigung herrscht. Die Geldpolitik werde dafür alleine nicht reichen, schreibt er. Sein Hauptargument dafür ist: Die Geldpolitik wirkt sich nur auf das Zinsniveau aus. Das aber sei für die privaten Investitionen weder der einzige noch der wichtigste Einflussfaktor. Auch die Psychologie spiele eine Rolle bei der Entscheidung, ob und wie viel ein Unternehmer investiere – der „Stand des Vertrauens“ des Geschäftsmanns in die Zukunft.

Weil die Aussichten aber ungewiss seien, könne dies nicht auf einem objektiven und rationalen Kosten-Nutzen-Kalkül basieren, argumentiert Keynes: „Wenn wir ehrlich sein wollen, müssen wir zugeben, dass unsere Wissensgrundlage für die

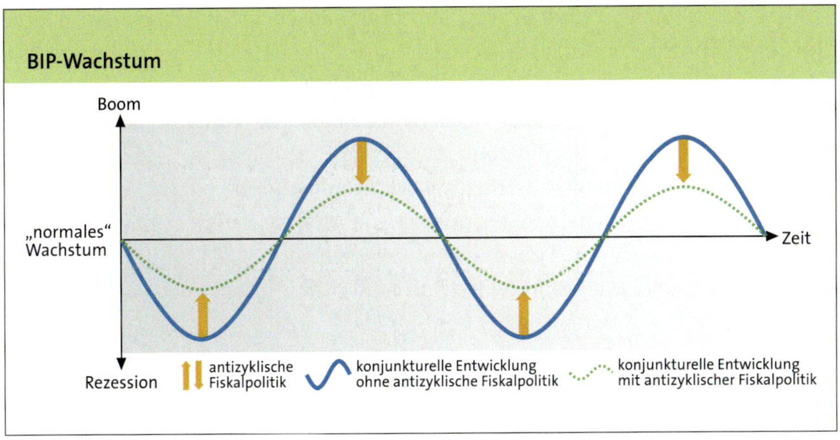

Als Mittel zur Stabilisierung der Konjunktur kommt in einer keynesianisch geprägten Wirtschaftspolitik in erster Linie eine antizyklische Finanzpolitik zum Einsatz, die über Steuern und Staatsausgaben die Nachfrage im Boom dämpft und in der Rezession unterstützt.

Schätzung der Erträge nach zehn oder sogar fünf Jahren einer Eisenbahn, eines Kupferbergwerks, einer Weberei, des Markenwerts einer Patentmedizin, eines atlantischen Dampfers, eines Gebäudes in der City von London sehr gering und manchmal null ist.“ Es komme vor allem auf das Bauchgefühl der Unternehmer an – auf ihre „animalischen Instinkte“ („animal spirits“). Diese seien Wellen von Optimismus und Pessimismus ausgesetzt. Das irrationale Auf und Ab der Erwartungen führe dazu, „dass Rezessionen und Depressionen in ihrer Stärke verstärkt werden“. Im Zweifel, vermutet Keynes, investiere die Privatwirtschaft aus Angst vor der Zukunft nicht genug, um für Vollbeschäftigung zu sorgen. Auch niedrige Zinsen können das nicht ändern. Daher sei der Staat gefragt. Über kurz oder lang, ist Keynes überzeugt, müsse er die Investitionen selbst aktiv steuern. Möglich sei dies dank eines schier magischen Mechanismus, den er Multiplikator-Effekt nennt:

Steigt durch eine Investition die Wirtschaftsleistung und damit das Einkommen, nimmt der Konsum zu. Dies wiederum erhöht das Einkommen, was erneut den Konsum treibt und so weiter. Die Multiplikatorwirkung ist umso größer, je weniger die Menschen von einem zusätzlichen Euro sparen, um den ihr Einkommen steigt. Daher hätten schon geringe Schwankungen bei den Investitionen enorme Folgen für Wachstum und Beschäftigung.

Keynes hat dabei viel Vertrauen in die Fähigkeiten des Staates. Dieser könne oft bessere Investitionsentscheidungen treffen als die Privatwirtschaft, weil er frei von „animalischen Instinkten“ den Nutzen der Projekte „auf lange Sicht und auf der Grundlage des allgemeinen sozialen Wohls berechnen“ könne.

„Der Staat wird einen leitenden Einfluss ausüben müssen.“
John Maynard Keynes

Gefährdet der Staat die wirtschaftliche Freiheit?

Die Regierung werde im Laufe der Zeit „eine immer wachsende Verantwortung für die unmittelbare Organisation der Investitionen übernehmen“. Denn ohne eine „ziemlich umfassende gesellschaftliche Steuerung der Investitionen“ sei Vollbeschäftigung nicht möglich.

Diese Forderung enthält politisches Dynamit. Keynes ist sich dessen bewusst. „Einem Publizisten des 19. Jahrhunderts oder einem zeitgenössischen amerikanischen Finanzier“ würde sie „als ein schrecklicher Eingriff in die persönliche

Freiheit erscheinen“, räumt er ein. Sein pragmatisches Gegenargument lautet: Die „Ausdehnung der Aufgaben des Staates“ sei „das einzige durchführbare Mittel, die Zerstörung der bestehenden wirtschaftlichen Formen in ihrer Gesamtheit zu vermeiden“. Mehr Staat sei letztlich sogar die Voraussetzung, um die wirtschaftliche Freiheit des Einzelnen zu bewahren.

Keynes will den Kapitalismus nicht abschaffen, sondern retten. Ausdrücklich betont er in der „Allgemeinen Theorie“, seine Analyse liefere „keine offensichtliche Begründung für ein System des Staatssozialismus“. Die von ihm diagnostizierten Schwächen der Marktwirtschaft ließen sich lösen, auch wenn die Produktionsmittel im Privatbesitz blieben.

Eingreifen solle die Regierung in die Wirtschaft über die Steuer- und Zinspolitik „und teilweise vielleicht durch andere Wege“. [...] Tatsächlich ist der praktische Einfluss seiner Ideen enorm. In den 30er-Jahren stieg der Staatseinfluss in der Wirtschaft dramatisch. 1928, unmittelbar vor dem Ausbruch der Großen Depression, summierten sich die Staatsausgaben in den USA noch auf zwölf Prozent. Zehn Jahre später, im Zuge des Kampfs gegen die Große Depression, hat sich die Staatsquote verdoppelt. Aus heutiger Sicht war sie aber noch immer extrem niedrig. 2006, vor dem Ausbruch der Finanz- und Wirtschaftskrise, lag die Staatsquote in den USA bei 36 Prozent. In vielen westeuropäischen Industrieländern summiert sie sich auf 45 Prozent und teilweise mehr.

Olaf Storbeck, „Der Kern von Keynes“, www.handelsblattmachtschule.de, 31.03.2009 [28.10.2013]

Aufgaben

1 *Formulieren Sie thesenartig die zentralen Aussagen von Keynes.*

2 *Erstellen Sie ein Vernetzungsdiagramm (z. B. Wirkungsgefüge), in dem die Zusammenhänge zwischen den zentralen Aussagen deutlich werden.*

M 6 Angebotsorientierte Politik

Angebotsorientierte Wirtschaftspolitik, richtig verstanden, zielt darauf, dass auf lange Sicht verlässliche Rahmenbedingungen für unternehmerisches Wirtschaften hergestellt werden, die der Wahrnehmung von Marktchancen förderlich sind und die von der Aussicht auf Gewinnerzielung ausgehenden Anreize voll zur Wirkung kommen lassen, die einer flexiblen Anpassung an sich wandelnde Marktbedingungen nicht entgegenstehen, dies alles jedoch, ohne in das durch den Wettbewerb bestimmte Marktgeschehen einzugreifen. Oberster Grundsatz muss sein, dass alle Unternehmen, kleine wie große, in gleicher Weise Erfolgschancen auf dem Markt wahrnehmen können, ebenso aber auch das Risiko von Fehlschlägen zu tragen haben; die Wirtschaftspolitik soll unternehmerische Investitionsentscheidungen nicht lenkend beeinflussen [...]. Die Wirtschaftspolitik beeinflusst die Angebotsbedingungen unmittelbar von der Kostenseite her, über die Finanzpolitik die Steuerbelastung, über den institutionellen Rahmen der Lohnfindung und über die Sozialpolitik die Arbeitskosten. Für die Erfolgsaussichten unternehmerischer Aktivität, vor allem auch für die Wettbewerbsfähigkeit auf internationalen Märkten, sind nicht nur die Kosten von Bedeutung, sondern ebenso Produktivität und Innovationsfähigkeit. Deswegen darf angebotsorientierte Politik sich nicht einseitig auf Kostenaspekte beschränken, sie umfasst vielmehr auch die Bereitstellung einer leistungsfähigen wirtschaftsnahen Infrastruktur, ein Bildungssys-

Maßnahmen angebotsorientierter Politik

- Erhöhung der Unternehmensrentabilität durch Kostendämpfung (Lohnmäßigung und/oder Verringerung der Unternehmenssteuerbelastung)
- Verringerung des effizienzschwachen Staatskonsums
- Ausweitung des privaten Sektors
- Investitionsförderung
- Deregulierung
- Abbau von Subventionen
- Schaffung leistungsanreizender/innovationsfördernder Rahmenbedingungen

tem, das qualifizierte und motivierte Arbeitskräfte hervorbringt, eine Forschungs- und Technologiepolitik, die die Voraussetzungen für marktorientierte Innovationen in den Unternehmen schafft, nicht zuletzt auch ein Sozialsystem, das den Menschen in einem sich ständig wandelnden Umfeld Sicherheit vermittelt, ohne jedoch Motivation und Innovationsbereitschaft zu beeinträchtigen. Damit sind wichtige Politikbereiche umrissen, die für die Gestaltung der Angebotsbedingungen von Bedeutung sind. Jedoch muss vor zwei Irrtümern gewarnt werden: Zum einen darf der Hinweis auf die Bedeutung von Produktivität und Innovationsfähigkeit nicht zum Vorwand dafür werden, die die Kostenseite betreffenden Reformen des Steuersystems, des Sozialsystems und des Systems der Lohnfindung zu vernachlässigen. Und zum anderen: Die staatliche Politik darf die Grenzen ihrer Einwirkungsmöglichkeiten nicht verkennen; sie hat auf Dauer angelegte Rahmenbedingungen zu schaffen, überschreitet aber die Grenzen ihrer Kompetenz, wenn sie in marktorientierte Innovationsprozesse unmittelbar eingreift, statt deren Richtung den Entscheidungen der Unternehmen und dem Wettbewerb zwischen ihnen zu überlassen. Unternehmerische Entscheidungen sind zukunftsgerichtet; sie werden deswegen in starkem Maße durch Erwartungen bestimmt. Für die Wirtschaftspolitik bedeutet dies, dass die Erwartungen über die künftige Entwicklung der Angebotsbedingungen noch wichtiger sind als das, was unmittelbar in der Gegenwart geschieht.

Jahresgutachten 1998/99 des Sachverständigenrates zur Begutachtung der gesamtwirtschaftlichen Entwicklung, S. 205, zitiert nach: Bankenverband, Konjunktur und Wachstum, http://schulbank.bankenverband.de, Januar 2013, S. 51 f. und Zusammenfassung [28.10.2013]

Aufgaben

1 *Arbeiten Sie aus dem Text die Ziele der angebotsorientierten Politik heraus.*

2 *Erläutern Sie die unterschiedlichen Ansatzpunkte zur Stärkung des Angebots.*

3 *Diskutieren Sie die These, angebotsorientierte Politik sei Politik für Arbeitslose und nicht für „Arbeitsplatzbesitzer“.*

M 7 Geldströme im Wirtschaftskreislauf

Die Überlegungen von Keynes begründen eine Betrachtungsweise der gesamten Wirtschaft, bei der die Geldströme zwischen verschiedenen Bereichen (Sektoren) der Wirtschaft in einem Kreislaufmodell der Volkswirtschaft veranschaulicht werden können. (Autorentext)

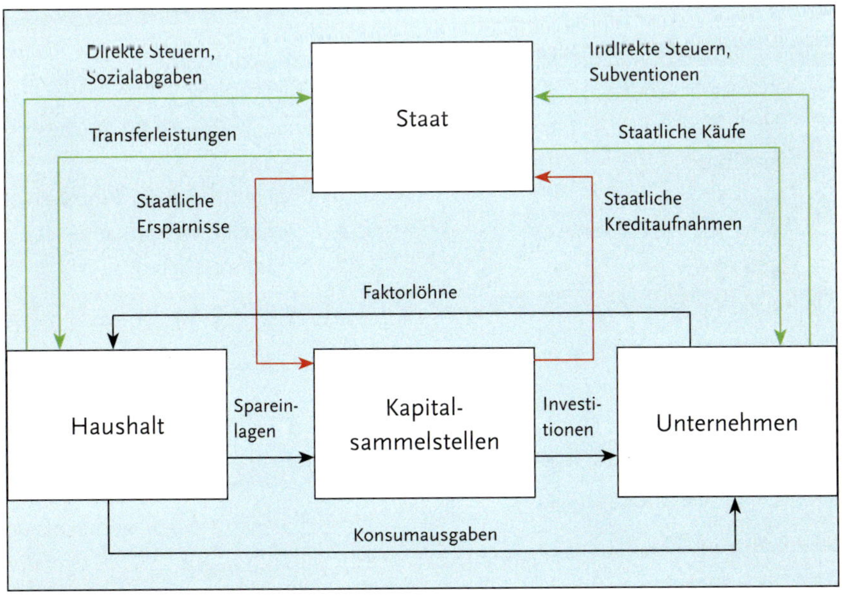

www.rechnungswesen-verstehen.de

Info

Kapitalsammelstellen
Sammelbegriff für Institutionen, bei denen in erheblichem Umfang Einlagen erfolgen bzw. deren Geschäftstätigkeit damit verbunden ist, mit diesem Kapital als Anbieter auf dem Geld-, vorwiegend aber auf dem Kapitalmarkt aufzutreten. Zu den Kapitalsammelstellen zählen v. a. Kreditinstitute, Versicherungen, Sozialversicherungsanstalten, Bausparkassen und Investmentgesellschaften.

Springer Gabler Verlag (Hg.), Gabler Wirtschaftslexikon, Stichwort: Kapitalsammelstellen, http://wirtschaftslexikon.gabler.de [28.10.2013]

Aufgaben

1 *Erstellen Sie eine Übersicht der möglichen Wege und Umwege, die die finanzielle Situation der Unternehmen verbessern und damit für mehr Nachfrage nach Arbeit sorgen können.*

2 *Ordnen Sie diesen Möglichkeiten konkrete wirtschaftspolitische Maßnahmen zu.*

3 *Erörtern Sie an ausgewählten Beispielen die Wirksamkeit dieser Maßnahmen.*

M 8 Das ökonomische Kreislaufmodell

Info

Produktionsfaktoren sind alle Einsatzmengen, die für die Herstellung von Waren und Dienstleistungen erforderlich sind. Volkswirtschaftlich wird die Produktion von Gütern als die Kombination der drei Produktionsfaktoren Boden, Arbeit und Kapital bezeichnet.

Duden Wirtschaft von A bis Z: Grundlagenwissen für Schule und Studium, Beruf und Alltag, Bibliographisches Institut & F.A. Brockhaus, Mannheim [5]2013, S. 41

Um wirtschaftliche Zusammenhänge zu erklären und zu verstehen, ist es nötig, sie auf die wichtigsten Elemente und Zusammenhänge zu vereinfachen. „Ökonomen gebrauchen Modelle, um etwas über die Welt zu lernen. [...] Wie im Plastikmodell des Biologielehrers fehlen viele Einzelheiten, damit man das Wesentliche besser sieht. So wie das Modell [des menschlichen Körpers] nicht alle Muskeln und Kapillaren des Körpers enthält, zeigt auch das ökonomische Modell nicht jede Einzelheit der Volkswirtschaft. [...] Alle Modelle – in der Physik, in der Biologie und in den Wirtschaftswissenschaften – simplifizieren die Realität, um unser Verständnis von der Wirklichkeit zu verbessern. Sie können abhängig von der Verdeutlichungsabsicht unterschiedlich komplex sein.
Die Volkswirtschaft besteht aus Millionen von Menschen, die sich in vielerlei ökonomischen Aktivitäten engagieren – Kaufen, Verkaufen, Arbeiten, Leute einstellen, Produzieren und so weiter. Um verstehen zu können, wie die Volkswirtschaft funtioniert, müssen wir einen Weg zur Vereinfachung des Nachdenkens

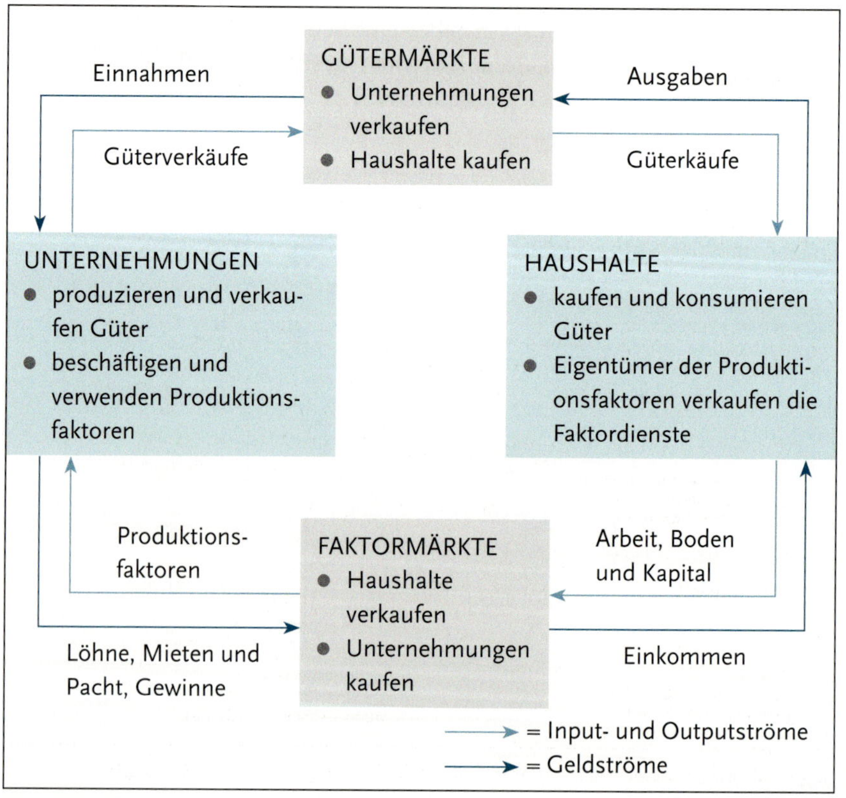

Der Kreislauf: Dieses Schaubild stellt eine schematische Gliederung der Volkswirtschaft dar. Entscheidungen werden von Haushalten und Unternehmungen getroffen. Haushalte und Unternehmungen wirken auf Gütermärkten (wo die Haushalte die Käufer und die Unternehmungen die Verkäufer sind) und auf Faktormärkten zusammen, wo die Unternehmungen Käufer und die Haushalte Verkäufer sind. Die äußeren Pfeile zeigen die Geldströme, die inneren Pfeile zeigen die entsprechenden Güterströme.

über diese Aktivitäten finden. Mit anderen Worten brauchen wir ein Modell, das in allgemeinen Begriffen erklärt, wie die Volkswirtschaft organisiert ist.
Das Schaubild [S. 196] zeigt ein visuelles Modell der Volkswirtschaft, das man Kreislaufdiagramm nennt.

N. Gregory Mankiw/Mark P. Taylor, Grundzüge der Volkswirtschaftslehre, Schäffer Poeschel, Stuttgart [5]2012, S. 24 ff.

M 9 Zusammenhänge in erweiterten Kreislaufmodellen

Kreislaufmodelle können durch die Hinzunahme von Differenzierungen und Details ergänzt werden. Sie können und sollen nie alle Zusammenhänge abbilden. In einer gemischtwirtschaftlichen, offenen Volkswirtschaft sind Staat und Ausland bzw. ausländische Unternehmen wesentliche Elemente für ein Verständnis der Zusammenhänge. (Autorentext)

a) Erweitertes Kreislaufmodell

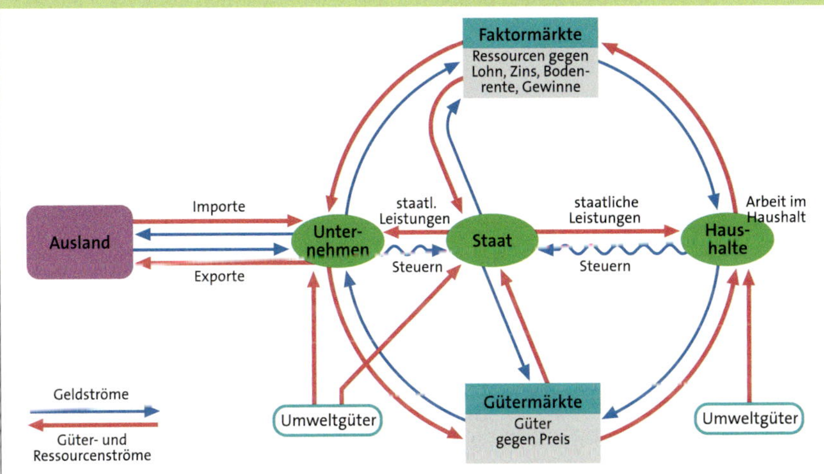

b) Kreislaufmodell zur Analyse von Konjunkturschwankungen

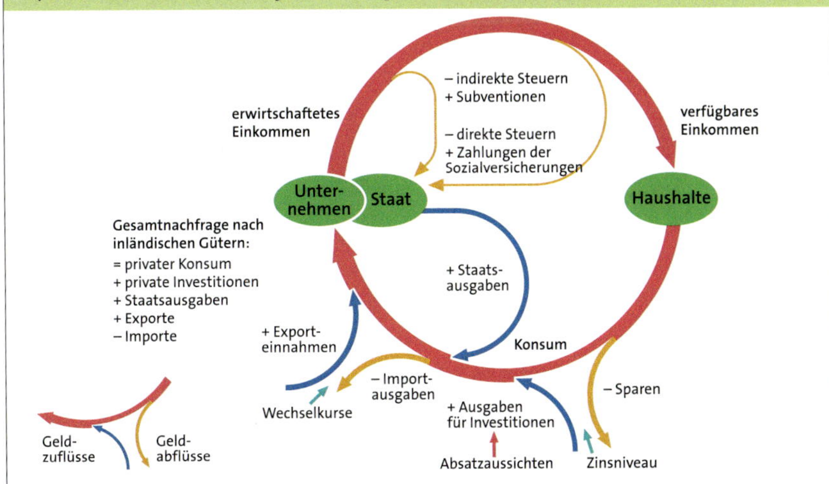

Bernhard Beck, „Volkswirtschaft verstehen“, vdf Hochschulverlag, Zürich [7]2012, S. 198, 275

Aufgaben

1 *Beschreiben Sie das um das Ausland erweiterte Kreislaufmodell.*

2 *Erklären Sie den Zusammenhang zwischen den Exporten der Unternehmen und den Haushalten.*

3 *Beschreiben Sie anhand des erweiterten Modells M 9a alle erkennbaren Zusammenhänge zwischen den Haushalten und dem Staat, bedenken Sie auch die indirekten Wirkungen.*

4 *Erklären Sie im Modell zur Analyse von Konjunkturschwankungen M 9b die Wirkungsweise von Sparen und Ausgaben für den Import auf die Konjunktur.*

M 10 Keynes und die (Neo-)Klassiker – Wie stabil sind Märkte und die gesamte Marktwirtschaft?

Zentrale Kritik an den Klassikern: In ihren Modellen ist kein Platz für Unsicherheit und Erwartungen. Die Gesamtwirtschaft ist mehr als die Summe ihrer Einzelteile. Keynes ist der Erfinder der makroökonomischen Perspektive.

Angebot und Nachfrage
Einkommen wird nicht zwangsläufig zur Nachfrage, das Say'sche Gesetz gilt nicht. Stattdessen bestimmt die „effektive Nachfrage" die gesamtwirtschaftliche Produktion und damit das Angebot.

Menschenbild
Psychologische Faktoren spielen für das wirtschaftliche Verhalten der Menschen eine große Rolle. Die Unsicherheit über die Zukunft führt zu Schwankungen und macht das wirtschaftliche System instabil.

Preise und Löhne
ändern sich nur zeitverzögert.

Arbeitslosigkeit
Unterbeschäftigung ist nicht Folge von zu hohen oder zu unflexiblen Löhnen, sondern von zu geringer Gesamtnachfrage, die zu Unterauslastung der Ressourcen führt.

Geld
Monetäre Größen spielen eine eigenständige Rolle in der Wirtschaft: Geld ist „Verbindungsglied zwischen der Gegenwart und der Zukunft". Die Geldpolitik beeinflusst das Zinsniveau und dieses ist für die Investitionen relevant.

Ersparnis
hängt von der Höhe des aktuellen Einkommens ab, nicht nur von der Höhe des Zinses. Ersparnisse bedeuten Nachfrageausfälle. Sie können, müssen aber nicht zwangsläufig in Investitionen umgewandelt werden.

Stabilität der Marktwirtschaft ist fraglich: Auch bei flexiblen Löhnen kann es dauerhafte Gleichgewichte mit Unterbeschäftigung geben.

Wirtschaftspolitik:
Eine aktive und positive Rolle des Staates ist möglich. Über die Geld- und Fiskalpolitik kann und sollte der Staat die Gesamtnachfrage aktiv mitsteuern und dafür auch vorübergehende Staatsschulden in Kauf nehmen.

Info

Say'sches Theorem:
Jedes Angebot schafft sich zwangsläufig seine Nachfrage, da durch die Produktion Einkommen entstanden ist.

Zentrale Kritik an Keynes: Das menschliche Verhalten wird nicht systematisch hergeleitet. Makroökonomische Argumentationen müssen aus dem Verhalten der Individuen hergeleitet werden („Mikrofundierung der Makroökonomie").

Angebot und Nachfrage
Das Say'sche Gesetz gilt in der Regel. Probleme auf der Angebotsseite – z. B. Ölpreisschocks – lassen sich nicht mit nachfrageseitiger Politik lösen.

Menschenbild
Wirtschaftliche Akteure verhalten sich rational und maximieren ihren Nutzen, der vom Einkommen abhängt.

Preise und Löhne
sind flexibel.

Arbeitslosigkeit
Es gilt, konjunkturelle und strukturelle Arbeitslosigkeit zu unterscheiden. Strukurelle Arbeitslosigkeit ist durch Probleme auf der Angebotsseite verursacht, z. B. zu starre Löhne, zu viel Gewerkschaftsmacht, zu hoher Kündigungsschutz.

Geld
Menschen haben keine „Geldillusion", für sie zählen nur reale und keine normalen Größen. Daher gibt es keinen Zielkonflikt zwischen niedriger Arbeitslosigkeit und niedriger Inflation.

Ersparnis
Bei rationalen Akteuren hängt die Ersparnis von der Höhe des Lebenseinkommens ab, nicht vom aktuellen Einkommen. Keine Verhaltensänderungen bei kurzfristigen Einkommensänderungen, z. B. durch schuldenfinanzierte Steuersenkungen.

Marktwirtschaft tendiert zu stabilem Gleichgewicht, wenn Preise flexibel sind. Staatsversagen ist größeres Problem als Marktversagen. Rationale Akteure antizipieren staatliches Handeln. Dadurch sinkt der Wirkungsgrad der Wirtschaftspolitik.

Wirtschaftspolitik:
Geldpolitik sollte ausschließlich Inflation und Inflationserwartungen stabilisieren. Staatliche Fiskalpolitik ist mehr oder weniger unwirksam und vor allem teuer. Der Staat sollte sich aus dem Marktgeschehen so weit wie möglich heraushalten und vor allem für gute Angebotsbedingungen (flexible Löhne und Preise, niedrige Steuern, offene Märkte) sorgen.

Anja Müller/Olaf Storbeck, „Keynes – geliebt, verachtet, wiederentdeckt", www.handelsblattmachtschule.de, 16.03.2009 [28.10.2013]

Info

Mikroökonomie:
Die Entscheidungen der einzelnen Handelnden, der Haushalte und der Unternehmen, werden untersucht und ihr Zusammentreffen und ihre Wirkungen auf den Märkten werden erklärt.

Aufgaben

1 *Beurteilen Sie die Stationen der Kreisläufe im Hinblick auf ihre Plausibilität und vergleichen Sie Ihre Einschätzungen.*

2 *Vergleichen Sie die beiden Konzeptionen im Hinblick auf die Auswirkungen für die Anbieter von Arbeit, Kapitalanleger, Unternehmen und die Rolle des Staates.*

3 *Erörtern Sie die Möglichkeiten, Elemente der beiden Ansätze zu verbinden.*

4 *Entwerfen Sie die Grundzüge einer gemischten Wirtschaftspolitik.*

M 11 Lob der Makroökonomie

Klaus F. Zimmermann

Niedrigere Unternehmenssteuern und mehr Ausgaben für Bildung zeigen: Der Zeitgeist wirkt zugunsten einer kombinierten Angebots- und Nachfragepolitik. Der ökonomische Zeitgeist wandert derzeit ins Lager der Anhänger eines makroökonomischen Policy-Mix aus verbesserten Angebotsbedingungen und einem positiven makroökonomischen Rahmen. Eine deutliche Senkung der Unternehmenssteuern und der Lohnnebenkosten soll Anreize für Investitionen und Personaleinstellungen bieten, wohingegen eine weniger restriktive Haushaltspolitik und höhere Staatsausgaben für Infrastruktur und Bildung den nötigen Nachfragesog erzeugen. Das ist auch aus wissenschaftlicher Sicht ein sinnvolles Konzept.

Überbordende Haushaltsdefizite und ineffektive staatliche Ausgabenprogramme haben in den Siebziger- und Achtzigerjahren zu wachsenden staatlichen Schuldenbergen geführt und mit dem Glauben aufgeräumt, Vollbeschäftigung und Konjunkturstabilität seien durch geeignete Fiskalpolitik zu erreichen. Stattdessen ging das Gespenst der Wachstumskrise um, immer größere Zinslasten beschränkten die Handlungsspielräume des Staates.

Eingeschnürt ins enge Korsett des europäischen Stabilitäts- und Wachstumspaktes schien eine keynesianisch orientierte Wirtschaftspolitik seit Anfang der Neunzigerjahre endgültig im Archiv der Wirtschaftsgeschichte abgelegt worden zu sein. Die Stagnation der letzten Jahre hat allerdings auch gezeigt, dass eine Haushaltskonsolidierung nicht gelingen kann, wenn in den Abschwung hinein gespart wird. Die Lockerung des Stabilitäts- und Wachstumspaktes war deshalb nur die konsequente und folgerichtige Reaktion. So werden heute wieder Forderungen laut, die anhaltende Wirtschaftsflaute durch Konjunkturspritzen auf Touren zu bringen.

Die Wiedergeburt des Keynesianismus wird zelebriert, der gegen konservative Angebotstheoretiker in Stellung gebracht wird. Die simple Angebots-Nachfrage-Betrachtung ist dabei aber eine typische Missgeburt des deutschen Medienbetriebes. Da Aufmerksamkeit nur durch schrille Positionen erzielt werden kann, befeuern sich Medienstrategen und Pseudowissenschaftler gegenseitig, um ideologische Bedürfnisse zu befriedigen oder zu unterhalten.

Diese Diskussion hat sich längst vom Stand der Wirtschaftswissenschaft abgekoppelt. Angebots- und Nachfragefaktoren lassen sich empirisch gar nicht auseinanderhalten, eine positive wirtschaftliche Entwicklung kann nur entstehen, wenn ökonomische Anreize und gesamtwirtschaftliche Nachfrage zusammenwirken. Hohe Lohnabschlüsse stärken die Massenkaufkraft, den Konsum und

Info

Klaus F. Zimmermann ist einer der renommiertesten Makroökonomen Deutschlands. Er ist Direktor des Instituts zur Zukunft der Arbeit (IZA) und war Präsident des Deutschen Instituts für Wirtschaftsforschung (DIW).

die Beschäftigung – wenn nicht die Haushalte angesichts erwarteter Inflation und steigender Arbeitslosigkeit in Angstsparen verfallen. Hohe Löhne können technischen Fortschritt und somit angebotsorientiert Wachstum erzeugen – wenn die Effekte nicht durch Freisetzung von Arbeitskräften und Minderkonsum aufgesogen werden.

Angebotstheoretisch motivierte Lohnzurückhaltung stärkt die internationale Wettbewerbsfähigkeit eines Landes und führt zu einem Nachfrageimpuls, der die Investitionen und die Binnenkonjunktur stimulieren kann – wenn die Unternehmer nicht infolge schwacher Absatzerwartungen neue Initiativen scheuen.

Die Aufgabe der Wissenschaft ist es, ihr gesichertes, breit akzeptiertes Wissen der Gesellschaft verständlich und nützlich zu machen. Die Zeit der großen makroökonomischen Lagerdebatten ist längst vorbei. Das gilt zumindest für die an der internationalen Entwicklung orientierten Wissenschaftler.

Makroökonomen aller Schattierungen benutzen dasselbe methodische Instrumentarium. Es gibt einen breiten Grundkonsens über wichtige makroökonomische Zusammenhänge. Nachfrageschwankungen beeinflussen die Konjunktur. Höhere Budgetdefizite, ein größeres Geldmengenwachstum oder sinkende Zinsen sowie ein gestiegenes Vertrauen von Verbrauchern und Investoren führen zu vermehrter Produktion und zu einem Abbau an Arbeitslosigkeit. Staatsdefizite sind somit zwar kurzfristig günstig, langfristig aber schädlich für das Wirtschaftswachstum. Politikstrategien können von den Wirtschaftssubjekten auch konterkariert werden. Die Struktur des Staatshaushalts ist gleichfalls wichtig. Infrastrukturinvestitionen und Ausgaben für Forschung und Bildung sichern auch langfristiges Wachstum.

Die meisten modernen Makroökonomen sind Keynesianer in dem Sinne, dass sie nicht alle Märkte im Gleichgewicht sehen und von kurzfristig begrenzt flexiblen Lohn- und Preismechanismen ausgehen. Sie akzeptieren auch, in Krisensituationen die automatischen Stabilisatoren wirken zu lassen, also Budgetdefizite durch Steuerausfälle und steigende Transferzahlungen hinzunehmen. Und moderne Keynesianer akzeptieren die Forderung nach [ ] Einbeziehung der Erwartungen der Individuen in Bezug auf künftige Ereignisse und die Lernfähigkeit der Wirtschaftssubjekte.

Nach Jahren der relativen Bedeutungslosigkeit im wissenschaftlichen und politischen Raum erwächst der Makroökonomie wieder steigende Aufmerksamkeit und Anerkennung. [...] Wissenschaftliche Exzellenz muss dabei die Basis jeder öffentlichen Beratung sein. Es wäre ferner ein Fehler, die Bedeutung von Anreizen für den wirtschaftlichen Fortschritt zu ignorieren. Moderne, auch keynesianische Makroökonomen akzeptieren die Dualität von Angebots- und Nachfragepolitik. Nur eine gemischte Strategie wird Deutschland [...] auf ökonomischen Erfolgskurs bringen.

Klaus F. Zimmermann, „Lob der Makroökonomie", www.handelsblatt.de, 07.04.2005 [28.10.2013]

Aufgaben

1 *Arbeiten Sie aus dem Text die Ziele und Mittel der Angebots- und der Nachfragepolitik heraus.*

2 *Erklären Sie, welche Fehler der Angebots- und Nachfragepolitik durch die „Dualität von Angebots- und Nachfragepolitik" vermieden werden.*

3 *Untersuchen Sie aktuelle oder geplante wirtschaftspolitische Maßnahmen-Pakete auf ihre angebots- und nachfrageorientierten Anteile*

4 *Schon der Ökonom Alfred Marshall sprach „von beiden Klingen der Schere, die schneiden" – von der Angebots- und der Nachfrageseite. Erörtern Sie, welche Klinge der Schere in der aktuellen wirtschaftlichen Situation geschärft werden sollte.*

Konzepte der Wirtschaftspolitik

Ordoliberalismus

In der wirtschaftspolitischen Debatte konkurrieren mehrere Konzepte. In der Aufbauphase der Bundesrepublik Deutschland dominierten die Ordnungsökonomischen Konzepte der Freiburger Schule (Walter Eucken). Die Wirtschaftspolitik setzte nach der Kommandowirtschaft des Dritten Reiches auf die Entflechtung von Unternehmen, auf die Stärkung von funktionierenden Wettbewerbsmärkten und die Verhinderung von Kartellen und Preisabsprachen zum Nachteil des Wettbewerbs und der Verbraucher. Der durch die Dynamik der Märkte ermöglichte

Soziale Marktwirtschaft

Wohlstand sollte nach dem Konzept der sozialen Marktwirtschaft allen zugute kommen. Ludwig Erhard setzte dabei weniger auf Umverteilung als auf eine faire Verteilung der Erfolge des wirtschaftlichen Wachstums.

Globalsteuerung

Stabilitätsgesetz

In den Rezessionen und den Krisen ab den Sechzigerjahren vertrauten die Wirtschaftspolitiker auf das Konzept der Globalsteuerung, das auf den Vorstellungen von John M. Keynes aufbaute und seinen Niederschlag 1967 im Gesetz zur Förderung der Stabilität und des Wachstums der Wirtschaft (Stabilitätsgesetz) fand. Der Staat sollte durch lenkende und ausgleichende Maßnahmen die vier wirtschaftspolitischen Ziele: Wachstum, Beschäftigung, Geldwertstabilität und außenwirtschaftliches Gleichgewicht in Übereinstimmung bringen.

Als Mitte der Siebzigerjahre deutlich wurde, dass die Instrumente der nachfrageorientierten, antizyklischen Wirtschaftspolitik die Beschäftigungs- und Wachstumsprobleme nicht lösen konnten und zudem zu einer zunehmenden Verschuldung der öffentlichen Haushalte führten, setzte ein Umdenken ein.

Die Konzepte der Chicagoer Schule um den amerikanischen Ökonomen Milton Friedman setzten auf die selbststabilisierende Wirkung von Märkten. Der Staat sollte sich auf die Gewährleistung einer stabilen Währung beschränken. Eingriffe in die Konjunktur galten als langfristig wirkungslos und sollten daher unterbleiben. Die Produzenten sollten durch einen Abbau von hemmenden Regelungen auf dem Arbeitsmarkt und andere Maßnahmen bessere Bedingungen bekommen

Angebotsorientierte Wirtschaftspolitik

und dadurch langfristig für Wachstum und Wohlstand sorgen (angebotsorientierte Wirtschaftspolitik). Diese Konzeption, die wegen ihrer Fixierung auf die Währung auch Monetarismus genannt wird und faktisch einen Teilrückzug des Staates aus der Wirtschaft bedeutete, wurde spätestens durch die Finanzkrise 2008 infrage gestellt.

Im Zuge der Wirtschafts- und Finanzkrise sahen sich die Staaten gezwungen, aktiv und massiv einzugreifen, um einen Absturz ganzer Volkswirtschaften zu verhindern. Insbesondere die Nichtregulierung der Finanzmärkte wurde als Gefahr für die Volkswirtschaften erkannt. In der Krisenbekämpfung setzten die Staaten auf eine Mischung aus nachfragewirksamen und angebotsstärkenden Maßnahmen. In der Debatte um die jeweils angemessene Wirtschaftspolitik bilden diese beiden Konzepte die Pole. Auch wenn die wirtschaftspolitischen Programme zumeist Mischungen darstellen, können die einzelnen Maßnahmen aus der Logik der Grundkonzepte heraus begründet und verstanden werden.

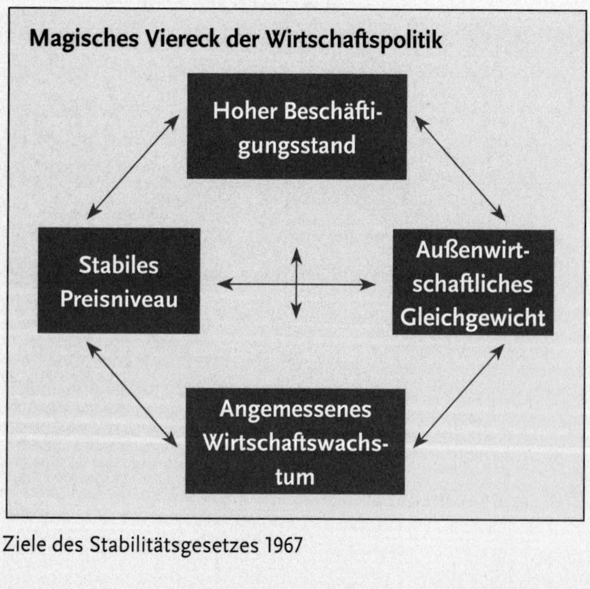

Ziele des Stabilitätsgesetzes 1967

Vom Scheitern der Alt-76er

Nach gut 30 Jahren strammer Angebotslehre hat sich selbst der treue Sachverständigenrat von der alten Bekenntnisökonomie weitgehend verabschiedet. Spät und zögerlich, aber zeitgemäß. Und aus gutem Grund.

[...] Als die Wirtschaftsprofessoren des Sachverständigenrats im November 1976 erstmals eine ganz neue „angebotsorientierte" Politik empfahlen, stellten sie sich damit gegen große Teile der Ökonomenschaft [...]. Das Paradigma hat drei Jahrzehnte gehalten. Jetzt zeichnet sich eine neue Wende ab [...].

Als die Angebotskämpfer Mitte der 70er-Jahre loslegten, war ihr Poltern vor allem eine Art Antithese zu allem, was bei den Kollegen als gut galt. Es sei unsinnig und gefährlich, die Konjunktur zu steuern, statt die Angebots- und Rahmenbedingungen grundsätzlich zu verbessern – das führe nur zu Inflation, steigenden Staatsschulden und vor allem Unsicherheit. Die Notenbanken sollten sich an langfristigen Geldmengenzielen orientieren, nicht mehr an kurzfristigen (Wachstums-) Problemen; die Regierung solle öffentliche Ressourcen (Mittel) verteilen und reduzieren – und nicht dem „Machbarkeitswahn" nachhängen, die Wirtschaft steuern oder gar verstehen zu können. Über die Zahl der Jobs entschieden laut neuem Dogma allein die Tarifparteien, wobei es Lohnzuwächse eigentlich nicht mehr geben dürfe, weil die Arbeitslosigkeit sonst nicht sinke. Basta.

An manchem mag da etwas dran gewesen sein, es hat das deutsche wirtschaftspolitische Denken zumindest Jahrzehnte geprägt [...]. „Seit Mitte der 70er-Jahre hat es keine Wirtschaftspolitik nach dem Muster der globalen Nachfragesteuerung mehr gegeben", diagnostizierte 2003 der Top-Angebotstheoretiker Olaf Sievert, der 1976 Chef des Sachverständigenrats war. Die Frage ist mittlerweile nur, ob das Dogma deswegen auch (oder: noch) richtig ist. Und ob die Umkehrschlüsse, die [...] seitdem gezogen wurden, wirklich so viel weiterhelfen. Klar spricht einiges dafür, dass sich eine kriselnde Wirtschaft nicht per se dadurch beleben lässt, dass man Löhne anhebt oder der Staat mehr ausgibt. Nur war es womöglich ebenso absurd anzunehmen, dass es egal ist, wie sich die Kaufkraft entwickelt und ob Einkommen und Konsum vor lauter Zurückhaltung stagnieren. Die Lohnzurückhaltung der letzten Jahre hat nicht automatisch mehr Jobs gebracht. Das ging erst los, als die (globale) Nachfrage 2006 Schub brachte. Jetzt setzen selbst orthodoxe Konjunkturauguren pragmatisch darauf, dass die Löhne 2008 „endlich" wieder stärker zulegen. Um den Aufschwung zu stützen, falls der globale Schub nachlässt. Das klang bei Ur-76ern noch anders.

Heute gibt es neue Antithesen. Da geht es oft eher darum, wie Auswüchse dieser oder jener Liberalisierung wieder in den Griff zu kriegen sind. Siehe Finanzkrise. Oder die Einkommensverteilung: In unverdächtig liberalen Ländern wie den USA oder Großbritannien gibt es aus ähnlichem Grund (mittlerweile) Mindestlöhne. Da helfen Grundsatzappelle zur Brillanz von Angebotspolitik irgendwann nicht weiter.

„Durch Angebotsreformen allein wird kein Aufschwung ausgelöst", sagt der aktuelle Chefsachverständige Bert Rürup. Solche Reformen könnten sich erst auszahlen, wenn die Konjunktur einmal läuft. Plausibel: Seit der Aufschwung Anfang 2006 in Gang kam, purzeln Defizite und Arbeitslosenzahlen. Nicht umgekehrt. Das klingt wie die Antithese der Alt-76er, nach denen „die primären Impulse" für einen Aufschwung „vom Angebot ausgehen", das dann „selbst die Nachfrage hervorbringt".

Thomas Fricke, „Vom Scheitern der Alt-76er", www.neuewirtschaftswunder.de, 09.11.2007 [28.10.2013]

Aufgaben

1 *Beschreiben Sie das Phänomen der Konjunktur.*

2 *Erklären Sie die erwünschten Ziele und Mittel der Nachfragepolitik in einem zusammenhängenden Text.*

3 *Arbeiten Sie die im Text genannten Ziele und Mittel der Angebotspolitik heraus.*

4 *Erklären Sie die Argumente, die Thomas Fricke im Text gegen das „Dogma" der Angebotspolitik anführt.*

5 *Beurteilen Sie die Forderung nach einer deutlichen Lohnsteigerung im Hinblick auf die gesamtwirtschaftliche Entwicklung.*

2.3 Geld- und Währungspolitik

M 1 Preissteigerungen in Deutschland

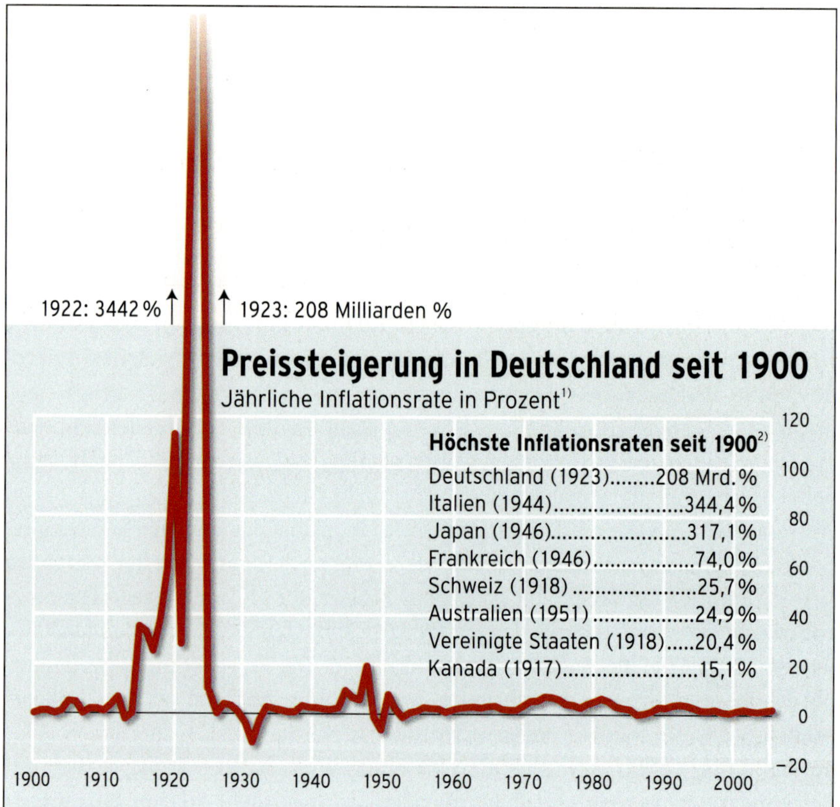

1) Unterschiedliche Gebietsstände und Berechnungen. 2) Ausgewählte Industrieländer.
Quellen: Statistisches Bundesamt; Dimson, Marsh und Staunton (ABN Amro/LBS) / F.A.Z.-Grafik Brocker

M 2 Warum ist Inflation gefährlich?

Eigentlich waren es himmlische Zeiten. Jeder Deutsche war Millionär, über Nacht wurde er zum Milliardär und schließlich hielt er Billionen in der Hand. Und konnte dafür doch nichts kaufen. Denn das viele Geld, das er im Schubkarren über die Straßen schob, war nichts mehr wert. [...] Die große Inflation hatte Deutschland in den Zwanzigerjahren heimgesucht und weite Bevölkerungskreise arm gemacht.

Aber was ist das überhaupt: Inflation? Wenn die Kugel Vanilleeis beim Italiener um die Ecke schon wieder teurer geworden ist, die Tankfüllung wegen der steigenden Ölpreise und Steuern mehr kostet und in der Wurstpackung zum selben Preis statt 100 nur noch 80 Gramm Lyoner stecken. Dann herrscht Inflation – zumindest, wenn sich Eis, Benzin und Wurst im Warenkorb einer Durchschnittsfamilie finden und dieser Warenkorb immer teurer wird.

Die Verbraucherpreise steigen – das ist die einfache Definition von Inflation. Falsch ist sie nicht, doch die Ökonomen haben es gern etwas genauer. Sie wollen wissen, warum die Preise anschwellen. Die heute [2006] noch tonangebenden

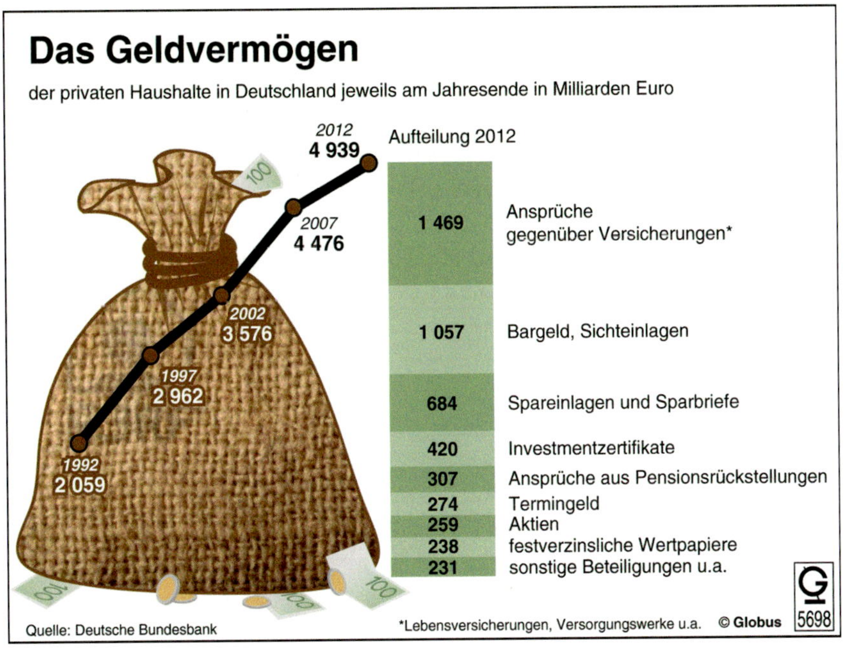

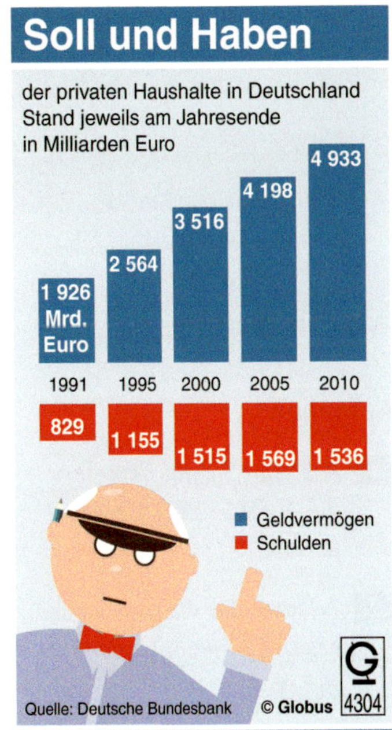

Monetaristen fanden eine überzeugende Antwort: Inflation ist ein Geldmengen-Phänomen. Sie entsteht immer dann, wenn die Geldmenge schneller wächst, als sich Güter und Dienstleistungen in einem Land vermehren. Dann verliert das Geld an Wert, und genau das ist Inflation, lautet das Diktum des Wirtschaftsnobelpreisträgers Milton Friedman.

So war es auch im Sommer 1923: Die Reichsbank brachte mehr und mehr Banknoten in Umlauf [...]. Am Ende wollte niemand mehr Geld in der Hand halten, weil es schon nach einer Stunde an Wert eingebüßt hatte. [...] Aber warum soll allzu viel Geld ein Fluch sein? Ist Inflation nicht vielmehr – die Hyperinflation einmal außen vor – der Normalzustand der Wirtschaft? Ja, das ist sie. Und das ist auch gut so. Da die Preise von Waren leichter steigen als fallen, erfüllt die Inflation eine wichtige Aufgabe: Sie erlaubt es, dass beispielsweise Kinokarten relativ billiger werden als Theaterkarten, ohne dass ihre Preise tatsächlich sinken müssen.

Sie steigen nur unterschiedlich stark und zeigen damit an, welches Gut oder welche Dienstleistung gerade begehrter ist. Moderate Inflation hält die Wirtschaft also am Laufen. Unternehmer wissen, welche Waren gefragt sind, wovon sie mehr produzieren müssen und was ein Ladenhüter ist. Die Preise signalisieren Knappheit.

Genau diese Funktion können Preise nicht mehr erfüllen, wenn die Inflation galoppiert. Unternehmer und Verbraucher wissen nicht mehr so genau, was die Preise bedeuten, wenn eine Schicht Inflation auf ihnen liegt. [...] Laufen die Preise aus dem Ruder, funktioniert die Geldwirtschaft nicht mehr. Der Blick auf die Preistafel ist sowenig hilfreich wie der in eine Landkarte mit falsch eingezeichneten Straßen.

Nimmt die Geldentwertung überhand, verlieren die Banknoten ihre wichtigste Eigenschaft: Sie sind nicht länger allgemein anerkanntes Zahlungsmittel. In Ländern wie Argentinien oder Brasilien, die jahrzehntelang unter hohen zweistelligen Inflationsraten litten, etablierte sich der amerikanische Dollar als

Zweitwährung. Im Nachkriegsdeutschland wurde mit Zucker oder Zigaretten gezahlt. [...]
Der Kern des Problems: Wenn ich nicht weiß, wie viel mein Geld, meine Investition, mein Kredit, meine Waren und Dienstleistungen morgen wert sind, verkürzt sich die Perspektive der Investoren, Banken und Verbraucher. Ist auf Noten und Münzen kein Verlass mehr, konzentriert sich alles wirtschaftliche Handeln auf heute. Investitionen, deren Ertrag sich erst am Ende einer langen Kette zeigt – Ideen finden, Kapital aufnehmen, produzieren, vermarkten, verkaufen –, werden aufgeschoben. Zu ungewiss ist, ob am Ende noch genügend Geld verdient wird. Der Investor verkümmert zum Händler und die Gesellschaft verliert Produktivität, Wirtschaftskraft und Wohlstand.
Auch die Banken agieren nur noch kurzatmig. Sie werden für Kredite einen hohen Risikoaufschlag fordern und lange Laufzeiten scheuen. Wer weiß, was das Geld, das zurückgezahlt wird, noch wert ist? Kredite werden teuer, die Zinsen steigen und bremsen das Wachstum.
Nur der Staat ist Inflationsgewinnler. Der Finanzminister weiß: Das Papiergeld, in dem er sich verschuldet hat, ist nichts als ein Zahlungsversprechen – und das ist mit zunehmender Inflation weniger wert. Kann er es nicht mehr einlösen, freut er sich über eine beschleunigte Geldentwertung: Die Schuld, die er begleichen muss, wird leichter. Das erklärt auch, warum Regierungen nicht immer geneigt sind, dem Auftrieb der Inflation Einhalt zu gebieten.
Moralisch betrachtet, schadet die Inflation vor allem den Schwachen, denen, die nichts besitzen außer ein paar Staatsanleihen, die noch nicht einmal Kredit bekommen. Wer im Wesentlichen vom Geldlohn seiner Arbeit lebt, ist in der Inflation arm dran. Der Wert von Sparbüchern, Lebensversicherungen und Renten verfällt. Besser geht es allen, die reale Werte besitzen: Immobilien, Gold oder Land – und das sind nicht die Armen einer Gesellschaft. So lässt sich mit Recht sagen: Hohe Inflation ist unsozial. [...]

Catherine Hoffmann, „Warum ist Inflation gefährlich?", www.faz.net, 27.08.2006 [28.10.2013]

Aufgaben

1 *Arbeiten Sie aus dem Text die Aufgaben des Geldes heraus.*

2 *Erklären Sie die unterschiedlichen Definitionen der Inflation.*

3 *Erklären Sie die Wirkung der Inflation für Sparer, Schuldner und die Besitzer von realen Werten.*

4 *Erörtern Sie die Behauptung, dass die Inflation den Schwachen schade, unter Berücksichtigung des Geldvermögens und des Schuldenstands deutscher Haushalte.*

M 3 Wehe, wenn die Deflation kommt

Neben dem Inflationsgespenst treibt an den Märkten bisweilen auch der Deflationsgeist sein Unwesen. Doch warum ist eine Deflation eigentlich so gefährlich für die Wirtschaft?
Letzten Endes sind auf breiter Front fallende Preise, sprich eine Deflation, ein Quasi-Todesurteil für jede Volkswirtschaft. Dabei gehen einem solchen volkswirtschaftlichen Phänomen meist fallende Aktienkurse, steigende Kurse von Staatsanleihen sowie ein Verfall der Rohstoffpreise und Immobilienpreise voraus.
Eine Deflation ist nicht nur Wirtschaftswissenschaftlern ein Gräuel, denn sie gibt den Konsumenten einen starken Anreiz, ihr Geld zu horten. Schließlich wird das Guthaben auf der Bank von Monat zu Monat mehr wert. Es lohnt sich, Käufe aufzuschieben, weil morgen alles ja noch billiger ist.
Gleiches Spiel bei den Unternehmen. Zudem scheuen sie – wie auch die Haushalte – die Kreditaufnahme, um Investitionen zu finanzieren. Denn in der Deflation werden auch Schulden real immer mehr wert. Die niedrigere Nachfrage führt schließlich bei den Unternehmen zu sinkenden Gewinnen und letzten Endes sogar zu Pleiten.

All das lähmt die Wirtschaft massiv. Hat sich die Deflation erst einmal eingenistet, sind steigende Arbeitslosigkeit und Pleitewellen bei den Firmen nicht zu vermeiden. Dadurch wird ein sich selbst verstärkender Prozess in Gang gesetzt, der weitere Jobkündigungen, sinkende Realeinkommen, eine sinkende Nachfrage, sinkende Gewinnerwartungen der Unternehmen und weitere Firmeninsolvenzen zur Folge hat.
Die letzte große, weltweit wirksame Deflation gab es während der Weltwirtschaftskrise. Zwischen 1929 und 1933 gingen in den USA die Preise um 24 Prozent zurück, in Deutschland um 23 Prozent. Dabei zeigt das jüngere Beispiel Japans – das Land steckt seit den 1990er-Jahren in einer Deflation – dass eine Deflation zumeist enorm hartnäckig und schwer zu bekämpfen ist.
Als Maßnahmen gegen eine Deflation greifen Notenbanken meist zur Zinssenkung und in einem zweiten Schritt gar zur Geldmengenerweiterung. Die Regierungen setzten auf eine nachfrageorientierte Wirtschaftspolitik, sprich: Ausgaben- und Konjunkturprogramme.
Doch solche Eingriffe sind nicht umsonst zu haben, sondern sie haben langfristig negative Folgen: Es kommt zur Inflation und die Staatsverschuldung steigt massiv. Ein hoher Preis, den es sich aber angesichts der noch katastrophaleren Auswirkungen einer Deflation durchaus zu zahlen lohnt.

Angela Göpfert, „Wehe, wenn die Deflation kommt“, http://boerse.ard.de, 30.04.2013 [28.10.2013]

M 4

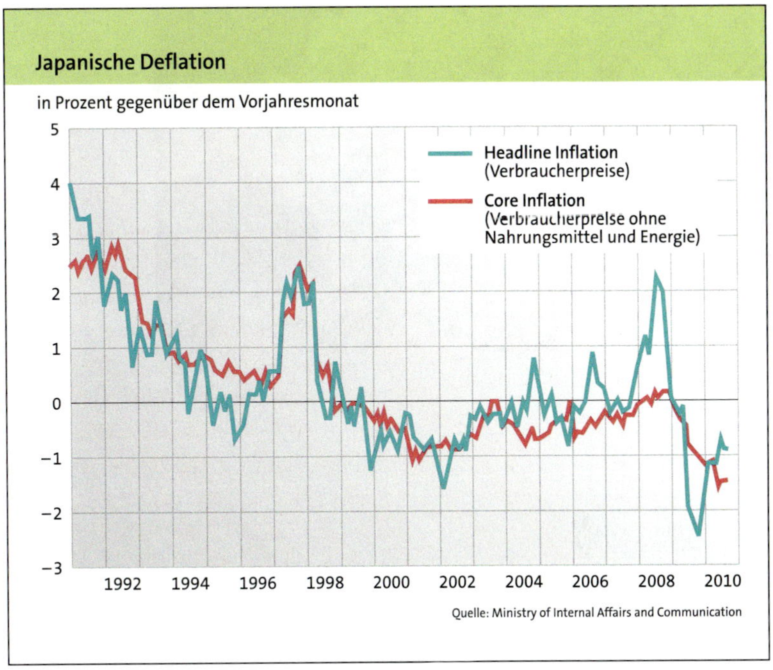

Tipp

http://blog.tagesanzeiger.ch/nevermindthemarkets/index.php/6899/weshalb-deflation-gefaehrlich-ist/

Aufgaben

1 *Stellen Sie den Teufelskreis der Deflation analog zum Wirtschaftskreislauf in einem Schaubild dar und benennen Sie die ökonomischen Erwägungen der Akteure und ihre Wirkungen.*

2 *Recherchieren Sie die Maßnahmen und Wirkungen des Kampfes der japanischen Notenbank gegen die Deflation.*

M 5 Geld entsteht durch Kredit

Zentralbank als Geldproduzent

Mit Geldproduktion ist nicht die Produktion im technischen Sinn, wie der Druck von Banknoten, gemeint, sondern die Bereitstellung von Währungseinheiten an Geldnachfrager. Konkret bedeutet das, dass die von der Zentralbank gedruckten Geldscheine erst dann zu Geld werden, wenn ein Geldnachfrager (z. B. eine Geschäftsbank) darüber verfügen kann. Die Zentralbank ist eine Währungsbehör-

de, welche ein Produktionsmonopol auf Banknoten hat. Anderen Einrichtungen oder Privatleuten ist die Banknotenproduktion bei Strafe verboten. Der Grund für dieses Produktionsverbot ist die beträchtliche Differenz zwischen Nenn- (Umlaufs- oder Tausch-) und Produktionswert (oder Stoffwert) der Banknote. [...]

Auch Geschäftsbanken (Kreditbanken, Sparkassen und Genossenschaftsbanken) können Geld schaffen, allerdings „nur" das sogenannte Giralgeld. [...] Die Bank B. gewährt dem Kunden S. einen Kredit über 10 000 Euro. Dieser Betrag wird S. auf seinem Konto nun gutgeschrieben (Sichtguthaben). Er kann damit Rechnungen bezahlen und es auf ein Konto des Autohändlers W. bei einer anderen Bank, der Bank G., überweisen. Nutzt W. diesen Betrag zunächst nicht, kann die Bank G. den Betrag für ein neues Kreditgeschäft mit dem Kunden F. verwenden. Man könnte vermuten, dass auf diese Weise die Geschäftsbanken quasi unbegrenzt Geld schaffen könnten. Der Geldschöpfungsprozess ist allerdings aus mehreren Gründen begrenzt. So ist davon auszugehen, dass die Kreditnehmer zumindest einen Teil ihres Kredits direkt abziehen. Auch möchten die Kunden teilweise ihre Sichtguthaben ausbezahlt haben. Für diese Fälle muss die Bank Reserven zurückhalten. Die Geschäftsbanken sind zudem verpflichtet, eine bestimmte (verzinsliche) Mindestreserve bei der Zentralbank zu hinterlegen. Geld wird somit geschaffen durch die

- Zentralbank: Sie produziert Zentralbankgeld in Form von Banknoten und Sichteinlagen, die bei der Zentralbank liegen;
- Geschäftsbanken: Sie schaffen Geschäftsbankengeld (Giralgeld), indem sie z. B. Kredite an Nichtbanken vergeben.

Für die privaten und öffentlichen Haushalte und Unternehmen ist die Unterscheidung zwischen Geschäftsbanken- und Zentralbankgeld ohne Bedeutung, da für sie die Geldeigenschaften in beiden Fällen gleich sind. Unabhängig von der Art des Geldes gilt: Geld entsteht durch Kredit.

Michael Koch/Stephan Friebel/Martina Raker, „Finanzielle Allgemeinbildung", S. 59 f., www.handelsblattmachtschule.de, 25.03.2011 [28.10.2013]

Aufgaben

1 *Erklären Sie, warum das Geldlager der Europäischen Zentralbank keinen Einfluss auf die in der Volkswirtschaft verfügbare Geldmenge hat.*

2 *Erläutern Sie die Aussage: „Geld entsteht durch Kredit."*

M 6 Die Geldschöpfung begrenzen?

Die Geldschwemme der Notenbanken führt zu immer neuen Krisen, warnt der Schweizer Ökonom Hans Christoph Binswanger im Interview und fordert radikale Reformen.

Binswanger: Der moderne Kapitalismus basiert in immer stärkerem Maße auf dem Prinzip der Geldschöpfung. Durch die Abkehr von jeglicher Goldbindung Ende der Siebzigerjahre wurde der Geldvermehrung freier Lauf gelassen. Die Banken können fast unbegrenzt Kredite in die Welt setzen und damit Buchgeld schaffen, also Guthaben auf den Girokonten, über die heute jeder verfügt. Die Geldmenge ist dadurch rapide gewachsen. Gegenwärtig sind nur noch rund fünf Prozent des Geldes Banknoten der Zentralbank, rund 95 Prozent ist Buchgeld der Banken. Das Geld wandert um den Globus und führt zu Spekulation, Rivalität und Krisen …

Zeit Online: … und es dient dazu, Unternehmen zu finanzieren, die mit ihrer Idee an den Markt wollen.

Binswanger: Teilweise. Ein immer größerer Teil fließt heute in die Finanzwirtschaft. Deshalb entstehen die spekulativen Blasen, die, wenn sie platzen, Wirtschaftskrisen zur Folge haben. […]

Die Zentralbanken erschaffen seit der Krise noch mehr Geld, um die Wirtschaft zu stützen.

Binswanger: Ja. Eine gefährliche Entwicklung. Es mag uns kurzfristig vor dem Absturz bewahren, langfristig aber bringt es uns immer größere Probleme.

Warum?

Binswanger: Weil unsere Abhängigkeit vom Geld weiter wächst. Wir sind wie ein Alkoholkranker. Der bekommt qualvolle Entzugserscheinungen, wenn man ihm den Alkohol entzieht. Würden die Zentralbanken die Zinsen stark erhöhen und die Geldschöpfung plötzlich bremsen, würde es uns ähnlich ergehen. Das System würde kollabieren. Deshalb sieht sich die Zentralbank gezwungen, immer mehr Geld bereitzustellen. Das aber macht das System noch krisenanfälliger. Ein Teufelskreis. Es werden sich weitere Blasen bilden, die irgendwann platzen und großen Schaden anrichten. […]

Wie können wir langfristig aus dem Kreislauf aussteigen, den Sie beschreiben?

Binswanger: Ich schlage vor, auf eine alte Idee des amerikanischen Ökonomen Irving Fisher zurückzugreifen. Er schlug vor, dass jeder Kredit, den eine Bank vergibt, zu 100 Prozent mit Zentralbankgeld gedeckt sein muss. Das würde den Geschäftsbanken die Möglichkeit zur unendlichen Geldschöpfung nach reinen Renditegesichtspunkten nehmen. Wir würden einen weniger labilen und anfälligen Kapitalismus erleben. […] Danach […] könnten die Banken nur noch so viel Kredite vergeben, wie sie über Spargelder verfügen oder wie sie zusätzliches Geld von der Zentralbank erhalten haben.

Haben Sie Hoffnung, dass wir in zehn Jahren einen anderen Kapitalismus erleben werden?

Binswanger: Es wäre schon viel gewonnen, wenn mehr Ökonomen erkennen würden, welche entscheidende Rolle das Geld für unsere Wirtschaft mittlerweile spielt. Die meisten Ökonomen glauben immer noch, Geld sei neutral. Man müsse nur den Geldschleier wegziehen, um zu erkennen, dass die reale Wirtschaft wie eine Tauschwirtschaft funktioniere. Das ist falsch. Tatsächlich ist der eigentliche Treiber in der modernen Wirtschaft das Geld. […]

Philip Faigle, „Wir sind wie ein Alkoholkranker", www.zeit.de, 07.01.2011 [28.10.2013]

Hans Christoph Binswanger

Info

Hans Christoph Binswanger ist ein schweizer Wirtschaftswissenschaftler. Berühmt wurde seine Habilitation zur Geldtheorie, die 1969 erschien. Er entwickelte die Idee der Ökosteuer und ist ein bekannter Wachstumskritiker.

Aufgaben

1 *Erklären Sie Binswangers Kritik an einer Geldschöpfung durch Kredit.*

2 *Erörtern Sie seine Forderung nach einer Begrenzung des Geldwachstums.*

Unterschiedliche Konzepte

In der Geld- und Währungspolitik verfolgen Länder und Währungsräume unterschiedliche Strategien. Während viele Länder wie z. B. die USA, England und Japan ihre Schulden inflationieren, also auf Wachstumsimpulse durch die Ausdehnung der Geldmenge und eine Reduzierung des Wertes der Schulden durch Inflation setzen, verfolgt die EZB eine Politik des stabilen Geldwertes.

Das Euro-Symbol am Gebäude der Europäischen Zentralbank in Frankfurt am Main

M 7 Europäische Zentralbank

Die Währungspolitik in den Euro-Ländern wird von der Europäischen Zentralbank bestimmt. Sie ist unabhängig und keinerlei Weisungen unterworfen. In ihrer Funktion ist sie der Deutschen Bundesbank nachempfunden.

Die Europäische Zentralbank (EZB) bestimmt die Währungspolitik der Staaten, in denen der Euro Zahlungsmittel ist. Die EZB hat ihren Sitz in Frankfurt am Main. Ihr oberstes Organ ist der Zentralbankrat, dem das Direktorium sowie die Präsidenten der Zentralbanken der Euro-Länder angehören. Ohne Stimmrecht nehmen auch ein Vertreter des Rates sowie der Europäischen Kommission teil. Der Europäische Zentralbankrat trifft die wichtigsten Entscheidungen, die die Geldpolitik des Euro-Raums betreffen. Diese werden dann vom Direktorium umgesetzt, das die laufenden Geschäfte führt.

Dem Direktorium gehören neben dem Präsidenten und einem Vizepräsidenten vier weitere Mitglieder an. Beide Organe werden vom Präsidenten der Europäischen Zentralbank geleitet. [...] Die EZB ist die entscheidende Institution innerhalb des Europäischen System der Zentralbanken (ESZB), dem auch die EU-Staaten angehören, die den Euro nicht eingeführt haben. So soll sichergestellt werden, dass die Geldpolitik der EU insgesamt einheitlichen Grundsätzen folgt und dass die europäischen Zahlungssysteme reibungslos funktionieren.

	Europäische Zentralbank	Bank of England	Federal Reserve System (USA)
Ziele	• Preisstabilität • Unterstützung allgemeiner Wirtschaftspolitik in der Gemeinschaft ohne Beeinträchtigung der Preisstabilität	• Preisstabilität (quantifiziert durch das Schatzamt) • Unterstützung der Wirtschaftspolitik der Regierung einschließlich Wachstums- und Beschäftigungsziele (vorbehaltlich der Preisstabilität)	• stabile Preise • Höchstgrad an Beschäftigung • moderate Langfristzinsen
Vorrangiges Ziel	• Gewährleistung der Preisstabilität	• Gewährleistung der Preisstabilität	• keine Prioritätensetzung

Tabelle: http://de.wikipedia.org/wiki/Zentralbank

Die EZB ist – nach dem Vorbild der Deutschen Bundesbank – unabhängig und keinerlei Weisungen unterworfen. Um das auch personell sicherzustellen, werden die Mitglieder des Direktoriums von den Staats- und Regierungschefs des Euro-Raums nach Anhörung des Europäischen Zentralbankrats und des Euro-

Info

Das **englische Schatzamt** entspricht dem deutschen Finanzministerium, wobei der Premierminister zugleich auch erster Lord des Schatzamtes ist.

päischen Parlaments für acht Jahre ernannt. Sie können nur einmal berufen werden. Ihre Hauptaufgabe ist die Sicherung der Preisstabilität. Danach hat die EZB ihre Entscheidungen über Geldumlauf und Zinssätze auszurichten.
Einige Mitgliedstaaten wie zum Beispiel Frankreich würden die EZB gerne stärker in die Pflicht nehmen und sie veranlassen, bei ihren Entscheidungen auch andere Faktoren wie Arbeitslosigkeit und Konjunkturverlauf zu berücksichtigen. Die Bank und eine Mehrheit der Euro-Länder, darunter auch Deutschland, lehnen das jedoch ab und argumentieren, dass eine stabile Währung ein wichtiger Beitrag für wirtschaftliche Prosperität sei.
Allerdings hat die EZB im Jahr 2010 in die Bewältigung der durch den drohenden griechischen Staatsbankrott ausgebrochenen Euro-Krise dadurch eingegriffen, dass sie griechische Staatsanleihen gekauft und dadurch Griechenland quasi einen Kredit gewährt hat. Diese vorübergehende Maßnahme ist in der Öffentlichkeit heftig als Verletzung der Grundsätze der EZB kritisiert worden. Viele sehen die Unabhängigkeit der Zentralbank durch diesen politischen Schritt infrage gestellt.

Eckart D. Stratenschulte, Europäische Zentralbank, www.bpb.de, 20.10.2010 [28.10.2013]

Aufgaben

1 *Erklären Sie den Aufbau und die Vorzüge der Europäischen Zentralbank (EZB).*

2 *Vergleichen Sie die Handlungsspielräume der EZB, der Bank of England und der US-amerikanischen FED.*

3 *Erörtern Sie, ob angesichts der enormen Wirkungen der EZB auf die Wirtschaft der Weg einer unabhängigen Zentralbank sinnvoll ist.*

M 8

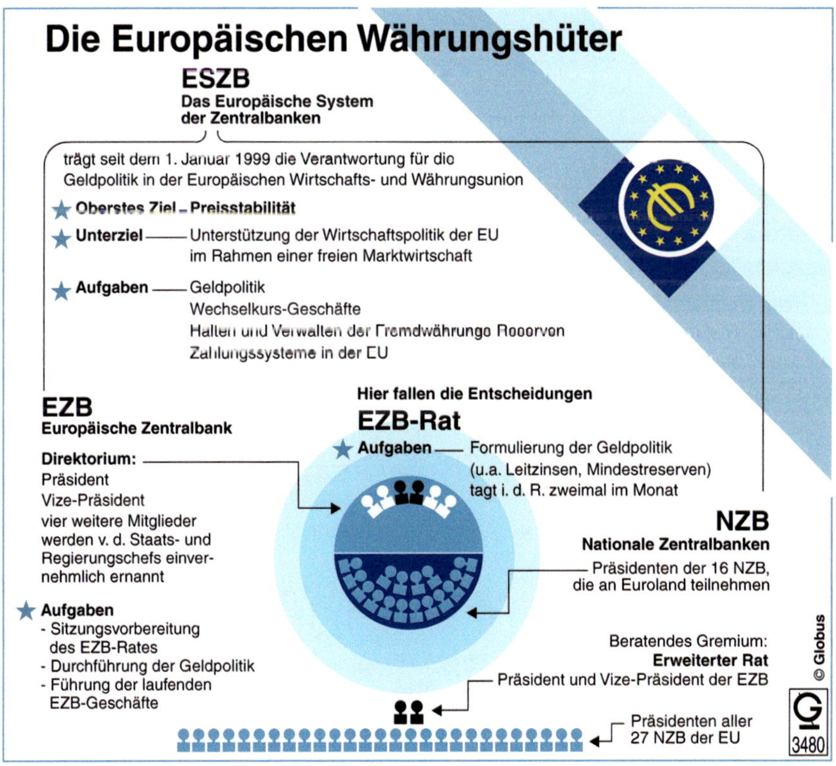

Info

Harmonisierter Verbraucherpreisindex (HVPI) (Harmonised Index of Consumer Prices – HICP) Messgröße für die Verbraucherpreisentwicklung, die von Eurostat ermittelt wird und für alle **Mitgliedstaaten** harmonisiert ist. Der HVPI ist der Preisindikator, anhand dessen die EZB die **Preisstabilität** quantitativ definiert.

Europäische Zentralbank (Hg.), Die Geldpolitik der EZB, Frankfurt 2011, S. 151

M 9 Wie lässt sich Preisstabilität definieren?

Während der [EG-]Vertrag eindeutig das vorrangige Ziel der Europäischen Zentralbank (EZB) festlegt, liefert er keine genaue Definition von Preisstabilität. Der Erweiterte Rat der EZB formuliert [nur] eine quantitative Definition von Preisstabilität:

- Preisstabilität wird definiert als ein Anstieg des Harmonisierten Verbraucherpreisindexes von unter 2 % in der Eurozone im Jahresvergleich.

Der Erweiterte Rat der EZB hat ebenfalls klar gestellt, dass er, um Preisstabilität zu erreichen, darauf abzielt, die Inflationsraten [der Länder der Eurozone] unterhalb oder nahe eines Durchschnittswerts von 2 % zu halten.

Diese Ankündigung

- macht die Geldpolitik transparenter
- ist eine klare und bewertbare Messlatte, auf die sich die Bürger der Europäischen Union gegenüber der EZB beziehen können
- liefert der Öffentlichkeit einen Anhaltspunkt für die Einschätzung der zukünftigen Preisentwicklung.

Die Preisstabilitätsdefinition der EZB verdeutlicht, dass das Hauptaugenmerk ihrer Geldpolitik auf der Eurozone als Ganzes liegt. Das spiegelt ihre Verantwortlichkeit für die gesamte Eurozone wieder. Deshalb wird die Preisstabilität auf der Basis der Preisentwicklung in den Volkswirtschaften der einzelnen Länder der Eurozone bewertet.

Indem die Definition sich auf „einen Anstieg des HVPI von unter 2 % bezieht, wird klargestellt, dass nicht nur eine Inflationsrate von mehr als 2 %, sondern auch Deflation – also der Rückgang des Preisniveaus – unvereinbar mit Preisstabilität ist.

Eine Inflationsrate von unter, aber nahe an 2 % ist für die jeweilige Volkswirtschaft niedrig genug, um von den Vorzügen der Preisstabilität im vollen Umfang zu profitieren.

Sie unterstreicht darüber hinaus die Verantwortung der EZB

- für einen angemessenen Spielraum zu sorgen, um Deflation zu verhindern. Ein solcher Sicherheitspuffer gegen die Deflation ist wichtig, weil der Nominalzins nicht unter null Prozent fallen kann. Im Umfeld einer Deflation wäre die Geldpolitik sonst nicht in der Lage, die Gesamtnachfrage durch das Drehen an der Zinsschraube in einem ausreichenden Maße anzuregen. Das erschwert es, Deflation mit geldpolitischen Eingriffen zu bekämpfen.
- die Möglichkeit in Erwägung zu ziehen, dass die HVPI-Inflation leicht höher ist, als die tatsächliche Inflation, als Ergebnis einer geringfügigen aber positiven Tendenz in der Bewertung von Preisniveauänderungen auf Grundlage des HVPI.
- eine ausreichend große Spanne zur Verfügung zu stellen, um auf die Auswirkungen von Unterschieden bei den Inflationsraten in den Ländern der Eurozone reagieren zu können. So wird verhindert, dass einzelne Länder in der Eurozone aus strukturellen Gründen mit zu niedrigen Inflationsraten oder sogar mit einer Deflation leben müssen.

Europäische Zentralbank (Hg.), „The definition of price stability", www.ecb.europa.eu [28.10.2013], Übersetzung: W. Gleichsner

Aufgaben

1 *Arbeiten Sie die Kernaussagen des Textes heraus.*

2 *Erläutern Sie die unterschiedlichen Adressaten und Ziele, die der EZB-Rat mit seiner Festlegung der Preisstabilität auf knapp unter 2% im Auge hat.*

3 *Ist ein Über- oder ein Unterschreiten dieser Marke gefährlicher?*

M 10 Inflationsrate in der Euro-Zone

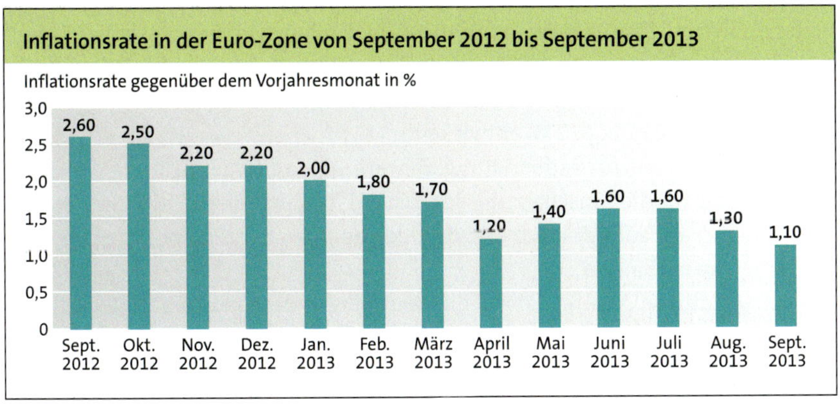

M 11 Die geldpolitische Strategie der EZB

Eine geldpolitische Strategie ist eine kohärente und strukturierte Beschreibung, wie geldpolitische Entscheidungen getroffen werden, um das Ziel der Zentralbank zu erreichen.

Die geldpolitische Strategie muss zwei wichtige Aufgaben erfüllen. Zum einen stellt sie sicher, dass der EZB-Rat über die Informationen und Analysen verfügt, die für die Entscheidungsfindung erforderlich sind (interne Dimension), indem sie dem politischen Entscheidungsfindungsprozess selbst eine klare Struktur vorgibt. Zum anderen dient sie als Instrument, um der Öffentlichkeit geldpolitische Beschlüsse zu erläutern (externe Dimension). Durch ihren Beitrag zur Wirksamkeit der Geldpolitik und durch das Signalisieren der Verpflichtung der Zentralbank zur Gewährleistung von Preisstabilität untermauert die Strategie die Glaubwürdigkeit der EZB an den Finanzmärkten.

Die Hauptaufgabe der EZB als Mittelpunkt des Euro-Systems ist die Durchführung der Geldpolitik im Euro-Gebiet mit dem Ziel der Gewährleistung von Preisstabilität. Durch die Festlegung der kurzfristigen Zinssätze beeinflusst die Geldpolitik die Wirtschaft und letztlich das Preisniveau.

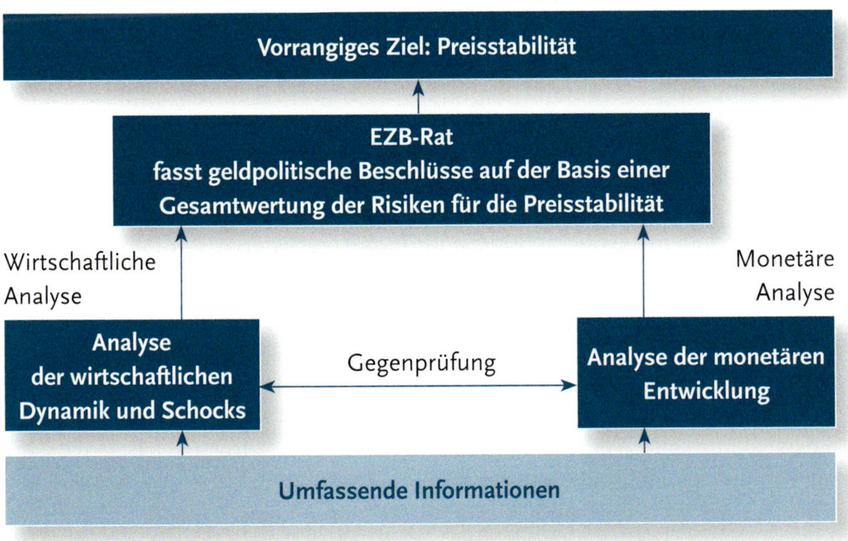

Um die Geldpolitik bestmöglich durchzuführen, verfolgt die EZB einen spezifischen Ansatz für die Bestimmung der Art und des Ausmaßes der Risiken für die Preisstabilität im Euro-Raum. Dafür muss die EZB die wirtschaftlichen und monetären Entwicklungen gründlich analysieren. Um sicherzustellen, dass keine relevanten Informationen übersehen werden, hat sie das sogenannte „Zwei-Säulen-Konzept" [s. Grafik S. 213] entwickelt.

Der Ansatz der EZB zur Aufbereitung, Bewertung und Gegenprüfung der Informationen, die für die Einschätzung der Risiken für die Preisstabilität von Bedeutung sind, beruht auf zwei sich ergänzenden analytischen Perspektiven, den sogenannten zwei „Säulen":

Die wirtschaftliche Analyse ist auf die Beurteilung der kurz- bis mittelfristigen Bestimmungsfaktoren der Preisentwicklung – mit Schwerpunkt auf realer Wirtschaftstätigkeit und Finanzierungsbedingungen in der Wirtschaft – ausgerichtet. Sie trägt der Tatsache Rechnung, dass die Preisentwicklung über diese Zeithorizonte hinweg weitgehend vom Zusammenspiel von Angebot und Nachfrage an den Güter-, Dienstleistungs- und Faktormärkten beeinflusst wird.

Die monetäre Analyse ist auf einen längeren Horizont ausgerichtet und stützt sich dabei auf den langfristigen Zusammenhang zwischen Geldmenge und Preisen. Die monetäre Analyse dient in erster Linie dazu, die sich aus der wirtschaftlichen Analyse ergebenden kurz- bis mittelfristigen Hinweise für die Geldpolitik aus mittel- bis langfristiger Sicht gegenzuprüfen.

Der Zwei-Säulen-Ansatz soll sicherstellen, dass bei der Bewertung der Risiken für die Preisstabilität keine relevanten Informationen verloren gehen und die unterschiedlichen Sichtweisen sowie die Gegenprüfung von Informationen angemessen berücksichtigt werden, um zu einer Gesamtbeurteilung der Risiken für die Preisstabilität zu gelangen. Er repräsentiert und vermittelt der Öffentlichkeit das Konzept einer diversifizierten Analyse und gewährleistet eine solide Entscheidungsfindung auf der Basis verschiedener analytischer Perspektiven.

Europäische Zentralbank (Hg.), „Die Rolle der geldpolitischen Strategie der EZB", www.ecb.europa.eu, 01/2012 [28.10.2013]

Aufgaben

1 *Erläutern Sie die Mittel, mit denen die EZB ihre Glaubwürdigkeit an den Finanzmärkten untermauern will.*

2 *Beschreiben Sie die wirtschaftliche Analyse zur Bestimmung der Preisentwicklung.*

3 *Erörtern Sie die Ablösung der monetären Betrachtungsweise von Inflation durch das Zwei-Säulen-Konzept.*

M 12 Geldpolitik in der Praxis

Zentralbanken beeinflussen durch ihre geldpolitischen Maßnahmen wesentliche wirtschaftliche Entscheidungen für das jeweilige Währungsgebiet. Am Anfang steht immer ein Zinsbeschluss. Welche Wirkungskette setzt das in Gang?

[...]

Zum Leitzins können sich Geschäftsbanken wöchentlich bei der Zentralbank (Eurosystem) Geld leihen. Ein höherer Leitzins bedeutet, dass sich die Geldaufnahme der Geschäftsbanken verteuert. Sie geben die Verteuerung an ihre Kunden weiter, indem sie höhere Zinsen für Bankkredite verlangen. Das wiederum verteuert die Güterherstellung und die Dienstleistungen. Mancher Bauherr verschiebt bei hohen Zinsen den geplanten Hausbau und mancher Autofahrer den Kauf eines neuen Fahrzeugs auf später. Wer liquide ist, legt nun sein Geld zu guten Zinsen langfristig an. Die Geldmenge wächst langsamer. Gleichzeitig lässt die Nachfrage nach Waren und Dienstleistungen in der Wirtschaft nach, was wiederum eine Verlangsamung des Preisanstiegs zur Folge hat. Hohe Zinsen führen also nicht zu einer Verstärkung, sondern im Gegenteil zu einer Abschwächung des Preisauftriebs. Umgekehrt sind Konsum- und Investitionsnachfrage umso höher, je niedriger die Zinssätze sind – unter sonst gleichbleibenden Bedingungen. Die Folge sind steigende Preise.

Dieser sogenannte Zinskanal ist eine der Wirkungen des Leitzinses. Weiterer Effekt: Wenn die Zentralbank durch die Signalfunktion des Leitzinses die Inflationserwartungen auf einem niedrigen Niveau stabilisieren kann, dann dürften die langfristigen Zinsen niedrig sein. Beide Wirkungsketten tragen im Eurosystem dazu bei, das vorrangige Ziel der Preisstabilität im Euro-Währungsgebiet zu erreichen. [...] Im Kern besteht die Geldpolitik der Zentralbanken also darin, den Geschäftsbanken Zentralbankguthaben zu bestimmten Preis- und/oder Mengenkonditionen zeitweise zur Verfügung zu stellen. [...] Seit der Verschärfung der Finanzkrise 2008 hat das Eurosystem allerdings eine Reihe von Sondermaßnahmen beschlossen, deren Kern eine großzügige Liquiditätsversorgung des Bankensystems ist.

Banken benötigen Zentralbankguthaben, da sich die Kunden jederzeit einen Teil ihrer Einlagen in Bargeld auszahlen lassen können. Wenn eine Geschäftsbank Banknoten für ihre Geldautomaten, z. B. von einer Filiale der Deutschen Bundesbank, abholt, wird ihr dort geführtes Zentralbank-Konto belastet. Das Volumen der gesamten am Geldmarkt verfügbaren Zentralbankguthaben ist so bemessen, dass die Geschäftsbanken Zahlungen ausführen und ihre Mindestreservepflicht reibungslos erfüllen können. Die Mindestreserve ist dabei ein geldpolitisches Instrument der Zentralbanken zur Steuerung der Nachfrage der Geschäftsbanken nach Zentralbankgeld. Die Zentralbank verpflichtet die Banken dazu, einen Teil der Einlagen ihrer Kunden auf das Konto bei der Zentralbank einzuzahlen, sodass es nicht an andere Kunden weiterverliehen werden kann. [...]

Eine Zentralbank kann die Preise nicht direkt beeinflussen. Auch kann sie nicht direkt auf die Kapitalmarktzinsen Einfluss nehmen, da diese das Ergebnis von Angebot und Nachfrage sind. Die Zentralbank geht daher einen Umweg, indem sie die Leihmöglichkeiten der Geschäftsbanken bei der Zentralbank steuert. Das Eurosystem führt hierzu geldpolitische Geschäfte mit den Geschäftsbanken durch. Die Deutsche Bundesbank übernimmt diese operativen Aufgaben für die Banken in Deutschland. [...]

Die Hauptrefinanzierungsgeschäfte sind grundsätzlich das zentrale geldpolitische Instrument des Eurosystems. Darüber wurde dem Bankensystem vor der Verschärfung der Finanzkrise 2008 jede Woche der Großteil der Liquidität bereitgestellt. [...] Damit das Volumen der Hauptrefinanzierungsgeschäfte richtig bemessen wird, schätzen EZB und nationale Notenbanken den Liquiditätsbedarf der Banken im Voraus. Dazu gehört auch die Schätzung der Entwicklung des Banknotenumlaufs. Stimmen Angebot und Nachfrage nach Liquidität überein, bleibt der Geldmarktzins nahe dem Leitzins.

Die Wirkungskette der Geldpolitik reicht von der Leitzinsentscheidung einer Zentralbank über das Finanz- und Bankensystem bis hin zur Auswirkung auf Unternehmen und Konsumenten im Allgemeinen und das angestrebte Ziel der Preisstabilität im Besonderen. Die Geschäftsbanken geben die Zinsen an ihre Kunden weiter. Der Zinssatz für Tagesgeld ist in den meisten Zentralbanken operationales Ziel und zugleich Ausgangspunkt der Renditekurve, denn entscheidend für Investitions- und Konsumentscheidungen sind in erster Linie die langfristigen Zinsen. Erfolgreiche Geldpolitik basiert vor allem darauf, dass die geldpolitischen Instrumente ein in sich stimmiges, bekanntes und glaubwürdiges Konzept sind. Das Eurosystem ist in diesem Sinne durchaus richtungsweisend.

Carsten Hartkopf, „Geldpolitik in der Praxis", www.bpb.de, 19.02.2007 [28.10.2013]

Aufgaben

1 *Beschreiben Sie die Wirkungen von Leitzinserhöhungen und Leitzinssenkungen auf Unternehmen und Verbraucher.*

2 *Erklären Sie, wie die Zentralbank indirekt die Preise und das Preisniveau beeinflussen kann.*

M 13

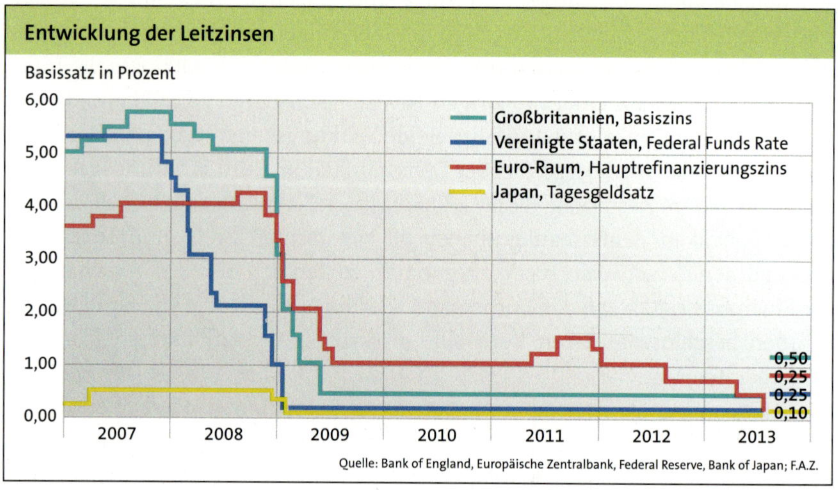

M 14 Geldpolitische Instrumente der Europäischen Zentralbank

Im Kern besteht die Aufgabe einer Notenbank darin, die Wirtschaft optimal mit Geld zu versorgen. Die. Europäische Zentralbank verfügt zu diesem Zweck über ein breites Arsenal von Instrumenten. Diese sind darauf ausgerichtet, die *Bankenliquidität*, das heißt den Bestand an Zentralbankgeld in Händen der Geschäftsbanken, zu steuern. Denn erinnern wir uns: Geschäftsbanken benötigen für ihre Kredit- und Geldschaffung Zentralbankgeld. Für dessen Produktion wiederum besitzt die Zentralbank das Monopol, und genau hier setzt die Geldpolitik deshalb an. Ihr Operationsfeld ist der *Geldmarkt*. Das ist der Markt für kurzfristige Kredite, auf dem sich die Geschäftsbanken im Bedarfsfall untereinander Zentralbankgeld ausleihen. Auf diesem Markt tritt nun die Zentralbank als zusätzlicher Anbieter bzw. Nachfrager auf. Durch die Bereitstellung bzw. die Abschöpfung von Zentralbankgeld ändert sie die Refinanzierungsbedingungen der Kreditinstitute und beeinflusst damit den Geldmarktzins.

Im Mittelpunkt der EZB-Politik steht die *Offenmarktpolitik*. Darunter versteht man den An- bzw. Verkauf bestimmter Wertpapiere durch die Zentralbank. Offenmarktgeschäfte werden sehr oft zeitlich befristet abgeschlossen. Man spricht dann von „Wertpapierpensionsgeschäften“. Dabei müssen die Geschäftsbanken die Wertpapiere, durch deren Verkauf sie sich (annahmegemäß) Zentralbankgeld beschafft haben, am Ende der Laufzeit wieder zurückkaufen. Dadurch sinkt (im betrachteten Fall) der Bestand an Zentralbankgeld automatisch wieder. Auf diese Weise lässt sich die Entwicklung der Zentralbankgeldmenge gut kontrollieren. Wichtigstes Instrument der Offenmarktpolitik sind die *Hauptrefinanzierungsgeschäfte*. Sie werden wöchentlich mit einer Laufzeit von zwei Wochen angeboten. Eine Senkung des Refi-Satzes signalisiert eine expansive, eine Anhebung signalisiert eine kontraktive Geldpolitik. *Ständige Fazilitäten* bieten darüber hinaus die Möglichkeit des jederzeitigen kurzfristigen Liquiditätsausgleichs in unbegrenzter Höhe. Die *Spitzenrefinanzierungsfazilität* erlaubt den Banken, sich über Nacht gegen Verpfändung von Wertpapieren oder deren befristeten Verkauf Zentralbankgeld zu beschaffen. Der dafür zu zahlende Zins liegt über dem Refi-Satz und bildet die absolute Obergrenze des Geldmarktzinses. Die Untergrenze bil-

Info

Der Zins für die Hauptrefinanzierung – kurz: **Refi-Satz** – ist der maßgebliche Leitzins im Euro-System. Er gilt als Indikator des monetären Kurses der EZB.

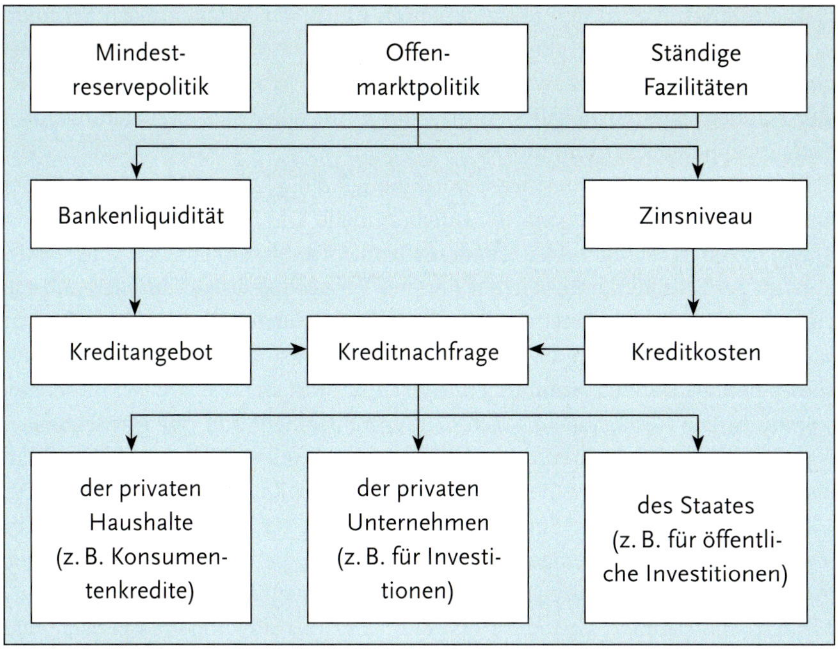

Grafik: Michael Koch/Stephan Friebel/Martina Raker, „Finanzielle Allgemeinbildung", S. 62, www.handelsblattmachtschule.de, 25.03.2011 [28.10.2013]

det der Zins, den Banken im Rahmen der *Einlagefazilität* für über Nacht bei der EZB angelegte Überschussreserven erhalten. Mit den beiden Zinssätzen für die ständigen Fazilitäten wird ein Zinskanal festgelegt, der im Grunde vom Tagesgeldsatz auf dem Geldmarkt (EONIA = Euro Overnight Index Average) nicht verlassen werden kann. Schließlich müssen die Banken bei der EZB ein Guthaben in Höhe eines bestimmten Prozentsatzes ihrer kurzfristigen Verbindlichkeiten (täglich fällige Einlagen, Einlagen und Schuldverschreibungen mit vereinbarter Laufzeit bzw. Kündigungsfrist von bis zu zwei Jahren, Geldmarktpapiere) als Mindestreserve halten. Durch die Veränderung des *Mindestreservesatzes* könnte die EZB ebenfalls die Geldschöpfung der Kreditinstitute beeinflussen.

Herbert Sperber, Wirtschaft verstehen, Schäffer Poeschel, Stuttgart 2002, S. 138 f.

Aufgabe

Erläutern Sie verschiedene Handlungsmöglichkeiten der Zentralbank, um die Geldschöpfungsmöglichkeiten der Banken auszuweiten oder einzuschränken.

M 15 Mehr Geld!

Mit Inflation ist zwar nicht zu spaßen, doch die Angst vor ihr ist übertrieben. Moderate Geldentwertung wäre der beste Weg, die Länder Südeuropas zu entlasten und zu stabilisieren. [...]

„Lieber fünf Prozent Inflation als fünf Prozent Arbeitslosigkeit", dazu bekannte sich Helmut Schmidt im Juli 1972 vor Ruhrkumpeln in der Dortmunder Westfalenhalle.

Ein Statement, das aus Sicht von Ökonomen heute veraltet ist. Spätestens seit Margaret Thatcher und ihrem berühmten Slogan „There is no alternative" wissen wir es besser. Man kann Inflation nicht gegen Arbeitslosigkeit tauschen. [...]

Dieses Echo aus einer längst verlorenen Welt sollte uns betroffen machen. Und dass diese Welt so fern und doch so nah ist, sollte die Wirkung nur intensiver machen. Volkswirte werden uns sagen, dass es keinen Grund gibt, diesen Zeiten

Adam Tooze, britischer Wirtschaftshistoriker, Professor an der Yale University

nachzutrauern. [...] In den Siebzigerjahren führte der Versuch, nach Schmidtscher Manier das eine gegen das andere auszutarieren, in die berüchtigte Stagflation – es gab mehr Inflation, aber nicht weniger Arbeitslosigkeit. Statt mit einer stabilen Alternative sah sich die Politik mit einer sich beschleunigenden Inflationsspirale konfrontiert.

Die Gegenwart, so heißt es, hat daraus die Lehren gezogen. Vieles wird in der heutigen Krise debattiert, nur die Inflation nicht. Die Europäische Zentralbank (EZB) hat ein einseitiges Anti-Inflationsmandat. Der fiskalpolitische Konservatismus ist per Schuldenbremse in der Berliner Verfassung festgeschrieben und soll nun ganz Europa verordnet werden. Wir befinden uns in einer anderen Realität als Schmidt im Sommer 1972. Darum stellt sich also die Frage: Wann begann dieses heutige Denken, wann fing unsere Gegenwart an? Wie sind wir hierhergekommen? Die Geschichte, die sich die Zentralbankiers und ihre intellektuellen Vasallen bis vor fünf Jahren noch erzählten, war die eines Bildungsromans. Man hatte aus der Politik der Siebzigerjahre und ihren Konsequenzen gelernt. Die „Great Moderation", das Ende der Inflation, wurde durch die neue Lehre der Zentralbankautonomie eingeläutet. Unabhängige Experten etablierten eine neue Ära der Stabilisierung durch zielstrebige und glaubwürdige Politik. [...]

[Es gibt aber keinen] Grund zu glauben, dass die erzwungene Preisstabilität wachstumsfördernd war. Eher im Gegenteil. Das Wirtschaftswunder war in der Bundesrepublik 1973 erledigt, das Wachstum danach mittelmäßig. Inflationsfalken lassen sich dadurch aber nicht stören. Für sie war das Ende der Inflation den Preis wert. Aber warum? Gäbe es vielleicht Gründe, einen anderen Weg vorzuziehen?

Wir sind heute mit einem riesigen Überhang an nominellen Schulden konfrontiert. Konsolidierung lautet daher das Schlagwort. Aber der Versuch, solche Schulden bei stabilen Preisen abzutragen, ist historisch naiv. Seit Mitte des 19. Jahrhunderts gab es keinen gelungenen Versuch dieser Art. Immer hat Inflation eine zentrale Rolle gespielt bei der Umverteilung der Lasten und der Schaffung von Verteilungsspielräumen. Manchmal, wie in den Siegerstaaten Großbritannien und USA nach dem Zweiten Weltkrieg, ging das geräuschlos vonstatten. Manchmal, wie in den schnell wachsenden Verliererstaaten nach 1945, bedeutet die Entwertung einen Kahlschlag.

In unserer heutigen Lage kann es keinen Zweifel geben: Ein robustes Wachstum im nominellen Einkommen, auch wenn ein Großteil in inflationärer Form stattfindet, ist der Schlüssel zur finanziellen Entlastung und zur politischen Stabilisierung der Schuldnerländer im europäischen Süden.

Die Frage lautet jetzt: wie? Es gibt zwei Szenarien. Die technokratische Version setzt auf die Gewinner der Achtzigerjahre. Die führenden Zentralbanken sollen einfach höhere Inflationsziele setzen. Und es gibt patriotische Ökonomen in Deutschland, die fürchten, dass genau dieses Szenario einer gesteuerten Geldentwertung tatsächlich auf dem Plan stehe. In den Händen von Draghi und anderen sei der Euro nicht sicher. Es ist nicht zu leugnen, dass man in den Schaltzentralen der Macht in Washington, London und Tokio offen über höhere Inflationsziele redet. Olivier Blanchard, der Chef-Ökonom des IWF, plädiert schon seit 2010 für vier Prozent Inflation.

Aber geht das? Kann man eine moderate Inflation gezielt herbeiführen? Es gibt Skeptiker auf allen Seiten. Schön wäre es, sagen die Keynesianer. Die Banken schwimmen im Geld, aber die Preise regen sich nicht. Wo sollen die Inflations-

impulse dann herkommen? Der Weg zur Stimulierung durch die Fiskalpolitik ist in Amerika durch den Kongress, in Europa durch Berlin versperrt.
Vielleicht kommen von den überhitzten Zentren der deutschen Exportindustrie noch Impulse zur Lohnerhöhung? Vielleicht muss man warten, bis sich die Investitionstätigkeit wieder belebt.
Für die Verteidiger der alten neuen Ordnung sind solche Diskussionen ein wiederkehrender Albtraum. Zu glauben, dass die Inflation gesteuert werden könne, war die fatale Illusion der Siebzigerjahre. Selbst eine leichte Inflation gerät schnell außer Kontrolle. Das ist aus konservativer Perspektive konsequent gedacht, aber für die demokratische Linke sollte es das Umgekehrte implizieren. Wovor sich die Konservativen fürchten, ist doch gerade die viel beschworene Repolitisierung der Wirtschaft, die Möglichkeit, dass die Verteilungsfrage neu gestellt werden könnte. Der Niedergang der Gewerkschaften ist ohne Zweifel zum großen Teil strukturell bedingt durch die neue globale Arbeitsteilung. Aber es gibt darin auch einen konjunkturellen Aspekt. Die Demobilisierung in den Achtzigerjahren ging mit der Deflation einher. Umgekehrt gibt es jedoch kein historisches Beispiel einer anhaltenden Inflation, in der es nicht zu einem aktiven Verteilungskampf kam. [...] Inflationen erzeugen Konflikte, das macht ihre Dynamik aus. Mit ihnen ist nicht zu spaßen, nicht selten ist Gewalt im Spiel, auf allen Seiten. Aber unter heutigen Bedingungen kann man nicht behaupten, dass der Sieg über die Inflation Sicherheit böte [...].

Adam Tooze, „Mehr Geld!“, www.sueddeutsche.de, 16.07.2013 [28.10.2013]

Aufgaben

1 *Arbeiten Sie aus dem Text die Argumentation für eine höhere Inflation in der Euro-Zone heraus.*

2 *Erklären Sie die Wirkungen einer höheren Inflation auf verschuldete Länder.*

3 *Bewerten Sie die Forderung nach höheren Inflationszielen.*

M 16 Zum Teufel mit alten Tabus: Staatsfinanzierung mit der Druckerpresse

Es war Bundesbankchef Jens Weidmann, der vor einem halben Jahr Mephisto in die Debatte um die richtige Geldpolitik einbrachte. Weidmann warnte vor der Geldschöpfung, wie Mephisto sie in Goethes „Faust“ betreibt: Er überredet den von Geldnöten geplagten Kaiser, Papiergeld zu verbreiten. „Mephistos Treiben artet in Inflation aus, das Geldwesen wird zerstört“, mahnte Weidmann. Jetzt kommt Widerspruch aus der ersten Liga der Finanzaufseher: Adair Turner, Chef der britischen Financial Securities Authority (FSA), verteidigt die Geldschöpfung des Mephisto: „In Zeiten des Abschwungs und der Deflation sollten wir entspannter mit der Idee umgehen, dass Staaten Geld drucken“. [...] Man dürfe aber nur innerhalb von engen Grenzen davon Gebrauch machen, schränkte er ein.
Turner ist einer der ersten angesehen Finanzexperten, der für monetäre Staatsfinanzierung als durchaus geeignetes Instrument im Kampf gegen die Euro-Krise plädiert. Man müsse das Tabu brechen, sagte der Brite. In extremen wirtschaftlichen Ausnahmefällen könne es sinnvoll sein, wenn Zentralbanken Regierungen direkt mit frisch geschöpftem Geld versorgen, das dauerhaft in Umlauf bleibt. Bislang schaffen moderne Notenbanken neues Geld, indem sie es an Geldinstitute ausleihen. Diese müssen Sicherheiten hinterlegen. Die Europäische Zentralbank (EZB) darf keine monetäre Staatsfinanzierung betreiben. Selbst der Ankauf von Staatsanlei-

picture alliance/dieKLEINERT.de/Martin Guhl

hen auf dem Sekundärmarkt, also nicht direkt von der Regierung, zu dem die EZB seit Herbst 2012 in Ausnahmefällen bereit ist, sehen orthodoxe Geldpolitiker als verbotene monetäre Staatsfinanzierung an. Die kategorische Ablehnung der Finanzierung von Staatsausgaben über die Notenpresse basiert auf der Vermutung: Regierungen, wie der von Mephisto beratene Kaiser, wollen immer noch mehr Geld haben, um ihre Ausgaben zu decken, wenn sie es umsonst in Umlauf bringen können. Wenn jedoch zu viel Geld in Umlauf gebracht wird, produziert das Inflation. Trotz dieser Gefahren könne monetäre Staatsfinanzierung in Ausnahmefällen sinnvoll sein, ist FSA-Chef Turner überzeugt – in Wirtschaftskrisen, wenn konventionelle Geldpolitik nicht mehr wirkt. Turner beruft sich auf eine Arbeit von Zoltan Pozsar und Paul McCulley. Die Ökonomen haben verschiedenen Szenarien durchgespielt und kommen zu dem Ergebnis: Die Geldpolitik kommt an ihre Grenzen, wenn privater und öffentlicher Sektor ihre Schulden zurückfahren. Die Kreditnehmer halten sich dann mit der Aufnahme von neuen Krediten zurück – unabhängig davon, wie niedrig die Zinsen sind. Die Gefahr von Inflation besteht nicht. Zentralbanken müssten dann eine andere Rolle spielen als in Phasen mit inflationären Tendenzen. Darauf baut Turner seine Forderung auf, in solchen Zeiten Geld in Umlauf zu bringen, indem die Notenbank Staatsausgaben finanziert.

Katharina Slodczyk, „Zum Teufel mit alten Tabus", www.handelsblatt.com, 15.02.2013 [28.10.2013]

Aufgaben

1 *Arbeiten Sie aus dem Text heraus, unter welchen Bedingungen eine monetäre Staatsfinanzierung (Gelddrucken) nach Meinung von Turner sinnvoll sein kann.*

2 *Charakterisieren Sie die Bedenken gegen eine monetäre Staatsfinanzierung.*

3 *Vergleichen Sie die Begründungen für Inflation in M 15 und M 16.*

M 17 „Das wäre brandgefährlich"

Jens Weidmann, Präsident der Deutschen Bundesbank

Herr Weidmann, die Bundesbank musste diese Woche wegen der Euro-Krise ihre Risikovorsorge auf 14 Milliarden Euro verdoppeln. Das heißt, Sie rechnen damit, dass das dicke Ende erst noch kommt?

[...]. Die Eurokrise ist in der Tat noch nicht vorbei. Ihre nachhaltige Überwindung wird auch noch einige Zeit in Anspruch nehmen. [...]. Wir haben stets darauf hingewiesen, dass die Euro-Krise erst vorbei ist, wenn die strukturellen Probleme gelöst sind – vor allem die mangelnde Wettbewerbsfähigkeit und die hohe Verschuldung. Der Eindruck, alles sei wieder in Ordnung, nur weil sich die Lage an den Finanzmärkten entspannt hat, ist trügerisch und problematisch. Denn das senkt den Handlungsdruck, die weiterhin bestehenden Ungleichgewichte aufzuarbeiten. [...]

Viele europäische Politiker fordern derzeit vehement mehr Krisenhilfe der Europäischen Zentralbank. Wie sehr gefährdet dieser ständige Druck der Politik Ihre Unabhängigkeit?

Dieser Trend zur politischen Einflussnahme beschränkt sich nicht nur auf den Euro-Raum. Das ist ein weltweites Phänomen. Die Notenbanken haben in der Krise Feuerwehraufgaben übernommen und dabei auch die Grenze zwischen ihrer Geldpolitik und der staatlichen Finanzpolitik verwischt. Das stellt ein Risiko für die Unabhängigkeit der Notenbank dar. Es besteht die Gefahr, dass Vertrauen in die Stabilitätsorientierung der Notenbanken verloren geht.

Viele Regierungschefs fordern Sie als Notenbanker bewusst dazu auf, immer mehr zu tun, damit Sie und nicht die Politik im Feuer stehen.

Das ist zwar so, und auch nicht neu. Aber es ist noch lange nicht richtig. Gerade deshalb wurde in der Währungsunion die Notenbank als unabhängige Institution eingerichtet, die eindeutig auf Preisstabilität verpflichtet ist. Dass der Ruf nach der Notenbank ein bequemer Weg ist, ergibt sich allein schon daraus, dass man sich so komplexe politische Abstimmungsprozesse erspart. Doch bestimmte Entscheidungen müssen nun einmal in der Politik, also im Parlament, fallen. Wenn die Notenbanken zum Ausputzer der Politik werden, drohen sie ihr Ziel aus den Augen zu verlieren: die Preise stabil zu halten. [...]

Mit vielen [...] griechischen, spanischen und italienischen Staatsanleihen hat die Bundesbank [...] Zinserträge in Milliardenhöhe erzielt.

Das ist richtig. Aber diese Zinserträge sind nur deshalb so hoch, weil auch die von uns übernommenen Risiken so hoch sind. Ein hoher Ertrag geht zumeist mit einem hohen Risiko einher. Das gilt auch für Staatsanleihen in unserer Bilanz.

Ist die Bundesbank etwa ein Hedge-Fonds?

Nein. Es ist eben nicht die Aufgabe einer Notenbank, Gewinne zu erzielen oder besonders gewagte Geschäfte im Hinblick auf etwaige Erträge zu tätigen. Unsere Aufgabe ist die Sicherung der Geldwertstabilität. Dass eine Notenbank in einer Krise höhere Risiken in der Bilanz hat, ist sicherlich unvermeidlich. Allerdings sprechen wir uns dagegen aus, dass umfassend Solvenzrisiken von Staaten und Finanzsystemen über unsere Bilanz vergemeinschaftet werden. Hier droht unser Mandat überdehnt zu werden. [...]

Kein Wunder, schließlich fragen sich die Menschen: Wie gefährlich ist die Euro-Krise für meine Ersparnisse?

Diese Sorgen nehmen wir sehr ernst. Die zu erzielenden Zinsen für sehr sichere Geldanlagen sind derzeit eher niedriger als die Inflationsrate. Das ist aber nicht der Normalzustand, sondern eine Folge der Krise. Die Zinsen werden sich nach Beendigung der Krise wieder normalisieren. Es bleibt unsere Aufgabe als Notenbank, die Preise stabil zu halten und damit auch dafür zu sorgen, dass die Inflation die Ersparnisse der Menschen nicht auffrisst.

Das sehen viele Politiker anders. Sie möchten Krise und Schulden am liebsten weginflationieren.

Es gibt tatsächlich einige, die in einer höheren Inflation eine Lösung der Krise sehen. Diese Auffassung halte ich für brandgefährlich. Wenn man die Inflation einmal zulässt, kann man sie kaum mehr bändigen. Kurzfristig zeigen unsere Prognosen keinen übermäßigen Preisanstieg. Ich warne aber davor, die mittel- bis langfristigen Stabilitätsrisiken zu unterschätzen. Es darf kein Zweifel daran entstehen, dass wir die Geldpolitik rechtzeitig wieder straffen werden. [...]

Spricht Deutschland innerhalb der EZB mit einer Stimme oder wünschen Sie sich mehr Unterstützung durch das deutsche Ratsmitglied Jörg Asmussen?

Es wäre ein Missverständnis anzunehmen, es gehe in der EZB um nationale deutsche, französische oder andere Interessen. Wir sollen Geldpolitik für den gesamten Euro-Raum betreiben. Es wäre eine gefährliche Entwicklung, hier nach speziellen deutschen, französischen oder anderen Interessen zu unterscheiden. Gerade deshalb plädiere ich für eine klare Trennung der europäischen Geldpolitik von nationalen wirtschafts- und finanzpolitischen Aufgaben. Wenn wir diese Trennung nicht respektieren, kommt allerdings in der Tat die Frage nach der Vertretung nationaler Interessen auf.

Machen die Stärke und der wirtschaftliche Erfolg Deutschlands das Verhandeln für Sie schwieriger?

Auch wenn Deutschland besser durch die Wirtschaftskrise gekommen ist als viele andere, wäre es ein Fehler, arrogant oder überheblich aufzutreten. Deutschland ist aber ein Beispiel dafür, dass sich Strukturreformen letztlich auszahlen. [...]

Uli Dönch/Jörg Quoos/Alexander Wendt, „Das wäre brandgefährlich", www.focus.de, 25.03.2013 [28.10.2013]

Aufgaben

1 *Arbeiten Sie aus dem Interview die Position des Bundesbankpräsidenten zu den Aufgaben der Zentralbank und zu den Gefährdungen durch die Politik heraus.*

2 *Erläutern Sie den Weg aus der Euro-Krise, den Jens Weidmann skizziert.*

3 *Führen Sie eine Debatte über die unterschiedlichen Einschätzungen der Inflation und zur Staatsfinanzierung über die Notenbank.*

2.4 Finanz- und Einkommenspolitik

M 1 Koalitionsverhandlungen: Viele offene Fragen in der Finanzpolitik

Wünsche gibt es viele in den Koalitionsverhandlungen von Union und SPD. Doch wie sollen sie bezahlt werden? Darüber verhandeln die Finanzexperten beider Seiten

Die Finanzexperten von Union und SPD [verhandeln über] die Finanzierung der zahlreichen kostenträchtigen schwarz-roten Koalitionsvorhaben, die sich auf 50 Milliarden Euro und mehr summieren. Der Spielraum ist eng, Union und SPD liegen bei der Finanzierung zusätzlicher Ausgaben noch weit auseinander. Dissens gibt es auch in der Haushaltspolitik. [...]

Die Verhandlungsführer 2013, Olaf Scholz (SPD) und Wolfgang Schäuble (CDU)

Dagegen wollen die Finanzfachleute über Maßnahmen zur Steuervereinfachung sowie gegen Steuervermeidung bereits abschließend beraten. Angestrebt wird auch eine gemeinsame Linie zur Erbschafts-, Grund- und Gewerbesteuer. Grundlegende Veränderungen werden hier allerdings nicht erwartet. Zudem sollen die Weichen zur Neuordnung der Finanzbeziehungen von Bund und Ländern gestellt werden.

CSU warnt vor zu viel Nachgiebigkeit

Der stellvertretende SPD-Fraktionsvorsitzende Joachim Poß forderte mehr Bewegung in der Union in Finanzierungsfragen. „Wenn wir keine zusätzlichen finanziellen Spielräume schaffen – sei es durch den Abbau von Steuervergünstigungen, sei es durch mehr Flexibilität bei der Neuverschuldung – können wir die Arbeiten einstellen", sagte er der „Rheinischen Post" vom Mittwoch. „Man kann nicht wie die Union den Wahlkampf mit Wohlfühlthemen wie der Mütterrente oder mehr Verkehrsinvestitionen gestalten und dann hinterher sagen, dafür haben wir kein Geld."

Der stellvertretende Unionsfraktionsvorsitzende Michael Fuchs (CDU) sagte dem Blatt: „Einem Koalitionsvertrag, der die Lohnzusatzkosten über 40 Prozent steigen lässt, werde ich nicht zustimmen können." Der diskutierte Anstieg der Sozialversicherungsbeiträge und Mehrausgaben in den Sozialsystemen könnten die wirtschaftliche Entwicklung in Deutschland gefährden.

Der CSU-Mittelstandspolitiker Hans Michelbach warnte vor zu viel Nachgiebigkeit der Union in den Koalitionsverhandlungen. „Wir haben mit einer wachstumsorientierten Politik über 41 Prozent der Stimmen geholt, die SPD ist für ihr Abkassierprogramm mit 25 Prozent abgewatscht worden", sagte er der „Passauer Neuen Presse" vom Mittwoch. Das müsse sich auch in der Koalitionsvereinbarung widerspiegeln. „Bis jetzt sehe ich aber nur viel SPD und zu wenig Union."

Einigung bei Frauenquote und Rente

Der designierte IG-Metall-Vorsitzende Detlef Wetzel zeigte sich enttäuscht über die bisherigen Verhandlungsergebnisse. „Ich sehe nicht, dass etwas Weltbewegendes gegen den Missbrauch von Leiharbeit verabredet worden ist", sagte er der „Stuttgarter Zeitung". Zudem sei noch nichts gegen den Missbrauch von Werk-

Info

Die Idee der **Goldenen Regel** in der Finanzpolitik ist es, die öffentliche Neuverschuldung auf die Höhe der öffentlichen [Investitionen] zu begrenzen. Begründet wird ein solches Vorgehen damit, dass mit staatlichen Investitionen ein Vermögensaufbau beim Staat einhergehe. Dieser komme auch zukünftigen Generationen zugute, sodass diese daher später auch an der Finanzierung beteiligt werden dürften. Dahinter steht die Überlegung, dass produktive öffentliche Investitionen für sich genommen das zukünftige Produktionspotenzial je Einwohner erhöhen.

www.bundesfinanzministerium.de [28.10.2013]

verträgen und zur Einführung von Mitbestimmungsrechten der Betriebsräte in dieser Frage vereinbart. Wetzel forderte zudem, den gesetzlichen Mindestlohn von 8,50 Euro zügig einzuführen.
Bislang haben sich CDU, CSU und SPD unter anderem auf eine Frauenquote in Aufsichtsräten großer börsennotierter Unternehmen und einen einheitlichen Mindestlohn geeinigt. Über dessen Höhe, den Starttermin und mögliche Ausnahmen besteht indes noch Dissens. Bei der Rente sollen Mütter bessergestellt werden, die vor 1992 Kinder geboren haben. Ein besserer Schutz vor Altersarmut wird für Geringverdiener und erwerbsgeminderte Beschäftigte angestrebt.

Faz.net/dpa, „Viele offene Fragen in der Finanzpolitik", www.faz.net, 20.11.2013 [28.10.2013]

M 2 Der Bundeshaushalt

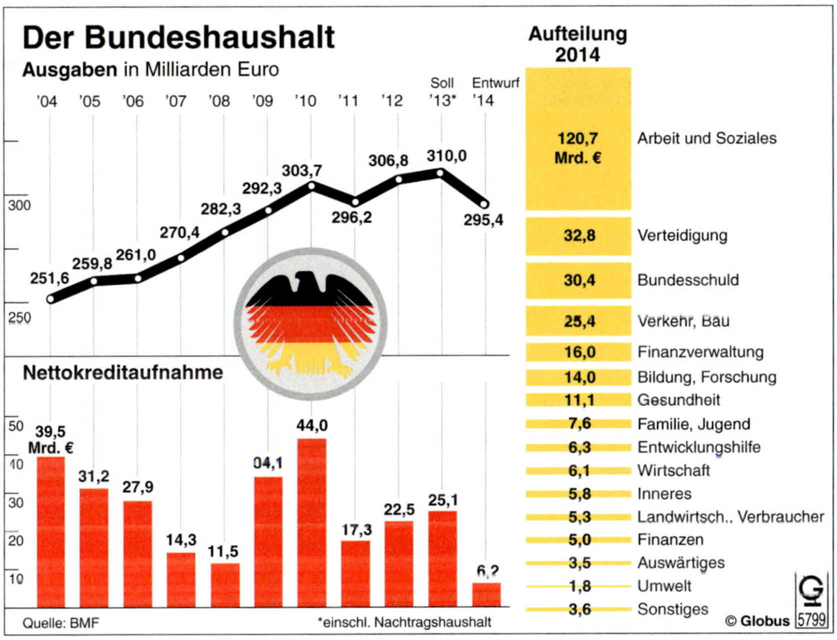

M 3 Finanzpolitik

Finanzpolitik, auch: Fiskalpolitik, ist eine Sammelbezeichnung für alle politischen und gesetzgeberischen Maßnahmen, die der Ordnung und Gestaltung der öffentlichen Einnahmen und Ausgaben (Staatsfinanzen) dienen. Neben der Beschaffung von Einnahmen für die öffentliche Hand verfolgt die F. übergreifende nichtfiskalische Ziele wie die Mehrung des (Volks-)Wohlstandes, die Förderung von Gerechtigkeit und sozialer Sicherheit. Im Einzelnen werden unterschieden: a) konjunkturpolitische Ziele, d. h. das staatliche Einnahme- und Ausgabeverhalten soll entsprechend dem wirtschaftlichen Verlauf dämpfende oder anregende Wirkung haben (antizyklische F.), b) verteilungspolitische Ziele, d. h. die F. des Staates soll bestimmten gesellschaftlichen Gruppen Vorteile verschaffen, die andere Teile der Bevölkerung nicht bekommen, ggf. von diesen finanziert werden müssen (Umverteilung), und c) wachstumspolitische Ziele, d. h. die F. soll so gestaltet werden, dass das wirtschaftliche Wachstum nachhal-

Aufgaben

1 *Arbeiten Sie aus dem Material die Themenbereiche und die Positionen der Koalitionäre heraus.*

2 *Formulieren Sie im Kurs Ihre finanzpolitischen Vorstellungen und versuchen Sie, eine Rangordnung der Ziele und Forderungen herzustellen.*

3 *Charakterisieren Sie ausgehend von M 1 die grundsätzlichen Probleme der Finanz- und Einkommenspolitik.*

Info

Automatische Stabilisatoren
Weil die Steuereinnahmen in konjunkturell schlechten Zeiten (im Vergleich zur Entwicklung in einer konjunkturellen Normallage) zurückgehen und die Staatsausgaben – vor allem wegen steigender Transferzahlungen – zunehmen, geht von den öffentlichen Haushalten eine automatische Stabilisierungswirkung auf den Wirtschaftsprozess aus. Ein analoger Stabilisierungseffekt tritt auch in konjunkturell guten Zeiten auf.

www.bundesfinanzministerium.de [28.10.2013]

tig gefördert wird. Die dt. F. ist wesentlich durch den föderativen Staatsaufbau geprägt, in dem neben Bund und Ländern auch das Einnahme- und Ausgabeverhalten der Kommunen von Bedeutung ist.

Klaus Schubert/Martina Klein, Das Politiklexikon, Dietz, Bonn [5]2011

Geld ist nicht alles. Aber ohne Geld ist (fast) alles nichts. Das gilt natürlich auch für den Staat. Was auch immer politisch entschieden wird – in den meisten Fällen hat das auch Auswirkungen auf Einnahmen oder Ausgaben. Die Meinung vom Bedeutungsverlust des Parlaments mag verbreitet sein. Gerade die Haushaltspolitik zeigt, wie falsch sie ist. Denn die Bundesregierung kann keinen Cent ohne Zustimmung des Bundestages ausgeben. Auch wenn vieles von der Exekutive vorbestimmt erscheint, reicht der Einfluss des Deutschen Bundestages weit über den auf den ersten Blick sichtbaren Bereich hinaus. Mit Nachdruck achtet insbesondere der Haushaltsausschuss darauf, dass kein Zweifel aufkommt: Das Budgetrecht ist und bleibt das Königsrecht des Parlaments.

Deutscher Bundestag (Hg.), „Blickpunkt Bundestag Spezial: Der Haushalt des Bundes", www.bundestag.de, 28.02.2011 [28.10.2013]

Aufgabe

Erstellen Sie aus M 2 und M 3 eine Übersicht (Schaubild, Mindmap) mit den Zielen der Finanzpolitik.

M 4

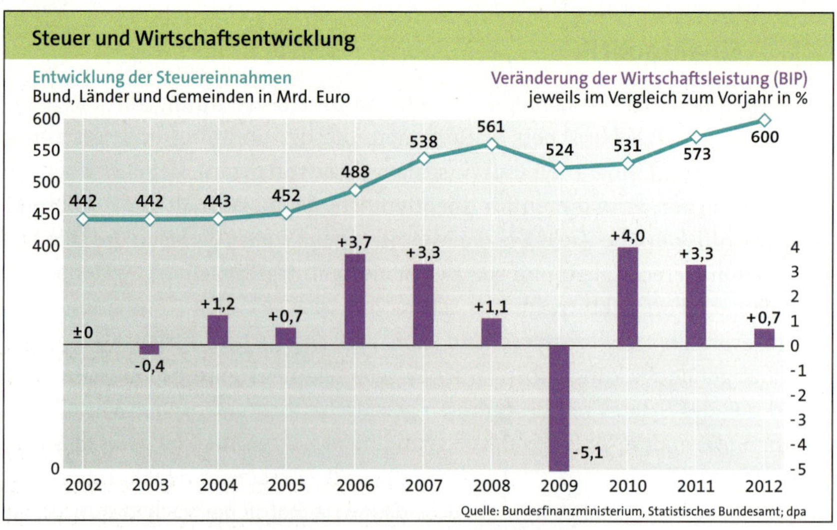

Tipp

www.bundesfinanzministerium.de

M 5

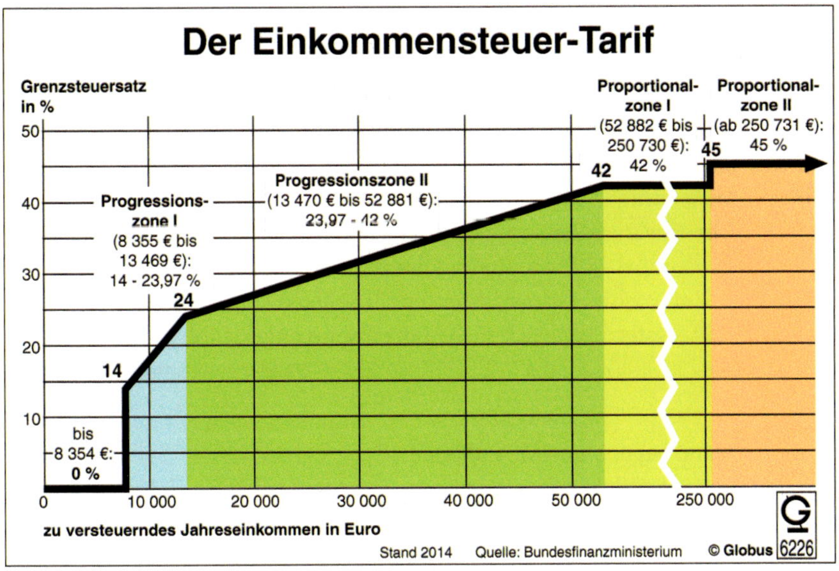

M 6

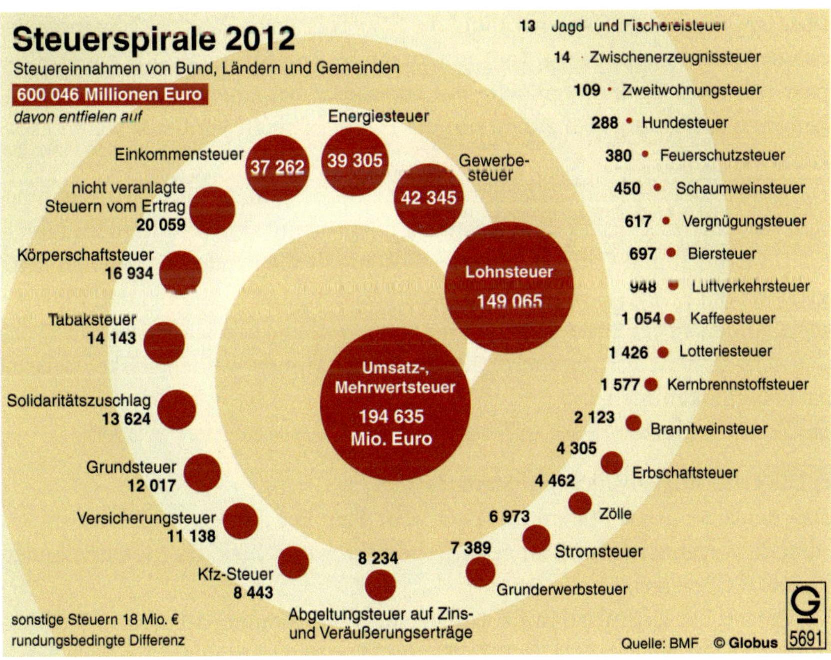

M 7 Sind unsere Steuern gerecht? Stimmen zum deutschen Steuersystem

a) Das Geld ist da – nur bei den Falschen

[...] Deutschland braucht keine höheren Steuern – sondern gerechtere. Das deutsche Steuersystem bestraft all jene, die jeden Morgen aufstehen und zur Arbeit gehen, egal ob Facharbeiter oder Manager. Über die kalte Progression steigt der durchschnittliche Steuersatz von Arbeitnehmern, Freiberuflern und kleinen Unternehmern permanent an. Selbst erfahrene Gymnasiallehrer – nicht gerade als Top-Verdiener bekannt – geraten mittlerweile in den Bereich des Spitzensteuersatzes von 42 Prozent. Belohnt werden hingegen jene, die nicht arbeiten:

- Die Managergattin, die dank Ehegattensplitting bereits durchs Nichtstun mehr zum Familieneinkommen beiträgt, als mancher Arbeitnehmer netto nach Hause bringt.
- Der reiche Privatier, der von den Erträgen seines Vermögens lebt, auf die er lediglich pauschal 25 Prozent Kapitalertragsteuer abführen muss.
- Und der Unternehmerspross, dem sein Erbe sogar komplett steuerfrei in den Schoß fällt – sofern Papi sich nicht ganz dumm angestellt hat.

Christian Rickens, „Steuerdebatte: Das Geld ist da – nur bei den Falschen", www.spiegel.de, 26.09.2013 [28.10.2013]

Tipp

www.oecd.org/berlin/presse/steuern-und-abgaben-2012.htm

b) Deutschland begünstigt Gutverdiener

Der deutsche Sozialstaat finanziert sich im internationalen Vergleich ungewöhnlich stark über kleine und mittlere Einkommen und verschont die Topgehälter. Teilweise führen Gutverdiener sogar weniger Steuern und Sozialabgaben von ihrem Einkommen ab als Geringverdiener. Darauf weist die OECD (Organisation for Economic Cooperation and Development), ein Verbund von Industrieländern, in einer neuen Studie hin.

Demnach führte ein Durchschnittsverdiener 2012 von jedem zusätzlichen Euro über 60 Prozent ans Finanzamt und die Sozialkassen ab. Wer das Eineinhalbfache des Mittelwertes bezog, kam mit knapp 45 Prozent davon. Bei einem Ehepaar mit zwei Kindern verlangte der Sozialstaat bei einem Durchschnittseinkommen 53 Prozent. Bei einem um die Hälfte höheren Verdienst waren es 33 Prozent.

Die OECD zieht für ihre Berechnungen die Gehälter in der Privatwirtschaft heran. Als Durchschnitt für das vergangenen Jahr nennt sie 44.811 Euro im Jahr. [...] Im Großen und Ganzen seien die Systeme in allen anderen Nationen „progressiv". Bei ihnen steigt also die Gesamtbelastung mit zunehmenden Einkommen. Anders in der Bundesrepublik. [...] Entsprechend bezeichnet die OECD das deutsche System als „regressiv": Kleinere Einkommen werden stärker belastet als hohe Einkommen. [...]

Markus Sievers, „Deutschland begünstigt Gutverdiener", www.ksta.de, 26.03.2013 [28.10.2013]

c) Die Gerechtigkeitslücke im Steuersystem

Das deutsche Steuersystem entlastet zwar Familien im Vergleich zu Singles. Aber deswegen ist es noch lange nicht gerecht, wie Zahlen des Industrieländerklubs OECD zeigen.

[...] Zahlen der Organisation für wirtschaftliche Zusammenarbeit und Entwicklung (OECD) zeigen, wie stark Familien im Vergleich zu Singles steuerlich belastet werden.

Das Ergebnis: Im internationalen Vergleich landet Deutschland im Mittelfeld – wenn auch die steuerliche Belastung immer noch über dem OECD-Durchschnitt liegt [...] .

Ein Beispiel: Die OECD geht von einem jährlichen Durchschnittsverdienst eines deutschen Arbeitsnehmers von 44.811 Euro aus. Verdient das ein Angestellter, der unverheiratet ist und kein Kind hat, liegt seine Abgaben- und Steuerbelas-

tung bei 49,8 Prozent. Bei einer Familie mit dem gleichen Durchschnittseinkommen und zwei Kindern beträgt sie dank Steuerfreibeträgen und Kindergeld dagegen nur 34,2 Prozent. „In Deutschland werden ärmere Familien mit Kindern verhältnismäßig stärker entlastet als Kinderlose". [...]
Die Zahlen der OECD zeigen allerdings auch, dass Deutschland mithilfe seiner Einkommensteuer kaum umverteilt. Grundsätzlich funktionieren die meisten Steuersysteme nach dem Leistungsprinzip: Wer mehr verdient, der soll auch mehr Steuern zahlen. Die stärkere Belastung bei steigenden Einkommen ist ein wichtiges Instrument zur Umverteilung in einem Sozialstaat. Doch in Deutschland ist das nicht der Fall [...]. Das liegt vor allem an den Bemessungsgrenzen der Sozialversicherungsbeiträge, die ab einem bestimmten Punkt nicht mehr steigen. Bei Geringverdienern greift der Staat anteilsmäßig also stärker zu als bei Spitzenverdienern.

Lea Deuber, „Die Gerechtigkeitslücke im Steuersystem", www.zeit.de, 04.10.2013 [28.10.2013]

d) 50 Prozent zahlen 95 Prozent der Lohn- und Einkommensteuern

[...] Weil allein mit der Inflation die nominalen Einkommen wachsen, rutscht die Mitte schleichend im Steuertarif nach oben. Nach bisher unveröffentlichten Angaben des Bundesfinanzministeriums zahlt die obere Hälfte der Steuerpflichtigen inzwischen 95 Prozent des Aufkommens in der Lohn- und Einkommensteuer. Das geht aus einer Stichprobe für das Jahr 2012 hervor. Wie der Deutsche Industrie- und Handelskammertag unlängst hervorhob, griff der Spitzensteuersatz vor fünfzig Jahren erst beim 18-fachen des Durchschnittseinkommens. „[...] Heute ist man nicht einmal mit dem Doppelten des Durchschnittseinkommens in der höchsten Belastungsstufe angelangt. Der erste Spitzensteuersatz von 42 Prozent ist schon mit einem Jahreseinkommen von weniger als 53 000 Euro erreicht. Ab einer viertel Million Euro greift der zweite Spitzensatz von 45 Prozent. Diese Einkommenswerte gelten jeweils für Ledige. Für Verheiratete gelten die doppelten Beträge. Für alle kommt der Solidaritätszuschlag von 5,5 Prozent auf die Einkommensteuerschuld hinzu [...] Eine steuerliche Entlastung der Mitte ist für den Fiskus stets besonders teuer, weil sie zahlenmäßig viele Leute betrifft. [...]. Die kalte Progression führt dazu, dass der Staat von Lohnerhöhungen profitiert, die nur dazu dienen, den Kaufkraftverlust durch die Inflation auszugleichen. [...]. Mit jedem Jahr ohne Ausgleich wird die Mitte durch die kalte Progression stärker geschröpft. [...]

Manfred Schäfers, „50 Prozent zahlen 95 Prozent der Steuern", www.faz.net, 11.09.2013 [28.10.2013]

Aufgaben

1 *Arbeiten Sie (arbeitsteilig) aus dem Material M 7 die unterschiedlichen Kritikpunkte am deutschen Steuersystem heraus.*

2 *Überprüfen Sie anhand der Steuerspirale (M 6) und dem Einkommensteuertarif (M 5) die Vorwürfe.*

3 *Soll das deutsche Steuer- und Abgabensystem progressiver gestaltet werden? Nehmen Sie begründet Stellung.*

M 8 Die Schulden der öffentlichen Haushalte

Entwicklung der Schuldenstandsquote des öffentlichen Gesamthaushalts 1950–2009

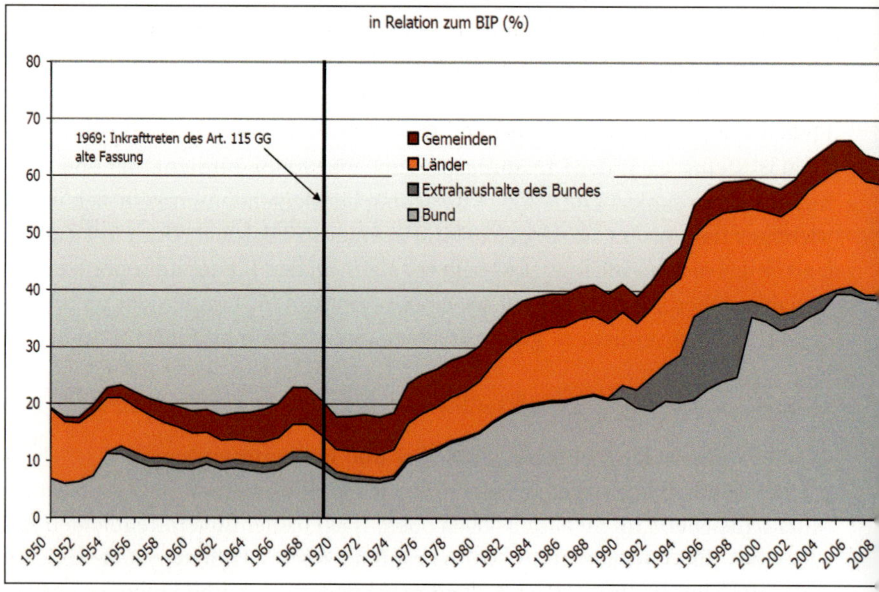

Bundesfinanzministerium (Hg.), Kompendium zur Verschuldungsregel des Bundes gemäß Artikel 115 Grundgesetz, www.bundesfinanzministerium.de [28.10.2013]

Tipp

Haushalt und Schuldenbremse einfach erklärt: www.bundesfinanzministerium.de

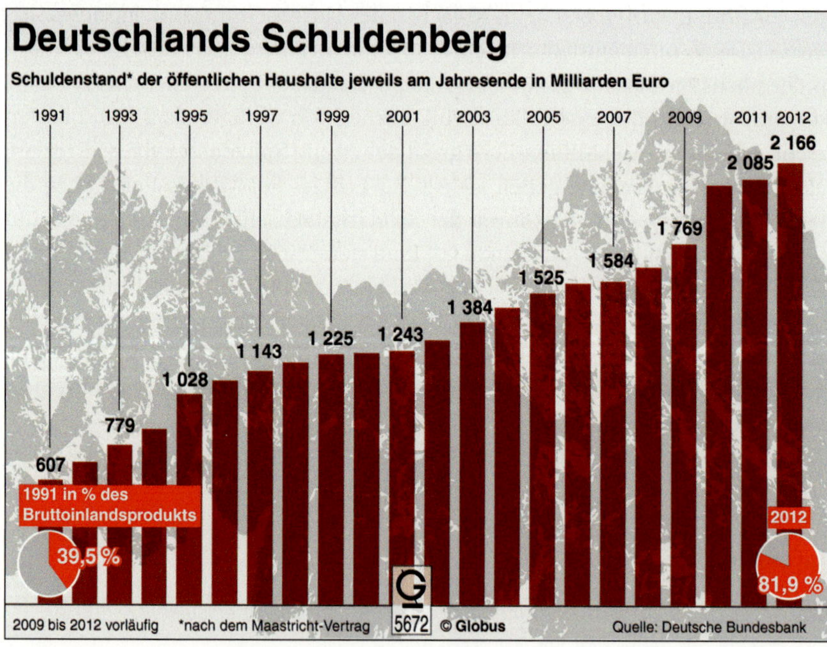

Aufgabe

Formulieren Sie im Kurs Thesen und Forderungen zum Schuldenstand Deutschlands.

M 9 Negative Folgen hoher Schuldenstände

Eine hohe Staatsverschuldung hat vielfältige Folgen. Die massive Inanspruchnahme der Ersparnis durch die Kreditnachfrage des Staates kann zu einem Anstieg der Zinsen führen. Der Zinsanstieg wiederum verringert die private Investitionstätigkeit. Dieser als Crowding-out bezeichnete Vorgang der Verdrängung privater Nachfrage verschlechtert die längerfristigen Wachstumsaussichten. Ho-

he Schuldenstände können außerdem die Preisstabilität gefährden, wenn sie eine stabilitätsorientierte Geldpolitik der Zentralbank erschweren.
Vor allem aber führt eine hohe Staatsverschuldung dazu, dass finanzielle Lasten in die Zukunft verschoben werden. Es sind zukünftige Generationen, die durch heutige Defizite belastet werden. Steigende Staatschulden bedeuten, dass ein wachsender Anteil der öffentlichen Haushalte durch Zinsverpflichtungen gebunden wird. Die zu deren Deckung benötigten Steuereinnahmen stehen nicht mehr zur Finanzierung von öffentlichen Gütern oder sozialen Leistungen zur Verfügung. Die Zinsausgabenquote, der Anteil der Zinsausgaben an den öffentlichen Ausgaben, erhöhte sich beim Bund von (1970) 2,8 % auf (2008) 14,8 %.

Bundeszentrale für politische Bildung (Hg.), Wirtschaft heute, Bonn 2009, S. 220

M 10 Die Schulden bremsen?

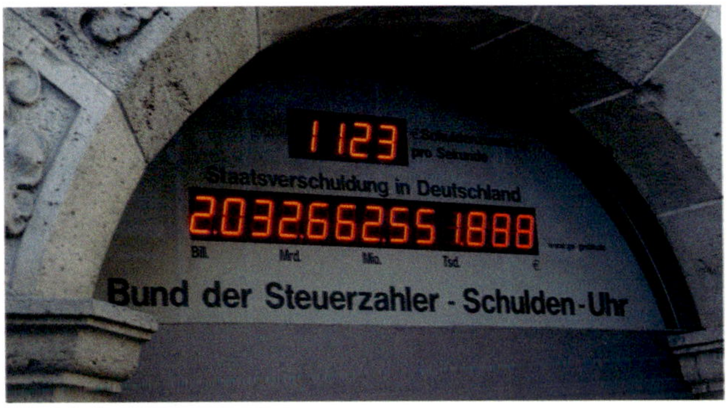

Die Schuldenuhr des Bundes der Steuerzahler zeigte am 27.12.2013 2.032 Mrd. €.

Bund und Länder hatten sich [...] auf die bisher umfassendste Schuldenbegrenzung verständigt. Unter dem Druck immer höherer Staatsausgaben vereinbarte die Föderalismuskommission, dass die Länder von 2020 an keine neuen Schulden mehr aufnehmen dürfen. Die Schulden des Bundes werden streng begrenzt. [...]
Der Direktor des Instituts der deutschen Wirtschaft (IW), Michael Hüther: „Der Beschluss über eine Schuldenbremse ist ein wichtiges Signal für Konsolidierung in Zeiten, in denen höhere Defizite unvermeidbar sind“ [...]. Gleichwohl dürfe das Instrument nicht überschätzt werden. „Die Budgethoheit ist das zentrale Recht des Parlaments“, betonte er. Insofern werde man keine „Betonschranke“ bauen können. Hüther gab aber auch zu bedenken, dass, wie die derzeitige Krise zeige, „Situationen eintreten können, in denen kreditfinanziert Fiskalimpulse gesetzt werden müssen. Dann erst die Verfassung ändern zu müssen, ist sicher keine gute Idee.“ Es müsse daher „[...] Spielraum bleiben, allerdings scharf konditioniert durch Kriterien, wie sie im Stabilitäts- und Wachstumspakt der Europäischen Währungsunion niedergelegt sind“. [...]
Aus Sicht [des damaligen Finanzministers] Peer Steinbrück (SPD) hat Deutschland mit der Einigung auf eine Schuldenbremse den Märkten ein wichtiges Signal gegeben. Auch den internationalen Partnern sei mit Blick auf den EU-Stabilitäts- und Wachstumspakt signalisiert worden, dass das Ziel eines ausgeglichenen Haushalts ernst gemeint sei. [...]
[Der damalige Wirtschaftsminister] Karl-Theodor zu Guttenberg (CSU) sagte, die kommenden Generationen müssten berücksichtigt werden. „Und deswegen ist es richtig, dass eine Schuldenbremse im Grundgesetz verankert wird.“ In den vergangenen vier Jahrzehnten hat der Staat über 1500 Mrd. Euro Schulden angehäuft.
Neben mehreren Ministerpräsidenten begrüßte auch der Städte- und Gemeindebund die geplante Regelung. Nötig seien aber weitere Reformen zur Finanzierung des Sozialstaates. Sachsen-Anhalts Ministerpräsident Wolfgang Böhmer (CDU) sagte: „Ich halte die Grundaussage und die politische Absicht für dringend notwendig“, [...] Bund und die Länder hätten sich mehr als 30 Jahre lang

Info

Die **Schuldenbremse** sieht vor, dass die Haushalte von Bund und Ländern grundsätzlich ohne Einnahmen aus Krediten auszugleichen sind. Diese Regelung ist in Artikel 109 Grundgesetz verankert.

www.bundesfinanzministerium.de [28.10.2013]

Geld über den Kreditmarkt besorgt. „Diese Entwicklung kann so nicht weitergehen", so Böhmer. [...]

Der Bund der Steuerzahler (BdSt) forderte strenge Bedingungen für eine Schuldenbremse. Die Politik müsse im anstehenden Gesetzgebungsverfahren „wasserdichte Formulierungen" finden, sagte BdSt-Bundesgeschäftsführer Reiner Holznagel [...] . So müssten die Ausnahmen, nach denen zusätzliche Schulden gemacht werden dürfen, konkretisiert werden. „Nach unserem Vorschlag werden Notsituationen abschließend definiert als Katastrophen, Seuchen und Kriege", sagte Holznagel. „Außerdem fordern wir die Zweidrittelmehrheit statt nur der Kanzlermehrheit im Deutschen Bundestag für solche Sonderkredite", fügte er hinzu.

[...] Dessen ungeachtet begrüßte der BdSt-Experte den Kompromiss. Er zeige, „wie schwer der Politik ein Abschied von der Droge Staatsverschuldung fällt", sagte er. Aber dennoch gelte, „besser spät als nie". [...]

Dietmar Neuerer, „Führende Ökonomen verteufeln Schuldenbremse", www.handelsblatt.com, 13.02.2009 [28.10.2013]

Aufgaben

1 *Arbeiten Sie aus den Texten M 9 und M 10 die Begründungen für die Begrenzung des Schuldenwachstums heraus.*

2 *Vergleichen Sie die Positionen von Hüther (Institut der deutschen Wirtschaft) und Holznagel (Bund der Steuerzahler) bezüglich der Bedingungen der Schuldenbremse.*

M 11 Wirkungen der Staatsverschuldung

Für die wirtschaftlichen Wirkungen der Staatsverschuldung ist zum einen wesentlich, ob die Schulden für Investitionen verwendet werden oder zur Finanzierung von Staatskonsum und Transfers dienen. Zum anderen kommt es darauf an, wie die privaten Sektoren der Volkswirtschaft sowie die Güter- und Finanzmärkte auf die aktuellen Finanzierungsdefizite sowie die künftigen Finanzierungsverpflichtungen des Staates reagieren. Hierbei kann man noch zwischen den längerfristigen Wirkungen und den kurz- bis mittelfristigen Wirkungen im konjunkturellen Zusammenhang unterscheiden.

Öffentliche Investitionen sollten eine (volkswirtschaftliche) Rendite mindestens in Höhe der Finanzierungskosten der Staatsschulden erzielen. Dann stehen den künftigen Belastungen wirtschaftliche Vorteile in gleicher Höhe gegenüber. Insoweit werden keine finanziellen Lasten auf künftige Generationen verschoben. Sofern durch Investitionen in die Infrastruktur, in Forschung und Entwicklung oder in ein besseres Bildungssystem das Wachstum erhöht wird, profitieren künftige Generationen sogar per saldo. Allerdings erfordert die spätere Finanzierung der Investitionen eine Erhöhung von Steuern und Abgaben, sofern es sich um öffentliche Leistungen handelt, für die keine besonderen Nutzungsentgelte erhoben werden, zum Beispiel Gebühren. Dies wird „Zusatzlasten" der Besteuerung auslösen (*excess burden*), durch „Verzerrungen" wirtschaftlicher Entscheidungen der privaten Wirtschaftssubjekte oder durch höhere Erhebungskosten der Besteuerung.

Selbst kreditfinanzierte Ausweitungen von konsumtiven Staatsausgaben oder staatlichen Transfers müssen nicht notwendigerweise zu einer Lastverschiebung in die Zukunft führen. Insoweit Unternehmen und Privathaushalte künftige Steuererhöhungen (oder Leistungskürzungen) voraussehen und in ihre langfristigen Planungen einkalkulieren, können sich ähnliche Wirkungen wie bei einer laufenden Besteuerung ergeben („Barro-Ricardo-Äquivalenz" von Staatsschulden und Steuern). Bürger und Unternehmen werden dann die kreditfinanzierten Staatsausgaben durch höhere Ersparnisse kompensieren, mit denen sie für künftige Belastungen vorsorgen. Gleichzeitig werden sie versuchen, den künftigen Steuererhöhungen auszuweichen. Diese Wirkungen gleichen tendenziell einer Steuerfinanzierung der Ausgabenerhöhung, daher spricht man auch von „Neutralität der Staatsverschuldung".

In der Realität dürfte diese Neutralität allerdings nur teilweise gegeben sein. Insoweit kommt es zu wirtschaftlichen Lastverschiebungen in die Zukunft, einschließlich von Zusatzlasten und Erhebungskosten der Besteuerung. Sieht man von kurz- bis mittelfristigen keynesianischen Effekten einer expansiven Finanzpolitik ab, führt eine höhere Staatsverschuldung für sich genommen entweder zu höheren Zinsen und einer Verdrängung privater inländischer Investitionen *(crowding-out)* oder sie erhöht die Verschuldung gegenüber dem Ausland. Damit geht längerfristig ein geringeres Nationaleinkommen einher, entweder durch ein geringeres inländisches Sozialprodukt aufgrund des reduzierten privaten Kapitalstocks oder durch reduzierte inländische Vermögenseinkommen aufgrund höherer Nettozinszahlungen an das Ausland.

Zu unterscheiden von diesen längerfristigen intergenerativen Lastverschiebungen ist die kurz- bis mittelfristige Stabilisierungs- und Glättungsfunktion der Staatsverschuldung. Dies betrifft vor allem die konjunkturellen Schwankungen der staatlichen Defizite und Überschüsse. Ohne kurzfristige Möglichkeiten zur Verschuldung (oder zum Vermögensabbau) müssten die laufenden Einnahmen oder Ausgaben dem Konjunkturverlauf angepasst werden, was die Unsicherheit bei wirtschaftlichen Entscheidungen von Unternehmen und Bürgern erhöhen und prozyklische Wirkungen auslösen würde.

Stefan Bach, „Staatsverschuldung und gesamtwirtschaftliche Vermögensbilanz: Öffentliche Armut, privater Reichtum", in: DIW Berlin, Wochenbericht Nr. 50/2010 vom 15.12.2010, S. 4, www.diw.de [28.10.2013]

Aufgaben

1 *Arbeiten Sie aus dem Text die kurz- und langfristigen Wirkungen der Verschuldung heraus.*

2 *Diskutieren Sie ausgehend von den vorgestellten Materialien die möglichen Konsequenzen der These des Nationalökonomen Friedrich List (1789–1846): „Schulden sind zu wenig bezahlte Steuern".*

M 12 Die Gefahren des Sparens

Die Regierungen zeigen sich viel zu erschrocken über ihre hohen Haushaltsdefizite. Statt Ausgaben zu kürzen und Steuern zu erhöhen, sollten sie sich entspannen – und die Wirtschaft weiter stützen.

Eine Welle von Sparprogrammen schwappt über Europa und Amerika. Wie schon das Ausmaß des Abschwungs hat auch das Ausmaß der Haushaltsdefizite viele überrascht. Die meisten Ökonomen sind jedoch der Überzeugung, dass die staatlichen Hilfsprogramme dazu beigetragen haben, eine zweite Weltwirtschaftskrise zu verhindern. Und sie sind sich auch einig darüber, dass es ein Fehler ist, nur auf eine Seite der Bilanz zu schauen.

Nicht nur die Schulden eines Landes oder Unternehmens sind wichtig, sondern auch die Vermögenswerte. Ausgaben, besonders als Investitionen in Bildung, Technik und Infrastruktur, können tatsächlich langfristig zu einer Reduzierung der Defizite führen. [...]

Schnelleres Wachstum und höhere Renditen auf öffentliche Investitionen sorgen für höhere Steuereinnahmen – und eine Rendite von fünf bis sechs Prozent ist mehr als genug, um die vorübergehende Zunahme der Staatsverschuldung aufzufangen. Eine soziale Kosten-Nutzen-Analyse, die auch nichthaushalterische Wirkungen berücksichtigt, macht solche Ausgaben umso attraktiver, selbst wenn sie durch Verschuldung finanziert werden.

Die angemessene Größe eines Defizits hängt auch vom Zustand der Wirtschaft ab. Eine eher schwache Wirtschaft braucht ein größeres Defizit und die ange-

Joseph Stiglitz ist Professor an der Columbia-Universität in New York und Nobelpreisträger.

messene Größe des Defizits in einer Rezession ist abhängig von den genauen Umständen.
Über diesen Punkt streiten die Ökonomen. Prognosen sind immer schwierig, ganz besonders in harten Zeiten. Die vergangene Krise war (glücklicherweise) nichts Alltägliches und es wäre dumm, die aktuelle Erholung an den Erfahrungen aus früheren Erholungen zu messen [...]. wenn die Vorhersagen korrekt sind, entsteht durch eine verfrühte Abkehr von der Defizitfinanzierung das Risiko, die Wirtschaft wieder in die Rezession zurückzustoßen. Dies ist eine Lektion, die wir aus der Weltwirtschaftskrise und aus der Erfahrung Japans in den späten 90er-Jahren gelernt haben sollten. [...] Wenn die Weltwirtschaft wieder wächst, brauchen die Regierungen natürlich Pläne in der Schublade, um Steuern zu senken und Ausgaben zu kürzen. Über das richtige Maß wird dabei unweigerlich zu streiten sein. Der Finanzsektor hat dem Rest der Gesellschaft riesige externe Lasten auferlegt.
Ausgehend von den USA hat die Branche die ganze Welt mit giftigen Hypotheken verseucht und sollte entsprechend dem bewährten Verursacherprinzip angemessene Steuern auferlegt bekommen. Steuern auf spekulative Anlagen könnten die Banken zum Beispiel dazu bewegen, sich mehr auf ihre Schlüsselrolle in der Gesellschaft zu konzentrieren, nämlich Kredite bereitzustellen.
Längerfristig, da sind sich die meisten Ökonomen einig, sollten sich die Regierungen Gedanken über die Nachhaltigkeit ihrer Politik machen. Doch das darf nicht dazu führen, Defizite generell zu verteufeln. Zur Finanzierung von Kriegen oder als Geschenke an den Finanzsektor führen Defizite zu Schulden ohne entsprechende Vermögenswerte und belasten künftige Generationen. Aber staatliche Investitionen mit hohen Renditen, die mehr als sich selbst tragen, können den Wohlstand sogar noch mehren. Es wäre doppelt unklug, künftige Generationen zuerst mit Schulden aus unproduktiven Ausgaben zu belasten und dann auch noch die produktiven Investitionen zu kürzen. [...] Zurzeit ist die Botschaft eindeutig: Eine Kürzung der Staatsausgaben ist ein Risiko, das man besser nicht eingehen sollte.

Joseph Stiglitz, „Die Gefahren des Sparens“, www.ftd.de, 09.03.2010 [28.10.2013]

1 *Arbeiten Sie aus dem Material die positiven Wirkungen von Schulden heraus.*

2 *Erklären Sie die angesprochenen Risiken der Sparpolitik.*

3 *Erörtern Sie unter Einbeziehung von M 1 und M 2 die Chancen und Risiken der Verschuldung.*

M 13 „Die Schuldenbremse ist Unsinn"

Peter Bofinger

Sparsamkeit gilt in Deutschland als große Tugend. Und so führt die Bundesregierung die Schuldenbremse ein. Angesichts der Probleme mancher Euro-Staaten klingt das vernünftig. Doch das sei ein Irrtum, sagt der Wirtschaftsweise Bofinger. Manchmal sei es besser, Geld auszugeben. Selbst wenn man es nicht hat. [...]

n-tv.de: Ist Deutschland zu hoch verschuldet?

Peter Bofinger: In den Augen der internationalen Finanzmärkte ist das jedenfalls nicht der Fall. Die sind bereit, Anleihen der Bundesrepublik nahezu zum Nulltarif zu kaufen. In den Augen der internationalen Investoren ist Deutschland einer der besten Schuldner. Das Markturteil ist eindeutig: Die Verschuldung ist völlig problemlos. Sonst würde niemand Deutschland Geld für 30 Jahre zu rund 2,5 Prozent leihen – das ist ja nach Abzug der erwarteten Inflation fast nichts.

Das sieht die Bundesregierung allerdings anders und argumentiert: Die Zinsen sind derzeit zwar niedrig, aber das kann sich schnell ändern. Zudem schrumpft

die Bevölkerung, zugleich wird sie immer älter. Wir dürfen den zukünftigen Generationen keine neuen Schulden aufbürden, da sie zu einer noch größeren Belastung werden als für uns.

Nehmen wir einmal an, wir halten die Schuldenbremse ein – bei einem nominellen Wachstum zwischen zwei und drei Prozent. Dann geht die Schuldenstandsquote von derzeit 80 Prozent bis 2030 auf 50 beziehungsweise 60 Prozent zurück. Die Schulden werden ja zur Wirtschaftsleistung in Beziehung gesetzt.

Halten Sie die Schuldenbremse also für eine gute Idee?

Ich halte sie für großen ökonomischen Unsinn.

Warum?

Die Finanzkrise hat gezeigt, dass die Kapitalmärkte nicht sonderlich gut dabei sind, das von der Bevölkerung gesparte Geld vernünftig anzulegen. Anstatt diese Beträge in Billionenhöhe etwa in Hightech oder Infrastruktur zu investieren, wird das Geld – wie in Spanien zu sehen – im wahrsten Sinne des Wortes in den Sand gesetzt und in Immobilien gesteckt. Die Kapitalmärkte haben sich als ziemlich unfähig erwiesen, Geld zukunftsgerichtet zu investieren.

Hierzulande wurde nun entschieden, dass auch der Staat unter Umständen nicht mehr in die Zukunft investieren kann. Schuldenbremse heißt: Der Staat darf nicht unternehmerisch handeln und als Investor in die Zukunft auftreten, wenn er dafür Mittel am Kapitalmarkt aufnimmt.

Wer beispielsweise auf Berlins Straßen unterwegs ist oder sich in Duisburg umschaut, der sieht, wie schlecht es um die Infrastruktur bestellt ist. Dem Statistischen Bundesamt zufolge gleicht der Staat seit zehn Jahren nicht einmal deren Wertverlust durch Investitionen aus – allein 2012 betrug der Bestandsverlust mehr als sechs Milliarden Euro [...].

In Deutschland sparen wir wie die Weltmeister; 150 Milliarden Euro netto spart die Volkswirtschaft. Die Haushalte sparen, der Unternehmenssektor spart. Das ist unsere Zukunftsvorsorge – und wir legen sie in Krediten ans Ausland an. Es wäre doch wünschenswert, einen nennenswerten Teil dieser Ersparnisse im Inland zu investieren – in Infrastruktur, in erneuerbare Energien, in Bildung. Hier ist das Geld besser angelegt. Unsere volkswirtschaftliche Vermögensplanung ist völlig unsinnig. Die Schuldenbremse ist das Instrument, das es verbietet, dass deutsche Sparer dem deutschen Staat Geld leihen, damit er in Deutschland vernünftige Investitionen tätigt. Stattdessen bekommen ausländische Staaten das Geld. Das ist doch absurd.

Spart sich Deutschland kaputt?

Ja. Das Problem ist doch, dass viele den Staat aus Sicht der schwäbischen Hausfrau sehen und er deshalb möglichst keine Schulden machen soll. Richtig wäre es, den Staat aus Sicht der schwäbischen Unternehmerin zu sehen. Für unsere Kinder und Kindeskinder ist die Staatsverschuldung nur eine Größe unter anderen. Die Frage ist doch: In welchem Zustand übergeben wir ihnen das Land? Unsere Kinder haben mehr davon, höhere Schulden zu haben und dafür gut ausgebildet zu sein und eine vernünftige Infrastruktur zu besitzen, als dass wir die Schulden zurückfahren und ihnen ein marodes Land hinterlassen. [...]

Jan Gänger, „Die Schuldenbremse ist Unsinn", www.n-tv.de, 28.08.2013 [28.10.2013]

Aufgaben

1 *Erläutern Sie die von Prof. Bofinger vorgestellten Wirkungen der Sparpolitik.*

2 *Erklären Sie den Zusammenhang von Sparen und Investitionen.*

3 *Soll der Staat in der aktuellen Situation Investitionen (z. B. in Infrastruktur oder Bildung) mit Schulden finanzieren? Diskutieren Sie.*

M 14 Abweichungen von der Gleichverteilung

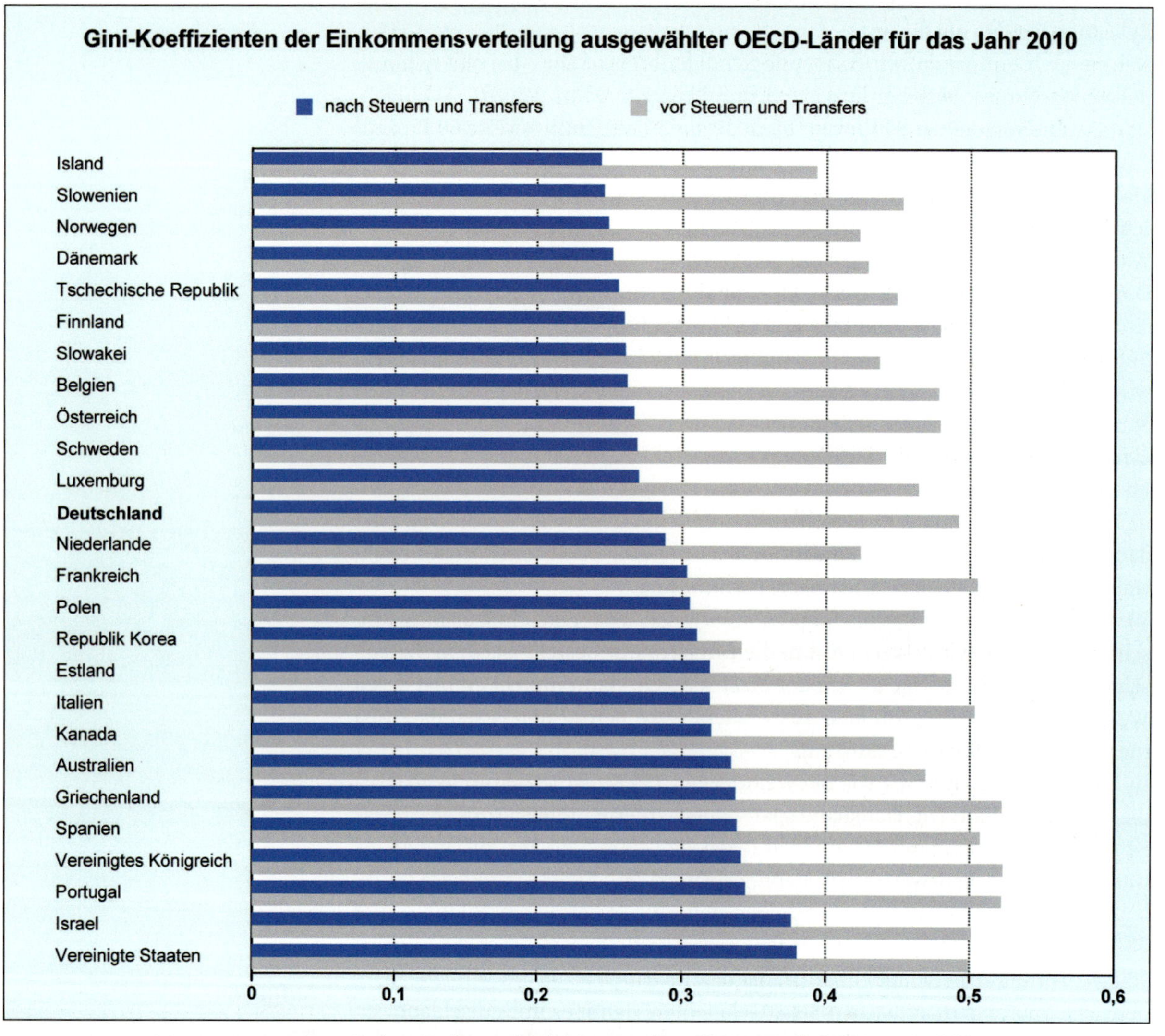

Sachverständigenrat (Hg.), Jahresgutachten 2013/14, Wiesbaden 2013, Schaubild 92, S. 378

→ Gini-Koeffizient: s. S. 64

Info

Primär- und Sekundärverteilung

Die Primärverteilung [...] spiegelt die Entlohnung der Produktionsfaktoren Arbeit und Kapital wider. Betracht werden in der Regel Bruttoeinkommen aus unselbstständiger Arbeit, aus selbstständiger Tätigkeit und aus Vermögen. Durch die staatliche Umverteilung des Einkommens über Steuern und Transfers wird aus der Primär- die Sekundärverteilung. Der Staat verteilt dabei Teile der Einnahmen aus Steuern und Sozialabgaben als Transferleistungen nach sozialen Gesichtspunkten, als Geldleistung (z. B. Wohngeld) oder als reale Leistung (z. B. in Form von Studien- oder verbilligten Kindergartenplätzen).

Initiative Neue Soziale Marktwirtschaft (Hg.), Einkommensverteilung, www.wirtschaftundschule.de, 10/2011 [28.10.2013]

Info

Der **Gini-Koeffizient** misst die statistische Abweichung der Einkommensverteilung von der Lorenzkurve, wobei die Lorenzkurve die kumulative Verteilungsfunktion einer Zufallsverteilung darstellt. Gini nimmt mit seinem Koeffizienten an, dass Einkommensgleichheit als Gerade dargestellt werden kann, die in einem Winkel von 45 Grad den kumulativen Anteil von Niedriglohnbeziehern am kumulativen Gesamteinkommen verbindet. Die Fläche, die zwischen der Lorenzkurve (also der Zufallsverteilung) und der Gerade (also der Einkommensgleichheit) aufgespannt ist, stellt die Abweichung dar, die mit dem Gini-Koeffizienten berechnet wird und zwischen dem Wert 0 für Einkommensgleichheit und 1 für das größte mögliche Maß der Ungleichheit variiert.

http://sciencefiles.org [28.10.2013]

M 15 Lorenzkurven im Vergleich

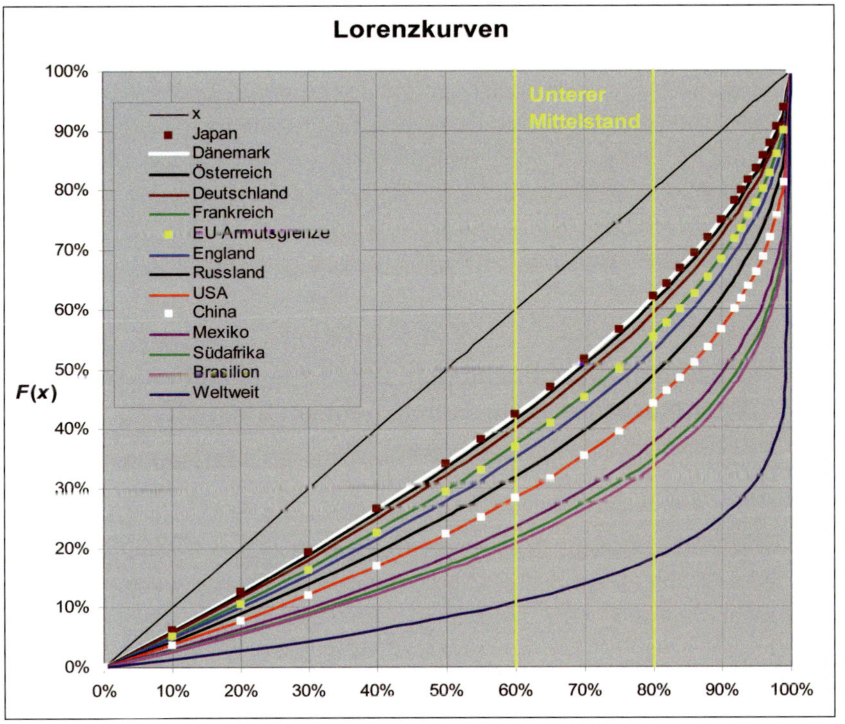

Timm Grams, „Lorenzkurven, Equity-Faktoren und schwarze Schwäne. Anmerkungen zu Arbeiten von Radermacher und Taleb", Fulda, 15.02.2012, S. 4

Die vertikale Achse zeigt die Anteile am Gesamteinkommen der Volkswirtschaft, die horizontale Achse zeigt die Anteile an der Gesamtbevölkerung. 90 % der Weltbevölkerung erhalten z. B. etwa 25 % des Welteinkommens.

Aufgaben

1 *Analysieren Sie die Verhältnisse zwischen der Primär- und der Sekundärverteilung in M 14.*

2 *Vergleichen Sie die Länder im Hinblick auf ihre Umverteilung durch Steuern und Transfers.*

3 *Diskutieren Sie unter Berücksichtigung von M 14 und M 15, welche Einkommensverteilung wir in Deutschland anstreben sollten.*

M 16 Einkommenspolitik

1. ***Neoklassisch-monetaristischer Ansatz***: Anhaltende Arbeitslosigkeit ist nach dieser Lehre immer und überall auf ein zu hohes Reallohnniveau zurückzuführen. Bei Vollbeschäftigung dagegen führen Lohnerhöhungen über die Produktivitätsentwicklung hinaus zu Kostensteigerungen und damit zu Inflation. Konsequenterweise werden je nach Lage kostenniveauneutrale Lohnregeln (kostenniveauneutrale Lohnpolitik) bzw. vollbeschäftigungskonforme Richtlinien (vollbeschäftigungskonforme Lohnpolitik) empfohlen. Diese stellen die Einkommenspolitik in den Dienst der Konjunkturpolitik. Aktive Umverteilungsbemühungen werden abgelehnt, weil der Marktmechanismus auch das Ziel der verteilenden Gerechtigkeit erfüllt. Lohnregeln und -empfehlungen sollen lediglich die sowieso stattfindende marktmäßige Entwicklung vorwegnehmen und beschleunigen. Es geht den Verfechtern der Regeln nicht um die Lösung des Verteilungskonflikts, da es diesen nach ihrer Lehre eigentlich gar nicht gibt, sondern darum, die Gegenseite (Arbeitnehmer, Gewerkschaften) davon zu überzeugen, ihre autonomen Verteilungspläne aufzugeben.

2. ***Ansätze keynesianischer Prägung***: Auch nach keynesianischer und post-keynesianischer Argumentation versagt die traditionelle Konjunkturpolitik mit den Zielen Preisstabilität und Vollbeschäftigung teilweise wegen des Verteilungskonflikts zwischen den Gruppen. Nach keynesianischer und post-keynesianischer Sicht dient Einkommens- bzw. Lohnpolitik nicht nur zur konjunkturpolitischen Absicherung, sondern hat immer auch Umverteilungscharakter, jedenfalls solange ungerechtfertigte Ungleichheiten vorliegen.

Springer Gabler Verlag (Hg.), Gabler Wirtschaftslexikon, Stichwort: Einkommenspolitik, http://wirtschaftslexikon.gabler.de [28.10.2013]

Aufgaben

1 *Erklären Sie (mithilfe des Marktmodells, s. S. 196ff.), wie die Einkommenspolitik die Konjunkturpolitik unterstützen kann.*

2 *Soll sich eine staatliche Einkommenspolitik in den Verteilungskonflikt einmischen, z. B. durch die Festlegung von Mindestlöhnen?*

3 *Erörtern Sie vor dem Hintergrund der beiden Konzeptionen die These: „Sozial ist, was Arbeit schafft."*

M 17 Müssen die Vermögenden in Deutschland mehr abgeben? Oder müssen sich die Armen mehr anstrengen?

Der Ökonom Michael Hüther und der Armutsforscher Christoph Butterwegge in einem Streitgespräch.

Hüther: [...] Die Ungleichheit ist über viele Jahre in allen Bereichen gestiegen, aber seit 2005 gibt es eine deutliche Trendwende. Der Niedriglohnsektor wächst nicht mehr, der Anteil der sozialversicherungspflichtigen Jobs bleibt stabil, die Erwerbsquoten steigen, die Armutsgefährdungsquote stagniert. [...]

Spiegel Online: [...] Was verstehen Sie beide unter einem armen Menschen und wie viele gibt es davon in Deutschland?

Hüther: Offiziell gelten derzeit 14 Prozent der Deutschen als von Armut bedroht, weil ihr bedarfsgewichtetes Haushaltseinkommen 60 Prozent des Medians unterschreitet. Der Median markiert die Einkommensgrenze, bei der die eine Hälfte der Deutschen mehr verdient, die andere weniger. Und bedarfsgewichtet heißt, dass zusätzlich die Größe des Haushalts berücksichtigt wird, der von dem Einkommen leben muss. [...]

Butterwegge: [...] Die genannten 60 Prozent des Median-Einkommens sind 952 Euro im Monat, von de-

Schlange im Jobcenter Gelsenkirchen: „Sich selbst in die Pflicht nehmen"

nen man sich ernähren und eine Wohnung mieten muss. In einem Dorf oder einem Provinzstädtchen kommt man damit vielleicht über die Runden, in Hamburg oder München ist man so aber sehr wohl arm.

Herr Hüther, die von Ihnen genannte Trendwende zum Besseren seit dem Jahr 2005 fällt zusammen mit einem wirtschaftlichen Aufschwung nach langer Stagnation. Ist das also ein konjunktureller Effekt, der sich im nächsten Abschwung wieder umkehren kann?

Hüther: Ich gehe von einer grundsätzlichen Trendwende aus. Seit 1997 hat die zurückhaltende und flexible Lohnpolitik der Tarifpartner die Wettbewerbsfähigkeit gestärkt [...].

Mehr Wettbewerbsfähigkeit ist also der beste Weg zur Armutsbekämpfung?

Butterwegge: Im Gegenteil, dieser neoliberale Ansatz mit mehr Markt, Konkurrenz und Leistungsdruck stärkt nur die Gewinner. Die Verlierer profitieren davon nicht, werden vielmehr erst recht nach unten gedrückt. Das beweist die Ausweitung des Niedriglohnsektors [...].

Hüther: [...] aber der Niedriglohnsektor wächst seit 2005 nicht mehr. Das sind amtliche Zahlen.

Butterwegge [...] Im Entwurf des Arbeits- und Sozialministeriums wurden Niedriglöhne als Armutsrisiko und gesellschaftlich spaltend angeprangert [...]. Früher gab es die armen Arbeitslosen, zu denen sich heute immer mehr arbeitende Arme mit extrem niedrigen Stundenlöhnen gesellen, oft in Zwangsteilzeit. Das Heer der Leiharbeiter wird nur deshalb kleiner, weil nun auf Werkverträge ausgewichen wird. Da räumen dann von Subunternehmen ausgebeutete Menschen Regale im Supermarkt ein und können von ihrem Lohn nicht leben, geschweige denn eine Familie ernähren. [...]

Florian Diekmann/Christian Rickens, „Streitgespräch: Arme Republik, reiche Republik", www.spiegel.de, 09.12.12012 [28.10.2013]

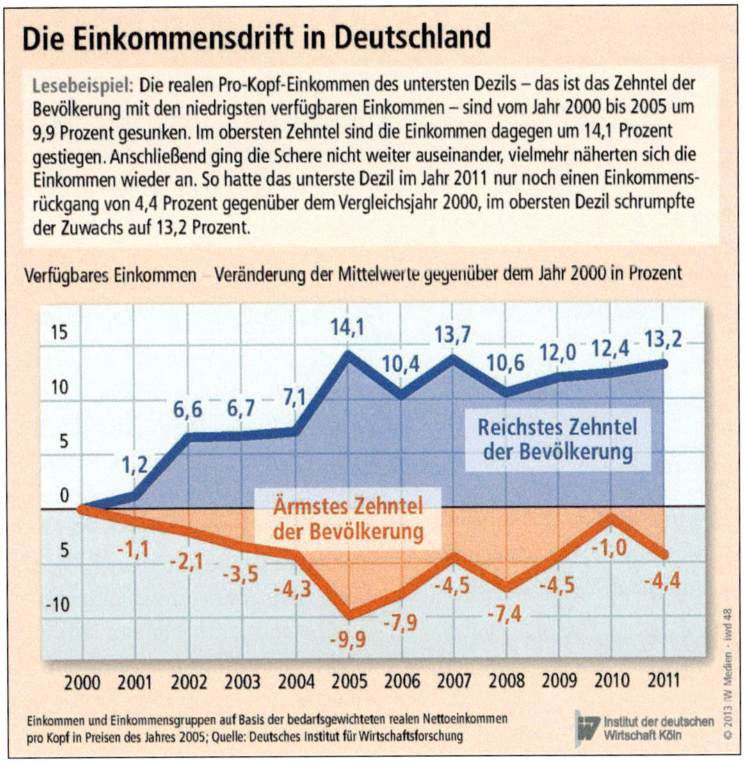

Aufgaben

1. *Arbeiten Sie die Positionen zur Einkommenspolitik aus dem Streitgespräch heraus.*
2. *Überprüfen Sie die Positionen anhand des Schaubildes.*
3. *Soll der Staat Maßnahmen gegen Niedriglöhne ergreifen, mit Transfers die Ungleichheit der Einkommen mindern oder einfach nichts tun? Diskutieren Sie.*

M 18 Hohe Einkommen müssen stärker besteuert werden

Die neuen Zahlen der Bundesbank zeigen: Top-Löhne und hohe Kapitaleinkommen müssen stärker besteuert werden. Von einer Vermögensteuer sollte der Staat hingegen die Finger lassen – aus Gründen der Verlässlichkeit. [...]

Die zehn Prozent reichsten Haushalte verfügen [...] über 58 Prozent des Vermögens in Deutschland. Vor 15 Jahren, als das Statistische Bundesamt eine ähnliche Untersuchung machte, waren es 45 Prozent gewesen, also satte 13 Prozentpunkte weniger.

Das ist viel, zu viel – und es zerrt am Vertrauen der Menschen, dass es gerecht zugeht in diesem Land. Nüchtern betrachtet ist es auch einfach ein Zeichen dafür, dass der Staat die oberen Einkommen in den letzten Jahren zu wenig besteuert hat, schließlich entsteht Vermögen aus nicht ausgegebenem Einkommen. Diesen Fehler könnte man natürlich mit einer Vermögensabgabe oder -besteuerung korrigieren. Doch richtig wäre das nicht – nicht nur, weil es so viele juristische und verwaltungstechnische Probleme bei der Umsetzung solcher Maßnahmen gibt. Nein, der Grund liegt eher in der Natur des Vermögens: Schließlich ist es immer altes, bereits versteuertes Einkommen. Und wer sein Einkommen einmal versteuert hat, der hat seine Schuldigkeit getan und soll sich darauf verlassen dürfen, dass er jetzt damit machen kann, was er will. Diesen Grundsatz sollte der Staat beherzigen.

Für die Politik bedeutet das, dass sie die Fehler der Vergangenheit nicht mehr korrigieren kann, aber künftige verhindern sollte. Also muss die Einkommensbesteuerung steigen, zumindest für die Top-Löhne und hohe Kapitaleinkommen. Früher angehäuftes Privatvermögen verschwindet dadurch nicht und soll es auch nicht. Doch Einkommen, das aus früher angehäuftem Privatvermögen entsteht, das kann ruhig höher besteuert werden. Dann steigt das Vermögen der Reichsten der Reichen auch nicht mehr stärker als das der Normalverbraucher. Aber, mag man einwenden, hohe Einkommensteuersätze führen doch dazu, dass Leistung unterlassen wird und dass das Wachstum schrumpft. Und grundsätzlich ist an diesem Argument ja auch etwas dran. Doch bei den ganz hohen Einkommen stimmt es einfach nicht mehr, das legt die Forschung des Berkeley-Ökonomen Emmanuel Saez nahe: Demnach hängt das Wachstum eines Staates nicht vom Spitzensteuersatz ab. Anders gesagt: Höhere Einkommensteuern für Top-Verdiener bremsen die Wirtschaft nicht. Also los.

Hans Christian Müller-Dröge, „Hohe Einkommen müssen stärker besteuert werden", www.handelsblatt.com, 21.03.2013 [28.10.2013]

Aufgaben

1 *Arbeiten Sie die Argumente für eine höhere Besteuerung aus dem Text heraus.*

2 *Erwägen Sie unter Einbeziehung von M 18 die Chancen und Risiken einer höheren Besteuerung.*

3 *Recherchieren und bewerten Sie die aktuelle Einkommenspolitik der Parteien.*

M 19 Mindestlohn: „Davor haben wir alle gewarnt"

So genau wie kein anderes Institut hat das Deutsche Institut für Wirtschaftsforschung (DIW) die Folgen des Mindestlohns für Deutschland untersucht. Im Interview mit n-tv.de sagt der Autor der Studie, Kai-Uwe Müller, voraus, dass der Koalitionsvertrag bis zu eine halbe Million Jobs kosten wird.

n-tv.de: Wird der Mindestlohn, so wie er jetzt beschlossen ist, Arbeitsplätze kosten?

Kai-Uwe Müller: Mit dieser Höhe von 8,50 Euro ist das wahrscheinlich. Um wie viele Jobs es geht, hängt davon ab, ob die Leute bereit sind, höhere Preise zu zahlen. Denn die höheren Löhne werden zu höheren Preisen führen. Wenn die Leute nicht mehr Geld ausgeben wollen, werden Jobs verloren gehen oder in die Schattenwirtschaft abwandern. Die Frage ist, wie hoch die Elastizität der Güternachfrage ist [...]

[...] also ob sich Produkte auch dann noch verkaufen, wenn sie teurer werden.

Es gibt große Unterschiede beim Anstieg der Lohnkosten: Ostdeutschland ist viel stärker betroffen als der Westen. Geringfügig Beschäftigte sind stärker gefährdet als Vollzeitkräfte, Kleinunternehmen stärker als größere. Und tendenziell werden eher Frauen als Männer ihren Job verlieren, weil sie öfter in den Niedriglohnsektoren arbeiten.

Wie viele Jobs sind bedroht?

Nach unseren Simulationen könnten zwischen 100 000 und einer halben Million Arbeitsplätze wegfallen. Da der Mindestlohn mit 8,50 Euro sehr abrupt eingeführt werden soll, wird man die Effekte auf dem Arbeitsmarkt deutlich sehen können. Davor haben wir alle gewarnt, auch die Ökonomen, die den Mindestlohn grundsätzlich befürworten. Aber manchmal ist das politisch ja auch gewollt: Politiker sagen, dass es bestimmte Jobs einfach nicht geben soll. [...]

Welche Branchen sind betroffen?

Das ist eine wichtige Frage. Prinzipiell sind bestimmte Branchen in Deutschland überdurchschnittlich von einem Kostenanstieg durch einen Mindestlohn betroffen. Schon deshalb ist es wahrscheinlicher, dass dort Arbeitsplätze wegfallen. Das sind Dienstleistungsbranchen wie der Einzelhandel, das Gastgewerbe, Gesundheits- und Pflegedienstleistungen und die Reinigungsbranche. Auch die Zeitarbeit oder die Landwirtschaft werden betroffen sein. Es gibt allerdings keine gesicherte Antwort auf die Frage, wie stark die Konsumenten in unterschiedlichen Bereichen auf steigende Preise reagieren.

Aber die Nachfrage etwa nach Reinigungskräften wird doch bestehen bleiben. Oder wird in den Büros zukünftig weniger geputzt?

Wenn möglich, werden die Firmen mehr Maschinen einsetzen, wenn die Kosten steigen. [...] Ansonsten werden halt die Preise steigen. Im Zweifel gibt das Unternehmen, das mehr für die Reinigungsfirma bezahlen muss, die Kosten an die eigenen Kunden weiter. Bei den Friseuren ist die Frage, ob sich mehr Leute privat die Haare schneiden lassen werden, wenn Haarschnitte teurer werden. Die Frage ist also: Wie leicht können die Kunden auf die Dienstleistung verzichten?

Sie glauben, dass Leute weniger zum Friseur gehen, weil es ein paar Euro mehr kostet?

Wie gesagt: Das bleibt Spekulation und ist ein plakatives, oft zitiertes Beispiel. Es gibt praktisch keine aktuelle empirische Studie, die das für einzelne Branchen genau vorhersagen kann. Das wäre natürlich schön. [...]

Linke Politiker versprechen sich positive Effekte durch den Mindestlohn. Wird es die geben?

Natürlich senkt der Mindestlohn die Lohnungleichheit. Seit 20 Jahren geht die Schere auseinander: Die Gutverdiener verdienen noch mehr, die Niedriglohnbezieher bekommen vergleichsweise weniger. Der Mindestlohn ist dazu geeignet, diese Schere wieder etwas zu schließen und das ist für das Gerechtigkeitsempfinden der Leute sehr wichtig. Man muss aber einschränken: Netto sind die Gewinne für die Niedriglöhner deutlich geringer, als es gemeinhin wahrgenommen wird.

Wird es einen Konjunkturimpuls geben? Wenn die Menschen mehr Geld haben, können sie auch mehr ausgeben und damit die Wirtschaft stärken.

Wir sind da vorsichtig bis skeptisch. Netto kommt nur ein Drittel bis ein Viertel bei den Leuten an, wenn man bedenkt, dass sie wegen des höheren Lohns schlicht weniger Geld vom Staat bekommen. Und es hängt sehr stark davon ab, wie sich die Wirtschaft an die neuen Bedingungen anpasst. Behalten die Leute ihre Jobs? Wenn nicht, haben manche mehr Geld, andere aber auch weniger. Und wie sehr werden die Preise von Konsumgütern steigen? Wenn Menschen mehr für Haarschnitte und Lebensmittel bezahlen müssen, bleibt kein Spielraum für zusätzlichen Konsum. Daher ist also nicht von großen Effekten auszugehen.

Wie viele Menschen werden vom Mindestlohn betroffen sein?

Nach unseren Zahlen sind es 15 Prozent der abhängig Beschäftigten in Westdeutschland und 27 Prozent in Ostdeutschland. Betrachtet man die gesamte Bundesrepublik, sind 17 Prozent betroffen. Der Osten hat für den Durchschnitt ein geringeres Gewicht, weil dort deutlich weniger Menschen leben und arbeiten.

Aufgaben

1 *Arbeiten Sie aus dem Interview die positiven und negativen Folgen des Mindestlohns heraus.*

2 *Ordnen Sie den Mindestlohn in die Ansätze der Einkommenspolitik (M 16) ein.*

3 *Ist der Mindestlohn das beste Mittel, die Ungleichheit der Einkommen zu begrenzen? Nehmen Sie begründet Stellung.*

4 *Diskutieren Sie abschließend (unter Einbeziehung aller Ergebnisse des Kapitels) die Frage, ob wir für mehr Gleichheit auf Reichtum verzichten sollten.*

Christoph Herwartz, „Davor haben wir alle gewarnt", www.n-tv.de, 27.11.2013 [05.12.2013]

Geld-, Währungs-, Finanz- und Einkommenspolitik

Geld- und Währungspolitik

Die Geld- und Währungspolitik hat die Aufgabe, durch die Steuerung des Geldwertes und der Geldmenge, ein gutes und verlässliches Wirtschaften zu ermöglichen. Mit der Einführung des Euros ist diese Aufgabe von den nationalen Notenbanken auf die Europäische Zentralbank (EZB) übergegangen. Unstrittiges Ziel ist dabei die Geldwertstabilität. Eine vorhersehbar stabile Währung schafft Planungssicherheit für Investitionen, Sparer und den Konsum. Dazu soll die EZB den Anstieg der Preise auf eine Inflationsrate von knapp unter 2% begrenzen. Ein deutlich geringerer Anstieg ist nicht wünschenswert, weil fallende Preise für eine Volkswirtschaft sehr gefährlich sind, wirtschaftliche Aktivitäten lähmen und zu einer schwer zu bekämpfenden Abwärtsbewegung führen. Ansatzpunkte der Steuerung durch die EZB sind Anreize für Kreditangebot und Kreditaufnahme durch Unternehmen, Haushalte und den Staat durch die Beeinflussung der Angebotsmenge und der Kreditkosten. Durch die Kreditgewährung an die Geschäftsbanken und die Festlegung des Leitzinses kann die Kreditvermehrung und damit die Geldmenge gesteuert werden, denn Geld entsteht durch Kredit. Strittig ist, inwieweit die Geld- und Währungspolitik der EZB auch anderen wirtschaftspolitischen Zielen wie Wachstum oder Beschäftigung dienen soll. Die weitgehende Unabhängigkeit der EZB von den wirtschaftspolitischen Zielen der Länder ist international gesehen ein Sonderweg. Bei der Bewältigung der Finanz- und Bankenkrise erweiterte die EZB ihren Handlungsspielraum durch umfangreiche stützende Maßnahmen, um die Stabilität der Währung und des europäischen Finanzsystems zu sichern.

Finanzpolitik

Die Finanzpolitik hat die Aufgabe, die Ausgaben des Staates festzulegen und für die nötige Finanzierung durch Steuern, Gebühren und Kredite zu sorgen. Der Staatshaushalt dient dabei neben der Bedarfsdeckung für öffentliche Güter wie Infrastruktur oder Bildung auch der Finanzierung von sozialen Maßnahmen (Umverteilungsfunktion) sowie der Konjunktursteuerung. Ein immerwährendes Problem ist die Frage nach gerechten Steuern. Der geltende progressive Einkommenssteuertarif berücksichtigt die Leistungsfähigkeit des Steuerbürgers. Das Maß der Umverteilung zugunsten eines sozialen Ausgleichs und komplizierte Ausnahmen und Regelungen ist jedoch fortwährend strittig. Die Finanzierung von Staatsausgaben durch Kredite ist eine übliche Praxis, die mit der konjunkturgefährdenden Wirkung von Sparhaushalten in Krisenzeiten und der Rendite von Investitionen in der Zukunft gut begründbar ist. Der Einschränkung der finanzpolitischen Handlungsfähigkeit durch steigende Zinslasten will die Politik durch eine Schuldenbremse für öffentliche Haushalte begegnen.

Einkommenspolitik

Die zentrale Frage der Einkommenspolitik ist, inwieweit der Staat in den Verteilungskonflikt zwischen Arbeit und Kapital (Arbeitseinkommen und Kapitalerträgen) eingreifen soll. Die Höhe der Löhne und die Spreizung des Arbeitseinkommens haben sowohl Auswirkung auf die internationale Wettbewerbsfähigkeit wie auf Konjunktur und Beschäftigung. Während es im Hinblick darauf sinnvoll erscheinen kann, die Löhne den Marktkräften zu überlassen, können ungerechte Verteilung, ausufernde staatliche Lohnergänzungen und Überlegungen zur Stärkung der Binnennachfrage staatliche Eingriffe wie z. B. einen gesetzlichen Mindestlohn rechtfertigen. Dabei können sozialpolitische Überlegungen zur Entwicklung der Gesellschaft neben den rein ökonomischen Folgen nicht ausgeblendet werden.

Kommunen wollen keine Schuldenbremse

Deutschlands Kommunen fehlt Geld.

Die deutschen Städte und Gemeinden finanzieren immer mehr quasi über Dispokredite. Sie werfen Bund und Ländern vor, immer neue Aufgaben zu erteilen, ohne dafür zu zahlen.

Die deutschen Städte und Gemeinden pochen vor der Bundestagswahl auf eine stärkere Entlastung ihrer Haushalte. Eine von der Bertelsmann-Stiftung ins Gespräch gebrachte kommunale Schuldenbremse lehnen sie allerdings ab. „Wir brauchen keine Schuldenbremse, sondern eine Aufgabenbremse für Bund und Länder", sagte Städtetags-Hauptgeschäftsführer Stephan Articus.

Nach einer Studie der Stiftung spitzt sich die Lage in vielen Städten und Gemeinden zu: Vielerorts retten sich die Kämmerer nur mit kurzfristigen Dispokrediten über die Runden.

„Die Aufgaben und Ausgaben, die den Kommunen übertragen werden, sind das Problem, das ihnen zu schaffen macht", sagte Articus. So fordern die Kommunen beispielsweise, dass der Bund die Eingliederungshilfe für Menschen mit Behinderung zahlt.

Zu viele Kassenkredite

Haushaltsrechtliche Regelungen, die eine zu starke Verschuldung verhindern sollen, gebe es bereits. Die wegen ihrer Schuldenbremse selbst unter Spardruck stehenden Länder müssten aber genügend Mittel bereitstellen, damit die Kommunen vorhandene Schuldenbeschränkungen auch einhalten können.

Die Bertelsmann-Stiftung fordert in ihrem Finanzreport eine Schuldenbremse für Kommunen, die es für Bund und Länder bereits gibt. Die Gesamtverschuldung der Städte und Gemeinden sei zwischen den Jahren 2007 und 2011 von 111 auf 130 Milliarden Euro gestiegen. „Das eigentlich Bedrohliche daran: Für diesen Anstieg sind überwiegend höhere Kassenkredite verantwortlich", schreiben die Bertelsmann-Autoren. „Diesen Krediten stehen keinerlei Werte oder Investitionen gegenüber."

Kassenkredite sind – ähnlich wie der Dispokredit für Privatpersonen – eigentlich nur zur Überbrückung kurzfristiger Engpässe vorgesehen, dienen aber mehr und mehr der Finanzierung laufender Ausgaben. Sie summieren sich inzwischen auf fast 48 Milliarden Euro, so der Städtetag. 2007 waren es nur 29 Milliarden Euro.

Städtetag: Höhere Grundsteuern gehen nicht
SPD und Grüne geben der Bundesregierung eine Mitschuld an der schwierigen Finanzlage vieler Kommunen. „Durch die Steuerpolitik der letzten Jahre hat Schwarz-Gelb den Gemeinden fast sechs Milliarden Euro Einnahmen entzogen", sagte die haushaltspolitische Sprecherin der Grünen, Priska Hinz.
Union und FDP hätten neue Aufgaben eingeführt, die Kommunen aber mit der Finanzierung alleine gelassen. So könne der Rechtsanspruch auf einen Betreuungsplatz vielerorts nur durch neue Schulden finanziert werden. „Die Studie belegt, dass die von der SPD vorgeschlagenen moderaten Steuererhöhungen für Spitzenverdiener der richtige Weg sind", sagte der stellvertretende Vorsitzende der SPD-Bundestagsfraktion, Joachim Poß. „Denn die daraus erwachsenden Mehreinnahmen stünden anteilig auch den Kommunen zu."
Eine Schuldenbremse würde die Kommunen der Bertelsmann-Stiftung zufolge dazu verpflichten, eigene Einnahmepotenziale auszuschöpfen – etwa durch höhere Grund- und Gewerbesteuer. „Der Deutsche Städtetag kennt keine hoch verschuldete Kommune, die nicht bereits in der Vergangenheit ihre Hebesätze etwa bei der Gewerbesteuer und der Grundsteuer anheben musste", sagt hingegen Hauptgeschäftsführer Articus. Eine weitere Anhebung stoße dort an Grenzen, wo sie negative Auswirkungen auf die Standortattraktivität der Städte habe. Ein stark ausgedünntes kommunales Angebot bei gleichzeitig überdurchschnittlich hohen Belastungen der Unternehmen und Bürger könne eine Abwärtsspirale in Gang setzen.

Reuters, „Kommunen wollen keine Schuldenbremse", www.faz.net, 20.08.2013 [28.10.2013]

Aufgaben

1 *Beschreiben Sie die besondere finanzpolitische Situation der Kommunen.*

2 *Erklären Sie die beschränkten Möglichkeiten der Kommunen, ihre Einnahmen zu erhöhen.*

3 *Erörtern Sie, ob die Kommunen durch Einnahmesteigerungen oder Ausgabenkürzungen einen Schuldenanstieg vermeiden sollen.*

2.5 Die Exportstärke und ihr Preis

M 1 Deutschland wird wieder Export-Vizeweltmeister

Jahrelang war Deutschland Export-Weltmeister. Dann wurde es vom Thron gestoßen. 2012 reichte es nur für den dritten Platz. Das wird sich 2013 nach Ansicht des DIHK wieder ändern.

zdh/pg (AFP, rtr), „Deutschland wird wieder Export-Vizeweltmeister", www.dw.de, 17.04.2013 [11.01.2014]

Container im Hamburger Hafen

M 2

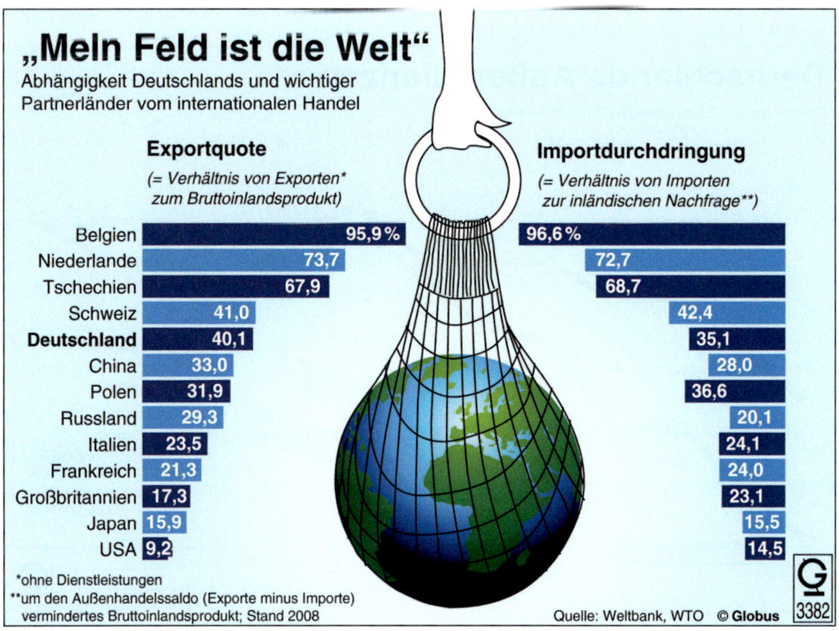

Info

Der **Deutsche Industrie- und Handelskammertag e. V.** (DIHK) ist ein eingetragener Verein, dessen Mitglieder die Industrie- und Handelskammern sind. Er vertritt in allen Fragen, die das Gesamtinteresse der gewerblichen Wirtschaft betreffen, den gemeinsamen Standpunkt der IHKs auf nationaler, europäischer und internationaler Ebene gegenüber der Politik, der Verwaltung, den Gerichten und der Öffentlichkeit.

DIHK (Hg.), Der Deutsche Industrie- und Handelskammertag e. V., www.dihk.de [11.01.2014]

Aufgaben

1. *Sammeln und diskutieren Sie in Ihrem Kurs Meinungen und Bewertungen zur Meldung in M 1.*
2. *Veranschaulichen Sie die im Schaubild aufgeführten Im- und Exporte Deutschlands in einem Modell (mit In- und Ausland, Güter- und Geldströmen).*
3. *Erklären Sie die Bedeutung der Exportquote und der Importdurchdringung für ein Land.*
4. *Vergleichen Sie die Situation Deutschlands mit der chinesischen und der US-amerikanischen.*
5. *Erwägen Sie ausgehend von Ihrem Modell, womit Handelsungleichgewichte ausgeglichen bzw. bezahlt werden.*

M 3

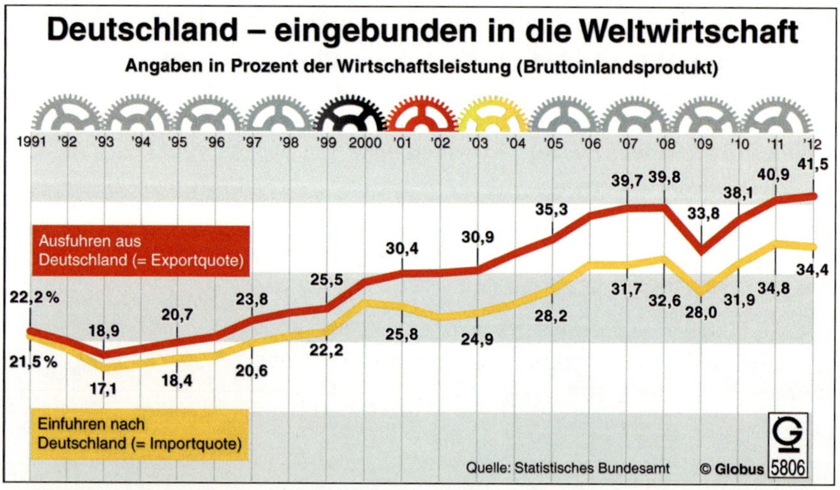

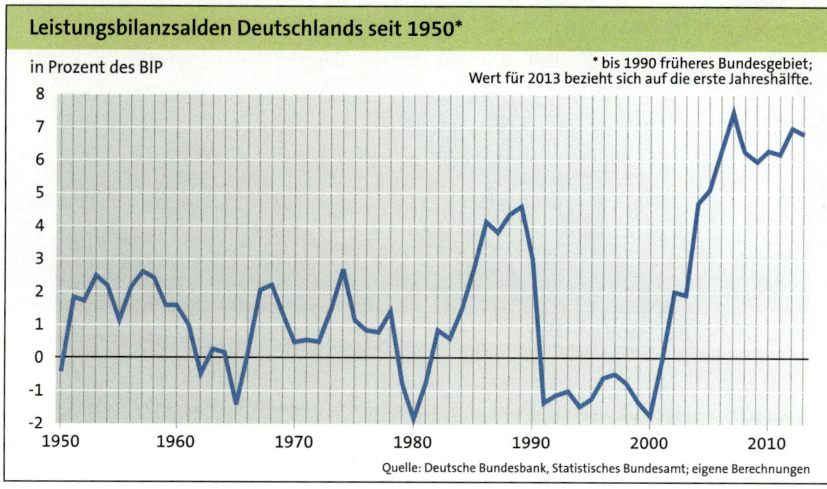

Mark Schieritz, „Die Mär vom deutschen Exportwahn", http://blog.zeit.de, 04.11.2013 [11.01.2014]

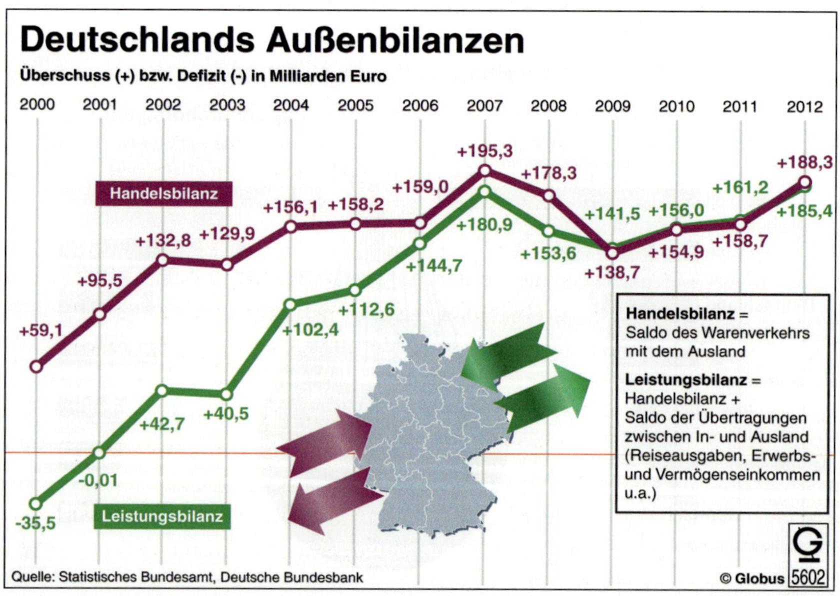

Aufgaben

1 *Prüfen Sie, welche Einnahmen und Ausgaben in Ihrer Familie Auswirkungen auf die Außenbilanzen haben. Welche Posten fehlen?*

2 *Analysieren Sie die gezeigte Entwicklung der Im- und Exportquoten.*

3 *Beschreiben Sie die Entwicklung der deutschen Außenbilanzen.*

M 4 Außenwirtschaftliches Ungleichgewicht

Wenn gesagt wird, ein Land befinde sich im außenwirtschaftlichen Ungleichgewicht, so ist damit in der Regel gemeint, dass die Handels- beziehungsweise die Leistungsbilanz von einem normalen Maß abweicht. Die Handelsbilanz beschreibt die Differenz aus den Exporten von Gütern und Dienstleistungen und den Importen eines Landes. Eine positive Handelsbilanz ist gleichbedeutend mit einem Exportüberschuss beziehungsweise einem Importdefizit. Die Leistungsbilanz umfasst neben der Handelsbilanz noch die Einkommensströme zwischen den Ländern, also vor allem Lohn- und Gewinneinkommen, die an das Ausland gezahlt beziehungsweise aus dem Ausland bezogen werden. Die Leistungsbilanzen aller Länder addieren sich notwendigerweise zu Null.
Wenn ein Land mehr importiert, als es exportiert, muss es die Differenz über den Abbau seiner Forderungen oder die Zunahme seiner Verbindlichkeiten (Kredite) gegenüber dem Ausland finanzieren. In sektoraler Betrachtung ist der Leistungsbilanzsaldo daher immer genau so groß wie die Summe der Finanzierungssalden der inländischen Sektoren, also private Haushalte, Unternehmen und Staat. Wenn die drei inländischen Sektoren in Summe mehr ausgeben, als sie einnehmen, liegt ein Defizit in der Leistungsbilanz vor. Wenn die Ausgaben der inländischen Sektoren geringer sind als ihre Einnahmen, liegt ein Leistungsbilanzüberschuss vor.

Till van Treeck, „Globale Ungleichgewichte im Außenhandel und der deutsche Exportüberschuss", www.bpb.de, 19.12.2013 [11.01.2014]

Info

Forderungen haben wir, wenn uns jemand Geld schuldet; von **Verbindlichkeiten** spricht man, wenn man Geld schuldet.

Aufgaben

1 *Überprüfen Sie anhand von M 2, welche Länder im Außenhandel Forderungen gegenüber ausländischen Schuldnern aufbauen und welche Länder sich verschulden, also Kredite anhäufen.*

2 *Diskutieren Sie mögliche Folgen eines andauernden Leistungsbilanzüberschusses.*

M 5 „Es ist ungesund"

DIE ZEIT: Herr Sinn, die EU will gegen die deutschen Exportüberschüsse vorgehen, die Bundesregierung sagt, es handle sich um ein Zeichen der Stärke des Landes. Wer hat recht?
Hans-Werner Sinn: Ein Exportüberschuss ist ein Zeichen der Stärke der Exportindustrie, aber nicht der Stärke der Volkswirtschaft insgesamt.
ZEIT: Wie meinen Sie das?
Sinn: Ein Land mit einem Überschuss im Export führt weniger Waren aus dem Ausland ein, als es an das Ausland verkauft. Wir liefern also zum Beispiel eine Werkzeugmaschine nach Griechenland, ohne dafür unmittelbar eine adäquate Gegenleistung zu bekommen. Ein Exportüberschuss ist deshalb zunächst einmal für das exportierende Land ein Verlust von Gütern.
ZEIT: Die Waren werden aber bezahlt.
Sinn: Das ist richtig, wir erhalten normalerweise Finanztitel – Anleihen und andere Wertpapiere – aus den betreffenden Ländern. Damit sichern wir uns den Anspruch auf zukünftige Warenimporte. Maschinen heute gegen Oliven oder Wein in der Zukunft.
ZEIT: Klingt für ein Land mit alternder Bevölkerung nach einem guten Deal.
Sinn: Aber nur, wenn der Einsatz irgendwann zurückkommt und ordentlich verzinst wird. Das ist aber immer weniger der Fall. [...] Im Übrigen sind auch die wenigen Finanzanlagen, die wir noch erwerben, von zweifelhaftem Wert. In Griechenland zum Beispiel gab es einen Schuldenschnitt. Ein Teil der deutschen Ersparnisse im Ausland wurde also einfach ausradiert.

Hans-Werner Sinn ist einer der einflussreichsten deutschen Wirtschaftsprofessoren. Der Präsident des Münchner ifo Instituts ist auch international anerkannt.

ZEIT: Was wäre die Alternative?

Sinn: Es wäre besser gewesen, mehr in Deutschland zu investieren, um die heimische Wirtschaft produktiver zu machen. Die Exportwirtschaft hat gute Geschäfte gemacht, aber weite Teile der Bevölkerung haben davon nicht profitiert.

ZEIT: Berlin argumentiert, jeder müsse selbst entscheiden, was er mit seinem Geld anstelle.

Sinn: Das ist zu einfach. Die Fehlentwicklung hat mit dem Euro zu tun. Da die Wechselkursunsicherheit schwand, strömte deutsches Sparkapital nach Südeuropa. Das hat dort einen inflationären Wirtschaftsboom ausgelöst. Der ging mit einem Anstieg der Importe aus Deutschland einher. Die Löhne sind gestiegen und die Leute konnten sich plötzlich deutsche Autos leisten, aber die Wettbewerbsfähigkeit ging verloren.

ZEIT: Und in Deutschland?

Sinn: In Deutschland wurde kaum noch investiert, weil das Kapital ins Ausland abfloss. Deutschland war in den ersten Jahren der Währungsunion das Schlusslicht beim Wirtschaftswachstum – und deshalb haben wir auch weniger aus dem Ausland importiert. Ein Exportüberschuss geht definitionsgemäß mit einem Kapitalexport einher. Und das Gesetz des Kapitalismus lautet: Wo das Kapital hinfließt, kommt der Boom, und wo es wegfließt, kommt die Flaute.

ZEIT: Derzeit aber boomt Deutschland und im Süden herrscht Flaute.

Sinn: Das bestätigt meine These. Die gute Konjunktur in Deutschland ist vor allem darauf zurückzuführen, dass das Kapital sich in der Krise nicht mehr aus Deutschland heraustraut und zu Hause investiert wird. Die Immobilienpreise steigen, in der Bauwirtschaft geht es aufwärts, und das treibt die gesamte Binnenkonjunktur.

ZEIT: Die Bundesbank warnt bereits vor einer Blase am Immobilienmarkt.

Sinn: Sie ist übervorsichtig. Im internationalen Vergleich sind die Immobilienpreise noch nicht besonders hoch. Der entscheidende Punkt ist: Die Kapitalmärkte sind gerade dabei, sich selbst zu korrigieren. Das verringert die deutschen Exportüberschüsse wieder. Wenn in Deutschland mehr investiert wird, steigen die Einkommen, und die Menschen kaufen wieder mehr Waren aus dem Ausland. Wegen der steigenden Löhne werden allerdings auch die Preise steigen.

ZEIT: Dann wird Deutschland weniger wettbewerbsfähig.

Sinn: Wir können dann für unsere Exporte mehr Importe kaufen. Wir brauchen höhere Löhne und mehr Inflation in Deutschland und niedrigere Löhne und weniger Inflation im Süden, um die Fehlentwicklungen der Vergangenheit zu korrigieren.

ZEIT: Nach Branchenschätzungen hängt jeder vierte Arbeitsplatz in Deutschland am Export. Was geschieht mit diesen Arbeitsplätzen?

Sinn: Sie wandern zum Teil in andere Sektoren der Wirtschaft ab. Der Abbau des Exportüberschusses wird ja durch die Erhöhung der Wirtschaftsleistung verursacht, die selbst eine Folge der vermehrten Investitionen in Deutschland ist.

ZEIT: Deutschland war aber schon immer stark im Export.

Sinn: Klar, aber Deutschland war auch immer stark im Import. Die hohen Überschüsse der vergangenen Jahre sind historisch eher die Ausnahme. Es ist ungesund, Überschüsse in Höhe von sieben Prozent der Wirtschaftsleistung zu haben. [...]

Mark Schieritz, „Es ist ungesund", www.zeit.de, 14.11.2013 [11.01.2014]

Aufgaben

1 *Wie begründet Hans Werner Sinn seine Einschätzung, dass „Überschüsse in Höhe von sieben Prozent der Wirtschaftsleistung" für Deutschland „ungesund" sind?*

2 *Erklären Sie (mithilfe des erweiterten Wirtschaftskreislaufes M 9a, Seite 197) seine Vorschläge zum Abbau des Ungleichgewichts und zur Stärkung der deutschen Wirtschaft.*

3 *Erörtren Sie die Chancen und Risiken der Sinnschen Vorschläge für Haushalte (Arbeitnehmer und Geldanleger), Unternehmen und den Staat.*

M 6 Globale Ungleichgewichte: Stabilitätsrisiko oder Zeichen einer dynamischen Weltwirtschaft?

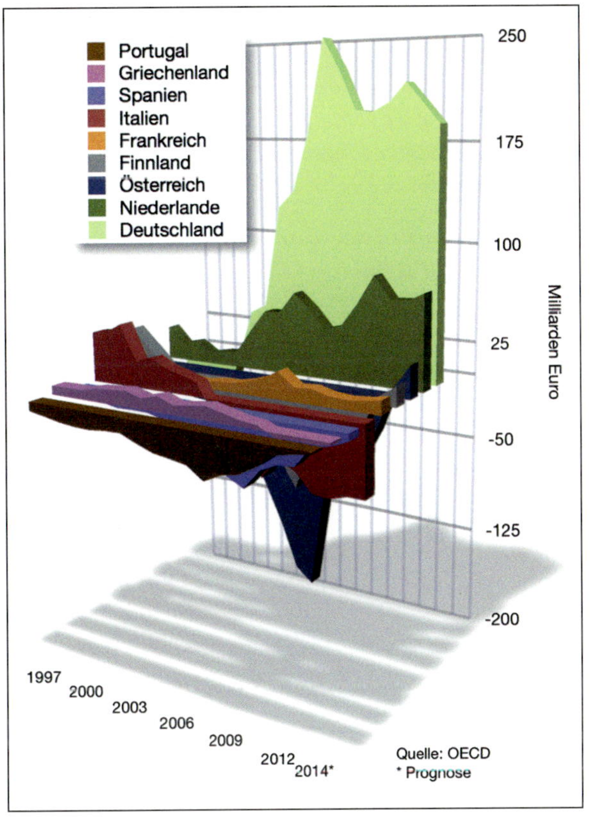

Entwicklung der Leistungsüberschüsse und -defizite ausgewählter europäischer Länder von 1997–2013 in Mrd. Euro

In der öffentlichen Debatte scheinen häufig Leistungsbilanzüberschüsse *per se* als Ausdruck besonderer wirtschaftlicher Stärke angesehen zu werden. [...]

Inwieweit Leistungsbilanzdefizite oder -überschüsse Ausdruck einer makroökonomischen Fehlentwicklung sind, ist umstritten. Sowohl die wirtschaftswissenschaftlichen Lehrmeinungen als auch die wirtschaftspolitische Praxis haben sich in der jüngeren Geschichte mehrfach stark gewandelt. So warnte [...] John Maynard Keynes in den 1930er-Jahren eindringlich vor den Gefahren einer nationalen Wachstumsstrategie, die auf Exportüberschüsse gegenüber dem Ausland setzt. Die keynesianische Theorie betont besonders die Möglichkeit eines gesamtwirtschaftlichen Nachfragemangels mit dem Ergebnis von Arbeitslosigkeit. Für ein einzelnes Land mag demnach der Anreiz bestehen, über die Exporte für Wachstum und Beschäftigung zu sorgen, wenn die inländische Nachfrage unzureichend ist. Dies könnte etwa deshalb der Fall sein, weil die privaten Haushalte oder Unternehmen sparen und Geldvermögen aufbauen möchten (etwa aus Verunsicherung oder für die Altersvorsorge). Ein weiterer Grund könnte sein, dass die Erhöhung staatlicher Ausgaben und der Staatsverschuldung unerwünscht sind. Das Problem besteht freilich darin, dass nicht alle oder auch nur mehrere große Länder gleichzeitig eine solche Strategie verfolgen können, weil ja nicht alle Länder Exportüberschüsse erzielen können. [...]. Keynes forderte daher im Rahmen der Bretton-Woods-Verhandlungen [...] , dass zukünftig gerade auch Länder mit Exportüberschüssen verpflichtet werden sollten, durch die Stimulierung der binnenwirtschaftlichen Nachfrage zum Abbau internationaler Ungleichgewichte beizutragen. [...] Das außenwirtschaftliche Gleichgewicht im Sinne einer weitgehend ausgeglichenen Leistungsbilanz war [...] in den Jahrzehnten nach dem Zweiten Weltkrieg ein international anerkanntes Ziel der Wirtschaftspolitik. In Deutschland etwa ist es Bestandteil des Stabilitäts- und Wachstumsgesetzes von 1967, besser bekannt als das „magische Viereck“.

In den 1970er-Jahren kam es zu einer Renaissance der sogenannten neoklassischen Wirtschaftstheorie [...] . Neoklassische Ökonomen wendeten ein, dass das Urteil über die „angemessene“ Leistungsbilanz eines Landes nicht von der Politik gefällt werden sollte, sondern das Ergebnis von Marktprozessen sei. So lässt sich eine Reihe von Faktoren anführen, die etwa ein Leistungsbilanzdefizit als Marktergebnis begründen können: Beispielsweise kann erwartet werden, dass Länder mit relativ geringem Pro-Kopf-Einkommen Leistungsbilanzdefizite aufweisen, weil sie ausländische Geldgeber mit Investitionsmöglichkeiten anlocken, die attraktiver sind als jene in reiferen Volkswirtschaften mit bereits hohem Kapitalstock und entsprechend geringerem Modernisierungspotenzial. Ebenso wird erwartet, dass Gesellschaften, die sich auf eine bevorstehende Alte-

Aufgaben

1 *Vergleichen Sie die unterschiedlichen Haltungen zu außenwirtschaftlichen Ungleichgewichten im Hinblick auf die vorrangigen Ziele, die Begründungen und die Mittel.*

2 *Diskutieren Sie Schwächen und Risiken der beiden Konzepte.*

rung vorbereiten, Leistungsbilanzüberschüsse anstreben, um aus dem resultierenden Auslandsvermögen einen Teil der zukünftigen Rentenlasten zu bestreiten. Schließlich hofften viele Ökonomen, dass deregulierte globale Finanzmärkte helfen würden, Investitionen und Finanzierungsmittel in die Länder mit besonders attraktiven Standortbedingungen und hohem Innovationspotenzial zu kanalisieren, was zeitweise mit durchaus hohen Leistungsbilanzsalden einhergehen kann.

Till van Treeck, „Globale Ungleichgewichte im Außenhandel und der deutsche Exportüberschuss“, www.bpb.de, 19.12.2013 [11.01.2014]

M 7 Globale Ungleichgewichte und die weltweite Finanzkrise

Auch unter Berücksichtigung dieser Erwägungen [M 6] können die Verschiebungen in den Leistungsbilanzen vieler Länder seit den 1980er-Jahren und verstärkt in den 2000er-Jahren jedoch keineswegs als harmlose Gleichgewichtsphänomene erklärt werden. Vielmehr lässt sich ein enger Zusammenhang zwischen den Ungleichgewichten im Außenhandel und der weltweiten Finanzkrise ab 2007 feststellen.

Das größte Defizitland bei Ausbruch der Krise waren mit großem Abstand die USA, gefolgt von Großbritannien und Spanien. In allen drei Ländern ist es in den Jahren vor der Krise zu einem binnenwirtschaftlichen Boom gekommen, der zum großen Teil über Kredite finanziert wurde. Vor allem die privaten Haushalte sparten nur noch wenig und steigerten ihre Nachfrage nach Konsumgütern und Immobilien auf Basis steigender Verschuldung. Ein immer größerer Teil der kräftig wachsenden Güternachfrage wurde über Importe aus dem Ausland bedient, die zunehmend die eigenen Exporte an das Ausland überstiegen.

Spiegelbildlich zur Entwicklung in den Defizitländern war die binnenwirtschaftliche Dynamik in den Ländern mit steigenden Leistungsbilanzüberschüssen relativ schwach. Die drei größten Überschussländer vor der Krise waren China, Japan und Deutschland. Hier sparten die privaten Haushalte, Unternehmen und Staat in der Summe einen zunehmenden Teil ihrer Einkommen und hielten sich mit Ausgaben zurück. Die im Vergleich zum Ausland schwächere binnenwirtschaftliche Dynamik bedeutete relativ niedrige Importe im Vergleich zu den kräftig wachsenden Exporten.

Als ab Sommer 2007 die privaten Kreditblasen zunächst in den USA („Subprime-Krise“) und bald darauf in weiteren Ländern platzten, brach in diesen Ländern, welche zumeist hohe Leistungsbilanzdefizite aufwiesen, die Nachfrage ein. Es kam zur „Großen Rezession“ und einem starken Anstieg der Arbeitslosigkeit. Hiervon waren jedoch ebenfalls die Länder mit Leistungsbilanzüberschüssen betroffen, da deren Wachstum und Beschäftigung ja in zunehmendem Maße von den kreditfinanzierten Importen des Auslands abhängig geworden waren. Diese externe Nachfragequelle versiegte nun plötzlich mit den privaten Schuldenkrisen in den Leistungsbilanzdefizitländern.

Seither ist die Weltwirtschaft auf der Suche nach einem neuen, stabileren Entwicklungsmodell. Die bisherigen Defizitländer sind bemüht, ihre Verschuldung und Leistungsbilanzdefizite abzubauen. Insofern dies eine Abschwächung der binnenwirtschaftlichen Entwicklung bedeutet, ist ein kräftigeres Wachstum der Exporte erforderlich, um eine dauerhaft hohe Arbeitslosigkeit und entsprechen-

de soziale Verwerfungen zu verhindern. Dies wiederum ist nur möglich, wenn die bisherigen Überschussländer eine kräftigere binnenwirtschaftliche Dynamik entfalten mit entsprechend höheren Importen und geringeren Leistungsbilanzüberschüssen. Dieser Prozess ist bisweilen durchaus konfliktreich und zunehmend geraten auch die Überschussländer in die Kritik. [...] Die Rolle Deutschlands für die außenwirtschaftlichen Ungleichgewichte ist daher auch im Hinblick auf die Krise des Euro-Raums weiterhin ein Dauerthema. [...]
Die Überwindung der außenwirtschaftlichen Ungleichgewichte kann nur durch ein international abgestimmtes Vorgehen gelingen. Hierzu gehört zum einen die Koordinierung der makroökonomischen Politik. Dies gilt in besonderem Maße für den Euro-Raum, da hier nationalstaatliche Instrumente wie Wechselkurs- und Zinspolitik nicht mehr vorhanden sind. [...] . Zumindest aber ist durch die Erfahrung der jüngsten Finanz- und Wirtschaftskrisen weltweit die Einsicht gestiegen, dass diese Themenkomplexe [...] eng mit der Stabilität des globalen Wirtschaftssystems zusammenhängen.

Till van Treeck, „Globale Ungleichgewichte im Außenhandel und der deutsche Exportüberschuss", www.bpb.de, 19.12.2013 [11.01.2014]

Aufgaben

1 *Veranschaulichen Sie die im Text behauptete Ursachenkette in einem Schaubild.*

2 *Erklären Sie die Wirkungen der geforderten Maßnahmen für die Überschuss- und die Defizitländer.*

M 8 Exportstärke: Deutsche Wirtschaft nennt US-Tadel völligen Unsinn

Die Bundesregierung und Wirtschaftsverbände haben die harsche Kritik der US Regierung an Deutschlands Exportstärke zurückgewiesen. „Die Kritik ist nicht nachvollziehbar", teilte das Bundeswirtschaftsministerium mit. Die Handelsüberschüsse Deutschlands seien Ausdruck der starken Wettbewerbsfähigkeit. Überdies sei inzwischen auch die Binnenwirtschaft Wachstumsmotor für die Bundesrepublik.
Auch die Vertreter von Exportbranchen äußerten sich mit deutlichen Worten. Die Vorwürfe der USA seien „völliger Unsinn", sagte Hannes Hesse, Hauptgeschäftsführer des Maschinenbauer-Branchenverbands VDMA, SPIEGEL ONLINE. Vielmehr sei die deutsche Wirtschaft ein Fundament, „auf dem die wirtschaftliche Stabilität Europas steht". Ohne deren Stärke würde ganz Europa vermutlich in eine Wirtschaftskrise schlittern.
In seinem halbjährlichen Währungsbericht hatte das US-Finanzministerium Deutschland vorgeworfen, seinen wirtschaftlichen Erfolg mit hohen Exportüber-

Exporthafen in Emden

schüssen auf Kosten seiner Partner in der Welt zu sichern. Die Bundesrepublik tue zu wenig für den privaten Konsum und die Investitionen im Inland und damit auch zu wenig für das globale Wachstum. Und das geschehe noch in Zeiten, in denen Euro-Länder mit massiven Problemen kämpften.

„Wir haben deshalb Überschüsse, weil wir gut sind"
Der Bundesverband der Deutschen Industrie (BDI) reagierte befremdet: „Die Exportstärke Deutschlands ist das Ergebnis von innovativen Produkten, die in der ganzen Welt beliebt sind und gekauft werden", sagte Stefan Mair, Mitglied der BDI-Hauptgeschäftsführung, SPIEGEL ONLINE. Außerdem profitiere auch die Industrie in anderen Euro-Staaten von den deutschen Exporterfolgen.
Politiker der Unionsparteien wiesen die Kritik aus Washington ebenfalls klar zurück. Er könne die Vorschläge, Deutschland solle beim Export auf die Bremse treten, „auf gar keine Weise nachvollziehen", sagte Finanzstaatssekretär Steffen Kampeter (CDU). Diejenigen Staaten, die Ungleichgewichte beklagen, müssten wettbewerbsfähiger werden und so ihren Beitrag zur weltwirtschaftlichen Entwicklung leisten. Die frühere CSU-Agrarministerin Ilse Aigner sagte, die hohe Exportfähigkeit sei auch für viele Arbeitsplätze wichtig.
[...] „Wir haben deshalb Überschüsse, weil wir so gut sind", sagte der Chef des Bundesverbandes Großhandel, Außenhandel, Dienstleistungen (BGA).

fdi/Reuters/dpa, „Kritik an Exportstärke: Deutsche Wirtschaft nennt US-Tadel völligen Unsinn", www.spiegel.de, 31.10.2013 [11.01.2014]

Aufgaben

1 *Arbeiten Sie aus dem Text die Argumente gegen den US-Tadel heraus.*

2 *Soll sich Deutschland den Forderungen nach einem Abbau seiner Außenhandelsüberschüsse beugen? Nehmen Sie Stellung und berücksichtigen Sie dabei alle Materialien ab M 5.*

M 9 Mythos Weltmarkt

Nur der Export schafft echten Wohlstand – diese Sichtweise ist in Deutschland weit verbreitet. Schließlich haben es hierzulande zahlreiche mittelständische Unternehmen in ihren jeweiligen Nischen zum Weltmarktführer gebracht. Da liegt es nahe, vom Erfolg im Außenhandel auf das wirtschaftliche und politische Wohlergehen des Landes zu schließen.
Interessant aber ist, dass ausgerechnet der mächtigste Staat der Welt – die USA –, gemessen an seiner Größe, praktisch nichts exportiert. Die Amerikaner haben zwar Marken, die sich auf allen Kontinenten verkaufen, der Beitrag von Apple, Google und Co. zur Wertschöpfung des Landes ist aber vergleichsweise gering. Insgesamt erwirtschaften die Vereinigten Staaten weniger als zehn Prozent ihrer gesamten jährlichen Wirtschaftsleistung im Exportgeschäft. Sie verdanken ihre Stärke also nicht dem Erfolg amerikanischer Produkte in Asien oder Lateinamerika, sondern einer florierenden Binnenwirtschaft. Und umgekehrt gibt es auf der Welt Länder wie Nicaragua, einen Staat mit einem Exportanteil von 74 Prozent des Bruttoinlandsprodukts, der trotzdem nicht aus der Armutsfalle kommt. Oder vielleicht gerade deshalb darin gefangen bleibt.
Die Vorstellung, das Schicksal eines Landes entscheide sich an den Weltmärkten, hat ihren Ursprung im merkantilistischen Denken des 17. Jahrhunderts. Jean-Baptiste Colbert, der Finanzminister Ludwigs XIV., ging davon aus, dass Staaten in einen permanenten Kampf um Marktanteile verwickelt seien. Nur der Verkauf von Waren ins Ausland sichere „Macht, Größe und Überfluss".
Das Regierungsprogramm von CDU und CSU für die Bundestagswahl 2013 liest sich über weite Strecken wie ein merkantilistisches Manifest. Europa müsse mit „guten Produkten" seine „Chancen auf den internationalen Märkten sichern",

heißt es da. Deshalb müsse ein „Pakt für Wettbewerbsfähigkeit“ beschlossen werden.

Doch was für ein einzelnes Unternehmen richtig ist, muss noch lange nicht für eine ganze Volkswirtschaft gelten. Wenn ein Unternehmen die Löhne senkt, kann es seine Waren billiger anbieten als die Konkurrenz. Es wird also Marktanteile auf Kosten seiner Wettbewerber gewinnen – und kann sich auf diese Weise vielleicht sanieren.

Wenn ein Land aber seine Löhne senkt, wird es dadurch keineswegs automatisch reicher. Die meisten Länder verkaufen den Großteil ihrer Waren nicht an das Ausland – sondern an sich selbst. Der Bäcker kauft beim Metzger und der Dachdecker lässt sich beim Friseur die Haare schneiden. Das macht die Sache etwas komplizierter, denn die Kosten des einen sind das Einkommen des anderen.

Hinzu kommt: Unternehmen können ihre Gewinne steigern, wenn sie ihren Absatz erhöhen. Sie verdienen ja mehr Geld. Der Wohlstand eines Staates steigt aber nicht automatisch, wenn mehr Waren exportiert werden. Denn Geld kann man nicht essen. Der Reichtum einer Volkswirtschaft entspricht der Summe der Güter und Dienstleistungen, die in dieser Volkswirtschaft verfügbar sind. Ein Traktor, der nach China verkauft wird, ackert erst einmal dort und nicht in der Heimat. Der Verkauf rechnet sich nur, wenn die Chinesen irgendwann im Gegenzug Waren nach Deutschland liefern und so das Güterangebot hierzulande steigt.

Deshalb ist der Export immer eine Wette auf die Solvenz der Handelspartner. Und die ist keine Selbstverständlichkeit. Über Jahre hinweg verschuldeten sich die Griechen im Ausland, um sich Autos aus Deutschland leisten zu können. Irgendwann aber war klar, dass das Geld nicht mehr zurückbezahlt werden würde. Die Schulden wurden einfach gestrichen – und die Deutschen haben ihre Autos praktisch verschenkt. Insofern ist es nicht unbedingt tragisch, wenn jetzt die deutschen Exporte zurückgehen und dafür mehr Waren aus dem Ausland eingeführt werden. [...]

Dauerhaften Reichtum jedenfalls schaffen aller Erfahrung nach nicht die Länder, die am meisten Handel treiben oder die Wachstumsregionen der Welt beliefern, sondern diejenigen, die ihre Ressourcen möglichst effizient einsetzen – die also über eine hohe Produktivität verfügen. Denn so können mit der gleichen Anzahl an Menschen mehr Güter hergestellt werden, die dann der Bevölkerung zur Verfügung stehen. Nicht die Wettbewerbsfähigkeit, sondern die Produktivität bestimmt die Leistungsfähigkeit einer Volkswirtschaft. [...]

Mit Blick auf die Wettbewerbsfähigkeit etwa können die Löhne gar nicht niedrig genug sein, mit Blick auf die Produktivität müssen sie hin und wieder auch einmal steigen. Und tendenziell sollten die alternden Gesellschaften Europas in Zukunft mehr für den Binnenmarkt produzieren: weil Dienstleistungen im Bereich von Pflege oder Gesundheit wichtiger werden. [...]

Mark Schieritz, Mythos Weltmarkt, www.zeit.de, 18.07.2013 [11.01.2014]

Aufgaben

1 *Arbeiten Sie aus dem Text die Argumente gegen das Konzept einer Steigerung der Wettbewerbsfähigkeit heraus.*

2 *Erklären Sie den Unterschied und die Gemeinsamkeiten zwischen Wettbewerbsfähigkeit und Produktivität.*

3 *Bewerten Sie die Forderung nach einer Stärkung des Binnenmarktes.*

4 *Erörtern Sie abschließend und unter Berücksichtigung aller Materialien, ob Deutschland auf das Ziel „außenwirtschaftliches Gleichgewicht“ verzichten sollte.*

Außenwirtschaftliches Gleichgewicht

Exportstärke und Überschüsse

Die deutsche Wirtschaft ist durch Produktpalette und Produktionsstruktur intensiv in die weltweiten Wertschöpfungsketten eingebunden und in vielen Bereichen traditionell exportorientiert. Die Verflechtungen zeigen sich in einem hohen Import- und Exportanteil am Bruttoinlandsprodukt. Erfasst wird der Außenhandel, also Im- und Exporte, in der Handelsbilanz, die mit der Bilanz der Dienstleistungen, der Erwerbs- und Vermögenseinkommen und der laufenden Übertragungen eine Teilbilanz der Leistungsbilanz ist. Exportüberschüsse führen dabei zwangsläufig zu Forderungen gegenüber anderen Volkswirtschaften, da sie nicht durch Importe ausgeglichen werden. Das bedeutet, dass sich andere Länder gegenüber Deutschland verschulden. Leistungsbilanzüberschüsse zeigen, dass ein Land mehr produziert als es verbraucht; Defizite, dass es mehr verbraucht als es produziert.

Abschwächung und Ausgleich

Eine Abschwächung der Ungleichgewichte bis hin zu einem Ausgleich könnte dadurch entstehen, dass die Währungen exportstarker Nationen an Wert gewinnen, weil sie stärker nachgefragt werden und damit die Exporte verteuern und dämpfen. Dieser Mechanismus stellt sich jedoch nicht ein, weil die internationalen Finanztransaktionen den Wert der gehandelten Waren um ein Vielfaches übersteigen und Staaten selbst die Wechselkurse beeinflussen. Innerhalb der Eurozone kann es einem Ausgleich der Leistungsfähigkeit von verschiedenen Volkswirtschaften über die Wechselkurse natürlich nicht geben.

Problematische Ungleichgewichte

Die deutschen Exportüberschüsse werden unterschiedlich bewertet. Der hohe Anteil an Exportgütern zeigt die Wettbewerbsfähigkeit der Produzenten auf internationalen Märkten. Wenn den Exporten jedoch dauerhaft keine gleichwertigen Importe gegenüberstehen, entstehen Ungleichgewichte, die für beide Handelspartner problematisch sein können. Das Bilanzdefizit führt zu einer Verschuldung und über steigende Kapitalkosten zu einer weiteren Verschlechterung der Wettbewerbssituation. In diese Situation sind einige europäische Volkswirtschaften geraten. Dem exportstarken Deutschland kann vorgeworfen werden, diese Situation durch eine Steigerung seiner Wettbewerbsfähigkeit zu verschärfen. Beklagt wird aber auch, dass durch den Kapitalabfluss die Investitionstätigkeit in Deutschland geschwächt wird.

Konsequenzen

Die Folgerungen sind vielfältig und umstritten. Die Verteidiger der Exportstärke verweisen auf die Erfolge am Arbeitsmarkt und raten schwächeren Ländern zu Strukturreformen am Arbeitsmarkt und Lohnkostensenkungen. Steigende Löhne und eine Erhöhung des inländischen Verbrauchs in Deutschland könnten unter anderem mit einer Verringerung der Abhängigkeiten und Risiken durch die Ungleichgewichte begründet werden.

Deutschland zu schwächen ist der falsche Weg

Die deutsche Erfolgsgeschichte steht in krassem Gegensatz zu den meisten anderen Mitgliedsländern der Euro-Zone. Deren Arbeitsstückkosten sind gestiegen. In der Folge haben deutsche Firmen an Wettbewerbsfähigkeit hinzugewonnen. Weil die Abwertung nationaler Währungen innerhalb der Euro-Zone unmöglich ist, hat die verbesserte Wettbewerbsfähigkeit die Marktanteile Deutschlands erhöht. Auf der einen Seite konnten deutsche Firmen deutlich mehr in andere Euro-Mitgliedsländer exportieren. Und auch auf den Weltmärkten wurden deutsche und nicht mehr italienische oder französische Autos verkauft. Auf der anderen Seite haben ausländische Produkte auf dem deutschen Markt an Attraktivität eingebüßt. Als Ergebnis dieser beiden Entwicklungen geriet die Handelsbilanz ins Ungleichgewicht.

Deutschland registrierte hohe Handelsbilanzüberschüsse, die meisten anderen Euro-Staaten hohe -defizite. Aufgrund einfacher ökonomischer Gesetze spiegelt die Kapitalbilanz die Handelsbilanz. Deutschland wurde zum Gläubiger, die anderen zu Schuldnern – mit unangenehmen Konsequenzen für beide Seiten.

In Deutschland stieg das Risiko, einen Teil der Forderungen zu verlieren. Und für die anderen Euro-Staaten führten die hohen Verbindlichkeiten zu höheren Risikoprämien für neue Kredite. Dies setzte einen sich selbst erfüllenden Teufelskreis in Gang. Höhere Zinssätze erhöhten die Kosten und senkten die Wettbewerbsfähigkeit der Firmen in den ohnehin schwächeren Euro-Mitgliedsländern weiter.

Behält man diese Analyse der europäischen Ungleichgewichte im Hinterkopf, erscheint die Lösung simpel. [...] Entweder werden die Schwachen stärker oder die Starken schwächer. Die zweite Strategie wird in der ökonomischen Literatur als „Steigerung der Kosten der Wettbewerber" bezeichnet. [...] Das Problem dieses Konzeptes aber ist, dass eine Steigerung der deutschen Arbeitskosten – etwa durch höhere Löhne – den südeuropäischen Volkswirtschaften nicht wirklich helfen würde.

Es könnte zwar zu einer Art Annäherung innerhalb der Euro-Zone führen. Jedoch ist die Euro-Zone nicht der richtige Maßstab. Der Benchmark ist der Weltmarkt. Europäische Länder spielen nicht um die Europameisterschaft. Sie müssen um den Weltpokal kämpfen – oder sie werden das Spiel verlieren und den Markt verlassen müssen.

Daher ist nur die erste Option sinnvoll. Die schwächeren europäischen Volkswirtschaften müssen stärker werden. Sie müssen ihre Wettbewerbsfähigkeit steigern. Um dieses Ziel zu erreichen, können sie sich ein Beispiel an der deutschen Entwicklung des letzten Jahrzehnts nehmen: Strukturreformen durchsetzen, Mobilität und Flexibilität erhöhen, lediglich moderate Lohnsteigerungen zulassen und mehr in die Bildung investieren, um die Qualität der Fähigkeiten und Kenntnisse zu erhöhen und darüber Innovation zu beschleunigen. [...]

Die Wahrheit ist: Um den Lebensstandard für alle zu verbessern, müssen beide ihren Teil beitragen: die Starken und die Schwachen. Die schwachen Europäer müssen stärker werden. Und nur ein starkes Deutschland hat die finanzielle Macht, um die schwachen Euro-Länder auf ihrem langen und harten Weg zu mehr Wettbewerbsfähigkeit zu unterstützen.

Thomas Straubhaar, „Deutschland zu schwächen ist der falsche Weg", www.welt.de, 13.11.2013 [24.03.2014]

Info

Professor **Thomas Straubhaar** ist Direktor und Sprecher der Geschäftsführung des Hamburgischen Weltwirtschaftsinstituts (HWWI) und Universitätsprofessor für Volkswirtschaftslehre, insbesondere internationale Wirtschaftsbeziehungen, an der Universität Hamburg.

Aufgaben

1 *Erklären Sie ausgehend vom Text die Entstehung und die Risiken von Handelsbilanzungleichgewichten.*

2 *Erklären Sie Straubhaars Lösungsvorschläge auf europäischer und auf globaler Ebene.*

3 *Erörtern Sie unter Berücksichtigung der vorhergehenden Materialien, inwieweit eine Stärkung der Exportfähigkeit sinnvoll und möglich ist.*

Politische Institutionen und Prozesse

1. Politische Teilhabe und Demokratie

Protest und Demokratie

Demokratie ist eine anspruchsvolle Idee und das politische System Deutschlands gehört zu den komplizierteren Regierungssystemen. Warum ist das so und welche konkreten Herausforderungen und Chancen ergeben sich dabei für den einzelnen Bürger? Diesen Fragen und der Frage nach einer möglichen Verbesserung des Systems durch eine größere Mitsprache widmen wir uns im folgenden Kapitel.

Analyse eines politischen Konflikts

Politik ist ein Ringen um Macht und damit um die Möglichkeit, eigene Interessen gegen andere durchzusetzen. Daher sind Konflikte wesentlicher Bestandteil von Politik. In der Demokratie sollten diese Konflikte zivilisiert und friedlich ausgetragen werden. An einem Beispiel ist zu analysieren, ob Protest hilfreich bei der Entscheidungsfindung ist, wenn es um komplexe Probleme geht, oder welche Wege zu einer Einigung führen.

Parteien

Politik ist also zunächst das Streben nach Macht zur Durchsetzung von Interessen. Wer ist aber an diesem Streben nach Macht beteiligt und welche Legitimation und welchen Einfluss haben die einzelnen Gruppierungen? Im Zentrum des intermediären Systems als Mittler zwischen Bürger und Politik stehen die Parteien. Diese bündeln sehr viel Macht. Leben wir in einer Parteiendemokratie, in der dem Volk die Souveränität abhandengekommen ist?

Wahlen und Wahlentscheidungen

Die zentrale Möglichkeit, in Deutschland Mitsprache und Beteiligung zu erlangen, ist die Teilnahme an Wahlen. Durch sie werden die Personen bestimmt, die uns und unsere Interessen repräsentieren. Gelingt dies in ausreichender Weise durch das gültige Wahlsystem? Eine Analyse der Bundestagswahl von 2013 verschafft Ihnen die Grundlage, das Wahlsystem und Wahlentscheidungen zu beurteilen und auch die Rolle der Medien und der Demoskopie zu problematisieren.

Vetospieler: Verbände, Medien, Bürger

Auf den folgenden Seiten wollen wir uns mit der Frage nach der Partizipation in einer Demokratie beschäftigen. Wer bremst den politischen Prozess, wer drängt nach Veränderung. Sind es Verbände, die die Inhalte der Politik bestimmen, oder dominieren die Medien? Und wo bleibt der Bürger in diesem Ringen um Macht und Einfluss? Hier hilft uns die Vetospieler-Theorie von George Tsebelis, die Stabilität oder auch die Reformfähigkeit von politischen Systemen zu durchschauen.

Demokratie 2.0: Chancen und Gefahren

Wie werden neuere Möglichkeiten der Teilhabe beurteilt und wie kann in diesem Bereich Zukunftsfähigkeit, auch unter Einbeziehung des Internet, sichergestellt werden? Unter Umständen waren Sie selbst schon beteiligt bei einer Kundgebung oder hatten zumindest das Bedürfnis, sich Gehör zu verschaffen, wie es Millionen in dem sogenannten arabischen Frühling taten. Es geht hier um die Frage nach der Umsetzung von Demokratie, nicht nach deren Neuerfindung. Die Demonstranten fordern eine modernere, transparentere und lebendigere Demokratie: gewissermaßen eine Demokratie 2.0.

Kompetenzen:

Mit den folgenden Materialien lernen Sie die Möglichkeiten der politischen Partizipation in Deutschland kennen und können die institutionalisierten Formen beschreiben.

Das Kapitel hilft Ihnen, die Aufgaben der Parteien, insbesondere im Zusammenhang mit Wahlen, und die Kritik am Parteiensystem zu untersuchen und zu überprüfen.

Im Zusammenhang damit ermöglicht Ihnen dieses Kapitel, die Rolle der Verbände und der Medien zu erläutern und zu beurteilen.

Im Folgenden untersuchen und beurteilen Sie Bürgerbeteiligung, Bürgerengagement und Zivilcourage im Zusammenhang mit der Zukunft der Demokratie.

Abschließend können Sie bewerten, wie weit die politische Teilhabe der Bürger in der repräsentativen Demokratie gehen soll.

1.1 Protest in der Demokratie

M 1 Schlagzeilen aus der Stuttgarter Zeitung zum Thema „Nationalpark Nordschwarzwald"

Greenpeace-Demo für Nationalpark
Umfrage: Menschen wollen Nationalpark

Die Umweltorganisation Greenpeace hat sich mit einer spektakulären Aktion für einen Nationalpark im Nordschwarzwald eingesetzt: Zehn Kletterer befestigten am Mittwoch ein riesiges Banner an einer Staumauer. Zugleich bestätigt eine von Greenpeace beim Forsa-Institut in Auftrag gegebene Umfrage: Die Menschen vor Ort wollen den Nationalpark.

akw, „Menschen wollen Nationalpark", www.stuttgarter-zeitung.de, 12.12.2012 [11.01.2014]

Gutachter streiten über Nationalpark

Die Entscheidung über einen Nationalpark im Nordschwarzwald rückt näher, die Spannung steigt in der Region. Am 8. April wird die Landesregierung das große Gutachten vorstellen, das Antworten geben soll auf etwa 1200 Fragen.

Andrea Koch-Widmann, „Nationalpark im Fokus", www.stuttgarter-zeitung.de, 19.03.2013 [11.01.2014]

Gutachten zum Nationalpark: Regierung sieht Pläne bestätigt

Nationalpark ja oder nein: Seit mehreren Monaten tobt ein Streit zwischen Befürwortern und Gegnern des Nationalparks Nordschwarzwald. Ein am Montag vorgestelltes Gutachten soll Frieden stiften. Die Landesregierung sieht sich durch das Ergebnis in ihren Plänen bestätigt.

dpa, „Regierung sieht Nordschwarzwald-Pläne bestätigt", www.stuttgarter-zeitung.de, 08.04.2013 [11.01.2014]

Nach der Bürgerversammlung: Nationalpark-Gutachten in der Diskussion

Nach der ersten Bürgerversammlung sorgt das Nationalpark-Gutachten weiter für Diskussionen. Pro Bahn vermisst ein Konzept für den öffentlichen Nahverkehr. Und die Befürworter fühlen sich missverstanden.

dpa/lsw, „Nationalpark-Gutachten weiter in der Diskussion", www.stuttgarter-zeitung.de, 10.04.2013 [11.01.2014]

Kampagne der Gegner zielt auf Krawall

Pfiffe und Störmanöver statt sachlicher Diskussion – die Vorstellung des Nationalpark-Gutachtens, mit der die Regierung die Bürger informieren möchte, wird zur Plattform des Protests.

Andrea Koch-Widmann, „Kampagne zielt auf Krawall", www.stuttgarter-zeitung.de, 10.04.2013 [11.01.2014]

Überlebensinsel für die Natur

Auf dem Kongress der Umweltakademie Baden-Württemberg in Stuttgart plädieren Experten für einen Nationalpark im Schwarzwald. Nur so könne das Überleben zahlreicher bedrohter Arten garantiert werden.

Andrea Koch-Widmann, „Eine Natur-Überlebensinsel“, www.stuttgarter-zeitung.de, 07.05.2013 [11.01.2014]

Umfrage: Mehrheit für Nationalpark

Der im Nordschwarzwald geplante Nationalpark wird laut einer Umfrage von der Mehrheit der betroffenen Bevölkerung begrüßt. Bei der repräsentativen Befragung des Meinungsforschungsinstituts Emnid befürworteten 52 Prozent das Naturschutzprojekt.

dpa/lsw, „Umfrage ergibt Mehrheit für geplanten Nationalpark“, www.stuttgarter-zeitung.de, 12.05.2013 [11.01.2014]

Bonde gibt den Park nicht auf

Nach der Volksbefragung in sieben Anliegergemeinden gerät die Regierung unter Druck. Trotz des deutlichen Neins will Grün-Rot am Nationalpark festhalten. Minister Bonde sprach von „aggressiven, interessengesteuerten“ Anti-Nationalparkkampagnen der Gegner.

Andrea Koch-Widmann, „Der Minister bringt bis Ende Juni seinen Vorschlag“, www.stuttgarter-zeitung.de, 13.05.2013 [11.01.2014]

Baden-Baden bietet Stadtwald an

Ungeachtet der Proteste der Bürgerbefragung vom Sonntag herrscht zum Thema Nationalpark Nordschwarzwald im Gemeinderat in Baden-Baden hohe Zustimmung.

Stefan Jehle, „Baden-Baden bietet 420 Hektar Stadtwald an“, www.stuttgarter-zeitung.de, 14.05.2013 [11.01.2014]

Gemeinderat von Baiersbronn stimmt dagegen

Der Gemeinderat in Baiersbronn ist gegen einen Nationalpark Nordschwarzwald. Mit 15 zu sechs Stimmen votierten die Gemeinderäte am Dienstagabend mehrheitlich gegen das umstrittene Projekt.

dpa/lsw, „Gemeinderat von Baiersbronn stimmt dagegen“, www.stuttgarter-zeitung.de, 29.05.2013 [11.01.2014]

Finanzierung: SPD hat Diskussionsbedarf

Teile der SPD-Fraktion stehen den bisherigen Finanzierungsplänen wegen des allgemeinen Sparzwangs kritisch gegenüber, heißt es am Rande der Landtagssitzung in Stuttgart. Naturschutzminister Bonde rechnet mit Mehrkosten im Landeshaushalt zwischen 5,9 und 6,7 Millionen Euro im Jahr.

dpa/lsw, „SPD hat noch Diskussionsbedarf bei der Finanzierung“, www.stuttgarter-zeitung.de, 12.06.2013 [11.01.2014]

Aufgabe

Analysieren Sie die vorliegenden Zeitungsausschnitte. Arbeiten Sie die relevanten Akteure und deren Interessen heraus. Reichern Sie die Materialien durch eine geeignete Internetrecherche an.

→ Methode: Analyse politischer Konflikte und Prozesse

M 2 Nationalpark Nordschwarzwald – CDU schlägt Runden Tisch vor

Der geplante Nationalpark im Nordschwarzwald scheidet die Geister.
Die CDU-Landtagsfraktion schlägt einen Runden Tisch zur Entschärfung des Konfliktes um einen Nationalpark im Nordschwarzwald vor. Die grün-rote Landesregierung müsse sich endlich auf den Weg machen, den Dialog mit den Betroffenen zu suchen, sagte Fraktionschef Peter Hauk am Freitag in Stuttgart. [...] SPD, Grüne und der zuständige Minister Alexander Bonde (Grüne) wiesen den Vorschlag zurück. Sie erklärten, dass es in den vergangenen zwei Jahren bereits eine sehr breite Bürgerbeteiligung gegeben habe.
Hauk wandte sich dagegen, dass die Landesregierung bereits bis zum Sommer einen Gesetzentwurf zur Einrichtung des Nationalparks erarbeiten wolle. Eigentlich müsse man für den Diskussionsprozess drei bis vier Jahre veranschlagen. [...]
SPD-Fraktionschef Claus Schmiedel warf der CDU vor, bei dem Thema rumzueiern. „Es wird Zeit, dass sie sich endlich einmal entscheidet, ob sie dafür sein will oder dagegen. Beides zusammen geht nicht“, sagte er. Ein Runder Tisch wäre laut Schmiedel ein Rückschritt. „Man kann nach einem monatelangen Diskussionsprozess nicht den Zeiger auf null drehen und von vorne beginnen.“ Der Vorschlag sei nur Ausdruck dessen, dass die CDU nicht in der Lage sei, eine Meinung zu vertreten. [...]
Die CDU fordert unter anderem, den Nationalpark nicht gegen den Willen der Bürger vor Ort durchzusetzen. Auch müsse eine transparente Kostenaufstellung her. Die angrenzenden Waldflächen müssten vor Borkenkäfern geschützt werden, die sich in dem dann zunehmend unbewirtschafteten Nationalpark ausbreiten könnten. Waldbesitzer müssten bei einer Borkenkäferplage entschädigt werden, sagte Hauk.
[...] Auch Bonde hält einen Runden Tisch nicht für sinnvoll. „Wir haben zwei Jahre intensive Diskussionen in der Region geführt.“ Er verwies auf 150 Informations und Diskussionsveranstaltungen, rund 100 Informationswanderungen und sieben Arbeitskreise. Zudem seien die Antworten auf Tausende Fragen der Bürger in das Gutachten geflossen.

dpa/lsw, „CDU schlägt Runden Tisch vor“, www.stuttgarter-zeitung.de, 03.05.2013 [11.01.2014]

Tipp

www.wikipedia.de → Nationalpark Nordschwarzwald
www.unser-nordschwarzwald.de
www.nationalparknordschwarzwald.de

Aufgaben

1 *Offenbar gehen die Ansichten über eine gelungene Bürgerbefragung auseinander. Entwerfen Sie ein Konzept, das eine sinnvolle Bürgerbeteiligung ermöglicht.*

2 *Beurteilen Sie die Vorwürfe der CDU-Fraktion (vgl. M 3).*

3 *Erörtern Sie Motive für die Vorwürfe der CDU in Bezug auf die Bürgerbeteiligung am Projekt Nationalpark Nordschwarzwald.*

M 3 Beteiligungsportal Baden-Württemberg: Beteiligung zum möglichen Nationalpark Nordschwarzwald

Soll im Schwarzwald ein Nationalpark entstehen? Dieses Projekt sorgt für intensive Diskussionen im Land. Beteiligung soll für Transparenz sorgen und helfen, die Diskussion zu versachlichen.

Worum geht es?

Die Landesregierung strebt die Einrichtung eines Nationalparks auf rund 10 000 Hektar, also einer Fläche von zehn mal zehn Kilometern, im Staatswald an. Das Vorhaben hat zum Ziel, eine einzigartige Naturlandschaft zu entwickeln, unsere natürlichen Lebensgrundlagen zu bewahren und einen Schutzraum für seltene Pflanzen und Tiere zu schaffen. Dabei soll der Nationalpark auch als Naturerlebnisraum dienen und somit nicht nur eine Chance für den Naturschutz, sondern auch für die wirtschaftliche und touristische Entwicklung der Region insgesamt sein. Die schwarz-gelbe Vorgängerregierung hat im Landesnaturschutzgesetz die Regelung verankert, dass Nationalparke in Baden-Württemberg nur durch ein Landesgesetz eingerichtet werden können. Überdies würde ein Nationalpark im Schwarzwald ausschließlich auf Flächen errichtet, die sich bereits heute vollständig im Eigentum des Landes Baden-Württemberg befinden. Private und kommunale Flächen wären nicht betroffen. Damit liegt eine Entscheidung über die Einrichtung eines Nationalparks beim Landtag von Baden-Württemberg. Um Landesregierung und Landtag eine sachlich fundierte Entscheidung für oder gegen einen Nationalpark zu ermöglichen, haben die gewählte Vertretung der Region im Lenkungskreis (Landräte und Regierungspräsidentinnen/Regierungspräsidenten) und das Ministerium für Ländlichen Raum und Verbraucherschutz im März 2012 beschlossen, ein unabhängiges Gutachten zu den möglichen Auswirkungen eines solchen Parks in Auftrag zu geben. Sieben regionale Arbeitskreise aus örtlichen Experten haben das Gutachten begleitet und die verschiedenen Aspekte eines möglichen Nationalparks beleuchtet.

Wer war wie beteiligt?

Alle Beteiligten und Interessierten, insbesondere die Bürgerinnen und Bürger vor Ort und die gesellschaftlichen, wirtschaftlichen und politischen Akteure der Region konnten ihre Anliegen einbringen. Das Ministerium schrieb unmittelbar zu Beginn des Prozesses alle 120 000 Haushalte im Suchraum an und informierte die Bürgerinnen und Bürger über das Vorhaben. Es lud sie zu Info-Veranstaltungen und geführten Wanderungen ein, schaltete ein Info-Telefon und forderte sie auf, aktiv mitzudiskutieren. Gesammelt wurden Fragen, Anregungen und Meinungsäußerungen, Stellungnahmen zu den (Zwischen-)Ergebnissen aus den Arbeitskreisen – sowohl schriftlich per Post, als auch im Internet und per E-Mail. Bereits bis Ende September 2011 waren über 2 000 Anregungen und Stellungnahmen eingegangen. Sie flossen in ein Lastenheft ein, das die im unabhängigen Gutachten zu untersuchenden Aspekte umreißt, und waren Grundlage für die Beratungen der regionalen Arbeitskreise. Die regionalen Arbeitskreise, an denen auch die Gutachterinnen und Gutachter teilnahmen, tagten bis Dezember 2012. Die Bevölkerung hatte die Möglichkeit, die einzelnen Protokolle und Ergebnisse dieser Arbeitskreise nach jeder Sitzung über eine Internet-Plattform zu kommentieren. Fragen, Anregungen und Meinungsäußerungen der Bürgerinnen und Bürger wurden regelmäßig in die Beratungen der Arbeitskreise eingebracht.

Info

Ein **Lastenheft** beschreibt die Anforderungen des Auftraggebers an die Lieferungen und Leistungen eines Auftragnehmers.

Wie geht es weiter?

Das in Auftrag gegebene unabhängige Gutachten wurde am 8. April 2013 in Stuttgart im Rahmen einer Landespressekonferenz der Öffentlichkeit vorgestellt. Bei weiteren fünf Veranstaltungen im April 2013 wurde das Gutachten in der Region präsentiert und mit allen interessierten Bürgerinnen und Bürgern diskutiert. Die Dokumentation der ersten Veranstaltung am 9. April 2013 in Bad Wildbad finden Sie online.

Auf Grundlage des Gutachtens wird das Ministerium für Ländlichen Raum und Verbraucherschutz einen konkreten Vorschlag für Kulisse, Verwaltungsstruktur und Rechtsrahmen des Nationalparks vorlegen. Wenn dieser Vorschlag vorliegt, haben Kommunen und Verbände sowie alle Bürgerinnen und Bürger wiederum die Möglichkeit, diesen einzusehen, zu kommentieren und damit die Rahmenbedingungen für den Nationalpark zu beeinflussen. [...]

Beteiligungsportal Baden-Württemberg (Hg.), Beteiligung zum möglichen Nationalpark Nordschwarzwald, http://beteiligungsportal.baden-wuerttemberg.de [11.01.2014]

Aufgaben

1 *Erstellen Sie für die geschilderte Bürgerbeteiligung ein Schaubild/Flussdiagramm.*

2 *Beurteilen Sie das Verfahren unter Einbeziehung von M 2 und Ihren Arbeitsergebnissen dazu.*

3 *Nehmen Sie Stellung, ob die Bevölkerung ausreichend in den Entscheidungsprozess eingebunden war.*

1.2 Organisierte Formen von Partizipation: das intermediäre System

M 1 Partizipationsmöglichkeiten der Bürger am politischen Prozess

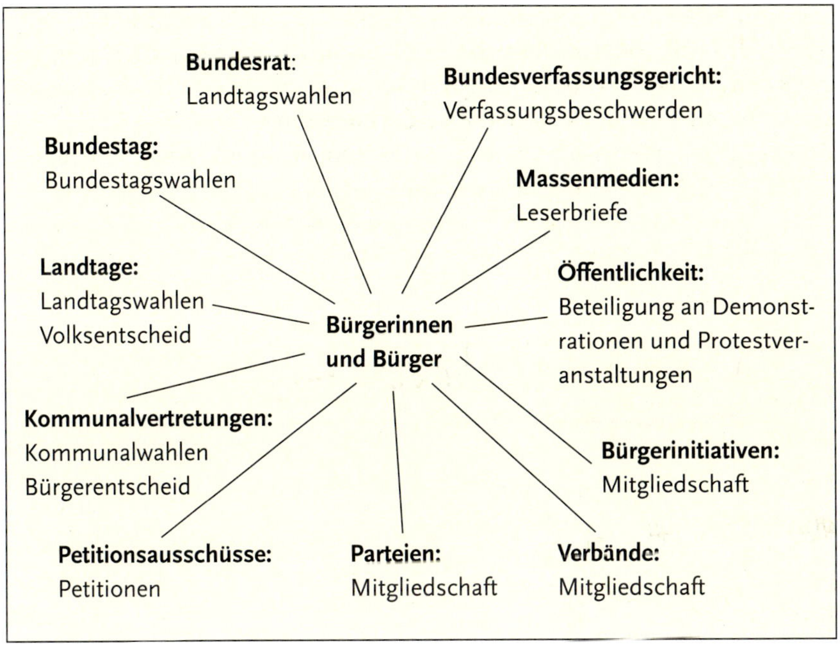

Karin Herzig/Ute Keßner-Ammann (Hg.), Politik im Wandel, Kursstufe 1, Schöningh, Paderborn 2006, S. 27

Aufgabe

Erläutern Sie die einzelnen Beteiligungsmöglichkeiten und legen Sie dar, welche für Sie infrage kommen.

M 2 Das intermediäre System

Zwischen dem einzelnen Bürger und den staatlichen Institutionen finden sich die vermittelnden, intermediären Institutionen. Zu dieser sehr heterogenen Gruppe gesellschaftlicher Akteure gehören in einer weiten Definition politische Parteien ebenso wie Kirchen, Gewerkschaften oder Sportverbände. Bürgerliche Vereinigungen im Interesse liberaler Freiheitsrechte finden sich historisch gesehen ebenso darunter wie die um Gleichheit und Solidarität ringende Arbeiterbewegung oder die vielfältigen ökologische und „postmaterielle“ Interessen verfolgenden „neuen sozialen Bewegungen“ [...], die gerade im Zuge der Globalisierung eine weitere Ausdifferenzierung und erhöhte Aufmerksamkeit erlangen. Gemein ist ihnen allen, dass sie über die Organisation gesellschaftlicher Interessen zu einer politischen Größe werden, ohne sich notwendigerweise selbst als Akteur mit primär politischer Wirkungsabsicht zu bezeichnen.

Um die Vielgestaltigkeit solcher Akteure zu fassen, muss eine Definition organisierter Interessen notwendigerweise sehr breit sein. Man kann sie als freiwillig gebildete, soziale Einheiten mit bestimmten Zielen und arbeitsteiliger Gliederung (Organisationen) verstehen, die „individuelle, materielle und ideelle Interessen ihrer Mitglieder im Sinne von Bedürfnissen, Nutzen und Rechtfertigungen zu verwirklichen suchen [...]. Der Stellenwert, den organisierte Interessen im politischen Prozess einnehmen, ist in mehrfacher Hinsicht umstritten. Zum einen ist es überaus schwierig, den Einfluss organisierter Interessen auf die im engeren Sinne politischen und staatlichen Institutionen zu messen und zu bewerten. Zum zweiten gab und gibt es heftige Debatten um die grundsätzliche Rolle organisierter Interessen. Diese Debatten erhalten durch die abnehmende Organisations- und Bindungsbereitschaft der Bürger zusätzliche Relevanz. Grob unterteilt steht das Bild von Garanten eines sinnvollen Informations- und Entscheidungsflusses zwischen Bürger und Staat (also legitimen und notwendigen Erscheinungsformen einer demokratischen Gesellschaft und Politik) dem Bild der unzulässigen Überwucherung staatlicher Entscheidungsabläufe entgegen, in denen Verbände an den eigentlich legitimierten und mandatierten Entscheidungsträgern vorbei Politik machen. Die „Herrschaft der Verbände" [...] führt in dieser Hinsicht potenziell zur „Unregierbarkeit" [...]. Umgekehrt gibt es jedoch auch immer wieder Versuche, die großen Interessenverbände in die Politikgestaltung einzubeziehen.

Karl-Rudolf Korte/Manuel Fröhlich, Politik und Regieren in Deutschland: Strukturen, Prozesse, Entscheidungen, Schöningh, Paderborn ³2009, S. 120 f.

Funktionen von Interessengruppen			
Funktion		**Erläuterung**	
Interessenvertretung	Interessenselektion	Auswahl von Interessen	Vermittlungsagentur zwischen gesellschaftlichem und politischem System: Interesseneinspeisung in das ZPES[1] mittels verschiedener Lobbying-Methoden
	Interessenaggregation	Zusammenfassung bzw. Bündelung von Interessen	
	Interessenartikulation	Äußerung von Interessen und Einspeisung in das politische System	
Partizipation		Bereitstellung von (zumindest mittelbaren) Beteiligungsmöglichkeiten	
Legitimation und Integration		Soziale und politische Einbezieung der gesellschaftlichen Gruppen in das politische Handlungssystem Staat sowie Sicherung der Leistungsfähigkeit dieses Handlungssystems durch die Gewährleistung von Responsivität	

[1] ZPES = Zentrales Politisches Entscheidungssystem

Nach: Bernhard Schreyer/Manfred Schwarzmeier, Grundkurs Politikwissenschaft: Studium der politischen Systeme, VS Verlag für Sozialwissenschaften, Wiesbaden ²2005, S. 105

Aufgaben

1 *Fertigen Sie eine Grafik an, die das Verhältnis Bürger, Staat und intermediäres System veranschaulicht. Geben Sie dabei für das intermediäre System konkrete Beispiele an.*

2 *Erstellen Sie, beispielsweise mithilfe einer Positionslinie, ein Meinungsbild in Ihrem Kurs, ob eher von einem „sinnvollen Entscheidungsfluss" oder einer „Überwucherung staatlicher Entscheidungsabläufe" zu sprechen ist.*

1.2.1 Politische Parteien

M 1 Die Rolle der Parteien in Deutschland

Die Parteien durchdringen das öffentliche Leben [...]. Neben dem parteienabhängigen parlamentarischen Betrieb bieten die öffentlichen Verwaltungen, die Universitäten, die Gewerkschaften und die für Deutschland charakteristischen Institutionen der sozialen Selbstverwaltung bis hin zu den kommunalen Wirt-

schaftsbetrieben zahlreiche Beispiele. Dieser Zustand wird gemeinhin mit dem Parteienstaat umschrieben. Der Parteienstaat wurde von den Vätern des Grundgesetzes als ein positives Gut verstanden. Dies zu vermitteln lag ihnen umso mehr am Herzen, als seit den Tagen Bismarcks stets verächtlich von den Parteien die Rede war.
Der Parteienstaat als politisches Leitbild für die Verfassungsinterpretation, für die politische Bildung und für die Wahlkampf- und Parteienfinanzierung gründet sich auf den Artikel 21 des Grundgesetzes. Das Grundgesetz will die Parteien als Instrumente der politischen Willensbildung, also des interessierten und engagierten Bürgers.

Jürgen Hartmann, Das politische System der BRD im Kontext: Eine Einführung, Springer VS, Wiesbaden [2]2013, S. 130

Aufgabe

Klären Sie den Parteienbegriff in Ihrem Kurs und problematisieren Sie die Behauptung, der Parteienstaat sei ein positives Gut.

Info

Grundgesetz (Auszug)

Artikel 21: (1) Die Parteien wirken bei der politischen Willensbildung des Volkes mit. Ihre Gründung ist frei. Ihre innere Ordnung muss demokratischen Grundsätzen entsprechen. Sie müssen über die Herkunft und Verwendung ihrer Mittel sowie über ihr Vermögen öffentlich Rechenschaft geben.

M 2 Grundsätze des deutschen Parteiensystems

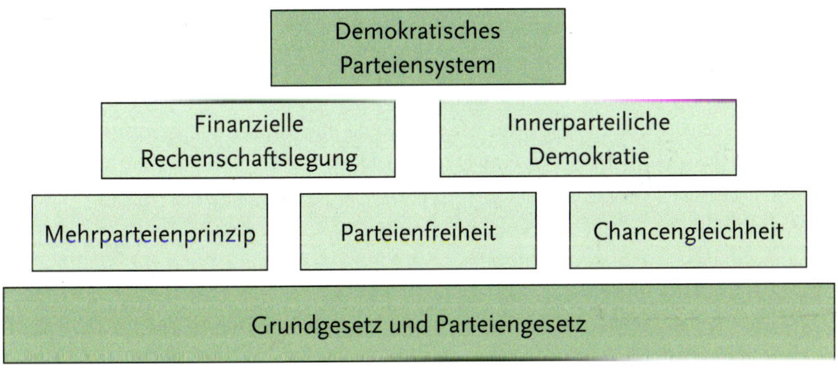

Eigene Darstellung

M 3 Funktionen von Parteien in Deutschland

Die Parteien spielen in unserem politischen System eine so zentrale Rolle, dass wir zu Recht von einem Parteienstaat sprechen. Die Bundesrepublik Deutschland gilt sogar als Parteienstaat par excellence. Unter einem Parteienstaat wird in der Regel eine repräsentative Demokratie mit parlamentarischer Ausprägung verstanden, in der Parteien sowohl bei der Besetzung politischer Ämter wie beim Zustandekommen politischer Entscheidungen und bei deren Legitimation die dominierende Rolle spielen. Parteien sind zwar nicht die alleinigen, aber doch die wichtigsten Träger politischer Willensbildung. Das heißt, sie nehmen die unterschiedlichen partikularen Interessen in der Gesellschaft auf und vermitteln sie in die politischen Entscheidungsorgane. Sie begründen umgekehrt die dort getroffenen Entscheidungen gegenüber der Bevölkerung und tragen so zur Legitimation des politischen Systems insgesamt bei. [...]
Die Politikwissenschaft, insbesondere die politische Soziologie, hat eine Anzahl von unterschiedlichen Funktionskatalogen bezogen auf die Parteien formuliert.

Gerhard Mester

Bei allen Unterschieden im Einzelnen scheinen folgende vier Funktionen als wesentlich zu gelten:

1. *Die Selektionsfunktion*: Durch die Parteien findet eine Rekrutierung und Auswahl der politischen Eliten auf allen Ebenen statt.

2. *Die Mediatisierungsfunktion*: Parteien sind Vertreter von partikularen Interessen, die in der Gesellschaft angelegt sind und die sie in Auseinandersetzung mit anderen Parteien in den politischen Entscheidungsprozess einspeisen und die sie auf diese Weise realisieren wollen.

3. *Die Integrations- und Aggregationsfunktion*: Parteien bemühen sich, gegenläufige oder widerstreitende Interessen verschiedener gesellschaftlicher Gruppen, die außerhalb wie innerhalb der Parteien organisiert sein können, auszugleichen, zu bündeln, zwischen ihnen Kompromisse zu finden und so eine eigene „parteiliche" Position zu formulieren. Indem sie dies tun, erfüllen sie auch das, was gelegentlich ihre „Programmfunktion" genannt wird. Sofern sie dies in deutlich unterscheidbarer Weise tun, erfüllen sie in ihrer Gesamtheit damit auch eine politische „Alternativfunktion". Sie integrieren also den breit gestreuten Gruppenwillen.

4. *Die Funktion der Friedensstiftung*: Indem die Parteien die oben genannten Funktionen wahrnehmen, tragen sie gleichzeitig zum innergesellschaftlichen Frieden bei. Der Parteienstaat bietet Regelungsmechanismen, nach denen die Auseinandersetzung um Macht oder Machtanteile stattfinden kann, ohne dass die Austragung von Konflikten in Gewalt ausartet.

Gotthard Breit/Peter Massing, „Krise des Parteienstaates?", in: Politische Bildung Nr. 1/2009, S. 162–163

Aufgaben

1 *Verbalisieren Sie die Grafik M 2 im Zusammenhang mit dem Text M 3.*

2 *Hierarchisieren Sie die Liste der Funktionen und vergleichen Sie Ihre Ergebnisse.*

3 *Überprüfen Sie, inwiefern die Parteien Ihrer Ansicht nach diese Funktionen erfüllen und ob andere Institutionen diese Funktionen übernehmen könnten.*

Info

Auszug aus dem Parteiengesetz

§ 1 Verfassungsrechtliche Stellung und Aufgaben der Parteien

(1) Die Parteien sind ein verfassungsrechtlich notwendiger Bestandteil der freiheitlichen demokratischen Grundordnung. Sie erfüllen mit ihrer freien, dauernden Mitwirkung an der politischen Willensbildung des Volkes eine ihnen nach dem Grundgesetz obliegende und von ihm verbürgte öffentliche Aufgabe.

(2) Die Parteien wirken an der Bildung des politischen Willens des Volkes auf allen Gebieten des öffentlichen Lebens mit, indem sie insbesondere auf die Gestaltung der öffentlichen Meinung Einfluss nehmen, die politische Bildung anregen und vertiefen, die aktive Teilnahme der Bürger am politischen Leben fördern, zur Übernahme öffentlicher Verantwortung befähigte Bürger heranbilden, sich durch Aufstellung von Bewerbern an den Wahlen in Bund, Ländern und Gemeinden beteiligen, auf die politische Entwicklung in Parlament und Regierung Einfluss nehmen, die von ihnen erarbeiteten politischen Ziele in den Prozess der staatlichen Willensbildung einführen und für eine ständige lebendige Verbindung zwischen dem Volk und den Staatsorganen sorgen.

M 4 Innerparteiliche Demokratie

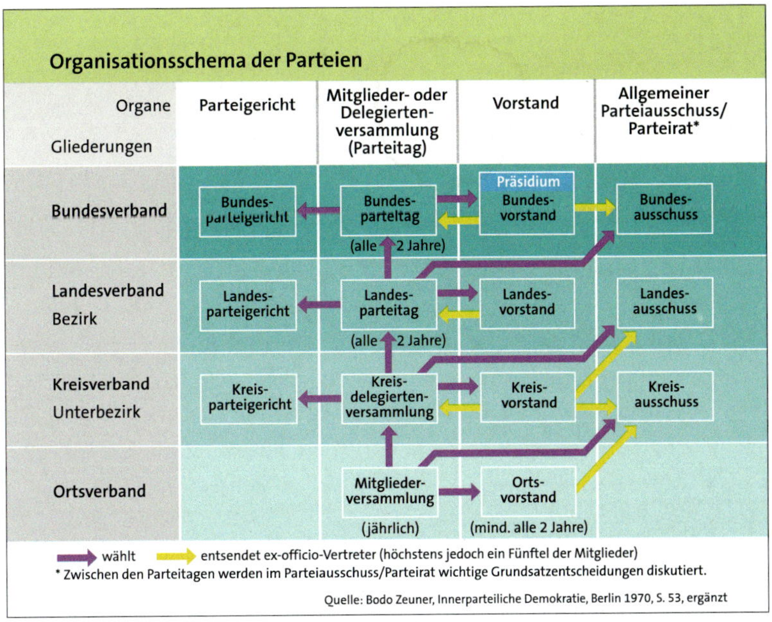

Quelle: Bodo Zeuner, Innerparteiliche Demokratie, Berlin 1970, S. 53, ergänzt

Das Grundgesetz gewährt den Parteien im Artikel 21 nicht nur Privilegien über die Mitwirkung an der politischen Willensbildung, sondern stellt an sie auch Anforderungen hinsichtlich der inneren Ordnung, die „demokratischen Grundsätzen" entsprechen muss. Bis zum Parteiengesetz wurde das Demokratiedefizit meist rein negativ in Bezug auf verfassungsfeindliche Organisationen bestimmt. Die positiven Erfordernisse der innerorganisatorischen Demokratie bei den übrigen Parteien wurden kaum reflektiert. Das Parteiengesetz brachte hier inhaltliche Verbesserungen. Die territoriale Gliederung muss so eingerichtet sein, dass die Mitwirkung der Mitglieder ermöglicht wird. Die Zahl der Delegationsstufen, die Fristen für die Wahlen der innerparteilichen Leistungsgremien, das Verbot von Aufnahmestopps für neue Mitglieder, die Regelung der Schiedsgerichtsbarkeit und der Ausschlussgründe schützen die rechtliche Stellung der Mitglieder.

Klaus von Beyme, Das politische System der Bundesrepublik Deutschland: Eine Einführung, VS Verlag für Sozialwissenschaften, Wiesbaden [11]2010, S. 176 f.

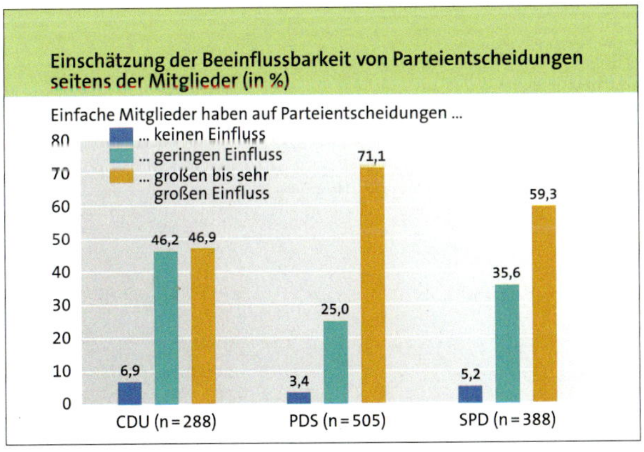

Quelle: Bernd Hofmann, Annäherung an die Volkspartei. Eine typologische und parteienpsychologische Studie, Wiesbaden 2004 (Basis: Parteimitgliederbefragung Sachsen-Anhalt 1998)

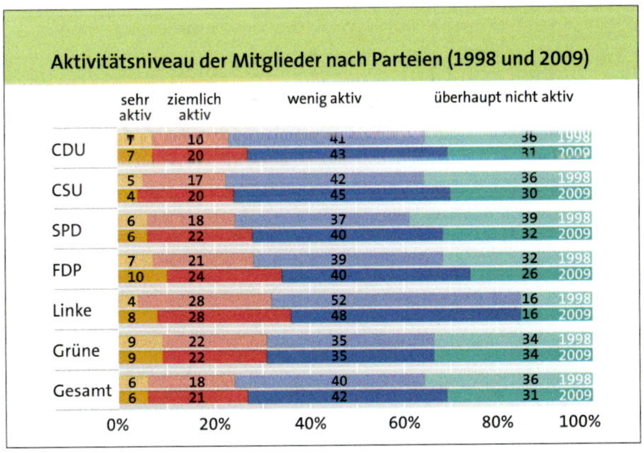

Quelle: Tim Spier, Wie aktiv sind die Mitglieder der Parteien?, in: Ders./Markus Klein/Ulrich von Alemann/Hanna Hoffmann/Annika Laux/Alexandra Nonnenmacher/Katharina Rohrbach (Hrsg.), Parteimitglieder in Deutschland, Wiesbaden 2011, S. 97–119

Aufgaben

1 *Setzen Sie die Grafiken mit dem Text in Zusammenhang. Beurteilen Sie aufgrund dieser Angaben die Verwirklichung innerparteilicher Demokratie.*

2 *Vergleichen Sie die innerparteiliche Struktur der Bundestagsparteien bei der Auswahl des Spitzenkandidaten für die Bundestagswahl.*

M 5 Entwicklung der Parteienlandschaft in Deutschland

Rahmenbedingungen/ externe Einflussgrößen

Parteitypen

Westdeutschland

Ostdeutschland

(1945 bis 1970)

- Wiederaufbau
- Kalter Krieg und Blöckekonfrontation
- globaler und innerdeutscher Wettkampf der Systeme
- realsozialistisches System in Ostdeutschland: Bodenreform, Sozialisierung, Planwirtschaft, SED-Staat

Interessenparteien des kleinen Formats
- regional: SSW, DP, BP
- sozial: WAV, GB/BHE

Richtungsparteien des kleinen Formats
- konfessionell: Zentrum
- national: GVP
- weltanschaulich: FDP

nach Zwangsvereinigung von SPD und KPD im März 1946: sozialistische Einheitspartei (SED) als hegemoniale Staatspartei

- Demokratiegründung in Westdeutschland: soziale Marktwirtschaft, politischer Pluralismus, gesellschaftliche Modernisierung (Migration, Elitenwechsel, Dienstleistungsgesellschaft)

FDP als liberale Richtungspartei und Funktionspartei in alternierenden Koalitionen

Volksparteien (catch-all-parties)
CDU/CSU, SPD

Extreme Weltanschauungsparteien des kleinen Formats
- linksextrem: KPD
- rechtsextrem: SRP, NPD

in der Nationalen Front unter SED-Vorherrschaft zusammengefasst: Blockparteien CDU, LDPD, NDPD, DBD

(1970 bis 1990)

- Wertewandel
- Grenzen des Wachstums
- ökologisches Paradigma
- neue soziale Bewegungen

Fortdauer der beiden Volksparteien CDU/CSU und SPD; Fortdauer von Kleinparteien der äußersten Linken (DKP) und Rechten (NPD, REP); Fortdauer der FDP als liberale Richtungspartei sowie als koalitionsbildende Funktionspartei bzw. Scharnierpartei; Fortdauer der regionalen Interessenpartei SSW

Bewegungspartei
Die Grünen

(1990 bis zur Gegenwart)

Ostdeutschland:

Systemwechsel in Politik und Wirtschaft:

- Institutionentransfer
- gesellschaftliche Umbrüche: Einigungsgewinner und -verlierer, Abwanderung
- „doppelte Transformation“ (Vereinigung und Globalisierung)

Fortdauer der Volksparteien CDU/CSU und SPD

PDS als weltanschaulich basierte, regionale Interessen- und Protestpartei (Sozialpartei Ost)

↓

nach Fusion mit WASG (2007): sozialistische Richtungspartei Die Linke

Bündnisgrüne: Fortdauer als Bewegungspartei und Aufstieg zur Funktionspartei für alternierende Koalitionsmodelle

Kurzlebige, zentristische Protestparteien

AfB, StattPartei, P.R.O. (Schill-Partei)

Gesamtdeutschland:

- globale Wirtschafts- und Finanzkrise
- Krise der Systeme sozialer Sicherung
- neue regionale Disparitäten
- demografischer Wandel
- Budgetdefizit Bund, Länder, Gemeinden
- soziale Polarisierung und soziale Ungleichheit
- zivilgesellschaftlich zentrierte („entstaatlichte“) Partizipation

FDP: Fortdauer als liberale Richtungspartei und als koalitionsbildende Funktionspartei

Rechtsextreme Anti-System-Parteien

DVU, NPD

Themen-Parteien (issue-parties)

Piratenpartei

Fortdauer regionale Interessenpartei: SSW

Lokale und regionale Anti-Parteien-Parteien

Freie Wähler

Everhard Holtmann, Der Parteienstaat in Deutschland: Erklärungen, Entwicklungen, Erscheinungsbilder, Bundeszentrale für politische Bildung, Bonn 2012, S. 72, 73, 113

M 6 Parteiensystem im Wandel

Die 1950er-Jahre: Dominanz einer Partei

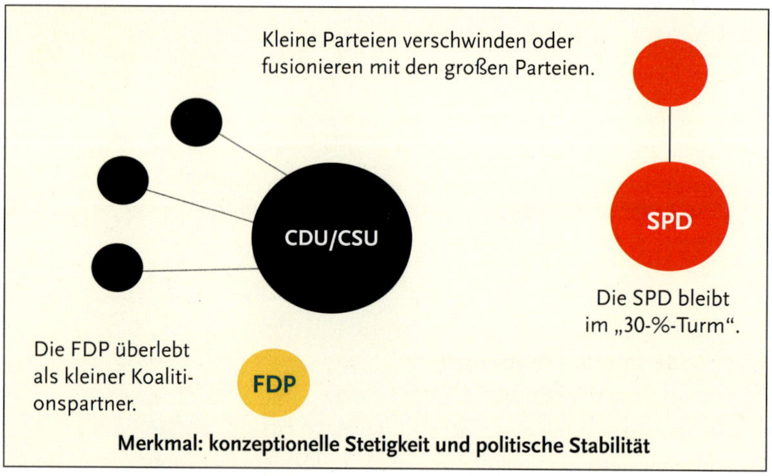

Die 1960er-/1970er-/1980er-Jahre: Symmetrisches Drei-Parteiensystem

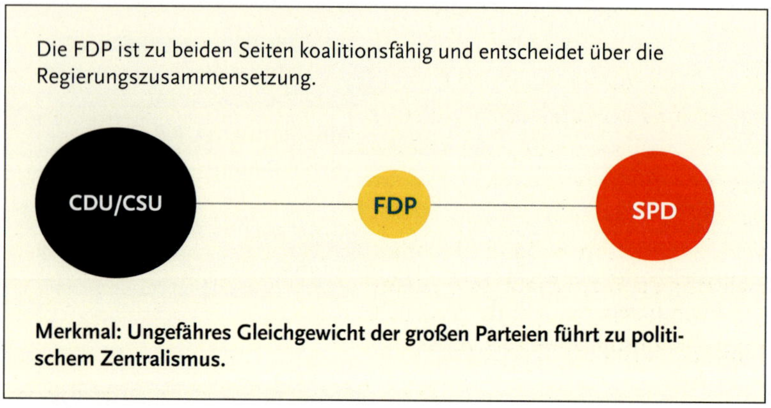

Merkmale des Volksparteikonzeptes

Funktionale Kriterien	Volksparteikonzept	Strukturelle Merkmale
– „entideologisiertes" Programm, interner Ausgleich verschiedener Interessenlagen – soziale Heterogenität der Wählerschaft, Stimmenmaximierungsprinzip	Weitere Begriffe: → „catch-all-party" oder „Allerweltsparteien" (Kirchheimer) → „multi-policy-party" (Downs)	– demokratische Struktur des Parteiensystems – starker Parteiapparat und starke Parteiführung – differenzierte Organisation – untergeordnete Rolle des einzelnen Mitglieds

Das bundesdeutsche Parteiensystem zeichnet sich durch grundsätzliche Wandlungs- und Entwicklungstendenzen aus [...]. So war es zu seiner Anfangszeit durch eine große Zahl politischer Parteien geprägt. In den 50er-Jahren setzte dann ein Konzentrationsprozess ein. Sowohl die Einführung der bundesweiten 5 %-Klausel als auch die Verbote der KPD und der SRP trugen dazu bei. Zudem wurden zahlreiche kleinere Parteien von CDU und CSU aufgesogen, die damit in hohem Maße systemstabilisierende Integrationsfunktionen erfüllten. Man kann daher für die 50er-Jahre von der Dominanz einer Partei sprechen.

Damit war der Grundstein für das „symmetrische Drei-Parteiensystem" [...] der 60er- und 70er-Jahre aus CDU/CSU, SPD und FDP gelegt. Es zeichnete sich durch die prinzipielle Koalitionsbereitschaft aller drei Parteien, politischen „Zentrismus" und ein ungefähres Gleichgewicht der beiden großen Volksparteien aus. Zugleich entschied die FDP als „Zünglein an der Waage" über die Zusammensetzung der Bundesregierung. Diese Rolle behielt sie prinzipiell bis 1998, als sie zum ersten Mal nicht mehr an der Regierung beteiligt war.

Diese Dominanz bröckelte in den 60er-Jahren mit der programmatischen Neuausrichtung der SPD. Mit der Verabschiedung des Godesberger Programms 1959 hatte sie den Grundstein für den Wandel zu einer Volkspartei vollzogen. [...] Der Einzug der Grünen in den Bundestag läutete 1983 die Phase der Lagerpolarisierung ein: Mit CDU/CSU und FDP einerseits sowie SPD und Grünen andererseits konkurrierten zwei alternative Regierungsbündnisse um die Macht. Auch die Etablierung der PDS in den 90er-Jahren änderte an dieser Gegenüberstellung im Grundsatz nicht viel. Zwar wandelte sich das deutsche Parteiensystem de facto zu einem Fünf-Parteiensystem und in den ostdeutschen Ländern bildete sich durch den Aufstieg der Sozialisten zu einer regionalen Volkspartei ein eigener Parteienwettbewerb heraus [...]. Doch auf die Mehrheitsbildung im Bund und in den westdeutschen Ländern hatte das keinen nennenswerten Einfluss.

Erst seit der Bundestagswahl 2005 existiert ein asymmetrisches, „changierendes Fünfparteiensystem“ mit weitreichenden Konsequenzen sowohl für die Regierungsbildung im Bund als auch in den westdeutschen Ländern […]. Die neue Qualität des Parteienwettbewerbs besteht darin, dass jenseits der Großen Koalition keine Bündnisse entlang der tradierten parteipolitischen Lager mehr möglich sind. Bunte Zweier- und Dreier-Koalitionen – von Jamaika (schwarz-gelb-grün) bis rot-rot-grün – sind unter den Bedingungen von Vielparteien-Parlamenten und zeitgleich immer kleiner werdenden Volksparteien die Zukunft […]. Genau das macht den tief greifenden Strukturwandel des deutschen Parteiensystems seit 2005 aus […]. Vielparteien-Parlamente können zwar noch […] zu Zweierkoalitionen führen, aber weniger verlässlich als zu früheren Zeiten. Sogenannte Lager- oder Traditionskoalitionen werden durch neue Varianten zur Regierungsbildung ersetzt: neue parteipolitische Zusammensetzungen (z. B. schwarz-grün), neue Regierungs- bzw. Koalitionstypen (z. B. Große Koalitionen), neue Regierungsformate (z. B. […] Minderheitsregierungen […]).

Wer nicht nur rechnerische Mehrheiten, sondern belastbare politische Mehrheiten sucht, muss sich zukünftig auf dem Koalitionsmarkt auf Braut- bzw. Bräutigamschau begeben. CDU/CSU und FDP sind auf die Grünen angewiesen, wollen sie eine „kleine“, eine „Minimum-Winning“-Koalition bilden. Ein Mitte-

Die 1990er-Jahre bis 2013: Asymmetrisches Fünf-Parteiensystem

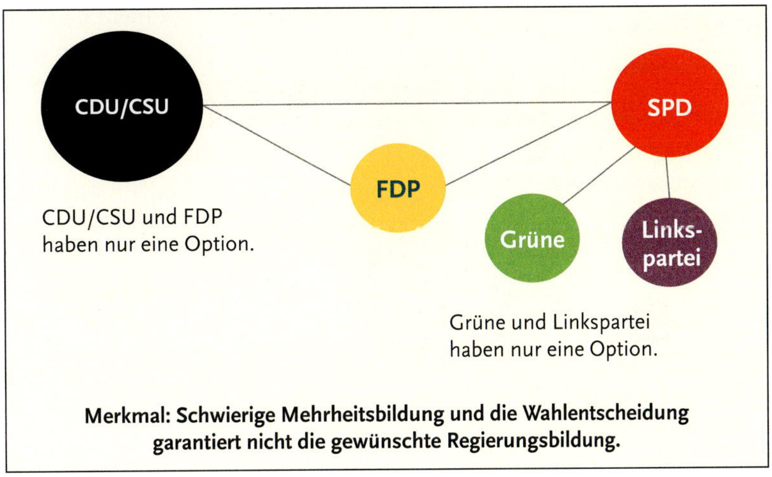

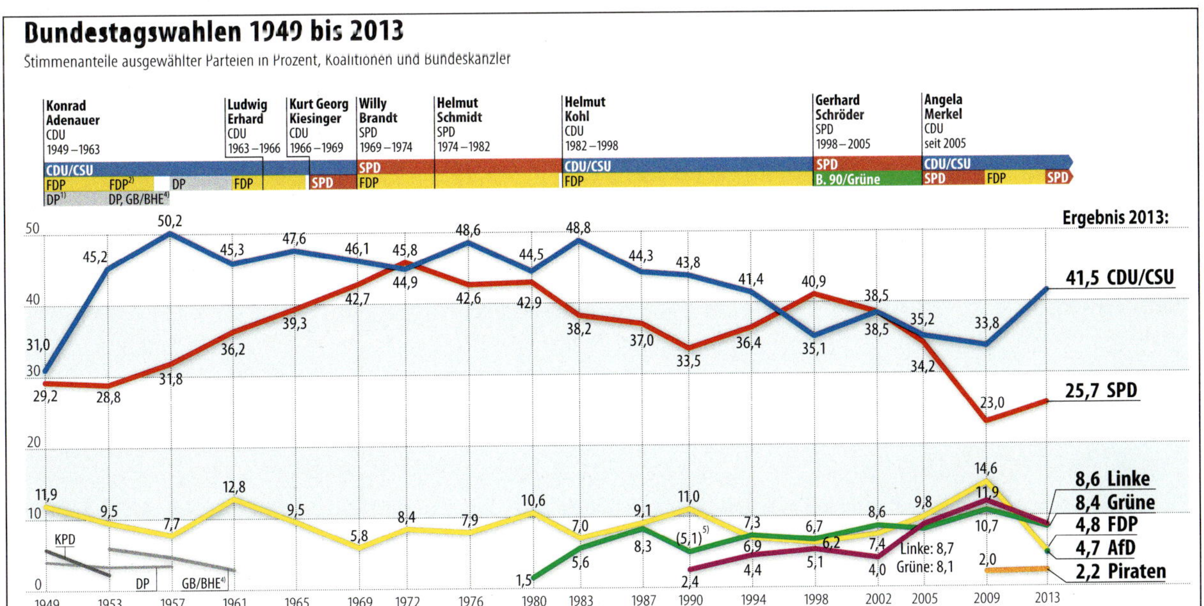

1) Deutsche Partei. 2) FDP 1956 aus Regierungskoalition ausgeschieden, einige Abgeordnete als DA bzw. FVP in Koalition aufgenommen. 4) Gesamtdeutscher Block/Block der Heimatvertriebenen und Entrechteten (1955 aus Koalition ausgeschieden). 5) Getrennte grüne Listenverbindungen in West- und Ostdeutschland (3,8 bzw. 1,2 Prozent).
Quellen: Bundeswahlleiter; Statistisches Bundesamt; Schindler, Peter, Datenhandbuch zur Geschichte des Deutschen Bundestages: 1949 bis 1999, Baden-Baden 1999

F.A.Z.-Grafik Heumann

Aufgaben

1 *Beschreiben Sie das Modell der Volkspartei.*

2 *Erörtern Sie Folgen des Volksparteikonzepts. Beziehen Sie dabei auch die Grafiken zu M 6 ein.*

3 *Analysieren Sie die Wahlergebnisse der Bundestagswahlen in Verbindung mit der Entwicklung des Parteiensystems.*

Links-Bündnis wird ohne die Linke als Koalitionspartner in absehbarer Zeit keine Machtperspektive mehr haben. Die Grünen sind dabei in einer komfortablen Sandwich-Lage [...]: Sie können sich aus ihrer Abhängigkeit von der SPD befreien und die ehemalige Rolle der FDP als „Zünglein an der Waage" einnehmen. Ohne die Grünen würde dann keine Regierungsbildung mehr möglich sein. Sie sind der Gewinner im Wettbewerb eines asymmetrischen und fluiden Fünf-Parteiensystems – vorausgesetzt Wähler und Basis ertragen die Rolle ihrer Partei als strategischem Mehrheitsbeschaffer zwischen zwei sogenannten bürgerlichen Parteien (Union/FDP) und zwei linken Parteien (SPD/Linke).

Karl-Rudolf Korte/Manuel Fröhlich, Politik und Regieren in Deutschland: Strukturen, Prozesse, Entscheidungen, Schöningh, Paderborn ³2009, S. 142 ff.

M 7 Politische Grundpositionen

a) Liberalismus

Liberalismus ist eine politische Weltanschauung, die die Freiheit des einzelnen Menschen in den Vordergrund stellt [...]. Die vier wichtigsten Prinzipien des Liberalismus sind:

a) das Recht auf Selbstbestimmung auf der Basis von Vernunft und Einsicht,
b) die Beschränkung politischer Macht,
c) die Freiheit gegenüber dem Staat,
d) die Selbstregulierung der Wirtschaft auf der Basis persönlichen Eigentums.

Als eine Hauptströmung der Moderne geht der Liberalismus auf zentrale Ideen der Aufklärung zurück. Zu unterscheiden sind politischer und wirtschaftlicher Liberalismus:

Siehe S. 564 f.

1. Der politische Liberalismus zielt auf die Förderung der Freiheit des Individuums (z. B. Glaubens-, Meinungsfreiheit) und auf die Beschränkung politischer Herrschaft [...] durch die Institutionen des Rechtsstaates (z. B. Grundrechte, Verfassung) sowie durch staatlich garantierte Rechtssicherheit. [...] Das Prinzip der Gewaltenteilung wurde zum zentralen Moment moderner Staatsverfassungen und Regierungsformen.
2. Der wirtschaftliche Liberalismus betrachtet seit den wegweisenden Arbeiten von Adam Smith (1776) das Privateigentum (insbesondere an den Produktionsmitteln), den freien Wettbewerb und den Freihandel als grundlegende Voraussetzungen für die Schaffung gesellschaftlichen Wohlstandes [...].

Klaus Schubert/Martina Klein, Das Politik-Lexikon, Bonn 2006, S. 184–186

b) Sozialismus

Im Mittelpunkt der sozialistischen Gesellschaftskritik steht die Eigentumsfrage. Der Kapitalismus wird als System der Ausbeutung verurteilt, in dem sich die Besitzenden auf Kosten und zu Lasten der arbeitenden Armen bereichern. Der Liberalismus wird als zynische Ideologie angegriffen: Die Freiheit sei den Besitzlosen ein Hohn, weil sie den Reichen ausgeliefert sind, solange sie sich an die Spielregeln des Marktes halten: Solidarität tue Not, um zunächst einmal die Konkurrenz unter den Besitzlosen abzustellen. [...]

[Über die Frage nach dem Ziel und dem Weg dahin kommt es zur Spaltung in zwei gegnerische Richtungen: den revolutionären Sozialismus der Kommunisten und den Reformsozialismus der Sozialdemokratie.]

Der Kommunismus strebt eine Ordnung an, in der allen Menschen alles gemein ist. Die Machtverhältnisse gelten als Spiegel der Besitzverhältnisse. Wenn es kein Mein und Dein mehr gebe, dann sei die Spaltung der Gesellschaft in Herrschende und Beherrschte hinfällig, es verschwinde die Unterdrückung und jede Benachteiligung; allen Menschen sei die freie und volle Entfaltung ihrer Anlagen möglich. Zentralistische Versionen des Kommunismus zielen darauf ab, die Unterschiede zwischen Reich und Arm auf politischem Wege einzuebnen. [...]
Die demokratischen Modelle des Sozialismus [sind] darauf angelegt, die Gesellschaft von unten heraus zu verändern. Dazu gehört der genossenschaftliche und gewerkschaftliche Zusammenschluss, insbesondere aber die Einforderung des allgemeinen und gleichen Wahlrechts. Dessen Verwirklichung nämlich gebe der Volksmasse die Mittel an die Hand, durch Wohlfahrtsgesetze ihrem Elend abzuhelfen, ohne die Freiheit und die Selbstverantwortung des Einzelnen zu vernichten [...].

Carsten Quesel, „Sozialismus", in: Gerlinde Sommer/Raban Graf von Westphalen (Hrsg.), Staatsbürgerlexikon, München (u. a.) 1999, S. 822–826

c) Konservatismus

Ausgehend vom lateinischen Wortsinn – erhaltend, bewahrend – wird der Begriff „konservativ" häufig als universelle Kategorie ohne inhaltliche Substanz gebraucht, [...] als eine wie auch immer motivierte Ablehnung politischer und sozialer Innovation. In einer weniger wertfreien, kritischen Verwendung als universelle Kategorie kennzeichnet er das politische Handeln, das auf die Bewahrung von sozialem Status quo und politischer Herrschaft zielt (sozialkonservativ).
Eine dem entgegengesetzte Definitionsweise des Begriffs Konservatismus geht davon aus, dass es sich um ein historisches, d. h. zeitgebundenes Phänomen handelt. Diese Art der Definition ordnet den Konservatismus der Moderne zu als geistig-politische Gegenbewegung zu Rationalismus, Aufklärung, Säkularisierung und Liberalismus sowie später auch zum Sozialismus. [...]
Edmund Burkes Buch „Reflections on the Revolution in France", entstanden 1790, stelle die Grundschrift des (klassischen) Konservatismus dar. [...] Burke kritisierte die Revolution vor allem deshalb, weil es ihr darum ging, für Frankreich eine auf abstrakten, rationalen Prinzipien gegründete neue Verfassung zu schaffen. Dagegen setzte er die Orientierung am konkret historisch Gewachsenen, das allein eine politische Ordnung begründen könne. Eine solche politische Ordnung müsse nicht starr bewahrt werden, dürfe aber nur in kleinen Schritten nach dem Maßstab der politischen Erfahrung verändert und reformiert werden. [...] Der Grund dafür, dass Veränderungen an einer historisch gewachsenen, mit göttlicher Legitimation versehenen Ordnung nur behutsam vorgenommen werden dürfen, lag in Burkes Verständnis des Staates. Wie sein geistesgeschichtlicher Antipode Rousseau ging auch Burke davon aus, dass Staaten ein Gesellschaftsvertrag zugrunde lag. Nur sah er diesen nicht als eine Vereinbarung von Individuen an, sondern als ein Band, das frühere ebenso wie zukünftige Generationen mit der gegenwärtigen verband. [...]
Mit der Durchsetzung von Demokratie und Volkssouveränität war die Epoche des klassischen Konservatismus, der auf einem ständisch-monarchischen Politikverständnis beruhte, [...] zu Ende. Seitdem stellt sich die Frage, was überhaupt noch als konservativ zu bezeichnen ist.

Torsten Oppelland, „Konservatismus", in: Gerlinde Sommer/Raban Graf von Westphalen (Hrsg.), Staatsbürgerlexikon, München (u. a.) 1999, S. 494–497

Edmund Burke (1729–1797), irisch-britischer Schriftsteller und Politiker, gilt als Begründer des Konservatismus.

Aufgaben

1 *Arbeiten Sie die zentralen Aspekte der einzelnen Grundtypen heraus und ordnen Sie jedem mindestens eine politische Partei zu.*

2 *Der Begriff „konservativ" wird immer mehr durch den Begriff „bürgerlich" verdrängt. Erklären Sie dieses Phänomen.*

M 8 Die Herkunft der deutschen Parteien und die heutige Bedeutung von „Rechts“ und „Links“

„In jeder Gesellschaft gibt es unterschiedliche Berufe mit jeweils verschiedenem Einkommen und Ansehen, mehrere Glaubensbekenntnisse [...] und verschiedene Weltanschauungen. [...] Es liegt nahe, dass sich Menschen mit gleichem Beruf und damit gleicher sozialer Lage, mit gleichem Glaubensbekenntnis oder gleicher Weltanschauung zu einer politischen Partei zusammenschließen, um ihre Auffassungen und Interessen im politischen Raum zu vertreten und durchzusetzen. Historisch sind auch drei deutsche Parteien vor diesem Hintergrund entstanden:

- die SPD als Partei der gewerkschaftlich organisierten Arbeitnehmer und als Ausdruck des Klassenkonflikts ‚Kapital gegen Arbeit‘;
- die CDU und CSU als Partei der kirchlich gebundenen, vornehmlich katholischen Wählerschaft;
- die FDP als Partei des nicht kirchlich gebundenen mittelständischen Bürgertums.“

Heute haben die Begriffe „Rechts“ und „Links“ nichts mehr mit der Einstellung gegenüber der Französischen Revolution von 1789 zu tun und auch die Gegenüberstellung „fortschrittlich“ (auf Veränderungen bedacht) – „konservativ“ (auf die Erhaltung des Bestehenden bedacht) besagt nicht mehr allzu viel. Vielmehr geht es in wirtschaftlicher Hinsicht vornehmlich um Einstellungen zu der Frage,

- ob die Steuerung des Wirtschaftsprozesses und die Verteilung der Einkommen eher dem marktwirtschaftlichen Wettbewerb überlassen bleiben soll („Rechts“; im Sinne des Modells der „freien“ Marktwirtschaft) oder
- ob der Staat mehr oder weniger in den Marktprozess eingreifen („intervenieren“) und die Ergebnisse von Markt und Wettbewerb im Sinne einer gleichmäßigeren Verteilung der Einkommen korrigieren soll („Links“). „Es geht um die Frage, ob die Produktion und Verteilung von Gütern und Dienstleistungen dem Markt überantwortet oder durch Interventionen gesteuert werden soll.“

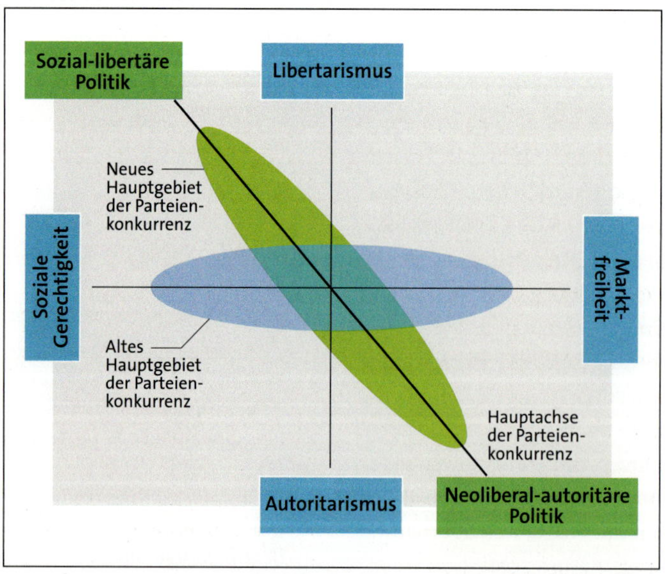

Quelle: Oscar W. Gabriel/Oskar Niedermayer/Richard Stöss (Hrsg.), Parteiendemokratie in Deutschland, Bonn ²2001

„Rechts“ und „Links“ bezeichnen insofern zwei miteinander in Konflikt stehende Grundprinzipien, also zwei „Pole“ einer „Konfliktlinie“, denen sich die realen Positionen der Parteien mehr oder weniger annähern können. Von den im Bundestag vertretenen Parteien repräsentierte [bis 2013] die Partei „Die Linke“ den „auf Verteilungsgerechtigkeit durch sozialstaatliche Interventionen setzenden Pol und die FDP den auf Leistungsgerechtigkeit setzenden marktliberalen Pol“. [...]

Im Laufe des gesellschaftlichen Wandels der letzten Jahrzehnte und dem Aufkommen neuer Parteien wie z. B. der „Grünen“ hat sich herausgestellt, dass die beschriebene „ökonomische Konfliktlinie“ zwischen „Links“ und „Rechts“ nicht ausreicht, um die unterschiedlichen politischen Leitvorstellungen der Parteien angemessen zu beschreiben. In der Bevölkerung – und damit auch im „Wahlvolk" – hat sich in den letzten Jahrzehnten quer durch alle Gruppen ein gewisser „Wertewandel" vollzogen, d.h. ein Wandel der Vorstellungen von dem, was die Menschen für wünschens- und erstrebenswert halten. Er lässt sich kurz charakterisieren als ein Wandel (im Sinne einer Gewichtsverlagerung, nicht eines völligen Umschlags) weg von Wertorientierungen wie Pflichterfüllung, Sicherheit und „Akzeptanz" (Bereitschaft zur Annahme bestehender Ordnungen) hin zu Wertorientierungen, in deren Mittelpunkt die persönliche Freiheit, die „Emanzipation" und die „Selbstverwirklichung" stehen.

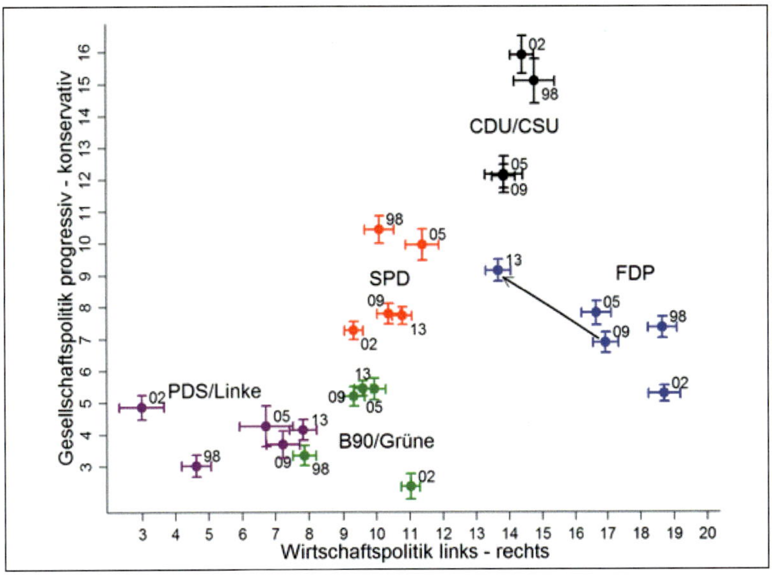

Verschiebungen im Parteienspektrum der Bundestagsparteien von 1998–2013. Die Kreuze zeigen die Position im entsprechenden Wahljahr.

Marc Debus/Jochen Müller, „Die programmatische Ausrichtung der Parteien zur Bundestagswahl 2013 – Eine Kurzanalyse der ersten Wahlprogramm(entwürfe)", http://blog.zeit.de, 23.03.2013 [11.01.2014]

Vor diesem Hintergrund ergänzen Politikwissenschaftler die „ökonomische" durch eine zweite „politisch-kulturelle" Konfliktlinie, deren beide „Pole" zwei Wertesysteme bilden, die mit den (etwas schwierigen) Begriffen „libertär" (von lat. libertas – Freiheit) und „autoritär" (von lat. auctoritas – Einfluss, Machtstellung) bezeichnet werden. Oskar Niedermayer, einer der bekanntesten Parteienforscher, formuliert das so: „Libertäre Wertesysteme sind gekennzeichnet durch die Betonung individueller Freiheit, Selbstverwirklichung, [...] Emanzipation, Toleranz gegenüber Minderheiten [...], während autoritäre Wertesysteme durch kollektive [auf die Beschränkung individueller Freiheiten, auf Gemeinschaft, Volk und Staat bezogene] Orientierungen, hierarchische [auf klare Über- und Unterordnung bezogene] Ordnungsvorstellungen [...] und Intoleranz gegenüber Minderheiten [...] geprägt sind." Will man die Leitvorstellungen der Parteien diesen Wertesystemen zuordnen, wird „der kulturelle Gegensatz durch die Grünen als dem libertären und vor allem durch die NPD als dem autoritären Pol verkörpert".

- Aus der Kombination der beiden „Konfliktlinien" („Rechts/Links" einerseits, „libertär/autoritär" andererseits) ergibt sich auf diese Weise ein Koordinatensystem mit vier Grundpositionen, denen man die „kleineren" Parteien besser zuordnen kann als die beiden „großen", die als Volksparteien" in ihren Programmen und in ihrer Politik ein breites Spektrum abdecken (also eher in der „Mitte" liegen). Auch muss noch einmal betont werden, dass es sich hier um eine „typisierende" (wesentliche Züge einseitig hervorhebende) Einteilung handelt, welche die im Einzelnen differenziertere Realität der „Parteienlandschaft" nicht vollständig abbilden kann: Je nach einzelnen politischen Themen und Politikfeldern liegen die Positionen der Parteien mal weiter auseinander, mal enger beieinander.

Franz Josef Floren, Politik – Gesellschaft – Wirtschaft, Band 2, Schöningh, Paderborn 2011, S. 43 f.

Aufgaben

1 *Beschreiben Sie die Veränderung im deutschen Parteienspektrum.*

2 *Beurteilen Sie, inwiefern die ideologischen Grundhaltungen „konservativ", „sozial" und „liberal" heute noch im deutschen Parteiensystem aufzufinden sind und Bedeutung haben.*

3 *Ordnen Sie neue und weniger bekannte Parteien in die Schemata ein.*

M 9 Der Niedergang der Volksparteien und die Gefahren des Populismus

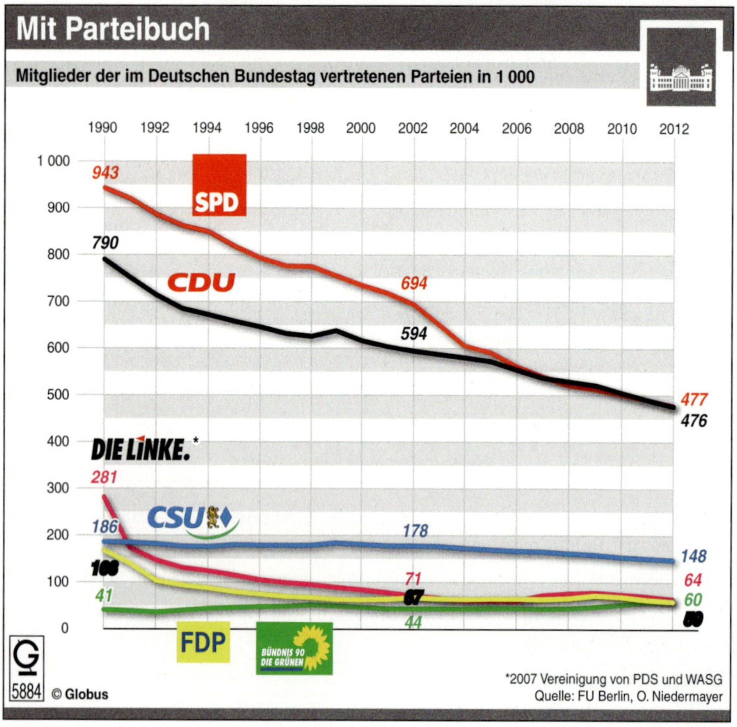

Als die Parteien sich von klassengebundenen Massenparteien zunehmend in lose Bewegungen und professionalisierte Wählerparteien entwickelten, gewannen populistische Elemente die Chance vom Randphänomen in das Zentrum des Parteiensystems zu gelangen – wie Berlusconi in Italien und viele Parteien in postkommunistischen Ländern zeigten. In diesem Prozess verlor der Populismus einiges von seinem früheren Image des statusversessenen Kleinbürgertums und fand zunehmend auch Anhänger in der Arbeiterklasse. In vier Dimensionen hat sich die Forschung dem Populismus zugewandt: die ideologische und programmatische Dimension, die personelle Dimension der Führerschaft, die technische Dimension eines simplifizierenden metaphorischen Stils der politischen Propaganda, die wachsende Bedeutung von positiven oder negativen Kampagnen in den Massenmedien, die sich zunehmend auf „events" und Skandale konzentrieren.

Der Populismus erwies sich nicht als Einbahnstraße. Er wurde anfangs erleichtert durch den Wandel der Ideologien und der Organisationsmuster der Parteien im Niedergang der traditionellen Parteiensysteme. Sie waren gekennzeichnet durch einen Niedergang der Parteimitgliedschaften, der Parteiidentifikation und der Wahlbeteiligung. Parteien professionalisierten sich. Anti-Establishment-Gefühle und Anti-Parteien-Stimmungen breiteten sich aus. Es gibt keinen Grund, diese Entwicklung nur negativ zu bewerten: Der moderne Wähler erwies sich als besser informiert als der alte in Zeiten der Klassenparteien, er war weniger kollektivistisch gesonnen und unabhängiger in seinem Urteil von den großen Maschinen. Unerwünschte Nebenfolge: erhöhte Wählerstimmen-Fluktuation (Volatilität) bei Wahlen. [...]

Inzwischen wurde der Populismus in der Wissenschaft sogar gelegentlich positiv gewertet [...]:

- Er erwies sich als nützlich im Bereich des Agenda-Setting und in der Herausstellung neuer Themen, die bald von den etablierten Parteien übernommen wurden.
- Die negativen Befürchtungen hinsichtlich der ruinösen Wirkung der Populisten auf das System der repräsentativen Demokratie erwiesen sich als übertrieben.

Populistische Verhaltensweisen haben inzwischen auch die etablierten Parteien erfasst, wie an Blair oder Schröder demonstriert wurde. Charismatische Mediendemokratie förderte den populistischen Stil auch in der konventionellen Politik.

Klaus von Beyme, Das politische System der Bundesrepublik Deutschland: Eine Einführung, VS Verlag für Sozialwissenschaften, Wiesbaden [11]2010, S. 201–203

Aufgaben

1 *Benennen Sie*
a) die Merkmale des Populismus;
b) seine Folgen für das Parteiensystem.

2 *Bewerten Sie, auch vor dem Hintergrund der Politikverdrossenheit, die Rolle des Populismus in Deutschland.*

M 10 Inhaltliche Positionsbestimmung der Bundestagsparteien

Sozialdemokratische Partei Deutschlands (SPD)

Gründungsjahr Bundesverband
1863
Mitgliederzahl in Deutschland
473 820 (Dez. 2013)

Bundesvorsitz
Sigmar Gabriel (seit 2009)
Wahlergebnis 2013
25,7 Prozent

Die zentralen Werte der „Sozialdemokratischen Partei Deutschlands“ (SPD) sind Freiheit, Gerechtigkeit und Solidarität. Die Partei versteht sich als Garant von Freiheits- und Grundrechten, welche durch die gleichzeitige Gewährleistung umfassender sozialstaatlicher Sicherung Teilhabe am politischen und ökonomischen Leben einer Gesellschaft sowie auskömmliche materielle Grundlagen ermöglichen sollen. Der Gedanke der Solidarität soll das Handeln der Menschen prägen.

Uwe Jun, Sozialdemokratische Partei Deutschlands (SPD), Parteiprofil, www.bpb.de, 29.08.2013 [20.09.2013]

Christlich Demokratische Union Deutschlands (CDU)

Gründungsjahr Bundesverband
1950
Mitgliederzahl in Deutschland
468 329 (Dez. 2013)

Bundesvorsitz
Angela Merkel (seit 2000)
Wahlergebnis 2013
34,1 Prozent

Die CDU versteht sich von ihrem Grundsatzprogramm her als christliche Partei, die ihre Ziele „im Bewusstsein unser Verantwortung vor Gott und den Menschen“ formuliert und am „christlichen Bild vom Menschen“ orientiert. Im Wahlprogramm und der alltäglichen Politik spielt dies eine eher untergeordnete Rolle, wenngleich kirchennahe Christen zur Kernwählerschaft der CDU gehören.

Frank Bösch, Christlich Demokratische Union Deutschlands (CDU), Parteiprofil, www.bpb.de, 29.08.2013 [20.09.2013]

Freie Demokratische Partei (FDP)

Gründungsjahr Bundesverband
1948
Mitgliederzahl in Deutschland
57 275 (Dez. 2013)

Bundesvorsitz
Christian Lindner (seit 2013)
Wahlergebnis 2013
4,8 Prozent (seitdem nicht mehr im Bundestag vertreten)

Die „Freie Demokratische Partei“ (FDP) besteht seit 1948. Programmatisch hat sich die FDP als liberale Partei definiert und damit in die bis auf die bürgerlichen Revolutionen des 18. und 19. Jahrhunderts zurückreichende Tradition des Liberalismus gestellt. Im Zweifel stimmen Liberale für Freiheit vor Sicherheit und Gleichheit, für Markt statt Staat, für das Individuum anstelle des Kollektivs oder der Gemeinschaft.

Hans Vorländer, Freie Demokratische Partei (FDP), Parteiprofil, www.bpb.de, 29.08.2013 [20.09.2013]

DIE LINKE (DIE LINKE)

Gründungsjahr Bundesverband
2007
Mitgliederzahl in Deutschland
63784 (Dez. 2013)

Bundesvorsitz
Bernd Riexinger, Katja Kipping (seit 2012)
Wahlergebnis 2013
8,6 Prozent

In ihrem Erfurter Grundsatzprogramm von 2011 hält DIE LINKE fest: „Wir kämpfen für einen Systemwechsel, weil der Kapitalismus, der auf Ungleichheit, Ausbeutung, Expansion und Konkurrenz beruht, mit diesen Zielen unvereinbar ist." [...] Das Plädoyer für „soziale Gerechtigkeit" steht im Vordergrund – Hartz IV gilt als „Armut per Gesetz". [...] Um Frieden zu sichern, müsse die Bundeswehr aus allen Auslandseinsätzen zurückgeholt werden.

Eckhard Jesse, Die Linke (Die Linke), Parteiprofil, www.bpb.de, 29.08.2013 [20.09.2013]

BÜNDNIS 90/DIE GRÜNEN (GRÜNE)

Gründungsjahr Bundesverband
1980
Mitgliederzahl in Deutschland
61579

Bundesvorsitz
Cem Özdemir (seit 2008),
Simone Peter (seit 2013)
Wahlergebnis 2013
8,4 Prozent

Die vier Grundsäulen ihrer Programmatik definierten die Grünen in ihrem ersten Grundsatzprogramm 1980 als ökologisch, sozial, basisdemokratisch und gewaltfrei. [...] Im Unterschied zu ihren pazifistischen Traditionen aus den Gründungsjahren befürwortet die Partei jetzt unter bestimmten Bedingungen die Beteiligung der Bundeswehr an internationalen militärischen Einsätzen zur Friedenssicherung bzw. zum Schutz von Menschenrechten.

Lothar Probst, Bündnis 90/Die Grünen (Grüne), Parteiprofil, www.bpb.de, 29.08.2013 [20.09.2013]

Christlich-Soziale Union in Bayern e. V. (CSU)

Gründungsjahr Bundesverband
1945
Mitgliederzahl in Deutschland
148 000

Parteivorsitz
Horst Seehofer (seit 2008)
Wahlergebnis 2013
7,4 Prozent

Die „Christlich-Soziale Union in Bayern e. V." (CSU) sieht sich als „moderne, wertorientierte Volkspartei", die ihre programmatischen Wurzeln in christlicher Verantwortung für die Welt, Frieden in Freiheit und in der sozialen Marktwirtschaft hat. Geprägt vom christlichen Menschenbild, hat sie sich stets intensiv bemüht, ihre Politik an diesen Normen zu orientieren. Zunehmend hat sie sich aber auch dem Wertewandel in der Gesellschaft geöffnet.

Heinrich Oberreuter, Christlich-Soziale Union in Bayern e. V. (CSU), Parteiprofil, www.bpb.de, 29.08.2013 [20.09.2013]

Aufgaben

1 *Vergleichen Sie Ihre Einschätzungen der Parteien mit dem jeweiligen Selbstverständnis der Parteien.*

2 *Überprüfen Sie, inwieweit die grundlegende Ausrichtung sich in konkreten Entscheidungen und Positionen der Parteien und/ oder Parteimitglieder wiederfindet.*

M 11 Parteienfinanzierung – Kosten der Demokratie

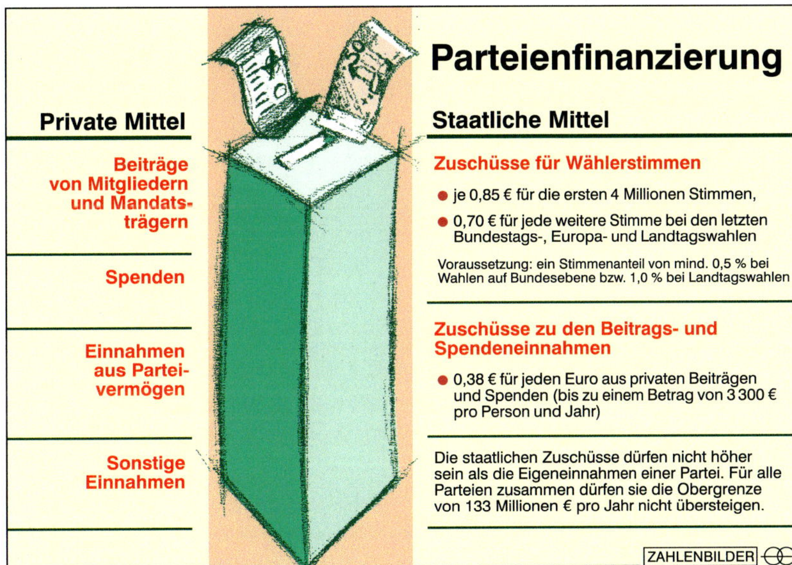

© Bergmoser + Höller Verlag AG

Bei kaum einem anderen Thema scheiden sich die Geister in der Bevölkerung so deutlich wie bei der Parteienfinanzierung. Bei diesem Thema bezieht der Bürger [...] eine Position der doppelten Moral. Der [Bürger] tritt hier nämlich in unterschiedlicher Erwartungsgestalt auf: Abwechselnd erwartet er von den Parteien entweder, als Gegenleistung für Mitgliedsbeiträge, Spenden oder auch nur ideell gewährte Unterstützung, die größtmögliche Berücksichtigung seiner eigenen Interessen. Oder er stimmt mit ein in den Chor der moralischen Wächter des Gemeininteresses. Dann geißelt er das mitunter anrüchige Finanzgebaren der Parteien, die sich aus staatlichen Töpfen und manchmal auch dunklen Quellen bedienen. [...]
Grundsätzlich birgt jede Form der Fremdfinanzierung von Parteien, also private Spenden ebenso wie staatliche Geldtransfers, ein Gefährdungspotenzial für die Demokratie. Wenn einkommensstarke bzw. kapitalkräftige Spender bestimmte Parteien gezielt bedenken, kann dies zur Folge haben, dass bestimmte Bürger oder Gruppierungen größere politische Einflusschancen gewinnen als andere.

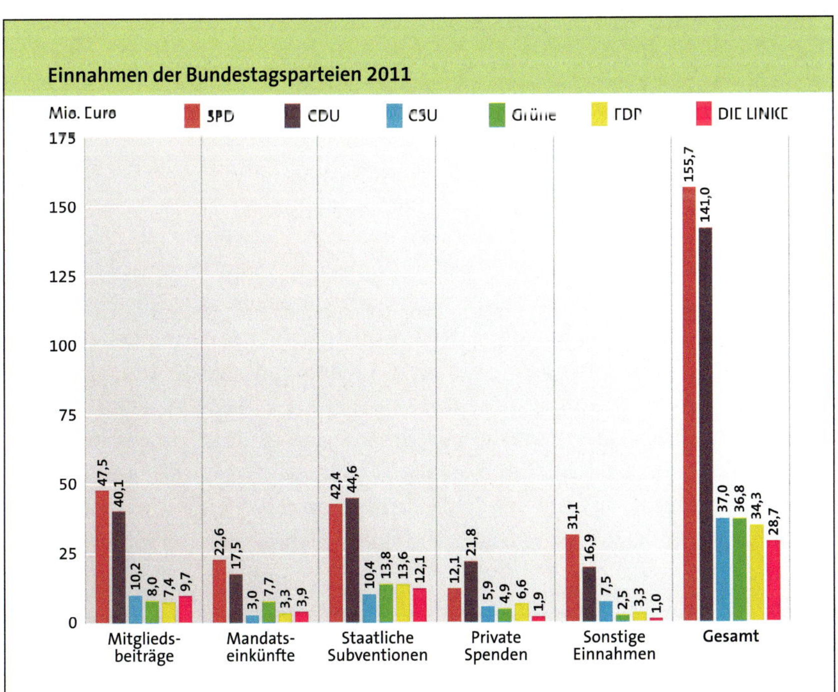

Eigene Darstellung, Quelle: www.bundestagswahl-bw.de/parteienfinanzierung.html

Das elementare Gebot politischer Chancengleichheit ist auf andere Weise auch verletzt, wenn bestimmten (kleinen) Parteien die Berechtigung, an staatlichen Geldmitteln teilzuhaben, aufgrund einschränkender Regelungen verwehrt wird. Einen fairen Wettbewerb der Parteien kann dies gefährden. Grundsätzlich werden Parteien immer versucht sein, den Staatsanteil in ihren Kassen möglichst auszuweiten. Das wiederum kann dazu führen, dass das Einwerben von beitragszahlenden Mitgliedern und von Spenden (die keineswegs prinzipiell anrüchig sind) vernachlässigt wird. Die Folge einer derartigen budgetären Verstaatlichung der Parteien wäre ihre fortschreitende Entkopplung von der gesellschaftlichen Basis.

[...] Bei nüchterner Betrachtung ist festzustellen: Ein demokratischer Parteienstaat ist nicht zum Nulltarif zu haben. Die finanziellen Kosten der Demokratie, die aus einer staatlichen Alimentierung politischer Parteien entstehen, lassen sich konstitutionell mit dem Verfassungsrang der Parteien und sachlogisch mit ihrer Handlungsfähigkeit als Organisation, der vielfältige öffentliche Aufträge übertragen sind, hinreichend begründet erweisen.

Everhard Holtmann, Der Parteienstaat in Deutschland: Erklärungen, Entwicklungen, Erscheinungsbilder, Bundeszentrale für politische Bildung, Bonn 2012, S. 164–166

Aufgaben

1 *Arbeiten Sie aus dem Text die grundlegenden Argumente für und gegen die geltende Parteienfinanzierung heraus.*

2 *Der Parteienkritiker Hans Herbert von Arnim bezeichnet die Parteienlandschaft in Deutschland als „Closed Shop" – geschlossene Gesellschaft. Beurteilen Sie unter Berücksichtigung der Parteienfinanzierung die Chancen neuer Parteien in der Parteienlandschaft.*

M 12 Die Verknüpfung von Parteien und Staat

Ohne die Symbiose mit den Verwaltungen des Bundes, der Länder und der Gemeinden lassen sich die Parteien nicht realistisch schildern. Bei Einstellungen und Beförderungen im öffentlichen Dienst wird auch die Parteizugehörigkeit berücksichtigt. Diese Praxis ist akzeptiert, soweit das Qualifikationskriterium mitbeachtet wird. Gönnen wir in diesem Zusammenhang deshalb dem Staat einen kurzen Blick. Damit die Parteien überhaupt an den Staat andocken können, muss dieser zunächst einmal passende Anlegestellen bieten. Daran mangelt es nicht [...]. Verglichen mit den meisten europäischen Nachbarländern darf man sie in Deutschland getrost als üppig bezeichnen.

Die Leitungsebenen der Ministerien werden mit Personen besetzt, die aus politischen Gründen berufen werden und aus denselben Gründen auch wieder entlassen werden können. Es handelt sich um die politischen Beamten. Zählen wir einmal durch, wie viele Ministerialbehörden es in Deutschland gibt. Jedes Ressort, sei es noch so klein, hat als Chef der Verwaltung einen Staatssekretär. Die größeren Bundesministerien haben sogar zwei und mehr. In jedem Bundesministerium gibt es darüber hinaus noch das Amt des Parlamentarischen Staatssekretärs, der aber keine Verwaltungsfunktion ausübt, sondern den Minister vertritt und ihn bei der Wahrnehmung parlamentarischer Aufgaben entlastet. [...]

Die Nähe des öffentlichen Dienstes zu den Parteien hat dieselben Ursachen, die Max Weber [...] vor bald 90 Jahren als die „Abkömmlichkeit" für die Politik beschrieben hat: Weber hatte hauptsächlich Anwälte und Unternehmer vor Augen, die auf der Grundlage einer gesicherten materiellen Existenz die erforderliche Zeit und Energie für eine politische Arbeit erübrigen konnten. Heute gilt das Gleiche für Verwaltungsbeamte, Lehrer und Professoren.

Jürgen Hartmann, Das politische System der BRD im Kontext: Eine Einführung, Springer VS, Wiesbaden [2]2013, S. 136 ff.

Aufgaben

1 *Erläutern Sie den Begriff „Abkömmlichkeit" im Zusammenhang mit der Verknüpfung von Parteien und Staat.*

2 *Gestalten Sie vor dem Problem der zunehmenden Verschuldung einen Leserbrief oder einen Blog-Eintrag, der die Verknüpfung von Parteien und Staat aufzeigt und bewertet.*

M 13 Parteien als korrupte Organisationen?

Die Parteien kommen ihren beiden Hauptfunktionen – Ausrichtung am Gemeinwohl und Bürgernähe – nur höchst eingeschränkt nach. Geht es dagegen um die eigene Ausstattung mit Geld und die Ausweitung ihrer Macht und ihres Einflusses auf die öffentliche Verwaltung und andere Bereiche, in denen sie von Rechts wegen eigentlich nichts zu suchen haben, handeln sie äußerst zielstrebig und effektiv.

Dabei kommt ihnen ihre Stellung mitten im Staat zugute, kraft derer sie die Gesetze selbst gestalten können, und zwar in ihrem Sinn. Auf diese Weise verschaffen die Parteien selbst den problematischsten Regelungen den Schein der Legalität. Hier sei nur an die unbegrenzte Zulassung von Großspenden an Parteien und Abgeordnete erinnert, obwohl solche Pseudogeschenke immer im Dunstkreis der Korruption stehen. Hierher gehört auch das Dulden von Abgeordneten, die gleichzeitig Lobbyisten sind und so ihre Unabhängigkeit verkaufen, sowie das Fehlen eines wirksamen Strafgesetzes gegen Abgeordnetenkorruption. Oft wird dann sogar die Verfassung ignoriert. Beispiele sind die überzogene steuerliche Begünstigung von Zuwendungen an Parteien und die ebenfalls verfassungswidrigen Parteisteuern, die eine verdeckte Staatsfinanzierung der Parteien darstellen (vgl. Info).

Politikwissenschaftler sprechen oft bedauernd von einem „Antiparteieneffekt" und davon, die Bevölkerung halte Politik vielfach für ein „schmutziges Geschäft". Ist das aber so ganz falsch? Hat der gesunde Menschenverstand nicht auch hier das richtige Gespür? Gewiss, es gibt Hunderttausende bloß zahlende Mitglieder und ehrenamtlich in den Kommunen Tätige, die es ehrlich meinen, an den Machenschaften ihrer Genossen nicht beteiligt und, wenn sie herauskommen, oft am meisten enttäuscht sind. Diese einfachen und an der Basis tätigen Parteimitglieder sind mit dem Vorwurf auch gar nicht gemeint. Es sind vielmehr die Funktionäre innerhalb der Parteien, die mittels ihrer parasitären Netzwerke nicht nur die Allgemeinheit, sondern auch die Parteien selbst ausbeuten.

Eine Umkehr würde u.a. radikale Änderungen der Parteien- und Wahlgesetze verlangen, mit denen die politische Klasse selbst vermutlich überfordert wäre, die aber durch eine „legale Revolution" mittels Volksbegehren und Volksentscheid durchaus realisiert werden könnten.

Hans Herbert von Arnim, Deutschlandakte: Was Politiker und Wirtschaftsbosse unserem Land antun, C. Bertelsmann Verlag, München 2008, S. 129 f., 137

Info

Parteisteuern
Als Parteisteuern werden Spenden bezeichnet, die Abgeordnete anteilig zu ihren Mandatsbezügen (Diäten) an die Parteien abführen. Diese Spenden werden gemäß der gesetzlichen Richtlinien mit 38 Cent pro Euro durch den Staat bezuschusst und sind vom Abgordneten steuerlich absetzbar, sodass hier eine weitere staatliche Finanzierung der Parteien erfolgt.

Aufgaben

1. *Arbeiten Sie die zentralen Thesen Arnims heraus und beziehen Sie dazu Stellung.*
2. *Analysieren Sie die Kritik Arnims.*

M 14 Die Stellung von Parteien im internationalen Vergleich

Die Parteimitgliederdichte weist in den [...] europäischen Ländern erhebliche Unterschiede auf. In Österreich ist sie immer noch sehr groß, in Frankreich gering. Staatliche Alimentierung sichert die Parteien in finanzieller Hinsicht allenthalben recht gut ab. Politische Professionalität setzt sich in parlamentarische Mitentscheidungsmacht um und bereitet auf Regierungsämter vor. Sie wird in parlamentarischen Karrieren erworben. Versuchen wir, diese Feststellungen in einem kurzen Satz zusammenzubringen: Politische Systeme kommen mit Parteien aus, die ein gewisses Minimum an Mitgliedern besitzen – so viele, wie sie benötigen, um Kandidaten für Ämter und Mandate zu nominieren und den Nachwuchs auf die kompetente Ausübung dieser Positionen vorzubereiten. [...]

Großbritannien [...] Der deutsche Begriff des Parteienstaates hat eine andere Bedeutung als der englische Begriff des Party government. In seltener Simplizität meint Party government wirklich nur die Regierungskontrolle durch eine Partei. Dies entspricht der britischen Realität mit einem parteiengesteuerten Parlaments- und Kabinettsbetrieb, aber mit einer politisch neutralen Verwaltung. Lediglich die 650 Damen und Herren im Unterhaus üben eine veritable Parlamentariertätigkeit aus. [...].

Der britische Civil Service ist parteipolitisch neutral. Die kommunale Politik vollzieht sich unter der administrativen Leitung von Fachbeamten. Die Wahlkampffinanzierung fällt bescheiden aus. Industriespenden alimentieren die bescheidene Infrastruktur der Konservativen Partei, Zuwendungen der Gewerkschaften die der Labour Party. Die Labour Party zählte 2005 215 000, die Konservative Partei 320 000 und die Liberaldemokratische Partei 70 000 Mitglieder [...].

Im Mehrheitswahlsystem entscheiden die lokalen Parteiaktivisten über die Nominierung der Parlamentskandidaten. Der Einfluss der zentralen Parteiorgane auf das Kandidatenfeld ist bescheiden. Obgleich die Kandidaten letztlich als Vertreter einer Partei gewählt werden, zählen bei der Nominierung persönliche Qualitäten. Wer mit seiner Bewerbungsrede vor Parteimitgliedern, die selbst keine größeren politischen Ambitionen haben, nicht überzeugt, wer keinen guten Eindruck hinterlässt, dem nützen auch die besten Empfehlungen der Londoner Parteizentrale wenig. Und im Parlament selbst, wo die eigentliche politische Karriere erst beginnt, werden rhetorische Fähigkeiten besonders hoch bewertet. Das britische Unterhaus wird in der Lehrbuchliteratur als Typus des Debattier- oder Redeparlaments aufgeführt – im Unterschied zum Arbeitsparlament. [...]

Großbritannien ist kein Parteienstaat, wie wir ihn in Deutschland kennen. Dafür fehlen die Voraussetzungen, d. h. es gibt keine öffentlichen Medien, Verwaltungen oder Regiebetriebe, in denen verdiente Parteiarbeiter überwintern und einen Teil ihrer Arbeitszeit für die Organisation abzweigen könnten. Die Gründe liegen in der Verwaltungstradition und in der Art der öffentlichen Verwaltung.

Jürgen Hartmann, Das politische System der BRD im Kontext: Eine Einführung, Springer VS, Wiesbaden [2]2013, S. 156, 152

Aufgabe

Vergleichen Sie das britische mit dem deutschen Parteiensystem und halten Sie Ihre Ergebnisse in einer Tabelle fest.

M 15 Parteienverbot

Für die Aufnahme des Art. 21 Abs. 2 in das Grundgesetz waren die Erfahrungen der Weimarer Republik bestimmend. Es sollte verhindert werden, dass Gegner der demokratischen Ordnung noch einmal die ihnen gewährten Rechte zur Abschaffung der freiheitlichen Demokratie nutzen.

In dieser Verfassungsbestimmung findet das Prinzip der „streitbaren Demokratie“ seinen Ausdruck. Die Entscheidung, ob eine Partei verfassungswidrige Ziele verfolgt, kann nur das Bundesverfassungsgericht treffen („Parteienprivileg“), während verfassungswidrige Vereinigungen nach Art. 9 Abs. 2 durch die Innenminister des Bundes und der Länder verboten werden können. Seit dem Inkrafttreten des Gesetzes zur Regelung des öffentlichen Vereinsrechts 1964 haben Bund und Länder 82 Verbote solcher Vereinigungen ausgesprochen. Dagegen sind nur zwei Parteien verboten worden, die rechtsextreme Sozialis-

Info

Grundgesetz (Auszug)

Artikel 21: (2) Parteien, die nach ihren Zielen oder nach dem Verhalten ihrer Anhänger darauf ausgehen, die freiheitliche demokratische Grundordnung zu beeinträchtigen oder zu beseitigen oder den Bestand der Bundesrepublik Deutschland zu gefährden, sind verfassungswidrig. Über die Frage der Verfassungswidrigkeit entscheidet das Bundesverfassungsgericht.

tische Reichspartei (SRP) 1952 und die Kommunistische Partei Deutschlands (KPD) 1956.
Gegen das Instrument des Parteiverbots wird eingewandt, dass ein Verbot

- die betreffende Partei in den Untergrund drängt, wo ihre Aktivitäten unkontrollierbar werden,
- gegen große und darum wirklich gefährliche Parteien nicht durchsetzbar ist,
- zur Gründung von Ersatzorganisationen führt (DKP),
- kleine Parteien aufwertet und ihnen eine Märtyrerrolle verschafft.

Dagegen ist zu sagen, dass die bloße Drohung eines Verbots extremistische Parteien zur Vorsicht bei der Propagierung und Verfolgung ihrer Ziele und zur zumindest verbalen Anerkennung des Grundgesetzes nötigt.

Horst Pötzsch, Die deutsche Demokratie, Bundeszentrale für politische Bildung, Bonn 1995, S. 40

Horst Haitzinger

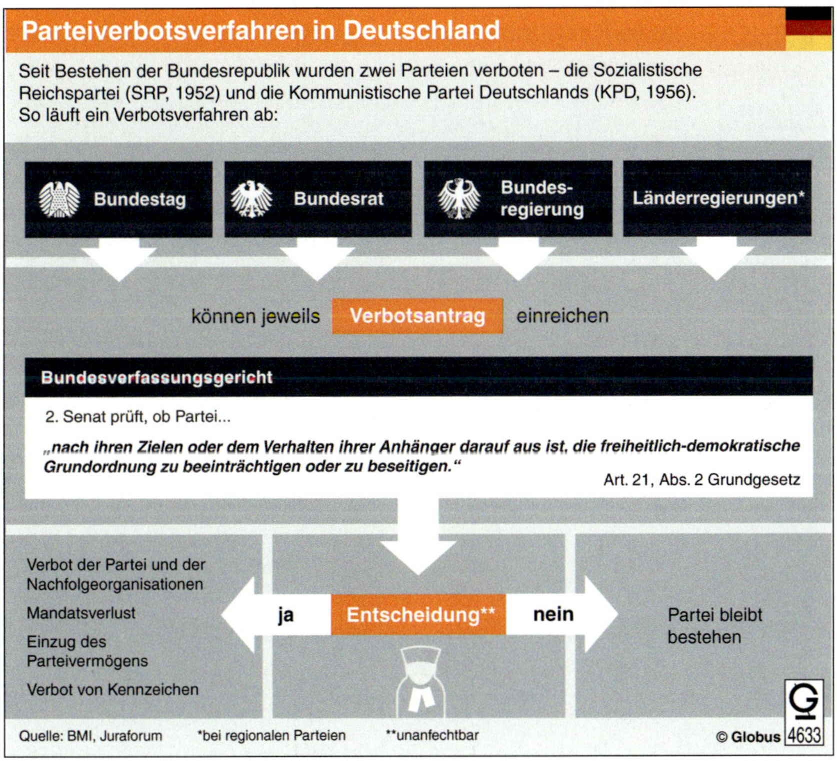

Aufgaben

1 *Erläutern Sie den Begriff „Parteienprivileg“ an einem Beispiel.*

2 *Ergänzen und überprüfen Sie die Argumente zum Parteienverbot am Beispiel der NPD.*

3 *Seit Beginn der 2000er-Jahre wird ein Verbot der rechtsextremen Partei NPD diskutiert. Erörtern Sie an diesem Beispiel ein Parteienverbot.*

M 16 Vertrauen in Politik und Parteien

Vertrauen in Politiker und Politik ist das Gegenteil von Politik- und Parteienverdrossenheit. Vertrauen ist zugleich eine Schlüsselgröße der politischen Kultur jeder Demokratie. [...] Dass sich zwischen den Einzelnen und der politischen Ordnung, zwischen Staatsbürgern und Parteienstaat, ein belastbares Vertrauensverhältnis aufbaut, ist für eine stabile Demokratie unerlässlich. Mangelt es allgemein an der Überzeugung, dass in den politischen Institutionen das Land

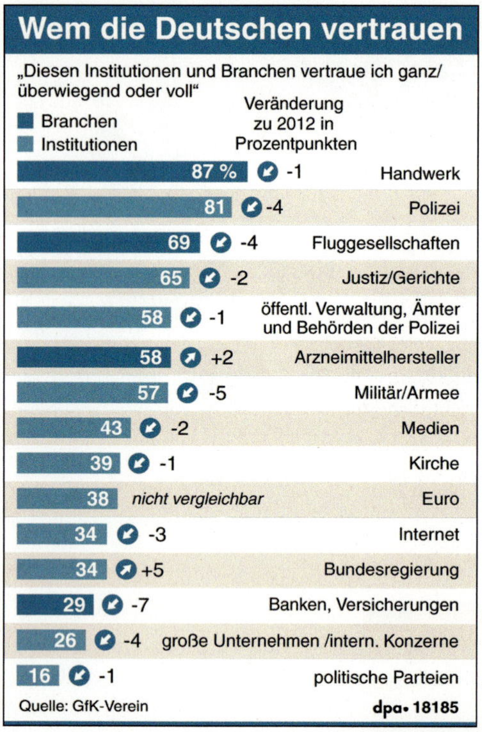

kompetent und verantwortungsvoll regiert wird, „dann weist die Demokratie Mängel auf. Ein Mindestmaß an Vertrauen ist zudem für die Effektivität des Regierungshandelns erforderlich: Nur auf der Basis eines Grundvertrauens ist die Bevölkerung bereit, politische Entscheidungen freiwillig zu befolgen und auch solche Entscheidungen zu akzeptieren, die kurzfristig den eigenen Interessen zuwiderlaufen.“ […]

Schlusslicht beim Institutionenvertrauen – die Parteien

In der individuellen Wahrnehmung der Bürger verschmilzt, wie Umfragen fortlaufend dokumentieren, der Eindruck von Leistungsversagen des Systems mit dem Empfinden eines Gerechtigkeits- sowie Glaubwürdigkeitsdefizits der Politik. Im Juli 2009 beispielsweise verneinten die Bundesbürger mehrheitlich, dass die Parteien vor den Bundestagswahlen wirklich ehrlich sagen, was sie hernach tun wollen. Wenn Politik einen derart schlechten Ruf genießt, liegen dem nicht allein tauschbezogene Einschätzungen zugrunde, die einen enttäuschten eigenen Vorteil widerspiegeln. Vielmehr sind auch die gesellschaftsbasierten Fundamente des Vertrauens in parteienstaatlich geregelte Politik ersichtlich in Mitleidenschaft gezogen.

Everhard Holtmann, Der Parteienstaat in Deutschland: Erklärungen, Entwicklungen, Erscheinungsbilder, Bundeszentrale für politische Bildung, Bonn 2012, S. 131–133

Gründe für den Vertrauensverlust in Politiker und Parteien	Ost	West
überzogene Versprechungen von Politikern	91,3 %	90,9 %
schlechtere wirtschaftliche Situation	72,7 %	75,9 %
weniger fähige Politiker	71,3 %	75,9 %
Berufspolitiker ohne Erfahrung in anderen Arbeitsbereichen	68,8 %	59,5 %
Art der Berichterstattung über Politik	63,7 %	70,1 %
zu große Erwartungen seitens der Bevölkerung	56,5 %	59,5 %
weniger Anerkennung von Autorität	60,6 %	57,3 %
geringe Handlungsspielräume der Politiker	52,3 %	44,9 %

Frage: „Ich nenne Ihnen hier nun mögliche Ursachen für das gesunkene Vertrauen. Sagen Sie mir bitte als erstes, ob Ihrer Meinung nach … sehr stark, ziemlich stark, nicht sehr stark oder sehr wenig dazu beigetragen hat, dass das Vertrauen gesunken ist?“ – Angaben hier „sehr stark“ und „ziemlich stark“ in Prozent.

Quelle: SFB 580 Bevölkerungsbefragung 2010, Jena-Halle; zitiert nach: Everhard Holtmann, a. a. O., S. 176

Aufgaben

1 *Beschreiben Sie an einem Beispiel aus der Schule, wie Vertrauen und regelkonformes Verhalten zusammenhängen.*

2 *Analysieren Sie die Tabelle zu den Gründen des Vertrauensverlustes von Politikern und Parteien.*

3 *Erläutern Sie die Rolle der Medien bei dem Vertrauensverlust, den Parteien und Politiker erleiden.*

M 17 Herausforderungen des deutschen Parteienstaats

[...] Die Aufspaltung organisierter gesellschaftlicher Interessen in kleinteilige Sonderbünde, wie beispielsweise Gewerkschaften von Lokführern, Piloten und Fluglotsen oder einen gesonderten Verband der Milchbauern, schreitet weiter voran. Sowohl das Erfordernis, Politikfelder, die zur Verselbstständigung neigen, im verhandelnden Staat zusammenzubinden, als auch die fortschreitende Zerfaserung organisierter Interessen im gesellschaftlichen Vorhof der Parteien stellt die Integrationsfähigkeit, die von Parteien und speziell von Volksparteien erwartet wird, auf eine neue Probe.

Zur gleichen Zeit rutschen die Parteien tiefer in dunkle Löcher einer Loyalitätsverweigerung, die in der deutschen Gesellschaft – und im übrigen Europa noch weit dramatischer – um sich greift. Parteipolitik wird inzwischen für nahezu jegliches „Staatsversagen“ haftbar gemacht. Angesichts der dichten Durchmischung von Parteifunktionen und Staatsaufgaben ist dies nicht wirklich überraschend. In Zeiten der Krise der Systeme sozialer Sicherung und zurückgenommener sozialer Leistungen wirkt es sich für die politische Manövrierfähigkeit des deutschen Parteiensystems zudem erschwerend aus, dass in der Bevölkerung eine traditionelle Erwartung von Verteilungsgerechtigkeit weit verbreitet ist.

Die schlechten Noten, die den Parteien durchweg erteilt werden, gehen Hand in Hand mit der internen Auszehrung der aktiven Mitgliederkerne. Hinzu kommt die beschriebene doppelte Herausforderung von außen – einesteils durch Protestparteien und anderenteils durch Nichtregierungsorganisationen, die sich für öffentliche Güter einsetzen und dafür mitunter ohne eigene demokratische Legitimationsbasis ein allgemeines politisches Mandat beanspruchen. Wo dies geschieht, wird die politische Arbeitsteilung, die den Vorrang der Parteien im Sektor des parlamentarisch legitimierten Regierens anerkennt, faktisch aufgekündigt.

Schließlich hat die Europäisierung nationaler Politiken auch den Parteienstaat, in Deutschland wie in allen anderen Mitgliedsstaaten der EU, längst eingeholt. Die Parteien müssen sich im europäischen Mehrebenen-System, das heißt im supranational erweiterten Politikzyklus „zwischen Berlin und Brüssel“, neu aufstellen. Vom häufig festgestellten Machtverlust der Parlamente sind die Parteien als Parteien im Parlament unmittelbar betroffen. Dass der nationale Aktionsradius des Parteienstaates teilweise entgrenzt wird, ist eine unabweisbare Folge der voranschreitenden Institutionenbildung auf europäischer Ebene. Dieser Prozess setzt die Integrationskraft, die Repräsentationsleistung und die Legitimationsreserven demokratischer Parteiensysteme, die vornehmlich einem nationalstaatlichen Muster von Politikvermittlung folgen, zusätzlichen Belastungsproben aus. Insoweit stellen gegenwärtige Probleme der Parteipolitik in Deutschland keine nationale Besonderheit dar, sondern spiegeln europaweite Entwicklungen wider.

Everhard Holtmann, Der Parteienstaat in Deutschland: Erklärungen, Entwicklungen, Erscheinungsbilder, Bundeszentrale für politische Bildung, Bonn 2012, S. 61 f.

Aufgaben

1 *Stellen Sie die Herausforderungen, die den etablierten deutschen Parteien begegnen, grafisch dar. Versuchen Sie, dabei auch Wechselwirkungen zu veranschaulichen.*

2 *Beurteilen Sie, ob die Parteien diesen Herausforderungen gewachsen sind.*

M 18 Parteikritik – Wo bleibt das Prinzip Verantwortung?

Im Gespräch mit der ZEIT kritisierte Richard von Weizsäcker den Parteienstaat. Der SPD-Politiker Hans-Jochen Vogel stimmt dem Bundespräsidenten zu und ergänzt seine Mahnungen.

Richard von Weizsäcker nimmt mit Blick auf die Parteien kein Blatt vor den Mund. Sie seien machtversessen und machtvergessen zugleich, sagte der Bundespräsident im Gespräch mit Gunter Hofmann und Werner A. Perger. Sie hätten ihren Einfluss weit über das Maß hinaus ausgedehnt, das der Artikel 21 des Grundgesetzes ihnen einräume. Sie versuchten überall – nicht nur in den öffentlich-rechtlichen Medien – bestimmenden Einfluss zu nehmen.
Eine stärkere Beteiligung der Bürgerinnen und Bürger lehnten die Parteien ab. Probleme instrumentalisierten sie, um sich gegenseitig zu bekämpfen, statt sie zu lösen. Vernünftige Anträge würden allein schon deswegen abgelehnt, meint Richard von Weizsäcker, weil sie von der jeweils anderen Partei kämen. Ihre Personalauswahl tendiere zum parteiabhängigen Berufspolitiker, der weder Fachmann noch Dilettant sei, sondern ein Generalist mit dem Spezialwissen, wie man den politischen Gegner bekämpfe und die eigene Wiederaufstellung sichere. Insgesamt hätten sie sich zu einem ungeschriebenen sechsten Verfassungsorgan entwickelt, das auf die anderen fünf Verfassungsorgane einen immer weitergehenden, zum Teil völlig beherrschenden Einfluss nehme.
Dennoch seien die Parteien machtvergessen, weil sie ihren inhaltlichen und konzeptionellen politischen Führungsaufgaben nicht nachkämen. Ihre Utopie sei der Status quo, ein Leben auf Kosten der Zukunft, um sich die Gegenwart zu erleichtern. Außerdem hätten sie die Kontrolle der Exekutive durch das Parlament außer Kraft gesetzt, der Gedanke, eine solche Kontrolle fände statt, sei geradezu herzbewegend. [...]
Der Bundespräsident hat manches sehr zugespitzt und anderes sehr verallgemeinert. Aber in wichtigen Punkten sind seine Mahnungen berechtigt. Die Parteien tun gut daran, sie ernst zu nehmen. Richard von Weizsäckers Liste bedarf meines Erachtens sogar noch der Ergänzung.
Überspitzt und zu generell erscheint mir die Charakterisierung des Berufspolitikers. Natürlich ist die Mitgliedschaft im Bundestag heute schon aus zeitlichen Gründen keine Nebenbeschäftigung, sondern eine Tätigkeit, die den Betreffenden ebenso in Anspruch nimmt wie ein Beruf. Natürlich gibt es Personen, auf die die Beschreibung des Bundespräsidenten zutrifft. Aber die Regel sind sie nicht. Die Zahl derer, die nicht in erster Linie sich selbst im Auge haben, sondern die dem Gemeinwesen auf ihre Art dienen wollen und dabei ihre Unabhängigkeit notfalls auch gegen die eigene Partei behaupten, ist in allen Parteien und auch im Parlament viel größer, als es die allgemeine Charakterisierung vermuten lässt. Ähnliches gilt für die fraktionsübergreifende Zusammenarbeit im Parlament. Natürlich gibt es auch hier die vom Bundespräsidenten kritisierte reflexhafte Ablehnung von Anträgen anderer Fraktionen. Aber es gibt auch gute Beispiele interfraktioneller Zusammenarbeit [...]. So richtig es ist, dass die Regierungsfraktion zur Kontrolle der Exekutive nur unzulänglich willens und imstande ist, so richtig ist es auch, dass sich die Opposition nach Kräften bemüht, diese Aufgabe zu erfüllen.
[...] Die Parteien haben sich auf Feldern breitgemacht, auf denen sie nichts zu suchen haben. [...] Die Personalauswahlverfahren der Parteien bedürfen dringend der Erneuerung im Sinne einer stärkeren Durchlässigkeit. [...] Hinzu kommt ein bedenklicher Glaubwürdigkeitsverlust. Viele Menschen glauben nicht mehr, dass in der Politik Reden und Handeln übereinstimmen [...]. Sie meinen, mit der Wahrheit, aber auch mit den Institutionen werde Schindluder getrieben. Es gehe den Politikern zu oft um persönliche Vorteile, statt ums Gemeinwohl. [...]

Hans-Jochen Vogel, „Wo bleibt das Prinzip Verantwortung?", www.zeit.de, 10.06.1992 [11.01.2013]

Aufgaben

1 *Arbeiten Sie aus M 18 die Kritik an den Parteien heraus.*

2 *Überprüfen Sie die Aktualität der einzelnen Kritikpunkte an den Parteien.*

3 *Entwickeln Sie Szenarien, wie die Parteien auf die ihnen vorgeworfenen Defizite reagieren könnten.*

M 19 Kritik an der Parteienkritik

Wettbewerb von Meinungen in und unter den Parteien ist ein wichtiger Bestandteil der Demokratie, ermöglicht er es doch, unterschiedliche Interessen zu artikulieren und in den politischen Prozess zu integrieren. Doch immer seltener transportieren politische Führungen diese Grundsätze. Als niedersächsischer Ministerpräsident beschrieb Gerhard Schröder 1997 seine Richtschnur für den Bundesrat mit dem Satz „Erst das Land, dann die Partei“, den er anschließend auch als Motto für seine Kanzlerschaft wiederholte. Auch andere haben Gefallen an dieser Maxime gefunden. [...]

Nach dem Grundgesetz hat niemand, auch nicht der Bundeskanzler, eine isolierte Interpretationshoheit über den Volkswillen. Auch seine Richtlinienkompetenz gibt dazu keinen Anlass. „Dass das Haupt der Exekutive dazu berufen sei, das Volksganze zu symbolisieren und das Gesamtinteresse wahrzunehmen“, wurde nicht ohne Grund aus der Weimarer Verfassung eben nicht übernommen. „Erst das Land, dann die Partei“ verdrängt die für politische Parteien wesentlichen demokratischen Strukturen und suggeriert, Parteien strebten etwas anderes an als das Wohl des Landes. Politische Vorbilder schüren auf diese Weise Vorurteile gegenüber Parteien und erheben sich über sie. 1992, als „Politikverdrossenheit“ zum Wort des Jahres gekürt wurde, bediente Bundespräsident Richard von Weizsäcker auf ähnliche Weise antiparteienstaatliche Ressentiments: Parteien seien machtversessen und machtvergessen, meinte er, und stellte die Verankerung der Parteien in Artikel 21 GG infrage. Seine Aussagen gipfelten in der Frage: „Welche Vorkehrungen haben wir getroffen oder unterlassen, um das überparteiliche Element, den Staat, nachhaltig zu stärken?“ Hier geht es nicht um den modernen Verfassungsstaat, der sich über die Parteien demokratischer Willens- und Entscheidungsprozesse bedient, sondern um eine überparteiliche Obrigkeit, möglicherweise mit Definitionsgewalt über das Gemeinwohl. Wenn wichtige Repräsentanten des Staates die Parteien negierende Botschaften ins Volk senden, braucht sich niemand zu wundern, wenn es diese Botschaft versteht und sich von den Parteien fernhält [...] Politische und mediale Vorbilder erzeugen zusammen ein Klima, das die Menschen nicht für parteipolitisches Engagement sozialisiert, sondern ihnen im Gegenteil ein gutes Gefühl gibt, wenn sie der Parteipolitik entsagen.

Edith Niehuis, Die Zerstörung der Parteiendemokratie von oben nach unten, Aus Politik und Zeitgeschichte 44–45/2011: Demokratie und Beteiligung, S. 8

Aufgaben

1 *Erläutern Sie vor dem Hintergrund der Rolle von Parteien, welches Ziel mit dem Slogan „Erst das Land, dann die Partei“, den auch Angela Merkel in ihrer Kanzlerzeit aussprach, verfolgt wird.*

2 *Überprüfen Sie die Thesen von Frau Niehuis.*

Aufgabe

Gestalten Sie mit den beiden extremen Ansichten eine Positionslinie in Ihrem Kurs.

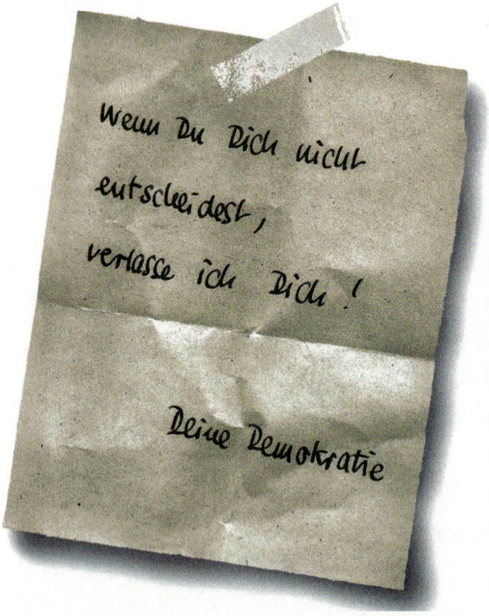

1.2.2 Wahlen in der Demokratie

M 1 Zwei Standpunkte zu Wahlen

Wahl-Spruch: Ein Bürger in Münster hat seine Meinung auf dieser Plakatwand öffentlich gemacht, die bald mit Politikerköpfen und Parteienreklame beklebt werden wird.

M 2 Wahlanalyse Bundestag 2013

a) Wahlergebnisse

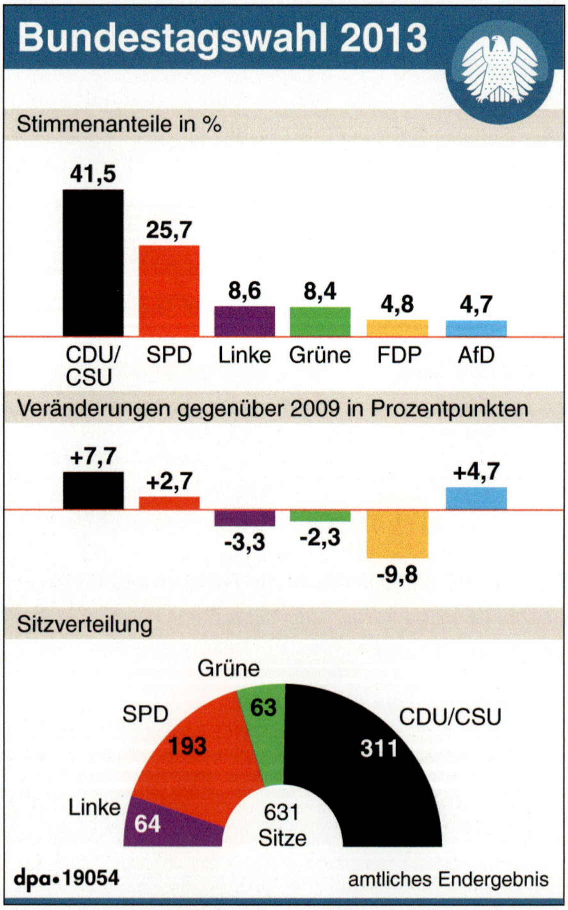

b) Umfragen

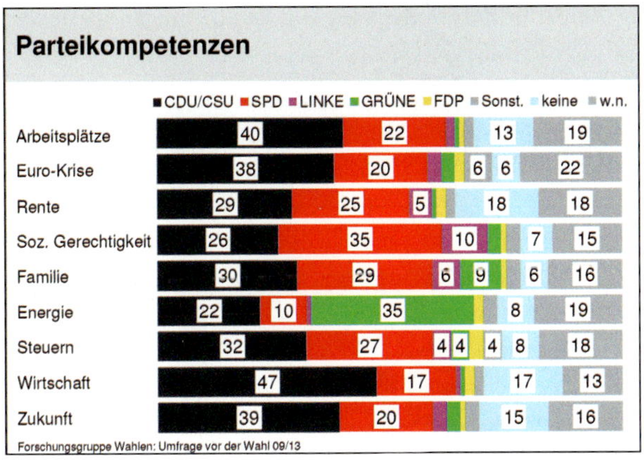

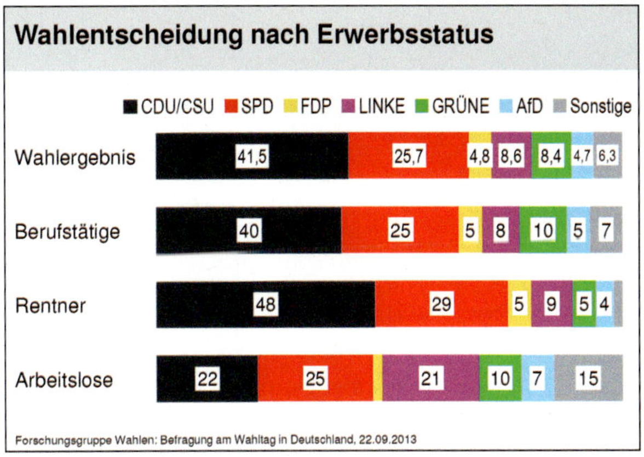

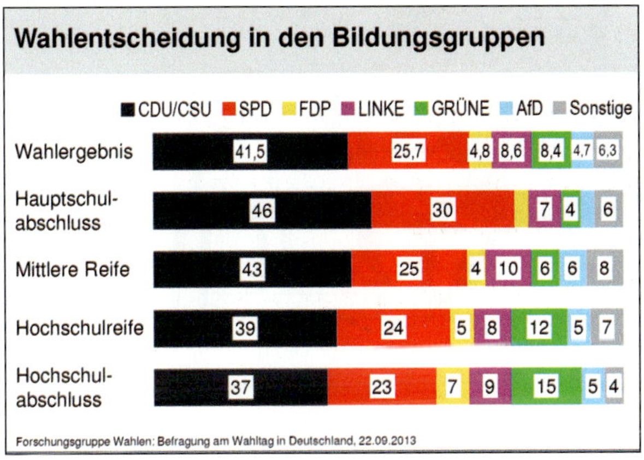

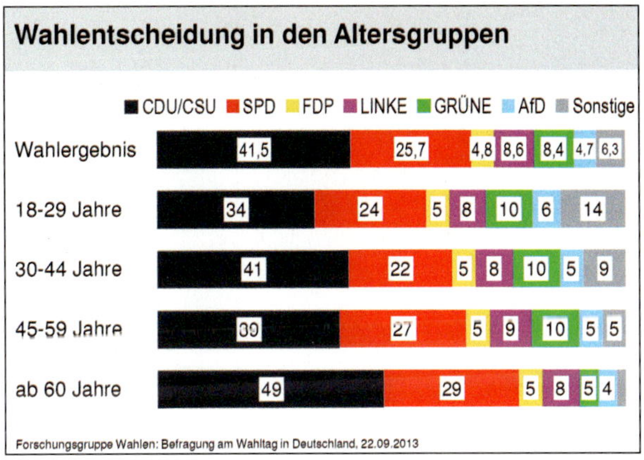

Forschungsgruppe Wahlen e. V. (Hg.), Bundestagswahl, www.forschungsgruppe.de, 22.09.2013 [11.01.2014]

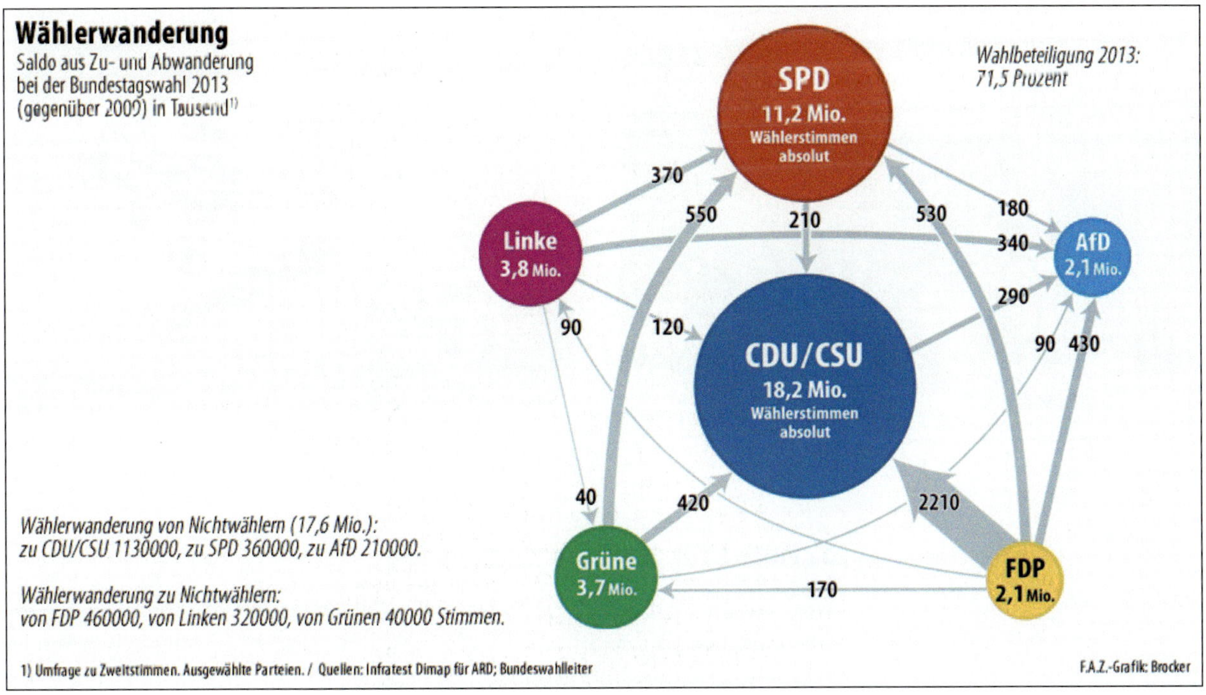

Aufgabe

Analysieren Sie die Wahlergebnisse im Zusammenhang mit den Umfragen. Beziehen Sie auch die Wahlprogramme der Parteien mit ein.

c) Die Sicht der Karikaturisten

Aufgabe

Im Folgenden sind einige Karikaturen zum Wahlergebnis dargestellt. Interpretieren Sie diese, eventuell in Gruppenarbeit, als Karika-Tour oder als Gruppenpuzzle und präsentieren Sie anschließend Ihre Ergebnisse.

Dieter Hanitzsch

Klaus Stuttmann

Burkhard Mohr

d) Motive für die Wahlentscheidung

Wie wählen die Deutschen? Wovon hängt die Höhe der Wahlbeteiligung ab? Warum geben sie ihre Stimme für eine bestimmte Partei ab? Mit solchen Fragen beschäftigt sich die international vergleichende empirische Wahlforschung. Im

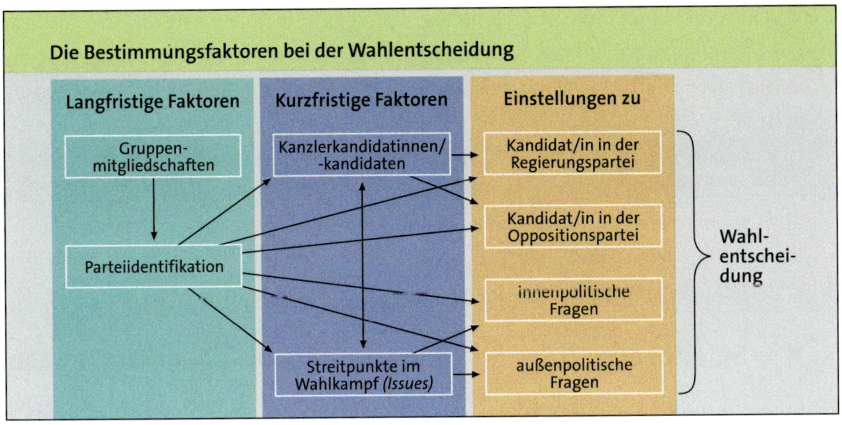

Mittelpunkt des wissenschaftlichen und des öffentlichen Interesses stehen daher – neben dem am Wahlabend auszählbaren Ergebnis – vor allem auch die vorausgegangenen Meinungsbildungsprozesse sowie die längerfristigen Verschiebungen auf dem Wählermarkt. Die Wahlforschung untersucht alle individuellen und gruppenspezifischen Faktoren, die nachweislich Einfluss auf die Herausbildung der Wahlentscheidung nehmen. [...]

Im Wesentlichen lassen sich vier verschiedene Betrachtungs- und Untersuchungsperspektiven unterscheiden [...]:

Der soziologische Erklärungsansatz konzentriert sich in seiner Analyse der individuellen Stimmabgabe in erster Linie auf diejenigen Einflüsse, die dem sozialen Umfeld der Wählerinnen und Wähler zugeschrieben werden können. Darunter fallen etwa familiäre, berufliche oder auch gesellschaftliche Loyalitäten.

Der individualpsychologische Erklärungsansatz hingegen untersucht den persönlichen Entscheidungsprozess in Abhängigkeit von vorhandenen längerfristigen Parteineigungen. Diese wirken im Allgemeinen wie ein Filter, durch den das politische Geschehen wahrgenommen und bewertet wird.

Heiko Sakurai/sakurai-cartoons.de

Aufgaben

1 *Überprüfen Sie, welche Bestimmungsfaktoren bzw. welcher Erklärungsansatz für Sie konkret zutreffend wäre. Vergleichen Sie Ihre Ansichten.*

2 *Problematisieren Sie vor dem Hintergrund der Karikatur die Erkenntnisse der Wahlforschung.*

Das Modell des rationalen Wahlverhaltens wiederum bezieht sich auf die Analyse individueller Kosten-Nutzen-Abwägungen. Hierbei wird unterstellt, dass politische und wirtschaftliche Entscheidungsprozesse prinzipiell nach vergleichbaren Regeln ablaufen.

Das Modell der sozialen Milieus unterscheidet Wählergruppen nach Grundwerten, Lebensstilen und Lebensstrategien. Es soll den Parteien ermöglichen, ihre Zielgruppen besser abzugrenzen und neue Wählerpotenziale zu erschließen.

Karl-Rudolf Korte, Zeitbilder: Wahlen in Deutschland, Bundeszentrale für politische Bildung, Bonn 2013, S. 102 f., S. 114

M 3 Spieltheorie: Tipps für gelingende Koalitionsverhandlungen

Wie gelingen die Koalitionsverhandlungen besonders gut? Spieltheoretiker raten: Die CDU verhandelt besser zuerst mit den Grünen. Und die SPD sollte Rot-Rot-Grün als Option nicht vorschnell verwerfen.

Das Berliner Koalitionsspiel ist ein Fall für Ökonomen. Denn das Ringen um die Regierung ist nichts anderes als das Feilschen auf einem Markt: Sozialdemokraten und Grüne treiben mit ihrem zögerlichen Verhalten die Preise für eine mögliche Regierungsbeteiligung in die Höhe. Als wäre es eine Auktion, holt die Union Angebote von den potenziellen Juniorpartnern ein. Und unabhängig von ihrer politischen Richtung maximieren Parteien im Wettbewerb ihre Macht.[...]

CDU muss „Entschädigung" zahlen

[...] Sutter [Experimentalökonom] hat berechnet, wie mächtig die Parteien in den Koalitionsverhandlungen sind. Um den jeweiligen „Machtindex" zu beziffern, hat er die 16 Regierungskonstellationen aufgelistet, die CDU, CSU, SPD, Grüne und Linke theoretisch bilden können. Die Fraktionen, die eine Koalition platzen lassen können, punkten auf dem Index. Egal ob man die Linken in die Rechnung einbezieht oder nicht, das Ergebnis ist nicht sonderlich überraschend: Die CDU hat die mit Abstand höchste Verhandlungsmacht, die CSU spielt, isoliert betrachtet, keine Rolle. Interessanter ist Sutters zweite Beobachtung. SPD und Grüne besitzen exakt gleich große Verhandlungsmacht. „Obwohl die Grünen nur etwa ein Drittel der Stimmen bekommen haben, können sie genauso hoch pokern wie die SPD", sagt Sutter. Der Spieltheoretiker würde der Kanzlerin raten, zuerst mit den Grünen zu verhandeln. „Sie würden sich wahrscheinlich mit weniger Posten zufriedengeben", sagt Sutter.

Damit seine Rechnung aufgeht, muss man die Bedeutung politischer Inhalte ausblenden und voraussetzen, dass Rote und Grüne tatsächlich an die Macht wollen. Aber genau da hakt es, sagt Benny Moldovanu, Spieltheoretiker an der Universität Bonn. Normalerweise könnte die CDU als „dominante Spielerin" beide potenziellen Partner gegeneinander ausspielen. Da aber beide Parteien glaubhaft vermitteln, dass sie gar nicht zwingend in einer Regierung Merkel mitspielen wollen, müsse die CDU eine „Entschädigung" zahlen. [...]

[...] So richtig in die Höhe schießen würden die Preise für eine Regierungsbeteiligung, wenn zusätzlich

Burkhard Mohr

ein Bündnis aus SPD, Grünen und Linken im Spiel wäre. Für Christian Wey, Industrieökonom an der Universität Düsseldorf, ist es daher „ein verhandlungsstrategisches Mysterium", warum die SPD diese zusätzliche Option, bei der die Union außen vor wäre, nicht offenlässt. Auch Politökonom Birger Priddat [...] findet das seltsam. „Die Risikoanalyse der Parteien ist nicht gut, viel zu konservativ", sagt er. Eine linke Koalition könne sich für die Parteien langfristig auszahlen. „Jedenfalls mehr, als mit einer Kanzlerin Merkel in die Regierung zu gehen."

[...] Wey [hält] es für klug, wenn die Union zuerst die Grünen ansprechen würde. Auf diese Weise könnte sie der SPD signalisieren, dass sie nicht zwingend gebraucht wird.

Jürgen Janson

Ökonomen tippen auf große Koalition

Aber wird man Politikern gerecht, wenn man sie als kühl kalkulierende Machtmaschinen auffasst? „Man kann über Politiker denken, was man will, aber es geht ihnen nicht nur um das Maximieren von Ministerposten", sagt Justus Haucap, Wettbewerbsökonom an der Universität Düsseldorf. Ganz offenbar, und das predigen Politökonomen schon lange, zählt für Politiker nicht nur die kurzfristige Aussicht auf Macht. Wie sein Bruder, der Homo oeconomicus, ist auch der Homo politicus ein facettenreiches Wesen. Er legt Wert auf Fairness und Reziprozität. Er kann seine Gegenwartspräferenz kontrollieren und denkt schon an die nächsten Wahlen. Sein Selbstbild ist ihm nicht egal, darum handelt er ungern gegen seine politischen Überzeugungen. Warum sonst bahnt sich in Berlin kein Linksbündnis an?

Ökonomen haben komplizierte Modelle für alles Mögliche. Eine Formel für den Ausgang der Koalitionsverhandlungen haben sie nicht. Zu unberechenbar sei es, wie Parteien verschiedene Konstellationen („Auszahlungen") bewerten. Zu unklar, wie die Parteien alternative Optionen, etwa Neuwahlen, einpreisen. [...] Die Mehrheit der befragten Ökonomen tippt auf eine Koalition aus Union und SPD. Aber ganz sicher ist sich niemand. Nach der Umfrage unter den Ökonomen gilt, was der italienische Kernphysiker Enrico Fermi nach einem Vortrag sagte: „Ich bin noch immer verwirrt, aber auf einem höheren Niveau."

Johannes Pennekamp, „Tipps für gelingende Koalitionsverhandlungen", www.faz.net, 30.09.2013 [11.01.2014]

Aufgaben

1 *Stellen Sie die einzelnen Positionen der Ökonomen dar.*

2 *Erstellen Sie selbst eine Liste mit Faktoren, die Koalitionsverhandlungen beeinflussen.*

M 4 Der Rational-Choice-Ansatz

Anthony Downs hat [...] die Voraussetzungen des ökonomischen Handlungsmodells der Politik definiert. Eine rationale Akteurin ist durch fünf Eigenschaften ihres Handelns charakterisiert: (1) Wenn sie vor eine Reihe von Alternativen gestellt wird, ist sie stets imstande, eine Entscheidung zu treffen; (2) sie ordnet alle Handlungsalternativen, denen sie gegenübersteht, nach ihren Präferenzen; (3) ihre Präferenzrangordnung ist logisch transitiv; (4) sie wählt aus den möglichen Alternativen stets jene aus, die in der eigenen Präferenzordnung den

Klaus Stuttmann

höchsten Rang einnimmt; (5) sie trifft, wenn sie vor den gleichen Alternativen steht, immer die gleiche Entscheidung. Bis heute nehmen alle Rational-Choice-Theorien Bezug auf diese von Downs formulierten fünf Voraussetzungen des ökonomischen Handelns in der Politik. [...]

Die Modelle von Rational Choice können wichtige Einsichten in potenzielle Mängel und Problemlagen moderner Demokratien bieten, die erst durch diese Brille in aller Schärfe sichtbar werden. [...]

Die „Konsumenten“ des politischen Marktes sind die Bürger. Rational Choice erinnert an das schlichte Faktum, dass Wählen und andere Formen des politischen Handelns zunächst immer auch Kosten verursachen, seien es Zeit, Geld oder Aufmerksamkeit. Die Bürger/-innen, die über eine bestimmte Streitfrage am besten informiert sind, sind zuvorderst jene, auf deren Einkommen sich die Streitfrage besonders auswirkt. Generell gilt: Der Ertrag einer informierten Wahlentscheidung ist aufgrund der randständigen Bedeutung seiner eigenen Stimme so gering, dass es für die meisten Bürger/-innen irrational ist, politische Informationen für Wahlzwecke zu erwerben. Downs nennt dies die „rationale Unwissenheit“ [...] der Bürger. Diese Überlegung lässt sich noch weiterführen: Da bei einer Bevölkerung von ungefähr 60 Millionen Wahlberechtigten (wie derzeit in der Bundesrepublik) die statistische Wahrscheinlichkeit, auf dem Weg zur Wahlkabine tödlich zu verunglücken, höher ist als die Wahrscheinlichkeit, dass die eigene Stimme die Wahl tatsächlich entscheidet, ist es für den Bürger ‚rational‘, sich erst gar nicht an der Wahl zu beteiligen. Eine sinkende Wahlbeteiligung ist nach Rational Choice demnach ebenso plausibel wie die Tatsache, dass Wahlkämpfe auf Gefühle statt auf gute Argumente setzen. Das paradoxe Ergebnis von Rational Choice lautet an dieser Stelle: Es ist für Bürger/-innen in der Demokratie rational, in ihrem Handeln der politischen Irrationalität Vorschub zu leisten.

Ein zweiter kritischer Punkt betrifft die „Anbieter“ auf dem politischen Markt, die Politiker. In den Modellen von Rational Choice finden wir sie in der Rolle von politischen Unternehmern, die ausschließlich am Machterwerb interessiert sind. Sie haben kein Interesse daran, die Bürger/-innen mit kostenintensiven Argumentationsangeboten zu versorgen. Ihr Kalkül muss es sein, für möglichst viele Bürger/-innen als wählbar zu gelten. Programmatisch werden sie deshalb so unklar wie möglich bleiben und versuchen, unterschiedliche Wählergruppen mit – sich zum Teil ausschließenden – Programmpunkten zu gewinnen; auch werden sie sich an einer Emotionalisierung der politischen Auseinandersetzung und dem Aufgreifen populistischer Forderungen beteiligen, wann immer es ihren Erfolgskalkülen dient. Einmal an die Regierung gekommen, haben Politiker ein Interesse, ihre Klientel zu bedienen, um wiedergewählt zu werden. Von den Medien und der Opposition ermuntert, greifen sie in kurzen Abständen immer neue Themen publikumswirksam auf. Ihr kurzfristiges Interesse an der Wiederwahl konterkariert langfristige Politiken, wie sie insbesondere in den Politikfeldern der Finanz-, Renten-, Bildungs-, Umwelt- und Klimapolitik notwendig sind, um Erfolge zu erlangen. [...]

Georg Weißeno/Hubertus Buchstein (Hrsg.), Politisch Handeln: Modelle, Möglichkeiten, Kompetenzen, Bundeszentrale für politische Bildung, Bonn 2012, S. 24–28

Aufgaben

1 *Überprüfen Sie die Aussagen zur „Konsumentensicht“ in Ihrem Kurs und zur „Anbietersicht“ anhand politischer Entscheidungen.*

2 *Bewerten Sie den Ausgangspunkt des Rational-Choice-Ansatzes. Lassen sich wirtschaftliche Methoden auf den politischen Bereich übertragen?*

M 5 Bedeutung und Funktionen von Wahlen

a) Wahlen in verschiedenen politischen Systemen

Peter Leger/Haus der Geschichte, Bonn

Wahlen finden in fast allen politischen Systemen statt, sowohl in Demokratien als auch in autoritär regierten Staaten, ja sogar in Diktaturen. Allerdings erfüllen Wahlen in den jeweiligen Systemen unterschiedliche Funktionen.

Ist eine freie Entscheidung zwischen personellen und sachlichen Alternativen, die Bestimmung von Regierung und Opposition, wirklich gegeben – so wie in Deutschland –, wird dies als kompetitive (wettbewerbliche) Wahl bezeichnet. Als semi-kompetitiv gelten Wahlen in autoritären Systemen, in denen der Wettbewerb zwischen den Parteien weitgehend ausgeschaltet ist. Die Wahlfreiheit der Bürgerinnen und Bürger ist beschränkt, aber nicht ganz aufgehoben – es soll der Anschein demokratischer Verhältnisse geweckt werden. Die im September 2012 abgehaltenen Parlamentswahlen in Belarus (Weißrussland), das in den Medien als „letzte Diktatur Europas“ bezeichnet wird, trugen den Charakter einer semi-kompetitiven Wahl: Es gab nach Beobachterangaben Einschüchterungen und damit keine freie Wahlentscheidung.

Nicht-kompetitiv werden Wahlen in totalitaren Systemen genannt, in denen die Stimmabgabe nur der Bestätigung der herrschenden Machtelite dient. In Nordkorea zum Beispiel hat die Regierungskoalition bei den zuletzt abgehaltenen Wahlen [2012] laut staatlichen Angaben 100 Prozent der Stimmen erreicht – Gegenkandidaten waren nicht zur Wahl zugelassen.

Bundeszentrale für politische Bildung (Hg.), Informationen zur politischen Bildung aktuell Nr. 24/2013, S. 4f.

b) Die Funktionen von Wahlen in der Demokratie

In der Demokratie haben Wahlen eine Vielzahl von Funktionen, die sie allerdings je nach Ausprägung des demokratischen Systems, der konkreten Struktur der Gesellschaft, der Struktur des politisch-institutionellen Systems und nach Wahlsystem unterschiedlich wirksam wahrnehmen. [...]

- Sie legitimieren das politische System (*Legitimationsfunktion*).
- Sie sind die allgemeinste Form politischer Beteiligung in der Demokratie (*Partizipationsfunktion*).
- Sie ermöglichen durch periodische Wahl bzw. Abwahl der politischen Entscheidungsträger die Kontrolle der Regierenden durch die Regierten (*Kontrollfunktion*).
- Sie dienen der Repräsentation von Meinungen und Interessen der Wahlbevölkerung (*Repräsentationsfunktion*).
- Sie mobilisieren die Wählerschaft für politische Ziele, Programme und Lösungsvorschläge (*Artikulationsfunktion*).
- Sie integrieren den gesellschaftlichen Pluralismus durch die Bildung eines aktionsfähigen Mehrheitswillens und durch die Kanalisierung politischer Konflikte zu ihrer friedlichen Beilegung (*Integrationsfunktion*).

Aufgaben

1 *Erläutern Sie die Funktionen von Wahlen anhand deutscher Landtags- oder Bundestagswahlen.*

2 *Analysieren Sie aktuelle Wahlen. Beurteilen Sie, inwieweit es sich hierbei um demokratische Wahlen handelt.*

- Sie entscheiden über Mehrheit und Minderheit, über Regierungsbildung und Opposition (*Regierungsbildungsfunktion*).
- Sie ermöglichen Machtverschiebung bis hin zum Machtwechsel (*Machtverteilungsfunktion*).

(Peter Massing, „Wahlen in der Demokratie", in: Projektgruppe Berlin (Hg.), Beispiel Wahlen, Schwalbach/Ts. 2004, S. 25–26)

M 6 Die Wahl – Bestimmung der Repräsentanten

Wer soll in repräsentativen Demokratien überhaupt über die Auswahl von Volksvertretern mitentscheiden dürfen? Wer soll sich – de jure und de facto – zur Wahl stellen dürfen? Wenn man der Beurteilung ein traditionelles pluralistisch-liberales Repräsentationsverständnis zugrunde legt, dann können die Interessen von Frauen, Kindern oder ethnischen Minderheiten durchaus von gemeinwohlorientierten Abgeordneten „repräsentiert" oder „gegenwärtig gemacht" werden, die von diesen Gruppen nicht unbedingt gewählt worden sind oder ihnen angehören. Demgegenüber steht ein deskriptiver Repräsentationsbegriff, demzufolge gewählte Vertretungskörperschaften in ihrer Zusammensetzung die gesellschaftliche Heterogenität in ihren wesentlichen Elementen widerspiegeln sollten. Dies, so könnte aus dieser Perspektive argumentiert werden, ist nur möglich, wenn die betreffenden Bevölkerungsgruppen selbst das Wahlrecht haben und in der Lage sind, entsprechende Vertreter aus ihren eigenen Reihen in politische Ämter zu wählen. In modernen repräsentativen Demokratien spielen solche Argumente vor allem im Zusammenhang mit der stärkeren Berücksichtigung der Interessen von Frauen (im Sinne der Zusammensetzung der politischen Elite) und ethnischen Minderheiten (im Sinne der Zusammensetzung der politischen Elite und des Wahlrechts) eine große Rolle. In der deutschen Wahlrechtsdiskussion hat in letzter Zeit auch die politische Repräsentation von Kindern (z. B. treuhänderisch durch ihre Eltern) einen gewissen Einfluss gehabt.

Thomas Saalfeld, Parteien und Wahlen, Nomos, Baden-Baden 2007, S. 26 f.

Aufgaben

1 *Beschreiben Sie kurz den Unterschied zwischen einem pluralistisch-liberalen und einem deskriptiven Repräsentationsbegriff und zeigen Sie Folgen für das Wahlrecht auf.*

2 *Beurteilen Sie, welche Form der Repräsentativität Ihnen angemessener erscheint.*

M 7 Wie wird gewählt? – Gesetzliche Grundlagen

Die gesetzlichen Grundlagen einer Bundestagswahl werden vom Grundgesetz (Art. 38, 39 GG) und dem Bundeswahlgesetz bestimmt, das vom Deutschen Bundestag beschlossen wird. Die Einzelheiten bis hin zur Gestaltung der Stimmzettel werden in der Bundeswahlordnung festgelegt.

Aktives und passives Wahlrecht: Man unterscheidet das aktive Wahlrecht (Wer hat das Recht zu wählen?) und das passive Wahlrecht (Wer hat das Recht, gewählt zu werden?). Gemäß den genannten Bestimmungen muss jemand, um beide Rechte wahrnehmen zu können, mindestens 18 Jahre alt sein und die deutsche Staatsbürgerschaft haben. Außerdem müssen Wahlberechtigte am Wahltag mindestens drei Monate lang ihren Hauptwohnsitz in Deutschland gehabt haben. Des Weiteren dürfen die Deutschen wählen, die sich als Angehörige des öffentlichen Dienstes auf Anordnung im Ausland aufhalten. Auslandsdeutsche sind wahlberechtigt, sofern sie nach Vollendung ihres 14. Lebensjahres mindestens drei Monate ununterbrochen in der Bundesrepublik gelebt haben und dieser Aufenthalt nicht länger als 25 Jahre zurückliegt oder wenn sie aus anderen Gründen persönlich und unmittelbar mit den politischen Verhältnissen in der Bundesrepublik vertraut und von ihnen betroffen sind.

Wahlrechtsgrundsätze: Die Wahl muss nach gewissen Grundsätzen erfolgen. Sie sind im Grundgesetz festgelegt:

Allgemeine Wahl bedeutet, dass das Wahlrecht nicht an Rasse, Herkunft, Geschlecht, Einkommen, politische Überzeugung oder ähnliche Merkmale gebunden sein darf.

Unmittelbare oder direkte Wahl bedeutet, dass der Wahlakt direkt zur Bestimmung der Abgeordneten führen muss – dass also nicht, wie bei der amerikanischen Präsidentenwahl, erst Wahlmänner bestimmt werden, die ihrerseits den Präsidenten wählen.

Der Grundsatz der freien Wahl soll eine freie Willensentscheidung der Wählerschaft ermöglichen und Beeinflussungsversuche wie Drohung oder Zwang verhindern. Zur Freiheit der Wahl gehört in Deutschland auch das Recht, sich an Wahlen nicht zu beteiligen. Andere Staaten kennen dagegen eine gesetzliche Wahlpflicht.

Der Grundsatz der Gleichheit der Wahl verlangt, dass alle Stimmen das gleiche Gewicht haben und alle Wahlberechtigten eine weitgehende formale Gleichbehandlung genießen.

Die Stimmabgabe in der Wahlkabine muss geheim erfolgen, damit der Wähler oder die Wählerin nicht physisch oder psychisch unter Druck gesetzt werden kann. Das Bundesverfassungsgericht hat auch die Briefwahl mit dem Grundsatz der geheimen Wahl für vereinbar erklärt, obwohl bei dieser Form Verstöße schwer kontrollierbar sind.

Bundeszentrale für politische Bildung (Hg.), Informationen zur politischen Bildung aktuell Nr. 24/2013, S. 6f.

Info

Auszug aus dem Grundgesetz

Art. 38, Abs. 1 und 2:

(1) Die Abgeordneten des Deutschen Bundestages werden in allgemeiner, unmittelbarer, freier, gleicher und geheimer Wahl gewählt. Sie sind Vertreter des ganzen Volkes, an Aufträge und Weisungen nicht gebunden und nur ihrem Gewissen unterworfen.

(2) Wahlberechtigt ist, wer das achtzehnte Lebensjahr vollendet hat; wählbar ist, wer das Alter erreicht hat, mit dem die Volljährigkeit eintritt.

Aufgaben

1 *Problematisieren Sie, inwieweit das aktive und passive Wahlrecht an die Staatsbürgerschaft und das Alter der Wähler gebunden sein soll.*

2 *Überprüfen Sie Wahlen in anderen Ländern auf die Einhaltung der oben genannten Grundsätze.*

3 *Beurteilen Sie, inwiefern die Einschränkung einzelner Grundsätze, beispielsweise Wahlmänner, die Ergebnisse der Wahl infrage stellen.*

M 8 Wahlen in Deutschland – die personalisierte Verhältniswahl

Bei Bundestagswahlen können zwei Stimmen vergeben werden. Mit der sogenannten Erststimme wählen wir unseren Wahlkreiskandidaten, also den Politiker, der für unsere Region in den Bundestag einziehen soll. Mit unserem zweiten Kreuz, der „Zweitstimme“, entscheiden wir über das Kräfteverhältnis der Parteien im Bundestag. Der Kandidat, der die meisten Erststimmen bekommt, ist gewählt – und das übrigens völlig unabhängig davon, wie das Gesamtergebnis seiner Partei ausfällt. Über die so gewonnenen Direktmandate wird sichergestellt, dass jede Region Deutschlands im Bundestag vertreten ist.

Entscheidende Zweitstimme

Mit unserem zweiten Kreuz, unserer „Zweitstimme“, entscheiden wir, die volljährigen Bürger mit deutscher Staatsbürgerschaft, schließlich über das Kräfteverhältnis der Parteien im Bundestag. Diese Stimme ist somit die entscheidende, denn sie legt fest, welche Fraktion oder Parteienkoalition später die Mehrheit hat, um den Bundeskanzler zu wählen.

Bekommt eine Partei bundesweit weniger als fünf Prozent aller abgegebenen Stimmen, scheitert sie an der Sperrklausel (auch: Fünf-Prozent-Hürde) und ist nicht im Bundestag vertreten – es sei denn, die Partei erringt mindestens drei Direktmandate: Dann wird die Partei bei der Verteilung der Sitze auf die Landeslisten berücksichtigt.

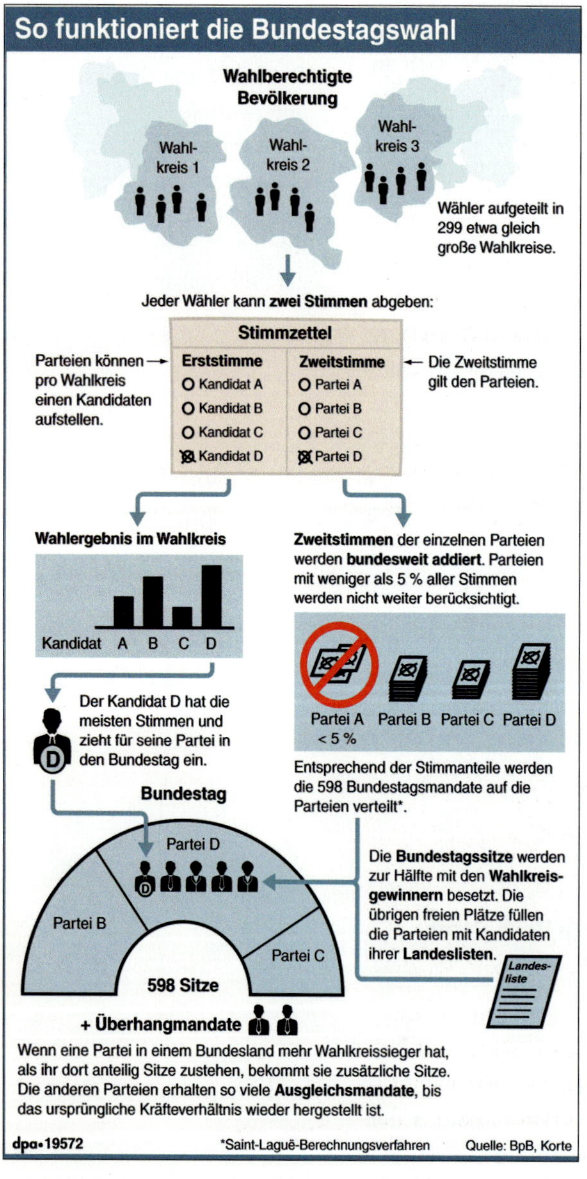

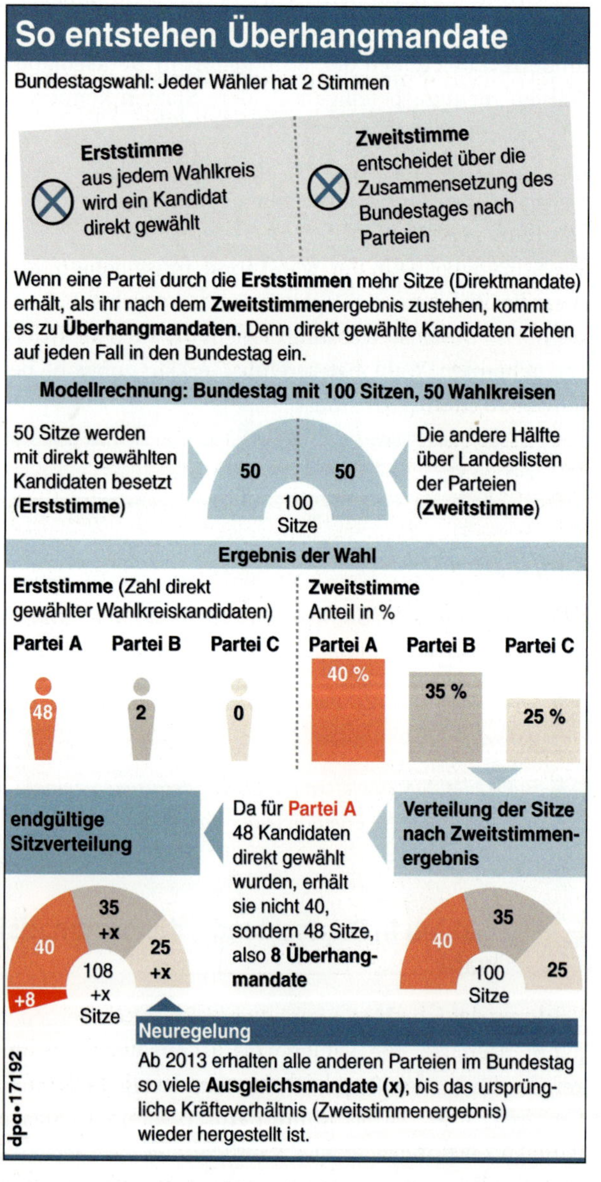

Verhältnis- und Mehrheitswahlrecht

Gewählt wird in Deutschland nach dem Verhältniswahlrecht, in das zudem Elemente des Mehrheitswahlrechts integriert sind. Über die Mehrheit im Bundestag entscheidet aber zunächst das Verhältnis der von den Parteien gewonnenen Zweitstimmen. [...]

Verteilung der Sitze im Parlament

Die Hälfte der insgesamt 598 Abgeordneten sind Politiker, die in einem der insgesamt 299 Wahlkreise in Deutschland die meisten Erststimmen bekommen haben. Die andere Hälfte der Abgeordneten zieht über die Landeslisten der Parteien in den Bundestag ein. Diese Landeslisten werden von den Parteien vor der Wahl aufgestellt. Sie nennen darauf die Kandidaten, die sie für besonders geeignet halten – oder die vermutlich hoch in der Wählergunst stehen.
Die ersten Listenplätze gelten in der Regel als „sichere Plätze". Ein Restrisiko bleibt jedoch: Wenn schon so viele Mandate über die Wahlkreise direkt gewonnen wurden, wie ein Landesverband einer Partei überhaupt Listenplätze hat, kann es passieren, dass selbst der Spitzenkandidat der Landesliste nicht ins Parlament einziehen kann – es sei denn, er hat ein Direktmandat gewonnen.

Überhangmandate und Kräfteverhältnis

Die Anzahl der Direktmandate ist äußerst bedeutsam, denn sie kann die nach dem Zweitstimmenanteil eigentlich feststehende Sitzverteilung im Plenum verändern. Gewinnt eine Partei nämlich mehr Direktmandate als ihrem Zweitstimmenanteil in einem Bundesland entspricht, kommt es zu sogenannten Überhangmandaten. [...]

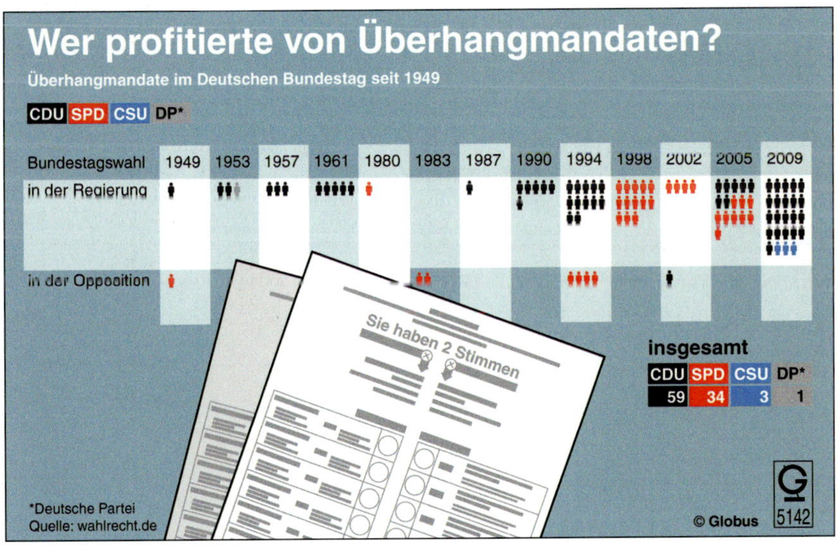

Wirkung der Überhangmandate wird neutralisiert

[...] Erringt eine Partei mehr Direktmandate, als es ihrem Zweitstimmenanteil entspricht, werden Ausgleichsmandate an die anderen Parteien vergeben, bis die Gesamtzahl der Mandate pro Partei (Direktmandate plus Listenmandate) den Anteil der für die Parteien abgegebenen Zweitstimmen möglichst genau wiedergibt. Die Wirkung der Überhangmandate wird also vollständig neutralisiert.

sas/gel, Das kleine Einmaleins der Bundestagswahl, www.bundestag.de, 08.05.2013 [11.01.2014]

Aufgabe

Wahlrechtspolitik ist Machtpolitik! Erläutern Sie diese Aussage.

Info

Mehrheitswahlrecht

Beim Mehrheitswahlrecht ist in einem Wahlkreis derjenige Kandidat gewählt, der in einem Wahlgang die meisten Stimmen erhält. Das ist beispielsweise in Großbritannien und bei den Direktkandidaten in Deutschland der Fall. Beim absoluten Mehrheitswahlrecht, wie es in Frankreich praktiziert wird, müssen die Kandidaten mehr als 50 Prozent der Stimmen erreichen. Die unterlegenen Stimmen verfallen politisch. Das Mehrheitswahlrecht begünstigt ein Zweiparteiensystem und sorgt im Parlament so für eher klare Mehrheiten.

Verhältniswahlrecht

Beim Verhältniswahlrecht werden die Parteien nach ihrem prozentualen Stimmenanteil bei der Wahl gewichtet. Dadurch zählt jede Stimme und auch kleinere Parteien haben die Chance, in das Parlament einzuziehen. Allerdings kann die Verhältniswahl auch zur parlamentarischen Zersplitterung beitragen. Deshalb wird dieses Wahlsystem manchmal mit Sperrklauseln (etwa Fünf-Prozent-Hürde in Deutschland oder 4 % in jedem Stimmkreis in Schweden) kombiniert.

M 9 Das gleiche Wahlsystem erzielt nicht überall die gleiche Wirkung

In Österreich, der Schweiz, Dänemark und Schweden treffen wir Verhältniswahlsysteme an. Beobachten wir dort aber stabile Regierungsbündnisse, treten in den Niederlanden und in Dänemark, wo ebenfalls Verhältniswahlsysteme praktiziert werden, zerbrechliche Koalitionen auf. Die Regierungsbildungen waren dort häufig schwierig und nahmen viel Zeit in Anspruch. Die Bedeutung des Wahlsystems für das Parteiensystem und die Regierungsstabilität, dies lässt sich daraus schließen, darf nicht überschätzt werden.

	Stimmengewinne/-verluste gemessen an absolut abgegebenen Stimmen	
Bundesrepublik Deutschland 2009, Verhältniswahlsystem	CDU/CSU	+3,8
	FDP	+1,3
	SPD	−0,4
	Grüne	−1,1
Schweden 2010, Verhältniswahlsystem	Konservative	+0,5
	Liberale	+0,5
	Christliche	+0,2
	Zentrum	+0,4
	Sozialdemokraten	+1,3
	Linkspartei	+0,5
	Grüne	+0,2
Großbritannien 2010, Mehrheitswahlsystem	Konservative	+11,1
	Liberaldemokraten	−16,2
	Labour Party	+10,7
Frankreich 2007, Mehrheitswahlsystem	UMP	+14,7
	Sozialisten	+10,9

Wahlsysteme sind eine Sache der politischen Technik. [...] Der Unterschied zwischen Verhältniswahl und Mehrheitswahl ist allerdings fundamental [...]. Die wahltechnischen Unterschiede sind hier so groß, dass eine Umstellung von der Verhältnis- auf die Mehrheitswahl gar nicht anders vonstatten gehen kann, als dass sie das Parteiensystem massiv verändert. Ein Wechsel des Wahlsystems ist ein politisches Großereignis, er kommt äußerst selten vor.

Jürgen Hartmann, Das politische System der BRD im Kontext: Eine Einführung, Springer VS, Wiesbaden [2]2013, S. 116–119

Aufgaben

1 *Erläutern Sie Vor- und Nachteile der unterschiedlichen Wahlsysteme. Welches der Wahlsysteme halten Sie für überlegen?*

2 *Der Mehrheitswahl wird vorgeworfen, Stimmen der Unterlegenen würden verfallen. Beurteilen Sie diesen Vorwurf der verfallenden Stimmen vor dem Hintergrund anderer demokratischer Entscheidungen.*

M 10 Kann die Demoskopie Wahlen entscheiden?

Politbarometer, Deutschlandtrend & Co. wecken Neugier und Interesse. Wer darin aber schlecht abschneidet, redet die Umfragewerte herunter. Wer dagegen gut wegkommt, verweist darauf. Doch welchen Einfluss haben Wahlumfragen und Wahlprognosen?

Zwei Tage noch, dann ist Bundestagswahl. Und noch immer, ja sogar am Wahltag selbst, sind ziemlich viele Bürger gar nicht entschieden, was sie tun sollen. Hingehen oder nicht, und wenn ja, wo kommen dann die beiden Kreuzchen hin? Das Umfrageinstitut GMS etwa ermittelte am 10. September noch 28 Prozent Unentschlossene und erklärte Nichtwähler. In anderen Umfragen war der Anteil ähnlich hoch oder noch höher. Zum Wahltag hin sinkt der Anteil. Welchen Anteil die Umfragen dabei haben, etwa indem sie Unentschlossene doch noch mobilisieren, ist unklar.

Sicher ist, dass das Interesse an den Zahlen hoch ist – das zeigen die Klickzahlen der Online-Portale der Zeitungen. Offenbar besteht ein Bedarf an Orientierung auch durch demoskopische Erhebungen. Aber sie sind in der Kritik, auch weil es so viele gibt, weil sie manchmal nicht sehr nah am späteren Ergebnis liegen und sie nun auch in der Wahlwoche noch veröffentlicht werden. [...]

Was macht die Umfragen so unsicher?

Der Anteil der Stammwähler sinkt seit Jahren, die Zahl der Wechselwähler und Unentschiedenen steigt. Das Wahlverhalten ist über die Jahre hinweg volatiler geworden, also stimmungsabhängiger, weniger berechenbar. Das trifft die Demoskopen, die „Volksbefrager", in ihren Meinungsforschungsinstituten. Denn immer häufiger liegen die Umfragedaten sechs oder acht Wochen vor der Wahl deutlich neben dem Ergebnis am Wahltag. Aber nicht, weil bei den Umfragen etwas grundsätzlich faul ist, sondern weil eben nur die Antworten genommen werden können, die sich am Telefon oder online ergeben. Es sind die Wähler, die weniger berechenbar geworden sind. Stimmungen schwanken recht deutlich von Woche zu Woche, aktuelle Ereignisse beeinflussen die Antworten; zwei Wochen später sind sie wieder vergessen oder von anderen Eindrücken verdrängt. [...]

Bei der Bundestagswahl 2005 lagen die Demoskopen sogar kurz vor der Wahl noch neben dem Ergebnis. Im Januar 2013 hatten sie vor der Niedersachsen-Wahl den massiven Schwung hin zur FDP – Ergebnis verbreiteten Stimmensplittings – nicht auf dem Schirm. [...]

Sind Umfragen kurz vor der Wahl unfair?

Das Heranrücken von Umfragen an den Wahltag wird durchaus kritisch gesehen. WDR-Chefredakteur Jörg Schönenborn etwa hält Umfragen in der Wahlwoche nicht für erhellend, gerade wegen der unberechenbaren „Spätentscheider". [...] Die Befürch-

Umfragen und Wahlprognosen im Vergleich I

Der Stand kurz vor der Bundestagswahl bei 15 verschiedenen Institutionen (Teil A)

	ZDF Politbarometer	ARD Deutschlandtrend	Allensbach	Emnid	Forsa
CDU/CSU	40 %	40 %	39 %	39 %	39 %
SPD	27 %	28 %	26 %	26 %	25 %
GRÜNE	9 %	10 %	11 %	10 %	9 %
FDP	5,5 %	5 %	6 %	5 %	5 %
LINKE	8,5 %	8 %	9 %	9 %	10 %
PIRATEN	–	2,5 %	2 %	3 %	3 %
AfD	4 %	2,5 %	3,5 %	4 %	3 %
Sonstige	6 %	4 %	3,5 %	4 %	6 %
veröffentlicht	19.09.13	12.09.13	18.09.13	15.09.13	17.09.13

Quelle: Tagesspiegel

Umfragen und Wahlprognosen im Vergleich II
Der Stand kurz vor der Bundestagswahl bei 15 verschiedenen Institutionen (Teil B)

	WAHLWETTEN			
	Spiegel Online	Prognosys.de	Wahlwette.net	Election.de
CDU/CSU	37,9%	37,2%	37,9%	38,9%
SPD	26,9%	25,1%	26,4%	26,7%
GRÜNE	13,2%	10,6%	10,9%	9,3%
FDP	5,8%	6,6%	5,8%	6,0%
LINKE	7,6%	8,6%	7,8%	8,8%
PIRATEN	3,3%	3,2%	3,1%	2,5%
AfD	3,0%	5,1%	4,4%	4,0%
Sonstige	2,4%	3,6%	3,6%	3,6%
veröffentlicht	19.09.13	19.0913	19.09.13	19.09.13

Quelle: Tagesspiegel

tung ist [...], dass mit Umfragen kurzfristig Stimmung gemacht werden kann. In Polen, Italien oder Frankreich sind Veröffentlichungen von Umfragen in den Wochen vor der Wahl daher verboten.
Das ZDF verteidigt die Veröffentlichung am späten Donnerstagabend: „Wir sehen uns in der Pflicht, den Wähler mit einem aktuellen Stimmungsbild zu informieren und ihn nicht wider besseres Wissen auf dem Stand veralteter Informationen zu lassen“, sagte Intendant Thomas Bellut zur Begründung. In der Tat kennen natürlich Politiker die Ergebnisse der Umfragen in der Wahlwoche. Und die prägen durchaus noch die Wahlkampftaktik in den letzten Tagen, ja Stunden. Der Stuttgarter Kommunikationsforscher Frank Brettschneider vermag die Aufregung nicht zu verstehen. „Es gibt in Deutschland ausreichend viele seriöse und unabhängige Umfrageinstitute. Diese Vielfalt ist der beste Schutz vor Manipulation“, sagt er. Warum zeitnahe Ergebnisse den Bürgern vorenthalten werden sollen, versteht er nicht. Wissenschaftliche Untersuchungen hätten bisher nicht eindeutig gezeigt, ob und wie die Demoskopie das Wahlverhalten beeinflusst. Sie ist letztlich ein Informationsfaktor unter vielen.

Wie entscheidend sind Umfragen?

Es gibt eigentlich nur drei Konstellationen, bei denen Umfragen für die Wahlentscheidung wirklich relevant sein können. Erstens, wenn zwei Parteien oder Koalitionen sehr nahe beieinanderliegen – es also auf einzelne Stimmen ankommt. Da kann von Umfrageergebnissen ein gewisser Mobilisierungseffekt ausgehen. Umgekehrt gilt – zweitens – wohl, dass eine Koalitionsoption, die nach den Umfragen offenkundig wenig oder keine Chancen hat, potenzielle Wähler verlieren kann. Das könnte zum Beispiel mit ein Grund dafür sein, warum die Grünen jüngst nachgelassen haben – Rot-Grün liegt unter 40 Prozent. Der SPD wiederum hilft vielleicht, dass die Möglichkeit einer großen Koalition wächst. Drittens ist die Fünfprozentmarke von Bedeutung: Schafft es eine Partei hinüber, fällt sie darunter? Das ist aktuell für FDP und AfD relevant, immerhin liegt die Fehlermarge einer Umfrage in diesem Bereich auch noch bei zwei Prozentpunkten. Hier aber gibt es zwei Reaktionen, die sich möglicherweise in ihrer Wirkung aufheben: Einerseits verliert eine Partei im Fünfprozentbereich an Unterstützung, weil Wähler nicht glauben, dass sie es schafft und daher ihre Stimme verloren ist. Andererseits kann es Ansporn sein – die Partei soll rein. Das ist zum Beispiel für das Splittingverhalten taktischer Wähler mit schwarz-gelber Präferenz wichtig. Taktische Wähler machen laut Brettschneider aber nur einen kleinen Teil der Wählerschaft aus.

Albert Funk, „Kann die Demoskopie Wahlen entscheiden?“, www.tagesspiegel.de, 20.09.2013 [11.01.2014]

Aufgaben

1 *Vergleichen Sie die endgültigen Wahlergebnisse mit den Prognosen und erläutern Sie die Unterschiede.*

2 *Arbeiten Sie aus dem Text die Argumente für und gegen die Ausweitung der Demoskopie in die letzten Wahltage heraus.*

3 *Problematisieren Sie die Rolle, die die Demoskopie und die Präsentation der Ergebnisse in den Medien bei den Wahlen spielen.*

M 11 Ausblicke – das Wahlrecht in der weiteren Entwicklung

Politik ist nicht statisch. Sie und ihre Institutionen dürfen sich nicht dem gesellschaftlichen Wandel verschließen. Dies gilt auch für das Wahlrecht. Insofern ist es richtig und sinnvoll, dass das Wahlrecht immer wieder Gegenstand einer Reformdebatte ist. [...]

a) Familienwahlrecht

In jüngster Zeit sorgte der Vorschlag für Aufsehen, durch die Einführung eines Familienwahlrechts die Stellung von Kindern und Familien in Politik und Gesellschaft zu erhöhen. Wenn bestimmte Personen – in diesem Fall die Eltern noch nicht wahlberechtigter Kinder – mehr Stimmen und damit ein höheres Stimmengewicht als andere Wähler erhielten, wäre dies allerdings eine gravierende Abweichung vom klassischen demokratischen Grundprinzip der Wahlrechtsgleichheit. Vor dem Bundesverfassungsgericht hätte ein Kinder- oder Familienwahlrecht deshalb wohl keine Chance.

b) Online-Wahlen

Der technische Fortschritt macht auch vor der Politik nicht halt; vor allem das Internet bietet neue Herausforderungen und interessante Möglichkeiten. Daher wird beim Bundeswahlleiter schon seit einiger Zeit intensiv darüber nachgedacht, ob und wann ein „Internet-Voting", also die Teilnahme an einer Wahl außerhalb des Wahllokals mittels Computer und Internet, möglich sein könnte. Die Vorteile einer Online-Wahl liegen auf der Hand: eine höhere Wahlbeteiligung, eine einfachere Durchführung, geringere Kosten und eine schnellere Auswertung als bei der herkömmlichen Urnen- und Briefwahl. Noch überwiegen aber die Bedenken, denn das Internet steckt voller Manipulationsmöglichkeiten. Doch Online-Wahlen müssen natürlich fälschungs- und angriffssicher sein. Da die Bundestagswahl zu den verfassungsrechtlich am stärksten geschützten Vorgängen gehört, müssen vor der Einführung einer Online-Wahl wichtige Fragen eindeutig geklärt sein, etwa ob ein Internet-Voting überhaupt den Verfassungsgrundsatz der geheimen Wahl erfüllt oder wie technisch gewährleistet werden kann, dass jeder Wähler seine Authentizität unzweifelhaft nachweist und nur eine Stimme abgibt. [...]

c) Kumulieren und Panaschieren

Was beispielsweise in Hessen, Hamburg und Baden-Württemberg schon der Fall ist, könnte auch eine Bereicherung für die Bundestagswahl sein: Bei Kommunalwahlen wird in den meisten Bundesländern ein Wahlrecht angewandt, bei dem der Wähler mehrere Stimmen

Klaus Stuttmann

Aufgaben

1 *Arbeiten Sie die Argumente zu den einzelnen Reformvorschlägen heraus.*

2 *Überprüfen Sie die Einwände, indem Sie auch auf die Erfahrungen mit der Briefwahl und das Kumulieren und Panaschieren in Landes- und Kommunalwahlen eingehen.*

3 *Bewerten Sie die Möglichkeiten der vorgeschlagenen Reformen, das Wahlsystem gerechter zu gestalten und die Wahlbeteiligung zu erhöhen.*

hat und diese auf verschiedene Parteien verteilen (Panaschieren, vom Französischen panacher – bunt machen, mischen) oder auch bestimmte Kandidaten besonders fördern kann, indem er sie mit mehreren Stimmen wählt (Kumulieren, vom Lateinischen cumulus – Haufen).

Weg von dem Zweistimmensystem und den relativ starren Listen – das könnte die Bundestagswahlen in Zukunft noch spannender und bunter machen. Hier könnten die Wähler Kandidaten auch von verschiedenen Listen ihre Stimmen geben und hätten so mehr Einfluss auf die Zusammensetzung des Parlaments. Kritiker sehen bei diesem Wahlrecht aber auch Nachteile: Die Methode überfordere viele Wähler durch große und unübersichtliche Listen und könnte deshalb zu einer niedrigeren Wahlbeteiligung führen. Außerdem orientiert sich das System stark an den einzelnen Kandidaten und weniger am parteipolitischen Programm. Die Wähler entscheiden sich also eher für eine Person als für die Politik, die sie macht.

Deutscher Bundestag (Hg.), Stichwort Wahlen, Berlin 2013, S. 45–47

M 12 Herzog für französisches Wahlrecht in Deutschland

Wenn der Wähler den Politikern in Deutschland das Regieren schwer macht, zieht das eine Debatte über das deutsche Wahlrecht nach sich. So auch dieses Mal: Der frühere Bundespräsident Roman Herzog fordert wegen des Aufstiegs der Linken ein neues Wahlsystem. Sonst wachse die Gefahr von Minderheitsregierungen, schreibt Herzog in einem Beitrag für die „Süddeutsche Zeitung". Das ehemalige Staatsoberhaupt sorgt sich um die Durchsetzungskraft eines deutschen Bundeskanzlers, der einer Minderheitsregierung vorsteht. Im Ausland und besonders bei der Europäischen Union werde ein Minderheitskanzler „als lahme Ente gelten, deren Tage gezählt sind und mit der man keine langfristigen Projekte auf Kiel legt". Um wieder klare Mehrheitsverhältnisse zu haben, will Herzog das französische Wahlrecht nach Deutschland importieren.

Beim sogenannten romanischen Mehrheitswahlrecht gewinnt ein Kandidat ein Mandat, wenn er im ersten Wahlgang über 50 Prozent der Stimmen auf sich vereinigt. Erreicht keiner der Wahlkreiskandidaten in der ersten Runde die absolute Mehrheit, findet eine Stichwahl unter den Bewerbern statt, die mehr als 12,5 Prozent auf sich vereinigt haben. Im zweiten Wahlgang reicht die einfache Mehrheit, um in die französische Nationalversammlung einzuziehen. In Frankreich sorgt das System in der Regel für klare Mehrheiten im Parlament. Kleinere Parteien haben nur eine Chance, wenn sie Bündnisse mit anderen Parteien eingehen.

Schon häufig wurde in Deutschland über die Einführung des Mehrheitswahlrechts diskutiert. Einen ernsthaften Anlauf nahmen Union und SPD, als sie von 1966 bis 1969 gemeinsam regierten. Vor allem die

Nel/Joan Cozacu

CDU wollte mit einer Wahlrechtsreform die FDP als Machtfaktor im damaligen Dreiparteien-System ausschalten. Die SPD nahm schließlich Abstand von den Plänen und ging mit den Liberalen eine Koalition ein.

[...] Um die FDP geht es in der aktuellen Debatte aber nicht mehr. Der Aufstieg der Linken verhindert derzeit klare Mehrheiten: Schwarz-gelbe Bündnisse erreichen nur noch in Ausnahmefällen eine Mehrheit und Rot-Grün ist noch weiter von eine regierungsfähigen Mehrheit entfernt. Ex-Bundespräsident Herzog fürchtet, dass ein Kanzler, der sich auf ein Dreiparteien-Bündnis stützt, unsinnige Kompromisse und Kompensationsgeschäfte akzeptieren müsste. Nur so komme er halbwegs über die Runden. Das Grundgesetz sei in seiner geltenden Fassung nicht geeignet, diese Probleme zu lösen. Herzog sieht aber auch die Gefahren einer Wahlrechtsreform. Er warnt vor einer „künstlichen Verringerung der Parteienzahl" durch das Mehrheitswahlrecht. Da die FDP, Linke und Grüne „ihrer faktischen Eliminierung" kaum zustimmen dürften, müssten Union und SPD [die Reform] alleine durchsetzen. Das wiederum sähe so aus, „als ob die beiden Großen sich durch einen legislativen Trick nur unliebsamer Kritiker und Konkurrenten entledigen wollten", schreibt Herzog. Daher zieht er das französische System vor, bei dem die kleineren Parteien eine reale Überlebenschance hätten. Vor allem auf Länderebene sieht Herzog die Gefahr von Mehrparteienregierungen. Seine Lösung ist eine „schlichte Verfassungsänderung", um zu klaren Mehrheiten zu kommen: Die Länderkammer solle Beschlüsse künftig mit der einfachen Mehrheit fassen. Koalitionsregierungen könnten mit Enthaltungen, die nach geltendem Recht wie Nein-Stimmen gewertet werden, Beschlüsse nicht mehr blockieren.

Kai Beller, „Herzog für französisches Wahlrecht in Deutschland", www.ftd.de, 06.03.2008

Aufgaben

1 *Arbeiten Sie die Merkmale des Mehrheitswahlrechts mit Vorteilen gegenüber dem Verhältniswahlrecht aus dem Text heraus.*

2 *Erläutern Sie, inwiefern durch das Mehrheitswahlrecht die Diskussion politischer Themen und Ziele stärker mit dem Wähler stattfindet.*

3 *Erörtern Sie, inwiefern durch das Mehrheitswahlrecht die Dominanz der Parteien gebrochen werden könnte.*

1.2.3 Verbände

M 1

Oliver Schopf

Aufgabe

Interpretieren Sie die Karikatur.

Kontakte von Bundestagsabgeordneten mit Lobbyisten						
	Insgesamt	CSU	CDU	FDP	SPD	Grüne
Kontaktzahl je Abgeordneten im Jahr	176,8	204,6	205,2	119,8	162,9	149,1
Darunter mit (in %):						
Industrieverbänden	14,1	16,4	16,5	22,5	11,3	3,0
Mittelstandsverbänden	9,1	12,0	13,2	15,7	3,7	0,6
Sonstigen Berufsverbänden	8,4	9,0	9,9	9,5	6,4	7,2
Landwirtschaftsverbänden	4,8	8,1	6,5	7,8	1,8	2,3
Religionsgemeinschaften	12,4	15,9	16,2	6,2	8,2	12,1
Gewerkschaften	18,4	5,3	11,2	17,1	31,5	11,9
Bürgerinitiativen	8,3	3,7	4,1	4,4	9,5	42,1
Sozialen, kulturellen und Freizeitverbänden	24,4	29,6	22,4	16,8	27,5	20,7

Zahl der Befragten: 327

Quelle: Manfred Himer, Der Deutsche Bundestag im Netzwerk organisierter Interessen, in: Dietrich Herzog u. a. (Hg.), Parlament und Gesellschaft, Opladen 1993, S. 138 ff., hier 152, 164 (z. T. Umrechnungen)

M 2 Verbandseinfluss

Das Bemühen von Interessenorganisationen um Einfluss in Berlin wird sichtbar in Hunderten Büros von Verbänden. Offiziell sind beim Deutschen Bundestag 2099 Verbände mit Tausenden Vertretern (Lobbyisten) registriert – mit der Folge, dass sie bei Bundestagsanhörungen berücksichtigt werden und Hausausweise zu Parlament und Ministerien erhalten können. Diese Verbände lassen ihre Interessen durch eigene Angestellte vertreten (auch 140 einzelne Firmen unterhalten ständige Büros in Berlin), teilweise aber auch durch schätzungsweise 30 selbstständige Agenturen, die sich auf Beratung, Veranstaltungen und Kontaktvermittlungen verstehen; relativ häufig trifft man bei diesen Anwälte und ehemalige Politiker.

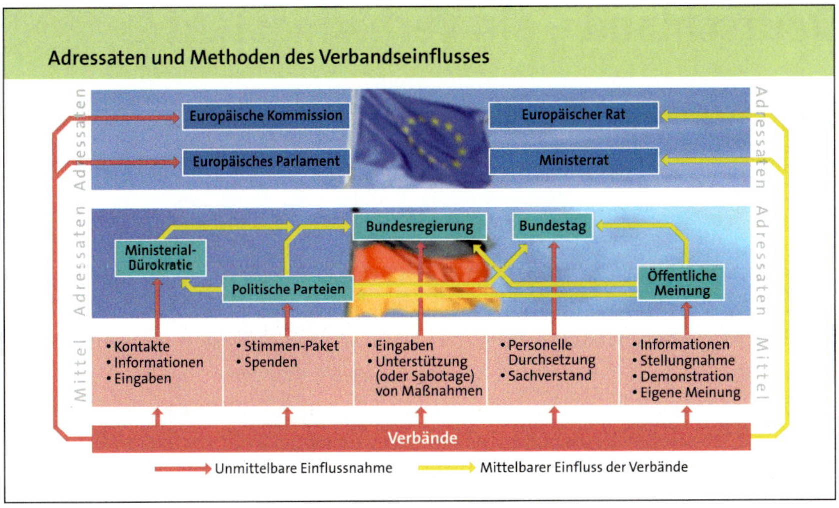

Nach: Wolfgang Rudzio, Die organisierte Demokratie, Stuttgart 1977, S. 41 (vereinfachte Darstellung)

Insgesamt wird die Zahl der Lobbyisten, Berater etc. in Berlin auf rund 5 000 Personen geschätzt. Auch Umweltorganisationen suchen auf diese Weise Einfluss zu nehmen.

Wie der Begriff „Lobby“ (= Vorhalle des Parlaments, bis zu der Nichtparlamentarier Zugang haben) andeutet, haben diese Lobbyisten zunächst die Aufgabe, Abgeordnete zu beeinflussen. Dies geschieht vor allem durch Kontakte mit „nahestehenden“ Parlamentariern. Man versorgt diese mit Unterlagen und Argumenten und wird umgekehrt von ihnen über parlamentarische Entwicklungen informiert. [...] Im Einzelnen zeigten sich dabei nach Parteien bezeichnend unterschiedlich häufige Kontakte zu verschiedenen Interessen [s. Tabelle S. 306].

Hinweise für lobbyistische Erfolgschancen liefern ferner die Verbandsmitgliedschaften der Abgeordneten, die „Verbandsfärbung der Parlamente“. Im 1976–80 amtierenden Bundestag konnten mindestens 232 verschiedene Verbände Bundestagsabgeordnete als eigene Mitglieder ansprechen. Doch zieht bloße Verbandsmitgliedschaft keineswegs auch automatische Verbandsgefolgschaft nach sich. Der verbandsangehörige Abgeordnete befindet sich in einer „Existenz voller Widersprüche“ zwischen spezifischer Interessenvertretung und der auf Interessenausgleich zielenden Logik der politischen Funktion.

Wolfgang Rudzio, Das politische System der Bundesrepublik Deutschland, VS Verlag für Sozialwissenschaften, Wiesbaden [8]2006, S. 82 f.

Aufgaben

1 *Zeigen Sie an einem aktuellen Beispiel die Möglichkeiten des Verbandseinflusses auf.*

2 *Vergleichen Sie Arbeitsweise und Einflussmöglichkeiten von Verbänden und sozialen Bewegungen.*

3 *Beurteilen Sie die Existenz „selbstständiger Agenturen“ im demokratischen Prozess.*

Deutschland – ein Verbändestaat?

M3 Vetospieler – Tsebelis

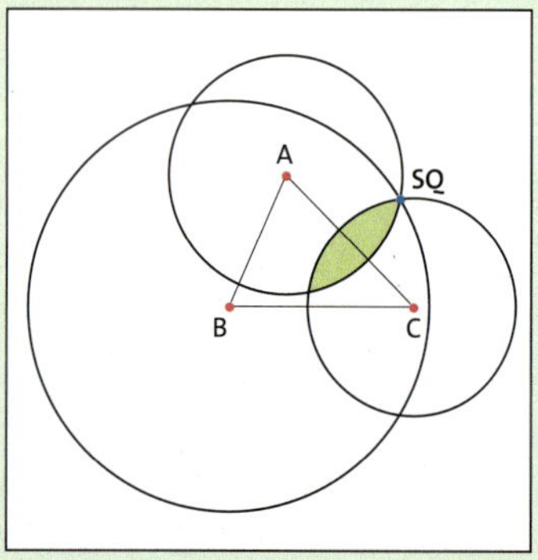

Das winset wird bestimmt durch die Schnittmenge aller Kreise mit den Idealpunkten der Vetospieler (A, B, C) als Mittelpunkt, die durch den Status quo (SQ) führen.

Nach Tsebelis sind Vetospieler die individuellen oder kollektiven Akteure, deren Zustimmung für eine Veränderung des (legislativen) Status quo notwendig ist. [...]

Zentrales Erkenntnisinteresse ist die Frage nach den Chancen für politischen Wandel bzw., im Umkehrschluss, nach den Bedingungen von policy-Stabilität, sprich der Unbeweglichkeit von Politik. Tsebelis' Theorie basiert auf Annahmen, die aus einem rationalistischen Wissenschaftsverständnis abgeleitet sind. Er geht von zielgerichteten Akteuren aus, die über stabile Präferenzen verfügen. Das heißt, dass jeder Vetospieler bei einer bestimmten Politikentscheidung eine eindeutige, nicht veränderbare Idealvorstellung vom Ergebnis hat. Die Akteure interagieren miteinander unter der Prämisse, ihren jeweiligen Nutzen zu maximieren. [...]

Die einzelnen Akteure führt Tsebelis in einem räumlichen Politikmodell zusammen, das auf sogenannten euklidischen (= räumlichen) Präferenzen [...] aufbaut. Das bedeutet, dass mit zunehmender Entfernung einer bestimmten Politik vom eigenen Idealpunkt der Nutzen eines Akteurs abnimmt. Folglich ist jeder Vetospieler bestrebt, ein Politikergebnis zu erreichen, das möglichst nahe an seinen Idealpunkt heranreicht. [...]

Eine Veränderung des Status quo ist dann möglich, wenn Lösungen existieren, die für alle Vetospieler eine Verbesserung gegenüber dem Status quo erbringen oder sich zumindest als gleich gut erweisen; sie müssen also näher an den Idealpunkten aller Vetospieler sein als der Status quo bzw. dürfen höchstens gleich weit entfernt sein. Die Menge solcher Lösungen wird in den räumlichen Modellen als winset bezeichnet [...] und kann als der politische „Konsensbereich" gelten. Ist das winset leer, gibt es keine Möglichkeit zur Veränderung des Status quo: Es herrscht policy-Stabilität. Ebenso wenig kann es zu Veränderungen kommen, wenn der Status quo innerhalb des sogenannten unanimity cores liegt. Dieser „Kern" umfasst alle Politikvarianten, die unter der Entscheidungsregel der Einstimmigkeit nicht überstimmt werden können, da sich zumindest ein Vetospieler verschlechtern würde, d.h. der Politikvorschlag für diesen Akteur weiter entfernt von seinem Idealpunkt ist als der Status quo

Wer sind nun diese Vetospieler in den verschiedenen politischen Systemen? Tsebelis unterscheidet zunächst institutionelle und die sogenannten partisan Vetospieler [...]. Zu den in der Verfassung festgelegten institutionellen Vetospielern zählen in demokratischen Systemen das nationale Parlament sowie alle weiteren institutionellen Akteure, die im Gesetzgebungsprozess zustimmen müssen, wie etwa zweite Kammern in föderalen Systemen, der Präsident in präsidentiellen Systemen oder sogar das Volk. [...]

Wer die partisan Vetospieler sind, ergibt sich nicht aus der Verfassung, sondern aus dem politischen Prozess [...]; sie agieren innerhalb der institutionellen Vetospieler. [...]

Heidrun Abromeit/Michael Stoiber, Demokratien im Vergleich: Einführung in die vergleichende Analyse politischer Systeme, VS Verlag für Sozialwissenschaften, Wiesbaden 2006, S. 63 f.

Aufgaben

1 *Veranschaulichen Sie am Beispiel „Nationalpark Nordschwarzwald" (s. S. 258ff.) die Vetospieler-Theorie.*

2 *Erläutern Sie, wie sich die Zunahme oder Abnahme von Vetospielern auf die Reformfähigkeit auswirkt.*

3 *Untersuchen Sie die unterschiedliche Bedeutung Ihnen bekannter Vetospieler in Deutschland.*

M 4 Herrschaft der Verbände

Wie weit reicht die Verbandsmacht? Haben die Interessenverbände womöglich den Staat im Griff, dass dieser nur noch „der Staat der Industriegesellschaft“ ist, eine von der Wirtschaft und der Gesellschaft faktisch weitgehend abhängige Variable?
Die Beantwortung dieser Fragen erfordert die Klärung des Status von Interessenverbänden. Wie die politischen Parteien sind auch Interessenverbände intermediäre Organisationen. Sie sind Vertreter bestimmter politischer Anliegen, werben für sie und wirken dabei mitunter auch bei Kampagnen für politische Spitzenkandidaten mit. Ferner beliefern die Verbände politische Entscheidungsträger mit Informationen. Zugleich wollen Sie die Entscheidungsträger beeinflussen und Politikalternativen im ureigenen Interesse voranbringen. Überdies wirken Interessengruppen, wie die Parteien, an der Artikulation und Bündelung von Interessen mit. Doch im Unterschied zu Parteien, insbesondere zu den Großparteien, zielen die Interessenverbände normalerweise nur auf spezialisierte Interessen. Im weiteren Unterschied zu den meisten Parteien, insbesondere den großen Parteien, fördern die Interessengruppen vor allem partikulare Interessen von kleineren Segmenten der Gesellschaft.
Sie stehen deshalb häufig im Verdacht, durch ihr Tun und Lassen allgemeine Interessen hintanzustellen. Dass sie nicht systematisch politische Führungskräfte heranziehen, unterscheidet die Interessenverbände ebenfalls von den Parteien. Und am wichtigsten ist, dass die Interessengruppen, obgleich sie den Kurs der Politik des Staates beeinflussen wollen, nicht selbst die Übernahme der Regierungsgeschäfte anstreben und sich nicht dem Votum der Wähler stellen.

Gerhard Schmidt, Das politische System Deutschlands, Bundeszentrale für politische Bildung, Bonn 2010, S. 123 f.

Burkhard Mohr

Aufgaben

1 *Stellen Sie die Unterschiede von Parteien und Verbänden grafisch/tabellarisch dar.*

2 *Erörtern Sie die Frage nach der Abhängigkeit der Politik von Verbänden und Verbändeinteressen (beispielsweis in der Krankenversicherungsfrage, bei der Bankenrettung, in der Energiedebatte oder Ähnlichem).*

M 5 Deutschland ist kein Verbändestaat

Hierzulande ist von einer allgemeinen „Herrschaft der Verbände“ nichts in Sicht. Und trotz Bedeutungsaufschwung des Lobbyismus insbesondere im Mehrebenengeflecht aus Europäischer Union und nationalstaatlicher Politik spricht auch nichts für die These, dass die „Herrschaft der Verbände“ von der „Herrschaft der Lobbyisten“ abgelöst worden sei. Das schließt verbände- und lobbyismusfreundliche Konstellationen nicht aus. Ebenso wenig ausgeschlossen sind Schulterschlüsse zwischen politischen Parteien und Interessenverbänden insbesondere vor Wahlen. Ferner ist die Mitwirkung von Verbänden an der Politikformulierung und -durchführung, also ihre sektorale Mitregentschaft, zweifellos ein Teil der Verfassungswirklichkeit in Deutschland. Deutschlands Staats-

Info

Korporatismus ist ein politisch-wissenschaftlicher Begriff, der bestimmte Formen der Beteiligung gesellschaftlicher Gruppen an politischen Entscheidungsprozessen beschreibt. Zu unterscheiden sind:
1. der autoritäre oder staatliche K., der für die erzwungene Einbindung wirtschaftlicher und gesellschaftlicher Organisationen in hierarchische und autoritäre Entscheidungsverfahren kennzeichnend ist (wie z. B. während des Faschismus in Italien);
2. der gesellschaftliche oder liberale Neo-K., der auf freiwilliger Beteiligung gesellschaftlicher Organisationen (insbesondere der Arbeitgeber- und Arbeitnehmerverbände) beruht.
Zweck der korporatistischen Beteiligung ist die Bindung der unterschiedlichen Interessengruppen an gemeinsam getroffene Vereinbarungen.

Klaus Schubert/Martina Klein, Das Politiklexikon, Dietz, 5. aktual. Aufl. Bonn 2011

strukturen umfassen bekanntlich auch den „delegierenden Staat". Und zur deutschen Verbändelandschaft zählt seit Langem das Muster des „private interest government" im Sinne von Interessenorganisationen, die als Interessenverband und Behörde eine Doppelrolle spielen. Nach dem vorherrschenden Typus der Interessenvermittlung zu urteilen, ist Deutschland aber kein Verbändestaat im Sinne eines Staates, der die abhängige Variable der Interessengruppen ist. Deutschlands Staat-Verbände-Beziehungen verkörpern vielmehr eine Mischform: Sie sind teils korporatistisch und teils pluralistisch. Und sie sind in ein polyzentristisches politisches System eingebettet, in dem eine so große Zahl von Regenten, Mitregenten und Vetospielern wirkt und das von der Leitidee der Machtaufteilung und -fesselung so tief geprägt ist, dass die Herrschaftsbestrebungen einer einzigen Gruppe von außerparlamentarischen Organisationen, gleichviel ob Verbände oder Unternehmen, regelmäßig durchkreuzt oder schon im Keim erstickt werden.

Gerhard Schmidt, Das politische System Deutschlands, Bundeszentrale für politische Bildung, Bonn 2010, S. 132

Aufgaben

1 *Arbeiten Sie die zentralen Aussagen des Textes heraus und bringen Sie sie mit der Vetospieler-Theorie von Tsebelis in Zusammenhang.*

2 *Beurteilen Sie die Frage, ob ein „polyzentristisches politisches System" (Z. 19) die Macht von Verbänden und Lobbyisten vermehrt oder einschränkt.*

M 6 Pluralismus: Wunsch und Wirklichkeit

Im Spiel der pluralistischen Kräfte finden Interessen desto weniger Berücksichtigung, je größer der Kreis der Betroffenen ist. Das läuft auf einen Mechanismus umgekehrter Demokratie hinaus. Die politikwissenschaftliche Pluralismustheorie will das allerdings nicht wahrhaben. Sie versteht Politik als Ergebnis des Drucks der unterschiedlichen gesellschaftlichen Gruppierungen und unterstellt, die verschiedenen Vektoren führten per saldo zu ausgewogenen Ergebnissen. Ein eigenes „Gemeinwohl"-Konzept wird in dieser Sicht überflüssig. Gemeinwohl sei vielmehr mit der Resultante des Gruppendrucks identisch. Drohe ein wichtiges Interesse zu kurz zu kommen, bilde sich eine entsprechende Gegenmacht, die die Dinge wieder ins Lot bringe. Auf diese Weise werde eine angemessene Berücksichtigung aller Interessen gewährleistet. Die Rechtsetzung von Arbeitgeberverbänden und Gewerkschaften durch Tarifverträge ist die offensichtlichste und unmittelbarste Form des Gruppeneinflusses, der sich aber keineswegs darin erschöpft, da das Harmoniekonzept auch auf die Politik insgesamt übertragen wurde. Diese „pluralistische Harmonielehre", die ihren Ursprung in amerikanischen Pluralismustheorien hat, hat weittragende Auswirkungen, auch auf die Beurteilung des Lobbyismus bis hin zur Korruption. Träfe die Lehre nämlich zu, wäre die Unabhängigkeit von Parteien und Politikern, die die Verfassungen postulieren, gar nicht wirklich schützenswert, nicht einmal vor finanziell-materieller Einflussnahme potenter Interessenten, weil die unterschiedlichen Vektoren des Interessentenparallelogramms sich zu einer insgesamt stimmigen Resultante auspendelten.

Gegen diese „native“ Pluralismuslehre richtet sich die Pluralismuskritik. Sie weist darauf hin, dass *allgemeine* Interessen schwerer wahrzunehmen sind und deshalb nur allzu leicht zu kurz kommen. Ob zum Beispiel ein Steuersystem zur Leistung anreizt oder aber demotiviert, ob es das Florieren von Wirtschaft und Gesellschaft fördert oder unterminiert, das ist, zumindest auf den ersten Blick, nicht leicht zu erkennen. Dasselbe gilt – jedenfalls in Kontinentaleuropa – erfahrungsgemäß hinsichtlich der Frage, ob eine wettbewerbliche Marktwirtschaft den Menschen eher nützt als schadet. Näher liegen meist die jeweiligen *besonderen* Interessen zum Beispiel als Berg- oder Werftarbeiter, als Krankenschwester, als Landwirt oder Unternehmer eines bestimmten Industriezweigs.

im Namen des Eigennutzes!

Gerhard Mester

In dieselbe Richtung argumentiert auch der amerikanische Politikökonom Mancur Olson. Er legt mittels eines stringenten politik-ökonomischen Modells dar, dass spezielle Interessen regelmäßig besser organisierbar sind als allgemeine und die Politik unter dem Druck von Verbänden und Großunternehmen leicht die wichtigsten Interessen vernachlässigt. Auch die Interessen künftiger Generationen werden oft auf dem Altar der Gegenwart geopfert: z. B. durch Aufnahme öffentlicher Schulden, durch Umlagefinanzierung von Pensionen, von Renten- und Pflegeversicherung und durch den Verbrauch endlicher Ressourcen. Solche Zukunftsvergessenheit droht Züge einer korrumpierenden Politik anzunehmen. [...]

Hans Herbert von Arnim, Deutschlandakte: Was Politiker und Wirtschaftsbosse unserem Land antun, C. Bertelsmann Verlag, München 2008, S. 285 f.

Aufgaben

1 *Arbeiten Sie aus dem Text die Annahmen des „harmonischen Pluralismus“ sowie die Kritikpunkte daran heraus.*

2 *Veranschaulichen Sie die Kritik Olsons mit geeigneten aktuellen Beispielen.*

3 *Stellen Sie die Aussagen der Texte M 4 und M 5 einander gegenüber und beziehen Sie Stellung.*

→ Pluralismus/Fraenkel, S. 332

Politische Kultur

M 7 Der Zusammenhang von politischer Kultur und politischer Struktur

Bürger legitimieren das Regieren. Der offene Wettbewerb um Ämter und Macht muss immer auch hinreichend Raum für politische Partizipation gewährleisten. Die Bürger sind nicht nur Objekte der Politik und des Regierungshandelns, sondern sind als aktive Teilnehmer in den Politikprozess eingebunden und üben somit direkten Einfluss aus. Erst durch das aktive Partizipationsverhalten der Bürger wird der im Grundgesetz fixierte institutionelle Rahmen ausgefüllt. Dies geschieht beispielsweise im Zuge institutionalisierter Partizipationsmöglichkeiten wie Wahlen, durch aktives politisches Engagement der Bürger in Parteien und Interessenverbänden, aber auch durch die Abhängigkeit staatlicher Strukturen von politischen Orientierungen und Einstellungsmustern der Bürger. [...] Den Ausgangspunkt der politikwissenschaftlichen Kulturforschung stellte die im Jahr 1963 von Gabriel Almond und Sidney Verba veröffentlichte internationale Vergleichsstudie „The Civic Culture“ dar. [...] Die der Studie zugrunde liegende Hypothese lautete, dass eine Kongruenz zwischen politischer Struktur [...] und politischer Kultur erforderlich sei, um den Bestand eines politischen Systems zu gewährleisten. Konkret: Ein demokratisches System setze neben einem entsprechenden institutionellen Gefüge eine damit konsistente politische Kultur voraus [...].

Typen politischer Kultur im Überblick		
Typ der politischen Kultur	Erwartungsorientierung gegenüber dem politischen System	Systemgefährdung
Parochialkultur Weitgehendes Fehlen von Orientierung gegenüber allen Aspekten des politischen Systems	Keine Erwartung	Nicht vorhandene Entwicklungsfähigkeit
Untertanenkultur Passives Politikverständnis	Output-Orientierung	Unflexibilität gegenüber der Systemumwelt
Partizipationskultur Große Affinität zu allen Aspekten des politischen Systems, hohe Partizipationsbereitschaft	Input- und Output-Orientierung	Überforderung des Systems
„Civic Culture“ Vereint alle Aspekte der Partizipationskultur mit der Mäßigung von Untertanen- und Parochialkultur	Input- und Output-Orientierung	Keine Gefährdung durch Ausgleich zwischen den Typen

Tabelle: Bernhard Schreyer/Manfred Schwarzmeier, Grundkurs Politikwissenschaft: Studium der politischen Systeme, VS Verlag für Sozialwissenschaften, Wiesbaden ²2005

Darüber hinaus unterschieden Almond und Verba zwischen „kognitiven“, „affektiven“ und „evaluativen Orientierungen“ [...]. Politische Kultur umfasst damit „Kenntnisse und Meinungen über politische Realität, Gefühle über Politik und politische Werthaltungen“ [...]. Neben kognitiven Elementen wie Wissen und Kenntnissen über das politische System, seine Institutionen und seine Akteure, [...] umfasst politische Kultur somit auch emotionale und normative Aspekte. Diese zeichnen sich prinzipiell durch eine größere Stabilität als kognitive Orientierungen aus. Änderungen vollziehen sich dabei grundsätzlich in langfristigen Wandlungsprozessen.

[...]

Die sozialwissenschaftliche Kulturforschung ging von der gegenseitigen Beeinflussung von politischer Kultur und politischer Struktur aus. Bezogen auf demokratische politische Systeme wie das der Bundesrepublik Deutschland bedeutet dies, dass sich die demokratischen Strukturen und eine demokratische politische Kultur entgegenkommen und in etwa auch entsprechen müssen. Andernfalls kommt es zu einer zunehmenden Entfremdung zwischen Bürger und Staat [...]. Politik und Regieren steht damit nicht alleine unter dem Einfluss institutioneller Rahmenbedingungen, sondern auch unter dem Einfluss dieser gesellschaftlichen und subjektiven Dimension des politischen Systems. Für eine Darstellung modernen Regierens in Deutschland ist daher die Frage nach Politik-, Partizipationsverständnis und Legitimitätsvorstellungen der Bürger von besonderer Bedeutung. Politik und Regierung in Deutschland müssen dem vorherrschenden Politikverständnis, den Partizipationswünschen und den Legitimitätsvorstellungen der Bürger genügen.

Karl-Rudolf Korte/Manuel Fröhlich, Politik und Regieren in Deutschland: Strukturen, Prozesse, Entscheidungen, Ferdinand Schöningh, Paderborn [3]2009, S. 108–110

Aufgaben

1 *Charakterisieren Sie die politische Kultur in Deutschland.*

2 *Erörtern Sie Bürgerproteste und Parteineugründungen hinsichtlich der politischen Kultur in Deutschland.*

1.2.4 Bürgerinitiativen und Bewegungen: Ergänzung oder Alternative?

M 1 Bürgerinitiativen als informale Ein-Ziel-Gruppen

Mit dem Aufkommen von Bürgerinitiativen seit Ende der Sechzigerjahre erweiterten sich die Formen der Interessenvertretung in Deutschland. Idealtypisch lassen sich Bürgerinitiativen charakterisieren durch:

- ihre Konzentration auf eine einzige Frage, etwa der Stadtentwicklung [...], der Erziehung (Kindergärten, Spielplätze, Schulen) oder des Verkehrs; Bürgerinitiativen vertreten somit einzelne ortsbezogene Interessen außerhalb des Arbeitsbereichs.
- eine kleine, überschaubare Zahl Beteiligter in einer informalen Organisationsstruktur. Diese Größenordnung lässt persönliche Kommunikation untereinander zu.

[...] Bürgerinitiativen verhießen gegenüber verfestigten und hierarchischen Verbänden, dass in ihnen unverfälschter, unmittelbarer Bürgerwille zum Ausdruck kommen könnte. Tatsächlich aber institutionalisierten sich viele Initiativen und glichen sich herkömmlichen Vereinen oder Verbänden an. Auch sonst erfüllten sich nicht alle Erwartungen. So förderte eine ältere Untersuchung zutage, dass ein Drittel der Leiter untersuchter Initiativen nicht gewählt waren und nur 9 Prozent der Mitglieder aktiv mitarbeiteten; eine andere Studie stellte in Bürgerinitiativen hierarchische „Führungscliquen" fest, sobald sie den Umfang einer Kleingruppe überschritten.

Allerdings nicht jede Zielsetzung lässt sich auf örtlicher Ebene verfolgen, sodass auch Dachorganisationen wie der „Bundesverband Bürgerinitiativen Umweltschutz" entstanden sind. Und für das geduldige Bohren dicker Bretter, als das Max Weber Politik bezeichnet hat, ist eine lockere, auf augenblickliche Motivation setzende Organisation wenig geeignet. Im Ganzen aber ergänzen Bürgerinitiativen die Interessenverbände, ja erfüllen lokal die Funktion spezifisch kommunalpolitischer Interessengruppen.

Wolfgang Rudzio, Das politische System der Bundesrepublik Deutschland, VS Verlag für Sozialwissenschaften, Wiesbaden [8]2006, S. 98–102

Aufgabe

Erläutern Sie die obigen Merkmale an einem Beispiel, gegebenenfalls im Zusammenhang mit dem Nationalpark Nordschwarzwald (s. S. 258ff).

M 2 Soziale Bewegungen: Verändernde Aktionsform?

Eine zweite alternative Handlungsform stellen „soziale Bewegungen" dar – nur scheinbar neu, tatsächlich als Begriff wie als Phänomen durch die Arbeiterbewegung oder die Landvolkbewegung der Weimarer Republik altbekannt. In der deutschen Öffentlichkeit avancierte der Begriff seit den Tagen der 68er-Studentenbewegung, in deren Gefolge eine Reihe von „Neuen sozialen Bewegungen" erkennbar ist.

Nach dem klassischen Begriff der „sozialen Bewegung" ist diese folgendermaßen charakterisiert:

- Sie ist ein informaler Handlungszusammenhang ohne rechtliche Mitgliedschaft, autorisierte Organe und verbindliche Satzungen.
- Sie wird getragen von Angehörigen einer bestimmten gesellschaftlichen Schicht oder Gruppe.

- Sie strebt als wichtig erachtete Veränderungen politischer und gesellschaftlicher Verhältnisse an.
- Ihr Handlungsinstrumentarium ist primär außerparlamentarisch und umfasst legale wie illegale Vorgehensweisen.

Gerhard Mester

Mit der betonten Selbstbezeichnung als „Bewegung“ ist seit 1968 in der Bundesrepublik häufig die Meinung verbunden, dass Bewegungen sich neben oder anstelle von Parteien, Verbänden etc. als bessere, demokratischere Form für politisches Handeln anböten. Tatsächlich entsprechen dem älteren Bewegungsbegriff weitgehend auch die neuen Bewegungen. Allerdings spielen in ihnen vielfach formale Organisationen eine Rolle – so in der Friedensbewegung die in deren „Koordinierungsausschuss“ vertretenen Organisationen. Die Binnenstruktur der Bewegungen wird durch konzentrische Kreise gebildet: einen Kern der „Eliten bzw. Kader“, die aus Vertretern tragender Organisationen und Prominenten bestehen; ferner einen Kreis von Aktivisten, die in einem „Geflecht“ aus lokalen Gruppen und tragenden Organisationen arbeiten; schließlich eine äußere unabgegrenzte Menge von „Unterstützern“ bis hin zu gelegentlich Mitmachenden oder sich nur zugehörig Fühlenden. Die Kommunikation des Kerns mit dem äußeren Kreis erfolgt über die Medien und in der Aktion selbst. Ein Einfluss der Unterstützer auf den Kurs der Bewegung ist nur durch Wegbleiben möglich, ein Mehr an innerer Demokratie nicht ersichtlich.

[...] Richtet man den Blick auf die Proteste, so kann man ein umfassenderes Bild davon gewinnen, in welchem Maße und welchen Formen Protestaktionen die deutsche Politik begleiten. Bei einer Auswertung von Presseberichten über Protestereignisse ergibt sich das Bild der Grafik: Sie zeigt anhand der Protestteilnehmer eine Fieberkurve des Protestes, bei der die Proteste gegen die Wiederbewaffnung Mitte der 50er-Jahre, die der 68er-Bewegung, der Friedensbewegung gegen die westliche Raketenrüstung Anfang der 80er-Jahre und die Proteste gegen ausländerfeindliche Gewalttaten 1992 markant herausragen. Als Organisatoren der Proteste lassen sich Gewerkschaften, Verbände und Kirchen ausmachen, seit der Studentenbewegung auch Initiativen, Gruppen und „Netzwerke“. Während Unterschriftenaktionen seit Ende der Sechzigerjahre zurückgingen, verlagerten sich die Proteste auf die Straße. Auch Blo-

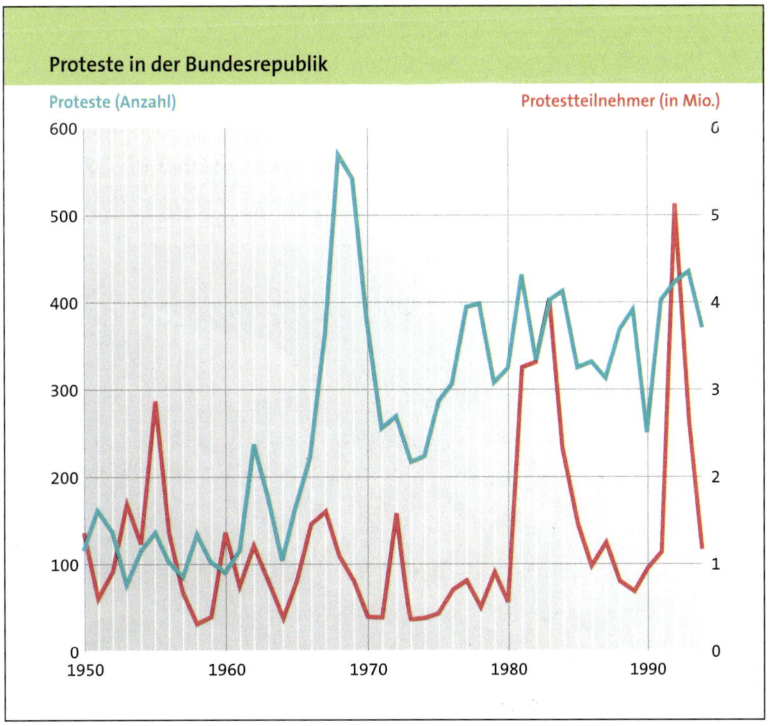

Quelle: Dieter Rucht (Hg.), Proteste in der Bundesrepublik, Frankfurt a. M. 2001, S. 27 ff.

Aufgaben

1 *Erläutern Sie, was den besonderen Reiz „sozialer Bewegungen“ ausmacht.*

2 *Erstellen Sie eine Übersicht, welche Protestformen Sie zur Durchsetzung Ihrer Interessen wählen würden. Benennen Sie dabei konkret, um welches Interesse es sich jeweils handelt.*

3 *Begründen Sie Ihre Wahl bzw. beurteilen Sie, welche der dargestellten Organisationsformen für die Durchsetzung Ihrer Interessen die geeignetere ist.*

ckaden und Besetzungen sowie Gewalttätigkeiten nahmen relativ zu; so war ab Anfang der Achtzigerjahre „eine Tendenz zu militanteren Protestformen“ festzustellen. Die Beteiligung an solchen illegalen Protestaktionen erscheint beachtlich, am höchsten in der zweiten Hälfte der 60er- und Anfang der 70er-Jahre, gefolgt von der ersten Hälfte der 80er. Insgesamt entsprechen die Protestformen dem klassischen Bewegungsbegriff insofern, als man außerhalb der Institutionen und Parteien operiert und dabei mit legalen wie illegalen Mitteln vorgeht.
In neuerer Zeit kann man eine „Bewegungsflaute“ feststellen. Angesichts dessen haben sich „Neue Soziale Bewegungen“ und Nichtregierungsorganisationen neben der Organisierung von Protest vor allem auf die „Inszenierung medienwirksamer Ereignisse spezialisiert“. So vermögen sie zu thematisieren und begrenzt zu mobilisieren, ihre Wirkungen lassen sich erst über größere Zeiträume erkennen.

Wolfgang Rudzio, Das politische System der Bundesrepublik Deutschland, VS Verlag für Sozialwissenschaften, Wiesbaden [8]2006, S. 98–102

M 3 Die neue Macht der Bürger – Was motiviert die Protestbewegungen?

So lautet der Titel der neuen BP-Gesellschaftsstudie, die von BP angeregt und finanziert wurde.
Das Göttinger Institut für Demokratieforschung unter der Leitung von Professor Franz Walter hat ein groß angelegtes Projekt über Protestbewegungen in Deutschland durchgeführt. Die Sozialwissenschaftler waren dafür im Jahr 2012 bundesweit unterwegs, beobachteten Demonstrationen, Mahnwachen und Versammlungen, interviewten einzelne Aktivisten vor Ort und führten Gruppendiskussionen durch, um so Beweggründe, Einstellungen und Motive der Aktiven aufzuspüren. Entstanden ist ein tiefer Einblick in die aktuelle Protestlandschaft mit den Aktivisten im Zentrum des Interesses. [...]
Wer sich engagieren will, braucht Zeit, und dies steigend mit dem Grad des eigenen Engagements. Unter den Befragten fanden sich auffällig viele Hausmänner, Teilzeitangestellte, Freiberufler, Pastoren, Schüler, Lehrer und – ganz besonders – Vorruheständler, Rentner, Pensionäre. Die Erziehung von Kindern erschwert ein Engagement in Protestgruppen. [...] Zu erwarten ist, dass sich spätestens zwischen 2015 und 2035 Hunderttausende hoch motivierter und rüstiger Rentner [...] in den öffentlichen Widerspruch begeben.

Die deutsche Protestlandschaft wird von Männern dominiert. 70 Prozent der befragten Aktiven sind männlich, knapp 30 Prozent weiblich. Einzig die Initiativen im Bildungs- und Schulbereich sind von Frauen geprägt. [...]
Es protestieren ganz überwiegend Bürger gegen Bürger. Nicht die neuen Unterschichten protestieren, sondern vor allem Menschen mit hohem Bil-

dungsabschluss, geregeltem, meist ordentlichem Einkommen, die sozial gut vernetzt sind und eher anspruchsvollen Berufen nachgehen. [...] Die ‚kleinen Leute‘ sind kaum mehr vertreten. [...]

Die Ingenieure bilden einen zentralen Typus der aktuellen Bürgerproteste. Während in den Oppositionsbewegungen der Siebzigerjahre typischerweise der (angehende) Sozialwissenschaftler den Ton angab, sind es heute die eher technisch geprägten Berufe. [...]

Die neuen Bürgerproteste sind Sache der Konfessionslosen. Über die Hälfte der von uns Befragten gehört keiner Kirche an. [...] Trotz dessen nahmen etliche Protestgruppen die Organisationskraft der Kirchen in Anspruch, so tagten und trafen sich beispielsweise Occupy-Initiativen in kirchlichen Räumen.

Kaum jemand hält die bundesdeutsche Gesellschaft für eine ‚echte Demokratie‘. Unter den von uns Befragten fällt ständig der Vorwurf, dass wir es lediglich mit einer ‚Scheindemokratie‘ zu tun hätten. Kommt man auf Parteien und Politik zu sprechen, dann löst dies einen Schwall von Hohn und Verachtung aus. Es handele sich um Sammelstätten von Karrieristen und Postenjäger – abgehoben, inkompetent, weltfremd, von Medien und Lobbygruppen manipulierbar. [...]

Unter den Aktivisten herrscht tiefes Misstrauen bei gleichzeitiger Ratlosigkeit. Denn genaue Vorstellungen von der häufig genannten ‚richtigen‘ Demokratie gibt es kaum. Oft werden Volksentscheide, Basisdemokratie oder Direktwahlen stichwortartig genannt, aber leidenschaftslos vorgetragen. [...]

Dennoch: Aus Partizipation zieht auch das politische System Nutzen. Hinter dem Engagement von Bürgern stehen Wissen, Ideen und beträchtliche Energien, deren sich der Staat bedienen kann. Und doch bleibt ein Dilemma. Der unzweifelhaft gestiegenem Wunsch nach vielfachen Beteiligungen der Bürger an politischen Vorhaben verkompliziert den Entscheidungsprozess, produziert Langwierigkeit, endet oft vor Gerichten, was in der Folge die Verrechtlichung der gesellschaftlichen Beziehungen weiter forciert. Das wiederum erzürnt das Gros der Bürger, deren Ansprüche auf ein rasches und effektives Regierungshandeln ebenfalls angestiegen sind. Beides allerdings geht schlecht zusammen.

BP Europa SE, Die neue Macht der Bürger – Was motiviert die Protestbewegungen?, www.bp.de, 30.01.2013 [11.01.2014]

Aufgaben

1 *Überprüfen Sie die Ergebnisse der Studie am Beispiel des Nationalparks Nordschwarzwald (s. S. 258ff.), insbesondere hinsichtlich der Akteure und deren Berufen. Gehen Sie bei der Überprüfung auch auf die Methodik der Studie ein.*

2 *Formulieren Sie ausgehend von diesen Beobachtungen einen Kommentar zu dem zunehmenden Einfluss von Protestgruppen.*

3 *Die Zeitschrift Times wählte „The Protester" zur „Person of the Year 2011". Vergleichen Sie internationale Protestbewegungen, beispielsweise in Ägypten oder Tunesien, mit aktuellen deutschen Protesten.*

M 4 Der Ich-Bürger

Der 1. Mai gehört der Straße. In allen größeren Städten ruft der Deutsche Gewerkschaftsbund an diesem Tag zu Demonstrationen auf, und in Hamburg, Köln, Berlin macht sich die linksautonome Szene bereit; auch die Rechten werden sich zeigen. Doch die Zeiten, in denen diese Form des Protests die Menschen tatsächlich berührte, alarmierte oder gar aufrüttelte, sind wohl vorbei. Netzaktivisten schmähen sie als „Latschdemos" und in Berlin haben selbst die teils gewalttätigen Ausschreitungen lange ihre Wucht verloren. Was früher

Proteste gegen Anwohnertiefgarage am Münchner Josephsplatz, 2013

Ängste vor „rechtsfreien Zonen" schürte, gehört inzwischen zur hauptstädtischen Politikfolklore; Massendemonstrationen, Hasskappen oder Molotowcocktails fordern den Staat kaum mehr ernsthaft heraus. Der Aktivist der Gegenwart leistet Widerstand mit dem Tablet-Computer und gnadenloser Expertise. Und der Staat unterstützt ihn dabei.

Bürgerbeteiligung heißt das dann und wenn es so weitergeht, wie es sich nun andeutet, wird dem Ich-Bürger gelingen, was keinem Autonomen und auch keinem Gewerkschafter gelingen kann: dass die Republik stillsteht. Dass am Münchner Josephsplatz keine Tiefgarage gebaut wird; dass die Flugrouten in Berlin noch hundertmal ausgeschrieben werden; dass am Rursee in der Eifel kein Pumpspeicherwerk stehen wird; dass sich bei der Energie nichts zum Besseren wendet; dass unser Atommüll weder hier noch dort vergraben wird.

Akzeptanz kann nur entstehen, wenn Staat und Bürger auf Augenhöhe argumentieren. Das ist die Lehre aus der harten Auseinandersetzung um Stuttgart 21. Bevor der Staat handelt, muss er an die Bürger herantreten, er muss deren Meinung hören, er muss sie ernst nehmen. Vor allem muss er sein Handeln danach ausrichten. Der Bürger wiederum kann mitreden, mitgestalten. Wird dann mehrheitlich eine Entscheidung getroffen, muss er sie akzeptieren. So ist die Rollenverteilung im Jahr zwei nach Stuttgart 21. Die Politik, so scheint es im Moment zu sein, hat das begriffen; und der Bürger?

Der Josephsplatz im Münchner Bezirk Maxvorstadt gehört zu den schöneren Plätzen dieser an schönen Plätzen nicht armen Stadt. Nur die vielen Autos stören. Kurz nach der Jahrtausendwende beschlossen deshalb Anwohner und Bezirksverwaltung, darunter eine Tiefgarage zu bauen. Das Projekt zog sich hin, auf regelmäßigen Versammlungen forderten die Bürger, teils vehement, endlich mit dem Bau zu beginnen. Im Februar 2013 schließlich wurden die ersten Bäume gefällt – und eine Welle des Protests brach los: Anwohner gründeten den Verein „Freunde des Josephsplatzes", tatsächlich mit dem Motto „Stuttgart 21 im Herzen Münchens". Robin Wood besetzte Bäume, mehr als 2000 Bürger unterschrieben eine Petition, die Bauarbeiten sofort zu stoppen. Ausgang dieses Bürger-Irrsinns: offen.

John Ditchburn. INKCINCT Cartoons

Nimby – „Not in my backyard", so wird die Figur dieses Aktivisten in den USA kurz umschrieben. Ihm geht es darum, den eigenen Hinterhof zu schützen, und das auch jederzeit auf Kosten der anderen. In Deutschland ist er dabei, die Energiewende zu verhindern. Ob es sich um ein Umspannwerk bei Düsseldorf oder um eine Stromtrasse bei Bad Hersfeld handelt – überall dort, wo die neue Energiearchitektur sichtbar werden könnte, bilden sich Bürgerinitiativen und Vereine. Mal für, mal gegen Erdkabel, die Anwälte jedenfalls sind eingeschaltet. Die Präsidentin des Bundesverwaltungsgerichts warnt bereits vor einer Klagewelle.

[...]

Die Politik reagiert vorsichtig, umwirbt die Bürger, versucht, sie einzubinden. Das ist verständlich. Zu viel ist bei Stuttgart 21, beim Bau des Berliner Flughafens, bei zahllosen kleineren Vorhaben schiefgelaufen. Die Bürgerbeteiligung ist ein zwingend notwendiges Korrektiv. Aber sie ist auch die Verpflichtung für den Einzelnen, nicht Widerstand um des Widerstands willen zu leisten. Sonst schadet das Projekt der Demokratisierung am Ende der Demokratie.

Jan Heidtmann, „Der Ich-Bürger", www.sueddeutsche.de, 30.04.2013 [20.09.2013]

Aufgaben

1 *Arbeiten Sie aus dem Text die unterschiedlichen Akteure heraus, die auf politische Entscheidungen Einfluss nehmen, und beschreiben Sie die Unterschiede. Ergänzen Sie die Liste mit weiteren Akteuren.*

2 *Erörtern Sie die These, dass Bürgerbeteiligung zum Stillstand der Republik führt (Z. 22f.).*

1.2.5 Medien und politische Kommunikation

M 1 Veggie Day: Wie man aus alten Fleischabfällen der „Bild"-Zeitung Nachrichten macht

Seit mehr als drei Jahren unterstützen die Grünen Vorstöße zur Einführung eines „Veggie Days" – ein Tag in der Woche, an dem es in Kantinen kein Fleisch gibt. Es gibt dazu diverse Fraktionsentscheidungen und Positionspapiere, Beschlüsse der Bundesdelegiertenkonferenzen 2010 und 2013. Der Wunsch findet sich im Wahlprogramm der Grünen, das im April beschlossen wurde:

Öffentliche Kantinen sollen Vorreiterfunktionen übernehmen. Angebote von vegetarischen und veganen Gerichten und ein „Veggie Day" sollen zum Standard werden. Wir wollen ein Label für vegetarische und vegane Produkte.

Gestern hat die „Bild"-Zeitung das bemerkt. Und daraus eine typische, eine typisch falsche Überschrift gemacht:

Na gut. So macht die „Bild"-Zeitung halt Schlagzeilen und Politik.
Die „Nachrichten"-Agentur dpa bringt eilig eine Meldung zum Thema. Darin heißt es erstaunlicherweise nicht: „›Bild‹-Zeitung skandalisiert mit Jahren Verspätung längst bekannte Position der Grünen zum fleischlosen Tag in deutschen Kantinen", was eine treffende Beschreibung der Neuigkeit wäre.
Stattdessen meldet dpa schon um kurz nach Mitternacht:
Künast will Veggie-Tag in Kantinen
Berlin (dpa) – Die Grünen wollen nach der Bundestagswahl einen fleischlosen Tag in Kantinen einführen. Wie die „Bild"-Zeitung (Montag) berichtet, soll an dem sogenannten Veggie Day einmal in der Woche ausschließlich vegetarisch und vegan gekocht werden.
Mit sieben Stunden (bzw. drei Jahren) Verspätung zieht AFP nach und meldet um 7:11 Uhr:
Grüne wollen fleischlosen Tag in deutschen Kantinen einführen
Die Nachricht beruht vollständig auf dem Inhalt des „Bild"-Zeitungs-Artikels.
Um 12:21 Uhr kann AFP etwas Neues vermelden: Den Inhalt der „Bild"-Zeitung von morgen.
Berlin, 5. August (AFP) – Der Grünen-Vorschlag zur Einführung eines „Veggie Days" in öffentlichen Kantinen kommt in der FDP nicht gut an: „Was kommt als nächstes: Jute-Day, Bike-Day, Green-Shirt-Day?", kritisierte FDP-Spitzenkandidat Rainer Brüderle in der „Bild"-Zeitung (Dienstagsausgabe).
Eine Dreiviertelstunde später liefert AFP einen Hintergrund samt Infografik: „Der Verzicht auf Fleisch hat verschiedene Spielarten – Flexitarier und Vegetarier in Deutschland auf dem Vormarsch".
13:10 Uhr. dpa fasst die Berichte der „Bild"-Zeitung von heute und morgen sowie weitere Wortmeldungen von Politikern zusammen:
Bundesregierung und FDP warfen den Grünen Bevormundung der Bürger vor. Damit ist das Reizthema Ernährung im Bundestagswahlkampf angekommen.
(Die Frage, wo es vorher war und was es aufgehalten hat, beantwortet dpa nicht.)
[...]
Andere Online-Medien sind inzwischen auch selbst in die „Bild"-Berichterstattung-Berichterstattung eingestiegen und halten sich dabei überwiegend an die alte „Der Preis ist heiß"-Regel: „Aber nicht überbieten!"
Der „Münchner Merkur" hat einige relevante Wortmeldungen seiner Kommentatoren zum Thema ausgewählt und zusammengestellt. Einer spricht von „Zwangsernährung". Ein anderer, der sich „Gesetzloser" nennt, schreibt vom „Dogmatismus der Ernährungsreligiösen und selbsternannten Bessermenschen" und meint: „Was du freiwillig isst oder nicht isst, ist deine Privatangelegenheit." [...]
Und die „Frankfurter Allgemeine Zeitung" schäumt in einem Kommentar: „Ein Veggie Day wäre unverschämt" – und spricht, ganz im Sinne der „Bild"-Schlagzeile, mit der alles begann, von einem „staatlichen Fleischverbot". Und ich frage mich: Wenn die Anregung der Grünen, fleischfreie Tage in Kantinen einzuführen, so ein Aufregerthema ist – warum hat es dann niemand vorher in den Beschlüssen von Partei und Bundestagsfraktion entdeckt? Kann ich davon ausgehen, dass in den Redaktionen der Nachrichtenmedien die Wahlprogramme der Parteien nicht gelesen werden? Oder, wenn sie doch gelesen werden und die Redaktionen den Grünen-Vorschlag nur nicht so spektakulär und skandalös fanden: Warum ändern die Medien dann plötzlich ihre Einschätzung, nur weil die „Bild"-Zeitung anderer Meinung ist?

Für die „Nachrichten“-Agentur dpa ist eine Meldung, was die „Bild“-Zeitung zur Meldung macht. Die Redaktionen des Landes haben die Entscheidung über das, was eine Neuigkeit darstellt und was einen Nachrichtenwert hat, weitgehend an die „Bild“-Redaktion outgesourct. Sie trotten treuherzig hinterher und versuchen bestenfalls, die Wellen zu reiten, die „Bild“ produziert. Im Ergebnis bestimmt das Blatt nicht nur, worüber „ganz Deutschland“ diskutiert, sondern auch auf welchem Niveau. Konkret auf dem Die-Grünen-wollen-uns-das-Fleisch-verbieten-Niveau. Ich weiß, dass nichts daran neu ist. Das macht es nur kein Stück erträglicher.

Stefan Niggemeier, Veggie Day: Wie man aus alten Fleischabfällen der „Bild“-Zeitung Nachrichten macht, www.stefan-niggemeier.de, 05.08.2013 [11.01.2014]

Aufgaben

1 *Arbeiten Sie aus dem Text das zentrale Problem der Nachrichtenentstehung heraus.*

2 *Medien arbeiten häufig nach dem Prinzip „hypes and shocks“. Untersuchen Sie aktuelle Medienthemen und ihre Enstehungsgeschichte.*

M 2 Funktionen von Medien in der Demokratie

General-funktion	Komplexitäts-reduktion	• Vereinfachung politischer und sozialer Realität
	Thematisierung	• Auswahl relevanter Sachverhalte • Aufmerksamkeitsimpuls
Sozialisation		• Vermittlung grundlegender Werte und Regeln
Information und Bildung		• Bereitstellung von Fakten und Wissen • Schaffung von Transparenz • Befähigung zur Partizipation
Meinungsbildung		• Forum für Meinungsaustausch • Vorstrukturierung der Meinungsbildung • Förderung neuer Meinungen
Kritik und Kontrolle		• Sach-, Personal- und Stilkritik • Kontrolle der Akteure • Aufdeckung von Missständen

Eigene Darstellung

M 3 Medien als Vierte Gewalt

Jean-Jacques Rousseau, Wegbereiter der Französischen Revolution und Vordenker der neuzeitlichen Demokratie, bezeichnete schon im 18. Jahrhundert die Presse als „Vierte Säule des Staates“ […]. Die stolze Selbstbezeichnung der Journalisten als Vierte Gewalt kam im 19. Jahrhundert auf, als ihnen mit der Entwicklung einer Bürgergesellschaft die Aufgabe zukam, die Regierung zu kontrollieren. Irgendwann in den 1970er-Jahren manifestierte sich aufgrund der enormen Bedeutung des Fernsehens für die Darstellung von Politik eine neue Bezeichnung: Mediendemokratie. Im Spiegel taucht dieser Begriff im Mai 1979 das erste Mal auf, im Zusammenhang mit Margaret Thatcher, welche „unter der modernen Medien-Demokratie“ gelitten habe, „die einer Frau in der Politik noch Schwierigeres abverlangt als ihren männlichen Kollegen“.
Der Unterschied zwischen den Begriffen der journalistischen Vierten Gewalt und der Mediendemokratie ist Ausdruck einer Zeitenwende. Das Medium wird wichtiger als der Inhalt, den es transportiert. Die Vierte Gewalt sind bewertende Kontrolleure, also Personen. Medien sind Technologien. Gerhard Schröders Spruch von 1998, zum Regieren nur „Bild, BamS, Glotze“ zu brauchen, verdeutlicht den Unterschied.

Aufgaben

1 *Beschreiben Sie die Entwicklung der Stellung der Medien im politischen Prozess.*

2 *Erläutern Sie den Unterschied zwischen Mediendemokratie und Medien als Vierter Gewalt.*

3 *Erörtern Sie die Aussage Postmans.*

Wichtig sind einzelne, reichweitenstarke Zeitungen und das ganze Medium Fernsehen, eine Bühne, die in jedem Fall ihren Zweck erfüllt. So lässt sich am Wort Mediendemokratie der wachsende Einfluss der Technologie auf die Nachkriegsdemokratie ablesen. Neil Postman hat speziell das Fernsehen als politikverändernd betrachtet. „Denn im Fernsehen wird der Diskurs weitgehend mit visuellen Mitteln geführt – oder anders gesagt, das Fernsehen liefert uns einen Austausch in Bildern, nicht in Worten. […] Politische Ideen lassen sich im Fernsehen nicht erläutern. Seine Form arbeitet gegen den Inhalt."

Kathrin Passig/Sascha Lobo, Internet: Segen oder Fluch, Bundeszentrale für politische Bildung, Bonn 2013, S. 168 f.

M 4 Mediokratie

Klaus Stuttmann (2003)

Thomas Meyer […] entwirft das Szenario der „Mediokratie" […], in der das Mediensystem die Politik kolonisiert habe, da „die dem Mediensystem eigentümlichen Regeln auf das politische System übergreifen und dessen eigentümliche Regeln dominieren oder gar außer Kraftsetzen" […]. Der Begriff weist eine deutlich kritische und pessimistische Perspektive auf die Entwicklungstendenzen der Demokratie auf: „Der Begriff der Mediokratie reicht weiter als der der Mediendemokratie, denn er schließt die politisch-kulturelle Diagnose ein, dass auf den Bühnen und für die Bühnen der Massenmedien zunehmend nur noch das in Betracht kommt, was sich mit dem politischen und kulturellen Geschmack der nach unten offenen breitestmöglichen Schnittmenge der Gesellschaft verträgt, der wiederum durch seine triumphierende mediale Spiegelung bestätigt, bestärkt und durch die nötige Erhöhung der Dosis enthemmt wird" […]. Unverkennbar erwachsen aus einer solchen Konstellation manifeste Gefahren für die Grundlagen der Demokratie und letztlich die Demokratie selbst.

Karl-Rudolf Korte/Manuel Fröhlich, Politik und Regieren in Deutschland: Strukturen, Prozesse, Entscheidungen, Schöningh, Paderborn [3]2009, S. 281

Burkhard Mohr

Aufgaben

1 *Beschreiben Sie den Unterschied von Mediendemokratie und Mediokratie.*

2 *Erläutern Sie Gefahren, die sich aus einer Mediokratie für die Demokratie ergeben.*

3 *Beurteilen Sie, inwieweit wir in einer Mediokratie leben.*

M 5 Das Verhältnis von Medien und Politik – drei Erklärungsmodelle

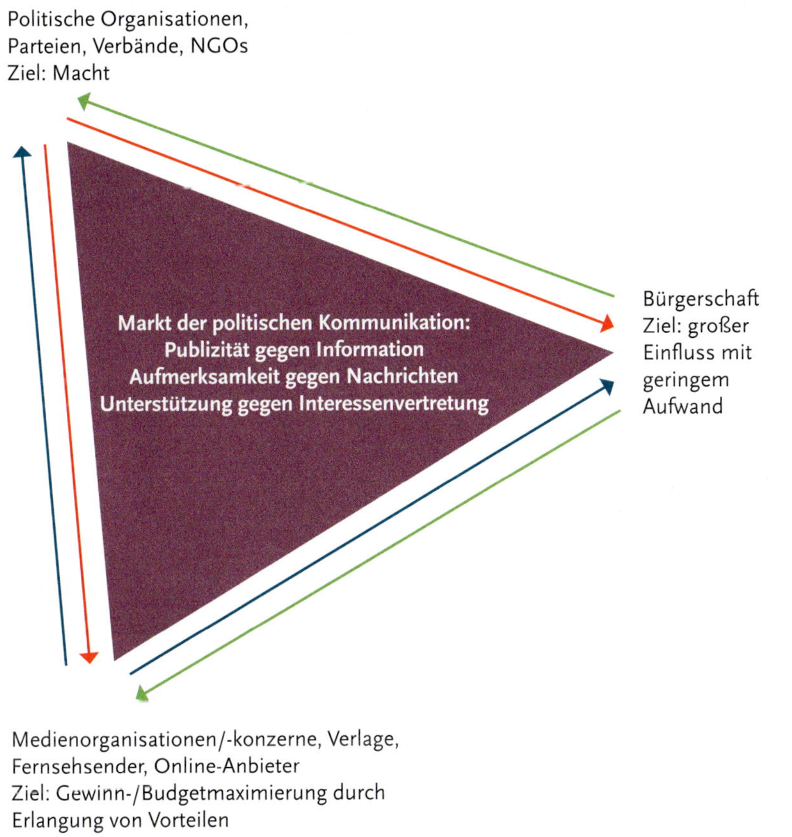

Determinierungsthese: Politische Organisationen steuern den Pressejournalismus durch Pressemitteilungen, Themensetzung und Lieferung eines Interpretationsrahmens.

Mediokratiethese: Medienorganisationen steuern den Prozess durch Agenda-Setting unter Einfluss des Nachrichtenwerts, des Neuigkeitswerts, von Leitmedien, von wirtschaftlichen Interessen.

Deliberationsthese: Bürger bestimmen die politische Kommunikation in sachlicher, sozialer und zeitlicher Hinsicht.

Eigene Darstellung

M 6 Die Symbiose von Politiker und Medien

Die Tatsache, dass Politik auch Medienpolitik macht und somit ihrerseits durchaus unmittelbare Zugriffsmöglichkeiten auf den Handlungsspielraum der Medien hat, [...] sollte [...] nicht außer Acht gelassen werden. [...] „Zwischen Medien und Politik gibt es ein Verhältnis wechselseitiger Dominanz und Abhängigkeit“ [...]. In dieser Perspektive erscheinen die Akteure von der Politik- und der Medienseite durch komplementäre Motivlagen und Interessen verbunden, die „Interaktion zum wechselseitigen Nutzen und Vorteil“ [...] nahezu unausweichlich

Aufgaben

1 *Arbeiten Sie die Kernthesen heraus und beziehen Sie sie auf aktuelle Schlagzeilen.*

2 *Recherchieren Sie den Aufstieg und Fall des Bundespräsidenten Wulff unter den in M 6 genannten Gesichtspunkten.*

3 *Problematisieren Sie die Stellung der Medien als „Vierte Gewalt", als Kontrolle der Regierung.*

werden lassen. Eine Liste möglicher Nutzenkalküle illustriert diesen Zusammenhang, der sich wohl nicht zuletzt auf die wechselseitige Bestätigung in Rolle und Identität innerhalb der Produktionsgemeinschaft stützen kann:

a) Nutzen des Politikers:
- persönliche Publicity
- Thematisierung eines ihm nützlichen Themas
- De-Thematisierung eines ihm schadenden Themas
- Informierung durch Journalisten (z. B. über Konkurrenten)
- Gewogenheit des Journalisten (späterer Nutzen)

b) Nutzen des Journalisten:
- nützliche Information
- Gewogenheit des Politikers (späterer Nutzen).

Karl-Rudolf Korte/Manuel Fröhlich, Politik und Regieren in Deutschland: Strukturen, Prozesse, Entscheidungen, Schöningh, Paderborn [3]2009, S. 282

M 7 Ein Testfall für die Demokratie

[...] Kommunikation mag in der modernen Mediengesellschaft inzwischen ein Allerweltsphänomen sein. Für die Politik war und ist sie es jedoch nicht. Denn mit dem Politischen ist das Kommunikative untrennbar verbunden, weil das „Reden selbst als eine Art Handeln" aufgefasst werden muss, wie Hannah Arendt gesagt hat, und Macht erst aus dem Zusammenhandeln der Vielen entstehen kann. Schon die Väter der amerikanischen Verfassung wussten zu unterscheiden: Es sind nicht Sachfragen oder gar Sachzwänge, die das Politische an der Politik ausmachen, sondern die in vielfältigen Kommunikationsprozessen ausgetauschten Meinungen. „All government rests on opinion", jede Regierung beruht auf Meinung (Federalist Papers Nr. 49). Deshalb ist auch die beliebte Formel aus der Politikerrhetorik, es gebe keine Alternative, eine Irreführung des Publikums.

In der Demokratie erfolgt Legitimation durch Kommunikation. Das aber ist etwas anderes als die Exekution vermeintlicher Sachzwänge. Legitimation durch Kommunikation ergibt sich jedoch nicht automatisch. In der Mediengesellschaft ist sie mehr denn je ein professionelles Geschäft. Aber hat nicht der Kommunikations- wie überhaupt der Medienbetrieb im Vergleich zwischen der „Berliner Republik" und den beschaulichen Bonner Verhältnissen eine bemerkenswerte Expansion erfahren? Unübersehbar ist jedenfalls nicht nur auf der Bundesebene eine wachsende Branche von Sprechern, Öffentlichkeitsarbeitern, Beratern und Spindoctors, die sich mit ihren Kommunikationsdienstleistungen der Politik andienen. So wurde Kommunikation zu einer hochspezialisierten Sozialtechnologie entwickelt, zu einer von der Politik separierten, eigenständigen Sphäre. Damit aber kommt Kommunikation nicht als integraler Bestandteil von Politik ins Spiel, sondern als eine zur Politik hinzutretende Vermittlungstechnik: Kommunikation als Aufmerksamkeitsgenerator und als Legitimationsbeschaffer.

Kommunikation aber muss zur Entwicklungs-, Überzeugungs- und Durchsetzungsbedingung für Politik vor allem dann werden, wenn es nicht um Routinepolitik, sondern um die Auseinandersetzung über strategische Ziele und Weichenstellungen geht – und zwar von Anfang an, also bereits bei der Zielbestimmung.

Vorderbühne der Politik

Die Wirklichkeit sieht anders aus. Mit den professionellen Mitteln der Kommunikationsbranche wird die Vorderbühne der Politik bespielt und grell beleuchtet. Nicht selten findet dabei eine mediale „Umwertung der Wichtigkeiten" statt, wie es Richard von Weizsäcker ausgedrückt hat. Auf dieser Bühne geht es um „Darstellungspolitik", um Politik als Oberflächenphänomen.

Weitgehend ausgeblendet bleibt die politische Hinterbühne, die „Entscheidungspolitik". Das sind zwei unterschiedliche und nicht einfach zu verschmelzende Welten, die aufeinander bezogen sind, die aber einer je eigenen Logik folgen. Auf der darstellungspolitischen Seite zählen vor allem Medienpräsenz auf der Basis von Neuigkeitswert, Zuspitzung, Personalisierung, gegebenenfalls auch Unterhaltung und andere Aufmerksamkeit sichernde Nachrichtenfaktoren. Darstellungspolitik konzentriert sich deshalb auf die politische Momentaufnahme und auf den Augenblickserfolg beim Publikum. Auf der entscheidungspolitischen Seite kommt es hingegen auf die Einhaltung rechtlicher und politisch-administrativer Rahmenbedingungen an, zählen Sach- und Fachkompetenz, geht es um Interdependenzbewältigung, Kompromissbildung und Verfahrenskorrektheit, das alles in zumeist unspektakulären und manchmal auch diskreten Abstimmungsprozessen.

Zwischen den beiden Kommunikationswelten, der Darstellungspolitik und der Entscheidungspolitik, gibt es nach dem Medienwissenschaftler Hans Mathias Kepplinger zwar „reziproke Effekte". Denn Akteure im Entscheidungsbereich ziehen die mediale Wirkung ihres Handelns mit ins politische Kalkül, bedienen sich auch der Medien, wie die Medien sich ihrerseits der Politik andienen. Insofern wird Politik notwendigerweise medialisiert. Das muss dann noch nicht die Kolonisierung der Politik durch die Medien bedeuten. Vielfach handelt es sich um symbiotische Austauschbeziehungen zum wechselseitigen Vorteil: Getauscht wird die Gewährleistung von Publizität mit dem Zugang zu Informationen. Entscheidend bleibt dabei freilich, dass politische Weichenstellungen im demokratischen System letztlich nicht in den politisch-institutionellen „Arenen" entschieden werden, sondern auf der „Galerie" der zum (Medien-)Publikum versammelten Bürger. Denn auch das intern Ausgehandelte unterliegt am Ende der öffentlichen Begründung, Prüfung und Ratifikation. Das gilt für die etablierten Akteure der Politikvermittlung ebenso wie für Bürgerbewegungen und andere Akteure der Zivilgesellschaft. [...]

Mehr denn je entscheidet sich die Machtfrage im demokratischen System unserer modernen Mediengesellschaft an der Kommunikationsfrage.

Ulrich Sarcinelli, „Ein Testfall für die Demokratie", in: Das Parlament, Nr. 01–02/03.01.2011

Aufgaben

1 *Erläutern Sie den Satz „In der Demokratie erfolgt Legitimation durch Kommunikation" (Z. 13). Gehen Sie dabei auch auf die Individualisierungsthese zum sozialen Wandel ein (S. 38ff.).*

2 *Weisen Sie die Existenz von „Darstellungspolitik" und „Entscheidungspolitik" an einem Beispiel nach.*

3 *Erörtern Sie die Folgen, die sich aus der Feststellung, die Machtfrage sei eine Kommunikationsfrage (Z. 67f.), ergeben.*

1.3 Theorie von Demokratie und Bürgerbeteiligung

M 1 Der Demokratiebegriff

Demokratie ist allgegenwärtig.
Sie begegnet uns gleichermaßen im wirklichen Leben wie im virtuellen: Die tägliche Zeitungslektüre vermittelt uns Einblicke in die praktischen Funktionsweisen der demokratischen Ordnung; im Fernsehen verfolgen wir die Auseinandersetzung um Freiheits- und Protestbewegungen, die sich weltweit immer wieder gegen autokratische Regime auflehnen und mehr Demokratie fordern; in regelmäßigen Abständen sind wir mit Wahlentscheidungen, in einigen Bundesländern mit Volksbefragungen oder Volksentscheiden konfrontiert; in Kindergärten oder Schulen wählen wir Elternbeiräte und Schüler(innen)vertretungen; am Arbeitsplatz suchen wir die Unterstützung von Mitbestimmungseinrichtungen wie Betriebsräten; in unserer Freizeit genießen wir die Freiheit in den eigenen vier Wänden; via Facebook oder Twitter mischen wir uns in politische Diskussionen ein und organisieren Appelle und Unterschriftensammlungen; in Parteien, Gewerkschaften oder anderen Interessenverbänden versuchen wir, unseren eigenen Anliegen Einfluss im politischen Prozess zu verschaffen. Die Demokratie betrifft uns also allgegenwärtig, nicht nur mit Blick auf den politischen Prozess im engeren Sinn, sondern auch mit Blick auf Entscheidungsfindungs- und Mitbestimmungsprozesse in allen Bereichen des Lebens.
Wenngleich die Demokratie auch allgegenwärtig ist, beantwortet dies noch nicht die Frage, was Demokratie denn ausmacht, durch was sie gekennzeichnet ist, ja wie sie definiert werden kann? [...]

Wie kann Demokratie definiert werden?
Die Kontroverse um den Demokratiebegriff ist nicht nur eine wissenschaftliche, sondern eben selbst eine politische. Das, was Demokratie kennzeichnet, muss umstritten sein, da es zum demokratischen Prozess selbst gehört, Interessenkonflikte zu organisieren und Differenzen zur Ausagierung zu verhelfen, da das Wesen der Demokratie der Konflikt ist. Erhebt aber eine Staats- und Gesellschaftsform den Konflikt genuin zum Bestandteil ihres Selbstverständnisses, dann ist eine allgemeinverbindliche Definition schon allein logisch absurd und würde dem Grundgedanken von Demokratie widersprechen. Selbst der Umweg, der oft gewählt wird, eine Annäherung an eine allgemeine Begriffsdefinition über die aus dem Griechischen stammenden Wortbestandteile demos und kratein – also Volk(smasse) und herrschen – zu ermöglichen, verlagert die Schwierigkeit nur auf eine andere Ebene: Denn wer zum Volk gehört, wird in unterschiedlichen historischen Epochen und in unterschiedlichen politischen Regimen ganz unterschiedlich beantwortet. [...] Und auch mit dem Herrschaftsbegriff verhält es sich ähnlich: Denn wer warum über wen und mit oder ohne welche Legitimation herrschen darf, wie dieser Herrschaftsprozess organisiert und kontrolliert wird und welches Verhältnis zwischen Beherrschten und Herrschenden besteht, ist ebenfalls Bestandteil von mehrere Jahrhunderte währenden sozialen Auseinandersetzungen und Kämpfen.

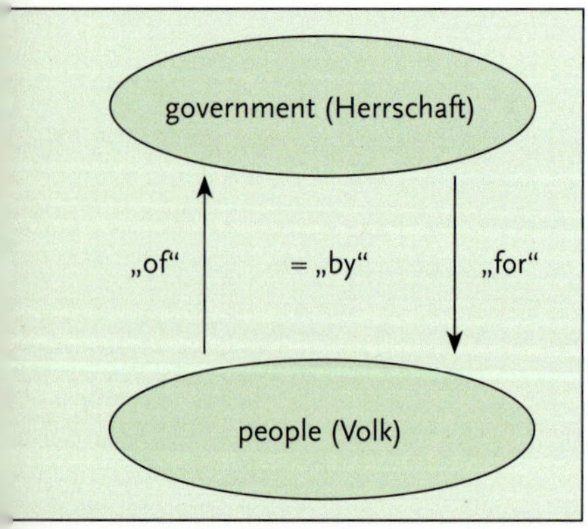

Begreift man die Unmöglichkeit einer allgemeinverbindlichen Definition von

Demokratie nicht als Defizit, sondern als Chance – als Chance, den Konflikt selbst kontrovers zu gestalten –, dann ist eine Annäherung an den Begriff der Demokratie weniger definitorisch als [...vielmehr] prozessual möglich: [...] Demokratie [wäre] dann als „ein Verfahren der Legitimation, der Kontrolle und der Kritik politischer Herrschaft“ (Gunnar Folke Schuppert) zu verstehen. [...] Demokratie fordert die Legitimation (ohne bereits genau zu bestimmen, durch wen, von wem und auf welche Weise), sie fordert die Kontrolle (ebenfalls ohne eine substanzielle Erklärung darüber, wie und auf welche Weise) und sie zielt auf die Kritik von politischer Herrschaft – als dauerhaften und unabgeschlossenen Prozess. [...]

Eine solche Begriffsannäherung knüpft an die Formulierung des amerikanischen Präsidenten Abraham Lincoln aus dem Jahr 1863 an, der in seiner berühmten Gettysburg Address [...] Demokratie begriffen hatte als „government of the people, by the people and for the people“ [vgl. Schaubild S. 326]. Damit wird gleichermaßen keine Aussage über den normativ-positiven Gehalt von Demokratie getroffen, der über die Jahrhunderte hinweg Gegenstand politischer und wissenschaftlicher Kontroversen war und bis in die Gegenwart geblieben ist, sondern lediglich der Prozess beschrieben, um den es in demokratischen Herrschaftsformen geht. Ein Prozess, bei dem das Volk („people“) die Legitimationsgrundlage von Herrschaft bildet („of“), es zugleich selbst die Herrschaft ausüben soll („by“) und schließlich diese Herrschaft auch im Interesse des Volkes („for“) ausgeübt werden soll.

Samuel Salzborn, „Demokratie: Theorien, Formen, Entwicklungen“, Nomos Verlagsgesellschaft, Baden-Baden 2012

Aufgaben

1 *Wenden Sie die Ausführungen Salzborns auf die aktuelle Situation in Deutschland an.*

2 *Geben Sie Beispiele für unterschiedliche Auslegungen des Demokratiebegriffs. Sie können dabei auf Partizipationsmöglichkeiten (Frauenwahlrecht, Zensuswahlrecht, außerparlamentarische Meinungsäußerung) oder auch Regelungen des Machtwechsels, die Frage nach der Zugehörigkeit zur Bürgerschaft und Ähnliches eingehen.*

M 2 Die klassischen Begründungsmuster der repräsentativen Demokratie

Die argumentativen Grundlagen, auf denen die Theorie der repräsentativen Demokratie aufruht, sind aus heutiger Sicht vergleichsweise alt. Sie stammen von ‚Vor Denkern' der kommenden politischen Entwicklungen, die ihre Traktate im 18. und 19. Jahrhundert verfasst hatten, und sie haben sich seitdem in ihrem argumentativen Kern kaum verändert.

Wichtig ist dabei, dass die repräsentative Demokratie vonseiten ihrer Befürworter – beispielsweise in der US-amerikanischen Verfassungsdebatte, im Nachklang der Französischen Revolution oder im englischen und deutschen Linksliberalismus des 19. Jahrhunderts – nie als bloßer Ersatz für eine vermeintlich wirkliche Demokratie, bei der sich alle Bürger versammeln, verstanden wurde. Nach der ‚Ersatz-Doktrin' besteht das ideale Original der Demokratie darin, dass sich die Bürger auch tatsächlich versammeln, um gemeinsam zu diskutieren und zu entscheiden. Nur die Tatsache, dass sich in dem größeren Territorium einer modernen Gesellschaft nicht mehr alle Bürger unmittelbar versammeln können, macht die Wahl von Vertretern nötig. ‚Besser' sei aber natürlich das Original, weshalb man versucht, den gewählten Repräsentanten möglichst eng umrissene Aufträge von ihrer Wählerbasis mit auf den Weg zu geben.

Ganz anders argumentierten diejenigen, die die repräsentative Demokratie als einen politischen Ordnungstypus eigener Art verfochten. Für sie war die repräsentative Demokratie kein aus pragmatischen Gründen eingegangener Kompromiss mit den territorialen Gegebenheiten einer modernen Gesellschaft, sondern sie war eine eigenständige und eine bessere Variante der Demokratie. Für diese Behauptung brachten sie vier Argumente in Anschlag:

1. Eliten-Argument: Die Ausgangsüberlegung dieses Arguments lautete, dass es bei der Wahl von Repräsentanten logischerweise zu einem Wettbewerb von mehreren Kandidaten kommen wird. Diesen Wettbewerb, so die Überlegung, gewinnt der Kandidat, der in den Augen der Wähler am besten für das Amt geeignet ist. Das sei derjenige, dem es gelungen ist, sich in den Wahlkampfdebatten oder später im politischen Amt am besten zu bewähren. Die repräsentative Demokratie erzeugt auf diese Weise demokratisch legitimierte Eliten (ein klassischer Vertreter dieses Arguments ist John Stuart Mill).

2. Arbeitsteilungs-Argument: Das zweite Argument geht von der Beobachtung aus, dass sich die seit dem Ende des 18. Jahrhunderts herausbildende moderne Gesellschaft zu einer hochgradig arbeitsteiligen Gesellschaft entwickelt hat. Nach dieser Logik soll auch Politik funktionieren. So wie es trainierter Spezialisten bedarf, um gute Schuhe, Dampfmaschinen oder Nano-Partikel-Beschichtungen herzustellen, so kann auch der immer komplizierter werdende politische Entscheidungsbetrieb nicht mehr von Gelegenheitspolitikern, sondern allein von echten Profis, die sich voll und ganz der Politik widmen, gemanagt werden (ein klassischer Vertreter dieses Arguments ist der französische Liberale Abbé Sieyès).

3. Beratungs-Argument: Drittens wurde für den Vorrang der repräsentativen Demokratie ins Feld geführt, dass nur in einer nicht zu großen Versammlung von Menschen – entweder dem Plenum des Parlaments oder in seinen noch sehr viel kleineren Unterausschüssen – die Chance besteht, dass es zu einem besonnenen und fairen Austausch von Sachargumenten kommt. Die repräsentative Demokratie, so lautet die Schlussfolgerung, produziert aus diesem Grund klügere Entscheidungen als die große Versammlungsdemokratie oder die direkte Abstimmung durch die Bürger (ein klassischer Vertreter dieses Arguments ist der Franzose Alexis de Tocqueville).

4. Minderheitenschutz-Argument: Ein viertes Argument beruht auf einer Art politiktheoretischer Wahrscheinlichkeitsrechnung. Sie besagt, dass in einer Versammlung von Repräsentanten, die aus einem großen und damit in sozialer, wirtschaftlicher und kultureller Hinsicht sehr heterogenem Einzugsbereich stammen, die Wahrscheinlichkeit steigt, dass diese Repräsentanten auch eine größere Sensibilität für die Bedeutung des Minderheitenschutzes entwickeln und sich entsprechend mehr für die Rechte Einzelner einsetzen (klassische Vertreter dieses Arguments sind die Autoren der Federalist Papers in der amerikanischen Revolution).

Zusammengenommen bilden diese vier Argumentationsfiguren den Begründungskern der repräsentativen Demokratietheorie bis heute. [...] Was grundsätzlich nichts Schlechtes ist, aber dann zum Problem wird, wenn sich die Erfahrungen, die wir mit der repräsentativen Demokratie machen, nicht mehr mit den hochgesteckten Erwartungen decken.

Hubertus Buchstein, Repräsentative, partizipatorische und aleatorische Demokratie, www.boell.de, 02.11.2011 [11.01.2014]

Aufgaben

1 *Gestalten Sie ein Tafelbild, das die Argumente für eine repräsentative Demokratie erläutert und grafisch umsetzt.*

2 *Erarbeiten Sie zu den vorgelegten Begründungen Kritik und Probleme in Bezug auf die aktuelle politische Situation.*

3 *Klären Sie die Begriffe Aleatorik und deliberative Demokratie und erörtern Sie, inwieweit dadurch die repräsentative Demokratie bereichert werden kann.*

M 3 Edmund Burke zur Repräsentatitvität

Sicherlich, meine Herren, es sollte die Freude und der Stolz eines jeden Repräsentanten sein, mit seinen Wählern in der innigsten Eintracht, der engsten Übereinstimmung und der freimütigsten Verbindung zu leben. Deren Wünsche sollten für ihn größtes Gewicht haben. [...] Und vor allem hat er stets und in allen Fällen deren Interessen den seinen vorzuziehen. Aber seine unvoreingenommene Meinung, sein reifes Urteil, sein erleuchtetes Gewissen, die darf er ihnen nicht opfern. Diese verdankt er nicht Ihrer Gunst, noch dem Gesetz oder der Verfassung. Sie sind vielmehr ein Vertrauenspfand Gottes, für dessen Missbrauch er zutiefst verantwortlich ist. Ihr Repräsentant schuldet Ihnen nicht nur seinen Fleiß, sondern sein Urteilsvermögen.

Und er verrät Sie, anstatt Ihnen zu dienen, wenn er es Ihrer Meinung zuliebe aufopfern würde. [...] Das Regieren und die Gesetzgebung sind [...] Angelegenheiten der Vernunft und des Urteils und nicht der Vorliebe. Und was wäre das für eine Art der vernünftigen Einsicht, bei der die Entscheidung der Diskussion vorangeht? Bei der eine Personengruppe verhandelt und eine andere beschließt? Bei der diejenigen, die das Ergebnis formulieren, möglicherweise dreihundert Meilen von denen entfernt sind, die die Argumente hören?

Eine Meinung zu äußern ist das Recht aller Menschen. Die Meinung der Wähler ist eine gewichtige und respektvolle Meinung, die zu hören ein Repräsentant sich immer bemühen sollte und die er auch stets mit äußerster Ernsthaftigkeit zu bedenken haben wird. Aber autoritative Instruktionen, Mandatserteilungen, an die ein Parlamentsmitglied blindlings gebunden ist und denen er strikt zu gehorchen hat, wenn sie im Gegensatz zu den festen Überzeugungen seines Urteils und Gewissens stehen – dies sind Dinge, die dem Recht dieses Landes völlig unbekannt sind und die einem fundamentalen Missverständnis der gesamten Ordnung und des Tenors unserer Verfassung entspringen.

Ein Parlament ist kein Kongress von Gesandten verschiedener und miteinander verfeindeter Interessen, deren unterschiedliche Interessen jeder als dessen Agent und Anwalt gegenüber anderen Agenten und Anwälten zu verteidigen hat. Ein Parlament ist vielmehr die beratend-abwägende Versammlung einer Nation mit einem Interesse, dem des Ganzen. Dort dürfen nicht lokale Zwecke oder lokale Vorurteile die Richtschnur sein, sondern das Gemeinwohl, das aus der allgemeinen Vernünftigkeit des Ganzen resultiert. Sie haben sicherlich ein Mitglied gewählt; aber wenn Sie ihn gewählt haben, dann ist er nicht mehr ein Mitglied Bristols, sondern ein Mitglied des Parlaments.

Wenn die lokale Wählerschaft ein Interesse oder eine eilfertig zustande gekommene Auffassung vertreten sollte, die offenkundig mit dem Wohl des übrigen Gemeinwesens unvereinbar ist, so darf ein Mitglied dieses Wahlkreises einem derartigen Streben ebenso wenig wie jedes andere Parlamentsmitglied nachgeben [...].

Ein gutes Parlamentsmitglied zu sein, ist – lassen Sie mich das sagen – keine leichte Aufgabe. Insbesondere in dieser unserer Zeit, wo die Neigung, in

Demokratie als Repräsentation und „Konkurrenz“

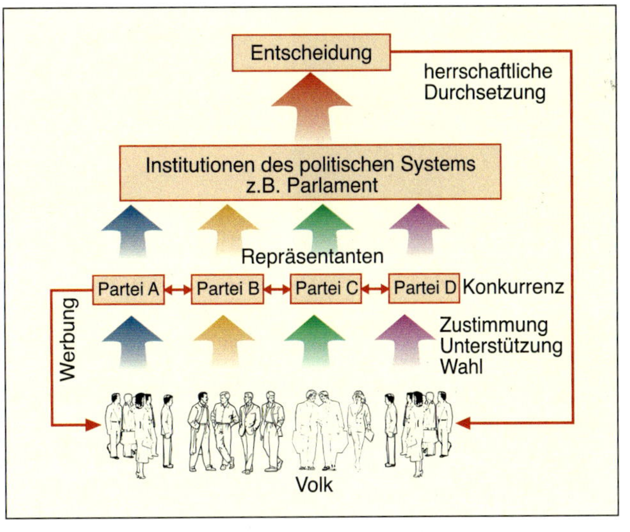

die gefahrvollen Extreme serviler Willfährigkeit oder ungestümer Popularitätssucht zu verfallen, so deutlich ausgeprägt ist. Umsicht mit Vitalität zu verbinden, ist absolut notwendig, aber äußerst schwierig […]. Eine Verfassung, die – wie das edle und fein konstruierte Gewölbe unseres Empires und unserer Verfassung – auf der Gewaltenbalance beruht, muss immer eine kritische Sache sein. Daher will ich mich des Teils annehmen, der in meinem Tätigkeitsfeld liegt.

Winfried Steffani, Edmund Burke: Zur Vereinbarkeit von freiem Mandat und Fraktionsdisziplin, Zeitschrift für Parlamentsfragen 1/1981, S. 109–122

Aufgaben

1 *Beschreiben Sie das Verhältnis von Abgeordnetem und Wähler aus der Sicht Burkes.*

2 *Ordnen Sie die Position Burkes dem freien oder imperativen Mandat zu.*

3 *Beurteilen Sie die Zeitgemäßheit der Ansichten Burkes. Berücksichtigen Sie dabei das Grundgesetz.*

M 4 Volkssouveränität und „Allgemeiner Wille" bei Jean-Jacques Rousseau

Vom Gesellschaftsvertrag

„Finde eine Form des Zusammenschlusses, die mit ihrer ganzen gemeinsamen Kraft die Person und das Vermögen jedes einzelnen Mitglieds verteidigt und schützt und durch die doch jeder, indem er sich mit allen vereinigt, nur sich selbst gehorcht und genauso frei bleibt wie zuvor:" Das ist das grundlegende Problem, dessen Lösung der Gesellschaftsvertrag darstellt […].

Wenn man also beim Gesellschaftsvertrag von allem absieht, was nicht zu seinem Wesen gehört, wird man finden, dass er sich auf Folgendes beschränkt: Gemeinsam stellen wir alle, jeder von uns seine Person und seine ganze Kraft unter die oberste Richtschnur des Gemeinwillens; und wir nehmen, als Körper, jedes Glied als untrennbaren Teil des Ganzen auf.

Dieser Akt des Zusammenschlusses schafft augenblicklich anstelle der Einzelperson jedes Vertragspartners eine sittliche Gesamtkörperschaft, die aus ebenso vielen Gliedern besteht, wie die Versammlung Stimmen hat, und die durch ebendiesen Akt ihre Einheit, ihr gemeinschaftliches Ich, ihr Leben und ihren Willen erhält. Diese öffentliche Person, die so aus dem Zusammenschluss aller zustande kommt, trug früher den Namen Polis, heute trägt sie den der Republik oder der staatlichen Körperschaft […].

Vom Souverän

Da nun der Souverän nur aus den Einzelnen besteht, aus denen er sich zusammensetzt, hat er kein und kann auch kein dem ihren widersprechendes Interesse haben […].

Nicht so verhält es sich aber mit den Untertanen gegenüber dem Souverän […].

In der Tat kann jedes Individuum als Mensch einen Sonderwillen haben, der dem Gemeinwillen, den er als Bürger hat, zuwiderläuft oder sich von diesem unterscheidet. Sein Sonderinteresse kann ihm ganz anderes sagen als das Gemeininteresse […].

Damit nun aber der Gesellschaftsvertrag keine Leerformel sei, schließt er stillschweigend jene Übereinkunft ein, die allein die anderen ermächtigt, dass, wer immer sich weigert, dem Gemeinwillen zu folgen, von der gesamten Körperschaft dazu gezwungen wird, was nichts anderes heißt, als dass man ihn zwingt, frei zu sein […].

Jean-Jacques Rousseau (1712–1778), französisch-schweizerischer Philosoph, Literat und Verfasser pädagogischer Schriften. Als bedeutender Vertreter der Aufklärung hatte er großen Einfluss auf die politische Theorie seiner Zeit, v. a. durch sein politisches Hauptwerk „Vom Gesellschaftsvertrag".

Dass die Souveränität unveräußerlich ist

Ich behaupte deshalb, dass die Souveränität, da sie nichts anderes ist als die Ausübung des Gemeinwillens, niemals veräußert werden kann und dass der Souverän, der nichts anderes ist als ein Gesamtwesen, nur durch sich selbst vertreten werden kann […].

Dass die Souveränität unteilbar ist

Aus dem gleichen Grund, aus dem die Souveränität unveräußerlich ist, ist sie auch unteilbar. Denn der Wille ist entweder allgemein oder er ist es nicht; er ist derjenige des Volkskörpers oder nur der eines Teils. Im ersten Fall ist dieser erklärte Wille ein Akt der Souveränität und hat Gesetzeskraft. Im zweiten Fall ist er nur ein Sonderwille oder ein Verwaltungsakt; es handelt sich bestenfalls um eine Verordnung.

Aber da unsere Staatsmänner die Souveränität in ihrem Ursprung nicht zerteilen können, zerteilen sie sie in ihrem Bezug; sie teilen sie auf in Kraft und Willen, in Legislative und Exekutive […].

Wenn man in gleicher Weise die anderen Aufteilungen verfolgte, würde man finden, dass man sich in allen Fällen täuscht, wo man die Souveränität geteilt zu sehen glaubt, dass die Rechte, die man für Teile dieser Souveränität hält, ihr sämtlich untergeordnet sind und immer oberste Willen voraussetzen, für die diese Rechte nur die Ausführung sind […].

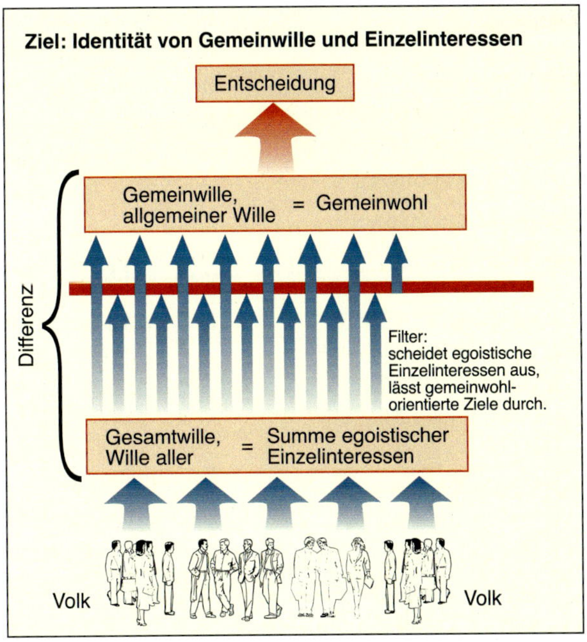

Demokratie als „Identität"

Ob der Gemeinwille irren kann

Aus dem Vorhergehenden folgt, dass der Gemeinwille immer auf dem rechten Weg ist und auf das öffentliche Wohl abzielt: Woraus allerdings nicht folgt, dass die Beschlüsse des Volkes immer gleiche Richtigkeit haben. Zwar will man immer sein Bestes, aber man sieht es nicht immer […].

Wenn die Bürger keinerlei Verbindung untereinander hätten, würde, wenn das Volk wohlunterrichtet entscheidet, aus der großen Zahl der kleinen Unterschiede immer der Gemeinwille hervorgehen, und die Entscheidung wäre immer gut. Aber wenn Parteiungen entstehen, Teilvereinigungen auf Kosten der großen, wird der Wille jeder dieser Vereinigungen ein allgemeiner hinsichtlich seiner Glieder und ein besonderer hinsichtlich des Staates; man kann dann sagen, dass es nicht mehr so viele Stimmen gibt wie Menschen, sondern nur noch so viele wie Vereinigungen. Die Unterschiede werden weniger zahlreich und bringen ein weniger allgemeines Ergebnis. Wenn schließlich eine dieser Vereinigungen so groß ist, dass sie stärker ist als alle anderen, erhält man als Ergebnis nicht mehr die Summe der kleinen Unterschiede, sondern einen einzigen Unterschied; jetzt gibt es keinen Gemeinwillen mehr und die Ansicht, die siegt, ist nur eine Sonderanschauung. Um wirklich die Aussage des Gemeinwillens zu bekommen, ist es deshalb wichtig, dass es im Staat keine Teilgesellschaften gibt und dass jeder Bürger nur seine eigene Meinung vertritt […].

Von den Abgeordneten oder Volksvertretern

Die Souveränität kann aus dem gleichen Grund, aus dem sie nicht veräußert werden kann, auch nicht vertreten werden; sie besteht wesentlich im Gemeinwillen und der Wille kann nicht vertreten werden: Er ist derselbe oder ein anderer; ein Mittelding gibt es nicht. Die Abgeordneten des Volkes sind also nicht seine Vertreter, noch können sie es sein, sie sind nur seine Beauftragten; sie können nicht endgültig beschließen. Jedes Gesetz, das das Volk nicht selbst beschlossen hat, ist nichtig; es ist überhaupt kein Gesetz. Das englische Volk glaubt

Aufgaben

1 *Bestimmen Sie aus dem Text die Begriffe „Freiheit", „Souveränität", „Gemeinwille", „Sonderwille".*

2 *Beschreiben Sie Rousseaus Republikbegriff.*

3 *Arbeiten Sie Rousseaus Haltung gegenüber der Repräsentativität heraus.*

4 *Erörtern Sie die Gefahren, die der Identitätsansatz birgt.*

5 *Beurteilen Sie die Bedeutung des theoretischen Ansatzes und seiner Forderungen für die heutige Zeit.*

frei zu sein, es täuscht sich gewaltig, es ist nur frei während der Wahl der Parlamentsmitglieder; sobald diese gewählt sind, ist es Sklave, ist es nicht mehr frei. Bei dem Gebrauch, den es in den kurzen Augenblicken seiner Freiheit von ihr macht, geschieht es ihm recht, dass es sie verliert [...].

Jean-Jacques Rousseau, Vom Gesellschaftsvertrag oder Grundsätze des Staatsrechts, übers. u. hrsg. v. Hans Brockhard, Stuttgart 1991, S. 17–21, 28–31, 103

M 5a Ernst Fraenkel: Pluralistische Demokratie

Die von den Autoren der „Federalist Papers" entwickelte Konkurrenztheorie wurde u. a. von Ernst Fraenkel [s. Info-Kasten] zur sog. „Pluralismustheorie" weiterentwickelt. Fraenkel ging es vor allem um den Zusammenhang von Pluralismus und Gemeinwohl.

Die pluralistische Staatslehre lehnt die Identitätstheorie mit aller erdenklichen Entschiedenheit ab. [...] Vom empirischen Blickpunkt aus gesehen, ist sie in ihren Augen bestenfalls eine Fiktion. Vom theoretischen Standpunkt aus betrachtet, verwirft der Pluralismus die Identitätslehre mit der Begründung, dass sie das Phänomen der differenzierten Gesellschaft unbeachtet lasse [...]. Die Existenz eines Gemeinwillens wird unglaubhaft, die Vorstellung des Gemeinwillens verblasst zu einer Ideologie, wenn nicht ausreichend in Rechnung gestellt wird, dass es weite Gebiete der Sozialordnung gibt, über die man abstimmen *muss*, weil sich die Bürger über ihre Ausgestaltung *nicht* einig sind. [...]
Die pluralistische Theorie des Gemeinwohls [s. Kasten] bestreitet keineswegs, dass es weite Gebiete des staatlichen und gesellschaftlichen Lebens gibt, über deren Ordnung ein consensus omnium [Übereinstimmung aller Bürger] vorliegt; ja sie betont mit Nachdruck, dass auf die Dauer ein Staat nicht lebensfähig ist, in dem weder über ein Minimum fundamentaler oder über zahlreiche detaillierte Fragen der Wirtschaft, Gesellschaft und Politik eine weitgehende Übereinstimmung besteht. Sie nimmt jedoch den Umstand, dass es weite Gebiete des staatlichen und gesellschaftlichen Lebens gibt, über deren Regelung Meinungsverschiedenheiten zwischen verschiedenen Gruppen existieren, nicht nur mit Gleichmut hin, sondern erachtet dies als unvermeidlich, ja geradezu als ein Indiz eines in Freiheit pulsierenden öffentlichen Lebens. Sie hält es weder für wünschenswert noch für möglich, dass in einem freiheitlichen Staatswesen ein einheitlicher Gemeinwille besteht, der die divergierenden Gruppenwillen restlos in sich aufsaugt. [...] Die offene Austragung der in jedem freien Staat unausbleiblichen Meinungsverschiedenheiten und die Kompromisse, durch die diese Konflikte beigelegt werden, betrachtet sie als den einzig geeigneten Weg, eine tragbare Lösung für Probleme zu finden, über die ein consensus omnium *nicht* besteht.

Ernst Fraenkel, „Der Pluralismus als Strukturelement der freiheitlich-rechtsstaatlichen Demokratie" [1964], in: Gesammelte Schriften, Band 5: Demokratie und Pluralismus, Hg. Alexander v. Brünneck, Nomos Verlagsgesellschaft, Baden-Baden 2007, S. 265, 259

M 5b Der pluralistische Prozess und seine Spielregeln

Die folgenden Bedingungen sind [im Rahmen der Pluralismustheorie] quasi als „Spielregeln" zu verstehen. Sie schaffen die Voraussetzung für die offene Konkurrenz und den angestrebten Ausgleich der Interessen:

- die Achtung der *Grund- und Menschenrechte*,

Info

Ernst Fraenkel: Bedeutender deutscher Politikwissenschaftler (1898–1975). In seiner Emigrationszeit (1938–1951) in den USA während der Herrschaft des Nationalsozialismus hatte er das amerikanische politische System kennen- und schätzen gelernt. 1951 kehrte er nach Deutschland (an die Freie Universität Berlin) zurück. Der Schwerpunkt seiner Forschungs- und Lehrtätigkeit war die Demokratietheorie; er gilt als der bedeutendste Vertreter der neueren Pluralismustheorie („Neopluralismus").
Gemeinwohl: Unterschiedlich definierter Begriff zur Bezeichnung des allgemeinen Wohls, des Gesamtinteresses, der politischen Ziele und Werte einer Gesellschaft, im Unterschied zum Wohl besonderer Gruppen, Personen oder sonstiger Teilinteressen (Partikularinteressen). Der Auffassung, dass das Gemeinwohl vorgegeben („a priori", von vornherein) und objektiv feststellbar sei (Rousseau), steht die Ansicht gegenüber, dass das Gemeinwohl sich erst aus dem politischen Willensbildungsprozess und der Auseinandersetzung zwischen unterschiedlichen Interessen („a posteriori", im Nachhinein) annäherungsweise ergebe.

Franz Josef Floren, Politik – Gesellschaft – Wirtschaft, Band 2, Schöningh, Paderborn 2011, S. 28

- die Orientierung am Prinzip des *sozialen Rechtsstaates*, der die Freiheit jedes einzelnen Bürgers gewährleistet und ein Mindestmaß an sozialer und wirtschaftlicher Sicherheit für alle verwirklicht,
- die Einhaltung der in der Verfassung festgelegten, rechtsstaatlichen Verfahrensregeln, zu denen insbesondere *Mehrheitsprinzip, Minderheitenschutz* und *Machtkontrolle* gehören,
- freie, gleiche und geheime *Wahlen*, die periodisch stattfinden müssen,
- die Sicherung von *politischen Freiheiten* als notwendige Bedingungen; hierzu zählen vor allem die Meinungs- und Informationsfreiheit und die freie Konkurrenz der Parteien.

Bernhard Frevel, Demokratie, VS Verlag für Sozialwissenschaften, Wiesbaden, [2]2009, S. 79

M 6 Identitäts- und Konkurrenztheorie

	Identitätstheorie der Demokratie	Konkurrenztheorie der Demokratie
Grundsätze	Identität von Regierenden und Regierten	Repräsentation (Herrschaft durch Vertreter)
	Plebiszit (Volksabstimmung)	Parlamentarismus
	imperatives Mandat (Abgeordnete als gebundene Delegierte)	freies Mandat (Abgeordnete nur ihrem Gewissen unterworfen)
	Abwehr von Teilinteressen	legitimer Pluralismus
	homogener Volkswille	Interessenkonkurrenz
	objektives, einheitliches Gemeinwohl (a priori)	Gemeinwohl allenfalls Ergebnis von Interessenausgleich (a posteriori)
	Ziel- und Inhaltsorientierung (finalistisch)	Orientierung an Spielregeln (formalistisch)
Anwendung	autoritare Staatslehre, Extremfall: Diktatur	Pluralismustheorie, liberale Demokratie
	radikale Demokratie	parlamentarisches Repräsentativsystem
		Sozialdemokratie
Kritik	„totalitäre" Demokratie	Hinnahme des status quo
	Usurpation der Macht durch Parteioligarchie	Elitenpluralismus
	Erziehungsdiktatur	reiner Pragmatismus ohne Werte
	zwanghafte Gemeinwohlorientierung	Vorherrschen von Privatinteressen

d@dalos (Hg.), Gegenüberstellung von Identitäts- und Konkurrenztheorie, www.dadalos.org [11.01.2014]

Aufgaben

1 *Legen sie dar, wie Fraenkel seine Ablehnung eines totalen gesellschaftlichen Konsenses begründet. Was unterscheidet seinen Begriff vom Gemeinwohl (bonum commune) von dem Rousseaus? Vergleichen Sie dazu auch die von Fraenkel stammende Unterscheidung eines Gemeinwohls „a priori" und „a posteriori".*

2 *Problematisieren Sie die Rolle, die laut Fraenkels Theorie dem intermediären System (vgl. S. 263f., M 2) zukommt.*

1.4 Weiterentwicklung der Bürgerbeteiligung

Aufgaben

1 *Zeigen Sie, welche Funktionen der Bürgerbeteiligung das Bedürfnis nach demokratischer Teilhabe am ehesten befriedigen.*

2 *Ordnen Sie die Maßnahmen der Landesregierung Baden-Württemberg aus dem Fallbeispiel „Nationalpark Nordschwarzwald“ (s. S. 258ff.) funktional und auch einzelnen Formen zu.*

M1 Funktionen von Beteiligung

Bürgerbeteiligung kann unterschiedliche Funktionen übernehmen: Sie kann die Aktivierung des Engagements der Beteiligten und die Vertiefung ihrer Demokratiekompetenz anstreben. Ein Verfahren kann aber auch die Aufmerksamkeit einer größeren Öffentlichkeit auf ein bestimmtes Thema lenken wollen, um so politische Debatten zu bereichern oder gar zu initiieren.
Im Mittelpunkt können außerdem das Sammeln von Ideen, das Ausloten von Interessen oder das Lösen von Konflikten stehen – und damit generell die Beratung von politisch-administrativen Entscheidungsträgerinnen und -trägern und somit eine Verbreiterung der Basis des politischen Willensbildungsprozesses. Und nicht zuletzt kann es bei einem Beteiligungsverfahren um die Ausweitung des Raums für bürgerschaftliche Mitentscheidung (Co-Governance) gehen.

Text und Grafik: Patrizia Nanz/Miriam Fritsche, Handbuch Bürgerbeteiligung: Verfahren und Akteure, Chancen und Grenzen, Bundeszentrale für politische Bildung, Bonn 2012, S. 120f.

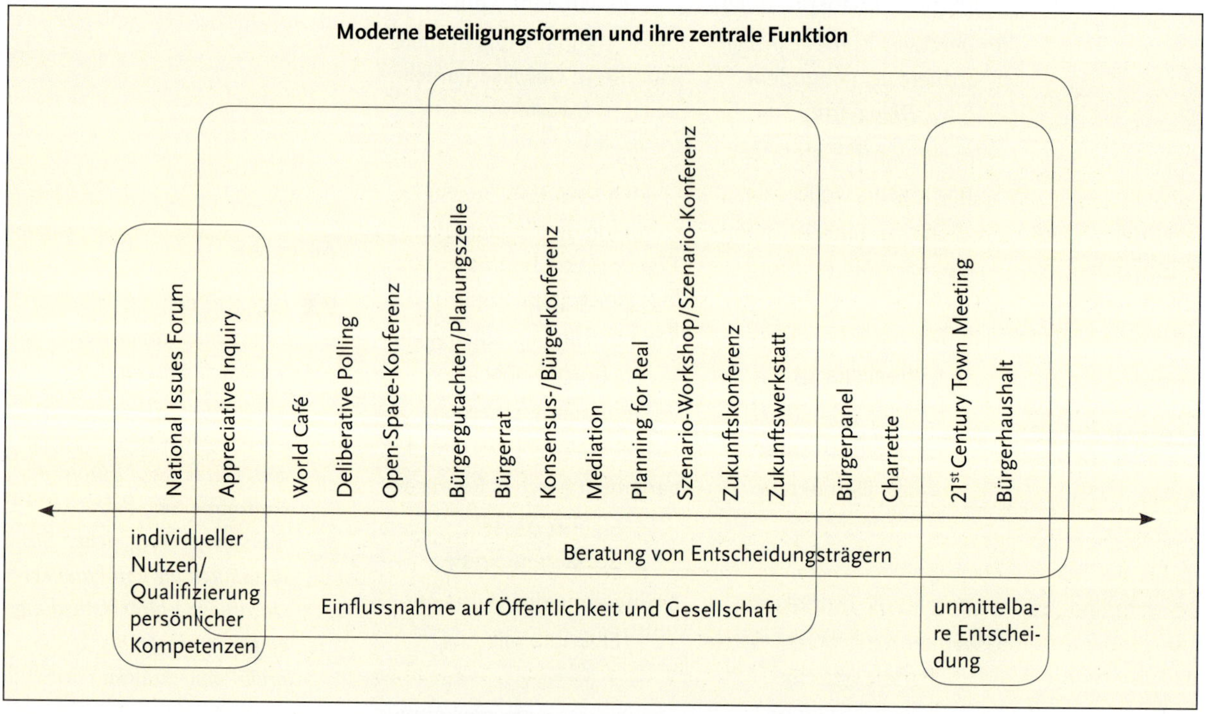

M2 Beispiele moderner Beteiligung

a) 21st Century Town Meeting

21st Century Town Meetings sind eine moderne Form der klassischen Bürgerversammlung. Das Verfahren geht zurück auf die Idee der traditionellen neuenglischen *Town Meetings*, in denen alle Bürger einer Stadt oder Region zusammenkommen, um gemeinsame Angelegenheiten zu regeln. [...]

An einem 21st Century Town Meeting können bis zu 5000 Bürgerinnen und Bürger teilnehmen (oftmals geschieht dies in verschiedenen Orten). Jeweils zehn bis zwölf Teilnehmerinnen und Teilnehmer bilden eine Face-to-Face-Diskussionsrunde. Unabhängige Moderatorenteams begleiten die Diskussionsgruppen, sammeln die wichtigsten Ideen und Kommentare „ihrer" jeweiligen Teilnehmerinnen und Teilnehmer und geben sie in ein vernetztes Computersystem ein. Die Informationen aller Diskussionsrunden werden an ein zentrales „Theme Team" gesendet, das die Ergebnisse der einzelnen Gruppen zusammenfasst und allen Teilnehmenden zur Kommentierung und Abstimmung zurückmeldet. Jede an einem 21st Century Town Meeting teilnehmende Person verfügt über ein elektronisches Keypad, um individuell abstimmen zu können. Die Ergebnisse der Abstimmungen werden unmittelbar auf einem großen Bildschirm angezeigt, um den Teilnehmenden ein direktes Feedback zu geben.
Die Teilnehmerinnen und Teilnehmer [...] sollen die Vielfalt der Bevölkerung widerspiegeln. Ihre Auswahl erfolgt gezielt anhand soziodemografischer Kriterien, die im Vorfeld [...] festgelegt werden.
Die Durchführung eines 21st Century Town Meetings bietet sich an, wenn sehr viele Bürgerinnen und Bürger an Entscheidungen oder Planungen beteiligt werden sollen, denn an diesem Verfahren können zwischen 500 und 5000 Personen teilnehmen. Die eintägigen Veranstaltungen können dazu genutzt werden, politischen Repräsentantinnen und Repräsentanten Anregungen zu lokalen, regionalen oder gar nationalen Themen zu vermitteln. Sie können aber auch dergestalt organisiert sein, dass verbindliche Entscheidungen zu lokalen Fragen getroffen werden.

Patrizia Nanz/Miriam Fritsche, Handbuch Bürgerbeteiligung: Verfahren und Akteure, Chancen und Grenzen, Bundeszentrale für politische Bildung, Bonn 2012, S. 36 ff.

b) BürgerForum

Das *BürgerForum* ist ein verhältnismäßig junges Beteiligungsverfahren, in dem ein Wechsel aus Präsenzveranstaltungen und Online-Phase stattfindet: Zwei zweitägige Veranstaltungen bilden den Auftakt und den Abschluss, dazwischen diskutieren die Beteiligten via Internet. Das Verfahren zielt einerseits darauf ab, den Horizont und die „Democratic Skills" der Beteiligten zu erweitern. Zugleich will es aber auch die öffentliche Debatte im Hinblick auf das betreffende Thema bereichern und schließlich die Qualität entsprechender politischer Entscheidungen verbessern.
Das Verfahren dauert rund sechs bis acht Wochen und setzt sich im Einzelnen aus den folgenden Phasen zusammen:
1. Vorbereitungsphase: Im Vorfeld informieren sich die Teilnehmerinnen und Teilnehmer auf einer eigens eingerichteten Webseite über das Verfahren und seine Inhalte. [...] Bei inhaltlichen Fragen können sich die Teilnehmenden per E-Mail an kooperierende Expertinnen und Experten wenden.
2. Auftaktveranstaltung: Während einer zweitägigen Präsenzveranstaltung lernen die Teilnehmerinnen und Teilnehmer einander kennen und formulieren in

verschiedenen Kleingruppen und Ausschüssen ihre Ideen, Überlegungen und Anregungen zum Thema.

3. Online-Phase: In dieser mehrwöchigen Phase erfolgen die Vertiefung der Diskussionen sowie eine Bewertung verschiedener Vorschläge. Als Plattform für Information und Kommunikation dient die regelmäßig aktualisierte Webseite. Auch in dieser Phase stehen Expertinnen und Experten als Ansprechpartnerinnen und -partner bei Sachfragen zur Verfügung. Zudem nehmen Politikerinnen und Politiker als Gäste im Live-Chat an dem Diskussionsprozess teil.

4. Abschlussveranstaltung: Im Rahmen eines zweitägigen Treffens aller Beteiligten am Ende des Prozesses werden die verschiedenen Ergebnisse vorgestellt, abgestimmt und in Form eines „Bürger-Programms“ verabschiedet.

Damit möglichst viele heterogene Perspektiven in einem BürgerForum vertreten sind, sollen die Teilnehmerinnen und Teilnehmer einen repräsentativen Querschnitt der Gesamtbevölkerung darstellen. Ihre Auswahl erfolgt nach dem Zufallsprinzip unter besonderer Berücksichtigung wesentlicher soziodemografischer Merkmale wie Alter, Geschlecht, Bildungsstand und Wohnort. Bei der Auswahl der Teilnehmenden eines BürgerForums muss zudem berücksichtigt werden, ob die Beteiligten die notwendigen technischen Voraussetzungen und Fertigkeiten für eine Teilnahme an den Online-Diskussionen aufweisen.

Sowohl die Online- als auch die Face-to-Face-Diskussionen während der Präsenzveranstaltungen werden von professionellen Moderatorinnen und Moderatoren begleitet. Zudem wählen die Teilnehmenden der einzelnen Ausschüsse aus ihrer Mitte sogenannte „Bürger-Redakteure“, die für die Berichterstattung aus ihrer Arbeitsgruppe und die Zusammenführung der Online-Kommentare zuständig sind.

Patrizia Nanz/Miriam Fritsche, Handbuch Bürgerbeteiligung: Verfahren und Akteure, Chancen und Grenzen, Bundeszentrale für politische Bildung, Bonn 2012, S. 103 ff.

Aufgaben

1 *Wählen Sie ein aktuelles Problem an Ihrer Schule aus und konzipieren Sie dazu ein Town-Hall-Meeting und ein BürgerForum im Vergleich. Analysieren Sie Ihre Erfahrungen damit. Ein Beispiel für ein BürgerForum finden Sie unter www.buergerforum-eidelstedt.de.*

2 *Beurteilen Sie, inwiefern diese Verfahren zur Bürgerbeteiligung förderlich und hinderlich sind.*

M 3 Liquid Democracy – das Internet als Partizipationsform

Bei Liquid Democracy, auch „Delegated Voting“ genannt, handelt es sich um eine Mischung von direkter und repräsentativer Demokratie, bei der Bürger ihre Stimme für einzelne politische Bereiche jeweils an jemanden vergeben, der ihre Überzeugungen am besten repräsentiert, ob Partei oder Einzelperson. Das geschieht nicht nur bei Wahlen, sondern im Prinzip bei allen politischen Abstimmungen. Konkret könnte ein Bürger sich dafür entscheiden, in Wirtschaftsfragen seine Stimme der Linken zu übertragen, in Internetfragen der CDU, in Kulturfragen Dieter Gorny, in Frisurenfragen Sascha Lobo – bei allen sonstigen Abstimmungen aber nach Art der bekannten Basisdemokratie selbst zu wählen. Wie kleinteilig und für welche Zeiträume diese Übertragung der Wahl gesche-

hen soll, ist eine Frage der Ausgestaltung, aber klar ist, dass der Informations- und Abstimmungsaufwand überhaupt erst durch digital vernetzte Instrumente erträglich wird. [...] Mit der Digitalisierung setzte eine Hyperindividualisierung ein, weil sich digital geprägte Güter wesentlich besser individuell anpassen lassen. Jeden Browser und die Benutzeroberfläche jedes Smartphones kann man in Funktion und Aussehen individualisieren. Aber die Maschinerie der Demokratie soll noch so funktionieren wie 1952, im gleichen Wahltakt, sogar mit fast den gleichen Zahnrädern.
Natürlich soll sie das, sagen diejenigen, die in einer digitalen Weiterentwicklung der repräsentativen Demokratie eine Abkehr von der reinen Lehre sehen. „Keine Experimente!" Mit einigem Recht führen sie an, dass gerade die nichtdigitale Langsamkeit Zeit zum Nachdenken und Abwägen gebe, was gut für die Politik sei. Die anderen glauben, dass die Demokratie sich weiterentwickeln müsse, um Bestand in einer sich verändernden Welt zu haben. Dafür soll das Internet Triebfeder und Plattform sein.

Kathrin Passig/Sascha Lobo, Internet: Segen oder Fluch, Bundeszentrale für politische Bildung, Bonn 2013, S. 170 f.

Aufgaben

1 *Vergleichen Sie Ihre Vorstellungen von Liquid Democracy mit denen, die der Text enthält.*

2 *Entwerfen Sie eine Werbung mit einem konkreten Konzept für Liquid Democracy.*

3 *Beurteilen Sie die Chancen von Liquid Democracy als „Triebfeder" für die Weiterentwicklung von Demokratie.*

M 4 Das Internet – Chancen und Gefahren

a) Auch Online-Verfahren [können] die [...] Funktionen von Beteiligung übernehmen. Abgesehen von dem im Vergleich zu Präsenzveranstaltungen größeren Potenzial der Online-Beteiligung, *virtuelle Communities* schaffen zu können, sind im Hinblick auf die Funktionen von Beteiligung kaum Unterschiede zwischen Präsenz- und Online-Verfahren zu konstatieren. [...] Abschließend soll die generelle Möglichkeit einer Steigerung der Quantität und Qualität von Bürgerbeteiligung durch das Internet erneut hervorgehoben werden: Das Internet ist ein technisches Hilfsmittel, das kontinuierlich mit Innovationen aufwarten kann, die für Beteiligungsverfahren relevant werden können. Dadurch bietet es vielfältige Möglichkeiten, um nicht nur den Zugang zu politischen Informationen und Akteuren zu erleichtern, sondern auch die Transparenz demokratischer Entscheidungen zu verbessern sowie politische Teilhabe und Einflussnahme zu vertiefen.

Patrizia Nanz/Miriam Fritsche, Handbuch Bürgerbeteiligung: Verfahren und Akteure, Chancen und Grenzen, Bundeszentrale für politische Bildung, Bonn 2012, S. 122 f.

b) Auch die Internet-Demokratie muss sich der Frage nach Macht und Einfluss stellen – wer bestimmt Meinungen und Gesetze? Das Netz gibt jedem die Chance, sich an der politischen Diskussion zu beteiligen, heißt es. Aber das ist nur eingeschränkt wahr. [...]
Mit Plattformen wie Liquid Democracy bekommen Diskussionen im Netz ein größeres Gewicht bei der Ausgestaltung der Politik. Wer zum Beispiel hunderttausend Follower auf Twitter hat, kann schnell viele Mitdiskutanten mobilisieren, Abstimmungen manipulieren, eine Meinungsfront inszenieren. „Man muss es sich so vorstellen: Wenn wir über den Marktplatz gehen, kommen ab und zu ein paar Menschen vorbei, die hundert Meter groß sind", schrieb Frank Schirrmacher in „Payback" (2009), um zu verdeutlichen, dass im Netz nicht alle Teilnehmer gleich sind. [...]
Ein Problem ergibt sich für die Digitale Demokratie außerdem aus dem eigenen Anspruch, demokratisch sein zu wollen und also das ganze Volk einbeziehen zu

müssen. In einem Leserbrief an den Spiegel schrieb einer der Gründungsherausgeber der FAZ, Paul Sethe, 1965 den berühmt gewordenen Satz: „Pressefreiheit ist die Freiheit von 200 reichen Leuten, ihre Meinung zu verbreiten." Die Verfechter der Digitalen Demokratie müssen aktiv dagegen anarbeiten, zur Demokratie der 200 000 meistverfolgten Twitterer zu werden.

Kathrin Passig/Sascha Lobo, Internet: Segen oder Fluch, Bundeszentrale für politische Bildung, Bonn 2013, S. 170–176

Aufgaben

1 *Stellen Sie die Argumente der beiden Texte einander gegenüber.*

2 *Erörtern Sie die zukünftige Bedeutung des Internet und der Digitalen Demokratie.*

M 5 Für eine neue (alte) Streitkultur

Wenn [...] Information und Kommunikation als lästiger Zusatzaufwand und als Test für die Marktgängigkeit eines fertigen Produktes begriffen [werden], wenn Kommunikation so zum Appendix der Politik wird, muss man sich nicht wundern, dass Legitimitätszweifel, Protest und Machtverlust die Folge sind. Dann aber alles politische Heil in der plebiszitären Demokratie zu suchen, verlagert die Kommunikationskrise, in der sich die Politik in Deutschland befindet, auf einen verfassungsrechtlichen Verschiebebahnhof. Auf der Tagesordnung muss stattdessen die kommunikative Runderneuerung der parlamentarisch-repräsentativen Demokratie stehen. Die viel kritisierte Parteiendemokratie sollte dabei nicht vorschnell abgeschrieben werden. Konkret bedeutet dies also eine Umsteuerung von Kommunikation als medienzentriertes, exklusives Elitenspiel hin zur verstärkten, aktiven Organisation inklusiver Bürger-Politik-Kommunikation: von der ex-post-Kommunikation zur demokratischen Präventivkommunikation. Dabei geht es um aktivierende Foren, Plattformen und Beteiligungsgelegenheiten jenseits der üblichen Anhörungsroutine, möglichst schon im Vorfeld politischer Festlegungen in den Prozessen der parlamentarischen Parteiendemokratie. Notwendig ist die Öffnung der Institutionen-Politik, auf der Ebene der Parteien, der Parlamente und der Exekutive. Gefragt sind dabei neue institutionelle Arrangements, die zivilgesellschaftliche Diskurse mit Verfahren der parlamentarisch-repräsentativen Demokratie verbinden – zur wechselseitigen Befruchtung. Zu all dem bedarf es politischer Fantasie ebenso wie hoher Innovationsbereitschaft, gerade bei den etablierten Akteuren und Institutionen. Das ist ein schwieriger Lernprozess, bei dem vor Illusionen zu warnen ist. Gefragt sind nicht wohlfeile Rezepte oder sozialtechnologische Kniffe zur Erzielung kurzfristiger politischer Effekte, sondern eine langfristige Umsteuerung in der Organisation unseres Politikvermittlungsbetriebs. Der Aufbau und die Pflege einer neuen Kommunikations- und Beteiligungskultur wird alles andere als konfliktfrei ablaufen. Es geht nicht um die Verabreichung von Beruhigungspillen und schon gar nicht um eine politische Spielwiese, sondern um eine neue demokratische Streitkultur, die diesen Namen verdient. Dabei wird das Feld politischer Verantwortung neu vermessen werden, denn eine neue Kommunikations- und Beteiligungskultur bedeutet auch Abgabe von Macht. Dies alles löst natürlich nicht alle Probleme. Es entspräche aber einer komplexer werdenden Gesellschaft, die nach verstärkter Mitsprache verlangt, sich zugleich aber immer weniger in Organisationspflichten dauerhaft einbinden lässt. Ökonomisch gesprochen: Die neue Kommunikations- und Beteiligungskultur ist anstrengend. Sie verursacht erhöhte Transaktionskosten. Dafür verspricht sie aber einen Legitimitätsgewinn, der die parlamentarisch-repräsentative Demokratie in Deutschland beleben kann.

Ulrich Sarcinelli, „Ein Testfall für die Demokratie", in: Das Parlament, Nr. 01–02/03.01.2011

Aufgaben

1 *Veranschaulichen Sie die Bedeutung von Kommunikation anhand von Kommunikationsfehlern in Ihrem Umfeld (Schule, Elternhaus, Freundeskreis, ...).*

2 *Entwerfen Sie ein Konzept, das die Kommunikation zwischen verschiedenen Ebenen des Staates (Schule-Schüler, Politiker-Bürger, ...) verbessert.*

3 *Erläutern Sie den Satz von Sarcinelli: „... eine neue Kommunikations- und Beteiligungskultur bedeutet auch Abgabe von Macht" (Z. 31f.).*

4 *Bewerten Sie die Einführung einer transparenten und verständlichen Kommunikation auf politischer Ebene.*

Politische Teilhabe und Demokratie

Repräsentativiät und Partizipation in der Demokratie

Demokratie gilt als die Herrschaft des Volkes. Sie soll Volkssouveränität garantieren und somit die Interessen des Volkes durchsetzen. Die Interessen des Volkes, beziehungsweise der Wille der Bürger, liegen aber nicht offen. Daher ist seit dem Beginn der modernen Demokratien das Modell der Repräsentativität erfolgreich. Die Bürger wählen somit Repräsentanten, die dann ihren Willen artikulieren und umsetzen. Ein anderes Konzept wäre die Idee eines Gemeinwillens, wie ihn Rousseau genannt hat. Beide Konzeptionen haben Nachteile. In modernen Verhandlungsdemokratien wie Deutschland hat sich in der Folge eine Mischform etabliert, die einerseits Effektivität durch Repräsentation gewährleistet, durch Pluralismus aber auch den Meinungen und Interessen der Bürger Geltung verschafft.

Parteien

Parteien spielen in der deutschen Ausgestaltung der Demokratie eine Schlüsselrolle. Diese Rolle verdanken sie in erster Linie ihrer Aufgabe als Wahlvorbereitungsorganisationen. Ohne Parteizugehörigkeit besteht kaum eine Chance, in den deutschen Bundestag zu kommen. In der pluralistisch-repräsentativen Demokratie vermitteln die Parteien zwischen Bürgern und deren Interessenvielfalt und den politischen Entscheidungsträgern. Sie können als einzige Vereinigung Interessen direkt in den politischen Entscheidungsprozess einfließen lassen. Aufgrund dessen und wegen ihrer systemrelevanten Funktionen (Interessenartikulation, Programmformulierung, Integration, Legitimation und Rekrutierung) besitzen die Parteien eine Sonderstellung unter den deutschen Interessenvertretungen und werden auch umfangreich staatlich finanziert. Diese Stellung ruft allerdings auch Kritik hervor, da Deutschland als Parteiendemokratie und nicht mehr als Bürgerdemokratie wahrgenommen wird. Parteienkritiker beklagen fehlende Transparenz bei Parteientscheidungen und fehlende Kontrollmöglichkeiten bei der Parteienfinanzierung.

Wahlen

Der wichtigste Stützpfeiler für die Parteien ist die personalisierte Verhältniswahl für den deutschen Bundestag und die Landtage, die sich etabliert hat, im Grundgesetz aber nicht festgelegt ist. Sie setzt sich zusammen aus zwei Stimmen. Die erste entscheidet über den Einzug eines Direktkandidaten in das Parlament. Der Wahlsieger wird über das relative Mehrheitswahlrecht bestimmt. Mehrheitsentscheidend ist aber die Zweitstimme, die nach dem reinen Verhältniswahlrecht ausgezählt wird. Hier kann der Bürger nur die Landesliste einer Partei wählen, auf die er keinen weiteren Einfluss hat, wie es in einigen Ländern bei Kommunalwahlen durch Panaschieren und Kumulieren möglich ist. Parteien, die weniger als 5 % der Zweitstimmen oder weniger als 3 Direktmandate gewinnen, sind vom Bundestag ausgeschlossen; die Sitze werden auf die Bundestagsparteien verteilt. Diese Regelung, wie auch die Schaffung von Überhangmandaten (mehr Erststimmen als Zweitstimmen in einem Bundesland), wird aus verschiedenen Gründen häufig kritisiert.

Medien

Neben den Parteien wirken auch Medien im intermediären System als Vermittler zwischen Bürgern und Politikern. Sie besitzen zwar keinen Verfassungsrang wie die Parteien, sind aber durch die Konkretisierung der Grundrechte, insbesondere die Meinungsfreiheit, und die Rechtsprechung des Bundesverfassungsgerichts privilegiert. In der Idealvorstellung erfüllen Medien die Funktion der Information, der Artikulation und Kontrolle. Allerdings ist ihr großer Einfluss auf die politische Wahrnehmung und damit auf die politische Agenda durchaus problematisch. Nicht nur, dass die Medien ihre Nachrichten eher nach dem Verkaufswert auswählen als nach ihrer gesellschaftlichen Relevanz, auch die Darstellung ist häufig wenig differenziert. Hinzu kommt die Neigung der Politik, gezielt medienwirksame Politik zu machen. Somit entsteht einerseits eine Vorderbühne der Politik für Medien und Bürger und andererseits eine Hinterbühne der Entscheidungen, die aber nicht einsehbar ist.

Verbände

Verbände nutzen diese beiden Bühnen zur Erfüllung ihrer originären Aufgabe: Interessendurchsetzung im Sinne ihrer Mitglieder. Verbände werden gegründet, um im Sinne ihrer Mitglieder Einfluss auf die Politik auszuüben und auf Entscheidungen einzuwirken. Sie können dies auf unterschiedlichen Wegen erreichen: Häufig sind Mitglieder von Verbänden gleichzeitig Mitglieder des Bundestages oder von Parteien. Die Unterstützung der Politik durch Fachpersonal und entsprechendes Knowhow in Form von Informationen ist ebenfalls durchaus üblich. Dies erfolgt häufig durch Lobbyarbeit, also das gezielte Ansprechen von Regierungs- oder Parlamentsmitgliedern. Auch wenn Verbandsarbeit kritisch zu betrachten ist, erfüllen Verbände doch einige wichtige Funktionen im politischen System: Interessenaggregation, Interessenselektion, Interessenartikulation, Partizipation, Integration und Legitimation von Entscheidungen.

Neue Formen der Bürgerbeteiligung

Da es zunehmend Interessen gibt, die nicht über Verbände in den politischen Prozess gelangen – unter anderem, weil sie konkrete Ziele verfolgen, kurzfristig angelegt sind oder in keinem Verband ausreichend repräsentiert werden –, nimmt die freie Bürgerbeteiligung beispielsweise in Bürgerinitiativen zu und mit ihr auch die Forderung nach neuen Formen der Bürgerbeteiligung. Nachdem gerade die Politik das Auftreten von „Wutbürgern" in Demonstrationen scheut, soll eine frühzeitige Bürgerbeteiligung in Townhall-Meetings oder durch Internet-Kommentare helfen, Probleme zu lösen. Damit wird ein wesentlicher Schritt hin zu einer pluralistischen Demokratie gemacht, wenn die Verfahren fair, transparent und mit einem entsprechenden Minderheitenschutz ablaufen.

Ungültig Wählen ist auch eine Wahl

Als die Frankfurter Allgemeine Zeitung den [damaligen] Innenminister Wolfgang Schäuble fragte, ob das Vertrauen in eine Regierung mit der Stabilität der Wirtschaft zusammenhängen würde, kam der Politiker von sich aus auf die sinkende Wahlbeteiligung zu sprechen: „Die abnehmende Wahlbeteiligung ist nicht wirklich dramatisch“, sagte Schäuble, „sie ist ein Zeichen für eine relative Abwesenheit tief greifender Krisen – eine Gesellschaft, der es einigermaßen gut geht, ist nicht sehr fröhlich, sondern meist ein bisschen unzufrieden. Das ist völlig in Ordnung, Hurra-Verehrung ist etwas für Diktatoren.“

Axel Brüggemann, Wir holen uns die Politik zurück!, Eichborn, Frankfurt 2009, S. 181

Aufgabe

Inwiefern halten Sie öffentliches Nichtwählen und bewusstes Ungültigwählen für ein wirkungsvolles Mittel der Meinungsäußerung. Problematisieren Sie dabei auch die Einschätzung Schäubles.

Medien: De-Politisierung der Politik

Lange verweigerte Angela Merkel beharrlich, sich aufzuhübschen. Sie blieb bei Topffrisur und Griesgram. Als Kanzlerkandidatin der CDU/CSU ist sie nun erblüht. Wie konnte das geschehen?
Seit sie am Montag vor drei Wochen im Apricot-Jäckchen vor die Medienmassen trat, zieht die Kanzlerkandidatin der Union als charmant getarnte Wahlwaffe durchs Land. Ihr Kampflächeln räumt ab. Und ihr Satz „Ich will Deutschland dienen“ gibt letzten Zweiflern den Rest. Ein Aschenputtel erscheint in neuem Licht als Hoffnungsfee, als Heilsbringerin gar. [...] Eine solche Wandlung kommt nicht plötzlich. Sie ist auch nicht nur Produkt veränderter Fotografenwünsche. Diese vielen neuen Posen müssen geübt werden, sie sind erarbeitet – vor dem Spiegel, mit Disziplin und Härte. „Wenn man mit dem Imagewandel eines Politikers erst ein halbes Jahr vor der Wahl beginnt, wirkt es unglaubwürdig, wie ein wahltaktisches Manöver. Der entscheidende Punkt ist, dass man frühzeitig damit beginnt“, sagt Axel Wallrabenstein, Politikberater der Berliner Agentur Publicis. [...] Vor dem Fernsehduell gegen Gerhard Schröder soll die Kanzlerkandidatin von einem Moderator trainiert werden. Wer den Job bekommt, ist noch nicht raus. Kandidatenvorgänger Edmund Stoiber hatte seinen persönlichen Profilberater Michael Spreng, der jeden Schritt und jedes Zucken mit Rat und Tat verfolgte. Solch einen Komplettcoach will Merkel lieber nicht. Das, so sagen ihre Berater, würde zu sehr wirken wie „Die kann's noch nicht“. Sie selbst sagt, sie wolle authentisch sein und kein Produkt.

Franziska Reich, „Wer leiten will, muss schön sein“, in: Stern 25/2005

Januar 2000

Mai 2005

Aufgaben

1 *Recherchieren und analysieren Sie die Rededuelle Slomka/Gabriel und Lanz/Wagenknecht (z.B. unter youtube.com). Diskutieren Sie Rolle und Aufgaben von Moderatoren.*

2 *„Am Ende ist es nur Fernsehen.“ – Nehmen Sie kritisch Stellung zu einer solchen Ansicht.*

3 *Thema oder Person? Politikprofis oder Medienprofis? Oder gar beides? Verfassen Sie einen Zeitungskommentar, in dem Sie Ihre Ansichten über die Tendenz der Politik zur Medialisierung und Personalisierung verdeutlichen. Werfen Sie dabei auch einen Blick in die Zukunft.*

2. Gewaltenteilung und Kontrolle im politischen Entscheidungsprozess

Gefahr des Machtmissbrauchs

In der repräsentativen Demokratie legen die Bürger ihre Herrschaft in die Hände von Vertretern, die im Sinne der Bürger entscheiden und handeln sollen. Damit wird zwangsläufig Macht bei einer relativ geringen Zahl von Repräsentanten angehäuft. Daraus ergibt sich auch für Demokratien ein zentrales Problem von Herrschaft: Wie können Machtkonzentration und Machtmissbrauch sinnvoll verhindert werden?

Checks and Balances in der deutschen Demokratie

Zunächst wird die Gewalt durch die unterschiedlichen Machtbefugnisse der Verfassungsorgane geteilt. So entsteht ein ausgewogenes System gegenseitiger Überwachung und Kontrolle (Checks and Balances), in dem jedes Organ seine besonderen Aufgaben hat. Die größte Macht besitzt für gewöhnlich die Bundesregierung, aber sie ist beispielsweise vom Bundestag abhängig und kann daher nicht nach Belieben schalten und walten. Oder ist der Bundestag von der Regierung abhängig? Und welche Rolle spielen die Parteien in diesem System? Grundsätzlich kann kein Organ alleine Entscheidungen herbeiführen, alle sind in einem komplexen System miteinander verbunden.

Gewaltenverschränkung und Gewaltenteilung

Allerdings ist es mitunter gerade diese Verbindung, die an einer Gewaltenteilung in Deutschland zweifeln lässt. Was bedeutet es, wenn die Bundestagsmehrheit den Kanzler wählt und der somit die Mehrheit des Bundestags hinter sich weiß? Wie kann die Opposition eingreifen, um Machtmissbrauch zu verhindern? Im Ganzen funktioniert diese Kontrolle gut, aber mitunter muss das Bundesverfassungsgericht entscheiden. Vielleicht wäre eine klare Gewaltenteilung, wie sie beispielsweise die USA kennen, effektiver.

Intermediäres System

Abgesehen von dieser eher bürgerfernen Kontrolle bleiben aber auch dem einzelnen Bürger Möglichkeiten der Einflussnahme und damit der Kontrolle. Sind es die Lobbygruppen, die eine Schlüsselfunktion in unserer pluralistischen Demokratie einnehmen? Ein weiteres Problem von Kontrolle wird hier deutlich: Zu viel Kontrolle behindert die politische Handlungsfähigkeit – Kontrolleure werden zu Vetospielern und verhindern Reformen.

Gesetzgebungsverfahren

Werden wir durch den Staat geschützt oder müssen wir vor dem Staat geschützt werden? Es geht um den Grundkonflikt von Angst und Vertrauen Das Vertrauen des Staates in seine Bürger zeigt sich bei der Achtung ihrer Privatsphäre, das Vertrauen der Bürger bei der Achtung der Gesetze. Um dieses Vertrauen herzustellen, erreicht der Gesetzgebungsprozess alle Verfassungsorgane. Reicht diese Legitimation durch die Einhaltung eines formalen Ablaufs für weitreichende Gesetze aus?

Direkte Demokratie

Unter Umständen wäre es eine Bereicherung der deutschen Demokratie, in außergewöhnlichen Fällen das Volk stärker in den Entscheidungsprozess zu integrieren und Volksentscheide zuzulassen. Lässt sich das mit der repräsentativen Demokratie vereinbaren? Oder ist nur die Dominanz der Parteien in Gefahr? Wollen Sie mitbestimmen?

Kompetenzen:

Nach der Arbeit mit den folgenden Materialien gelingt es Ihnen, die Gewaltenteilung und Gewaltenverschränkung aus dem Grundgesetz abzuleiten und zu erklären.

Ausgehend davon können Sie verschiedene Kontrollmöglichkeiten benennen und die rechtlichen Vorgaben mit der tatsächlich ausgeübten Kontrolle vergleichen. So unterstützt das Kapitel Sie dabei, die Rolle von Regierung, Mehrheits- und Minderheitsfraktionen bei der parlamentarischen Kontrolle zu beschreiben und zu beurteilen.

Zum Abschluss des Kapitels setzen Sie sich mit dem Gesetzgebungsverfahren nach dem Grundgesetz auseinander, sodass Sie es erläutern und mit der Verfassungswirklichkeit an einem aktuellen Beispiel vergleichen können. Anhand des Beispiels gelingt es Ihnen, Staatszielbestimmungen zu erläutern und zu beurteilen.

Somit wird Ihnen ermöglicht, die Wirksamkeit formeller und informeller Kontrolle auf nationaler Ebene sowie staatliche Reformfähigkeit und Problemlösungsverfahren zu bewerten.

Info

Grundgesetz: Artikel 20
(1) Die Bundesrepublik Deutschland ist ein demokratischer und sozialer Bundesstaat.
(2) Alle Staatsgewalt geht vom Volke aus. Sie wird vom Volke in Wahlen und Abstimmungen und durch besondere Organe der Gesetzgebung, der vollziehenden Gewalt und der Rechtsprechung ausgeübt.
(3) Die Gesetzgebung ist an die verfassungsmäßige Ordnung, die vollziehende Gewalt und die Rechtsprechung sind an Gesetz und Recht gebunden.
(4) Gegen jeden, der es unternimmt, diese Ordnung zu beseitigen, haben alle Deutschen das Recht zum Widerstand, wenn andere Abhilfe nicht möglich ist.

2.1 Kontrolle der Kontrolleure – Wer schützt vor Machtmissbrauch?

M1 Wehren wir uns! Jetzt!

[...] In Deutschland haben Sicherheitsbehörden letztes Jahr rund sieben Millionen Mal die Bundesnetzagentur um Hilfe für die Identifizierung von Bürgern gebeten; damit wurden die Aktivitäten von bis zu neun Prozent der deutschen Bevölkerung überwacht. Das ist aus drei Gründen problematisch: Erstens zeigen Untersuchungen, dass in 1000 Zeilen Computercode durchschnittlich 15 bis 50 Fehler stecken. Was, wenn jemand wegen eines solchen Softwarefehlers zu Unrecht ins Visier der Fahnder gerät? Zweitens wird Überwachung oft mit „staatlichen Sicherheitsinteressen" gerechtfertigt. Allerdings ist nicht genau geregelt, was das eigentlich sein soll. Und drittens existiert keine neutrale Berufungsstelle, an die sich ein unschuldiger Bürger wenden könnte. Doch weil das europäische Datenschutzrecht derzeit ohnehin überarbeitet wird, besteht die Chance auf Verbesserungen. Die Schutzrechte des Bürgers gegenüber dem Staat könnten klarer als bisher geregelt werden. Ganz sicher gehören sie nicht – wie derzeit geplant – aus dem Datenschutzgesetz gestrichen.
Zunächst müsste festgelegt werden, wann „staatliche Sicherheit" überhaupt betroffen ist und vermeintlich „legitime Interessen" über der Privatsphäre stehen sollen. Rechtlich zulässige Überwachungsvorgänge sollten dokumentiert und jedes Jahr im Nachhinein veröffentlicht werden: Warum wurde überwacht? Wer hat wann Überwachungsanweisungen gegeben? Wer wurde überprüft? Eine unabhängige Institution könnte beauftragt werden, die Vorgänge zu prüfen und rechtlich zu bewerten. [...]

Sarah Spiekermann, „Wehren wir uns! Jetzt!", www.zeit.de, 11.10.2013 [03.11.2013]

„Sie bekommen Bescheid, wenn es für Sie soweit ist!"

Aufgaben

1 *Arbeiten Sie aus dem Text die Argumente für einen besseren Datenschutz heraus.*

2 *Vergleichen Sie die Aussage der Karikatur mit Ihrem Demokratieverständnis. Beziehen Sie dabei auch den Artikel 20 des Grundgesetzes mit ein.*

3 *Erstellen Sie ein Meinungsbild im Kurs: „Schutz durch den Staat oder Schutz vor dem Staat – Was ist wichtiger?".*

M2 Verfassungsorgane Deutschlands

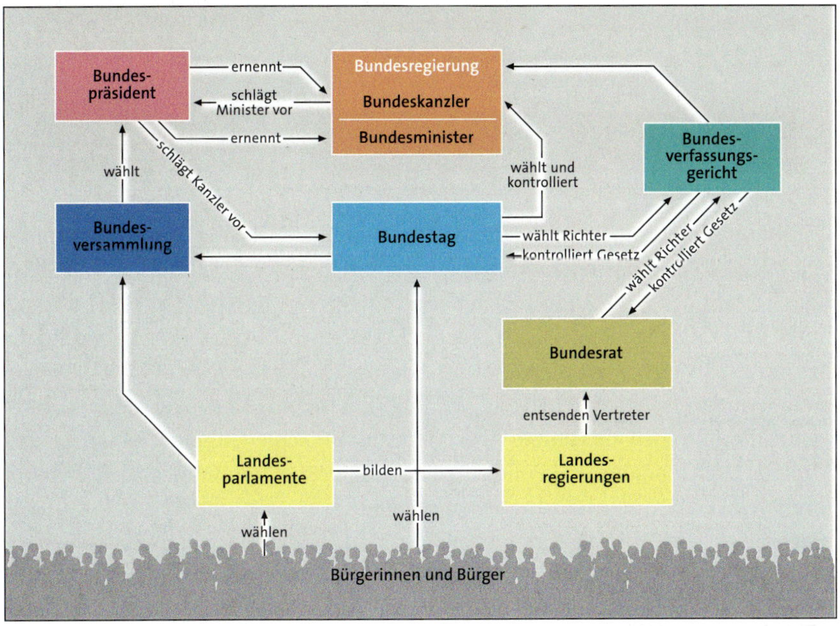

Quelle: Horst Pötzsch, Die deutsche Demokratie Bonn [3]2003, S. 52

Aufgaben

1 *Erläutern Sie, wie die Gewaltenteilung in Deutschland funktioniert.*

2 *Entwerfen Sie eine Vernetzungsgrafik mit einer verbesserten Gewaltenkontrolle.*

M3 Im Zentrum der Macht: Die Bundesregierung

Die Bundesregierung besteht laut Art. 62 GG aus dem Bundeskanzler und den Bundesministern. Zu den besonderen Spezifika des deutschen Regierungssystems gehört die herausgehobene Stellung des Bundeskanzlers. Als einziges Regierungsmitglied wird er vom Bundestag gewählt. Die Wahl erfolgt dabei auf Vorschlag des Bundespräsidenten und erfordert die Mehrheit der Mitglieder des Bundestages (die sogenannte „Kanzlermehrheit"). [...]

Wahl und Auswahl der Bundesminister, also der personelle Zuschnitt der Regierung, obliegt formell dagegen allein dem Kanzler. Bundesminister werden auf seinen Vorschlag hin vom Bundespräsidenten ernannt (und entlassen). Die Arbeit der Bundesregierung wird in Art. 65 GG strukturiert. Hier findet sich zum einen die Richtlinienkompetenz des Bundeskanzlers [...]. Daneben wird die Eigenverantwortlichkeit der Bundesminister etabliert [...]. Schließlich beinhaltet Art. 65 GG die Regelung, dass die Bundesregierung als Ganzes Meinungsverschiedenheiten zwischen den Ministerien entscheidet. Damit charakterisieren drei nicht notwendigerweise gegenseitig exklusive Organisationsprinzipien Arbeitsweise und Stellung der Bundesregierung: das Kanzlerprinzip, das Ressortprinzip und das Kollegialprinzip.

Info

Grundgesetz: Artikel 65

Der Bundeskanzler bestimmt die Richtlinien der Politik und trägt dafür die Verantwortung. Innerhalb dieser Richtlinien leitet jeder Bundesminister seinen Geschäftsbereich selbstständig und unter eigener Verantwortung. Über Meinungsverschiedenheiten zwischen den Bundesministern entscheidet die Bundesregierung. Der Bundeskanzler leitet ihre Geschäfte nach einer von der Bundesregierung beschlossenen und vom Bundespräsidenten genehmigten Geschäftsordnung.

Die Richtlinienkompetenz des Bundeskanzlers, die durch die Geschäftsordnung der Bundesregierung noch einmal festgeschrieben wird, ist eine Führungsbefugnis, nach der ein Bundeskanzler vorrangig in strittigen Fällen seine Vorstellungen durchsetzen kann. Sie ist vage und reicht von bloßer Koordinierung bis hin zur gesamten politischen Leitung. Dies erscheint zunächst als Widerspruch zu den anderen Prinzipien. Trotz der Richtlinienkompetenz soll die Bundesregierung schließlich als Ganzes über Meinungsverschiedenheiten zwischen den Ministern entscheiden. [...] Politische Führung durch den Bundeskanzler ist immer auch „Zusammenführung" existierender Interessen und Machtressourcen, ohne die er seinen Erfolg schon mittelfristig nicht absichern kann. [...]
Kombiniert sind hier offenbar Kollegialsystem und Einzelführung. Die starke Stellung des Bundeskanzlers rührt jedoch auch aus dem Umstand, dass die Möglichkeiten zu seiner Abberufung im Grundgesetz mit hohen Anforderungen versehen wurden. Neben der mit einer regelmäßigen Bundestagswahl verbundenen „Abwahl" des Kanzlers und damit der gesamten Regierung eröffnen Art. 67 GG und Art. 68 GG Möglichkeiten der Absetzung durch das Parlament und der Herbeiführung vorzeitiger Neuwahlen.
Art. 67 GG etabliert das „konstruktive" Misstrauensvotum, wenn [der Bundestag] mit der Mehrheit seiner Mitglieder einen Nachfolger wählt – eine Wahl, für welche die gleichen Erfordernisse gelten wie bei der „normalen" Kanzlerwahl. Es muss also nicht nur die eigene Kanzlermehrheit aufgelöst, sondern zugleich eine fremde Kanzlermehrheit gebildet sein, um das Verfahren nach Art. 67 GG durchzuführen. Dieses endet mit der Ernennung des neuen Kanzlers durch den Bundespräsidenten, der (ebenso wie bei der „normalen" Kanzlerwahl mit absoluter Mehrheit) bei erfolgreichem Misstrauensvotum keinen Ermessensspielraum hat. Während das konstruktive Misstrauensvotum also gegen die Regierung initiiert wird, stellt die Vertrauensfrage nach Art. 68 GG die Möglichkeit der Bundesregierung dar, sich der politischen Zustimmung der Bundestagsmehrheit zu versichern und bei Mangel an politischer Unterstützung entweder dem Bundespräsidenten vorzuschlagen, den Bundestag vorzeitig aufzulösen, oder aber als Minderheitskabinett weiterzuregieren. [...]
Bislang ist es in der Geschichte der Bundesrepublik nicht vorgekommen, dass eine Partei allein die Regierungsgewalt auf Bundesebene ausgeübt hat. Vielmehr setzten sich die Bundesregierungen bislang immer aus Koalitionen zusammen. Unter Koalitionen versteht man Zusammenschlüsse von zwei oder mehreren Parteien, die unter der Führung derjenigen Partei, die als Wahlsieger aus den Bundestagswahlen hervorging, die Regierungsaufgaben wahrnehmen. Der Zusammenschluss wird von den Koalitionspartnern meist als Zweckbündnis auf Zeit wahrgenommen, das aber nichtsdestotrotz als Garant für Regierungsstabilität dient. [...]
Die Koalitionsdemokratie hat jedoch nicht nur die Regierungspraxis stabilisiert.

Sie hat auch die Wege der politischen Entscheidungsfindung geprägt. Informelle Entscheidungsmuster sind zum Kennzeichen der Bonner und Berliner Koalitionsregierungen geworden. Die Gesetze, Geschäftsordnungen und Spielregeln, nach denen im Bund regiert wird, haben sich über die Jahrzehnte nicht grundlegend verändert. Was sich änderte, liegt eher im informellen Bereich. [...] Die Koalitionsrunde verdrängte weitestgehend die anfänglich einflussreichen Kabinetts- und interministeriellen Ausschüsse.

Karl-Rudolf Korte/Manuel Fröhlich, Politik und Regieren in Deutschland: Strukturen, Prozesse, Entscheidungen, Schöningh, Paderborn [3]2009, S. 52 ff., 96 f.

Aufgaben

1 *Erklären Sie wie Gewaltenkontrolle durch die Arbeitsweise der Bundesregierung gewährleistet wird.*

2 *Beurteilen Sie die Machtposition von Angela Merkel.*

M 4 Repräsentant des Bürgers oder Mehrheitsbeschaffer? Der Bundestag

Die verfassungspolitischen Rahmenbedingungen, die Europäisierung der Politik, der Wandel der Partizipationsansprüche des intermediären Bereichs, der Institutionen der Politikvermittlung und der Staatsaufgaben sind angesichts neuartiger Herausforderungen in der „Risikogesellschaft" zu bedenken, wenn nach der Rolle des Bundestages im politischen System gefragt wird. Welche Funktionen hat der Bundestag zu erfüllen, um angesichts veränderter Ansprüche an das Verantwortungsbewusstsein von Politikern, Beamten und Bürgern demokratische Legitimation staatlich-politischer Entscheidungen zu gewährleisten?

[...] Ein neuartiger Funktionenkatalog ist nicht erforderlich, um die tatsächlichen und erwünschten Aufgaben zu erfassen, wohl aber eine neuen Bedingungen und Entwicklungstendenzen angemessene Gewichtung und Interpretation.

Folgende Parlamentsfunktionen lassen sich unterscheiden:

- Wahl- und Abwahlfunktion (Bestellung und Abberufung der Regierung, Zuständigkeiten bei der Wahl anderer Verfassungsorgane, Auslese politischen Führungspersonals)
- Gesetzgebungsfunktion (einschließlich Haushaltsbestimmung)

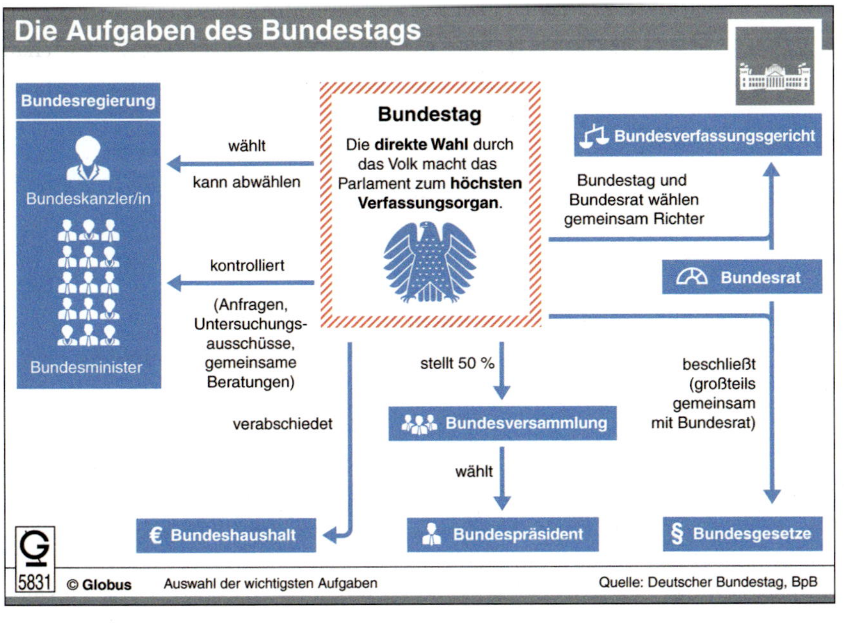

- Kontrollfunktion (Kontrolle von Regierung und Verwaltung, Präsentation alternativer Konzepte, Folgenabschätzung und Wirkungskontrolle)
- Repräsentations- und Kommunikationsfunktion (Artikulation öffentlicher Meinungen und Interessen der Bevölkerung, Publizität staatlich-politischer Informationen, Programme und Willensbildungsprozesse, Mitwirkung am öffentlichen Diskurs).

Je nachdem, wie diese Teilfunktionen gewichtet, zugeordnet und aufeinander bezogen werden, gelangen Praktiker und Wissenschaftler zu einem unterschiedlichen Parlamentsverständnis [...]. Eine Unterscheidung solcher Teilfunktionen ist nur insoweit analytisch hilfreich, als der Blick auf die komplexen Funktionszusammenhänge nicht verstellt wird. In der Praxis lassen sich Kompetenzen und Aktivitäten zumeist nicht nur einer Teilfunktion zuordnen.

Zum andern stellt sich die (auch für jede Parlamentsreformdiskussion wichtige) Frage, inwieweit überhaupt von Parlamentsfunktionen gesprochen werden kann, wenn diese offenbar von Parlamentsmehrheit (Regierungsfraktionen) und Opposition(sfraktionen) sehr unterschiedlich wahrgenommen werden. [...]

Nach der Verfassung liegt die politische Führung (Staatsleitung) bei Parlament und Regierung gemeinsam, primär allerdings beim Bundestag, der die Regierung ins Amt bringt und über die (Letzt-)Entscheidungskompetenz bei der Gesetzgebung und Haushaltsbestimmung verfügt [...]. Über die ihm im Grundgesetz ausdrücklich zugewiesenen Einzelkompetenzen hinaus kommt ihm die „Gesamtaufgabe demokratischer Gesamtleitung, Willensbildung und Kontrolle" zu.

Wolfgang Ismayr, Der Deutsche Bundestag, Bonn 2013, S. 34f.

Aufgaben

1 *Ismayr fordert eine „neuen Bedingungen und Entwicklungstendenzen angemessene Gewichtung und Interpretation" der Aufgaben des Deutschen Bundestags. Führen Sie im Kurs eine solche Gewichtung und Interpretation durch.*

2 *Erörtern Sie, inwiefern der Bundestag das höchste Bundesorgan der Bundesrepublik Deutschland ist. Unterscheiden Sie dabei Verfassungstheorie und Verfassungswirklichkeit.*

M5 Parlamentarische Kontrolle

Die weit verbreitete Meinung, es sei ausschließlich die Opposition, welche die Regierung kontrolliere, geht zwar von der richtigen Annahme aus, dass die Parlamentsmehrheit durch ihre enge Verzahnung mit der Regierung eine eigene Funktionseinheit bilde, deren primäres Ziel es ist, die Regierung an der Macht

© Bergmoser + Höller Verlag AG 66 250

zu halten, basiert aber auf einem zu eng gefassten Kontrollbegriff. Kontrolle erschöpft sich nicht in nachheriger Aufsicht (ex-post-Kontrolle), sondern umfasst verschiedene Formen von mitsteuernder und begleitender Einflussnahme, beispielsweise im Gesetzgebungsprozess.

Oppositionelle Kontrolle ist mehr auf die öffentliche Kritik an der Regierungspolitik ausgerichtet, vorgetragen beispielsweise durch formale Instrumente (Plenumsdebatten, Fragestunden etc. [vgl. Schaubild]). Die Parlamentsmehrheit hingegen bevorzugt interne, nichtöffentliche sowie informale Formen von Kontrolle und Mitsteuerung. Damit ist sie in der Sache oft wirkungsvoller als die Opposition. Der [...] Begriff Intraorgankontrolle beschreibt diese Kontrollbeziehung zwischen Regierung und Regierungsmehrheit. Versagt diese Kontrolle, so kann es vorkommen, dass die Intra- in die Interorgankontrolle umschlägt. Damit ist die Kontrollbeziehung zwischen dem Parlament in toto einerseits und der Regierung andererseits gemeint.

Theodor Eschenburg trifft eine weitere Unterscheidung und spricht von Sach-/ Leistungskontrolle und Richtungskontrolle. Bei Letzterer ist die grundsätzliche politische Linie Gegenstand der Kontrolle; Erstere zielt auf konkrete Sachfragen oder Leistungsdefizite im Verwaltungsapparat ab.

Bei der Effizienzkontrolle, die Emil Hübner und Heinrich Oberreuter von der Evidenzkontrolle abheben, muss „der Kontrolleur auch die Möglichkeit zur Durchsetzung seiner Beschwerden haben.“ Diese Form von Kontrolle vollzieht sich in erster Linie nichtöffentlich zwischen Abgeordneten der Regierungsfraktionen und der Regierung.

Evidenzkontrolle hingegen zielt auf die öffentliche Zurrechenschaftziehung der Regierung vor allem durch die Opposition. Dabei ergibt sich folgender Zusammenhang: „[D]ie in der Öffentlichkeit sichtbare Kontrolle der Opposition ist in der Regel nicht effizient und die effiziente Kontrolle im Schoß der Mehrheit ist in der Regel in der Öffentlichkeit nicht sichtbar.“

Kontrolle kann auch nach dem Zeitpunkt ihres Einsatzes unterteilt werden: Meint der Begriff ex-post-Kontrolle eher die nachherige Aufsicht, so zielt ex-ante-Kontrolle vornehmlich auf begleitende Mitwirkung von Entscheidungsprozessen.

Bernhard Schreyer/Manfred Schwarzmeier, Grundkurs Politikwissenschaft: Studium der politischen Systeme, VS Verlag für Sozialwissenschaften, Wiesbaden [2]2005, S. 165 f.

Aufgaben

1 *Beschreiben Sie die unterschiedlichen Formen der parlamentarischen Kontrolle.*

2 *Vergleichen Sie die Kontrolle durch die Regierungsmehrheit mit der durch die Opposition.*

3 *Beurteilen Sie die Wirksamkeit der einzelnen Kontrollinstrumente. Zeigen Sie dabei auch auf, wie eine möglichst große Wirkung erzielt werden kann.*

M 6 Opposition ohne Schlagkraft

Eine Große Koalition würde parlamentarische Minderheitenrechte aushebeln. Sollten Union und SPD ein Regierungsbündnis schmieden, würde die Opposition nur aus einem Fünftel der Bundestagsabgeordneten bestehen. Wichtiger Druck- und Kontrollmittel wäre sie damit beraubt.

Dieter Wiefelspütz ist auf dem Weg zu seiner letzten Sitzung mit der SPD-Bundestagsfraktion. 26 Jahre gehörte er ihr an. Wann immer es um Fragen des Verfassungs- und Parlamentsrechts ging, war Wiefelspütz derjenige, der für seine Partei eine Antwort fand. Doch das Problem, das er jetzt auf den Bundestag zukommen sieht, verschlägt auch ihm erst einmal fast die Sprache: „Das ist ein richtiger Hammer, den Sie da ansprechen, über den vermutlich der größte Teil der Öffentlichkeit überhaupt noch nicht nachgedacht hat: Was das für eine Bedeutung hat, wenn es eine solche Große Koalition gibt.“

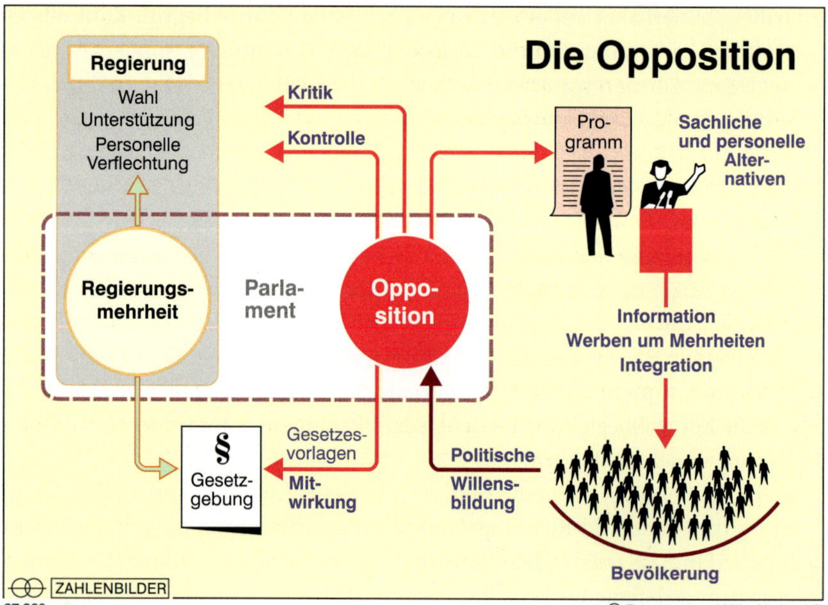

67 260

Zahnlose Opposition

Die Mehrheit, die eine Große Koalition im neuen Bundestag hätte, wäre aus verfassungsrechtlicher Sicht im wahrsten Sinne des Wortes erdrückend. Denn nur noch ein Fünftel der Abgeordneten würde künftig den beiden Oppositionsfraktionen von Linken und Grünen angehören. Das heißt: Zentrale Machtinstrumente, die das Grundgesetz der Opposition in die Hand gibt, könnten von dieser Minderheit nicht mehr genutzt werden. Für die Einberufung von Untersuchungsausschüssen, die Anrufung des Bundesverfassungsgerichts in Normenkontrollverfahren und die Prüfung von EU-Recht vor dem Europäischen Gerichtshof müssen mindestens ein Viertel der Abgeordneten stimmen, für die Einberufung von Sondersitzungen des Bundestages ein Drittel – mehr, als die künftige Opposition noch auf die Waage bringen würde. „So etwas kann Demokratie ersticken“, fürchtet Dieter Wiefelspütz. Gregor Gysi dämmerte schon am Morgen nach der Wahl, dass er mit der Linkspartei zwar die größte Oppositionspartei führen würde – und dennoch durch die Viertel- und Drittelquoren des Grundgesetzes der schlagkräftigsten Druck- und Kontrollmittel der Opposition beraubt wäre: „Irgendeinen Ausweg müssen wir finden. Wir können doch nicht vier Jahre lang auf Rechte verzichten, die im Grundgesetz extra für die Opposition eingeführt worden waren.“ Gysi will eine Änderung der Geschäftsordnung anregen, um zum Beispiel die Hürde für die Einberufung von Untersuchungsausschüssen zu senken. Tatsächlich aber müsste dafür eine Zweidrittelmehrheit zur Änderung des Grundgesetzes mobilisiert werden […]. Selbst dem gewieften Gysi ist die ganze Dimension der Beschränkungen noch gar nicht bewusst, mit denen er als künftiger Oppositionsführer konfrontiert wäre.

Klaus Stuttmann

Schulterzucken bei der Union

Die letzte Große Koalition war 2008 immerhin noch auf die damalige Opposition aus FDP und Grünen zugegangen und hat eine Grundgesetzänderung auf den Weg gebracht, um die bis dahin geltenden Zustimmungserfordernisse von einem Drittel auf ein Viertel der Abgeordneten zu senken. Der damalige rechtspolitische Sprecher der Bündnisgrünen, Jerzy Montag, glaubte, damit seien wichtige Oppositionsrechte auch für die Zukunft gesichert worden: „25 Prozent haben wir erkämpft, weil wir dachten, 25 Prozent wird die Opposition immer zusammenbringen – man lernt nie aus."

Dass eine Große Koalition aus Union und SPD bereit sein könnte, das Grundgesetz noch einmal zu ändern, um eine künftige Mini-Opposition zu stärken, mag kaum ein Grüner oder Linker glauben. Und tatsächlich stößt man bei der Union erst einmal auf Schulterzucken: „Ja, das werden wir uns dann genau anschauen, aber dass die Opposition so schwach ist, ist nicht die Schuld der Parlamentsmehrheit", meint der CDU-Innenpolitiker Wolfgang Bosbach – und eilt davon.

Stephan Detjen, „Opposition ohne Schlagkraft", www.deutschlandfunk.de, 25.09.2013 [11.01.2014]

M 7 Das arbeitsteilige Fraktionenparlament

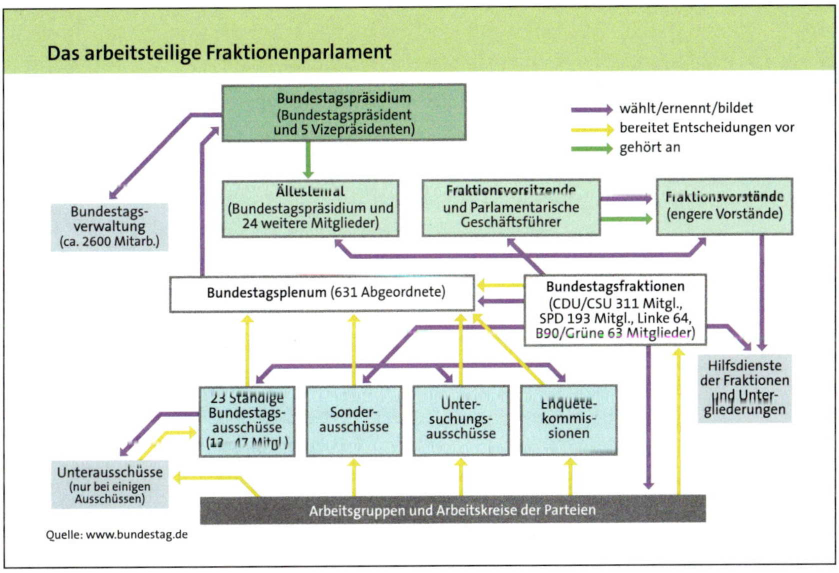

www.bundestag.de

M 8 Organisation parlamentarischer Politik: Die Fraktionen

Die Fraktionen wirken an der Erfüllung der Aufgaben des Deutschen Bundestages mit (§ 47 Abs. 1 Abgeordnetengesetz, AbgG). Hinter dieser Formulierung verbirgt sich eine Fülle von Aufgaben, die ebenso zahlreich sind, wie die des Bundestages selbst, dem als Volksvertretung im umfassenden Sinne die demokratische Gesamtleitung unseres Gemeinwesens anvertraut ist. Allerdings sind die Fraktionen nur auf eine Mitwirkung beschränkt. Das ergibt sich schon daraus, dass ausschließlich der Bundestag in der Gesamtheit seiner Mitglieder das Volk repräsentieren kann, nicht aber eine Fraktion für sich allein, die „immer nur einen Ausschnitt aus dem in der Volksvertretung lebendigen politischen Meinungs- und Kräftespektrum" verkörpert. Die Willensbildung in den Fraktio-

Aufgaben

1 *Beschreiben Sie verschiedene Strategien von Opposition in Deutschland.*

2 *Stellen Sie die Befürchtungen, die durch eine sehr kleine Opposition geweckt werden, dar.*

3 *Problematisieren Sie die Äußerung von Wolfgang Bosbach (Z. 53 ff.) vor dem Hintergrund der Wahlergebnisse (S. 271).*

4 *Erörtern Sie, ob die Quoren für bestimmte Kontrollinstrumente abgeschafft werden sollten.*

5 *Arbeiten Sie aus M 7 die Schlüsselinstanzen des Bundestages heraus.*

6 *Problematisieren Sie die Stellung der Fraktionen. Gehen Sie dabei auch auf die Rolle der Parteien in Deutschland ein.*

Info

Eine **Fraktion** stellt den organisatorischen Zusammenschluss einer Gruppe von Abgeordneten zur gemeinsamen Wahrnehmung parlamentarischer Aufgaben dar. [...] Fraktionen sind „Teile der Parteien im Parlament" [...] bzw. „Teile des Bundestages" (Bundesverfassungsgericht). Auch wenn Parteien und Fraktionen rechtlich zu trennen sind, so trägt die parlamentarische Praxis ihrer parlamentarischen Verflechtung weitgehend Rechnung.

Uwe Andersen/Wichard Woyke (Hg.), Handwörterbuch des politischen Systems der Bundesrepublik Deutschland, Leske+Budrich, Opladen [5]2003

nen kann infolgedessen die Entscheidung des Bundestages nur vorbereiten. Der Bundestag bedarf allerdings zur sachgerechten Erfüllung seiner Aufgaben auch der Fraktionen: Sowohl angesichts der Größe des Plenums als auch der Ausdifferenziertheit der dort zu behandelnden Themen ist eine strukturierende Organisation der parlamentarischen Arbeit unverzichtbar.
Ein aus mindestens 598 Abgeordneten bestehender Bundestag ist ohne Vernetzung der Abgeordneten untereinander – sowohl in fachlicher wie auch in politischer Hinsicht – zu einer effizienten Beschlussfassung nicht in der Lage. Angesichts der Komplexität und Vielgestaltigkeit der zu klärenden Sachfragen können nicht alle in allen Bereichen gleichermaßen kompetent sein und sind – sollen die Sachfragen in einem überschaubaren Zeitraum geklärt werden – schon rein zeitlich außerstande, sich den erforderlichen Sachverstand mit der gebotenen Sorgfalt anzueignen. Verdeutlicht sei dies anhand einiger Zahlen: Seit der konstituierenden Sitzung des 17. Deutschen Bundestages am 27. Oktober 2009 bis zum 3. Juli 2012 wurden 548 Gesetzesvorlagen eingebracht. Hinzu kommen insgesamt 1759 selbstständige Anträge und Entschließungsanträge, 46 Große Anfragen, 2 544 Kleine Anfragen sowie insgesamt 18 353 Einzelfragen von Abgeordneten.
Spezialisierung und Arbeitsteilung sind danach eine Notwendigkeit zur Bewältigung der parlamentarischen Arbeitslast. Dabei ist für die Entscheidungsvorbereitung des Bundestages die fachliche Spezialisierung in Ausschüssen, für die das Prinzip der verhältnismäßigen Repräsentation der im Bundestag vertretenen Kräfte gilt, gleichermaßen unentbehrlich wie das politische Zusammenspiel in Fraktionen. Die Fraktionen „bündeln die Vielfalt der Meinungen zur politischen Stimme und spitzen Themen auf politische Entscheidbarkeit hin zu". Dazu bieten sie eine Plattform für eine vertrauensvolle Diskussion und schaffen so einen Ausgleich dafür, dass ohne Spezialisierung auf Einzelbereiche eine vernünftige Politikgestaltung zumeist nicht möglich ist, Spezialistentum auf einem Gebiet aber zwangsläufig mit einer verminderten Kompetenz auf anderen Politikfeldern einhergeht. [...]
Der Wille der Fraktion ist nicht an sich bereits vorhanden. Er entsteht erst durch die Anwendung von Organisations- und Verfahrensregeln, mit deren Hilfe die unterschiedlichen Auffassungen und divergierenden Interessen im Willensbil-

ERL/toonpool.com

Paolo Calleri

dungsprozess der Fraktion Berücksichtigung finden. Die gleichen politischen Grundüberzeugungen der in einer Fraktion zusammengeschlossenen Abgeordneten erleichtern die Einigung, ersetzen sie aber nicht. [...] Grundsätzlich dient die Mehrheitsregel dazu, angesichts des Neben- und Gegeneinanders unterschiedlicher Interessen einen verbindlichen Willen zu bilden. Um die „nur“ mehrheitlich getragene Entscheidung auch gegenüber der in der Abstimmung unterlegenen Minderheit zu legitimieren, bedarf es zusätzlicher sachlich rechtfertigender Gründe, warum die Minderheit die Mehrheitsentscheidung gegen sich gelten lassen soll. Die Voraussetzungen dafür werden in der Mehrheitsdemokratie durch einen politischen Minderheitenschutz geschaffen. Unter dieser Voraussetzung entfaltet das Mehrheitsprinzip seine integrierende Wirkung, die darauf beruht, dass in einem freien, gleichberechtigten, offenen Willensbildungsprozess, in den regelmäßig auch die geistige Arbeit und Kritik der Minderheit eingeht, um Mehrheiten geworben und nach Ausgleich gesucht werden muss. Bei Verwirklichung dieser Grundvoraussetzungen kann von der Minderheit Akzeptanz der Mehrheitsentscheidung erwartet werden. [...]
Die Verbindlichkeit des (mehrheitlich gebildeten) Willens der Fraktion wird allerdings durch das in Art. 38 Abs. 1 S. 1 GG gewährleistete freie Mandat der Abgeordneten begrenzt: Die Mehrheitsentscheidung beendet nur innerfraktionell das Verfahren der Entscheidungsfindung. Den Abgeordneten steht es frei, ihre von der Fraktionslinie abweichenden Standpunkte ungeachtet der unter der Geltung des Mehrheitsprinzips ausgehandelten innerfraktionellen Kompromisse in ihrer parlamentarischen Arbeit und vor der Öffentlichkeit weiterzuverfolgen. Hier wirkt das freie Mandat als Korrektiv dafür, dass nicht die Fraktionen repräsentativ für das Volk entscheiden können. Verbindliche Entscheidungen für das Volk zu treffen, ist ausschließlich der Volksvertretung vorbehalten. Die Mandatsträger sind dabei nur ihrem Gewissen unterworfen, nicht aber den Beschlüssen der jeweiligen Fraktionsmehrheiten.

Alexandra Bäcker, „Der Wille der Fraktion“, in: Aus Politik und Zeitgeschichte 38–39/2012, www.bpb.de, 10.09.2012 [11.01.2014]

Aufgaben

1 *Arbeiten Sie die Aufgaben und die Arbeitsweise von Fraktionen heraus.*

2 *„Der Wille der Fraktion ist nicht an sich bereits vorhanden.“ – Zeigen Sie, wie dieser Wille außerparlamentarisch beeinflusst und kontrolliert wird.*

3 *Die Fraktion als Mehrheitsbeschaffer oder als Regierungskontrolle? Beziehen Sie Stellung.*

4 *Erläutern Sie die Grenzen, an denen Fraktionsarbeit die deutsche Demokratie gefährdet.*

M 9 „Sie tun da schon ihr Bestes“

Das Parlament: Sie [= der Dokumentarfilmer Siegfried Ressel] haben für Ihre Dokumentation fünf Bundestagsabgeordnete aller Fraktionen ein Jahr im Arbeitsalltag begleitet. Was treibt diese fünf an, gibt es da einen gemeinsamen Nenner?

Siegfried Ressel: Auffällig war zunächst einmal, dass sie auf ganz unterschiedlichen Wegen in die Politik gegangen sind. Einer hat die klassische Politikerkarriere gemacht, ist schon in früher Jugend in die Partei eingetreten und hat sich Schritt für Schritt nach oben gearbeitet. Andere sind mehr oder weniger Quereinsteiger, die aus einem gesellschaftlichen Engagement heraus in die Berufspolitik gekommen sind – mit ganz unterschiedlicher Motivation.

Was hat Sie bei Ihrer Langzeitbeobachtung im Parlamentsviertel am meisten überrascht?

Dass das Parlament vielfältiger und bunter ist, als man häufig annimmt. Gar nicht so typisch, wie man sich das schon vom äußeren Erscheinungsbild her bei Abgeordneten denkt: Schlipsträger und Kostümträgerin. Das ist nicht so. Gerade bei den fünf Porträtierten zeigt sich das auch. Es gibt den eher Unscheinbaren,

Der Abgeordnete ...

... wie er selbst sein möchte

... was manche seiner Fraktionskollegen von ihm halten

... was viele seiner Wähler verlangen

... was manche seiner Wähler nach der Wahl von ihm halten

... wie ihm mancher politische Gegner gerne haben möchte

... wie ihn seine Familie erlebt

Paul Labowsky

wie das ein Abgeordneter auch selbst von sich sagt; es gibt aber auch Exoten und Quereinsteiger mit einem Lebenslauf abseits einer klassischen Parteikarriere. Diese Bandbreite unter den Parlamentariern hätte ich nicht vermutet, ich dachte, das wäre viel einförmiger und eindimensionaler. Bemerkenswert waren für mich aber auch die Kleinteiligkeit und Detailtiefe, mit der sie sich in ihr Fachgebiet einarbeiten, der Arbeitsaufwand, die Termindichte.

Ihre Dokumentation nimmt sich das, was die Porträtierten offenbar kaum haben: viel Zeit. Hatten Sie den Eindruck, dass weniger Zeitdruck hilfreich wäre bei wichtigen politischen Entscheidungen?

Das scheint mir so. Die Abgeordneten sprechen im Film ja auch von „Hochtourigkeit“ oder vom „Hamsterrad“. Die Zeit, einmal in Ruhe etwas zu durchdenken und zu entwickeln, ist knapp. [...]

Der scheidende Bundestagsvizepräsident Wolfgang Thierse hat die Langsamkeit der Demokratie ausdrücklich verteidigt: Sie verlange unendlich viel Geduld, sei aber Voraussetzung dafür, dass Sachverstand und Interessenausgleich eine Chance haben. Wie haben Sie den Arbeitsalltag wahrgenommen: Entscheiden unter extrem hoher Schlagzahl oder eher das sprichwörtliche Bohren dicker Bretter?

Wir hatten häufig den Eindruck, dass sich in der Bundestagswelt vieles um sich selbst dreht – was übrigens in einer Großorganisation oder einem Großunternehmen nicht anders wäre. Zum Beispiel das Durcharbeiten dieser gigantischen Papierstapel in den Büros der Abgeordneten. [...] Natürlich erlebt man auch das sprichwörtliche Bohren dicker Bretter. Einer der Abgeordneten sagt im Film, dass man einen langen Atem haben muss, an Themen auch dann beharrlich dranbleiben sollte, wenn sie bereits wieder aus dem Fokus von Medien und Öffentlichkeit verschwunden sind. Ich glaube, gerade hinter dieser Kleinteiligkeit verbirgt sich ein Gestaltungsspielraum. Irgendwann kommt der Punkt, wo man sagt: Hier ist meine Idee, ich habe lange daran gearbeitet, ich kann eine durchdachte Lösung anbieten. [...]

Was macht den Abgeordneten mehr zu schaffen: Die Erwartungen der Wähler und der Öffentlichkeit oder der Druck innerhalb der Fraktion oder innerhalb der eigenen Partei?

Das war für mich eine sehr überraschende Erfahrung, wie hoch der Druck in den eigenen Reihen sein kann. Man bekommt einen Eindruck davon bei einer der Abgeordneten, die wir bei einem Landesparteitag mit der Kamera begleitet haben. Dort wurde über die Listenplätze für die Bundestagswahl entschieden. Der Druck auf die Bewerber schien mir immens. [...]

Ist dies die Kehrseite der sachorientierten und kleinteiligen Arbeit, auf die Sie in Ihrer Dokumentation immer wieder zurückkommen?

Ja, das ist wohl so. Wir hätten im Film gern mehr von der Langwierigkeit und Langatmigkeit gezeigt, die Gremiensitzungen eben auch bedeuten. Das Bedürfnis nach Konsens ist stark ausgeprägt, in den Arbeitskreisen und Arbeitsgruppen der Fraktionen sowieso. Ein sachlicher und auch freundlicher Ton herrscht aber auch über die Fraktionsgrenzen hinweg. Und das geht natürlich zulasten der Schärfe und der Kontur.

Sie zeigen Abgeordnete auch als Kümmerer im Wahlkreis. Wie wichtig ist dieser Teil ihrer Arbeit?

Sie haben gar keine Chance, dem zu entgehen. Auch das war neu für mich, dass Parlamentarier teilweise als Sozialarbeiter wahrgenommen werden. Menschen konfrontieren sie im Wahlkreis mit ihrem ganz persönlichen Problem – mit der

Bitte, dass der Abgeordnete, der ja kein Streetworker ist, das Kraft seines Amtes aus der Welt schafft. Alle fünf Porträtierten nehmen solche Anliegen sehr ernst und gehen ihnen auch nach, auch wenn es nicht immer eine Lösung gibt. Aber sie tun da schon ihr Bestes.

Wie gehen Abgeordnete mit Desinteresse und Verdruss, mit Politikbeschimpfungen um?

Das trifft sie. Die fünf Abgeordneten in unserem Film legen ein enormes Arbeitspensum hin – immer mit Blick auf die öffentlichen Belange. Wenn sie dann dafür mit Ignoranz und Aggression abgestraft werden, ist das in meinen Augen nicht fair. Da stimmt auch etwas in unserer Gesellschaft nicht, das muss man ganz klar sagen.

Nach einem Jahr Langzeitbeobachtung im Parlament: Könnten Sie sich auch vorstellen, Abgeordneter zu sein?

Der Druck, den man aushalten können und die Hartnäckigkeit, die man haben muss, um dieses Amt wirklich befriedigend ausführen zu können, das wäre nichts für mich. Das war übrigens auch die Ausgangsfrage des Filmprojekts: Würdest Du Dir selber zutrauen, diesen Job zu machen? Mit dieser Neugier, mit dieser offenen Fragestellung sind wir in den Film gegangen. Und ich muss am Ende sagen: Nein, also ich würde mir das nicht zutrauen.

Alexander Heinrich, „Sie tun da schon ihr Bestes", in: Das Parlament Nr. 38–39/16.09.2013, www.das-parlament.de [11.01.2014]

Aufgaben

1 *Arbeiten Sie aus dem Interview die Aufgaben eines Abgeordneten heraus und stellen Sie dabei auch die besonderen Herausforderungen, denen er ausgesetzt ist, dar.*

2 *Analysieren Sie im Zusammenhang mit dem Text die Karikatur.*

3 *Erstellen Sie eine Stellenanzeige für einen Abgeordneten, die Aufgaben und Qualifikationen enthält.*

M 10 Der Staat der vielen Vetospieler und Mitregenten

Bekanntlich wirken in der Bundesrepublik viele Kräfte in der Politik mit: die Parteien, oft auch die Verbände, überall die Massenmedien. [...]

Der internationale Vergleich lehrt sogar, dass Deutschland ein Staat mit einer der höchsten Vetospieler- und Mitregentendichte ist. Das liegt vor allem an dem Ineinandergreifen von zwölf Strukturmerkmalen. Es sind dies 1) ein parlamentarisches Regierungssystem, das die Regierung im Vergleich zum Präsidentialismus verletzlicher gegen parlamentarische Vetokräfte macht; 2) Koalitionsregierungen anstelle von Alleinregierungen – und folglich meist höhere Entscheidungskosten der regierungsinternen Konsensbildung; 3) hohe Barrieren für Verfassungsänderungen; 4) richterliche Nachprüfbarkeit aller Akte der Staatsgewalten; 5) ausgebauter Minderheitenschutz, hauptsächlich durch verfassungsrechtlich garantierte Grundrechte; 6) weitreichende Delegation öffentlicher Aufgaben an Experteninstitutionen wie die autonome Zentralbank; 7) Delegation öffentlicher Funktionen an Verbände der Gesellschaft, wie im Falle der Tarifautonomie, und an Selbstverwaltungseinrichtungen wie in der Sozialpolitik; 8) Selbstverwaltung auch auf lokaler Ebene und im Bildungs- und Wissenschaftswesen; 9) ausgeprägte vertikale Machtaufteilung mit starkem Kooperationszwang für Bund und Länder; 10) ein starker Bikameralismus mit oft divergierenden Mehrheiten im Bundestag und Bundesrat; 11) eine tendenzielle Dauerwahlkampfatmosphäre infolge der zahlreichen Landtagswahlen von jeweils bundespolitischer Bedeutung sowie 12) Souveränitätstransfers an internationale und supranationale Organisationen.

Deutschlands hohe Vetospieler- und Mitregentendichte hat zwei Hauptwirkungen: Erstens befestigt sie die eigentümliche Mischung aus Mehrheits- und Verhandlungsdemokratie. Zweitens verlangt sie von den Regierenden einen hohen

Aufgaben

1 *Erläutern Sie die „zwölf Strukturmerkmale“ Schmidts mit konkreten Beispielen.*

2 *Bewerten Sie Schmidts abschließende These, Politik werde durch die Zahl der Vetospieler begrenzt und Reformen damit behindert, im Zusammenhang mit den Zielen von Gewaltenteilung.*

Koordinations- und Kooperationsaufwand. Der Spielraum für politische Gestaltung ist deshalb in der Regel schmal und kann nur durch beträchtliche Anstrengungen vergrößert werden. Doch die hierfür erforderliche Konsensbildung hat meist einen hohen Preis: Langwierige Entscheidungsprozesse und sonstige hohe Entscheidungskosten, einschließlich unzureichender Problemlösung vor allem bei Problemen, die tiefere Einschnitte in lieb gewordene Besitzstände erfordern, stehen zuoberst auf der Rechnung. Überdies führen die wechselseitigen Abhängigkeiten von Bund und Ländern und von Regierung und Opposition oft dazu, dass die „Fenster der Gelegenheit“ für große Reformen oft geschlossen sind oder nur mit Brachialgewalt geöffnet werden können. All dies addiert sich zu beträchtlichen Begrenzungen des Regierens. Politische Gestaltung wird dadurch erschwert. Das ist der reale Kern der viel zitierten These vom „Reformstau“ in Deutschland.

Manfred G. Schmidt, Das politische System der Bundesrepublik Deutschland, Beck, München 2005, S. 190 f.

M 11 Antikorruptionsorganisation kritisiert Wirkung von Lobbyinteressen auf Politik

Parteispenden in Höhe von 50 000 Euro müssten der maximale Jahresspendenbetrag sein, fordert Edda Müller, Vorsitzende von Transparency Deutschland. Die ungleiche Spendensituation in den Parteien sei nicht mit dem Demokratiegebot vereinbar. Man erlebe in Deutschland einen Verfall der politischen Kultur.

Klein [Redakteurin beim Deutschlandfunk]: Ihre Haltung geht heute Morgen schon weit durch die Nachrichten, durch die Medien. Sie fordern eine Kappung der Höhe der Parteispenden und auch, dass der Bundespräsident eine neue Parteispendenkommission einsetzen soll. [...]

Müller: Wir sagen, 50 000 maximal pro Jahr. Das würde zumindest verhindern, dass innerhalb eines Jahres hier von ein und demselben Unternehmen mehrere Spenden in kleineren Beträgen gegeben werden. Entscheidend ist doch [...], dass die Parteien nicht etwa auf Spenden allein angewiesen sind. Sie werden staatlich finanziert, vom Steuerzahler, und die Frage ist, ob die Ungleichbehandlung und die ungleiche Situation, die wir zurzeit haben, dass durchaus einzelne Parteien

Hinweis: Da nur Spenden ab einer Höhe von 50 000 Euro angezeigt werden müssen, können die tatsächlich gespendeten Beträge für alle Parteien höher ausfallen.

weniger Spenden bekommen als andere, ob das eigentlich mit dem Demokratiegebot vereinbar ist. Wir sagen, nein.
Deshalb sagen wir, gleiche Bedingungen für alle, maximal 50000. Im Übrigen ist das, was wir im Moment erleben, dieser Zusammenhang von EU-Politik, CO_2-Grenzwerten und Spenden großer Aktionäre im Bereich der Automobilindustrie, ja nicht ein Einzelbeispiel, sondern wir erleben in den letzten Jahren einen Verfall der politischen Kultur. Wir haben den Eindruck, dass die Lobbyinteressen immer stärker auf die Politik einwirken.
Und wenn wir uns anschauen, was im Kanzleramt sich tut, dass offensichtlich dort das Gehör gegenüber starken Wirtschaftsinteressen besonders ausgeprägt ist und die Richtlinienkompetenz der Kanzlerin für solche Dinge genutzt wird, dann ist das in der Tat etwas, was man abstellen muss, und deshalb sagen wir, der Bundespräsident ist jetzt gefordert. Er muss im Grunde nach dem Parteiengesetz anschauen, wie die Entwicklung ist im Bereich der Parteienfinanzierung, und muss dann diesen Bereich einmal überprüfen.
Klein: Frau Müller, um da noch mal einzuhaken. Es sind ja im Moment alles Vermutungen. Es herrscht Transparenz, jeder konnte sich gestern auf der Internetseite des Bundestages anschauen, wie viel Geld von welchem Spender geflossen ist.
Müller: Richtig.
Klein: Das ist doch schon mal eine gute Vorbedingung. Und was ist denn mit dem Argument, dass auch andere Parteien, auch die SPD, gerade als sie im Kanzleramt saß, sehr wohl auch Spenden bekommen hat? Ohne Not wurde Gerhard Schröder nicht der Autokanzler genannt.
Müller: Ja richtig! Aber es gibt andere Parteien, die haben das nicht bekommen, und wir reden im Moment über die Gleichbehandlung aller Parteien und nicht von zwei großen Parteien. Von daher wären gleiche Bedingungen für alle für die Demokratie gut. Und im Übrigen ist immer die Frage: Können tatsächlich solche Spenden das Verhalten der Politik beeinflussen? Das ist eine immer wiederkehrende Frage. Entscheidend ist doch, wie die politische Kultur in unserem Land aussieht und was die Menschen eigentlich für ein Gefühl haben, wie Politik sich verhält, und dieses Gefühl von „einzelne Interessen sind der Politik näher als andere", das ist doch eine problematische Entwicklung und da sagen wir, da müssen wir gegensteuern.

Bettina Klein, „Transparency Deutschland: Parteispenden begrenzen", www.deutschlandfunk.de, 16.10.2013 [11.01.2014]

Riesenspende für die CDU

Die CDU hat kurz nach der Bundestagswahl insgesamt 690000 Euro als Spende der BMW-Großaktionäre erhalten. Am 9. Oktober gingen je 230000 Euro von Johanna Quandt, Stefan Quandt und Susanne Klatten ein. Die Bundestagsverwaltung wies die Summen auf der Internetseite aus.

Riesenspende für die CDU, www.tagesschau.de, 15.10.2013 [11.01.2014]

Aufgaben

1 *Legen Sie dar, inwiefern hier Kontrolle von Politik stattfindet.*

2 *Entwerfen Sie ein Konzept, wie Sie wirkungsvoll auf Missstände in Ihrer Gemeinde oder in der Schule hinweisen können.*

M 12 Blick auf die europäische Ebene – Die Schnittstellen der Politik

Der Parlamentsbetrieb, das Parteiensystem, die Interessengruppen und die politische Öffentlichkeit der Bundesrepublik führen wie von jeher ein Eigenleben. Das europäische politische System hinterlässt dort keine Spur. Deutschland und die Union sind institutionell so gut wie ausschließlich auf der Ebene der Exekutiven miteinander verzahnt, in Gestalt der Regierungschefs, der Fachminister, der Brüsseler Vertretung und der Fachbeamten.
Der europäische Parlamentsbetrieb weist so gut wie keine Schnittmengen mit der nationalen Politik auf. Die Parlamente der Mitgliedstaaten haben keine sub-

stanzielle Rolle im europäischen Regierungsprozess. Die Union hat zwar ihr Parlament, sie besitzt aber kein parlamentarisches Regierungssystem. Hinzu kommt, dass es keine europäische Öffentlichkeit, auch keine Parteien gibt, die außer in der Terminologie irgendwelche Ähnlichkeiten mit der Struktur und Regierungs- und Oppositionsrollen der nationalen Parteien hätten.

In den Strukturen des politischen Systems der Bundesrepublik Deutschland macht sich der Kontext der Europäischen Union alles in allem recht schwach, hauptsächlich auf der Regierungsebene bemerkbar – ganz im Gegensatz zu im europäischen Recht verpackten politischen Inhalten, die der deutschen Politik eine linke und rechte Grenze vorgeben. Mag die Bundesregierung auch die wichtigste institutionelle Verbindung zur Union herstellen, repräsentiert sie doch mehr als nur die Fachpolitik der Bundesministerien. In ihrem Handeln spiegeln sich bevorstehende Wahlkämpfe, Streitigkeiten der Koalitionspartner, Bremsversuche des Bundesrates und innerparteiliche Auseinandersetzungen wider. Die deutsche Position, das Ergebnis eines komplexen Vorgangs, wird dann in Brüssel freilich in einen Konsensbetrieb eingespeist: in eine Art europäische Konkordanzdemokratie [...].

Die für die Mitwirkung an der europäischen Politik bestimmten Strukturen des politischen Systems spiegeln in Deutschland die starke Stellung der Ressorts und den Regierungsmodus der Koalitionsregierung wider. Der kleine wie der größere Regierungspartner wollen ein Stück Zuständigkeit und Mitwirkung in Angelegenheiten der Union. Die britischen und französischen Regierungen können die europapolitischen Belange beim Regierungschef konzentrieren. Sie kennen keine Kompromisszwänge zwischen verschiedenen Regierungspartnern; es handelt sie eben um Mehrheitsdemokratien.

Die wichtigsten Schnittstellen zwischen der europäischen und der nationalen Politik sind die Regierungen. Wie in einer Fahrzeugkolonne bestimmen die Langsamsten das Tempo. Die Regierungen mit den flexibleren Akteuren in der Brüsseler Ratspolitik haben den Vorteil, dass sie schneller als andere Pflöcke einschlagen und besser Themen und Lösungswege bestimmen können.

Die dänischen und die schwedischen Parlamente gleichen einem Resonanzboden für das innenpolitisch Verträgliche. In den mehrheitsdemokratisch disponierten politischen Systemen Frankreichs und Großbritanniens ist die Beteiligung der Parlamente eine symbolische, inhaltlich zu vernachlässigende Größe. Das Gleiche gilt auch für den Deutschen Bundestag. Wie weit die Bundesregierung in Sachen der europäischen Politik gehen darf, entscheidet sich nicht im Europaausschuss des Bundestages, auch nicht im Bundestagsplenum, sondern im Vorbereitungsprozess der Kabinettssitzungen, in der Abrede der Koalitionspartner und in besonders konsensbedürftigen Fällen auch in der Verständigung mit der parlamentarischen Opposition.

Jürgen Hartmann, Das politische System der BRD im Kontext: Eine Einführung, Springer VS, Wiesbaden [2]2013, S. 304–306

Aufgaben

1 *Stellen Sie die Verknüpfungspunkte zwischen der deutschen und der EU-Politik dar.*

2 *Erarbeiten Sie die Einflussmöglichkeiten Deutschlands zur Verhinderung von Machtmissbrauch in der EU.*

3 *Es wird häufig darauf hingewiesen, dass die nationalen Regierungen die EU dazu benutzen, unpopuläre Gesetze zu erzwingen. Erörtern Sie, inwieweit die EU das deutsche System der „checks and balances" beeinflusst.*

M 13 Föderale Kontrolle oder Störfaktor: Der Bundesrat

[Der Bundesrat] ist das gemeinsame Organ der Länder auf Bundesebene und soll die Interessen der Länder in der Bundesrepublik wahrnehmen. [...] Die 16 Bundesländer entsenden zwischen drei und sechs Mitglieder in den Bundesrat und haben ebenso viele Stimmen. Jedes Land hat mindestens drei Stimmen, Länder

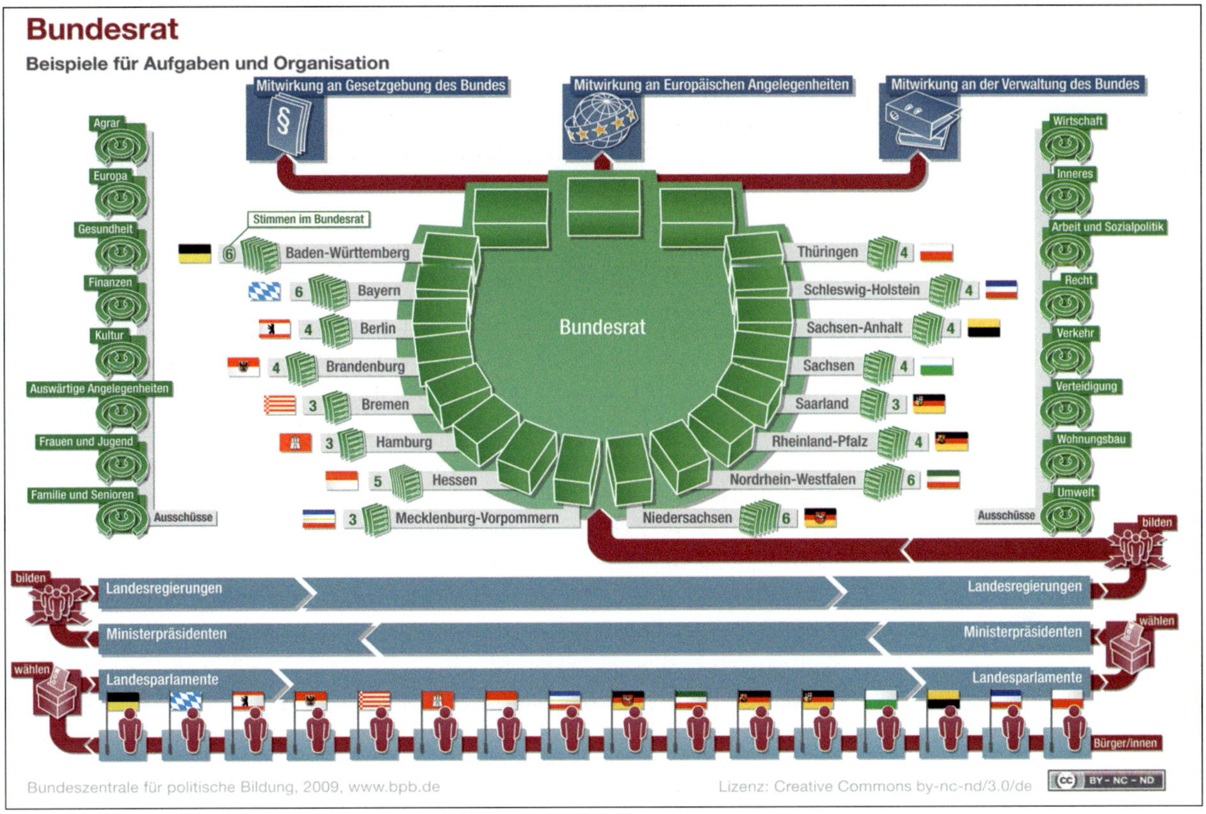

mit mehr als zwei Millionen Einwohnern haben vier, mit mehr als sechs Millionen fünf und mit mehr als sieben Millionen Einwohnern sechs Stimmen (Art. 51 Abs. 2 GG). Bundesratsmitglieder sind die Regierungschefs, die Minister für Bundesangelegenheiten und weitere Fachminister. Die Stimmen eines Landes werden geschlossen abgegeben. Jede Landesregierung legt ihr Stimmverhalten fest.
Zum Präsidenten des Bundesrates wird für ein Jahr reihum der Regierungschef eines Bundeslandes gewählt. Der Bundesratspräsident ist Stellvertreter des Bundespräsidenten (Art. 57 GG). Wie im Bundestag wird die eigentliche Arbeit in den Ausschüssen geleistet. Der Bundesrat hat 16 Fachausschüsse gebildet, in die jedes Land ein Mitglied entsendet. Es sind die jeweils zuständigen Fachminister, die sich in der Regel durch Ministerialbeamte vertreten lassen. Jedes Land hat eine Stimme, Beschlüsse werden mit einfacher Mehrheit gefasst.

© Gerhard Mester/Baaske Cartoons

Das Plenum tagt gewöhnlich alle drei Wochen. Von den 69 Stimmen sind mindestens 35 für einen Beschluss erforderlich. Die Haltung der einzelnen Landes-

Info

Grundgesetz: Artikel 50
Durch den Bundesrat wirken die Länder bei der Gesetzgebung und Verwaltung des Bundes und in Angelegenheiten der Europäischen Union mit.

regierungen ist vorher festgelegt, die Beschlüsse sind durch die Ausschüsse vorbereitet worden. Die Entscheidungen werden nur noch mündlich dargelegt und begründet. Daher herrscht in der Regel eine sachliche Atmosphäre.
Die wichtigste Aufgabe des Bundesrates ist die Mitwirkung an der Gesetzgebung des Bundes. [...] Der Bundesrat wirkt auch bei der Verwaltung des Bundes mit. Die Art. 80 und 83 GG regeln diese Mitwirkung bei Rechtsverordnungen und Verwaltungsvorschriften.
Rechtsverordnungen werden aufgrund eines Gesetzes erlassen. Es gibt zwei- bis dreimal so viele Rechtsverordnungen wie Gesetze. Auch die Rechtsverordnungen bedürfen der Zustimmung des Bundesrates. Eine Rechtsverordnung ist beispielsweise die Straßenverkehrsordnung. Verwaltungsvorschriften weisen die Behörden an, wie sie Gesetze und Rechtsverordnungen auszuführen haben. Damit soll gesichert werden, dass sie überall im Bundesgebiet einheitlich gehandhabt werden. Die Steuerrichtlinien beispielsweise sind Verwaltungsvorschriften. [...] Der Bundesrat wacht darüber, dass die Gesetzgebung des Bundes nicht die Kompetenzen der Länder aushöhlt. Fast alle wichtigen Gesetze sind von seiner Zustimmung abhängig. Damit hat er eine bedeutende Kontrollfunktion gegenüber Bundestag und Bundesregierung. Auseinandersetzungen um politisch strittige Gesetze finden vor allem statt, wenn im Bundesrat andere Mehrheitsverhältnisse als im Bundestag herrschen.
Es kann nicht ausbleiben, dass die Oppositionsmehrheit im Bundesrat ihren Vorteil nutzt, um wichtige Gesetze aufzuhalten und die Regierung in Schwierigkeiten zu bringen, indem sie Gegenvorschläge unterbreitet. In der Regel geht es aber um gleichartige Länderinteressen, zum Beispiel um die Verteilung der Steuern zwischen Bund und Ländern. In vielen Fällen meldet der Bundesrat umfangreiche Änderungswünsche an. Zumeist wird im Vermittlungsausschuss – manchmal erst nach längeren Auseinandersetzungen – ein Kompromiss gefunden, der die unterschiedlichen Interessen ausgleicht.
Nicht zuletzt fließen in die Gesetzgebung durch den Bundesrat die Erfahrungen der Länderbürokratien ein, die die Gesetze ausführen müssen. Die Vertreter der Länder, in der praktischen Arbeit ein Stab von Ministerialbeamten, bringen ihren Sachverstand und ihre Verwaltungserfahrung ein. Sie achten darauf, dass Gesetze und Verordnungen praktikabel sind.

Horst Pötzsch, Die deutsche Demokratie, Bundeszentrale für politische Bildung, Bonn [5]2009, S. 86–87

Aufgaben

1 *Fassen Sie die Aufgaben und die Funktionsweise des Bundesrates in einer Tabelle zusammen.*

2 *Beurteilen Sie die Kontrollmöglichkeiten des Bundesrats im Vergleich mit dem Bundestag.*

M 14 Vor- und Nachteile des Föderalismus

Ein Bündel von Vorteilen

Neben der Gewaltenteilungsfunktion werden dem Föderalismus im Vergleich zum zentralisierten Einheitsstaat eine ganze Reihe von Vorteilen zugeschrieben. Dazu gehört vor allem, dass Regionen mit ihren Problemen selbst umgehen können – die Vielzahl von Regierungen und Parlamenten in einem Bundesstaat gibt die Möglichkeit, demokratisch legitimierte Entscheidungen näher am Ort des Geschehens zu treffen. Das wird häufig auch mit dem Begriff Bürgernähe übersetzt – aber die ist weniger eine Frage der Staatsorganisation, sondern eine der Einstellung von Politikern und Beamten. Insofern sollte man eher von Problemnähe sprechen, wenn es um diesen Vorzug des Föderalismus geht. Und in jedem Staat von einer gewissen Größe gibt es immer Herausforderungen, die sich nur in einem Teil des Gebiets stellen und daher auch von den Betroffenen dort am besten beurteilt und gelöst werden können. Damit einher geht die Entlastung der gesamtstaatlichen Ebene, auf der sich nicht alle Probleme ballen und die damit mehr Freiheit hat, sich um die Fragen zu kümmern, die wirklich alle Bürger eines Bundesstaats angehen. [...]

Föderalismus erleichtert auch das politische Experimentieren, wenn einzelne Länder als „Reformlaboratorium" dienen und Erkenntnisse gewinnen, die dann allen anderen nutzen. Auch der Minderheitenschutz gilt als Pluspunkt des Föderalismus, wobei es hier nicht nur um ethnische Minderheiten und deren Autonomie geht – letztlich ist auch die Bevölkerung einer schwachen Region mit wenigen Einwohnern eine solche Minderheit, die sich in einem Einheitsstaat nur schwer artikulieren kann, jedoch durch die eigenstaatliche Vertretung auf Bundesebene mehr Gehör findet.

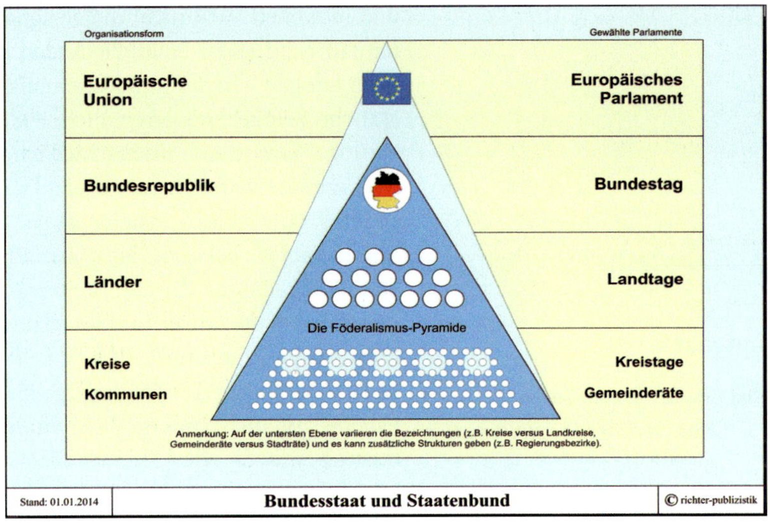

Föderale Struktur in Deutschland

[...] In einem Bundesstaat haben die Bürger eine Möglichkeit mehr zur demokratischen Teilnahme. Und die im internationalen Vergleich noch immer recht hohe Beteiligung der deutschen Bevölkerung an Landtagswahlen zeigt, dass diese Chance auch wahrgenommen wird. [...]

Gerade in einem stark von Parteien dominierten Staat wie der Bundesrepublik sehen viele Politikwissenschaftler im Föderalismus ein ausgleichendes Element gegen zu viel Machtballung an der Spitze dieser Parteien. Sie stärke die innerparteiliche Demokratie, heißt es, indem sie mehr Konkurrenz in den Parteien möglich mache. Landesverbände können Politikern, die sich gegen die Linie der Bundespartei wenden, eine Basis bieten. Auch dient die Landespolitik als Reservoir für Talente, die sich für bundespolitische Aufgaben bewähren können. Oppositionsparteien werden in einem föderativen System eher in die Politik integriert, was Radikalismus und Populismus entgegenwirkt.

Und einige Nachteile

Nachteile sollen nicht verschwiegen werden. Alexis de Tocqueville hat schon 1835 in seiner Darstellung der Demokratie in Amerika einen wesentlichen genannt: „Der augenfälligste unter all den Nachteilen, die einer Bundesordnung eigen sind, ist die Umständlichkeit ihrer Verfahren." Und wenn das schon im eher dualen System der USA so war (und ist), dann muss es für den deutschen Verbundföderalismus noch mehr gelten. Er kann in der Tat dazu führen, dass Entscheidungen sehr lange dauern, dass viel Abstimmungsbedarf entsteht, dass Politik schwerfällig wird. Immerhin dauert ein Gesetzgebungsverfahren auf der Bundesebene in Deutschland im Schnitt fast doppelt so lange wie etwa in Großbritannien – allerdings auch doppelt so lange wie ein Verfahren auf der Landesebene, etwa in Bayern oder Niedersachsen. Würde man also wieder mehr Gesetzgebung auf die Länder zurückverlagern, wie manche Reformer es fordern, ginge es auch bei uns etwas zügiger. [...] Ein weiteres Manko: Die Verhandlungsintensität föderaler Verfahren führt oft zu Kompromissen, die nicht allen akzeptabel erscheinen

Thomas Plaßmann

und bisweilen auch nicht die geeignete Antwort auf ein Problem sind. Im Extremfall kann es zu Politikblockaden kommen, wenn sich die Verantwortlichen nicht einigen – in der Bundesrepublik also Bundestag und Bundesrat. […]
Manche Kritiker monieren auch, Föderalismus hemme die Mobilität der Bevölkerung – etwa durch unterschiedliche Schulsysteme, was allerdings umstritten ist. Denn die Wahrscheinlichkeit, dass in einem Schülerleben ein Umzug in ein anderes Bundesland ansteht, ist gar nicht so hoch (nach den Recherchen des Autors liegt sie bei sechs bis sieben Prozent). Gravierender ist da vielleicht doch, dass Föderalismus für den Steuerzahler zu teuer werden kann. Vor allem ein intensiver kooperativer Bundesstaat wie in Deutschland treibt die Kosten durch hohen Koordinierungsbedarf, wie Politikwissenschaftler herausgefunden haben. Andererseits: Die Regierbarkeit der Bundesrepublik haben alle diese Nachteile bislang nicht untergraben. Ein letzter „Nachteil" noch: Eine komplexe Verfassung wie die des Bundesstaats verlangt von den Bürgern etwas mehr Mitdenken. Schon Tocqueville war „erschreckt über die Menge vielfältiger Kenntnisse und des Urteilsvermögens, die sie bei den Bürgern voraussetzt". So ist er wohl auch eine Herausforderung, der Föderalismus – nicht zuletzt an die politische Bildung.

Albert Funk, Föderalismus in Deutschland. Vom Fürstenbund zur Bundesrepublik, Bundeszentrale für politische Bildung, Bonn 2010, S. 32 ff.

Aufgaben

1 *Stellen Sie die Vor- und Nachteile des Föderalismus grafisch dar.*

2 *Bewerten Sie das föderale System der Bundesrepublik unter anderem anhand der Kategorien „Kontrolle" und „Kosten".*

M 15 Föderale Bildungsungerechtigkeit?

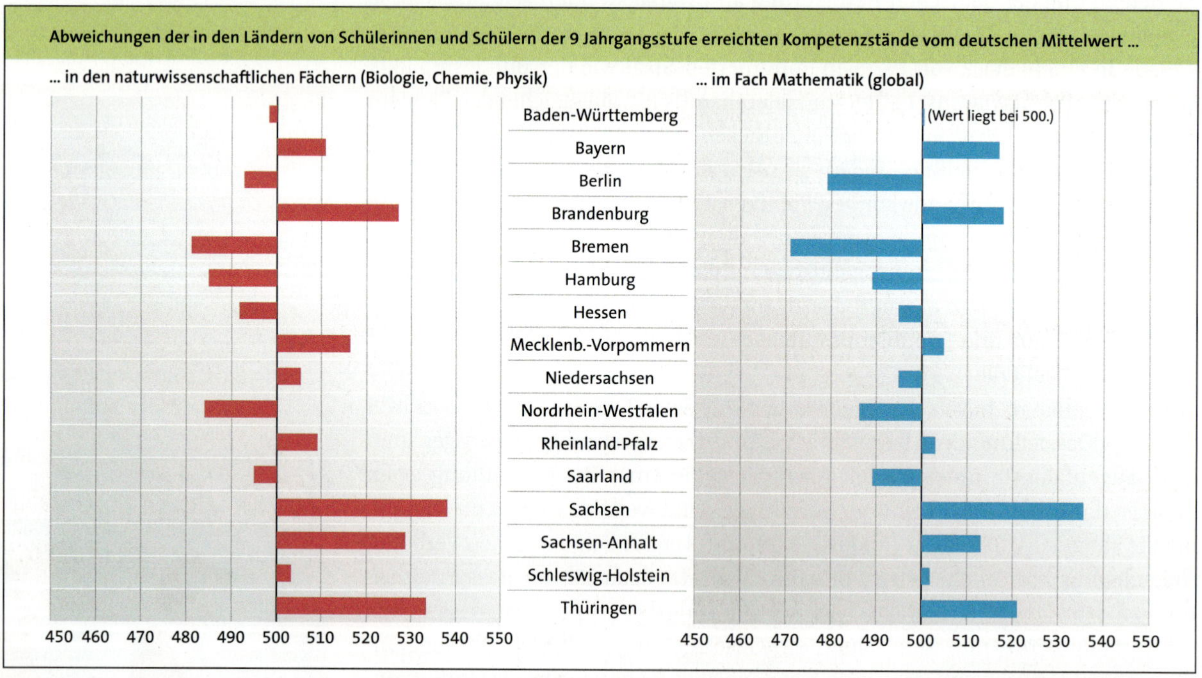

Quelle: Hans Anand Pant u. a. (Hg.), IQB-Ländervergleich 2012, Zusammenfassung, Waxmann, Münster 2013, S. 6, S. 10

Aufgabe

Bewerten Sie den deutschen Föderalismus unter dem Aspekt der Chancengerechtigkeit.

M 16 Subsidiarität und Solidarität

→ Subsidiarität S. 518 ff.

Jede föderale Ordnung hat zwei Gebote zu achten, ohne die sie nicht bestehen kann: zum einen das Gebot der Subsidiarität, zum anderen das der Solidarität. Das Subsidiaritätsprinzip bedeutet, dass die gesamtstaatliche Ebene nur jene Aufgaben übernehmen sollte, die auf der teilstaatlichen nicht erfüllt werden können oder die wichtige Interessen aller Mitglieder des Bundes betreffen. Entsprechend geht zum Beispiel das Grundgesetz davon aus, dass die Gesetzgebung und Verwaltung zunächst Sache der Länder ist und der Bund nur dann die Führung übernimmt, wenn es wirklich nötig ist. Umgekehrt hat die Bundesebene auf die Eigenständigkeit der Bundespartner Rücksicht zu nehmen. In der Verfassungswirklichkeit ist die Auslegung des Subsidiaritätsprinzips freilich oft mit Streit behaftet. Das Solidarprinzip bedeutet, dass die Partner füreinander einstehen und sich gegenseitig helfen. Solidarität ist ein Hauptzweck jedes Bundes. Aber sie ist durch das Autonomieprinzip begrenzt: Sie soll die Eigenständigkeit der Bundesglieder nicht nivellieren, sondern ist als Hilfe zur Selbsthilfe zu verstehen.

Albert Funk, Föderalismus in Deutschland. Vom Fürstenbund zur Bundesrepublik, Bundeszentrale für politische Bildung, Bonn 2010, S. 31

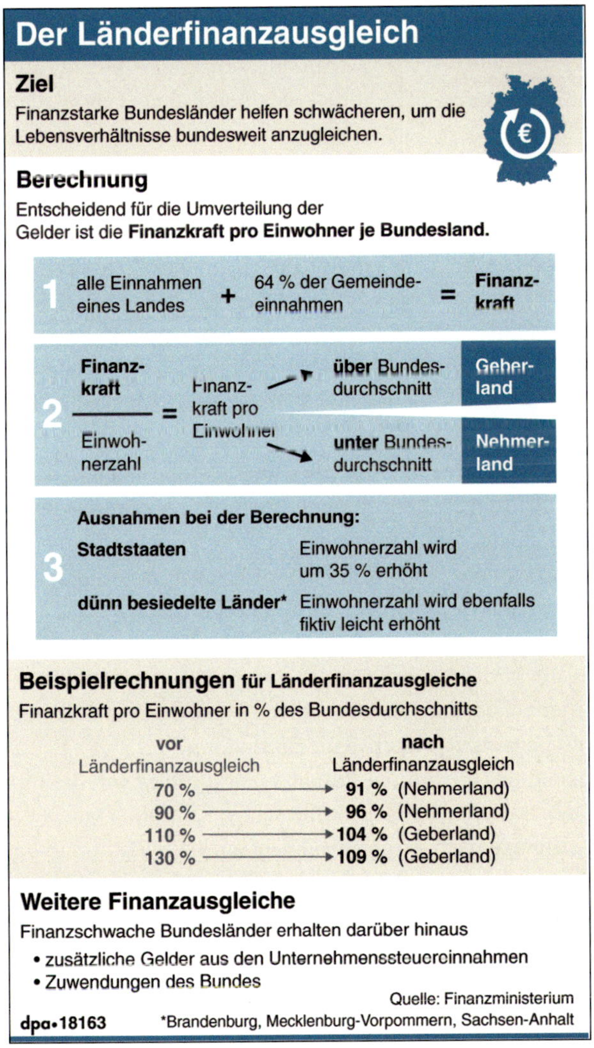

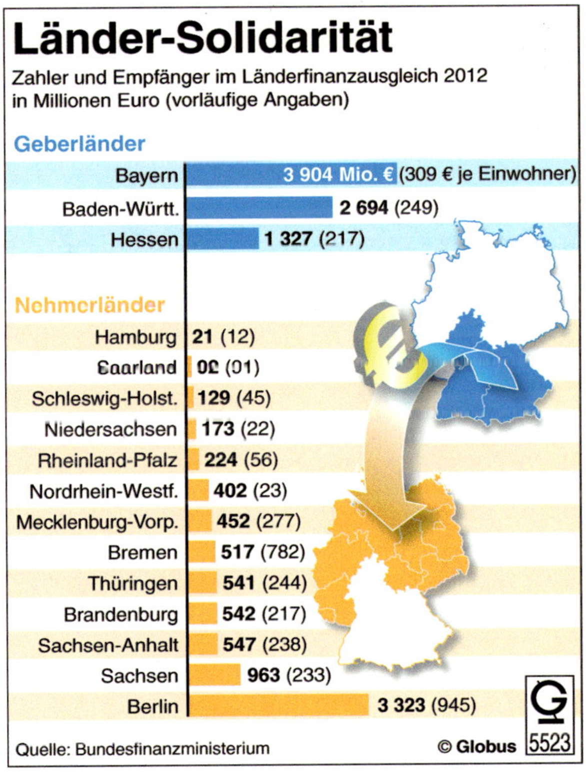

Aufgaben

1 *Beschreiben Sie, wie der Länderfinanzausgleich den Prinzipien Solidarität und Subsidiarität entspricht.*

2 *Als bayerischer Finanzminister sagte Markus Söder zum Thema Länderfinanzausgleich: „Wir sind zwar solidarisch, aber blöd sind wir nicht." Erörtern Sie diese These.*

M 17 Der Bundespräsident ist der höchste Repräsentant der Bundesrepublik Deutschland

Die Kompetenzen des Bundespräsidenten hat der Parlamentarische Rat [...] im Vergleich zu dem Reichspräsidenten in der Weimarer Republik deutlich reduziert, weil er die politische Verantwortung stärker beim Bundeskanzler sowie auf der parlamentarischen Ebene ansiedeln wollte. Dem Bundespräsidenten kommt heute eine politische Bedeutung zu, die sich vor allem aus seinen nicht im Grundgesetz verankerten Funktionen erklärt. Der erste Amtsinhaber Theodor Heuss nahm für sein Amt in Anspruch, dass es den „Sinn hat, über den Kämpfen, die kommen, die nötig sind, die ein Stück des politischen Lebens darstellen, nun als ausgleichende Kraft vorhanden zu sein." Der Bundespräsident [...] „ist auch der Präsident der Opposition." Das heißt aber auch, dass sich der Bundespräsident aus den großen Kontroversen der Politik heraushalten und die relative Machtlosigkeit des Amtes respektieren muss, wenn er diese Integrationsrolle übernehmen will. Nicht die Durchsetzung von politischen Positionen ist entscheidend, vielmehr stellen die Reden der Bundespräsidenten ihre vornehmste Aufgabe und bedeutendste Einflussmöglichkeit dar [...]; und sie wurden von allen Präsidenten – mehr oder weniger effektiv – für die Erfüllung ihrer Integrationsfunktion genutzt. Eine neue Diskussion über die Rolle des Bundespräsidenten erhob sich in Bezug auf die Amtspraxis von Bundespräsident Horst Köhler, der wegen verfassungsrechtlicher Bedenken das Gesetz zur Privatisierung der Flugsicherung und das Verbraucherinformationsgesetz nicht unterzeichnet hatte; hier gelangten das unbestrittene formale Prüfungsrecht des Präsidenten und eine dagegen medial aufgebaute politische Instrumentalisierung (ohne rechtliche Begründung erhobener Vorwurf der Einmischung) gegeneinander in Widerspruch.
Die Wahl des Bundespräsidenten nimmt die Bundesversammlung vor, die nur für diesen Wahlakt aus den Mitgliedern des Bundestages und einer gleichen Zahl von Gesandten der Landtage nach deren jeweiligen Stärkeverhältnissen bestimmt wird. Letztere müssen nicht unbedingt Landtagsabgeordnete sein. Wählbar ist nach Artikel 54 Abs. 1 GG „jeder Deutsche, der das Wahlrecht zum Bundestage besitzt und das vierzigste Lebensjahr vollendet hat."

F. Blumöhr/E. Hübner/A. Maichel, Die politische Ordnung in Deutschland, hg. von der Landeszentrale für politische Bildungsarbeit, München [13]2011, S. 85 f.

Aufgaben

1 *Erklären Sie, wie der Bundespräsident im deutschen Institutionengefüge als Kontrollgewalt agiert.*

2 *Erörtern Sie, ob der Bundespräsident als Repräsentant aller Deutschen vom Volk gewählt werden sollte.*

M 18 Die Gegenregierung? Das Bundesverfassungsgericht

Das Bundesverfassungsgericht spielt eine besondere Rolle in der Politik: Es kann überprüfen, ob eine Entscheidung eines anderen politischen Organs, z. B. des Bundestags als Gesetzgeber, rechtmäßig ist, d. h. mit den Vorschriften der Verfassung übereinstimmt:

1) Normenkontrolle – rechtmäßige Gesetze?

Das Bundesverfassungsgericht entscheidet, ob Gesetze nach den Vorschriften der Verfassung – den obersten rechtlichen Normen – zustande gekommen sind und ob ihr Inhalt mit der Verfassung übereinstimmt. Solche Verfahren können z. B. von einem Gericht beantragt werden.

2) Verfassungsbeschwerde der Bürgerinnen und Bürger

Fühlt sich eine Person durch eine Handlung des Staates bzw. einer Behörde in ihren Grundrechten verletzt oder eingeschränkt, kann sie das Bundesverfassungsgericht anrufen. Allerdings muss eine solche Klage zuvor den „ordentlichen Rechtsweg durchlaufen" haben, d. h. die für einen Rechtsstreit zuständigen Gerichte müssen sich mit dem Fall zuvor beschäftigt haben.

3) Organklagen – Streitigkeiten zwischen politischen Organen

Die Verfassungsrichter entscheiden ferner, wenn es Streitigkeiten zwischen den politischen Organen, z. B. dem Bundestag (oder einer Fraktion) und der Bundesregierung, gibt. In gleicher Weise werden auch Streitfälle zwischen der Bundesregierung und den Bundesländern vor diesem Gericht verhandelt. Dies gilt auch für den Fall, dass sich zwei Länder in einer Sache streiten.

4) Parteienverbot und die Aberkennung der Grundrechte

Eine Hauptaufgabe des Gerichts ist es, die demokratische Grundordnung und den Rechtsstaat vor Angriffen zu schützen. So entscheidet es, ob eine Partei verfassungswidrig ist (Art. 21, Abs. 2 GG) oder ob einer Person, die durch ihr Handeln dauerhaft die demokratische Ordnung gefährdet, die Grundrechte aberkannt werden (Art. 18 GG)

5) Anklagen gegen Bundespräsidenten und Bundesrichter

Hat der Bundespräsident oder ein Bundesrichter vorsätzlich gegen die Verfassung oder ein Bundesgesetz verstoßen, so können diese Amtsträger vor dem Bundesverfassungsgericht angeklagt werden (Art. 61 und Art. 98 GG).

Die Urteile des Bundesverfassungsgerichts als letzte Rechtsinstanz unterscheiden sich von denen der anderen Gerichte in einem wesentlichen Punkt: Sie verpflichten alle anderen Verfassungsorgane (z. B. den Bundestag und die Bundesregierung), die gesamte Rechtsprechung und alle staatlichen Behörden, sich danach zu richten. Mit anderen Worten: *Urteile des Bundesverfassungsgerichts binden die Legis-*

Walter Hanel

Der zweite Senat des Bundesverfassungsgerichts mit dem Vorsitzenden Andreas Voßkuhle (4. v. l.)

lative (Gesetzgebung), *die Exekutive* (Regierung und Verwaltung) und *die Judikative* (Rechtsprechung).

Das Gericht kann nicht von sich aus tätig werden, sondern nur dann, wenn es von außen angerufen wird. Je nach Streitfall können sich die Bundesregierung, der Bundesrat oder einzelne Bundesländer, der Bundestag oder einzelne Fraktionen – mit mindestens einem Drittel der Mitglieder des Bundestags – an das Gericht wenden. [...]

Wie kommen die Bundesverfassungsrichter ins Amt?

Die beiden Abteilungen des Gerichts, Senate genannt, werden mit je acht Richtern besetzt. Beide Senate teilen sich die Arbeit untereinander auf; je nach Sachgebiet wird ein Streitfall vor dem Ersten oder dem Zweiten Senat behandelt. An der Spitze des gesamten Gerichts steht ein *Präsident* oder eine *Präsidentin*. [...]

Die Verfassungsrichter werden nicht einfach ernannt, sondern gewählt.

Drei Grundsätze gelten für die **Wahl:**

- Die Wahl muss so angelegt sein, dass die Regierungsmehrheit nicht einfach „ihren“ Kandidaten durchsetzen kann. Sie ist auf die Zustimmung der Minderheit, der Opposition angewiesen.
- Und schließlich: Bei der Wahl müssen beide Ebenen des Bundesstaates, der Bund und die Länder, zusammenwirken; keine Seite darf allein das Sagen haben.

Damit diese drei Punkte berücksichtigt werden, gilt folgende Regelung, die im „Gesetz über das Bundesverfassungsgericht“ genau beschrieben ist:

Die Richter eines jeden Senats werden jeweils zur Hälfte vom Bundestag und vom Bundesrat gewählt. Der Bundestag entscheidet über die Richter in indirekter Wahl im Richterwahlausschuss: Zwölf Abgeordnete werden vom Plenum zu Wahlfrauen bzw. Wahlmännern gewählt, und zwar entsprechend der Stärke der Fraktionen. Der Bundesrat entscheidet mit seinem Plenum, also mit allen Ländervertretern.

Gewählt ist, wer mindestens zwei Drittel der Stimmen im Bundesrat bzw. im Richterwahlausschuss des Bundestages erhalten hat. Die Amtszeit eines Richters beträgt 12 Jahre. Eine Wiederwahl ist nicht möglich.

Damit die notwendige Zweidrittelmehrheit in den Gremien überhaupt erreicht wird, ist es erforderlich, dass sich die Fraktionen des Bundestages und die Länder schon vor der Wahl verständigen. Keine Seite kann eine Kandidatin oder einen Kadidaten gegen den Willen der anderen Seite durchsetzten. Deshalb ist Zusammenarbeit und gegenseitige Verständigung notwendig.

Herbert Uhl (Hg.), Grundwissen Politik, Ernst Klett Schulbuchverlag, Stuttgart 2007, S. 161 ff.

Aufgabe

Stellen Sie dar, inwiefern das Bundesverfassungsgericht „Hüter der Verfassung“ ist.

M 19 Zwischen Recht und Politik

Das Bundesverfassungsgericht genießt ein hohes Maß an Respekt und Ansehen. Umfragen zeigen, dass ihm die Bürger mehr Vertrauen entgegenbringen als den meisten anderen staatlichen Institutionen.

Es gibt auch Kritik am Bundesverfassungsgericht. Ihm wird vorgeworfen, es urteile über Fragen, die eigentlich in die Kompetenz des Bundestages fallen, es politisiere die Justiz oder verrechtliche die Politik.

Naturgemäß können sich Klagen vor dem Bundesverfassungsgericht nur gegen bestehende Gesetze oder gegen Entscheidungen der Exekutive richten. Daher ist es in der Regel die Opposition, die das Gericht gegen Beschlüsse der Regierungsmehrheit anruft, um sie auf diesem Wege zu korrigieren, und es ist die Regierungsmehrheit, die sich darüber beklagt.

Tatsächlich sind in der Geschichte der Bundesrepublik die großen politischen Kontroversen und viele weniger wichtige Streitfragen mit verfassungsrechtlichen Argumenten vor dem Bundesverfassungsgericht ausgetragen worden.

Die Problematik der gerichtlichen Entscheidung politischer Konflikte sieht das Bundesverfassungsgericht sehr wohl. Es bekennt sich zu dem Grundsatz richterlicher Selbstbeschränkung (judicial self-restraint), der vom amerikanischen Obersten Bundesgericht entwickelt worden ist.

In der Regel liegt es jedoch nicht im Ermessen des Gerichts, die Behandlung einer politischen Streitfrage abzulehnen, wenn es angerufen wird. Man kann auch eine zunehmende Tendenz feststellen, unpopuläre Entscheidungen dem Bundesverfassungsgericht zuzuschieben, weil sie dann in der Öffentlichkeit eher Akzeptanz finden, als wenn sie vom Parlament getroffen werden. [...] Das Bundesverfassungsgericht gibt allerdings immer wieder ungefragt Hinweise, wie es in bestimmten Fragen denkt. Die Referenten in den Ministerien prüfen daher Gesetzesentwürfe daraufhin, ob sie im Falle der Anrufung des Gerichts Bestand haben.

[...] Seit 1970 können die Bundesverfassungsrichter, wenn sie mit der Entscheidung der Mehrheit nicht übereinstimmen, ihre abweichende Meinung in einem Sondervotum kundtun und begründen. Solche Sondervoten, die naturgemäß vor allem bei besonders umstrittenen Entscheidungen des Gerichts abgegeben werden, stoßen in der Öffentlichkeit auf großes Interesse. Sie zeigen, dass der Meinungsbildungs- und Entscheidungsprozess auch in einem solchen Kollegium nicht immer einhellig verläuft. Die Verfassungsrichter bestätigen damit, dass unterschiedliche Auffassungen, die in der öffentlichen Diskussion geäußert werden, auch verfassungsrechtliche Gründe für sich in Anspruch nehmen können, selbst wenn dies im politischen Meinungsstreit oft bestritten wird.

Die Autorität des Bundesverfassungsgerichts beruht darauf, dass seine Urteile von den verschiedenen politischen Richtungen akzeptiert werden. Auch wenn an einzelnen Urteilen heftige Kritik geübt wird, herrscht doch der Eindruck vor, das Gericht entscheide unparteiisch und wahre die Balance zwischen Rechtsinterpretation und politischer Wertung.

Horst Pötzsch, Bundesverfassungsgericht und Verfassungsgerichte der Länder, www.bpb.de, 15.12.2009 [11.01.2014]

Aufgaben

1 *Beschreiben Sie die politische Dimension des Bundesverfassungsgerichts.*

2 *Das Bundesverfassungsgericht wird mitunter als Ersatzgesetzgeber bezeichnet. Erklären und überprüfen Sie diese Bezeichnung.*

3 *Überprüfen Sie, inwieweit die politische Bedeutung des Bundesverfassungsgerichts in der Verfassungswirklichkeit durch die Verfassung gedeckt ist.*

2.2 Gewaltenteilung oder Gewaltenverschränkung

M1 Parlamentarische und präsidentielle Regierungssysteme

Je nachdem wie nun die Verteilung der staatlichen Macht zwischen den einzelnen Machtträgern (Regierung, Parlament, Verfassungsgerichtsbarkeit) organisiert ist, kommt es zur Ausbildung verschiedener Typen. Regierungssysteme, in denen mehr der Aspekt der Gewaltenverschränkung berücksichtigt wird, nähern sich dem Grundtyp des parlamentarischen Regierungssystems an; Regierungssysteme, bei denen mehr der Aspekt der Gewaltentrennung *(separation of powers)* und der gegenseitigen Hemmung und Balancierung der Machtträger *(checks and balances)* im Vordergrund steht, sind dem Grundtyp *präsidentielles Regierungssystem* zu subsumieren. Bei der Zuordnung ist das Verhältnis zwischen Regierung und Parlament von ausschlaggebender Bedeutung.

Regierungssysteme des Parlamentarismus				
Gewaltenverschränkung ← Parlamentarismus → „separation of powers", „checks and balances"				
Parlamenarisches Regierungssystem		Mischformen		Präsidentielles Regierungssystem/ Präsidialsystem
		Parl.-Präs. Regierungssystem (Mischform)	Direktorialverfassung	
Staatsform Republik: Deutschland	Staatsform parl. Monarchie: Großbritannien	Frankreich (semipräsidentielles Regierungssystem)	Schweiz	USA Lateinamerikanische Länder

Eigene Darstellung

Die beiden Grundtypen parlamentarisches und präsidentielles Regierungssystem können anhand folgender Merkmale verglichen und unterschieden werden:
Legitimationskette: Während im US-amerikanischen Präsidialsystem Präsident und Kongress in getrennten Wahlen bestellt werden, also über ein jeweils eigenes Elektorat und damit direkte Legitimation vom Wahlvolk verfügen, entscheidet im parlamentarischen Regierungssystem eine einzige Wahl über die Zusammensetzung von Parlament und Regierung. Das Parlament verfügt also als einziges Staatsorgan über die direkte Legitimation durch das Wahlvolk. [...]
Gegenseitige Abhängigkeit Parlament – Regierung: Im parlamentarischen Regierungssystem wird die Regierung vom Parlament de facto bestellt und kann auch wieder abberufen werden. [...] Die Regierung ist also vom Vertrauen der Parlamentsmehrheit abhängig, dadurch aber auch im Parlament verankert. Der Kongress hingegen kann den Präsidenten aus politischen Gründen nicht stürzen. [...] Daraus [resultiert] eine starke gegenseitige Abhängigkeit von Parlament und Regierung im parlamentarischen Regierungssystem und eine schwache im präsidentiellen Regierungssystem, wenn auch der US-Präsident im Rahmen des Gesetzgebungsprozesses gewissen Kooperationserfordernissen unterworfen ist.
Kompatibilität von Amt und Mandat: Finden sich bei den verschiedenen parlamentarischen Regierungssystemen unterschiedliche Regelungen bezüglich der Vereinbarkeit bzw. Unvereinbarkeit von Regierungsamt und Mandat (Deutschland nicht vorgeschrieben, Großbritannien vorgeschrieben), „verlangt die Ver-

fassung der Vereinigten Staaten, dass der Präsident und seine Regierungsmitglieder – mit Ausnahme des Vizepräsidenten, der gleichzeitig Vorsitzender des Senates ist – keinen Sitz im Kongress innehaben dürfen."

Gesetzesinitiativ- und Vetorecht: Während im parlamentarischen Regierungssystem der Regierung das Recht zur Gesetzesinitiative eingeräumt wird, ist dem US-Präsidenten [...] diese Möglichkeit verwehrt. Der Präsident verfügt über das Vetorecht, d.h., er kann Gesetzesbeschlüsse des Kongresses mit einem Einspruch blockieren, der allerdings mit einer 2/3-Mehrheit in beiden Häusern überstimmt werden kann. Aber auch die Regierung im parlamentarischen Regierungssystem hat – was beim Vergleich der beiden Regierungssysteme nicht selten unerwähnt bleibt – teilweise auch, wie z.B. in Großbritannien oder in der Bundesrepublik, ein absolutes Vetorecht gegen Ausgabengesetze.

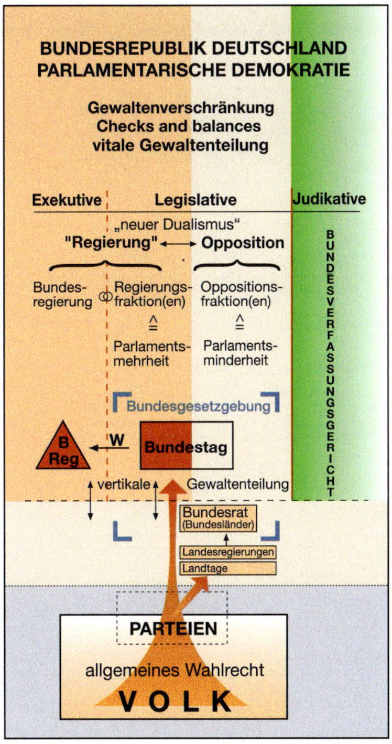

Fraktionsdisziplin: Aufgrund der Funktionslogik präsidentieller Regierungssysteme [...] neigen Parlamente wegen der daraus resultierenden mangelhaften Fraktionsdisziplin zu „innerparlamentarischer Dezentralisation". Demgegenüber produziert die Funktionslogik des parlamentarischen Regierungssystems mit seiner engen Verbindung zwischen der Regierung und der diese tragenden Parlamentsmehrheit eine ausgeprägte und belastbare Fraktionsdisziplin.

Parlamentarisches wie präsidentielles Regierungssystem funktionieren entlang einer spezifischen dualistischen Funktionslogik: Im Präsidialsystem ist die politische Trenn- und Konfrontationslinie trotz einiger Berührungspunkte zwischen der Regierung und dem Parlament zu finden. Im parlamentarischen Regierungssystem stehen sich dagegen Regierung und parlamentarische Regierungsmehrheit auf der einen Seite sowie die Opposition auf der anderen Seite als Funktions- und Aktionseinheiten gegenüber.

Neben diesen beiden Grundtypen existieren zwei Mischformen, die Direktorialverfassung, die in der Schweiz zu finden ist, und das semipräsidentielle Regierungssystem, nach dem beispielsweise die meisten Staaten Osteuropas sowie die französische V. Republik organisiert sind. [...]

Bernhard Schreyer/Manfred Schwarzmeier, Grundkurs Politikwissenschaft: Studium der politischen Systeme, VS Verlag für Sozialwissenschaften, Wiesbaden ²2005, S. 159–163

Aufgaben

1 *Ergänzen Sie die Tabelle auf S. 370 anhand der Informationen aus dem Text.*

2 *Bewerten Sie die unterschiedlichen beschriebenen Systeme, insbesondere unter den Aspekten „Effizienz" und „Gewaltenteilung". Beziehen Sie M 2 mit ein.*

Parlamentarisches und präsidentielles Regierungssystem		
Merkmal	Parlamentarisches Regierungssystem	Präsidentielles Regierungssystem
Legitimationskette	?	?
Gegenseitige Abhängigkeit Parlament – Regierung	?	?
zeigt sich in: Kreation und Bestellung der Regierung durch das Parlament	?	?
zeigt sich in: Abberufbarkeit der Regierung aus politischen Gründen	?	?
zeigt sich in: Parlamentsauflösung durch die Regierung	?	?
Kompatibilität von Regierungsamt und Parlamentsmandat	?	?
Gesetzesinitiativrecht der Regierung	?	?
Vetorecht der Regierung	?	?
Fraktionsdisziplin	?	?

M2 Die Regierungssysteme von Frankreich und den USA

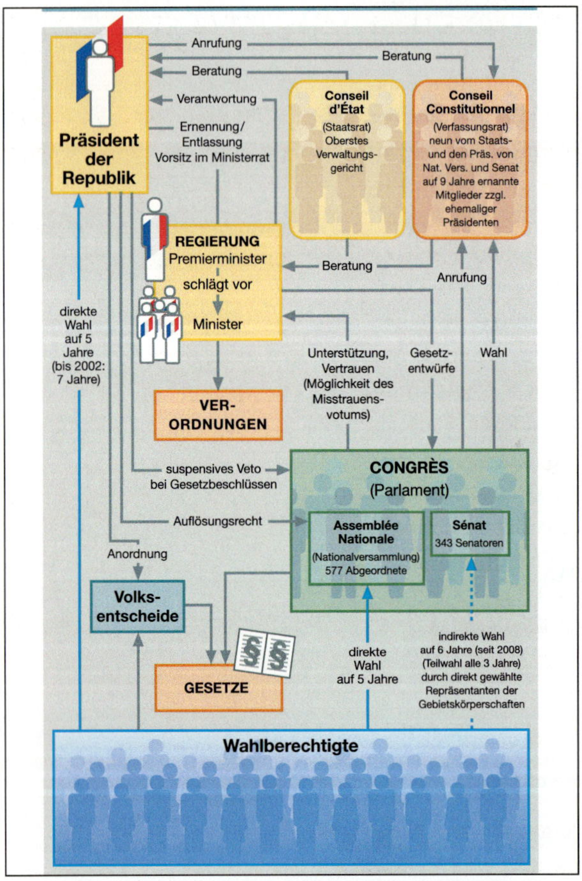

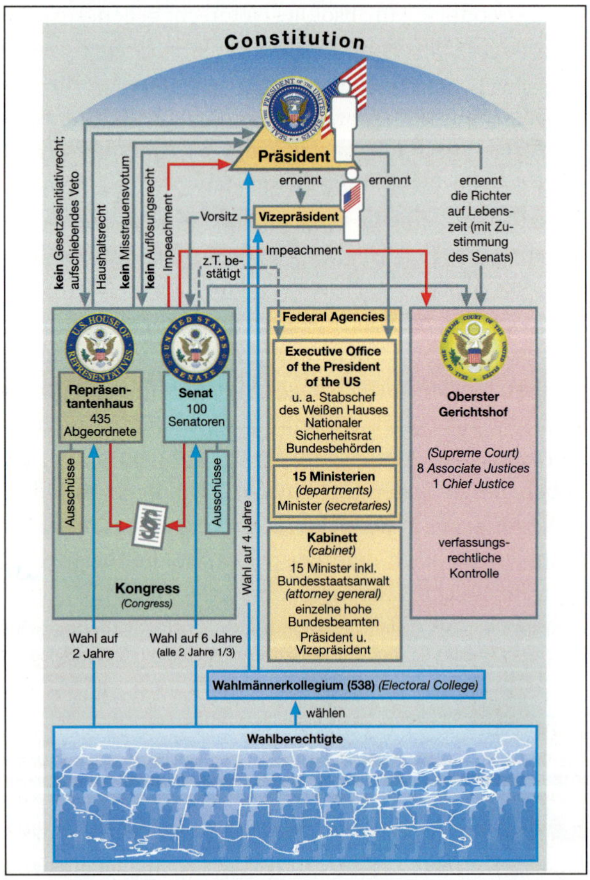

Andreas Vierecke/Franz Kohout/Bernd Mayerhofer, dtv Atlas Politik, dtv, München 2012, S. 130 (F), S. 150 (USA)

Entwicklung und Bedeutung von Gewaltenteilung

M3 Der Sinn der Gewaltenteilung

„Richtige" Gewaltenteilung herrscht in einem Staat, wenn es eine Trennung und Gegenüberstellung von „der Legislative" und „der Exekutive" gibt – so lautet ein häufig anzutreffendes Missverständnis über ein zentrales Gestaltungsprinzip rechtsstaatlich-demokratischer Ordnung. Um die Mechanismen der parlamentarischen Demokratie richtig verstehen zu können, muss Gewaltenteilung viel grundlegender und differenzierter konzipiert werden.

Der französische Staatstheoretiker Montesquieu, der als „Vater der Gewaltenteilungslehre" gilt, schrieb sein Werk „Vom Geist der Gesetze" angesichts des Absolutismus im Frankreich des 18. Jahrhunderts. Sein Grundgedanke war deshalb darauf gerichtet, den Missbrauch von (staatlicher) Macht zu verhindern. Da er nicht nur einen theoretischen Beitrag leisten, sondern durchaus konkret politisch wirken wollte, entwarf er eine knappe Funktionenlehre, nach der im Staat Rechtsetzung, deren Umsetzung und – für den Fall des Streits darüber oder ihrer Nichtbefolgung – Schlichtung bzw. Erzwingung erfolgen müsse; anders ausgedrückt, es müsse eine Legislative, eine Exekutive und eine Judikative geben. [...]

Aufbauend auf Montesquieus Grundkonzept der Verhinderung von Machtmissbrauch hat die moderne Politikwissenschaft ein differenziertes Verständnis von Gewaltenteilung entwickelt. [...]

Im Kontext parlamentarischer Demokratie ist es entscheidend, dass die historisch gewachsene Frontstellung zwischen der (monarchisch dominierten) Exekutive und der zunächst vom Adel, später vom Bürgertum erkämpften legislativen Gewalt – der sogenannte alte Dualismus – abgelöst wurde, zumindest weitgehend überlagert ist von einem „neuen Dualismus". Dieser entstand im englischen Parlamentarismus, der im Laufe des 19. Jahrhunderts die Abhängigkeit der Regierung von der Parlamentsmehrheit und das Prinzip institutionalisierter Opposition begründete. Seither bilden im parlamentarischen Regierungssystem die Parlamentsmehrheit und die von ihr getragene Regierung eine Handlungseinheit, der die Opposition gegenübersteht.

Informationen zur politischen Bildung Nr. 295, Parlamentarische Demokratie, Bundeszentrale für politische Bildung, Bonn, 2. Quartal 2007, S. 11; Verf.: Susanne S. Schüttemeyer

Sobald in ein und derselben Person oder derselben Beamtenschaft die legislative Befugnis mit der exekutiven verbunden ist, gibt es keine Freiheit. Es wäre nämlich zu befürchten, dass derselbe Monarch oder derselbe Senat tyrannische Gesetze erließe und dann tyrannisch durchführte. Freiheit gibt es auch nicht, wenn die richterliche Befugnis nicht von der legislativen und von der exekutiven Befugnis geschieden wird. Die Macht über Leben und Freiheit der Bürger würde unumschränkt sein, wenn jene mit der legislativen Befugnis gekoppelt wäre, denn der Richter wäre Gesetzgeber. Der Richter hätte die Zwangsgewalt eines Unterdrückers, wenn jene mit der exekutiven Gewalt gekoppelt wäre.

Montesquieu, Vom Geist der Gesetze, 11. Buch, 6. Kapitel; hg. u. übersetzt v. Kurt Weigand, Reclam, Stuttgart 1998

M4 „Horizontale" und „vertikale" Gewaltenteilung in Deutschland

Horizontale Gewaltenteilung: Damit ist die Zuweisung der Staatsgewalt an jeweils besondere, einander wechselseitig kontrollierende und in Schach haltende Institutionen der Legislative, Exekutive und Judikative gemeint. Derlei scheint den meisten mit Gewaltenteilung schlechthin identisch zu sein. Doch keineswegs darf man sich diese Dreiteilung der Staatsgewalt, zumal eine in „Regierung", „Parlament" und „Gerichtswesen", wie eine „naturgesetzliche" Notwendigkeit vorstellen. Vielmehr geht es darum, die Staatsfunktionen überhaupt auf unterschiedliche Institutionen so aufzuteilen, dass ein machtpolitisch – nicht

Gewaltenteilung in Deutschland

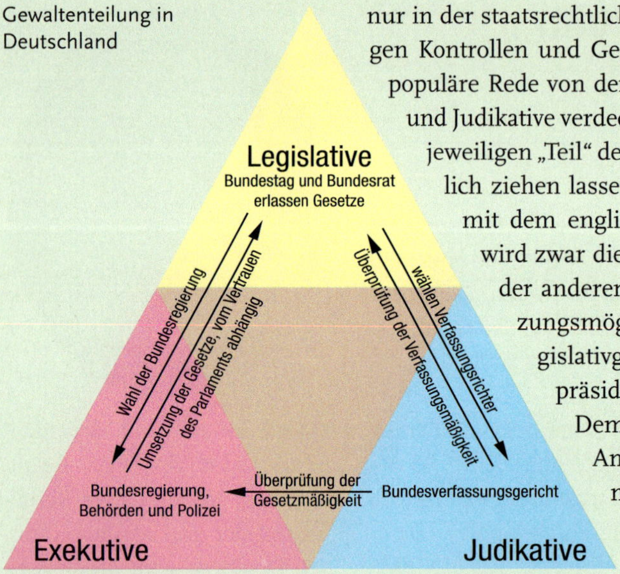

nur in der staatsrechtlichen Theorie – wirkungsvolles System von wechselseitigen Kontrollen und Gegengewichten (checks and balances) entsteht. [...] Die populäre Rede von der Dreiteilung der Staatsgewalt in Exekutive, Legislative und Judikative verdeckt jedoch, dass sich die Grenzen zwischen den mit dem jeweiligen „Teil" der Staatsgewalt betrauten Institutionen sehr unterschiedlich ziehen lassen. [...] Fast in allen freiheitlichen Verfassungsstaaten – mit dem englischen Oberhaus als aufschlussreichster Ausnahme – wird zwar die Judikative, einmal personell konstituiert, dem Zugriff der anderen Staatsgewalten entzogen. Sehr verschiedene Abgrenzungsmöglichkeiten gibt es hingegen zwischen Exekutiv- und Legislativgewalt. Einesteils lässt sie sich so ausgestalten wie im präsidentiellen Regierungssystem. [...]

Dem Parlament ist dort der personelle Zugriff auf die mit Anweisungsbefugnissen ausgestatteten Spitzenpositionen der Exekutive versagt. Andernteils lässt sich Gewaltenteilung zwischen Parlament und Regierung auch wie im parlamentarischen Regierungssystem verwirklichen. [Aus dem System der parlamentarischen Demokratie ergibt sich, dass] die Führer parlamentarischer Mehrheitsparteien in die Regierungsämter einrücken und die Exekutive somit vom Parlament aus geführt wird. Die Folge dessen ist, dass die gewaltenteilende Scheidelinie natürlich nicht mehr zwischen der Regierung und dem Parlament als Ganzem verläuft („alter Dualismus"), sondern innerhalb des Parlaments: zwischen seiner regierenden bzw. regierungstragenden Mehrheit und der parlamentarischen Opposition („neuer Dualismus"). [...]

Horizontale Gewaltenteilung missversteht also [...], wer sie sich nur in der Gestalt des präsidentiellen Regierungssystems und seines „alten Dualismus" vorzustellen vermag. Im Übrigen verkennt man horizontale Gewaltenteilung ebenfalls, wenn man glaubt, dass die „geteilten" Gewalten nun nichts mehr miteinander zu tun hätten oder zu tun haben dürften. Ganz im Gegenteil verlangt wechselseitige Kontrolle und Balance danach, dass die getrennten Gewalten eng

Holger Appenzeller

miteinander zusammenwirken. Das dialektisch der Gewaltenteilung zugehörende Gegenprinzip ist somit das der Gewaltenverschränkung. [...]
Vertikale Gewaltenteilung: Diesem Strukturprinzip entspricht es, wenn in einem politischen System Zuständigkeiten und Regelungsbefugnisse auf verschiedene Ebenen des Staatsaufbaus verteilt sind. Im deutschen Fall nimmt das die Form an, dass die Städte und Gemeinden das Recht auf kommunale Selbstverwaltung besitzen, die Länder Staaten eigenen Rechts mit eigenen Kompetenzen sind und über der Ebene des Nationalstaats mit seinen Befugnissen sich noch das politische System der Europäischen Union mit ausschließlich dort angesiedelten Zuständigkeiten und Entscheidungsrechten erhebt. Solche Systeme vertikaler Gewaltenteilung arbeiten nicht selten recht schwerfällig. Im Einzelfall können die Kompetenzen auch so verwickelt und sachwidrig auf die einzelnen Ebenen verteilt sein, dass die Fähigkeit des Gesamtsystems leidet, in angemessener Frist halbwegs rationale Regelungen und Entscheidungen hervorzubringen.

Werner J. Patzelt, Einführung in die Politikwissenschaft, Wissenschaftsverlag Richard Rothe, Passau [6]2007, S. 271–273

Aufgaben

1 *Ordnen Sie den im Text genannten Gewalten konkrete Institutionen der Bundesrepublik Deutschland zu.*

2 *Erläutern Sie an einem Beispiel, inwieweit die in Z. 49–53 genannten Schwierigkeiten auf Deutschland zutreffen.*

3 *Erörtern Sie, ob in Deutschland auf eine vertikale Gewaltenteilung zur Sicherung der Verfassungsprinzipien verzichtet werden könnte.*

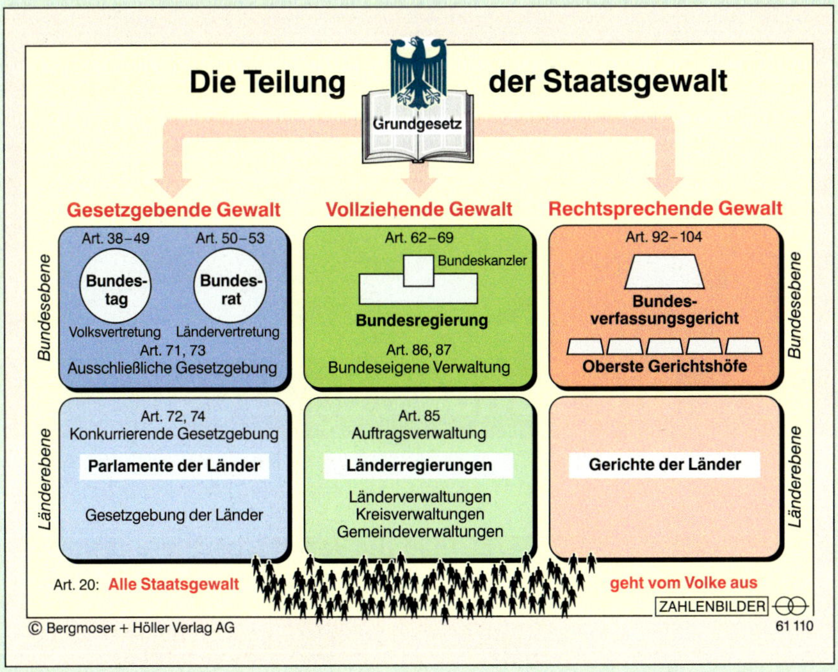

2.3 Politischer Entscheidungsprozess

M 1 Vorratsdatenspeicherung – Zwischen Totalüberwachung und Verbrechensbekämpfung

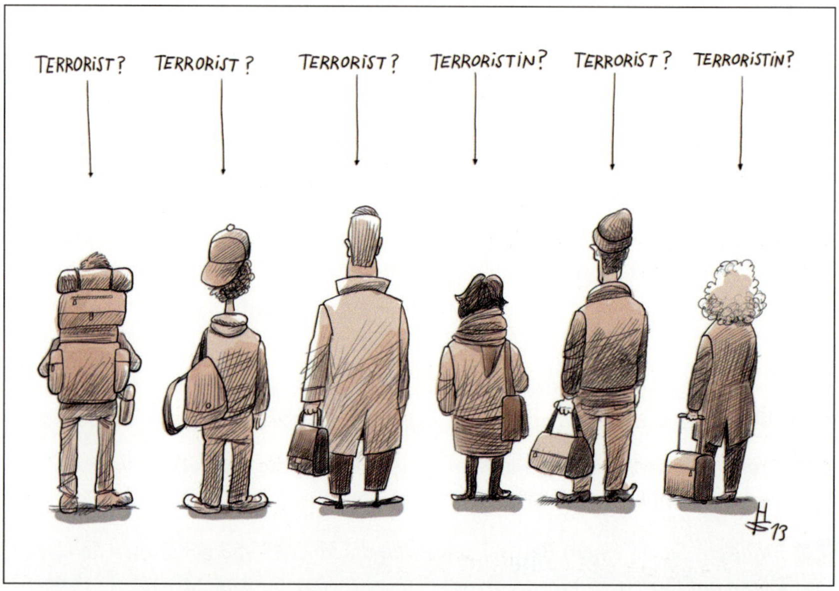

Das Problem der Prävention

Heiko Sakurai

Aufgabe

Interpretieren Sie die Karikaturen. Gehen Sie auch auf das kritisierte Rechtsverständnis ein.

M 2 Richtlinie 2006/24/EG über die Vorratsspeicherung von Daten

→ Siehe Kapitel „Europa", S. 515 ff.

Die Richtlinie über die Vorratsdatenspeicherung ist eine Richtlinie der Europäischen Union, durch die die unterschiedlichen nationalen Vorschriften der EU-Mitgliedstaaten zur Speicherung von Telekommunikationsdaten auf Vorrat vereinheitlicht werden sollen. Durch die Harmonisierung soll sichergestellt werden,

dass die Daten für einen bestimmten Zeitraum zum Zweck der Ermittlung und Verfolgung von schweren Straftaten aufbewahrt werden.
Die Richtlinie ist politisch und rechtlich umstritten. Während ihre Befürworter die Vorratsdatenspeicherung als unverzichtbares Instrument zur Terrorismusbekämpfung und Strafverfolgung bezeichnen, verweisen ihre Kritiker auf ihre geringe Wirksamkeit und die schweren Eingriffe in die informationelle Selbstbestimmung und die Privatsphäre der Bürger, die sie als weiteren Schritt hin zum Überwachungsstaat ansehen.

Richtlinie 2006/24/EG über die Vorratsspeicherung von Daten, www.wikipedia.de [11.01.2014]

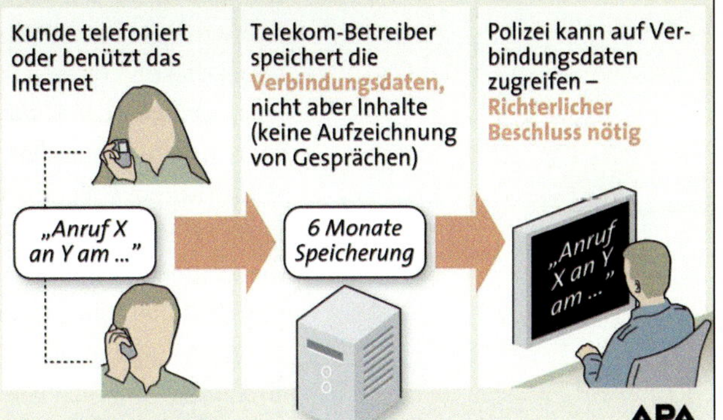

Grafik: © APA, Quelle: APA

Aufgabe

Erörtern Sie, warum die Initiative zur Vorratsdatenspeicherung nicht von nationalen Regierungen, beispielsweise Deutschland, kam, sondern von der EU.

M3 Die Logik der Geheimdienste

„Ich habe ja nichts zu verbergen" – so reagieren viele Deutsche auf die Datenspionage von NSA & Co. Warum zunächst nutzlos erscheinende Daten doch wertvoll sein können, erklärt Netzexperte Andre Meister.

DW [Deutsche Welle]: Weltweit sammeln und speichern Geheimdienste millionenfach Verbindungsdaten: Das sind Meta-Daten, die festhalten, wer wann mit wem kommuniziert. Über den Inhalt, das heißt über das, was geschrieben oder gesprochen wird, verraten sie erst mal nichts. Warum sind sie wichtig?

Andre Meister: Dass Verbindungsdaten nichts mit Inhalten zu tun haben, ist ein Mythos: Wenn jemand zum Beispiel mit einer Drogenberatung in Kontakt ist, lassen sich daraus natürlich bestimmte Schlüsse ziehen. Zudem liefern die Verbindungsdaten von einem Handy Hinweise, wo sich dessen Besitzer aufgehalten hat. Schließlich kann man mithilfe von Verbindungsdaten Kommunikationsnetzwerke abbilden: Man kann erkennen, wer mit wem kommuniziert und welche Personen in diesen Strukturen wichtige Schlüsselpositionen einnehmen. Also wissen die Behörden auch, wen man eventuell ausschalten muss, um eine ganze Gruppe lahmzulegen. Dafür werden die Meta-Datenmengen mit einer Rasterfahndungssoftware durchsucht: Wenn es in den Daten Auffälligkeiten gibt, wird an dieser Stelle „hineingezoomt" und dann werden gegebenenfalls auch die entsprechenden Inhaltsdaten angeschaut.

Wie genau funktioniert das?

Das kommt ganz auf die Datenquellen, die bearbeitende Behörde und den Zweck der Analyse an. In Deutschland zum Beispiel gibt es die massenhafte Abfrage von Verbindungsdaten mit sogenannten „Funkzellenabfragen". Dabei erhalten Polizeibehörden von den Mobilfunkanbietern millionenfach Verbindungsdaten von Zehntausenden Handys – jeden Tag. Diese Daten werden dann bei verschiedenen Kriminalfällen aus verschiedenen Regionen gesammelt und

Info

Staatsziele bezeichnen spezifische Vorstellungen von der idealen Ordnung von Politik, Wirtschaft und Gesellschaft, deren Durchsetzung vom Staat erwartet wird. Staatsziele mit Verfassungsrang sind die Würde des Menschen, Demokratieprinzip, Sozialstaatsprinzip, Bundesstaatsprinzip, Rechtsstaatsprinzip, Umweltschutzprinzip, Tierschutz (Grundgesetz, Art. 1, 20 und 28).
Zusätzlich werden noch Bildung, Kultur- und Friedensstaatlichkeit, vereintes Europa und gesamtwirtschaftliches Gleichgewicht genannt.

miteinander verglichen: zum Beispiel, welche Mobilfunkgeräte in der Nähe mehrerer Tatorte waren. Dann überprüfen die Ermittler, welche Mobilfunkgeräte bestimmten Personen gehören, die sie schon in Datenbanken haben. Schließlich wird per Rasterfahndung überprüft, welche Personen immer wieder auftauchen; diese Personen werden dann genauer untersucht.

Inwieweit darf der Staat auf diese Daten zugreifen und sie speichern?

Man muss unterscheiden zwischen Geheimdiensten auf der einen Seite und Ermittlungsbehörden wie der Polizei auf der anderen. Geheimdienste dürfen alles; sie sammeln alles, haben aber kein Gewaltmonopol, das heißt sie bringen die Leute nicht selbst vor Gericht. Polizeibehörden dagegen dürfen Ermittlungen anstellen, die vor einem Richter landen; aber sie dürfen dafür nicht alle Daten verwenden. [...]

Beobachter sprechen vom „Zeitalter von Big Data" – was bedeutet das für das Auswerten und Speichern von Daten?

In den letzten Jahren und Jahrzehnten haben wir eine Explosion der anfallenden digitalen Daten erlebt. Umso wichtiger werden Verbindungsdaten. Gleichzeitig speichert man Daten aber nicht mehr in Aktenordnern; das geht jetzt viel einfacher. Mittlerweile kostet es mehr, Daten zu löschen, als sie unendlich zu speichern. Der US-Geheimdienst NSA zum Beispiel hat riesige Datenzentren, die darauf ausgelegt sind, die Meta-Daten von sämtlicher digitaler Kommunikation – der gesamten Menschheit – über Dutzende Jahre hinweg zu speichern. Und wir stehen erst am Anfang: In den kommenden Jahren werden Daten und damit auch Verbindungsdaten weiter exponentiell zunehmen.

Janosch Delcker, „Die Logik der Geheimdienste", www.dw.de, 28.08.2013 [11.01.2014]

M4 Aggregierte Telefon-Verbindungsdaten sind noch aussagekräftiger

Wenn man Verbindungsdaten sammelt und miteinander verknüpft, werden die daraus gewonnenen Erkenntnisse noch detaillierter. Durch die Erstellung von sozialen Graphen können Rückschlüsse auf soziale Bindungen gewonnen werden. Daran lassen sich sogar der soziale Status und die Hierarchie in einem Unternehmen ablesen. Hier [...] ein aussagekräftiges Beispiel:

„A young woman calls her gynecologist; then immediately calls her mother; then a man who, during the past few months, she had repeatedly spoken to on the telephone after 11pm; followed by a call to a family planning center that also offers abortions. A likely storyline emerges that would not be as evident by examining the record of a single telephone call."

Andre Meister, „Vorratsdatenspeicherung: Warum Verbindungsdaten noch aussagekräftiger sind als Kommunikations-Inhalte", http://netzpolitik.org, 28.08.2013 [11.01.2014]

Aufgaben

1 *Erläutern Sie den Begriff „Metadaten" und die Vorgehensweise bei Strafverfolgung durch Vorratsdatenspeicherung.*

2 *Erläutern Sie die Chancen und Gefahren der Vorratsdatenspeicherung im Zusammenhang mit den Staatszielbestimmungen.*

3 *Versuchen Sie, Ihre eigenen Verbindungsdaten grafisch darzustellen, und beurteilen Sie die Aussagekraft einer solchen Datensammlung.*

4 *Entwerfen Sie ein Konzept, wie Sie gegen die Umsetzung der EU-Richtlinie vorgehen könnten. Wer sind geeignete Kontrolleure im politischen Prozess?*

2.3.1 Wie eine Entscheidung zustande kommt: Die Gesetzgebung des Bundes

M 5 Weg der Gesetzgebung

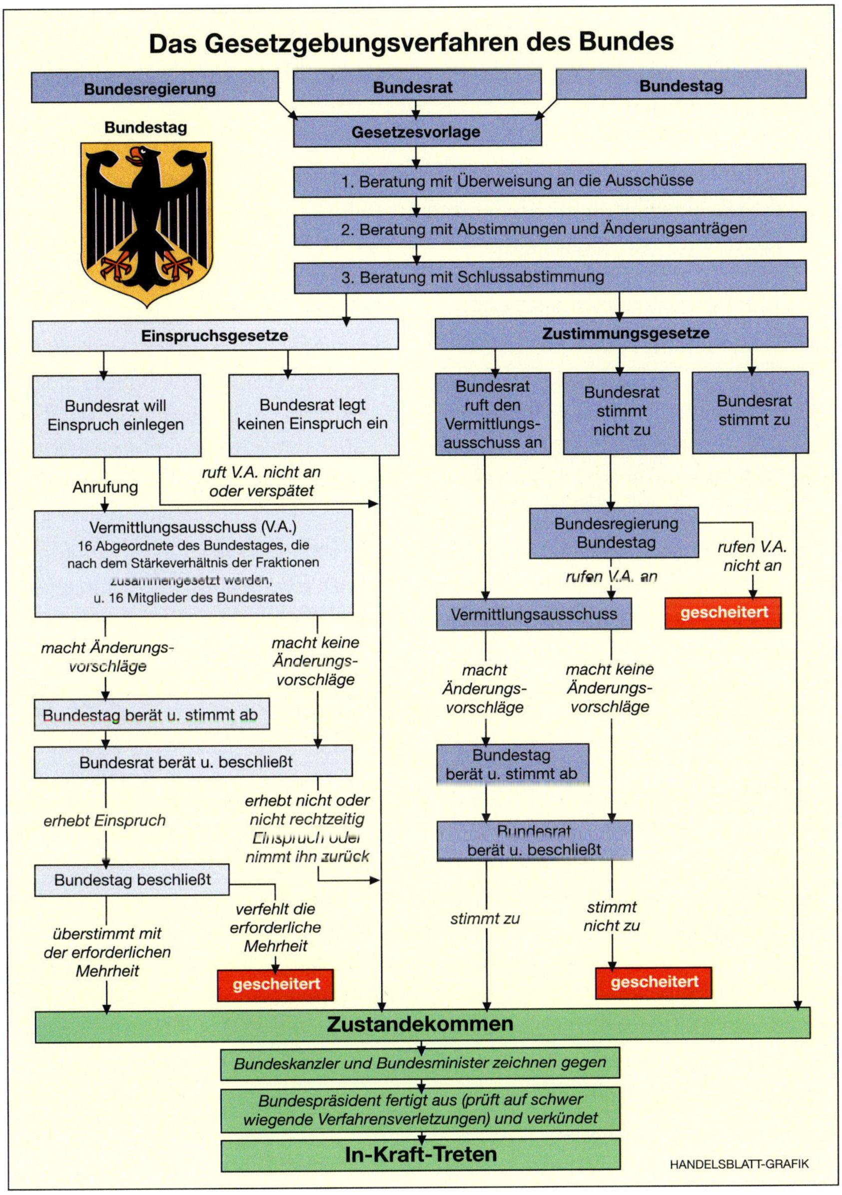

Aufgabe

1 *Erstellen Sie ein „Who is Who" der Bundesgesetzgebung.*

2 *Erläutern Sie Ansatzpunkte für Vetospieler des intermediären Systems.*

3 *Ordnen Sie die EU mit ihren Einflussmöglichkeiten in den Gesetzgebungsprozess ein.*

M6 Der Gesetzgebungsprozess am Beispiel „Sexualstrafrecht"

a) 17.02.2014: Missbrauchsbeauftragter fordert schärfere Gesetze

Der Unabhängige Beauftragte für Fragen des sexuellen Kindesmissbrauchs, Johannes-Wilhelm Rörig, hat eine Verschärfung der Regelung gegen Kinderpornografie gefordert. „Der Fall Edathy zeigt klar, dass es hier eine Gesetzeslücke gibt", sagte Rörig der „Welt". Diese Lücke müsse geschlossen werden: „Wenn Darstellungen von Kindern erzeugt werden, um sexuelle Interessen von Erwachsenen zu befriedigen, muss dies im Sinne eines besseren Kinderschutzes strafrechtlich sanktioniert werden."

Auch mit Blick auf die Konsumenten solcher Bilder müsse über eine Erweiterung des Strafrechtstatbestands gesprochen werden. „Diese Bilder haben schwerwiegende Folgen für Kinder und Jugendliche, wenn sie ein Leben lang im Netz zu finden sind", sagte Rörig.

Im Strafrecht wird bei Kinderpornografie zwischen Kategorie eins und Kategorie zwei unterschieden. Bei Kategorie zwei sind nackte Kinder, aber nicht explizit ihre Genitalien im Fokus. Solche Aufnahmen sind nach derzeitiger Gesetzeslage nicht strafbar. Bei Kategorie eins handelt es sich um strafbares kinderpornografisches Material. Der frühere Bundestagsabgeordnete Sebastian Edathy soll Videos und Bilder der Kategorie zwei bestellt haben. „Wir brauchen eine Erweiterung von Kategorie eins und eine Verkleinerung von Kategorie zwei", sagte Rörig.

Bundesfamilienministerin Manuela Schwesig (SPD) will nach dem Fall Edathy die Regelungen zum Kinder- und Jugendschutz überprüfen. Ihre Sprecherin Verena Herb sagte [...], es werde geprüft, ob die bestehenden Regelungen zum wirksamen Kinder- und Jugendschutz tatsächlich ausreichten.

Eine Überprüfung des Strafrechts hatte die Grünen-Politikerin und Vorsitzende des Rechtsausschusses im Bundestag, Renate Künast, ins Spiel gebracht. „Der Schutz der Kinder muss uns besonders am Herzen liegen", sagte Künast der Berliner Tageszeitung „BZ".

Miriam Hollstein, „Missbrauchsbeauftragter fordert schärfere Gesetze", www.welt.de, 17.02.2014 [25.04.2014]

b) Nackte Kinder sind noch kein Verbrechen (18.02.14)

Der Strafrechtler Renzikowski hält die Gesetze in Deutschland nicht für zu lax. Auch Schutzlücken sieht er keine. Den Posing-Begriff auszuweiten, könne problematische Folgen haben, sagt er: „Dann dürfte vielleicht niemand mehr Bilder von nackten Kindern haben, außer es sind die eigenen. Das ist doch unrealistisch." Der Jurist beschreibt einen Fall „knapp unter der Grenze zur Strafbarkeit". Ein Mann sei pädophil veranlagt, könne seine Neigung aber dadurch kompensieren, dass er Bilder von nackten Kindern anschaut, die nichts mit Kinderpornografie zu tun haben. „Solange er keinem Kind etwas antut, hat das Strafrecht da nichts verloren." [...]

Teresa Dapp, „Nackte Kinder sind noch kein Verbrechen", www.zeit.de, 18.02.2014 [25.04.2014]

c) 26.03.2014: Sexualstrafrecht Union dringt auf rasche Verschärfung

Ein besserer Schutz vor Verwandten, eine spätere Verjährung und zusätzliche Präventionsmaßnahmen: Die Bundestagsfraktion von CDU und CSU fordert eine umfangreiche Änderung des Strafrechts, um Kinder und Jugendliche besser vor sexueller Ausbeutung zu schützen. In einem Positionspapier plädieren

die stellvertretenden Fraktionsvorsitzenden Nadine Schön und Thomas Strobl dafür, zügig ein „Opferschutzpaket“ zu schnüren. „Wir sollten uns nicht auf einzelne Maßnahmen beschränken“, sagt Strobl. […]
Zudem drängt die CDU/CSU-Fraktion auf eine zügige Umsetzung der bisher geplanten Gesetzesänderung und ihrer Vorschläge: „Wir sollten in den nächsten zwei Wochen einen Gesetzentwurf vorliegen haben“, sagt Strobl. Auch die CDU-geführten Landesregierungen in Hessen und Thüringen hatten kürzlich im Bundesrat eine zügige Umsetzung angemahnt. Aus dem Justizministerium wiederum heißt es, der Entwurf werde in den nächsten Wochen fertiggestellt. „Wir arbeiten mit Hochdruck daran“, sagt eine Sprecherin.

Michael Haas, „Union dringt auf rasche Verschärfung“, www.stuttgarter-zeitung.de, 26.03.2014 [25.04.2014]

d) 27.03.2014: Justizminister will Sexualstrafrecht verschärfen

Justizminister Heiko Maas (SPD) will noch vor Ostern einen Gesetzesentwurf zum besseren Schutz von Kindern gegen sexuelle Ausbeutung vorlegen. Wie der Minister der [Märkischen Allgemeinen Zeitung] sagte, soll unter anderem im Strafrecht „der veraltete Begriff der „Schriften“ zu einem modernen Medienbegriff erweitert werden“. Damit wird auch eine entsprechende EU-Richtlinie von 2011 umgesetzt. […]
Die Vorstellungen des Justizministers decken sich weitgehend mit den Zielen von CDU-Vizechef Thomas Strobl. Mit einigen Forderungen geht der CDU-Vize noch weiter als der SPD-Minister […]

Joachim Riecker, „Justizminister will Sexualstrafrecht verschärfen“, www.maz-online.de, 27.03.2014 [25.04.2014]

e) 11.04.2014: Härtere Strafen für Kinderpornografie

Die Bundesregierung will mit einer Verschärfung des Strafrechts wirkungsvoller gegen sexuellen Missbrauch von Kindern und gegen Kinderpornografie vorgehen. Bundesjustizminister Heiko Maas (SPD) legte am Freitag einen Referentenentwurf für ein Gesetz vor, um ihn mit den anderen Ressorts der Regierung abzustimmen.
Der Entwurf setzt europäische Übereinkommen und eine Richtlinie des Europäischen Parlaments sowie des Rates zur Bekämpfung des sexuellen Missbrauchs und der sexuellen Ausbeutung von Kindern von 2011 um. Die Diskussion findet aber auch vor dem Hintergrund der sogenannten Edathy-Affäre statt. Der ehemalige SPD-Bundestagsabgeordnete Sebastian Edathy hatte über einen Pornohandel Bilder nackter Knaben erworben, die nach bisherigem Kenntnisstand nicht in jene Kategorie von Darstellungen fallen, deren Verbreitung und Besitz strafrechtlich verfolgt werden.
Ein Gesetzesantrag der bayerischen Landesregierung, der am Freitag in den Bundesrat eingebracht wurde, zielt in dieselbe Richtung. Bayern fordert allerdings bis zu drei Jahre Haft für diejenigen, die sich kinderpornografische Schriften verschaffen, „die ein tatsächliches oder wirklichkeitsnahes Geschehen wiedergeben“. Die Bundesregierung will hier bei zwei Jahren Haft bleiben.

Eckart Lohse, „Härtere Strafen für Kinderpornografie“, www.faz.net, 11.04.2014 [25.04.2014]

Aufgaben

1 *Ordnen Sie die unterschiedlichen Akteure aus M 6 dem Gesetzgebungsverlauf zu.*

2 *Erläutern Sie die zu einem gültigen Gesetz noch fehlenden Schritte anhand des Schaubilds M 5. Prognostizieren Sie die Chancen, die der Gesetzesentwurf hat, Gesetz zu werden.*

3 *Setzen Sie die Reihe mit Schlagzeilen oder Kurzberichten fort, sodass auch die nicht erwähnten Beteiligten am Gesetzgebungsprozess mit glaubwürdigen Positionen vertreten sind.*

2.3.2 Direktdemokratische Verfahren in Deutschland als Korrektiv oder Troublemaker

M7 Konstruktive Einflussnahme

a) Kommunale Ebene: Bürgerbegehren und Bürgerentscheid

Ein Bürgerbegehren ist der Antrag der Bürgerinnen und Bürger an die Gemeindevertretung, einen Bürgerentscheid durchzuführen. Ein Bürgerentscheid ist die Abstimmung der Bürgerinnen und Bürger über eine kommunalpolitische Sachfrage. Die Ergebnisse von Bürgerentscheiden sind verbindlich. Sie müssen wie ein Beschluss des Kommunalparlamentes umgesetzt werden.
Die Regelungen zur Durchführung von Bürgerbegehren und Bürgerentscheiden sind jedoch von Bundesland zu Bundesland teilweise sehr unterschiedlich. Die einzelnen Gemeindeordnungen geben mehr oder weniger detaillierte Regelungen vor, die genau berücksichtigt werden müssen, damit ein Bürgerbegehren zulässig ist und ein Bürgerentscheid stattfinden kann.

Andreas Paust: Arbeitshilfe Bürgerbegehren und Bürgerentscheid. Ein Praxisleitfaden. Arbeitshilfen für Selbsthilfe- und Bürgerinitiativen Nr. 24, Verlag Stiftung Mitarbeit, Bonn ²2005

b) Landesebene: Volksbegehren und Volksentscheid

Alle 16 Bundesländer sehen Möglichkeiten der direkten Volksgesetzgebung auf Landesebene vor. Generell gilt dabei ein dreistufiges Verfahren:

1. Volksinitiative
2. Volksbegehren
3. Volksentscheid

Im ersten Schritt müssen die Bürgerinnen und Bürger zunächst einen Antrag auf Volksbegehren stellen. Ist die Initiative rechtlich zulässig, kommt es im zweiten Schritt zum Volksbegehren, für das ein bestimmtes Unterschriftenquorum erforderlich ist, das zwischen 4% (Brandenburg) und 20% (Nordrhein-Westfalen, Hessen) variiert.
Erst ein erfolgreiches Begehren führt zum abschließenden Urnengang der Bürger (Volksentscheid). Ein Volksentscheid hat die gleiche Bedeutung wie eine Parlamentsabstimmung.
Anders als bei Wahlen reicht jedoch in den meisten Ländern die einfache Mehrheit nicht aus. In der Regel ist die Zustimmung von mindestens einem Viertel, bei Verfassungsänderungen sogar der Hälfte aller Wahlberechtigten vorgeschrieben. Eine der wenigen Ausnahmen bildet Bayern, das bei einfachen Gesetzen keine Zusatzklausel und bei Verfassungsänderungen ein Zustimmungsquorum von 25% vorsieht.

Bärbel Martina Weixner, „Direkte Demokratie in den Bundesländern", in: Aus Politik und Zeitgeschichte, März 2006, S. 18

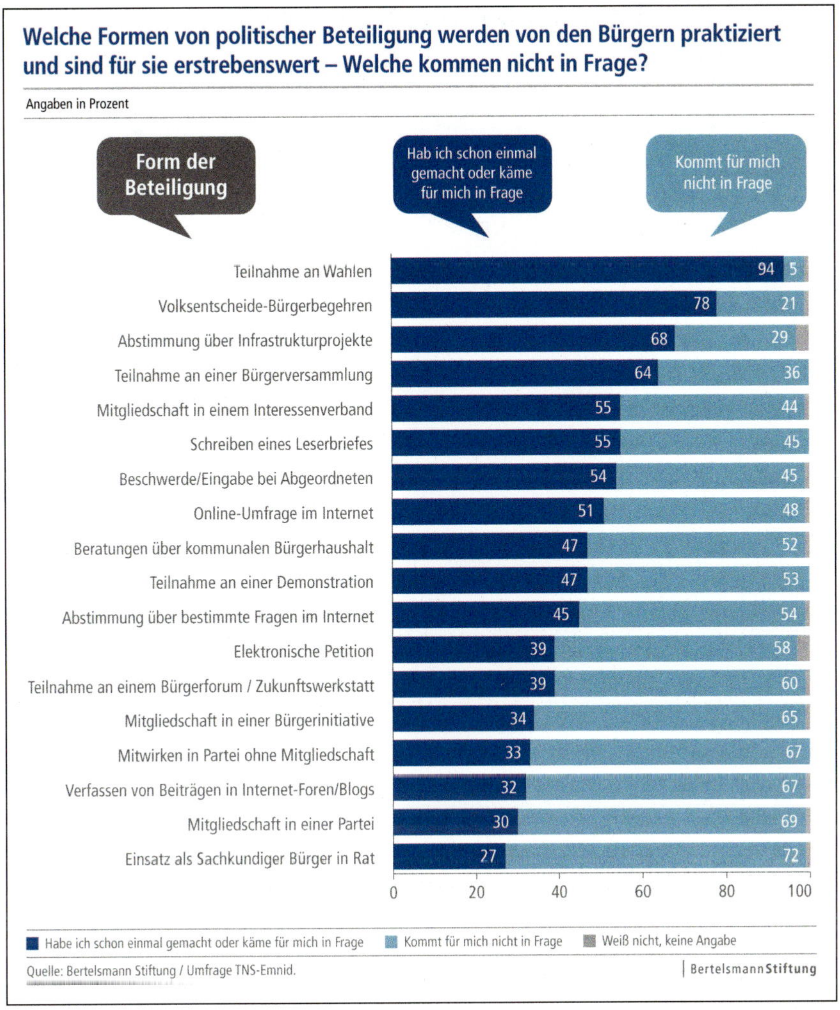

© Studio der Bertelsmann-Stiftung aus dem Jahre 2011

c) Bundesebene: Volksabstimmungen

Die Frage nach der Zulässigkeit von Volksabstimmungen auf Bundesebene war in Deutschland bis in die Achtzigerjahre hinein ein Tabu. Es galt als ausgemacht, dass das Grundgesetz direktdemokratische Elemente über den Anwendungsbereich von Art. 29 und Art. 118 hinaus verbiete, in denen die territoriale Neugliederung des Bundesgebietes geregelt wird. [...] Die Ausweitung des plebiszitären Instruments setzt danach eine Grundgesetzänderung voraus, da der heutige Art. 76 Abs. 1 die Gesetzesinitiative abschließend der Bundesregierung, dem Bundestag und dem Bundesrat zuordnet und Art. 77 Abs. 1 bestimmt, dass Bundesgesetze vom Bundestag beschlossen werden. Im Übrigen hat sich aber die Meinung durchgesetzt, dass die Verfassung selbst einer solchen Ausweitung nicht im Wege stehen würde.

Frank Decker, „Direkte Demokratie im deutschen ‚Parteienbundesstaat'", in: Aus Politik und Zeitgeschichte, März 2006, S. 3

Aufgaben

1 *Setzen Sie die unterschiedlichen Möglichkeiten der Beteiligung mit den von den Bürgern bevorzugten Formen in Zusammenhang.*

2 *Entwerfen Sie ein Konzept, das die Möglichkeit neuer Beteiligungsformen (vgl. Grafik) auf Bundesebene umsetzt. Berücksichtigen Sie dabei mögliche negative Folgen dieser Umsetzung.*

3 *Erörtern Sie, ob die Frage der Vorratsdatenspeicherung durch das Volk entschieden werden sollte.*

M8 Volksentscheide als Korrektiv

Volksentscheide auf Bundesebene sind überfällig. Auf Landesebene haben sie sich etabliert. Viele Politiker treibt dennoch die Sorge um, wie sie öffentlich dastehen, wenn der Souverän, das Volk, ihnen die Richtung weist. Tatsächlichen Machtverlust muss allerdings keiner befürchten. Das zeigen die Erfahrungen aus Bayern. Die CSU hat hier wichtige Volksentscheide und -begehren, zum Beispiel zum Rauchverbot und den Studiengebühren, verloren. Und heute? Hat Seehofer die absolute Mehrheit. Das sollte die Zauderer in der CDU beruhigen. Es gibt auch sonst wenig Grund, Angst vor Plebisziten zu haben, vor allem wenn sie sich in den engen Grenzen bewegen, die Friedrich und Oppermann [Unterhändler der CSU bzw. der SPD bei den Koalitionsverhandlungen im Herbst 2013] ausgehandelt haben. Die Bürger sollen nur zu beschlossenen Gesetzen innerhalb von sechs Monaten einen Volksentscheid erzwingen können – wenn sie dafür eine Million Unterstützer finden. Ein Volksbegehren, also die Möglichkeit, ganze Gesetze per Volksentscheid auf den Weg zu bringen, soll es dagegen nicht geben.

Damit haben Friedrich und Oppermann eines der Hauptargumente der CDU gegen bundesweite Volksabstimmungen anerkannt: Die Gesetzgebung sei zu komplex, um sie einzelnen Interessengruppen zu überlassen, deren Vorschläge dann zur Abstimmung stünden, hieß es immer wieder.

[...] Da ist ja auch was dran: Jüngst haben die Berliner über ein Gesetz des „Berliner Energietisches“ abstimmen können, mit dem ein öko-soziales Stadtwerk hätte gegründet werden müssen, das die Berliner mit Strom versorgt. So sympathisch die Idee war, sie ist auch daran gescheitert, dass die Initiatoren nichts dem Zufall überlassen wollten. Das Gesetz war bis in Details ausformuliert. Kein Bürger hat da noch durchblicken können, was er mit einem Ja zu dem Vorschlag auslösen würde. Warum sollte er auch? Dafür hat er schließlich Vertreter in das Abgeordnetenhaus von Berlin geschickt. Deren demokratisch legitimierter Job ist es, sich tief in ein Thema einzuarbeiten. Und dann zu entscheiden. Die Initiatoren des Strom-Volksbegehrens glaubten, es besser zu können als das gewählte Parlament. Sie haben versucht, die repräsentative Demokratie auszuhebeln.

Der Vorstoß von Friedrich und Oppermann ist da besser. Das Volk kann zunächst lediglich Gesetze korrigieren oder wieder abschaffen, die es für falsch hält. Das wäre ein „behutsamer Einstieg“ in mehr direkte Demokratie, wie die beiden schreiben. Und ein großer Erfolg von Bewegungen wie „Mehr Demokratie“, die in den vergangenen Jahren nicht müde geworden sind, für bundesweite Plebiszite zu werben. Sie waren ihrem Ziel noch nie so nahe.

Thorsten Denkler, „Endlich mitbestimmen!“, www.sueddeutsche.de, 12.11.2013 [11.01.2014]

Aufgaben

1 *Arbeiten Sie die Position und die Argumentation des Textes heraus. Beziehen Sie Stellung dazu.*

2 *Erläutern Sie, worin das Interesse regierender Politiker wie Horst Seehofer besteht, Plebiszite einzuführen.*

3 *Beurteilen Sie, inwiefern Volksabstimmungen das Prinzip der repräsentativen Demokratie gefährden.*

M 9 Das Volk, der große Lümmel

Die Eidgenossen leben die direkte Demokratie

Viele Deutsche loben die Schweizer direkte Demokratie, viele, vor allem Angehörige der politischen Klasse, lehnen sie ab. Die beiden am häufigsten gehörten Vorwürfe bemühen das Unbehagen am Populismus – und amüsanterweise widersprechen sie sich. Die erste These besagt, dass Plebiszite Populisten Gelegenheit geben, Fragwürdiges oder Verwerfliches zu Gesetzen zu machen, die zweite, dass Plebiszite Populisten Gelegenheit geben, sinnvolle oder notwendige Reformen zu verhindern. Durch beide Denkansätze schimmert das Misstrauen gegenüber dem Volk, dem unberechenbaren „großen Lümmel", das so oft ganz anders will als die aufgeklärte Elite.

Dafür, dass an der ersten These etwas Wahres ist, liefert die Zeitgeschichte einige Belege. Sowohl die Minarett- als die Ausschaffungsinitiative, bei der es darum ging, kriminelle Ausländer auszuweisen, kann man getrost als populistisch bezeichnen. Beide spielten bewusst mit der Angst vor fremden Kulturen, vor Identitäts- und Heimatverlust, und beide liefen dem liberalen Geist, der die Schweiz seit Jahrzehnten prägt, zuwider.

Angst vor elitärer Willkür

Beide Initiativen wurden angenommen. Für die internationale politische Elite ist das Renommee der Schweiz in Mitleidenschaft gezogen worden; im Volk sieht man das vielleicht etwas anders.

Offensichtlich kollidieren bei solchen Fragen stets zwei Prinzipien, das Mehrheitsprinzip und der Minderheitenschutz. Einen bequemen Ausweg aus diesem Dilemma gibt es nicht. Natürlich gibt es auch in der Schweiz seit Langem Überlegungen, einen Kern von unverhandelbaren Grundrechten zu definieren, die dem Initiativrecht entzogen blieben. Verwirklicht worden sind solche Pläne bisher allerdings nicht. Zu tief sitzt die Angst vor elitärer Willkür, vor einer Beschneidung der Volksrechte. Aus dem gleichen Grund gibt es in der Schweiz auch kein Verfassungsgericht. Letzte Instanz ist das Volk, der Souverän. Die Idee eines juristischen Korrektivs ist unpopulär und widerspricht der Verfassungstradition.

Trotz der für viele enttäuschenden Entscheide der jüngsten Vergangenheit werden wohl nur die wenigsten Schweizer dazu neigen, das Instrument der direkten Demokratie an eine wie auch immer erleuchtete Elite abzutreten. Die Erfahrungen mit der direkten Demokratie sind im Ganzen gute, die Bürger schätzen ihre Rechte und würden sie trotz partieller Enttäuschungen nie hergeben. Versuche, per Initiative umstrittene Maßnahmen durchzusetzen, gab es immer wieder, man denke an die „Überfremdungsinitiativen" der Siebzigerjahre. Sie wurden allesamt abgelehnt. Die Minarettinitiative ist erst die zweite angenommene, die sich gegen eine religiöse Minderheit richtet (1893 wurde das Schächtverbot eingeführt, das oft als Ausdruck von Antisemitismus gedeutet wird). Es ist also durchaus nicht so, dass die Populisten immer siegten. Die Verführbarkeit des Volkes hält sich in Grenzen; noch hat sich die Demokratie durch ihre direkte Variante nicht aushebeln lassen. Diktatoren hat die moderne Schweiz nie gekannt, Minderheiten aus aller Welt wandern bis heute gerne zu, der Ausländeranteil liegt bei etwa 20 Prozent – weit über dem Deutschlands mit etwa 9 Prozent. Fazit: Belastbare Indizien dafür, dass direkte Demokratie ins Verderben führen muss, fehlen.

Info

Die **1:12-Initiative** war eine Volksinitiative der schweizerischen JungsozialistInnen, in der gefordert wurde, Gehälter auf das Zwölffache des niedrigsten Lohnes im jeweiligen Unternehmen zu begrenzen.

Gemischte Bilanz

Und der umgekehrte Vorwurf? Könnte es nicht sein, dass direkte Demokratie Sinnvolles oder Notwendiges verhindert? Oft ist in Deutschland zu hören, die Erhöhung des Rentenalters auf 67 Jahre hätte sich in einer direkten Demokratie nie durchsetzen lassen. Wie kann man von einem Volk erwarten, dass es sich freiwillig mehr Fron verordnet? Nun, in der Schweiz müssen die Revisionen der obligatorischen Rentenversicherung dem Volk vorgelegt werden. Zehn Revisionen mit teilweise kräftigen Beitragserhöhungen sind seit 1948 angenommen worden; die elfte, die eine Erhöhung des Frauenrentenalters von 64 auf 65 Jahre vorsah, scheiterte 2004. Eine gemischte Bilanz also. Sie lässt aber erkennen, dass auch der „gewöhnliche" Bürger wirtschaftliche Sachzwänge durchaus zu erkennen vermag. Direkte Demokratie und echter Föderalismus, das ist die Schweizer Erfahrung, sind der Spardisziplin förderlich. Schweizer Gemeinden und Kantone können selber Steuern erheben und ihre Ressourcen eigenständig investieren, sie müssen nicht wie deutsche Länder beim Bund betteln gehen. Im internationalen Vergleich aber ist die Verschuldung von Bund, Kantonen und Gemeinden extrem niedrig. Mit 5,5 Prozent Schulden steht die Schweiz hervorragend da. Studien zeigen zudem, dass Kantone, die Finanzreferenden kennen, geringer verschuldet sind. Bürger, die in verantwortlicher Selbstbestimmung agieren, verspüren offensichtlich wenig Lust auf hohe Zinsen und weigern sich, Steuererhöhungen zu bewilligen, um „notwendige" Mehrausgaben zu finanzieren. Sie tun damit etwas, was in europäischen Staaten und supranationalen Gebilden kaum noch denkbar scheint: Sie sparen.

Ulrich Schmid, „Das Volk, der große Lümmel", in: Das Parlament Nr. 01–02/03.01.2011 [11.01.2014]

Als die Regierung die Erhöhung der Jahresgebühr für die Autobahnvignette von 40 auf 100 Franken ankündigte, brach ein Sturm der Entrüstung los.

Aufgaben

1 *Stellen Sie die positiven und die negativen Erfahrungen der Schweiz mit Volksentscheiden dar. Ergänzen Sie die Liste/Tabelle mit eigenen Gedanken.*

2 *„Deutschland als die bessere Schweiz – die Zeit ist reif für bundesweite Volksentscheide!" Führen Sie eine Debatte zum Thema.*

Gewaltenteilung und Kontrolle im politischen Entscheidungsprozess

Gewaltenteilung, Gewalten-verschränkung

Montesquieu gilt als Begründer der Lehre von der Gewaltenteilung mit dem Ziel, Machtmissbrauch zu verhindern. Eines der Kernanliegen, aber auch der Hauptprobleme einer Massendemokratie ist die Kontrolle der Repräsentanten. In Deutschland gilt daher neben der horizontalen Gewaltenteilung in Exekutive, Legislative und Judikative auch die vertikale Teilung in Zuständigkeiten des Bundes, der Länder und der Kommunen. Damit soll ein System der „Checks and Balances" geschaffen werden, das Machtmissbrauch grundsätzlich verhindert. Dennoch wird diese starre Lehre der Gewaltenteilung eines präsidentiellen Systems scheinbar durch die enge Verflechtung von Regierung und Bundestag im parlamentarischen System (Gewaltenverschränkung) relativiert.

Kontrollmöglichkeiten Bundestag

Es ist durchaus zutreffend, dass der Bundeskanzler in Deutschland sich der Zustimmung des Bundestages in der Regel sicher sein kann, da er ja von diesem gewählt wurde. Diese Sichtweise ist jedoch nur oberflächlich richtig. Die Opposition des Bundestages hat mit der Möglichkeit, Untersuchungsausschüsse einzusetzen, große und kleine Anfragen zu initiieren und Gegenentwürfe zu präsentieren, Einfluss auf die Öffentlichkeit und kann Fehlentwicklungen mitunter wirkungsvoll verhindern. Zudem haben alle Abgeordneten Einfluss auf die Gesetzgebung, indem sie in den Ausschüssen mitarbeiten und indem sie – mit freiem Mandat ausgestattet – unabhängig entscheiden können. Üblicherweise folgen die Abgeordneten aber den Vorschlägen ihrer Fraktion.

Bundesrat

Deutlichster Ausdruck der vertikalen Gewaltenteilung ist der Bundesrat, der zentral in den politischen Entscheidungsprozess eingebunden ist. In ihm versammeln sich die Regierungen der einzelnen Bundesländer und können somit als weiterer mächtiger Vetospieler die Macht der Exekutive begrenzen. Dies gilt vor allem in den Fällen, in denen die Mehrheit in Bundestag und Bundesrat bei unterschiedlichen Parteien liegt. Da die Parteien im Bundesrat aber einen sehr großen Einfluss haben, wird er häufig als Störenfried bezeichnet, insofern er weniger die Kontrolle als vielmehr die Durchsetzung eigener, eben auch parteipolitischer Ziele verfolgt.

Bundespräsident

Der Bundespräsident steht grundsätzlich außerhalb des politischen Tagesgeschäfts. Seine Machtfülle und seine Kontrollmöglichkeiten sind auf den ersten Blick sehr begrenzt. Er kann den politischen Prozess an einzelnen Stellen verzögern, aber nicht aufhalten. Allerdings besitzt er in der Bevölkerung ein großes Vertrauen. Daher kann er durch seine Reden Akzente setzen und Denkanstöße geben, die die politische Agenda beeinflussen.

Bundesverfassungsgericht

Ebenfalls sehr hohe Vertrauenswerte besitzt das Bundesverfassungsgericht. Das liegt unter anderem an seiner Unabhängigkeit gegenüber allen übrigen Verfassungsorganen. Es kann bei Organstreitigkeiten entscheiden und bei Streitigkeiten zwischen Bund und Ländern. Gesetze können dem Gericht zur Überprüfung vorgelegt werden und wie auch bei einem Parteiverbotsverfahren entscheidet das Bundesverfassungsgericht in Deutschland abschließend und mit Berufung auf die Verfassung. Als „Hüter der Verfassung" spielt das Gericht im Bereich der Machtkontrolle eine entscheidende Rolle, da es in Zweifelsfällen angerufen werden kann und Machtmissbrauch verhindern kann.

Kontrollmöglichkeiten intermediäres System, Bürger

Die pluralistische Demokratie Deutschlands ist aber nicht nur auf der Ebene der Institutionen um Kontrolle bemüht, auch das intermediäre System kann Machtballung und Machtmissbrauch verhindern. Im Bereich der Gesetzgebung spielen Verbände eine große Rolle, um die Gesetzgebung am Gemeinwohl zu orientieren. Das Fehlverhalten einzelner Politiker, aber auch grundsätzliches Fehlverhalten von Institutionen wird üblicherweise von den Medien thematisiert oder – wie im Fall der Korruption – von Vereinen oder sog. Pressure-Groups. Allerdings führt diese Thematisierung nicht immer zu einer Verhaltens- oder Verfahrensänderung. Daher wirkt diese Kontrolle stets nur indirekt.

Politischer Entscheidungsprozess

Das Gesetzgebungsverfahren als politischer Entscheidungsprozess bündelt die Kompetenzen aller Akteure der Demokratie. Das Recht zur Gesetzesinitiative liegt bei Bundestag, Bundesrat oder Bundesregierung, wobei Letztere den Hauptteil der Gesetze auf den Weg bringt. Als einziges unmittelbar vom Bürger legitimiertes Organ bearbeitet zunächst der Bundestag einen Gesetzesvorschlag und beschließt nach Ausschussverhandlungen ein Gesetz. Dieses wird zur Überprüfung an den Bundesrat überwiesen, dessen Zustimmung bei Gesetzen, die die Verwaltung und die Finanzen der Länder betreffen, notwendig ist; bei Gesetzen, die die Verfassung betreffen, ist sie sogar zwingend. Zuletzt prüft der Bundespräsident das Gesetz auf seine Verfassungsmäßigkeit und unterzeichnet es. Nach der Veröffentlichung im Bundesgesetzblatt wird das Gesetz zum festgelegten Termin gültig. Das Bundesverfassungsgericht beschäftigt sich nur auf Antrag mit dem Gesetz.

Reformfähigkeit

Auch wenn das System Deutschlands auf den ersten Blick keine großen Problemfelder eröffnet, geraten doch zunehmend die Gewaltenverschränkung und die Bürgerferne ins Blickfeld der Kritik. Insbesondere ein bundesweiter Volksentscheid wie beispielweise in der Schweiz und auf europäischer Ebene wird inzwischen auch von Koalitionären der Bundesregierung gefordert. Hierdurch könnte eine nachträgliche Kontrollinstanz geschaffen werden, um Machtmissbrauch zu verhindern. In dieselbe Richtung geht die Forderung der Direktwahl des Bundespräsidenten, um ihn noch weiter aus der parteipolitischen Auseinandersetzung herauszuhalten. In beiden Fragen sind die Vorbehalte aber groß, weshalb hier nicht mit einer Erweiterung der Bürgerbeteiligung zu rechnen ist.

Brauchen wir ein Gesetz gegen Gier?

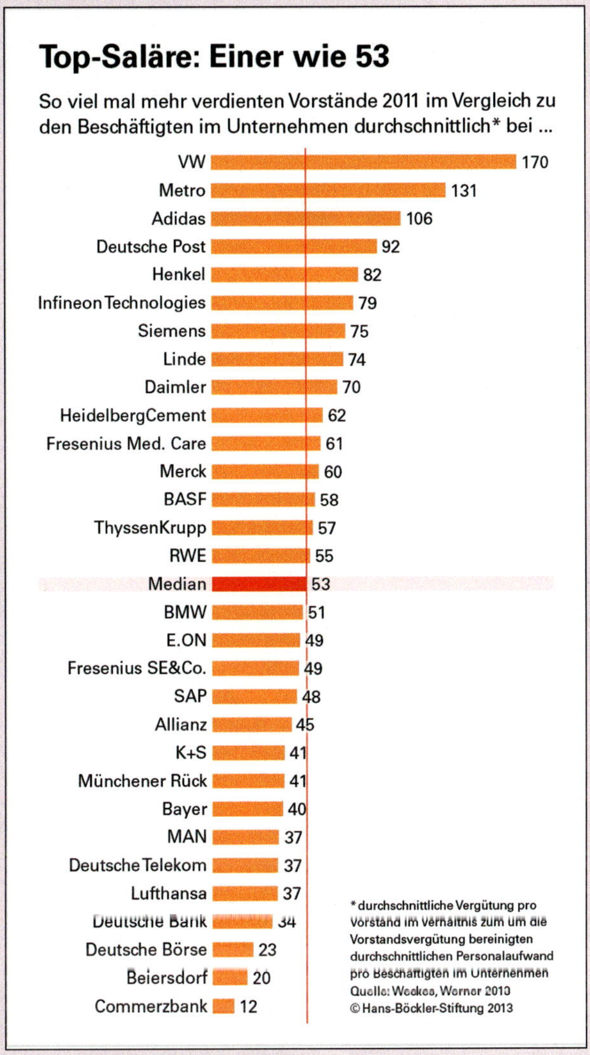

Thomas Plaßmann

Aufgaben

1 *Analysieren Sie die Grafik.*

2 *Klären Sie die Positionen in Ihrem Kurs zu der Frage, ob Managergehälter stärker reguliert werden sollten. Beziehen Sie dabei die Karikatur mit ein.*

3 *Erstellen Sie eine grafische Darstellung mit Akteuren und deren Ansichten zu einer Regulierung von Managergehältern (Internetrecherche). Orientieren Sie sich dabei an der Vetospieler-Theorie von George Tsebelis* *(s. S. 308)**.*

4 *Spielen Sie das mögliche Gesetzgebungsverfahren zum „Gesetz gegen Gier“ möglichst umfassend und realitätsnah durch.*

Globale Herausforderungen des 21. Jahrhunderts

1. Wirtschaftliche Aspekte der Globalisierung

Längst ist die Globalisierung in unserem Alltag angekommen. Ganz selbstverständlich profitieren wir als Verbraucher von einem unüberschaubaren Warenangebot zu günstigen Preisen. Wir wundern uns nicht mehr, dass der Werbeanruf einer Versandhauskette aus Bangladesch kommt, ein großes IT-Unternehmen einen Teil seiner Software im indischen Bangalore entwickeln lässt und ein mittelständisches Unternehmen seine Buchhaltung nach Tschechien verlegt.

Internationale Arbeitsteilung

„Global Player" produzieren und entwickeln dort, wo sie die günstigsten Standortbedingungen vorfinden – und das ist inzwischen häufig außerhalb der klassischen Industriestaaten der Fall. Davon profitieren viele asiatische und südamerikanische Staaten. Schon jetzt ist abzusehen, dass sich die Gewichte der Weltwirtschaft dauerhaft zulasten der klassischen Industriestaaten verschieben werden – eine der größten wirtschaftlichen Herausforderungen für diese Länder.

Globalisierte Finanzmärkte

Auch die Finanzmärkte haben sich globalisiert. Schrittweise sind sie von einschränkenden Vorschriften befreit worden. Welche hohen Risiken die enge Verflechtung der Finanzmärkte birgt, zeigte sich während der Finanz- und Wirtschaftskrise 2008/2009, als eine Immobilienkrise in den USA eine weltweite Finanz- und Wirtschaftskrise auslöste, deren Folgen bis heute nachwirken.

Entwicklungsländer

Während die Globalisierung in vielen (ehemaligen) Entwicklungsländern einen wirtschaftlichen Boom auslöste, galt Afrika lange Zeit als „verlorener Kontinent". Doch gibt es Hinweise darauf, dass sich auch die Lebensbedingungen in Afrika deutlich verbessern und die Armut abnimmt. Für die Integration in den Weltmarkt zahlen viele Entwicklungsländer jedoch einen hohen Preis: Die Arbeitsbedingungen in den Fabriken sind zum Teil unmenschlich und die Löhne reichen manchmal kaum zum Leben aus. Wie kann die Globalisierung sozialer gestaltet werden?

Weltwirtschaftsordnung

Mit dem rasanten Tempo der Wirtschafts- und Finanzwelt konnte die Entwicklung der politischen Institutionen kaum Schritt halten. Globale Probleme können nur auf internationaler Ebene bewältigt werden, doch ist eine Weltwirtschaftsordnung bisher nur in Ansätzen erkennbar. Wie können Institutionen so weiterentwickelt werden, dass sie die politischen Herausforderungen der Globalisierung bewältigen können?

Seit Mitte der Neunzigerjahre hat die Globalisierung Wirtschaft, Gesellschaft, Umwelt und Politik tief greifend verändert – und dieser Prozess wird sich fortsetzen. Das rasche Tempo und die Auswirkungen des Wandels lös(t)en bei vielen Menschen zwiespältige Gefühle aus, zumal nicht alle gleichermaßen von den Vorteilen profitieren. Auch Sie werden wahrscheinlich im Studium und später in der Arbeitswelt die Auswirkungen der Globalisierung unmittelbar erfahren. Nur wenn Sie die Ursachen und Folgen der Globalisierung verstehen und sich damit kritisch auseinandersetzen, können Sie Ihre Chancen in einer globalisierten Welt nutzen.

Einkaufen in Riad, der Hauptstadt Saudi-Arabiens

Mitarbeiter von Siemens demonstrieren gegen die Schließung ihres Betriebs.

Kompetenzen:

Wenn Sie dieses Kapitel bearbeitet haben, können Sie Dimensionen und Erscheinungsformen des Globalisierungsprozesses erläutern sowie die Entwicklung der Weltwirtschaft anhand von Statistiken beschreiben.

Sie vergleichen verschiedene Außenhandelstheorien und können diese hinsichtlich ihrer Aussagekraft als Erklärung für Globalisierung beurteilen.

Sie können Ursachen und Folgen von Unterentwicklung darstellen und entwicklungspolitische Konzepte zur Überwindung der Ungleichheit kriterienorientiert bewerten.

Sie erkennen, dass Probleme der globalisierten Wirtschaft und Finanzwelt nur international gelöst werden können. Dabei können Sie die Rolle von Institutionen wie IWF, WTO und ILO und ihren Beitrag zu einer Weltwirtschaftsordnung erörtern.

1.1 Dimensionen und Triebkräfte der Globalisierung

Thomas Plaßmann

M 1 Globalisierung ist ...

a) ... Verflechtung und Verdichtung auf allen Ebenen

Die Globalisierung ist der Vorgang der zunehmenden weltweiten Verflechtung in allen Bereichen (Wirtschaft, Politik, Kultur, Umwelt, Kommunikation etc.). Diese Verdichtung der globalen Beziehungen geschieht auf der Ebene von Individuen, Gesellschaften, Institutionen und Staaten.

„Globalisierung", www.wikipedia.de [28.10.2013]

b) ... eine Entwicklung in rasantem Tempo

Der Begriff „Globalisierung" beschreibt deutlich mehr als den globalen Austausch von Waren und Dienstleistungen. Diesen gibt es praktisch, solange man denken kann, man erinnere nur an die chinesische Seidenstraße oder an die Reisen von Marco Polo und Christopher Columbus. Den Begriff der Globalisierung benutzt man jedoch in der öffentlichen Diskussion umfassend erst seit den 1980er-Jahren.
Globalisierung betrifft fast alle Lebensbereiche: Konsum und Lebensformen, Politik, Recht, Technik. Um es mit Kurt Tucholsky zu sagen: „Was die Weltwirtschaft angeht, so ist sie verflochten". Ob Finanzkrise, Schweinegrippe oder Computervirus ... stets hat man es mit Prozessen zu tun, deren Ursprung zwar zu lokalisieren, deren Verbreitung in der Welt aber kaum aufzuhalten ist. Das ist ein Merkmal der Globalisierung.
Es handelt sich also um Prozesse, die nationalstaatliche Grenzen überwinden, zur Ausweitung und Intensivierung wissenschaftlich-technischer, ökonomischer, politischer und soziokultureller Beziehungen zwischen den Kontinenten führen und schließlich den gesamten Erdball umspannen. [...]
Das alles vollzieht sich in hohem Tempo. Denken Sie nur an die Entwicklungen in den letzten zehn Jahren, die durch das Internet ausgelöst wurden. Das Alltagsgeschehen ist hiervon maßgeblich betroffen: Neue Kommunikationsformen entstehen und lösen stellenweise alte ab, die Distribution von Produkten verändert sich und Informationen aus aller Welt stehen unmittelbar weltweit zur Verfügung.

Michael Koch/Katrin Eggert, Unterrichtseinheit „Globalisierung", Institut für ökonomische Bildung, Universität Oldenburg 2012, S. 56

Info

Distribution = Verteilung

c) ... ein offener Prozess

Mit der Globalisierung entstehen neue Entwicklungschancen, aber auch neue Herausforderungen. Es fehlt noch an Orientierungsmaßstäben und an fairen

Regeln. Wir können hier wenig aus der Vergangenheit ableiten, denn die heutige Vernetzung und Interaktion von Wirtschaftsströmen, Kulturen und Wissen über (vormalige) Grenzen hinweg ist beispiellos. Globalisierung ist ein offener Prozess. Damit beginnt die Suche nach Ideen, neuen Lebensstilen sowie gesellschaftlicher Ordnung innerhalb und zwischen Staaten, die eine zukunftsfähige und faire Entwicklung ermöglichen können. Vergleicht man die Globalisierung mit dem Prozess der Industrialisierung, so wird deutlich, dass wir erst am Anfang einer Entwicklung stehen, die sich auf viele Lebensbereiche und Funktionsweisen unserer Gesellschaft auswirkt. Wir sind noch sehr ungeübt darin, damit umzugehen. Die Verwerfungen und Ungleichheiten, die mit der Globalisierung einhergehen, sind ebenso offensichtlich wie der Nutzen, den wir jeden Tag daraus ziehen.

Sascha Meinert/Michal Stollt, „Was ist Globalisierung?", www.bpb.de, 21.06.2010 [28.10.2013]

Aufgaben

1 *Internationalen Handel und kulturellen Austausch gibt es seit Jahrtausenden. Erläutern Sie anhand von M 1, was neu an der Globalisierung ist.*

2 *Nehmen Sie unter Berücksichtigung von M 1c Stellung zur Aussage der Karikatur.*

M 2 Dimensionen der Globalisierung

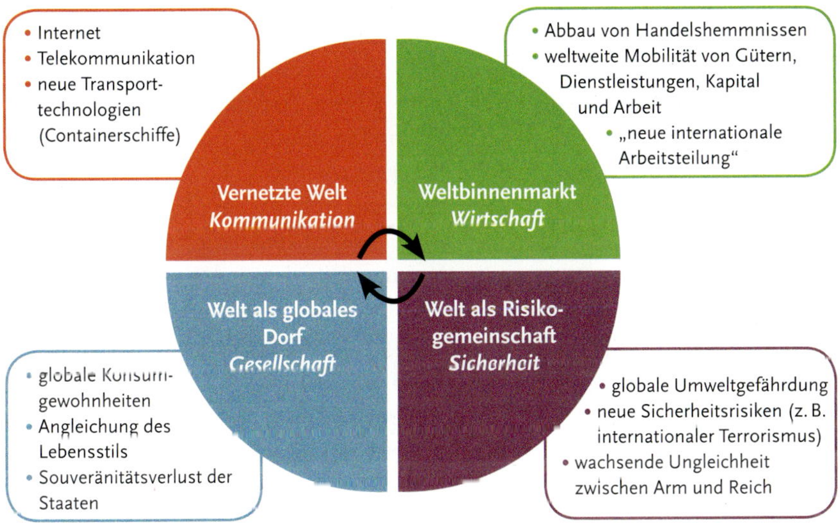

Aufgabe

Ordnen Sie den vier Dimensionen Beispiele auf allen Ebenen (Individuen, Gesellschaften, Institutionen und Staaten) zu.

M 3 Ursachen und Antriebskräfte der Globalisierung

Ökonomie: Zu den wesentlichen ökonomischen Ursachen der Globalisierung gehört der Abbau von Handelshemmnissen und einschränkenden Vorschriften auf den Güter-, Devisen- und Kapitalmärkten. Kapital und Wissen sind im Vergleich zu Gütern und Arbeit besonders mobil. Unternehmen nutzen moderne Kommunikationstechnologien, um durch eine stärkere Vernetzung der Beschaffungs- und Absatzmärkte Kosten zu senken. Ursachen und zugleich Auswirkungen zunehmender Globalisierung sind auch steigende Direktinvestitionen von Firmen im Ausland und die Bildung multinationaler Unternehmen [...]. Der Prozess der Globalisierung wird nicht zuletzt durch den globalen Konsumenten beschleunigt. Dieser gibt sich nicht mehr mit einheimischen Produkten zufrieden, sondern nutzt die Produktvielfalt, die durch den intraindustriellen Handel ermöglicht wird.

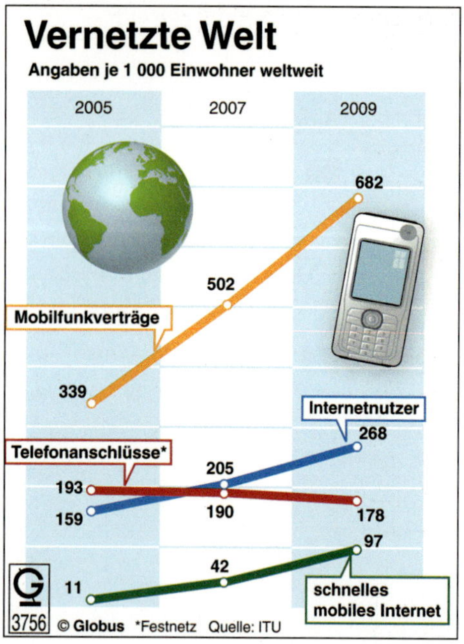

Politik: Neue Wachstumszentren entstehen vor allem im asiatisch-pazifischen Raum, zum Beispiel in China oder in den mittel- und osteuropäischen Ländern.
Durch die Umwälzungen 1989–1991 in den Ländern des ehemaligen Ostblocks haben sich die politischen Rahmenbedingungen in Mittel- und Osteuropa grundlegend verändert; die Volkswirtschaften wandelten sich zu marktwirtschaftlichen Ordnungen und öffneten ihre Märkte zunehmend, und zwar für Menschen, Sachgüter, Dienstleistungen und Kapital. Der Zusammenbruch des Sozialismus und das Ende des Kalten Krieges führten ganz allgemein zum Abbau politischer Spannungen und stärkten damit internationale Handelsbeziehungen. Neben den mittel- und osteuropäischen Staaten sind auch Schwellen- und Entwicklungsländer auf den Weltmarkt getreten. Durch die neuen Wettbewerber gibt es zunehmend Konkurrenz.
Technologie: Computerisierung, Miniaturisierung, Digitalisierung, Satellitentechnik, Mobiltelefon, Internet, Glasfaserkabel u. a. bilden die Grundlagen für ein weltumspannendes Kommunikationsnetz, sodass Informationen und Wissen überall auf der Welt in Sekundenschnelle verfügbar gemacht werden können. Die modernen Verkehrs- und Kommunikationstechnologien senken Transaktionskosten und versetzen Unternehmen in die Lage, 24 Stunden am Tag an unterschiedlichen Orten der Welt an gemeinsamen Projekten zu arbeiten. […]
Soziokulturelle Entwicklungen: Die zunehmende Mobilität des Menschen und globale Produkte, die weltweit in den Medien präsent sind, sorgen für eine wachsende Angleichung von Lebensstilen, Normen, Ritualen und Wertvorstellungen. Kulturpessimisten glauben an die weltweite Vereinheitlichung und Gleichschaltung kultureller Praktiken. […] Ursachen und Wirkungen sind allerdings noch weniger gut voneinander zu unterscheiden als in den oben genannten Punkten.

Nach: Hans Kaminski (Hg.) u. a., oec, Grundlagen der Ökonomie, Westermann Verlag, Braunschweig 2005, S. 529

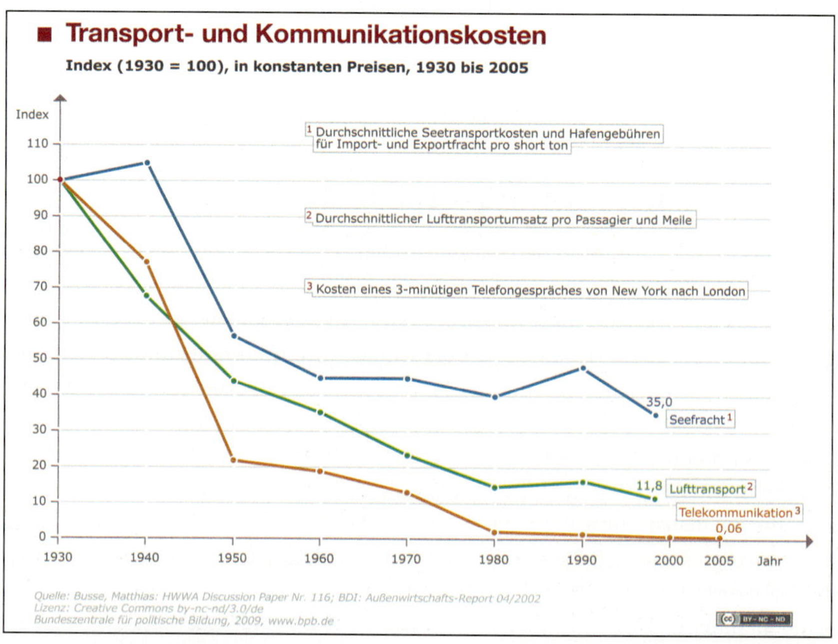

Aufgaben

1 *Erstellen Sie ein Schaubild (zum Beispiel eine Mindmap), in dem Sie Ursachen und Antriebskräfte der Globalisierung zusammenfassen.*

2 *Wählen Sie einen Bereich aus M 3 und erläutern Sie an einem konkreten Beispiel, warum die Globalisierung ein „offener Prozess" ist. Leiten Sie daraus einen möglichen Handlungsbedarf für die Politik ab.*

3 *Beurteilen Sie folgende Aussage des Journalisten Nikolaus Piper: „Wer vor der Globalisierung in Politik und Wirtschaft die Augen verschließt, spürt ihre negativen Folgen mit besonderer Wucht. Aber wer sie nutzt, kann gewinnen."*

1.2 Globalisierung: Die ganze Welt ein einziger Markt?

M 1 Unser globalisierter Alltag

Frühmorgens klingelt der Wecker – made in China. Während wir zum Frühstück Kaffee aus Südamerika trinken und ein Brötchen mit holländischem Käse essen, hören wir im Radio Lieder englischer oder amerikanischer Bands. Auf dem Weg zur Arbeit begegnen uns Autos deutscher, japanischer, schwedischer oder französischer Hersteller. Im Büro schalten wir den Computer ein und arbeiten mit US-amerikanischer Software und chinesischer Hardware. Auf dem Weg nach Hause halten wir noch kurz im Supermarkt und stehen vor einer großen Palette heimischer und ausländischer Produkte. Wir haben die freie Auswahl: Der griechische Spargel und das argentinische Rindfleisch sind im Angebot, die spanischen Orangen sehen sehr gut aus und ein französisches Shampoo wirbt mit Bestnoten der Stiftung Warentest. Wenn wir das Nötigste in den Einkaufswagen gepackt haben, suchen wir noch schnell das besonders leckere englische Weingummi und die original-italienische Pastawürzmischung.
Wieder zu Hause angekommen, stellen wir noch eine Waschmaschine mit unserer in Taiwan produzierten Kleidung an und läuten den Feierabend ein. Wir machen es uns auf dem Sofa einer schwedischen Möbelhauskette bequem, schauen einen Film aus Hollywood, trinken ein Glas von dem südafrikanischen Wein und überlegen, inspiriert durch die ausländische Tourismuswerbung, welches Land wir in unserem nächsten Urlaub gerne mal erkunden würden.

Klaus-Peter Gruber u. a., „Weltwirtschaftliche Entwicklungen zu Beginn des 21. Jahrhunderts", in: Informationen zur politischen Bildung, Nr. 299/2008, S. 4

Aufgabe

Beschreiben Sie Chancen und Risiken der wirtschaftlichen Globalisierung aus der Sicht von Verbrauchern und Unternehmen.

M 2 Die Struktur des Welthandels

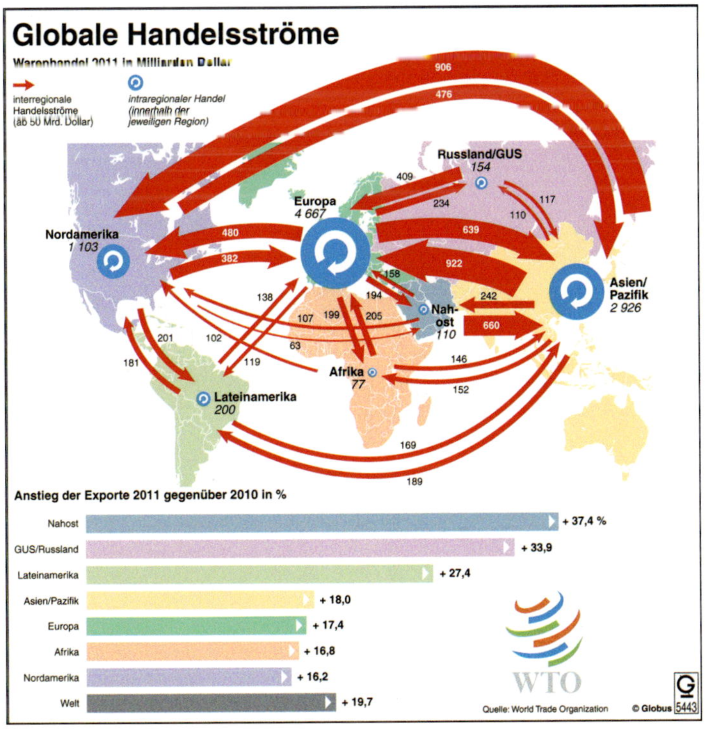

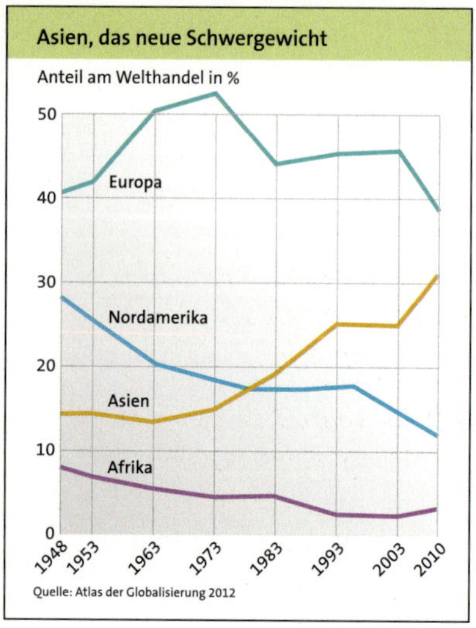

M 3 Wie hat sich der Welthandel entwickelt?

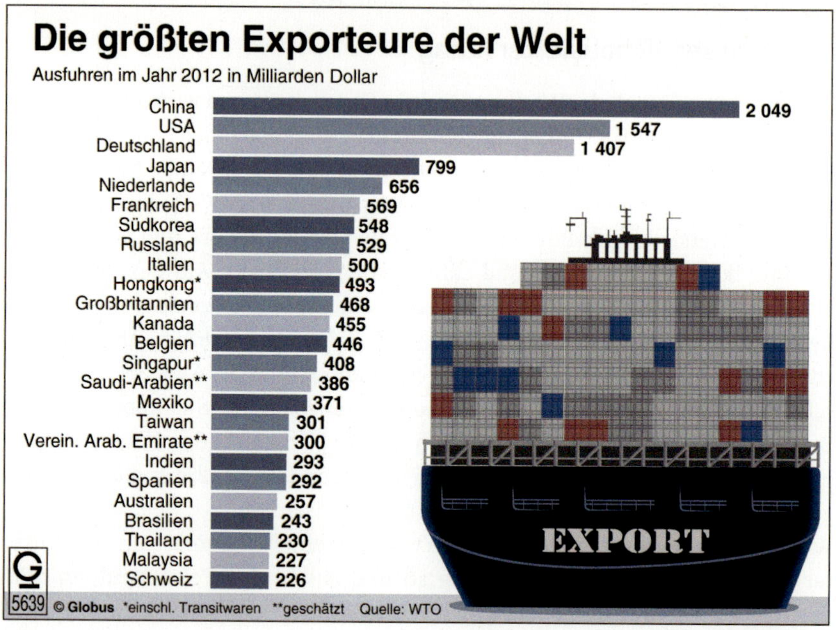

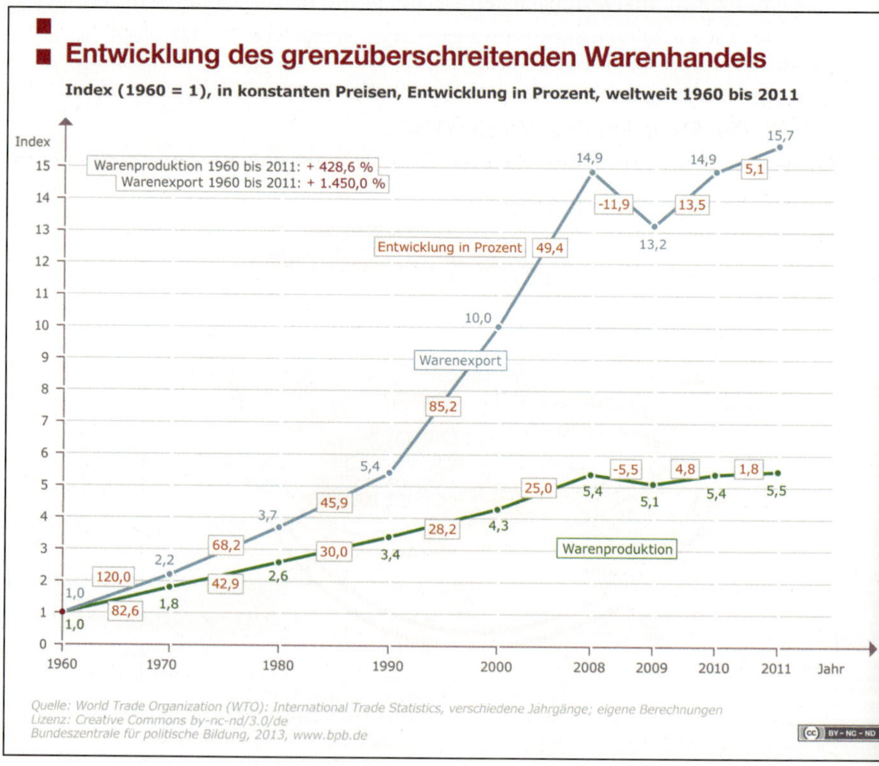

Aufgaben

1 *Analysieren Sie die Grafiken unter folgenden Kriterien: Zentren des Welthandels, Entwicklung, Gewinner und Verlierer, Verhältnis Welthandel/BIP.*

2 *Stellen Sie einen Zusammenhang zwischen der Entwicklung der deutschen Exportquote und des Handels her.*

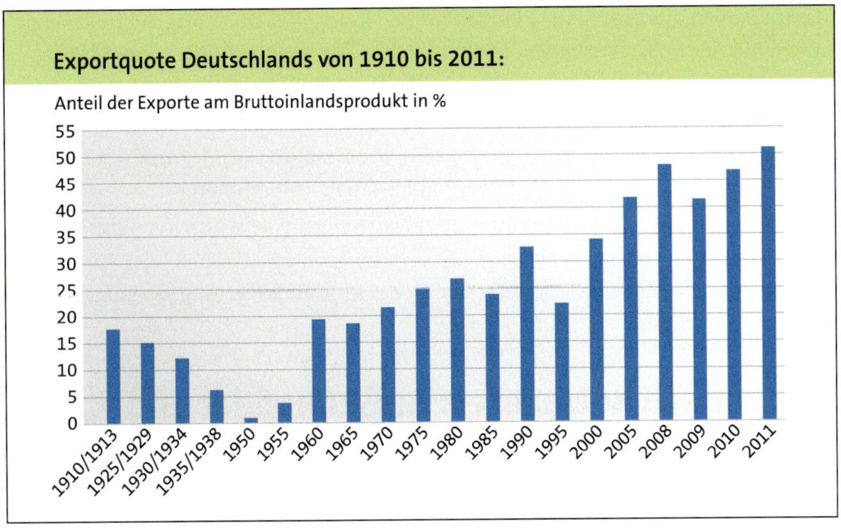

3 *„Deutschlands Wohlstand und wirtschaftliche Zukunft hängen vom Export ab", wird gerne in den Medien berichtet. Erörtern Sie Pro und Kontra hoher Exportüberschüsse.*

4 *Die ganze Welt – ein einziger Markt? Überprüfen Sie diese Aussage vor dem Hintergrund der Schaubilder.*

M 4 Stehen wir vor einem asiatischen Jahrhundert?

China und Indien werden in den kommenden Jahrzehnten den Rest der Welt bei der Wirtschaftsentwicklung hinter sich lassen. Das geht aus einer Studie der Organisation für wirtschaftliche Zusammenarbeit und Entwicklung (OECD) hervor.

Bis 2060 soll der Anteil beider Länder am weltweiten Bruttoinlandsprodukt von zusammen 24 Prozent im Jahr 2011 auf 46 Prozent steigen. Gleichzeitig prognostiziert die Organisation für die 34 OECD-Länder ein Absinken des Anteils an der industriellen Produktion von 65 auf 43 Prozent.

Spätestens 2016 dürfte China die USA als Volkswirtschaft Nummer eins ablösen. Zusammen mit Indien werde China schon in gut zehn Jahren ein größeres Bruttoinlandsprodukt erwirtschaften als die sieben stärksten Industriestaaten (G7). „Die Welt, in der unsere Kinder und Enkel leben werden, wird sich von unserer

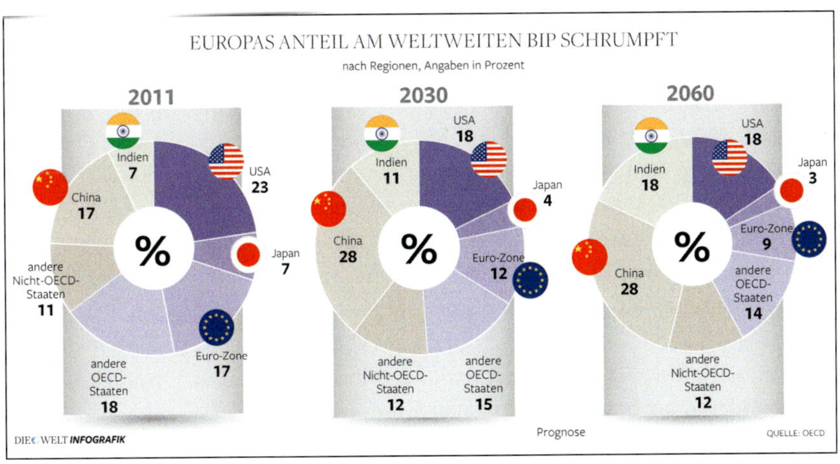

Aufgaben

1 *Stellen Sie anhand von M 4 dar, inwiefern sich aus Sicht der OECD die künftige Welt der Wirtschaft von der heutigen unterscheiden wird.*

2 *Erläutern Sie Auswirkungen der prognostizierten Entwicklung auf den Wirtschaftsstandort Deutschland.*

3 *Beurteilen Sie die Aussagekraft und politische Absicht von Prognosen über einen Zeitraum von mehreren Jahrzehnten.*

heutigen Welt fundamental unterscheiden", sagte OECD-Generalsekretär Angel Gurría bei der Vorstellung des Berichts.
Deutschland wird der Studie zufolge in den kommenden 50 Jahren seinen Platz als fünftstärkste Wirtschaftsmacht verlieren und weltweit auf Platz zehn zurückfallen. Generell würden „jüngere" Staaten wie Brasilien Länder mit überalterter Bevölkerung – so etwa in Europa oder auch Japan – überholen.
Im Schnitt rechnet die Studie mit einem weltweiten Wachstum von jährlich drei Prozent.

dap/dapd/sk, „China und Indien hängen den Rest der Welt ab", www.zeit.de, 09.11.2012 [12.11.2013]

Theoretisch betrachtet: Außenhandel und Globalisierung

Warum importiert Deutschland Handys aus Asien, obwohl es diese auch im eigenen Land produzieren könnte? Wäre es nicht sinnvoll, diese Arbeitsplätze in Deutschland zu erhalten? Mit solchen Fragen beschäftigen sich Außenhandelstheorien. Sie versuchen zu erklären, warum Unternehmen bzw. Staaten internationalen Handel betreiben. Erste Erklärungsansätze lieferten vor mehr als 250 Jahren Adam Smith und David Ricardo. Da die klassischen Theorien neuere Phänomene des internationalen Handels nur unzureichend erklären können, wurden sie inzwischen durch neuere Ansätze ergänzt bzw. ersetzt.

Klassische Erklärungsansätze	Neuere Erklärungsansätze
• Adam Smith – Theorie der absoluten Kostenvorteile • David Ricardo – Theorie der komparativen Kostenvorteile	• Raymond Vernon – Produktzyklentheorie • Paul Krugman – Economies of Scale • Intra-industrieller Handel

M 5 Absolute und komparative Kostenvorteile im internationalen Handel

David Ricardo (1772–1823)

Nach Adam Smith (1723–1790) ist der Außenhandelsgewinn für die Welt am höchsten, wenn sich jedes Land auf die Produktion derjenigen Güter spezialisiert, die es am preiswertesten herstellen kann. Der englische Ökonom David Ricardo (1772–1823) verallgemeinerte dieses Theorem der absoluten Kostenvorteile. Sein Theorem der komparativen Kosten besagt, dass jedes Land sich auf die Produktion und den Export derjenigen Güter spezialisieren sollte, die es mit dem kleinsten absoluten Nachteil herstellen kann. Ricardo zufolge lohnt sich Außenhandel nicht nur, wenn zwischen zwei Ländern bei der Produktion desselben Gutes absolute Kostenunterschiede bestehen, sondern auch, wenn ein Land einem anderen bei der Produktion aller Güter unterlegen ist.

Anwendungsbeispiel:

	Fall 1: Absolute Kostenvorteile		**Fall 2:** Komparative Kostenvorteile	
	Land 1	Land 2	Land 1	Land 2
Autoproduktion (Output pro Arbeitsstunde)	3	12	3	12
Textilproduktion (Output pro Arbeitsstunde)	6	4	6	8
Opportunitätskosten Autoproduktion/Textilproduktion	**0,5**	3	**0,5**	1,5
Opportunitätskosten Textilproduktion/Autoproduktion	2	**0,33**	2	**0,66**

Opportunitätskosten: Die für die Herstellung eines Gutes (Auto) aufgewendeten knappen Mittel gehen für die Herstellung eines anderen Gutes (Textilien) verloren. Mit dem Konzept der Opportunitätskosten wird damit die Frage beantwortet, auf wie viele Einheiten eines Gutes bei gegebener Faktorausstattung verzichtet werden muss, um eine Einheit des anderen Gutes herzustellen.

Im Fall 1 hat jedes Land einen absoluten Kostenvorteil in der Produktion eines Gutes: Land 1 hat einen Vorteil bei der Textilproduktion, Land 2 bei der Autoproduktion. Im Fall 2 hat Land 2 absolute Kostenvorteile in der Produktion beider Güter, kann also von beiden Gütern mehr produzieren als Land 1. Die Opportunitätskosten bei der Textilproduktion sind für Land 2 jedoch geringer als für Land 1, d. h. der Textiloutput ausgedrückt in Autooutput-Einheiten ist größer als der Autooutput umgerechnet in Textiloutput-Einheiten. In beiden Fällen können beide Länder deshalb einen Wohlfahrtsgewinn erreichen, wenn sich Land 1 auf die Produktion von Autos und Land 2 auf die Textilproduktion spezialisiert.

Herbert Buscher u. a., Wirtschaft heute, Bonn 2009, S. 242

Info

Theorem = Lehrsatz

M 6 Nicht alle Menschen profitieren von internationalem Handel

Spiegel: Professor Samuelson, [...] Franzosen und Niederländer haben den EU-Verfassungsvertrag abgelehnt, weil sie Wettbewerber aus Osteuropa fürchten, Jobverlagerungen machen den Menschen Angst. Ist die Idee des freien Handels auf dem Rückzug?

Samuelson: Über jeder modernen Gesellschaft schwebt das Gespenst des Protektionismus. [...]

Spiegel: Im Hörsaal wird Studenten der Wirtschaftswissenschaften etwas ganz anderes beigebracht.

Samuelson: Das stimmt. Es ist einer der wichtigsten Grundsätze, die wir lehren, dass der freie Handel notwendigerweise die Lebensbedingungen für jeden verbessert und dass Spezialisierung und Diversifizierung für alle von Vorteil sind, für arme Länder wie für reiche. Den ersten Beweis dafür lieferte 1817 der große englische Ökonom David Ricardo.

Spiegel: Und das trifft heute nicht mehr zu?

Samuelson: Waren Sie schon einmal in einem Wal-Mart? [...] Das Besondere an Wal-Mart ist, dass das Unternehmen so günstig Waren einkaufen kann, vor al-

Paul Samuelson (1915–2009) gilt als einer der bedeutendsten zeitgenössischen Wirtschaftswissenschaftler. Für seine Leistungen erhielt er 1986 den Nobelpreis.

Aufgaben

1 *Begründen Sie mithilfe der Theorie des komparativen Kostenvorteils, warum sich Land 1 und Land 2 spezialisieren sollten und in welcher Weise sie vom internationalen Handel profitieren (M 5).*

2 *Erklären Sie anhand von M 6, warum zwar beide Länder im Modell vom Außenhandel profitieren, dies in der Realität jedoch nicht immer der Fall ist.*

3 *In welchen Punkten modifiziert Samuelson Ricardos Theorie? Nehmen Sie dazu Stellung.*

Raymond Vernon (1913–1999)

lem in China. Wenn Sie einen Supermarkt von Wal-Mart besuchen, werden Sie dort üblicherweise arme Amerikaner treffen, die billige Produkte kaufen, dadurch können sie ihren Lebensstandard enorm verbessern. Gleichzeitig aber müssen sie fürchten, ihren Job zu verlieren oder auf eine schlechter bezahlte Stelle wechseln zu müssen. [...] Globalisierung führt nicht immer dazu, dass es nur Gewinner gibt. Es ist nicht wahr, dass alles, was die Globalisierung fördert, automatisch jedem nutzt. Das ist heute die Realität von Ricardos komparativen Kostenvorteilen.

Spiegel: Sie klingen beinahe wie ein Globalisierungsgegner.

Samuelson: Um Missverständnissen vorzubeugen: Das Leben in einer globalisierten Welt bedeutet im Großen und Ganzen, dass sich der materielle Wohlstand vergrößert. [...] Aber nicht jeder profitiert gleichermaßen davon.

Spiegel: Wenn also die Globalisierung auch negative Seiten hat, wie sollte man damit umgehen?

Samuelson: [...] Was wir tun können: den Menschen helfen, die an den Folgen leiden. Wir könnten die Kraft des Steuersystems nutzen, um Geld von reichen Menschen, wie mir, an die weniger reichen Menschen umzuverteilen.

Frank Hornig/Alexander Jung, „Der Markt hat kein Herz", in: Spiegel Special, 7/2005, S. 150 ff.

M 7 Die Produktlebenszyklus-Theorie: Komparative Vorteile ändern sich

Wie ändern sich komparative Vorteile im Lauf der Zeit? Wie kann ein Land seine komparativen Vorteile beeinflussen und gestalten? Die Produktlebenszyklus-Theorie [...] geht auf die Wirtschaftswissenschaftler Raymond Vernon und Seev Hirsch zurück. Es ist ein Konzept der Betriebswirtschaftslehre und beschreibt den Prozess zwischen der Markteinführung bzw. Fertigstellung eines marktfähigen Gutes und seiner Herausnahme aus dem Markt. Dessen Leben wird in vier bis sechs Phasen eingeteilt: Entwicklung und Einführung, Wachstum, Reife/Sättigung und Schrumpfung/Degeneration.

Vernon hat 1966 die Hypothese formuliert, dass mit fortschreitendem Produktlebenszyklus die Produktion immer weiter vom (industrialisierten) Erfinder- zum Entwicklungsland verlagert wird. Die einzelnen Volkswirtschaften konzentrieren sich auf diejenigen Phasen im Produktlebenszyklus, in denen die Produktionsfaktoren Arbeit, Kapital und Know-how vorrangig gebraucht werden:

- Einsatz hoch qualifizierter und zugleich hoch bezahlter Arbeitskräfte in entfalteten Industriestaaten in den ersten Phasen des Produktlebenszyklus: Forschung und Entwicklung, Entwicklung einer Produktion bis zur Serienreife bzw. Standardisierung;
- Einsatz einfach qualifizierter und relativ kostengünstiger Arbeitskräfte in Entwicklungs- und Schwellenländern für die standardisierte Massenfabrikation in der Reifephase.

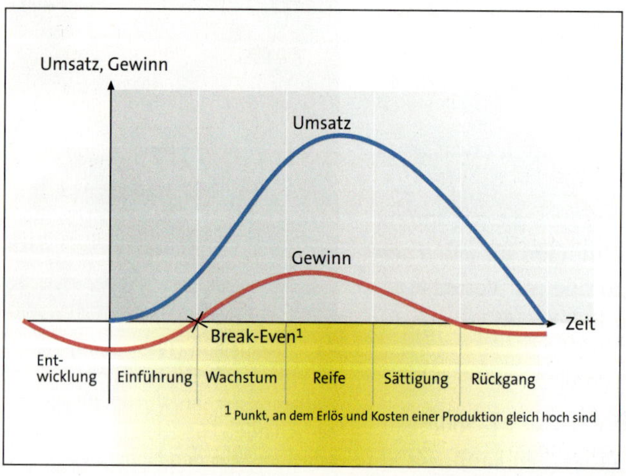

¹ Punkt, an dem Erlös und Kosten einer Produktion gleich hoch sind

Hans Kaminski (Hg.), oec., Grundlagen wirtschaftlichen Handelns, Westermann Verlag, Braunschweig 2012, S. 388

Aufgaben

1 *Erläutern Sie anhand eines selbst gewählten Beispiels den Lebenszyklus eines Produkts.*

2 *Begründen Sie mithilfe der Theorie, warum Handys heute nicht mehr in Deutschland hergestellt werden.*

3 *Welche Produktpolitik sollte ein deutsches international tätiges Unternehmen betreiben, wenn es auf Dauer erfolgreich sein will?*

4 *Erläutern Sie, mit welchen Mitteln der Staat das unterstützen kann.*

M 8 Paul Krugman – „Economies of Scale"

Mit einem zehnseitigen Aufsatz hat Paul Krugman eine wissenschaftliche Revolution gestartet: ein neues theoretisches Modell zum internationalen Handel. [...] Ausgangspunkt von Krugmans [...] Forschung zum Außenhandel war folgende Erkenntnis: Die klassische Handelstheorie, die auf David Ricardo zurückgeht, reicht nicht, um die heutige Globalisierung zu erklären. [...] Den Handel zwischen sehr ähnlichen Ländern kann Ricardos Theorie nicht erklären. Fast 70 Prozent aller weltweiten Exporte aber finden zwischen hoch entwickelten Staaten statt – und zwischen Industrieländern existieren schon lange kaum noch nennenswerte Unterschiede bei der Faktorausstattung. „Die wichtigsten Handelsnationen sind sich in Bezug auf Technologie und Ressourcen immer ähnlicher geworden, oft gibt es keine klaren komparativen Vorteile mehr", argumentiert Krugman.

Der Wissenschaftler zeigte 1979: Der Schlüssel zur Erklärung des Handelsbooms sind sogenannte „Economies of Scale", steigende Skalenerträge. Sie bedeuten: Je größer die Stückzahlen in einem Unternehmen sind, desto niedriger sind die durchschnittlichen Kosten. So verschlingt die Entwicklung von Computerprogrammen oder Arzneimitteln mitunter Milliarden. Steht das Produkt aber erst einmal, kann es mehr oder weniger kostenlos vervielfältigt werden. Unter diesen Bedingungen ist Freihandel für Firmen besonders attraktiv – denn so können sie größere Märkte bedienen, mehr Kunden erreichen. Auch die Verbraucher profitieren – durch eine größere Produktauswahl und niedrigere Preise.

Dorit Heß, „Ökonom wider das Establishment", www.handelsblatt.com, 13.10.2008 [24.03.2014]

Für seine Forschungen erhielt Paul Krugman 2008 den Nobelpreis.

Aufgaben

1 *Arbeiten Sie die Rolle der „Economies of Scale" in Krugmans Theorie heraus.*

2 *Begründen Sie, warum Freihandel eine notwendige Voraussetzung für die Realisierung steigender Skalenerträge ist.*

3 *Nach Krugman profitieren auch Verbraucher von den „Economies of Scale". Überprüfen Sie an einem Beispiel aus Ihrem Umfeld, inwieweit diese Aussage zutrifft.*

M 9 Intra-industrieller Handel

Immer bedeutender wird der Handel mit vergleichbaren Gütern derselben Art, die sowohl im- als auch exportiert werden (intra-industrieller Handel). Dieser Handel konzentriert sich vor allem auf die entwickelten Länder mit ähnlicher Wirtschaftsstruktur; hier macht er häufig über zwei Drittel des gesamten Außenhandels aus.

Wesentliche Ursachen sind subjektive Vorlieben (Präferenzen) der Nachfrager und Produktdifferenzierung seitens der Anbieter. Durch technische oder ästhetische Modifikationen, begleitet von Werbung und anderen Marketingmaßnahmen, versuchen Anbieter, ihr Produkt von anderen abzuheben und das Interesse der Nachfrager auf sich zu ziehen. Ziel ist es, Marktsegmente zu schaffen und mit der eigenen Marke zu besetzen. Kaufkräftige und anspruchsvolle Konsumenten schätzen ein differenziertes Angebot, das ihnen vielfältige Auswahlmöglichkeiten eröffnet. Neben deutschen Käsesorten kaufen einheimische Kunden auch französischen Käse, viele deutsche Autokäufer schätzen Renault oder Fiat und zahlreiche französische Autofahrer entscheiden sich für Volkswagen oder BMW.

Die internationalen Wirtschaftsbeziehungen sind heute geprägt durch eine enorme Zunahme der Kapitalmobilität. Nicht mehr nur Güter werden gehandelt, sondern ganze Produktionseinrichtungen werden international verlagert (Direktinvestitionen), wobei die Staaten als Standorte von Unternehmen in wechselseitige Konkurrenz treten. Für die Standortwahl von Unternehmen sind zahlreiche Faktoren von Bedeutung. Die Faktorkosten (insbesondere die Löhne) spielen dabei eine wichtige Rolle, aber sie sind keineswegs allein entscheidend. Ökonomische Standorttheorien gliedern die Standortfaktoren in vier Gruppen:

- Faktorausstattung (Menge, Qualität und Kosten der Produktionsfaktoren, Arbeit, Boden und Kapital in einem Land);
- Nachfragebedingungen (Größe des Marktes, Einkommen und Präferenzen der Konsumenten);
- Verfügbarkeit von Zulieferern und Infrastruktur (Straßen, Telekommunikation, Hochschulen);
- von Staaten gesetzte Bedingungen (Rechtssicherheit, Steuern, Sozial- und Umweltstandards).

Die traditionelle Außenhandelstheorie konzentriert sich auf die ersten beiden Einflussgrößen, für Investitionsentscheidungen sind aber auch die übrigen Faktoren maßgebend.

Klaus-Peter Gruber, „Theoretische Grundlagen des internationalen Handels“, in: Informationen zur politischen Bildung, 299/2008, S. 27

Aufgaben

1 *Arbeiten Sie heraus und ergänzen Sie, welche Faktoren den intra-industriellen Handel beeinflussen.*

2 *Erklären Sie, warum sich in den Top Ten der deutschen Importe und Exporte häufig identische Gütergruppen finden.*

3 *Bewerten Sie abschließend zusammenfassend die in diesem Unterkapitel vorgestellten Theorien als Erklärungsansätze für die Globalisierung.*

Freihandel versus Protektionismus: Wie sehr soll der Staat den Außenhandel steuern?

M 10 Abkommen zwischen EU und USA: Wie der Freihandel die Wirtschaft ankurbeln soll

Mit einem Freihandelsabkommen vereinbaren zwei oder mehr Länder, die Hürden für den gegenseitigen Austausch von Waren möglichst umfassend abzubauen. Zu diesen Hindernissen gehören zum einen Zölle, zum anderen sogenannte nichttarifäre Handelshemmnisse wie etwa die Einschränkung oder das Verbot bestimmter Importe. [...]

Gemeinsam stehen EU und USA für rund die Hälfte der weltweiten Wirtschaftsleistung, jeden Tag tauschen sie Waren und Dienstleistungen im Wert von 2,7 Milliarden Dollar aus. Durch das geplante Abkommen entstünde die größte Freihandelszone der Welt, was aus Sicht der Befürworter einen erheblichen Wachstumsschub bringen würde. [...]

Zwar sind Zölle zwischen den Partnern mit durchschnittlich vier Prozent schon heute vergleichsweise niedrig. Doch zum einen findet bis zu 40 Prozent des

Info

Beispiele für nichttarifäre Handelshemmnisse

- Mengenmäßige Beschränkungen (Import- bzw. Exportverbote)
- Besondere Normen und Sicherheitsbestimmungen
- Regelungen für Lebensmittel und Arzneimittel
- Devisenregelungen
- Aufwendige Genehmigungsverfahren

transatlantischen Handels innerhalb von Unternehmen statt, die lediglich Bauteile hin- und herschicken und dafür jedes Mal zahlen müssen. Zum andern werden positive Effekte besonders durch die Angleichung von Normen erwartet. Damit müssten Produkte künftig nur noch einmal zugelassen werden, um auf beiden Märkten als sicher zu gelten. Auch Hersteller in anderen Ländern könnten so mit weniger Aufwand ihre Waren sowohl auf dem europäischen als auch dem US-Markt anbieten. [...]
Kritik am geplanten Abkommen kommt sowohl aus den beteiligten Ländern als auch von außerhalb. In der EU befürchten Verbraucherschützer unter anderem eine Aufweichung der bislang strengen Standards für gentechnisch oder hormonell veränderte Lebensmittel aus den USA. Auf beiden Seiten dürfte es zudem große Widerstände gegen eine Liberalisierung der Agrarmärkte geben, die Europäer wie US-Amerikaner bislang mit üppigen Subventionen päppeln.
Deutlicher Protest gegen die Freihandelspläne kam auch frühzeitig aus der Kulturszene. Prominente Regisseure wie Pedro Almodovar, Michael Haneke und David Lynch unterzeichneten einen Protestbrief, weil sie ein Ende der Subventionen fürchteten, mit denen europäische Filme gefördert und vor übermäßiger Konkurrenz aus Hollywood geschützt werden. [...] Umstritten ist auch, welches Signal das Abkommen an andere Länder sendet. [...] Weder Europäer noch Nordamerikaner haben ein Interesse daran, Schwellenländer wie China zu verprellen, die für sie als Handelspartner immer wichtiger werden.

dab, „Abkommen zwischen EU und USA: Wie der Freihandel die Wirtschaft ankurbeln soll", www.spiegel.de, 10.07.2013 [28.10.2013]

Aufgaben

1 *Arbeiten Sie die Pro- und Kontra-Argumente zur geplanten Freihandelszone heraus und ergänzen Sie diese.*

2 *Bewerten Sie die einzelnen Argumente und beurteilen Sie, inwiefern das Abkommen wünschenswert ist.*

3 *Recherchieren Sie im Internet den aktuellen Stand der Verhandlungen.*

M 11 Protektionismus auf dem Vormarsch?

Seit der Lehman-Pleite 2008 haben die 20 mächtigsten Industrienationen der Welt bei ihren Treffen regelmäßig gelobt, ihre Märkte offenzuhalten, um eine Rezession wie in den Dreißigerjahren zu vermeiden. Was passiert ist, ist das Gegenteil: Alle machen die Schotten dicht. Seit Oktober haben die G20-Länder 424 handelsbeschränkende Maßnahmen eingeführt, rechnet die EU-Kommission vor. Und selbst wenn sich die Wirtschaft erholt, bleiben die Handelshürden bestehen. [...]
Jede Schutzmaßnahme lässt sich auf Landesebene prima begründen: Die Regierung in Moskau will die inländische Autoindustrie aufpäppeln und zwingt Investoren ins Land. Die Herrscher in Peking wollen ihrer Wirtschaft zu mehr Innovationskraft verhelfen und sorgen mit Exportquoten dafür, dass High-Tech-Rohstoffe in China bleiben. Brasilien sorgt sich wegen des starken Real um seine Maschinen und fährt Zollschranken hoch.
Die Amerikaner haben Angst vor chinesischen Importen, die EU ist zu sehr mit der Euro-Krise beschäftigt, der Bundesregierung ist mit der Pensionierung des Spitzenbeamten [...] Pfaffenbach ein Unterhändler verloren gegangen, der stets für mehr Handelsfreiheit gekämpft hatte. Dabei würde kaum ein Land der Welt vom grenzenlosen Handel so stark profitieren wie Deutschland mit seiner ausgeprägten Exportwirtschaft.

Florian Willershausen u. a., „Aus der Traum vom globalen Freihandel", wiwo.de, 18.04.2012 [09.03.2014]

Aufgaben

1 *Erklären Sie, warum besonders wirtschaftlich starke Länder vom Freihandel profitieren. Berücksichtigen Sie dabei auch Ihre Arbeitsergebnisse aus M 10.*

2 *Beschreiben Sie die Motive für protektionistische Maßnahmen anhand von aktuellen Beispielen.*

3 *Offiziell bekennen sich große Industriestaaten zum Freihandel – und trotzdem ergreifen Sie seit 2008 zunehmend protektionistische Maßnahmen. Wie erklären Sie diesen Widerspruch?*

1.3 Internationale Arbeitsteilung: des einen Freud – des anderen Leid?

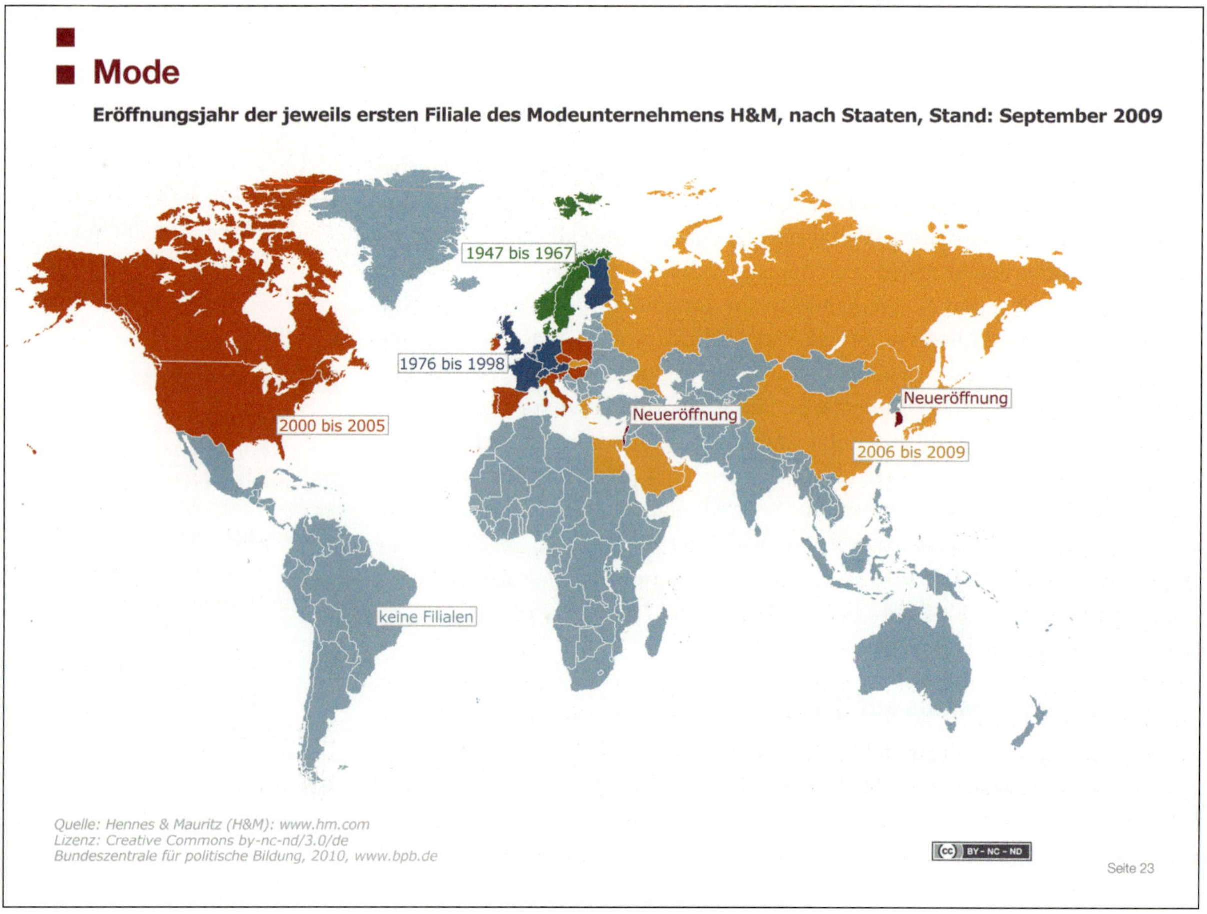

M 1 Ein T-Shirt für den Weltmarkt

Das T-Shirt liegt auf dem Tisch. Am Kragen sind ein H und ein M in den Stoff geprägt. Die beiden Buchstaben sind das Zeichen eines Weltreichs. Es umfasst 38 Länder, 2078 Geschäfte und 76000 Menschen im Moment [2010]. Müsste man die Kleidung von H & M in einem Satz beschreiben, würde man sagen: Sieht gut aus und kostet fast nichts. Am günstigsten ist das T-Shirt. Es kostet 4,95 Euro. Die Spur des billigen T-Shirts beginnt im Westen in Texas. Dort wird in riesigen Farmen Baumwolle angebaut. Geerntet wird die Baumwolle von neu entwickelten Erntemaschinen, die die Arbeit von 300 Baumwollpflückern übernehmen können. In Amerika leben 19000 Baumwollbauern. In den vergangenen zehn Jahren erhielten sie 25 Milliarden Dollar vom Staat. Angelockt von diesem Geld, bauten sie jedes Jahr genug Baumwolle für zehn Milliarden T-Shirts an. Die Baumwolle wurde billiger. Die Bedrohung lebt in Indien, in Westafrika, in armen Ländern wie Mali oder Burkina Faso. Dort gibt es Bauern, die ihre Baumwolle halb so teuer produzieren wie die Amerikaner. Denn billiger als die mo-

dernste Maschine ist ein Mensch, der nichts zum Leben braucht als ein paar Schalen Reis am Tag.
Nach der Ernte wird die Baumwolle auf ein Schiff verfrachtet. In Asien wird sie ausgeladen.
H & M besitzt hier keine eigenen Fabriken. H & M bestellt die Ware dort, wo sie am günstigsten ist, in China, Kambodscha oder in Bangladesch. 3 000 Textilfabriken gibt es in Dhaka. Dulal Brothers Limited zum Beispiel verarbeitet am Tag 50 Tonnen amerikanische Baumwolle, das entspricht 125 000 T-Shirts. Fast die Hälfte verkauft man an H & M. Seit Monaten produzieren sie das T-Shirt, seit Monaten arbeiten die Näherinnen zehn, zwölf Stunden am Tag, sechs, sieben Tage die Woche. Das T-Shirt scheint sich gut zu verkaufen in den H & M-Filialen in New York, Hamburg, Hongkong. 3 500 bangladeschische Taka bekommt eine Näherin im Monat, umgerechnet 36 Euro, die Überstunden sind schon drin. Macht 1,18 Euro am Tag. Davon kann man auch in Bangladesch nicht leben.

Jetzt geht es darum, das T-Shirt möglichst günstig nach Europa zu bringen, von Dhaka nach Deutschland. 7 300 Kilometer Luftlinie. Ein T-Shirt übers Meer zu schicken, war früher teuer. Heute kostet die Strecke von Bangladesch nach Deutschland rund 2 800 Euro pro Container. Große Kunden bekommen Rabatt. Knapp 34 000 T-Shirts passen hinein. Der Container hält den Preis niedrig. Das ist ein weiteres Geheimnis des billigen T-Shirts. Wenn das T-Shirt nach drei Wochen auf See in Deutschland ankommt, wird H & M für Rohstoff, Herstellung und Transport insgesamt nur etwas mehr als 1,40 Euro bezahlt haben.
Auf dem Etikett des T-Shirts steht „Made in Bangladesch“, der Großteil des Geldes aber wird in Deutschland bleiben. Am Ende steht ein Gewinn von etwa 60 Cent pro T-Shirt. Bedenkt man, dass H & M weltweit viele Millionen davon verkauft, bedeutet das: Man kann mit billigen T-Shirts viel Geld verdienen. Allein 2010 hat H & M weltweit 220 neue Läden eröffnet. Man kann das T-Shirt jetzt in Moskau und Istanbul kaufen, in Shanghai und Seoul.

Zusammengefasst nach: Wolfgang Uchatius, „Das Welthemd“, in: Die ZEIT, 16.12.2010, S. 23–25

Aufgaben

1 *Beschreiben Sie, warum H & M seine T-Shirts so günstig anbieten kann. Wer profitiert davon, wer gehört zu den Verlierern?*

2 *Nichtregierungsorganisationen kritisieren immer wieder die Hungerlöhne in der Textilwirtschaft. Erörtern Sie die Verantwortung der Verbraucher.*

M 2 Vom klassischen Außenhandel zur neuen internationalen Arbeitsteilung

Vor der Globalisierung der Wirtschaft funktionierte der Austausch von Waren und Dienstleistungen relativ simpel: Was in einem Land hergestellt wurde, wurde größtenteils am eigenen nationalen Markt verkauft; nur ein kleiner Teil davon wurde auch exportiert. Nach Europa eingeführt wurden sogenannte „Kolonialwaren“, also Gewürze, Tee, Kaffee oder Seide. Konsumgüter stellten die europäischen Firmen dagegen in der Regel selbst her. So gab es in Österreich, Deutschland oder den Niederlanden mehrere Waschmaschinenhersteller, auch Radio- und Fernsehgeräte wurden im eigenen Land erzeugt.
Die Wende erfolgte in den 1960er-Jahren: Japan, Taiwan und Hongkong erzeugten die ersten billigen Fotoapparate und Kassettenrekorder und lieferten sie unter anderem auch nach Europa. Die meisten Bestandteile dafür stellten sie selbst

Container-Terminal Bremerhaven

her oder kauften sie im eigenen Land zu. Die Wertschöpfung – also die Erhöhung des Werts der Ware z. B. durch Weiterverarbeitung oder durch Vermarktung – erfolgte damit fast ausschließlich im Land der Herstellung. Über den Großhandel, der anfangs eine beträchtliche Spanne auf den Einkaufspreis aufschlagen konnte, wurden die Waren in aller Welt angeboten.
Im nächsten Schritt entdeckten japanische Erzeuger Firmen in China, die einzelne Bestandteile oder das ganze Produkt wesentlich billiger herstellen konnten, da chinesische Arbeitskräfte weniger Lohn bekamen als einheimische. [...] Die japanischen Firmen profitierten davon, indem sie neue Produkte billiger für den eigenen Markt und den Weltmarkt anbieten konnten. Und letztlich hatten auch die KonsumentInnen in Europa einen Vorteil: Sie konnten Geräte der Unterhaltungselektronik oder der Fotobranche günstiger einkaufen. Freilich brachte die internationale Arbeitsteilung auch Nachteile mit sich: Europäische Produzenten etwa konnten mit den Preisen der fernöstlichen Konkurrenten nicht mithalten und verlagerten ihren Schwerpunkt auf Produkte hoher Qualität. [...]
Ob Autos, Staubsauger, Flugzeuge oder Kleidungsstücke – längst werden sie alle aus zahlreichen Komponenten zusammengesetzt, die aus Dutzenden verschiedenen Ländern kommen. Auch Dienstleistungsbetriebe nutzen den globalen Markt: Banken, Versicherungen, aber auch Hotel- und Gastronomieketten bieten ihre Dienste weltweit an. Der schnell wachsende Mittelstand in Ländern wie Indien oder China liefert neue kaufkräftige KundInnen. Unternehmen beginnen aber auch, einen Teil ihrer internen Aufgaben weltweit auszulagern. So haben manche europäische Flugunternehmen Buchhaltungsfirmen in Indien entdeckt: Britisch Airways und Austrian Airlines haben beispielsweise die aufwendige Abrechnung der verwendeten Tickets in ein indisches Unternehmen ausgelagert. Indien wurde auch Heimstatt vieler Callcenter für internationale Firmen.
Die globale Arbeitsteilung hat freilich einen ökologischen Nachteil: Viele Produktkomponenten müssen nun über viele Kilometer transportiert werden, um irgendwo auf der Welt zusammengebaut, zusammengestellt oder zusammengenäht zu werden.

Wolfgang Böhn/Otmar Lahodynsky, „Globalisierung. So funktioniert die weltweite Vernetzung", Veritas Verlag, Wien 2008, S. 45 ff.

Aufgaben

1 *Charakterisieren Sie die verschiedenen Phasen der internationalen Arbeitsteilung.*

2 *Erörtern Sie die Konsequenzen der Verlagerung hoch qualifizierter Dienstleistungen in Entwicklungsländer, auch im Hinblick auf Ihre berufliche Zukunft.*

M 3 Multinationale Konzerne – der Motor der globalisierten Wirtschaft

Wohin auch immer in der Welt wir reisen, sie sind da. Die Autos mit dem dreizackigen Stern und die Turnschuhe mit den drei Streifen, die Schnellrestaurants mit den zwei goldenen Torbogen und die Musik-Abspielgeräte mit dem angebissenen Apfel. Wie viele andere Produkte werden sie von Unternehmen hergestellt, die in aller Welt verkaufen und meistens auch in vielen verschiedenen Ländern produzieren: den multinationalen Konzernen.

Die globalsten von ihnen sind fast so international wie die Vereinten Nationen. Siemens etwa ist in 190 Ländern vertreten, der UNO gehören nur zwei Staaten mehr an. Volkswagen verkauft Autos in mehr als 150 Ländern und hat Fabriken in 18 Ländern. Und die größten von ihnen beschäftigen mehr als 200 000 Menschen und setzen pro Jahr mehr als 100 Milliarden um. Manche dieser Unternehmen haben sogar überhaupt keine Heimat mehr. Der Elektrokonzern ABB beispielsweise, der durch Fusion [= Zusammenschluss] aus den Unternehmen Asea (Schweden) und BBC (Schweiz) entstand, ist sowohl schwedisch als auch schweizerisch, die Konzerne Unilever und Shell sind seit Jahrzehnten sowohl in Großbritannien als auch in den Niederlanden zu Hause.
So groß sie sind, so umstritten sind die multinationalen Konzerne auch. Politiker werfen ihnen vor, ihre Gewinne mit Finanztricks in Länder zu verlagern, in denen besonders niedrige Steuern fällig werden; Gewerkschafter werfen ihnen vor, höher bezahlte Arbeitsplätze in den Industrieländern zu vernichten und die Produktion in Billiglohnländer zu verlagern. Umweltschützer werfen ihnen vor, ihre Fabriken dort aufzubauen, wo laxe Umweltschutzgesetze gelten. Und Globalisierungsgegner werfen ihnen vor, die armen Länder auszubeuten und die Gewinne an ihre Aktionäre auszuschütten. Hinter all diesen Vorwürfen steht die Tatsache, dass nationale Gesetze und Regelungen von global agierenden Konzernen umgangen werden können.

Detlef Gürtler, Die Tagesschau erklärt die Wirtschaft, Rowohlt Verlag, Berlin 2008, S. 256 f.

Horst Haitzinger

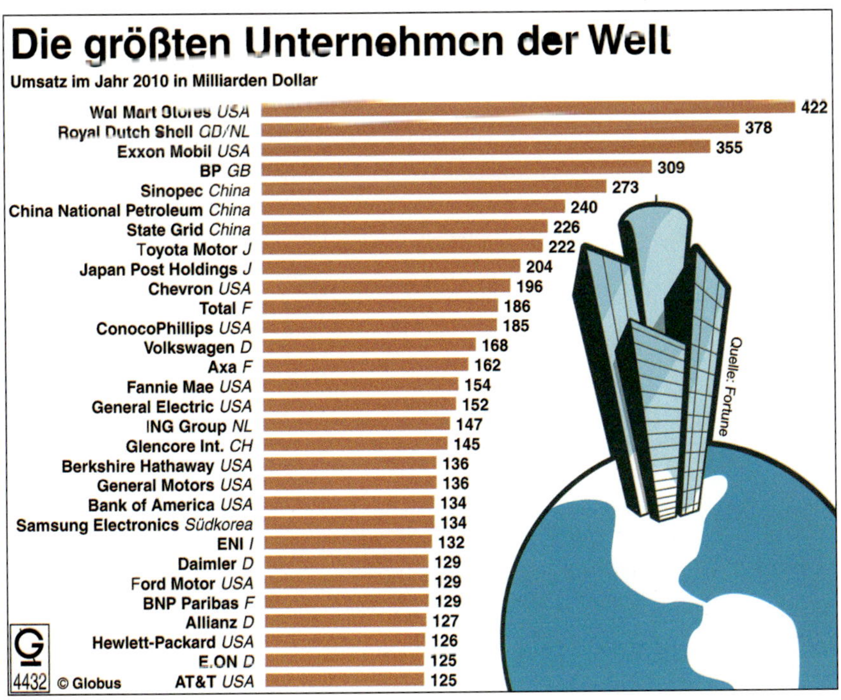

Aufgaben

1 *Interpretieren Sie die Karikatur.*

2 *Fassen Sie das Wirken multinationaler Konzerne zusammen und setzen Sie sie in Bezug zur Aussage der Karikatur.*

3 *Nach Angaben der UNCTAD bestreiten multinationale Unternehmen fast 80 Prozent des Welthandels. Bewerten Sie die Dominanz der Konzerne.*

Internationale Arbeitsteilung: Jobmotor oder Jobkiller?

M 4 Das Beispiel Nokia

Der Tag, an dem Nokia aus Bochum wegging, war der Tag, an dem Michaela Maul ihren Arbeitsplatz verlor – wie 2 300 andere. Früher montierte sie Handys, heute hält sie sich mühsam mit ihrem Imbiss über Wasser. Andere hat es härter getroffen, Hunderte sind heute noch arbeitslos. [...] Die gingen auf die Straße damals, protestierten. Nichts nützte. Nokia machte dicht [2008]. Bitter für die, die nun ohne Arbeit waren. Auch mit ihrem Steuergeld wurden einst Subventionen für Nokia gezahlt. 63 Millionen Euro bekam Nokia von Bund und Land, um Jobs zu schaffen. Erst als NRW mit einer Klage drohte, zahlte Nokia an das Land 33 Millionen. Nokia erklärte, das Werk in Bochum sei nicht mehr wettbewerbsfähig gewesen. Auch neue Investitionen würden nicht mehr helfen. Und außerdem sollten mit dem neuen Werk in Rumänien neue Märkte bedient werden. [...]
In Südosteuropa, in Cluj, bedeutete Nokia erst einmal Arbeit. Auch für Ovid Harean. Ein Globalisierungsgewinner war der 59-Jährige aber nur kurz. Ende 2011 wurde er entlassen. Als Nokia ging, gab es noch drei Monate Gehalt, dann nichts mehr. Jetzt war Cluj Bochum.
Ovid fühlte sich von Nokia benutzt. Immerhin war ihr Werk auch deswegen profitabel, weil Nokia Löhne gezahlt habe, die selbst hier das Leben schwer machten. Statt 2 000 Euro wie in Bochum bekam ein rumänischer Nokia-Arbeiter gerade einmal 250 Euro. Über dem Mindest-, aber unter dem Durchschnittslohn. Mit solchen Löhnen hatte damals Nihai Szeplekan argumentiert. Er war Berater des Landrates, der die Ansiedlung von Nokia um jeden Preis wollte. Nokia erklärt, es habe keine Förderung für das Werk gegeben. Man habe 60 Millionen Euro investiert. Szeplekan erzählt die Geschichte so: Dieser Bahnhof, der gesamte Industriepark mit Wasser- und Stromanschluss, all das sei extra für Nokia gebaut worden. „Diese Investitionen haben uns Millionen gekostet. Wir hofften natürlich, sie bleiben für Jahrzehnte. Wieso auch nicht?“ [...]
Kurz vor sechs in Südostindien. Hier rollen sie nun, die Nokia-Busse, transportieren Tausende Arbeiter zu Frühschicht. Handys montieren, für den Weltmarkt. Nach einer Karawane um den Globus ist Nokia in Indien angekommen. Und hier sind nun die Arbeitsplätze – vorerst. [...]

Thomas Plaßmann

Klaus Stuttmann

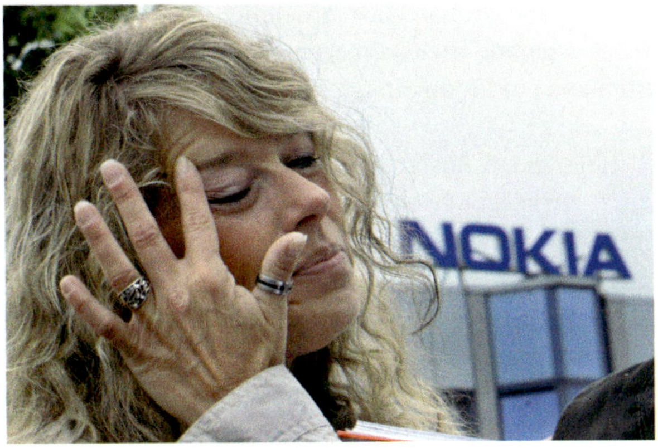

Fassungslosigkeit in Bochum ...

... Beifall in Rumänien. Doch die Freude hielt nicht lange an.

Nokia erklärt wieder: Mit Cluj sei Nokia nicht mehr wettbewerbsfähig gewesen. Und außerdem läge das neue Werk in Indien strategisch besser bei den neuen Märkten. Also rollt die Nokia-Karawane nun hier. Und ausgerollt wurde Nokia der rote Teppich. Das Werk für 12 000 Arbeiter liegt in einer Sonderwirtschaftszone. Hier gibt es Steuergeschenke und andere Subventionen. [...] Nokia und die Subventionen. Dieses Mal Indien. Dieses Mal – so die Schätzung der NGO [gemeint ist die Nichtregierungsorganisation Citizen Research] – 100 Millionen. Nokia beziffert die Vergünstigungen des indischen Staates nicht.

Nokia erklärt aber, man lege Wert darauf, dass man weit über dem lokalen Mindestlohn zahle. Statt 250 Euro wie in Rumänien ist es hier nur noch die Hälfte – 125 Euro.

Vor Kurzem hat Nokia übrigens bekannt gegeben, man werde nun ein Werk in Vietnam bauen. Die Löhne sind dort noch einmal niedriger als in Indien. Noch scheint es billiger zu gehen. Und dann werden die indischen Arbeiter vielleicht zu den nächsten Verlierern gehören.

Nach: Andreas Maus u. a., „Nokia in Bochum, Rumänien, Indien – Die Schattenseiten des Wanderkapitalismus", www.wdr.de/tv/monitor, 24.05.2012 [24.03.2014]

Aufgaben

1 *Erklären Sie, aus welchen Gründen Nokia die Handyproduktion mehrmals in andere Länder verlagerte.*

2 *Stellen Sie einen Zusammenhang zwischen dem Text und den beiden Karikaturen her und nehmen Sie Stellung zur Aussage der Karikaturen.*

3 *Bewerten Sie die Unternehmensstrategie von Nokia.*

M 5 Jobverluste werden durch neue Jobs aufgewogen

Das ist das schwierigste, weil emotionalste Thema im Zusammenhang mit der Globalisierung – zum Beispiel, wenn deutsche Konzerne im Inland Jobs abbauen und gleichzeitig im Ausland neue schaffen. Doch auch wenn diese (von Ökonomen Offshoring genannten) Auslandsverlagerungen der Produktion für jeden einzelnen Betroffenen bitter sind – unter dem Strich, also aus Sicht der gesamten Volkswirtschaft, hat der Globalisierungsprozess in Deutschland wesentlich mehr Arbeitsplätze geschaffen als vernichtet.

Wenn die Öffentlichkeit dennoch vom Gegenteil überzeugt ist, dann liegt das wohl vor allem daran, dass in den Medien fast ausschließlich über spektakuläre Job-Verlagerungen wie bei Nokia berichtet wird, nicht aber über die vielen [...] kleineren Fälle, in denen umgekehrt zig Tausende neue Jobs geschaffen werden. Aufgrund dieser selektiven Wahrnehmung wird der globalisierungsbedingte Abbau von Arbeitsplätzen regelmäßig überzeichnet und der Aufbau unterzeichnet. Zwar gibt es weder für das eine noch für das andere hundertprozentig wasserdichte Zahlen, dennoch ist die Tendenz eindeutig:

- Eine Umfrage bei mittleren und größeren Unternehmen hat ergeben, dass zum Beispiel im Jahr 2005 gerade mal 7 Prozent der gesamten Beschäftigungsverluste in Deutschland auf Produktionsverlagerungen ins Ausland zurückzuführen waren.
- Umgekehrt haben die florierenden Auslandsgeschäfte den Wertschöpfungsanteil, der auf den Export zurückgeht, seit 1995 von damals 14 auf heute 21 Prozent erhöht. Einschließlich der Jobs, die dadurch in den Zulieferbranchen

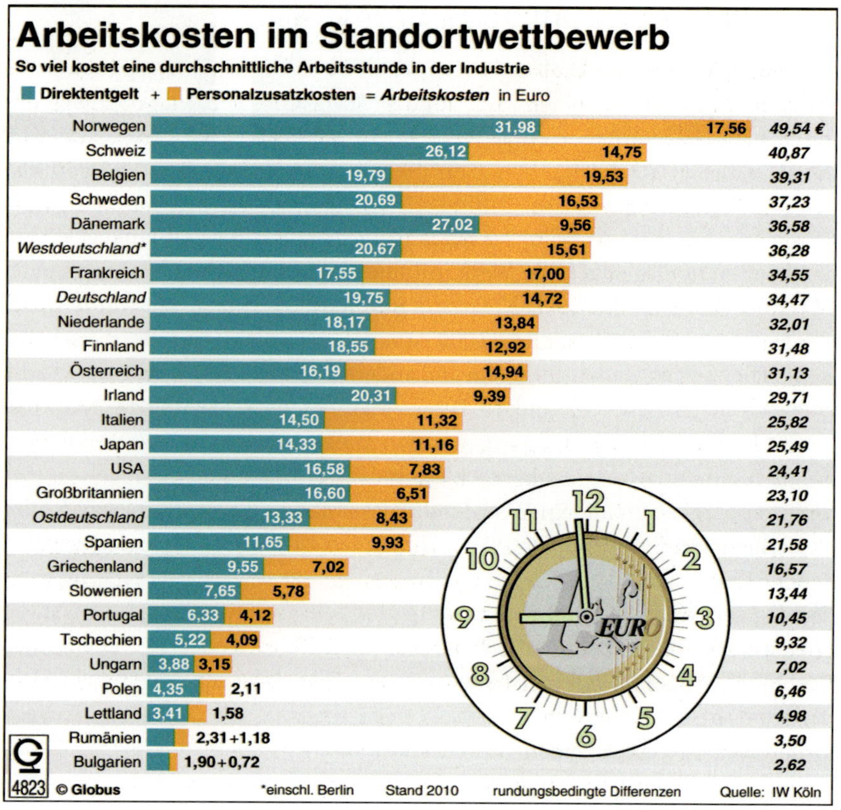

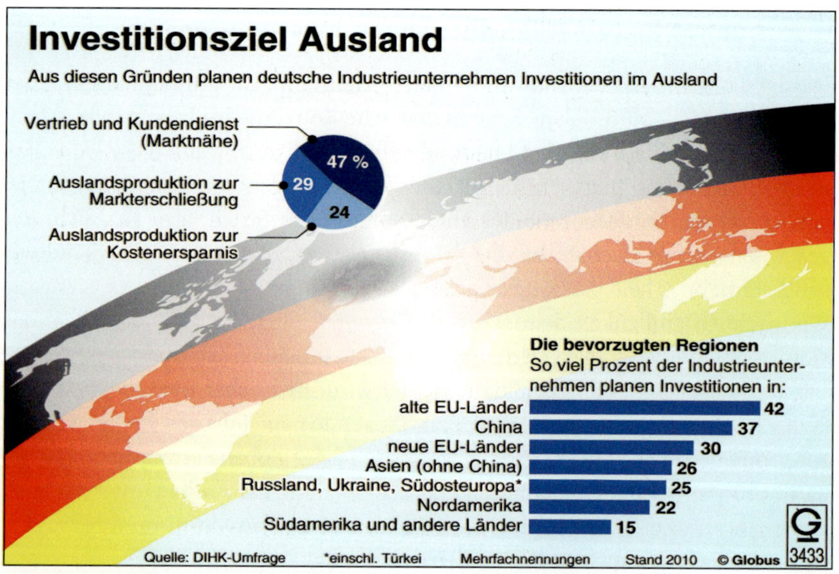

entstanden sind, hat sich die Zahl der exportabhängigen Arbeitsplätze [...] um [...] 56 Prozent erhöht: Arbeiteten 1995 hierzulande erst 5,7 Millionen Menschen direkt oder indirekt für den Export, so waren es im Jahr 2006 schon 8,9 Millionen.

Institut der deutschen Wirtschaft, Was ist dran an der Globalisierungskritik? Fakten, Zahlen, Analysen, hg. vom Roman Herzog Institut, RHI-Diskussion Nr. 8, München 2008, S. 8 f.

Aufgabe

Ob die Globalisierung mehr Arbeitsplätze schafft als vernichtet, ist umstritten. Begründen Sie, warum es schwierig ist, „wasserdichte Zahlen" zu bekommen.

M 6 Können Standortverlagerungen verhindert werden?

Bis zur explodierenden Globalisierung gab es in einer Volkswirtschaft eine Art gentlemen's agreement, einen Kreislauf des Vertrauens. Der Unternehmenssektor hat einen bestimmten Einfluss auf die Arbeitnehmer, die Gewerkschaften auf die Unternehmen. Gleichzeitig haben die Arbeitnehmer versucht, Einfluss auf den Staat zu nehmen, etwa in Fragen der Sozialpolitik. Der Staat hat von den Arbeitnehmern Steuern verlangt. Dafür haben die Arbeitnehmer auch erwartet, dass der Staat im Notfall einspringt. Ein durchkomponiertes Geben und Nehmen.

Mit transnationalen Konzernen funktioniert dieses System nicht mehr. Natürlich kann der Arbeitnehmer auch in diesen weltweit agierenden Konzernen versuchen, seine Interessen durchzusetzen. Sein Problem: Der Staat wird ihn immer weniger dabei unterstützen, denn der Konzern hat ein neues Drohpotenzial – das der Abwanderung. Das „Geben und Nehmen" ist unterbrochen. Das Unternehmen hat viel Macht dazubekommen. Und noch mehr Macht, wenn das Unternehmen gebündelt in einer Gesamtbranche auftritt. Dazu kommt Lobbying, in der Hauptstadt des „geeinten" Europas ein von Jahr zu Jahr bedeutender werdender Wirtschaftsfaktor. Ein EU-Kommissar, der in Brüssel gegen die gesamte deutsche Autoindustrie auftreten will, wird kein langes politisches Leben haben. Hier schließt sich der Kreis zwischen Politik und Ökonomie.

Der Neoliberalismus braucht freie Grenzen, freie Dispositionsmöglichkeiten über die ganze Welt hinweg. Er braucht keinen Staat, der hohe Unternehmenssteuern verlangt. Auch keinen Staat, der eine effiziente Politik der Zölle andenkt. Da wandert man schnell ab. Jedes multinationale Unternehmen hat innerhalb kürzester Zeit die Möglichkeit, anderswo Kredite zu bekommen und anderswo Steuern zu zahlen. Der Staat ist zum Bittsteller geworden.

Manche gehen so weit, dass sie Unternehmen mit einem „Null-Steuer"-Versprechen anlocken. Nicht irgendwo auf einer Pazifik-Insel – zuletzt im EU-Land Schweden. [...]

Immer öfters willigen auch Gewerkschaften in drastische Lohnsenkungsprogramme oder sogar in kurzfristigen Lohnverzicht ein, um nur nicht für die Abwanderung des Unternehmens in ein Niedrig-Steuerland verantwortlich gemacht werden zu können. Was bestimmte Konzerne nach Ablauf einer bestimmten Frist nicht daran hindert, das Werk dennoch zuzusperren, um weiter in Richtung Osten abzuwandern.

Nicht, weil man Verluste geschrieben hat, sogar saftige Gewinne sollen es gewesen sein. Aber das Nachbarland hatte eben mit den sogenannten „Standortvorteilen" gelockt. [...] Die Politik schaut machtlos zu. Nicht einmal weitere Subventionen kann sie versprechen. Denn da würde in vielen Fällen die EU-Kommission einiges dagegen haben.

Hans Bürger/Kurt W. Rothschild, Wie Wirtschaft die Welt bewegt. Die großen ökonomischen Modelle auf dem Prüfstand, Lesethek Verlag, Wien 2009, S. 134 f.

Aufgaben

1. *Beschreiben Sie, warum aus Sicht der Autoren das „gentlemen's agreement" in der Volkswirtschaft nicht mehr funktioniert.*
2. *Sind Gewerkschaften und Staaten gegenüber transnationalen Konzernen machtlos? Arbeiten Sie heraus, zu welchem Schluss die Autoren von M 6 kommen, und beurteilen Sie die Aussagen.*
3. *Stellen Sie sich vor, der Betriebsrat eines großen deutschen Werks verzichtet auf Lohnerhöhungen, um den Standort des Betriebs zu sichern. Verfassen Sie dazu einen Kommentar.*

1.4 Globalisierte Finanzmärkte: Wie können sie reguliert werden?

Heute sind die Finanzmärkte weltweit eng verflochten. Als Finanzmärkte werden Märkte bezeichnet, auf denen mit Geld oder Kapital gehandelt wird. Sind die Geschäfte grenzüberschreitend, spricht man von internationalen Finanzmärkten. Je nach Art des gehandelten Produktes unterscheidet man Geld-, Kredit-, Devisen- und Wertpapiermärkte. Welche riskante Folgen die enge Verflechtung haben kann, zeigte sich 2008, als eine Immobilienkrise in den USA eine weltweite Finanz- und Wirtschaftskrise auslöste, deren Folgen in Form der Euro-Krise bis in die Gegenwart wirken.

M 1 Die Internationalisierung der Finanzmärkte

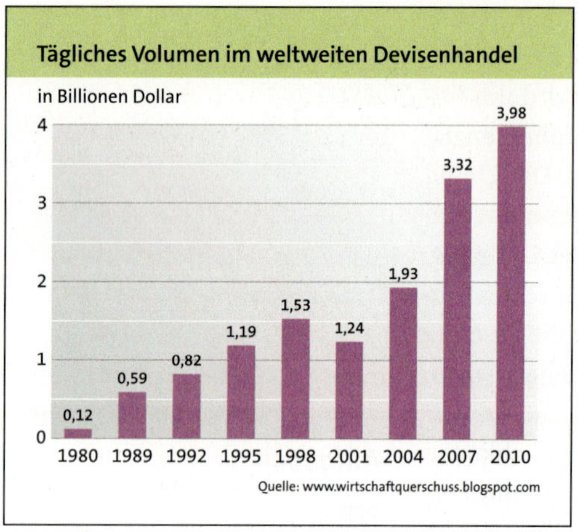

Der Großteil der Kapitalzuflüsse auf den internationalen Finanzmärkten ist auf den Handel mit Wertpapieren zurückzuführen. [...] Die weltweiten Kapitalströme weisen seit Jahrzehnten starke Zuwächse auf. Das Tempo und der Umfang der Transaktionen sorgen für eine ganz neue Qualität der wirtschaftlichen Verflechtungen. Die Finanzmärkte haben die nationale Ebene verlassen und sich mehr und mehr zu globalen Umschlagplätzen für Finanzmittel entwickelt. Damit geht eine Internationalisierung der Anlagetätigkeit und Kreditvergabe einher. Häufig werden Kredite an multinationale Konzerne oder Staaten von mehreren Banken gemeinsam vergeben oder große Anleihen an verschiedenen Börsen auf der Welt gleichzeitig eingeführt.

Die Ursachen für diese Internationalisierung sind vielfältig. Zum einen haben sich die Bedürfnisse der Sparer und Investoren geändert; neue Akteure wie große Investmentfondsgesellschaften und neue Finanzinstrumente sind hinzugekommen. Weiterhin wurden Transformations- und Schwellenländer in die Weltwirtschaft integriert. Zum anderen haben aber gerade die Informations- und Kommunikationstechnologien seit den 1990er-Jahren zu einer Beschleunigung der Globalisierung der Finanzbeziehungen geführt. Heutzutage ist es mithilfe von Computern möglich, rund um die Welt und rund um die Uhr innerhalb von Millisekunden ein Finanzgeschäft zu erledigen. Bereits geringe Zins- oder Kursunterschiede führen sofort zur Arbitrage, einem Geschäft, das Preisunterschiede für ein und dasselbe Gut zwischen verschiedenen Märkten ausnutzt und damit zur Angleichung führt.

Die Höhe der Umsätze an den Finanzmärkten steht in keinem Verhältnis zum Umfang des Waren- und Dienstleistungsaustauschs. Bereits 1990 war das Volumen der globalen Finanztransaktionen 15,3-mal höher als das weltweite Bruttoinlandsprodukt. Anfang 2012 betrug dieses Verhältnis sogar 73,5.

Internationale Kapitalströme lösen sich zunehmend von den Entwicklungen im güterwirtschaftlichen Bereich ab. Man spricht davon, dass sich die Finanzmärkte von der Realwirtschaft entkoppeln. [...]

Nach: Hans Kaminski (Hg.) oec., Grundlagen der Ökonomie, Westermann Verlag, Braunschweig 2012, S. 406

Aufgaben

1 *Erläutern Sie die Ursachen für die Internationalisierung der Finanzmärkte.*

2 *Erklären Sie, warum die Umsätze an den Finanzmärkten sehr viel höher sind als an den Waren- und Dienstleistungsmärkten.*

Die Finanz- und Wirtschaftskrise von 2008/2009: Ursachen, Verlauf und Folgen

M 2 Welt in der Krise

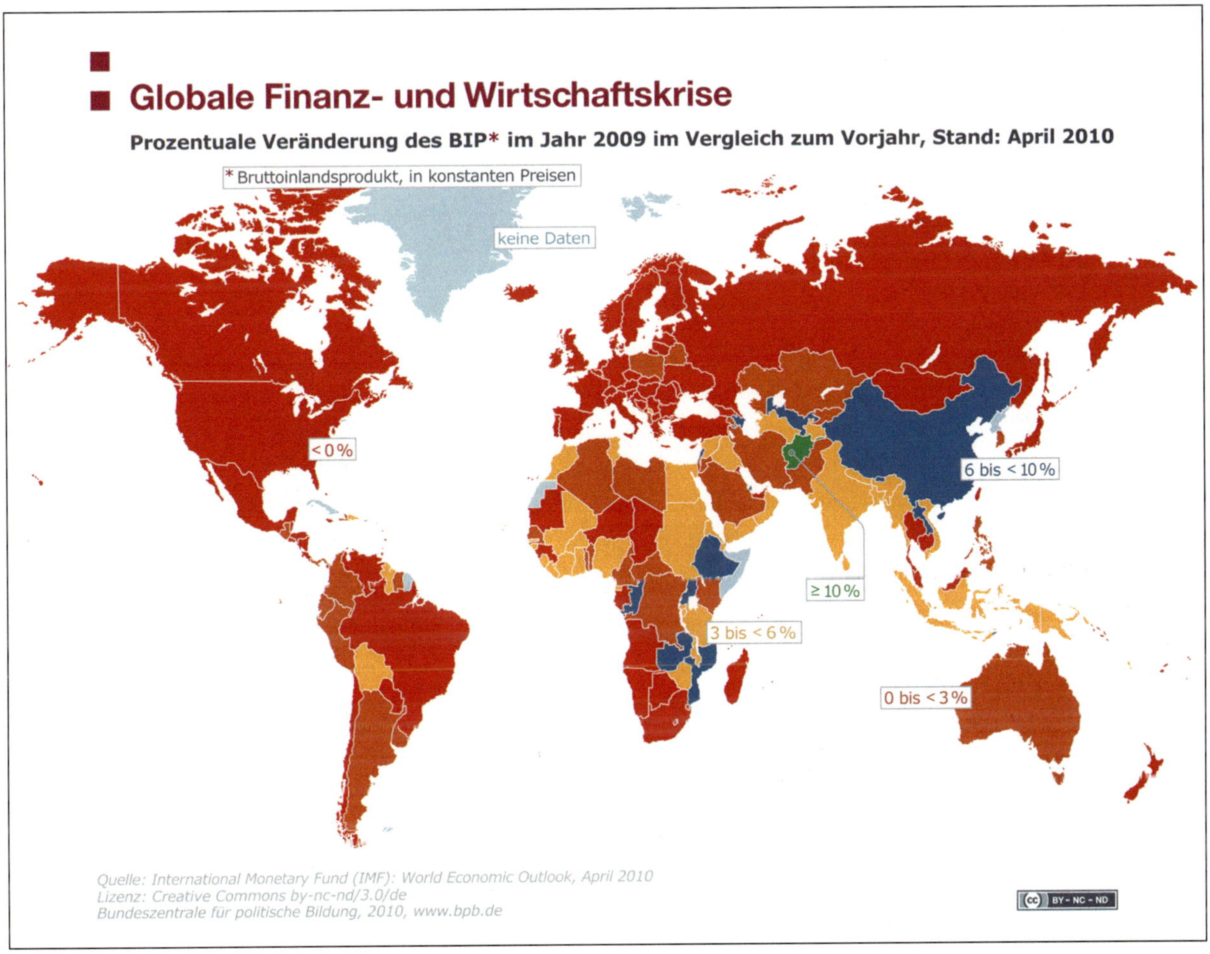

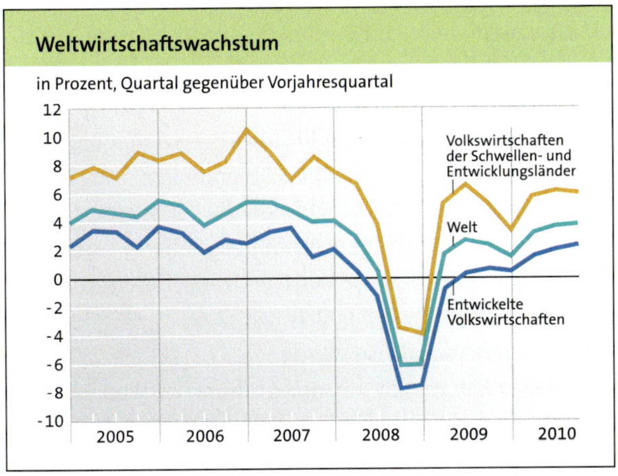

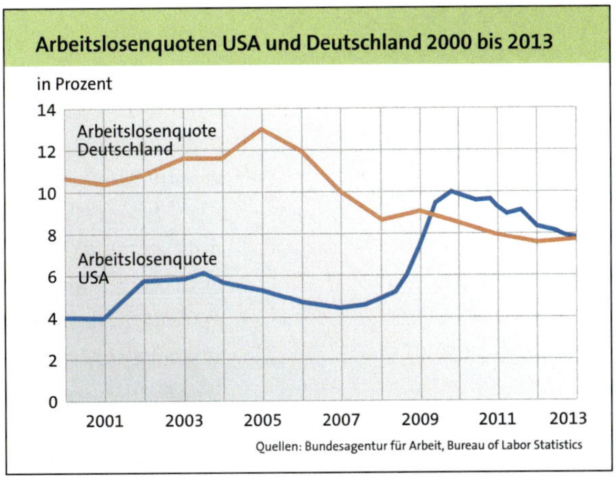

Quelle: Le Monde diplomatique (Hg.), Atlas der Globalisierung, Berlin 2009, S. 50

Aufgaben

1 *Finanz- und Wirtschaftskrisen gab es auch schon früher. Erklären Sie anhand der Schaubilder und des Textes, warum die Krise von 2008 als besonders dramatisch empfunden wurde.*

2 *Begründen Sie, warum entwickelte Volkswirtschaften von der weltweiten Wirtschaftskrise besonders hart betroffen wurden. Berücksichtigen Sie dabei auch Ihre Arbeitsergebnisse aus den vorangehenden Unterkapiteln.*

3 *Stellen Sie zum Beispiel in einer Mindmap dar, was Sie bisher über die Hintergründe und Ursachen der Finanz- und Wirtschaftskrise von 2008/2009 wissen. Ergänzen Sie die Mindmap im weiteren Verlauf des Unterrichts.*

Seit 60 Jahren ist die Konjunktur noch nie so abgestürzt wie vom Jahr 2008 auf das Jahr 2009. Die Rezession ging mit einer Finanzkrise einher, wie sie die Welt seit der 1929 beginnenden Weltwirtschaftskrise nicht mehr gesehen hat. Über hundert Finanzinstitute sind im Verlauf des Jahres 2008 verschwunden und im Jahr 2009 waren es abermals weit mehr als hundert. In Island wurden gleich alle Geldinstitute in staatliches Eigentum überführt. [...] Irland, Ungarn und Griechenland haben Zahlungsprobleme und man munkelt, dass auch Großbritannien, Spanien und Italien in ernsthafte Schwierigkeiten kommen. Zudem brennt es in vielen osteuropäischen Staaten innerhalb und außerhalb der EU.

Nach: Hans-Werner Sinn, Kasino-Kapitalismus. Wie es zur Finanzkrise kam und was jetzt zu tun ist, Berlin 2010, S. 15 f.

M 3 Der Weg in die Krise

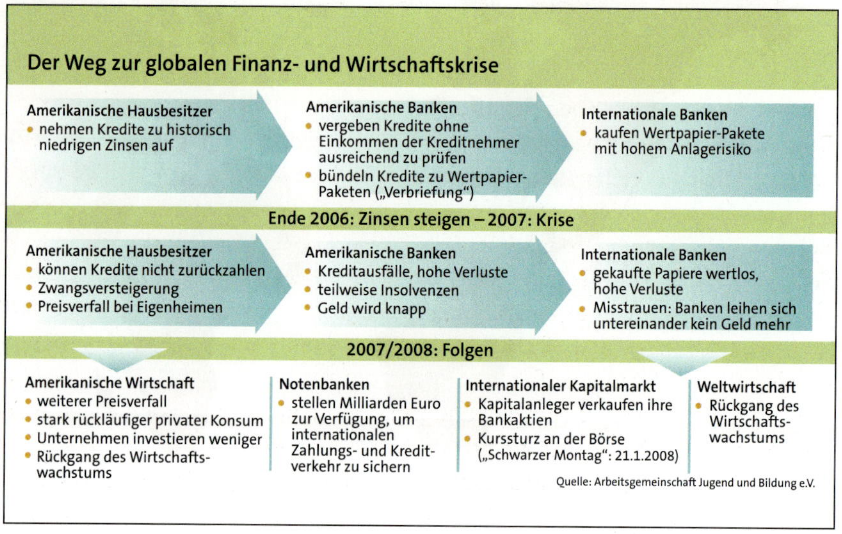

Die Immobilienkrise in den USA

Als Auslöser der Finanzkrise gilt das Platzen der Immobilienblase in den USA. Immer mehr Amerikaner mit einem geringen Einkommen erhielten einen Kredit zum Kauf eines Hauses. Im Extremfall hatten die amerikanischen Häuslebauer nicht mal einen Job und auch sonst keinen Besitz, um den Kredit abzusichern. Ein Fehler des damaligen Notenbank-Chefs Alan Greenspan war es, bei jeder konjunkturellen Eintrübung sofort viel Geld in den Markt zu pumpen und das Zinsniveau dauerhaft tief zu lassen. Solange die Häuserpreise stiegen, konnten die Menschen auch mit neuen Krediten ihre alten Hypotheken abbezahlen. Als die amerikanischen Leitzinsen wieder stiegen, fielen die Häuserpreise. Bereits Ende 2006 konnten viele Amerikaner, die sich ein Eigenheim auf Pump gekauft hatten, ihre Raten nicht mehr bezahlen. Die Immobilien mussten zwangsversteigert werden.

Wie aus der Immobilienkrise eine Bankenkrise wurde

Die Banken gingen in ihrer Geschäftspraxis immer größere Risiken ein. Ein solch risikoreiches Geschäft war der Handel mit den amerikanischen Immobilienkrediten. Die Investmentbanken übertrugen die Hypotheken guter, mittlerer und schlechter Bonität an Zweckgesellschaften, die daraus handelbare Wertpa-

Auch deutsche Anleger waren von den Bankpleiten betroffen.

piere kreierten, sogenannte Mortgage Backed Securities (MBS; englisch für: durch Hypotheken gesicherte Wertpapiere). Das Gefährliche an den neu geschaffenen Finanzprodukten war, dass diese wieder aufgeteilt und zu neuen Wertpapierpaketen geschnürt wurden, die weltweit an Banken verkauft wurden. Das führte schließlich dazu, dass kein Finanzinstitut mehr wusste, welche Papiere sich in seinen Büchern befanden.

Doch das Geschäft lohnte sich für die Investmentbanken. Mit jedem Immobilienkredit, den sie als Wertpapier weiterverkauften, wurde kräftig verdient. Somit hat auch das Vergütungssystem der Banken die Krise weiter verschärft. Denn je höher der Gewinn einer Bank war, desto höher fiel der Bonus aus, den ein Banker erhielt. Dass sich die faulen Kredite, die sich in den strukturierten Finanzprodukten befanden, gut handeln ließen, dafür sorgten Ratingagenturen. Sie gaben den Wertpapieren oftmals die beste Note. Somit ließen sich die Papiere problemlos weltweit verkaufen.

Nachdem die Häuserpreise fielen und viele Immobilien zwangsversteigert wurden, mussten die Käufer der kreditversicherten Hypotheken, darunter viele Banken, Abschreibungen in Milliardenhöhe machen. Bereits im Sommer 2007 kam es zu einem ersten Höhepunkt der Krise. Die Banken vertrauten sich gegenseitig nicht mehr und liehen sich kein Geld mehr. Schon da gerieten die weltweiten Finanzströme ins Stocken

Die Welt im Strudel der Finanz- und Wirtschaftskrise

Nachdem am 15. September 2008 die Investmentbank „Lehman Brothers" Insolvenz angemeldet hatte, überschlugen sich die Ereignisse. Die Börsenwerte gingen weltweit auf Talfahrt. Die Banken waren tief in den Strudel der Finanzkrise hineingeraten. Zwei Tage später musste der Versicherungsriese AIG von der US-Notenbank mit 85 Milliarden Dollar gerettet werden. Am 19. September kündigte die US-Regierung an, die Finanzbranche mit 700 Milliarden Dollar zu stützen. In der letzten Septemberwoche brach die größte US-Sparkasse „Washington Mutual" zusammen und die Regierungen der Benelux-Staaten retteten den Finanzkonzern „Fortis" mit insgesamt 11,2 Milliarden Euro. Deutsches Sorgenkind war die „Hypo Real Estate", die immer wieder mit Milliardenkrediten und Garantiezusagen vor dem Untergang bewahrt wurde.

Bereits Ende 2008 war klar, dass Deutschland, die USA und viele andere Industrieländer in eine Rezession, die größte nach dem Zweiten Weltkrieg, rutschten. Autos und andere Konsumgüter wurden nicht mehr gekauft, die Industrieproduktion brach massiv ein.

Nach: Sabine Kaufmann/Matthias Bude, „Finanzkrise 2008", www.planet-wissen.de, 07.02.2013 [26.04.2014]

Aufgaben

1 *Auf den ersten Blick scheinen sie nichts miteinander zu tun zu haben: der zahlungsunfähige Immobilienbesitzer in den USA – der Investmentbanker – der deutsche Unternehmer, der einen Kredit benötigt – der Arbeitnehmer in einem deutschen Industriebetrieb, der um seinen Arbeitsplatz bangt. Stellen Sie die Zusammenhänge grafisch dar, zum Beispiel in einer Concept Map (siehe S. 481).*

2 *Beurteilen Sie, welche Rolle die verschiedenen Akteure, Strukturen und staatliche Rahmenbedingungen für den Ausbruch der Krise gespielt haben.*

M 4 Die Ursachen der Krise

Die Ursachen der Finanzkrise sind komplex und die Bedeutung einzelner Faktoren für den Ausbruch der Krise ist umstritten. Drei besonders häufig thematisierte Ursachen sind in den folgenden Texten zusammengefasst:

a) Konsum und Wohlstand auf Pump

Die erste Ursache der Krise liegt darin, dass die Politik weltweit und in den USA insbesondere die Schuldenmacherei ermöglicht und belohnt hat. Jeder US-Bürger sollte ohne genaueres Ansehen seiner wirtschaftlichen Leistungsfähigkeit zum Immobilienbesitzer avancieren und durch Kauf auf Pump die Konjunktur stimulieren. Damit sollte auch die wirtschaftliche Schockstarre nach 9/11 überwunden werden. Für dieses Ziel wurden Geld und Kapital künstlich verbilligt, Regulatorien gelockert und alle Beteiligten animiert, kräftig die Blase aufzupumpen.

Roland Tichy, „Anmerkungen zur Zukunft des Kapitalismus“, in: APUZ, 20/2009, S. 3

Es war ein Jahrzehnt des „billigen Geldes“, das zwei Konsequenzen hatte: Erstens konnten sich die Geschäftsbanken zu äußerst günstigen Konditionen Fremdkapital beschaffen und dadurch ihre Kreditvergabe ausweiten und zweitens waren institutionelle Investoren (Versicherer, Pensionskassen, Versorgungswerke), die traditionell konservativ anlegten, angesichts der niedrigen Zinsen gezwungen, sich nach höherverzinslichen Anlagen umzusehen.

Hanno Beck/Helmut Wienert, „Anatomie der Weltwirtschaftskrise: Ursachen und Schuldige“, in: APUZ, 20/2009, S. 7

b) Hochriskante neue Finanzprodukte

Der Markt für Verbriefungen ist jener, von dem die Krise ausging. [...] Doch gehandelt wurden nicht nur Kreditpakete. Gleichzeitig kamen Papiere auf den Markt, die Wetten auf diese Pakete zum Inhalt haben. Solche abgeleiteten Produkte werden *Derivate* (von lat. derivare = ableiten) genannt. [...] Mit Derivaten lassen sich Entwicklungen überzeichnen, zweifach, dreifach, hundertfach. Man kann auf steigende oder fallende Kurse setzen. Mit kleinem Einsatz kann ein Investor riesige Gewinne machen oder enorme Verluste. Laut Bank für Internationalen Zahlungsausgleich belief sich der Wert aller Papiere Ende 2007 auf 600 Billionen Dollar. Das ist zehnmal so viel wie der Wert aller Waren und Dienstleistungen, die in einem Jahr weltweit erzeugt werden. Für Privatanleger gibt es Derivate in klein – in Form von Optionsscheinen. „Früher verdienten sich die Menschen ihren Lebensunterhalt mit der Produktion von Gütern und Leistungen, heute – hat man beim Vergleich mit dem Welt-Bruttoinlandsprodukt den Eindruck – mit dem Handel von Derivaten“, sagt Eberhardt Unger vom unabhängigen Analysehaus Fairesearch. Sorgen macht ihm vor allem jener Teilbereich mit dem Kürzel CDS.
Die Abkürzung steht für *Credit Default Swaps* oder auf Deutsch Kreditausfallversicherungen. Auch diese Produkte sind eigentlich praktisch: Der Verkäufer verspricht dem Käufer eine Zahlung für den Fall, dass ein bestimmtes Unternehmen pleitegeht. So können sich zum Beispiel Investoren absichern, die eine Anleihe dieses Unternehmens besitzen. Der CDS-Verkäufer bekommt dafür eine Prämie.

Info

Verbriefung: Umwandlung von Krediten in handelsfähige Wertpapiere.

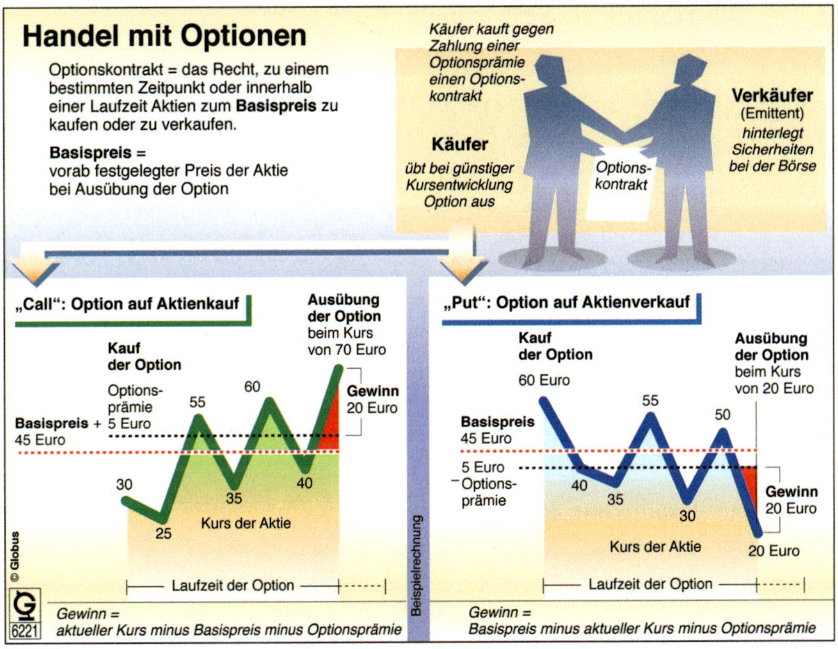

Abschreibungen der Banken auf Kredite und Wertpapiere 2007–2010 (in Mrd. US-Dollar)	
Weltweit	2 276
USA	885
UK	455
Asien	115
Europa	821

IWF, www.iwkoeln.de/de/infodienste/iw-dossiers/beitrag/20205, 10.08.2010 [28.10.2013] © 2010, IW Medien· iw-Dossier

Doch der CDS-Markt hat sich längst verselbstständigt, völlig von seinem eigentlichen Zweck entfernt. Heute dienen die Papiere überwiegend als Wetteinsätze für Spekulationsgeschäfte zwischen den Banken. „Wir machen mit CDS-Verträgen inzwischen quasi dasselbe, was wir seit Jahrzehnten mit Aktien machen. Wir spekulieren auf steigende und fallende Kurse“, sagt ein Frankfurter Investmentbanker. Anders als Aktien oder Anleihen lassen sich CDS-Verträge grenzenlos vermehren – ohne dass dem irgendwelche realen Werte gegenüberstünden. So schwoll der Markt bis Anfang 2008 auf mehr als 60 Billionen Dollar. Das dahinterstehende Risiko an tatsächlichen Kreditausfällen wird dagegen nur auf zwei Milliarden Dollar geschätzt. Hinzu kommt, dass dies alles im Verborgenen geschieht – von Bank zu Bank.

Frank Stocker/Sebastian Jost, „Die gefährlichen Produkte der Finanzbranche“, www.welt.de, 12.10.2008 [28.10.2013]

c) Die Gutgläubigkeit der Anleger

Beim Nachdenken darüber, was sie mit dem mühsam gesparten, fürs Alter zurückgelegten Geld anfangen sollen, sind Menschen zu Millionen hereingefallen auf raffinierte Konstruktionen, die nur Gutes versprachen: hohe Rendite bei nahezu absoluter Sicherheit, zumindest eine sehr akzeptable Verzinsung bei weitgehender Absicherung nach unten. Die Banken trugen kräftig zum Entstehen der Blase bei, erfanden immer neue Anlagekonstruktionen, deren System und Funktionieren 99 Prozent der Anleger nicht verstanden – aber sie, die Banken verdienten kräftig dabei. Kaum jemand „von uns“, aus dem Publikum, hat sich an den gesunden Grundsatz gehalten, nur Geschäfte zu machen, die man durchschaut. Wir wollten auch ein wenig teilnehmen an dem merkwürdigen Geschäft, an der wundersamen Geldvermehrung ohne eigenes Zutun.

Nach: Volker Wöhrl, Die Quittung – Die Finanzkrise und was wir daraus lernen können, München 2009, S. 53 f.

Aufgaben

1 *Ergänzen Sie Ihre bereits angelegte Mindmap um Ursachen der Finanz- und Wirtschaftskrise.*

2 *Erklären Sie, inwiefern die neuen Finanzprodukte „gefährlich“ werden können.*

3 *Erörtern Sie, ob es Aufgabe des Staates ist, Anleger vor undurchschaubaren Finanzprodukten zu schützen.*

M 5 Die Staaten als Retter in der Not

Vor und nach dem Eisberg
Heiko Sakurai

Noch im Oktober 2008 beschlossen die EU-Finanzminister, dass in Europa keine wichtige Bank insolvent werden dürfe. Auch die deutsche Regierung stellte insgesamt 630 Milliarden Euro für die Rettung der Banken zur Verfügung. Zu 90 % handelte es sich dabei um Bürgschaften. Das bedeutet, dass der Staat Gläubigern der Bank versprach, notfalls einzuspringen, falls die Bank Zahlungsfristen nicht einhalten kann. Einige Banken wurden auch verstaatlicht, in Island zum Beispiel das gesamte Banksystem. Es kam vor allem darauf an, den Kreditfluss und den Zahlungsverkehr zwischen den Banken, die einander misstrauten, wieder in Gang zu bringen und die Finanzierung der Wirtschaft sicherzustellen. Zur Bekämpfung der Wirtschaftskrise wurden milliardenschwere Konjunkturprogramme aufgelegt. Bankenrettung und Konjunkturprogramme führten dazu, dass in vielen Staaten die Staatsverschuldung drastisch stieg und die betroffenen Staaten in Zahlungsschwierigkeiten gerieten.

(Autorentext)

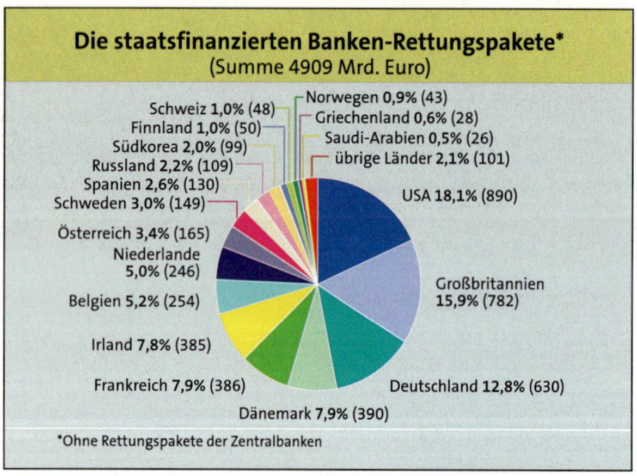

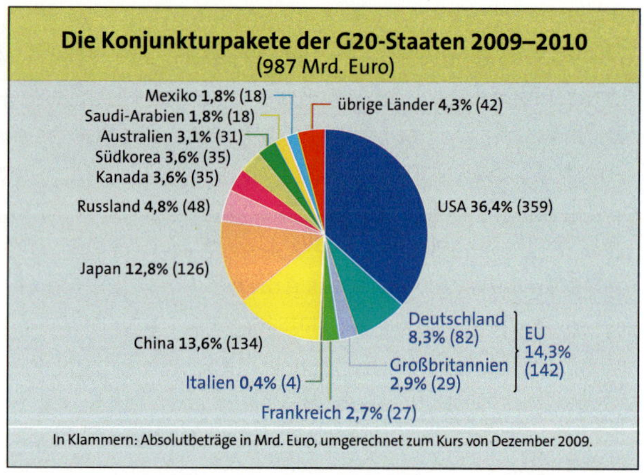

Quelle: Hans-Werner Sinn, Kasino-Kapitalismus. Wie es zur Finanzkrise kam und was jetzt zu tun ist, Berlin 2010, S. 266, 297

Aufgaben

1 *Erläutern Sie die Ursachen und Folgen der staatlichen Rettungspakete.*

2 *Interpretieren Sie die Karikatur und bewerten Sie Ihre Aussage aus heutiger Sicht.*

3 *Die deutsche Regierung bezeichnete ihre Politik der Bankenrettung häufig als alternativlos. Beurteilen Sie diese Aussage.*

Finanzkrisen in der Vergangenheit

Finanz- und Wirtschaftskrisen sind auch in der Vergangenheit keine Seltenheit gewesen. Allein im Zeitraum von 1970 bis 2007 zählte der Internationale Währungsfond (IWF) 124 Bankenkrisen, 326 Währungskrisen und 64 Staatsverschuldungskrisen. Die meisten Krisen waren jedoch in ihren Auswirkungen der Finanz- und Wirtschaftskrise von 2008/2009 nicht vergleichbar.

M 6 Börsencrash in New York löst 1929 Weltwirtschaftskrise aus

Aus heutiger Sicht scheint es die Mutter aller Krisen gewesen zu sein: Mit dem „schwarzen Donnerstag“ begann 1929 die Weltwirtschaftskrise an der New Yorker Börse. Mit dem Kurssturz am amerikanischen Aktienmarkt setzte eine gewaltige Kettenreaktion ein: US-Unternehmer zogen notgedrungen ihr Geld auch aus Deutschland ab. Dort hatten Banken und Unternehmen zu viel Fremdkapital und zu viele Kredite aufgenommen, zudem hatte das Erstarken der Nazis das internationale Vertrauen in den deutschen Finanzmarkt erschüttert.
Als 1931 die deutschen Sparer misstrauisch wurden und ihr Geld abheben wollten, drohten die Geldhäuser illiquide zu werden. Sie vergaben kaum noch Kredite – und würgten so die schwache Konjunktur ab. Im Laufe dieser Krise rutschten weltweit ganze Volksschichten in die Armut. In Deutschland spielte die soziale Not letztendlich den Nazis in die Hände.

Roman Heflik, „Verzockt, verrechnet und verloren“, www.stern.de, 21.01.2008, [28.10.2013]

Aufgaben

1 *Vergleichen Sie die Weltwirtschaftskrise von 1929 mit der von 2008/2009.*

2 *Wählen Sie ein Beispiel aus der Grafik, recherchieren Sie die Hintergründe und präsentieren Sie das Ergebnis in Ihrem Kurs.*

M 7

a) Gefahr erkannt – Gefahr gebannt?

„Jetzt muss jedem verantwortlich Denkenden in der Branche selbst klar geworden sein, dass sich die internationalen Finanzmärkte zu einem Monster entwickelt haben, das in die Schranken gewiesen werden muss."

Horst Köhler, ehemaliger Bundespräsident, Mai 2008

„Das ist jedenfalls für mich die Lehre aus der Krise – und das haben wir immer wieder so gesagt: Jeder Finanzplatz, jedes Finanzprodukt und jeder Akteur muss zukünftig einer Regulierung unterliegen. Das Interessante daran: Das muss weltweit passieren."

Angela Merkel, Bundeskanzlerin, Juni 2011

b) Fortschritte und Defizite bei der Finanzmarktregulierung

Nach der Finanzkrise sind auf nationaler und europäischer Ebene sowie von den G 20 zahlreiche Reformvorhaben gefordert und teilweise bereits umgesetzt worden.

Eigene Darstellung

Aufgaben

1 *Nehmen Sie Stellung zu den Aussagen in M 7a.*

2 *Wählen Sie aus der Grafik M 7b ein Thema aus und recherchieren Sie im Internet den aktuellen Stand. Berücksichtigen Sie dabei folgende Aspekte: Inhalt, Zielsetzung und Bewertung.*

M 8 Die Finanztransaktionssteuer – ein geeignetes Instrument gegen Spekulationen?

Im Januar 2013 stimmte die Mehrheit der europäischen Finanzminister der sogenannten Finanztransaktionssteuer zu. Diese [... soll] in elf europäischen Ländern [gelten] – darunter auch Deutschland. Die Steuer wird schon seit vielen Jahren von globalisierungskritischen Gruppen gefordert. Ist sie ein geeignetes Instrument, um Spekulationen unattraktiv zu machen und die Finanzbranche an den Kosten der Krise zu beteiligen? Das ist umstritten.

Pro

Mit dieser Finanzsteuer können alle Marktbereiche erfasst werden: der Handel mit Aktien, Devisen und Deviraten. Auch alle Marktakteure können eingeschlossen werden – von Banken [...] und Versicherungen bis hin zu institutionellen Anlegern. [...]

Die Steuer trifft die mit schnellen Kapitalumschichtungen arbeitenden Spekulanten. Im Geschäft mit Finanzdeviraten etwa können schon mit vergleichsweise kleinen Beträgen hohe Risiken eingegangen werden. Wird die Steuer auf die gesamte Risikosumme erhoben, macht sie die Spekulationen unattraktiver.

Auch kann die Steuer sehr ergiebig sein. Bei einem Steuersatz von 0,01 Prozent auf Geschäfte mit Aktien, Devisen und Deviraten könnten weltweit 200 Mrd. Dollar im Jahr eingespielt werden, zitiert der IWF Experteneinschätzungen. [...]

Mit einer Transaktionssteuer würden Finanzgeschäfte zudem steuerlich gleichgestellt mit der Realwirtschaft. Werden zum Beispiel Industriefirmen schon beim Kauf von Rohstoffen und Vorprodukten über die Mehrwertsteuer vom Staat zur Kasse gebeten, werden Spekulationen an den Börsen und Finanzgeschäfte bislang nicht besteuert – sondern nur die daraus erzielten Gewinne. [...]

Kontra

Kritiker warnen, dass Banken und andere Finanzinstitute die Kosten für die Finanztransaktionssteuer einfach auf ihre Kunden abwälzen. Höhere Zinsen für Kreditnehmer sowie niedrigere Renditen für Sparer und Anleger wären dann die Folge. Verteuern sich Kredite für Unternehmen und Verbraucher aber, dämpft das Investition und privaten Konsum. Das Wirtschaftswachstum würde gedämpft, was Arbeitsplätze kosten kann.

Der Internationale Währungsfonds (IWF) formulierte deshalb auch: „Eine allgemeine Finanztransaktionssteuer scheint nicht gut geeignet zu sein, die vorgegebenen Ziele zu erreichen." Sie gilt Kritikern auch als zu grobkörnig, um spezielle Zielgruppen am Finanzmarkt zu treffen.

Gegen die Transaktionssteuer spricht auch, dass die Chancen für eine weltweite Einführung inzwischen gesunken sind. Insbesondere die USA, der weltweit wichtigste Finanzmarkt, haben sich dagegen entschieden und wollen lieber eine Bankenabgabe.

Auch in Großbritannien werden andere Lösungen bevorzugt. Wird die Steuer aber nicht in den wichtigsten Wirtschaftsräumen erhoben, führt sie zwangsläufig zu Verlagerungen von Finanzgeschäften in die nicht besteuerten Märkte. Würde sie also in Deutschland oder auch Europa eingeführt, könnten diese Geschäfte mit ihren Gewinnen und Steuern in andere Regionen abwandern. Auch Arbeitsplätze gingen dann verloren.

„Über Sinn und Unsinn einer Transaktionssteuer", www.handelsblatt.com, 18.05.2010 [28.10.2013]

Aufgaben

1 *Erörtern Sie ausgehend von M 8 Pro und Kontra einer Finanztransaktionssteuer.*

2 *Beurteilen Sie auf der Grundlage Ihrer Arbeitsergebnisse aus M 7 und M 8, ob und inwieweit die Politik die „Lehren aus der Krise" gezogen hat.*

Info

Als **Schattenbanken** werden nach Definition des Finanzstabilitätsrats diejenigen Akteure und Aktivitäten auf den Finanzmärkten bezeichnet, die bankähnliche Funktionen (insbesondere im Kreditvergabeprozess) wahrnehmen, aber keine Banken sind und somit nicht der Regulierung für Kreditinstitute unterliegen. Regulierte Kreditinstitute können manche Geschäfte an spezialisierte Schattenbanken auslagern und so – durchaus legal – Regulierungsmaßnahmen umgehen.

www.bundesbank.de [18.03.2014]

M 9 Nach der Krise ist vor der Krise: Wie gefährlich sind Schattenbanken?

Der Bereich der Schattenbanken, zu dem etwa Hedgefonds, Beteiligungsgesellschaften und außerbilanzielle Zweckgesellschaften gehören, ist die Achillesferse der bisherigen Bemühungen. [...]

Weil die Regulierungsdichte im normalen Banksektor stark zugenommen hat, wurden bisher reguläre Geschäfte auf unregulierte Institute verschoben. Angeblich werden mittlerweile bis zu 30 Prozent aller Finanzgeschäfte von Schattenbanken abgewickelt. Experten nennen Summen von 60 Billionen US-Dollar. Viele Kritiker glauben, dass die nächste große Finanzkrise ihren Ausgang im Schattenbanksektor nehmen wird.

Claus Hulverscheidt, „Kapitalismus ein bisschen gezähmt", www.sueddeutsche.de, 24.09.2012 [28.10.2013]

Die Heimatländer der Schattenbanken

Größe des Schattenbankensektors im Verhältnis zum Bruttoinlandsprodukt (Stand: 2011)

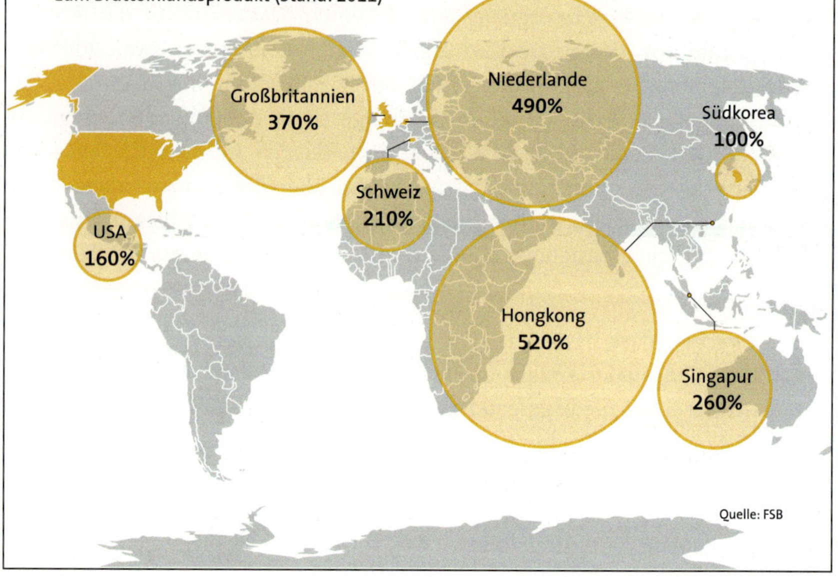

Quelle: FSB

Aufgaben

1 *Begründen Sie, warum auch der Schattenbanksektor reguliert werden muss, wenn man weitere Krisen vermeiden will.*

2 *Beurteilen Sie zusammenfassend die Chancen für eine effektive Regulierung der internationalen Finanzmärkte. Gehen Sie dabei besonders auf die Interessen und Einflussmöglichkeiten verschiedener Akteure (z. B. Staat, Banken) ein.*

1.5 Entwicklungsländer und Globalisierung: Entwicklung zur Einen Welt?

M 1 a) Entwicklungswelten

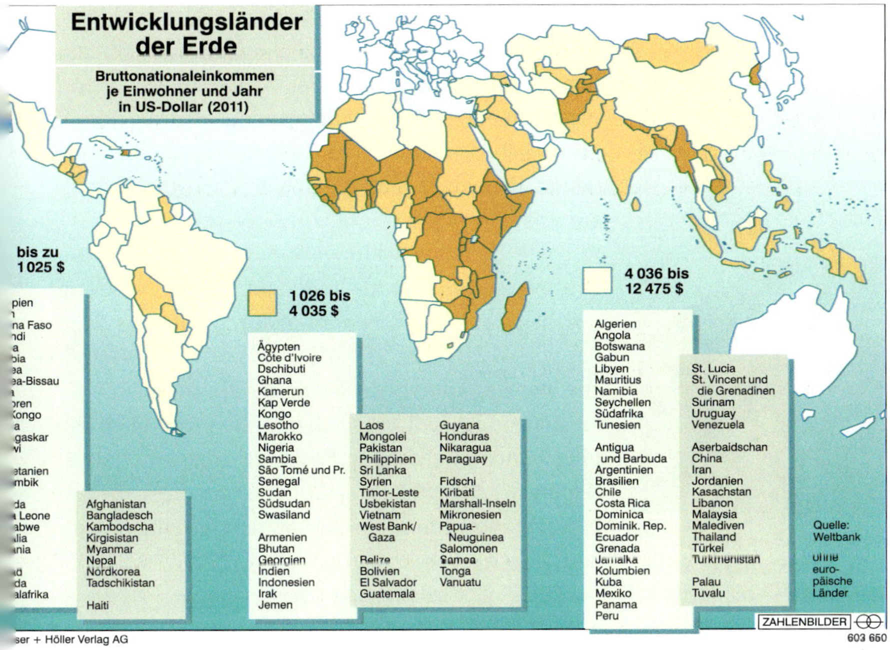

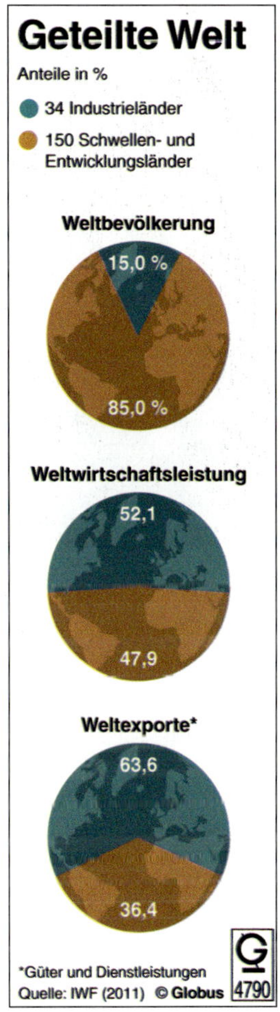

Um den wirtschaftlichen und gesellschaftlichen Entwicklungsstatus anzuzeigen, wird die Welt generell in Industrieländer, Entwicklungs- und Schwellenländer eingeteilt. Die Begriffe „Erste Welt" oder „Dritte Welt", die wir häufig antreffen, sollte nach dem „Ende der Zweiten Welt", d. h. nach dem Zusammenbruch der kommunistischen Systeme in Mittel- und Osteuropa, der Vergangenheit angehören. Zu den Industrieländern werden üblicherweise die 34 Mitglieder der Organisation für wirtschaftliche Zusammenarbeit und Entwicklung (OECD) gezählt. Alle anderen Länder werden entsprechend als Entwicklungsländer eingestuft. Es liegt auf der Hand, dass es gewaltige Unterschiede geben muss. Daher gibt es verschiedene Gruppen, die die Vereinten Nationen aufgrund von Entwicklungsindikatoren festgelegt haben. Extreme Gegensätze zeigen sich bei

- **Schwellenländern:** Länder, die auf dem Wege zur Industrialisierung sind. Die Gesellschaften sind durch einen sektoralen Strukturwandel von Agrarwirtschaft zur Industrialisierung gekennzeichnet. Schwellenländer sind zum Beispiel die Transformationsländer (auch: Reformländer) in Mittel- und Osteuropa, China, Brasilien, Mexiko, Südafrika, Malaysia und Singapur.
- **am wenigsten entwickelten Ländern** (least developed countries, LDC): strukturell besonders beeinträchtigte, sehr arme Länder, die der besonderen Aufmerksamkeit der internationalen Gemeinschaft bedürfen. Viele dieser Staaten sind in Afrika südlich der Sahara. […]

Der am häufigsten verwendete „Indikator für Entwicklung" ist das Pro-Kopf-Einkommen der Bevölkerung. Zur Messung von Entwicklung gibt es ebenfalls

Tipp

www.hdi.de

den Human Development Index (HDI), welcher Auskunft gibt über Größen wie Einkommen, Lebenserwartung, Dauer der Schulbildung sowie den Alphabetisierungsgrad in der erwachsenen Bevölkerung eines Landes.

Hans Kaminski (Hg.), oec, Grundlagen der Ökonomie, Westermann Verlag, Braunschweig 2012, S. 466 f.

M 1 b) Ökonomische Indikatoren reichen nicht aus

Glück und Lebensqualität als Entwicklungsindikator? Im kleinen Königreich Bhutan im Himalaya ist Glück sogar als Staatsziel in der Verfassung verankert. Ein hohes Einkommen wird als nachrangig betrachtet.

In den Industrieländern des Nordens wird allmählich erkannt, dass weiteres Wirtschaftswachstum nicht unbedingt mehr Wohlstand, geschweige denn mehr Lebensqualität und Lebenszufriedenheit bedeutet. Überdies geht Wirtschaftswachstum häufig auf Kosten von enormem Umweltverbrauch.
Auch in den Entwicklungsländern eignet sich das Bruttosozialprodukt als Indikator für Entwicklung nur begrenzt. Zwar werden dadurch wichtige Teile des wirtschaftlichen Handelns erfasst, andere Bereiche, wie der informelle Sektor, die Teilhabe am politischen und gesellschaftlichen Leben und auch die Frage einer langfristigen Erhaltung unserer Ökosysteme – wichtige Fragen, die Auskunft über die Lebenssituation von Menschen in den jeweiligen Ländern geben – bleiben darin völlig unberücksichtigt.

„Indikatoren: Bruttosozialprodukt", http://millenniumsziele.schule.at, 2007 [28.10.2013]

Aufgaben

1 *Welche Assoziationen verbinden Sie mit dem Begriff „Eine Welt"? Führen Sie in Ihrem Kurs ein Brainstorming durch.*

2 *Vergleichen Sie das Pro-Kopf-Einkommen und den Human Development Index hinsichtlich ihrer Aussagekraft als Entwicklungsindikatoren.*

3 *In entwicklungspolitischen Debatten wird neuerdings diskutiert, subjektive Indikatoren wie Lebensqualität und die emotionale Bewertung von Lebensumständen als Entwicklungsindikatoren heranzuziehen. Erörtern Sie Pro und Kontra.*

M 2 Ursachen von Fehl- und Unterentwicklung

Fragt man nach den Ursachen der [...] „Unterentwicklung", so stößt man auf eine lange Liste von teilweise miteinander verbundenen Entwicklungshemmnissen.
An erster Stelle wird häufig die ungenügende Kapitalbildung genannt. Die Argumentation lautet so: Um die Armut in den Entwicklungsländern zu bekämpfen, muss deren Produktion erhöht werden. Das gelingt nur durch den Einsatz von Kapital, also Maschinen, Fabrikgebäuden etc. Die wichtigste Quelle der Finanzierung von Kapitalgütern aber ist – neben der Auslandsverschuldung – die inländische Ersparnis. Und Ersparnis bedingt Konsumverzicht, was angesichts eines ohnehin niedrigen Lebensstandards schwerfällt. Daraus resultiert ein Teufelskreis der Armut [siehe M 3]. Weil ein Land über wenig Kapital verfügt, ist es arm, und weil es arm ist, kann es nur wenig Kapital bilden. [...] Auch können falsche wirtschaftspolitische Anreize – etwa die staatliche Förderung unrentabler Unternehmen – dazu führen, dass Kapital in unproduktive Verwendung gelenkt wird. Schließlich sei noch an die vielen Geschichten erinnert, die von der Verschwendung in- und ausländischen Kapitals (für Paläste, Flughäfen, Staudämme, [hohe Rüstungsausgaben], etc.) durch Entwicklungsländer-Regierungen erzählen.
Zweifellos verschärft ein starkes Bevölkerungswachstum das Armutsproblem. [...] Dadurch wächst die gesamtwirtschaftliche Produktion langsamer als die Bevölkerung. Das Pro-Kopf-Einkommen sinkt und damit die Kapitalbildung.

Entwicklungsländer haben häufig mit negativen Rahmenbedingungen zu kämpfen. So leiden etwa viele dicht bevölkerte Regionen (wie Bangladesch, Java, Philippinen oder Pakistan) unter einem starken Mangel an fruchtbaren Böden. Oftmals ist die Umwelt schwer beschädigt, teilweise aufgrund von Naturkatastrophen, teilweise aber auch durch menschliches Verschulden. [...] Hinzu kommt eine manchmal extreme Luft- und Wasserverschmutzung.

Als weitere entwicklungshemmende Faktoren lassen sich die schlechte Gesundheit, die unzureichende Ausbildung (selbst in Indien können erst 40 Prozent der Frauen lesen und schreiben) und der Mangel an unternehmerischen Fähigkeiten nennen. Zum Teil hat dies kulturelle Gründe. Oft verhindert aber auch eine schlechte staatliche Wirtschaftslenkung, dass die verfügbaren Ressourcen bestmöglich genutzt werden. Wo Politiker und Beamte über die Erteilung von Lizenzen entscheiden, ist erfahrungsgemäß Korruption Tür und Tor geöffnet. [...]

In einigen der am wenigsten entwickelten Länder (vor allem in Afrika südlich der Sahara) ist schließlich beobachtbar, dass der Staat Recht und Ordnung nicht mehr aufrechterhalten kann [sog. failed states]. Die Infrastruktur zerfällt, es entstehen rechtsfreie Räume mit kriminellen Gangs, Kriegsherren und Kindersoldaten. An die Stelle von Entwicklungsanstrengungen treten Plünderung, Mord und Zerstörung.

Für Unterentwicklung gibt es weitere, von „außen" stammende Einflussfaktoren. Die sogenannte Dependenz- bzw. Abhängigkeitstheorie vertritt die These, dass die europäischen Länder in ihren ehemaligen Kolonien – mehr als 100 Entwicklungsländer waren früher Kolonien – eine für sie (die Kolonialherren) günstige „komplementäre" Wirtschaftsstruktur etabliert haben. Insbesondere habe sich für die Länder eine sehr nachteilige Außenhandelsstruktur ergeben. [...] Entwicklungsländer müssen hohe Preisschwankungen bei ihren Exportprodukten hinnehmen (wie z. B. Rohkaffee und Metalle), wodurch ihre Exporteinnahmen instabil sind. Auch ist offensichtlich, dass viele der wenig entwickelten Länder aufgrund ihrer einseitigen Produktionsstruktur wirtschaftlich von den Industrieländern abhängig sind.

Vor dem Hintergrund der Dependenztheorie werden von Kritikern weitere Vorwürfe gegenüber den reichen Ländern erhoben:

- Ihre Regierungen – wie auch die großen internationalen Organisationen IWF und Weltbank sowie multinationale Konzerne – stützten auf vielfältige Weise ausbeuterische Machteliten in den Entwicklungsländern. [...]
- In Kooperation mit nationalen Regierungen und bestochenen Offiziellen würden natürliche Ressourcen geplündert (so etwa bei Waldrodungen in Malaysia oder Indonesien). [...]
- Die problematische Lage der Entwicklungsländer wird durch den Protektionismus der Industrieländer verschärft. Vor allem die EU und die USA drücken die Weltmarktpreise für Nahrungsmittel und Baumwolle mit Subventionen an ihre Landwirtschaft.
- Nicht zuletzt wird den reichen Ländern vorgeworfen, die Entwicklungsländer durch riesige Auslandsschulden abhängig zu halten und finanziell „auszuquetschen". Das bremse die Entwicklung der armen Länder seit Jahrhunderten.

Nach: Herbert Sperber, Wirtschaft verstehen, 120 Lernmodule für Schule, Studium und Beruf, Schäffer-Poeschel Verlag, Stuttgart 2012, S. 389 f.

Aufgaben

1 *Stellen Sie die Ursachen von Unterentwicklung grafisch dar. Unterscheiden Sie dabei zwischen endogenen (inneren) und exogenen (von außen verursachten) Faktoren.*

2 *Problematisieren Sie die von Anhängern der Dependenztheorie erhobenen Vorwürfe.*

M 3 Armut – ein unentrinnbares Schicksal?

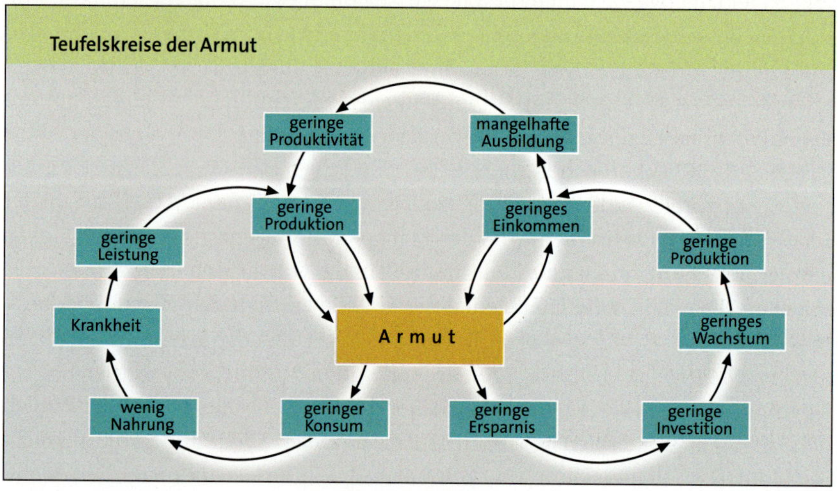

Quelle: U. Andersen/1982: Der Nord-Süd-Konflikt, Informationen zur politischen Bildung, Nr. 196

Solche Zirkelschlüsse, die ungemein plausibel erschienen, nennt man in der Wissenschaftssprache Tautologien. Am Ende kommt der gewünschte „Beweis“ heraus, der jedes weitere Nachdenken erübrigt: Ein Land ist arm, weil es arm ist. Derartige Teufelskreise können aber nicht erklären, warum den heutigen Industrieländern und den „kleinen Tigern“ [gemeint sind hier Staaten wie Südkorea, Taiwan, Hongkong und Singapur] der Ausbruch aus ihnen gelungen ist. Das Wehklagen über schicksalhafte Kräfte, die den Armutszustand verewigen, ist gefährlich, weil es die Fragen nach erklärbaren Ursachen umgeht.
Um Missverständnissen vorzubeugen: Diese Kritik an den Tautologien der „Teufelskreise“ schließt natürlich nicht Wechselwirkungen zwischen einzelnen Krankheitssymptomen aus, die sich wechselseitig verstärken. Die Kritik gilt der suggestiven Schlussfolgerung, dass Armut ein unentrinnbares Schicksal ist. Dann wäre, konsequent zu Ende gedacht, auch Entwicklungspolitik sinnlos.

Franz Nuscheler, Entwicklungspolitik, Dietz Verlag, Bonn 2012, S. 135

Aufgaben

1 *Ist Armut ein unentrinnbares Schicksal? Beschreiben Sie die Aussage der Teufelskreise.*

2 *Beurteilen Sie die Aussagekraft von sog. Teufelskreisen der Armut.*

3 *Versetzen Sie sich in die Situation eines Regierungsberaters und erörtern Sie Möglichkeiten der Entwicklung für ein LDC-Land.*

M 4 Entwicklungspolitik auf dem Weg zu nachhaltigen Zielen

1950er- und 60er-Jahre: „Nachholende Modernisierung“. Die Zielvorstellung lautete: Die Volkswirtschaften der neuen Staaten möglichst schnell dem Entwicklungsstand der Industrieländer durch nachholende Industrialisierung und Modernisierung anzugleichen. Entwicklungsschwerpunkte bildeten Industrialisierung, Agrarreformen und der Ausbau der materiellen Infrastruktur (Verkehrswesen, Kommunikationssysteme) sowie der sozialen Infrastruktur (Bildungs- und Gesundheitswesen, Familienplanung). Man erwartete von diesem Maßnahmenbündel neben einer raschen Steigerung des Bruttosozialprodukts (BSP) je Einwohner auch Umverteilungsprozesse, ein „Durchsickern“ der Einkommenszuwächse bis hin zu den ärmsten Bevölkerungsschichten („*trickle down*“-Effekt). [...]
1970er-Jahre: Grundbedürfnisstrategie. Als Antwort auf die enttäuschten Erwartungen an die Modernisierungsstrategie entstand Mitte der 1970er-Jahre das Konzept der Grundbedürfnisbefriedigung. Im Zentrum des neuen Leitbildes stand

die Aufgabe, der wachsenden Masse der Armen Zugang zu den lebenswichtigen Gütern und Dienstleistungen zu verschaffen. Dazu zählten:

- *materielle Grundbedürfnisse:* Nahrung, Kleidung, Wohnung, Gesundheitsversorgung, Trinkwasserversorgung und Abwasserentsorgung, also notwendige Voraussetzungen für das Überleben.
- *immaterielle Grundbedürfnisse:* Bildung, Unabhängigkeit, Rechtssicherheit, Selbstbestimmung der eigenen Lebensverhältnisse, Mitbeteiligung an gesellschaftlichen Entscheidungsprozessen als notwendige Voraussetzungen für ein menschenwürdiges Leben. [...]

Hilfe von außen war nur dann entwicklungspolitisch vertretbar, wenn sie sich auf die Verbesserung der Rahmenbedingungen für Entwicklung und auf die Mobilisierung von Selbsthilfe beschränkte und Eigenanstrengungen verstärkte (**„Hilfe zur Selbsthilfe"**). Vordringlich war die Überwindung von akuter Not, von Hunger und Obdachlosigkeit. Darüber hinaus haben Maßnahmen zur Arbeitsbeschaffung, zur Grundbildung und Gesundheitsvorsorge sowie Kleinkreditprogramme Priorität. [...]

Wirtschaftliches Wachstum gilt nicht mehr als Voraussetzung für die Befriedigung der menschlichen Grundbedürfnisse, vielmehr ist Letzteres die Voraussetzung für wirtschaftliches Wachstum.

[...]

Seit den 1990er-Jahren: „Nachhaltige Entwicklung". Aus den Erfolgen und Misserfolgen der [bisherigen] Strategien ergibt sich die Erkenntnis, dass Entwicklung in der ganzen Breite aller relevanten Faktoren und unter Beteiligung aller Menschen, insbesondere der Armen, erfolgen muss, wenn stabile Grundlagen entstehen sollen. Die Trennung zwischen scheinbar unantastbaren „Rahmenbedingungen" und einem engen Maßnahmen- oder Zielbereich hat sich als nicht tragfähig erwiesen.

„Globale Entwicklung" macht nur Sinn, wenn von Industrie- und Entwicklungsländern neben dem Ziel „wirtschaftliche Leistungsfähigkeit" gleichzeitig auch die Ziele „soziale Gerechtigkeit", „politische Stabilität" und „ökologisches Gleichgewicht" berücksichtigt werden. Die Ressourcen unseres Planeten und die Belastbarkeit seiner Ökosysteme sind begrenzt. Die Belastbarkeit der Natursysteme und schonender Ressourcenverbrauch müssen deshalb bei der Gestal-

Staudamm in Nigeria

Brunnenbau in Ghana

Solarkocher in Nepal

tung der wirtschaftlichen, gesellschaftlichen und politischen Entwicklung, auch bei der Armutsbekämpfung, unbedingt beachtet werden.

[...] Unter dem Leitbild der nachhaltigen Entwicklung *(sustainable development)* haben sich die Aufgabenstellungen der Entwicklungspolitik erheblich ausgeweitet: Die notwendige Abstimmung mit den verschiedenen entwicklungsrelevanten Politikbereichen, eine effiziente Zusammenarbeit mit den Partnern im Süden und Osten sowie mit den Mitgliedstaaten der EU, den übrigen Industrieländern und den multilateralen Institutionen sowie die Koordinierung der verschiedenen Handlungsebenen (global bis lokal) stellen eine erhebliche Komplexitätssteigerung dar. Die weltweite Minderung der Armut als die zentrale Aufgabe globaler Entwicklungspolitik und -zusammenarbeit ist nur lösbar als globale Strukturpolitik. Sie darf sich nicht auf die Minderung der Armut und auf die ärmsten Länder beschränken, sondern muss Armut fördernde strukturelle Verwerfungen (z. B. außenwirtschaftliche Benachteiligungen vieler Entwicklungsländer, wachsende Einkommensunterschiede, digitale Kluft, Umweltbelastungen) überwinden. Dabei sind vor allem die multilateralen Bemühungen auf der Ebene der UN und der anderen internationalen Organisationen gefordert.

Karl Engelhardt u. a., Welt im Wandel, Omnia Verlag 2012, S. 171 ff.

Aufgaben

1 *Vergleichen Sie die Entwicklungskonzeptionen im Hinblick auf die Definition von Entwicklung, Ziele und entwicklungspolitische Maßnahmen.*

2 *Vor einigen Jahren wurde diskutiert, das Bundesministerium für Entwicklung und Zusammenarbeit (BMZ) abzuschaffen. Beurteilen Sie diesen Vorschlag vor dem Hintergrund der aktuellen Entwicklungskonzeption.*

NOEXCUSE 2015 Millenniumkampagne

M 5 Die Millenniumsziele

Im September 2000 trafen sich die Staats- und Regierungschefs aus 189 Ländern bei dem bis dahin größten Gipfeltreffen der Vereinten Nationen in New York und verabschiedeten dort die Millenniumserklärung, die umfassend die Herausforderungen des neuen Jahrtausends darstellte, die bis heute relevant sind. Die Millennium Development Goals (MDGs, auf Deutsch: Millenniumsentwicklungsziele) sind acht globale Entwicklungsziele, die 2001 aus der Millenniumserklärung abgeleitet wurden und zu deren Erreichung bis 2015 sich die Weltgemeinschaft verpflichtet hat. Im Zentrum der MDGs steht die Überwindung von Armut. Im Einzelnen fordern die MDGs:

- Die Halbierung der Anzahl der weltweit in Armut lebenden Menschen und die Bekämpfung von Hunger (MDG 1)
- Bildung für alle Kinder (MDG 2)
- Die Gleichstellung der Geschlechter und die Stärkung der Rolle von Frauen (MDG 3)
- Die Verbesserung der Gesundheit von Kindern (MDG 4)
- Die Verbesserung der Gesundheit von Müttern (MDG 5)
- Die Bekämpfung von HIV/Aids sowie anderen Krankheiten (MDG 6)
- Ökologische Nachhaltigkeit (MDG 7)
- Eine Entwicklungspartnerschaft zwischen armen und reichen Ländern (MDG 8)

Die ersten sechs Millenniumsziele enthalten Vorgaben, die mit Unterstützung der Geber vor allem vor Ort in den Entwicklungsländern umgesetzt werden müssen. Millenniumsziel 7 und 8 wenden sich darüber hinaus besonders an die Industrieländer: Sie sind aufgefordert, Rahmenbedingungen zu schaffen, die es den Entwicklungsländern ermöglichen, ihre Verpflichtungen aus der Millenniumserklärung umzusetzen.

Nach: Bundesministerium für wirtschaftliche Zusammenarbeit und Entwicklung (Hg.), „Die post-2015 Entwicklungsagenda“, www.bmz.de [28.10.2013]

M 6 Die Umsetzung der Ziele – eine Erfolgsgeschichte?

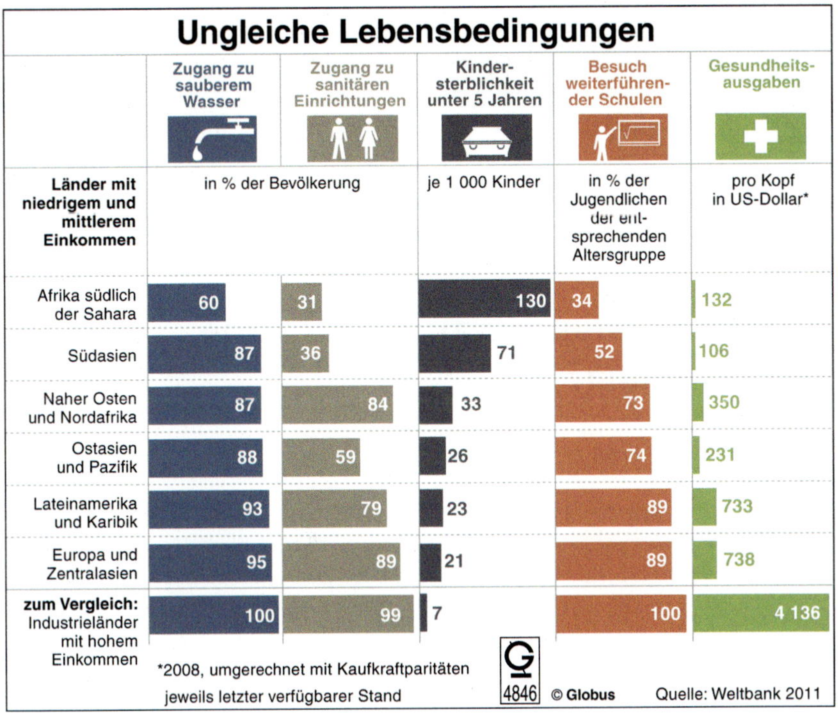

Fünf Jahre vor Ablauf der vereinbarten Frist wurde das Ziel, die extreme Armut um die Hälfte zu verringern, ebenso erreicht wie das Ziel, den Anteil der Menschen, die keinen zuverlässigen Zugang zu verbesserten Trinkwasserquellen haben, zu halbieren. Für mehr als 200 Millionen Slumbewohner, doppelt so viele wie für 2020 angestrebt, verbesserten sich die Lebensbedingungen. Die Bildungsbeteiligung der Mädchen im Grundschulbereich entsprach der der Jungen und die Kinder- und Müttersterblichkeit wurde zügiger gesenkt.
Diese Ergebnisse belegen, dass menschliches Leid enorm gemindert wurde und dass der mit den Millenniums-Entwicklungszielen verfolgte Ansatz richtig ist. Sie bieten uns jedoch keinen Grund, in unseren Bemühungen nachzulassen. Prognosen zufolge werden 2015 weltweit noch immer mehr als 600 Millionen Menschen nicht verbesserte Wasserquellen nutzen, fast eine Milliarde Menschen mit einem Einkommen von weniger als 1,25 US-Dollar pro Tag auskommen müssen, weiterhin Mütter unnötig bei der Geburt sterben und Kinder vermeidbaren Krankheiten zum Opfer fallen. Hunger bleibt eine globale Herausforderung und eine abgeschlossene Grundschulbildung für alle Kinder ist nach wie vor ein grundlegendes, aber unerreichtes Ziel mit Auswirkungen auf alle anderen Ziele. Das Fehlen einer sicheren Sanitärversorgung hemmt den Fortschritt in den Bereichen Gesundheit und Ernährung, der Artenschwund setzt sich unvermindert rasch fort und die Treibhausgasemissionen stellen weiterhin eine große Bedrohung für Menschen und Ökosysteme dar.
Unerfüllt bleibt auch das Ziel der Gleichstellung der Geschlechter, was ebenfalls umfangreiche negative Folgen hat, da die Erreichung der Millenniums-Entwicklungsziele stark von der Ermächtigung der Frauen und dem gleichen Zugang von Frauen zu Bildung, Beschäftigung, Gesundheitsversorgung und Entschei-

dungsprozessen abhängt. Zudem müssen wir einräumen, dass die Fortschritte je nach Land und Region ungleichmäßig ausfallen und dass zwischen den Bevölkerungsgruppen, insbesondere zwischen ländlichen und städtischen Gebieten, gravierende Ungleichheiten bestehen. [...]
Viel hängt von der Erreichung des Ziels 8, der weltweiten Entwicklungspartnerschaft, ab. Wir dürfen nicht erlauben, dass die derzeitigen Wirtschaftskrisen, die einen Großteil der entwickelten Länder heimsuchen, den Fortschritt verlangsamen oder rückgängig machen.

Ban Ki-Moon, Millennium-Entwicklungsziele – Bericht 2012, S. 3, www.un.org, 2012 [28.10.2013]

Aufgabe

Erörtern Sie eine Rangfolge der Ziele und bewerten Sie deren Umsetzung.

Neue Entwicklungschancen durch die Globalisierung?

Tipp

UNDP: United Nations Development Programme (dt.: Entwicklungsprogramm der Vereinten Nationen).

M 7 Der Aufstieg des Südens

Durch hohes Wirtschaftswachstum werden in den Entwicklungsländern Hunderte Millionen Menschen aus der Armut befreit, während weitere Milliarden zu der neuen globalen Mittelschicht aufschließen. Dies ist eine der zentralen Aussagen des Berichts über die menschliche Entwicklung 2013, der vom Entwicklungsprogramm der Vereinten Nationen (UNDP) herausgegeben wird. „Der Aufstieg des Südens vollzieht sich in beispielloser Geschwindigkeit und in einem nie gekannten Ausmaß", stellt der Bericht fest. „Nie zuvor in der Geschichte haben sich die Lebensbedingungen und die Zukunftsaussichten so vieler Menschen derart dramatisch und schnell verändert." [...]
„Zum ersten Mal seit Jahrhunderten ist es der Süden als Ganzes, der Wirtschaftswachstum und gesellschaftliche Veränderungen vorantreibt", heißt es in dem Bericht, der sich ausführlich mit dieser sich rasch wandelnden Welt befasst. [...]
Ferner stellt der Bericht fest, dass die Entwicklungsländer ihren Anteil am weltweiten Warenhandel zwischen 1980 und 2010 nahezu verdoppelt haben, von 25 auf 47 Prozent. Der wichtigste Faktor für diese Expansion war der Süd-Süd-Handel, der in den letzten 30 Jahren seinen Anteil am Welthandel von weniger als zehn Prozent auf mehr als 25 Prozent gesteigert hat, während der Handel zwischen den entwickelten Ländern von 46 auf weniger als 30 Prozent zurückfiel. Der Bericht prognostiziert, dass der Handel zwischen den Ländern des Südens den Handel zwi-

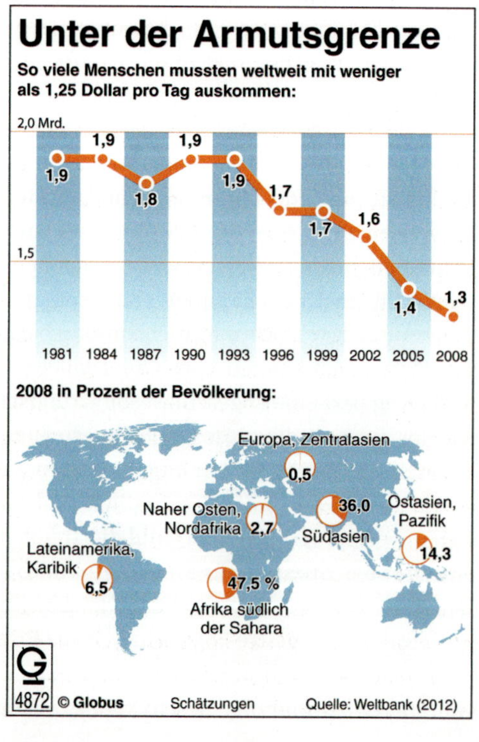

schen den entwickelten Staaten überholen wird. Die zunehmende Öffnung für den Handel geht in den meisten Entwicklungsländern mit Fortschritten bei der menschlichen Entwicklung einher. [...]
Der Bericht 2013 benennt mehr als 40 Entwicklungsländer, die in den letzten Jahrzehnten im Bereich der menschlichen Entwicklung erheblich schnellere Fortschritte erreichten als erwartet. 17 dieser Länder werden ausführlicher untersucht, nicht nur solche mit Höchstleistungen (allen voran China), sondern auch viele kleinere erfolgreiche Länder des Südens wie Chile, Ghana und Thailand. [...] Die meisten waren proaktive „Entwicklungsstaaten", die sich darum bemühten, die durch den Welthandel gebotenen Chancen strategisch zu nutzen. Außerdem investierten sie stark in ihr Humankapital, durch Gesundheits- und Bildungsprogramme und andere wichtige soziale Dienste.

Deutsche Gesellschaft für die Vereinten Nationen (Hg.), Bericht über die menschliche Entwicklung 2013. Der Aufstieg des Südens: Menschlicher Fortschritt in einer ungleichen Welt, UNO-Verlag 2013

M 8 Afrika – das neue Asien?

Wer heute von der „Dritten Welt" spricht, meint vor allem Afrika, insbesondere die Länder südlich der Sahara. In der Wahrnehmung der Öffentlichkeit ist der Schwarze Kontinent ein hoffnungsloser Fall. Zurzeit wütet in Mali ein Religionskrieg, Rebellentruppen terrorisieren den Kongo und Somalia. Und in Nigeria brennen christliche Kirchen. Wann immer die Wörter „Wahl" und „Afrika" fallen, bleibt das Wort „Fälschung" kaum aus. [...]
Als die Mauer in Berlin fiel, herrschten in Afrika 36 autokratische Systeme, 15 Jahre später waren es noch fünf. Mit der Freiheit wuchs die Wirtschaft. So war es in Ghana, Botswana und Uganda, lange Zeit auch in Nigeria. Doch nicht Europäer begannen, in Afrika zu investieren, sondern Chinesen und Inder. Jetzt nach Jahrzehnten relativer Ruhe, entsteht langsam auch ein Binnenmarkt. [...] Ob in Ghana, Nigeria oder Uganda, in vielen afrikanischen Staaten entsteht eine Mittelklasse. Noch ist sie im Vergleich zu anderen Weltregionen recht klein, aber sie wächst. [...]
Wer Zeitungen liest, findet meist vorne noch die bekannten Katastrophenmeldungen. In den Wirtschaftsteilen wird seit einiger Zeit eine andere Geschichte erzählt. Von der „afrikanischen Konsumrevolution" ist da die Rede (Financial Times Deutschland) und für manchen ist „Afrika das neue Asien" (Handelsblatt). Zumindest einige Zahlen lassen diesen Schluss zu. Seit 2000 steigt das Bruttoinlandsprodukt Schwarzafrikas selbst in den ärmsten Staaten jährlich um sechs Prozent und übertrifft damit den Weltdurchschnitt um ein bis zwei Prozentpunkte. Sieben der zehn Länder mit den höchsten Wachstumsraten in der Welt liegen in Afrika, angeführt wird die Liste vom Ölland Angola.
Noch vor zehn Jahren waren solche Meldungen undenkbar. In den meisten Ländern herrschte bestenfalls Stagnation. Während Asien sich in die Moderne aufmachte, schien Afrika wie gelähmt. [...]
Noch immer sterben in Afrika jedes Jahr Millionen

Gerhard Mester

Aufgaben

1 *Analysieren Sie anhand von M 7 und M 8 Erfolgsfaktoren für den Aufstieg des Südens.*

2 *Beurteilen Sie die Entwicklungserfolge Afrikas aus Sicht eines deutschen Unternehmens, eines deutschen Arbeitnehmers, eines traditionellen afrikanischen Handwerkers und eines afrikanischen Akademikers.*

3 *„Globalisierung nutzt nur den Starken der Weltwirtschaft", lautet eine häufig geäußerte Aussage von Globalisierungskritikern. Überprüfen Sie diese auf der Grundlage Ihrer bisherigen Arbeitsergebnisse.*

4 *Die Karikatur in M 8 entstand um die Jahrtausendwende. Nehmen Sie aus heutiger Sicht Stellung zu ihrer Aussage.*

Info

ODA: Official Development Assistance (dt.: Öffentliche Entwicklungszusammenarbeit).

Kinder, die hätten überleben können. Die Müttersterblichkeit ist nach wie vor in vielen Regionen ein ungelöstes Problem. Aids-Kranke warten vergeblich auf Medikamente; die Umweltprobleme nehmen zu. Der Zwist zwischen den Ethnien flammt, neuderdings oft getarnt als Religionskonflikt, immer wieder auf. Das verschreckt Investoren und macht kleine Wohlstandsgewinne zunichte.
Doch wenn mittlerweile zwei Drittel der Kinder zumindest leidlich lesen und schreiben können, bedeutet dies, dass sich nicht nur die Verhältnisse in den gehobenen Vierteln der Städte gebessert haben, sondern auch in Armensiedlungen.

Harro Albrecht, „Von wegen Armut", in: Die Zeit, 27.03.2013, S. 35

M 9 Entwicklungszusammenarbeit – weiterhin notwendig oder nutzlos?

Seit vielen Jahren wird die Wirksamkeit von Entwicklungshilfe, heute Entwicklungszusammenarbeit (EZ) genannt, sehr kontrovers gesehen. Welchen Beitrag Entwicklungszusammenarbeit zum Wachstum von Entwicklungsländern liefert, ist schwer abzuschätzen und auch in der Wissenschaft umstritten. Während die UNO und Nichtregierungsorganisationen die Aufstockung von Mitteln fordern, lehnen einige Kritiker Entwicklungshilfe ab und fordern sogar die Abschaffung der Entwicklungszusammenarbeit.

a) Pauschalkritik verschweigt Erfolge

Die gesamten ODA-Mittel beliefen sich je nach Berechnung seit einem halben Jahrhundert auf 1,7 bis 2,4 Billionen US-$. Auf eine ähnliche Größenordnung beliefen sich auch die innerdeutschen West-Ost-Transferleistungen. Die DDR mag ein fehlentwickeltes Land gewesen sein, aber das zehntgrößte Industrieland war nach allen Indikatoren kein unterentwickeltes Land. Mit Mitteln dieser Größenordnung sollten rund 125 sogenannte Entwicklungsländer, die mit wesentlich größeren Strukturproblemen konfrontiert waren, „entwickelt" werden.

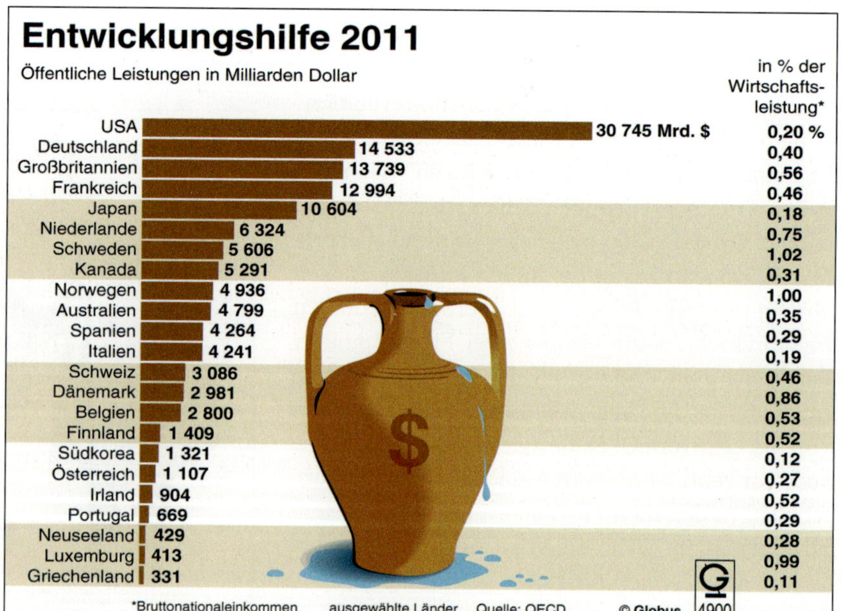

Hier wird eine realitätsblinde Überforderung deutlich, die davor warnen sollte, allzu leichtfertig vom „Scheitern der Entwicklungspolitik“ zu reden. Die überzogenen Erwartungen beruhen auch auf dem grundsätzlichen Irrtum, dass Entwicklung durch Kapitalspritzen von außen und/oder durch hoch bezahlte Entwicklungsexperten herbeigeführt werden könne. Sie kann nur von innen kommen und von außen allenfalls unterstützt werden. [...] Die EZ liefert allenfalls dort bzw. nur dort gute Ergebnisse, wo sie funktionierende Rechts- und Verwaltungssysteme, also ein System von Good Governance, vorfand. [...]
Die Pauschalkritik an der Entwicklungspolitik übersieht oder verschweigt auch, dass sie teilweise beachtliche Erfolge nachweisen kann. [...] Der Human Development Report 2010 belegte mit vielen Daten, dass trotz der in den Armutsregionen am schnellsten wachsenden Bevölkerung nicht alles schlimmer geworden ist. Aber sie hätte sicherlich mehr Gutes bewirken können, wenn sie zielgerichteter zur Aktivierung der in allen Gesellschaften ruhenden Selbsthilfekräfte, also zum „Auswickeln“ der eigenen Talente, sowie zur Förderung der Kleinbauern, der Frauen und Kinder eingesetzt worden wäre.

Franz Nuscheler, Entwicklungspolitik, Dietz Verlag, Bonn 2012, S. 23 f.

b) Wer Afrika helfen will, darf kein Geld geben

Wer einem anderen hilft, will die Lage des anderen verbessern. Diejenigen, die sogenannte Entwicklungshilfe leisten, verfolgen aber ihre eigenen Interessen. Es geht um Arbeitsplätze für Entwicklungshelfer und es geht um politischen Einfluss und um Rohstoffe. [...] Eklatant ist, dass Entwicklungshilfe eher die politische Industrie befördert als die Wirtschaft oder die Produktivität vor Ort. Um die Verwendung der Entwicklungshilfegelder kümmern sich die Regierung und die politischen Parteien. [...] Die Entwicklungshilfe lässt die politische Industrie expandieren und sie hemmt die produzierende Wirtschaft, wo die Talente gebraucht werden. [...]
Wir sollten die Entwicklungshilfe beenden und beginnen, einfach Geschäfte miteinander zu machen. Das wäre ein Austausch zwischen Gleichen. Man würde dann beginnen, uns zuzuhören, anstatt uns zu belehren. [...]
Über „gezielte Hilfe“ ohne schädliche Nebenwirkungen wird viel diskutiert. Aber die Kritik auch an dieser Form von Entwicklungshilfe bleibt. Wer bezahlt für die Projekte? Es sind die europäischen, amerikanischen oder chinesischen Steuerzahler, nicht aber die afrikanischen Bürger. Wenn aber das Steuergeld eines anderen ein Projekt finanziert, verspüren die Menschen vor Ort keine Verantwortung dafür. [...] Deshalb scheitern so viele Entwicklungshilfeprojekte. Wer Afrika helfen will, darf den Afrikanern nicht sagen, wie man an sein Geld kommt. Man muss den Afrikanern die Chance geben, selber zu produzieren und ihre Güter zu verkaufen. Und man muss die Regierungen darauf verweisen, sich über die Steuergelder ihrer Bürger zu finanzieren. Das ist der einzige Weg, wie man die Korruption in den Griff bekommt und die Regierungsführung verbessert. [...] Wenn unsere Regierungen aber auf unser Steuergeld angewiesen sind, wird kein Afrikaner mehr akzeptieren, dass die Politiker unser Geld stehlen. In diesem Sinne würde es der Demokratie helfen, wenn die Zahlungen von Hilfsgeldern eingestellt würden.

Patrick Welter, „Wer Afrika helfen will, darf kein Geld geben“, www.faz.net, 04.04.2007 [28.10.2013]

Aufgaben

1 *Formulieren Sie eine Stellungnahme zu der Frage in der Überschrift von M 9.*

2 *Zeichnen Sie eine Positionslinie an die Tafel und platzieren Sie Ihre Stellungnahme entsprechend Ihres persönlichen Urteils. Schlagabtausch: Die Personen, die ihren Text jeweils auf den äußersten Randpositionen platziert haben, präsentieren ihre Stellungnahme. Diskutieren Sie dann im Plenum über die Positionen.*

Entwicklungszusammenarbeit

nutzlos ⟷ **notwendig**

1.6 Auf dem Weg zu einer fairen Weltwirtschaftsordnung?

M 1 Ansatzpunkte einer internationalen Wirtschaftsordnung

Gestaltungsbedürftig ist der Prozess der Globalisierung, weil Marktprozesse nach den Erkenntnissen der ökonomischen Ordnungstheorie grundsätzlich einer institutionellen Rahmenordnung bedürfen. [...]
Die nationalen Regierungen erkennen zunehmend, dass viele Probleme international verursacht und mit nationalen Mitteln nicht mehr zu beherrschen sind. Diese Problemfelder erfordern internationale Regelungen, die Elemente einer Weltwirtschaftsordnung darstellen können. Am Zustandekommen dieser Regelungen ist eine Vielzahl von Akteuren beteiligt. Neben nationalen Regierungen sind es internationale Organisationen und Verträge, Nichtregierungsorganisationen und Akteure der Privatwirtschaft (Verbände und multinationale Unternehmen), die so auf den Globalisierungsprozess Einfluss nehmen. In der Politikwissenschaft wird das Zusammenwirken dieser Akteure als Global Governance bezeichnet. [...]
Als notwendige Regelsysteme und als bestehende Ausgangspunkte für die Entwicklung einer internationalen wirtschaftlichen Ordnung lassen sich folgende Institutionen benennen:

- eine internationale Handels- und Wettbewerbsordnung (Ansätze dazu sind in der Welthandelsorganisation WTO verwirklicht),
- eine internationale Währungs- und Finanzordnung (eine Institution, die Anknüpfungsmöglichkeiten bietet, ist der Internationale Währungsfonds IWF),
- Menschenrechtsstandards als Elemente einer internationalen Sozialordnung (beispielhaft für eine internationale Organisation in diesem Feld ist die Internationale Arbeitsorganisation ILO).

Nach: Klaus-Peter Kruber u. a., „Auf dem Weg zu einer internationalen Wirtschaftsordnung“, in: Informationen zur Politischen Bildung, Nr. 299/2008, Internationale Wirtschaftsbeziehungen, S. 58 f.

Aufgaben

1 *Nennen Sie Beispiele für wirtschaftliche Probleme, die international geregelt werden sollten. Berücksichtigen Sie dabei Ihre Arbeitsergebnisse aus den vorhergehenden Unterkapiteln.*

2 *Entwickeln Sie ausgehend von den wirtschaftlichen Problemfeldern Kriterien für die Beurteilung der genannten Institutionen.*

Die WTO – umstrittene Hüterin des Freihandels

M 2 Aufgaben und Prinzipien

Als Ergebnis der achten Welthandelsrunde, der sogenannten „Uruguay-Runde“, entstand 1994 aus dem Allgemeinen Zoll- und Handelsabkommen (GATT) die Welthandelsorganisation (World Trade Organization/WTO).
Sie dient dem Ziel, Handelshemmnisse abzubauen und den internationalen Handel zu liberalisieren. Zugelassen sind Handelsschranken nach WTO-Abkommen nur dort, wo sie etwa der Gesundheit des Verbrauchers oder der Verhinderung von Seuchen oder Krankheiten dienen.
Bei den abzubauenden Handelshemmnissen lässt sich zwischen tarifären Handelsbarrieren (Zölle) und den sogenannten nichttarifären Handelsbeschränkungen (z. B. Subventionen, diskriminierende Sicherheits-, Umweltschutz- und Gesundheitsschutzvorschriften oder mengenmäßige Beschränkungen) unterscheiden. Während sich in den ersten Welthandelsrunden unter der Ägide des

→ Siehe auch Info S. 402

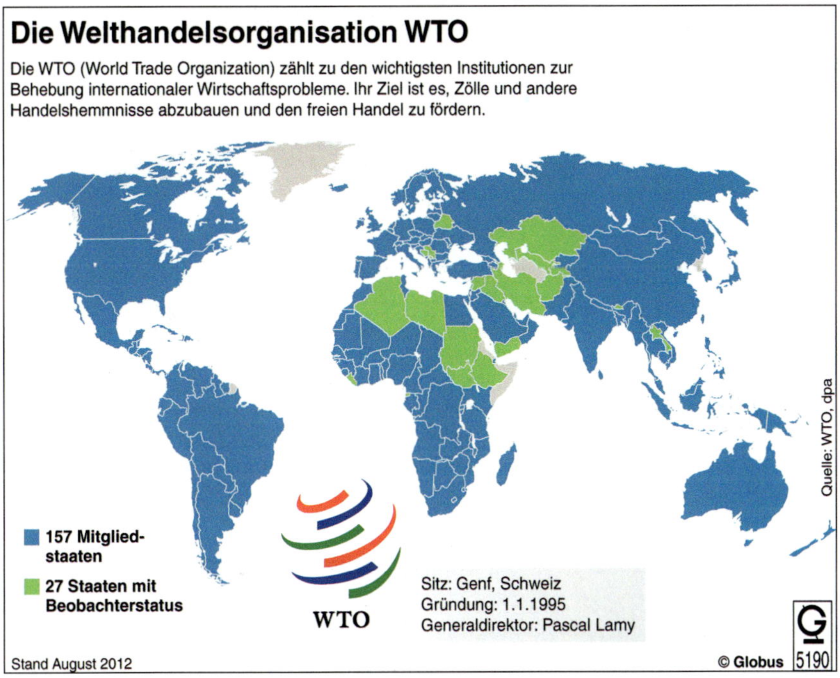

1947 ins Leben gerufenen GATT-Sekretariats die Verhandlungen vor allem darum drehten, Zollschranken abzubauen, steht seit der Tokio-Runde (1974–1979) zunehmend die Beseitigung nichttarifärer Handelshemmnisse im Fokus der Bemühungen. Zentrales Thema der aktuellen, seit 2001 laufenden Doha-Runde ist die verbesserte Integration von Entwicklungsländern in die Weltwirtschaft [s. Schaubild S. 436 unten].

Eine zentrale Aufgabe der Welthandelsorganisation ist die Verwaltung und Umsetzung der verschiedenen WTO-Abkommen. Flankiert von einer Reihe von Nebenabkommen bilden drei Abkommen die Hauptsäulen der WTO:

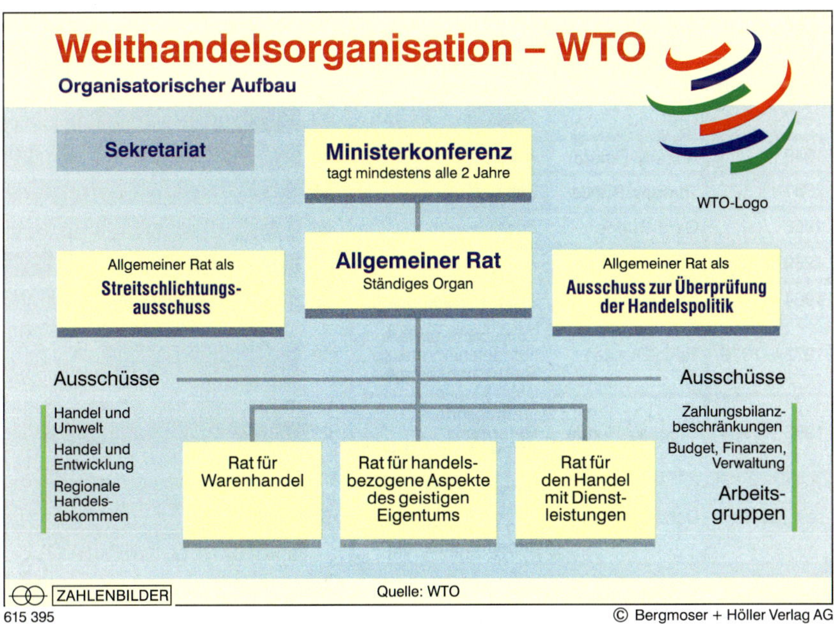

WTO
Welthandelsorganisation

GATT
General **A**greement on **T**ariffs and **T**rade

- Zollsenkungen bei Industriegütern bis 100 %
- Abbau landwirtschaftlicher Subventionen
- Abbau von Handelshemmnissen in der Textilindustrie

GATS
General **A**greement on **T**rade and **S**ervices

Abbau von Handelshemmnissen in den Bereichen
- Telekommunikation
- Tourismus
- Transportwesen
- Banken und Versicherungen

TRIPS
Trade-**R**elated Aspects of **I**ntellectual **P**roperty **R**ights

Schutz von
- Patenten
- Urheberrechten
- Software
- Design

Gekennzeichnet sind die Abkommen der Welthandelsorganisation vor allem durch

- das Prinzip der **Meistbegünstigung:** Vorteile (wie z. B. einen niedrigen Einfuhrzollsatz) können nicht nur einzelnen, sondern müssen allen WTO-Mitgliedern gewährt werden. Eine Ausnahme von diesem Grundsatz sind besondere handelspolitische Vorteile, die Entwicklungsländern gewährt werden;
- das Prinzip der **Inländerbehandlung:** Ausländische Produkte und Dienstleistungen dürfen nicht schlechter behandelt werden als „vergleichbare" einheimische;
- das Prinzip der **Transparenz:** WTO-Mitglieder sind verpflichtet, sich gegenseitig über ihre Handelshemmnisse zu informieren.

Knock Out in der neunten Runde?

Die Vorgeschichte der aktuellen „Doha-Runde" zur Liberalisierung der weltweiten Handelsbeziehungen

GATT/WTO (ab 1995) Verhandlungsrunden		Gegenstand der Verhandlungen	teilnehmende Länder	Durchschnittliche Zollsenkung in %
1947	–	Zölle	23	35
1949	Annecy-Runde	Zölle	13	2
1951	Torquay-Runde	Zölle	38	3
1956	Genf-Runde	Zölle	26	2
1960 – 1961	Dillon-Runde	Zölle	26	7
1964 – 1967	Kennedy-Runde	Zölle, Preisdumping	62	35
1973 – 1979	Tokio-Runde	Zölle, nicht-tarifäre Handelshemmnisse*, Rahmenabkommen	102	34
1986 – 1994	Uruguay-Runde	umfassende Reformen, Gründung der WTO	123	40
seit 2001	Doha-Runde	bessere Einbindung der Entwicklungs- und Schwellenländer in den Welthandel	153	?

*z. B. Subventionen, mengenbezogene Ein- und Ausfuhrbeschränkungen
Quelle: Bundesministerium für Wirtschaft und Technologie

© Globus 2261

Weitere zentrale Aufgaben der WTO sind die Regelung und Beilegung von Handelskonflikten zwischen Mitgliedstaaten sowie die Verwaltung und Umsetzung der verschiedenen WTO-Abkommen und die Bereitstellung eines Forums für Verhandlungen über deren Weiterentwicklung.

Text: Bundesministerium für Ernährung, Landwirtschaft und Verbraucherschutz (Hg.), „Die WTO und die Doha-Entwicklungsrunde: Die Welthandelsorganisation (WTO)“, www.bmelv.de, 12.11.2013 [09.12.2013]

M 3 Die WTO als Schiedsgericht in Handelskonflikten

Beispiel: Der Streit um Gentechnik
Mehrere EU-Staaten [...] wollten gentechnisch veränderte Produkte nicht zulassen. Die EU-Kommission hatte daraufhin – um Zeit zu gewinnen – beschlossen, dass von 1999 bis 2003 keine Gentechnik-Produkte eingeführt werden durften; sie hatte ein sogenanntes „Moratorium“ [Aufschub] verhängt. Die USA sahen darin ein Handelshemmnis und lösten ein Verfahren bei der WTO aus. Im Februar 2007 erklärte ein WTO-„Panel“ (Schiedsgericht) dieses Moratorium für illegal. Die EU hatte 2004 ein neues Zulassungsverfahren für Gentechnik-Produkte (etwa Genmaissorten, die gegen spezielle Schädlinge immun sind) eingeführt. Doch wieder beschwerten sich die USA, unterstützt von Kanada und Argentinien, über die ihrer Meinung nach zu langen Zulassung- und Prüfverfahren in Europa. Letztlich scheint die Zulassung von gentechnisch veränderten Agrarprodukten nicht aufhaltbar zu sein, weil bis heute keine ausreichenden gesundheitlichen Gründe dagegen vorgelegt werden konnten. [...] Die EU hat jedenfalls die genaue Kennzeichnung von gentechnisch veränderten Bestandteilen in Lebensmitteln beschlossen.

Gentechnisch veränderte Lebensmittel werden in Deutschland von vielen Menschen abgelehnt.

Seit 1995 kam es zu über 520 Streitbeilegungsverfahren [Stand 2011] bei der WTO-Zentrale. [...] Die bei der WTO vorgebrachten Fälle sind höchst unterschiedlich: Da protestierte etwa Pakistan gegen Anti-Dumping-Abgaben auf seine Zündholzverkäufe in Ägypten. Norwegen klagte gegen die EU wegen Behinderungen beim Export von Zuchtlachs. Kolumbien beschwerte sich über die EU wegen der Behinderung seiner Bananenexporte. Die USA verklagten China wegen Verletzung von Copyright-Rechten auf Computersoftware, Musik-CDs und DVDs.
Wie bei einem Gerichtsverfahren kommt es zunächst zur Anhörung der Argumente der Streitparteien. Frühestens nach einem Jahr spricht die WTO ein Urteil aus, gegen das die beklagte Partei Berufung einlegen kann. Wird es bestätigt, muss das verurteilte Land die strittigen Gesetze ändern oder die unzulässigen Maßnahmen beenden. Hält sich ein Land nicht an den Schiedsspruch, können Sanktionen in Form von Geldstrafen verhängt werden.

Aktualisiert nach: Wolfgang Böhm/Otmar Lahodynsky, Globalisierung, Veritas Verlag, Wien 2008, S. 79 f.

Aufgaben

1 *Stellen Sie Aufgaben, Ziele und Organisationsstruktur der WTO in einer Mindmap oder einem Schaubild dar.*

2 *Erklären Sie das Prinzip der Inländerbehandlung am Beispiel der EU-weiten Kennzeichnungspflicht für gentechnisch veränderte Produkte.*

3 *Erläutern Sie, warum nichttarifäre Handelshemmnisse wesentlich schwieriger abzubauen sind als Zölle.*

4 *Beurteilen Sie die Entscheidung im Streitbeilegungsverfahren um gentechnisch veränderte Produkte.*

5 *Beurteilen Sie, ob die hohe Zahl von Verfahren als Erfolg der WTO betrachtet werden kann.*

M 4 a) Die WTO in der Kritik

Nichtregierungsorganisationen (NGOs) stellen Demokratiedefizite innerhalb der WTO fest; beispielsweise kritisieren sie den Entscheidungsprozess, der eine institutionelle Diskriminierung des Südens darstelle, da sich 29 Länder keine ständige Vertretung am WTO-Sitz leisten könnten. Wer jedoch bei den fünf bis zehn Sitzungen pro Woche nicht anwesend ist, dessen Stimme gilt automatisch als Zustimmung. Dazu kommt, dass 80 % des [Beamten- und] Beamtinnenstabes aus den Industrieländern stammt. Bemängelt werden auch die inoffiziellen und exklusiven „Mini-Ministerials" [Vor-Konferenz] im Vorfeld der offiziellen Konferenzen. Wer daran teilnehmen darf, wird strategisch ausgewählt, es gibt keine Protokolle. Die EU und die USA sind bei allen Vor-Konferenzen dabei.
Die größte Hürde, die bisher die WTO-Runden blockiert, ist die Öffnung der Agrarmärkte, das umstrittenste Vorhaben im Welthandel. Entwicklungs- und Schwellenländer beklagen [...] hohe Marktzugangsbarrieren und fordern einen raschen Abbau der Zölle in den Industriestaaten, die Senkung von Binnensubventionen und Exportbeihilfen. Die OECD-Staaten subventionieren ihre Landwirtschaft pro Jahr mit insgesamt 311 Milliarden US $, was dem sechsfachen Wert der globalen Entwicklungshilfe entspricht. Am Pranger stehen hier besonders die USA, die EU und Japan. [...] Japan schützt seine Reisbauern und Reisbäuerinnen mit Importzöllen von bis zu 500 %. In der EU wird ein Rind mit täglich 2,50 US $ subventioniert. Dagegen müssen drei von vier Menschen in Afrika mit täglich weniger als zwei US $ auskommen! [...] Um einen gerechten Welthandel zu etablieren [...], muss sich die WTO in ihren Strukturen ändern. Statt Handel und Handelsliberalisierung als Selbstzeck zu betrachten, muss sie den Handel in den Dienst menschlicher Entwicklung stellen.

Welthaus Österreich (Hg.), „Die Welthandelsorganisation", www.schools.welthaus.at [28.10.2013]

Bei WTO-Konferenzen protestieren zahlreiche Nichtregierungsorganisationen gegen die ihrer Ansicht nach unfairen Regeln der WTO, hier in Hongkong (2005)

Gerhard Mester

b) WTO fördert die Umweltzerstörung

Das System der WTO setzt sehr einseitig auf den Export als Wirtschaftsstrategie. Entwicklungsländer, die über keine eigene Industrie verfügen, setzten auf den Export billiger Rohstoffe. In der Landwirtschaft werden oft vielfältige und auf die Ernährungssicherheit ausgerichtete Anbausysteme durch Export-Monokulturen ersetzt. Den Preis können die Entwicklungsländer nur durch den Einsatz giftiger Chemikalien und die Abholzung der Regenwälder niedrig halten. [...] Umweltabkommen wie das Kyoto-Protokoll, das den Klimawandel bekämpft, das Washingtoner Artenschutzabkommen oder die Basler Giftmüllkonvention werden von der WTO nicht respektiert. Zudem können WTO-Mitglieder gegen Handelsrestriktionen, die aus umweltpolitischen Gründen erlassen wurden, bei der Streitschlichtungsstelle klagen. [...] Zur Umweltzerstörung trägt auch bei, dass unter WTO-Recht alle Produkte gleich behandelt werden müssen, egal wie sie produziert wurden. Ein Staat darf daher weder umweltfreundlich oder regional hergestellte Produkte, noch solche aus fairem Handel bevorzugen.

Martina Hupfer, Große kleine Welt – Spielend den Welthandel und die WTO kennenlernen, hg. von Alliance Sud und Erklärung von Bern, Zürich 2011, S. 13

M 5 Die WTO vor neuen Herausforderungen

Seit 2001 verhandeln die Mitgliedstaaten in der Doha-Runde über den weiteren Abbau von Handelshemmnissen – bislang ohne Ergebnis (vgl. Schaubild S. 436 unten). Zu unterschiedlich sind die Interessen von Industrie- und Entwicklungsländern. Das Scheitern der Doha-Runde droht die Weltorganisation zu lähmen – zumal seit der Weltwirtschaftskrise 2008/2009 protektionistische Maßnahmen stark zugenommen haben, weil Staaten dadurch ihre angeschlagene heimische Wirtschaft vor ausländischer Konkurrenz sichern wollen. Welche Auswege aus dieser Krise werden diskutiert?

a) Verschiedene Liberalisierungsgeschwindigkeiten

Das GPA-Abkommen [= Government Procurement Agreement, Öffnung der Märkte des Öffentlichen Beschaffungswesens, 1996] kann ein Dolchstoß für Doha sein, denn gerade einmal 42 Mitglieder [...] konnten sich auf die Öffnung dieser Märkte einigen.

Dennoch sehen genau darin viele Beobachter ein Zukunftsmodell: Kleinere „plurilaterale" Abkommen mit einer „Gruppe von Willigen", die sich leichter schließen lassen als ein Abkommen unter dem Doha-Schirm, dem alle Länder zustimmen müssen. Schon jetzt verhandeln viele WTO-Mitglieder in kleineren Gruppen untereinander über den Abbau von Handelshürden – etwa über die Bedingungen für die Zulassung von Ärzten im Ausland. Viele Länder sind zudem etwa an der Senkung von Zöllen für Bauteile für erneuerbare Energien interessiert – und arbeiten dabei nur auf Verträge mit bestimmte Staaten hin. [...] Regionale Abkommen sind zu besonderer Blüte gereift, seit sich die USA, Russland oder die EU ein

Aufgaben

1 *Bei Abstimmungen in der WTO verfügt jedes Mitglied über eine Stimme. Trotzdem fühlen sich viele Entwicklungsländer in der WTO benachteiligt. Überprüfen Sie anhand von M 4, inwieweit der Vorwurf berechtigt ist.*

2 *Entwickeln Sie Lösungsvorschläge, wie die Stellung der Entwicklungsländer in der WTO gestärkt werden könnte.*

3 *In Verhandlungen über den Abbau von Handelshemmnissen fordern Industrieländer als Gegenleistung für den Abbau von Agrarsubventionen vollen Marktzugang zu den Märkten der Entwicklungsländer. Erörtern Sie aus Sicht der Entwicklungsländer Pro und Kontra dieser Forderung.*

www.CartoonStock.com

Rennen um die Bildung von Blöcken im Wettbewerb gegeneinander und gegen China liefern.

Tom Miles, „WTO riskiert mit Doha-Runde eigene Zukunft“, www.manager-magazin.de, 01.01.2012 [28.02.2013]

b) Beschränkung von Themen

Hilfreich wäre es, in ausgewählten Bereichen verschiedene Liberalisierungsgeschwindigkeiten zuzulassen. Das würde den unterschiedlichen Bedürfnissen der Mitgliedstaaten Rechnung tragen und die Konsensfähigkeit der Verhandlungen stärken. Dagegen könnte die Überfrachtung der WTO mit Themen, die weit über die Liberalisierung des Handels hinausgehen, für künftige Verhandlungsrunden zum Problem werden. Anstatt möglichst viele Themen, etwa Investitionen, Wettbewerb und Umweltstandards verbindlich in die Strukturen der WTO einzubinden, wäre für viele Bereiche ein informeller Gesprächsrahmen sinnvoller. Die WTO könnte hier, schrittweise und langfristig angelegt, aus unverbindlichen Abmachungen verbindliche Normen entwickeln.

Christina Langhorst, „Auswege aus der Krise der WTO“, in: Frankfurter Neue Presse, 28.12.2007

Aufgaben

1 *Analysieren Sie, welche Folgen die beiden Lösungsvorschläge für die weitere Entwicklung der WTO haben könnten.*

2 *Beurteilen Sie diese aus Sicht der Industrie-, der Entwicklungsländer und von NGOs.*

Der Internationale Währungsfonds – Kern einer internationalen Finanzmarktordnung?

M 6 Entwicklung und Aufgaben

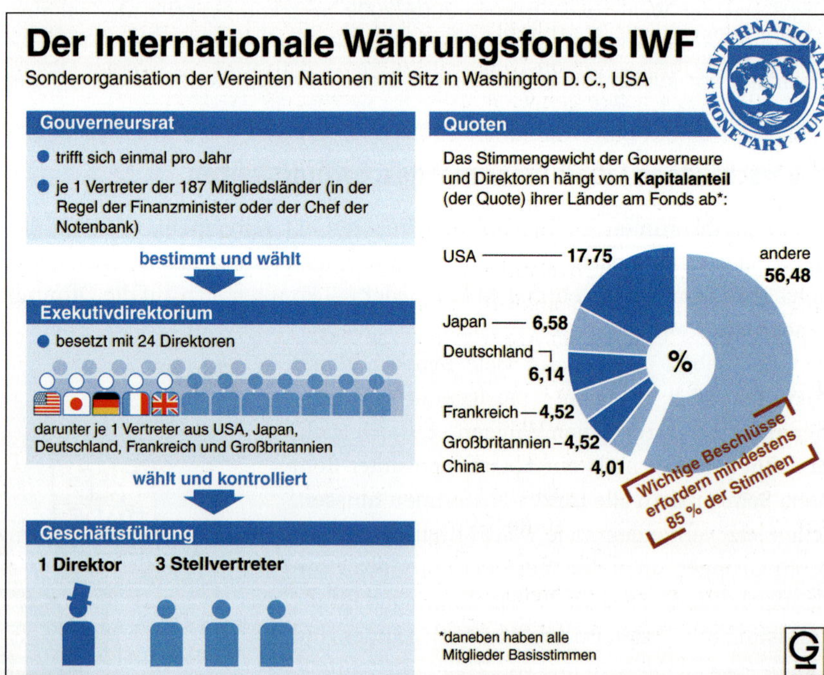

Der Internationale Währungsfonds (IWF; engl.: International Monetary Fund, IMF) wurde im Juli 1944 in Bretton-Woods (USA) als Sonderorganisation der Vereinten Nationen (UNO) gegründet. Der IWF war der Kern des Währungssystems der westlichen Welt in der Nachkriegszeit. Nach der Weltwirtschaftskrise und dem Zweiten Weltkrieg waren der internationale Handel, Direktinvestitionen und Kapitalverkehr zusammengebrochen. Die Währungen der Länder (mit Ausnahme des US-Dollars) waren nicht mehr untereinander austauschbar (nicht konvertibel), sondern nur noch Zahlungsmittel im Inland.

Mit der Gründung des IWF wurde das Ziel verfolgt, für den Wiederaufbau der Weltwirtschaft eine funktionsfähige neue Währungsordnung zu schaffen. Als Ankerpunkt kamen nur die USA in Betracht: Sie waren nach dem Zweiten Weltkrieg die bei Weitem dominierende Wirtschaftsmacht, der Dollar war hoch begehrtes internationales Zahlungsmittel. Ziele des IWF waren zunächst

- die Wiederherstellung der Konvertibilität (Austauschbarkeit) zwischen den (westlichen) Währungen;
- die Errichtung eines Systems grundsätzlich fester, aber anpassungsfähiger Wechselkurse, die an den US-Dollar (und über ihn an das Gold) gebunden waren und
- die Errichtung eines Systems von Beistandskrediten für Länder mit Zahlungsbilanzproblemen.

Der Dollar wurde zur Leitwährung eines Währungssystems, das nach dem Gründungsort auch „Bretton-Woods-System" genannt wurde. In den Fünfziger- und Sechzigerjahren erwies es sich als effizientes System zur Finanzierung des rasch wachsenden Welthandels. Der IWF stellte den Mitgliedsländern notwendige internationale Liquidität (Dollars, später auch Sonderziehungsrechte) zur Finanzierung von Importen zur Verfügung, mit denen sie ihre Wirtschaft aufbauten. [...]

Ab Mitte der Sechzigerjahre geriet das Bretton-Woods-System zunehmend in Schwierigkeiten und ist schließlich gescheitert. [...] Nach mehreren Währungskrisen zerbrach das Bretton-Woods-System und wurde ab 1973 durch flexible Wechselkurse zwischen den wichtigsten Weltwährungen ersetzt.

Damit änderte sich auch die Rolle des IWF. Er war nun nicht mehr Kern eines Währungssystems, sondern eine internationale Organisation, die sich um Zusammenarbeit in der Geld- und Währungspolitik der westlichen Industrienationen bemühte. Und die als „Feuerwehr" mit Krediten und wirtschaftspolitischen Hilfspaketen Entwicklungsländer in wirtschaftlichen Krisensituationen (Zahlungsbilanzkrisen, Staatsbankrott) unterstützte, wie beispielsweise während der Asienkrise 1997/98 und der Argentinienkrise 2001/02.

Neue Aufgaben für den IWF

Seit der internationalen Finanzkrise 2007 bis 2009 ist ein erneuter Wandel zu beobachten. Der IWF soll sich nach Auffassung vieler Politiker und Experten zum Kern einer internationalen Finanzmarktordnung entwickeln.

Auf Gipfeltreffen der G20-Regierungschefs der wichtigsten Industrie- und Schwellenländer wurden in diese Richtung weisende Beschlüsse gefasst. Der IWF und ein neu eingerichteter Financial Stability Board (FSB) überwachen die makroökonomischen Daten der Mitgliedsländer speziell mit Blick auf Finanzmarktrisiken.

Zur Krisenprävention soll ferner durch erweiterte Kreditlinien ein „Sicherheitsnetz" aufgespannt werden. Und seit der Verschuldungskrise in mehreren Euro-Ländern (seit 2010) wird der IWF wieder zum Kreditgeber und „Aufpasser" über die Finanz- und Wirtschaftspolitik auch von Industriestaaten: Am Rettungspaket

Info

Sonderziehungsrechte (SZR) sind eine Art künstliche Währung des IWF, die Liquiditätsengpässe im Welthandel verhindern soll. Seit 2011 beträgt der Wert eines SZR 1,1625 Euro.

Seit 2011 ist die Französin Christine Lagarde Direktorin des IWF. Entsprechend ihrer zunehmenden Bedeutung in der Weltwirtschaft fordern besonders asiatische Staaten stärkeres Gewicht auch bei der Besetzung der Führungspositionen.

für Griechenland und am „Euro-Rettungsschirm" ist der IWF jeweils mit ca. einem Drittel beteiligt und er überwacht zusammen mit der EU-Kommission und der Europäischen Zentralbank die Finanzpolitik Griechenlands und anderer Euro-Länder.

Ziele des IWF sind:

- Förderung der internationalen Zusammenarbeit in der Währungspolitik
- Ausweitung des Welthandels
- Stabilisierung der internationalen Finanzmärkte
- Vergabe kurzfristiger Kredite im Falle von Zahlungsbilanzdefiziten
- Überwachung der Geldpolitiken
- Technische Hilfe beim Aufbau von Geld- und Finanzsystemen in Entwicklungsländern.

Klaus-Peter Kruber, „Internationaler Währungsfonds und Weltbankgruppe", www.bpb.de 16.01.2012 [15.03.2013]

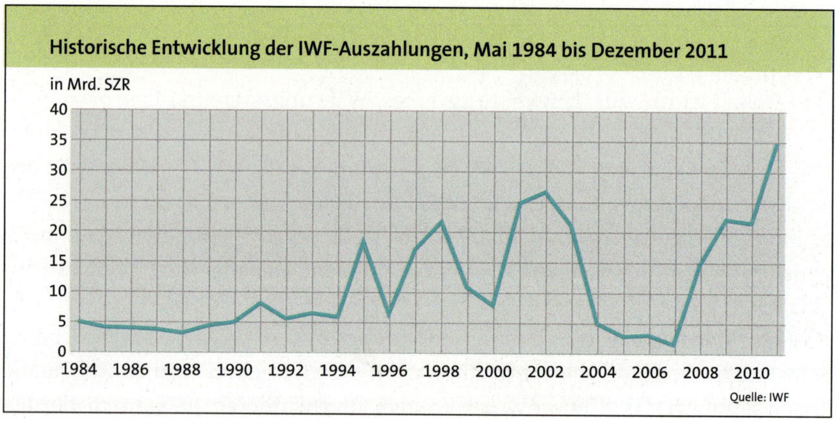

Aufgaben

1 *Erläutern Sie die Entwicklung des IWF anhand der Grafik zu den Auszahlungen von Krediten.*

2 *Vergleichen Sie die Einflussmöglichkeiten von Entwicklungsländern bei WTO und IWF.*

3 *Ordnen Sie die IWF-Kredite an verschuldete Euro-Länder in das Kreditsystem des IWF ein.*

4 *Recherchieren Sie im Internet, welche Rolle der IWF bei den Hilfsprogrammen für verschuldete Euro-Länder gespielt hat, zum Beispiel in Griechenland, Portugal oder Zypern.*

5 *Veranschaulichen Sie die Funktionsweise des IWF in Form eines Schaubilds.*

M 7 Wie funktioniert der IWF?

Der IWF ist im Prinzip ein Devisenpool, also ein Topf, in den die Mitgliedsländer Devisen einzahlen, die dann im Bedarfsfall an einzelne Mitglieder ausgeliehen werden. Der IWF ähnelt damit einer Kreditgenossenschaft [...]. Im Einzelnen funktioniert das System IWF folgendermaßen: Jedes Mitgliedsland muss Zahlungen an den Fonds gemäß einer bestimmten Quote leisten, deren Höhe sich vor allem nach seinem Inlandsprodukt, seinem Anteil am Welthandel und seinen Währungsreserven richtet. Im Rahmen der so geschaffenen Reserveposition (Reservetranche) hat das Mitgliedsland jederzeit und ohne Auflage das Recht, IWF-Mittel in Anspruch zu nehmen. Es handelt sich hierbei um keine Kreditaufnahme. Darüber hinaus stehen jedem Mitglied vier normale Kredittranchen von je 25 Prozent der Quote für die Aufnahme von Zahlungsbilanzkrediten zur Verfügung. Des Weiteren sind im Laufe der Zeit zusätzliche spezielle Kreditmöglichkeiten – die Fachleute sprechen von „Faszilitäten" – geschaffen worden, um Länder mit besonders gearteten Zahlungsbilanzproblemen zu unterstützen. Ihre Höhe beträgt teilweise ein Vielfaches der jeweiligen Quote.

Die Finanzmittel des Fonds werden den Zentralbanken des betreffenden Landes bereitgestellt. Es sind keine Finanzhilfen für bestimmte Zwecke oder gar Projekte. Allerdings sind die über die erste Kredittranche von 25 Prozent der Quote hinausgehenden „Ziehungen" für die Empfängerländer an teilweise scharfe wirtschaftspolitische Auflagen geknüpft (Konditionalität). Dabei wird in der Regel die Umsetzung makroökonomischer Stabilisierungsprogramme verlangt: Rückführung des Staatsdefizits, Abbau von Subventionen, Inflationsbekämpfung durch restriktive Geldpolitik, Liberalisierung der Finanzmärkte (Freigabe der Zinsen) und des Außenhandels, Abwertung der Währung und Ähnliches mehr.

Herbert Sperber, Wirtschaft verstehen, Schäffer-Poeschel Verlag, Stuttgart 2012, S. 314

M 8 Strukturanpassungsprogramme: Nur bittere Medizin oder Gift für Krisenländer?

Auch in der zyprischen Schuldenkrise 2013 knüpften IWF und EU Kreditzusagen an harte Sparauflagen, die bei der Bevölkerung auf heftigen Widerstand stießen.

An den Auflagen für Kredite an Entwicklungsländer entzündet sich die Kritik von Nichtregierungsorganisationen am IWF. Die geforderten Sparprogramme und Einschnitte in Sozialprogramme seien für die Menschen in Entwicklungsländern unzumutbar und für das Wachstum schädlich. Allzu oft seien in der Vergangenheit – ohne nähere Kenntnis der spezifischen Gegebenheiten des jeweiligen Landes – Programme auferlegt worden, die vielleicht für entwickelte Staaten geeignet seien, in einem Land mit unterentwickeltem Finanz- und Geldwesen und anderen sozialen Strukturen hingegen nicht. Solche Programme seien auch der Dominanz der Industrieländer, insbesondere der USA, in den Entscheidungsgremien des IWF geschuldet. Der IWF sei ein Instrument der reichen Länder. Im IWFmüsse deshalb das Stimmengewicht der Schwellen- und Entwicklungsländer gestärkt („demokratisiert") werden. Kritik am IWF gibt es aber auch von Ökonomen, die eher dem Mainstream zugeordnet werden. Dem IWF wird zu großzügige Kreditvergabe vorgeworfen. Dies verleite Schuldnerländer zu weiterem Fehlverhalten und ermutige auch andere zum Schuldenmachen (moral hazard). Auch wird die Vermischung von Währungs- und Entwicklungspolitik kritisiert. Letztere gehöre nicht in den IWF, sondern ist Aufgabe der Weltbank.

Klaus-Peter Kruber, „Internationaler Währungsfonds und Weltbankgruppe", www.bpb.de, 16.01.2012 [15.03.2013]

M 9 An Strukturanpassungsprogrammen führt kein Weg vorbei

Viele Strukturanpassungsprogramme waren auch nach Erkenntnissen von IWF und Weltbank nicht erfolgreich. Die Privatisierung funktionierte nicht, weil keine Investoren marode Staatsbetriebe übernehmen wollten. Die erzwungene Handelsliberalisierung durch den Abbau von Export- und Importzöllen nahm vielen Rohstoffländern die wichtigste Einnahmequelle. Die „Entstaatlichung" verschlankte nicht nur die aufgeblähten Bürokratien, sondern schwächte auch die Handlungsfähigkeit des ohnehin schwachen Staates.

Aber auch Kritiker des IWF verschlossen sich nicht der Einsicht, dass der IWF eine bittere Medizin verabreichen musste, wenn er die ihm gestellte Aufgabe, die Zahlungsfähigkeit und Kreditwürdigkeit seiner überschuldeten Mitglieder wiederherzustellen, erfüllen wollte. Willy Brandt brachte das Dilemma bereits 1985 auf den Punkt: „Wenn der IWF kommt, ist es schlimm, kommt er nicht – oder erst zu spät, ist es noch schlimmer."

Franz Nuscheler, Entwicklungspolitik, Dietz Verlag, Bonn 2012, S. 296

Aufgaben

1 *Arbeiten Sie aus M 8 und M 9 wesentliche Kritikpunkte am IWF heraus.*

2 *Beurteilen Sie die Aussage Willy Brandts vor dem Hintergrund der aktuellen Probleme in den verschuldeten Euro-Ländern.*

Globalisierung sozial gestalten: Der Beitrag der Internationalen Arbeitsorganisation (ILO)

M 10 Aufgaben und Ziele

Die Internationale Arbeitsorganisation (IAO; engl.: International Labor Organisation, ILO) ist die älteste Organisation der Vereinten Nationen und wurde bereits 1919 gegründet. Anders als andere internationale Organisationen, in denen nur Regierungen Sitz und Stimme haben, ist die IAO dreigliedrig aufgebaut: Im Verhältnis 2:1:1 sind Regierungsvertreter sowie Arbeitnehmer und Arbeitgeber

Kinderarbeit – nach den Normen der ILO verboten, doch in vielen Entwicklungsländern noch Alltag, wie hier in der pakistanischen Teppichindustrie

vertreten. Damit ist die IAO die einzige internationale Organisation, in der Regierungen nicht allein entscheiden.

Aufgabe der IAO ist die Entwicklung internationaler Arbeits- und Sozialstandards. Diese werden in Übereinkommen (auch bekannt als Konventionen) und Empfehlungen festgelegt. Die Übereinkommen und Empfehlungen müssen von der jährlich stattfindenden Internationalen Arbeitskonferenz mit 2/3-Mehrheit beschlossen werden. [...] Die IAO-Übereinkommen gelten immer nur für die Staaten, die sie ratifiziert haben. Einzige Ausnahme hiervon sind die Kernarbeitsnormen: Sie haben als universelle Menschenrechte einen Sonderstatus und gelten für alle IAO-Mitglieder. [...]

Die Kernarbeitsnormen sind:

- **Vereinigungsfreiheit** und Recht auf Kollektivverhandlungen [...] – Arbeitnehmer haben das Recht, sich ohne äußere Einmischung in Gewerkschaften zu organisieren. Gewerkschaften haben das Recht, Tarifverhandlungen zu führen und zu streiken.
- **Beseitigung der Zwangsarbeit** [...] – Jeder hat das Recht, seine Arbeit frei zu wählen. Zwangsarbeit ist verboten. [...]
- **Abschaffung der Kinderarbeit** – Kinder haben ein Recht auf Schutz vor Ausbeutung, Kinder vor dem Ende der Schulpflicht oder unter 15 Jahren dürfen nicht beschäftigt werden. [...] Die Abschaffung der Kinderarbeit beinhaltet auch eine Verpflichtung, Alternativen (Schulbesuch, gesichertes Einkommen der Eltern) zu schaffen.
- **Verbot der Diskriminierung** in Beschäftigung und Beruf [...] – Jeder hat das Recht auf Gleichbehandlung ohne Ansehen der Rasse, Hautfarbe, Geschlecht, Religion, politischer Überzeugung, Nationalität oder sozialer Herkunft. Hierzu zählt auch der Grundsatz „gleicher Lohn für gleiche Arbeit".

[...] Menschenwürdige Arbeit meint mehr als die Einhaltung der Kernarbeitsnormen. [...] Auch hierzu hat die IAO entsprechende Übereinkommen entwickelt:

- **Angemessene Vergütung:** Die Vergütung soll ausreichen, um den Grundbedarf des Arbeitnehmers und seiner Familie zu decken und ihm ein darüber hinausreichendes Einkommen zu sichern.
- **Keine überlangen Arbeitszeiten:** [...] Die wöchentliche Arbeitszeit darf 48 Stunden nicht überschreiten. Mindestens ein Tag in der Woche soll frei sein. Überstunden dürfen nur auf freiwilliger Basis geleistet werden, 12 Stunden in der Woche nicht überschreiten, nicht zur Regel werden und müssen bezahlt werden.
- **Sicherheit, Gesundheits- und Arbeitsschutz:** Die Arbeitsbedingungen müssen sicher und hygienisch sein. Arbeitsschutzvorkehrungen und -regeln müssen sich an den besten bekannten orientieren. Unfallgefahren und Gesundheitsrisiken sind so weit wie möglich auszuschließen. Körperliche Misshandlung, sexuelle Belästigung und Einschüchterung sind untersagt. [...]

Die IAO kann Verstöße gegen Übereinkommen öffentlich machen und Verbesserungsmöglichkeiten aussprechen. Weitergehende Möglichkeiten, die Einhaltung ihrer Regeln zu erzwingen oder Verstöße zu bestrafen, hat sie in der Regel nicht.

DGB (Hg.), Globalisierung sozial gestalten, Berlin 2007, S. 7ff.

Aufgaben

1 *Erklären Sie, warum die ILO innerhalb der Organisationen der UNO einzigartig ist.*

2 *Nicht nur in Entwicklungsländern, sondern auch in westlichen Industrieländern wie Deutschland werden die Kernarbeitsnormen nicht vollständig umgesetzt. Überprüfen Sie, ob und in welchen Bereichen Deutschland Defizite aufweist.*

3 *Vergleichen Sie die Sanktionsmöglichkeiten der ILO mit denen der WTO.*

M 11 Die ILO in der Kritik: Kluft zwischen Anspruch und Wirklichkeit

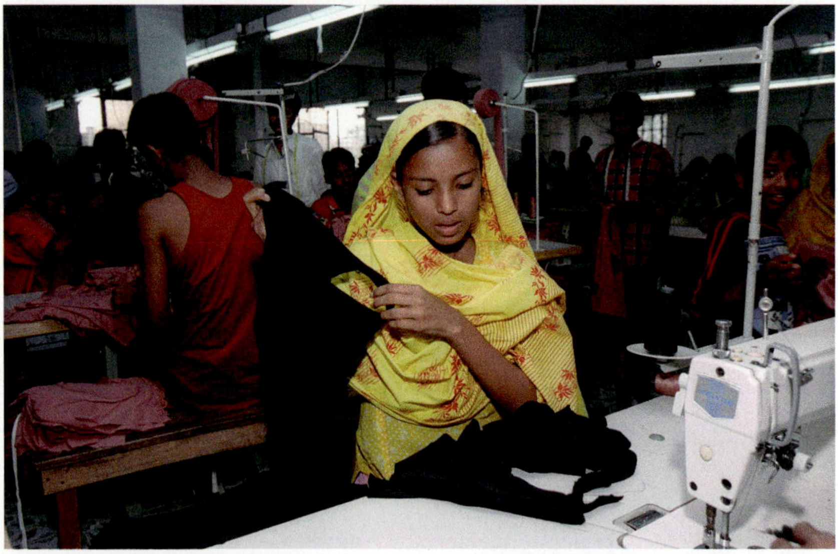

Zahlreiche NGOs kritisieren seit Langem menschenunwürdige Arbeitsbedingungen in vielen Entwicklungsländern. Die 12-jährige Fatima näht in Bangladesch für 15 Euro pro Monat Textilien u. a. für Real-Märkte in Deutschland. Ihr Arbeitstag beginnt um 8 Uhr und endet oft erst um Mitternacht. Allein in Kambodscha kollabierten nach Angaben der Kampagne „Saubere Kleidung“ seit 2010 mehr als 2400 Näherinnen vor Erschöpfung.

Das zweifellos größte Verdienst der ILO liegt darin, mit dem internationalen Arbeitskodex ein weltumspannendes System von normativen Standards zur Mitwirkung, zum Schutz und zur Förderung der Arbeitskräfte geschaffen zu haben. Allerdings ist die Einhaltung und Umsetzung der ILO-Normen erheblich lückenhaft. Nicht allein die substantiellen Normen, sondern selbst die Kernarbeitsnormen werden in vielen Mitgliedsländern nicht respektiert. [...]
Verstöße gab es und gibt es in nahezu allen Ländern. Viele erfolgen am Ende zusehends globaler Wertschöpfungs- bzw. Lieferketten, in der weitgehend rechtsfreien sog. informellen Wirtschaft und in den mittlerweile weltweit 3 500 sog. Exportförderzonen, in denen vorwiegend Frauen beschäftigt sind. [...] Der ILO fehlen wirksame rechtliche oder finanzielle Mittel zur Ahndung der von ihren Überwachungsgremien festgestellten Missachtung ihrer Standards. Sie verfügt über keine Polizeigewalt und sie ist auch kein globales Arbeitsministerium und kein internationaler Arbeitsgerichtshof. Viele Staaten verweigern die Ratifizierung von Normen und deren volle Umsetzung mit dem Hinweis auf ihre nationale Souveränität.

Werner Sengenberger, „Arbeit ist keine Ware“, www.arbeitnehmerkammer.de, 26.04.2012 [28.10.2013]

M 12 Global Compact, Gütesiegel, Verhaltenskodizes – wirksame Alternativen zur Durchsetzung von Sozialstandards?

Auf Initiative ihres Generalsekretärs Kofi Annan leistet auch die UNO mit dem Global Compact (2000) einen Beitrag zur sozialen und ökologischen Gestaltung der Globalisierung. Dabei handelt es sich um ein weltweites Bündnis zwischen der UNO sowie Unternehmen und Organisationen. 2014 gehörten dem Global Compact rund 12 000 Teilnehmer an. Kritiker bemängeln allerdings das Fehlen von Kontrollen und Sanktionsmöglichkeiten. So bleibe der Global Compact lediglich eine unverbindliche Absichtserklärung.

2006 kündigte auch die EU-Kommission an, ein „Europäisches Bündnis für soziale Verantwortung der Unternehmen“ zu gründen. Ob und inwieweit das Bündnis verbindliche Normen setzen wird, ist noch nicht absehbar.

Bereits in den 1970er-Jahren schufen kirchlich und entwicklungspolitisch engagierte Gruppen mit den „Eine-Welt-Läden“ ein alternatives Handelssystem, das den Produzenten in Entwicklungsländern günstigere Vertragsbedingungen als üblich bietet und eine angemessene Entlohnung der Arbeitskräfte sichert. Aus der „Eine-Welt-Bewegung“ heraus sind inzwischen auch zahlreiche Gütesiegel entstanden, die garantieren, dass die Produkte unter ethisch einwandfreien und sozialverträglichen Produktionsbedingungen hergestellt werden.

Veröffentlichungen über menschenunwürdige Zustände in Fabriken und der wachsende Druck von Globalisierungskritikern und Verbrauchern führten dazu, dass sich seit Mitte der 1990er Jahre immer mehr Unternehmen in sogenannten Verhaltenskodizes verpflichten, auch bei Zulieferbetrieben auf die Einhaltung von Arbeitsrechten und Sozialstandards zu achten. Inzwischen existieren weltweit über 1000 Verhaltenskodizes, die jedoch in der Mehrzahl der Fälle nicht von unabhängigen Organisationen kontrolliert werden.

(Autorentext)

FAIRTRADE ®

Aufgaben

1 *Erläutern Sie Gründe für die große Kluft zwischen Anspruch und Wirklichkeit bei der Durchsetzung von Sozialstandards.*

2 *Wie beurteilen Sie den Beitrag der ILO zum Aufbau einer internationalen Sozialordnung und zur sozialen Gestaltung der Globalisierung?*

3 *In den 1990er-Jahren wurde diskutiert, wegen der Umsetzungsdefizite der ILO-Normen Sozialstandards in der WTO zu verankern. Erörtern Sie Pro und Kontra dieses Vorschlags. Berücksichtigen Sie dabei auch die unterschiedlichen Perspektiven von Industrie- und Entwicklungsländern.*

4 *Bewerten Sie die Möglichkeiten anderer Akteure (Unternehmen, Verbraucher, NGOs) bei der Durchsetzung von Sozialstandards.*

Wirtschaftliche Aspekte der Globalisierung

Definition

Als Globalisierung bezeichnet man den Prozess der zunehmenden Vernetzung von Wirtschaft, Politik und Kultur in großen Teilen der Welt in Verbindung mit einem wachsenden Austausch von Waren, Dienstleistungen, Kapital, Menschen und Ideen.

Produktion und Handel über die nationalen Grenzen hinweg gab es in größerem Umfang bereits seit der Kolonialisierung Amerikas, als zwischen Kolonien und Mutterländern ein reger Handel mit Rohstoffen und Fertigwaren einsetzte. Neu an der weltwirtschaftlichen Entwicklung seit Ende der 1980er-Jahre ist vor allem das rasante Tempo der wirtschaftlichen Verflechtung. Der Zusammenbruch der Sowjetunion und der Ostblockstaaten Anfang der 1990er-Jahre beschleunigte diese Entwicklung erheblich. Erst jetzt entstand ein Weltmarkt im eigentlichen Sinne, da die Staaten des Ostblocks bisher nur wenig in die Weltwirtschaft integriert waren. Innerhalb eines Jahrzehnts vervielfachten sich Exportvolumen und Direktinvestitionen und überstiegen die Produktion von Gütern und Dienstleistungen um ein Mehrfaches.

Neue internationale Arbeitsteilung

Technische Innovationen forcierten die internationale Arbeitsteilung. Immer mehr Unternehmen verlagerten Teile von Produktion (modulare Produktion), Forschung oder Dienstleistungen in verschiedene Länder. Gleichzeitig wanderten ganze Produktionszweige in Länder mit niedrigeren Produktionskosten. Neben den Produktionskosten spielt für diese Unternehmen auch die Nähe zu Absatzmärkten, auf denen man neue Kunden erreichen will, eine zunehmend wichtige Rolle. Dies betrifft vor allem große Länder wie Brasilien, China und Indien.

Multinationale Konzerne

Vorreiter dieser Entwicklung sind multinationale Konzerne. Eine moderne Form der multinationalen Konzerne sind transnationale Unternehmen. Diese Konzerne sind so internationalisiert, dass sie häufig geografisch nicht mehr nur einem Land zuzuordnen sind. Nach Berechnungen der UNCTAD (United Conference on Trade and Development), einer Unterorganisation der UNO, entfällt rund ein Drittel der weltweiten Waren- und Dienstleistungsexporte auf transnationale Konzerne.

Außenhandelstheorien

Außenhandelstheorien versuchen zu begründen, warum Unternehmen bzw. Staaten internationalen Handel betreiben. Klassische Erklärungsansätze, insbesondere David Ricardos Theorem der komparativen Kostenvorteile, können das Phänomen der Globalisierung nur sehr bedingt erklären. Neuere Ansätze wie die Produktlebenszyklus-Theorie von Raymond Vernon sowie die Theorie der Economies of Scale von Paul Krugman gehen davon aus, dass besonders der Wettbewerb von Unternehmen in der standardisierten Massenproduktion den Aufschwung des internationalen Handels begründet. Der Erklärungsansatz des intra-industriellen Handels berücksichtigt auch unterschiedliche Präferenzen der Verbraucher.

Finanzmärkte in der Krise

Auch die Finanzmärkte sind heute weltweit eng verflochten. Inzwischen wird weniger als 5% der weltweit zirkulierenden Geldmenge für die Bezahlung von Gütern und Dienstleistungen verwendet. Geld fließt dorthin, wo eine gute Rendite zu erwarten ist. Riesige Geldmengen (spekulatives Kapital) strömen in die Finanz- und Aktienmärkte von Ländern, die kurzfristig hohe Gewinne versprechen, und werden auch genauso schnell wieder abgezogen, wenn sich die Gewinnaussichten verschlechtern – ungeachtet der verheerenden wirtschaftlichen Folgen für diese Staaten. Solche finanziellen Spekulationen lösten 2008/2009 eine weltweite Finanz- und Wirtschaftskrise sowie 2010 die Krise einiger Euro-Staaten aus. Reformen zur Regulierung der Finanzmärkte und Banken sind eingeleitet, unterschiedliche nationale Interessen verzögern jedoch die Verhandlungen.

Neue Chancen für Entwicklungsländer

Einige Entwicklungsländer, vor allem in Asien, erlebten in den letzten zwei Jahrzehnten infolge der Globalisierung einen ungeheuren wirtschaftlichen Aufschwung, unter anderem Brasilien, Indien, China. Sie spielen inzwischen in der ersten Liga der Exportnationen. Auch in einigen Staaten Afrikas zeichnen sich positive Entwicklungen ab. Trotz dieser Signale gibt es auf der Erde verschiedene Entwicklungswelten, die gekennzeichnet sind durch große Unterschiede beim Einkommen, der Gesundheitsversorgung und den Bildungsmöglichkeiten. Als Ursache gelten zum einen endogene Faktoren wie starkes Bevölkerungswachstum, ungenügende Kapitalbildung, schlechte klimatische Bedingungen, Korruption und „bad governance“. Als exogene Faktoren werden unter anderem Protektionismus von Industriestaaten, ungünstige Welthandelsstrukturen, aber auch einseitige Wirtschaftsstrukturen als koloniales Erbe verantwortlich gemacht.

Entwicklungspolitische Strategien

Entwicklungspolitik setzte in den 1950er- und 60er-Jahren zunächst vor allem auf eine „nachholende Modernisierung“ der Entwicklungsländer, die zu einer Steigerung des Bruttosozialproduktes und über einen „trickle-down“-Effekt zur Reduzierung von Armut in den betroffenen Ländern führen sollte. Das Grundbedürfniskonzept konzentriert sich vor allem darauf, den Armen Zugang zu lebenswichtigen Gütern und Dienstleistungen zu verschaffen. Nachhaltige Entwicklung, die aktuelle Strategie, versucht, wirtschaftliche Entwicklung mit Umwelt- und Klimaschutzzielen zu vereinen.

Auf dem Weg zu einer Weltwirtschaftsordnung

Bereits seit dem Zweiten Weltkrieg wurden schrittweise vor allem in wirtschaftlich starken Ländern Zölle und Importbeschränkungen abgebaut. Diesen Vorgang bezeichnet man als außenwirtschaftliche Liberalisierung. Motor der Entwicklung waren zunächst das GATT (General Agreement on Tariffs and Trade) und seit 1995 seine Nachfolgeorganisation, die WTO (World Trade Organization). In den vergangenen Jahren setzte sich jedoch zunehmend die Erkenntnis durch, dass das freie Spiel der Marktkräfte einen institutionellen Rahmen braucht, da in der globalisierten Wirtschaft Probleme nur auf internationaler Ebene gelöst werden können. Welche Organisationen die Entwicklung eines internationalen Regelsystems übernehmen werden, ist erst in Ansätzen erkennbar. WTO, IWF und ILO gelten auch wegen ihrer großen Zahl an Mitgliedstaaten als geeignete Organisationen, um die Entwicklung einer Weltwirtschaftsordnung mit international verbindlichen Regeln zu bewerkstelligen.

Globalisierung: Chance oder Bedrohung?

Vor dem Hintergrund des gewaltigen Wandels in jüngster Vergangenheit sind die Gefühle vieler Menschen zwiespältig. Zum einen löste die Globalisierung Anfang der 1990er-Jahre eine weltweite Aufbruchsstimmung aus. Bei anderen lösten das rasche Tempo und die Auswirkungen der Veränderungen Unsicherheit und Ängste aus, zumal gerade aus den klassischen Industrieländern viele Arbeitsplätze ins billigere Ausland verlagert wurden.

Klar ist jedoch, dass die Globalisierung unumkehrbar ist. Es geht vielmehr darum, die globalisierte Wirtschaft so zu gestalten, dass möglichst viele Menschen auf der Welt davon profitieren können.

2. Die Welt als Risikogemeinschaft: Globalisierung und Umwelt

Umwelt- und Klimaschutz haben bei der deutschen Bevölkerung einen hohen Stellenwert. Darauf weist auch eine repräsentative Studie des Umweltministeriums (2012) hin, in der die Befragten Umwelt- und Klimaprobleme auf den zweiten Platz der wichtigsten Gegenwartprobleme setzten. Kein Wunder: Kaum ein Tag vergeht, an dem nicht die Medien über den bedrohlichen Zustand der Erde und die Auswirkungen des Klimawandels berichten.

Nachhaltigkeit als Leitbild

Seit dem UN-Gipfel von Rio (1992) ist Nachhaltigkeit zum unumstrittenen Leitbild und Schlagwort für viele, sehr unterschiedliche Entwicklungen geworden. Und anscheinend ziehen auch alle Akteure an einem Strang, wenn es darum geht, einen Kurswechsel in Wirtschaft, Politik und Gesellschaft einzuleiten. Zahlreiche lokale Initiativen haben sich gebildet, fast jedes Unternehmen veröffentlicht inzwischen einen Nachhaltigkeitsbericht, sogar von nachhaltigen Finanzprodukten ist inzwischen die Rede, die Politik hat die Energiewende zur Schlüsselaufgabe für die nächsten Jahre erklärt. Doch reichen diese Anstrengungen aus, um das „Raumschiff Erde“ auf den richtigen Kurs zu bringen? Welchen Beitrag zu einem nachhaltigen Lebensstil können Sie selbst leisten?

Klimapolitik als globale Herausforderung

Dass der Klimawandel hauptsächlich auf menschliche Einflüsse zurückzuführen ist, steht inzwischen mit 95-prozentiger Wahrscheinlichkeit fest. Doch wie kann die Erderwärmung gebremst werden? Und wer soll für die Folgen aufkommen? In dieser Frage liegen die Antworten von Industrie-, Schwellen- und Entwicklungsländern weit auseinander. Gibt es auf solch komplexe Fragen überhaupt „gerechte“ Antworten? Das Zeitfenster für wirksame internationale Vereinbarungen wird kleiner – und die vom Klimawandel besonders betroffenen Regionen warten ungeduldig auf verbindliche Klimaziele. Warum ziehen sich die Verhandlungen auf internationaler Ebene so lange hin?

Kompetenzen:

Wenn Sie dieses Kapitel bearbeiten, gewinnen Sie einen Einblick in die globalen ökologischen Bedrohungen und erörtern deren Wechselwirkung zur eigenen Lebensweise.

Sie analysieren am Beispiel des Klimawandels ein weltweites ökologisches Problem auf verschiedenen Handlungsebenen.

Sie können Möglichkeiten und Grenzen staatlichen und überstaatlichen Handelns im „Raumschiff Erde“ beurteilen.

Weltweite Risiken

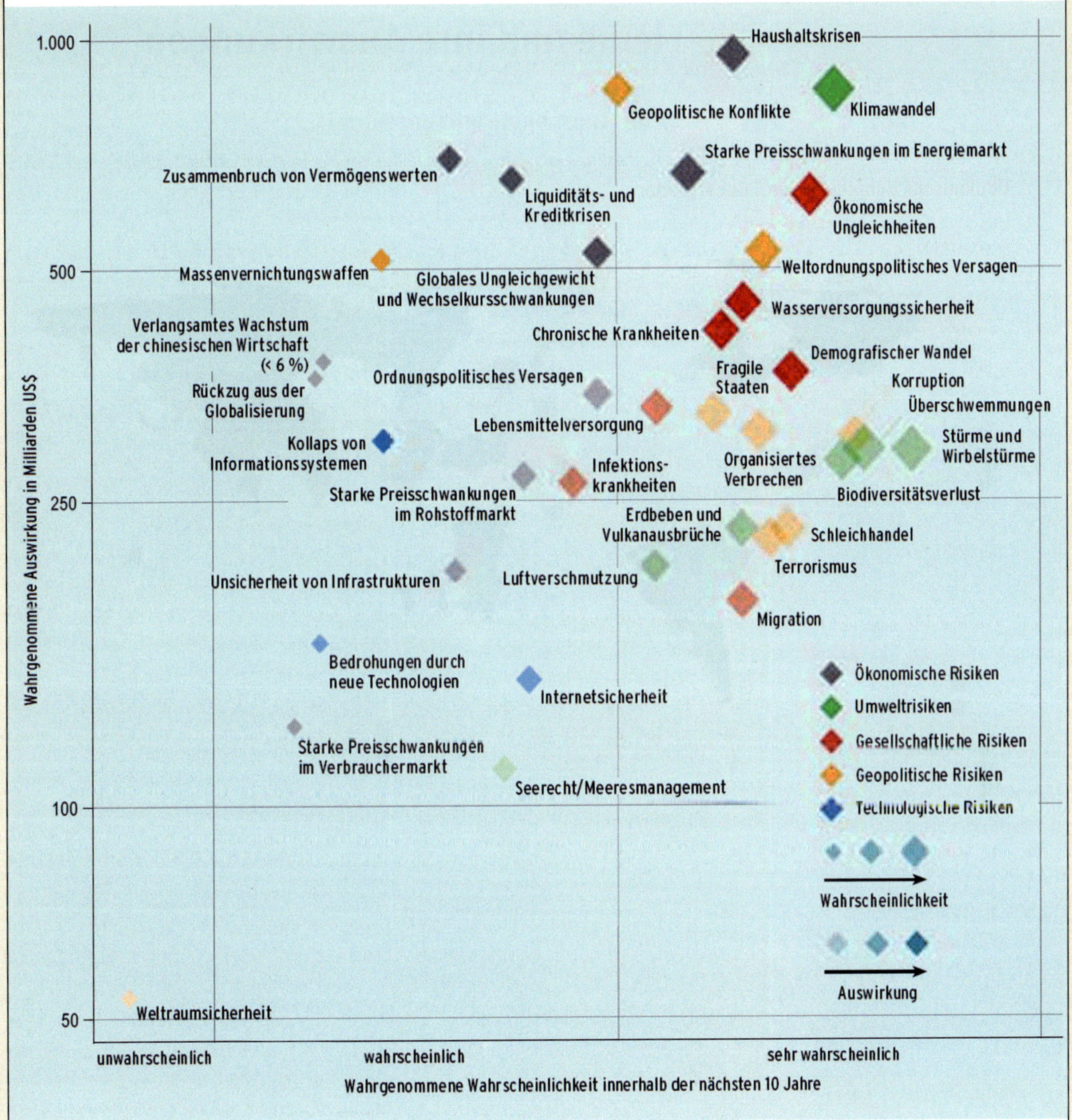

Quelle: World Economic Forum's Global Risks Survey 2011

BMU, Green Economy – Neuer Schwung für Nachhaltigkeit, Juni 2012, S. 5

2.1 Fünf vor zwölf für das „Raumschiff Erde"? – Globale ökologische Probleme und ihre Auswirkungen

M 1 Die Menschheit lebt auf Pump

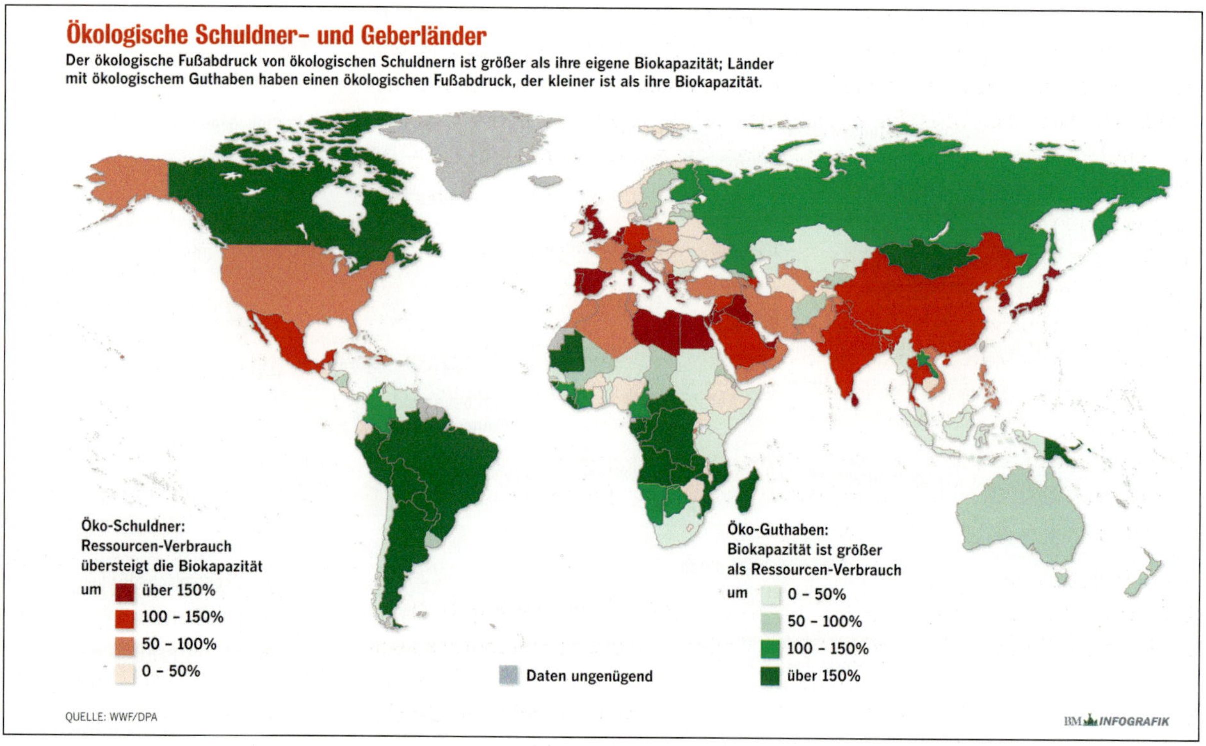

„Welt-online"-Infografik, www.welt.de

Horst Haitzinger

Am 22. August [2012] haben wir alles aufgebraucht, was uns die Natur bis zum Ende des Jahres liefern kann. Jeden weiteren Tag des Jahres leben wir auf Pump. Und erhöhen täglich unsere Ökoschulden.
Überziehen Sie jeden Monat Ihr Konto? Dann sind Sie vielleicht gar nicht geschockt von der Meldung: Mit dem Stichtag hat die Menschheit alles verbraucht, was die Natur ihr für dieses Jahr zur Verfügung stellen konnte. Schon morgen rutschen wir in den „Dispo". Mit dem kleinen, aber feinen Unterschied: Wir Menschen zahlen nie zurück, was wir bei der Natur an Schulden machen.
Schon klar: Der „Earth Overshoot Day" oder „Ecological Debt Day", manchmal auch als „Welterschöpfungstag" bezeichnet, ist ein rein symbolischer Tag. Wenn Sie morgen in den Wald gehen, stehen da immer noch die Bäume. Und wenn Sie den Wasser-

hahn öffnen, fließt immer noch Wasser. Aber jeder Tropfen kostet ab jetzt Mutter Erde mehr, als sie sich leisten kann. Ein statistisches Rechenspiel mit bitterbösem Ergebnis, mit dem The Global Footprint Network seit einigen Jahren zeigen will, wie groß unser Raubbau an der Natur ist. [...] Seit Mitte der 80er-Jahre ist unser jährlicher Verbrauch an natürlichen Ressourcen größer als die Regeneration in der Natur. [...]

1987 haben wir unser Ökokonto nur leicht überzogen: Damals war der Earth Overshoot Day „erst“ am 19. Dezember. Seither rutscht er im Kalender immer weiter nach vorne. 2011 hatten wir schon am 27. September alles aufgebraucht. Und in diesem Jahr [2012] sind wir ganze fünf Wochen früher dran. Das wir von 2010 auf 2011 scheinbar ein wenig sparen gelernt haben, ist leider auch nur Statistik: „Der Grund dafür ist leider nicht, dass wir weniger verbrauchen. Höchstens ein bisschen, wegen der Wirtschaftskrise. Nein, der eigentliche Grund ist, dass wir unsere Berechnungsmethode verändert haben.“ (Nicole Freeling, Pressesprecherin von Global Footprint Network)

Je früher der Tag erreicht ist, an dem die Erde von uns erschöpft ist, umso größer natürlich die Schuldenlast, die wir anhäufen: Im Jahr 2008 verbrauchte die Menschheit schon vierzig Prozent mehr, als die Natur sich leisten konnte. Unsere heutige Bilanz bräuchte anderthalb Erden, um ausgeglichen zu bleiben. Und wenn wir so weitermachen, müssen wir schleunigst andere bewohnbare Planeten finden:

„Weitermachen wie bisher würde heißen, dass wir im Jahre 2030 schon zwei Erden bräuchten und vielleicht 2050 dann drei Erden.“ (Jürgen Knirsch, Experte für nachhaltigen Konsum bei Greenpeace)

Schuldenland Deutschland

Und nicht, dass Sie denken, wir hier in Deutschland sind ja eh schon so ökologisch fortschrittlich. In Industrienationen ist der ökologische Fußabdruck noch deutlich höher als in ärmeren Ländern. Im Jahr 2010 waren wir hierzulande ökologisch gesehen schon am 31. Mai pleite, fast drei Monate früher als der globale Durchschnitt. Würde die ganze Welt unseren Ökokonsum übernehmen, könnte der nur von zweieinhalb Erden befriedigt werden.

Nach: „Ab jetzt lebt die Menschheit auf Pump“, www.br.de, 23.08.2012 [31.08.2013]

Aufgaben

1 *In der öffentlichen Diskussion werden Industrieländer als die Hauptverursacher der Ressourcenverschwendung wahrgenommen. Überprüfen Sie anhand der Karte, ob diese Aussage zutrifft.*

2 *Erklären Sie mithilfe des Begriffs „Biokapazität“, warum zum Beispiel Kanada zu den Guthaben-Ländern zählt.*

3 *Beurteilen Sie, ob angesichts der Globalisierung eine nach Ländern aufgesplittete Darstellung der Ökobilanz sinnvoll ist.*

M 2 Wie wird der ökologische Fußabdruck berechnet?

Für die Berechnung des ökologischen Fußabdrucks eines Landes sind etwa 3 000 Daten erforderlich, mit denen etwa 5 000 Rechenoperationen durchgeführt werden. Diese Daten werden benötigt, um den Verbrauch aller Ressourcen durch die dort lebenden Menschen zu erfassen. Zunächst einmal müssen für alle im eigenen Land verwendeten Produkte die Fußabdruckflächen einzeln, entsprechend dem Ertrag, berechnet werden. Für zusammengesetzte Produkte, wie z. B. einen Computer, ist das ein sehr aufwendiger Prozess [...]. Danach werden die exportierten Güter abgezogen und den Exportländern zugerechnet. Die importierten und im Land verwendeten Güter werden addiert. Manche Produkte werden auch importiert, im eigenen Land weiterverarbeitet und teilweise wieder exportiert. Hier sind entsprechende Rechenschritte nötig, die allein den Inlandsverbrauch von Produkten und Gütern berücksichtigen.

So komplex das Rechenverfahren auch ist, so einfach und anschaulich ist doch das Ergebnis des ökologischen Fußabdrucks. Er kann entweder für ein Land dargestellt werden oder geteilt durch die Einwohner pro Person. Oder auch, indem man die Fußabdrücke aller Länder addiert, als Fußabdruck der Menschheit.

Flächen des ökologischen Fußabdrucks

Um die Fläche des ökologischen Fußabdrucks zu bestimmen, müssen für alle verwendeten Güter und verbrauchten Materialien Flächen ermittelt werden. Hierfür wird der Verbrauch in folgende Konsumkategorien eingeteilt und dafür werden Flächen benannt:

Konsum	Fläche
Pflanzliche Nahrungsmittel, Tiernahrung und Faserstoffe	Ackerland
Tierische Nahrungsmittel und Tierprodukte	Weideland
Fisch und Meeresfrüchte	Fischgründe
Holz, Holzprodukte und Papier	Wald
Häuser, Straßen, Abbauflächen und Deponien	Siedlungsfläche
Fossile Energie (CO_2-Anteil daran)	CO_2-Absorptionsfläche (Fläche, die notwendig ist, um die von uns produzierten Treibhausgase aufzunehmen, z. B. Torfmoore, Wälder)

Info

Weltweit beträgt der ökologische Fußabdruck durchschnittlich ca. 2,7 ha pro Person, zur Verfügung stehen 1,8 ha. In Deutschland misst der ökologische Fußabdruck 4,6 ha pro Person, zur Verfügung stehen 2,0 ha. (Stand 2012, Zahlen nach Global Footprint Network)

Beispiel Nahrungsmittel

Bei der Berechnung des ökologischen Fußabdrucks von Nahrungsmitteln wird nicht nur die reine Ackerfläche hinzugezogen. Es wird auch der Energieverbrauch einberechnet, der bei der Herstellung von Mineraldünger und Pestiziden entsteht, die in der konventionellen Landwirtschaft verwendet werden.
In der ökologischen Landwirtschaft sind zwar die Erträge pro Fläche geringer, aber der verwendete natürliche Dünger (Kompost, Gülle) beansprucht keine Fußabdruckflächen. Viel entscheidender für den ökologischen Fußabdruck ist jedoch, wie oft Fleisch gegessen wird. Denn Fleischkonsum verursacht einen viel größeren Flächenverbrauch als vegetarische Kost. Warum ist das so? Für die Fleischproduktion wird nicht nur Weideland, sondern vor allem auch Ackerland gebraucht. Denn die Tiere fressen große Mengen an Tierfutter (Getreide), für dessen Anbau Ackerfläche beansprucht wird. Als Beispiel: Ein Kilogramm Fleisch benötigt ein Mehrfaches an Futtermitteln. Um uns Menschen die gleiche Menge an Kalorien zur Verfügung zu stellen, wird bei Fleischkonsum also eine wesentlich größere Ackerfläche benötigt, als wenn wir das Getreide selber essen würden.

Die Multivision (Hg.), Fair Future, „Wie wird der Ökologische Fußabdruck berechnet?", www.multivision.info [28.10.2013]

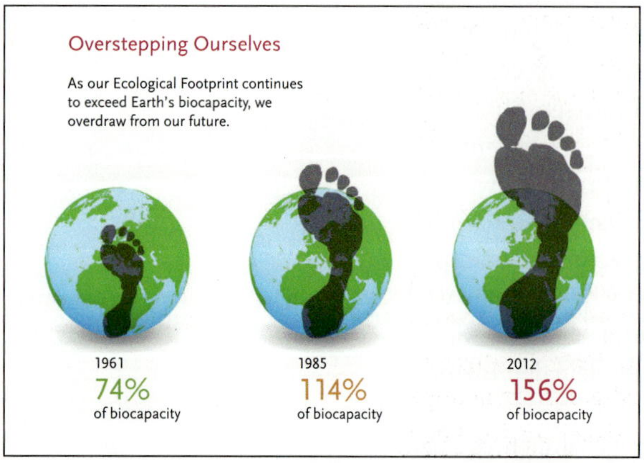

Aufgaben

1 *Erläutern Sie, wie der ökologische Fußabdruck berechnet wird.*

2 *Zeigen Sie an einigen selbst gewählten Beispielen auf, wie der ökologische Fußabdruck Deutschlands reduziert werden könnte.*

3 *Berechnen Sie Ihren persönlichen ökologischen Fußabdruck: www.footprint.deutschland.de.*

4 *Kritiker des ökologischen Fußabdrucks wenden ein, dass dieser angesichts der komplizierten wirtschaftlichen Verflechtung und der schwierigen Datenlage eine unzulässige Vereinfachung darstelle. Nehmen Sie Stellung zu dieser Kritik.*

M 3 Nachhaltige Entwicklung als umweltpolitisches Leitbild

a) Nachhaltigkeit als mehrdimensionaler Begriff

Das Prinzip der Nachhaltigkeit und das Konzept der nachhaltigen Entwicklung bilden seit dem sogenannten Erdgipfel von Rio de Janeiro 1992 der „Konferenz der Vereinten Nationen über Umwelt und Entwicklung" (UNCED) das Leitbild der internationalen Umwelt- und Entwicklungspolitik. [...]
Dem Konzept der Nachhaltigkeit werden in der Regel drei unterschiedliche Problemdimensionen zugeschrieben, die es bei der Verfolgung des Politikziels der nachhaltigen Entwicklung zu berücksichtigen gilt. Es sind dies die ökonomische, ökologische und soziale Dimension von Nachhaltigkeit. Die wissenschaftliche und politische Diskussion um die inhaltliche Ausgestaltung sowie die praktische Umsetzung nachhaltiger Entwicklung kreisen dabei ganz wesentlich um die unterschiedliche Gewichtung dieser drei Dimensionen:
Die **ökonomische Dimension** von Nachhaltigkeit konzentriert sich im Sinne der Kapitalerhaltung auf die langfristigen Erträge, die aus der Nutzung vorhandener Ressourcen erwachsen. Sie grenzt sich dadurch von einer auf kurzfristige Gewinne setzenden Logik stetigen Wirtschaftswachstums ab, deren Unabdingbarkeit in der internationalen Handels- und Wirtschaftspolitik immer wieder als grundlegende Entwicklungsvoraussetzung beschworen wird. Gleichwohl bleibt quantitatives Wachstum erforderlich, um der chronischen Unterversorgung in den ärmeren Ländern im Sinne einer aufholenden Entwicklung entgegenzuwirken.
Die **ökologische Dimension** von Nachhaltigkeit betont demgegenüber den mit materiellen Maßstäben schwer fassbaren Wert der Natur an sich sowie die nachweisbare Endlichkeit der natürlichen Ressourcen. Daraus leitet sich nicht nur die wirtschaftliche Notwendigkeit ab, bestehendes Naturkapital weitestgehend zu erhalten, sondern allgemein die ökologischen Bedingungen des menschlichen Überlebens zu sichern. Im Sinne eines qualitativen Verständnisses wirtschaftlicher Entwicklung sind demnach die ökologischen Kosten von Produktion und Konsum in den Bilanzen der Weltwirtschaft zu berücksichtigen.
Die **soziale Dimension** von Nachhaltigkeit stellt die Frage nach der Verteilungsgerechtigkeit in den Mittelpunkt. Diese bezieht sich auf den Zugang zu Chancen und Ressourcen sowohl innerhalb einzelner Länder und Gesellschaften als auch im globalen Verteilungskonflikt zwischen den reichen Industrieländern im Norden und den armen und hoch verschuldeten Schwellen- und Entwicklungsländern im Süden. Neben dem Ziel der Grundbedürfnisbefriedigung für heutige und zukünftige Generationen berührt die soziale Dimension dabei ausdrücklich

Info

UNCED: United Nations Conference on Environment and Development auch Fragen der Geschlechterverhältnisse im Sinne der Schaffung gerechterer Lebenswelten für Frauen und Männer. Dass diese drei Dimensionen miteinander zusammenhängen und sich wechselseitig verstärken können, ist weltweit zu beobachten. Besonders deutlich treten die Zusammenhänge in den ärmsten Weltregionen zutage. In der afrikanischen Sahelzone zum Beispiel treffen sozioökonomische Faktoren wie Armut, Unterernährung, unzureichende Bildungsmöglichkeiten, hohes Bevölkerungswachstum und eine in der Regel geringfügige öffentliche Teilhabe an politischen Entscheidungsprozessen mit ungünstigen geografischen Bedingungen und fortschreitender Umweltzerstörung zusammen. Diese ökologisch schwierige Situation verschärft sich zusätzlich infolge des globalen Klimawandels, für den vor allem der CO_2-Ausstoß in den wohlhabenden Weltregionen (und zunehmend auch in den bevölkerungsreichen und wirtschaftlich rasant wachsenden Schwellenländern China und Indien) verantwortlich ist.

Steffen Bauer, „Leitbild der nachhaltigen Entwicklung", www.bpb.de, 06.05.2008 [28.10.2013]

b) Ökologische Nachhaltigkeit

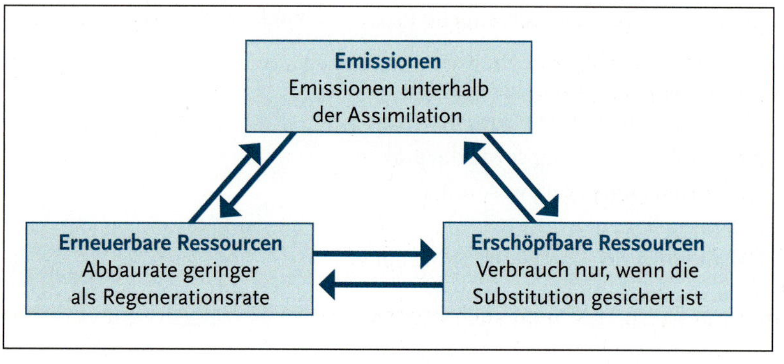

Quelle: in Anlehnung an Daly 1990, S. 2

Die Menschheit ist ohne eine bestimmte Qualität und Stabilität der Natur bzw. der ökologischen Systeme nicht überlebensfähig. Anders formuliert: Das ökonomische, aber auch das soziale System können für sich alleine nicht nachhaltig sein. Ihre dauerhafte Existenz hängt von dem Zusammenspiel der Wirtschaft und der Gesellschaft mit dem ökologischen System ab [...]. Obwohl es hierzu sowohl national als auch international einen breiten Konsens gibt, haben die Natur bzw. einzelne ökologische Systeme teilweise schon ein Niveau der Übernutzung erreicht, die von der Menschheit verursacht wurde und die für die Menschheit – besonders für die nächsten Generationen – zunehmend bedrohlich wird. Das gilt sowohl für den Abbau und die Nutzung von Rohstoffen als auch für die zunehmende Belastung durch Emissionen.

Die wachsenden Bedrohungspotenziale erfordern, sowohl die Produktionsformen als auch die Konsumstile an die ökologischen Systeme anzupassen bzw. in die Grenzen der ökologischen Systeme zurückzuführen. Daher fordert die ökologische Nachhaltigkeit von der Politik, den Akteuren der privaten Wirtschaft (Unternehmen und Wirtschaftsverbände), den Haushalten und sonstigen gesellschaftlichen Akteuren eine stärkere Anpassung an die Belastbarkeit ökologischer Systeme. [...]

Die ökologische Nachhaltigkeit fordert die Einhaltung von Handlungsregeln, wie sie in der [...] Abbildung aufgezeigt werden. Weiterhin fordert sie, jene Ökosysteme konsequent zu schonen, die für das Überleben der Menschheit notwendig sind.

Die Abbildung verdeutlicht, dass

- erneuerbare Ressourcen nur in dem Maße abgebaut werden dürfen, in dem sie sich erneuern können;

Aufgaben

1. *Charakterisieren Sie die Zusammenhänge zwischen den drei Dimensionen der Nachhaltigkeit.*
2. *Wie würden Sie die Dimensionen gewichten? Begründen Sie Ihre Entscheidung.*
3. *Der Begriff „Nachhaltigkeit" ist durch die Erklärung von Rio erheblich erweitert worden. Erörtern Sie Chancen und Risiken dieser Entwicklung.*

- nicht erneuerbare Ressourcen nur dann verbraucht werden dürfen, wenn die Substitutionsmöglichkeit zur Verminderung des zukünftigen Ressourcenabbaus geschaffen wird (nicht erneuerbare Ressourcen müssen durch neu geschaffene Ressourcen austauschbar sein);
- die Grenzen der Aufnahmefähigkeit der Natur als Senke [hier: Speicher] für Emissionen beachtet werden.

Michael von Hauff, Nachhaltige Entwicklung – Begründung und Anforderung des neuen Leitbildes, fes-online-Akademie 2012, S. 7 f.

Green Economy – Katalysator für die ökologische Transformation von Wirtschaft und Gesellschaft?

20 Jahre nach der ersten Konferenz fand in Rio de Janeiro im Juni 2012 ein weiterer Umweltgipfel statt. Anders als 1992 scheiterte diese Konferenz beinahe an den unüberbrückbaren gegensätzlichen Interessen von Entwicklungs-, Schwellen- und Industrieländern. Das Abschlussdokument bildete denn auch nur einen Minimalkonsens ab, der wenig Neues bot. Bemerkenswert war, dass mit dem neuen Leitbild der Green Economy die Richtung für den weiteren Weg zur Nachhaltigkeit vorgezeichnet wurde, ohne allerdings verbindliche Standards festzulegen.

RIO+20
United Nations Conference on Sustainable Development

M 4 Nachhaltiges Wachstum durch Green Economy?

Während Wirtschaftskrisen werden Umweltfragen schnell zu Luxusproblemen erklärt. Die gängige Reaktion besteht darin, „den Motor anzukurbeln“, um die Wirtschaft wieder in Schwung zu bringen – mit welchen Mitteln auch immer. Mehr und mehr sieht man jedoch ein, dass Umwelt- und Entwicklungsziele einander nicht unbedingt widersprechen. Sie können – und sie müssen – miteinander vereinbar sein. [...]

Quelle: BMU

Während der Begriff „Green Economy" („Grünes Wirtschaften") gängig geworden ist, ist seine genaue Bedeutung noch immer umstritten. Das UNEP [United Nations Environment Programme] definiert Green Economy sehr weitgehend als eine Wirtschaftsform, die zu „verbessertem menschlichen Wohlergehen und sozialer Gerechtigkeit führt, während sie zugleich Umweltrisiken und ökologische Mängel erheblich senkt". Einfach gesagt, ist dieses Grüne Wirtschaften CO_2-arm, geht effizient mit Ressourcen um und beseitigt soziale Ausgrenzung. Das UNEP stellt fest, dass „Green Economy das Wachstum keinesfalls behindern muss. Ganz im Gegenteil birgt Green Economy die Chance, Wachstum anzutreiben, gute Arbeitsplätze zu schaffen und es kann entscheidend dazu beitragen, Armut dauerhaft zu bekämpfen." Wie weit eine Grüne Wirtschaftsordnung aber mit Wirtschaftswachstum einhergehen kann, ist offen. [...] Da Bedingungen und Bedürfnisse stark voneinander abweichen, haben Industrie-, Schwellen- und Entwicklungsländer verschiedene Begriffe davon, was genau Grünes Wirtschaften bedeutet – und wie man dorthin gelangt.

Michael Renner, „Green Economy – eine Antwort auf die Krise?" in: Zur Lage der Welt 2012, Worldwatch Institute u. Heinrich-Böll-Stiftung (Hg.), 2012, S. 38 f.

Aufgaben

1 *Erläutern Sie an einem Beispiel, wie Green Economy Arbeitsplätze schaffen und Armut reduzieren kann.*

2 *Begründen Sie ausgehend von den unterschiedlichen Interessen, warum Industrie-, Schwellen- und Entwicklungsländer zu unterschiedlichen Auffassungen von „Grünem Wirtschaften" gelangen.*

M 5 Strategien auf dem Weg zur Green Economy

Suffizienz: Weniger konsumieren

Die Grundlage des Suffizienz-Ansatzes besteht in der Wachstums- und Konsumkritik der ursprünglichen Umweltbewegung. [...] Die Suffizienz-Perspektive hat mancherlei Namen erhalten, darunter „alternativer Lebensstil" oder „neues Wohlstandsmodell". Weniger sei mehr, nämlich ein Mehr an Lebensqualität, mehr Eigenarbeit, mehr Muße, mehr Kontemplation. Wir sollen uns von materialistischen [...] Wertbindungen lösen zugunsten nichtmaterieller Selbstverwirklichungsziele. [...] Die Kritik an Luxus und materialistischer Maßlosigkeit ebenso wie positive Gebote des sich Zufriedengebens durchziehen alle Kulturen der Welt. [...]

Dimensionen und Strategien der Nachhaltigkeit

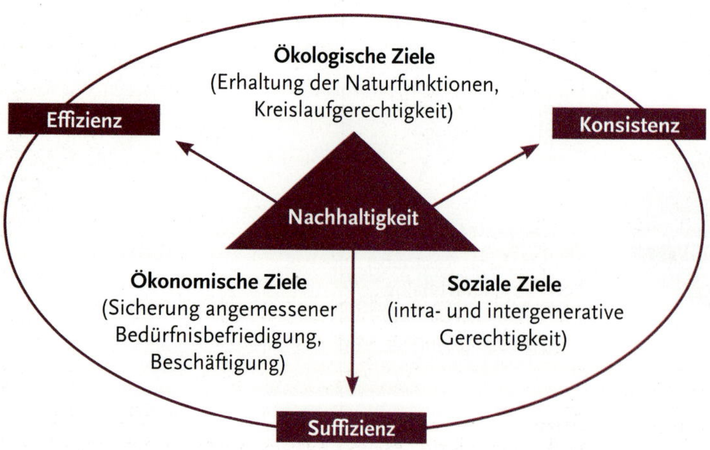

Quelle: Bernd Siebenhüner, Homo sustinens, Marburg 2001, S. 78

Die Crux ist nur, eine so ausgeprägt idealistische Lebenshaltung taugt nicht unbedingt als politische Strategie in einer materialistisch geprägten Welt. Der Irrtum der Suffizienz-Vertreter liegt in der Erwartung, eine solche Lebenshaltung würde in der Breite der Bevölkerung Anklang finden. Das war noch nicht einmal in eher religiösen Zeitaltern so. Auch heute hat die große Mehrheit der Menschen in praktisch allen Ländern der Erde eindeutig Einkommens- und Konsumpräferenzen. [...] Bei einer Weltbevölkerung von zu erwartenden neun Milliarden Menschen würde Konsumverzicht selbst im unrealistischen Erfolgsfall nicht viel helfen. Wäre es hypothetisch möglich, den Gürtel um die Hälfte enger zu schnallen, Wohnraum, Heiz- und Prozesswärme, Verkehrsaufkommen etc. um die Hälfte zu reduzieren, so würde dies die Frist bis zum ökologischen Kollaps lediglich verdoppeln.

Effizienz: Entkopplung von Wirtschaftswachstum und Ressourcenverbrauch

Der Effizienzansatz beruht im Kern auf dem Prinzip der fortgesetzten Rationalisierung von Produktionsprozessen, im Besonderen auch der Technik- und Produktverbesserung. Eine Steigerung der Energieeffizienz und überhaupt der Ressourcenproduktivität ist in ökologischer und ökonomischer Hinsicht von Vorteil, denn Effizienz bedeutet stets auch Kosteneffizienz. Würde man die Logik der Effizienz konsequent auf ökologische Aspekte anwenden, dann, so die Hoffnung, wäre der erforderliche Material- und Energie-Input für bestimmte Endleistungen in kurzer Zeit um einen Faktor vier bis zehn zu verringern. Bevorzugte Demonstrationsfelder für die „Effizienzrevolution“ sind die Energieeinsparung, Wärmedämmung, [...], das Recycling, die Infrastruktur-Auslastung und das Produkt-Sharing. Dadurch soll der Nutzen für die Verbraucher erhalten bleiben, also kein Verzicht verlangt werden, während gleichwohl eine Absenkung der Ressourcenintensität erreicht wird. Wo immer sich so etwas sinnvoll realisieren lässt, ist es gewiss willkommen. Dennoch gibt es Einschränkungen, denen der Effizienz-Ansatz unterliegt:

Erstens dient Effizienzsteigerung der Stabilisierung eines fortgesetzten Systemwachstums durch Rebound-Effekte. Die Effizienzsteigerung dient also nicht der Unterbindung von Wachstum, sondern im Gegenteil der Umsatzsteigerung [...]. Ein typisches Beispiel für einen solchen Rebound-Effekt liefert der Autoverkehr: Der spezifische Treibstoffverbrauch der Automobile (Effizienz) hat sich erheblich verbessert, was umgesetzt wurde in noch mehr und noch größere Autos, die noch mehr Kilometer fahren und ihren Nutzern einen noch weiteren räumlichen Aktionsradius bei erhöhtem Fahrkomfort erschließen.

Zweitens unterscheidet der Effizienz-Ansatz (bis heute) zu wenig nach Kriterien schädlicher oder unschädlicher Stoffnutzungen. Es wird pauschal „Dematerialisierung“ [Entkoppelung von Wirtschaftswachstum und Ressourcenverbrauch] angestrebt. [...] Das Beispiel Wasser: Es ist in vielen Regionen der Erde ein ökologisch kostbares Gut; aber warum sollte man in wassereichen Regionen mit Wasser sparsam sein (Wassereffizienz anstreben)? Aus ökonomischen Gründen vielleicht, aus ökologischen Gründen nicht unbedingt.

Konsistenz: Entwicklung neuer Schlüsseltechnologien

Es geht dabei um innovativen Strukturwandel, der die ökologische Tragekapazität für die Menschheit in ihrer sozialen Evolution einmal mehr erhöht. [...] Innovativer Strukturwandel beruht auf folgenreichen Neuerungen, die Joseph Schumpeter „Basisinnovationen“ genannt hat. [...] Es geht hier also nicht um weniger Verbrauch, sondern vielmehr um andere Arten von Ressourcen-, Energie- und Senkennutzung, die auch in großen Volumina aufrechterhalten werden können. [...] Zum Beispiel braucht der Ener-

Bewohnerin des Ökodorfes „Sieben Linden“: Konsumverzicht als Lösung der Umweltprobleme?

Beispiel „Vertical Farming“: Mitten in der schwedischen Stadt Lynköping soll ein riesiges Gewächs-Hochhaus entstehen. Damit möchte man lokal produzieren und Transportwege vermeiden. Um die Sonne optimal zu nutzen, werden die Pflanzen in Kübeln rund um das Hochhaus bewegt.

giebedarf im Giga- und Teramaßstab nicht unbedingt ein ökologisches Problem darzustellen, sofern es sich um saubere, erneuerbare Energien handelt. Während ein reiner Effizienz-Ansatz sich vor allem an „Sparbeauftragte" richtet, spricht der Konsistenzansatz Erfinder, Entwickler, Unternehmer und Investoren an.

Beispiele:

- Saubere Antriebsaggregate für Kraftfahrzeuge, Schiffe und Flugzeuge, teils durch weitere Verbesserung der herkömmlichen Verbrennungs-, Katalysator- und Filtertechnik, teils durch kohlenstofffreie Treibstoffe;
- Treibhaustechnologie mit geschlossenen Betriebskreisläufen in Agrarfabriken, in deren Etagen Fische, Bodenorganismen, Insekten, Landtiere, Pflanzen und Energie in einem Verhältnis industrieller Symbiose aufeinander aufbauen;
- neue Werkstoffe mit günstigen Umwelteigenschaften, darunter sehr leichte Materialien mit verbesserten Eigenschaften der Druck-, Zug- und Reißfestigkeit sowie Formbarkeit, die masseintensive Stoffströme und Energieaufwand verringern.

Nach: Josef Huber, „Konsistenz – schlüssig für Nachhaltigkeit", in: Jahrbuch Ökologie 2014, Mut zu Visionen, Heike Leitschuh u. a. (Hg.), Hirzel Verlag, Stuttgart 2013, S. 55 ff.

Aufgaben

1 *Charakterisieren Sie die drei Strategien.*

2 *Erläutern Sie an einem selbst gewählten Beispiel den Rebound-Effekt.*

3 *Beurteilen Sie die Erfolgsaussichten der Strategien im Hinblick auf das Ziel einer „Green Economy".*

M 6 Die Bedeutung der Akteure

Ein Kurswechsel hin zu mehr Nachhaltigkeit kann gelingen, wenn sich möglichst viele Akteure in Politik, Wirtschaft und Gesellschaft beteiligen. [...] Handeln pro Nachhaltigkeit hängt jeweils von anderen Akteuren ab – und das führt oft zu einem Warten auf „die anderen". Das Handeln der Politik ist abhängig von den Wählerstimmen und wird oft durch machtvolle (Wirtschafts)-Interessen blockiert. Nachhaltiges Handeln von Wirtschaftsakteuren geht über kurzfristige ökonomische Zwänge hinaus, ist aber auf die Nachfrage seitens der Konsument/innen angewiesen oder handelt nach Vorgaben der Politik. Die Mehrheit der Bürger/innen wartet auf die Vorgaben seitens der Politik, das Angebot seitens der Wirtschaft und die kritische Masse derer, die es ihnen gleichtun. Es wartet also ein jeder auf die jeweils anderen und progressives Verhalten wird oft nicht belohnt. [...]

Zahlreiche gesellschaftliche Initiativen zeigen, dass nachhaltiges Handeln funktioniert:

- Unternehmer/-innen, die nicht Gewinn als Selbstzweck propagieren, sondern einen Beitrag für die Gesellschaft leisten;
- Kommunen, die vor Ort Konzepte für Umwelt und Nachhaltigkeit mit ihren Bürger-/innen erproben;
- Politiker/-innen, die ambitionierte Gesetzesinitiativen auf den Weg bringen;
- Wissenschaftler/-innen, die technische und soziale Innovationen in Richtung Nachhaltigkeit entwickeln;
- Bürger/-innen, die nachhaltige Lebensstile für sich selbst oder mit anderen zusammen entdecken.

Solche Beispiele haben eine wichtige Funktion im Nachhaltigkeitsprozess, weil sie Vorbild und Anregungen für andere (Menschen und Institutionen) sein können. Sie funktionieren, ohne auf bessere Rahmenbedingungen zu warten und zeigen, dass Nachhaltigkeit trotz aller Zwänge des Alltags und auch ohne Insti-

Aufgaben

1 *Arbeiten Sie aus dem Text die Kernthesen heraus.*

2 *Erklären Sie, warum die Kommunalpolitik eine Schlüsselrolle beim Kurswechsel zu mehr Nachhaltigkeit spielen soll.*

tutionalisierung erfolgreich funktionieren kann. Die Politik ist gefordert, entsprechende Rahmenbedingungen und Anreize zu schaffen, damit diese Beispiele sich weiterentwickeln können und ihre Vorbildwirkung für andere entfalten können. Der Kommunalpolitik kommt hier eine Schlüsselrolle zu, da sie nah an Akteuren vor Ort agiert.
Wandel findet im konkreten Lebensalltag statt; deshalb muss die Veränderungs-, Beteiligungs- und Verantwortungskultur die Menschen in ihrem täglichen Leben erreichen und an den lokalen Strukturen ansetzen. [...] Trotzdem liegt die Verantwortung für das Gelingen eines Wandels nicht bei den lokalen Akteuren allein. Daneben müssen auch nationale und globale Nachhaltigkeitsstrukturen gestärkt werden.

Nach: Achim Daschkeit u. a., „Deutschland 2050 – Bausteine für eine nachhaltige Zukunft“, in: Jahrbuch Ökologie 2014, Mut zu Visionen, Heike Leitschuh u. a. (Hg.), Stuttgart 2013, S. 239 f.

3 *Recherchieren Sie kommunale Nachhaltigkeitsprojekte in Ihrer Gemeinde bzw. Region und beurteilen Sie deren Erfolg.*

4 *Diskutieren Sie, ob Nachhaltigkeit auch ganz ohne Institutionen funktionieren kann.*

M 7 Anspruch und Wirklichkeit eines nachhaltigen Lebensstils

Wann immer in der Öffentlichkeit über Umweltbewusstsein diskutiert wird, taucht unweigerlich die Frage einer Kluft zwischen Umweltbewusstsein und Umweltverhalten auf. Was ist damit gemeint? Sehr häufig wird in empirischen Untersuchungen festgestellt, dass die Menschen hierzulande ein hohes Umweltbewusstsein besitzen, aber ihr Verhalten nicht damit Schritt hält. Zwar glaubt die Gesellschaft, die Grenzen des Wachstums seien erreicht und „wir“ sollten sparsam mit Ressourcen umgehen. Trotzdem ist bei den meisten das gerade erstandene Auto größer und leistungsstärker als das alte. Auch die nächste Wochenendreise hat nicht die nähere Umgebung zum Ziel, sondern es geht mit dem „Billigflieger“ in weit entfernte Städte und Länder. Die empirische Sozialforschung spricht in diesem Fall davon, dass Einstellungen und Verhalten nur gering miteinander korrelieren, dass positivere Einstellungen gegenüber dem Umweltschutz also nicht unweigerlich mit einem umweltgerechteren Verhalten ein-hergehen. Wo liegen die Gründe für diese Kluft? Um es vorwegzunehmen: Es gibt keine einheitliche Theorie, die für alle Bereiche und alle Verhaltensweisen eine plausible Erklärung liefern würde. [...]

Thomas Plaßmann

Die Sozialwissenschaftler Andreas Diekmann und Peter Preisendörfer haben 2001 eine sogenannte Low-Cost-These aufgestellt, derzufolge die Menschen sich nur solange ihrem Umweltbewusstsein entsprechend verhalten, wie damit nur geringe Kosten verbunden sind. Wird es hingegen zu teuer, so zeigt das Umweltbewusstsein keine Wirksamkeit mehr. Diese Annahme kann eine Reihe von Verhaltensweisen gut erklären, vorzugsweise solche, die direkt mit einer Wahlsituation und einer bewussten Entscheidung verbunden sind.
Viele Verhaltensweisen sind jedoch von Gewohnheit geprägt, und eine Kosten-Nutzen-Abwägung findet gar nicht statt. Mitunter sind die Mehrkosten auch so gering, zum Beispiel beim Kauf von Bio-Eiern verglichen mit Eiern aus Legebatterien, dass sie kaum eine ausschlaggebende Rolle in einem bewussten Entscheidungsprozess spielen können. Häufig ist es sogar so, dass umweltfreundliches Verhalten mit Ersparnissen verbunden ist, wie das Abdrehen der Heizung bei

Fernreisen sind nach wie vor sehr beliebt in Deutschland – obwohl zum Beispiel ein Flug nach New York nach Angaben von Greenpeace so stark belastet wie ein Jahr Autofahren.

längerer Abwesenheit, die Isolierung undichter Fenster oder das Sparen von Strom durch vollständiges Ausschalten von Elektrogeräten (anstelle der Stand-by-Stellung), sodass die Low-Cost-Hypothese offenkundig nicht greift.

Neben der erwähnten Kosten-Nutzen-Abwägung lassen sich weitere Ursachen für ein nicht umweltgerechtes Verhalten identifizieren:

- die Einbettung des Verhaltens in den persönlichen Lebensstil (Es ist „in", in die Karibik zu fliegen.);
- das Streben nach Wohlbefinden (Im Auto fährt es sich angenehmer als in öffentlichen Verkehrsmitteln. Man möchte auch im Winter frisches Obst essen oder bevorzugt das angenehme Baden anstelle des Duschens.);
- die Routinisierung von Alltagshandeln (Es werden immer wieder die gleichen Produkte gekauft.);
- ein Dilemma zwischen Normen und persönlichen Interessen (Fahren alle wie vorgeschrieben Tempo 100, hat derjenige, der sich nicht daran hält, freie Bahn.).

[...]

Die öffentliche Diskussion um die Kluft zwischen Umweltbewusstsein und Verhalten ist häufig von einem Rigorismus gekennzeichnet, der in anderen gesellschaftlichen Feldern so nicht besteht. Implizit wird von einem umweltbewussten Menschen verlangt, immer und überall Umweltgesichtspunkte zur Richtschnur des Handelns zu machen. Das Leitbild eines derart eindimensionalen Menschen ist nicht nur wenig attraktiv, sondern geht auch an der Realität vorbei. Längst werden Widersprüchlichkeiten und die Logik des „Sowohl als auch" hingenommen. Personen verhalten sich im einen Fall umweltgerecht, im anderen aber nicht. Sie kombinieren und probieren Verhaltensweisen, sind flexibler und handeln widersprüchlicher als noch vor einigen Jahrzehnten. Sie essen vielleicht in der Woche in der Kantine und kaufen am Wochenende auf dem Markt Bio-Lebensmittel, ohne dies als Inkonsequenz oder Widerspruch zu empfinden.

Umweltbewusstsein ist ein Phänomen, das eng mit der Bedeutung der elektronischen Medien, vor allem des Fernsehens, und dem Prozess des Zusammenwachsens dieses Planeten zu einem „globalen Dorf" zu tun hat. Wir wissen heute über weit entfernte Länder Bescheid, erfahren zeitgleich von Naturkatastrophen in Indien, Thailand oder New Orleans. Der Informationsaustausch wurde durch die Erfindung des Internets noch intensiviert. Bedingt durch die Auswahlmechanismen, die den Verbreitungsmedien, insbesondere dem Fernsehen, zu eigen sind, haben Katastrophen, vor allem solche mit großen Schäden und enormen Folgewirkungen, die größte Chance, über die Sender das abendliche Wohnzimmer zu erreichen. Bei den Zuschauenden, die geschützt und gemütlich vor den Fernsehgeräten sitzen, entsteht so der Eindruck, als sei da draußen eine Welt voller Katastrophen und Risiken, darunter kaum kalkulierbare Umwelt- und Naturrisiken. Auf diese Weise werden die Medien zu einer gleichsam nie versiegenden Quelle von Umweltbewusstsein bei gleichzeitig passivem Verharren der Zuschauenden und Zuhörenden.

Aufgaben

1 *Stellen Sie die verschiedenen Erklärungsansätze grafisch dar, zum Beispiel in einer Mindmap.*

2 *Bewerten Sie die Erklärungen im Hinblick auf die Verhaltensstrategien in Ihrem persönlichen Umfeld.*

3 *Erörtern Sie die Wirkung der Medien auf das Umweltbewusstsein. Beziehen Sie dabei auch die Aussage der Karikatur mit ein.*

Im Kontrast zu dieser Welt der Risiken, Gefahren und Katastrophen steht die eigene kleine Welt zu Hause, in der Heimatgemeinde oder im heimischen Stadtviertel. Hier scheint die Umwelt noch in einem guten Zustand zu sein, hier gibt es keinen unmittelbaren Handlungsdruck.

Udo Kuckarts, „Umweltbewusstsein und Umweltverhalten“, in: Informationen zur politischen Bildung, Heft 287, Umweltpolitik, 06.05.2008

M 8 Fortschritte durch eine Koalition der Willigen?

Klaus Stuttmann

Nach dem Null-Ergebnis von Rio+20 macht sich die Stimmung breit, solche Großkonferenzen machen heute keinen Sinn mehr. [...] Doch wo ist dann die Perspektive? Nun, ich sehe sie in Allianzen der Willigen. Für die weltweite Durchsetzung der Hühnerzucht und des Laptops bedurfte es keiner weltweiten vetofreien Konferenzen. Die Pioniere waren die Gewinner, nicht die Verlierer. Es kommt also darauf an, ökologische Pioniere zu Gewinnern zu machen.
Bei der lokalen Schadstoffbekämpfung haben wir das geschafft. Im Schmutz und Gift will keiner mehr leben. Die nächste Phase ist die Überwindung der Verschwendung. Wer so leben will wie die Leute in Oklahoma, ist auf Dauer auf billiges Öl angewiesen. Das geht mit Peak Oil zu Ende. Europa und Asien haben hier einen Vorteil und den können sie noch weiter ausbauen. Ich plädiere für eine Verfünffachung der Energie- und Ressourcenproduktivität. Wer da die Nase vorn hat, braucht den Welthandel nicht zu fürchten. [...] Man wird unabhängiger von Ölimporten und feiert Exporterfolge mit Effizienz. Wenn wir Europäer uns mit Asiaten auf so eine Politik einigen, wächst der Markt für grüne Technik sprunghaft an. Das Nachsehen haben die, die uns in Rio+20 ständig geärgert haben, und es bleibt ihnen auf Dauer keine andere Wahl, als mitzumachen
Dann kann man weiter zu Großkonferenzen zusammenkommen. Die sind durchaus nützlich für die Bewusstseinsbildung, den Druck in Richtung von Anstandsregeln und technischen Standards. Sie müssen nur unterfüttert werden mit halbwegs konkreten Ergebnissen, umgesetzt durch die Allianzen der Willigen. Dann könnte sich zeigen: Wer mitmacht, gewinnt.

Ernst Ulrich von Weizsäcker, „Wer mitmacht, gewinnt“, www.sueddeutsche.de, 10.07.2012 [27.03.2014]

Aufgaben

1 *Interpretieren Sie die Karikatur.*

2 *Nehmen Sie Stellung zur Ernst-Ulrich von Weizsäckers Vorschlag einer Koalition der Willigen. Berücksichtigen Sie dabei die Kriterien „Erreichbarkeit der Nachhaltigkeitsziele“ und „Realisierungschancen“.*

2.2 Der Klimawandel als globale ökologische Herausforderung

M 1 Aus dem Bericht des Weltklimarats

Das Foto zeigt eine Kabinettssitzung der maledivischen Regierung, die diese unter Wasser abhielt. Mit der spektakulären Aktion wollte die Regierung des kleinen mittellosen Staats die Weltöffentlichkeit aufrütteln und auf ihre verzweifelte Situation aufmerksam machen. Infolge des Klimawandels steigt der Meeresspiegel unaufhörlich und die über 1000 Inseln werden wohl in wenigen Jahrzehnten überflutet sein.

Info

IPCC: Intergovernmental Panel on Climate Change

Der Weltklimarat IPCC warnt in seinem neuen Sachstandsbericht vor einem um gut ein Drittel stärkeren Anstieg des Meeresspiegels als bislang prognostiziert. Im ungünstigsten Fall hebe sich der Meeresspiegel bis zum Ende dieses Jahrhunderts um 82 Zentimeter. Selbst wenn der Klimaschutz erheblich verstärkt würde, seien es noch mindestens 26 Zentimeter.

Damit bleibt der Rat trotz der seit mehr als zehn Jahren annähernd stagnierenden Erwärmung der Atmosphäre bei seinen drastischen Warnungen: „Wir sind noch weit davon entfernt, die Emission an Treibhausgasen und damit das Klima zu stabilisieren", sagte der Ko-Vorsitzende der zuständigen Arbeitsgruppe, der Schweizer Klimaforscher Thomas Stocker, bei der Präsentation des ersten Teils des fünften Weltklimaberichts [...] in Stockholm. [...]

Als eine der wichtigsten Erkenntnisse, die man aus der Auswertung von mehr als 9 200 Fachpublikationen ermittelt hat, gilt die Feststellung, dass die Hauptschuld am Klimawandel mit einer Wahrscheinlichkeit von mehr als 95 Prozent der Mensch trägt. Es gibt einen eindeutigen Zusammenhang zwischen der unverminderten, beinahe linearen Anreicherung der Atmosphäre mit Treibhausgasen, insbesondere Kohlendioxid, und der Temperaturentwicklung seit Beginn der Industrialisierung. Die Konzentration an Kohlendioxid war in den vergangenen 800 000 Jahren der Erdgeschichte nie höher als heute. Um 0,85 Grad ist die globale Mitteltemperatur seit 1880 gestiegen. [...]

In den kommenden Jahrzehnten erwartet der Weltklimarat trotzdem eine weitere Erwärmung. Jede der drei jüngsten Dekaden, auch die mit der „Klimawandel-Pause", war wärmer als alle anderen Dekaden seit Mitte des neunzehnten Jahrhunderts. Bis zum Ende dieses Jahrhunderts werde die Temperatur wahrscheinlich mindestens 1,5 Grad über den vorindustriellen Temperaturen liegen. Werden die Emissionen nicht „substanziell und nachhaltig reduziert", ist dem Bericht zufolge eine Erwärmung von mehr als zwei Grad sehr wahrscheinlich.

Michel Jaraud, Direktor der Welt-Meterologiebehörde, die den IPCC im Jahre 1988 zusammen mit dem Umweltprogramm UNEP gegründet hatte, warnte: „Wir sollten nicht nur auf die Temperaturen starren, der gesamte globale Wasserhaushalt wird durch den Klimawandel langfristig verändert."

Tatsächlich hat man in diesem neuen Teilbericht zu den physikalischen Mechanismen des Klimawandels mehr Ergebnisse zu den Veränderungen in den Ozeanen aufgenommen. Der Anstieg des Meeresspiegels seit Beginn der Industrialisierung hat sich demnach deutlich beschleunigt. Er ist deutlich stärker als in den zweitausend Jahren davor.

Seit 1900 ist der Meeresspiegel im Schnitt um 19 Zentimeter gestiegen, allerdings regional auch durchaus unterschiedlich stark. [...] Das Abschmelzen der Gletscher und die Wärmeausdehnung der Ozeane bis in größere Meerestiefen sollen dem Klimabericht zufolge die Pegel weltweit deutlich steigen lassen. Zwar werde er nicht gleichmäßig verlaufen, aber mindestens 70 Prozent der Küstenlinien weltweit müssten sich auf deutlich höhere Wasserpegel und entsprechende Überflutungsgefahren gefasst machen. Der Anstieg werde sich auf jeden Fall weiter beschleunigen. Bis zum Ende des Jahrhunderts dürften demnach die Ozeanpegel mindestens 26 Zentimeter und unter ungünstigen Bedingungen bis zu 82 Zentimeter höher liegen als in den zurückliegenden drei Jahrzehnten. Feuchtere Weltregionen werden mit mehr Niederschlägen und trockenere mit mehr Dürren rechnen müssen, heißt es. Und weiter: „Der Einfluss des Menschen auf das Klima ist nun klar."

Joachim Müller-Jung, „UN-Bericht: Meeresspiegel steigt stärker als erwartet", www.faz.net, 27.09.2013 [28.10.2013]

Klaus Stuttmann

Aufgaben

1 *Fassen Sie die Kernaussagen des Weltklimaberichts zusammen.*

2 *Erläutern Sie am Beispiel der Malediven die Auswirkungen und politischen Konsequenzen eines starken Meeresspiegelanstiegs.*

3 *Nehmen Sie Stellung zur Aussage der Karikatur.*

M 2 Ist der Klimawandel noch zu bremsen?

Wie empfindlich reagiert das Klima?

Die Empfindlichkeit oder Sensitivität ist *die* elementare Kennzahl für alle Klimaszenarien: Sie gibt an, wie stark die globale Oberflächentemperatur steigt, wenn sich die CO_2-Menge in der Luft im Vergleich zu vorindustriellen Zeiten verdoppelt – was Mitte dieses Jahrhunderts so weit sein dürfte.

Der Wert steht also dafür, wie viel Treibhausgase die Erde wie gut verkraftet. Leider kennt niemand ihn genau. Deshalb ist er die erste Quelle großer Unsicherheit, wenn es darum geht, ob die globale Erwärmung sich überhaupt noch auf zwei Grad Celsius beschränken lässt („Zwei-Grad-Ziel"). [...]

Warum lässt sich die Klimasensitivität nicht genauer bestimmen? Noch immer ist ungewiss, wie viel Wärme die Ozeane aufnehmen können – es fehlen die Daten. Auch darüber, wie viel Sonnenlicht Schwebeteilchen in der Atmosphäre reflektieren und wie sie die Bildung von Wolken beeinflussen, weiß man immer noch zu wenig, ebenso über die natürlichen Klimaschwankungen der

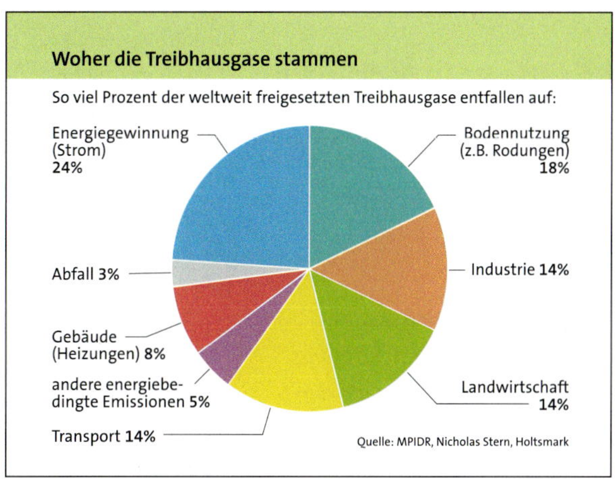

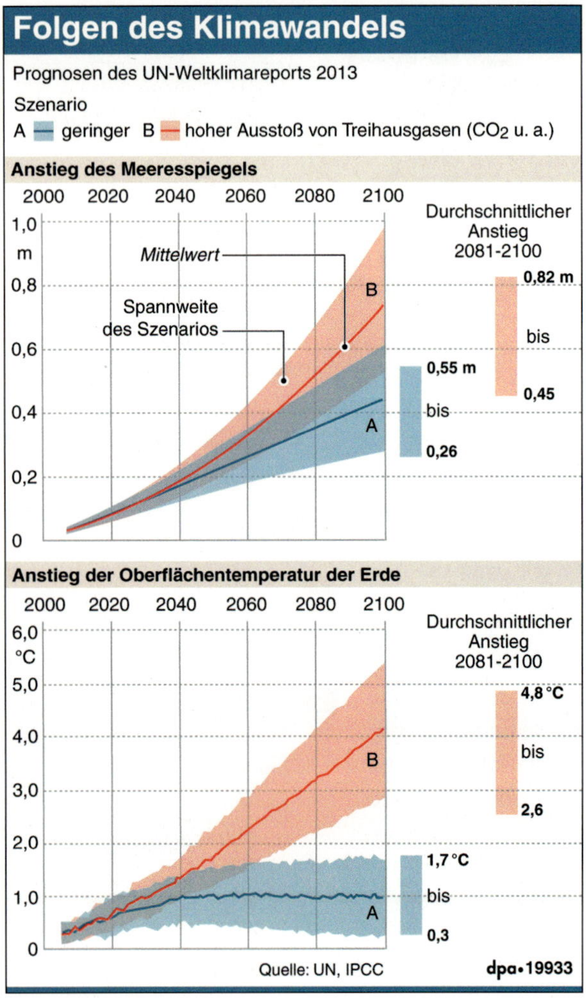

Erde. [...] An der Klimaempfindlichkeit der Erde hängen die Hoffnungen der Optimisten: Sollte uns die Natur mit einem niedrigen Wert überraschen, hätte die Menschheit mehr Zeit, den Klimawandel zu bremsen. Andererseits bleibt bei der aktuell als am wahrscheinlichsten gehandelten Sensitivität kaum noch Zeit, das Zwei-Grad-Ziel zu erreichen. Die Forscherin Céline Guivarch [... hat] ausgerechnet: Um allein durch CO_2-Einsparungen die globale Erwärmung aufzuhalten, müsste bei einer Sensitivität von drei Grad das Wachstum der weltweiten Emissionen ab sofort drastisch vermindert werden – und schon von 2016 an müssten diese jährlich um vier Prozent sinken.

Wie schnell kann man CO_2 einsparen?

Vier Prozent weniger CO_2-Ausstoß, jahrzehntelang, weltweit, praktisch von heute an – ist das denkbar? Nein. Denn wie reduziert ein Land seinen CO_2-Ausstoß? Durch die Verlagerung seiner Industrieproduktion in andere Länder und durch Modernisierung: bessere Kraftwerke, Autos, Wärmedämmung, mehr Strom aus erneuerbaren Quellen. Was bringt das? Ungefähr ein Prozent Einsparung im Jahr. Bestes Beispiel: Deutschland. [...]

Das ist die Lage: So rasant wächst der Ausstoß an Treibhausgasen in den Schwellen- und Entwicklungsländern, dass der Zuwachs derzeit binnen eines einzigen Jahres alle Einsparungen der Industrieländer seit 1990 zunichtemacht. Derzeit spart Europa, Weltspitze im Klimaschutz, nicht einmal so viel ein, wie gleichzeitig allein in Südkorea hinzukommt.

Kann die Politik das ändern? Allenfalls in ferner Zukunft. Angenommen, Deutschland ergriffe jede halbwegs Erfolg versprechende Klimaschutzmaßnahme. Energie, Bau, Industrie, Landwirtschaft, Verkehr und Emissionshandel – überall würden neue Technologien gefördert, Auflagen verschärft, Steuern und Abgaben erhoben oder erhöht. Was würde das bringen?

Nicht viel. Bis 2020 würden die Emissionen kaum mehr als doppelt so schnell sinken wie bislang: um gut zwei statt ein Prozent im Jahr – so haben es die wichtigsten deutschen Experten ausgerechnet, unter anderem vom Deutschen Institut für Wirtschaftsforschung und dem Ökoinstitut. Später, im Lauf der Zwanzigerjahre, könnte sich das Tempo noch einmal erhöhen, auf dann vier Prozent jährlich, sofern die Radikalkur konsequent durchgehalten würde.

Wenn selbst im reichen, grünen Deutschland kurzfristig so wenig zu machen ist, dann ist die Idee abwegig, die rasante Zunahme des weltweiten CO_2-Ausstoßes rasch zu stoppen und umzudrehen.

Und wenn die Klimasensitivität geringer wäre? Ab einer Sensitivität von zwei Grad änderte sich die Lage: Bis in die Vierzigerjahre dürfte der Ausstoß noch steigen, dann müsste er um zwei bis drei Prozent im Jahr sinken. Wie die Rechnung von Céline Guivarch zeigt, müsste er das umso stärker tun, je später der Gipfel erreicht würde.

Aufgaben

1 *Erläutern Sie die Rolle der „Sensitivität" bei der Berechnung von Klimaszenarien und des hinnehmbaren CO_2-Ausstoßes.*

2 *Beurteilen Sie die Aussagekraft von Klimaszenarien.*

3 *Begründen Sie, warum es schwierig sein wird, den CO_2-Ausstoß kurzfristig zu reduzieren.*

4 *Viele Experten gehen inzwischen davon aus, dass es nicht mehr möglich sein wird, den Klimawandel auf zwei Grad zu begrenzen.*

Bei den Klimaverhandlungen in Durban Ende 2011 hat China erstmals angedeutet, wann das Land sein Maximum erreichen könnte: in den Dreißigerjahren. Frühestens dann ist halbwegs vorstellbar, dass die Hälfte aller Menschen in Ländern mit sinkenden Emissionen leben wird. Denkbar ist aber auch, dass all diese Länder wiederum die Industrialisierung anderer Regionen vorantreiben. Niemand weiß, ob der CO_2-Ausstoß im Lauf dieses Jahrhunderts *überhaupt* sinken wird.

Adrian Meyer/Frank Drieschner, „Verzweifeltes Werkeln am Zwei-Grad-Ziel", www.zeit.de, 22.09.2013 [28.10.2013]

Beschreiben Sie am Beispiel Deutschlands, welche Aufgaben in diesem Zusammenhang die Politik in den nächsten Jahrzehnten zu bewältigen hat.

5 *Recherchieren Sie im Internet, welche Anpassungsstrategie Ihr Bundesland verfolgt und welche Maßnahmen bereits ergriffen wurden.*

M 3 Klimamanagement auf verschiedenen Politikebenen

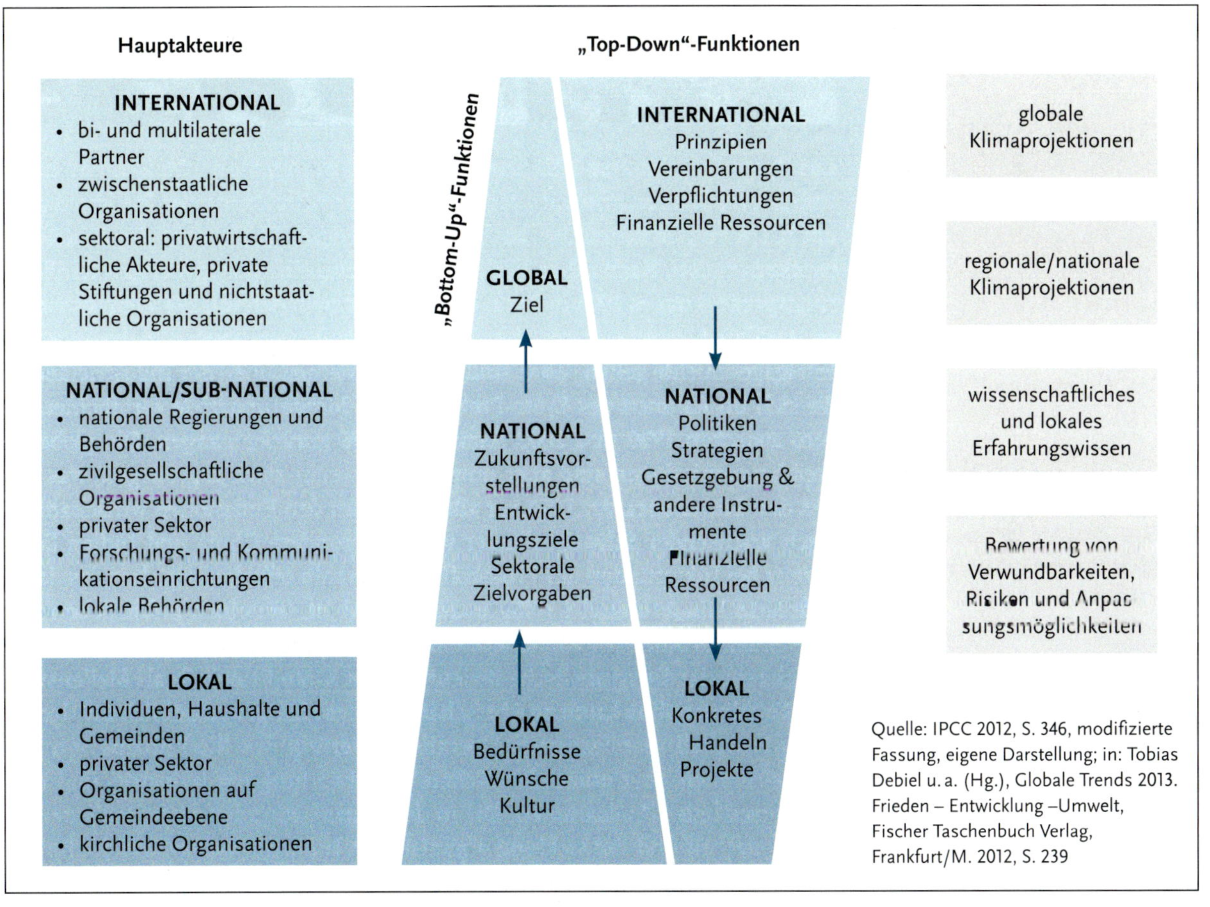

Quelle: IPCC 2012, S. 346, modifizierte Fassung, eigene Darstellung; in: Tobias Debiel u. a. (Hg.), Globale Trends 2013. Frieden – Entwicklung –Umwelt, Fischer Taschenbuch Verlag, Frankfurt/M. 2012, S. 239

Aufgaben

1 *Stellen Sie an einem selbst gewählten Beispiel (Mobilität, Energie etc.) dar, welchen Beitrag die verschiedenen Politikebenen zum Klimaschutz erbringen können.*

2 *Klimamanagement wird als Querschnittsaufgabe für die Politik auf allen Ebenen betrachtet. Erörtern Sie Chancen und Risiken, die daraus entstehen könnten.*

3 *Der Klimawandel ist ein globales Problem. Versuchen Sie zu begründen, warum es trotzdem sinnvoll ist, auch die lokale Ebene in den Klimaschutz miteinzubeziehen.*

M 4 UN-Klimapolitik – das Kyoto-Protokoll

Das Kyoto-Protokoll von 1997, in dem sich die Vertragsstaaten im Rahmen einer ersten Verpflichtungsperiode bis 2012 auf eine Minderung der Treibhausgase um 5,2% verpflichteten, ist das bis dato wichtigste Instrument der Klimarahmenkonvention. Nach zähen Verhandlungen und einem langwierigen Ratifizierungsprozess trat es 2005 in Kraft. Obwohl es inzwischen von 193 Vertragsparteien ratifiziert wurde, kann das Kyoto-Protokoll allerdings nur bedingt als Erfolgsgeschichte gelten. Zwar sind die Gesamtemissionen der Industrieländer, die sich im Rahmen des Kyoto-Protokolls auf Minderungsziele verpflichtet haben, zwischen 1990 und 2008 sogar um 6,1% zurückgegangen. Die globalen Treibhausemissionen sind aber unterdessen weiter stark angestiegen, was neben den Emissionen der USA vor allem auch an den Emissionen wirtschaftlich rasch wachsender Schwellenländer wie insbesondere China und Indien liegt. Bereits bei Inkrafttreten des Protokolls war deshalb offenkundig, dass das darin definierte Minderungsziel völlig unzureichend ist, um einen gefährlichen Klimawandel im Sinne der Klimarahmenkonvention zu verhindern.

Gleichzeitig ist die symbolische Bedeutung des Kyoto-Protokolls als Meilenstein der Weltklimapolitik kaum zu überschätzen. Diese hängt maßgeblich mit der im Kyoto-Protokoll manifestierten Operationalisierung des Rio-Prinzips von der „gemeinsamen, aber unterschiedlichen Verantwortung von Industrie- und Entwicklungsländern" zusammen. Die in der Organisation für wirtschaftliche Zusammenarbeit und Entwicklung organisierten Industriestaaten und die Industriestaaten des ehemaligen Warschauer Paktes verpflichteten sich als „Annex-I-Länder" im Kyoto-Protokoll völkerrechtlich verbindlich zu einer Reduzierung ihrer Treibhausgas-Emissionen. Die in Annex II des Protokolls aufgelisteten Entwicklungsländer bleiben hingegen zugunsten ihrer nachholenden wirtschaftlichen Entwicklung von Reduktionsverpflichtungen ausgenommen. Zugleich ermöglichen die Bestimmungen des Protokolls den Annex-I-Ländern, ihren Reduktionsverpflichtungen auch durch gezielte klimapolitische Zusammenarbeit mit Annex-II-Ländern nachzukommen [...].

Diese flexiblen Mechanismen zur Emissionsminderung sind der Clean Development Mechanism (CDM), die Möglichkeit zur Joint Implementation (JI) von emissionsmindernden Projekten (die sogenannte Gemeinschaftsreduktion) so-

Aufgaben

1 *Beschreiben Sie die klimapolitischen Instrumente des Kyoto-Protokolls.*

2 *Erläutern Sie das Prinzip der „gemeinsamen, aber unterschiedlichen Verantwortung von Industrie- und Entwicklungsländern".*

3 *In den Medien wird das Kyoto-Protokoll häufig als „Meilenstein der Klimapolitik" dargestellt. Nehmen Sie Stellung zu dieser Aussage.*

wie der Emissionshandel. Mittels des in Artikel 12 des Kyoto-Protokolls definierten CDM kann in Schwellen- und Entwicklungsländern in emissionsmindernde Projekte investiert werden, wofür handelbare Emissionsreduktionszertifikate ausgegeben werden. Diese können sich Industrieländer auf ihre jeweiligen Reduktionsverpflichtungen anrechnen lassen. Ähnlich können im Rahmen der Joint Implementation nach Artikel 6 des Kyoto-Protokolls emissionsmindernde Projekte von Partnerländern gemeinsam durchgeführt und entsprechend auf die Emissionsbilanz angerechnet werden, sofern es sich nachweislich und überprüfbar um zusätzliche Projekte handelt, die nicht ohnehin vorgesehen waren. Nicht zuletzt ermöglicht das in Artikel 17 des Kyoto-Protokolls angelegte Instrument des Emissionshandels Ländern, die ihre zulässigen Emissionsgrenzen überschreiten, den Zukauf von Emissionsrechten aus Ländern, die weniger emittieren, als für sie zulässig wäre.

Ingomar Hauchler u. a. (Hg.), Globale Trends 2002, Frankfurt a. M. 2001, S. 248 f.

4 *Die Geltungsdauer des Kyoto-Protokolls wurde 2012 bis 2020 verlängert. Beurteilen Sie vor dem Hintergrund Ihrer Arbeitsergebnisse zu M 1 und M 2, ob diese Maßnahmen ausreichen, um den Klimawandel zu bremsen.*

M 5 Klimapolitik auf internationaler Ebene – nichts als Konferenzen?

Stationen der Weltklimapolitik		
1988	Gründung des Weltklimarats (IPCC)	Sitz: Genf; Expertengremium, das wissenschaftliche Erkenntnisse zum Klimawandel zusammenfasst und Handlungsoptionen erarbeitet.
1992	Verabschiedung der Klimarahmenkonvention (UN-FCC) auf der UN-Konferenz für Umwelt und Entwicklung	Seit 1994 in Kraft; schreibt erstmals das Ziel fest, Treibhausgase so zu reduzieren, dass für den Menschen schädliche Auswirkungen des Klimasystems verhindert werden.
1997	Kyoto-Protokoll	38 Industrieländer verpflichten sich, CO_2-Emissionen bis 2012 um 5,2 % zu reduzieren und Entwicklungsländer bei der Bewältigung des Klimawandels zu unterstützen; Emissionshandel wird ermöglicht
2001	Ausstieg der USA aus dem Kyoto-Protokoll	USA zieht sich als größter Emittent von CO_2 aus der internationalen Regulierung zurück.
2009	UN-Klimakonferenz in Kopenhagen	Einigung auf ein Kyoto-Nachfolge-Protokoll scheitert; teilnehmende Staaten legten sich auf das Zwei-Grad-Ziel als Grenzwert für die noch tolerable Erderwärmung fest, allerdings ohne rechtsverbindliche Verpflichtungen für die einzelnen Staaten.
2010	UN-Klimakonferenz von Cancun	Einrichtung des Green Climate Fund zur Finanzierung von Klimaprojekten
2011	UN-Klimakonferenz von Durban	Kyoto-Nachfolge-Protokoll scheitert an Interessengegensätzen zwischen Industrie- und Entwicklungsländern; Kyoto-Nachfolge-Abkommen soll bis 2015 erarbeitet werden und 2020 in Kraft treten.
2012	UN-Klimakonferenz in Doha	Kyoto-Protokoll wird bis 2020 verlängert (Kyoto II). Russland, Kanada, Japan und Neuseeland gehören nicht mehr zu den Kyoto-Staaten.
2013	UN-Klimakonferenz in Warschau	Industrieländer zahlen von 2020 an 100 Milliarden Dollar, um Folgen des Klimawandels zu mildern, und finanzieren weltweit Aufforstungsprogramme.

Eigene Zusammenstellung

Aufgabe

Beurteilen Sie die Forschritte der UN-Klimapolitik seit dem Kyoto-Protokoll.

M 6 Ist die Klimapolitik der UN gescheitert?

Der Deutsch-Brasilianer Achim Steiner ist seit 2006 Direktor des Umweltprogramms der UN

Zeit online: Herr Steiner, die Klimaverhandlungen [...] kommen kaum voran. Sie selbst vertreten die These, dass der Umbau der Wirtschaft hin zu mehr Klimafreundlichkeit auch außerhalb der Gipfel an Fahrt gewinnt. Brauchen wir solche Mega-Veranstaltungen überhaupt noch?

Achim Steiner: Durch die Klimakonferenzen und den UN-Weltklimarat hat die Welt in den vergangenen 20 Jahren ein Verständnis dafür gewonnen, was Klimawandel bedeutet und was die Konsequenzen sind, wenn wir nichts unternehmen. Zwar stecken die Verhandlungen immer wieder fest. Aber die Gipfel senden ein starkes Signal an die meisten Länder der Welt, auch an die Unternehmen.

Zeit online: Was für ein Signal soll das sein?

Steiner: Dass die klimafreundliche Wirtschaft unweigerlich kommen wird. Trotz aller Schwierigkeiten der Klimagipfel akzeptiert man mittlerweile fast überall, dass wir den Übergang schaffen müssen. Viele Länder haben längst begonnen zu handeln. Der Anteil von Wind, Sonne und Wasserkraft an der weltweiten Stromversorgung ist in den vergangenen fünf Jahren von 3,4 Prozent auf 20 Prozent gestiegen. Ein solch tief greifender Wandel in so kurzer Zeit ist historisch einmalig. Was die Regierungen ermutigt: Sie erkennen nicht nur den Handlungsbedarf, sondern es gibt auch die Möglichkeit zu handeln.

Zeit online: Trotzdem steigen die weltweiten Emissionen weiter.

Steiner: Deshalb muss es auch in Zukunft Welt-Klimaverhandlungen geben. Um ihre Investitionen steuern zu können, brauchen Staaten und Unternehmen ein Signal, das in alle Ecken der Welt reicht. Ohne die Verhandlungen werden wir es nicht schaffen.

Zeit online: Mit ihnen vielleicht auch nicht. Wir bräuchten dringend verbindliche Emissionsziele für viel mehr Länder als bisher und ambitioniertere Ziele für die bisherigen Teilnehmer des Kyoto-Protokolls. Eine Einigung darüber hat bisher kein Gipfel erzielen können.

Steiner: Dennoch ist dieser Prozess die beste Möglichkeit, alle Interessen an einen Tisch zu bekommen. Sie haben ja recht: Wir sind in den vergangenen drei Jahren kaum weitergekommen. Deshalb müssen wir uns schon fragen, ob wir hier über die richtigen Lösungsansätze verhandeln. Wir müssten viel ungeduldiger wer-

Pepsch Gottscheber/Süddeutsche Zeitung, 12.11.2013

Klaus Stuttmann

den. Die Statistiken zeigen, dass der Weg zu einer klimaneutralen Wirtschaft heute schon konkret begehbar wäre. Etwa 70 Prozent der Emissionsreduktionen, die wir umsetzen müssen, sind mit heutiger Technologie machbar. Wir haben die Mittel. Jetzt geht es vor allem darum, die richtigen Rahmenbedingungen zu setzen.

Zeit online: Aber noch einmal: Wie kann es in so komplexen Verhandlungen gelingen, schneller zu einer Einigung zu kommen?

Steiner: Ich sehe drei Faktoren, die das bewirken können. In den nächsten Jahren werden die Klimasignale zunehmen, das heißt wir werden extreme Wetterlagen wie Stürme oder Überschwemmungen häufiger erleben. Das kann die öffentliche Meinung so schnell verändern, dass Regierungen plötzlich unter ganz anderen Vorzeichen verhandeln. Zudem kommen wir gerade aus einer Finanzkrise, die genau zu einem Zeitpunkt eintrat, an dem der Konsens in der Klimapolitik zentral davon abhing, dass die Industrieländer den Entwicklungsländern Geld und Technologien zur Anpassung an die Erderwärmung zur Verfügung stellen. Die Krise hat das verhindert.

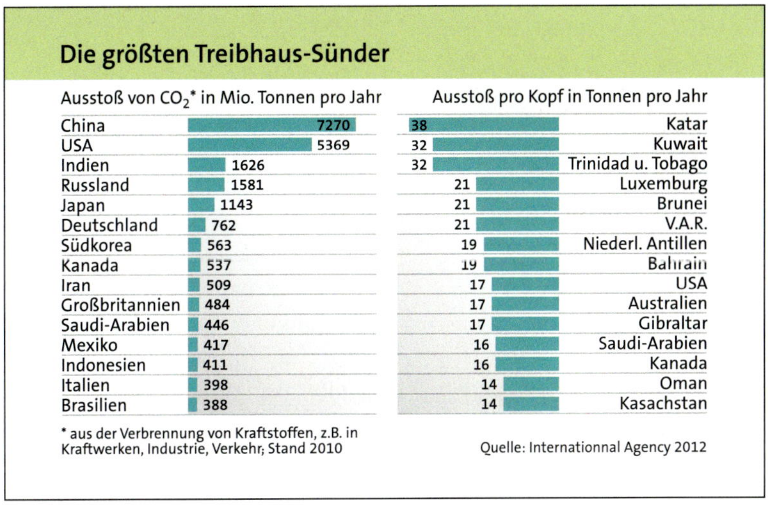

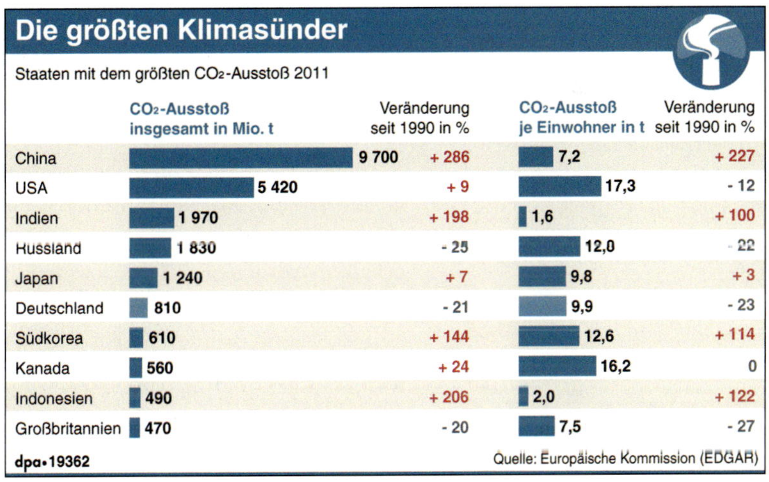

Zeit online: Und der dritte Faktor?

Steiner: Wir hängen immer noch an der Frage fest, wie schnell die Entwicklungsländer und Industrieländer gleich behandelt werden sollen. Aber das Wachstum von Volkswirtschaften wie China und Indien ist so schnell, dass eine grundlegende Ungleichbehandlung sich auf Dauer nicht mehr rechtfertigen lässt.

Zeit online: Die Chinesen und Inder dürften das anders sehen.

Steiner: Kein Land begibt sich in diese Verhandlungen ohne Eigeninteresse. Hier ist ein Pokerspiel im Gang. Es geht um die Frage, wie lange diese Länder ihr Wachstum noch so vorantreiben können wie bisher. Aber das wird sich ändern. In China, Indien oder Brasilien sieht man den Klimawandel mittlerweile anders als noch vor zehn Jahren. Man betrachtet ihn nicht mehr als alleiniges Problem des Nordens, sondern hat realisiert, dass der Klimawandel alle betrifft. Indien war im vergangenen Jahr der am schnellsten wachsende Markt für erneuerbare Energien, China der größte Investor. Weltweit wurden 2012 über 200 Milliarden Dollar in Erneuerbare investiert – das ist, bezogen auf Kapazitäten zur Stromerzeugung, mehr als in alle fossilen Brennstoffe.

Zeit online: Bisher deutet aber nichts darauf hin, dass die jetzt schon spürbaren Klimafolgen die Bremserstaaten, zum Beispiel die USA , zum Einlenken in den

zentralen Verhandlungen über Emissionsziele bringen könnten. Sind Sie da nicht zu optimistisch?
Steiner: Ich kann das Verhalten einzelner Staaten nicht bewerten. [...] Wichtig ist aber, dass es hier zwar auch um die USA geht, aber nicht nur um sie ...
Zeit online: Sondern?
Steiner: Ich schaue eher auf die Schwellenländer. China, Indien und Brasilien werden in der Öffentlichkeit wahrgenommen als Staaten, die den Klimawandel nicht ernst nehmen. Aber der Mythos, dass sie nichts täten, während die Europäer als Einzige handelten, ist faktisch widerlegbar. Brasilien zum Beispiel hat in den vergangenen Jahren durch eine konsequente Forstpolitik einen der größten Beiträge zum Klimaschutz überhaupt weltweit geleistet. [...]
Zeit online: Langfristig müsste viel mehr passieren.
Steiner: Vor allem muss der Ausstoß von Kohlendioxid weltweit mit einem Preis belegt werden. Das würde Investitionen in die richtige Richtung lenken, indem es einen Anreiz schafft, saubere, effizientere Technologien schneller auf den Markt zu bringen. Wenn wir das nicht schaffen, müssen wir mit den Instrumenten nach vorne gehen, die wir haben. Der Green Climate Fund beispielsweise ist gerade für einen Kontinent wie Afrika extrem wichtig. Afrika wird in den kommenden 20 Jahren eine Energie-Infrastruktur für 1,3 bis 1,4 Milliarden Menschen aufbauen müssen. Mithilfe von internationaler Finanzierung könnten die Staaten Afrikas auch unter heutigen Marktbedingungen in erneuerbare Energien investieren. Mit den Erneuerbaren könnte sich der Kontinent selbst versorgen und sogar Devisen verdienen. Doch wenn die Afrikaner keine Finanzhilfe erhalten, werden sie auf die fossilen Energieträger des 20. Jahrhunderts zurückgreifen.

Alexandra Endres, „Dass die Schwellenländer nichts unternehmen, ist ein Mythos“, www.zeit.de 07.12.2012 [28.10.2013]

Aufgaben

1 *Erläutern Sie, wie Steiner den Erfolg der UN-Konferenzen beurteilt, und nehmen Sie Stellung dazu.*

2 *In den jüngsten UN-Verhandlungen spielte der Begriff der Klimagerechtigkeit zwischen Industrie- und Entwicklungsländern eine besondere Rolle. Entwerfen Sie einen Vorschlag, wie die Lasten des Klimaschutzes zwischen Industrie- und Entwicklungsländern gerecht verteilt werden könnten. Berücksichtigen Sie dabei auch die Grafiken auf S. 471.*

3 *Beurteilen Sie die Realisierungschancen eines weltweiten Preises für den Ausstoß von Kohlendioxid.*

M 7 Klimapolitik der EU – Beispiel Emissionshandel

a) Wie funktioniert der Emissionshandel?

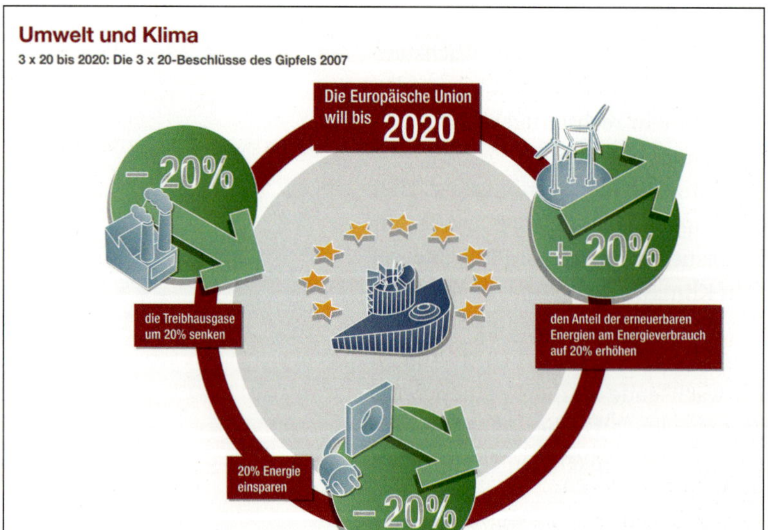

© www.bpb.de/files/2Z018G.pdf

Seit acht Jahren will die EU mit ihrem Emissionshandelssystem Vorbild für die Welt sein. Eine Veranstaltung nur für Akademiker und Bürokraten? Weit gefehlt! Denn das Handelssystem ist das wichtigste Instrument der Union, die Klimaziele der Euro-Staaten zu erreichen und damit einen Teil zur Klimarettung beizutragen.
Das Emissionshandelssystem der EU (kurz EU-ETS) ist das Flaggschiff der EU-Klimapolitik. Es war das erste länderübergreifende System zum Handel von Verschmutzungsrechten und ist bis heute das größte seiner Art. Mehr als 11000 Produktionsanlagen und Kraftwerke in den [...] EU-Staaten

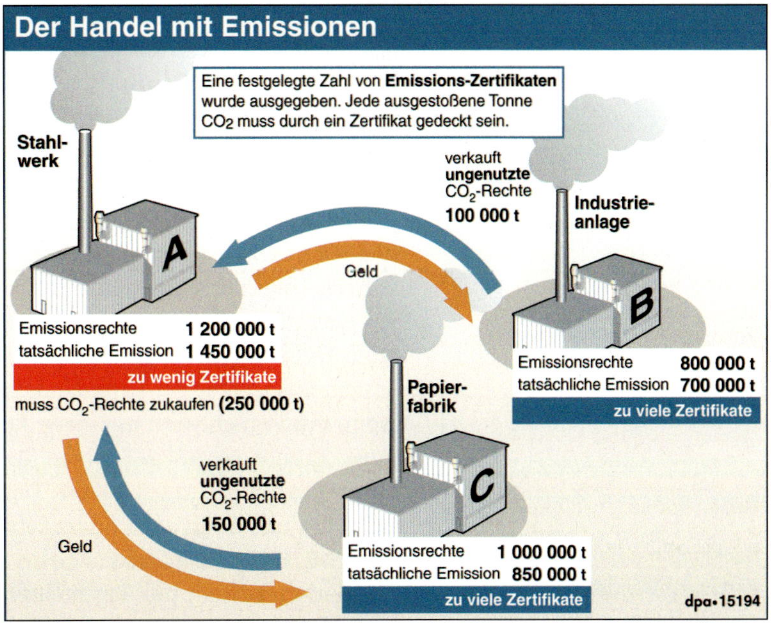

sowie in Norwegen, Kroatien, Liechtenstein und Island sind davon betroffen. Zusammen machen sie knapp die Hälfte aller CO_2-Emissionen der Mitglieder aus.

Das System folgt dem „Cap-and-Trade“-Prinzip: Als übergeordnetes Ziel sollen die gesamten Treibhausgasemissionen in der EU eine bestimmte Obergrenze („Cap“) nicht überschreiten. Diese Grenze wird um 1,74 Prozent pro Jahr gesenkt, sodass die Emissionen der betroffenen Anlagen im Jahr 2020 um 21 Prozent niedriger liegen als 2005. Bis 2050 sollen die Emissionen um 80 bis 95 Prozent niedriger sein als 1990.

Innerhalb der Obergrenze handeln Unternehmen und Spekulanten mit den Zertifikaten an Börsen („Trade“). Fabriken und Kraftwerke erhalten für jede Tonne Treibhausgas, die sie emittieren, ein Zertifikat oder müssen es in einer Auktion erwerben. Wer am Ende eines Jahres nicht genügend Emissionsrechte besitzt, muss Strafen zahlen.

Während der ersten Jahre wurden fast alle Zertifikate verschenkt, nun wird die EU schrittweise mehr versteigern. 2013 liegt der Anteil der versteigerten Rechte bei 40 Prozent, 2027 soll mit der freien Zuteilung Schluss sein. Für die Energieerzeugung gilt das schon jetzt: Kraftwerksbetreiber müssen ab diesem Jahr all ihre Zertifikate kaufen und bekommen nichts mehr geschenkt.

Als das EU-ETS 2005 startete, waren Länder wie China, Indien und die USA noch viel weiter als heute von Klimaschutzbekenntnissen entfernt. Wenn CO_2-intensive Produktion in der EU also plötzlich teurer wird, weil Verschmutzung Geld kostet, entsteht ein Wettbewerbsnachteil: Es wird sofort teurer, eine Tonne Stahl in Europa herstellen zu lassen, als in den USA.

Die EU entschied sich deshalb dazu, die Zertifikate in den ersten Jahren hauptsächlich zu verschenken, um die Industrie behutsam an die neuen Kosten zu gewöhnen. Das ist die einfachste von mehreren Methoden, um das Wettbewerbsproblem zu entschärfen.

Wer wie viele Verschmutzungsrechte erhält, entschieden bislang die Mitgliedstaaten, künftig übernimmt das die EU-Kommission.

Aufgaben

1 *Beschreiben Sie Ziele und Instrumente des Emissionshandels.*

2 *Erklären Sie, warum ein hoher Anteil der Zertifikate bisher verschenkt wurde.*

b) Emissionshandel in der Krise

[Seit Jahren sinken die Preise im Emissionshandel]. Für diesen Preisverfall gibt es mehrere Gründe. Erstens sind zu viele Zertifikate auf dem Markt, die momentan keiner braucht. Während der Weltwirtschaftskrise 2008 und in den Folgejahren produzierten viele Unternehmen deutlich weniger als ursprünglich geplant und besitzen noch Zertifikate aus dieser Zeit. Nun kommt noch die Rezession im Euro-Raum hinzu [...]. Zweitens gibt es außer dem Emissionshandel noch viele weitere Klimaschutzprogramme. Ein Beispiel ist das deutsche EEG: Die

Förderung erneuerbarer Energien hat Technologien wie die Fotovoltaik erheblich verbilligt – viel schneller, als von der Politik erwartet. [...]
Drittens gibt es ein Wechselspiel zwischen EU-ETS und Klimaschutzprojekten in anderen Ländern der Welt. Produzenten in Deutschland können bis zu 22 Prozent ihrer EU-Zertifikate mit welchen aus dem Clean Development Mechanism ersetzen. Das funktioniert beispielsweise so: Baut ein deutscher Konzern in Südamerika einen Solarpark, darf er zu Hause mehr emittieren. Sobald Investitionen in solche Projekte günstiger sind als Zertifikate zu Hause, entscheidet sich das Unternehmen für den Solarpark. [...]
Für eine effiziente Klimaschutzpolitik, für ausreichende Anreize, in emissionsarme Technologien zu investieren, sollte eine Tonne CO_2 mindestens 20 Euro kosten. Das ist eine der Grundannahmen vieler umweltökonomischer Studien. Wenn ein Zementwerk nur noch knapp fünf Euro pro Tonne CO_2 bezahlen muss, kommt das einem Freibrief für Klimasünden gleich. [...]
Stimmt das? Nein, sagen andere. Denn gefährlich wird es erst, wenn der Preis auf Null sinkt. Denn dann findet kein Handel mehr statt – und den ausgetrockneten Markt könnte man dann gleich abschaffen. Doch selbst bei Preisen um die fünf Euro wechseln pro Tag mehrere Millionen Zertifikate den Besitzer. Der Markt funktioniert.
Das Geld aus dem Emissionshandel nehmen die teilnehmenden Länder ein. In Deutschland gibt es den Klima- und Energiefonds, den die Bundesregierung hauptsächlich mit diesen Einnahmen finanziert. Das Geld ist zweckgebunden: Dutzende Vorhaben sollen aus dem Fonds subventioniert werden – etwa die Elektromobilität oder die energetische Gebäudesanierung.
Laut Planung rechnet die Regierung mit Einnahmen von zwei Milliarden Euro pro Jahr bei einem durchschnittlichen CO_2-Preis von rund zehn Euro pro Tonne. Bleiben die Preise im Keller, könnten in diesem Jahr [2013] 1,2 bis 1,4 Milliarden Euro fehlen [...].
Der Emissionshandel könnte so funktionieren wie die Geldpolitik der EZB – die Menge an Zertifikaten entspricht der Geldmenge, ihr Preis dem Zins. Mit einem entscheidenden Unterschied: Die Zentralbank ist unabhängig, das EU-ETS ist ein politisch gesteuertes System.
Die Backloading-Idee käme also einer politisch gesteuerten Geldmengenregulierung gleich. Das macht sie trotzdem nicht zu einer schlechten Idee. Allerdings ist im EU-ETS derzeit keine Institution angelegt, um kurzfristige Eingriffe in den Markt zu ermöglichen. Deswegen gibt es auch ein so zähes politisches Geschacher um eine Reform.
Eine solche Institution wäre also eine echte Reform. Denn – und das ist das Fazit aus der aktuellen Diskussion – mehr als niedrige Preise würden politische Willkür und kurzfristige Korrekturen die Glaubwürdigkeit des Emissionshandels beschädigen. Allem voran ist bei einem langfristigen Projekt wie dem Klimaschutz nämlich eines besonders wichtig: Planungssicherheit. Deswegen gilt es jetzt, Ziele für die Zeit zwischen 2020 und 2030 festzulegen.

Jan Willmroth, „Emissionshandel: Was beim Klimaschutz in Europa wirklich schiefläuft", http://green.wiwo.de, 09.03.2013 [28.10.2013]

Info

Backloading: Zeitweilige Verknappung der Zertifikate, um höhere Preise zu erzielen.

Aufgaben

1 *Erläutern Sie die Gründe für den Preisverfall auf dem Emissionsmarkt.*

2 *Der niedrige Preis im Emissionshandel wird unterschiedlich bewertet. Beurteilen Sie die Ansätze vor allem unter dem Aspekt der Erreichung der Klimaschutzziele.*

3 *Erörtern Sie den Vorschlag einer zentralen Regulierung der Zertifikate. Gehen Sie dabei besonders auf die Auswirkungen für Unternehmen ein.*

Nationale Klimapolitik – Beispiel Energiewende in Deutschland

M 8 Die Energiewende als Herausforderung

Nach dem Reaktorunglück von Fukushima im März 2011 hat die Bundesregierung den Atomausstieg beschlossen. Ende 2022 geht der letzte Meiler vom Netz. Gleichzeitig hat sich die Regierung ein ehrgeiziges Klimaschutzziel gesetzt: Bis 2020 sollen die Treibhausgasemissionen um 40 Prozent gegenüber 1990 reduziert werden. Dazu muss der Anteil fossiler Brennstoffe am deutschen Energiemix zugunsten regenerativer Energien erheblich gesenkt werden. Wichtigstes Instrument hierfür ist das Erneuerbare-Energien-Gesetz (EEG). Das EEG hat den Ausbau von Windkraft und Fotovoltaik vorangebracht, doch gleichzeitig treibt es den Strompreis in die Höhe.

Auch an anderer Stelle erzwingt die Energiewende riesige Investitionen: Das Hochspannungsnetz muss für 20 Milliarden Euro ausgebaut werden, um den Strom vom windreichen Norden in die industriellen Ballungsgebiete im Süden Deutschlands zu transportieren. Es müssen neue Technologien entwickelt werden, um den Strom aus erneuerbaren Energiequellen zu speichern und dann wieder abzugeben, wenn gerade kein Wind weht und keine Sonne scheint. Außerdem muss Energie effizienter und sparsamer eingesetzt werden.

Dazu müssen weitere Milliarden in Wärmedämmung und die Entwicklung sparsamer Autos investiert werden.

Bundeszentrale für politische Bildung (Hg.), Dossier Energiepolitik: Energiewende, www.bpb.de [28.10.2013]

Aufgaben

1 *Erläutern Sie, welche Aufgaben und Anforderungen sich aus der Energiewende für die Politik, die Wirtschaft und die Bürger ergeben.*

2 *Nach dem Reaktorunglück in Fukushima war in der Bevölkerung die Akzeptanz der Energiewende sehr hoch. Recherchieren Sie dazu aktuelle Umfrageergebnisse und bewerten Sie diese.*

M 9 Das Erneuerbare-Energien-Gesetz: Motor der Energiewende?

Betreiber von Anlagen, die Strom aus Wind, Wasser, Sonne, Geothermie oder Biomasse produzieren, dürfen ihn in das Stromnetz einspeisen. Die Regierung verpflichtet die Netzbetreiber, diesen Strom abzukaufen – zu einem auf 20 Jahre staatlich garantierten Preis. Wer im Jahr 2013 zum Beispiel eine Photovoltaikanlage baut, bekommt die nächsten 20 Jahre zwischen neun und 17 Cent pro eingespeiste Kilowattstunde – je nach Größe der Anlage und Zeitpunkt der Inbetriebnahme.

Der Netzbetreiber verkauft den Strom weiter an der Strombörse. Meistens erhält er aber nicht den

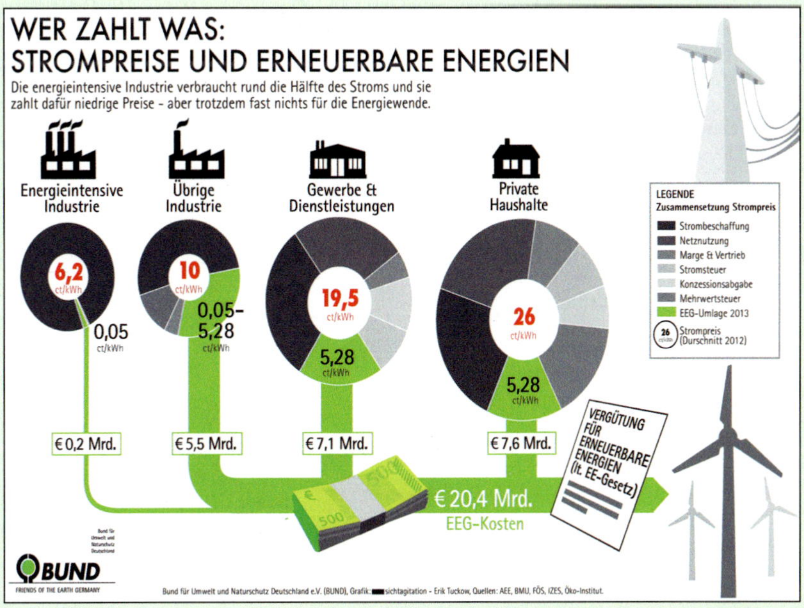

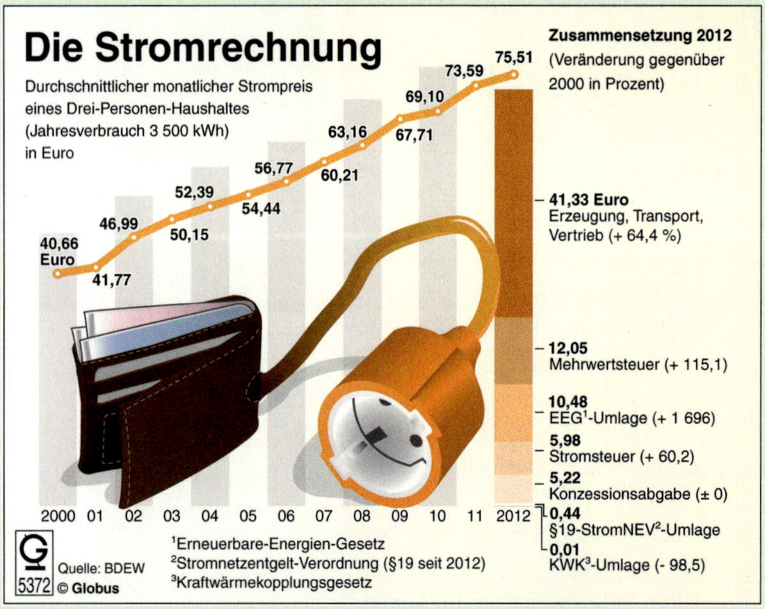

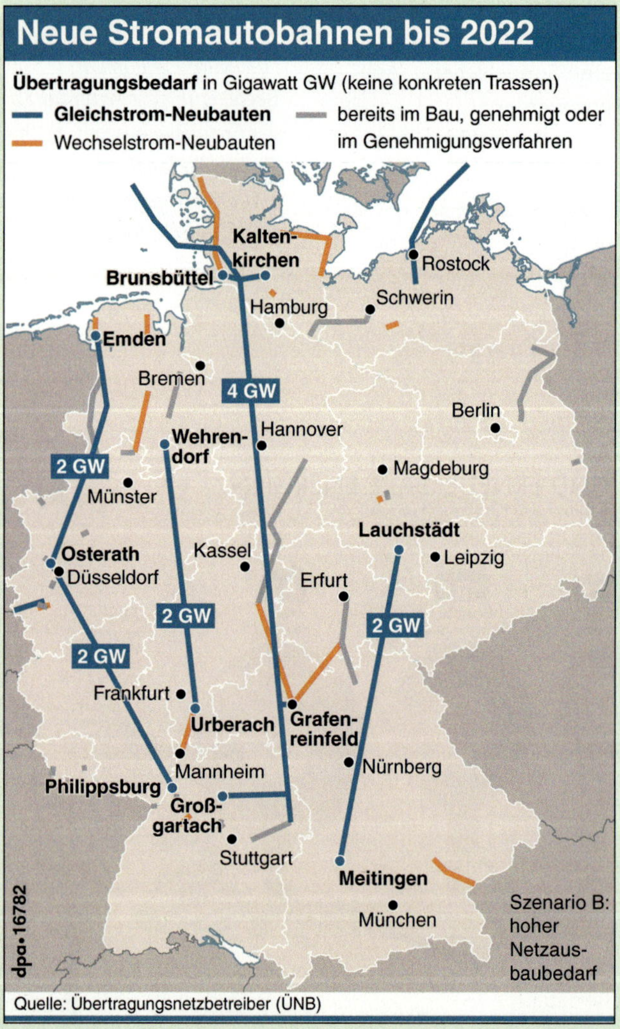

Preis, den er an den Anlagenbetreiber gezahlt hat. Die Differenz bekommt er aus dem EEG-Topf. Und dieser speist sich aus der EEG-Umlage, die jeder Verbraucher über den Strompreis mitbezahlt. [...]

Warum die Umlage immer weiter steigt

Je mehr Anlagen für erneuerbare Energien in Betrieb gehen, desto höher steigen EEG-Umlage und die Kosten für die Verbraucher. Das hat zwei Gründe: Zum einen treibt die schiere Zahl der Anlagen die Menge des produzierten erneuerbaren Stroms nach oben. Die Netzbetreiber zahlen immer mehr Einspeisevergütungen an immer mehr Betreiber.

Zum anderen vergrößern die erneuerbaren Energien das Stromangebot an der Börse und senken – gemeinsam mit anderen Effekten – dort den Strompreis. Die Differenz zwischen Strompreis und der festen Vergütung, den die Anlagenbetreiber erhalten, steigt. Die Verbraucher gleichen die Differenz durch die EEG-Umlage wieder aus. Das führt zu einer paradoxen Situation: Je stärker die erneuerbaren Energien den Strompreis senken, desto höher steigt die EEG-Umlage.

Ein weiterer Faktor: Unternehmen mit hohem Stromverbrauch müssen keine EEG-Umlage zahlen. Wenn sie mindestens 7000 Betriebsstunden pro Jahr und mehr als eine Gigawattstunde Strom verbrauchen, können sie sich befreien lassen. Die Befreiung soll sie im internationalen Wettbewerb stärken. Kritiker bemängeln, dass auch Golfplatzbetreiber, Mastunternehmen und ähnliche Firmen befreit werden. Das treibt die Kosten für die Verbraucher.

Wer von der EEG-Umlage profitiert

Die EEG-Umlage erzeugte Sicherheit für Investoren, beschleunigte die Forschung und ließ Anlagen im ganzen Land sprießen. Inzwischen leuchtet jede vierte Glühbirne in Deutschland mit Ökostrom. Ob als Maßnahme gegen den Klimawandel, Unabhängigkeit von endlichem Strom aus dem Ausland oder erfolgreicher Wirtschaftszweig – die Energiewende macht uns alle zu Profiteuren. [...]

Wie die Kosten sinken sollen

Weitere Pläne befinden sich in der Diskussion. Eine Strompreisbremse, wie von vielen Seiten gefordert, könnte darauf abzielen, die Vergütungen an das Auf und Ab der Börsenpreise zu koppeln – das könnte die Kosten für die EEG-Umlage senken. Eine Belebung des CO_2-Handels soll die Börsenpreise stabil halten. Außerdem könnten Ausnahmeregelungen für Unternehmen fallen – mehr Gerechtigkeit durch ausgeglichene Lasten. Wann, ob und in welcher Form sich die Pläne in konkrete Politik übersetzen, ist noch nicht abzusehen.

Energie-Tipp (Hg.), „Was steckt hinter der EEG-Umlage?", www.energie-tipp.de, 04/2013 [28.10.2013]

Thomas Plaßmann

Aufgaben

1 *Begründen Sie, warum der Strompreis mit steigendem Anteil erneuerbarer Energien steigt.*

2 *Beurteilen Sie die Finanzierung der Energiewende durch das EEG aus Sicht deutscher Unternehmen, ausländischer Unternehmen sowie der deutschen Verbraucher.*

3 *Interpretieren Sie die Karikatur und beurteilen Sie die aus Ihrer Aussage resultierenden Folgen für den Ausbau der Stromnetze.*

M 10 Die Energiewende – mehr als nur Ökostrom

Ganz im Gegensatz zu ihrer Bedeutung für den Klimaschutz und die finanzielle Belastung der Verbraucher nehmen die Bereiche Wärmeversorgung und Verkehr in der energiepolitischen Diskussion eine weit weniger prominente Stellung ein als die Stromversorgung. Besonders bei der Beheizung von Gebäuden gibt es noch große Energiesparpotenziale, die für eine erfolgreiche Energiewende umgesetzt werden könnten. Politische Eingriffe in den Gebäudesektor wirken sich allerdings noch direkter auf den Alltag der Bürgerinnen und Bürger aus als solche in die Stromversorgung. Vermieter nutzen den Einbau von Dämmsystemen oder neuer Heiztechnik häufig für anschließende Mietsteigerungen. Bei unsachgemäßer Planung oder fehlerhaftem Einbau können teilweise gesundheitsbedrohliche Schäden (Schimmelbildung, höhere Brandgefahr) an Gebäuden entstehen. Die Nutzung von Biomasse als Brenn- oder Treibstoff ist umstritten, weil sie vor allem in Entwicklungsländern ökologischen Raub-

Harm Bengen/toonpool.com

bau fördern kann und in Konkurrenz zur Nutzung von Pflanzen als Lebensmitteln steht.
Eine Energiewende im Verkehrssektor setzt nicht nur neue technologische Entwicklungen wie sparsamere Motoren, preiswertere Elektrofahrzeuge oder den Aufbau eines Tanknetzes für Wasserstoffautos voraus. Bürgerinnen und Bürger müssten auch bereit sein, alternative Mobilitätskonzepte wie Carsharing oder den Bus- und Bahnverkehr stärker zu nutzen. Der Güterverkehr fließt immer noch zu drei Vierteln über Straßen. Mit Eingriffen in den Verkehrssektor ist die Politik jedoch zudem wegen der Spezialisierung der deutschen Automobilindustrie auf schwere und hoch motorisierte Fahrzeugklassen zurückhaltend.
Ein weiterer Hemmschuh für die Energiewende ist die mangelhafte Einbindung der nationalen Energiepolitik in den europäischen Rahmen. Die Förderung verschiedener Energieträger und die Entscheidung für oder gegen bestimmte Technologien liegen zwar immer noch in der Verantwortung der Mitgliedstaaten. Die EU-Mitglieder haben sich jedoch im Maastricht-Vertrag 1993 dazu verpflichtet, einen länderübergreifenden Binnenmarkt zu schaffen, der auch die Handelsgüter Strom und Gas einschließt. Zudem koordinieren sie seit 2005 über den Emissionszertifikatehandel ihre Verpflichtungen aus der internationalen Klimaschutzpolitik und haben sich das Ziel gesetzt, den Treibhausgasausstoß bis zum Jahr 2020 um 20 Prozent zu reduzieren. An diesen Rahmenbedingungen richten Unternehmen ihre Investitionsentscheidungen aus, weil Anlagen in der Energiewirtschaft mehrere Jahrzehnte genutzt werden. Ohne einen funktionierenden Emissionshandel werden Unternehmen weniger in effiziente Technologien oder erneuerbare Energien investieren.

Manuel Berkel, „Energiepolitik", in: Informationen zur politischen Bildung, Heft 319, 3/2013, S. 70f.

Aufgaben

1 *Erläutern Sie die in M 10 genannten weiteren Möglichkeiten für eine erfolgreiche Energiewende.*

2 *Erklären Sie, warum diese bisher weniger erfolgreich umgesetzt wurden.*

3 *Entwerfen Sie für einen selbst gewählten Bereich ein Beispiel, wie die Politik auf verschiedenen Ebenen den Umstieg fördern könnte.*

M 11 Vision „Leben 2050"

Gerade noch rechtzeitig hat die Weltgesellschaft, hat die Staatengemeinschaft die Kurve gekriegt: Die Klimaerwärmung konnte auf zwei Grad begrenzt werden. Die EU war die Vorreiterin der Klimaschutzpolitik. Die USA zogen nach, weil Europas Politik erfolgreich war und Hurrikane, Dürren und andere Wetterextreme zu einer Massenbewegung pro Klimaschutz geführt haben. Die Entwicklungsländer und Schwellenländer sahen, dass die Industrieländer ernsthaft dem Stopp des Klimawandels Priorität in ihrer Politik gaben, dass sie ihre Verantwortung als Verursacher des Klimawandels anerkannten und Maßnahmen zur Anpassung an das sich verändernde Klima in den Ländern des Südens finanzierten. Daraufhin setzten sich diese Länder eigene Klimaziele, um die Wirtschaftsentwicklung mit möglichst geringen Steigerungen im CO_2-Ausstoß zu erreichen.
Seit die Industrieländer sich von dem früher vorherrschenden Ziel des Wirtschaftswachstums – als Wachstum des Bruttoinlandsprodukts – verabschiedet haben, steht das gesellschaftliche Wohlergehen im Zentrum der Politik. Weil keine ständig steigenden staatlichen Mittel mehr zur Verfügung stehen, ist die Initiative des Einzelnen, sind bürgerschaftliche Netze, gemeinschaftliche Unternehmen wie z. B. Genossenschaften wichtiger geworden. Dies hat zu vielfältigen Aktivitäten und Veränderungen geführt, von der Kindheit bis ins Alter. Frauen und Männer teilen sich nach ihren Präferenzen die Erwerbsarbeit und die Aufgaben in der Familie. Die wöchentliche Arbeitszeit beträgt durchschnittlich 20 Stunden, es gibt eine Vielzahl unterschiedlicher Arbeitszeitmodelle. Das gibt die Zeit für eine teilweise Selbstversorgung in der Ernährung; überall gibt es Balkon-, Dach-, Community-Gärten, auch Schrebergärten sind beliebt. Zeit fürs Kochen und für gemeinsames Essen, für eigenes Werken, unterstützt durch „Häuser der Eigenarbeit" in allen Stadtteilen, wo Werkstätten und fachliche Anleitung da sind, das Schreinern, Metallarbeiten, die Fahrradreparatur, das Nähen. Zeit auch dafür, mit anderen Menschen mehr Zeit zu verbringen, bei gemeinsamen Aktivitäten über Sport bis Musik und auch, um sich um andere Menschen zu kümmern. [...]
Die sozialen Unterschiede in der Gesellschaft sind – auch wegen einer entsprechenden Einkommens- und Vermögenssteuer sowie Sozialpolitik – nicht mehr so ausgeprägt wie früher; es herrscht ein entspanntes soziales Klima, weil die Profilierung über materielle Statusgüter nicht mehr so erstrebenswert erscheint. Soziale Beziehungen, Wissen und Können, Kunst und Kultur, Natur und Natur erleben, Gesundheit und Sport sind wichtiger in einer Postwachstumsgesellschaft.
Das Ziel, den Klimawandel und den Verlust der Artenvielfalt zu stoppen, war der Hauptreiber der Veränderung. Hinzu kamen der Tierschutz und eine zunehmende Wertschätzung der vielfältigen Landschaft und Naturschönheit. 2050 wird auf der gesamten Fläche nach den Grundsätzen der biologischen Landwirtschaft und der naturverträglichen Forstwirtschaft produziert. Der Flächenverbrauch durch den Bau von Wohnungen, Gewerbeansiedlungen und Straßen ist längst gestoppt. Die Straßenbauverwaltungen haben vorwiegend die Aufgabe, Straßen zu erhalten, und setzen das Straßenrückbauprogramm um, bei dem Straßen verschmälert oder zu Rad- und Feldwegen umgewandelt werden – oder auch zu Wiese und Wald werden können. [...] Die Natur ist sichtbarer, eigenständiger, vielfältiger geworden. Die Menschen schätzen und schützen sie.

Angelika Zahrnt, „Vision Leben 2050", in: Rat für Nachhaltige Entwicklung (Hg.), Visionen 2050, texte Nr. 35, 01/2011, S. 174 f.

Aufgaben

1 *Vision 2050: die Zukunft, in der Sie leben möchten? Ermitteln Sie ein Meinungsbild in Ihrem Kurs.*

2 *M 11 beschreibt ein Best-Case-Szenario. Gestalten Sie mithilfe der Szenario-Technik ein Worst-Case-Szenario und entwerfen Sie ein Trend-Szenario.*

3 *Leiten Sie daraus eine Strategie für Deutschland ab und diskutieren Sie diese in Ihrem Kurs.*

Globalisierung und Umwelt

Umweltbelastungen durch Globalisierung

Die mit der Globalisierung einhergehende weltwirtschaftliche Verflechtung und die Zunahme des Personen- und Güterverkehrs führen zu lokalen, regionalen und globalen Umweltbelastungen in bisher nicht gekanntem Ausmaß. Das Konzept des ökologischen Fußabdrucks verdeutlicht anschaulich, dass der weltweite Ressourcenverbrauch die Regenerationsfähigkeit der Natur bei Weitem übersteigt. In der umweltpolitischen Diskussion ist daher seit dem Erdgipfel von Rio (1992) Nachhaltigkeit zum wichtigsten Leitbild der wirtschaftlichen, gesellschaftlichen und ökologischen Entwicklung geworden.

Green Economy

Eine Schüsselrolle soll dabei die Transformation der Wirtschaft zur Green Economy spielen. Dieses Ziel soll unter anderem mithilfe von drei Strategien erreicht werden: Suffizienz fordert den freiwilligen Verzicht auf überflüssigen Konsum sowie die Abkehr von materialistischen Wertvorstellungen. Die Effizienz-Strategie setzt vor allem bei der Steigerung der Energie- und Ressourceneffizienz an, die insgesamt zu einem geringeren Ressourcenverbrauch führen soll, während die Konsistenz-Strategie auf die Entwicklung neuer ressourcenschonender und CO_2-armer Schlüsseltechnologien setzt.

Begrenzung des Klimawandels

Diese Strategien sind auch gefragt, wenn es um die Begrenzung des Klimawandels und die Bewältigung seiner Folgen geht. Es gilt inzwischen als erwiesen, dass der Klimawandel hauptsächlich durch menschliche Einflüsse, insbesondere durch den Anstieg von CO_2 in der Atmosphäre, verursacht wird. Wissenschaftler halten einen Anstieg der jährlichen Durchschnittstemperatur um zwei Grad bis 2100 als gerade noch beherrschbar.

Klimapolitik der EU

Alle Politikebenen sind gefordert, will man dieses Ziel erreichen – denn das Zeitfenster, um den Klimawandel zu bremsen, wird immer enger. Folgen des Klimawandels sind in vielen Staaten bereits spürbar. Wichtigstes klimapolitisches Instrument der EU ist der Emissionshandel. Dabei wird der Ausstoß klimaschädlicher Treibhausgase mit einer Abgabe belegt. Unternehmen erkaufen sich mit Zertifikaten das Recht, CO_2-Gase zu emittieren.

Energiewende in Deutschland

Auf nationaler Ebene will Deutschland mit der Energiewende eine Vorreiter-Rolle in der Klimapolitik wahrnehmen. Durch den Ausbau regenerativer Energien will man die Emission von Treibhausgasen bis 2020 um 40 Prozent gegenüber 1990 reduzieren.

UN-Klimapolitik

Die globalen finanziellen, organisatorischen und politischen Herausforderungen der Erderwärmung zu bewältigen, ist eine Aufgabe für die UNO. Im Kyoto-Abkommen von 1997 verpflichteten sich erstmals Industriestaaten, ihre Treibhausemissionen um 5,2 % zu reduzieren. Obwohl dieses Ziel sogar übertroffen wurde, ist seither die Klimapolitik der UNO von Rückschlägen gekennzeichnet. Wichtige Industriestaaten traten aus dem Kyoto-Abkommen aus bzw. beteiligten sich erst gar nicht daran. Weitere effektive Fortschritte werden auch durch die Interessengegensätze zwischen Entwicklungs- und Industrieländer blockiert. Entwicklungsländer fordern von den Industrieländern, dass diese als Verursacher des Klimawandels die Hauptlasten zu tragen haben. Aufseiten der Industrieländer ist die Bereitschaft dazu geringer geworden – zumal sie noch immer an den Folgen der Wirtschaftskrise von 2008/09 tragen. Die Schwellenländer pochen dagegen weiterhin auf ihr Recht auf Entwicklung. Wie eine gerechte und von allen Seiten akzeptierte Verteilung der Lasten aussehen könnte, ist noch offen.

Aufgabe 1

Zur Wiederholung und Zusammenfassung Ihrer Arbeitsergebnisse aus diesem Kapitel schlagen wir Ihnen vor, eine Concept-Map zu erstellen. Sie eignet sich besonders, um Zusammenhänge in komplexen Systemen zu visualisieren. Deshalb wird sie auch gerne in der Hochschulausbildung eingesetzt.

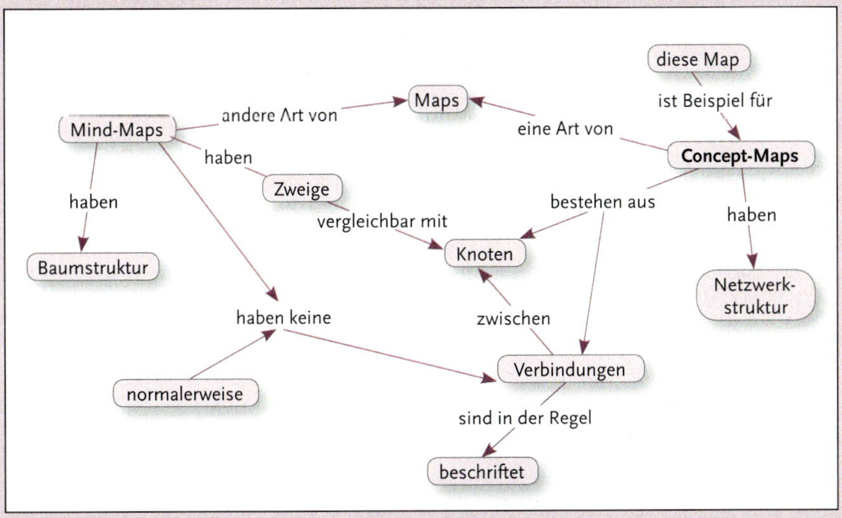

- Wählen Sie aus dem Kapitel einen Aspekt der Globalisierung, den Sie darstellen wollen, zum Beispiel Triebfedern, internationale Arbeitsteilung, Finanzmärkte, Entwicklungsländer, Bewältigung des Klimawandels etc.
- Ermitteln Sie dann auf der Grundlage des Buchs und Ihrer Arbeitsergebnisse geeignete Stichwörter für die Beschriftung der Knoten.
- Platzieren Sie die Stichwörter auf einem großen Bogen Papier, indem Sie inhaltlich zusammenhängende Begriffe räumlich beieinander positionieren. Stellen Sie mit Pfeilen dar, wie Stichwörter mit anderen Stichwörtern zusammenhängen. Die Qualität einer Concept-Map hängt von der aussagekräftigen Beschriftung der Pfeile ab.

Aufgabe 2

Beurteilen Sie die Aussage der Karikatur sowie die Zukunftschancen internationaler Klimapolitik vor dem Hintergrund der jüngsten internationalen Klimakonferenzen.

Horst Haitzinger

3. Europa – Gegenwart und Zukunft

Europäische Integration

Als Bürger Deutschlands sind Sie zugleich auch Bürger der EU, eines politischen Gebildes, das sich in ständiger Wandlung befindet. Jörg Franks Gemälde von Europa als „work in progress“ zielt auf diesen Aspekt ab. Der europäische Integrationsprozess und das politische Gebilde EU sind nicht abgeschlossen, befinden sich in ständiger Veränderung und Weiterentwicklung, an der Sie teilhaben und die Sie mitbestimmen können. Dazu ist es nötig, sich die grundsätzliche Frage zu beantworten: Welches Europa wollen wir? Wie groß soll Europa sein, welche Kompetenzen soll die EU haben, wie weit soll Einheitlichkeit hergestellt und Vielfalt behalten werden?
Verdeutlichen wir uns hierzu also die Einzigartigkeit des politischen Gebildes EU, die wesentlichen Etappen ihres Integrationsprozesses bis zum heutigen Stand und führen wir uns vor Augen, wie sehr uns Europa in unserem täglichen Leben in allen Bereichen ganz konkret tangiert.

Politische Organisation der EU

„Who do I call, if I want to talk to Europe?“, soll Henry Kissinger einst etwas sarkastisch gefragt haben, um die europäische Uneinigkeit und Uneinheitlichkeit zu verdeutlichen. Im Zuge des Vertrags von Lissabon bekam Europa mit Schaffung des Postens eines „Außenministers“ erstmals ein „Gesicht“, einen Ansprechpartner. Aber auch sonst ist die Organisationsstruktur der EU verändert worden. Mehr Effizienz, Transparenz und Demokratie sind die Ziele dieser Weiterentwicklung. Schauen wir uns also diese politische Architektur Europas an, gleichen sie mit den gesteckten Zielen ab und diskutieren möglicherweise notwendige Schritte einer künftigen organisatorischen Weiterentwicklung.

Europäische Außen- und Sicherheitspolitik

Auch im Bereich der gemeinsamen Außen- und Sicherheitspolitik stellen sich zukunftsweisende Fragen. Welche Ziele, Aufgaben und Handlungsmöglichkeiten hat die EU in diesen Bereichen? Und vor allem: Soll die EU außen-, sicherheits- und verteidigungspolitisch in Zukunft stärkeres Gewicht bekommen und ein ernst zu nehmender globaler Akteur werden oder weiterhin als wirtschaftlicher Riese und politischer Zwerg gelten?

Perspektiven der EU

Erweiterung und/oder Vertiefung der EU stehen als Zukunftsperspektiven im Raum. Schließen sich beide Optionen aus oder sind sie komplementär? Die Geschichte der europäischen Integration von ursprünglich 6 auf heute 28 Mitgliedstaaten mit über 500 Mio. Einwohnern zeigt, dass Erweiterungen immer einhergingen mit strukturellen Veränderungen, i. d. R. Vertiefungen. Auch in diesem Themenkomplex gilt es schließlich, die Leitfrage im Auge zu haben: „Welches Europa wollen wir?“ Verschiedene Vertiefungskonzepte werden vorgestellt und Chancen wie Probleme einer zusätzlichen Erweiterung der EU aufgezeigt. Letztlich steht hinter diesem Themenkomplex die grundsätzliche Frage, ob es gar vorstellbar und erwünscht ist, die EU nach amerikanischem Vorbild in Richtung *Vereinigter Staaten von Europa* weiterzuentwickeln.

Kompetenzen:

Im folgenden Kapitel lernen Sie das politisch einzigartige Gebilde Europäische Union kennen.

Sie können den vielfältigen Einfluss der EU auf das Leben ihrer Bürger darstellen und beurteilen, welche Chancen sich hieraus für Ihre persönliche Zukunft bieten.

Motive und Ziele sowie wesentliche Stationen des europäischen Einigungsprozesses können Sie erklären und sich zu dem aktuellen Stand ein Urteil bilden.

Sie erläutern die politische Architektur der EU und können Aufgaben der einzelnen Organe sowie ihr Zusammenwirken aufzeigen. Hierbei lernen Sie zudem, die Kompetenzverteilung zwischen den verschiedenen Ebenen (Europa, Nationalstaaten, Regionen) zu beschreiben und zu erörtern.

Außerdem können Sie grundlegende Aspekte der europäischen Außen- und Sicherheitspolitik darstellen und die Chancen und Probleme in diesen Politikfeldern beurteilen.

Indem Sie sich kritisch mit den Zukunftsperspektiven Erweiterung und Vertiefung der Union auseinandersetzen, können Sie einschätzen, welche Rolle eine gemeinsame europäische Identität hierbei spielt.

3.1 Europäische Integration

Die Erfahrungen des Zweiten Weltkrieges, der Europa in Schutt und Asche legte, ließen ein Friedensprojekt entstehen, das wohl einmalig ist. Aus Feinden wurden im Laufe der letzten Jahrzehnte Freunde und Partner. Im folgenden Kapitel soll dieser Weg der europäischen Integration bis zum heutigen Stand kurz nachgezeichnet und ein Blick in die Zukunft gewagt werden. Darüber hinaus wird exemplarisch gezeigt, was es konkret heißt, dass wir alle Bürger des heutigen politischen Gebildes EU sind, und was denn diese EU überhaupt ist.

Die EU – Was ist das eigentlich?

M 1 Hymne, Geld, Feiertag, Flagge, Gesetze ... trotzdem kein Staat?!

a) Die Flagge der Union stellt einen Kreis von zwölf goldenen Sternen auf blauem Hintergrund dar. Er steht für Einheit, Solidarität und Harmonie zwischen den Völkern Europas. Die Zahl der Sterne hat nichts mit der Anzahl der Mitgliedstaaten zu tun. Der Zwölferkreis ist vielmehr Sinnbild der Vollständigkeit. Bei Erweiterungen bleibt die Flagge der Europäischen Union deshalb unverändert.

b) Die Hymne der Union entstammt der „Ode an die Freude“ aus der Neunten Symphonie von Ludwig van Beethoven. Sie verknüpft das Freudenthema („Freude schöner Götterfunken“) mit dem Solidaritätsgedanken: „Alle Menschen werden Brüder“. Sie stellt somit einen Aufruf an die Menschen dar, Grenzen zu überwinden und sich zusammenzuschließen. Seit 1986 gilt sie offiziell als Hymne für die Europäische Union.

c) Die gemeinsame Währung der EU ist seit 2002 der Euro. Die Tore, Fenster und Brücken als Symbole der Banknoten vermitteln den Aufbruch in das neue vereinigte Europa.

d) Die Devise der Union lautet: In Vielfalt geeint. Die Union baut politisch und wirtschaftlich zwar auf einem gemeinsamen kulturellen Erbe auf, wahrt aber den Reichtum ihrer kulturellen und sprachlichen Vielfalt.

Nach: Klaus Löffler (Hg.), Europa 2005, Europäisches Parlament – Informationsbüro für Deutschland, Berlin 2005

M 2 Die EU – ein politisches System „sui generis“

Staat, Superstaat, Bundesstaat, Staatenbund, Staatenverbund – die Liste der Etiketten, mit denen man die EU versehen hat, ist lang. Kurz ist hingegen die Auswahl an Bezeichnungen, die ihr halbwegs gerecht werden. Leichter als die Antwort auf die Frage, was die EU ist, fällt jedenfalls die Antwort auf die Frage, was sie nicht ist: Sie ist kein Staat und somit auch kein Superstaat oder Bundesstaat. Das letztlich undefinierbare sowie unvergleichbare Gebilde supra- und internationaler Kooperation bewegt sich im Endeffekt in einem Graubereich zwischen zwei Polen: einem Staatenbund und einem Staatenverbund [bzw. Bundesstaat]. Schließlich ist die EU einerseits „ein freiwilliger Zusammenschluss souveräner Staaten“, die aber andererseits ihre Souveränität bzw. ihre Hoheitsrechte zum Teil auf die EU übertragen haben. Dabei wird deutlich, dass politische Herrschaft nicht mehr ein Monopol eines Staates und Staatsgewalt nicht mehr ein Monopol einer nationalen Regierung ist. Die EU übt Staatsgewalt aus (so ist sie in bestimmten Bereichen in der Lage, für die Mitgliedsländer und damit die Unionsbürger verbindliche Entscheidungen zu treffen), ohne selbst ein Staat zu sein. [...]

Die gegenwärtige politische Architektur der EU, nach der Vertreter der nationalen Exekutive [einen] Teil der supranationalen Legislative bilden, reicht bis in die Anfangsjahre der EU und damit bis zur Europäischen Gemeinschaft für Kohle und Stahl (EGKS) zurück. Seither haben sich im Wesentlichen nur zwei Dinge geändert: die Kompetenzen des Europäischen Parlaments und die Mehrheitsentscheide des Rats. Beide wurden im Laufe der Zeit sukzessive ausgedehnt.

Gerd Strohmeier, „Die EU zwischen Legitimität und Effektivität“, in: Aus Politik und Zeitgeschichte (APuZ) 10/2007, S. 24

Aufgaben

1 *Fassen Sie die Kernpunkte des Textes M 2 zusammen.*

2 *Skizzieren Sie Merkmale eines Nationalstaates und begründen Sie, warum die EU kein Staat ist.*

3 *Diskutieren Sie die Tatsache, dass nationale Exekutive supranationale Legislative bildet, vor dem Hintergrund der Forderung nach Gewaltenteilung.*

Info

sui generis (lat.) = eigener Gestalt.
supranational (lat.) = übernational, überstaatlich. Mit diesem Adjektiv werden Organisationen, Zusammenschlüsse oder Vereinbarungen versehen, die durch völkerrechtliche Verträge begründet und deren Entscheidungen und Regelungen für die einzelnen Mitglieder (Staaten, Nationen) übergeordnet und verbindlich sind. So steht etwa das Recht der EU als s. Recht über dem der einzelnen Mitgliedstaaten; bestimmte Entscheidungen s. Institutionen der EU sind für alle EU-Staaten und die gesamte EU-Bevölkerung bindend. Im Gegensatz dazu haben beispielsweise Entscheidungen internationaler Organisationen nur dann bindende Wirkung, wenn sie von den Mitgliedern ausdrücklich anerkannt werden.

Klaus Schubert/Martina Klein, Das Politiklexikon, 4. aktual. Aufl., Dietz, Bonn 2006

Info

Das BVerfG hat für die EU aufgrund ihrer Mischform den Begriff „Staatenverbund“ geprägt.

BVerfGE 89, 155

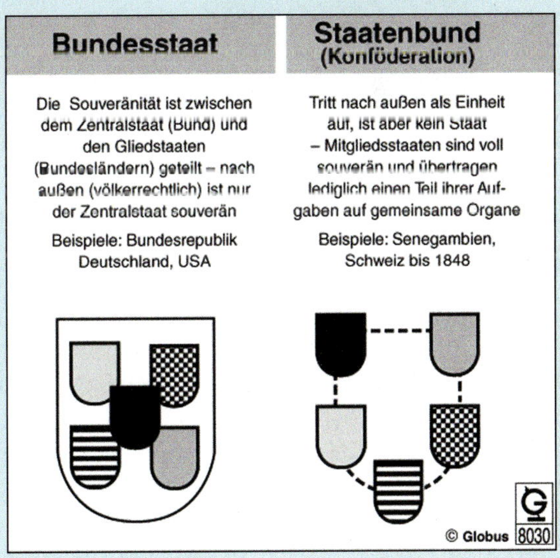

Europa – Was geht mich das an?

M 3 Europa betrifft uns alle ... ganz konkret

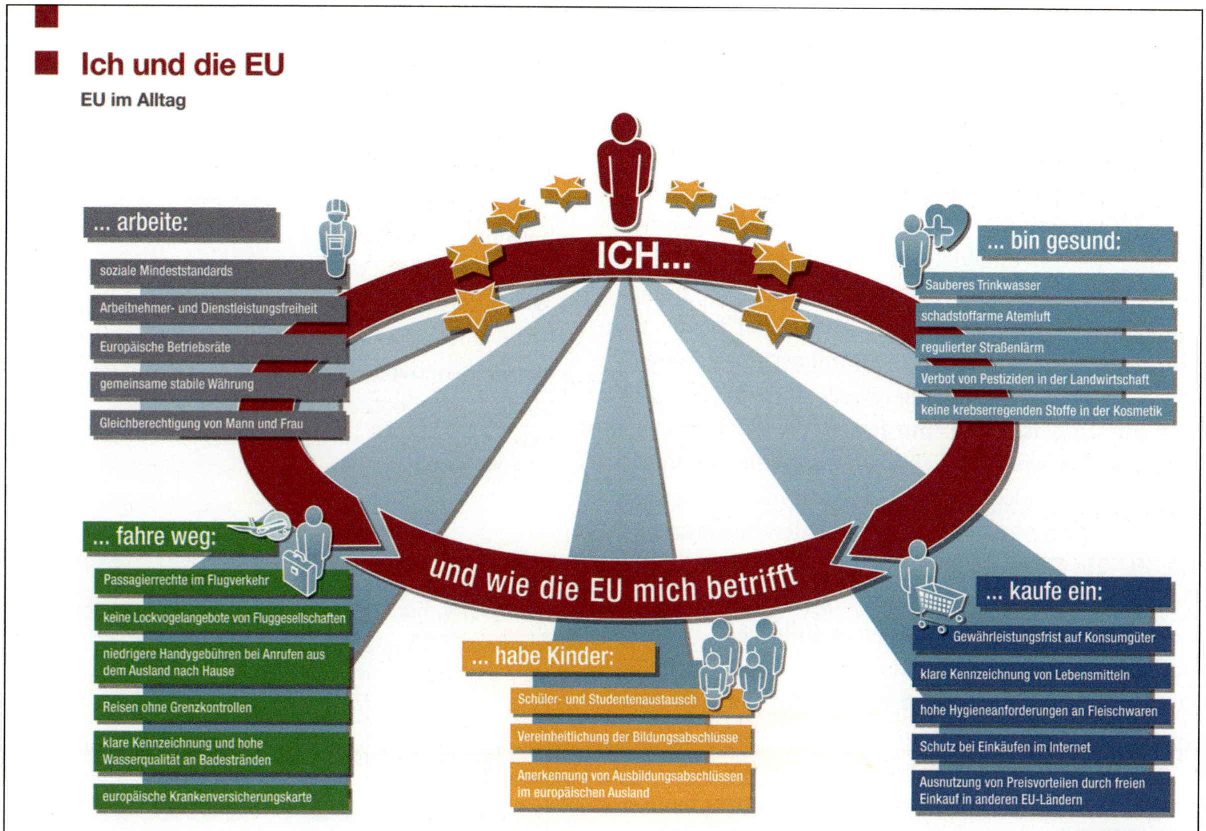

Bundeszentrale für politische Bildung, 2009, www.bpb.de

Aufgaben

1 *Erörtern Sie, wo die aufgeführten Maßnahmen Sie konkret betreffen.*

2 *Zeigen Sie für die einzelnen Punkte, ob eine nationale Lösung möglich oder besser gewesen wäre.*

M 4 Wie steht die Jugend zu Europa?

Nach wie vor verbinden Jugendliche mit Europa vorrangig positive Elemente. Neben der Freizügigkeit, also der Möglichkeit, europaweit reisen, studieren oder auch arbeiten zu können, sowie der damit verbundenen kulturellen Vielfalt wird ein vereintes Europa ebenfalls als Garant für Frieden und für mehr Mitsprachemöglichkeiten in der Welt betrachtet. Kritisiert wird hingegen vor allem die Bürokratie und Geldverschwendung. Im Vergleich zur letzten Shell Jugendstudie ist die damalige „Europa-Euphorie" inzwischen allerdings einer etwas realistischeren Betrachtungsweise gewichen. Die fernere Perspektive, dass sich die europäischen Länder längerfristig zu einem einheitlichen Nationalstaat zusammenschließen sollen, befürworten nur noch 32 % der Jugendlichen, im Vergleich zu 49 % im Jahr 2002. Für einen möglichen Beitritt der Türkei zur Europäischen Union (EU) sprechen sich nur 19 % der Jugendlichen aus. 61 % lehnen dies momentan ab und 20 % haben hierzu keine Meinung. Auf der „In und Out"-Skala hat Europa seine Platzierung bei den Jugendlichen hingegen in etwa halten können. 60 % bezeichnen Europa im Vergleich zu 62 % im Jahr 2002 nach wie vor als „in".

Shell Jugendstudie 2006, www.shell.de [05.11.2009]

M 5 Langweilig …?

© Chappatte in „Le Temps", Geneva – www.globecartoon.com

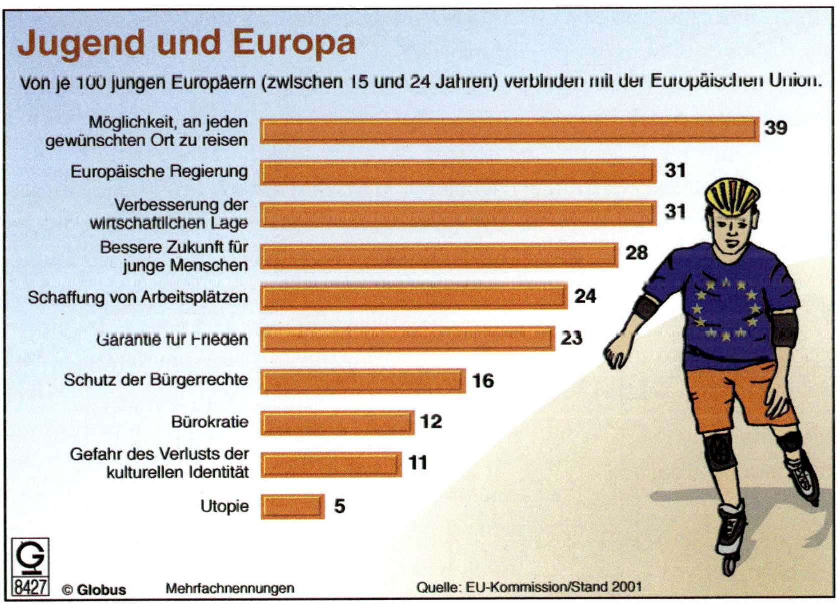

Aufgaben

1 *Stellen Sie dar, was Sie persönlich mit der EU verbinden.*

2 *Erläutern Sie vor dem Hintergrund der positiven Einstellung gegenüber Europa die regelmäßig geringe Beteiligung bei den Wahlen zum Europäischen Parlament.*

3 *Beschreiben und interpretieren Sie die Karikatur M 5.*

M 6 Bologna-Prozess: Einheitliches europäisches Hochschulwesen

Im belgischen Leuven trafen sich am 28. und 29. April 2009 die Bildungsminister von 46 Staaten zur turnusmäßigen Folgekonferenz des Bologna-Prozesses. Die Bemühungen zur Schaffung eines einheitlichen europäischen Hochschulwesens bis 2010 sollten begutachtet und vorangetrieben werden.
Im italienischen Bologna kamen 1999 die Bildungsminister 29 europäischer Staaten zusammen, um eine verständliche und vergleichbare Anerkennung von Studienabschlüssen voranzutreiben. Dem Treffen ging die sogenannte Sorbonne-Erklärung aus dem Jahr 1998 voraus, in der die Bildungsminister Deutschlands, Frankreichs, Italiens und des Vereinigten Königreichs bekundeten, die Hochschulentwicklung gemeinsam fördern zu wollen.
Ein Jahr später wurde dieses Bestreben auf breiter Basis in der sogenannten Bologna-Erklärung verabschiedet. Kernpunkte dieser Erklärung sind die Verständlichkeit und Vergleichbarkeit von Hochschulabschlüssen, die Einführung eines zweistufigen Studiensystems (Bachelor und Master) sowie die Förderung der Mobilität von Hochschulangehörigen.
Auf den Folgekonferenzen, die in zweijährigem Turnus stattfinden, konkretisierten sich die gemeinsamen Bemühungen. Mittlerweile sind an dem Prozess 46 Länder beteiligt, darunter alle EU-Mitglieder, aber auch Staaten wie Aserbaidschan, Russland und der Vatikan. Die Mitgliedschaft am Bologna-Prozess steht allen Ländern offen, die die Europäische Kulturkonvention des Europarats unterzeichnet und sich bereit erklärt haben, in ihrem eigenen Hochschulwesen die Ziele des Bologna-Prozesses umzusetzen. [...]
Das bekannteste Ergebnis des Bologna-Prozesses ist die Umstellung der Studiengänge auf das zweistufige Bachelor- und Master-System. Im Wintersemester 2008/2009 waren bundesweit bereits 76 Prozent der insgesamt 12 300 Studiengänge in Deutschland umgestellt. Der Anteil der Studierenden in Bachelor- und Master-Studiengängen im Wintersemester 2007/2008 lag bei 30 Prozent. In einem umgestellten Studiengang immatrikulierten sich 64,5 Prozent der Studienanfänger.
In Deutschland wird das relativ neue System kontrovers diskutiert. Befürworter betonen insbesondere die starke Praxisorientierung des zweistufigen Systems, die es Studierenden schneller als bisher ermöglichen soll, ins Berufsleben einzusteigen. Die internationale Vergleichbarkeit von Studienabschlüssen (über sog. Credit-Points) soll zudem eine größere Flexibilität auf dem europäischen Arbeitsmarkt fördern.
Angesichts der bisherigen praktischen Umsetzung der Bologna-Beschlüsse gibt es aber auch Bedenken. Von Lehrenden wie auch von Studierenden wird zunehmend der hohe Leistungsdruck kritisiert, der mit der Komprimierung der bisherigen Studieninhalte in das verkürzte Bachelor-Studium einhergeht. Auch werde das Humboldt'sche Bildungsideal der Einheit von Forschung und Lehre zunehmend durch die immer stärkere Verschu-

Der Europäische Bildungsraum

- Schaffen eines Systems einheitlich benannter und vergleichbarer Abschlüsse
- Erhöhen der Mobilität der Studierenden
- Steigern der internationalen Wettbewerbsfähigkeit und Beschäftigungsmöglichkeit
- Sicherstellen der Qualität europäischer Studienangebote durch vergleichbare Kriterien und Methoden
- Schaffen eines zweistufigen Systems von Studienabschlüssen aus Bachelor (undergraduate) und Master (graduate)
- Einführung eines Leistungspunktesystems, bekannt als ECTS (European Credit Transfer System) zur einheitlichen Anrechnung von Studienleistungen
- Erreichen des lebenslangen Lernens durch akademische Fortbildung

lung des Lehrstoffes verdrängt. Zudem werde das Ziel des Bologna-Prozesses, Mobilität von Hochschulangehörigen z. B. durch Auslandssemester zu fördern, erschwert, da viele Inhalte über mehrere Semester aufeinander aufbauen.

[...] Die geplante Umsetzung der Bologna-Erklärung bis 2010 ist nach Meinung der Hochschulrektorenkonferenz nur eine „Durchgangsstation“ auf dem Weg zu „Bologna 2020“.

Bundeszentrale für politische Bildung (Hg.), „Bologna-Prozess: Einheitliches europäisches Hochschulwesen“, www.bpb.de, 28.04.2009 [05.01.2010]

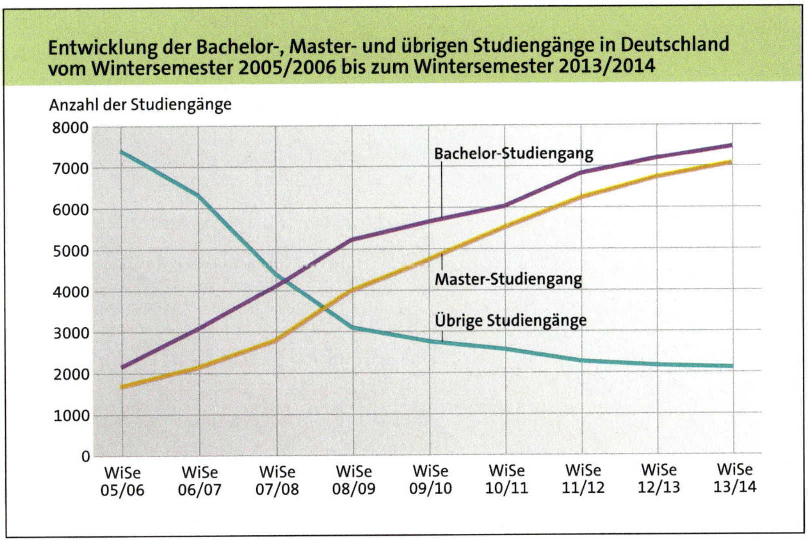

Quelle: Hochschulrektorenkonferenz

M 7 Programm für lebenslanges Lernen: Europäisches Bildungsprogramm für jedermann

Im Januar 2007 startete das EU-Bildungsprogramm für lebenslanges Lernen (PLL) mit dem Ziel, die Mobilität in der Bildung zu fördern und den europäischen Bildungsraum attraktiver zu machen. Bis Ende 2013 fördert das PLL mit fast sieben Milliarden Euro den europäischen Austausch von Lernenden und Lehrenden aller Altersstufen sowie die europäische Zusammenarbeit von Bildungseinrichtungen. Neben den EU-Staaten machen die Türkei, Kroatien, Norwegen, Island, Liechtenstein und die Schweiz mit [Seit dem 1.7.2013 ist Kroatien der 28. EU-Staat.]. Ab 2014 sollen die vier Säulen des PLL (Comenius für die Schulen, Leonardo da Vinci für die berufliche Bildung, Erasmus für die Hochschulen, Grundtvig für die Erwachsenenbildung) sowie die Bereiche Jugend in Aktion und Sport unter dem Dach des neuen EU-Programms Erasmus+ (2014–2020) fortgeführt werden.

GD Bildung und Kultur
Programm für lebenslanges Lernen

COMENIUS

Das Einzelprogramm COMENIUS richtet sich in erster Linie an Schulen sowie – unter bestimmten Bedingungen – an Ausbildungseinrichtungen. Unterstützt werden unter anderem Schulpartnerschaften, Auslandsaufenthalte von Schülerinnen und Schülern, Assistenzzeiten im europäischen Ausland für angehende Lehrkräfte sowie die Fortbildung von Lehrerinnen und Lehrern. Während der Laufzeit des Programms sollen mindestens drei Millionen Schülerinnen und Schüler an gemeinsamen Bildungsaktivitäten teilnehmen.

ERASMUS

Das Einzelprogramm ERASMUS richtet sich an Hochschulen. Unterstützt werden Auslandssemester sowie Auslandspraktika von Studierenden, die Mobilität von Dozent(inn)en, der Informationsaustausch im Rahmen von Netzwerken sowie die Entwicklung europäischer Curricula. Bis 2013 sollen mindestens drei Millionen Studierende die Möglichkeit eines Auslandsstudiums erhalten haben.

LEONARDO DA VINCI

Das EU-Berufsbildungsprogramm LEONARDO DA VINCI unterstützt die europäische Zusammenarbeit von Unternehmen, Kammern, Sozialpartnern, Berufsschulen und Bildungseinrichtungen. Hierzu zählt die Förderung von Auslandsaufenthalten von Auszubildenden bzw. Berufsschülerinnen und Berufsschülern, Arbeitnehmer(inne)n sowie von Ausbildern und Berufsschullehrer(innen). In sogenannten „Partnerschaften" werden europäische Berufsbildungsthemen bearbeitet. Der europäische Transfer von erfolgreichen Konzepten und Innovationen wird in Innovationstransferprojekten gefördert.

GRUNDTVIG

Das Einzelprogramm GRUNDTVIG richtet sich an alle Akteure der Erwachsenenbildung. In „Lernpartnerschaften" werden europäische Themen der Erwachsenenbildung bearbeitet. „Multilaterale Projekte" entwickeln Innovationen für die Erwachsenenbildung. Ein weiterer Förderschwerpunkt ist die Fortbildung von Dozenten der Erwachsenenbildung im europäischen Ausland.
Mit dem Programm sollen die durch die Alterung der Bevölkerung entstehenden Bildungsherausforderungen angegangen werden. Weiterhin dient das Programm der Unterstützung von Erwachsenen, die ihr Wissen und ihre Kompetenzen ausbauen wollen. Besondere Zielgruppen des Programms sind neben älteren Menschen auch Erwachsene ohne Grundqualifikation.

Querschnittsprogramm

Die Einzelprogramme werden durch ein Querschnittsprogramm mit folgenden Schwerpunktaktivitäten ergänzt:

- Politische Zusammenarbeit und Innovation in Bezug auf lebenslanges Lernen;
- Sprachenlernen, sofern das Projekt bildungsbereichsübergreifend angelegt ist;
- Maßnahmen der Informations- und Kommunikationstechnik, sofern das Projekt bildungsbereichsübergreifend angelegt ist;
- Konzepte zur Verbreitung von Projektergebnissen.

Studienbesuchsprogramm

Weiterhin zählt das Studienbesuchsprogramm zu den Aktivitäten des Querschnittsprogramms. Es ermöglicht Multiplikatoren und politischen Entscheidungsträgern aus dem gesamten Bildungsbereich, an thematisch ausgerichteten Studienbesuchen in einem anderen Land teilzunehmen.

Erasmus+: Die neue Programmgeneration 2014–2020

Aufgrund des großen Erfolgs des bisherigen EU-Bildungsprogramms soll der Bildungsaustausch auch in den kommenden Jahren weiter verstärkt werden. Ab 2014 wird daher das EU-Bildungsprogramm Erasmus+ gestartet. Unter dem Dach dieses neuen Programms sollen die derzeitigen Programme Erasmus, Leonardo da Vinci, Comenius und Grundtvig sowie auch Jugend in Aktion und Erasmus Mundus integriert werden. Die Markennamen der bisherigen Programme werden beibehalten, um sicherzustellen, dass eine zielgruppengenaue Förderung gewährleistet werden kann. Somit sollen zum Beispiel Fördermaßnahmen im Hochschulbereich weiterhin unter „Erasmus“ fallen und Fördermaßnahmen im Ausbildungsbereich unter „Leonardo da Vinci“. Außerdem haben sich Europäische Kommission, Europäisches Parlament und der Europäische Rat auf verschiedene programmübergreifende Leitaktionen geeinigt (Lernmobilität, Partnerschaften und Politische Reformen), die Erasmus+ stärker strukturieren sollen.

Das Budget wurde zudem deutlich erhöht: Insgesamt sollen ca. 13,01 Mrd. Euro in Erasmus+ investiert werden. Damit wird ein deutliches Zeichen für Bildung, den Austausch innerhalb Europas und die Förderung von Jugendlichen gesetzt.

Bundesministerium für Bildung und Forschung (Hg.), Programm für Lebenslanges Lernen: Europäisches Bildungsprogramm für Jedermann, www.bmbf.de [11.01.2014]

M 8 Harsche Kritik an Bachelor und Master

[...] Zehn Jahre nach dem Start der europäischen Studienreform in Deutschland sehen die Chefs der Hochschulen schwere Mängel. Im Interview mit der Süddeutschen Zeitung kritisierte der Präsident der Hochschulrektorenkonferenz (HRK), Horst Hippler, dass zentrale Ziele des Bologna-Prozesses nicht erreicht worden seien.

Zum einen mache das neue System es den Studenten nicht leichter, ins Ausland zu gehen. „Dieses Versprechen ist nicht wirklich erfüllt worden“, sagte Hippler. Zum anderen sei der sechssemestrige Bachelor-Abschluss an den Universitäten – anders als an Fachhochschulen – in der Regel zwar „berufsqualifizierend“, reiche doch in vielen Fächern und Branchen nicht aus. [...]

Die Reform verfolgt zwei Ziele: den gemeinsamen europäischen Hochschulraum und den früheren Berufseinstieg. „Man muss sich entscheiden, ob man eine Hochschulausbildung rein berufsbezogen will, wie sie die Fachhochschulen bieten – was dort gut funktioniert. Oder ob man eine andere Art der Ausbildung will wie an den Universitäten“, sagte Hippler. Ein Bachelor in Physik „ist nie im Leben ein Physiker“, so der HRK-Präsident.

Dass die Beschleunigung von Bildung mit Blick auf die Universitäten nicht der richtige Ansatz sei, habe inzwischen auch die Wirtschaft erkannt. „Die Unternehmen brauchen Persönlichkeiten, nicht nur Absolventen. Wir alle arbeiten immer länger, da ist es sinnvoll, am Anfang mehr Zeit zu investieren und eine solche Persönlichkeit auszubilden. Hierzu gehört auch, dass Studenten über den Tellerrand des Fachs hinausschauen können. Der Jugendwahn ist an dieser Stelle vorbei."

Viele Leute sind kaum geeignet für den Arbeitsmarkt

Umfragen und offiziellen Zahlen zufolge ist zwar die Arbeitslosigkeit unter Bachelor-Absolventen äußerst gering; Unternehmen klagen aber regelmäßig über die schlechte fachliche und persönliche Eignung der jungen Leute. Von einer Umkehr des Bologna-Prozesses rät Hippler dennoch entschieden ab, dies würde nichts besser machen.

An den Fachhochschulen gelinge der Berufseinstieg schließlich, Universitäts-Bachelor hätten zumindest ein erstes Zeugnis zur Orientierung. Man sollte das jetzige Konzept vielmehr optimieren. „Vor allem brauchen wir wieder ein Studieren in unterschiedlichen Geschwindigkeiten, abseits der starren Vorschriften der Regelstudienzeit." Auch der einfachere Wechsel ins Ausland, den Bologna eigentlich ermöglichen sollte, ist laut Hippler mit Problemen behaftet. „Dieses Versprechen ist nicht wirklich erfüllt worden. Im Ausland müssen sie sich die Leistungen auch erst mal anerkennen lassen. Das ist oft nach wie vor schwierig." Mehr internationale Mobilität ist ein Kernanliegen der sogenannten Bologna-Reform.

Ein Punktesystem namens ECTS für die neuen Studiengänge Bachelor und Master sollte Leistungen vergleichbar machen und den Wechsel innerhalb des Bologna-Raums vereinfachen. Hippler: „Diese Punkte sind keine echte Währung, denn sie besagen nur, wie stark ein durchschnittlicher Student durch zum Beispiel ein Seminar zeitlich belastet wird. Die Punkte sagen aber nichts darüber aus, was jemand kann. Sie sind ein internes Maß dafür, Studenten nicht zu überfordern."

Jeder fünfte Uni-Bachelor geht laut Statistik aus dem jüngsten Bologna-Bericht der Bundesregierung derzeit für ein Semester ins Ausland – die Bologna-Macher hatten sich mehr erwartet. Studenten beklagen oft Probleme bei der Anerkennung von Leistungen und den straffen Zeitplan von sechs Semestern für ein Bachelor-Studium, der Mobilität unterbinde. [...]

Großen Unmut hatten in jüngster Vergangenheit immer wieder Zugangshürden zum Master erregt. Derzeit hat bereits ein Viertel aller weiterführenden Studiengänge einen Numerus clausus eingeführt. Es gab an einigen Universitäten Fälle, in denen nicht mal gute Bachelor-Noten reichten. Der Andrang aber ist ungebrochen, weniger als ein Fünftel aller deutschen Uni-Bachelor-Studenten nimmt laut einer Studie des Stifterverbands für die Deutsche Wissenschaft mit dem ersten Abschluss vorlieb.

Absolventen von Fachhochschulen zieht es dagegen zügig in den Beruf. Der Ausbau der Master-Plätze an den Universitäten müsse mit den vielen Studienanfängern Schritt halten – zumindest in Fächern wie Chemie oder Physik, so Hippler. „Wenn dort nur die Besten nach dem Bachelor weitermachen dürfen, steigt der Frust; hinausgehen in den Beruf können sie ja kaum. Wir brauchen mehr Geld für Master-Plätze."

Roland Preuß/Johann Osel, „Harsche Kritik an Bachelor und Master", www.sueddeutsche.de, 15.08.2012 [11.01.2014]

Aufgaben

1 *Der Bildungsbereich ist zwar weiterhin im Kompetenzbereich der einzelnen Mitgliedstaaten, allerdings führt der Bologna-Prozess de facto zu einer europäischen Regelung. Arbeiten Sie Vorteile eines einheitlichen europäischen Bildungsprogramms heraus.*

2 *Erörtern Sie, ob die Erreichung der Ziele des Bologna-Prozesses einen geeigneten Schritt in Richtung weiterer Vertiefung des europäischen Einigungsprozesses darstellt und ob ein solcher einheitlicher europäischer Bildungsraum ein Aspekt sein kann, der eine gemeinsame europäische Identität fördert.*

3 *Arbeiten Sie aus M 8 die Kritikpunkte heraus und nehmen Sie begründet Stellung dazu.*

Europäischer Integrationsprozess – historische Entwicklung, aktueller Stand, gegenwärtige Herausforderungen

M 9 Europa – ein „work in progress"

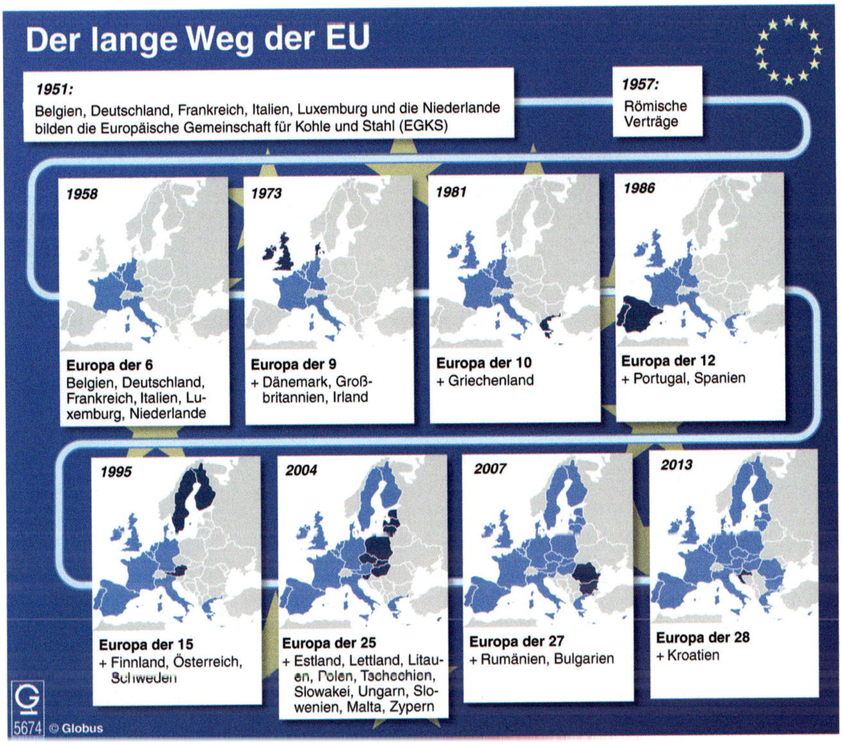

M 10 Der Vertrag von Maastricht – die Geburtsstunde der EU

Am 9. Dezember 1991 trafen die Staats- und Regierungschefs der damals zwölf EG-Staaten im Kongresszentrum der niederländischen Stadt Maastricht zusammen, um letzte Hand an ein Vertragswerk zu legen, das die bis dahin bedeutendste und umfassendste Fortentwicklung des europäischen Einigungsprozesses beinhalten sollte. [...] Zwei Monate später, am 7. Februar 1992, unterzeichneten am selben Ort die Außen- und Finanzminister der Zwölf den sprachlich überarbeiteten Text des „Vertrages über die Europäische Union", kurz Maastricht-Vertrag oder Unionsvertrag genannt, der in Wahrheit aus vier Verträgen besteht. [...] Um den Aufbau der Union bildhaft zu charakterisieren, spricht man von einer Tempelkonstruktion, bestehend aus drei Säulen und einem gemeinsamen Dach. Die Europäische Union als übergreifender Dachverband ruht auf den drei Säulen Europäische Gemeinschaften, Gemeinsame Außen- und Sicherheitspolitik (GASP) sowie Zusammenarbeit in der Innen- und Rechtspolitik. [...] Rechtlich gesehen ist der EU-Vertrag ein sogenannter Mantelvertrag, der die Verträge über die drei bereits bestehenden Europäischen Gemeinschaften sowie neu geschaffene Regelungen für zwei neue Bereiche der europäischen Zusammenarbeit umschließt: zum einen in der [mittleren] Säule den weiterentwickelten EWG-

M 11 Zeittafel

1950: Schuman-Plan als Grundstein für eine Europäische Union. Auf Vorschlag der französischen Regierung wird der rüstungs- und kriegswichtige Bereich der Kohle- und Stahlproduktion einer Hohen Behörde unterstellt. Die Solidarität der Produktion soll aus Feinden Partner machen. Der 9. Mai ist seitdem der „Europatag".

Der französische Außenminister Robert Schuman (1886–1963)

1952: Gründung der Europäischen Gemeinschaft für Kohle und Stahl (EGKS)
zur gemeinsamen Kontrolle über diesen rüstungswichtigen Bereich

1958: Gründung der Europäischen Wirtschaftsgemeinschaft (EWG) und der Europäischen Atomgemeinschaft (EURATOM)
durch die sog. Römischen Verträge

Unterzeichnung der Römischen Verträge 1957

1958: Gründung des Europäischen Gerichtshofs (EuGH)
zur Sicherung und Wahrung des Rechts im gemeinschaftlichen Integrationsprozess

1962: Einführung Gemeinsame Agrarpolitik (GAP)
zur Schaffung eines gemeinsamen Marktes für Agrarerzeugnisse und der finanziellen Solidarität in diesem Bereich (mithilfe der Einrichtung eines Fonds)

Vertrag unter Einschluss der Bestimmungen über die Einführung einer Wirtschafts- und Währungsunion, jetzt EG-Vertrag, sowie die leicht veränderten Verträge über die Montanunion und Euratom, zum anderen in den Säulen eins und drei Bestimmungen über die Zusammenarbeit in den Bereichen Außen- und Sicherheitspolitik bzw. Innen- und Rechtspolitik. Die einzelnen Teile des Vertrages sind durch seinen einheitlichen institutionellen Rahmen, also gemeinsame Institutionen bzw. Organe, sowie durch einen übergreifenden Ziel- und Prinzipienkatalog miteinander verklammert.

Mark Fritzler/Günther Unser, Die Europäische Union, Bonn 1998, S. 27, 28

Europäische Union

Gemeinsame Außen- und Sicherheitspolitik (GASP) Politikbereiche:	Europäische Gemeinschaften (EG, Euratom) Politikbereiche:		Polizeiliche und Justizielle Zusammenarbeit Politikbereiche:
• Außenpolitik: Koordination der nationalen Politiken, Erhaltung des Friedens, Förderung von Demokratie und Menschenrechten durch gemeinsame Strategien, Standpunkte und Aktionen • Sicherheitspolitik: schrittweise Festlegung einer gemeinsamen Verteidigungspolitik, rüstungspolitische Zusammenarbeit, Krisenbewältigung	• Zollunion und Binnenmarkt • Wettbewerbspolitik • Visa-, Asyl- und Einwanderungspolitik • Justizielle Zusammenarbeit in Zivilsachen • Wirtschafts- und Währungsunion • Agrarpolitik • Handelspolitik	• Sozial- und Beschäftigungspolitik • Bildung und Kultur • Gesundheitswesen • Verbraucherschutz • Regionalpolitik, wirtschaftlicher und sozialer Zusammenhalt • Forschung • Umwelt	• Justizielle Zusammenarbeit in Strafsachen (Eurojust) • Polizeiliche Zusammenarbeit (Europol)
Regierungszusammenarbeit (intergouvernemental)	**Gemeinschaftspolitik (supranational)** **Gemeinschaftsverträge: EGV, EuratomV**		**Regierungszusammenarbeit (intergouvernemental)**
Vertrag über die Europäische Union (EUV)			

Grafik nach: Dietmar Herz, Die Europäische Union, München 2002, S. 70

M 12 Die Vollendung des Binnenmarktes

 715 320

Anm.: Zum europäischen Binnenmarkt gehören neben den 28 Mitgliedsländern auch die drei EFTA-Länder Island, Norwegen und Liechtenstein (EFTA = Europäische Freihandelszone).

M 13 Neben offenen Grenzen – Zusammenarbeit in Innen- und Rechtspolitik: Das Schengen-Abkommen

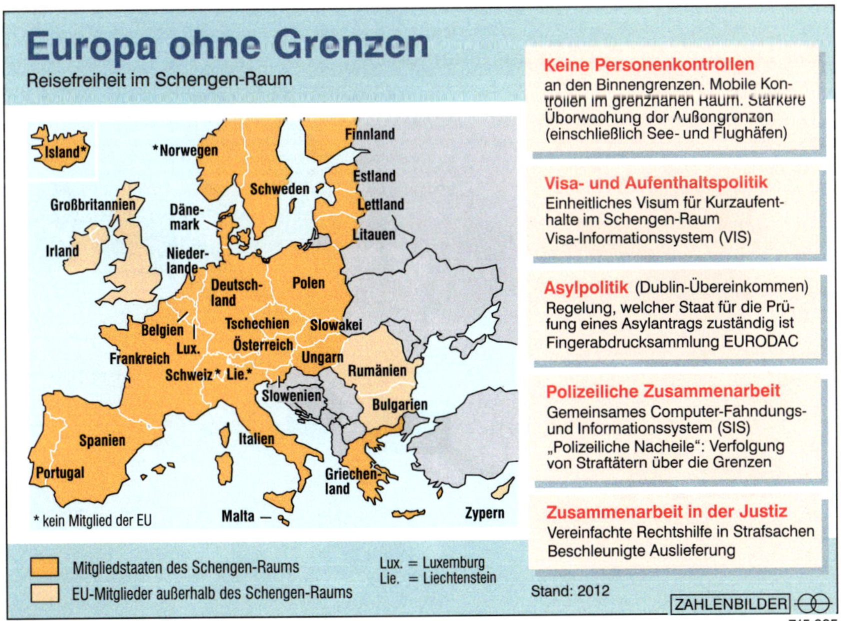

 715 325

Anm.: Für Zypern, Rumänien, Bulgarien und Kroatien gelten Übergangsfristen. Großbritannien und Irland machen bei „Schengen" nicht mit, dafür aber die Nicht-EU-Länder Schweiz, Liechtenstein, Norwegen und Island.

1967: Fusion zur EG
Die Europäischen Gemeinschaften (EGKS, EWG, EURATOM) fusionieren zur Europäischen Gemeinschaft (EG) und verfügen nun über gemeinsame Organe. Der Fusionsvertrag wurde 1965 unterzeichnet.

1973: Norderweiterung

1979: Einrichtung des Europäischen Währungssystems (EWS)
auf der Grundlage einer europäischen Währungseinheit (ECU)

1979: Wahl Europa-Parlament
Die erste Direktwahl des 410 Mitglieder umfassenden Europa-Parlaments findet statt.

1981: Erste Süderweiterung

1986: Zweite Süderweiterung

1987: Einheitliche Europäische Akte (EEA)
als umfassender Änderungsvertrag der Römischen Verträge. Die EEA sieht die schrittweise Vollendung des gemeinsamen Binnenmarktes bis Ende 1992 vor. Außerdem werden die Aufgabenbereiche und die Befugnisse der Gemeinschaft erneuert und die Entscheidungsstrukturen reformiert.

1993: Vertrag von Maastricht
Im Rahmen des Vertrages wird die europäische Wirtschaftsgemeinschaft um eine politische Dimension erweitert. Er schafft die Europäische Union (EU).

1995: Erweiterung
Die Länder Österreich, Schweden und Finnland treten der EU bei.

1995: Schengener Abkommen
Das 1985 unterzeichnete Schengener Abkommen (Schengen = Ort in Luxemburg) tritt zwischen Deutschland, Frankreich, Belgien, Niederlande, Luxemburg, Portugal und Spanien in Kraft. Das Übereinkommen regelt u. a. die Durchführung und die Voraussetzungen, unter denen der freie Personenverkehr gewährleistet wird. Später treten diesem Übereinkommen weitere Länder bei.

1998: Gründung der Europäischen Zentralbank (EZB)
Die EZB (Sitz: Frankfurt a. M.) setzt die stabilitätsorientierte Geldpolitik für das Euro-Währungsgebiet um. Sie bildet gemeinsam mit den nationalen Zentralbanken das „Europäische System der Zentralbanken (ESZB)".

1999: Vertrag von Amsterdam
Mit dem 1997 unterzeichneten Vertrag wurden die Grundlagen der Union nach der Einheitlichen Europäischen Akte und dem Vertrag von Maastricht ein weiteres Mal grundlegend verändert. Der Vertrag von Amsterdam beschäftigt sich insbesondere mit folgenden Schwerpunkten: Beschäftigungspolitik, Vertiefung der GASP, Verbesserung der Zusammenarbeit in Justiz und Inneres, Schaffung der Grundlagen der Erweiterung.

1999: Agenda 2000
Das Reformpaket „Agenda 2000" wird beschlossen; es beschäftigt sich schwerpunktmäßig mit folgenden Bereichen: neue Regionalpolitik, Festlegung des Finanzrahmens bis 2006.

1999: Wirtschafts- und Währungsunion (WWU)
Die Wirtschafts- und Währungsunion tritt in Kraft. Der Euro wird in elf (später mit Griechenland zwölf) EU-Staaten zunächst als Buchgeld eingeführt.

2001: Unterzeichnung Vertrag von Nizza
Der Vertrag von Nizza (in Kraft seit Feb. 2003) umfasst den Entwurf einer europäischen Grundrechtscharta. Die Europäische Union wird in vier Kernbereichen auf die Erweiterung vorbereitet: Größe und Zusammensetzung der Kommission, Stimmengewichtung im Rat, Ausweitung der Abstimmung mit qualifizierter Mehrheit und Verstärkung der Zusammenarbeit.

2002: Euro-Einführung
Seit dem 1. Januar 2002 ist der Euro (außer in Dänemark, Schweden, Großbritannien) als Bargeld in Verwendung.

2003: Der Konvent präsentiert den Verfassungsentwurf
Der Konvent zur Zukunft Europas unter Vorsitz von Valéry Giscard d'Estaing legt im Rahmen der Tagung des Europäischen Rates von Thessaloniki einen „Entwurf für eine Verfassung für Europa" vor. Am 4. Oktober wird in Rom im Rahmen einer Sondertagung des Europäischen Rates die

Aufgaben

1 *Stellen Sie die Motive der europäischen Einigung dar und arbeiten Sie die historische Dimension dieses Prozesses heraus.*

2 *Zeigen Sie anhand von M 11 wesentliche Phasen des Einigungsprozesses auf.*

3 *Stellen Sie in einer Übersicht wirtschaftliche Chancen und soziale Risiken des Binnenmarktes für den Bürger und für die Unternehmen zusammen.*

4 *Erörtern Sie wesentliche Vorteile eines Europas ohne Grenzen gemäß der Aspekte des Schengen-Abkommens (s. M 13).*

M 14 Vertrag von Lissabon – mehr Effizienz, Demokratie und Transparenz

Durch den Vertrag von Lissabon wurde die Europäische Union institutionell reformiert. Das Ziel des Vertrages ist es, die EU demokratischer, transparenter und effizienter zu machen. Der Vertrag ist seit dem 1. Dezember 2009 in Kraft. Schon vor der Erweiterung der Europäischen Union von 12 auf 15 Mitglieder Mitte der 1990er-Jahre war klar, dass die EU sich einer institutionellen Reform unterziehen muss, um auch mit einer größeren Mitgliederzahl handlungsfähig zu bleiben. Da institutionelle Fragen jedoch Machtfragen sind, ist es weder durch den Vertrag von Amsterdam (1999 in Kraft getreten), noch durch den Vertrag von Nizza (seit 2003 gültig) gelungen, das Institutionengefüge der EU zu modernisieren. Ein weiterer Versuch, der Verfassungsvertrag, scheiterte im Jahr 2005 an negativen Referenden in den Niederlanden und in Frankreich. Der Lissabonner Vertrag ist nun der vierte Versuch, diese Aufgabe zu bewältigen. Auch seine Ratifizierung gestaltete sich nicht einfach, vor allem nachdem die Iren in

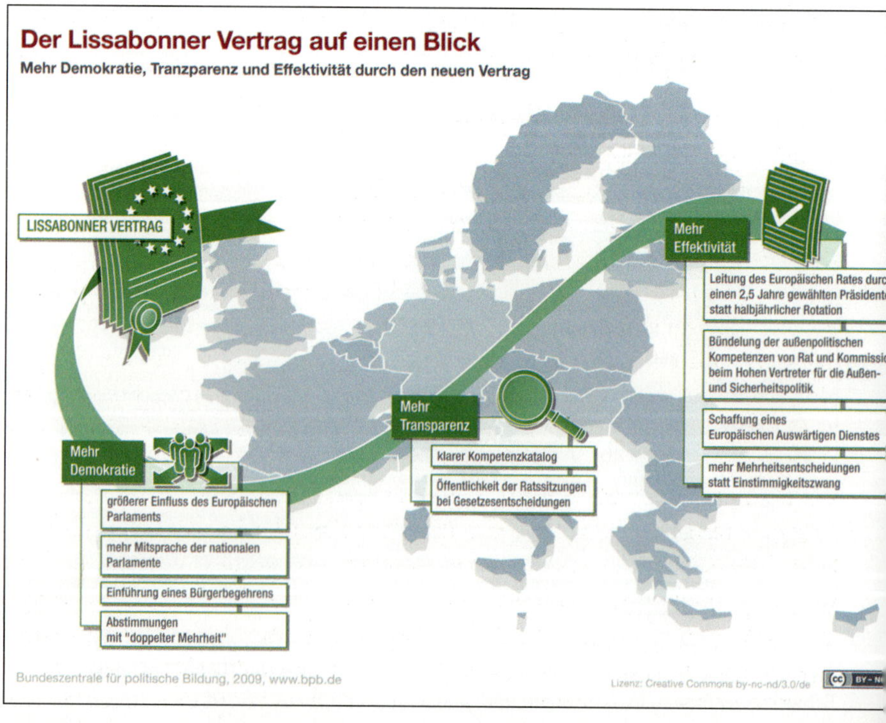

Heiko Sakurai (20.10.2007)

einem ersten Referendum 2008 den Vertrag abgelehnt hatten. 2009 stimmten sie in einer zweiten Volksabstimmung für den Vertrag, sodass der Vertrag in Kraft treten konnte.

In Deutschland war der Lissabonner Vertrag Gegenstand mehrerer Verfassungsklagen, die im Juni 2009 vom Bundesverfassungsgericht entschieden wurden. Das höchste deutsche Gericht hat den Vertrag für verfassungsgemäß erklärt, gleichzeitig aber die Machtverteilung zwischen Bundestag und Bundesregierung kritisiert und mehr Mitsprache für das Parlament gefordert. Dem wurde durch eine Veränderung der Begleitgesetze zur Ratifizierung entsprochen.

Durch den Lissabonner Vertrag vergrößert sich der Einfluss des Europäischen Parlaments, das (außer auf dem Feld der Außenpolitik) zu einem neben dem Rat der Europäischen Union gleichberechtigten Gesetzgeber wird (sog. Mitentscheidung). Auch die nationalen Parlamente erhalten mehr Einfluss. Sie werden früher über Vorschläge der Europäischen Kommission informiert und können diese schon während des Gesetzgebungsverfahrens zurückweisen, wenn sie den Grundsatz der Subsidiarität verletzt sehen.

Entscheidungen im Rat der Europäischen Union werden ab 2014 bzw. nach dem Auslaufen von Übergangsregelungen ab 2017 mit doppelter Mehrheit getroffen. Das bedeutet, dass jede Entscheidung der Zustimmung einer Mehrheit der Staaten (55 Prozent) bedarf, die gleichzeitig eine Mehrheit der Bevölkerung von 65 Prozent repräsentieren müssen.

Erstmals wird ein Europäisches Bürgerbegehren eingeführt, mit dem 1 Mio. Menschen aus verschiedenen Mitgliedstaaten die Europäische Kommission zwingen kann, sich mit einem Thema zu beschäftigen und einen Rechtsakt vorzuschlagen.

Die Kompetenzen zwischen EU und Mitgliedstaaten werden klarer und nachvollziehbarer geteilt. Sitzungen des Rates der Europäischen Union werden öffentlich sein, wenn der Rat gesetzliche Regelungen beschließt.

Die halbjährliche Rotation der Präsidentschaft wird auf der Ebene der Staats- und Regierungschefs („Europäischer Rat") sowie der Außenminister abgeschafft. Der Europäische Rat wählt für 2 ½ Jahre eine Präsidentin oder einen Präsidenten. Den Vorsitz im Außenministerrat führt der Hohe Vertreter für die

Regierungskonferenz zur endgültigen Ausarbeitung einer Europäischen Verfassung eröffnet.

2004: Historische Erweiterung
Am 1. Mai 2004 treten 10 neue Staaten aus Süd-, Mittel- und Osteuropa der Europäischen Union bei. Dies stellt die bisher größte und umfassendste Erweiterungswelle dar und bedeutet die endgültige Überwindung der früheren Teilung Europas durch den Eisernen Vorhang.

2005: Scheitern der Verfassung
In Frankreich und den Niederlanden wird die Verfassung durch Referendum abgelehnt.

2007: Berliner Erklärung
Im März 2007 erneuern die EU-Staats- und Regierungschefs in der „Berliner Erklärung" zum 50-Jahr-Jubiläum der Unterzeichnung der Römischen Verträge ihr Bekenntnis zum Erfolgs- und Friedensprojekt der EU. Sie bekennen sich auch zu verbindlichen Klimaschutzzielen, zur Erweiterung und zum Bemühen um Konsens bei einem künftigen EU-Reformvertrag.

2007: Erweiterung um zusätzliche zwei Staaten
Bulgarien und Rumänien treten bei.

2009: Einigung auf Reformvertrag von Lissabon
Im Oktober 2007 einigen sich die EU-Mitgliedstaaten auf den Reformvertrag von Lissabon, der die Union nach dem gescheiterten Verfassungsvertrag demokratischer, effizienter und transparenter gestalten soll. Er tritt am 1. Dezember 2009 in Kraft.

2012: Friedensnobelpreis
Die EU erhält am 10. Dezember 2012 den Friedensnobelpreis.

2013: Erweiterung um Kroatien
Kroatien wird, nachdem der Beitrittsvertrag bereits im Dezember 2011 unterzeichnet wurde, am 1. Juli 2013 offiziell das 28. Mitgliedsland der EU.

Tipp

Alles rund um den **Vertrag von Lissabon** unter: http://europa.eu/lisbon_treaty/index.de.html

Außen- und Sicherheitspolitik, der zugleich Vizepräsident der Europäischen Kommission ist und über einen eigenen Europäischen Auswärtigen Dienst verfügt.
Die Zahl der Politikbereiche, in denen die Mitglieder des Rates Mehrheitsentscheidungen treffen und nicht einstimmig entscheiden, wird ausgeweitet.

Bundeszentrale für politische Bildung (Hg.), „Der Lissabonner Vertrag auf einen Blick", www.bpb.de, 24.09.2009 [11.01.2014]

Aufgaben

1 *Recherchieren Sie Kritikpunkte an dem Verfassungsentwurf, die letztlich zu seinem Scheitern führten, und nehmen Sie Stellung dazu.*

2 *Beschreiben und interpretieren Sie die Karikatur in M 14.*

3 *Stellen Sie dar, welche Änderungen der Vertrag von Lissabon mit sich bringt.*

4 *Der Vertrag von Lissabon soll mehr Effizienz, Demokratie und Transparenz schaffen. Arbeiten Sie an den Vertragsinhalten (M 14) heraus, wie diese Ziele umgesetzt werden sollen.*

5 *Erläutern Sie, wo durch den Vertrag von Lissabon Fortschritte bei der Entbürokratisierung und Dezentralisierung gemacht wurden und wo noch Handlungsbedarf besteht.*

6 *Verfassen Sie einen Kommentar mit dem Titel „Der Vertrag von Lissabon – Reform oder Reförmchen?".*

M 15 Fragt das Volk!

Es gibt ein Demokratie- und Legitimationsdefizit in Europa. In Deutschland würde ein Referendum helfen.
Noch ist es nur ein ferner Gedanke. Hingemurmelt in Halbsätzen, verpackt in Konjunktive, eine Idee für die Zukunft. Aber der beinahe revolutionäre Gedanke taucht immer öfter auf. Er geht so: Wenn wir mehr Europa wollen, eine weitere deutliche Vertiefung der Integration, dann funktioniert das nicht mehr wie bisher, mit nächtlichen Regierungsbeschlüssen in Brüssel und einer Abstimmung im Bundestag. Es genügt auch keine bloße Änderung des Grundgesetzes. Wir brauchen dann etwas, das es noch nie gegeben hat in der Geschichte der Bundesrepublik: eine Volksabstimmung im Bund. Wir brauchen ein Referendum über Europa. [...]

Wer den Bürgern misstraut, wird sie auf Dauer verlieren

[...] Seit Jahren, seit Jahrzehnten überträgt die Bundesrepublik Souveränität an Brüssel, „doppelzentnerweise", wie der ehemalige Bundespräsident Roman Herzog [...] im ZEIT-Interview formuliert hat . Nur: Irgendwann geht Souveränitätstransfer nicht mehr ohne den Souverän – das Volk.
Deshalb brauchen wir in absehbarer Zeit ein Referendum. Weil das Grundgesetz dazu zwingt. Weil die innere Verfassung der Republik danach verlangt. Und weil anders Europa nicht mehr zu legitimieren sein wird. [...]
Mehrfach hat das Bundesverfassungsgericht zuletzt geurteilt, dass die Integra-

tionsreserven des Grundgesetzes nahezu aufgebraucht seien. Wenn das Haushaltsrecht des Bundestages ausgehebelt oder wenn sonst die „Verfassungsidentität" des Grundgesetzes verändert werden solle, dann sei das mit der bestehenden Verfassung nicht zu machen. Dann muss eine neue her. Und das Grundgesetz stellt dafür, in Artikel 146, ein Mittel zur Verfügung: eine Volksabstimmung.
Das ist die juristische Seite. Aber es geht nicht nur um die geschriebene Verfassung. Mehr noch geht es um die innere Verfassung des Landes. Um das Unbehagen an der EU. Ein Unbehagen, das sich nicht gegen Europa insgesamt richtet, sondern gegen die Art und Weise, wie es gebaut wird, wie es agiert. Was die Karlsruher Richter in fein ziselierten Sätzen sagen, spüren auch die Bürger: Es gibt ein Legitimationsdefizit in Europa – und ein Demokratiedefizit.
Die EU ist nicht undemokratisch, beileibe nicht. Aber sie ist unterdemokratisiert. Und bislang sind eben doch die Nationalstaaten die Orte und die Gehäuse der Demokratie. Dort leben und erleben die Bürger die demokratische Politik, von dort leitet auch die EU ihre Legitimation ab. Kann sein, dass das in einer wirklich global organisierten Welt anders werden muss. Aber dann werden auch die Nationalstaaten absterben und mit ihnen die eingeübten Formen der Demokratie. Das geht nicht, ohne den Souverän dazu zu hören. Das Volk.

Eine Volksabstimmung könnte gegen Europa ausfallen

Ja, eine solche Volksabstimmung würde enorme politische Kräfte binden, Kräfte, die in der permanenten Krise ohnehin wahnsinnig angespannt sind. Wie die hypernervösen Märkte auf ein Referendum reagieren würden, wie die Welt darauf schauen würde, ist nicht schwer zu prognostizieren. Beunruhigt vermutlich. Ja, auch wahr, ein solches Referendum würde parteipolitisch vereinnahmt, es würde Protestwähler geben, taktische Spielereien, Argumente, die gar nichts mit Europa zu tun haben, sondern ausschließlich mit Berliner Machtkämpfen. Daran lässt sich nichts ändern, so ist Demokratie.
Und ja, das vor allem, der Ausgang eines Referendums wäre nicht sicher. Durchaus möglich, dass die Volksabstimmung gegen Europa ausfiele. Das ist ein Risiko, aber es ist auch die Voraussetzung, neue Legitimation für Europa zu gewinnen. Überall in Europa ist schon über Europa abgestimmt worden. Nur nicht in Deutschland. Das geht nun nicht mehr. Mag ein deutsches Nein auch folgenreicher sein als ein niederländisches oder französisches, mag Deutschland auch immer noch international unter Verdacht stehen: Wer den Bürgern misstraut, wird sie auf Dauer verlieren. Wir müssen heraus aus der Heimlichkeit des schleichenden Souveränitätstransfers, hin zur Verantwortung. Wer diesen Schritt nicht geht, der gefährdet Europa.
Genau das wäre, jenseits aller verfassungsdogmatischen und demokratietheoretischen Erwägungen, die politische Funktion eines Referendums. Es müsste eine Debatte beginnen, eine große, leidenschaftliche, vielleicht sogar emotionale Debatte. Nicht über Details der Griechenlandhilfe oder die Feinheiten der Euro-Stabilisierung. Sondern über das große Ganze, über alles: über Europa. Wie es sein soll, was es uns wert ist. Und was wir dafür aufzugeben bereit sind.
Wenn wir diese Debatte endlich führen, dann können wir Souveränität gewinnen, selbst wenn wir darauf verzichten. Und Europa kann auf einen ganz neuen Sockel der Legitimation gestellt werden. Auf einen Sockel, der leicht die nächsten fünfundzwanzig Jahre tragen könnte.

Heinrich Wefing, „Fragt das Volk!", www.zeit.de, 02.10.2011 [11.01.2014]

Aufgabe

Erläutern Sie den Vorwurf eines Demokratie- und Legitimationsdefizits der EU (M 15) und beziehen Sie Stellung zur Forderung nach einem Referendum.

M 16 Große Erwartungen an das erste Europäische Bürgerbegehren

Es sind nur noch weniger als 10 Wochen, bis EU-Bürger zum ersten Mal ein Europäisches Volksbegehren anmelden können. Ab dem 1. April [2012] wird es den Bürgern möglich sein, sich mit ihren Wünschen hinsichtlich aller Bereiche, in denen die Europäische Kommission Gesetzgebungskompetenz hat, an sie zu wenden. Dies könnte wirklich alles von Kultur, Bildung über Umweltschutz bis hin zum Verbraucherschutz sein. Hervorragend!
Wenigstens eine Möglichkeit für Durchschnittsbürger, an die Kommission heranzutreten und das Policy-making und den Gesetzgebungsprozess in Europa wirklich zu beeinflussen. Ja, diese Möglichkeit bietet das Europäische Volksbegehren [EVB]. Aber die nötigen Formalitäten, um ein Begehren vorzuschlagen, sind weder schnell noch einfach. Das EVB wurde durch den Lissabon-Vertrag ins Leben gerufen und ist Teil der Bemühungen, durch die EU Transparenz und Demokratie zu erhöhen. Kurz gesagt wird die EU-Kommission jedes Begehren in Betracht ziehen, das eine Million Unterschriften von EU-Bürgern aus mindestens sieben verschiedenen Mitgliedstaaten erhalten hat.

Wie funktioniert es genau?

Bevor ein Volksbegehren gestartet werden kann, müssen mindestens sieben EU-Bürger aus sieben verschiedenen Mitgliedstaaten ein „Bürgerkomitee" bilden und das EBB [Europäisches Bürgerbehren] offiziell online anmelden. Dann kann das Komitee anfangen, Unterschriften zu sammeln, wofür die Organisatoren ein Jahr Zeit haben. Jeder EU-Bürger kann ein Begehren unterschreiben (wenn er alt genug ist, bei der Europäischen Parlamentswahl seine Stimme abzugeben) und muss eine bestimmte Unterstützungserklärung abgeben, entweder online oder schriftlich.
Wenn die eine Million Unterschriften gesammelt ist, treffen sich Vertreter der Kommission mit den Organisatoren, um das Begehren detailliert zu besprechen. Es gibt auch die Möglichkeit für eine öffentliche Anhörung im Europäischen Parlament. Die Kommission erteilt daraufhin ihre formelle Antwort auf den EVB-Vorschlag und legt, falls angemessen, ihren nächsten Handlungsschritt fest.
Das ist ein langwieriger Prozess. Zunächst hat die Kommission zwei Monate Zeit, das vorgeschlagene Begehren anzumelden. Wenn die Organisatoren die Möglichkeit haben wollen, digital Unterschriften zu sammeln (wer würde das nicht wollen im digitalen Zeitalter?), dauert es einen weiteren Monat, um ein Online-Sammelsystem anzulegen, das die nötigen technischen und sicherheitsrelevanten Anforderungen erfüllt.
Dies muss auch von der zuständigen nationalen Behörde bestätigt werden, bei der die Daten gespeichert werden, bevor Unterschriften gesammelt werden können. Die Organisatoren haben dann ein Jahr Zeit zum Sammeln der Unterschriften und weitere drei Monate werden der nationalen Behörde eingeräumt, um die Unterstützungserklärungen zu überprüfen. Wenn die Organisatoren dann die Zertifikate, die die Echtheit der Unterschriften bestätigen, erhalten haben, übermitteln sie diese an die Europäische Kommission, die wiederum auch eine Drei-Monats-Frist hat, um das Begehren zu prüfen und eine Antwort vorzubereiten. Es sind also zusätzlich zu den Anstrengungen [der Unterschriftensammlung] 21 Monate Arbeit von Nöten, bevor das Begehren gestartet werden kann.
Kritiker argumentieren, der Prozess wäre zu kompliziert, langwierig und

schlussendlich ist die Europäische Kommission nicht verpflichtet, einen Gesetzesentwurf aufgrund des Begehrens vorzuschlagen. Es gibt auch die Sorge, dass das EBB von Interessenvertretungen missbraucht werden könnte, um ihre eigenen Ziele voranzutreiben. Die Kommission hat probiert, sich darauf vorzubereiten, indem sie festgelegt hat, dass Begehren nicht von Organisationen gestartet werden können. Jedoch können Organisationen ein EBB unterstützen, wenn sie dies „mit voller Transparenz" tun.

Ein fast revolutionärer Schritt

Wenn das EBB die ihm zustehende Aufmerksamkeit bekommt, sollte es die Leute zum Reden bringen und hoffentlich zur politischen Beteiligung motivieren. Eine Million Unterschriften sind eine riesige Anzahl, aber im digitalen Zeitalter dürfte das keine schwer zu überwindende Hürde sein. Die Zeit wird es zeigen, das nächste EBB wird schon bald auftauchen.

Emily Hoquee, „Große Erwartungen an das erste Europäische Bürgerbegehren", übers. v. Pia Hilfert, www.treffpunkteuropa.de, 15.02.2012 [11.01.2014]

Aufgaben

1 *Stellen Sie den Weg des EBB in grafischer Form dar.*

2 *Erarbeiten Sie aus dem Text Chancen und Probleme des EBB.*

3 *Erörtern Sie die Tauglichkeit eines Europäischen Bürgerbegehrens als Antwort auf das Demokratie- bzw. Legitimationsdefizit in der EU.*

M 17 Die Wasserrichtlinie – das erste erfolgreiche Bürgerbegehren in der EU!?

ver.di hat in Deutschland federführend die Europäische Bürgerinitiative „Wasser ist Menschenrecht" organisiert, bei der sich zuletzt weit über 1,9 Millionen EU-Bürgerinnen und -Bürger mit ihrer Unterschrift für das Menschenrecht auf Zugang zu Wasser und sanitärer Grundversorgung sowie für öffentliche Wasserversorgung ausgesprochen haben. In Deutschland sind allein über 1,38 Millionen Unterschriften gesammelt worden.

Vorschläge für eine europäische Gesetzgebung

Im Februar 2014 hat die Bürgerinitiative in Brüssel vor Ausschüssen des Europäischen Parlaments ihre Vorschläge für die Gesetzgebung vorgestellt. Dazu hieß es: Fracking, Freihandelsabkommen und Co. drohen uns! Wir erwarten von der Anhörung eine Sensibilisierung der Kommission und der Abgeordneten des Europäischen Parlaments für die Bedeutung ihres Handelns für die Menschen in Europa und fordern legislative Maßnahmen, die das Menschenrecht auf Wasser und sanitäre Grundversorgung umsetzen und das öffentliche Gut Wasser schützen.

2 Millionen Unterschriften!

Wasser ist keine Handelsware, 2 Millionen Menschen haben unterschrieben. Ein Riesenerfolg! Die Bürgerinitiative will die Europäische Kommission dazu bringen, das Menschenrecht auf Wasser entsprechend der Resolution der Vereinten Nationen im Europäischen Recht zu verankern. In ihrer Antwort erkennt die Europäische Kommission die Wichtigkeit von Wasser als öffentliches Gut von grundlegendem Wert an. Das alleine reicht nicht. Sie muss auch handeln!

Im März 2014 hat die Europäische Kommission geantwortet und die Wichtigkeit von Wasser als öffentliches Gut von grundlegendem Wert betont: „Wasser ist kein kommerzielles Produkt." Die Bürgerinitiative fordert aber auch eine rechtliche Verankerung, dass es keine Initiativen der EU für die Liberalisierung von Wasser- und Abwasserversorgung geben wird. Sorge bereiten hier vor allem auch die Verhandlungen zwischen der EU und USA zu TTIP (Transatlantic Trade and Investment Partnership), über die das Recht auf Wasser verwässert werden und Wasser zur Handelsware werden könnte.

„Wasser ist Menschenrecht" überreicht 1,38 Millionen Unterschriften

Wasser darf nicht zur Handelsware werden! Die Proteste gegen die Vermarktung der Wasserwirtschaft – und infolgedessen mögliche Vergabe des Allgemeinguts Trinkwasser in die Privathände von Konzernen – hatten 2013 ihren ersten Erfolg, die Wasserversorgung wurde aus der umstrittenen EU-Konzessionsrichtlinie vorerst rausgenommen. Die erste erfolgreiche Europäische Bürgerinitiative wurde mit der öffentlichen Übergabe der Unterschriften aus Deutschland abgeschlossen. Dem Präsidenten des Bundesverwaltungsamtes haben wir über 180 000 Unterschriften auf Papier überreicht – das sind 100 Ordner oder 20 Umzugskisten und die DVD mit den 1,2 Millionen Online-Unterschriften.

Mit der Bürgerinitiative, die in 13 EU-Ländern die Mindestanzahl überschritten hat, sorgen wir für die Umsetzung des Menschenrechts auf Zugang zu sauberem Trinkwasser und sanitärer Grundversorgung. Wir haben klargemacht, dass Wasser keine Handelsware ist und wir die öffentliche Wasserversorgung schützen.

ver.di, „Europäisches Bürgerbegehren – Wasser ist Menschenrecht", www.verdi.de [24.03.2014]

Aufgaben

1 *Das erste erfolgreiche Bürgerbegehren in Europa wird als Erfolg gefeiert. Beurteilen Sie mithilfe von M 16, ob dieses Begehren als Initialzündung für mehr Demokratie in Europa angesehen werden kann.*

2 *Recherchieren Sie die aktuelle Situation bezüglich geplanter, laufender und weiterer geglückter bzw. gescheiterter Bürgerbegehren.*

3.2 Die politische Organisation der EU

Kommission, verschiedene Räte, Parlament, Gerichtshof, Ausschüsse ... das alles klingt zunächst verwirrend. Und zugegeben, die institutionelle Architektur eines so einzigartigen politischen Gebildes wie der EU zu durchschauen, ist nicht einfach. Dabei wird unser aller Zusammenleben im wirtschaftlichen, sozialen und politischen Bereich in zunehmendem Maß durch verbindliche Entscheidungen der EU geregelt. Schauen wir uns also an, welche Kompetenzen die einzelnen Organe haben, wie die europäische Rechtsetzung funktioniert und wie die Zuständigkeiten im Mehrebenensystem EU verteilt sind.

M 1 Der Europäische Rat – Impulse und Leitlinien für Europa

EU-Gipfel berät Digitalstrategie und Wirtschaftsthemen

Die EU-Staats- und Regierungschefs treffen sich heute zu ihrem zweitägigen Herbstgipfel. Zunächst sprechen sie über die EU-Strategie zur Förderung des digitalen Sektors und Entscheidungen in den Bereichen Internet und Telefonieren. Die Abschaffung der Roaming-Gebühren und der Ausbau schneller Netze zählen dazu [...].

jdö/ao/paj, „EU-Gipfel berät Digitalstrategie und Wirtschaftsthemen“, www.stern.de, 15.10.2013 [11.01.2014]

Der Europäische Rat ist das politisch wichtigste beschlussfassende Organ der EU. Hierin sind die Staats- und Regierungschefs der Mitgliedstaaten (Kanzler, Premierminister, Präsidenten) sowie der Präsident der EU-Kommission und der Präsident des Europäischen Rates vertreten. Er bestimmt die Leitlinien der europäischen Politik, trifft politische Grundsatzentscheidungen und gibt die zur Weiterentwicklung der europäischen Integration erforderlichen Impulse. Der Europäische Rat wird vom Hohen Vertreter der Europäischen Union für die Außen- und Sicherheitspolitik unterstützt. Er wird zweimal pro Halbjahr von seinem Präsidenten in Brüssel einberufen.

Der Europäische Rat vergibt Aufträge an den Europäischen Ministerrat und behandelt die Probleme, die auf der Ebene der (Fach-)Minister nicht gelöst werden können. Er bestimmt v. a. die Leitlinien und Grundsätze der Gemeinsamen Au-

Donald Tusk, Präsident des Europäischen Rates

Tipp

http://europa.eu/european-council/index_de.htm

ßen- und Sicherheitspolitik (GASP). Die Treffen des Europäischen Rats finden seit 1975 regelmäßig statt, wurden aber erst 1986 in der Einheitlichen Europäischen Akte vertraglich fixiert. Vor den Treffen wird der Präsident des Europäischen Parlaments konsultiert, nach den Treffen wird dem Europäischen Parlament Bericht erstattet.

Autorentext

Aufgaben

1 *Recherchieren Sie (s. Tipp), welche Leitlinien der Europäische Rat in den letzten Jahren festgelegt hat und welche Impulse für den Integrationsprozess von ihm ausgingen.*

2 *Skizzieren Sie die für den Europäischen Rat wesentlichen Veränderungen durch den Vertrag von Lissabon (→ M 14 in Kap. 3.1).*

M 2 Roaming-Gebühren – Nach Hause telefonieren

EU-Kommissarin Neelie Kroes will, dass Telefonate aus und nach dem Ausland billiger werden.

Für Verbraucher ist es ein großes Ärgernis: Handytelefonate im Ausland, vor allem aber das mobile Surfen, sind deutlich teurer als im Heimatland. Auch die EU-Kommission kritisiert die Preispolitik der Mobilfunkgesellschaften seit Langem. Doch für die Unternehmen war dies über viele Jahre ein sehr einträgliches Geschäft. Freiwillig wollten sie daher nicht auf die Einnahmen verzichten. So ordnete die EU eine stufenweise Senkung der Gebühren an. EU-Kommissarin Neelie Kroes will die Roaming-Gebühren nun ganz abschaffen und forderte [...] die EU-Parlamentarier in einem Brief auf, sie bei diesem Vorhaben zu unterstützen.

Roaming-Gebühren fallen an, wenn ein Mobilfunkkunde mit seinem Handy oder Smartphone im Ausland telefoniert, mobil surft oder Textbotschaften schickt. Er bezahlt quasi dafür, dass er ein fremdes Netz nutzen darf. Auch für ankommende Gespräche fallen daher Kosten an. Die EU-Kommission hat die Roaming-Gebühren bereits in mehreren Schritten gesenkt. Und es geht weiter: Im EU-Tarif darf ein Anruf ab 1. Juli 2013 statt bisher rund 35 Cent nur noch höchstens 28 Cent pro Minute kosten – inklusive Mehrwertsteuer. Wer im EU-Ausland angerufen wird, zahlt maximal noch rund acht statt bisher zehn Cent und für eine SMS sinkt der Preis auf zehn Cent. Die Übertragung von einem Megabyte (MB) Daten kostet ab dem Stichtag statt rund 83 nur noch 54 Cent.

Für EU-Kommissarin Kroes ist das nicht genug. Sie verweist auf den europäischen Binnenmarkt, der auf der Idee beruht, dass die Landesgrenzen für Firmen und Verbraucher keinen Unterschied mehr machen sollen. Höhere Telefonkosten im Ausland passten da nicht hinein. Aus Kommissionskreisen wird zwar zugestanden, dass gewisse Mehrkosten für Telefonate im Ausland technisch bedingt sein können. Diese seien aber so gering, dass sie kaum ins Gewicht fielen. Die Abschaffung der Roaming-Gebühren ist nur ein Aspekt. Kroes ist überzeugt, dass es in der Telekommunikation einen einheitlichen Binnenmarkt geben sollte, denn in der Telekommunikation gebe es keinen Platz für Grenzen. Kroes schlägt den Abgeordneten vor, die neuen Regeln bis Ostern 2014 zu verabschie-

Roaming-Gebühren machen Anrufe aus dem Ausland teurer – wie lange noch?

den – also kurz vor den Europawahlen im Mai kommenden Jahres. „Ich will, dass Sie zu Ihren Wählern zurückgehen können und sagen, dass Sie die Roaming-Kosten abschaffen konnten“, schreibt sie. Falls Parlament und EU-Staaten mitmachen, könnten die Roaming-Kosten 2015 wegfallen, sofern die gewöhnlichen Übergangsfristen für EU-Gesetze angelegt werden.
Bei den Mobilfunkanbietern stoßen die Pläne auf erbitterten Widerstand. Eine weitere Regulierung des Mobilfunkmarktes sei nicht erforderlich, erklärt die Deutsche Telekom auf Anfrage. „Der Telekommunikationsbranche werden dadurch Milliardensummen entzogen“, argumentiert sie. Gleichzeitig werde erwartet, dass die Unternehmen hohe Summen in moderne Breitbandnetze in der EU investierten. „Eine Antwort auf die Frage, wie dieser Widerspruch aufgelöst werden kann, bleibt die Politik jedoch schuldig“, kritisiert die Telekom.

Corinna Visser, „Nach Hause telefonieren“, www.tagesspiegel.de, 31.05.2013 [11.01.2014]

Aufgabe

Stellen Sie mögliche Hürden dar, die die Forderung von EU-Kommissarin Kroes auf ihrem Weg durch die EU-Institutionen nehmen muss. Arbeiten Sie mit M 3.

M 3 Das Zusammenspiel der Institutionen im Entscheidungsprozess

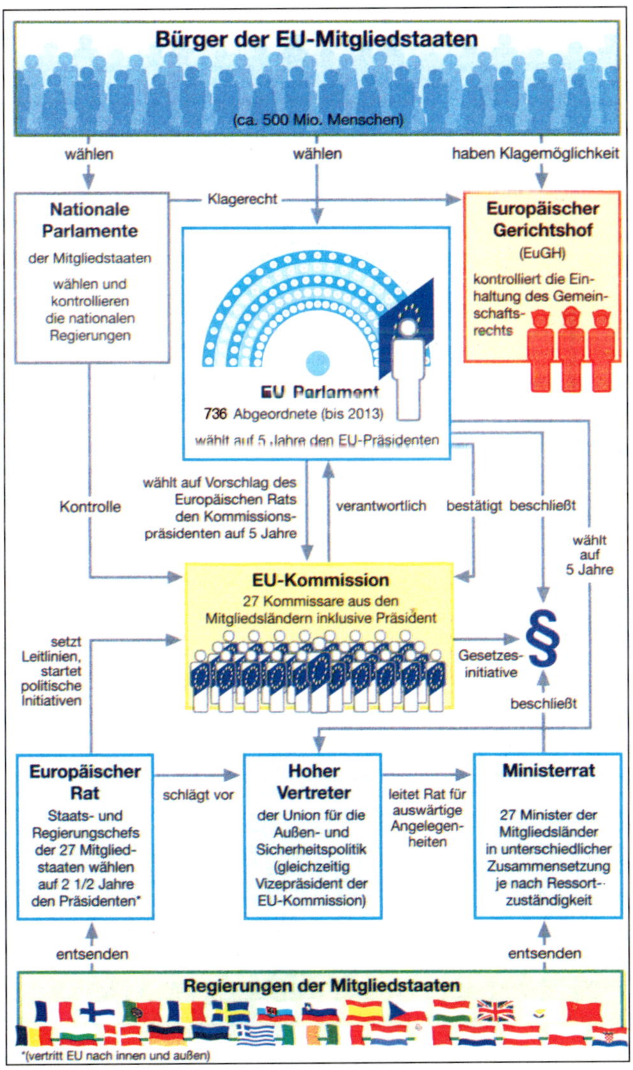

Aufgaben

1 *Vergleichen Sie das Zusammenspiel der europäischen Institutionen mit dem der deutschen beim Gesetzgebungsprozess und beurteilen Sie die jeweilige Bedeutung des Parlaments.*

2 *Diskutieren Sie, ob der skizzierte Weg dem Grundgedanken der föderalen Grundstruktur der EU entspricht.*

M 4 Die wichtigsten Organe und ihre Zuständigkeiten – die Europäische Kommission

Die Kommission ist das supranationale Organ der EU schlechthin: Sie gilt als „Motor“ der europäischen Integration. Durch ihr exklusives Initiativrecht für europäische Rechtsakte bringt sie die Entwicklung der europäischen Rechtsgemeinschaft voran.

Die Europäische Kommission achtet auf die Anwendung der europäischen Verträge und Rechtsakte und sie vertritt die Interessen der EG/EU, wie sie im europäischen Vertragswerk festgelegt sind, gegenüber den Partikularinteressen der Mitgliedstaaten. Die 28 Mitglieder der Kommission üben ihre Tätigkeit in voller Unabhängigkeit zum allgemeinen Wohl der Gemeinschaft aus. Sie dürfen insbesondere Anweisungen von Dritten (einer Regierung oder einer anderen Stelle) weder anfordern noch entgegennehmen. Der Kommissionspräsident kann mit Billigung des Kollegiums ein Mitglied zum Rücktritt veranlassen.

Tipp

- http://ec.europa.eu/index_de.htm
- http://ec.europa.eu/deutschland/commission/index_de.htm

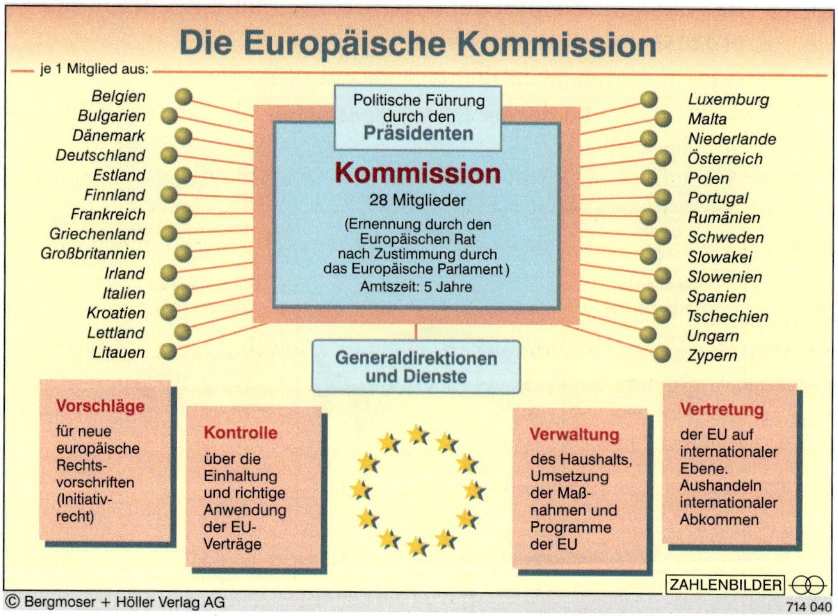

Die Kommission hat das Vorschlagsmonopol für Rechtsakte, über welche die beiden Beschlussfassungsorgane – das Europäische Parlament und der Rat der EU – entscheiden. Bei der Erstellung eines Vorschlags kann die Kommission nicht an den Interessen der Mitgliedstaaten vorbei agieren; sie muss – schon um den Erfolg des eigenen Vorschlags so gut wie möglich zu sichern – im Vorfeld in Abstimmungsprozessen mit den Regierungen und deren Beamten versuchen, denkbare nationale Widerstände zu antizipieren und damit eine möglichst konsensfähige Initiative zu formulieren.

Ebenso erarbeitet die Kommission den Vorentwurf des EU-Haushaltsplanes und Entwürfe für internationale Verträge, die dem Rat zur Entscheidung vorgelegt werden.

Die Kommission wird aufgrund ihrer Rolle als Vertreterin der Interessen der Gemeinschaft in der Öffentlichkeit und den Medien sprachlich oft mit der EU gleichgesetzt und dann auch für Gesetze, die der Rat der EU zusammen mit dem Europäischen Parlament verabschiedet, verantwortlich gemacht. Autorentext

Die Kommission hat ihren „Sitz“ in Brüssel (Belgien), aber sie verfügt auch über Büros in Luxemburg, über Vertretungen in allen EU-Staaten und sog. Delegationen in vielen Hauptstädten von Nicht-EU-Staaten weltweit.

Aufgaben

1 *Erarbeiten Sie aus dem Text die Aufgaben der EU-Kommission und erörtern Sie, inwieweit die Kommission im Sinne der Gewaltenteilungslehre als typische Exekutive angesehen werden kann.*

2 *Ermitteln Sie, welche Länder/Kommissare für welche Fachbereiche in Europa zuständig sind, und stellen Sie das jeweilige Wirken der Kommissare dem Kurs vor.*

3 *Recherchieren Sie aktuelle Gesetzesinitiativen der Kommission (s. Tipp).*

Info

Häufig wird die Kommission in der Öffentlichkeit mit dem negativ besetzten Begriff **„Brüsseler Bürokratie"** gleichgesetzt, die fernab und für die Menschen nicht durchschaubar agiert. Dieses Unbehagen speist sich unter anderem aus der auf den ersten Blick hohen Zahl von rund 25 000 Kommissionsbeamten. Ein Vergleich mit den Mitgliedstaaten relativiert diesen Eindruck: So umfasst zum Beispiel das Personal der Stadtverwaltung Frankfurt/M. 27 000 Personen.

M 5 Die wichtigsten Organe und ihre Zuständigkeiten – das Europäische Parlament

Die Mitglieder des Europäischen Parlaments sind die Vertreter der europäischen Bürgerinnen und Bürger. Sie werden in direkten Wahlen alle fünf Jahre neu gewählt. Gemeinsam mit dem Rat der Europäischen Union („der Rat") bildet das Parlament die gesetzgebende Gewalt der EU.

Das Europäische Parlament hat drei wichtige Aufgaben:

- Erörterung und Verabschiedung von EU-Rechtsvorschriften, in Zusammenarbeit mit dem Rat;
- Kontrolle anderer EU-Institutionen, insbesondere der Kommission, um eine demokratische Arbeitsweise zu gewährleisten;
- Erörterung und Verabschiedung des EU-Haushalts, in Zusammenarbeit mit dem Rat.

Verabschiedung von EU-Rechtsvorschriften

In vielen Bereichen wie Verbraucherschutz und Umwelt arbeitet das Parlament gemeinsam mit dem Rat (Vertreter der nationalen Regierungen) an der inhaltlichen Ausgestaltung der EU-Rechtsvorschriften, bis diese schließlich gemeinsam verabschiedet werden. Dieses Verfahren wird als ordentliches Gesetzgebungsverfahren bezeichnet (vorher: Mitentscheidungsverfahren).

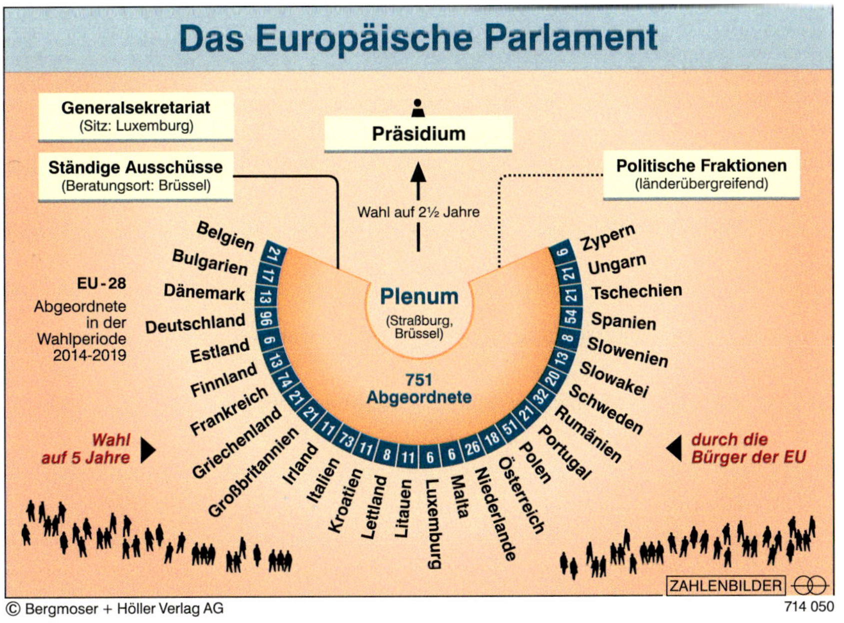

Tipp

- www.europarl.de/
- www.europarl.europa.eu

Einer der Arbeitsorte des Europäischen Parlaments: Straßburg

Mit dem Vertrag von Lissabon wurde die Bandbreite der Politikbereiche erweitert, in denen die Rechtsvorschriften im „ordentlichen Gesetzgebungsverfahren" verabschiedet werden. Dadurch hat das Parlament mehr Einfluss auf den Inhalt der Rechtsvorschriften in Bereichen wie Landwirtschaft, Energiepolitik, Einwanderung und Finanzen.

Das Parlament muss auch bei anderen wichtigen Entscheidungen seine Zustimmung geben, etwa wenn es um den Beitritt neuer Länder zur EU geht.

Demokratische Kontrolle

Das Parlament übt auf verschiedene Art und Weise Einfluss auf andere europäische Institutionen aus.

Wenn eine neue Kommission bestellt wird, können ihre 28 Mitglieder – eines aus jedem EU-Land – ihr Amt erst dann antreten, wenn das Parlament seine Zustimmung gegeben hat. Lehnt das Parlament einen Kandidaten ab, kann es auch die Kommission insgesamt ablehnen.

Das Parlament kann die Kommission auch während ihrer Amtszeit auffordern zurückzutreten. Dazu bedarf es eines Misstrauensantrags.

Das Parlament behält die Kontrolle über die Kommission, indem es Berichte der Kommission prüft und Anfragen an die Kommissare richtet. In dieser Hinsicht spielen die parlamentarischen Ausschüsse eine große Rolle.

Die Mitglieder des Parlaments bearbeiten Petitionen der EU-Bürgerinnen und -Bürger und setzen Untersuchungsausschüsse ein.

Vor einem Gipfel der europäischen Staats- und Regierungschefs nimmt das Parlament Stellung zu den Tagesordnungspunkten.

Haushaltskontrolle

Das Parlament verabschiedet jährlich gemeinsam mit dem Rat der Europäischen Union den EU-Haushalt.

Der Haushaltsausschuss des Parlaments kontrolliert, wie die Haushaltsmittel ausgegeben werden, und beurteilt jedes Jahr den Umgang der Kommission mit dem Vorjahreshaushalt.

Zusammensetzung

Grob gesagt richtet sich die Zahl der Abgeordneten pro Land nach der jeweiligen Bevölkerungsanzahl. Nach dem Vertrag von Lissabon beträgt die Zahl der Abgeordneten pro Land mindestens 6 und höchstens 96.

Die derzeitige Verteilung im Parlament wurde jedoch vor dem Inkrafttreten des Vertrags festgelegt. In der nächsten Legislaturperiode werden die Abgeordnetenzahlen angepasst. Beispielsweise wird Deutschland statt 99 Abgeordneten nur noch 96 haben und Lettland statt 9 Abgeordneten nur noch 8.

Die Mitglieder des Parlaments sind nach Fraktionen und nicht nach Staatsangehörigkeit gruppiert.

Ort

Das Europäische Parlament ist an drei Orten vertreten – Brüssel (Belgien), Luxemburg und Straßburg (Frankreich).

In Luxemburg befinden sich die Verwaltungsstellen des Parlaments (Generalsekretariat).

Die Plenartagungen finden in Straßburg und Brüssel statt. Die Ausschüsse halten ihre Sitzungen ebenfalls in Brüssel ab.

Europäische Union (Hg.), „Wie funktioniert die EU? – Europäisches Parlament", http://europa.eu [11.01.2014]

Aufgaben

1 *Vergleichen Sie die Kompetenzen des Europäischen Parlaments mit denen des Deutschen Bundestages.*

2 *Erläutern Sie, inwiefern die Übertragbarkeit klassischer parlamentarischer Funktionen auf das Europäische Parlament problematisch ist.*

M 6 Das Mantra der Schicksalswahl

Das junge Jahr 2014 steht ganz im Zeichen der kommenden Wahlen zum Europäischen Parlament. Politiker beschwören das Bild der „Schicksalswahl“ und legen die Messlatte für den 25. Mai damit hoch. Fraglich bleibt, ob die Bürger Europas die Bedeutung der Abstimmung in gleichem Maße würdigen werden. Das Europäische Parlament wirbt erstmals mit Spitzenkandidaten um eine hohe Wahlbeteiligung und fordert selbstbewusst neue Mitbestimmungsrechte. Kann der Wahlkampf 2014 damit einen echten europapolitischen Diskurs entfachen? [...]

EP sucht Ausweg aus der Negativ-Spirale

Das eindringliche Bemühen des Parlaments um Beteiligung ist verständlich. Schließlich markierte die Europawahl 2009 einen Negativrekord. Von 375 Millionen wahlberechtigten Europäern gaben 43 Prozent ihre Stimme ab – die bis dato niedrigste Wahlbeteiligung bei den Wahlen zum Europäischen Parlament. In der Slowakei, wohlgemerkt ein junger Mitgliedsstaat der Union, machte nur einer von fünf Bürgern sein Kreuz für das Europäische Parlament.
Die schwindende Wahlbeteiligung offenbart eine paradoxe Entwicklung. Schließlich wurden die Kompetenzen des Europäischen Parlaments seit den ersten Wahlen im Jahr 1979 erweitert, der Einfluss des Organs auf die europäischen Entscheidungsprozesse hat stetig zugenommen. Gleichzeitig nahm das Interesse der Bürger jedoch kontinuierlich ab. Die Europa-Wahl 2014 soll den Trend brechen, Machtzuwachs und Wahlbeteiligung wieder in Einklang bringen.

Personalisierung als Wahlkampfmotor

Die Parteien im Europäischen Parlament schicken in diesem Jahr erstmals europaweite Spitzenkandidaten ins Rennen. Martin Schulz steht als Kandidat der Sozialisten bereits fest. Die konservativen Europäischen Volksparteien suchen weiterhin nach einem Spitzenkandidaten für den Mai. Der Wahlsieger hat gute Chancen auf das Amt des neuen EU-Kommissionspräsidenten. Der Vertrag von Lissabon schreibt fest, dass die Staats- und Regierungschefs der Mitgliedsländer das Ergebnis der Europawahl beim Vorschlag eines Kommissionsvorsitzenden „berücksichtigen“ sollen.
Zwei Punkte rücken die neue „K-Frage“ im Europa-Wahlkampf in ein positives Licht. Erstens nähert sich das institutionelle Gefüge der Union damit einem Abhängigkeitsverhältnis zwischen Exekutive auf der einen Seite und Regierungsmehrheit und Opposition im Parlament auf der anderen Seite an. Zweitens können Politik und Medien unter dem Gesichtspunkt der Personalisierung eine notwendige Komplexitätsreduktion europapolitischer Inhalte erreichen. Spitzenkandidaten machen europäische Politik greifbarer und zeigen Alternativen auf – im Prinzip. Die Formel Kandidat, Partei, Programm lässt sich jedoch schwerlich auf die inkohärenten europäischen Parteienfamilien anwenden. Zumal das fehlende Initiativrecht des Parlaments in der Gesetzgebung weiterhin eine Asymmetrie im institutionellen Gefüge der Union erzeugt.
Nichtsdestotrotz: Die Europäer wählen in diesem Jahr das wohl mächtigste Europäische Parlament in der Geschichte der Europäischen Union, ausgestattet mit neuen Kompetenzen in Agrar-, Justiz- und Haushaltspolitik durch den Vertrag von Lissabon. Und das Parlament streitet um weitere Befugnisse. [...]

Öffentlichkeit und Legitimation als Schlüsselmoment

Doch was steht im kommenden Mai tatsächlich zur Wahl? Der Europa-Parlamentarier Gerald Häfner nennt die Abstimmung einen „Schlüsselmoment“ für Euro-

Martin Schulz (SPD), Präsident des Europäischen Parlaments

Info

1. 28 Staaten = 28 Spielregeln
Die Wahlen zum Europäischen Parlament verlaufen uneinheitlich nach nationalen Regeln, d. h. jedes Mitgliedsland kann die Wahlen nach eigenem Wahlsystem durchführen. Festgelegt ist lediglich das Verhältniswahlrecht, wobei die Sperrklausel maximal fünf Prozent betragen darf. Ansonsten ist die Ausgestaltung jedoch den Mitgliedstaaten selbst überlassen.

2. Karlsruhe kippt Drei-Prozent-Hürde

Die deutsche Drei-Prozent-Hürde bei Europawahlen ist verfassungswidrig. Das hat das Bundesverfassungsgericht in Karlsruhe entschieden. Die Richter sahen es als erwiesen an, dass eine solche Sperrklausel gegen die Chancengleichheit der Parteien verstößt.

Die Richter entschieden mit knapper Mehrheit von fünf zu drei Stimmen, dass eine Sperrklausel weiterhin noch nicht nötig ist, „um die Funktionsfähigkeit des Europäischen Parlaments zu erhalten". Das Parlament sei zwar auf dem Weg, sich als institutioneller Gegenspieler der EU-Kommission zu profilieren, allerdings könne diese Entwicklung noch nicht mit der Situation im Bundestag verglichen werden, „wo die Bildung einer stabilen Mehrheit für die Wahl einer handlungsfähigen Regierung und deren fortlaufende Unterstützung nötig ist".

tagesschau.de, „Karlsruhe kippt Drei-Prozent-Hürde", www.tagesschau.de, 26.02.2014 [24.03.2014]

pas Zukunft. Laut EU-Justizkommissarin Viviane Reding wird die Wahl über die Richtung entscheiden, die der ganze Kontinent einschlagen werde. Man kennt diese Formeln aus den Zeiten nationaler Wahlkampagnen. Im Falle der anstehenden Europa-Wahlen mögen sie jedoch ihre Berechtigung haben. Denn aus den Sätzen spricht eine Hoffnung. Die Hoffnung, nach jahrelangen Debatten um das Legitimations-Defizit der Europäischen Union einen Schritt in Richtung Demokratisierung der supranationalen Entscheidungsprozesse zu machen.
Entscheidend dafür ist die Entwicklung der europäischen Parteienfamilien hin zu echten Akteuren der Willensbildung. Die Entstehung dieser Dynamik wird die wahre Hürde für die anstehende Europawahl. Unabhängig davon, ob das Parlament künftig [...] weitere Kompetenzen erhält. Sowohl die zur Wahl stehenden Abgeordneten als auch die Spitzenkandidaten müssen im Wahlkampf darlegen, was sie mit ihrer (neuen) Macht anfangen wollen. Die Parteien haben nun die Chance, den Wählern ein Angebot zu machen. Richtungsentscheidungen in Sachen Datenschutz, Arbeitnehmerfreizügigkeit und der europäischen Einwanderungspolitik etwa, um nur drei große Themen zu nennen. Es braucht die Debatte um Politikalternativen. Den Beweis müssen im anstehenden Wahlkampf alle Akteure antreten: Parteien, Politiker, Medien, und Wähler. Nur so wird die Wahl der ihr zugemessenen Bedeutung gerecht – als eine Richtungsentscheidung und Legitimationsgrundlage für die Zukunft der Europäischen Union.

Marcel Wollscheid, „Das Mantra der Schicksalswahl", www.treffpunkteuropa.de, 23.01.2014 [24.03.2014]

Aufgaben

1 *Stellen Sie Gründe für die Diskrepanz zwischen stetigem Machtzuwachs des Europäischen Parlaments und der bisherigen geringen Wahlbeteiligung dar und erörtern Sie, ob die Personalisierung der Wahl dem entgegensteuern kann und somit zu mehr Legitimation und Demokratie führt.*

2 *Der Autor sieht ein steigendes „Abhängigkeitsverhältnis zwischen Exekutive auf der einen Seite und Regierungsmehrheit und Opposition im Parlament auf der anderen Seite". Erläutern Sie, was damit gemeint ist.*

3 *Diskutieren Sie, ob*
a) die im Infokasten beschriebene Uneinheitlichkeit des Wahlsystems zum Europäischen Parlament eher Vor- oder Nachteile hat.
b) die im Infokasten beschriebene Entscheidung des Bundesverfassungsgerichts, die 3 %-Sperrklausel zu kippen, eine die Funktionsfähigkeit des Parlaments und somit die gesamte EU hemmende Wirkung hat (Stichwort „Parteienzersplitterung").

M 7 Völker hören keine Signale

Europas Parlament könnte so viel gestalten wie noch nie. Doch Europas Bürger interessiert das nicht.

Am Ende hängt alles an einem einzigen Wort. [...] Soll das Europäische Parlament den Haushalt, den die Staats- und Regierungschefs für die EU verabredet haben, *ablehnen* oder einfach *zur Kenntnis nehmen*? Sollen die Abgeordneten Merkel, Cameron und Hollande die Stirn bieten, um endlich vor aller Augen zu demonstrieren, wie mächtig das lange Zeit verlachte Europäische Parlament geworden ist? Oder sollen sie vorsichtiger formulieren, weil sie sonst Erwartungen wecken, die sie nicht erfüllen können? [...]

Diese Auseinandersetzung ist eine Premiere. Zum ersten Mal überhaupt darf das Parlament über den Sieben-Jahres-Plan der EU mitentscheiden [2013]. Es ist der vorläufige Höhepunkt eines ständigen Machtzuwachses. Gleichzeitig markiert er ein merkwürdiges Paradox: Die Straßburger Abgeordneten dürfen so viel wie nie zuvor; doch vielen Bürgern erscheinen sie schwächer denn je [...].

Das Europäische Parlament musste diesem Gefühl etwas entgegensetzen – denn auf dem Papier ist es die zentrale Institution der Demokratie. Hier sitzen die Vertreter der europäischen Bürger. Doch das Europäische Parlament ist ein seltsames Gebilde: Es darf keine Regierung wählen und es hat nicht einmal das Recht, Gesetzesinitiativen zu ergreifen. [...] Als einzige direkt gewählte Institution versucht das Europäische Parlament, Demokratie und Parlamentarismus zwischen Staaten zu begründen. Das ist ein Unikum – weltweit [...].

Fast drei Stunden lang haben die Abgeordneten im Straßburger Plenum über den EU-Haushalt debattiert, die Abstimmung rückt näher. [...] Dann geht alles ganz schnell. Per Knopfdruck stimmen die Abgeordneten ab, das Ergebnis erscheint Sekunden später auf einer elektronischen Anzeigetafel. 506 Abgeordnete sind dafür, die Vereinbarung der Regierungschefs zum Haushalt abzulehnen, 161 dagegen, 23 enthalten sich. Applaus brandet auf, wie eine Welle schwappt er durch die Stuhlreihen. „EU-Parlament legt sich mit Regierungschefs an", so steht es am nächsten Tag in der Zeitung. Das ist für die Parlamentarier ein großer Erfolg, erst einmal. Aber ist es auch die von ihnen erhoffte Zäsur? Ein Schritt zu mehr parlamentarischer Demokratie?

Die Demokratie in der Europäischen Union ist eine windschiefe Konstruktion. Nicht weil die EU nicht demokratisch wäre, sondern weil ihre Konstruktion nicht übereinstimmt mit den vertrauten, nationalen Bauplänen. Das gilt vor allem für die Gewaltenteilung. Hier tritt der Rat, die Vertretung der nationalen Regierungen, mit zwei Gesichtern auf: Formal ist er Gesetzgeber, gemeinsam mit dem Parlament. Zugleich agieren die Regierungschefs wie eine europäische Exekutive, eine Rolle, die eigentlich der Kommission vorbehalten ist. Die Folge: Das Europäische Parlament müsste die Kommission kontrollieren, tritt aber meist als Gegenspieler des Rats auf, wie nun in der Auseinandersetzung über den Haushalt. Hinzu kommen, gleichsam als vierte Dimension, die nationalen Parlamente.

Auf die Frage, wie man die Dinge übersichtlicher gestalten und die Demokratie stärken kann, gibt es eine scheinbar einfache Antwort. Sie lautet: Je stärker das Europäische Parlament wird, desto stärker wird auch die europäische Demokratie. Dieser Gedanke lag 1979 schon der Entscheidung zugrunde, das Parlament fortan direkt zu wählen. Bis dahin entsandten die nationalen Parlamente Abgeordnete nach Straßburg.

Auch heute, im Angesicht der Krise, wird der Ruf nach neuen Kompetenzen wieder lauter. Das Parlament brauche endlich ein Initiativrecht [...]. Nur mit mehr Kompetenzen, etwa einem Recht zur Besteuerung, könne das Europäische Parlament die Akzeptanz erringen, die notwendig sei, um die europäische Politik besser zu legitimieren [...].

Die Forderungen stehen in einem seltsamen Kontrast zur Entwicklung der vergangenen Jahre. Denn tatsächlich hat das Europäische Parlament zuletzt immer mehr Rechte bekommen. Auf die Frage nach dem größten Unterschied zwischen 1994, dem Jahr, in dem er zum ersten Mal gewählt wurde, und heute ant-

Gerhard Mester

wortet ausgerechnet Daniel Cohn-Bendit [Abgeordneter der Grünen im EP]: „Damals waren wir Lautsprecher einer europäischen Idee, heute sind wir in ganz anderem Maße Gesetzgeber." Und der frühere Präsident des Europäischen Parlaments, Klaus Hänsch, stellt nüchtern fest: „Seit dem Lissabon-Vertrag 2009 kann das Parlament endlich ausüben, was wir seit 1979 angestrebt haben: ein volles gesetzgeberisches Mitentscheidungsrecht."

Von ihrer neuen Macht haben die Abgeordneten regen Gebrauch gemacht. Im Februar 2010 stoppen sie das geplante Swift-Abkommen, das den Zugriff von US-Behörden auf sensible Finanzdaten regeln sollte, und setzen höhere Datenschutzanforderungen durch. Im vergangenen Jahr führen europaweite Proteste dazu, dass Acta, ein Handelsabkommen zur Eindämmung von Produktpiraterie, von einer Mehrheit im Europäischen Parlament abgelehnt wird. Vor wenigen Wochen setzten die Abgeordneten schärfere Regeln zur Begrenzung der Banker-Boni durch. Und nun verhandeln sie über den Haushalt.

Das Parlament emanzipiert sich, aber die europäischen Bürger scheint dies kaltzulassen. Bei allen nationalen Unterschieden gibt es einen übergreifenden Trend: Während das Parlament immer mehr Rechte bekommen hat, haben sich immer weniger Menschen an seiner Wahl beteiligt. Zuletzt lag die Beteiligung an der Europawahl nur noch bei 43 Prozent. [...]

Die Rechnung, wonach mehr Kompetenzen zu mehr Akzeptanz und damit zu einer besseren Legitimation führen, geht also offensichtlich nicht auf. Das Europäische Parlament ist stärker geworden, aber die EU in den Augen ihrer Bürger dadurch noch nicht demokratischer. [...]

„Nach dem Beginn der Finanzkrise hieß es zunächst, Finanzmärkte und Banken müssten besser reguliert werden. Da waren wir ganz erfolgreich", sagt [der EP-Abgeordnete] Ferber und zählt auf: das Verbot von Leerverkäufen, die Regulierung von Hedgefonds, die Begrenzung der Banker-Boni. Alles Maßnahmen, die das Europäische Parlament vorangetrieben hat. Auch die Verschärfung des Stabilitäts- und Wachstumspakts haben Ferber und seine Kollegen gegen den Widerstand in manchen Mitgliedstaaten durchgesetzt. „Nur bei den Rettungsfonds waren und sind wir außen vor."

Denn Rettungsfonds und Hilfsprogramme für Notleidende sind außerhalb der europäischen Gesetzgebung konstruiert worden. Ausgerechnet der Glutkern der europäischen Politik ist damit dem Einfluss des Europäischen Parlaments entzogen. Und seine Abgeordneten sind zurückgeworfen auf eine eigentlich überwunden geglaubte Rolle: die des Lautsprechers.

Für Kritiker [...] liegt hierin der Hauptfehler der EU-Krisenpolitik: in der Dominanz der nationalen Exekutiven. [...] Die Krise hat daher eine Entwicklung beschleunigt, die im europäischen Regelwerk durchaus vorgesehen ist: Sie hat die nationalen Parlamente zu Mitspielern auf der europäischen Bühne gemacht. [...]

Die Abstimmung über den Haushalt fand im März [2013] statt. Seitdem sind zwei Monate vergangen. Die Verhandlungen zwischen dem Europäischen Parlament und den Mitgliedstaaten haben begonnen. Doch die Streitlust der Parlamentarier hat erkennbar nachgelassen. Die Ausgangssituation ist kompliziert. Zwar handelt es sich um das Budget der EU, doch speist sich dieser Haushalt zum größten Teil aus Beiträgen der Mitgliedstaaten. Und ein Großteil des Geldes fließt in Form von Fördermitteln auch wieder dorthin zurück. Hinter der großen Zahl, 960 Milliarden, verbergen sich daher [...] einzelne, nationale Rechnungen: Wer bezahlt wie viel? Und wer bekommt was heraus? [...] Für europäi-

sche Integrationisten eine bittere Pointe: Die europäischen Abgeordneten, die angetreten sind, den nationalen Regierungschefs zu trotzen, werden von ihren eigenen nationalen Interessen eingeholt.
Der Aufstand fällt also aus und mit neuen Kompetenzen darf das Parlament bis auf Weiteres nicht rechnen. Die Abgeordneten wissen, dass sie nach anderen Wegen suchen müssen, um die Bürger zu überzeugen. Und sie beschreiten Neuland. [Im] Mai 2014 wird ein neues Parlament gewählt. Die großen europäischen Parteifamilien wollen dann mit europaweiten Spitzenkandidaten antreten. Es ist der Versuch, die Entscheidung zu personalisieren und den Wählern erkennbare Alternativen anzubieten. Wenn der Versuch gelingt und die Wahlbeteiligung vielleicht sogar steigt, wäre das Parlament einen großen Schritt weiter. Und die windschiefe europäische Konstruktion ein bisschen geradegerückt.

Matthias Krupa, „Völker hören keine Signale", www.zeit.de, 02.06.2013 [11.01.2014]

Aufgaben

1 *Stellen Sie das angesprochene Demokratie- und Legitimationsdefizit der EU dar und erläutern Sie, welche Kompetenzen das Europäische Parlament Ihrer Meinung nach haben sollte.*

2 *Stellen Sie ausgehend von der Karikatur in M 7 Probleme im Machtgefüge der EU-Organe dar.*

M 8 Die wichtigsten Organe und ihre Zuständigkeiten – der Rat der EU

Der Rat der Europäischen Union wird gemeinhin auch als Ministerrat oder einfach nur als Rat bezeichnet. Er ist nicht zu verwechseln mit dem Europarat, der nicht zur EU gehört, sondern eine eigenständige internationale Organisation darstellt. Auch beim Europäischen Rat (der Staats- und Regierungschefs der EU einschließlich der Präsidenten der EU und der Kommission) handelt es sich um eine andere Einrichtung: Letzterer ist Organ der EU, aber nicht gesetzgeberisch tätig. Er gibt der EU Impulse für ihr Handeln und ihre Fortentwicklung und legt die allgemeinen politischen Ziele sowie ein Arbeitsprogramm fest.
Im Rat der Europäischen Union sind die Mitgliedstaaten der EU auf Ebene der Fachminister vertreten, welche verbindlich für ihre Regierung handeln können. Damit ist der Rat eine Institution, die nicht wie die anderen Organe der EU über eine personelle Kontinuität verfügt. Der Rat ist gleichberechtigt mit dem EP am europäischen Gesetzgebungsprozess beteiligt und bringt dort die Interessen der Mitgliedstaaten ein.

Tipp

www.consilium.europa.eu

714 035

Der Vorsitz im Rat wechselt nach einem Rotationsprinzip halbjährlich. Der Europäische Rat legt die Reihenfolge fest. Davon ausgenommen ist der Ausschuss für Auswärtige Angelegenheiten: Dieser wird in Personalunion vom Hohen Vertreter der Union für Außen- und Sicherheitspolitik wahrgenommen. Zur Wahrung der Kontinuität der halbjährlich wechselnden Ratspräsidentschaften wird der amtierende Präsident von seinem Vorgänger und seinem Nachfolger unterstützt (Troika).

Grundsätzlich hat der Rat folgende Aufgaben, in denen sich die Funktionen einer Exekutive und eines Legislativorgans mischen:

- Rechtsetzung,
- Erlass von Rechtsvorschriften,
- Mitwirkung bei der Entscheidung über den jährlichen Haushalt der EU,
- Erteilung von Mandaten an die Kommission zur Aushandlung von Abkommen mit Drittstaaten und internationalen Organisationen sowie deren Abschluss,
- Abstimmung der Wirtschaftspolitik der Mitgliedstaaten,
- zentrale Rolle in der GASP und der Europäischen Sicherheits- und Verteidigungspolitik (ESVP).

Neben dem Europäischen Parlament ist der Rat das zentrale Entscheidungsorgan der EU. Der Rat nimmt im politischen System der EU eine Zwitterrolle ein: Einerseits ist er ein EU-Organ und entscheidet als dieses für die Union. Auf der anderen Seite werden im Rat die nationalen Interessen der Mitgliedstaaten artikuliert und durchzusetzen versucht. In dem Bemühen, beiden Anforderungen gerecht zu werden, strebt der Rat in der Regel eine Konsensentscheidung an – unabhängig davon, welche Mehrheit erforderlich ist. Denn jedes Mitgliedsland muss damit rechnen, einmal in eine Minderheitenposition zu gelangen, bei der es auf die Rücksicht der anderen Partner angewiesen ist. Beharren ein oder zwei Mitgliedstaaten auf ihrem abweichenden Standpunkt – etwa wenn seine Vertreter im Kern dem Vorhaben zustimmen, es aber im nationalen Kontext nicht durchsetzen können, kann im „Umweg" über die EU Entsprechendes meist doch noch realisiert werden, sofern in dem Politikfeld Mehrheitsentscheidungen vorgesehen sind.

Nach: Melanie Piepenschneider, „Vertragsgrundlagen und Entscheidungsverfahren", in: Informationen zur Politischen Bildung, Heft 279, Europäische Union, www.bpb.de, Bonn 2012 [24.03.2014]

M 9 Versuch, im Ministerrat einen Kompromiss zu finden

Gerhard Mester

Der wichtigste Rat ist der für „Allgemeine Angelegenheiten und Außenbeziehungen", das heißt der Rat der Außenminister, der unter anderem für die Koordinierung der Ratssitzungen, die Vor- und Nachbereitung der Europäischen Gipfel sowie für die Durchführung sämtlicher außenpolitischer Maßnahmen (GASP, ESVP, Außenhandel, Entwicklungszusammenarbeit, humanitäre Hilfe) zuständig ist. Auf der Grundlage eines vom Europäischen Rat entwickelten mehrjährigen Strategieprogramms wird in der Formation „Allgemeine Angelegenheiten und Außenbeziehungen" ein operatives Jahresprogramm für den Rat festgelegt.

Aufgaben

1 *Der Text M 8 schreibt dem Rat eine „Zwitterrolle" zu. Erläutern Sie, was damit gemeint ist.*

2 *Erläutern Sie ausgehend von der Karikatur M 9 mögliche Schwierigkeiten, im Ministerrat einen Konsens zu finden. Sie können hier das Beispiel der Forderung nach Senkung der Roaming-Gebühren nutzen (s. S. 504f., M 2).*

3 *Erörtern Sie die Problematik, dass die nationale Exekutive (Minister) in Europa die Legislative nutzt, um Interessen durchzusetzen, die sie im nationalen Kontext nicht durchsetzen kann.*

Zusammenwirken der Organe in der Rechtsetzung

M 10 Das Ordentliche Gesetzgebungsverfahren

Das Ordentliche Gesetzgebungsverfahren verleiht dem Europäischen Parlament und dem Rat der Europäischen Union auf einer Vielzahl von Gebieten (z. B. wirtschaftliche Ordnungspolitik, Einwanderung, Energie, Verkehr, Umweltschutz, Verbraucherschutz) das gleiche Gewicht. Die überwiegende Mehrheit aller Gesetze der EU wird vom Europäischen Parlament und vom Rat gemeinsam erlassen. Das Verfahren der Mitentscheidung wurde durch den Vertrag von Maastricht über die Europäische Union (1992) eingeführt und durch den Vertrag von Amsterdam (1999) im Hinblick auf eine Stärkung seiner Effizienz ausgeweitet und angepasst. Mit dem Vertrag von Lissabon, der am 1. Dezember 2009 in Kraft trat, wurde das in Ordentliches Gesetzgebungsverfahren umbenannte Verfahren zum wichtigsten Rechtsetzungsverfahren des EU-Beschlussfassungssystems. Die Gesetzgebungsinitiative liegt bei der Kommission. Durch den Vertrag von Maastricht und dessen Änderung durch den Vertrag von Lissabon wurde dem Europäischen Parlament ein Initiativrecht für den Legislativbereich übertragen, das ihm die Möglichkeit gibt, die Kommission aufzufordern, einen Vorschlag zu unterbreiten.

Autorentext

Aufgaben

1 *Informieren Sie sich auf der Internetseite des Europäischen Parlaments, welche konkreten Politikbereiche nach welcher Verfahrensordnung geregelt werden.*

2 *Erwägen Sie Gründe für die unterschiedlichen Verfahrensordnungen.*

3 *Nehmen Sie zu dieser Regelung kritisch Stellung.*

M 11 Die Ordentliche Gesetzgebung im Überblick

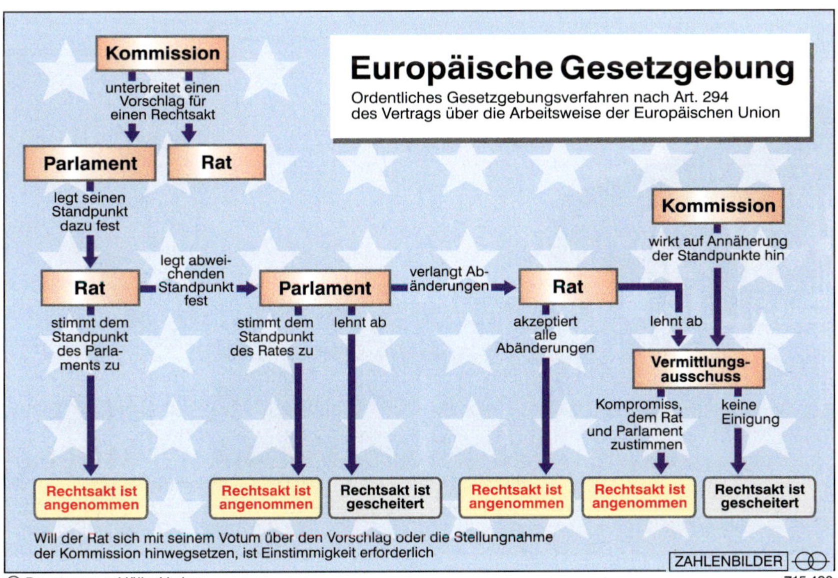

 715 420

Info

Daneben gibt es die Verfahren der Konsultation, der Zustimmung und weitere, für bestimmte Tätigkeitsbereiche geltende Verfahren.

Info

Europäische Rechtsakte:
Verordnungen sind in der gesamten EU direkt gültige und verbindliche „Gesetze", die über dem nationalen Recht stehen.
Richtlinien sind Weisungen an die EU-Staaten, nationale Gesetze oder Vorschriften zu ändern oder neu zu erlassen, um ein verbindliches Ziel in einer vorgegebenen Zeit zu erreichen.
Beschlüsse sind Rechtsakte, die Einzelfälle verbindlich regeln.

Ein großer Teil der in Deutschland erlassenen Gesetze beruht auf der Umsetzung von EU-Richtlinien. Für die Bevölkerung ist es somit meist schwer erkennbar, wie viel Einfluss die Europäische Union gerade auf nationale Gesetze hat.

Nach: Marco Eipper/Tobias Fischer/Elisabeth Wagner, Die Union heute, www.rossleben2001.werner-knoben.de [11.01.2014]

Aufgaben

1 *Arbeiten Sie anhand der Grafik heraus, wodurch ein Rechtsakt scheitern kann. Zeigen Sie dabei Parallelen und Unterschiede zu dem Gesetzgebungsprozess in Deutschland.*

2 *Erläutern Sie Vor- und Nachteile eines solchen Entscheidungsverfahrens.*

3 *Stellen Sie heraus, an welchen Stellen und auf welche Art nationale Parlamente/Regierungen Einfluss auf die europäische Gesetzgebung ausüben können.*

4 *Sie erinnern sich an die Forderung nach Senkung der Roaming-Gebühren (S. 504f., M 2): Zeichnen Sie potenzielle Wege im Gesetzgebungsverfahren zu diesem Vorschlag nach.*

M 12 Umsetzung von EU-Recht in den Mitgliedstaaten: Die EU-Kommission sieht genau hin

[...] Die EU-Kommission fungiert unter anderem als „Hüterin der Verträge". Das heißt, sie kontrolliert fortlaufend, ob die Mitgliedstaaten die EU-Richtlinien auch wirklich in innerstaatliche Gesetze gießen. Aber selbstverständlich kontrolliert sie auch, ob die einzelnen Maßnahmen der Mitgliedstaaten gegen europäisches Recht verstoßen.
Dies geschieht in sehr systematischer Weise: Ein Mal im Monat steht das Thema „Vertragsverletzungen" auf der Tagesordnung der wöchentlichen Sitzungen des Kommissars-Kollegiums [...]. Die EU-Kommission entscheidet dann, wie sie gegen Mitgliedstaaten vorgehen will, die gegen ihre Verpflichtungen aus den europäischen Verträgen verstoßen. Im extremsten Fall kann die EU-Kommission den Mitgliedstaat vor dem Europäischen Gerichtshof [...] verklagen. Und sollte ein Mitgliedstaat trotz Verurteilung seinen Verpflichtungen nicht nachkommen, kann er in einem weiteren Gerichtsverfahren zu einer Strafzahlung verurteilt werden (setzt ein Mitgliedstaat eine Richtlinie überhaupt nicht um, so kann er schon im ersten Verfahren zu einer Strafe verurteilt werden).

Der Sitz des Europäischen Gerichtshofs (EuGH) in Luxemburg

So weit kommt es jedoch in aller Regel nicht. Denn zuerst muss die EU-Kommission dem Mitgliedstaat mitteilen, dass sie einen Verstoß gegen EU-Recht sieht und ihm Gelegenheit zur Stellungnahme geben. Ist die EU-Kommission mit der Antwort des Mitgliedstaats nicht zufrieden, beginnt die nächste Stufe des Verfahrens: Hier droht die EU-Kommission schon konkret mit einer Klage vor dem Europäischen Gerichtshof, wenn der Mitgliedstaat die Mängel nicht innerhalb einer bestimmten Frist abstellt. Bleibt auch diese „Mahnung" erfolglos, kann die EU-Kommission den gerichtlichen Weg beschreiten.
Klingt bürokratisch und kompliziert? Vielleicht machen ein paar Zahlen und Beispiele diese Schritte plastischer: Diese Woche hatte das Kollegium der Kommissare über 141 mögliche Verstöße der Mitgliedstaaten gegen EU-Recht zu befinden. In 20 Fällen gab es eine letzte Mahnung an Mitgliedstaaten, EU-Recht zu befolgen. In vier weiteren Fällen beschloss die EU-Kommission eine Klage vor dem Europäischen Gerichtshof.
Große Aufreger? Diesmal nicht dabei, sieht man vielleicht einmal vom Käfigverbot für Legehennen ab, das auch in Deutschland schon für Aufsehen gesorgt hat. Jetzt wurden Italien und Griechenland verklagt, weil sie in 12 Jahren Umsetzungszeit, wie die EU-Kommission mitteilte, „trotz wiederholter Aufforderungen nichts unternommen haben, um das geltende EU-Recht ordnungsgemäß einzuhalten". Ansonsten reichten die von der EU-Kommission aufgegriffenen Themen von der Immobilienbesteuerung in Spanien über Elternzeitreglungen in Belgien bis hin zur niederländischen Telekommunikationsaufsichtsbehörde. Immerhin verdeutlicht dies, dass es letztlich keinen Politikbereich mehr gibt, in dem die EU nicht maßgeblich mitsprechen würde. [...]
Ein letzter Punkt in diesem Zusammenhang: Oft ist in der Presse zu lesen, jemand habe eine „Beschwerde" bei der EU-Kommission eingereicht, weil eine behördliche Entscheidung EU-Recht verletze. Eine direkte „Klage" bei der EU-Kommission gibt es allerdings nicht. Vielmehr ist diese „Beschwerde" letztlich eine Information an die EU-Kommission, dass es in einem Mitgliedstaat möglicherweise einen EU-Rechtsverstoß gibt. Dies hat durchaus seine Berechtigung, denn die EU-Kommission kann selbst natürlich nicht sämtliche behördlichen Entscheidungen in allen Mitgliedstaaten kontrollieren. Sie kann allerdings auf Grundlage einer solchen Information Ermittlungen anstellen und gegebenenfalls die oben beschriebenen Schritte einleiten.

Gregor Raible, „Umsetzung von EU-Recht in den Mitgliedstaaten: Die EU-Kommission sieht genau hin", www.bayern.landtag.de, 26.04.2013 [11.01.2014]

Aufgaben

1 *Unterscheiden Sie die in der Info auf S. 515 unten beschriebenen Rechtsakte.*

2 *Erklären Sie, welche Probleme eine solch uneinheitliche Rechtsetzung mit sich bringt.*

3 *Zeigen Sie Durchsetzungsmöglichkeiten der EU zu den Rechtsakten auf (M 12).*

4 *Recherchieren Sie aktuelle Fälle von Verstößen gegen EU-Recht.*

5 *Verdeutlichen Sie, inwiefern zwischen dem EuGH und dem Bundesverfassungsgericht (s. S. 365ff.) ein Spannungsverhältnis herrschen kann.*

Tipp

Subsidiarität (von lat. subsidium = Hilfe, Reserve) ist eine politische, wirtschaftliche und gesellschaftliche Maxime, derzufolge Aufgaben so weit wie möglich selbstbestimmt und eigenverantwortlich von der jeweils kleinsten Gruppe bzw. untersten Ebene einer Organisationsform übernommen werden sollen. Nur wenn dies nicht möglich oder sehr schwierig ist, sollen sukzessive größere Gruppen bzw. höhere Ebenen einer Organisationsform die Aufgaben **subsidiär** unterstützen und übernehmen.

Prinzip der Subsidiarität – oder: Wo soll was entschieden werden?

M 13 Das strukturelle Problem: die EU als „Mehrebenensystem"

a) Das Problem der Kompetenzverteilung zwischen der EU und den nationalen Regierungen, die unterschiedlichen Formen der europäischen Gesetze (Richtlinien, Verordnungen) und die begrenzte Wirksamkeit des Subsidiaritätsprinzips machen zweierlei deutlich:

- Das politische System der EU ist in einen dynamischen politischen (von unterschiedlichen politischen Zielvorstellungen und Interessen geprägten) Prozess eingebunden und unterliegt daher der ständigen Entwicklung und Veränderungen.
- „Europäische" und „nationale" Politik lassen sich nicht voneinander trennen; EU-Politik stellt sich als „Mehrebenensystem" dar (s. Grafik), das nicht nur durch die nationale und die „supranationale" (ihrerseits durch die zentralen EU-Institutionen strukturierte) Ebene, sondern auch durch die „subnationale" (im Bundesstaat Deutschland durch die Bundesländer besonders ausgeprägte) Ebene – und daneben durch den politischen Einfluss von nationalen und internationalen Interessenverbänden und Nichtregierungsorganisationen (NGO) – vielfältig strukturiert ist.

Franz Josef Floren (Hg.), Wirtschaft, Gesellschaft, Politik, Band II, Schöningh, Paderborn 2006, S. 389

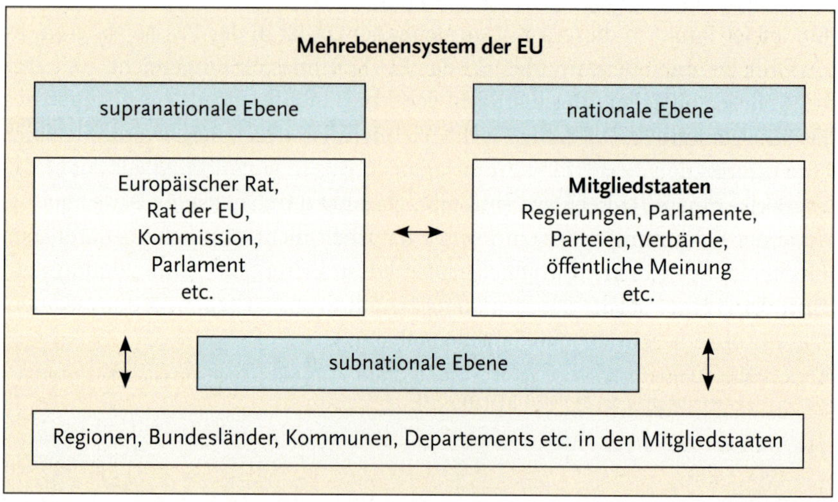

Wochenschau II, Nr. 5, Sept./Okt. 2004, Wochenschau Verlag, Schwalbach 2004, S. 190

b) In der politikwissenschaftlichen Diskussion wird seit geraumer Zeit der Begriff „multi-level-governance" verwendet, was mit „Regieren in einem Mehrebenensystem" übersetzt werden könnte. Dem Begriff liegt die Vorstellung von der Europäischen Union als einem politischen System zugrunde, welches als Mehrebenensystem näher bezeichnet wird. Als solche unterschiedlichen Ebenen werden zum einen Gebietskörperschaften verstanden, also etwa Kommunen, Regionen, Nationalstaaten und die „supranationale" Ebene mit Brüssel als Zentrum. Ebenen können aber auch als *ineinandergreifende Handlungssysteme* verstanden und konzipiert werden. Zum Begriff des Mehrebenensystems gehört die Verflechtung politischer Prozesse auf verschiedenen Ebenen, die miteinander ver-

Aufgabe

Erklären Sie, was mit dem „Mehrebenensystem der EU" gemeint ist, und erläutern Sie, inwiefern dieses System ein strukturelles Problem darstellt.

knüpft und voneinander abhängig sind. In diesem Mehrebenensystem agieren und interagieren eine Vielzahl staatlicher und nicht staatlicher Akteure, die auf diesen verschiedenen Ebenen angesiedelt sind.

Wolfgang W. Mickel/Jan Bergmann, Handlexikon der Europäischen Union, Omnia Verlag, Stuttgart, ^{3}2005, S. 412

M 14 Zuständigkeiten in der EU

In der Europäischen Union und bei den Mitgliedstaaten unterscheidet man drei Arten von Zuständigkeiten: solche, die völlig in der Kompetenz der EU liegen, solche, die den ausschließlichen Wirkungsbereich der Mitgliedstaaten darstellen, und Zuständigkeiten, die EU und Mitgliedstaaten sich teilen. Grundsätzlich gilt in der Europäischen Union, dass die Institutionen der EU, also die Europäische Kommission, der Rat oder auch das Europäische Parlament, sich nicht selbst Zuständigkeiten zuschreiben können. Die EU kann nur die Aufgaben übernehmen, die ihr von den Mitgliedstaaten zugeteilt werden. Zudem gilt in der Europäischen Union der Grundsatz der Subsidiarität. Das bedeutet, dass der EU eine Kompetenz nur übertragen werden kann, wenn ersichtlich ist, dass das Problem auf europäischer Ebene besser zu lösen ist als auf nationaler (oder regionaler). Der Lissabonner Vertrag verstärkt den Subsidiaritätsgedanken noch und gibt den nationalen Parlamenten ein vorfristiges Einspruchsrecht, falls sie die Kompetenzordnung zu ihren Lasten verletzt sehen. In seinem Urteil zum Lissabonner Vertrag hat das Bundesverfassungsgericht im Juni 2009 einige Kompetenzen definiert, die in nationaler Obhut bleiben müssen – gleichzeitig und vor allem allerdings festgestellt, dass die von ihm gezogenen Grenzen durch den Lissabonner Vertrag nicht verletzt werden.

Die ausschließlichen Zuständigkeiten der EU ergeben sich aus dem Binnenmarkt, der ja auch eine Zollunion einschließt. Es ist leicht nachvollziehbar, dass in einem einheitlichen Binnenmarkt, in dem Waren, Dienstleistungen, Kapital und Arbeit freizügig sind, nicht unterschiedliche Zölle für einzelne Mitgliedstaaten gelten können. Auch der Außenhandel und die Sicherung des Wettbewerbs im Binnenmarkt sind zwangsläufig eine Zuständigkeit der Europäischen Union. Dies gilt zudem für die Währungspoli-

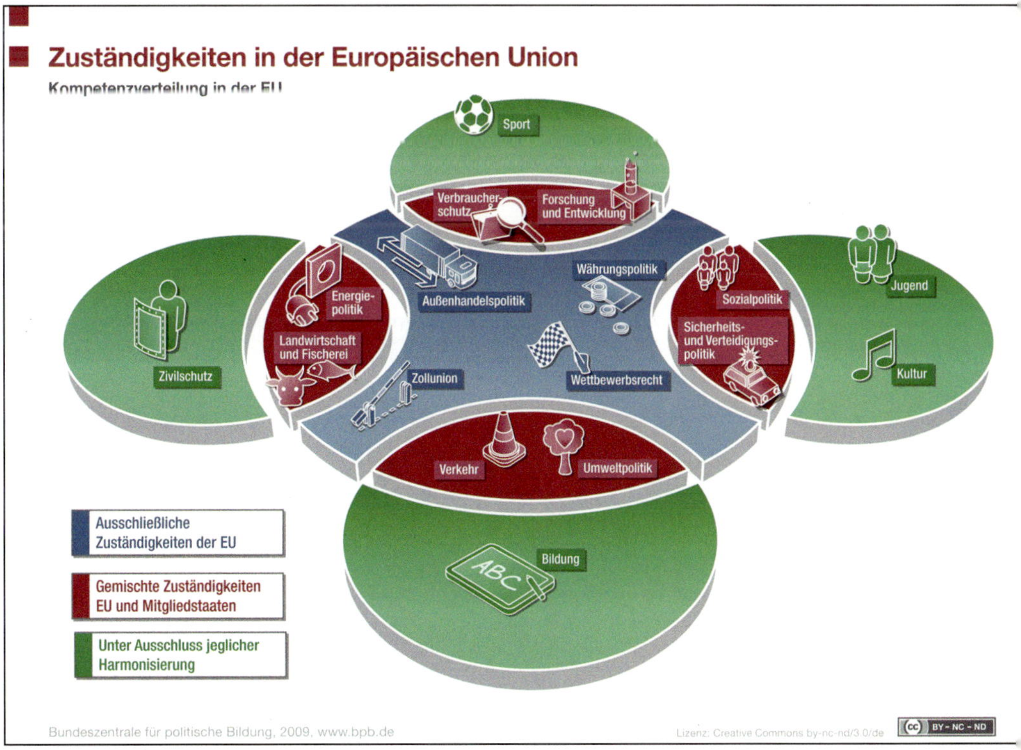

tik, soweit sie sich auf die Gemeinschaftswährung Euro bezieht. Die Staaten, die sich zu „Euroland“ [= Euro-Währungsgebiet] zusammengeschlossen haben, gaben damit auch ihre währungspolitische Souveränität auf und haben die Entscheidungsgewalt auf die Europäische Zentralbank übertragen.

Der Verbraucherschutz ist ebenfalls ein Teil des Binnenmarktes. Soweit es sich um grenzüberschreitende Produkte handelt, kann nur die EU regelnd eingreifen. Generell ist die Grenzüberschreitung die Voraussetzung für die Begründung einer Kompetenz der EU. Ob in Gaststätten geraucht werden darf, wird national entschieden, deutsche Raucher würden ja in Österreich niemanden beeinträchtigen. Ein Tabakwerbeverbot in Print- und elektronischen Medien ist allerdings europäisch verhängt worden, da die Zeitungen und Sendungen die Binnengrenzen leicht überschreiten und somit Einfluss im Nachbarland ausüben. Eine Reihe von Kompetenzen werden zum Teil von der EU, zum anderen Teil vom Mitgliedstaat wahrgenommen. Im Allgemeinen werden in diesen Fällen auf europäischer Ebene bestimmte Mindeststandards beschlossen, die in den Mitgliedstaaten eingehalten werden müssen. Alles Weitere wird national geregelt.

Bildung und Kultur bleiben eine nationale Domäne, das gilt auch für den Sport. Allerdings hat der Europäische Gerichtshof 1995 entschieden, dass Fußballprofis nach Vertragsablauf ablösefrei sein müssen. Die Richter haben damit aber nicht in den Sport eingreifen wollen, sondern die Rechte der Fußballprofis als Beschäftigte geschützt. Sie sahen deren Freizügigkeit eingeschränkt, wenn ihre Vereine trotz Vertragsablaufs eine hohe Ablösesumme von anderen Clubs verlangen.

Bundeszentrale für politische Bildung, „Zuständigkeiten in der Europäischen Union“, www.bpb.de [10.11.2009]

Aufgaben

1 *Erläutern Sie ausgehend vom Schaubild in M 14 die Kompetenzverteilung zwischen EU und Mitgliedstaaten.*

2 *Beurteilen Sie vor dem Hintergrund der Ergebnisse aus Aufgabe 1 Chancen und Schwierigkeiten der Schaffung eines einheitlichen europäischen Rechtsraums.*

3 *Stellen Sie mit eigenen Worten das Prinzip der Subsidiarität im Rahmen der EU dar und wägen Sie ab, ob dieses Prinzip eine Lösungsmöglichkeit für das Kompetenzproblem in der EU darstellt (M 14 und M 15).*

M 15 Das Subsidiaritätsprinzip – eine Lösung des Kompetenzproblems?

© Bergmoser + Höller Verlag AG 714 025

M 16 Ist Brüssel für alles zuständig? Zum Vorwurf der europäischen Vereinheitlichungswut

Sie regeln die Länge von Kondomen und Gurken, die Krümmung von Bananen und die nicht vorhandene Seilbahn in Berlin: Viele EU-Verordnungen gelten als überflüssig und teuer. Nun sollen einige wieder abgeschafft werden. Nur: An einigen Verordnungen ist die Europäische Kommission gar nicht schuld.

Das Bundesland Berlin hat ein Seilbahn-Gesetz. Eine Seilbahn selbst zwar nicht, und wegen hoher Schulden und topfdeckelflacher Topografie wird das wohl auch so bleiben. Aber ein Gesetz für den Betrieb ist schon mal da – Brüssel sei Dank. Denn eine EU-Richtlinie vereinheitlichte vor acht Jahren die Standards für alle Personen-Seilbahnen Europas. Berlin hatte sich zwar mit Verweis auf fehlende Gipfel lange gegen die Umsetzung gesträubt. Brüssel aber drohte eine Strafe von 791000 Euro an. In seiner Not klaute der Senat das Seilbahn-Gesetz aus Bayern. Seither ist Europas Paragrafenwelt wieder in Ordnung.

Beispiele wie dieses liefern einen guten Hinweis darauf, warum sich viele Bürger von der EU abwenden. Europa nervt. Die Ambition von Brüssel, selbst Unsinniges zuchtmeisterlich regulieren, harmonisieren, normieren und standardisieren zu wollen, geht vielen Menschen und Firmen gegen den Strich. „Der Bürokratie-Irrsinn ist der Hauptgrund, warum viele Bürger vor allem in Deutschland noch immer starke Vorbehalte gegen Europa haben“, sagt auch Entbürokratisierungs-Berater Edmund Stoiber. Der frühere bayerische Ministerpräsident berät seit Herbst [... 2007] die EU-Kommission beim Kampf gegen Paragrafen. Das Vorhaben sei aber „außerordentlich kompliziert“, mühsam und „sehr schwer“, klagt Stoiber.

Vieles, was sich im Brüsseler Paragrafendschungel an Schätzen findet, hat sogar Unterhaltungswert. Etwa die „Richtlinie über Mindestvorschriften für Sicherheit und Gesundheitsschutz bei Benutzung von Arbeitsmitteln“. Denn dort findet sich die sinnige Vorschrift: „Leitern sind so aufzustellen, dass sie während der Benutzung standsicher sind.“

Für die staatliche Bevormundung machen Bürger und Firmen in erster Linie die EU-Kommission verantwortlich. Die hat nun allerdings endgültig genug davon, als Buhmann für alles, was schiefläuft, herzuhalten. Denn die Initiativen zu den meisten der Gesetze, die jetzt verlacht werden, kamen aus den Mitgliedsländern.

Ohnehin werden Gesetze von der Kommission lediglich vorgeschlagen. Die Details ausgehandelt und abgesegnet werden dann vom Ministerrat, also der Runde der nationalen Minister, und teilweise vom Europa-Parlament. Das galt auch für die Seilbahn-Richtlinie: Nach einigen schweren Seilbahn-Unglücken erschienen den Ministern EU-Sicherheitsstandards als sinnvoll. Dass die Umsetzung in deutsches Recht zum Schildbürger-

EU-Regelung entfällt: Seit Juli 2009 dürfen Gurken wieder so krumm oder gerade sein, wie sie natürlich wachsen.

Nun doch: EU schafft Krümmungsgrad der Gurke ab

Ende für ein Symbol der Brüsseler Bürokratie: Die Europäische Union hat beschlossen, die Normungen für 26 Obst- und Gemüsesorten abzuschaffen, darunter den berüchtigten Krümmungsgrad der Gurke. Ein entsprechender Vorschlag von EU-Agrarkommissarin Mariann Fischer Boel stieß am Mittwoch in Brüssel im zuständigen Ausschuss zwar auf die Gegenstimmen von 16 Mitgliedstaaten. Das sei aber nicht genug gewesen, um die Kommission zu überstimmen. [...]

dpa-infocom, „EU schafft Krümmungsgrad der Gurke ab", www.rhein-zeitung.de, 12.11.2008 [10.11.2009]

streich geriet, lag nicht an Brüssel, sondern an der Überregulierung im föderalen Deutschland. Während in den meisten EU-Ländern ein einziges Seilbahn-Gesetz ausreichte, hat der Bund in Deutschland keine Kompetenz in dieser Frage. Deshalb musste jedes Bundesland ein Gesetz erlassen, selbst wenn es überflüssig war.

Sogar wenn die EU-Kommission obsolete Regelungen wie die Gurkenkrümmungsvorschriften abschaffen wolle, werde sie blockiert, kritisiert nun EU-Kommissionschef José Manuel Barroso jene Politiker, die Europa zu Hause bei den Wählern der Regelungswut bezichtigen. „Seit Jahr und Tag wird Europa lächerlich gemacht wegen seiner Vermarktungsstandards für Gurken", klagte Barroso vor dem Europa-Parlament. Nun habe die Kommission beschlossen, diese einst vom Handel geforderten Vorgaben abzuschaffen, doch die Mehrzahl der EU-Länder sagte Nein. Die Vermarktungsstandards für Obst und Gemüse waren einst vom Handel gefordert worden, weil genormte Ware leichter zu verpacken und transportieren ist. Die Kommission schlug nun vor, 26 der 36 Regeln über Bohnen, Blumenkohl, Melonen oder Gurken abzuschaffen. Doch die Agrarminister aus Deutschland, Frankreich, Ungarn, Italien und Spanien sträubten sich mit Verweis auf den Verbraucher, dem dann möglicherweise minderwertige Qualität untergejubelt werden könnte.

Doch so unschuldig an der Entwicklung, wie sie tut, ist die Kommission wiederum auch nicht. Zwar betont EU-Industriekommissar Günter Verheugen, es seien bereits 5 000 der 100 000 Seiten aus dem EU-Gesetzbuch getilgt worden. Doch es wachsen unentwegt neue Initiativen nach. Schon allein, weil nach der EU-Erweiterung die Zahl der Beamten rasant gewachsen ist, steigt auch der Umfang der vorgelegten Ideen. Solche Vorschläge sind für Beamte nach wie vor der beste Weg, um sich zu profilieren und unentbehrlich zu machen. „Es gibt ja in der Volkswirtschaftslehre einen ganzen Forschungszweig zur Selbsterhaltung der Bürokratie", spottet daher die FDP-Abgeordnete Silvana Koch-Mehrin über das aussichtslose Unterfangen, Brüssel beim Regulieren zu bremsen.

Hannelore Crolly, „EU kämpft gegen lächerliche Verordnungen", www.welt.de, 14.07.2008 [14.03.2014]

Aufgaben

1 *Erörtern Sie, inwiefern die EU-Kommission für die in M 16 beschriebene staatliche Bevormundung verantwortlich gemacht werden kann.*

2 *Setzen Sie sich mit der Frage auseinander, ob die faktische Zuständigkeit der EU und ihre „Regulierungswut" das Subsidiaritätsprinzip aushöhlen.*

3 *Zeigen Sie auf, inwiefern gerade der deutsche Föderalismus zu mehr EU-Kompetenz statt zur beabsichtigten Dezentralisierung der gesetzgeberischen Zuständigkeit beiträgt.*

M 17 Schafft Zentralismus nicht sogar weniger Bürokratie?

Wer als deutscher Architekt ein Büro auf Mallorca eröffnen möchte, muss zahlreiche Behörden aufsuchen, um sein Gewerbe anzumelden. Umgekehrt muss ein italienischer Gastronom, der in Deutschland ein Restaurant eröffnen möchte, zu vielen verschiedenen deutschen Ämtern, bevor er endlich loslegen kann. Mit der neuen EU-Dienstleistungsrichtlinie wird es künftig bei grenzüberschreitenden Existenzgründungen nur noch einen Ansprechpartner geben.

Die bisherigen bürokratischen Hürden bei Existenzneugründungen, der Eröffnung neuer Niederlassungen innerhalb der Europäischen Union oder der Ausübung eines Gewerbes im europäischen Ausland werden endlich beseitigt. Das bedeutet: Wer in Zukunft ein Unternehmen im Dienstleistungsbereich gründen möchte, kann alle wichtigen Informationen an einer einzigen Stelle erfahren und hier notwendige Formalitäten abwickeln. Existenzgründer haben dann die Möglichkeit, alle Formalitäten über einen einheitlichen Ansprechpartner elektronisch abzuwickeln, sodass lästige Anfahrten wegen Behördengängen entfallen.

Das Ziel: der Abbau von Bürokratie und die Vereinfachung des Dienstleistungsverkehrs innerhalb Europas. Hiervon profitieren EU-Ausländer und inländische Dienstleister gleichermaßen. In erster Linie werden Zeit, Kosten und Mühe der Existenzgründer geschont. Durch eine Beschleunigung von Verwaltungswegen sparen aber auch die Kommunen einiges an Kosten. Durch vereinfachte Organisation wird der grenzüberschreitende Handel mit Dienstleistungen gefördert und damit auch mittelbar die Wirtschaft angekurbelt.

(Autorentext)

Aufgabe

Setzen Sie sich mit der These der Titelfrage auseinander und erörtern Sie, ob „damit auch mittelbar die Wirtschaft angekurbelt" wird (Z. 26).

3.3 Europäische Außen- und Sicherheitspolitik – Chancen und Probleme

Eine gemeinsame Außen- und Sicherheitspolitik war zu Beginn des europäischen Integrationsprozesses nicht vorgesehen. Sie blieb lange Zeit allein in den Händen der Mitgliedstaaten. Erst vor gut 20 Jahren wurde dieses noch junge Kapitel europäischer Politik institutionalisiert und seitdem beständig weiterentwickelt. Vergemeinschaftet, d.h. in die ausschließliche Kompetenz der EU überführt, ist sie allerdings bis heute nicht. Noch jünger ist die gemeinsame europäische Sicherheits- und Verteidigungspolitik.

Ein guter Zeitpunkt also für eine Bestandsaufnahme dieser sensiblen Politikbereiche. Ist die EU auf dem Weg zum ernst zu nehmenden globalen Akteur oder bleibt sie trotz aller Wirtschaftskraft ein politischer und militärischer Zwerg?

Federica Mogherini gibt der EU-Diplomatie ein Gesicht als Hohe Vertreterin für die gemeinsame Außen- und Sicherheitspolitik.

M1 Gemeinsame Außen- und Sicherheitspolitik (GASP) – die EU als wirtschaftliche Macht, aber politischer Zwerg?

Mit Inkrafttreten des Vertrages von Maastricht über die Europäische Union im November 1993 wurde die Gemeinsame Außen- und Sicherheitspolitik (GASP) als Nachfolgerin der Europäischen Politischen Zusammenarbeit (EPZ) eingeführt. Der Vertrag von Lissabon (in Kraft seit Dezember 2009) hat die Strukturen der GASP weiter gestärkt.

Amt der Hohen Vertreterin: wichtiger Schritt für stärkeres gemeinsames Handeln

Zwar bleibt das Prinzip der Einstimmigkeit der Mitgliedstaaten bei der Beschlussfassung (bis auf wenige, eng umgrenzte Ausnahmen) erhalten. Die institutionelle Neuordnung mit der Einrichtung einer Hohen Vertreterin in der Doppelrolle als Vize-Präsidentin der Kommission und der Schaffung eines Europäischen Auswärtigen Dienstes ist jedoch ein wichtiger Fortschritt auf dem Weg zu einem stärkeren gemeinsamen Handeln in der europäischen Außenpolitik.

Ziele und Charakteristika der GASP

Die hinter der Gemeinsamen Außen- und Sicherheitspolitik (GASP) der Europäischen Union stehende Ratio ist so einfach wie einleuchtend: Nur gemeinsam haben die EU-Mitgliedstaaten spürbares internationales Gewicht; je größer die Einigkeit und die Kohärenz [= Zusammenhang, Zusammenspiel] des EU-Außenhandelns, desto größer die Handlungsfähigkeit der EU. Dabei hat die EU gar keine Wahl: Sie ist allein aufgrund ihrer wirtschaftlichen Bedeutung ein „globaler Akteur". Damit sie auf internationaler Bühne aber nicht nur als wirtschaftlicher Riese angesehen und als vermeintlich politischer Zwerg übersehen wird, ist eine starke und effektive gemeinsame Außen- und Sicherheitspolitik von ganz zentraler Bedeutung. [...]

Die GASP umfasst laut EU-Vertrag alle Bereiche der Außen- und Sicherheitspolitik. In ihrem Dienst stehen die zivilen und militärischen Mittel und Fähigkeiten der Gemeinsamen Sicherheits- und Verteidigungspolitik (GSVP). Oft geht es bei der GASP um Krisenprävention, -bewältigung und Konfliktnachsorge. Dementsprechend unvorhersehbar ist die „GASP-Agenda" – sie richtet sich stark an

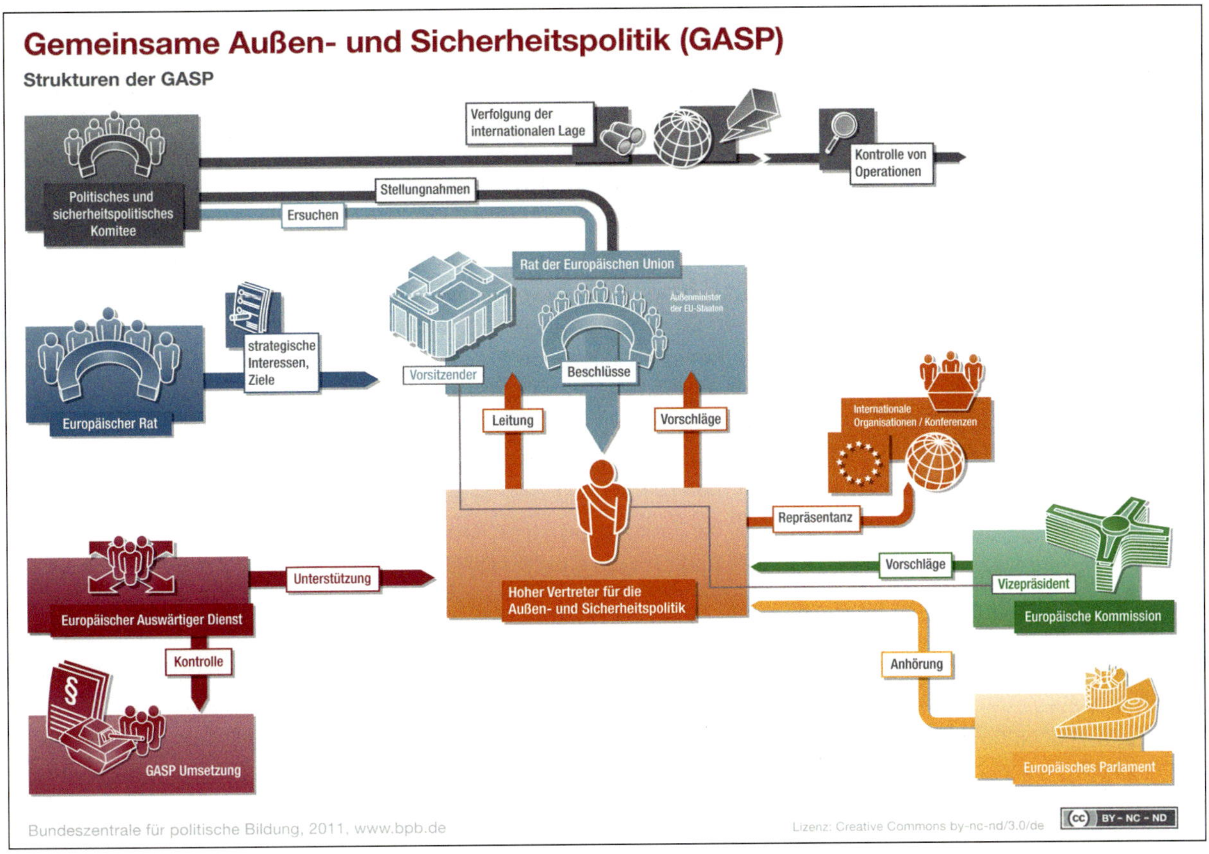

aktuellen außenpolitischen Geschehnissen aus. Und sie ist sehr umfangreich: Es gibt kaum einen aktuellen außen- oder sicherheitspolitischen Brennpunkt auf der Welt, der nicht auch im Rahmen der GASP behandelt wird. Andererseits umfasst der Bereich Krisenprävention langfristiges Engagement und Planung. [...]

Die GASP [...] ist „intergouvernemental“ angelegt, also nicht vergemeinschaftet. Die Mitgliedstaaten entscheiden – bis auf wenige Ausnahmen – einstimmig über GASP-Fragen und die Richtung der Außen- und Sicherheitspolitik der Union und üben gewissermaßen die exekutive Gewalt in der GASP aus. Dies geschieht über Beschlüsse des einmal im Monat tagenden Rates für Außenbeziehungen und die sich darunter befindende Steuerung im Politischen und Sicherheitspolitischen Komitee sowie in den Brüsseler Arbeitsgruppen. Die Hohe Vertreterin bereitet mit dem Europäischen Auswärtigen Dienst Beschlüsse vor, unterbreitet diese den Ratsgremien und setzt die unter ihrem Vorsitz von den Außenministern der EU-Mitgliedstaaten im Rat beschlossene Politik um. An dem intergouvernementalen Charakter der GASP hat sich durch den Vertrag von Lissabon nichts geändert.

Die Kommission hat – verglichen mit den vergemeinschafteten Politikbereichen (frühere „erste Säule“) – eine beschränkte Rolle in der GASP: Weder verfügt sie über ein Initiativrecht, noch übt sie nennenswerte exekutive Aufgaben aus; sie kann lediglich die Hohe Vertreterin bei der Befassung des Rates mit GASP-Fragen oder -Initiativen „unterstützen“. [...] Gegenüber dem Europäischen Parlament (EP) besteht eine Unterrichtungs- und Anhörungsverpflichtung in GASP-

Aufgaben

1 *Diskutieren Sie die Frage der Notwendigkeit einer gemeinsamen Außen- und Sicherheitspolitik.*

2 *Beschreiben Sie die institutionelle Architektur der GASP.*

3 *Zeigen Sie Handlungsmöglichkeiten einer gemeinsamen europäischen Außen- und Sicherheitspolitik im Unterschied zu nationalstaatlichem Vorgehen auf.*

4 *Die GASP ist durch den Vertrag von Lissabon zwar weiterentwickelt worden, bleibt aber weiterhin nicht vergemeinschaftet. Erörtern Sie, ob der Anspruch der EU, in den Außenbeziehungen mit einer Stimme zu sprechen und somit politisches Gewicht zu bekommen, realisiert werden kann, wenn sie (auch künftig) lediglich eine reine Regierungszusammenarbeit bleibt.*

Angelegenheiten. Zudem hat die Hohe Vertreterin darauf zu achten, „dass die Auffassungen des Europäischen Parlaments gebührend berücksichtigt werden“. [...]

Die GASP existiert „neben“ der Außenpolitik der einzelnen EU-Mitgliedstaaten; diese sind aber verpflichtet, die GASP zu befördern bzw. nichts zu tun, was im Widerspruch zu ihr stehen würde.

Die GASP unterliegt keinen geografischen Einschränkungen; sie wird geleitet von den Werten der Demokratie, Rechtsstaatlichkeit, universeller Gültigkeit und Unteilbarkeit der Menschenrechte und Grundfreiheiten, Menschenwürde, Gleichheitsgrundsatz, Solidarität, den Grundsätzen der Charta der Vereinten Nationen und dem Völkerrecht. Ihre Ziele werden in Art. 21 EUV aufgeführt:

- Festigung, Förderung und Wahrung der Werte, grundlegenden Interessen, Sicherheit, Unabhängigkeit und Unversehrtheit der Union;
- Festigung und Förderung o. g. Werte;
- Friedenserhaltung, Konfliktverhütung und Stärkung der internationalen Sicherheit im Einklang mit der Charta der Vereinten Nationen, der Schlussakte von Helsinki und der Charta von Paris;
- nachhaltige Entwicklung in Bezug auf Wirtschaft, Gesellschaft und Umwelt und Beseitigung von Armut;
- Förderung der Integration aller Länder in die Weltwirtschaft und Abbau von Handelshemmnissen;
- Beitrag zu internationalen Maßnahmen zum Umweltschutz und zur nachhaltigen Bewirtschaftung der Ressourcen, um eine nachhaltige Entwicklung sicherzustellen;
- Katastrophenhilfe und
- Förderung einer Weltordnung basierend auf multilateraler Zusammenarbeit und verantwortungsvoller Weltordnungspolitik.

Auswärtiges Amt (Hg.), „Gemeinsame Außen- und Sicherheitspolitik (GASP)“, www.auswaertiges-amt.de, 02.02.2012 [11.01.2014]

M2 Europäische Draußenpolitik

„Kein Einfluss unter dieser Nummer“ – das wäre wohl die deprimierende Ansage, gäbe es noch heute einen US-Außenminister namens Henry Kissinger, der einst einen verlässlich-kompetenten Telefonanschluss in Europa vermisst hatte und jetzt bei der EU-Außenbeauftragten Catherine Ashton anriefe. Keine Frage, die Gemeinsame Europäische Außen- und Sicherheitspolitik (GASP) in der EU hat sich zur Nullnummer entwickelt.

[...] Zwei wissenschaftliche Mitarbeiter der Stiftung Wissenschaft und Politik schrieben in dieser Woche in der ZEIT: „Erodiert die gemeinsame Außenpolitik weiter, dann droht Europa zu einem Spielball der Globalisierung zu werden.“ So ist es.

Euro-Krise sorgt für schrumpfenden Einfluss der EU

Noch schneller als die Euro-Krise hat sich die Sklerose der GASP entwickelt. Wobei beide Verwerfungen fraglos zusammenhängen. Selbst Angela Merkel wird nicht müde zu betonen, dass nur ein im Inneren gefestigtes Europa auch den nötigen Einfluss außerhalb der Grenzen umsetzen könne. Das genau aber ist das Problem. Mit der wachsenden Euro-Krise ist der Einfluss der EU gesunken.

Hinzu kommt, dass GASP-Beschlüsse gemäß dem Vertrag von Lissabon einstimmig gefasst werden müssen. Mit anderen Worten: Dies leistet fraglos nationalen Alleingängen Vorschub, wie etwa in der französischen Mali-Politik zu beobachten. [...] Schließlich wurde das Thema Mali auf die UNO-Ebene gehoben [...].

Bei wichtigen Themen sitzt die EU auf der Beobachtertribüne

Diese typisch europäische Kakophonie statt Einstimmigkeit in der Außen- und Sicherheitspolitik wurde besonders in Sachen Libyen eklatant, als ausgerechnet Deutschland aus der Reihe tanzte. Zuvor hatte die EU in Sachen Krieg auf dem Balkan sich unsterblich blamiert und das Krisen- und Kriegsmanagement den USA überlassen. Motto: Wasch mir den Pelz, aber mach mich nicht nass. Und damals, in den Neunzigerjahren, gab es noch nicht einmal ein Einstimmigkeitsdiktat ...

In Sachen politisch glaubwürdiger Hygiene ist die EU bis heute nicht unter dem Regenschirm in der Dusche hervorgekommen. Das ist schlicht gesagt eine Katastrophe. Dies umso mehr, als die USA unter Obama ihren Schwerpunkt der Außen- und Wirtschaftspolitik in den fernöstlichen Raum verlagert haben. Gerade deshalb hätte die EU die jetzt große Chance, eine wichtigere Rolle außerhalb ihrer Grenzen etwa bei Demokratisierungsbewegungen im afrikanischen oder arabischen Raum zu spielen.

Doch zum Beispiel bei den Themen Syrien oder Wiedererstarken des muslimischen Einflusses in Nordafrika hat es sich die EU auf der Beobachtertribüne bequem gemacht. Zudem streitet man sich in Großbritannien über einen möglichen EU Austritt. Die Selbstfesselungskräfte durch schlechte Verträge wie Lissabon und Maastricht, aber auch die Euro-Krise haben die EU global an den Rand der Bedeutungslosigkeit gedrängt. Das kann sich noch einmal bitter rächen.

Rainer Burchardt, „Europäische Draußenpolitik", http://europa.deutschlandfunk.de, 18.05.2013 [11.01.2014]

Aufgaben

1 *Erläutern Sie die beschriebenen Probleme der europäischen Außen- und Sicherheitspolitik und stellen Sie dar, inwiefern es für die EU eine „große Chance (wäre), eine wichtigere Rolle außerhalb ihrer Grenzen etwa bei Demokratisierungsbewegungen im afrikanischen oder arabischen Raum zu spielen."*

2 *Recherchieren Sie in Kleingruppen die Politik der EU in den benannten Krisen um Mali, Libyen und Syrien und stellen Sie Ihre Ergebnisse im Kurs vor.*

3 *Nehmen Sie Stellung zur These: „Erodiert die gemeinsame Außenpolitik weiter, dann droht Europa zu einem Spielball der Globalisierung zu werden."*

M 3 Die Gemeinsame Sicherheits- und Verteidigungspolitik (GSVP)

Die „Geburtsstunde" der Gemeinsamen Sicherheits- und Verteidigungspolitik der EU schlug beim Europäischen Rat in Köln im Juni 1999, als die europäischen Staaten angesichts ihrer Schwierigkeiten im Umgang mit der Jugoslawien-Krise, speziell dem Kosovo-Konflikt, eine „Europäische Sicherheits- und Verteidigungspolitik" (ESVP) ins Leben riefen.

Diese wurde im Vertrag von Nizza von 2001 vertraglich aufgenommen und mit dem Vertrag von Lissabon [...] schließlich in die „Gemeinsame Sicherheits- und Verteidigungspolitik" (GSVP) überführt. In kurzer Zeit hat die EU die Strukturen und Verfahren für eigenständige Krisenmanagementaktionen erarbeitet und ab 2003 begonnen, sowohl zivile Missionen als auch militärische Operationen durchzuführen – bis heute insgesamt 26.

Vertrag von Lissabon

Hinter dem Namenswechsel von der „ESVP" zur „GSVP" durch den Vertrag von Lissabon verbirgt sich eine erhebliche Weiterentwicklung der europäischen Sicherheitspolitik: So haben die EU-Staaten eine Beistandsklausel vereinbart, die nun auch die neutralen EU-Mitgliedstaaten (Finnland, Irland und Österreich) erfasst. Das neue Instrument der „Ständigen Strukturierten Zusammenarbeit" (SSZ) gestattet einzelnen Mitgliedern der Union, unter dem Dach der EU weiterführende Integrationsschritte bei der Entwicklung militärischer Fähigkeiten zu gehen, denen sich nicht alle EU-Mitgliedstaaten anschließen müssen.

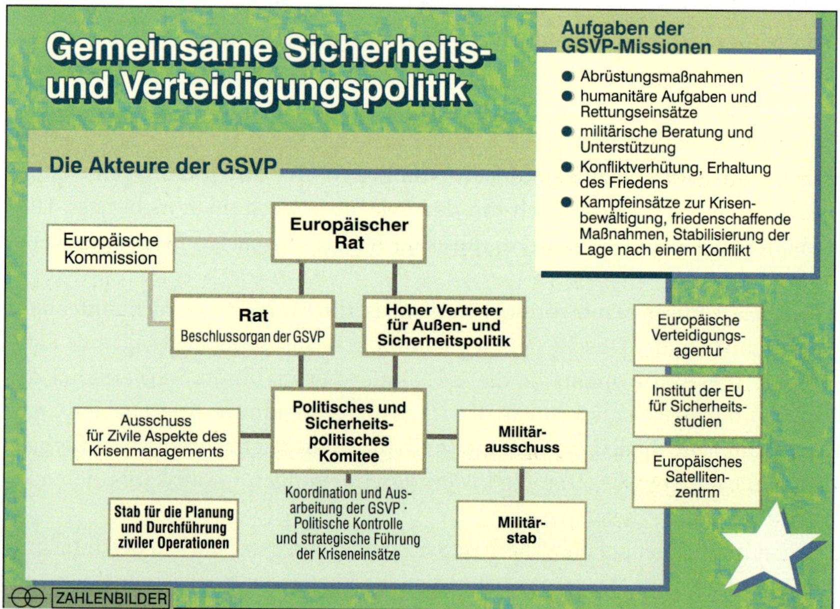

715 210
© Bergmoser + Höller Verlag AG

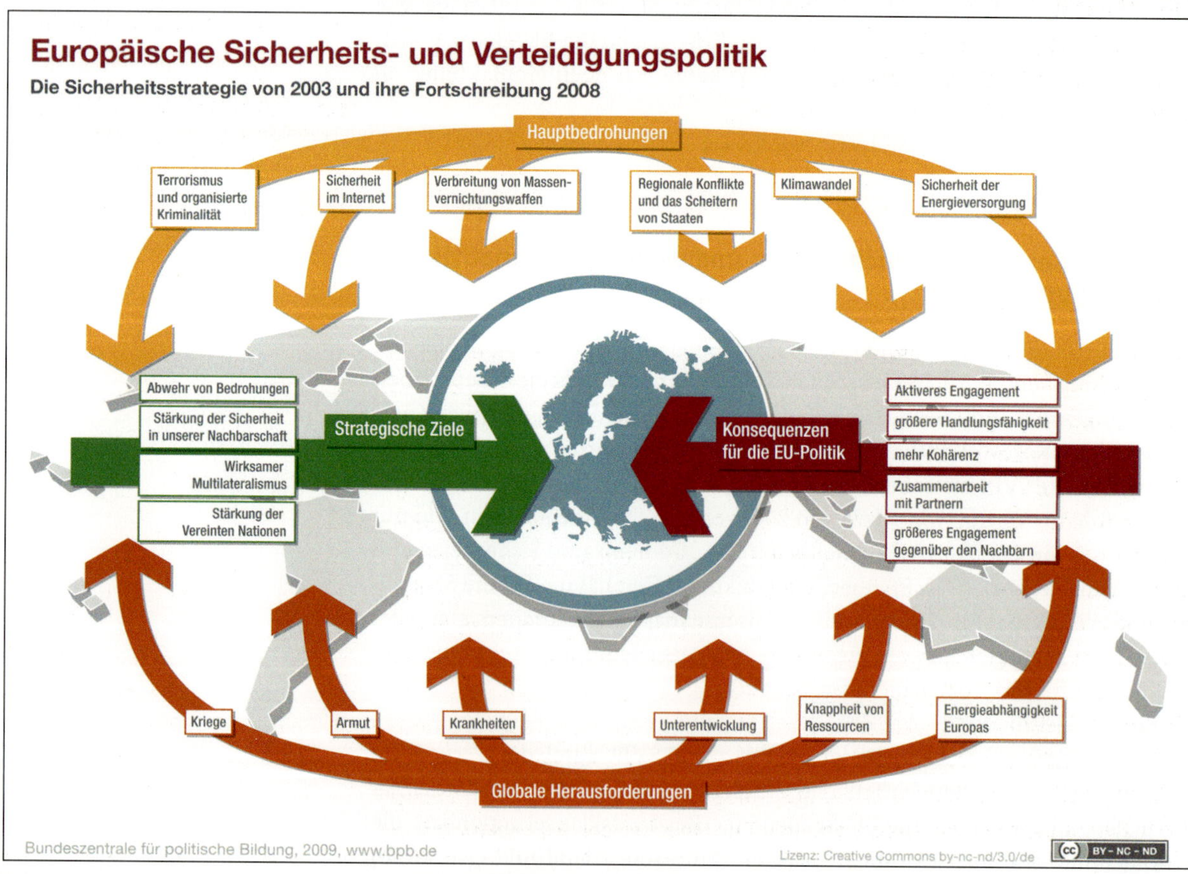

Und schließlich soll insbesondere das neue Amt des Hohen Vertreters für die Außen- und Sicherheitspolitik und des ihn unterstützenden Europäischen Auswärtigen Dienstes (EAD) eine stärkere Kohärenz der EU-Außenpolitik garantieren.

Zivile und militärische Instrumente

Mit ihren verschiedenen zivilen, polizeilichen und militärischen Instrumenten (z. B. zivile Krisenreaktionsteams oder zwei einsatzfähige EU-Gefechtsverbände als militärische Krisenreaktionskräfte) kann die EU im Rahmen der GSVP die gesamte Bandbreite der Aufgaben von Krisenprävention, Krisenbewältigung und Krisennachsorge abdecken.

Instrumente der GSVP – Typen der Operationen und Missionen [vgl. Schaubild S. 530]

Im Wesentlichen kennt die EU sieben verschiedene Typen von Missionen und Operationen, die von unterschiedlichen Akteuren (von zivilen Expertinnen und Experten über Polizeikräfte bis hin zum Militär, jeweils allein oder in gemischten Formaten) ausgeführt werden:

a. Beobachtermissionen (Monitoring Missions, etwa Aceh Monitoring Mission, EUMM Georgia),
b. Grenzüberwachungsmissionen (EU Border Assistance Mission Rafah, EUBAM Moldawien/Ukraine),
c. Rechtsstaatsmissionen (EULEX Kosovo, EUJUST LEX),
d. Polizeimissionen (z. B. Proxima, EUPAT, EUPOL Kinshasa, EUPM, EUPOL COPPS, EUPOL Afghanistan, EUPOL RD Congo),
e. Missionen zur Sicherheitsbereichsreform/SSR-Missionen (EUSEC RD Congo, EU SSR Guinea-Bissau),
f. militärische Operationen (Atalanta, EUFOR Althea, Concordia, Artemis, EUFOR RD Congo, EUFOR Tchad/RCA),
g. militärische Ausbildungsmissionen (EUTM).

[...]

Auswärtiges Amt (Hg.), „Gemeinsame Sicherheits- und Verteidigungspolitik (GSVP)“, www.auswaertiges-amt.de, 15.11.2012 [11.01.2014]

Aufgaben

1 *Erarbeiten Sie die institutionelle Einbindung der ESVP/GSVP in das Gesamtkonzept der Europäischen Union.*

2 *Zeigen Sie anhand eines internationalen Konflikts die Handlungsmöglichkeiten der europäischen Sicherheitspolitik im Unterschied zu der der Nationalstaaten auf.*

3 *Diskutieren Sie die Notwendigkeit einer gemeinsamen europäischen Sicherheitspolitik (s. auch S. 604ff.).*

M 4 Europa sucht Zukunft seiner Verteidigungspolitik

Europa sucht neue Wege der Zusammenarbeit in der kostspieligen Verteidigungs- und Rüstungspolitik. Beim EU-Gipfel in Brüssel plädierten Bundeskanzlerin Angela Merkel (CDU) und weitere Staats- und Regierungschefs für eine engere Kooperation, während Großbritannien aber ausdrücklich eigene europäische Streitkräfte ausschloss. [...]

Erstmals seit fünf Jahren standen bei den EU-Staats- und Regierungschefs wieder die sensiblen Themen Verteidigung und Rüstung auf der Tagesordnung. „Hier kann Europa noch sehr viel enger zusammenarbeiten“, sagte Merkel in Brüssel. „Wir können unsere Rüstungsaktivitäten bündeln, aber vor allen Dingen müssen wir auch global eine koordinierte Politik machen.“ Allerdings könnten die Europäer „nicht überall auf der Welt die Probleme lösen“. Ziel müsse es sein, „die Regionen zu befähigen, ihre Probleme lösen zu können.“

Nach dem Entwurf der Gipfelerklärung will Europa im Verbund mit UNO und NATO einen größeren Beitrag bei der Friedenserhaltung in der Welt leisten. Gleichzeitig soll angesichts von Haushaltszwängen eine stärkere Zusammenarbeit bei Rüstungsprojekten angestrebt werden, etwa bei der Entwicklung von Drohnen.

Aufgaben

1 *Fassen Sie die Chancen und Hindernisse einer gemeinsamen europäischen Sicherheitspolitik zusammen.*

2 *Zeigen Sie anhand eines konkreten Einsatzes die Probleme und Erfolge der Konfliktlösung durch die EU.*

3 *Erörtern Sie vor dem Hintergrund der gleichzeitigen Mitgliedschaft der meisten EU-Länder in der NATO, ob es einer eigenständigen europäischen Armee bedarf.*

Großbritanniens Premierminister David Cameron sprach sich ebenfalls für eine engere Zusammenarbeit aus, lehnte die Aufstellung gemeinsamer europäischer Streitkräfte oder Einheiten aber strikt ab. „Es ist sinnvoll für Nationalstaaten, bei der Verteidigung zu kooperieren – für unser aller Sicherheit", sagte Cameron. „Aber es ist nicht richtig, wenn die EU eigene Fähigkeiten hat, Armeen, Luftstreitkräfte und so weiter."

Europa müsse in einer sich schnell wandelnden Welt mit neuen Gefahren „mehr Verantwortung übernehmen", sagte Europaparlamentspräsident Martin Schulz. Die EU sei „militärpolitisch noch immer von den USA abhängig" und müsse mehr zusammenarbeiten. Schulz zufolge müssen sich die EU-Staaten vom „Jeder-für-sich-Ansatz" verabschieden. Das führe wegen Parallelstrukturen zu milliardenschweren Mehrkosten und „Kompatibilitätsproblemen bei gemeinsamen Einsätzen".

Auch NATO-Generalsekretär Anders Fogh Rasmussen sagte, Doppelstrukturen und „die Verschwendung von Ressourcen" müssten vermieden werden. Dabei gehe es aber „nicht um die Schaffung einer europäischen Armee", sondern um eine bessere Abstimmung in Verteidigungsfragen. Im Rüstungsbereich brauche Europa insbesondere Beobachtungsdrohnen und Luftbetankungssysteme. „Ein starkes Europa führt auch zu einer starken NATO", sagte Rasmussen.

[...]

afp, „Europa sucht Zukunft seiner Verteidigungspolitik", www.welt.de, 19.12.2013 [11.01.2014]

Europäische Sicherheits- und Verteidigungspolitik

Friedenserhaltende und - schaffende Missionen der EU*

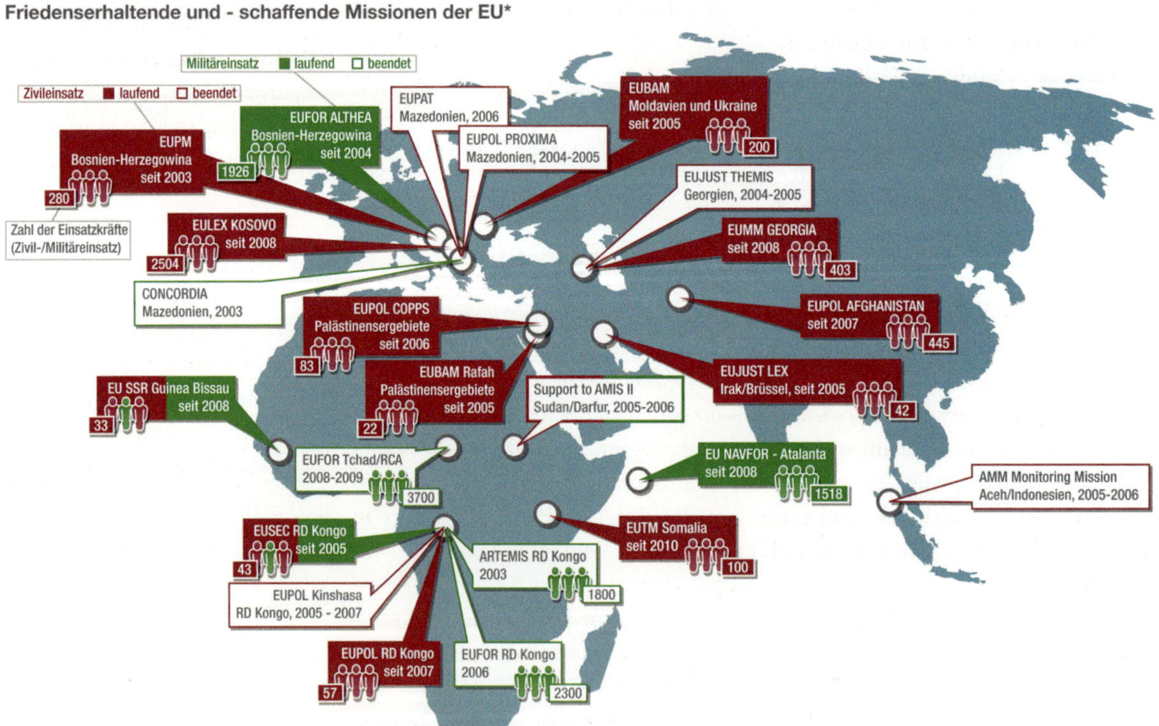

* Rat der Europäischen Union, Stand: Juni 2010

Bundeszentrale für politische Bildung, 2010, www.bpb.de

3.4 Perspektiven der EU

Erinnern Sie sich an das Gemälde der Auftaktseite! Europa als „work in progress“. Fragen wir uns, welche Perspektiven es für eine Weiterentwicklung der EU gibt. Soll sie weitere Mitglieder aufnehmen und so noch weiter wachsen – oder wäre das eine Überlastung? Soll eine Vertiefung der Politik erfolgen – vielleicht bis hin zu den Vereinigten Staaten von Europa? Oder sollte die EU bei so vielen Mitgliedern nicht sogar in verschiedenen Geschwindigkeiten voranschreiten? Perspektiven für den weiteren Weg der EU gibt es also genug.

Perspektive Erweiterung: Europa = 28 plus X ?

M 1 Stabilität und Frieden – Argumente für einen Beitritt

Der Begriff „EU-Erweiterung“ wirkt leicht missverständlich, denn tatsächlich sind es die neuen Mitgliedstaaten, die der EU mit deren Zustimmung beitreten, um mithilfe und Unterstützung der alten Mitgliedstaaten an dem Erfolgsmodell EU mit seinen Werten – Demokratie, Rechtsstaat, Schutz der Menschenrechte und der Minderheiten – teilhaben zu können.

Politische Gründe

Ziel der Europäischen Union ist es, Frieden und Freiheit, Sicherheit und politische Stabilität sowie wirtschaftlichen Wohlstand dauerhaft in Europa zu garantieren. Die Gründe für die Erweiterung der Europäischen Union liegen darin, als „Stabilitätsanker“ weiteren Staaten Europas zur Seite zu stehen und damit diesen Staaten die Möglichkeit zu geben, an dem Erfolgsmodell der europäischen Integration durch vollständige Übernahme des Acquis [s. Info] teilzunehmen. Die Bürger aller Mitgliedstaaten erhalten dadurch erweiterte Möglichkeit, auch jenseits ihrer vertrauten nationalen Grenzen in einem größeren Raum ohne Binnengrenzen zu leben, zu arbeiten und zu wirtschaften.

Durch den Fall des Eisernen Vorhangs 1989/90 sahen sich die europäischen Staaten in Ost und West vor die Herausforderung gestellt, ihr Verhältnis zueinander völlig neu zu bestimmen. Beide Seiten ergriffen die darin liegende Chance, die Teilung Europas endgültig zu überwinden. Die EU entschied sich dafür, den Ländern in Mittel- und Osteuropa die Perspektive eines Beitritts anzubieten, und diese Länder waren bereit, die enormen Reformanstrengungen auf sich zu nehmen, die zur Verwirklichung dieser Perspektive erforderlich waren.

Wirtschaftliche Gründe

Nach dem Beitritt Bulgariens und Rumäniens ist die Europäische Union zu einem der größten einheitlichen Wirtschaftsräume der Welt mit rund 480 Millionen Einwohnern zusammengewachsen. Hohes Wirtschaftswachstum in den Beitrittsländern, neue Märkte und wachsende Konkurrenz kommen allen zugute.

Die Verwirklichung des freien Waren- und Kapitalverkehrs unterstützt auch das Wachstum der deutschen Wirtschaft und schafft beziehungsweise sichert Arbeitsplätze in Deutschland. Besonders deutsche Unternehmen nutzen die Gelegenheit zur Investition in den neuen Mitgliedstaaten. Durch die Erweiterung gelingt es der EU, durch die Globalisierung bedingte Verlagerungsprozesse innerhalb der Grenzen der EU zu halten. Dies schafft Arbeitsplätze und Investi-

Info

Als **„acquis communautaire“** (gemeinschaftlicher Besitzstand) bezeichnet man den Gesamtbestand an Rechten und Pflichten, der für die Mitgliedstaaten der EU verbindlich ist. Er besteht aus dem Primärrecht der Verträge, dem Sekundärrecht, den von den EG-Organen erlassenen Rechtsakten, den Entscheidungen des Europäischen Gerichtshofes (EuGH), Erklärungen, Entschließungen und bestimmten Abkommen.

Hatice Urganci/Bernd Arts, „Acquis communautaire“, www.europa-reden.de, 03/2003 [11.01.2014] tionen in den neuen Mitgliedstaaten, die ihrerseits Arbeitsplätze in den alten Mitgliedstaaten sichern – die sonst möglicherweise in Länder außerhalb der EU abwandern könnten. Da in den neuen Mitgliedstaaten das EU-Recht vollständig umgesetzt wird, sind Rahmenbedingungen vorgegeben, die Investitionen und Arbeitnehmer schützen und einen hohen Sicherheits-, Produktions- und Umweltstandard gewährleisten.

Ein vereintes Europa als „*Global Player*"

Die Europäische Union bereitet sich auch mit ihrer Erweiterung auf ihre künftige Rolle in der Welt des 21. Jahrhunderts vor. Erst wenn Europa zusammengewachsen ist, kann es seine Interessen in der Welt der Globalisierung angemessen vertreten. Erst das vereinte Europa wird auch seine internationalen wirtschaftlichen und politischen Aufgaben wahrnehmen können und nicht länger vor allem mit sich und den Narben seiner Vergangenheit beschäftigt sein.

Auswärtiges Amt (Hg.), „Europa wird größer – Eine Übersicht", www.auswaertiges-amt.de/diplo/de/Europa/Erweiterung/Erw-Uebersicht.html, Stand: April 2009

M 2 Wo endet Europa?

Die EU wächst und wächst: Mit Kroatien kommt nun das 28. Mitglied in den Klub. Unser Korrespondent Matthias Krupa sagt: Nur weiter so!

Jetzt also auch noch Kroatien. Kein großes Land, rund vier Millionen Einwohner. Aber selbst Wohlmeinende sagen: wirtschaftlich eher ein Problemfall. Nun tritt der Problemfall der Europäischen Union bei. Und die Verhandlungen mit der Türkei sollen nach einer kurzen Schamfrist ebenfalls fortgesetzt werden, trotz alledem. Augen zu und durch?

Schon 27 Länder sind reichlich viel für eine politische Union, nun werden es 28. Und die nächsten Kandidaten stehen vor der Tür: Auch mit Island und Montenegro wird über einen Beitritt verhandelt, sodann ist bald Serbien an der Reihe. Außerdem warten Mazedonien, Albanien, Bosnien-Herzegowina und das Kosovo. Die EU, sie wächst und wächst. [...]

Solange genügend Geld vorhanden war

Zwei Motive beherrschen bis heute die Erweiterungsgeschichte der Union: die Vermehrung des Wohlstands und die Stabilisierung junger Demokratien. Lange Zeit schien beides Hand in Hand zu gehen. In Spanien, Griechenland und Portugal verblassten die Schatten der vergangenen Diktaturen mit zunehmendem Wirtschaftswachstum. Die Europäische Gemeinschaft unterstützte diese Entwicklung mit Subventionen. „Solange genügend Geld vorhanden war, das umverteilt werden konnte, ließ sich die wirtschaftliche Zusammenarbeit als Gewinn für alle Beteiligten darstellen", schrieb der britische Historiker Tony Judt in seiner Geschichte Europas. Mit anderen Worten: Man wollte Europa – und konnte es sich leisten.

Doch mittlerweile geht die Gleichung nicht mehr auf, wonach die Teilhabe an Binnenmarkt und Subventionssegen mehr Wohlstand und Demokratie entstehen lässt. Die Ausgangssituation der zehn mittel- und osteuropäischen Länder, die 2004 und 2007 beitraten, lässt sich kaum mit jener Spaniens oder Portugals in den Achtzigerjahren vergleichen. Der Aufholbedarf war größer, der finanzielle Spielraum hingegen kleiner. Das Resultat: Verteilungskämpfe, die mit dem Ausbruch der Krise noch einmal an Schärfe gewonnen haben.

Auch deshalb sind die Zweifel an einer wachsenden Union in den vergangenen

Jahren größer geworden. Genauer: die Zweifel in den alten EU-Ländern. Am stärksten sind die Vorbehalte in Deutschland. 74 Prozent der Deutschen sind der Umfrage „Eurobarometer" zufolge dagegen, in den nächsten Jahren weitere Länder aufzunehmen. Ähnlich skeptisch äußern sich die Befragten in Österreich, Finnland, Frankreich, Luxemburg, den Niederlanden und in Belgien. Offener zeigen sich die Menschen hingegen dort, wo die Erinnerung an den eigenen Beitritt noch frisch ist.

Matthias Krupa, „Wo endet Europa?", www.zeit.de, 29.06.2013 [11.01.2014]

M 3 Beitrittsvoraussetzungen – die „Kopenhagener Kriterien"

Der Europäische Rat hat im Juni 1993 in den sogenannten „Kopenhagener Kriterien" die Anforderungen an die Beitrittsländer konkretisiert. Diese verlangen von den Beitrittsländern:

- **Politisches Kriterium:** „Institutionelle Stabilität als Garantie für demokratische und rechtsstaatliche Ordnung, für die Wahrung der Menschenrechte sowie die Achtung und den Schutz von Minderheiten";
- **Wirtschaftliches Kriterium:** „Eine funktionsfähige Marktwirtschaft sowie die Fähigkeit, dem Wettbewerbsdruck und den Marktkräften innerhalb der EU standzuhalten";
- **Acquis-Kriterium:** Die Fähigkeit, alle Pflichten der Mitgliedschaft – d.h. das gesamte Recht sowie die Politik der EU (den sogenannten „Acquis communautaire") – zu übernehmen, sowie das Einverständnis mit den Zielen der Politischen Union und der Wirtschafts- und Währungsunion.

Der Europäische Rat legte dabei im Dezember 1997 fest, dass die Einhaltung der politischen Kriterien von Kopenhagen Voraussetzung bereits für die Aufnahme von Verhandlungen ist, während die wirtschaftlichen Kriterien sowie die Fähigkeit, die sich aus dem Beitritt ergebenden Verpflichtungen zu erfüllen („Acquis-Kriterium") „aus einer zukunftsorientierten, dynamischen Sicht heraus" zu beurteilen sind.

Zum Aspekt der Integrationsfähigkeit gilt zusätzlich, dass die Fähigkeit der Union, neue Mitglieder aufzunehmen, dabei jedoch die Stoßkraft der europäischen Integration zu erhalten, ebenfalls einen sowohl für die Union als auch für die Beitrittskandidaten wichtigen Gesichtspunkt darstellt. Diese Integrationsfähigkeit der EU wird bei steigender Mitgliederzahl in der EU immer wichtiger und ist daher in den Verhandlungsrahmen für die Türkei und für Kroatien sowie in den Schlussfolgerungen des Europäischen Rates vom 15./16.06.2006 besonders herausgestellt worden.

Auswärtiges Amt (Hg.), „Die Kopenhagener Kriterien", www.auswaertiges-amt.de, 07.04.2009 [11.01.2014]

M 4 Beitrittsverfahren und -prinzipien

Erfüllt ein Beitrittskandidat die grundlegenden politischen Voraussetzungen, wird der Beitrittsprozess eingeleitet.

Der Europäische Rat hat 1997 in Luxemburg dafür folgende Prinzipien beschlossen:

- Alle Kandidaten gehen mit den gleichen Rechten und Voraussetzungen in den Prozess hinein („differenzieren, ohne zu diskriminieren").

Aufgaben

1 *Erarbeiten Sie aus dem Text M 1 die Notwendigkeit der Erweiterung und Gründe für die Attraktivität der EU.*

2 *Fassen Sie zusammen, wo der Autor in M 2 die Grenzen und Probleme der Erweiterungspolitik sieht.*

3 *Erörtern Sie Ihre eigene Ansicht zu der Frage „Europa als 28+X: Chance oder Überlastung?".*

Aufgaben

1 *Erwägen Sie Gründe, warum die politischen Kriterien zwingende Voraussetzung für einen Beitritt zur EU sind, während die anderen Kriterien „aus einer zukunftsorientierten, dynamischen Sicht heraus" zu beurteilen sind (M 3).*

2 *Nehmen Sie Stellung zu dieser Regelung.*

3 *Zeigen Sie den Ablauf von erfolgreichen Beitrittsverhandlungen an einem geeigneten Beispiel und legen Sie dabei offen, welche Rolle die Beitrittskriterien und -prinzipien spielten.*

Günter Verheugen, ehemaliger EU-Erweiterungskommissar

- Die Verhandlungen werden individuell geführt und können mit jedem Kandidaten zu unterschiedlichen Zeitpunkten beginnen und abgeschlossen werden. Kandidaten, die später mit den Verhandlungen beginnen, können ggf. früher zum Abschluss kommen („Überholspur").
- Vor Beginn der Verhandlungen nimmt die Kommission für jedes Land eine Bewertung im Vergleich zur EU vor („Screening"), danach wird der gemeinschaftliche Besitzstand kapitelweise nach einem festen Verhandlungsplan („road map") auf Beitrittskonferenzen abgearbeitet. Bei den Ergebnissen sind Übergangsregelungen möglich, sollen aber möglichst vermieden werden.

Sind schließlich die Voraussetzungen für einen Beitritt erfüllt, entscheiden die Europäischen Institutionen und die Parlamente der Mitgliedstaaten und der infrage kommenden Beitrittsländer in einem langen Ratifikationsprozess über das Inkrafttreten des Beitritts.

Stephan Kurz-Gieseler et al., „Voraussetzungen und Verfahren des EU-Beitritts", in: Ders. (Hg.), Sozialkunde. Politik in der Sekundarstufe II, Schöningh, Paderborn 2008, S. 536 f.

M 5 Verheugen: Europa braucht die Türkei

Die EU braucht die Türkei, wenn sie als „Global Player" erfolgreich sein will, sagt der ehemalige EU-Kommissar Günter Verheugen im Interview mit EurActiv.

EurActiv: Wie sehen Sie die Zukunft Europas?

VERHEUGEN: Trotz der Probleme, die wir haben, trotz des ineffizienten Krisenmanagements und trotz der fehlenden Unterstützung in unserer Gesellschaft, muss die europäische Integration weitergehen. Wir befinden uns in einem sich verändernden globalen Umfeld und ich muss sagen, dass nur ein stärkeres und größeres Europa die Herausforderungen der Zukunft bewältigen kann. [...]

Aber für den Augenblick sollten wir Unterstützung für die Idee eines stärkeren Europas organisieren – im Sinne von Einigkeit und weiteren Bereichen, in denen wir gemeinsam handeln können. Und im Sinne von Erweiterung, einschließlich der europäischen Länder, die besonders wichtig für unsere Zukunft sind, insbesondere der Türkei. [...]

EurActiv: Welche Bedeutung hat die Türkei für Europa und für die Erweiterung?

VERHEUGEN: Im Fall der Türkei gibt es eine strategische und eine wirtschaftliche Bedeutung.

Strategisch ist die Türkei ein Land, das Mediator zwischen westlichen Demokratien und der islamischen Welt sein kann. Es kann eine sehr wichtige Rolle spielen, wenn es darum geht, in welche Richtung sich die arabische oder islamische Welt entwickeln wird. Diese Fragen sind für unsere eigene Zukunft absolut entscheidend und wir können es nicht ohne die Türkei schaffen.

Wirtschaftlich ist die Türkei potenziell eine der stärksten europäischen Volkswirtschaften und wächst sehr schnell. Und die Türkei liegt in einer Region mit enormem Potenzial. Das bedeutet, dass die Türkei die EU nicht schwächen würden – sie würde sie stärker machen. Ohne die Türkei können wir unsere Ambition vergessen, künftig ein Global Player zu sein.

EurActiv.com (Hg.), „Verheugen: Europa braucht die Türkei", www.euractiv.de, 02.04.2013 [11.01.2014]

M 6 Mit der Türkei übernimmt sich die EU

Das EurActiv-Interview mit Ex-Erweiterungskommissar Günter Verheugen („Europa braucht die Türkei") hat manche kritische Reaktionen ausgelöst. Eine davon stammt von Herbert Jakob aus Erfurt, die wir als Standpunkt wiedergeben.

Als „Europäer mit Herz und Verstand" haben mir viele Aussagen von Günter Verheugen im EurActiv.de-Interview sehr gut gefallen, insbesondere jene zur Stärkung der Demokratie auf EU-Ebene, aber auch zu den erforderlichen Reformen. Ganz und gar nicht teilen kann ich allerdings seine Sicht zu einer Aufnahme der Türkei in die EU.

Die hohe strategische und wirtschaftliche Bedeutung der Türkei kann von niemandem ernsthaft geleugnet werden. Deshalb halte ich sehr gute, enge und partnerschaftliche Beziehungen zwischen der EU und der Türkei für ganz wichtig und erstrebenswert.

Erweiterung ≠ Stärkung

Etwas ganz anderes aber ist die Frage einer Aufnahme der Türkei in die EU. Eine Erweiterung der EU über die gewachsenen Grenzen Europas hinaus wird die Union nicht stärken, sondern im Gegenteil schwächen. Immer größer bedeutet nicht zugleich auch immer bedeutender oder stärker! [...]

Die letzten großen Erweiterungen um die Länder Ost- und Mitteleuropas hat die EU noch längst nicht erfolgreich integriert. Die Aufnahme so mancher Länder, vor allem die Aufnahme von Rumänien und Bulgarien, kam viel zu früh. Gerade die beiden vorgenannten Länder sind noch längst nicht EU-kompatibel.

Zuerst Integration, dann Erweiterung

Die zu schnelle Ausdehnung der EU in der letzten Dekade hat mit dazu beigetragen, dass die Zustimmung zum europäischen Integrationsprozess in vielen Ländern bröckelt. Mit einer Ausdehnung der EU über die geschichtlichen, geografischen und kulturellen Grenzen Europas hinaus würde sich die EU so sehr übernehmen, dass für Jahrzehnte eine weitere Vertiefung der europäischen Integration unmöglich würde.

Die vergangenen zehn Jahre müssen doch sehr deutlich gezeigt haben, dass Erweiterung und gleichzeitige Vertiefung der EU nicht möglich sind. Für die

Herbert Jakob ist Bankkaufmann und Diplom Volkswirt.

nächsten mindestens zwanzig Jahre sollte die Vertiefung der europäischen Integration Vorrang vor jeder weiteren Erweiterung haben.

Die Türkei gehört nicht zu Europa

Im Falle der Türkei kommt aber erschwerend hinzu, dass das Land weder geschichtlich noch geografisch oder kulturell zu Europa gehört. Ein Nein zu einer Aufnahme der Türkei in die EU hat auch ganz und gar nichts mit „antitürkischen“ Ressentiments zu tun, sondern ist einzig und allein der Sorge um den europäischen Integrationsprozess geschuldet.

Ich wünsche mir sehr gute freundschaftliche Beziehungen zur Türkei. Zur Anerkennung einer anderen Kultur gehört auch, dass man deren „Anderssein“ auch zu verstehen versucht und nicht etwas „gleichmachen“ will, was nicht gleich ist und nicht gleich sein will.

Wie „anders“ die türkische Kultur ist, zeigt sich beispielhaft an Themen zur Zivilgesellschaft, an der Frage der Rolle der Frau, der Religionsfreiheit und im Besonderen auch daran, wie unzureichend bislang die Integration der großen türkischen Gemeinde in Deutschland und anderen europäischen Ländern gelungen ist.

Kein paneuropäisches Wir-Gefühl

Eine Vertiefung der europäischen Integration bedeutet zwangsläufig eine weitere Abgabe von nationalen Souveränitätsrechten an die EU-Ebene. Die europäischen Völker werden zu solch einer weiteren Souveränitätsübertragung aber nur bereit sein, wenn das europäische „Wir-Gefühl“, also die gemeinsame europäische Identität, gestärkt wird!

Wenn Europa nur als wirtschaftliches oder als strategisches „Projekt“ verstanden wird, wird sein Scheitern zwangsläufig sein. Europa wird nur gelingen, wenn die Menschen und Völker in sehr viel stärkeren Maße als bislang dabei „mitgenommen“ werden. Europa ist und muss vor allem ein kulturelles Projekt sein. Dies setzt eine Rückbesinnung auf die gemeinsamen europäischen Werte der Renaissance, der Reformation und der Aufklärung voraus.

Die Türkei hat im Hinblick auf Reformation und Aufklärung noch einen beträchtlichen Weg vor sich. Mit einer Aufnahme der Türkei in die EU käme es zu einer tragischen Überdehnung. Der Mangel an gemeinsamen Werten würde weitere Integrationsschritte auf lange Sicht unmöglich machen. [...]

Herbert Jakob, „Mit der Türkei übernimmt sich die EU“, www.euractiv.de, 10.04.2013 [11.01.2014]

Aufgaben

1 *Stellen Sie ausgehend von M 5 und M 6 Argumente für und gegen einen Beitritt der Türkei zur EU, geordnet nach Bereichen (Menschenrechte, Wirtschaft, Religion ...), gegenüber.*

2 *Verfassen Sie ein eigenes Statement zum Thema und vergleichen Sie im Kurs Ihre Ansichten zu dieser Diskussion.*

M 7 Die Türkei – eine geopolitisch wichtige Schnittstelle zur islamischen Welt

Die Türkei spielt für die Europäische Union eine besondere Rolle. Sie ist nicht nur wirtschaftlich im Kommen, sondern stellt auch die Schnittstelle zur islamischen Welt dar. Grund genug für Altkanzler Gerhard Schröder, einen schnellen EU-Beitritt zu fordern.

Vor wenigen Wochen hat der türkische Ministerpräsident Recep Tayyip Erdogan, mehr zwinkernd als drohend, angekündigt, dass sich die Türkei den „Shanghai Five“ anschließen könne. Jener Organisation, der China, Russland, Usbekistan, Kasachstan, Kirgisistan und Tadschikistan angehören. „Dann sagen wir der EU auf Wiedersehen“, fügte er an. Solche Reaktionen erlebe ich bei meinen Gesprächen mit Politikern, Unternehmern und Künstlern in Istanbul und Ankara immer häufiger. Sie drücken nicht nur ein neues Selbstbewusstsein, sondern vor allem eine tiefe Enttäuschung aus, die in der Türkei über die Europäische Union vorherrscht. [...]

Die Türkei ist politisch für uns Europäer wichtig, weil das Land an der Schnittstelle zum Nahen und Mittleren Osten liegt. Der arabische Frühling hat dazu geführt, dass Diktaturen endlich abgeschüttelt wurden, zugleich ist aber auch die Stabilität in dieser Region erschüttert. In Syrien tobt ein grausamer Bürgerkrieg. Die Weltgemeinschaft, aber vor allem wir Europäer müssen der Türkei für ihre vorbildliche Aufnahmebereitschaft von rund 200 000 Flüchtlingen, darunter vielen Christen, dankbar sein. [...]

Ministerpräsident Erdogan und EP-Präsident Martin Schulz (Januar 2014)

Unser europäisches Interesse muss es sein, dass die Region sich langfristig nicht nur zu einem Raum der Freiheit, sondern auch der Stabilität entwickelt. Für diesen Prozess ist die Türkei als Regionalmacht, die zugleich NATO-Mitglied ist, der Schlüssel. Eine jüngste Umfrage hat gezeigt, dass sich die Mehrheit der Menschen in den Staaten des arabischen Frühlings eine stärkere Rolle der Türkei wünscht, weil sie das Land als Vorbild betrachtet, das Freiheit, Wohlstand und Sicherheit in einer islamisch geprägten Gesellschaft garantieren kann. Die Sicherheit Europas hängt von der Stabilität seiner Nachbarregionen ab – es geht dabei auch um den südlichen Kaukasus und die Schwarzmeerregion. Die aber können wir Europäer mit einem EU-Mitgliedstaat Türkei, der in diese Regionen ausstrahlt, leichter erreichen. Auch zu einer Entspannung des israelisch-palästinensischen Konflikts kann die Türkei beitragen, weshalb es wünschenswert ist, dass sich das Verhältnis zwischen der Türkei und Israel wieder verbessert. [...]

Diejenigen, die vor einem „Kampf der Kulturen“ warnen, sind leider immer noch nicht verstummt. Es ist ein gefährliches Zerrbild. Bedauerlicherweise ist das öffentlich existierende, auch von den Medien beeinflusste Bild vom Islam immer noch von negativen Pauschalisierungen geprägt. Eine ist die Behauptung, dass islamische Gesellschaften und Demokratie ein Widerspruch seien. Die Türkei widerlegt das. Schon jetzt ist sie mit ihrer Weltoffenheit ein Vorbild für andere islamische Staaten und Gesellschaften. Das hat auch mit dem EU-Beitrittsprozess zu tun, denn die Erfüllung der Kriterien bedeutet, Wertvorstellungen und Rechtsvorschriften zu übernehmen. [...]

Gerhard Schröder, „Die Türkei muss in die EU!“, www.cicero.de, 07.05.2013 [11.01.2014]

Aufgaben

1 *Stellen Sie in eigenen Worten dar, warum die Türkei geopolitisch von besonderer Wichtigkeit für die EU ist.*

2 *Leiten Sie aus dem Text mögliche negative Folgen für die EU ab, falls sich die Türkei am Ende selbst gegen einen Beitritt aussprechen würde.*

M 8 Der aktuelle Stand: Man redet wieder miteinander

Die EU setzt die Gespräche mit der Regierung in Ankara fort. Nach drei Jahren Stillstand, Kritik und gegenseitigem Misstrauen.

Nach drei Jahren Stillstand wollen die Türkei und die Europäische Union ein neues Kapitel in den EU-Beitrittsverhandlungen eröffnen. Noch im Juni hatte die Bundesregierung mit Verweis auf die brutalen Polizeieinsätze gegen Demonstranten der Gezi-Bewegung gebremst und durchgesetzt, dass die Wiederaufnahme der Gespräche auf den Herbst vertagt wird – vorausgesetzt, der dann

Christian Berger,
www.bergercartoons.com

vorliegende jährliche Fortschrittsbericht der EU-Kommission rechtfertige die Eröffnung eines neuen Kapitels.

Der am letzten Mittwoch veröffentlichte Bericht erneuert zwar die Kritik an den Polizeieinsätzen und der mangelnden Dialogbereitschaft der Regierung mit der Protestbewegung, beschreibt gleichwohl aber die letzten Reformvorschläge von Ministerpräsident Tayyip Erdogan vom 30. September als „Schritte in die richtige Richtung". Am Dienstag beschlossen nun die EU-Außenminister bei einem Treffen in Luxemburg, am 5. November das Kapitel 22, Regionalpolitik, offiziell zu eröffnen.

Bedeutsam daran ist, dass es nun überhaupt in den Verhandlungen zwischen der Türkei und der EU wieder vorangehen soll. Viele Beobachter hatten längst die Frage gestellt, ob in der Türkei noch ein Interesse am Beitritt besteht und ob sich in der EU noch genügend Befürworter finden würden.

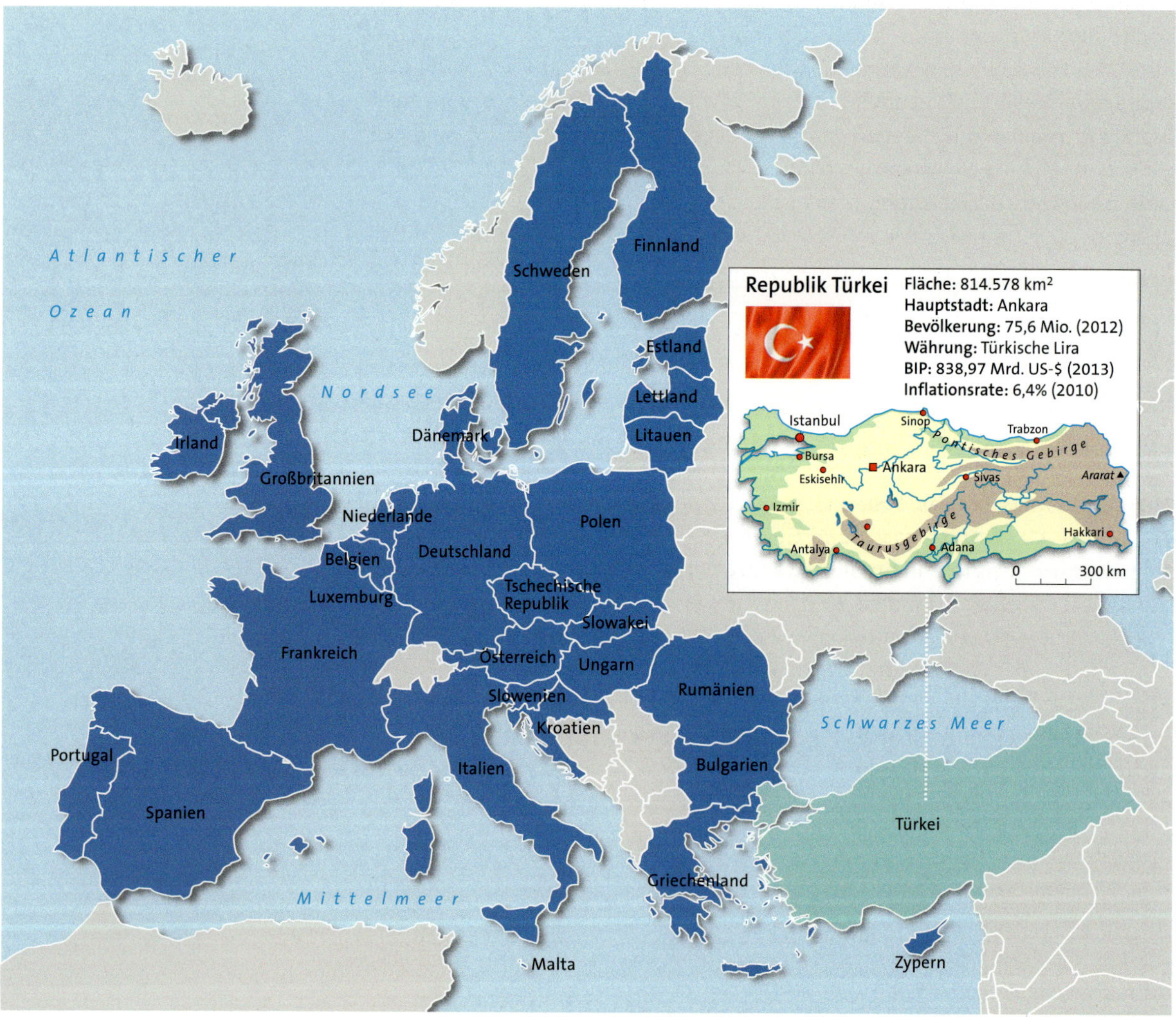

Seit dem Beginn der Verhandlungen 2005 hatte es praktisch vom ersten Tag an gehakt. Die damals neue, CDU-geführte Bundesregierung wollte privilegierte Partnerschaft statt Beitritt, Frankreichs damals neuer Präsident Nicolas Sarkozy wollte die Türkei gar nicht dabeihaben und Griechisch-Zypern sorgte dafür, dass acht von 35 Beitrittskapiteln blockiert wurden.
Das führte dazu, dass bislang lediglich über 14 eher unbedeutende Kapitel geredet wurde, ohne auch nur eins davon abzuschließen. Die gleichzeitig mit der Türkei gestartete Republik Kroatien hat dagegen in derselben Zeit ihre Beitrittsgespräche erfolgreich absolviert.
Nach wie vor hat die EU massive Kritik an der Lage der Menschenrechte in der Türkei, etwa an der eingeschränkten Meinungsfreiheit oder der politisch gefärbten Justiz. Dennoch sind die Rahmenbedingungen jetzt etwas besser als in den letzten Jahren – auf beiden Seiten. [...]
Die Ambitionen und Hoffnungen der Türkei, selbst zur bestimmenden Regionalmacht vom Balkan bis Ägypten zu werden, haben sich mit dem Putsch gegen Mohammed Mursi in Ägypten und dem Drama in Syrien weitgehend erledigt. Und: Nach einem zehn Jahre anhaltenden Boom schwächelt derzeit auch die türkische Wirtschaft. Deshalb besinnt man sich in Ankara nun doch wieder stärker auf die EU und wäre wohl auch eher bereit, einige Vorbehalte aus Brüssel auszuräumen.
Da passt die Forderung des scheidenden deutschen Außenministers Guido Westerwelle, jetzt möglichst schnell auch die Kapitel 23 und 24 zu eröffnen, weil es darin dann endlich um substanzielle Fragen der Justiz und der Menschenrechte geht. Dann müsste die türkische Regierung zeigen, ob sie wirklich noch zu echten demokratischen Reformen bereit ist.

Jürgen Gottschlich, „Man redet wieder miteinander", www.taz.de, 22.10.2013 [11.01.2014]

Aufgaben

1 *Stellen Sie dar, inwieweit die Türkei die Beitrittsvoraussetzungen bereits erfüllt und wo sie noch Reformanstrengungen benötigt.*

2 *Beurteilen Sie den bisherigen Beitrittsprozess mit der Türkei.*

Perspektive Vertiefung: Einheit in Vielfalt?

M 9 Zielperspektiven und Leitbilder der europäischen Integration – Föderalismus vs. Intergouvernementalismus

Modell „Europäischer Bundesstaat"

Der europäische Bundesstaat ist durch eine klare föderale Kompetenzabgrenzung zwischen der EU und ihren Mitgliedstaaten und jeweils demokratisch legitimierten Regierungen auf den verschiedenen politischen Ebenen gekennzeichnet. Grundlage ist eine geschriebene Verfassung mit einer Zusammenstellung der gemeinsamen Grundwerte. Vor allem von Vertreterinnen und Vertretern der sechs Gründungsstaaten der Europäischen Wirtschaftsgemeinschaft wird häufig der europäische Bundesstaat als Zielperspektive genannt. Das föderale Modell erscheint aus deutscher Sicht besonders einleuchtend, da es dem eigenen politischen System entspricht. Von den Gegnern wird kritisiert, dass die Mitgliedstaaten zu viel Macht abgeben müssten und nicht mehr selbst über als wichtig angesehene Fragen entscheiden könnten.
Alle Ebenen tragen im Bundesstaats-Modell für das Gesamtsystem eine Mitverantwortung. Der europäische Bundesstaat müsste deshalb klar definierte Zuständigkeiten in den hierfür geeigneten Politikbereichen, unter anderem in der Wirtschafts- und Währungspolitik sowie in der Außen- und Sicherheitspolitik, erhalten.

Peter Leger/Haus der Geschichte, Bonn

Konkurrenzmodell „Europäischer Staatenbund“

Beim Modell „Staatenbund“ arbeiten die Regierungen der Mitgliedstaaten zur Lösung gemeinsamer Probleme in unterschiedlichen Verfahren zusammen, ohne dass sie das Letztentscheidungsrecht aus der Hand geben wollen. Die Vertreter der Regierungen entscheiden – in der Regel einstimmig – im Ministerrat oder im Europäischen Rat der Staats- und Regierungschefs über alle wesentlichen Materien. Da es keine Mehrheitsentscheidungen gibt, ist die Zusammenarbeit durch schwerfällige Entscheidungsverfahren gekennzeichnet. Parlamente spielen in diesem Modell nur eine untergeordnete Rolle. Vor allem britische und skandinavische Regierungsvertreter plädierten und plädieren für ein derartiges pragmatisches europäisches Vorgehen in Richtung auf einen wie auch immer ausgestalteten europäischen Staatenbund. Aktuelle Probleme sollen durch die Bündelung der Kräfte gemeinsam effizienter gelöst werden. Ein starkes Europäisches Parlament wird in diesem Konzept nicht angestrebt, da es die Handlungsmöglichkeiten der Regierungen beschränken würde. Die Entscheidungsverfahren sind wegen der vorherrschenden Einstimmigkeitszwänge langwierig und – zumindest auf der europäischen Ebene – durch die schwache Stellung des Europäischen Parlaments nicht hinreichend demokratisch legitimiert. Die Ergebnisse der Verhandlungen stellen wegen der notwendigen Kompromisssuche unter Konsenszwang oftmals wenig zufrieden. Zudem ist eine gerichtliche Überprüfbarkeit von europäischen Entscheidungen durch ein unabhängiges europäisches Gericht nicht vorgesehen.

Die EU ist heute schon merklich über das Modell Staatenbund hinausgewachsen. Mehrheitsabstimmungen sind zum Beispiel bei Binnenmarktentscheidungen die Regel. Europäisches Recht geht vor nationalem Recht.

Otto Schmuck, „Motive, Leitbilder und Etappen der europäischen Einigung“, in: Bundeszentrale für politische Bildung (Hg.), Informationen zur politischen Bildung, Heft 279

Europa der verschiedenen Geschwindigkeiten – Chance oder Problem?

M 10 Zielperspektiven und Leitbilder der europäischen Integration – Modelle differenzierter Integration

Luis Murschetz

Die Schwierigkeiten, in einer größer werdenden EU Einigungsfortschritte zu erzielen, führten immer wieder auch zu Überlegungen hinsichtlich einer „differenzierten Integration“. Diese will neben die vorhandenen Strukturen neue Formen der Zusammenarbeit stellen, an denen sich die jeweils interessierten Staaten in unterschiedlicher Zusammensetzung und mit unterschiedlicher Aufgabenstellung beteiligen. Diese Überlegungen erscheinen auf den ersten Blick deswegen besonders reizvoll, weil sie leicht umsetzbar sind. Zu nennen sind zwei Varianten, die bei näherer Betrachtung aber beide deutliche Nachteile aufweisen:

- *„Europa der zwei Geschwindigkeiten“*: Hier werden die Ziele von allen Mitgliedstaaten verbindlich festgeschrieben, doch nach unterschiedlichen Zeitvorgaben erreicht. So können neue politische Vorhaben in Angriff genommen werden, indem ein föderaler Kern (Konzept „Kerneuropa“) der dazu bereiten Staaten vorangeht, während die anderen Staaten sich verpflichten, nach einer festgelegten Zeit oder nach Erreichen bestimmter Kriterien nachzufolgen. Ein Instrument hierfür ist das vermehrte Zulassen von staatlichen Sonderwegen. Einzelne Staaten können sich zeitlich begrenzt oder auf Dauer aus gemeinsamen Entwicklungen ausklinken. Wie die Einführung des Euro beispielhaft zeigt, funktioniert dieses Verfahren, doch kann es institutionelle Probleme bei der Entscheidungsfindung aufwerfen und die Solidarität zwischen den EU-Staaten gefährden.
- *Konzept der „Variablen Geometrie“ oder „Europa à la carte“*: Hier finden sich einzelne Mitgliedstaaten in immer neuen Arrangements zur gemeinsamen Problemlösung pragmatisch zusammen. Beispielsweise könnten alle Staaten an den Verfahren des Binnenmarktes mitwirken, zehn von ihnen eine europäische Forschungspolitik betreiben und acht andere sich zu einer gemeinsamen Verteidigungspolitik zusammenfinden. Dieses Verfahren gefährdet nach Ansicht von Fachleuten jedoch die Solidarität zwischen den Ländern der Europäischen Union und kann zudem eine demokratische Legitimation auf der europäischen Ebene kaum gewährleisten. Deshalb lehnt es die Mehrheit der EU-Staaten ab.

Vor allem dann, wenn sich künftig im Rahmen der erweiterten Europäischen Union keine Einigungsfortschritte erzielen lassen, könnte das Konzept „Europa der zwei Geschwindigkeiten“ an Attraktivität gewinnen: Es öffnet den dazu bereiten Staaten die Option für die zügige Errichtung einer demokratischen und handlungsfähigen Europäischen Union oder die Gründung einer in ihren Auf-

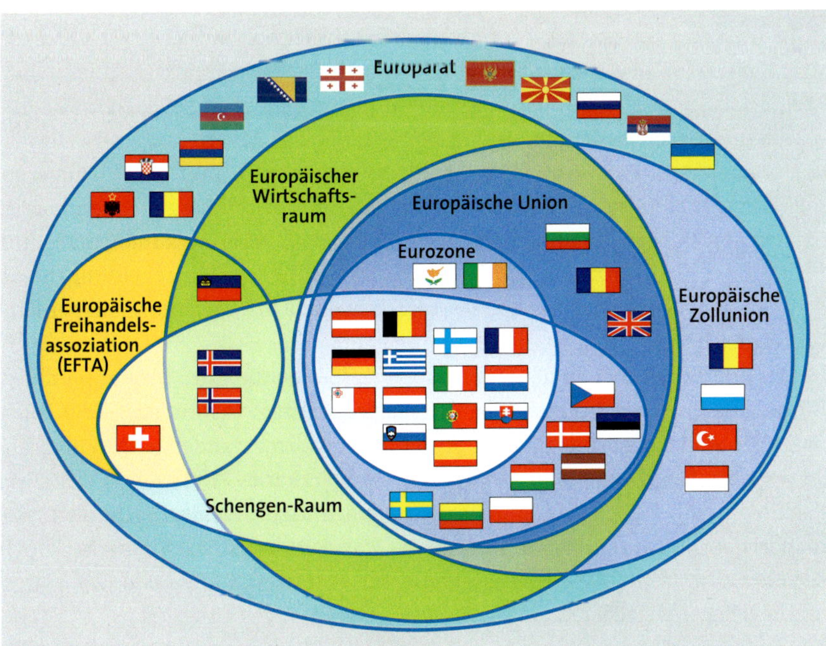

Aufgaben

1 *Beschreiben Sie, was man unter einer „differenzierten Integration“ versteht.*

2 *Wägen Sie ab: Stellt das Konzept der „differenzierten Integration“ prinzipiell eine Chance dar, um Europa weiter zu vertiefen?*

3 *Erläutern Sie, inwiefern das „Schengen-Abkommen“ und die Währungsunion als Beispiel gelungener Teilintegration angesehen werden können.*

4 *Erörtern Sie, wie eine Vertiefung der europäischen Integration ohne weitergehenden Zentralismus aussehen kann.*

5 *Beschreiben und interpretieren Sie die Karikaturen in M 9 und M 10 vor dem Hintergrund der dargestellten Modelle.*

6 *Diskutieren Sie die Frage, ob sich die EU angesichts der vielen Mitgliedstaaten (unterschiedliche Entwicklungsstände, unterschiedliche Vorstellungen über die Integrationstiefe) in verschiedenen Geschwindigkeiten weiterentwickeln soll.*

gaben deutlich begrenzten neuen Teilgemeinschaft, etwa in der Verteidigungspolitik. Für die anderen EU-Staaten müssten allerdings akzeptable vertragliche Regelungen für einen späteren Beitritt gefunden werden.
Im EU-System finden sich heute Elemente aller vorstehend beschriebenen Modelle. Dies belegt, dass sich die hinter den Modellen stehenden Leitbilder und Konzeptionen in der europäischen Einigungspraxis nicht in ihrer ursprünglichen Form realisieren lassen.

Otto Schmuck, „Motive, Leitbilder und Etappen der europäischen Einigung", in: Bundeszentrale für politische Bildung (Hg.), Informationen zur politischen Bildung, Heft 279

M 11 Mehr Europa, besseres Europa oder langsamer Rückzug?

In der Debatte um die europäische Integration stehen sich zwei Positionen gegenüber: Die einen fordern „mehr Europa" in Form einer Politischen Union. Die anderen wollen die Eigenverantwortung der Mitgliedstaaten stärken. Unbestritten ist, dass die wirtschaftliche und politische Integration Europas eng zusammenhängen.
„Die" Vorstellung von einer Politischen Union gibt es nicht und wir sind auch innerhalb Deutschlands weit von einem Konsens darüber entfernt. Aber was ist eigentlich eine Politische Union? Was kann sie, was die EU bislang nicht vermag? Warum ist sie nötig? Und wie soll sie funktionieren?
Die EU ist nicht durch einen großen Wurf entstanden, sondern hat sich Stück für Stück durch die Zusammenarbeit der Mitgliedstaaten entwickelt, die der Union auf verschiedenen Politikfeldern schrittweise Souveränität überlassen haben. [...]
Mit der Währungsunion ist dem Kraftfahrzeug Europa ein starker Motor eingesetzt worden, aber eine stärkere Antriebsmaschine braucht auch ein stabileres Fahrgestell, das sicherstellt, dass das Gefährt nicht ausbricht und im Graben landet. Es ist in einer Währungsunion nämlich wichtig, dass möglichst kein Teilnehmerland mit seinen wirtschaftlichen Kernzahlen, also den Lohnstückkosten, der Staatsquote oder dem Exportanteil, schlechter dasteht als die anderen, weil es nicht länger durch eine Abwertung seiner Währung auf eine Verschlechterung seiner Wettbewerbsposition reagieren kann. Das bedeutet: Es muss in den Mitgliedsländern gleiche oder möglichst ähnliche Bedingungen bei den Arbeitsmarktregeln, bei den Renten und in der Sozialpolitik geben. Man muss also einen staatenähnlichen gemeinsamen Raum schaffen, in dem diese Dinge gemeinsam für alle entschieden werden. Das ist ein Schritt hin zu den Vereinigten Staaten von Europa, da nun zu der Wirtschafts- und Währungsunion auch eine Politische Union hinzukommt, in der wichtige politische Entscheidungen von den Mitgliedstaaten nicht mehr eigenverantwortlich zu Hause, sondern gemeinsam in der EU getroffen werden. [...]
Neben den aktuellen Herausforderungen, vor denen die Euro-Staaten und ihre Bürger, die Europäische Zentralbank, die europäischen Institutionen, der Internationale Währungsfonds und der private Finanzsektor standen und stehen, lautet jetzt die Frage, wie es in Europa weitergehen kann. Hier stehen sich zwei Positionen gegenüber: Die einen sagen, man müsse nun das nachholen, was man in den 1990er-Jahren versäumt habe. Man müsse also die Politische Union schaffen, die immer als Voraussetzung für eine funktionierende Währungsunion gesehen wurde. [...]
Dem widerspricht die andere Auffassung, die die Währungsunion als Fehler be-

zeichnet. Der Euro sei ein Zuviel an Integration gewesen, was nun nicht durch eine weitere Vertiefung der Integration geheilt werden könne. Wenn ein Medikament falsch verordnet sei, helfe auch die doppelte Dosis nicht. Man benötige nicht mehr Europa, sondern mehr nationale Verantwortung und Handlungsfreiheit, also „mehr nationale Eigenverantwortlichkeit". […]
Es gibt also noch viel zu besprechen in Europa, bevor wir uns innerhalb der 28 Mitgliedstaaten auf eine Richtung geeinigt haben. Aber dass jetzt über die politische Zukunft der EU im Diskurs gerungen wird, ist sicherlich ein positiver Nebeneffekt der Krise, die uns seit einigen Jahren in Atem hält.

Eckart D. Stratenschulte, „Mehr Europa, besseres Europa oder langsamer Rückzug?", www.bpb.de, 04.09.2013 [11.01.2014]

M 12 Ich glaube an die Zukunft Europas

Wenn in diesen Tagen über Europa diskutiert wird, dann verengt sich der Blick leider oft auf die Staatsschuldenkrise vor allem in den südlichen Mitgliedsländern. Aus meiner Sicht kommt die Erfolgsgeschichte Europas als Garant von Frieden und Stabilität vielfach ebenso zu kurz wie das große Potenzial der Region, diese Erfolgsgeschichte politisch und wirtschaftlich weiter fortzuschreiben.
Wir müssen den historischen Erfolg Europas in ein Zukunftsprojekt überführen, das neben Schuldenabbau und Haushaltsdisziplin auch eine wirtschaftliche Langfristvision beinhaltet. Aufbauend auf der hohen Technologiekompetenz, insbesondere im Bereich des Klimaschutzes, und dem hohen Bildungsstand der Europäerinnen und Europäer kann unsere Wirtschaft zur innovativsten, ressourceneffizientesten und damit nachhaltigsten Wirtschaft der Welt werden.
Ich sehe große Chancen für einen neuen europäischen Aufbruch. Ihn zu realisieren verlangt aber ein großes Transformationsprogramm, das auch auf Haushaltsdisziplin, Strukturreformen in den Mitgliedstaaten und Harmonisierung der Fiskalpolitik aufbauen muss. Das wird nicht über Nacht geschehen und große gemeinsame Anstrengungen bedeuten. Aber ich bin zuversichtlich, dass Europa gestärkt aus diesem Prozess hervorgehen wird.
Kürzlich habe ich mich auch am Rande des WELT-Wirtschaftsgipfels 2013 zur Zukunft Europas geäußert. Für mich war es erfreulich, bei dieser Gelegenheit zu hören, dass viele Kollegen ebenfalls von der Zukunft Europas und des Euros überzeugt sind.

Auszüge aus einem Interview mit Frank Appel [Vorstandsvorsitzender Deutsche Post DHL] über die Zukunft Europas in der Tageszeitung „Die Welt" vom 17. Januar 2013:

„Es wird länger dauern, bis wir die Staatshaushalte wieder im Lot haben. Wenn ein Problem über 30 Jahre hinweg entstanden ist, dann löst sich das nicht in drei, vier Jahren. Wir müssen uns darauf einstellen, dass Europa eine längere Phase des relativ geringeren Wachstums sehen wird.

Aufgaben

1 *Fühlen Sie sich eher regional, national oder europäisch verankert (s. Bild S. 542)? Diskutieren Sie daraus ableitend die Leitfrage des Textes, ob wir künftig „mehr Europa" brauchen oder die nationalstaatlichen Kompetenzen (oder gar regionale) wieder erhöhen sollten.*

2 *Stellen Sie dar, wie wichtig bei einem eventuellen „mehr Europa" eine europäische Identität ist.*

Es ist naiv anzunehmen, dass man die Probleme der Staatshaushalte mit nur einer Maßnahme und rasch lösen könnte. Man muss davon ausgehen, dass das lange dauert. Die europäischen Regierungen haben gut daran getan, sich Zeit zu lassen und Themen gewissenhaft abzuarbeiten.
In den Gründerjahren der Europäischen Gemeinschaft hatte man die Erfahrung eines Krieges vor Augen. Es war einfach zu sagen, was man wollte: nämlich einen weiteren Krieg vermeiden. Dasselbe galt für die Zeit des Kalten Krieges. Da wollte man die westliche Wertegemeinschaft schützen. Was uns momentan fehlt, ist ein Positivbild. Wo soll dieser Kontinent hin? Wo und wie möchte Europa einen Wertbeitrag leisten? Würden wir klar formulieren, was wir in zehn, 20 Jahren sein wollen, könnten wir auch leichter Kurs halten.
Ich glaube an die Vision eines föderalen Staats Europa.
Fakt ist, dass in den vergangenen drei Jahren die Haushaltsdefizite in Europa zurückgefahren wurden. Und die Maßnahmen der EZB [Europäische Zentralbank] haben den Regierungen die nötige Zeit dafür verschafft. Das ist positiv, für die Länder und für die Wirtschaft und damit auch für die Menschen, die dadurch Arbeit gefunden haben.
Wir müssen uns dazu bekennen, dass es Transfers geben wird. Wir beklagen die wachsende Schere zwischen Arm und Reich in Deutschland. Aber dasselbe passiert auch in Europa.
Wir müssen realistisch sein. Deutschland hat schon nach dem Zweiten Weltkrieg vom Marshallplan profitiert. Die neuen Bundesländer konnten sich nur so entwickeln, weil wir richtigerweise zwei Billionen Euro investiert haben und das immer noch weitergeht. Heute haben wir zwar nicht überall blühende Landschaften. Aber wenn man dort vom Flugzeug aus mit dem Fallschirm abgeworfen würde, könnte man an vielen Orten eher vermuten, sich im wohlhabenderen Teil Deutschlands zu befinden. Das haben wir dank unserer großen Anstrengungen hinbekommen. So wird das auch in einigen Teilen Europas passieren. Darauf sollten wir mal ein bisschen stolz sein."

Frank Appel, „Ich glaube an die Zukunft Europas", www.delivering-tomorrow.com, 01.02.2013 [11.01.2014]

Aufgaben

1 *Erarbeiten Sie aus dem Text die positiven Ansätze, die der Autor für die zukünftige Entwicklung der EU sieht.*

2 *Glauben Sie als Bürger der EU auch an die Zukunft Europas? Entwerfen Sie ein Positiv-Szenario für die Entwicklung der EU.*

Europäische Union

Die EU als „Staatenverbund"

Die EU ist ein politisches Gebilde völlig eigener Art („sui generis"). Ausgestattet mit Symbolen und Organen eines Staates (Hymne, Flagge, Währung, gewähltes Parlament, ...) und infolge der Übertragung wesentlicher Souveränitätsrechte der Mitglieder auf die supranationale Ebene stellt sie zwar mehr als einen Staatenbund dar, kann jedoch nicht als Staat definiert werden (sie hat keine Verfassung, keine Hauptstadt, keine „Regierung", erhebt keine Steuern, ...). Diese Eigenart, zwischen Staatenbund und Bundesstaat angesiedelt zu sein, definierte das Bundesverfassungsgericht als **„Staatenverbund"**.

Europa betrifft uns alle

Das politische System EU hat nun ganz wesentlichen Einfluss auf unser aller Leben, betrifft uns in nahezu allen Bereichen ganz konkret. Sei es beim Thema Arbeit, Umwelt, Reisen ... oder nur Telefonieren, zum Großteil werden hier europaweit einheitliche Regelungen geschaffen. Vor allem werden gerade für die junge Generation über die Vereinheitlichung von Studienabschlüssen Möglichkeiten geschaffen, ihrer Ausbildung und somit ihrem späteren Berufsleben über Ländergrenzen hinweg nachzugehen.

Geschichte der europäischen Integration

Dass die Menschen in Europa in ihrem privaten wie beruflichen Leben (z. B. Wegfall der Grenzkontrollen, freier Dienstleistungsverkehr) heute solche Freiheiten besitzen, war in der unmittelbaren Nachkriegszeit kaum vorstellbar. Europa lag in Trümmern, die Länder waren (vor allem mit Deutschland) nach zwei Weltkriegen verfeindet. Diese Erfahrungen ließen Visionen eines geeinten Europas entstehen, aus denen unsere heutige Wirklichkeit geworden ist.

Europa als Friedensprojekt

Die europäische Integrationsgeschichte ist nicht nur ein großes Wirtschaftsprojekt, sie ist vor allem ein Friedensprojekt. Auf der anfänglichen Basis der gemeinsamen Kontrolle über die rüstungswichtigen Bereiche Kohle und Stahl wurden sukzessive immer weitere Wirtschaftsbereiche eingebunden und zeitgleich wurde ein politischer Überbau geschaffen. Heute haben wir sogar eine gemeinsame Sicherheits- und Verteidigungspolitik – aus ehemaligen (Erz-)Feinden wurden Partner und Freunde; zunehmende Zusammenarbeit und gegenseitige Abhängigkeit bescheren uns bis heute eine Periode des Friedens zwischen den Mitgliedstaaten, die ohne historisches Vorbild ist. Die Geschichte der europäischen Integration ist also die Geschichte einer fortschreitenden Vertiefung, wie allein schon ihre Namen verdeutlichen (EGKS → EWG → EG → EU). Dieses integrative Friedensprojekt ist zum anderen eine Geschichte fortschreitender Erweiterung von anfänglich sechs Staaten bis zum heutigen Kreis von 28 Mitgliedern (und weitere stehen vor der Tür).

Politische Organisation

Welche Aufgaben diese politische Union Europa hat und von welchen Organen bzw. Institutionen sie wahrgenommen werden, ist heute maßgeblich im Vertrag von Lissabon geregelt. Die vom **Europäischen Rat** der Staats- und Regierungschefs gegebenen Impulse und Leitlinien für Europa werden in den einzelnen Organen umgesetzt. Nicht übersehen werden darf hierbei jedoch, dass die Europäische **Kommission**, das **Parlament** und der **Ministerrat** mit ihren Zuständigkeiten (insbesondere in der Gesetzgebung) nicht an der Gewaltenteilungslehre klassischer Nationalstaaten gemessen werden dürfen. So greift auch der Vorwurf eines Demokratiedefizits, der auf unzureichender Gewaltentrennung fußt, hier zu kurz – denn die EU ist kein Staat.

Europäisierung des Rechts

Das Zusammenwirken der Organe im Entscheidungsprozess ist in unterschiedlichen Rechtsetzungsverfahren geregelt. Durch den Vertrag von Lissabon hat das Parlament eine Aufwertung erfahren, da es nun über das auf die meisten Bereiche ausgedehnte **Mitentscheidungsverfahren** in nahezu allen Politikfeldern dem Ministerrat gleichberechtigt in die Gesetzgebung eingebunden ist. Seit dem Vertrag von Lissabon werden in diesem „Ordentlichen Gesetzgebungsverfahren" für alle verbindlich Vorschriften erlassen. Diese werden aber nicht „Gesetze", sondern **„Richtlinien"** und **„Verordnungen"** genannt, um den fehlenden Staatscharakter der EU auszudrücken. Während Verordnungen direkt gelten, legen Richtlinien einen Zeitrahmen fest, in dem ihre Vorgaben in nationales Recht umgesetzt werden müssen. Die Mittel der Umsetzung selbst bleiben den einzelnen Staaten überlassen.

Ein strukturelles Problem der EU stellt ihre Konzeption als „Mehrebenensystem" dar, in dem die supranationale, die nationale und die subnationale Ebene verflochtet sind. Insbesondere die Frage der Kompetenzverteilung zwischen der EU und ihren Mitgliedstaaten bei der Gesetzgebung wird heiß diskutiert. Der EU wird hier oft Anmaßung und Vereinheitlichungswut vorgeworfen. Grundsätzlich gilt bei der Frage, ob in einem Bereich ausschließlich die EU oder ausschließlich die Mitgliedstaaten entscheiden sollen oder aber ob eine geteilte Zuständigkeit vorliegt, das sog. **„Subsidiaritätsprinzip"**, das besagt, dass der EU eine Kompetenz von den Mitgliedsländern nur dann übertragen werden kann, wenn ersichtlich ist, dass ein Problem auf europäischer Ebene besser zu lösen ist als auf nationaler (oder regionaler).

Erweiterung oder Vertiefung?

Für die künftige Gestaltung der EU ist die Frage zentral, ob sie über die heute 28 Mitgliedstaaten hinaus erweitert werden soll oder ob zunächst ihr Integrationsprozess voranzutreiben ist, also „vertieft" werden soll (oder aber ob beides miteinander vereinbart werden kann, wie die Geschichte der bisherigen europäischen Integration zeigt). Im Streit um einen Beitritt der Türkei zeigen sich alle wesentlichen Argumente für und wider eine Erweiterung – insbesondere geografische, kulturelle und religiöse, politische und wirtschaftliche Aspekte spielen hierbei eine Rolle. Ist eine Erweiterung wünschenswert oder behindert sie nicht eher eine weitere Vertiefung der europäischen Integration? Die Antwort auf diese Frage wird entscheidend sein für die Zukunft der Europäischen Union.

Brauchen wir eine europäische Identität?

Auch für die Frage einer künftigen Vertiefung liegen unterschiedliche Konzeptionen auf dem Tisch. Vor dem Hintergrund der „finalité", also der Frage des Ziels der europäischen Integration (Bundesstaat oder Staatenbund), werden unterschiedliche Modelle einer differenzierten Integration diskutiert (Europa der zwei Geschwindigkeiten, Kerneuropa, Europa à la carte), da sich ein gleichzeitiges gemeinsames Weiterentwickeln der Vertiefung der europäischen Integration bei nunmehr 28 Mitgliedstaaten mit ihren unterschiedlichen nationalen Gegebenheiten, Interessen und Erwartungen als schwierig erweist.

Die Zukunft der EU

Bei allen Schwierigkeiten und Diskrepanzen muss die EU geschichtlich betrachtet als Erfolgsprojekt gesehen werden. Ob dieses Projekt aufgrund wirtschaftlicher, finanz- bzw. währungspolitischer Probleme bereits am Ende ist, wie von einigen postuliert wird, oder nur an einem Scheideweg angelangt ist, an dem relevante Zukunftsweichen gestellt werden (die Sie mitbestimmen können), oder ob der bisherige europäische Integrationsprozess gar erst der Anfang zu einem europäischen „Superstaat" ist – das alles wird sich in Zukunft durch Ihre Generation entscheiden!

Unfaire Europawahl

Nach der Abschaffung der Drei-Prozent-Hürde jubelten nicht nur die Piraten. Dabei kann das Wahlsystem erst gerecht werden, wenn es europaweite Listen gibt.

Was hatten sich die Piraten gefreut, als das Bundesverfassungsgericht vor wenigen Wochen die deutsche Drei-Prozent-Hürde zur Europawahl für unzulässig erklärte. Endlich landen Hunderttausende Wählerstimmen nicht mehr im Müll! Endlich haben alle Parteien die gleichen Chancen! Am Freitag wurde die europäische Piratenpartei gegründet, jetzt kann der Wahlkampf beginnen. Doch die Euphorie wird schnell verfliegen.

Die Piraten werden am europäischen Wahlsystem verzweifeln, solange es keine europaweiten Listen gibt und jedes Land seine eigenen Abgeordneten nach Brüssel schickt. Dieses nationenfixierte Wahlrecht muss geändert werden, denn es benachteiligt kleine Parteien wie die Piraten und widerspricht der europäischen Idee. Zudem gibt es gute Alternativen.

Auf Kosten der Kleinen

Natürlich gibt es bei europaweiten Listen die Gefahr, dass künftig manche Regionen gar nicht mehr im Europaparlament vertreten sind. Das ließe sich aber leicht vermeiden, indem man einen Teil der Plätze für die gewählten Vertreter der Mitgliedstaaten reserviert. Es wäre dann ähnlich wie bei der Bundestagswahl: Auch dort bekommen zunächst die Direktkandidaten ihren Sitz, anschließend werden die Reihen so aufgefüllt, dass sich am Ende das deutschlandweite Ergebnis im Parlament spiegelt.

Das jetzige EU-Wahlrecht geht auf Kosten der kleinen Parteien. In vielen Mitgliedstaaten bleiben die Hürden bestehen. Manchmal ganz offiziell als Drei-, Vier- oder Fünf-Prozent-Klausel; manchmal ist das aber auch der schnöden Tatsache geschuldet, dass ein Land zu klein ist. Luxemburg beispielsweise schickt nur sechs Abgeordnete nach Brüssel. Es ist klar, dass eine Fünf-Prozent-Partei da keine Chance hat.

Die Stimmen für die Piraten werden daher in vielen Ländern überhaupt keinen Einfluss haben. Würden sie jedoch europaweit zusammengezählt, würde das reichen, um den Piraten einige Sitze im Parlament zu verschaffen. Man kann es auch so erklären: Je größer das Land, desto kleiner die Hürde. Und das größte Land ist ganz Europa.

Ohne Rücksicht auf nationale Interessen

Die Wahl über europaweite Listen hätte weitere Vorteile: Zum einen säßen weniger verschiedene Parteien in Brüssel, das beugt einer „Zersplitterung" des Parlaments vor, die von den Hürden-Befürwortern so gerne als Argument vorgebracht wird. Zum andern würde das die europäische Idee stärken. Solange die Abgeordneten über eine Liste ihrer nationalen Partei ins Parlament gelangen, werden sie Rücksicht auf nationale Interessen nehmen. [...]

Sind einheitliche Wahllisten für ganz Europa bloß eine Utopie ohne Chance auf Verwirklichung? Nein. Nicht nur kleine Parteien wie die Piraten haben daran ein Eigeninteresse, sondern auch alle anderen Abgeordneten. Denn echte europäische Wahlen würden auch die Akzeptanz und Legitimität des Europaparlaments erhöhen. Und das ist viel wert.

Felix Werdermann, „Unfaire Europawahl", www.freitag.de, 22.03.2014 [14.04.2014]

Aufgaben

1 *Erläutern Sie, inwiefern das jetzige EU-Wahlrecht auf Kosten der kleinen Parteien geht.*

2 *Diskutieren Sie ausgehend vom Text die Forderung, das europäische Parlament künftig über europaweite, transnationale Listen wählen zu lassen.*

4. Internationale Beziehungen und internationale Politik

Internationale Politik und internationale Beziehungen

Internationale Politik und internationale Beziehungen – ist das nicht dasselbe? Diese Frage lässt sich nach Bearbeitung dieses Kapitels beantworten. Das wäre allerdings zu wenig. Es geht außerdem darum, die internationale Politik am Ende dieses Kapitels besser verstehen und deuten zu können, auch weil ein tieferer Einblick in das Zusammenspiel internationaler Organisationen auf politischer wie gesellschaftlicher Ebene gewährt wird. Neben den bekannten Organisationen wie UN und NATO wird das weit verzweigte System der (I)NGOs, also der (inter)nationalen Nicht-Regierungsorganisationen, die inzwischen zu gewichtigen Akteuren der internationalen Politik geworden sind, behandelt.

Internationale Organisationen UN und NATO

Beim Aufbau internationaler Organisationen, namentlich UN und NATO, und ihrer Arbeitsweise im Rahmen internationaler Politik, geht es nicht nur um die Chancen, sondern auch um die Grenzen ihrer Arbeit. Es wird deutlich, wie schwierig es ist, Frieden zu schaffen, wiederherzustellen und/oder zu erhalten. Dass dies in unterschiedlichen Teilen der Welt unterschiedlich problematisch ist, dürfte keine neue Erkenntnis darstellen. Das Ergebnis einer Analyse, warum das so ist, vielleicht schon.

Frieden – Krieg – Sicherheit

In diesem Zusammenhang werden die Aspekte Krieg, Frieden und Sicherheit unter verschiedenen Gesichtspunkten betrachtet und es wird eine Prognose versucht, inwiefern weltweiter Frieden erreichbar ist. Wie komplex diese Thematik ist, zeigt eine Zusammenschau möglicher Friedensgefährdungen in der heutigen Welt. Wie problematisch der Schutz und die Sicherheit des eigenen Landes und der eigenen Bevölkerung sind, ist u. U. bereits aus eigener Erfahrung bekannt. Geht nicht ein Mehr an Sicherheit fast immer einher mit einem Weniger an persönlicher Freiheit? Welchen Preis sind wir also bereit zu zahlen für unsere Sicherheit? Am Ende dieses Kapitels sollten diese Fragen beantwortet werden können.

Denkschulen politischer Theorie: Realismus – Liberalismus – Institutionalismus

Die Mittel für mehr Sicherheit bietet gemeinhin die internationale Politik. Ausgehend von bestimmten Denkschulen, wie z. B. dem Liberalismus, kann man aber erkennen, dass internationale Politik bestimmten Strukturen und Mustern folgt und immer, zumindest was die Großmächte betrifft, Interessen- und Machtpolitik ist. Das wird in diesem Kapitel exemplarisch dargestellt am Syrien-Konflikt, der mithilfe der angebotenen Materialien und Methoden Gegenstand einer Analyse ist.

Neue Weltordnung – wirklich ein Kampf der Kulturen?

Am Ende des Kapitels werden Perspektiven im Blick auf die Weltordnung des 21. Jahrhunderts ausgebreitet. Zwei politische Denker (F. Fukuyama und S. Huntington) aus dem Umkreis der amerikanischen Administration werden mit ihren Vorstellungen über eine „Neue Weltordnung“ (George W. Bush) präsentiert und sollten kritisch hinterfragt werden. Haben die Vorstellungen dieser beiden Vordenker Mitte des zweiten Jahrzehnts des 21. Jahrhunderts noch Gültigkeit? Sollte bzw. wird es in absehbarer Zukunft einen Weltpräsidenten bzw. eine Weltregierung geben?

Kompetenzen:

Sie lernen in diesem Kapitel, einen Überblick über die internationale Ordnung zu geben und internationale Politik sowie internationale Beziehungen in einem Zusammenhang zu verstehen. Sie können sicherheitspolitische Herausforderungen und Lösungsversuche exemplarisch an einem konkreten Konflikt darstellen, analysieren und beurteilen. Die Rolle und die sicherheitspolitischen Leistungen von Allianzen und internationalen Organisationen können Sie bewerten und kritisch würdigen. Darüber hinaus lernen Sie, die Notwendigkeit beziehungsweise Legitimität humanitärer Interventionen darzustellen und zu erörtern. In diesem Zusammenhang setzen Sie sich mit den Begriffen von Frieden und Sicherheit auseinander und erkennen die Notwendigkeit einer gemeinsamen Lösung von Problemen in einer einheitlichen Weltzivilisation durch die Überwindung des „Kampfes der Kulturen“.

4.1 Internationale Politik – Eine Einführung

M 1 Internationale Beziehungen – Die Welt wird zum Dorf

Politikwissenschaft beschäftigt sich mit den gesellschaftlichen Voraussetzungen, dem Zustandekommen, der Umsetzung und den Konsequenzen politischer Entscheidungen. Der Begriff „Politik“ umfasst dabei drei Aspekte, die im englischen Sprachraum mit eigenständigen Begriffen bezeichnet werden: politische Institutionen („polity“), politische Entscheidungsprozesse („politics“) und die Regelung von einzelnen Politikfeldern („policy“).
Internationale Beziehungen als Teilgebiet der Politikwissenschaft befasst sich mit den grenzüberschreitenden Beziehungen sowohl staatlicher (Regierungen und ihre Organe) als auch nichtstaatlicher Akteure (z. B.transnationale Interessengruppen, Nichtregierungsorganisationen, internationale Organisationen, multinationale Unternehmen, Kirchen). Regierungen kommt dabei ein besonderer Status zu, weil ihnen international über das Völkerrecht mehr Handlungskompetenz zusteht und sie innenpolitisch über das Gewaltmonopol verfügen. Diese Akteure handeln in den Strukturen der nationalen Systeme und des internationalen Systems, an denen sie zugleich auch mitwirken.
Zu den Gegenständen der Internationalen Beziehungen gehören insbesondere die Geschichte und die Theorien der Internationalen Beziehungen, sicherheitspolitische Fragen, Außenpolitik, das Weltwirtschaftssystem, die Nord-Süd-Beziehungen und regionale Integration. Neben der Beschreibung und Erklärung internationaler Prozesse stellen sich auch normative Fragen, beispielsweise ob sich Krieg jemals rechtfertigen lässt und wie Frieden herzustellen bzw. wie den neuen globalen Herausforderungen sinnvoll zu begegnen ist.

Humboldt-Universität zu Berlin/Institut für Sozialwissenschaften (Hg.), Das Fach Internationale Beziehungen, www.sowi.hu-berlin.de [30.01.2014]

M 2 Internationale Politik

Internationale Politik ist der politische Bereich, in welchem Staaten bzw. nichtstaatliche Akteure, mittels Normen und Institutionen, Beziehungen zu anderen Staaten bzw. nichtstaatlichen Akteuren unterhalten. Dieser Bereich ist den Internationalen Beziehungen untergeordnet.
Als politikwissenschaftliche Teildisziplin beschäftigt sich die Internationale Politik mit Fragen der internationalen Beziehungen und Organisationen, der Außen-, Sicherheits- und Friedenspolitik.
Die Außenpolitik von Staaten, die primär der Wahrung eigener Interessen gegenüber anderen Staaten dient, hat sich in den letzten Jahrzehnten vermehrt zu einer Politik „inter nationes“ gewandelt. Dies geschah aufgrund neuer Faktoren auf der internationalen Spielfläche. So sind nach dem Zweiten Weltkrieg neue Machtblöcke entstanden, die ohne eine internationale Politik, also eine Politik zwischen mehreren Staaten, nie hätten aufrechterhalten bleiben können. Ein weiterer, sehr wichtiger Faktor ist die Zunahme der Akteure seit der Entkolonialisierung. Im Rahmen der Regionalisierung werden gemeinsame Interessen in

einer Vielzahl von supranationalen Organisationen konsolidiert. Da die Politik in gewissem Maße die Rahmenbedingungen für die Wirtschaft bestimmt, bildet eine globalisierte Wirtschaft einen weiteren Faktor für eine internationale Politik.

Die Außenbeziehungen eines Staates sind natürlich nicht von dem politischen Willensbildungsprozess der Völker zu trennen. Die Fiktion eines Interesses des Staatsgebildes ist in einem freiheitlich-demokratischen Staat problematisch. In Demokratien ist daher Außenpolitik auch determiniert von parlamentarischer Kontrolle und der öffentlichen Meinung, außerdem vom Elitenkonsens und politischen Ideologien des Zeitgeistes. Dabei treten auch geopolitische Überlegungen auf den Plan: Die internationale Politik wird z. B. von Konflikten um den Zugriff auf das Erdöl geleitet. Die Energiepolitik gewinnt daher Bedeutung in der Internationalen Politik.

„Internationale Politik", http://de.wikipedia.org [30.01.2014]

Aufgaben

1 *Grenzen Sie die beiden Begriffe Internationale Politik und Internationale Beziehungen mithilfe der Definitionen voneinander ab.*

2 *Erörtern Sie, warum der Begriff Internationale Politik in der Bevölkerung der gängigere ist.*

M 3 Internationale Politik – die Mitspieler

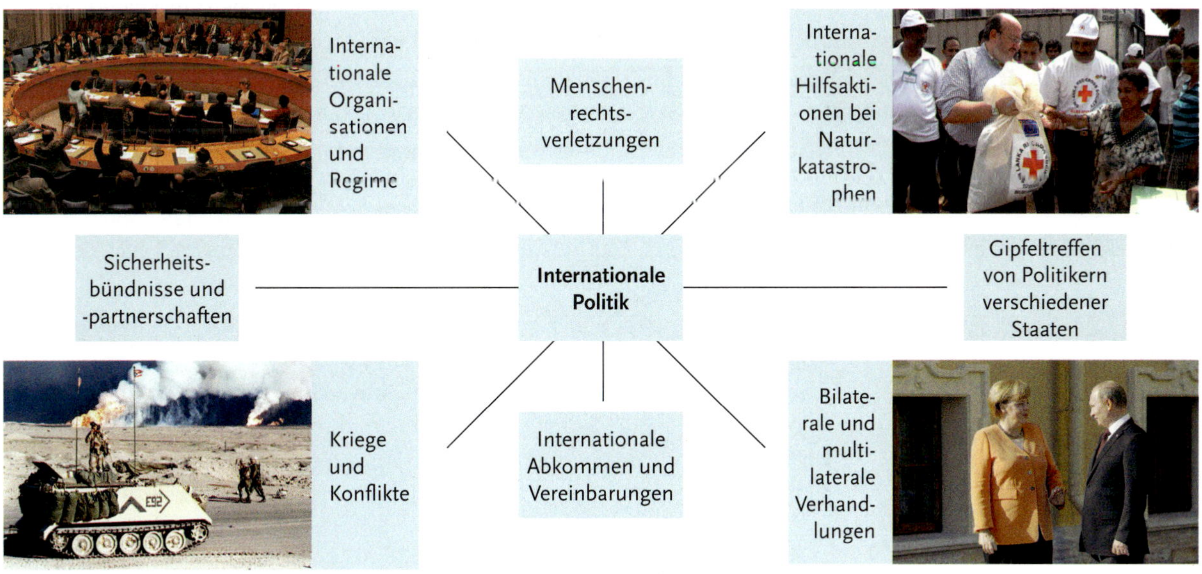

Quelle: Duden Politik Gymnasiale Oberstufe, Duden Paetec Verlag, Berlin 2005, S. 336

Aufgabe

Erstellen Sie auf der Basis des Schaubilds M 3 eine Wandzeitung zu den Akteuren Internationaler Politik. Illustrieren Sie die einzelnen Aspekte durch konkrete Beispiele.

M 4 Strukturmerkmale des internationalen Systems zu Beginn des 21. Jahrhunderts

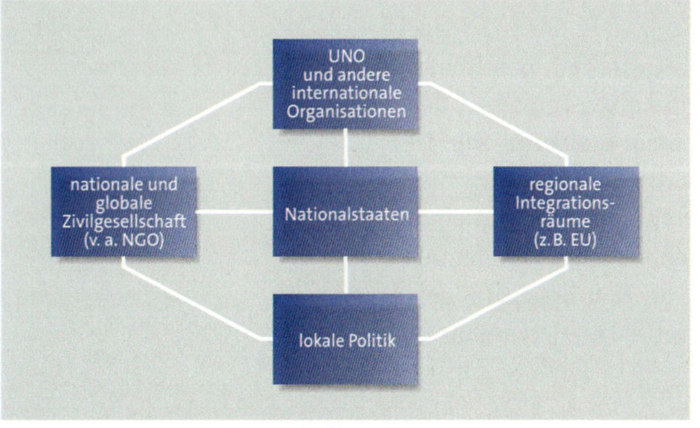

www.dadalos-d.org [30.01.2014]

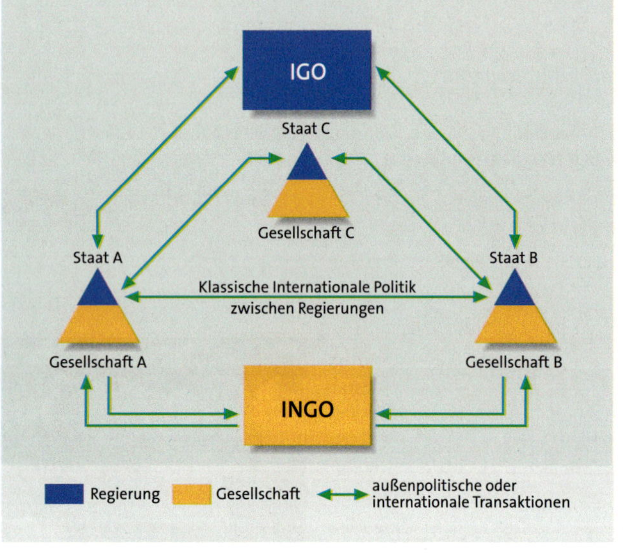

Quelle: Politische Bildung, Jg. 32, Nr. 1/1999, S. 10

Versuchen wir das internationale System am Beginn des 21. Jahrhunderts abzubilden, so kann es durch folgende – in ihrer Wertigkeit unterschiedliche – Charakteristika gekennzeichnet werden:

a) Wenn sich die Welt auch zunehmend in eine Wirtschafts- und Gesellschaftswelt [...] entwickelt hat, spielt die Staatenwelt nach wie vor eine entscheidende Rolle für das internationale System. National- und Territorialstaaten sind nach wie vor zentrale Akteure. Mehr als 200 Staaten – viermal so viel wie zur Zeit der Gründung der Vereinten Nationen 1945 – überziehen heute den Globus. Es gibt eine Vielfalt von Ländern unterschiedlicher territorialer Ausdehnung, demografischer Struktur, wirtschaftlicher Fähigkeit, militärischer und politischer Macht. [...] Politische Macht im völkerrechtlich-formalen Sinn [bleibt] an die einzelnen Staaten gebunden, wenngleich ihre Kompetenz zur Lösung zunehmend sich globalisierender Probleme sinkt. Die Nation dient besonders in den (neuen) Staaten Mittel- und Osteuropas als Identifikationsobjekt für Gesellschaften, zur einigenden Klammer. [...]

b) Eine zunehmende Anzahl internationaler Organisationen sowohl gouvernementaler Art *(international governmental organization/IGO)* als auch nichtgouvernementaler Art *(international non-governmental organization/INGO)* tritt als Akteur in der internationalen Politik auf. Gab es 1964 erst 179 IGOs, so waren es 1985 bereits 285, um nach dem Ende des Ost-West-Konflikts im Jahr 2002 auf 238 zurückzugehen. Bei den INGOs wurden 1964 erst 1268 gezählt, während sie sich im Jahr 2002 bei ca. 18 000 bewegten. Dazu kommen noch etwa 60 000 transnationale Konzerne, die ebenfalls grenzüberschreitend agieren. Diese internationalen Organisationen bilden den institutionellen Rahmen für grenzüberschreitende Politikentwicklungsprozesse, an denen staatliche und/oder nichtstaatliche Akteure aus mehreren Ländern und Gesellschaften beteiligt sind. Sie übernehmen bestimmte Steuerungsfunktionen für Politikbereiche, die von den National-/Territorialstaaten nicht oder nicht mehr ausreichend wahrgenommen werden können. Sichtbarster Ausdruck einer solchen überstaatlichen Regelungsinstanz wurden die 1945 gegründeten Vereinten Nationen einschließlich ihrer Unterorganisationen.

→ s. UN S. 583 ff.

c) In den letzten drei Jahrzehnten ist eine immer weiter zunehmende Globalisierung der internationalen Politik sowie eine grenzüberschreitende Problemvernetzung festzustellen.

→ Kap. Globalisierung

Globalisierung bedeutet eine immer größere Verdichtung grenzüberschreitender Interaktionen vor allem in den Bereichen Ökonomie, Technologie, Kommu-

nikation, Wissenschaft und Transportsysteme. Scheinbar noch so bedeutungslose Entwicklungen in einem weit entfernten Land wie Verelendung, Umweltzerstörung, Migration u. a.m. können globale Bumerangeffekte bewirken. Globalisierung verwickelt somit fast alle Staaten, Gesellschaften, Organisationen, Akteursgruppen und Individuen, wenn auch in unterschiedlichem Grad, in ein komplexes Interdependenzsystem [System gegenseitiger Abhängigkeit]. [...]
Die neue Qualität der Interdependenz erschwert nicht nur nationalstaatliche Steuerungsversuche, sondern erfordert geradezu eine internationale Verregelung. Mit dem Prozess der Globalisierung geht auch gleichzeitig die *weltweite Vernetzung von Risiken und Gefahren* einher: ökologische Herausforderungen, Migration, Krankheiten, ABC-Massenvernichtungswaffen, Kriminalität, Drogenhandel u. a. m.

d) Die Widersprüchlichkeit des internationalen Systems zeigt sich in parallel zur Globalisierung verlaufenden Prozessen der Dezentralisierung, Regionalisierung und Multipolarisierung. Nicht mehr die Konfliktfigur des Ost-West-Konflikts mit seiner Bipolarität ist für das internationale System strukturbestimmend.
Es bilden sich zunehmend regionale Machtzentren heraus. Regionale Zusammenschlüsse wie die Europäische Union, der Mercado Commun del Cono Sur (MERCOSUR), multipolare Zusammenschlüsse wie die G 7/G 8 (Gruppe der sieben wichtigsten Industriestaaten und Russland), die Organisation Erdöl exportierender Staaten (OPEC) und weitere internationale Organisationen werden neben den Nationalstaaten zu bedeutsamen Akteuren im internationalen System. Auch nichtgouvernementale internationale Organisationen wie z. B.Greenpeace und amnesty international versuchen mehr und mehr als Akteure in der internationalen Politik zu agieren. Sie machen durch spezifische Aktivitäten auf ihre Sicht der Dinge ebenso aufmerksam, wie sie sich durch die Teilnahme an internationalen Konferenzen [...] mit ihren Vorstellungen in die internationale Politik einzubringen suchen.

e) Die Konfrontationsachse, bis Ende des vorigen Jahrhunderts eindeutig im Ost-West-Verhältnis gelegen, verschiebt sich in die Nord-Süd-Dimension. Der Nord-Süd-Konflikt rückt aus dem Schatten des Ost-West-Konflikts. Er gründet sich auf die unterschiedlichen politischen und wirtschaftlichen Entwicklungschancen von Industrie- und Entwicklungsländern, nahezu alle auf der Südhalbkugel gelegen, und den Industriestaaten, wobei die Macht- und Einflusspotenziale höchst ungleich verteilt sind.

Wichard Woyke (Hg.), Handwörterbuch Internationale Politik, VS Verlag für Sozialwissenschaften, Wiesbaden [9]2004, S. X ff.

Aufgaben

1 *Recherchieren Sie in Zusammenarbeit mit den Fächern Geschichte/Geografie, wie es zu der Vervierfachung der Zahl der Staaten gegenüber 1945 gekommen ist.*

2 *Erarbeiten Sie aus dem Text die zentralen Merkmale und Trends der Staatenwelt des 21. Jahrhunderts und die Rolle, die IGOs und InGOs in dieser Welt spielen.*

3 *Stellen Sie die Rolle des Nationalstaats in dieser Staatenwelt dar.*

4 *Erörtern Sie, in welchen Bereichen von einer Überforderung von Nationalstaaten in einer globalisierten Welt gesprochen werden kann.*

Info

supranational (lat.: übernational, überstaatlich): Siehe Info S. 485.

M 5 Akteure internationaler Politik

Akteure	Aktionsformen und Handlungsoptionen	Beispiele
Alle Akteure	internationale Beziehungen	Gesamtheit der politischen, wirtschaftlichen, kulturellen Beziehungen auf internationaler Ebene
Supranationale (übernationale, überstaatliche) Einrichtungen	supranationale Politik und Verfahren (Wahrnehmung von Weisungs- und Strafbefugnissen gegenüber Staaten und Personen)	• Internationaler Strafgerichtshof • Streitschlichtungsverfahren der WTO • Kriegstribunale
Staatenverbund	supranationale und zwischenstaatliche Politik (Integration als regionale Friedens- und Wertegemeinschaft, an Problemlösungen orientiert)	• Europäische Union
Staatengruppen Internationale Organisationen Bündnisse	internationale Politik (Gestaltung der Beziehungen zwischen den Staaten und den internationalen staatlichen Organisationen)	• G 8 (Gruppe der führenden Industrieländer) • UNO, Weltbank, IWF, OSZE • NATO, Rio-Pakt
Einzelne Regierungen	Außenpolitik (Wahrnehmung der allgemeinpolitischen, wirtschaftlichen, militärischen und soziokulturellen Interessen eines Staates in seinem internationalen Umfeld)	• amerikanische Irak-Politik • deutsche Entwicklungspolitik • australische Einwanderungspolitik
Einzelressorts, substaatliche Verwaltungseinheiten	transstaatliche Politik (grenzüberschreitende Kooperation mit Einrichtungen anderer Staaten)	• Zusammenarbeit von Ministern verschiedener Staaten in EU-Fachministerräten • Städtepartnerschaften
Nationale Zivilgesellschaft (innergesellschaftliche Organisationen, Verbände, soziale Bewegungen)	außenpolitische Einflussnahme (durch Lobbyarbeit oder Mobilisierung der öffentlichen Meinung)	Haltungen von • Gewerkschaften • Industrieverbänden • Friedensgruppen zum Einsatz der Bundeswehr in Krisenregionen
Internationale Zivilgesellschaft (Parteien, Kirchen, Interessengruppen, soziale Bewegungen)	transnationale Politik (grenzüberschreitende Einflussnahme auf Entscheidungsträger in der internationalen Politik – begrenzte Handlungsmöglichkeiten)	• Internationale Industrie- und Handelskammer • Greenpeace oder Amnesty International • NGO-Gegenkonferenzen zu Wirtschaftsgipfeln

Duden Politik Gymnasiale Oberstufe, Duden Paetec Verlag, Berlin 2005, S. 341 f.

Aufgaben:

1 *Ordnen Sie die Akteure aus M 5 den Ebenen Staat, Gesellschaft und Wirtschaft zu und ergänzen Sie die Liste mit möglichen weiteren Akteuren.*

2 *Erörtern Sie die Rolle der zivilgesellschaftlichen Akteure in der Staatenwelt des 21. Jahrhunderts.*

M 6 Schöne neue Welt

Wer hat eigentlich mehr Einfluss – der US-Präsident oder Stars, die sich für Flüchtlinge engagieren? Ein Blick auf die Welt von morgen – von Parag Khanna.

Wenn man in einem der gläsernen Türme der Vereinten Nationen auf der New Yorker East Side sitzt, wirkt die Welt übersichtlich und wohlgeordnet. Es gibt den Sicherheits- und den Menschenrechtsrat, Ausschüsse für die soziale Entwicklung und Friedensstiftung, eine Abteilung für Frauenfragen, ein Umweltprogramm und eine Weltgesundheitsorganisation. Es gibt kein Problem, dessen sich die Vereinten Nationen nicht angenommen hätten. Aber wie kann eine Organisation, die für Staaten mit Grenzen gedacht ist, die Probleme einer Welt ohne Grenzen lösen? Sind Pandemien ein Gesundheitsproblem, ein Sicherheitsproblem oder beides? Ist der Terrorismus ein politisches Problem, ein wirtschaftliches oder beides? Und wie steht es mit der Tatsache, dass es plötzlich genauso viele Umwelt- wie politische Flüchtlinge gibt? Wer soll sich um sie kümmern?

Wie die Sowjetunion bricht das internationale System heute nicht physisch, sondern organisatorisch zusammen. Es wird keinen universellen Leviathan [s. S. 560] geben, kein globales Parlament der gesamten Menschheit und keine amerikanische Vormachtstellung. Stattdessen müssen wir uns auf eine zerspaltene, fragmentierte, unregierbare, multipolare oder nonpolare Welt gefasst machen. All diese Adjektive lassen erahnen, was uns bevorsteht: ein neues Mittelalter [...]. Die Entstehung eines postmodernen zweiten „Mittelalters" – einer Welt ohne eine Macht von beherrschendem Einfluss – wird einmal als das bestimmende Merkmal der Ära nach dem Kalten Krieg in Erinnerung bleiben. Der Osten wird den Westen nicht ablösen, China wird nicht an die Stelle Amerikas treten, der Pazifik wird nicht den Atlantik ersetzen – all diese Machtzentren und geografischen Räume werden in einem hyperkomplexen Ökosystem koexistieren. Im Mittelalter überlappten sich die Einfluss- und Aktivitätszonen von Reichen, Städten, Zünften, Kirchen, umherziehenden Völkerhorden und Söldnerheeren; sie alle konkurrierten um die Herrschaft über Territorien, die Verfügungsgewalt über Ressourcen, um Handelspartner und Investitionen, um die Herzen und die Köpfe der Menschen. Das Gleiche geschieht heute wieder. Dadurch, dass die Globalisierung transnationale terroristische Netzwerke, das organisierte Verbrechen und Drogenhändlerringe gestärkt hat, hat sie einige schwache Staaten weiter geschwächt, während multinationale Unternehmen und Nichtregierungsorganisationen (NGOs) an Macht und Ansehen gewonnen haben. [...]

Unter der nominellen Herrschaft von Kaiser Karl dem Großen im späten 8. Jahrhundert haben Bischöfe eigene Vasallen und Ritter rekrutiert, Klöster erbauten Festungen und Schutzwälle, Heerführer regierten als Herzöge und Burgvögte und Barone besaßen Hoheitsgewalt auf ihren Landgütern. Heute ist eine ähnliche Fragmentierung der Gesellschaften von innen unverkennbar: Von Miami über Bogotá und London bis Bangalore wächst die Zahl der abgeschotteten Wohnviertel, die von privaten Sicherheits-

Schauspieler George Clooney (links) und US-Präsident Barack Obama

Info

Parag Khanna ist ein indisch-amerikanischer Autor und Experte für Geopolitik und internationale Beziehungen. Er arbeitete für das Weltwirtschaftsforum in Davos und leitet momentan die Global Governance Inititative der *New America Foundation.* Sein Buch *Der Kampf um die Zweite Welt* erschien 2008.

→ Vereinte Nationen (UN) S. 583 ff.

diensten kontrolliert werden. Private Militärunternehmen sind in Amerika, Russland, Deutschland und Südafrika aus dem Boden geschossen und sie unterstützen nicht nur die US-Operationen im Irak und in Afghanistan, sondern sie schützen auch Banken, Schiffe, Bergwerke und schicke Wohnviertel, wo immer Menschen sich ihre Dienste leisten können.

Der Staat ist die politische Organisationsform gewesen, die dem Industriezeitalter am dienlichsten gewesen ist, aber jetzt treten wir ins postindustrielle Zeitalter ein. Jeder Staat ist anders. Es gibt Staaten mit ausgeprägter Nationalstaatlichkeit (die USA und Brasilien beispielsweise), Imperien, die sich als Staaten verkleiden (China), Staaten, die sich wie Imperien verhalten (Russland und Iran), Imperien, die sich aus Staaten zusammensetzen (die Europäische Union), rohstoffreiche Staaten (Qatar), Marktwirtschaften, in denen mehr Ausländer als Einheimische leben (die Vereinigten Arabischen Emirate), Quasi-Staaten (Palästina und Kurdistan) und Staaten, die hauptsächlich dem Namen nach existieren (die Demokratische Republik Kongo). In Saudi-Arabien gibt es zwei verschiedene außenpolitische Strategien: die des Herrscherhauses Saud und die des radikalen wahhabitischen Klerus und islamistischer Wohltätigkeitsorganisationen. Kalifornien (selbst die zehntgrößte Volkswirtschaft der Welt) verfolgt faktisch eine eigene Zuwanderungs-, Klima- und Energiepolitik.

Die besten Regierungen erheben Steuern gleichmäßig und fair, unterhalten leistungsfähige Gerichte, schützen Eigentumsrechte, verteidigen die Landesgrenzen, gewährleisten die öffentliche Sicherheit und Ordnung, erhalten die wirtschaftliche Stabilität aufrecht und erbringen gewisse soziale Leistungen. Aber wie viele Regierungen tun das schon? In vielen Teilen der Welt werden diese Grundgüter in zunehmendem Maße von zivilgesellschaftlichen Gruppen, religiösen Wohlfahrtseinrichtungen und Unternehmen bereitgestellt.

Im 14. Jahrhundert und noch für Jahrhunderte danach verkörperte die Florentiner Familie der Medici die archetypische Verknüpfung von öffentlicher und privater Macht: Aus ihr gingen drei Päpste hervor, sie bauten prachtvolle Paläste, sie gaben Kunstwerke in Auftrag, um Einfluss zu nehmen auf die Wertvorstellungen ihrer Zeit, und sie gingen Ehen mit Angehörigen königlicher Familien in ganz Europa ein. Heute sehen wir eine solche Verwischung der Grenzen nach Art der Medici in einer ganz anderen Größenordnung: Gasprom-Oligarchen kontrollieren den Kreml; die Milliardäre Berlusconi in Italien und Thaksin in Thailand sind oder waren gleichzeitig Regierungschefs; die Petro-Monarchen am Persischen Golf beaufsichtigen gleichzeitig halböffentliche Ministerien und Investmentfonds. Dann gibt es die philanthropischen Multimilliardäre wie Bill Gates, Richard Branson und Ratan Tata, die tödliche Krankheiten bekämpfen, Schulen in Afrika finanzieren oder für eine effiziente Verwaltung in Städten mit Stahlwerken sorgen. Sie regieren in zunehmendem Maße ihre eigenen grenzenlosen Welten.

Die Vorstellung, dass Regierungen „hohe Politik“ betreiben, während NGOs nur „Lücken schließen“, ist veraltet. NGOs sind die Schlepper der fortschrittlichen Diplomatie, die die Supertanker – Regierungen und internationale Organisationen – bei Menschenrechten und Klimawandel in die richtige Richtung bugsieren. Es waren zivilgesellschaftliche Gruppen, die sich für die Vergabe von Kleinstkrediten an die Armen und ein Verbot von Antipersonenminen einsetzten, und es waren Wissenschaftler und Akademiker, die den Klimawandel ins öffentliche Bewusstsein hoben. Das britische Entwicklungsministerium folgt

Info

Ratan Tata (geb. am 28. Dez. 1937) ist ein indischer Milliardär und CEO der indischen TATA-Group. Ähnlich wie Gates und Branson hat Tata fast sein gesamtes Vermögen in wohltätige Stiftungen gesteckt.

häufiger den Empfehlungen von Oxfam als Oxfam den Ratschlägen des Entwicklungsministeriums, und die Bill & Melinda Gates-Stiftung nimmt stärkeren Einfluss auf die öffentliche Gesundheitsversorgung in der Dritten Welt als die Weltgesundheitsorganisation, deren Budget zu einem Drittel von Gates finanziert wird.

Heute haben diejenigen, die über keine angemessenen Mitspracherechte verfügen oder völlig entrechtet sind, zum ersten Mal Zugang zu Information, Kommunikation, Geld und den Werkzeugen eines gewaltsamen Umsturzes, um echte Veränderungen zu fordern und zu erreichen, nicht bloß neue Variationen über den Status quo. Sie werden einen fortwährenden Veränderungsdruck auf das System ausüben. Regierungen und die internationalen Organisationen, die den Kontakt zu den Menschen verloren haben, bekommen schon jetzt den Druck jener Gruppen zu spüren, die ihre Interessen selbst in die Hand nehmen: Gewerkschaften und Kokapflanzer in Lateinamerika, die arabische Unterschicht im Nahen Osten, die Paschtunen in Vorderindien, Maoisten und naxalitische Volksgruppen in Indien sowie Wanderarbeiter in China. Internationale Bürokraten sollten mit nichts Geringerem rechnen als einer technologiebasierten Revolte gegen ihre Pläne – vielleicht werden sie aber auch einfach ignoriert werden.

Parag Khanna, Wie man die Welt regiert, Berlin Verlag, Berlin 2011

Info

Naxaliten: Sammelbegriff für kommunistische Gruppen und Bewegungen mit maoistischer Ausrichtung in Indien. Der Name rührt her von dem Ort Naxalbari in Westbengalen.

Nach: http://de.wikipedia.org; dort finden Sie auch genauere Informationen zu der Rolle der Naxaliten in Indien.

Aufgaben

1 *Versuchen Sie, eine erste Antwort auf die Fragen aus dem ersten Abschnitt des Textes zu finden.*

2 *Erläutern Sie die Aussage Parag Khannas vom Anbrechen eines „neuen Mittelalters“ (Z. 20) und beurteilen Sie diese.*

3 *Erörtern Sie Khannas Vorstellungen von einer neuen Weltordnung.*

4.2 Struktur der Staatenwelt und Konfliktbewältigung

M 1 Internationale Ordnungsbildung

Ordnungsbildung ist seit dem 17. Jahrhundert – das heißt seit der Herausbildung des europäischen Staatensystems – ein zentraler Aspekt der internationalen Politik in Europa bzw. der westlichen Welt. Das Ziel von Ordnungspolitik war die Verhinderung des Krieges oder die Bewahrung des Friedens (einschließlich der Kontrolle von kleinen Konflikten) unter den großen Mächten. Die Existenz oder Nicht-Existenz funktionierender internationaler Ordnung [...] war immer ein wichtiger Bestimmungsfaktor dafür, ob es Krieg oder Frieden gab. Die Phase des langen Friedens des 19. Jahrhunderts wird in der Geschichtswissenschaft mit dem Funktionieren einer internationalen Ordnung ebenso in Zusammenhang gebracht, wie umgekehrt das Scheitern ordnungspolitischer Bemühungen in den Zwanziger- und Dreißigerjahren als ein wesentlicher Grund für den Ausbruch des Zweiten Weltkriegs angesehen wird. [...] Es lassen sich entlang der bekannten theoretischen Denkschulen unterschiedliche Definitionen ausmachen:

- Eine der Theorie des strukturellen Realismus zugehörige Definition, der zufolge internationale Ordnung gleichzusetzen ist mit einem internationalen System, welches sich aus dem Prozess der Herausbildung von Macht und Gegenmacht entwickelt. Für Autoren wie Kenneth Waltz [US-amerikanischer Politik-Wissenschaftler, Begründer dieser Theorie (1979)] ist zur Erklärung der internationalen Politik primär die Logik von Macht und Gegenmacht entscheidend. Ordnung wird mechanistisch mit dem Vorliegen einer Machtbalance gleichgesetzt. Erst wenn sich Mächte gegenseitig balancieren, gibt es so etwas wie Ordnung, entweder im Rahmen eines multipolaren Systems, eines bipolaren oder aber auch im Rahmen eines unipolaren Systems, bei dem sich der Hegemon wie weiland Gulliver bei den Liliputanern freiwillig Fesseln anlegen lässt (benign hegemon) oder wo der Hegemon sich unilateral durchsetzt. [...]
- Eine institutionalistische Definition, der zufolge eine Ordnung daraus erwächst, dass Staaten das Völkerrecht beachten und wesentliche Bereiche ihrer Souveränität zugunsten eines internationalen Normen- und Institutionengefüges aufgeben. Eine derartige Ordnung ist in der Charta der Vereinten Nationen angelegt, insbesondere im System der kollektiven Sicherheit, in dem der Sicherheitsrat die zentrale Rolle bei der Sicherung des internationalen Friedens spielt. Diese Ordnungsvorstellung beherrscht die Debatte in Deutschland. Auf sie bezieht sich Art. 24, Abs. 2 Grundgesetz, in dem es heißt: „Der Bund kann sich zur Wahrung des Friedens einem System gegenseitiger kollektiver Sicherheit einordnen."
- Eine liberale Ordnungsperspektive, wonach die Ausbreitung von Demokratie, Menschenrechten, Freihandel und gesellschaftlicher Entwicklung sowie die Förderung von zwischenstaatlicher Kooperation die wichtigsten Bausteine für eine friedliche internationale Ordnung seien. Vertreter der liberalen Denkschule der internationalen Beziehungen gehen davon aus, dass es so etwas wie einen zivilisatorischen Fortschritt in der Menschheitsgeschichte und somit auch in der internationalen Politik geben kann, der die Perspektive eines „Endes der Geschichte" eröffnet.

Es mag erstaunlich klingen, dass in dieser Aufzählung institutionalistische und liberale Ordnungsvorstellungen getrennt voneinander aufgeführt werden. In der Regel wird in der theoretischen Diskussion vom „(neo)liberalen Institutionalismus" gesprochen, was bereits impliziere, dass beide aufs Engste zusammengehören. Dies ist insofern richtig, als es in den traditionellen Theoriedebatten seit den Dreißigerjahren keine klaren Unterscheidungslinien zwischen liberalen und institutionalistischen Denkern gab. Beide standen in der politischen und wissenschaftstheoretischen Debatte auf der gleichen Seite und wurden von den Vertretern der realistischen Schule allesamt als „Idealisten" bezeichnet. Tatsächlich bestehen aber grundsätzliche (wenngleich keinesfalls unvereinbare) Unterschiede im Herangehen an internationale Ordnungsfragen, die durch das heutige Auftreten liberaler Theoretiker akzentuiert worden sind, die dezidiert Abstand zu institutionalistischen Argumentationen suchen.

Joachim Krause, „Multilaterale Ordnung oder Hegemonie?", Aus Politik und Zeitgeschichte B 31–32/2003, www.bpb.de, 22.07.2003 [30.01.2014]

M 2 Die alte Weltordnung – das Sicherheitsdilemma

Unter den Bedingungen der Anarchie muss jeder Staat um seine Sicherheit vor Angriffen fürchten. Um jedoch eine gewisse Sicherheit herstellen zu können, streben sie nach Macht, was andere Staaten dazu veranlasst, sich ihrerseits unsicherer zu fühlen und selbst nach Macht zu streben – es entsteht also ein Wettlauf nach Macht. In diesem verbinden sich Sicherheitsbedürfnis und Machtanhäufung zu einem Teufelskreis.

Autorentext

Aufgaben

1 *Erläutern Sie, wie sich das Sicherheitsdilemma in der „alten Weltordnung" darstellt.*

2 *Erörtern Sie, warum der anarchischen Staatenwelt das Recht auf einen Präventivschlag immanent scheint.*

M 3 Das Recht zum Präventivschlag

„Lakedämonier! Stimmt, wie es Spartas würdig ist, für den Krieg!
Lasst nicht die Athener zu mächtig werden! Wir wollen unsere Bundesgenossen nicht verraten, sondern mit den Göttern gegen die Frevler ins Feld ziehen!"

Thukydides, zitiert nach: Thomas Speckmann, „Washington ist das neue Sparta", www.sueddeutsche.de, 19.05.2010 [30.01.2014]

M 4 Die Realismustheorie in den internationalen Beziehungen

Die klassische Grundannahme der realistischen wie der idealistischen Richtung der Lehre von den Internationalen Beziehungen lautet, dass das internationale System, also die Welt der Staaten, durch Anarchie gekennzeichnet ist. Anders als im nationalen Rahmen, wo der Staat das Gewaltmonopol besitzt, dieses durch

seine Organe durchsetzt und bei dessen Verletzung auch Sanktionen ergreift, gibt es kein internationales Gewaltmonopol.

Alle Staaten sind souverän. Dieses war das wichtigste Prinzip, das mit der Etablierung des internationalen Staatensystems durch den Westfälischen Frieden von 1648 erstmals vertraglich festgeschrieben wurde. [...]

Im Zuge der europäischen Welteroberung und der anschließenden Entkolonialisierung wurde das Westfälische Staatensystem auf die ganze Welt ausgebreitet.

Mit dem Souveränitätsprinzip ist eine überstaatliche Gewalt nicht vereinbar. Die realistische Theorie setzt deshalb auf das Prinzip der Selbsthilfe. Jeder Staat hat außenpolitische Interessen, die er gegen widerstrebende Interessen anderer Staaten durchzusetzen hat. Das Instrument zur Durchsetzung von Interessen ist Macht. Um im Sinne Hobbes' im internationalen Kampf aller gegen alle gewappnet zu sein, muss ein Staat sein Machtpotenzial maximieren. Zentrales Interesse eines jeden Staates ist das Streben nach Sicherheit. Anthropologisch argumentiert – das Interesse an der Erhaltung der eigenen Art. Nationale Sicherheit gewinnt ein Staat durch Rüstung, im äußersten Fall auch durch den Krieg, wenn er glaubt, nicht anders seine Sicherheitsinteressen wahrnehmen zu können. Das jus ad bellum, das Recht zur Kriegführung, wurde jedenfalls im klassischen realistischen Denken als höchster Ausdruck staatlicher Souveränität angesehen. Da aber der Frieden, hier eher als Nicht-Krieg verstanden, durchaus ein erstrebenswertes Politikziel ist, kann dieses nur erreicht werden, wenn für den potenziellen Angreifer das Risiko des Krieges zu groß ist. Aufrüstung zum Zweck der Abschreckung oder ein Gleichgewicht der Kräfte, das durch wechselnde Bündnissysteme hergestellt wird, so wie von den fünf Großmächten des europäischen „Konzerts" im 18. und 19. Jahrhundert oder dem westlichen (NATO) und östlichen (Warschauer Pakt) Bündnis in der zweiten Hälfte des 20. Jahrhunderts praktiziert, sind aus dieser Sicht Instrumente der Friedenssicherung. Wahrung der Souveränität, Machtstreben und Gleichgewicht – das sind die klassischen Grundsätze einer realistischen Weltordnungspolitik.

Ulrich Menzel, „Anarchie der Staatenwelt oder hegemoniale Ordnung", in: Forschungsberichte aus dem Institut für Sozialwissenschaften, TU Braunschweig, Nr. 59/Mai 2004, S. 3–5

Aufgaben

1 *Erläutern Sie mithilfe von M 4 die Rolle des Souveränitätsprinzips im Rahmen des Realismus-Ansatzes.*

2 *Stellen Sie dar, mit welchen Prinzipien der Staat laut dieser Theorie die Unsicherheit im staatlichen Zusammenleben überwinden möchte. Ziehen Sie dazu auch das Schaubild M 5 heran.*

Info

Thomas Hobbes (1588–1679) war ein englischer Staatstheoretiker und Philosoph. Bekannt wurde er v. a. durch sein Hauptwerk **„Der Leviathan"** (1651), in dem er seine Staatstheorie entwickelte und damit die Theorie vom Gesellschaftsvertrag begründete.

Vor dem zeitgeschichtlichen Hintergrund der furchtbaren englischen Religionskriege vertritt er darin die Auffassung, dass die Menschen sich zu einer umfassenden Einheit zusammenschließen und einem Herrscher unterwerfen müssen, um den Naturzustand – der bestimmt ist durch den „Kampf aller gegen alle" – zu verlassen und Frieden zu finden.

Das allegorische Titelbild (s. Abb.) veranschaulicht Hobbes Vorstellung: Der Leib des Herrschers wird durch die Körper der Menschen, seiner Untertanen, geformt; er wiederum ist die Seele, die das Ganze zum Wohle aller bestimmt.

M 5 Theorie der Staatenwelt – Weltordnungsmodelle

Internationales System

- Kein internationales Gewaltmonopol
  - Anarchie
    - (1) Idealismus – Kooperation – Verträge, internationale Organisationen – Verrechtlichung – Global Governance – (Weltstaat)
    - (2) Realismus – Selbsthilfe – Macht, Gleichgewicht, Abschreckung, Bündnissysteme
- (quasi) internationales Gewaltmonopol
  - Ordnung
    - (3) Hegemonie – Abfolge von Hegemonialmächten – Hegemoniale Stabilität durch internationale öffentliche Güter
    - (4) Imperialismus – Weltherrschaft – Universalmonarchie

Ulrich Menzel, „Anarchie der Staatenwelt oder hegemoniale Ordnung“, in: Forschungsberichte aus dem Institut für Sozialwissenschaften, TU Braunschweig, Nr. 59/Mai 2004, S. 3–5

Aufgabe

1 *Erläutern Sie das Schaubild M 5.*

2 *Beurteilen Sie, welche Theorie den Gegebenheiten in der heutigen Staatenwelt nahekommt.*

3 *Ordnen Sie das Zitat von Grotius dem Schaubild M 5 zu. Überprüfen Sie Ihre Zuordnung anhand von M 7.*

M 6 Hugo Grotius und der Institutionalismus

„Wenn keine Gemeinschaft ohne Recht bestehen kann, so bedarf es gewiss auch eines Rechtes, um das menschliche Geschlecht oder mehrere Völker unter sich zu verbinden.“

Hugo Grotius, 1625

M 7 Institutionalismus

Aus derselben Unsicherheit und Furcht, die im Realismus zu Abgrenzung und Selbsthilfe führt, kann sich nach institutionalistischer Auffassung die Vorstellung gemeinsamer Interessen entwickeln. Diese Vorstellung kann Ergebnis eines rationalen Interessenkalküls sein. Denn nur wenn alle Beteiligten wechselseitig bestimmte Verhaltensgrenzen akzeptieren, können sie die elementaren Ziele ihres sozialen Überlebens sicherstellen. Sie kann sich aber auch aus der Fähigkeit von Individuen oder Gruppen entwickeln, sich miteinander zu identifizieren oder sich die Interessen der anderen Seite zu eigen zu machen. Diese

Individuen, Gruppen oder auch Staaten gingen damit über ein enges Interessenkalkül hinaus in Richtung einer Wertegemeinschaft [...].

Dass die Staaten im internationalen System – zumindest ansatzweise – eine Interessen- und sogar eine Wertegemeinschaft bilden, diese Auffassung vertritt die sogenannte *Englische Schule*, deren zentrale Kategorie nicht das internationale System, sondern die „international society" ist. Vielfach wird die Englische Schule als Variante des Realismus bezeichnet, aber das ist m. E. eine Fehleinschätzung. Hedley Bull (1932–1985), einer ihrer führenden Vertreter, unterschied selbst zwischen einer hobbesianischen, einer grotianischen und einer kantianischen Tradition IB-relevanter [IB = Internationale Beziehungen] politischer Theorie; schon das spricht für die Unterscheidung zwischen Realismus (für den Hobbes steht), Institutionalismus (Grotius) und Liberalismus (Kant). Der Niederländer Hugo de Groot, genannt Grotius, gilt als einer der Begründer des modernen Völkerrechts. Die Grotianer (die Institutionalisten) sagen gegen die Hobbesianer (die Realisten), dass sich die Staaten nicht in einem ständigen Kampf aller gegen alle befinden oder sich wie Gladiatoren in der Arena verhalten, sondern dass sie durch gemeinsame Regeln und Institutionen gebunden sind. Staaten leben nicht nur im Schatten des Krieges, sie praktizieren vielfältige Verkehrsmöglichkeiten, die meisten davon mehr oder weniger friedlich und mehr oder weniger regelgeleitet.

Wie der Realismus geht auch der Institutionalismus von der „Anarchie" im internationalen System aus, aber diese Anarchie enthält Elemente der Vergesellschaftung. Nicht zufällig heißt Hedley Bulls Standardwerk von 1977, das vielfach nachgedruckt wurde und 2002 in dritter Auflage erschienen ist: „The Anarchical Society: A Study of Order in World Politics". Auch in der „Anarchie", d. h. ohne Gewaltmonopol und übergeordnete Sanktionsgewalt, versuchen Staaten, ihr Zusammenleben gemeinsam so zu organisieren, dass ihre Grundziele (Sicherheit vor Gewalt, Verlass auf Verabredungen und Vereinbarungen, Stabilität in ihren Besitzständen) gewährleistet werden.

Gert Krell, „Theorien in den Internationalen Beziehungen", in: Michael Staack (Hg.), Einführung in die Internationale Politik. Ein Studienbuch, Oldenbourg 2011

Aufgabe

Stellen Sie die Theorien des Realismus und des Institutionalismus in geeigneter Form gegenüber.

M 8 Kants liberaler Ansatz

Immanuel Kant (1724 – 1804)

Der deutsche Philosoph **Immanuel Kant** hielt zwar ebenso wenig wie Hobbes oder Grotius einen Weltstaat für möglich oder wünschenswert – mit seiner Schrift „Zum ewigen Frieden" (1795) legte Kant allerdings den Entwurf zu einem globalen und dauerhaften Weltfrieden vor. Wesentliche Voraussetzung für einen solchen Frieden ist nach innen die Durchsetzung eines föderativen Weltstaatenbunds. Im Unterschied zu Hobbes vertritt Kant damit einen „positiven" Friedensbegriff. Noch heute wird aus Sicht der liberalen Schule der Internationalen Politik davon ausgegangen, dass demokratisch regierte Staaten untereinander zu Mitteln gewaltarmer und kompromissorientierter Konfliktlösung greifen und nicht ständig voreinander auf der Hut sein müssen.

Autorentext

M 9 Struktureller Liberalismus

→ Siehe auch S. 272 f.

Im Zentrum der politischen Philosophie des Liberalismus steht das freie, selbstbestimmte, eigenverantwortliche und vernunftgesteuerte Individuum, dessen Rechte nur dann berührt werden dürfen, wenn die Freiheit anderer Individuen gefährdet ist. Neben der Gesellschaft soll sich auch die Wirtschaft weitgehend selbst regulieren, sodass dem Staat neben den Kernaufgaben des Erhalts von Recht und des Schutzes von Leben und Eigentum lediglich minimale ordnungspolitische Aufgaben zugestanden werden.
Entstanden als politische Ideologie der Aufklärung im Widerstand gegen Feudalismus und Absolutismus, stellt der Liberalismus nicht nur die älteste, sondern auch bedeutsamste politische Strömung der Neuzeit dar. Um den Schutz der Freiheit des Individuums vor anderen, aber auch vor dem Staat zu gewährleisten, entwickelte der Liberalismus das Konzept des Rechtsstaats, der durch eine Verfassung mit Grundrechten (Menschenrechten) gezähmt wird.
Der natürliche Feind des Liberalismus ist somit der Totalitarismus, egal ob in absolutistischer, faschistischer oder kommunistischer Ausprägung. Mit dem endgültigen Sieg über das letzte totalitäre Systemkonzept Ende des letzten Jahrhunderts ist jedes ernst zu nehmende Gegenmodell abhanden gekommen – die rechtsstaatliche, pluralistische und marktwirtschaftliche Demokratie auf den Grundprinzipien des Liberalismus scheint alternativlos.
Innerhalb „strukturell liberaler" demokratischer Systemstrukturen, also auf einer weit tieferen Ebene, setzt sich der Konflikt zwischen Liberalismus und Staat aber weiterhin fort. Liberale Parteien „misstrauen" einem verfassungsrechtlich gebändigten, demokratischen Staat noch immer insofern, als dass sie die Staatstätigkeit auf ein Minimum begrenzen wollen. In diesem Sinne setzt sich das Spannungsverhältnis im Konflikt zwischen Liberalismus und Etatismus fort, welchen „reine" Liberale gern „strukturell liberalen" konservativen und sozialdemokratischen Parteien vorwerfen (z. B. bei Eingriffen in Wirtschaft oder auch Bürgerrechte).

„Liberalismus", www.theoriewiki.org [31.01.2014]

Aufgaben

1 *Stellen Sie die Rolle des Staates im Liberalismus dar und leiten Sie davon ein mögliches Spannungsverhältnis zwischen individueller Freiheit und staatlicher Intervention ab.*

2 *Erörtern Sie, inwiefern Kant als Vorläufer moderner Staatlichkeit bezeichnet werden kann.*

4.3 Auf der Suche nach einer friedlichen Welt

Seit dem 11. September sieht die westliche Welt im internationalen Terrorismus die größte Bedrohung für Frieden und Sicherheit. Ist diese Sicht angemessen? Oder gibt es nicht eine Vielzahl weiterer Bedrohungen, die die Existenz der Welt und der Menschheit in ähnlichem Maße bedrohen?
Wer eine Antwort auf diese Frage sucht, muss erst einmal definieren, was Krieg und Frieden überhaupt bedeuten. Wie die Geschichte zeigt, gibt es auf dieses Problem keine klare Antwort und eine globalisierte Welt mit ihrer Vielzahl unterschiedlicher Konflikte lässt das Problem eher noch komplexer erscheinen. Reicht zum Beispiel die Abwesenheit physischer Gewalt schon, um Frieden ausreichend zu definieren? Oder ist Frieden eine Zielprojektion, deren Umsetzung eine Utopie bleiben muss?

„Frieden ist die Fortsetzung des Krieges mit anderen Mitteln."
Oswald Spengler (1880 – 1936)

M 1 Der Friedensbegriff – eine Annäherung: Hägar der Schreckliche

Aufgaben

1 *Beschreiben und analysieren Sie die Karikatur.*

2 *Erläutern Sie ausgehend von Ihren Ergebnissen die Problematik des Friedensbegriffs. Lesen Sie dazu auch die Friedensdefinitionen in den Randspalten und in M 5c.*

M 2 Frieden ist mehr als „Nicht-Krieg"

Auch wenn es wissenschaftlich umstritten ist, ob in der menschlichen Zukunft aufgrund der menschlichen Natur (vgl. etwa die Vorstellung „Der Mensch ist der Wolf des Menschen") der Krieg überwunden werden und es einen dauerhaften Frieden geben kann, ist es Ziel der Friedens- und Konfliktforschung, den Teufelskreis der Gewalt zu durchbrechen und – wie Dieter Senghaas (s. M 6), der bekannteste Friedens- und Konfliktforscher, sagt – „Frieden (zu) machen".
Dazu ist es notwendig, zum einen die Kriegsursachen und Kriegsgefahren zu analysieren und sich zum anderen ein klares Bild vom Frieden, d. h. vom Friedensbegriff zu machen. Denn für Senghaas gilt nicht länger die Strategie „Si vis pacem, para bellum" („Willst du Frieden, so bereite den Krieg vor"), sondern für ihn lautet die neue Maxime: „Si vis pacem, para pacem" („Willst du Frieden, so bereite den Frieden vor").
Zentrales Anliegen aller Wissenschaftler ist die Suche nach einer Definition, die über den Nicht-Krieg-Aspekt hinausgeht und der Komplexität des „Friedensfeldes" gerecht wird.

Nach: Edwin Stiller (Hg.), dialog sowi, Bd. 2, C.C. Buchner, Bamberg 2009, S. 461

„Da Kriege in den Köpfen der Menschen beginnen, muss in den Köpfen der Menschen Vorsorge für den Frieden getroffen werden."
Präambel der Verfassung der UNESCO von 1945

Aufgaben

1 *In den in diesem Abschnitt aufgeführten Aussagen zum Thema Frieden dominiert der Wunsch nach Frieden. Erarbeiten Sie aus M 1 bis M 4 die unterschiedlichen Aspekte des Friedensbegriffs.*

2 *Entwerfen Sie auf der Basis Ihrer Ergebnisse ein Positiv-Szenario für globalen Frieden.*

M 3 Das Konzept vom negativen und positiven Friedensbegriff

Seit den 1970er-Jahren hat vor allem die von Galtung geprägte Unterscheidung zwischen „negativem" und „positivem" Frieden Verbreitung gefunden. Galtung unterscheidet in Anknüpfung an seine Trennung zwischen personaler (direkter) und struktureller (indirekter) Gewalt die folgenden beiden Friedensbegriffe:

Negativer Frieden	Positiver Frieden
• Abwesenheit von direkter, personaler Gewalt, insbesondere Abwesenheit organisierter militärischer Gewaltanwendung, Zustand des „Nicht-Krieges" • Gegenbegriff: Krieg • Ziel: Beendigung der gewaltförmigen Konfliktaustragung, Waffenstillstand/-ruhe, Friedensvertrag, Sicherheit	• Abwesenheit von personaler und struktureller Gewalt in allen Gesellschaftsbereichen • Gegenbegriff: Gewalt • Ziel: dauerhafter Frieden; Friedenssicherung; friedvolle, gewaltfreie Gesellschaft durch: Gerechtigkeit, Einhaltung von Menschenrechten, Versöhnung und Verständigung, Abbau des Hasses, Aufbauhilfen, Kriegsfolgebewältigung etc.

Johan Galtung (*1930), norwegischer Soziologe und Politologe, gilt als Vater der Friedens- und Konfliktforschung.

Galtung definiert die **direkte** und die **strukturelle** Gewalt folgendermaßen: Wenn es einen Sender gibt, einen Akteur, der die Folgen der Gewalt beabsichtigt, können wir von direkter Gewalt sprechen, wenn nicht, sprechen wir von **indirekter** oder struktureller Gewalt. Elend ist Leiden, also muss irgendwo Gewalt existieren. Wir gehen hier von der Gleichung indirekte Gewalt – strukturelle Gewalt aus. Indirekte Gewalt entspringt der Sozialstruktur, als Gewalt zwischen Menschen, zwischen Gruppen von Menschen (Gesellschaften), zwischen Gruppen von Gesellschaften (Bündnissen, Regionen).

Und im Inneren menschlicher Wesen stoßen wir auf eine indirekte, nicht intendierte Gewalt, die ihrer Persönlichkeitsstruktur entstammt. Die zwei Hauptformen der äußeren strukturellen Gewalt sind aus Politik und Wirtschaft wohlbekannt: Es handelt sich um Repression und Ausbeutung. Beide wirken auf Körper und Geist ein, sind aber nicht notwendigerweise beabsichtigt. Aus dem Blickwinkel des Opfers jedoch bietet diese Tatsache keinen Trost. Hinter all dem aber steckt kulturelle Gewalt, die symbolisch ist und in Religion und Ideologie, in Sprache und Kunst, Wissenschaft und Recht, Medien und Erziehung wirkt. Ihre Funktion ist einfach genug: Sie soll direkte und strukturelle Gewalt legitimieren.

Johan Galtung, Friede mit friedlichen Mitteln. Friede und Konflikt, Entwicklung und Kultur, Leske + Budrich, Opladen 1998, S. 17 f.

M 4 Zivilisierung des Konflikts

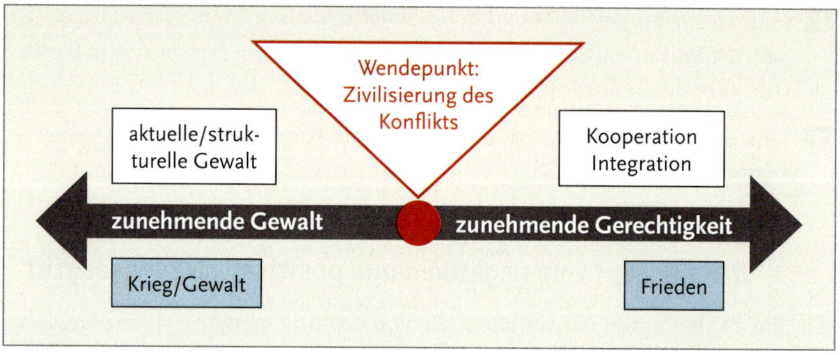

Quelle: Ragnar Müller, Grundkurs 2: Was bedeutet Frieden?, www.dadalos-d.org [30.01.2014]

Aufgaben

1 *Veranschaulichen Sie Galtungs Unterscheidung in positiven und negativen Frieden mithilfe konkreter Beispiele.*

2 *Erläutern Sie das Schaubild M 4 und erklären Sie, warum Galtungs Konzept einen Wendepunkt in der Friedensforschung darstellt.*

M 5a Weltfrieden – eine Utopie?

Internationalen Umfragen nach gehört Frieden zu den Werten, die Menschen überall auf der Welt am höchsten schätzen. Frieden ist offensichtlich ein Völker verbindendes Sehnsuchtsobjekt. Es gehört unbestritten zu den Schlüsselwörtern des Alltags und der Wissenschaften. Doch es ist auch umstritten. Seit der Antike diskutieren Wissenschaftler und Philosophen darüber, ob Frieden überhaupt möglich ist oder ob nicht vielmehr Krieg der menschlichen Natur entspricht.
Dazu äußerte sich Dr. Reinhard Mutz, wissenschaftlicher Leiter am Institut für Friedensforschung und Sicherheitspolitik in Hamburg, in einem Interview:

„Herr Mutz, was ist das für ein Wort: Weltfrieden?“
Ein sehr schwammiges Wort, eher ein literarischer Begriff, politisch und wissenschaftlich kaum zu gebrauchen. Weltfrieden, das wäre die Abwesenheit gewalthaltiger Konflikte auf diesem Erdball, vollständig und überall. Eine unwirkliche und lebensfremde Vorstellung – utopisch, wenn Sie so wollen.

Darüber wollten wir mit Ihnen sprechen, Frieden als Utopie?
Wir befassen uns weniger mit Träumen als mit klar definierten Herausforderungen. Ein Zustand paradiesischer Eintracht, in dem alle Menschen ohne Konflikte miteinander leben – das wäre der Traum. Die Herausforderung wäre, dafür zu sorgen, dass Konflikte zwischen Staaten nicht mehr mit Waffengewalt ausgetragen werden. Denn Krieg ist nicht irgendein Verhängnis, das auf der Menschheit lastet. Krieg steigert die Erniedrigung und Entwürdigung von Menschen zum äußersten. Deshalb muss er verhütet werden. Und das ist eben keine Utopie, sondern eine politische Aufgabe. Eine schwierige, gewiss, aber eine lösbare.

Monika Ebertowski, „Was bedeutet Frieden?“, in: Praxis Politik 2/2009, S. 42

M 5b Ein Gedicht

friedenspflicht

wir
müssen unseren kindern
den frieden erklären

damit sie
nie anderen
den krieg erklären

volker erhardt, „friedenspflicht“, in: Hildegard Wohlgemuth (Hg.), Frieden. Mehr als ein Wort, Rowohlt, Reinbek 1988, S. 28

M 5c Der Friedensapostel

Es gibt keinen Weg zum Frieden, denn Frieden ist der Weg.

Mahatma Gandhi

Aufgaben

1 *Erläutern Sie, welcher Friedensbegriff den Materialien 5 a –c zugrunde liegt.*

2 *Erörtern Sie ausgehend von M 5 a, ob Frieden eine Utopie bleiben muss. Beziehen Sie dazu auch die Vorstellungen von Dieter Senghaas aus M 6 in Ihre Überlegungen mit ein.*

M 6 Das zivilisatorische Hexagon

Dieter Senghaas (* 1940)

1. Gewaltmonopol

Das legitime Monopol staatlicher Gewalt ist für jede Friedensordnung von grundlegender Bedeutung, weil nur eine Entwaffnung der Bürger diese dazu nötigt, ihre Identitäts- und Interessenkonflikte mit Argumenten und nicht mit Gewalt auszutragen.
Wenn Gewalt nicht mehr zum Handlungsrepertoire des Menschen gehört und der versuchte bzw. tatsächliche Griff zur Gewalt negativ sanktioniert ist, wird nicht nur Frieden im Sinne der Abwesenheit von Gewalt begründet, vielmehr werden dann potenzielle Konfliktparteien zur argumentativen Auseinandersetzung im öffentlichen Raum gezwungen. [...]

2. Rechtsstaatlichkeit

Das Gewaltmonopol bedarf, soll es nicht zu einer Willkürinstanz werden, der rechtsstaatlichen Kontrolle. Sie wird durch eine Vielzahl von institutionellen Vorkehrungen abgesichert, beispielsweise durch Gewaltenteilung, das Prinzip der Öffentlichkeit. Im Hinblick auf konstruktive Konfliktbearbeitung ist Rechtsstaatlichkeit auch deshalb von großer Bedeutung, weil sie eine positive Ausrichtung auf vereinbarte Prozeduren, also Spielregeln begründet. [...]

3. Interdependenzen und Affektkontrolle

Moderne, ausdifferenzierte Gesellschaften haben den Vorzug, dass Menschen in ihnen nicht eindeutig festgelegt sind. In aller Regel haben die meisten Menschen gar keine Alternative dazu, sich als vielfältige „Rollenspieler“ zu betätigen. Die Anforderungen einzelner Rollen in der Familie, im Arbeitsleben, bei der Gestaltung von Freizeit und des politischen Gemeinwesens sind höchst unterschiedlicher Natur und führen dazu, dass sich Konfliktfronten in aller Regel nicht kumulieren; vielmehr kommt es zu einer Konfliktaufgliederung.

Vielfältige Rollenanforderungen implizieren jedoch Affektkontrolle; die Aufgliederung von Konflikten [...] führt in aller Regel zu einer Dämpfung des Konfliktverhaltens. [...]

4. Demokratische Teilhabe

Da sich modernisierende und schon gar moderne Gesellschaften in einem ständigen Wandlungsprozess befinden, sind einmal gefundene Kompromisse immer nur Übereinkommen auf Zeit. Um den Aufbau eines potenziellen, politisch virulent werdenden Konfliktstaus zu vermeiden, ist deshalb nicht nur die Chance anhaltender demokratischer Teilhabe von schon organisierten Interessen wichtig, sondern auch die Organisationsfähigkeit noch nicht repräsentierter, bis dato nur latenter Interessen. [...] Demokratische Teilhabe [...] verlangt ebenso einen Sinn dafür, dass aus Minderheitenpositionen Mehrheiten werden können und dass Minderheiten, die aus spezifischen Gründen niemals Mehrheiten werden können, des besonderen Schutzes bedürfen.

„Wirklicher Friede bedeutet auch wirtschaftliche Entwicklung und soziale Gerechtigkeit, bedeutet Schutz der Umwelt, bedeutet Demokratie, Vielfalt und Würde und vieles, vieles mehr."
Kofi Annan, Global Marshall Plan

5. Soziale Gerechtigkeit

Moderne Gesellschaften sind [...] durch vielfältige Ungleichheiten gekennzeichnet. Aber im Unterschied zu den vormodernen Gesellschaften ermöglichen die modernen sowohl vertikale als auch horizontale Mobilität. Sicherlich sind die Menschen in ihnen nicht grenzenlos mobil geworden, aber sie haben doch die meist bildungsmäßig bedingte Chance, ihre angestammten sozialen und geografischen Verortungen hinter sich zu lassen. [...] Unter den Vorzeichen von Ungleichheit und der Chance zur Mobilität wird die aktive Orientierung an sozialer Gerechtigkeit und Fairness zu einer Art von Bestandsgarantie für konstruktive Konfliktbearbeitung. [...]

6. Konstruktive Konfliktbearbeitung

Sie speist sich aus den vorgenannten Vorgaben und Impulsen. [Sie] alle haben zwar nicht zwangsläufig eine konstruktive Konfliktbearbeitung zum Ergebnis, aber sie erhöhen doch, vor allem als Ergebnis eines aus ihrem Zusammenwirken entstehenden Gesamteffektes (Synergie) deren Wahrscheinlichkeit. [...]
Die dabei wesentlichen Dimensionen für die Zivilisierung von Konfliktverhalten sind keine anderen als in den Innenräumen: Die aufgezeigten Dimensionen des zivilisatorischen Hexagons sind also prinzipiell übertragbar auf zwischenstaatliche und zwischengesellschaftliche Beziehungen. [...] Eine Kultur des Friedens ist auch jenseits einzelner Staaten und Gesellschaften nicht ohne Aussicht auf Verwirklichung. Aber [es bedarf] ganz außerordentlicher Anstrengungen, um jene übergeordneten, enge Räume übergreifenden, dauerhaften Werteorientierungen, Einstellungen und Mentalitäten zu schaffen, die auch in Großräumen eine konstruktive Konfliktbearbeitung und damit friedliche Koexistenz im Sinne stabilen Friedens kognitiv und emotional absichern könnten.

Dieter Senghaas, „Die Kultur des Friedens", in: Aus Politik und Zeitgeschichte, B 43/95, S. 3–8

Aufgaben

1 *Erläutern Sie das Konzept des „zivilisatorischen Hexagons" und zeigen Sie, dass es sich um eine konkrete Weiterentwicklung bestehender Friedenskonzepte handelt.*

2 *Wenden Sie die Vorstellungen von Senghaas auf einen Ihnen bekannten Konflikt an und überprüfen Sie sie hinsichtlich möglicher Stärken und Schwächen.*

4.4 Die Welt ist unsicherer geworden! Ist die Welt unsicherer geworden? Herausforderungen für Frieden und Sicherheit im 21. Jahrhundert

In den letzten 20 Jahren gab es zwei gravierende Einschnitte im Rahmen internationaler Politik. An der Zeitenwende 1989/90 glaubte man, dass nun das Zeitalter einer weltweiten Demokratisierung unter der Führung der USA und im Rahmen der UN bevorstehen würde – oder gar das „Ende der Geschichte" (F. Fukuyama). Spätestens nach den Anschlägen vom 11. September weiß die Welt aber, dass es diese neue Weltordnung so nicht geben wird, sondern dass mit dem (Wieder-) Erstarken Russlands und den aufstrebenden Mächten Indien und China in Asien eher eine neue Unübersichtlichkeit eintreten dürfte, weil sich die einst bipolare Welt des Kalten Krieges in eine multipolare Welt mit völlig anderen und neuen Bedrohungen wandelt.

Wie kann diese Welt nun diesen Herausforderungen begegnen?

Mit den herkömmlichen Mitteln vermutlich nicht. Vielmehr heißt es, diese Herausforderungen zu erkennen, anzunehmen und nach Lösungen zu suchen, die in eine globalisierte, multipolare Welt passen.

M 1 Internationaler Terrorismus/religiös motivierter Terrorismus

Eine der jüngsten Herausforderungen globaler Außen- und Sicherheitspolitik ist die Existenz international verankerter Netzwerke terroristischer Organisationen. Über die innere Sicherheit – beispielsweise auch von Berlin – wird an beliebig vielen Orten der Welt entschieden. Das kann Afghanistan ebenso sein wie eine Stadt in Deutschland. Oft stehen hinter Anschlägen nicht Regierungen, sondern auf viele Länder verteilte kleine Gruppen, die durch moderne Kommunikationsmittel miteinander verbunden sind.

Terroranschläge wie der vom 11. September 2001 auf das World Trade Center in New York und das Pentagon in Washington werden als „asymmetrische" Kriegsführung bezeichnet. Sie werden von nichtstaatlichen Akteuren verübt, sind aber gegen die Sicherheit und Stabilität von Staaten gerichtet. Sie sind ihrer Natur nach sehr unterschiedlich und unberechenbar und stellen die Außen- und Sicherheitspolitik vor völlig neue Aufgaben – der internationalen Zusammenarbeit der Geheimdienste zum Beispiel. Auszuschließen ist jedenfalls, dass ein internationales Terrornetzwerk nur mit militärischen Mitteln und von einem einzelnen Staat allein bekämpft werden kann. Im Falle des Taliban-Regimes in Afghanistan gab es offenbar genügend Beweise, dass es das al-Qaida-Netzwerk von Osama bin Laden unterstützt hat. Militärische Gewaltanwendung zum Sturz des Regimes wurde deshalb auch von vielen für gerechtfertigt gehalten. Im Falle des Irak hingegen konnte eine Verbindung zu terroristischen Gruppen weder vor noch nach dem Krieg eindeutig nachgewiesen werden.

Bernard v. Plate, „Außen- und Sicherheitspolitik vor neuen Herausforderungen", in: Bundeszentrale für Politische Bildung (Hrsg.), Informationen zur politischen Bildung, Nr. 280/3. Quartal 2003, S. 38

M 2 Merkmale des neuen internationalen Terrorismus

Terroranschlag auf das Hotel Taj Mahal in Mumbai, Indien, November 2008

Die Begriffe „Terror" und „Terrorismus" werden meist synonym verwendet, obwohl sie unterschiedliche Sachverhalte bezeichnen. Unter „Terror" wird staatliche Schreckensherrschaft gegen seine Bürger oder bestimmte Bürgergruppen verstanden („Terror von oben"). Im Gegensatz dazu werden Angriffe gegen die Machtausübenden („Terrorismus von unten") als „Terrorismus" bezeichnet. [...] Eine international einheitliche Definition von „Terrorismus" konnte bisher nicht gefunden werden. Dennoch ist sich die Terrorismusforschung weitgehend einig: Terrorismus ist das Verbreiten von Angst und Schrecken durch überraschend, organisiert und fortgesetzt begangene Gewalttaten, um politische Ziele zu erreichen. Beabsichtigt ist eine breitere Wirkung auf den Gegner, der eingeschüchtert und zu einer Verhaltensänderung gebracht werden soll.

Der „moderne" Terrorismus bezweckt vor allem eine emotionale, psychische Wirkung, die von der Gräueltat eines Anschlages (insbesondere bei Massenmord) ausgeht. Zum einen soll durch den Anschlag die Bevölkerung des Gegners in Angst, Schrecken und Unsicherheit versetzt werden. Zum anderen richtet sich der geglückte Anschlag an einen Kreis von Personen, die von den Terroristen als potenzielle Befürworter und Unterstützer ihrer Ideologie und ihrer Ziele angesehen werden. [...] Der erfolgreich ausgeführte Anschlag soll demonstrieren, dass eine kleine Gruppe entschlossener Aktivisten in der Lage sein kann, einem überlegenen Gegner einen beträchtlichen Schaden zuzufügen und ihn zu einer Veränderung seines Verhaltens zu nötigen, wenn sie adäquate Methoden beherrscht und einsetzt. [...]

Von „Internationalem Terrorismus" kann dann gesprochen werden, wenn:

- die Zielsetzungen und Anschlags-Begründungen abstrakt-ideologisch sind, sodass sie sich nicht nur auf ein Land und dessen Gesellschaft beziehen; und/oder
- sich die Ziele nicht auf eine Region beziehen, sondern überregional bzw. global angelegt sind; und/oder
- der Aktionsraum der Terroristen nicht auf eine Region beschränkt ist; und/oder
- die Mitglieder der Terrorgruppe aus verschiedenen Ländern stammen, sodass mit der Ausweitung ihrer Aktivitäten in dieses Umfeld gerechnet werden muss.

Attentate und Überfälle von Einzeltätern oder lose organisierten Gruppen auf politische Machthaber oder politische Gegner spielen heute nur noch Nebenrollen. Anschläge, Organisationen und Strukturen sind komplexer und professioneller geworden. Die terroristische Einzelaktion als unmittelbare Reaktion auf eine politische Handlung ist zugunsten von politischen Langfriststrategien des Terrorismus in den Hintergrund getreten. Die früher übliche Trennlinie zwischen Kombattanten, die anzugreifen sind, und Nicht-Kombattanten, die verschont werden sollen, existiert heute nicht mehr. Es geht zunehmend um undifferenzierten Massenmord als Medienereignis, um mittelbar politischen Druck auf den Gegner auszuüben.

Wichard Woyke, Frieden und Sicherheit im 21. Jahrhundert, Leske & Budrich, Opladen 2004, S. 254 f.

Aufgaben

1 *Erläutern Sie den Begriff der „asymmetrischen Kriegsführung“ und leiten Sie daraus neue Herausforderungen für die internationale Staatenwelt ab.*

2 *Erarbeiten Sie aus Text M 2 die Merkmale des „neuen Terrorismus“.*

M 3 Proliferation von Massenvernichtungswaffen – Nuklearwaffen außer Kontrolle?

In den Jahren des Kalten Krieges unterlag die Kontrolle von atomaren, biologischen und chemischen Massenvernichtungswaffen der besonderen Aufmerksamkeit der beiden Blöcke. Ihr Besitz war weitgehend das Monopol von zwei Staaten, der Sowjetunion und der USA. Seit dem Ende der Bipolarität ist die Verbreitung von Massenvernichtungswaffen (Proliferation) oder der Mittel zu ihrer Herstellung zu einem globalen sicherheitspolitischen Problem geworden.

Immer mehr Staaten sind technisch in der Lage, Waffen mit einem ungeheuren Vernichtungspotenzial zu produzieren. Es ist dann in dem ein oder anderen Fall nur noch eine Frage der Zeit, bis es mit Raketen über weite Entfernungen transportiert werden kann. Nordkorea zum Beispiel verfügt seit 2003 über die erforderliche Raketentechnologie und strebt zudem nach waffenfähigem Nuklearmaterial.

Die Gefahr, dass Massenvernichtungswaffen in den Besitz skrupelloser Regierungen oder terroristischer Gruppen gelangen, hat beispielsweise die USA dazu bewogen, mit Unterstützung der EU-Staaten Russland bei der schwierigen und vor allem finanziell aufwendigen Entsorgung nuklearen Materials aus abgerüsteten Waffen zu unterstützen.

Autorentext

Atommächte

■ offiziell ■ inoffiziell

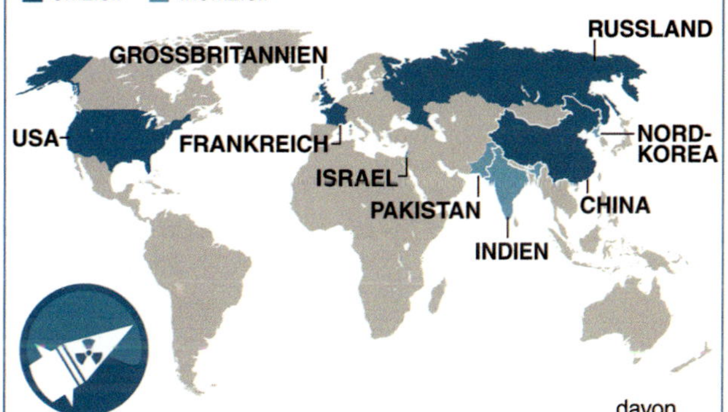

	Zahl der Sprengköpfe*	davon einsatzbereit
Russland	8 500	1 740
USA	7 700	1 950
Frankreich	300	290
China	240	unbekannt
Großbritannien	225	160
Pakistan	90 bis 110	unbekannt
Indien	80 bis 100	unbekannt
Israel	80	unbekannt
Nordkorea	weniger als 10	unbekannt

dpa•16557 *Schätzung, Ende 2012 Quelle: FAS

Aufgaben

1 *Erläutern Sie, worin im Rahmen ihrer Verbreitung die aktuelle Bedrohung durch Nuklearwaffen besteht.*

2 *Sammeln Sie Informationen aus Presse und Internet zur Problematik der Kontrolle von Nuklearwaffen und erstellen Sie eine Wandzeitung zu diesem Thema.*

M 4 Klimawandel

Die weltweite gegenseitige Abhängigkeit liegt auf der Hand, wenn es um die Sicherung eines gemeinsamen Gutes wie des Klimas geht. Der von den meisten Wissenschaftlern vorausgesagte weitere Temperaturanstieg wird in den Weltgegenden Fluchtbewegungen auslösen, die durch Überflutungen besonders gefährdet sind. Es sind alle Menschen zusammen, die durch ihren Lebensstil zu den Belastungen der Atmosphäre beitragen. Der Verbrauch fossiler Brennstoffe wie Sprit für Autos oder Heizöl für Häuser und Wohnungen spielt hierbei eine wichtige Rolle. Für den Schutz der Umwelt können daher nur alle gemeinsam Sorge tragen. Auch wenn sie es nicht mit einer im traditionell strategischen Sinne militärischen Gefahr zu tun hat, stellt die Umweltpolitik doch ein besonders eindringliches Beispiel für die globale Dimension eines Politikbereichs dar, der alle Staaten gleichermaßen angeht.

Nach: Bernard v. Plate, a.a.O. (s. M 1), S. 38 ff.

M 5 Flüchtlingsströme und Migration – Ansturm auf Europa immer größer

Genau drei Monate nach dem Flüchtlingsdrama vor der Insel Lampedusa hat die italienische Marine in 24 Stunden über tausend Migranten aus Seenot gerettet. Die Flüchtlinge befanden sich an Bord von insgesamt fünf Booten. An Bord eines einzigen Flüchtlingsbootes befanden sich 292 Migranten, teilte die Marine mit.

Die Flüchtlinge, darunter mehrere Minderjährige, stammen mehrheitlich aus Eritrea, Nigeria, Somalia und Pakistan. Sie wurden nach Sizilien gebracht.

Massiver Flüchtlingsstrom dürfte weiter anhalten

2014 dürfte der Strom der Flüchtlinge aus Afrika nach Europa kaum nachlassen, erklärte die Internationale Organisation für Migration (IOM). Denn die Sehnsucht nach den gelobten Ländern im Norden ist ein afrikanisches Dauerthema. In Somalia und Eritrea, in den Flüchtlingslagern Äthiopiens, Kenias oder Ugandas, aber auch in den Slums der Millionenstädte wie Dakar, Lagos oder Daressa-

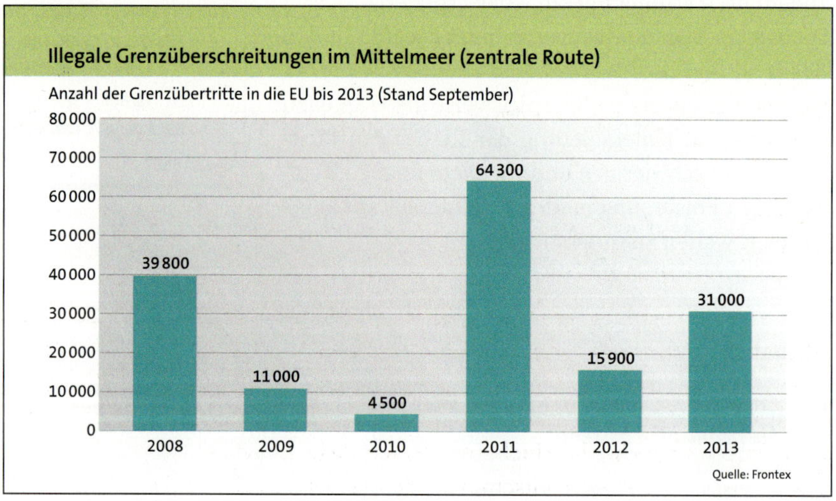

Nach: Tagesschau.de

lam agieren skrupellose Schlepper, die mit den Träumen der Verzweifelten Geld machen.

In Afrika gibt es der UN-Flüchtlingsorganisation UNHCR zufolge derzeit etwa 3,9 Millionen registrierte Flüchtlinge – die wirkliche Zahl liegt nach Schätzungen von Experten weit höher. Um Regimen und Bürgerkriegen zu entkommen, fliehen jährlich Hunderttausende. Manche – wie Christen im Norden Nigerias – wollen der Verfolgung als Minderheit entkommen.

Flucht vor Willkür und Kriegen

Den Willkürstaat Eritrea beispielsweise verlassen nach UNO-Angaben derzeit monatlich etwa 3 000 Menschen. Viele suchten Wege nach Europa. Hoffnungslosigkeit und Menschenrechtsverletzungen würden die Menschen regelrecht „zur Flucht treiben", warnte die UN-Sonderbeauftragte für Eritrea, Sheila B. Keetharuth, im Oktober. Im besonders schlimmen Jahr 2012 flohen aus Eritrea laut der UN-Flüchtlingsorganisation UNHCR mehr als 300 000 Menschen. In den ersten neun Monaten 2013 erreichten UN-Daten zufolge 7 500 Eriträer Italiens Küsten. Auch die meisten Migranten in Lampedusa stammten aus Eritrea.

In Somalia wollen Menschen vor allem dem Terror der islamistischen al-Shabaab-Miliz entkommen. Millionen haben in den letzten Jahren das Land verlassen. Die Schlepper fordern inzwischen von Familien bis zu 15 000 US-Dollar (10 900 Euro) für die illegale Reise nach Europa. [...]

Experte: Europa muss Druck auf korrupte Regierungen erhöhen

„Von einem großen Wandel ist Afrika noch weit entfernt", betont der Chefökonom des Politik-Instituts IRR (Johannesburg), Ian Cruickshanks. Auch in Zukunft wird es für Millionen junger Menschen keine Jobs geben. Zudem bremst ein Wirtschaftsaufschwung nicht unbedingt den Willen zur Flucht: „Dann erst können viele die Schleuserbanden bezahlen", betonte IOM-Experte Ashraf El Nour in Nairobi.

„Lampedusa ist Symptom einer Krankheit, die in den schlecht regierten Staaten Afrikas wurzelt", meint der deutsche Afrika-Experte und frühere Botschafter Volker Seitz. Wenn Europa den Flüchtlingsstrom eindämmen wolle, müsse der Druck auf korrupte Regierungen Afrikas drastisch erhöht werden. Zentrale Bedeutung komme einer gezielten Politik gegen das enorme Bevölkerungswachstum zu. „Niemand kann heute sagen, wie der Kontinent mit seinen derzeit fast 1,2 Milliarden Menschen im Jahre 2050 rund doppelt so viele Menschen ernähren will", sagt Seitz.

dpa, „Tausend Migranten in 24 Stunden: Ansturm auf Europa immer größer", www.tt.com, 03.01.2014 [30.01.2014]

Info

UNHCR: United Nations High Commissioner for Refugees

Aufgaben

1 *Klimawandel und Flüchtlingsströme stellen keine Bedrohung der internationalen Sicherheit im eigentlichen Sinne dar.*
Legen Sie dar, warum sie trotzdem unter dieser Überschrift aufgeführt werden müssen.

2 *Das Problem von illegalen Einwanderern aus Afrika in die EU trifft vor allem Italien (s. M 5).*
Beurteilen Sie, ob der Ruf nach schärferen Gesetzen in der EU gerechtfertigt ist. Ziehen Sie für Ihre Überlegungen auch die Zahlen aus dem Schaubild heran.

M 6 Todesfahrt im Fischerboot – Afrikas Flüchtlinge und Europas Interessen

Sie sind wochenlang unterwegs, siebzig, achtzig, manchmal hundertfünfzig Leute, zusammengepfercht in kleinen, offenen Holzbooten, Fischerbooten. Sie legen ab im Senegal, in Gambia oder Mauretanien. Ihr Ziel: die Kanarischen Inseln, Europa. Allein im letzten Jahr kamen dort 25 000 Flüchtlinge an. Viele überlebten sie nicht, die Flucht ins vermeintliche Paradies.

Aber das „Paradies" hat Mitschuld an der lebensgefährlichen Fahrt über den Atlantik. Seit Jahrzehnten fischen europäische Trawler vor der Küste Westafrikas

Italienische Marine rettet afrikanische Flüchtlinge.

und tragen dazu bei, dass den Menschen dort ihre Lebensgrundlage entzogen wird. Sie haben die ehemals fischreichsten Regionen der Welt längst überfischt: Fast ausgestorben ist der Thiof, ein Barsch, der für die Senegalesen Grundnahrungsmittel ist. Für die Fangrechte vor Mauretanien zahlt die Europäische Union der Regierung 86 Millionen Euro im Jahr. Der gefangene Fisch ist auf den europäischen Märkten aber Milliarden wert. Doch die Menschen an Afrikas Westküste gehen leer aus. Sie fangen kaum noch Fisch, ohnmächtig gegen die Trawler und die hoch subventionierte europäische Fischindustrie. Keine Zukunft, keine Perspektive, und so werden auch dieses Jahr wieder Zigtausende in ihren kleinen Booten nach Europa flüchten, Todesfahrt im Fischerboot.

ARD (Hg.), „Flüchtlingsdrama in Europa", http://programm.ard.de, 02.12.2013 [30.01.2014]

Aufgabe

Erarbeiten Sie aus dem Text die (Mit-)Verantwortung der Europäer für das Flüchtlingsdrama.

M 7 Staatszerfall und neue Kriege

Tiefrot – so sind auf dieser Grafik die Staaten eingefärbt, die ihren Bürgern weder Sicherheit noch Perspektiven bieten können, von Wohlstand ganz zu schweigen. Nach einer Studie der unabhängigen Washingtoner Forschungseinrichtung

http://global.fundforpeace.org

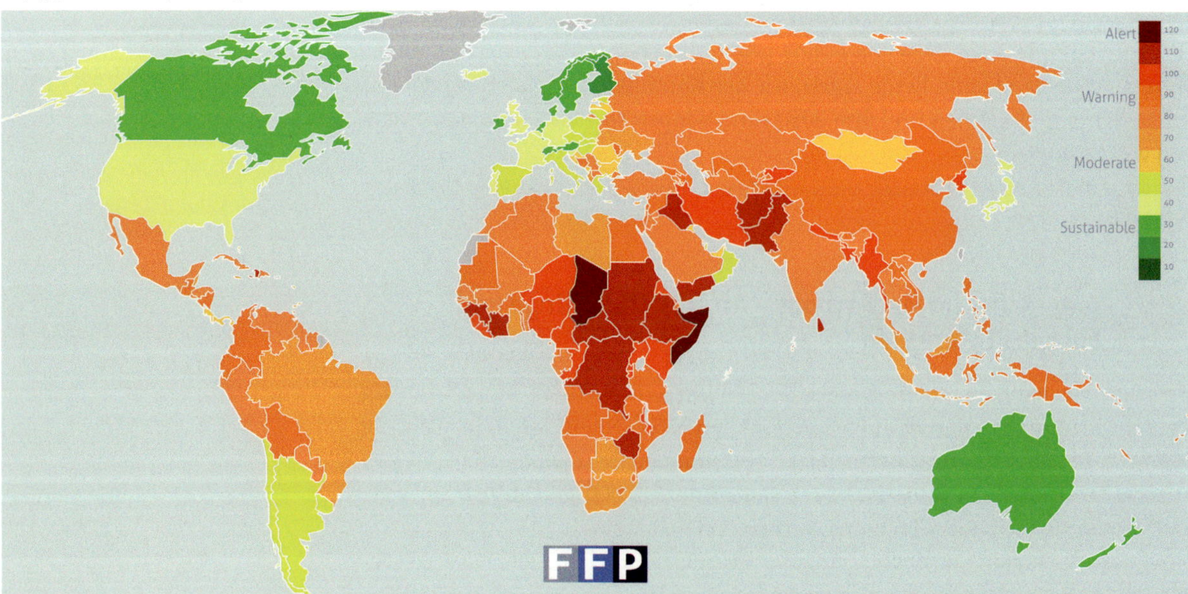

„Fund for Peace“ werden diese als *Failed States* angesehen – gescheiterte Staaten. Wie auch in den vergangenen Jahren führen afrikanische Staaten die Liste der Organisation an.
Der Index für 2011 ist auf Grundlage verschiedener Indikatoren aus dem Jahr 2010 erstellt worden: Dazu zählen neben demografischen, sozialen, wirtschaftlichen und ökonomischen Faktoren auch Korruption im politischen System, die Unterdrückung des Volkes durch einen autoritären Polizeistaat und eine handlungsunfähige Regierung, die die Sicherheit der eigenen Bevölkerung nicht mehr gewährleisten kann.
Im Mittelfeld der Liste befinden sich Schwellenländer wie Brasilien (Platz 123), Russland (82), Indien (76) und China (72). Stabile Staaten finden sich fast ausschließlich im Westen – Ausnahmen bilden zum Beispiel Südkorea (155) Singapur (157) und Japan (164).
Seit 2005 erstellt der Fund den Index jährlich – und bietet so Informationen darüber, in welchen Staaten sich die Verhältnisse im Vergleich zum Vorjahr verbessert oder verschlechtert haben.

Julia Berger, „Failed States Index 2011 – Wie Staaten zerbrechen“, www.sueddeutsche.de, 12.07.2011 [30.01.2014]

Info

www.fundforpeace.org
www.laenderdaten.de
www.freedomhouse.org

M 8 Failed States – Die neue Heimat von Terror und Piraterie?

Der Zerfall staatlicher Strukturen kann durch Probleme innerhalb (endogen) und außerhalb (exogen) eines Landes und einer Region verursacht werden. Oft bedingen exogene und endogene Faktoren einander und verstärken sich gegenseitig. Zu den endogenen Faktoren gehören beispielsweise schlechte Regierungsführung, unterschiedliche nationale und internationale Machtinteressen, ungerechte Friedensregelungen nach einem Konflikt, Korruption, Ausbeutung und große soziale Ungleichheit. Exogene Faktoren wie das Erbe des Kolonialismus und Imperialismus im 19. und 20. Jahrhundert belasten vor allem die Staaten Afrikas und der arabischen Welt im Nahen Osten. Entlang von Landesgrenzen, die ohne Rücksicht auf ethnische und religiöse Zugehörigkeiten gezogen wurden, kam es oft zu gewaltsamen Auseinandersetzungen. Stammes- und Clanstrukturen dominierten viele Staaten, die auch nach dem Ende des Kolonialismus mit wirtschaftlichen Krisen zu kämpfen hatten. [...]

Folgen von staatlicher Instabilität

Die Folgen von staatlichen Zerfallsprozessen sind der Zusammenbruch des Wirtschafts-, Sozial- und Bildungssystems, der Infrastruktur und letztlich die Zerstörung staatlicher Strukturen. Der Staat kann Recht und Ordnung und damit die Sicherheit der Bevölkerung nicht mehr durchsetzen. Es fehlen Steuereinnahmen, um zum Beispiel Polizisten und die staatliche Verwaltung zu bezahlen, und es fehlt die Autorität, um eine unabhängige und funktionsfähige Justiz zu stützen. Warlords, selbst ernannte regionale Herrscher, unterwandern die Wirtschaft mit Korruption, Vetternwirtschaft und illegalen Geschäften wie dem Drogen-, Waffen-, Rohstoff- und Menschenhandel oder der Prostitution. Solche Prozesse begünstigen die organisierte Kriminalität und den Aufbau terroristischer Strukturen, die sich in einem Machtvakuum äußern. Zerfallende Staaten können deshalb eine Bedrohung regionaler und globaler Sicherheit darstellen.

Islamisten in Somalia

Beispiel Somalia

Somalia, am Horn von Afrika gelegen, entstand 1960 aus dem Zusammenschluss der Kolonialgebiete Britisch-Somaliland und Italienisch-Somaliland. Das Gesellschaftssystem wird heute von fünf großen Clans beherrscht; die Bevölkerung gehört fast vollständig dem sunnitischen Islam an. Seit dem Sturz des autoritären Regimes von Siad Barre im Jahr 1991 befindet sich das Land im Bürgerkrieg. Eine Übergangsregierung, die jedoch weiterhin von radikalen Milizen bekämpft wird, regiert das Land von der Hauptstadt Mogadischu aus. Seitdem liegen auch die Infrastruktur des Landes und die Wirtschaft am Boden. Vor allem in Südsomalia hat die islamistische Gruppierung al-Shabaab die Macht übernommen.

Die schlechte Versorgungssituation der Menschen wurde dadurch verschärft, dass Fangflotten großer Fischereikonzerne die Fischgründe vor der somalischen Küste ausbeuteten. Aus dieser Not entstand die Piraterie am Horn von Afrika. Im Jahr 2011 lösten eine lange Dürreperiode und anschließend starke Regenfälle eine Hungerkatastrophe mit großen Flüchtlingsströmen aus. Die riesigen Flüchtlingslager im Süden Somalias können von den Vereinten Nationen nur unzureichend versorgt werden, weil die Milizen Transporte von Hilfsgütern überfallen, ausplündern oder ganz verhindern.

Stiftung Jugend + Bildung (Hg.), „Staatszerfall“, www.frieden-und-sicherheit.de [30.01.2014]

Aufgaben

1 *Vergleichen Sie den in M 7 abgebildeten Failed States Index mit der aktuellen Version und erarbeiten Sie Veränderungen in positiver und negativer Hinsicht.*

2 *Stellen Sie die Merkmale gescheiterter Staaten getrennt nach exogenen und endogenen Faktoren in Form einer Mindmap dar.*

M 9 Die neuen Kriege (I)

Die Entwicklung des globalen Krisen- und Konfliktgeschehens unterlag in den Jahrzehnten des Bestehens der Vereinten Nationen tief greifenden Veränderungen, mit einer rasanten Beschleunigung während der letzten Dekade des vergangenen Jahrhunderts. Als die Weltorganisation im Frühsommer 1945 unter dem Eindruck des noch fortdauernden Zweiten Weltkrieges gegründet wurde, war der klassische zwischenstaatliche Krieg die Störquelle des Weltfriedens par excellence, gegen die sich die kollektiven Sicherheitsbemühungen der neuen Organisation vorrangig richten sollten. Doch zeigte sich im Verlauf der zweiten Hälfte des vergangenen Jahrhunderts, dass der Krieg als Mittel zur Durchsetzung politischer Interessen im zwischenstaatlichen Bereich immer seltener wird. Diese Entwicklung resultiert einerseits aus den Erfahrungen zweier Weltkriege und dem in deren Folge geschaffenen allgemeinen Gewaltverbot der Charta der Vereinten Nationen, vor allem aber aus dem rasanten Demokratisierungs- und Modernisierungsprozess, den zahlreiche Staaten in der zweiten Hälfte des vergangenen

Jahrhunderts bewältigt haben. So zwingen demokratische Gesellschaften ihre Regierungen zu gewaltfreier Konfliktlösung in ihren internationalen Beziehungen und lassen Ausnahmen von dieser Regel – etwa in Form eines Verteidigungskrieges – nur unter engen Grenzen rechtlicher und ethischer Legitimation zu.

Mit dem allmählichen Verschwinden des klassischen zwischenstaatlichen Krieges löst sich jedoch keineswegs das Phänomen der Gewaltanwendung auf. Das Kriegs- und Konfliktgeschehen verlagert sich vielmehr zunehmend in die Staaten und Gesellschaften hinein und ist durch das gleichzeitige Auftreten von Momenten des klassischen Krieges, des Bürgerkrieges, des organisierten Verbrechens und der planvollen und großflächigen Verletzung von Menschenrechten gekennzeichnet. [...]

Die durch Bürgerkriege zerstörten Failed States [s. M 8], zu deren prominentesten Repräsentanten in der jüngeren Zeit sicherlich Afghanistan und Somalia gehören, sind über lange Zeit vor allem unter dem Aspekt des humanitären Leids und der darauf bezogenen Hilfe betrachtet worden. Nicht erst der 11. September 2001 hat jedoch gezeigt, dass diese Staaten einen geradezu idealen Nährboden für die Entwicklung substaatlicher bzw. privater Gewaltakteure bieten, die sich entweder innerhalb der Grenzen des gescheiterten Staates als Warlords [„Kriegsherren"] betätigen oder aber mit dem Mittel des Terrors ihre Gewalttätigkeit in andere Staaten hineintragen können. In der Perspektive einer immer wahrscheinlicheren Verfügbarkeit von Massenvernichtungswaffen für nichtstaatliche Akteure kommt diesen Gruppierungen und ihren möglichen Unterstützerstaaten besonderes Augenmerk zu.

Eine Resultante der privatisierten Kriegführung ist die Angewiesenheit der nichtstaatlichen Gewaltakteure auf alle Formen der Finanzierung. So verquicken sich seit Jahrzehnten in zunehmender Weise innerstaatliche Guerillas ebenso wie international aktive Terroristen mit der organisierten Kriminalität und ihren spezifischen Formen des Gelderwerbs durch Drogen-, Waffen- und Menschenhandel sowie der Geldwäsche. Spätestens an dieser Stelle beginnt die klassische Unterscheidung zwischen militärischen und kriminellen Risiken zu verschwimmen und es werden daher neue Formen eines integrierten Vorgehens der verschiedenen mit staatlicher Sicherheit betrauten nationalen Organe wie auch deren intensivierte Zusammenarbeit im internationalen Bereich notwendig.

Sven Bernhard Gareis, „Der Wandel der Friedenssicherung durch die Vereinten Nationen", in: Aus Politik und Zeitgeschichte, Nr. 27–28/08.07.2002

Afghanistan 2010: ein afghanischer Junge und der Schatten eines US-Soldaten

M 10 Die neuen Kriege (II)

Das entscheidend Neue an den neuen Kriegen ist das Zusammenkommen mehrerer Faktoren, die für sich genommen oft gar nicht so neu sind, die aber in ihrer Kombination zu einer drastischen Veränderung nicht nur des Kriegsgeschehens, sondern auch der Wahrnehmung von Bedrohungen führen. Asymmetrie und die Reaktion der Asymmetrierung sind nicht neu: Wahrscheinlich ist kriegsgeschichtlich asymmetrische Kriegführung sehr viel öfter anzutreffen als symmetrische Kriege.

Auch das Auftreten substaatlicher bzw. semiprivater Kriegsakteure ist nicht neu, sondern in der Geschichte des Krieges immer wieder anzutreffen. Die italienischen Condottieri des 15. und 16. Jahrhunderts sind die wohl bekanntesten Repräsentanten dessen in Europa, und der Dreißigjährige Krieg war ein Krieg, in dem diese privatökonomischen Interessen an der Fortführung des Krieges erheblichen Einfluss erlangt hatten. Auch das dritte Merkmal der neuen Kriege, die Entmilitarisierung der Gewaltorganisation und die Konzentration auf nichtmilitärische Ziele bei Anwendung nichtmilitärischer Methoden ist ebenfalls nicht neu. Bereits die Assyrer, namentlich Tiglatpileser III., haben sich beim Aufbau und der Sicherung ihres Reichs aller Methoden der Verbreitung des Schreckens und der „ethnischen Säuberungen" bedient. Neu war eher, dass es zeitweilig gelungen ist, die Kriegführung von systematischer Gewaltanwendung gegen die Zivilbevölkerung und einer Politik systematischer ethnischer Vertreibung freizuhalten Diese Konzentration der Gewalt auf das Militärische ist kennzeichnend für das Kriegsmodell, das sich in Europa unter den Bedingungen des Westfälischen Systems entwickelt hat. Im 20. Jahrhundert ist jedoch die Bindekraft dieses Systems erodiert. Die ersten großen Bevölkerungsverschiebungen fanden am Anfang des 20. Jahrhunderts auf dem Balkan und in Kleinasien statt. Das entscheidend Neue an den neuen Kriegen ist also das Zusammentreffen dieser drei Entwicklungen bei einer gleichzeitigen drastischen Abschwächung der Präge- und Orientierungskraft des klassischen Kriegsmodells.

Herfried Münkler, „Die neuen Kriege", in: S. Frech/P. I. Trummer (Hg.), Neue Kriege. Schwalbach/Ts. 2005, S. 24–22, zitiert nach: www.omnia-verlag.de [30.01.2014]

Aufgaben

1 *Erarbeiten Sie aus M 9 und M 10 die Merkmale von neuen Kriegen.*

2 *Analysieren Sie das Bild aus M 9 hinsichtlich seines Symbolcharakters im Rahmen neuer Kriege.*

3 *Beurteilen Sie auf der Grundlage von M 10, ob es sich bei modernen Kriegen tatsächlich um neue Kriege handelt. Ziehen Sie dazu auch das Schaubild aus M 11 heran.*

Tipp

www.hiik.de

M 11 2011 war das kriegsreichste Jahr seit 1945

Die Zahl der Kriege in aller Welt ist 2011 auf den höchsten Stand seit 1945 gestiegen. Zu diesem Ergebnis kommt das Heidelberger Institut für Konfliktforschung, das 20 Kriege zählte. Der bisherige Höchstwert des jährlichen „Konfliktbarometers" war 1993 mit 16 Kriegen, wie das Institut am Donnerstag mitteilte. Insgesamt zählten die Forscher 2011 38 „hoch gewaltsame Konflikte", also Auseinandersetzungen mit massivem Einsatz von Gewalt und gravierenden Folgen. Überwiegend habe es sich um innerstaatliche Konflikte gehandelt. Besonders die Regionen Vorderer und Mittlerer Osten und Afrika sind von solchen Auseinandersetzungen betroffen: „Hier sehen wir hohes Potenzial für weitere Eskalationen", sagte Institutsvorstand Christoph Trinn.
Dramatisch war die Zunahme 2011 insbesondere im Vergleich zu 2010, als sechs Kriege gezählt worden waren. Drei neue, schnell entstandene Kriege im Zusam-

menhang mit dem „arabischen Frühling“ in Jemen, Syrien und Libyen kamen hinzu. Außerdem eskalierten bereits seit Längerem bestehende Auseinandersetzungen in Nigeria.
An Intensität zugenommen haben nach Angaben der Forscher auch Konflikte im Sudan. Verschärft haben sich laut Konfliktbarometer auch die Auseinandersetzungen zwischen dem Staat und den Drogenkartellen in Mexiko. Unverändert werden die Konflikte zwischen den Taliban und dem pakistanischen Militär sowie zwischen den Taliban und der afghanischen Regierung von den Heidelberger Forschern als Kriege eingestuft.

dpa, „2011 war das kriegsreichste Jahr seit 1945“, www.handelsblatt.com, 23.02.2012 [30.01.2014]

M 12 Was ist Krieg?

Die AKUF unterscheidet zwischen fünf Kriegstypen:
A = Antiregime-Kriege: Kriege, in denen um den Sturz der Regierenden oder um die Veränderung oder den Erhalt des politischen Systems oder gar der Gesellschaftsordnung gekämpft wird.
B = Autonomie- und Sezessionskriege: Kriege, in denen um größere regionale Autonomie innerhalb des Staatsverbandes oder um Sezession vom Staatsverband gekämpft wird.
C = Zwischenstaatliche Kriege: Kriege, in denen sich Streitkräfte der etablierten Regierungen mindestens zweier staatlich verfasster Territorien gegenüberstehen, und zwar ohne Rücksicht auf ihren völkerrechtlichen Status.
D = Dekolonisationskriege: Kriege, in denen um die Befreiung von Kolonialherrschaft gekämpft wird.
E = Sonstige Kriege.
Zahlreiche Kriege lassen sich nicht eindeutig einem dieser Typen zuordnen, weil sich verschiedene Typen überlagern oder sich der Charakter des Krieges im Verlauf der Kampfhandlungen verändert, sodass sich Mischtypen bilden.
Ein weiteres Kriterium für die Typologisierung von Kriegen ist die Fremdbeteiligung. Als Intervention oder Fremdbeteiligung berücksichtigt die AKUF nur diejenigen Fälle, in denen die Streitkräfte eines weiteren Staates unmittelbar an den Kämpfen teilnehmen. Bloße Waffenlieferungen, finanzielle oder logistische Unterstützung und dergleichen werden nicht als Intervention gewertet.

Arbeitsgemeinschaft Kriegsursachenforschung/AKUF (Hg.), Aktuelle Kriege und bewaffnete Konflikte (2011), www. sozialwiss.uni-hamburg.de, 24.03.2012 [30.01.2014]

Kriege und Konflikte 2012

Kriege — weitere hochgewaltsame Konflikte

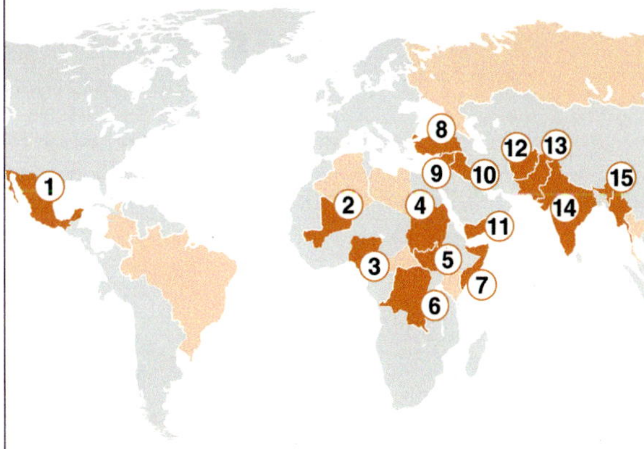

	Kriege	Konfliktparteien
1	Mexiko	Drogenkartelle – Armee
2	Mali	Islamistische Aufständische – Armee
3	Nigeria*	Islamistische Sekte Boko Haram; Bauern – Nomaden
4	Sudan*	Darfur: Rebellen – Reitermilizen – Armee; Kurdufan, Blauer Nil: Widerstandsbew. PLM; Sudan – Südsudan
5	Südsudan	Interethnische Konflikte
6	Dem. Rep. Kongo	Rebellengruppen im Nordosten – Armee
7	Somalia	Islamistische Aufständische – Armee
8	Türkei	PKK – Armee
9	Syrien	Opposition – Regierungstruppen
10	Irak	Sunnitische Aufständische
11	Jemen	Al Kaida auf der arabischen Halbinsel
12	Afghanistan	Taliban, Aufständische – Armee
13	Pakistan	Islamistische Aufständische
14	Indien	Separatisten in Assam (ULFA und andere) – Armee
15	Birma	Unabhängigkeitsbewegung der Kachin – Militärregime

Quelle: Heidelberger Institut für Internationale Konfliktforschung — *mehrere interne Konflikte — © Globus 5539

Info

AKUF = Arbeitsgemeinschaft Kriegsursachenforschung der Universität Hamburg
www.sozialwiss.uni-hamburg.de/publish/lpw/Akuf

Aufgaben

1 *Überprüfen sie mithilfe des aktuellen Konfliktbarometers (s. Tipp S. 578) die These von der Zunahme kriegerischer Konflikte.*

2 *Beurteilen Sie die Rolle des staatlichen Gewaltmonopols vor dem Hintergrund von Staatszerfall und Krieg. Arbeiten Sie dabei auch nochmals mit M 7 und M 8.*

3 *Konkretisieren Sie die unterschiedlichen AKUF-Kriegstypen durch aktuelle Beispiele. Ziehen Sie dazu auch die Informationen aus M 11 heran.*

4 *Erörtern Sie aufgrund Ihrer Ergebnisse aus diesem Abschnitt, ob die Welt friedlicher geworden ist.*

M 13 Neue Herausforderungen brauchen neue Antworten – Die erweiterte Sicherheit

Sicherheitspolitik wurde lange Zeit als eine vorwiegend militärische Angelegenheit verstanden. Diese eindimensionale Sicht der Dinge ist überholt. Das gilt in ganz besonderer Weise für Deutschland, das heute ausnahmslos von verbündeten bzw. befreundeten Staaten umgeben ist. Gefahren für Stabilität und Sicherheit haben die unterschiedlichsten Ursachen, die mitunter weit jenseits der deutschen Grenzen liegen und keineswegs immer militärischen Ursprungs sind. Seit dem Ende des Ost-West-Konflikts und befördert durch die Prozesse der Globalisierung ist deshalb von einer „erweiterten Sicherheitspolitik“ die Rede.
Die grenzüberschreitenden und oft sogar globalen Auswirkungen vieler Entwicklungen schränken die staatliche Handlungsfreiheit zunehmend ein. Ein breites Spektrum von Sicherheitsinteressen kann weniger denn je im Alleingang wahrgenommen werden. Wirtschaftliche, soziale, ökologische sowie menschenrechtliche Aspekte sind zum festen Bestandteil eines umfassenden Sicherheitsbegriffs und zum Thema der unterschiedlichsten Institutionen und Politikfelder geworden. Oft sind es zudem Fernsehbilder, durch die das Elend und die Katastrophen in vielen Teilen der Welt – seit 1990 sind etwa vier Millionen Menschen in Kriegen umgekommen – auf die außenpolitische Agenda der Staaten gelangen. Ohne die modernen Möglichkeiten der Nachrichtenübermittlung blieben Hungersnöte und Menschenrechtsverletzungen oft lokale oder regionale Ereignisse.
Die Reihe der Themen, um die es dabei geht, ist nahezu unbegrenzt: Die Umweltpolitik in China, das Ausmaß von Aids in Afrika, die Sicherheit nuklearer Anlagen in Russland, das Management zunehmend knapper Wasserressourcen, Korruption, die Missachtung von Menschen- und Bürgerrechten und die Armut in vielen Staaten sowie die Aktivitäten länderübergreifender Verbrecherbanden beeinflussen direkt oder auch indirekt die Lebensbedingungen von Millionen von Menschen auch dann, wenn sie weder in den betroffenen Regionen und Staaten leben noch an ihren Entscheidungen beteiligt sind.

Bundeszentrale für politische Bildung (Hg.), „Globalisierung“, Informationen zur politischen Bildung, Nr. 280/3. Quartal, S. 41

Quelle: Wochenschau Sek. II, Ausgabe 3/4 Mai-August 2009 „Sicherheitspolitik“, S. 119, Autor: Hans-Joachim Reeb
*MVW = Massenvernichtungswaffen

Aufgaben

1 *Erarbeiten Sie aus dem Text die Notwendigkeit des Konzepts der erweiterten Sicherheit zur Bekämpfung aktueller Herausforderungen.*

2 *Erläutern Sie das Schaubild und wenden Sie es auf konkrete Gefährdungen der internationalen Sicherheit an.*

M 14 Responsibility to Protect (R2P) – Von der Nicht-Intervention zur Schutzverantwortung

Mit dem Ende des Kalten Krieges trat das Spannungsverhältnis zwischen staatlicher Souveränität und Menschenrechtsschutz auf die Tagesordnung der internationalen Politik. In den rasch aufeinanderfolgenden und mit massiver Gewalt einhergehenden Konflikten und humanitären Katastrophen in Irak, Somalia, Ruanda und Bosnien sah sich die internationale Gemeinschaft mit der Frage konfrontiert, wie und wann ein militärisches Eingreifen zur Beendigung von Massenverbrechen gegen Zivilbevölkerung notwendig sei. Die Völkermorde in Ruanda und Srebrenica, die in ihrer Tragweite nur durch das passive Zuschauen der internationalen Gemeinschaft ermöglicht wurden, schockierten die Weltöffentlichkeit und waren ein wesentlicher legitimatorischer Bezugspunkt, als es im Jahr 1999 zu einer vom Sicherheitsrat der UN nicht mandatierten humanitären Intervention im Kosovo kam. Was für die einen ein völkerrechtswidriger Angriffskrieg gegen einen souveränen Staat war, stellte für die anderen angesichts eines blockierten Sicherheitsrates eine militärische Nothilfe zum Schutz der Zivilbevölkerung dar. UN-Generalsekretär Kofi Annan kam abschließend zu dem Resümee, dass die Intervention nicht legal, dennoch aber legitim war. Um ein für allemal die Frage zu klären, durch wen eine humanitäre Intervention zu autorisieren sei und wann und mit welchen Mitteln sie zu erfolgen habe, richtete er im Jahr 2000 eine unabhängige Internationale Kommission zu Fragen von Intervention und Staatensouveränität (ICISS) ein. Die ICISS kam zu dem Ergebnis, dass souveräne Staaten die Verantwortung haben, ihre eigenen Bürger gegen Massenverbrechen zu schützen. Sollte ein Staat dieser Schutzverantwortung nicht nachkommen können oder wollen, so geht diese Schutzverantwortung auf die internationale Gemeinschaft über. Neben dem Primat der Prävention entwickelte die Kommission auch konkrete Vorschläge in Bezug auf die Umstände einer militärischen Intervention. Diese solle eine realistische Erfolgschance haben, proportionale Mittel an-

Info

ICISS: International Commission on Intervention and State Sovereignty

Sicherheitskonzepte		
„Traditionelle" Sicherheitspolitik	**„Erweiterte Sicherheit"**	**„Menschliche Sicherheit"**
• Schutz von Staaten vor militärischen Bedrohungen durch andere Staaten	• Schutz der „reichen Welt" vor militärischen und nicht militärischen („neuen") Gefährdungen, die in Krisenregionen entstehen können	• Beseitigung der Ursachen aller Gefährdungen menschlicher Existenz für alle Menschen
• Handlungsebene: Staaten	• Handlungsebene: Staaten	• Handlungsebene: Individuen, Gruppen, Gemeinschaften
• Militärische Sicherheitsstrategien dominieren: Aufrüstung zur Abschreckung und Kriegsführung	• Militärische Sicherheitsstrategien durch zivile ergänzt: Umrüstung für vielfältige „neue" (militärische) Szenarien	• Zivile Sicherheitsstrategien dominieren: Abrüstung, Verlagerung von Ressourcen vom militärischen zum zivilen Bereich

Institut für Friedenspädagogik Tübingen (Hg.), Friedensgutachten 2004 – didaktisch, Tübingen 2004, S. 15

wenden, nur nach dem Scheitern nichtgewaltsamer Bemühungen beschlossen werden und in ihrer Konsequenz mehr nutzen als schaden. Für die Autorisierung solcher Einsätze sollte immer der UN-Sicherheitsrat als das höchste und meist legitime Organ ersucht werden. [...]
In ihrer sogenannten Millennium-Erklärung im September 2005 einigte sich die UN-Generalversammlung einstimmig auf die Verabschiedung der Schutzverantwortung. Es dauerte allerdings noch bis zum Jahr 2009, bis UN Generalsekretär Ban Ki-moon seinen Bericht zur Umsetzung dieser Norm vorlegen konnte, die seitdem auf drei Grundpfeilern basiert: erstens der Schutzverantwortung souveräner Staaten für ihre eigenen Bürger; zweitens der Verpflichtung der internationalen Gemeinschaft zur Unterstützung der Nationalstaaten bei der Umsetzung ihrer Schutzverantwortung; und drittens der Schutzverantwortung der internationalen Gemeinschaft, rechtzeitig und entschlossen zu handeln, wenn ein Staat dieser Verantwortung selbst nicht nachkommt.
Auf die Schutzverantwortung wurde seit ihrem Beschluss im Jahr 2005 an verschiedenen Stellen Bezug genommen, wodurch die Norm zunehmendes Gewicht und eine deutlichere Form erhalten hat. Die Feststellung, dass das Verhalten der Regierung Myanmars nach dem Taifun Nargis keine Verletzung der Schutzverantwortung darstellte, gehört ebenso zu diesem Definitionsprozess wie der Entschluss der Vereinten Nationen, in Libyen und der Elfenbeinküste mit militärischen Mitteln den Schutz einer bedrohten Zivilbevölkerung zu gewährleisten. [...]

Volker Lehmann/Robert Schütte, Die Zukunft der „Responsibility to Protect" nach dem Fall Gaddafis, www.schutzverantwortung.de, Oktober 2011 [30.01.2014]

Aufgaben

1 *Fassen Sie die Entwicklung sicherheitspolitischer Konzepte seit Ende des Kalten Krieges mithilfe der tabellarischen Übersicht zusammen.*

2 *Beschreiben Sie die Grundpfeiler der sog. Schutzverantwortung in der seit 2005 gültigen Form.*

3 *Erörtern Sie die Aussage des damaligen UN-Generalsekretärs Kofi Annan zur humanitären Intervention im Kosovo 1999 (Z. 16).*

4.5 Friedenssicherung – Die Rolle der Vereinten Nationen

M 1 Die Vereinten Nationen (UN) – Friedenssicherung ohne Waffen

„Wir, die Völker der Vereinten Nationen – fest entschlossen, künftige Geschlechter vor der Geißel des Krieges zu bewahren, die zweimal zu unseren Lebzeiten unsagbares Leid über die Menschheit gebracht hat, [...] haben beschlossen, in unserem Bemühen um die Erreichung dieser Ziele zusammenzuwirken.“ Mit diesem Satz beginnt die Charta der Vereinten Nationen, die am 25. Juni 1945 in San Francisco von Delegierten aus 50 Ländern einstimmig verabschiedet und am 24. Oktober desselben Jahres ratifiziert wurde.

Vor dem Hintergrund zweier Weltkriege und dem Scheitern des Völkerbundes wollten die Unterzeichner ein Staatenbündnis erschaffen, das künftige Kriege verhindert und Kooperation gewährleisten soll. Dieser Rolle sollten die UN im Laufe ihrer Geschichte nicht immer gerecht werden, wie sich während des Ost-West-Konflikts und in Somalia oder Bosnien-Herzegowina zeigte. Dennoch sind die UN die erste Organisation, welche die über 200-jährige Idee eines Staatenbundes wirkungsvoll umgesetzt hat.

Die zentralen Ziele der Vereinten Nationen sind im ersten Kapitel der Charta aufgelistet:

- Weltfrieden und internationale Sicherheit wahren;
- friedliche Schlichtung aller Streitigkeiten;
- Verzicht auf Gewaltanwendung;
- Gleichheit und nationale Souveränität aller Staaten achten;
- freundschaftliche Zusammenarbeit zur Friedenssicherung fördern;
- internationale Zusammenarbeit fördern, um wirtschaftliche, soziale, kulturelle und humanitäre Probleme zu lösen;
- Achtung der Menschenrechte und Grundfreiheiten ungeachtet der Rasse, des Geschlechts, der Sprache oder der Religion.

[...] Der Verabschiedung der UN-Charta im Jahr 1945 waren lange Verhandlungen vorausgegangen. Angesichts des nahenden Zweiten Weltkrieges sprach sich Franklin Delano Roosevelt bereits 1937 für die Schaffung eines funktionierenden Staatenbundes aus. Der schon 1920 gegründete Völkerbund, den die USA zwar initiiert hatten, dem sie aber nie beigetreten waren, hatte sich als

Bronzeplastik vor dem UN-Hauptgebäude in New York

Info

UN-Charta (Auszüge)

Die Organisation und ihre Mitglieder handeln im Verfolg der in Artikel 1 dargelegten Ziele nach folgenden Grundsätzen:

Artikel 2

(1) Die Organisation beruht auf dem Grundsatz der souveränen Gleichheit aller ihrer Mitglieder. [...]

(3) Alle Mitglieder legen ihre internationalen Streitigkeiten durch friedliche Mittel so bei, dass der Weltfriede, die internationale Sicherheit und die Gerechtigkeit nicht gefährdet werden.

(4) Alle Mitglieder unterlassen in ihren internationalen Beziehungen jede gegen die territoriale Unversehrtheit oder die politische Unabhängigkeit eines Staates gerichtete oder sonst mit den Zielen der Vereinten Nationen unvereinbare Androhung oder Anwendung von Gewalt. [...]

(7) Aus dieser Charta kann eine Befugnis der Vereinten Nationen zum Eingreifen in Angelegenheiten, die ihrem Wesen nach zur inneren Zuständigkeit eines Staates gehören, oder eine Verpflichtung der Mitglieder, solche Angelegenheiten einer Regelung aufgrund dieser Charta zu unterwerfen, nicht abgeleitet werden; die Anwendung von Zwangsmaßnahmen nach Kapitel VII wird durch diesen Grundsatz nicht berührt.

Aufgaben

1 *Recherchieren Sie die Hintergründe für das Scheitern des Völkerbundes und zeigen Sie, dass die Vereinten Nationen als Organisation „die über 200-jährige Idee eines Staatenbundes wirkungsvoll umgesetzt hat“ (Z. 18–20).*

2 *Erörtern Sie, welche Ziele aus der Charta der Vereinten Nationen einer konkreten und aktiven Lösung von Konflikten im Weg stehen könnten.*

Institution ohne nennenswerte Legitimation erwiesen. Mit Kriegsbeginn ließen Roosevelt und der damalige britische Premierminister Winston Churchill auch die ursprünglichen Pläne fallen, eine primär aus den USA und Großbritannien bestehende „Weltpolizei“ zu errichten. Stattdessen wurden die Großmächte Russland und China mit an den Verhandlungstisch geholt, weitere Länder schlossen sich an.

Insgesamt 26 Länder unterzeichneten am 1. Januar 1942 die „Erklärung der Vereinten Nationen“, bis zum 1. März 1945 folgten weitere 21 – ehe sich im Juni 1945 insgesamt 50 Gründungsstaaten zur Verabschiedung der Charta einfanden. Heute umfasst die UN 193 Mitgliedstaaten (Stand Januar 2014), die sich den Zielen der Kriegsvermeidung und friedvollen Kooperation verpflichtet haben.

Bundeszentrale für politische Bildung (Hg.), Ziele und Grundsätze der Vereinten Nationen, www.bpb.de, 02.02.2011 [30.01.2014]

M 2 Organisation der Vereinten Nationen (UN)

Die Charta der Vereinten Nationen verpflichtet die UN-Mitglieder, den Weltfrieden und die internationale Sicherheit zu bewahren, freundschaftliche Beziehungen zwischen den Völkern herzustellen, bei der Lösung wirtschaftlicher, sozialer und kultureller Fragen zusammenzuarbeiten und die Grundrechte und -freiheiten der Menschen zu achten. Im Mittelpunkt der UN-Organisation stehen die in Artikel 7 der Charta genannten Hauptorgane.

Das Plenarorgan der Vereinten Nationen ist die **Generalversammlung**, in der alle Mitgliedstaaten mit jeweils einer Stimme vertreten sind. Jedes Jahr von September bis Dezember tritt sie in New York zu ihrer regulären Sitzungsperiode zusammen. Sie beschließt den UN-Haushalt und legt den Verteilungsschlüssel für die Beiträge der UN-Mitglieder fest. Im Übrigen kann sie grundsätzlich alle internationalen Fragen erörtern und Empfehlungen dazu abgeben; davon ausgenommen sind lediglich Angelegenheiten, die noch im Sicherheitsrat behandelt werden. Die Generalversammlung fasst ihre Beschlüsse im Allgemeinen mit einfacher Mehrheit; zu „wichtigen Fragen“ ist jedoch eine Zweidrittelmehrheit erforderlich. Verbindlich sind ihre Resolutionen nur für die zustimmenden Staaten. Unterstützt wird die Arbeit der Generalversammlung durch zehn Hauptausschüsse und weitere ständige Ausschüsse oder ad hoc eingesetzte Kommissionen. Zur Bewältigung der vielfältigen praktischen Aufgaben, die sich den Vereinten Nationen stellen, hat die Generalversammlung eine Reihe von ständigen Hilfsorganisationen, Programmen und Fonds ins Leben gerufen, darunter z. B. das Weltkinderhilfswerk (UNICEF), die Konferenz für Handel und Entwicklung [UNCTAD] und das UN-Entwicklungsprogramm (UNDP).

Der **Sicherheitsrat** [vgl. M 3] kann als einziges Organ der Vereinten Nationen für alle Mitglieder verbindliche Beschlüsse fassen, wenn er festgestellt hat, dass eine Friedensbedrohung, ein Friedensbruch oder eine Aggression vorliegt. Er kann Sanktionen politischer, wirtschaftlicher oder militärischer Art verhängen und ein Mandat zum Einsatz von Friedenstruppen (UN-Blauhelmen) erteilen. [...]

Die Sicherung des Weltfriedens hat nicht allein politische oder militärische Aspekte. Sie setzt auch wirtschaftliche Entwicklung, sozialen Ausgleich, kulturellen Austausch und humanitäre Hilfe voraus – Fragen, mit denen sich der **Wirtschafts- und Sozialrat** (ECOSOC) beschäftigt. Die große Mehrzahl der Probleme, die von der Generalversammlung beraten werden, steht damit auch auf seiner

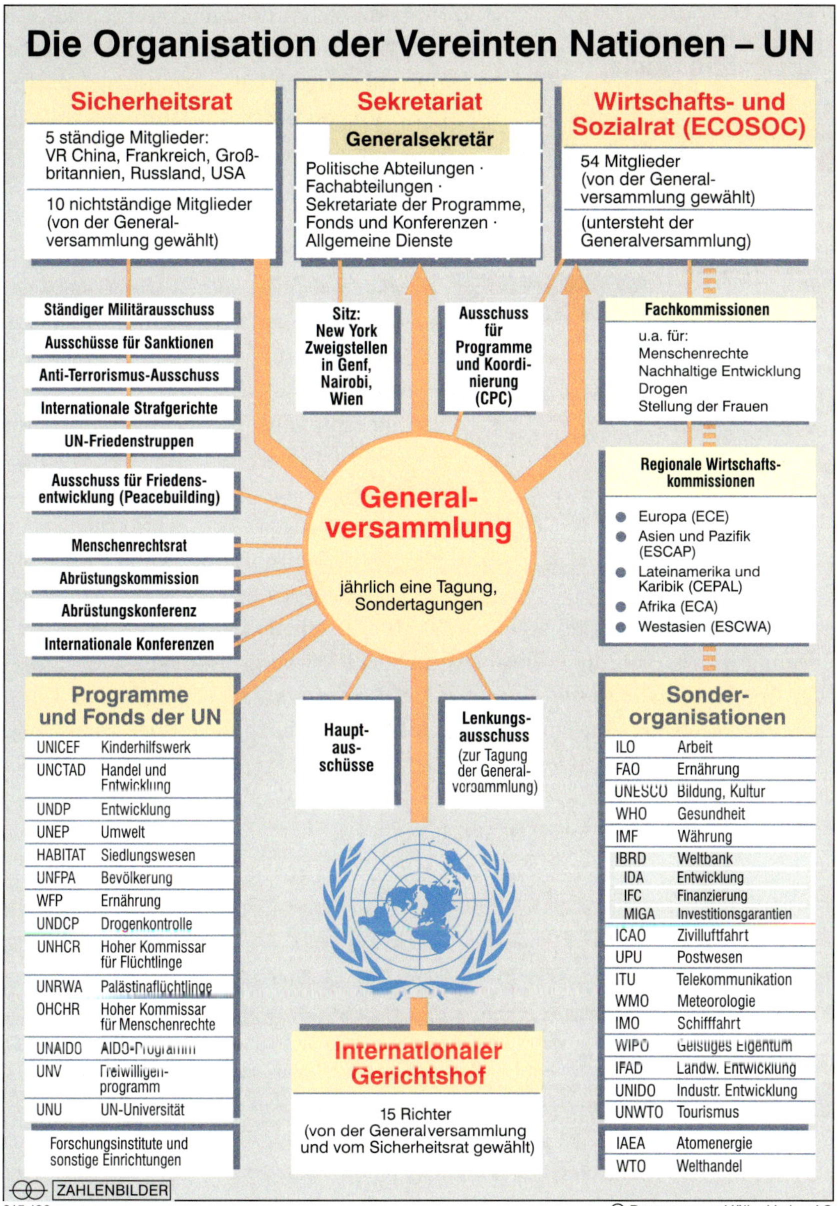

615 120 © Bergmoser + Höller Verlag AG

Tagesordnung. Er formuliert Empfehlungen dazu, entwickelt Initiativen und arbeitet internationale Übereinkommen aus. Der Wirtschafts- und Sozialrat besteht aus 54 Mitgliedern, die von der Generalversammlung gewählt werden. Bei seiner Arbeit stützt er sich auf Fachkommissionen und fünf regionale Wirtschaftskommissionen, die den Ländern der jeweiligen Region beim wirtschaftlichen und sozialen Aufbau helfen. Über ECOSOC sind die Sonderorganisationen – selbstständige Körperschaften mit eigenen Mitgliedern und eigenen Haushalten – an die Vereinten Nationen angekoppelt. Er schließt mit ihnen Verträge ab, koordiniert ihre Arbeit und nimmt ihre Berichte entgegen.

Der **Internationale Gerichtshof** (Sitz: Den Haag) befasst sich mit internationalen Rechtsstreitigkeiten, die ihm von den UN-Mitgliedstaaten unterbreitet werden, und erstattet völkerrechtliche Gutachten für die UN und ihre Sonderorganisatio-

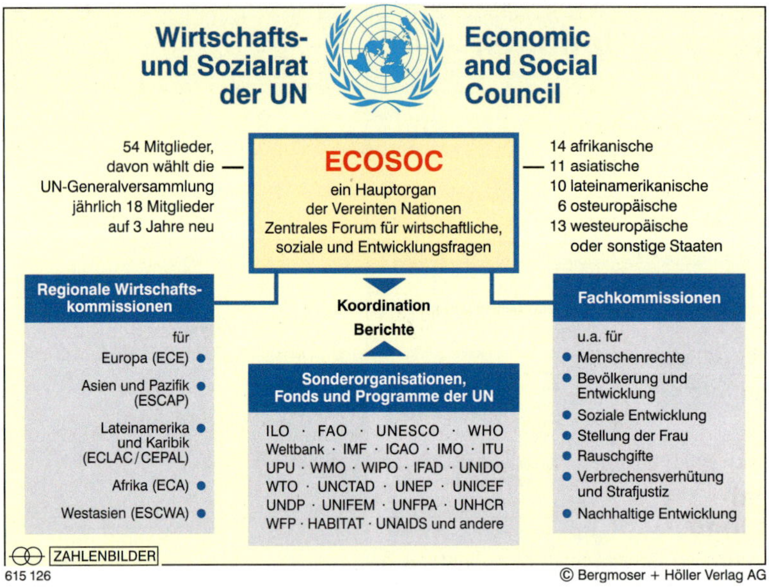

nen. Seine 15 Richter werden von der Generalversammlung und vom Sicherheitsrat in getrennten Abstimmungen auf neun Jahre gewählt; sie repräsentieren alle großen Kulturkreise und Rechtssysteme.

Das **Sekretariat** nimmt die Verwaltungsaufgaben der Vereinten Nationen wahr. An seiner Spitze steht der Generalsekretär, der von der Generalversammlung auf Empfehlung des Sicherheitsrats für jeweils fünf Jahre gewählt wird. Das Sekretariat ist eine internationale Behörde mit eigenem Beamtenstab; sein Hauptsitz befindet sich in New York, Zweigstellen in Genf, Nairobi und Wien. Die UN-Charta weist dem Generalsekretär formal nur begrenzte Befugnisse zu. Je nach Konstellation kann er als Vermittler, Ideengeber und Koordinator jedoch erhebliche Wirkung entfalten.

Der **Treuhandrat** betreute die unter UN-Treuhandschaft stehenden unselbstständigen Gebiete, eine Aufgabe, die mit der Unabhängigkeit der Pazifikinsel Palau 1994 ihren vorläufigen Abschluss fand. Bei Bedarf kann das Organ wieder einberufen werden.

Bergmoser + Höller Verlag, Schaubild Nr. 615 120, 2/04

Tipp

www.un.org
www.auswaertiges-amt.de

Aufgaben

1 *Stellen Sie – ausgehend vom Schaubild – in eigenen Worten dar, wie die Vereinten Nationen aufgebaut sind und wie die Handlungsstränge innerhalb der Organisation verlaufen.*

2 *Bestimmte Unter- und Sonderorganisationen finden in den Medien immer wieder Erwähnung.*
Nennen Sie einige dieser Organisationen und überlegen Sie, warum gerade diese im Fokus des Medieninteresses stehen, während andere eher ein mediales Schattendasein führen.

3 *Sammeln Sie Informationen über die Stellung des Generalsekretärs der Vereinten Nationen und beurteilen Sie seine Stellung und seine Möglichkeiten der Einflussnahme innerhalb des Systems.*

Der amtierende UN-Generalsekretär Ban Ki-moon begrüßt seinen Vorgänger Kofi Annan in New York.

M 3 Der Sicherheitsrat der Vereinten Nationen

Der Sicherheitsrat war nach dem Kriegsende 1945 als eine Art Weltpolizei in Gestalt der fünf Großmächte konzipiert, um mögliche Friedensbrecher abzuschrecken und tatsächliche zu bestrafen; seine Wirkung sollte institutionell gesichert werden, indem in ihm

- alle fünf Großmächte als ständige Mitglieder vertreten waren,

- alle Beschlüsse mit Zustimmung der ständigen Mitglieder gefasst werden mussten (Veto-Recht der Großmächte) und
- Sicherheitsfragen ausschließlich dem Sicherheitsrat vorbehalten blieben.

Mit dem Entstehen des Ost-West-Konflikts begannen die beiden Rivalen USA und UdSSR im Bemühen, das Eingreifen des Sicherheitsrats und damit auch des Gegners in die eigene Einflusssphäre zu verhindern, sich gegenseitig zu blockieren. So war mit dem Sicherheitsrat die UNO insgesamt gelähmt, wenn ein internationaler Konflikt wichtige Interessen einer der beiden Großmächte tangierte.

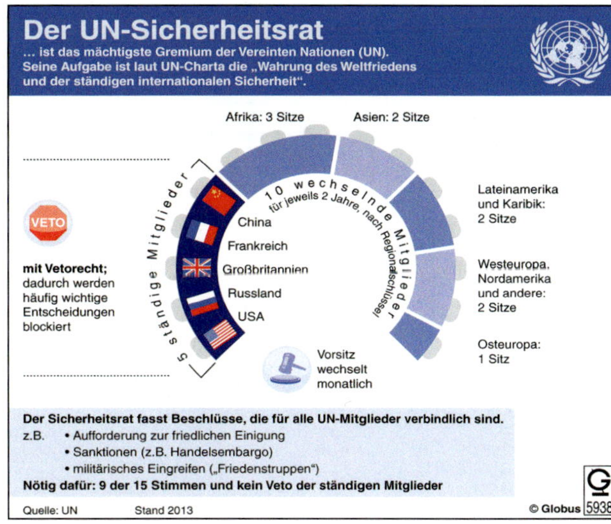

Erst mit dem Ende der Ost-West-Konfrontation nach 1989 trat hier ein grundlegender Wandel ein. Die Entscheidungs- und Handlungsfähigkeit der UN im Golfkrieg 1990/91 wurde als sensationell empfunden; das System kollektiver Sicherheit schien erstmals zu funktionieren und einen internationalen Konflikt ohne Krieg beizulegen. Die UN und zugleich die Hoffnungen auf eine neue Weltordnung scheiterten im 1. Golfkrieg an der Irrationalität eines diktatorisch Regimes, im Bosnienkrieg am nationalen, religiösen und politischen Fanatismus ethnischer Gruppen und im Irak-Krieg an der Haltung Amerikas, das glaubte, auf eigene Faust unilateral handeln zu müssen.

Stephan Kurz-Gieseler, Sozialkunde – Politik in der Sekundarstufe II, Schöningh, Paderborn 2007, S. 486 f.

Aufgaben

1 *Erläutern Sie vor dem Hintergrund der weltpolitischen Lage die Möglichkeiten der Vereinten Nationen zur Beilegung von Konflikten. Erstellen Sie eine Rangordnung dieser Maßnahmen hinsichtlich ihrer Sinnhaftigkeit.*

2 *Erörtern Sie, ob das Vetorecht der ständigen Mitglieder des Sicherheitsrats durch eine Mehrheitsentscheidung abgelöst werden sollte.*

M 4 Agenda für den Frieden – 20 Jahre danach

1992 formulierte der damalige UN Generalsekretär Boutros Ghali eine „Agenda für den Frieden", in der er zentrale Instrumente der UN-Friedensarbeit darstellte, um die Vereinten Nationen in Krisen und Konflikten handlungsfähiger zu machen. Zeit, um Bilanz zu ziehen.

„Krisenprävention" ist zwanzig Jahre nach dem programmatischen UN-Dokument „Agenda für den Frieden" (1992) von einer Forderung der Friedens- und Konfliktforschung zu einem weithin akzeptierten Politikansatz der internationalen Gemeinschaft geworden. Der damalige UN-Generalsekretär, Boutros Boutros-Ghali, reagierte damit auf die sprunghafte Zunahme innerstaatlicher Konflikte im Gefolge der regionalen und globalen Umbruchsprozesse nach dem Ende der Ost-West-Konfrontation. Das Konzept wurde von seinem Nachfolger, Kofi Annan, durch die Forderung nach einer „Kultur der Prävention" ergänzt.

Agenda für den Frieden

Vorschläge des UN-Generalsekretärs Boutros Ghali zur Friedens- und Sicherheitspolitik der Vereinten Nationen

1. Vorbeugende Diplomatie

ZIEL Das Entstehen von Streitigkeiten zu verhüten, den Ausbruch offener Konflikte zu verhindern, oder Konflikte, die bereits ausgebrochen sind, rasch wieder einzugrenzen

MITTEL Diplomatische Gespräche; vertrauensbildende Maßnahmen; Frühwarnsysteme, die rechtzeitig auf Spannungen hinweisen; formelle Tatsachenermittlung; vorbeugender Einsatz von UN-Truppen; vorsorgliche Einrichtung entmilitarisierter Zonen

2. Friedensschaffung

ZIEL Nach Ausbruch eines Konflikts die feindlichen Parteien zu einer Einigung zu bringen

MITTEL

Friedliche Mittel
z.B. Vermittlung, Verhandlungen, Schiedsspruch, Entscheidungen durch den Internationalen Gerichtshof

Gewaltlose Sanktionen
z.B. Wirtschafts- und Verkehrsblockade, Abbruch der Beziehungen

Friedensdurchsetzung
durch speziell ausgebildete, ständig abrufbereite bewaffnete UN-Truppen

Militärische Gewalt
zur Aufrechterhaltung oder Wiederherstellung des Weltfriedens und der internationalen Sicherheit, wenn alle friedlichen Mittel versagen

3. Friedenssicherung

ZIEL Die Lage in einer Konfliktzone zu entschärfen oder zu stabilisieren; die Einhaltung der Vereinbarungen zwischen den Konfliktparteien zu überwachen und durchzusetzen

MITTEL Entsendung von Beobachtermissionen; Einsatz von UN-Friedenstruppen zur Untersuchung von Grenzverletzungen, zur Grenzkontrolle, zur Beobachtung von Wahlen, Überwachung von Waffenstillstands- und Friedensvereinbarungen, Bildung einer Pufferzone zwischen gegnerischen Mächten, Wahrnehmung von Polizeiaufgaben, Sicherung humanitärer Maßnahmen usw.; umfassendes Konfliktmanagement

4. Friedenskonsolidierung

ZIEL Den Frieden nach Beendigung eines Konflikts zu konsolidieren; die Konfliktparteien zum friedlichen Wiederaufbau anzuhalten

MITTEL

Nach einem Konflikt innerhalb eines Landes
z.B. Entwaffnung der verfeindeten Parteien, Wiederherstellung der öffentlichen Ordnung, Einsammeln der Waffen, Minenräumung, Repatriierung von Flüchtlingen, Ausbildung und Beratung von Sicherheitskräften, Wahlüberwachung, Schutz der Menschenrechte, Reform oder Neuaufbau staatlicher Institutionen

Nach einem internationalen Krieg
z.B. gemeinsame Projekte, die der wirtschaftlichen und sozialen Entwicklung dienen und das gegenseitige Vertrauen stärken (Landwirtschaft, Energie- und Wasserwirtschaft, Verkehr usw.); Abbau der Schranken zwischen den Nationen durch Kulturaustausch, Reiseerleichterungen, gemeinsame Jugend- und Bildungsprogramme

ZAHLENBILDER

 615 500

In einem eigens zu diesem Thema erstellten Bericht an den UN-Sicherheitsrat von Juni 2001 formulierte Annan ein umfangreiches Konzept mit konkreten Empfehlungen, wie die UNO gemeinsam mit den Staaten, mit Nichtregierungsorganisationen (NGOs) und Unternehmen wirksamer zu einer rechtzeitigen Verhinderung und Bearbeitung gewaltsamer Konflikte beitragen kann. Der Bericht begründet die Notwendigkeit neuer Anstrengungen u. a. mit den gewaltigen Kosten, die die UN-Friedensoperationen verursachen. [...]
In dem UN-Bericht werden mehrere Kategorien von Kernmaßnahmen zur Krisenprävention ausgewiesen, durch deren Umsetzung ein umfassender Wandel von einer „Kultur der Reaktion zu einer Kultur der Prävention“ erreicht werden soll. Dazu gehören insbesondere:

- Frühwarnung, rechtzeitige Information und Analyse;
- gute Dienste und Vermittlung;
- Förderung von Demokratie, gutem Regieren und einer Kultur der Prävention;
- Abrüstung und Rüstungskontrolle;
- gerechte sozio-ökonomische Entwicklung;
- Achtung der Menschenrechte, des humanitären Rechts und der internationalen Gerechtigkeit.

Mit diesem Maßnahmenkatalog übernahm die UNO die [...] Unterscheidung zwischen operationaler und struktureller Prävention. Die Früherkennung von Gewaltkonflikten und die Bemühungen um eine rechtzeitige Verhandlungslösung zielen als typische operationale Maßnahmen unmittelbar auf die Verhinderung des Ausbruchs von Gewalt und die damit einhergehenden menschlichen Opfer und materiellen Kosten.

Dagegen ist die strukturelle Prävention darauf gerichtet, dass politische, soziale und Umweltkrisen sowie von Menschen verursachte Naturkatastrophen gar nicht erst entstehen. Dazu gehören auch Maßnahmen, die sicherstellen sollen, dass einmal befriedete Gewaltkonflikte und Kriege nicht erneut eskalieren. Insofern müssen (strukturelle) Konfliktprävention, Konfliktbeendigung, Friedenskonsolidierung und Entwicklungszusammenarbeit so angelegt und aufeinander abgestimmt sein, dass sich ihre Wirkungen gegenseitig verstärken.

Im Fortschrittsbericht des UN-Generalsekretärs „Über die Prävention bewaffneter Konflikte" von Juli 2006 wird mit der systemischen Prävention ein dritter Aktionsbereich hinzugefügt. Sie bezieht sich auf „globale Risiken, die Einzelstaaten überschreiten". Gemeint sind u. a. die Regulierung des Handels mit Waren wie Diamanten und Kleinwaffen, die Konflikte anheizen, die Nichtverbreitung von Kern-, Chemie- und biologischen Waffen, die Bekämpfung von Drogenanbau, Drogenhandel und Drogensucht sowie Maßnahmen gegen Krankheitsepidemien und Umweltzerstörung.

Lutz Schrader, „Krisen- und Gewaltprävention", www.bpb.de, 12.03.2012 [30.01.2014]

Aufgaben

1 *Erläutern Sie, was unter der „Kultur der Prävention" (Z. 18) zu verstehen ist und wie sie in der UNO implementiert wurde.*

2 *Erörtern Sie, ob die Agenda für den Frieden die Vereinten Nationen handlungsfähiger in internationalen Krisen gemacht hat.*

M 5 Kein Frieden ohne Waffen?

Für viele Beobachter war das Ende der Beobachtermission UNSMIS absehbar: Seit April 2012 waren die unbewaffneten UN-Beobachter in Syrien, um eine Waffenruhe zwischen den Aufständischen und den Truppen von Präsident Baschar al-Assad zu überwachen. Doch die Kämpfe gingen weiter und die Beobachter stießen auf massiven Widerstand – teilweise wurden sie selbst beschossen. Zwar war die Mission am 20. Juli noch einmal um 30 Tage verlängert worden, doch nach und nach waren immer mehr der ursprünglich 300 Beobachter abgezogen worden. Am Donnerstag (16.08.2012) beschloss der UN-Sicherheitsrat den Stopp der Mission wegen der massiven Gewaltanwendung und dem Einsatz schwerer Waffen durch die Regierung Assads. [...]

Dass die UN-Beobachter üblicherweise unbewaffnet sind, soll unter anderem dazu beitragen, dass sie von den Konfliktparteien als neutral wahrgenommen werden. Eine ihrer Aufgaben besteht darin, mit beiden Seiten Gespräche zu führen, um gegenseitiges Verständnis und die Bereitschaft zu erzeugen, Konflikte friedlich zu lösen. Außerdem sollen sie sich ein möglichst objektives Bild der Lage vor Ort machen und müssen dazu in von beiden Seiten umkämpfte Gebiete gehen.

Info

UNSMIS: United Nations Supervision Mission in Syria

→ Vgl. Exkurs Konfliktanalyse, S. 604 ff.

Tipp

UN-Charta (Auszüge)
Artikel 27

(1) Jedes Mitglied des Sicherheitsrats hat eine Stimme.

(2) Beschlüsse des Sicherheitsrats über Verfahrensfragen bedürfen der Zustimmung von neun Mitgliedern.

(3) Beschlüsse des Sicherheitsrats über alle sonstigen Fragen bedürfen der Zustimmung von neun Mitgliedern einschließlich sämtlicher ständigen Mitglieder, jedoch mit der Maßgabe, dass sich bei Beschlüssen aufgrund des Kapitels VI und des Artikels 52 Absatz 3 die Streitparteien der Stimme enthalten.

Damit hängt der Erfolg der Mission aber stark von der Kooperationsbereitschaft der Konfliktparteien ab, wie Ekkehard Griep, stellvertretender Vorsitzender der Deutschen Gesellschaft für die Vereinten Nationen (DGVN), erklärt. „In Syrien konnte der Konflikt bis heute nicht deeskaliert werden. Die Regierung auf der einen und die in sich zersplitterte Opposition auf der anderen Seite haben offenkundig kein Interesse an einer politischen Lösung, sondern versuchen auf militärischem Wege, ihre Ziele zu erreichen", sagte Griep im Gespräch mit der Deutschen Welle. In einer solchen Konstellation könnten UN-Beobachter nur zerrieben werden und ihren eigentlichen, vom Sicherheitsrat mandatierten Auftrag nicht ausführen. Die unbewaffneten UN-Beobachter seien selbst beschossen worden, was letztlich zur Beendigung der Mission geführt habe.

Insbesondere macht Ekkehard Griep auch die Uneinigkeit innerhalb der Vereinten Nationen, vor allem des Sicherheitsrates, für das Scheitern der Mission verantwortlich: „Der Rückhalt des UN-Sicherheitsrates ist ganz entscheidend. Wenn der nicht gegeben ist, dann hat eine UN-Friedensmission keine Chance auf Erfolg." Die Vetomächte Russland und China hatten mehrere Resolutionen gegen die Regierung Assads blockiert. Auch in der Vergangenheit hatte sich schon oft gezeigt, dass der Wille der fünf UN-Vetomächte Russland, China, USA, Frankreich und Großbritannien zur Friedenssicherung begrenzt ist, wenn geplante Maßnahmen ihren wirtschaftlichen und strategischen Interessen entgegenstanden. Viele Länder drängen schon lange auf eine Demokratisierung des Sicherheitsrats, der nach dem Zweiten Weltkrieg gegründet wurde und noch die damals herrschende Machtkonstellation widerspiegelt. Für eine Reform des Sicherheitsrates müsste aber die UN-Charta geändert werden – was wiederum an die Zustimmung eben dieser fünf Vetomächte gebunden ist. Kritiker bezweifeln daher, dass die UN ihren Aufgaben überhaupt gerecht werden kann.

Ekkehard Griep von der DGVN hält die Vereinten Nationen dennoch für zentral für die weltweite Friedenssicherung. „Die Vereinten Nationen können und müssen eine wichtige Rolle spielen, weil es sonst auf der globalen Ebene keine Organisation gibt, die für Fragen von Frieden und Sicherheit eine Legitimation besitzt." Das mache die Vereinten Nationen unersetzlich. Auch an dem Instrument der Friedensmissionen möchte er nach dem Scheitern in Syrien festhalten. „Das wichtigste Signal, das von einer solchen Beobachtermission ausgeht – in Syrien wie auch in anderen Regionen –, besteht darin, dass die Weltgemeinschaft, personifiziert durch die Vereinten Nationen, Flagge zeigt und Interesse signalisiert, einen solchen Konflikt zu entschärfen und zu verfriedlichen." [...]

Christina Ruta, „Sind die Vereinten Nationen gescheitert?", www.dw.de, 20.08.2012 [30.01.2014]

Aufgaben

1 *Stellen Sie Gründe des Scheiterns der Vereinten Nationen in Syrien dar und erläutern Sie die Rolle des UN-Sicherheitsrats.*

2 *Stellt das Scheitern der Vereinten Nationen in Syrien die Arbeit der Organisation prinzipiell infrage? Erörtern Sie diese Problematik vor dem Hintergrund der Textaussage.*

M 6 Die Vereinten Nationen – weltweit im Einsatz für den Frieden

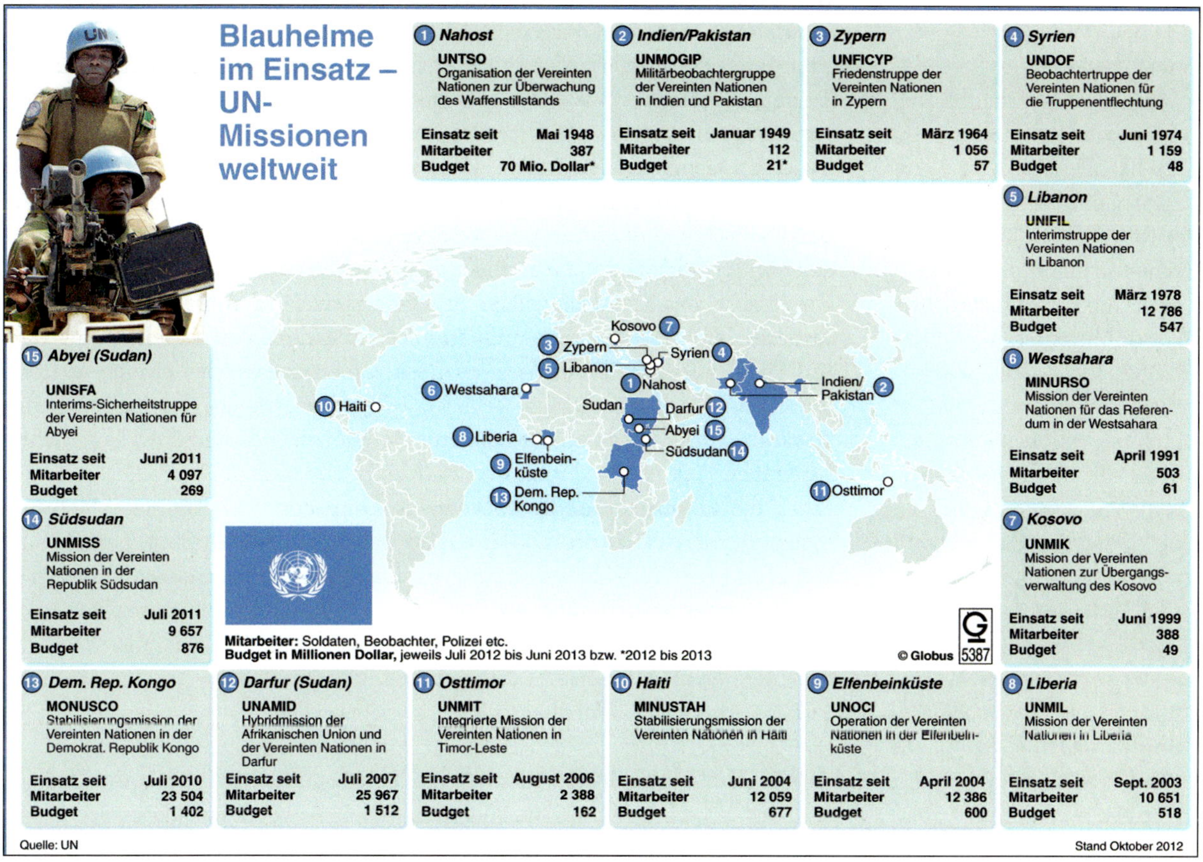

Aufgaben

1 *Recherchieren Sie das jährliche Budget der Vereinten Nationen und die Kosten für die Auslandseinsätze*

2 *In Anbetracht des weltweiten Engagements der UN könnte man die Organisation als Weltpolizei sehen. Erörtern Sie die Möglichkeiten und Grenzen der Vereinten Nationen in dieser Rolle.*

M 7 Reform der Vereinten Nationen – Deutschland fordert Sitz im Sicherheitsrat

Deutschland beansprucht ebenso wie Brasilien, Indien und Japan weiter einen ständigen Sitz im UN-Sicherheitsrat. „Fast 70 Jahre nach der Gründung der Vereinten Nationen ist eine Reform des Sicherheitsrats lange überfällig“, erklärten die Außenminister der vier Staaten [...] nach einem Treffen am Rande der UN-Generaldebatte in New York. Die „Schwierigkeiten“ des mächtigsten Gremiums der Vereinten Nationen, angesichts der aktuellen internationalen Krisen zu handeln, seien ein weiteres Zeichen für den Reformbedarf.

Der Sicherheitsrat müsse den „geopolitischen Realitäten des 21. Jahrhunderts“ entsprechen, hieß es in der Erklärung der sogenannten G-4-Gruppe. Die Außen-

minister erinnerten daran, dass sich die Weltgemeinschaft im Jahr 2005 zu einer Reform des Sicherheitsrats verpflichtet habe. Bis spätestens 2015 müssten die Reformbemühungen in „konkrete Ergebnisse" umgemünzt werden, forderten sie. [Der damalige] Bundesaußenminister Guido Westerwelle (FDP) sagte bei dem Treffen nach Angaben aus Delegationskreisen, dass es innerhalb der Vereinten Nationen eine „wachsende Unzufriedenheit" über den derzeitigen Zustand gebe. Trotz „mancher Widerstände" lohne es sich, die Gespräche und Verhandlungen für eine Reform fortzusetzen. Vor dem G-4-Treffen war Westerwelle mit dem brasilianischen Außenminister Luiz Alberto Figueiredo und dem indischen Chefdiplomaten Salman Khurshid zu Gesprächen zusammengekommen.
Im Sicherheitsrat sind derzeit 15 Staaten vertreten, von denen nur die USA, Russland, China, Frankreich und Großbritannien einen ständigen Sitz und damit bei allen Entscheidungen ein Vetorecht haben. Zehn weitere Staaten werden durch die Vollversammlung jeweils für zwei Jahre als nichtständige Mitglieder gewählt. Deutschland gehörte zuletzt in den Jahren 2011 und 2012 dem Sicherheitsrat an.
Eine Reform müsste von der Vollversammlung aber mit Zwei-Drittel-Mehrheit angenommen sowie von zwei Drittel der Mitgliedstaaten ratifiziert werden – darunter die fünf Veto-Mächte. Grundlegende Veränderungen scheiterten bisher immer wieder an der Frage, welches Land einen ständigen Sitz erhalten sollte und wie die restlichen Plätze verteilt werden sollten.

dpa, „Deutschland fordert Reformen und ständigen Sitz", www.handelsblatt.com, 26.09.2013 [30.01.2014]

Stärkere Nationen für eine bessere Welt

„Die Notwendigkeit einer Stärkung der Vereinten Nationen wird uns durch ein wachsendes Spektrum neuer Herausforderungen, darunter humanitäre Krisen, Menschenrechtsverletzungen, bewaffnete Konflikte sowie Gesundheits- und Umweltfragen, täglich vor Augen geführt. Selten waren die Vereinten Nationen aufgefordert, so viel für so viele zu tun. Ich bin entschlossen, die Vereinten Nationen mit neuem Leben zu erfüllen und das Vertrauen in eine gestärkte Organisation zu erneuern, die fest im 21. Jahrhundert verankert ist und ihre Aufgaben wirksam, effizient, kohärent und verantwortlich wahrnimmt."

UNO-Generalsekretär Ban Ki-moon

Aufgaben

1 *Arbeiten Sie Wunsch und Wirklichkeit hinsichtlich eines ständigen Sitzes Deutschlands im UN-Sicherheitsrat heraus.*

2 *Formulieren Sie als Vertreter Deutschlands einen Debattenbeitrag vor der UN-Generalversammlung, bei dem Sie das Recht Deutschlands auf einen ständigen Sitz verteidigen und eine Reform des Sicherheitsrats fordern. Arbeiten Sie auch mit M 7.*

M 8 Der Sicherheitsrat und das Vetorecht – noch zeitgemäß?

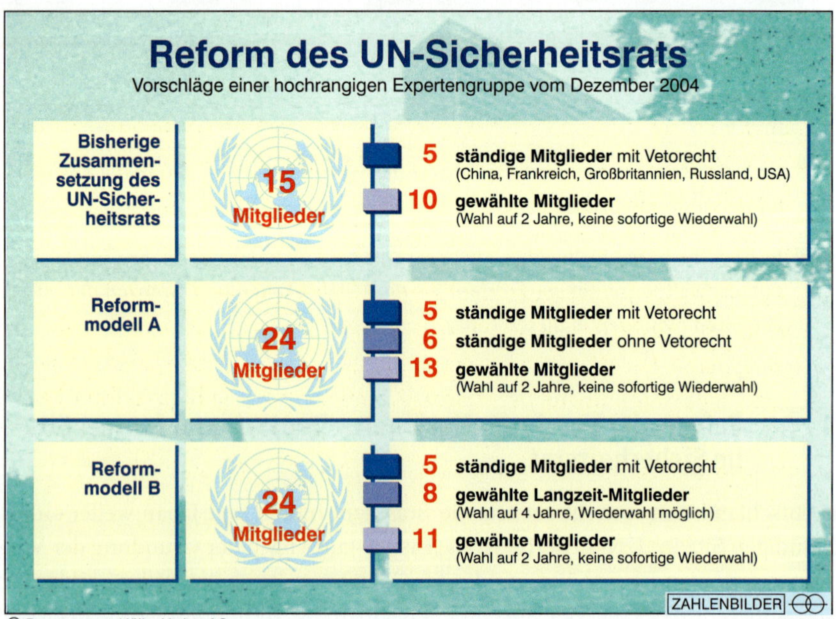

 615 513

Aufgabe

Stellen Sie die beiden Reformvorschläge in eigenen Worten dar und erörtern Sie ihre Umsetzbarkeit.

M 9 Perspektiven der Weltorganisation im 21. Jahrhundert

Die internationale Politik wird auch im 21. Jahrhundert maßgeblich von den Staaten beeinflusst, aber nicht von ihnen allein gestaltet. Längst haben angesichts der Unzulänglichkeiten rein zwischenstaatlicher Kooperationsprozesse bzw. klassischer internationaler Organisationen transnationale staatliche, nichtstaatliche bzw. zivilgesellschaftliche Netzwerke an Bedeutung gewonnen. Ihnen ein Forum zu geben und ihre Anstrengungen zu koordinieren könnte künftig neue Steuerungsmechanismen einer global public policy erfordern, in deren Mittelpunkt die Vereinten Nationen stehen.

Bislang dominiert beim Blick auf die Vereinten Nationen jedoch zunächst das Spannungsverhältnis zwischen den Zielen und Grundsätzen der Charta auf der einen und der politischen Realität auf der anderen Seite. Die wesentlichen Forderungen der Charta nach multilateraler Kooperation und kollektiven Mechanismen basieren auf Regeln, die in der Praxis der internationalen Politik immer wieder relativiert, verändert oder auch systematisch missachtet werden. Der Gleichheit aller Mitgliedstaaten steht ein ausgeprägtes Machtgefälle gegenüber, die Pflicht zur friedlichen Streiterledigung wird oft durchbrochen und trotz des allgemeinen Gewaltverbots nehmen sich Staaten immer wieder das Recht zur unilateralen Gewaltanwendung.

Aus dieser Erfahrung könnte sich die – eher pessimistische – Schlussfolgerung ergeben, dass die UN in den Händen ihrer Mitgliedstaaten bleiben und diese weiterhin eine schwache Weltorganisation der Aufgabe nationaler Souveränitätsrechte vorziehen werden. Als Beleg dafür können die geringen Reformschritte auf der Basis kleinster gemeinsamer Nenner gelten, die der Weltgipfel des Jahres 2005 hervorgebracht hat. Die Aussichten der Vereinten Nationen, als gestaltender Akteur von Global-Governance-Prozessen aufzutreten, erscheinen vor diesem Hintergrund als eher gering.

Nichtsdestoweniger aber bleiben die UN unverzichtbar für die Gestaltung internationaler Politik. Nur sie bieten die Arena, in der sich die Staaten hinsichtlich ihrer freiwillig eingegangenen Verpflichtungen gegenseitig kontrollieren und deren Einhaltung anmahnen können. Wer nicht die Rückkehr des Faustrechts in die internationale Politik will, wer nicht weltweite Anarchie und Instabilität anstrebt und wer nicht Neuauflagen regionaler oder globaler Rüstungsspiralen riskieren möchte, muss für Steuerungsmechanismen sorgen, welche die Willkür einzelner oder von Gruppen von Staaten sowie ihre Gewaltanwendung zumindest reduzieren. Den UN wird daher auch weiterhin die Aufgabe zukommen, die internationale Staatengemeinschaft zur Akzeptanz und Befolgung ihrer in der Charta niedergelegten Ziele und Grundsätze anzuhalten.

Sven Bernhard Gareis, „Reform und Perspektiven der Weltorganisation", www.bpb.de, 21.07.2011 [30.01.2014]

Aufgaben

1 *Fassen Sie zusammen, worin der Autor die Aufgaben der Vereinten Nationen im 21. Jahrhundert sieht.*

2 *Beurteilen Sie die im Text dargestellten Perspektiven der Vereinten Nationen.*

Die NATO – ein Bündnis mit Zukunft?

M 10 Die Geschichte der NATO

Zehn westeuropäische Staaten sowie die USA und Kanada unterzeichneten am 4. April 1949 in Washington den Nordatlantikvertrag und gründeten damit die NATO (North Atlantic Treaty Organization).

Der Kalte Krieg zwischen den von der Sowjetunion dominierten kommunistischen Staaten Osteuropas und dem nichtkommunistischen Westen war bereits in vollem Gange. Sieben weitere Länder, unter ihnen die Bundesrepublik Deutschland, traten bis 1989, dem Ende des Ost-West-Konflikts, der Atlantischen Allianz bei.

Ziemlich genau 40 Jahre lang bestand die Hauptaufgabe der NATO darin, einen potenziellen Gegner durch die eigene militärische Stärke abzuschrecken. Ein wichtiger Bestandteil dieser Politik war die Stationierung starker Landstreitkräfte im Westen des geteilten Deutschlands und eine zahlenmäßig große Bundeswehr. Seit dem Ende des Ost-West-Konflikts ist ihre Stärke von circa 500 000 auf 240 000 Mann verringert worden. Gegen wen man sich wappnen und gegebenenfalls wehren müsse, daran gab es so gut wie keinen Zweifel: Der voraussichtliche Gegner stand, so die gängige Formulierung in den Jahren des Kalten Krieges, „im Osten".

Genau dort befinden sich heute die neuen Mitglieder, Beitrittsinteressenten und Kooperationspartner der NATO. 1999 traten Polen, die Tschechische Republik und Ungarn der Allianz bei. Im März 2004 folgten Bulgarien, Estland, Lettland, Litauen, Rumänien, die Slowakei und Slowenien. Auf dem Balkan strebt nach dem Beitritt Albaniens und Kroatiens auch Mazedonien eine Mitgliedschaft an. Von den ehemaligen Sowjetrepubliken haben sowohl Georgien als auch die Ukraine ein Beitrittsinteresse bekundet.

Als Beitrag zur gemeinsamen Sicherheit erwartet die NATO von den neuen Mitgliedern militärische Reformen wie die Angleichung der Ausrüstungen und der

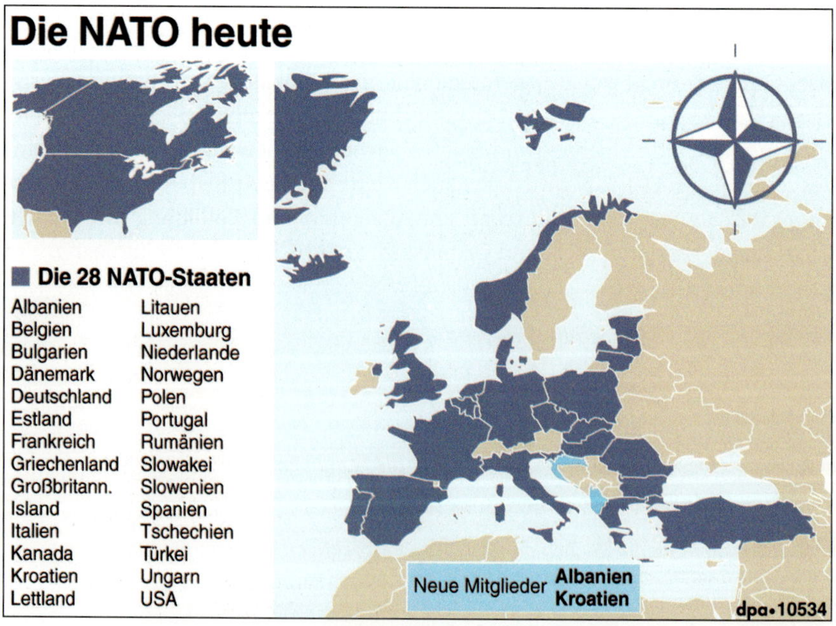

Info 1

1949: Der am 4. April in Washington unterzeichnete Nordatlantikvertrag ist die Geburtsstunde des Bündnisses. Neben den USA und den Mitgliedern des Brüsseler Vertrags von 1948 (Frankreich, Großbritannien, Benelux-Staaten) gehören zu den Gründerstaaten auch Dänemark, Island, Italien, Kanada, Norwegen und Portugal.

Info 2

1955: Am 6. Mai wird die Bundesrepublik Deutschland Mitglied der NATO. Am 14. Mai wird als Gegenbündnis der Warschauer Pakt unter Führung der Sowjetunion gegründet, dem auch die DDR beitritt.

Info 3

1966: Frankreich verlässt die Kommandostruktur des Bündnisses, weil Präsident Charles de Gaulle weder französische Truppen unter NATO-Kommando stellen noch NATO-Stützpunkte im eigenen Land dulden will. Das NATO-Hauptquartier wird von Paris nach Brüssel verlegt. Erst 2009 kehrt Frankreich in die Kommandostruktur der NATO zurück.

Kommandostrukturen sowie den Aufbau tragfähiger Marktwirtschaften und stabiler demokratischer Institutionen. Diese wiederum betrachten das Bündnis als „Stabilitätsanker" und versprechen sich von ihm die Garantie ihrer äußeren Sicherheit. Dies gilt insbesondere für Polen, das mehrmals in seiner Geschichte zwischen seinen Nachbarn Deutschland und Russland zerrieben wurde. Für die Regierung in Warschau ist daher die Mitgliedschaft in einem Bündnis, in dem die USA eine führende Rolle spielen, ein herausragendes politisches Interesse.

Bernard von Plate, „Verteidigungsbündnis im Wandel – die NATO", in: Informationen zur politischen Bildung, Nr. 291/2. Quartal 2006, S. 67

Tipp

www.auswaertiges-amt.de
www.bmvg.de
www.nato.int
www.sozialwiss.uni-hamburg.de/publish/lpw/Akuf/index.htm

Aufgaben

1 *Stellen Sie die Rolle von NATO und Warschauer Pakt im Zeitalter des Kalten Krieges dar und vergleichen Sie die Veränderung der NATO in Auftrag und Strategie.*

2 *Erarbeiten Sie aus dem Text und dem Schaubild „Die NATO heute" die Ausdehnung der NATO nach dem Ende des Ost-West-Konflikts.*

3 *Deutschland trat der NATO 1955 bei. Recherchieren Sie die Umstände und Folgen dieses Beitritts und stellen Sie Ihre Ergebnisse dem Kurs vor.*

M 11 Aufbau und Struktur der NATO

Die NATO ist in eine zivile und eine militärische Struktur unterteilt. Durch die Letztentscheidung der zivilen Organe kommt das Primat der Politik zum Ausdruck. Das oberste Organ der NATO ist der *Nordatlantikrat* (engl. *North Atlantic Council, NAC*) als höchstes ziviles Entscheidungsgremium. Ihm gehören die Vertreter der Mitgliedstaaten an; dies sind während der Ratstagungen, die regulär im Frühjahr und Herbst stattfinden, die Außen- und Verteidigungsminister, in der Zwischenzeit die permanenten Vertreter (*NATO-Botschafter*). Der Nordatlantikrat muss seine Beschlüsse einstimmig fassen. Zur Entscheidungsvorbereitung verfügt der Nordatlantikrat über ein weit verzweigtes Ausschusssystem (u. a. zu den Themen Rüstungskontrolle, Verifikation, Notstandsplanung und Proliferation). Weitere wichtige zivile Gremien der NATO sind der *Verteidigungsplanungsausschuss* (engl. *Defence Planning Committee, DPC*), in dem die zur Aufgabenerfüllung und zur Aufrechterhaltung der integrierten Militärstruktur notwendigen militärischen Potenziale der Mitglieder beraten werden, sowie die *Nukleare Planungsgruppe* (engl. *Nuclear Planning Group, NPG*), der die Nuklearpolitik des Bündnisses obliegt. Den Vorsitz in allen drei zivilen Gremien hat der *Generalsekretär* inne (seit 2014 *Jens Stoltenberg*), der die laufenden Geschäfte führt und der umfangrei-

Info

Verifikation: von verifizieren, d. h. auf den Wahrheitsgehalt hin überprüfen; Überprüfung, Beglaubigung

Alte und neue NATO-Strategie

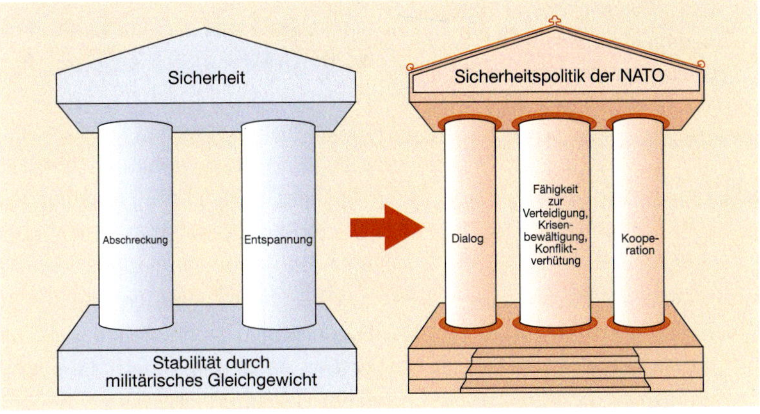

Stephan Kurz-Gieseler (Hg.), Sozialkunde – Politik in der Sekundarstufe II, Schöningh, Paderborn 2007, S. 497

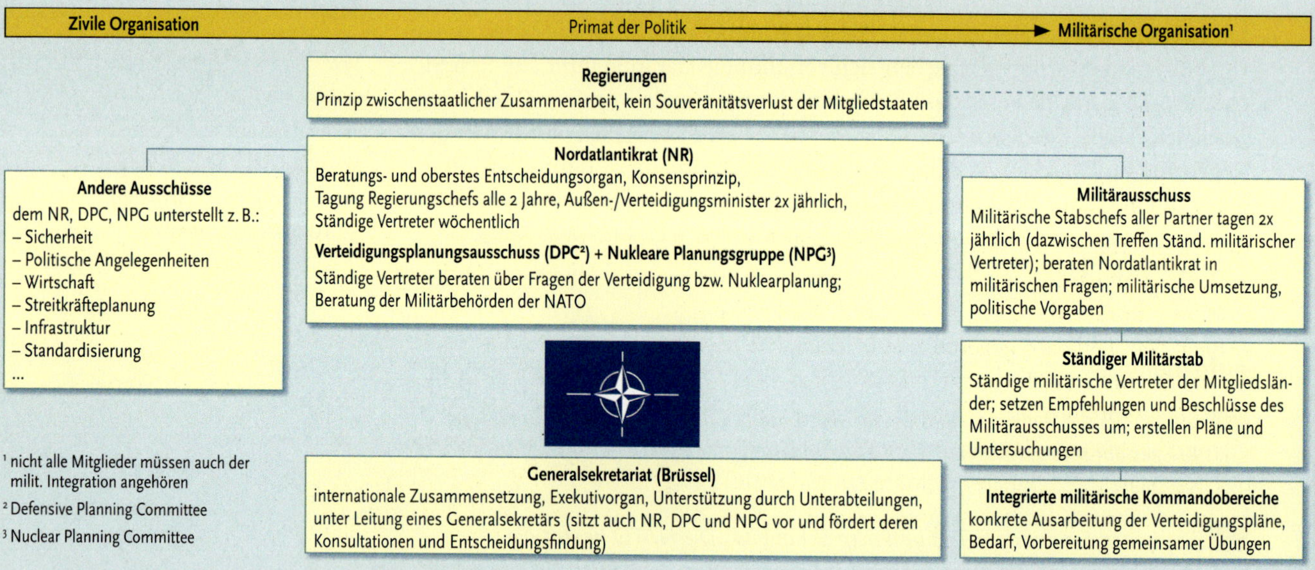

(Aus: DUDEN Politik. Basiswissen Schule, hrsg. von R. Rytlewski, Berlin/Mannheim 2004, S. 343)

chen Organisation mit dem Generalsekretariat als Exekutivorgan der Allianz vorsteht; der Generalsekretär ist traditionell ein Europäer. Der Sitz des international zusammengesetzten Generalsekretariats, des aus zivilen Mitarbeitern bestehenden Internationalen Stabs sowie des gesamten NATO-Hauptquartiers, in dem auch die nationalen Delegationen ansässig sind, ist Brüssel. [...]

Oberstes militärisches Organ ist der *Militärausschuss* (engl. *Military Council, MC*). Er umfasst die Stabschefs derjenigen Mitgliedstaaten, die an der militärischen Struktur des Bündnisses beteiligt sind [...]; Island entsendet einen zivilen Beamten in den Ausschuss.

Der Militärausschuss berät den Nordatlantikrat, den Generalsekretär sowie DPC und NPG im Hinblick auf die militärischen Implikationen der strategischen Ausrichtung, der Ausstattungsplanung sowie möglicher Handlungsoptionen im Einsatzfall. Unterstützt wird der Militärausschuss, der permanent auf der Ebene von Drei-Sterne-Generälen vertreten ist, vom *Internationalen Militärischen Stab* (engl. *International Military Staff, IMS*). Dieser arbeitet auf Weisung des Militärausschusses Pläne aus, dient als Bindeglied zu den Kommandobereichen und führt Beschlüsse im militärischen Bereich durch.

Die obersten militärischen Kommandobereiche bestehen nach einer Reihe von Umstrukturierungen seit 2003 nur noch aus dem *Alliierten Kommando Operationen* (engl. *Allied Command Operations, ACO*), mit Sitz des Hauptquartiers in Mons, Belgien (*Supreme Headquarter Allied Powers Europe, SHAPE*), das für alle militärischen Operationen der NATO zuständig ist, sowie dem *Alliierten Kommando Transformation* (*Allied Command Transformation, ACT*), mit Sitz in Norfolk, USA, das die Ausrichtung des Bündnisses auf die künftigen militärischen Anforderungen sicherstellen soll. *Oberster Befehlshaber der NATO-Streitkräfte (Supreme Allied Commander Europe, SACEUR)* mit Sitz bei SHAPE ist traditionell ein US-Amerikaner, der zugleich als Oberkommandierender der US-Streitkräfte in Europa fungiert.

„Nato", © wissenmedia Verlag, www.wissen.de [05.05.2010], aktualisiert

Aufgaben

1 *Kären Sie den Begriff „Primat der Politik" im Rahmen der Entsendung von Truppen in Krisengebiete.*

2 *Zeigen Sie ausgehend vom Text, dass die NATO – anders als in der Öffentlichkeit wahrgenommen – ein politisches Organ ist. Ziehen Sie dazu auch das obige Schaubild heran.*

3 *Erstellen Sie eine tabellarische Übersicht über die Aufgaben des NATO-Generalsekretärs und des Militärausschusses und recherchieren Sie, wer momentan die höchsten militärischen Positionen besetzt.*

M 12 Kosovo – Als die NATO erstmals Krieg führte

Erstmals in ihrer Geschichte nahmen Einheiten der Bundeswehr vor zehn Jahren an einem Krieg teil.

Damit sollte ein Völkermord der Serben an den Kosovaren verhindert werden. Ein UN-Mandat gab es für den Einsatz aber nicht.

Das Bombardement der NATO dauerte 79 Tage. Als der Allianz-Oberbefehlshaber, US-General Wesley Clark, später gefragt wird, wie viele Ziele zerstört wurden, antwortete er kurz und knapp: „Genügend". Auch zehn Jahre nach dem Luftkrieg gegen die serbischen Streitkräfte, der am 24. März 1999 begann, gibt es keine NATO-Zahlen über getroffene Ziele. Und genaue Zahlen über zivile Opfer gibt es laut NATO auch nicht. Wichtig sei nur, dass das politische Ziel erreicht worden sei: die Verhinderung einer vom serbischen Regierungschef Slobodan Milosevic angeordneten „ethnischen Säuberung" des Kosovos von seiner albanischen Bevölkerung.

„Eine gerechte und notwendige Aktion" nannte NATO-Generalsekretär Lord Robertson die erste große Kriegshandlung, an der sich praktisch alle der damals 19 NATO-Mitglieder beteiligten und die unter Verantwortung seines Amtsvorgängers Javier Solana – heute EU-Chefdiplomat – ablief. 300 000 Kosovaren seien bereits Ende 1998 auf der Flucht vor den serbischen Truppen gewesen. Der NATO-Einsatz habe eine humanitäre Katastrophe verhindert: „Die schlimmste ethnische Säuberung, die wir während eines halben Jahrhunderts in Europa gesehen haben, wurde gestoppt und rückgängig gemacht."

In der NATO-Zentrale in Brüssel wird der Luftkrieg [...] als wichtiger Erfolg gesehen. Die albanische Bevölkerung des Kosovos sei geschützt, der fast zeitgleich als Kriegsverbrecher angeklagte Milosevic zur Kapitulation gezwungen worden. Zugleich sei das Bündnis im Gegensatz zu Milosevics Hoffnungen und Erwartungen nicht auseinandergebrochen: Die gemeinsame Front gegen Serbien sei fest geblieben. Und vor allem gegenüber Russland – damals waltete noch Boris Jelzin als Präsident – habe die NATO gezeigt, dass sie auch militärisch ernst zu nehmen sei.

„Hätte man es besser machen können?", lautet der Titel einer Seite auf der offiziellen Internet-Seite der NATO. Denn auch dort ist klar, dass eine Reihe von Fragen durchaus umstritten ist. Ob die Luftangriffe auch ohne UN-Mandat überhaupt zulässig gewesen seien, gehört dazu. Juristen streiten sich, ob es sich wirklich um einen Völkermord gehandelt habe, der eine Intervention rechtfertigen könne.

Die NATO-Luftangriffe vor zehn Jahren auf Brücken und Raffinerien in Novi Sad im Norden Serbiens führten zu enormen Schäden. Die Menschen konnten die Donau nur noch dicht gedrängt auf Booten überqueren.

Das Dorf Planeja an der Grenze zu Albanien westlich der Stadt Prizren im Süden Kosovos wurde im Sommer 1999 stark bombardiert.

Die NATO im Legitimationsdilemma — Gerhard Mester

Die NATO-Chefs selbst zweifeln nicht an der Rechtmäßigkeit. Sie verweisen auch darauf, dass während des gesamten Luftkriegs kein einziger NATO-Soldat im Kampf getötet wurde. Kritiker des Vorgehens meinen hingegen, dies sei nur möglich gewesen, weil die NATO keine Bodentruppen eingesetzt, sich auf Bombardierungen aus großer Höhe beschränkt und damit zivile Opfer in Kauf genommen habe. Die NATO widerspricht vehement: Die Ziele seien genau ausgewählt worden, um Zivilopfer zu vermeiden. „Aber es war unvermeidlich, dass Fehler passieren und dass Waffensysteme manchmal nicht korrekt funktionieren." Das Bündnis beruft sich auf eine Schätzung von „Human Rights Watch", wonach es 90 „Zwischenfälle mit Ziviltoten" gegeben habe – das sei weniger als ein Prozent der Bombenflüge. Und dass die NATO nicht voreingenommen gegen Serben sei, zeige schon, dass die von der NATO geführte Kosovo-Truppe Kfor nach dem Luftkrieg die Serben vor Vergeltung durch Kosovo-Albaner geschützt habe.

Die Frage, was Milosevic zur Kapitulation zwang, wird bis heute diskutiert. Die NATO sieht den Abzug aus dem Kosovo als Folge der zunehmenden Zerstörungen in Serbien, der ständigen Verstärkung der Luftangriffe und des drohenden Einsatzes von Bodentruppen sowie einer politischen Wende Jelzins, die in Serbien als russischer „Verrat" empfunden wurde. Zbigniew Brzezinski, einst Sicherheitsberater von US-Präsident Jimmy Carter, meint, Jelzin und Milosevic hätten sich verkalkuliert: Eigentlich habe Moskau zumindest Teile des Kosovos für Serbien sichern wollen, sei daran aber von der NATO gehindert worden. Wie auch immer: Gedenk- oder Feierveranstaltungen sind bei der NATO nicht geplant.

Dieter Ebeling/dpa, „Kosovo – Als die NATO erstmals Krieg führte", www.rhein-zeitung.de, 24.03.2009 [03.11.2009]

Aufgaben

1 *Erarbeiten Sie aus dem Text die Argumente für und wider den NATO-Einsatz im Kosovo.*

2 *Erläutern Sie, inwiefern der Kosovo-Krieg einen entscheidenden Einschnitt in der Geschichte der NATO und der Bundeswehr darstellt.*

3 *Erörtern Sie die Aussage des damaligen NATO-Generalsekretärs Robertson zum NATO-Einsatz im Kosovo (Z. 18). Beziehen Sie dabei auch die Aussage der Karikatur in Ihre Überlegungen mit ein.*

M 13 Der Bündnisfall

Anders als es sich die Gründungsväter der NATO 1949 vorstellten, löst nicht die Kriegstreiberei anderer Staaten den ersten „Bündnisfall" aus, sondern der Wahnsinn einer zahlenmäßig eher kleinen Organisation von Terroristen. Und Adressat des Beistands sind nicht die kleinen Staaten, die in der NATO den Schutz der USA finden, sondern die Führungsmacht des Bündnisses selbst.

Neuer Gegner: Terrorismus

Das nordatlantische Bündnis stellt nach den Terroranschlägen vom 11. September 2001 förmlich fest, der kollektive Verteidigungsfall [s. Art. 5 NATO-Vertrag] sei eingetreten: „Die im Washingtoner Vertrag enthaltene Verpflichtung zur gemeinsamen Selbstverteidigung wurde eingegangen unter Umständen, die sich sehr von den heutigen unterscheiden; aber sie bleibt heute nicht weniger gültig und nicht weniger wichtig, in einer Welt, die der Geißel des internationalen Terrorismus ausgesetzt ist."

Der damalige Bundeskanzler Gerhard Schröder (SPD) spricht von „uneingeschränkter Solidarität mit den USA" und „Deutschlands neuer Verantwortung auch an weltweiten Militäreinsätzen". Am 7. November 2001 beantragt die Bun-

Ground Zero

desregierung beim Bundestag die Zustimmung zum Einsatz der Bundeswehr in Afghanistan. Die Abstimmung verknüpft Schröder mit einer Vertrauensfrage, um eine eigene Parlamentsmehrheit zu erhalten.

Entscheidung in Afghanistan
Der von den USA geführte Luftkrieg in Afghanistan findet schließlich jedoch nicht im Rahmen der NATO statt, obwohl die USA offiziell die Unterstützung der Bündnispartner nach Artikel 5 des NATO-Vertrags fordern. Nach Ende des Krieges wird aber eine Internationale Schutztruppe für Afghanistan (ISAF) eingerichtet, die die afghanische Übergangsregierung unterstützen soll. Die NATO übernimmt die Führung der Isaf-Mission im August 2003. Der NATO-Einsatz am Hindukusch wird zur gefährlichsten Operation in der Geschichte des Bündnisses und damit zu einer großen Belastungsprobe.

Christina Otten, „Angst vor Kommunisten, Kampf gegen Terroristen“, www.focus.de, 01.04.2009 [30.01.2014]

Info

ISAF: International Security Assistance Force

Aufgaben

1 *Nach den Terrorangriffen vom 11. September wurde zum ersten Mal der sog. Bündnisfall ausgerufen. Erarbeiten Sie aus dem Text, welche Schritte Deutschlands, der USA und der NATO daraus resultierten.*

2 *Erörtern Sie, ob die Ausrufung des Bündnisfalls nach Artikel 5 des NATO-Vertrags angebracht war.*

Artikel 5 NATO-Vertrag

Die Parteien vereinbaren, dass ein bewaffneter Angriff gegen eine oder mehrere von ihnen in Europa oder Nordamerika als ein Angriff gegen sie alle angesehen wird; sie vereinbaren daher, dass im Falle eines solchen bewaffneten Angriffs jede von ihnen in Ausübung des in Artikel 51 der Satzung der Vereinten Nationen anerkannten Rechts der individuellen und kollektiven Selbstverteidigung der Partei oder Parteien, die angegriffen werden, Beistand leistet, indem jede von ihnen unverzüglich für sich und im Zusammenwirken mit anderen Parteien die Maßnahmen, einschließlich der Anwendung von Waffengewalt, trifft, die sie für erforderlich erachtet, um die Sichereit des nordatlantischen Gebiets wiederherzustellen und zu erhalten.

Von jedem bewaffneten Angriff und allen daraufhin getroffenen Gegenmaßnahmen ist unverzüglich dem Sicherheitsrat Mitteilung zu machen. Die Maßnahmen sind einzustellen, sobald der Sicherheitsrat diejenigen Schritte unternommen hat, die notwendig sind, um den internationalen Frieden und die internationale Sicherheit wiederherzustellen und zu erhalten.

M 14 Der Druck Russlands auf die Ukraine nimmt zu!

Die Größe und die strategisch wichtige Lage der Ukraine machen das Land zu einem attraktiven Partner sowohl für Russland im Osten als auch für Europa und die USA im Westen. Die Frage, ob Kiew sich nach Osten oder Westen orientieren sollte, gilt seit langem als eines der wichtigsten Themen in den Beziehungen zu Brüssel und Moskau.

Etwa 33 Prozent des ukrainischen Außenhandels wird mit der Europäischen Union abgewickelt, weitere 40 Prozent mit der Gemeinschaft Unabhängiger Staaten (die früher zum Sowjetimperium zählten). Wiederholt wurde festgestellt, dass Russland nicht in der Lage sein wird, seinen Status als Welt- bzw. Regionalmacht wiederzuerlangen, sofern es nicht in der Lage ist, die Ukraine erneut zu integrieren. Jedoch sind politische Entscheidungsträger in Europa und den USA daran interessiert, die Ukraine an den Westen anzubinden, aus der Überzeugung heraus, dass die fortgesetzte Unabhängigkeit des Landes sowohl aus ökonomischen als auch aus Sicherheitsgründen Priorität genießt.

Bis zur Wahl von Wiktor Janukowitsch zum ukrainischen Präsidenten im Frühjahr 2010 war Kiew um eine Intensivierung seiner Beziehungen zum Westen bemüht. Aus Moskauer Perspektive war eine wie auch immer geartete Reintegration lediglich eine Frage der Zeit.

Die Inhaftierung der früheren Ministerpräsidentin und Mitanführerin der ukrainischen Orangenen Revolution, Julia Timoschenko, im Oktober 2011, die aus Sicht führender Politiker der Europäischen Union politisch motiviert war, steht symbolhaft für die durch den Westen seit dem Wahlsieg von Präsident Janukowitsch im Jahr 2010 wahrgenommene Einschränkung von Freiheiten. Die EU hat die Unterzeichnung eines wegweisenden Abkommens über politische Zusammenarbeit und freien Handel mit der Ukraine auf Eis gelegt. Dieses Abkommen wäre einem entscheidenden Schritt der Ukraine in Richtung europäischer Integration gleichgekommen.

Angesichts der sich verschlechternden Beziehungen zwischen Kiew und Brüssel bieten sich jedoch neue Möglichkeiten für Moskau. Aus russischer Sicht gibt es jedoch eine ganze Reihe von Missständen, die behoben werden sollen. Aus rein emotionalen Gründen ist Russland der Meinung, dass Kiew Angelegenheiten wie dem gemeinsamen Erbe, Geschichte, Religion und Sprache eine stärkere Wertschätzung entgegenbringen muss. Die Ukraine weigerte sich bisher jedoch, sich der Zollunion anzuschließen, die Russland 2010 gemeinsam mit Kasachstan und Belarus gegründet hatte. Auf militärischer Ebene kam es zu Meinungsverschiedenheiten zwischen Moskau und Kiew bezüglich der Stationierung der russischen Schwarzmeerflotte in Sewastopol auf der Krim, die zur Ukraine gehört.

In der Dreiecksbeziehung zwischen Russland, der Ukraine und der EU hat die Frage des Exports von russischem Erdgas in die Ukraine sowie des Gastransits durch die Ukraine zu Kunden in Europa die meisten Kontroversen ausgelöst. Das ausgedehnte Netzwerk von Pipelines und unterirdischen Speichern, aus denen das ukrainische Gastransitsystem (GTS) besteht, ist ein sowjetisches Erbe. Inzwischen wird es als wichtiger nationaler Vermögensgegenstand betrachtet. Der Kreml beharrt darauf, dass dem staatlichen Energieriesen Gazprom eine Beteiligung am GTS eingeräumt werden muss.

Präsident Janukowitsch hat sich mehrfach in wichtigen Angelegenheiten russischem Druck gebeugt. Er hat die Ambitionen seines Vorgängers bezüglich eines Beitritts zur NATO aufgegeben und erklärt, dass die Ukraine neutral sein möchte. Er hat zuvor bestehende Bestrebungen aufgegeben, den Holodomor – die große Hungersnot von 1933 – als eine Folge russischen Terrors anerkennen zu lassen. Er hat die Anerkennung von Russisch als zweiter Amtssprache akzeptiert. Er hat einer Verlängerung des russischen Pachtvertrages für die Marinebasis in Sewastopol um weitere 25 Jahre nach Ablauf der Frist zugestimmt. Aber das war offensichtlich noch nicht ausreichend. Moskau beharrt darauf, dass die Ukraine der Zollunion beitreten muss und Gazprom eine Kontrollmehrheit beim GTS eingeräumt werden muss. Beide Forderungen gehen aus Sicht Kiews zu weit.

Ein Großteil der Spannungen mit Moskau geht auf einen Zehnjahresvertrag über den Import von russischem Gas zurück, der 2009 von der damaligen Ministerpräsidentin Julia Timoschenko unterzeichnet wurde. Die Ukraine ist dazu gezwungen, mehr Gas als benötigt zu importieren und zahlt dafür mehr, als jeder andere Verbraucher von russischem Gas. Die Janukowitsch-Regierung bezeichnet den Vertrag als rücksichtslos und macht diesen dafür verantwortlich, dass die Ukraine einen enormen Preis für Gas bezahlt. Allein im Jahr 2011 wurden hierfür 6 Milliarden US-Dollar fällig. Seit seiner Wahl beharrt Janukowitsch darauf, dass der Gasvertrag nachgebessert werden muss. Moskau beharrt wiederum darauf, dass der ursprüngliche Vertrag rechtlich bindend ist. Der Ausweg für Kiew wäre ein Beitritt zur Zollunion bzw. die Genehmigung der Übernahme des GTS durch Gazprom.

Das eigentliche Paradox besteht darin, dass Janukowitsch durch seine bewusst gewählte Entfremdung von Brüssel selbst den Weg für eine Verstärkung des russischen Einflusses geebnet hat.

Stefan Hedlund, „Ukraine: Druck durch Moskau nimmt zu“, www.worldreview.info, 19.10.2012 [14.04.2014]

Aufgaben

1 *Erarbeiten Sie aus dem Text die Dilemmata, in denen sich die Ukraine in ihrem Verhältnis als attraktiver Partner für Russland einerseits und für die EU und die USA andererseits befindet.*

2 *Erörtern Sie die möglichen Folgen eines NATO-Beitritts der Ukraine aus der Sicht Russlands.*

M 15 Eine NATO für das 21. Jahrhundert

Sechs Jahrzehnten ständigen Wandels zum Trotz, bleibt die ursprüngliche dreifache Aufgabe der NATO bestehen: die gemeinsame Verteidigung ihrer Mitglieder zu sichern, die transatlantische Bindung zu institutionalisieren und einen Sicherheitsschirm zu spannen, unter dem die europäischen Länder ihre gemeinsamen Interessen besser bündeln können als bilateral. Jedoch ist jedes dieser Elemente heute infrage gestellt.

In den vergangenen Jahrzehnten ist die Allianz ihrer Aufgabe durch Anpassungen an die sich wandelnden Umstände gerecht geworden. Das derzeitige Strategiekonzept der NATO wurde jedoch 1999 beschlossen und ist in erschreckender Weise überholt. Es ist äußerst wichtig, einen Konsens über eine neue Langzeitstrategie zu erzielen. Wenn die NATO nicht nur größer, sondern auch besser werden soll, müssen wir ihren Rahmen und ihre strategische Grundlage so verändern, dass sie von den Parlamenten wie von der Öffentlichkeit verstanden wird. Ändern müssen wir das Wesen ihrer Möglichkeiten, die Art und Weise, wie sie Einsatzkräfte schafft und einsetzt, den Weg, wie sie Entscheidungen trifft, die Art, wie sie Geld ausgibt und mit anderen zusammenarbeitet.

Vor allem anderen braucht die NATO ein neues Gleichgewicht zwischen Einsätzen auf eigenem Territorium und draußen in der Welt. In den letzten 15 Jahren folgte die Allianz dem Leitspruch „out of area or out of business“. Heute operiert

Wohin führt der Weg der NATO?

die NATO außerhalb des eigenen Gebiets und ist auch „im Geschäft". Sie muss aber auch auf eigenem Territorium arbeiten, oder sie bekommt Schwierigkeiten.

Die Aufgaben zu Hause

Zu Hause muss die NATO die Abschreckungskraft und die Verteidigungsbereitschaft erhalten – und zwar zur Stärkung der gesellschaftlichen Widerstandskraft gegen Bedrohungen des transatlantischen Gebiets. Außerdem muss das Bündnis zu einem Europa beitragen, das in Einigkeit, Freiheit und Frieden leben kann.

Die Verpflichtung der NATO zu einer gemeinsamen Verteidigung ist das Herz der Allianz. Eine NATO, die sich ständig vergrößert, ohne in der Lage zu sein, das erweiterte Gebiet des Pakts zu verteidigen, läuft Gefahr, ein inhaltsleeres Bündnis zu werden. Ein Mangel an Vertrauen in die grundlegende Verteidigungsbereitschaft der NATO könnte zudem ein zentrales Element des Bündniszwecks untergraben: nämlich die Rückkehr zu jener Nationalisierung der europäischen Verteidigung und der Sicherheitsgarantien zu verhindern, die Europa in die Katastrophen des 20. Jahrhunderts geführt hat. [...]

Zugleich sollten die Führer der Allianz die Bedeutung ihrer Verpflichtung, „die Sicherheit des Territoriums der NATO zu garantieren", im Licht der neuen Herausforderungen überdenken, denen unsere Gesellschaften sich heute gegenübersehen. Was haben Hacker, Energiekartelle und al-Qaida miteinander gemein? Sie sind Netzwerke, die andere Netzwerke missbrauchen – die miteinander verbundenen, verletzlichen Lebensadern und Schnittstellen, die die freie Mobilität von Menschen und den Austausch von Ideen, Energie, Geld, Waren und Dienstleistungen bedingen, und das komplexe System gegenseitiger Abhängigkeit, auf das freie Gesellschaften sich stützen. Unsere totale Abhängigkeit von diesen Netzwerken, zusammen mit ihrer Anfälligkeit für Störmanöver von katastrophalem Ausmaß, machen sie zu so verlockenden Zielscheiben. Im 21. Jahrhundert müssen wir nicht nur unser Territorium verteidigen, sondern auch das System unserer Verbindungen. Die NATO muss eine unterstützende Funktion im Rahmen einer sehr viel breiter angelegten Strategie transatlantischer Widerstandsfähigkeit haben, die über die Sicherheit des eigenen Territoriums hinausgeht. Unser oberstes Ziel sollte ein abwehrfähiges transatlantisches Territorium der Freiheit, Sicherheit und Gerechtigkeit sein, das das richtige Gleichgewicht zwischen Mobilität und bürgerlichen Freiheiten auf der einen und gesellschaftlicher Sicherheit auf der anderen Seite findet. Bilaterale Anstrengungen und die Zusammenarbeit von USA und EU stehen an erster Stelle. Aber die NATO muss ebenfalls eine Funktion übernehmen.

Die dritte Aufgabe der NATO auf eigenem Territorium besteht darin, einen Beitrag zu den übergreifenden transatlantischen Bemühungen um die Konsolidierung des demokratischen Wandels in einem Europa zu leisten, das noch nicht ganz einig, frei und befriedet ist. Heute stellt sich die Lage anders dar als unmittelbar nach dem Ende des Kalten Krieges oder zu der Zeit, als neue Mitglieder in die NATO aufgenommen wurden. Dennoch sollten die Bündnispartner darauf bedacht sein, die Tür nicht vor den Völkern eines größeren Europas zuzuschlagen, und zugleich daran arbeiten, Bedingungen zu schaffen, unter denen die heute strittigen und schwierigen Fragen der Integration zukünftig vielversprechender angegangen werden können.

Die Aufgaben in der Welt

Die Bedrohungen der Bündnissicherheit haben ihren Ursprung nicht unbedingt auf dem Territorium, das durch den Nordatlantikpakt abgedeckt ist. Viele sind

nichtmilitärischer und asymmetrischer Natur. Dennoch können sie eine direkte Gefahr für unsere Bürgerinnen und Bürger und unsere Gesellschaften darstellen. Diese Bedrohungslage bedeutet, dass die NATO drei Hauptaufgaben in der Welt hat: Krisenprävention und Krisenintervention, wobei humanitäre und Katastrophenhilfe eingeschlossen ist; Durchführung von Stabilisierungs- und Wiederaufbauoperationen; Verbesserung der eigenen Fähigkeiten, effektiv mit Partnern zusammenzuarbeiten, seien dies Staaten, internationale Regierungsorganisationen oder Nichtregierungsorganisationen.
Diese Aufgaben zeigen, wie wichtig es ist, einen „umfassenden Ansatz" zu entwickeln – nämlich den koordinierten Einsatz militärischer und ziviler Kräfte auf der ganzen Bandbreite der vorhandenen Institutionen. Die Unterstützung der NATO für die Afrikanische Union in Darfur oder die Zusammenarbeit von EU und NATO auf dem Balkan könnten als Beispiele für das globale Engagement dienen, auf das sich die Allianz besser einstellen muss.

Von der kollektiven Verteidigung zur kollektiven Sicherheit

Das heutige strategische Umfeld ist komplex und unberechenbar. Nordamerika und Europa sehen sich noch immer der Gefahr des Terrorismus ausgesetzt und müssen sich mit möglichen Konflikten zwischen wichtigen Staaten auseinandersetzen. Unsere unmittelbare Aufmerksamkeit wird jedoch durch ungewöhnliche Herausforderungen beansprucht – die Wirtschaftskrise, Bedrohung durch Netzwerke, regionale Konflikte mit globaler Bedeutung, Umweltzerstörung, Klimawandel und Ressourcenknappheit, schließlich ein Europa, das bisher weder einig und frei ist noch im Frieden mit sich selbst lebt.
Diese Herausforderungen zwingen uns, unsere gegenseitige Verpflichtung von der kollektiven Verteidigung auf die kollektive Sicherheit auszudehnen, unsere Schlüsselinstitutionen und -mechanismen neu zu organisieren und mit unseren Partnern besser zusammenzuarbeiten. Auf dieser Agenda ist die NATO unabdingbar, jedoch nicht ausreichend. Wir brauchen daher eine Wiederbelebung der Zusammenarbeit von USA und EU, einen neuen Abschnitt gegenseitiger Unterstützung. Die UN, die OSZE, internationale Finanzinstitutionen und andere Mechanismen müssen neue Partnerschaften schaffen.
Institutionen können jedoch Entschlossenheit und politischen Willen nicht ersetzen. Die Visionen einer effektiveren Partnerschaft werden rein theoretisch bleiben, wenn die Bündnispartner es nicht schaffen, den Terrorismus und die Unruhen im afghanisch-pakistanischen Grenzgebiet zu bekämpfen. Die Bedrohungen aus dieser Region stellen derzeit die akuteste Bedrohung der europäischen und nordamerikanischen Sicherheit dar. Afghanistan ist für das Bündnis zur Feuerprobe geworden. Die Glaubwürdigkeit der NATO steht auf dem Spiel.

Ein abwehrbereites Bündnis

Um in dieser neuen Weltlage zu bestehen, müssen Europäer und Amerikaner ihre Partnerschaft eher in Begriffen gemeinsamer Sicherheit als in solchen gemeinsamer Verteidigung definieren, sowohl auf eigenem Gebiet wie auswärts. Das wird das Bündnis zur Flexibilität zwingen. Je nach der jeweiligen Situation könnte die NATO dazu aufgefordert sein, eine Führungsrolle zu übernehmen, unterstützend zu wirken oder sich einfach nur in einen größeren Zusammenhang einzugliedern. Doch die NATO allein, so kampfstark sie auch sein mag, kann nicht die ganze Bandbreite der anstehenden Aufgaben angehen. Sie muss sich in die Lage versetzen, besser mit anderen zusammenzuarbeiten. [...]

Daniel Hamilton, „Eine NATO für das 21. Jahrhundert", www.boell.de, 02.03.2009 [30.01.2014]

Aufgaben

1 *Erarbeiten Sie aus dem Text die unterschiedlichen Aufgabenbereiche, die der Autor der NATO zuweist.*

2 *Analysieren Sie das Bild auf S. 601 und erläutern Sie, inwieweit es die momentane Situation der NATO versinnbildlicht.*

3 *Beurteilen Sie ausgehend vom Text, ob die neuen Aufgaben und die damit verbundene Neuausrichtung die NATO eher schwächen oder eher stärken werden.*

Konfliktanalyse

M 16 Wie alles begann – Ein kurze Geschichte des Bürgerkriegs in Syrien

Es beginnt als friedlicher Protest: Ab März 2011 gehen in Syrien Menschen für politische Reformen auf die Straßen. Anfangs sind es nicht viele, doch durch das harte Vorgehen der Sicherheitskräfte und mehrere Hundert Tote wächst die Protestbewegung rasant. Gleichzeitig beginnen Soldaten der regulären Armee zu desertieren und gegen das Assad-Regime zu kämpfen. Ende Juli 2011 wird die Rebellenarmee FSA (Freie Syrische Armee) gegründet. Die anfangs noch recht klaren Bürgerkriegsfronten zersplittern zusehends. Syrische Kurden und al-Qaida-nahe Dschihadisten kämpfen auf eigene Rechnung – teilweise gegen die Rebellen der FSA.

Im Februar 2012 zählen die Vereinten Nationen 5 000 Bürgerkriegstote, ein Jahr später 55 000, im September 2013 100 000. Mindestens 4,2 Millionen Menschen sind innerhalb Syriens auf der Flucht, 2,6 Millionen haben das Land verlassen. Versuche, Assad im UN-Sicherheitsrat zu verurteilen, scheitern an den Veto-Mächten Russland und China. Dies ändert sich auch nicht, als im Sommer 2013 mutmaßlich Soldaten Assads Chemiewaffen einsetzen. Die USA kündigen daraufhin eine militärische Kurzintervention an, woraufhin sich Assad überraschend bereiterklärt, auf seine Chemiewaffen zu verzichten.

Syrien tritt der Chemiewaffenkonvention bei und lässt Inspekteure der Organisation für das Verbot von Chemiewaffen (OPCW) ins Land, die die C-Waffen sichern und zur Zerstörung vorbereiten sollen – während der Bürgerkrieg weitergeht.

„Thema: Bürgerkrieg in Syrien", www.zeit.de [30.01.2014]

Info

OPCW: Organization for the Prohibition of Chemical Weapons

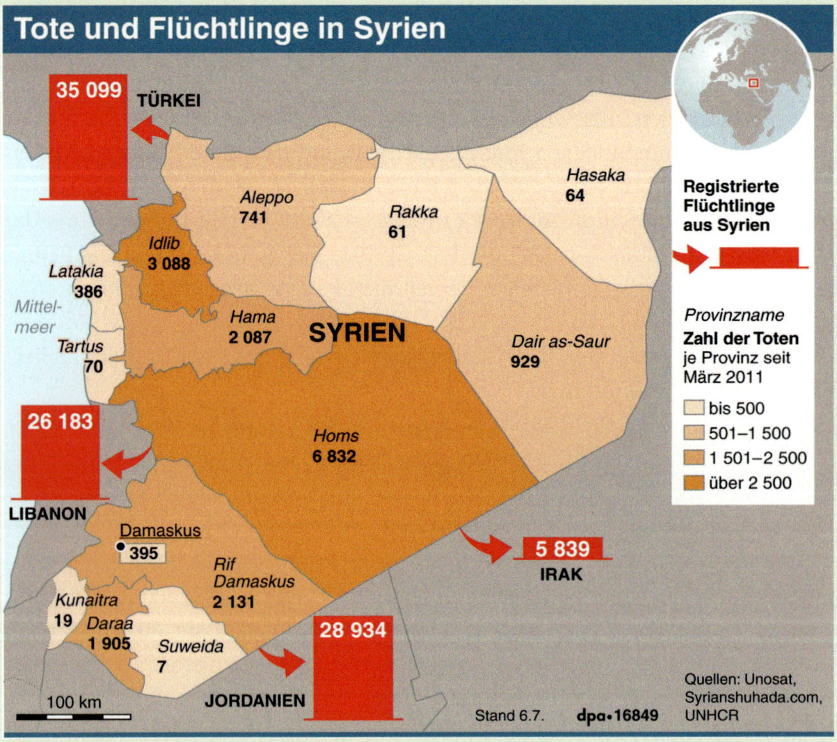

Aufgaben

1 *Analysieren Sie Text und Schaubild hinsichtlich Beginn und Auswirkungen des Syrien-Konflikts.*

2 *Recherchieren Sie die Rolle Chinas und Russlands in diesem Konflikt.*

M 17 Die „roten Linien" der Weltpolitik

Oliver Schopf

Aufgabe

Analysieren Sie die Karikatur und erörtern Sie Möglichkeiten der internationalen Gemeinschaft, gegen Diktatoren, die eine „rote Linie" überschreiten, vorzugehen.

M 18 Wer gegen wen? – Die Konfliktparteien

Für den Westen ist es eine der großen Unbekannten in diesem Bürgerkrieg. Wer sind die Guten, wer die Bösen? Klar scheint, dass das Regime des Baschar al-Assad auf der Seite der Bösen zu suchen ist. Zu brutal war die Unterdrückung des eigenen Volkes und ist das Vorgehen gegen die Aufständischen. Aber wer ist die FSA, die Freie Syrische Armee. Sind sie wirklich diejenigen, die es zu unterstützen gilt, oder spielen sie nur ihr eigenes Spiel. Deshalb lohnt es sich, die Beteiligten an diesem Krieg etwas genauer zu betrachten. Wer kämpft also in Syrien gegen wen?

Nationale Koalition der syrischen Opposition

Dieser Zusammenschluss der wichtigsten syrischen Oppositionsgruppen ist das Ergebnis einer Einmischung von außen. Golfaraber, Amerikaner und Europäer schlossen die vielen Kleingruppen im November 2012 zur Nationalen Koalition zusammen. Ihr Sitz ist in Istanbul. Ihr Problem bleibt es, sehr unterschiedliche Fraktionen unter einem Dach zu halten: den Syrischen Nationalrat, die Lokalen Koordinationskomitees in Syrien, sunnitische und christliche Gruppen, die Muslimbrüder und angesehene Mitglieder der säkularen Damaszener Opposition. Auf Drängen der Großmächte hat die Nationale Koalition auch eine Übergangsregierung gebildet. In Syrien fehlt ihr allerdings der Rückhalt.

Die Muslimbrüder

Wer sich zu den Muslimbrüdern bekennt, kann schon seit über 30 Jahren nicht sicher in Syrien leben. Seit der brutalen Niederschlagung des Islamistenaufstands in Hama 1982 müssen die Brüder im Syrien der Assad-Dynastie mit der Todesstrafe rechnen. Auch heute ist die Bruderschaft im Wesentlichen eine Exilveranstaltung. Ihr Vorsitzender wohnt in Istanbul, viele Mitglieder leben ebenfalls am Bosporus oder im westeuropäischen Ausland. Die Muslimbrüder bilden mit Säkularen und einigen Christen zusammen einen Teil der Nationalen Koalition, gaben lange darin den Ton an. Kürzlich aber drängte Saudi-Arabien den Einfluss der Muslimbrüder zurück. Die Muslimbrüder betrachten die radikalen islamistischen Kampftruppen in Syrien als Gegner. Milizen haben sie nicht.

Info

PYD: Partiya Yekitîya Demokrat (dt. Partei der Demokratischen Union), kurdische Partei in Syrien.

Die Kurden

Viele der rund 2,5 Millionen Kurden in Syrien fürchten um ihr Leben, denn auch in ihren Gebieten wird gekämpft. Die Fronten lassen sich grob so erklären: Die stärksten kurdischen Milizen sind unter Kontrolle der PYD, eines Ablegers der kurdischen Arbeiterpartei PKK. Die PYD kämpft für die Kurden in den von ihnen beherrschten Gebieten, vor allem aber kämpft sie für sich selbst. Ihre Milizen liefern sich lokale Gefechte mit der Freien Syrischen Armee. Die große Schlacht läuft zwischen den PYD-Truppen und al-Qaida-Extremisten im östlichen Syrien nahe den Städten Kamischli und Hassake. In diesem Krieg im Kriege haben sich viele Kurden mit der PYD solidarisiert. Der Ausgang des Kampfes „al-Qaida gegen Kurden" ist für die Kurden in Ostsyrien überlebenswichtig.

Freie Syrische Armee (FSA)

Die FSA entstand im Sommer 2011 als Vereinigung von Deserteuren der syrischen Armee. Gründungskommandeur Riad Asaad sagte damals, es gehe um den Schutz der Zivilbevölkerung. Erst solle der Machthaber Baschar al-Assad gestürzt werden, dann wolle die FSA, als Kern einer künftigen „neuen" syrischen Armee, den politischen Prozess militärisch absichern. Frühzeitig forderte der Rebellenchef Asaad eine Flugverbotszone, damit seine Männer eine befreite Zone schaffen könnten. Die FSA wuchs beträchtlich, veränderte sich aber auch: Islamistische Töne schlichen sich ein, man wirft der FSA Menschenrechtsverletzungen vor. Heute dürfte sie mehrere Zehntausend Kämpfer umfassen, die teils gegen Dschihadisten kämpfen, teils mit ihnen kooperieren. Der FSA gehören fast nur Syrer an.

Ahrar al-Scham/Suqur al-Scham

Im Mai 2011 kam eine Reihe politischer Gefangener im Rahmen einer Amnestie aus syrischen Regimegefängnissen frei. Darunter waren auch islamistische Hardliner, die sich Ende 2011 zur Harakat Ahrar al-Scham zusammenschlossen, der „Bewegung der freien Syrer". Sie ist mit bis zu 20000 Kämpfern und guter Ausrüstung eine der mächtigsten Fraktionen im Bürgerkrieg geworden, die zuletzt starken Zulauf hatte. Die „freien Syrer" wollen einen islamischen Staat, sind aber im Gegensatz zu den al-Qaida-nahen Dschihadisten dazu bereit, Vorstellungen der syrischen Bevölkerung zu berücksichtigen. Ein grob vergleichbares Profil haben Suqur al-Scham, die „Falken Syriens". Sie werden ebenfalls auf deutlich über 10000 Kämpfer geschätzt.

Dschabhat al-Nusra (DN)

Die dschihadistische Gruppe Dschabhat al-Nusra denkt in religiösen Kategorien, nicht in politischen. Die „Front" entstand Anfang 2012, mit klar dschihadistischem Profil. Mit dem Sturz Assads will die DN die Voraussetzungen eines panislamischen Kalifats schaffen; ihre Methoden sind Sprengsätze, Selbstmordattentate, Mord an Andersgläubigen, aber auch die Teilnahme an Gefechten. Die DN verfügt über rund 10000 Kämpfer, darunter viele Ausländer. DN-Chef Abu Mohammed al-Dschaulani unterstellte sich direkt dem al-Qaida-Chef Aiman al-Sawahiri. Trotz häufiger Kooperation mit anderen, auch nichtdschihadistischen

Gruppen kommt die DN als politischer Partner nicht infrage. Sie ist ein großes Problem für die Zukunft der gesamten Region.

Yassin Musharbash/Michael Thumann, Gute – Schlimme – Böse, www.zeit.de, 08.09.2013 [30.01.2014]

Aufgabe

Ordnen Sie die innersyrischen Konfliktparteien hinsichtlich ihrer Ausrichtung und Motivation und leiten Sie davon eine Erklärung für die Schwierigkeiten einer Parteinahme durch den Westen ab.

M 19 Syrien-Konflikt – Unterstützer und Gegner

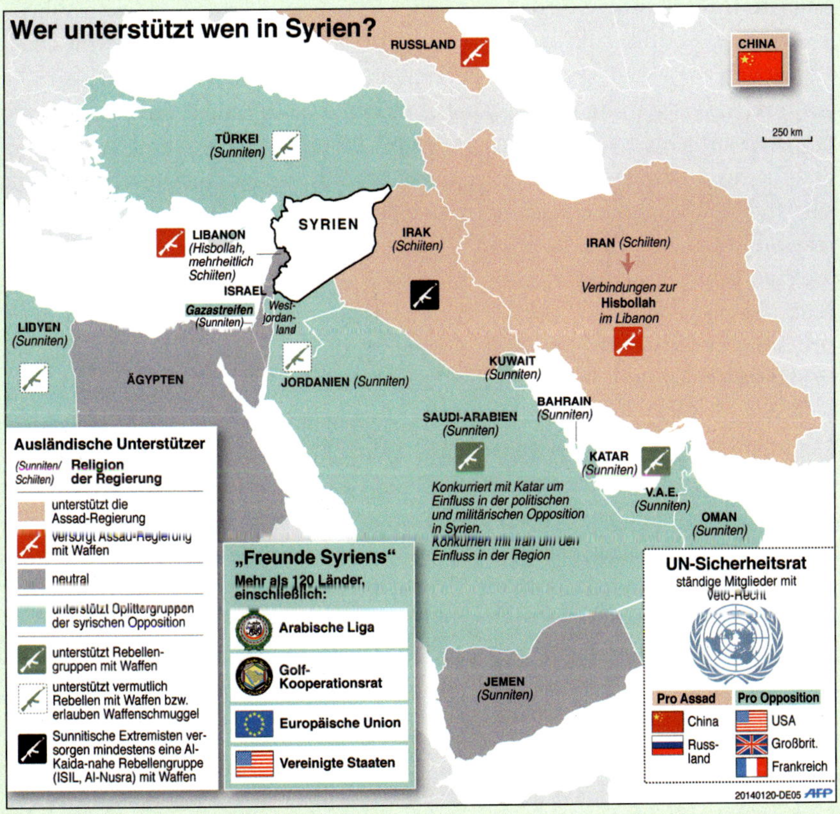

Tipp

www.bpb.de/apuz/155114/internationale-akteure-interessen-konfliktlinien
www.bpb.de
www.auswaertiges-amt.de
Dossiers in Tageszeitungen (SZ/FAZ/DIE ZEIT) oder Magazinen (Der Spiegel/Focus)

Aufgaben

1 *Erarbeiten Sie aus dem Schaubild die unterschiedlichen Konfliktlinien und erörtern Sie eigene geopolitische Interessen der Unterstützer und Gegner.*

2 *Recherchieren Sie im Internet mögliche Interessen, die die jeweiligen Parteien im Syrien-Konflikt verfolgen und inwieweit diese unter anderem auch innenpolitisch motiviert sein könnten.*

3 *Erläutern Sie die Bezeichnung „Freunde Syriens“ und erörtern Sie die Rolle der Vereinigten Staaten und der Europäischen Union in diesem Konflikt.*

M 20 Die Zukunft Syriens und der Nahe Osten

Wie immer der Krieg in Syrien endet, sicher ist nur eines: Das Land wird nachher ein völlig anderes sein. Im besten Fall dürfte sich ein stark föderales System entwickeln. Dass noch einmal ein Staat entsteht, der alle Teile des Landes einschließlich des überwiegend kurdischen Nordostens zentralistisch regiert, ist nahezu auszuschließen. Je länger der Bürgerkrieg anhält, desto wahrscheinlicher wird eine Somalisierung des Landes, in der vielleicht vorübergehend ein Gemeinwesen der unter den Assads politisch dominierenden Alawiten in der Küstenregion und diverse Warlord-Fürstentümer entstehen.
Aus dem ursprünglich friedlichen Aufstand gegen ein diktatorisches Regime ist ein Kampf um Syrien geworden, in dem die meisten regionalen und einige internationale Akteure mitwirken, vorneweg Iran, Katar, die Türkei und Saudi-Arabien. Die zukünftige Gestalt des Nahen Ostens wird erheblich davon abhängen, wie der Konflikt in Syrien zu Ende geht: politisch-kulturell, weil mit einer ethnischen oder konfessionellen Zersplitterung des Landes auch das Konzept des multiethnischen und multikonfessionellen Staates im Nahen Osten insgesamt zerstört würde. Geopolitisch würde der drohende Staatszerfall Syriens das Ende der nach dem Ersten Weltkrieg mit der Auflösung des Osmanischen Reichs entstandenen regionalen Staatenordnung bedeuten: Die zunächst 1916 von britischen und französischen Beamten im sogenannten Sykes-Picot-Abkommen gezogenen Grenzen in der Levante stünden wieder zur Disposition.
Schon heute sehen wir, dass die territorialen Konturen des Libanon unter dem Druck des syrischen Kriegs zu evaporieren [verdunsten] beginnen. Faktisch entsteht derzeit zwischen Baalbek und Homs, östlich und westlich der libanesisch-syrischen Grenze, eine neue, von der libanesischen Hisbollah und syrischen Regimemilizen gemeinsam kontrollierte Herrschaftszone, die sich mittelfristig der Kontrolle beider Staaten entziehen könnte. Größere geopolitische Bewegung könnte sich in den überwiegend kurdischen Gebieten Iraks und Syriens entfalten. Die kurdische Regionalregierung im Irak hat die zehn Jahre seit dem Sturz Saddam Husseins genutzt, um die Eigenständigkeit Irakisch-Kurdistans auszubauen und die Beziehungen zum großen Nachbarn Türkei zu verbessern. Dies könnte sich jetzt auszahlen. Die Chance, dass aus dem autonomen Gebiet ein auch de jure souveräner Staat wird, ist gewachsen: Mit eigenen Ölvorkommen und dem mittlerweile gutnachbarschaftlichen Verhältnis zur Türkei wäre ein solcher Staat nicht nur lebensfähig, sondern würde selbst zu einem wichtigen Akteur, dessen Einfluss weit in den Nordosten Syriens hineinreichen würde.
Aus türkischer Perspektive wäre dies allemal besser als anhaltende Kämpfe in Nordsyrien, die auch grenznahe kurdische Gebiete in der Türkei in Unruhe versetzen würden.
Weniger beruhigend ist dies für den Irak: Falls Kurdistan unabhängig wird, fehlt auch das kurdische Element als beizeiten ausgleichender Faktor in der irakischen Politik. Damit würde sich die politisch-konfessionelle Polarisierung in Bagdad weiter verschärfen. Dies könnte Autonomieforderungen in den mehrheitlich sunnitischen Provinzen an den Grenzen zu Syrien, Jordanien und Saudi-Arabien befördern, im schlimmsten Fall aber auch Warlord-Emirate in diesen Provinzen entstehen lassen, welche die Grenzen zu den Nachbarländern unsicher machen.
Saudi-Arabien selbst dürfte in den nächsten zehn bis fünfzehn Jahren einen zumindest zeitweise turbulenten Veränderungsprozess durchlaufen. Die heutigen politischen und sozioökonomischen Verhältnisse des Landes sind nicht

mehr zukunftstauglich. Offen ist allerdings, ob sie sich auf dem Weg zielgerichteter Reformen verändern lassen oder letztlich durch den Aufstand marginalisierter Gruppen gesprengt werden.

Jordanien steht unter dem dreifachen Druck unerfüllter Reformerwartungen aus dem eigenen Land, des Bürgerkriegs im Nachbarland Syrien und des ungelösten israelisch-palästinensische Konflikts. Israel könnte in einer ironischen Wendung der Geschichte nach und nach als jüdischer Staat akzeptiert werden, wenn auch andere Staaten und Gebietseinheiten im Nahen Osten sich durch religiös-konfessionelle Zugehörigkeiten definieren. Unabdingbare Voraussetzung dafür wäre aber, dass Israel sich von der Rolle als Besatzungsmacht in den palästinensischen Gebieten befreit. Dagegen steht eine israelische Rechte, die implizit oder explizit auf eine Annexion der Westbank und einen palästinensischen Staat auf der anderen Seite des Jordan setzt. Dies allerdings würde nicht nur die Monarchie, sondern die ohnehin fragile staatliche Einheit Jordaniens elementar bedrohen.

Mich wundert gelegentlich, wie viele Beobachter erhoffen oder erwarten, dass es eine Art neues „Sykes-Picot" geben werde, dass also die Großmächte eine neue nahöstliche Staatenordnung durchsetzen. Tatsächlich aber haben Europäer und Amerikaner gelernt, dass sie die Verhältnisse dieser Region oder einzelner ihrer Staaten nicht gestalten können. Selbst eine Friedenstruppe der Vereinten Nationen für Syrien wird frühestens beschlossen werden, wenn dort ein Frieden zumindest in Sicht ist.

Angesichts der Wirkung, welche die syrischen Entwicklungen auf die Gesamtregion haben werden, gewinnt auch die geplante, aber noch keineswegs gesicherte Friedenskonferenz in Genf Bedeutung. Ohne enorme internationale Anstrengung werden die syrischen Kontrahenten bis zum Sieg einer Partei oder eben der Somalisierung ihres Landes kämpfen. Niemand sollte von „Genf" einen raschen Durchbruch im Sinne eines haltbaren Friedensschlusses erwarten. Solange das Regime, die Rebellen oder gar beide Seiten von ihrer Überlegenheit überzeugt sind, werden sie nicht ernsthaft verhandeln. Und auch wenn die Ermüdung beider Seiten es ihnen sinnvoll erscheinen lässt, sich auf Verhandlungen einzulassen, werden sie währenddessen weiter versuchen, ihre militärische und politische Position zu verbessern.

Das macht den Beginn eines international vermittelten Verhandlungsprozesses nicht unnütz. Zunächst könnten und müssten die USA, Russland, die EU-Staaten und andere dabei den lokalen und regionalen Kriegsparteien deutlich machen, dass es keine internationale Unterstützung mehr für eine militärische Lösung gibt. Selbst wenn Regime und Rebellen weiter kämpfen, müssten sie und ihre jeweilige zivile Basis dann parallel beginnen, die Möglichkeiten politischer Lösungen auszuloten.

Volker Perthes, „Ein Somalia am Mittelmeer", www.sueddeutsche.de, 12.06.2013 [30.01.2014]

Aufgaben

1 *Klären Sie den Begriff der „Somalisierung" (Z. 6) Syriens.*

2 *Recherchieren Sie Hintergründe und Inhalt des sog. Sykes-Picot-Abkommens von 1916 und leiten Sie daraus Auswirkungen auf die Lage im Nahen Osten ab.*

3 *Beurteilen Sie ausgehend vom Text die Chancen auf eine Lösung des Syrien-Konflikts. Beziehen Sie auch das Ergebnis der Genfer Syrien-Konferenz im Januar 2014 in Ihre Überlegungen mit ein.*

4.6 Der Kampf um eine neue Weltordnung

M 1a Francis Fukuyama – Das Ende der Geschichte? Oder ...

Francis Fukuyama (*1952), US-amerikanischer Politologe und Verfasser des Bestsellers „The end of History and the last man"

Das Ende des Sozialismus wurde von einer Debatte über den Westen als Werte- bzw. Kulturgemeinschaft begleitet. Für die gegensätzlichen Positionen dieser Debatte stehen paradigmatisch die Beiträge von Francis Fukuyama und Samuel Huntington, die beide im Umfeld der US-Regierung an einer neuen Weltordnungsstrategie für die Zeit nach dem Kalten Krieg arbeiteten.

Francis Fukuyama geht in seinem Aufsatz über das „Ende der Geschichte" davon aus, dass es zum liberalen Gesellschaftsmodell des Westens keine überzeugende ordnungspolitische Alternative mehr gebe. Sowohl der Faschismus als auch der Sozialismus, die beiden einzigen historischen Alternativen zum Liberalismus, hätten jegliche Überzeugungskraft verloren. Er schreibt, dass „the triumph of the West, of the Western idea, is evident first of all in the total exhaustion of viable systemic alternatives to Western liberalism." Daraufhin proklamiert er „... the end of history as such: that is, the end point of mankind's ideological evolution and the universalization of Western liberal democracy as the final form of human government."

Die Gemeinschaft des Westens erscheint als die Region, in der die Ideen des Liberalismus mit den beiden Elementen einer liberalen Demokratie und einer marktwirtschaftlichen Ordnung grundsätzlich verwirklicht sind. Die OECD-Region dient damit als Entwicklungsvorbild für den Rest der Welt. Eine Ausdehnung der westlichen Gemeinschaft ist möglich und wahrscheinlich, wenn immer mehr Gesellschaften den Entwicklungsstand des Westens erreichen.

Fukuyamas Argumentation findet ihre Parallele in konkreten politischen Konzepten, vor allem im Begriff der „Neuen Weltordnung", den US-Präsident Bush durch seine Ansprachen anlässlich des zweiten Golfkriegs populär machte. Bush fordert die weltweite Durchsetzung von Menschenrechten, Demokratie und Marktwirtschaft. Er begrüßt die Rückkehr der UNO zu ihrer ursprünglich beabsichtigten Funktion, den Weltfrieden wirksam zu sichern, und greift damit die Idee des Weltföderalismus der 1940er-Jahre wieder auf.

Eine in der Friedensforschung verbreitete Variante des Konzepts von Fukuyama stellt die Theorie vom demokratischen Frieden bzw. der Zivilisierung dar, deren Argumente Dieter Senghaas griffig im Bild des zivilisatorischen Hexagons zusammengefasst hat [s. S. 567 f., M 6]. Er argumentiert, dass als Ergebnis eines langen historischen Zivilisierungsprozesses seit dem Ende des Zweiten Weltkrieg erstmals alle Bedingungen dafür gegeben seien, zwischen den entwickelten, liberaldemokratischen Gesellschaften „dauerhafte Formen konstruktiver, gewaltfreier Konfliktbearbeitung zu finden und zu institutionalisieren" – ein Zustand, den er als „OECD-Frieden" bezeichnet. Es gehe nun darum, dass auch andere Regionen aus eigener Einsicht und nicht durch Zwang diese „Errungenschaften der Moderne" übernehmen. Am besten sei es für diese Gesellschaften, von den westlichen Erfahrungen zu lernen, denn alternative Wege zur Zivilisierung seien zwar denkbar, aber entweder – wie der Realsozialismus – gescheitert oder abstrakt geblieben.

Hartwig Hummel, Fukuyama „Das Ende der Geschichte", http://bildungsserver.hamburg.de [30.01.2014]

M 1b Samuel P. Huntington – Kampf der Kulturen?

Samuel Huntington distanziert sich ausdrücklich vom angeblichen „Ende der Geschichte“.
Nicht die Konvergenz der Gesellschaftsordnungen im Sinne des Liberalismus und die Ausweitung der OECD-Friedensregion, sondern der sich verschärfende *clash of civilizations*, der „Kampf der Kulturen“, stellt für ihn die Grundtendenz der Weltpolitik dar. Er erwartet, dass nach dem Ende des Kalten Kriegs die zentralen weltpolitischen Konfliktlinien entlang der Großkulturen verlaufen werden: „The fault lines between civilizations will be the battle lines of the future“.
Als objektive Tatsache unterstellt er, dass es sieben bis acht Großkulturen bzw. Kulturkreise (*civilizations*) gibt: die „westliche“, die slawisch-orthodoxe, die lateinamerikanische, die japanische, die sinisch-konfuzianische, die hinduistische, die islamische und – da ist er sich nicht ganz schlüssig – die afrikanische Großkultur. An die Stelle des Kampfs der Großmächte oder der Blockkonfrontation zwischen den beiden Supermächten tritt bei ihm das Aufeinanderprallen der *civilizations* bzw. der Konflikt der „Kernmächte“ der Großkulturen. Die bisherige Vormachtstellung des westlichen Kulturkreises sieht er durch ein antiwestliches Bündnis der islamischen und der sinisch-konfuzianischen Großkultur bedroht. Die slawisch-orthodoxe Region und Japan betrachtet Huntington jeweils als eigenen, nicht zum Westen gehörenden Kulturkreis. Beide sieht er als potenzielle Verbündete des Westens im Kampf der Kulturen und als Brücken zwischen dem Westen und der islamischen Welt bzw. dem sinisch-konfuzianischen Asien. Die westliche Gemeinschaft begrenzt Huntington auf den christlich-abendländisch definierten „Westen“, der Westeuropa, Nordamerika, Australien und Neuseeland einschließt, nicht jedoch die OECD-Mitglieder Japan, Südkorea, Mexiko, Griechenland und die Türkei; auch Israel zählt er nicht zum Westen.
Mit dieser Vorstellung trägt Huntington zur Konstruktion eines neuen Kalten Kriegs bei, denn weltpolitische Konflikte können seiner Ansicht nach nur bezüglich ihres Gewaltniveaus eingedämmt, nicht jedoch überwunden werden. Für politisch realisierbar hält er lediglich eine friedliche Koexistenz der Kulturen. Huntington geht zwar anders als der Neorealismus von einer die Einzelstaaten übergreifenden, unauflöslichen Gemeinschaft des Westens aus, hält diese Gemeinschaft aber nicht über die kulturgegebenen Grenzen des Westens hinaus für erweiterbar. Regionalistische Projekte wie die Erweiterung von EU und NATO in den osteuropäisch-orthodoxen Raum, die Einbeziehung Mexikos und eventuell weiterer lateinamerikanischer Länder in die NAFTA oder die Kooperation der angelsächsischen Pazifik-Anrainer mit den asiatischen Ländern im Rahmen der APEC können im Sinne der Argumentation Huntingtons wegen der kulturellen Unterschiede nicht zur Bildung gemeinsamer Identitäten führen.

Hartwig Hummel, „Samuel Huntington“, http://bildungsserver.hamburg.de [30.01.2014]

Samuel P. Huntington (1927–2008), US-amerikanischer Politologe

Info

Die **NAFTA** (North Atlantic Free Trade Agreement, dt. Nordamerikanisches Freihandelsabkommen) ist ein Wirtschaftsverband zwischen den USA, Kanada und Mexiko.

Info

Die **APEC** (Asia-Pacific Economic Cooperation) ist eine internationale Organisation, bestehend aus zurzeit 21 Mitgliedern, die versucht, eine Freihandelszone für den pazifischen Raum zu schaffen.

Aufgaben

1 *Stellen Sie die Positionen Fukuyamas und Huntingtons gegenüber.*

2 *Führen Sie im Kurs ein Streitgespräch zwischen den beiden Kontrahenten über die „Neue Weltordnung“. Beziehen Sie dabei auch Ihre Erkenntnisse aus Kapitel 4.2 mit ein.*

M 2 Der Kampf um die „Neue Weltordnung" – 20 Jahre später

Der Kampf der Kulturen werde Morgenland und Abendland entzweien. So lautete vor 20 Jahren die These des US-Wissenschaftlers Samuel Huntington. Sein Aufsatz wurde zum Klassiker – und missbraucht, als Hetze gegen Muslime. Heute ist klar, dass die Welt unordentlicher ist, als Huntington sie sich damals überhaupt vorstellen konnte.

Im Sommer vor 20 Jahren war der Eiserne Vorhang noch nicht lange weg, auf dem Balkan herrschte Krieg, und die Zeitschrift *Foreign Affairs* druckte den Aufsatz „The Clash of Civilizations?". Der amerikanische Wissenschaftler Samuel Huntington stellte darin eine Prognose auf: Nicht Wirtschaft oder Ideologie würden die Menschheit spalten und ihre nächsten großen Konflikte auslösen, sondern Zivilisation. Eine Zivilisation definiere sich durch ihre Kultur, Tradition, am meisten aber durch Religion, und der Kampf der Kulturen werde vor allem Westen und Islam entzweien. [...]

Huntingtons Idee ist eine des 20. Jahrhunderts, weil sie die Welt in Blöcke teilt: die westliche Zivilisation (Europa, USA), die islamische, die konfuzianische, die lateinamerikanische, und so weiter. Es ist seltsam, dass die Südamerikaner demnach nicht zum Westen gehören und sunnitische und schiitische Muslime eine Einheit bilden. Generell widerspricht dieses Blockdenken der vernetzten Welt von heute, in der selbst Rivalen wie die USA und China stark voneinander abhängen.

Vor allem aber ist der kulturelle „Clash" zwischen Huntingtons Blöcken ausgeblieben. Die blutigsten Konflikte finden innerhalb von Zivilisationen statt, nicht zwischen ihnen. Im Kongo bringen Afrikaner Afrikaner um; in Ägypten ermorden Muslime Muslime, im syrischen Bürgerkrieg sind wohl mehr Menschen gestorben als bei der US-Invasion im Irak. In den Neunzigern wiederum ist der Westen auf dem Balkan den Muslimen beigesprungen. Am ehesten noch schien Huntington 2001 richtig zu liegen, aber die al-Qaida-Terroristen sind nie Gesandte des traditionellen Islam gewesen, sondern Entwurzelte, die im Westen einem islamisch gefärbten Nihilismus verfielen.

Nicolas Richter, Wo Huntington irrte, www.sueddeutsche.de, 25.08.2013 [30.01.2014]

Aufgaben

1 *Erläutern Sie, warum Huntingtons Ansichten als eine Theorie des 20. Jahrhunderts bezeichnet werden.*

2 *Erklären Sie, warum Huntingtons Werk nach dem 11. September 2001 weltweit große Beachtung fand.*

3 *Aus heutiger Sicht gilt Huntington weitgehend als widerlegt. Erarbeiten Sie aus dem Text, wo und warum Huntington „irrte".*

M 3 Die Welt des 21. Jahrhunderts – mehr als ein Kampf der Kulturen

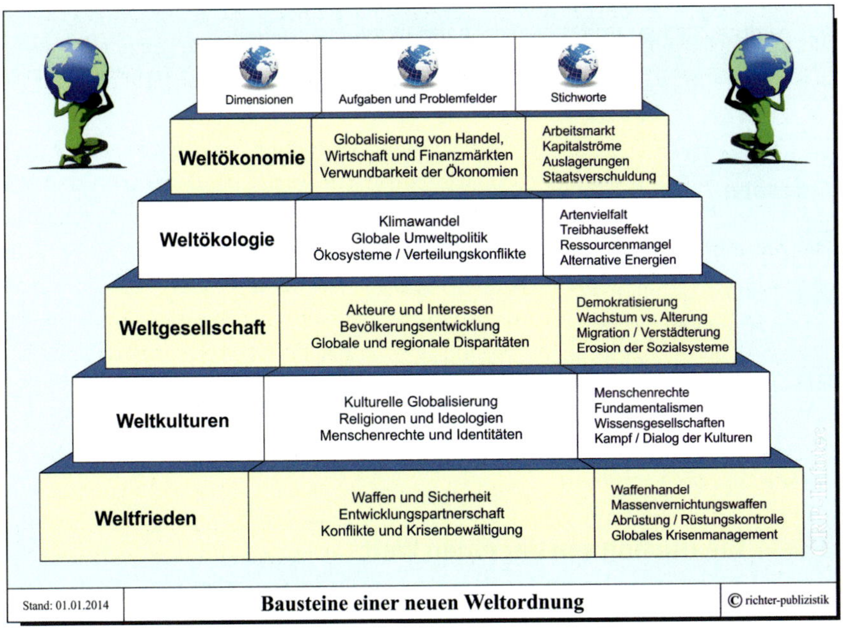

Aufgaben

1 *Erläutern Sie das Schaubild M 3 vor dem Hintergrund des Bildes von einer vernetzten Welt. Erarbeiten Sie mögliche gegenseitige Beeinflussungen und Überschneidungen der einzelnen Dimensionen.*

2 *Beurteilen Sie die einzelnen Dimensionen nach ihrer Wichtigkeit. Führen Sie im Kurs eine Diskussion über Ihre Ergebnisse.*

M 4 Die neuen Gestaltungsmächte – auf dem Weg zu einer multizentrischen Welt?

Wir leben in einer Zeit des beschleunigten Wandels. Die Globalisierung und der damit einhergehende Aufstieg neuer Mächte bei gleichzeitigem relativem Abstieg der USA, Europas und Japans ist der Megatrend unserer Zeit. Der Sieg des Westens über die Sowjetunion im Kalten Krieg hat zusammen mit technologischen Entwicklungen zu einer enormen Beschleunigung der Globalisierung und damit des Wandels geführt. Doch der „unipolar moment" der einzig verbliebenen Supermacht USA hat nicht lange gedauert – nur rund zwanzig Jahre nach dem Ende der alten Nachkriegsordnung zeichnen sich unübersehbar Konturen einer neuen, multizentrischen Welt ab. Der rasante ökonomische und politische Aufstieg Chinas lässt einige bereits von einer neuen Bipolarität („G2") reden, während andere ein „asiatisches Jahrhundert" heraufziehen sehen mit China und Indien („ChinIndia") im Mittelpunkt. Das Gravitationszentrum von Weltwirtschaft und Weltpolitik verschiebt sich ohne Zweifel vom nordatlantischen Raum nach Asien – vom Westen und Norden nach Osten und Süden. Neben den beiden bevölkerungsreichsten Ländern der Welt – China und Indien – gehören mit Südkorea, Indonesien, den Philippinen, Pakistan, Bangladesch und Vietnam auch mehr als die Hälfte der Aufsteigerländer der zweiten Reihe (die sogenannten ***next eleven***) [s. Info] zu Asien.

Doch mit Südafrika, Ägypten und Nigeria steigen auch die bevölkerungsreichsten Länder Afrikas zu Gestaltungsmächten auf, genauso wie in Lateinamerika Brasilien und Mexiko und im Nahen Osten Saudi-Arabien sowie in Zentralasien Kasachstan. Sie alle haben sich bereits zu Regionalmächten entwickelt und sind damit Teil des neuen Multizentrismus. Die Globalisierung hat aber auch zum

Info

Zu den **next eleven** zählen gemeinhin: Ägypten, Bangladesch, Indonesien, Iran, Mexiko, Nigeria, Pakistan, Philippinen, Südkorea, Türkei und Vietnam.

Aufstieg nichtstaatlicher Akteure geführt. Diese – vor allem multinationale Unternehmen und Nichtregierungsorganisationen – üben immer mehr Einfluss auf die internationale Agenda aus und engen somit den Handlungsspielraum der Nationalstaaten und internationaler Organisationen ein.

Heinrich Kreft, „Deutschland, Europa und der Aufstieg der neuen Gestaltungsmächte", Aus Politik und Zeitgeschichte, Nr. 49-51/02.12.2013, www.das-parlament.de [30.01.2014]

Aufgaben

1 *Erklären Sie den Begriff „unipolar moment" (Z. 6).*

2 *Erstellen Sie auf der Grundlage von M 4 eine Überblicksskizze der „Neuen Weltordnung".*

3 *Beurteilen Sie, ob es durch das Aufkommen neuer Regionalmächte zu einer Regionalisierung der Weltordnung kommen wird, und erwägen Sie mögliche Auswirkungen einer solchen Regionalisierung auf die USA, die EU und China.*

M 5 Die Illusion von der einen Welt

Um die Welt zu verbessern, müssen wir erst einmal sehen, wie sie ist, mit allem, auch mit den Warzen. Dieser Satz stammt vom britischen Politiker und Staatsphilosophen Edmund Burke und er drängt sich nach rund 200 Jahren wieder auf. Wie ist sie, die Welt, nach diesem Jahr 2009?

Die Menschheit hat in Kopenhagen versucht, das Klima gemeinsam zu retten. In London und Pittsburgh verfassten die Regierungschefs neue Regeln für die Finanzmärkte und den Kapitalismus. In Genf verhandelten sie über ein besseres Handelsregime. Und [...] in Davos, auf dem Weltwirtschaftsforum, [werden sie] wieder über alle Probleme gleichzeitig reden. Zehn weltumspannende Gipfeltreffen hat es [in 2009] gegeben. So viel gemeinsames Suchen war selten, so viel globales Regieren nie.

Man kann die Welt so sehen. Doch ehrlicher wäre eine andere Deutung. Danach haben die Regierungschefs in Kopenhagen versagt, in London und Pittsburgh schöne, aber wirkungslose Papiere geschrieben und in Genf ihre Handelsvertreter wie jedes Jahr palavern lassen – ohne Resultate.

Mitnichten entsteht so eine neue globale Ordnung, in der Staaten gemeinsam die großen Probleme zu lösen versuchen. Stattdessen marschieren sie zurück in die ganz alte Welt: die des 19. Jahrhunderts, die der Nationalstaaten. Und in der betreiben alte und neue Mächte offener denn je pure Interessenpolitik, immer getrieben von den ganz eigenen ökonomischen Problemen. Globales Regieren? Außer Spesen nichts gewesen! [...]

„Wir sind mitnichten auf dem Weg in ein goldenes Zeitalter, in dem sich Staaten selbst auflösen oder etwa ihre Vorrechte abgeben würden. Der Nationalstaat ist als primäre politische Einheit des internationalen Systems quicklebendig", schreibt John C. Hulsman von der Deutschen Gesellschaft für Auswärtige Politik.

Die Probleme seien global, die Lösungen aber immer noch national, klagt auch der Wirtschaftsnobelpreisträger Joseph Stiglitz – und nicht nur er: Da mag die Menschheit gern mit viel Pomp in immer größeren Konferenzzentren nach globalen Spielregeln für globale Probleme suchen, die Ergebnisse sehen zum Jahreswechsel mager aus.

Denn in den reichen Ländern sind den Regierungen die Hände gebunden, die Haushalte erlauben kaum teure Zugeständnisse. Die aufstrebenden Schwellenländer wiederum wollen nachholen, was der Westen immer vormachte: Wachstum, koste es, was es wolle. Da stören globale Abkommen und die Abgabe von nationalen Rechten – selbst wenn das für alle besser wäre.

Doch war da nicht was? Es ist doch noch gar nicht lange her, dass die Gefahr einer Weltwirtschaftskrise alle erschreckte, die Regierungschefs der mächtigsten Länder sich flugs zusammenfanden und so mancher bürgerliche Internationalist den naiven Traum einer „Weltregierung" träumte. Nie wieder werde die Welt, wie früher von Roosevelt und ein paar anderen, bei einem Glas Whiskey geregelt – und das sei auch gut so: Das sagte der frisch gekürte US-Präsident Barack Obama auf dem G-20-Treffen in den ehemaligen Royal Docks, einem alten Werftgelände in London. Tausende von Journalisten aus aller Welt applaudierten minutenlang.

Neu ist der Traum ja nicht. Schon seit Mitte der Zwanzigerjahre – damals war gerade der Völkerbund gescheitert – gibt es in der Weltpolitik immer wieder diese merkwürdige Aufbruchstimmung.

Richtig Nahrung bekam sie einmal mehr nach dem Ende des Kalten Krieges, als in den Neunzigerjahren in Washington Bill Clinton regierte, in London Tony Blair und in Berlin Gerhard Schröder. Auf dem „Dritten Weg" wollten diese Männer gemeinsam anpacken, was Einzelstaaten nicht mehr bewältigten: den Ausbau des Welthandelssystems, den Umweltschutz, die künftige Energieversorgung, die Drogenbekämpfung oder die Gestaltung der weltweiten Migration. *Global Governance* war fortan das Modewort, für das es bis heute keine allgemein verständliche und akzeptierte deutsche Übersetzung gibt. Als „internationale Strukturpolitik" interpretierte es der Berliner Koalitionsvertrag von 1998: Nicht eine Weltregierung solle helfen, stattdessen würden sich die Regierungen und die Verwaltungen der Länder immer enger absprechen – unterstützt von global operierenden Konzernen, Nichtregierungsorganisationen, einer kosmopolitischen Schar von Akademikern und anderen Experten.

Am Ende würde dann eine Mischung aus Selbstverpflichtungen, Verträgen, den richtigen Institutionen und vielen Konferenzen die Welt regieren. Es war der „Versuch, eine Art Ersatz für Staatlichkeit im internationalen System zu etablieren", so drückt es Peter Wahl aus, ein Politikwissenschaftler und Mitgründer der globalisierungskritischen Aktivistenorganisation Weed. Auch er hoffte darauf. [...]

„Wir erleben gerade eine Zwischenzeit", sagt Achim Brunnengräber von der Freien Universität Berlin und erinnert mit seiner Wortwahl an den italienischen Kommunisten und Denker Antonio Gramsci: Der beschrieb das „Interregnum" als eine Zeit, in der die alten Regeln nicht mehr gelten, neue aber nicht gefunden sind und stattdessen viele „morbide" Symptome auftauchen.

Man muss die Gegenwart nicht so düster deuten. Klar aber ist: Die Zeit, in der sich alle mehr oder weniger den Regeln eines amerikanisch geprägten Kapitalismus beugten, ist endgültig vorbei. Dessen geschwundene Macht aber ist nicht automatisch an globale Institutionen übergegangen. Mehr noch: Es fehlt an der wichtigsten Zutat für neue Einigkeit, an der gemeinsamen Weltsicht.

Cover der SPIEGEL-Ausgabe Nr. 46/2008

Es sei vielmehr unsicherer denn je, wie weltweite „gesellschaftliche Arrangements künftig aussehen sollen", sagt Harold James, Historiker an der Universität Princeton in New Jersey. Die Europäer seien selbstbewusster geworden. Ihre lang verpönte Mischung aus gezähmtem Markt und starken, geschützten Sozialsystemen gelte plötzlich wieder als nachahmenswert. Und es nähmen sich „plötzlich auch Asiaten das Recht, die Amerikaner (und die Welt) zu belehren". [...]

Weder die amerikanischen noch die europäischen Vorstellungen von der Ordnung der Welt passen so recht zum Denken dieser neu aufstrebenden Mächte. Die alten Organisationen, Internationaler Währungsfonds und Weltbank, die letztlich auf der Idee einer wohlwollenden Hegemonie der Vereinigten Staaten basieren, sind ihnen vielfach verhasst. Doch auch die europäischen Vorstellungen vom Aufbau regionaler und internationaler Vereinigungsprozesse passen nicht recht.

Weder wollen die regionalen Großmächte wie Indien, Brasilien, Südafrika oder China freiwillig Souveränitätsrechte an kleinere Nachbarn abtreten noch umgekehrt. Ganz offensichtlich sind die Europäer und vor allem die Deutschen mit ihrem Glauben an den Segen der Integration und an den Aufbau gemeinsamer internationaler Institutionen und Verträge ziemlich allein.

Und nun? „Mittelfristig bedeutet dies, dass sich insbesondere die Europäer von ihrem lieb gewonnenen Weltordnungsmodell verabschieden müssen", folgerte kürzlich ernüchtert eine Studie der Friedrich-Ebert-Stiftung. Statt mit einer globalen Architektur sei auf mittlere Sicht eher mit einem eigenartigen Mix zu rechnen: Blöcke wie die EU oder der Verband Südostasiatischer Nationen, kurz Asean, würden eine Art regionale Governance betreiben; daneben gebe es einzelne große Akteure wie China, Indien, Russland, Brasilien, Mexiko und Südafrika. [...]

Thomas Fischermann/Petra Prinzler, „Die Illusion von der einen Welt", www.zeit.de, 31.12.2009 [30.01.2014]

Aufgaben

1 *Fassen Sie die zentralen Aussagen des Textes zu Thesen zusammen.*

2 *Überprüfen Sie den Text hinsichtlich der Schlüssigkeit der Argumentation.*

3 *Beurteilen Sie die dargestellten Szenarien hinsichtlich einer „Neuen Weltordnung" vor dem aktuellen politischen Hintergrund.*

4 *Erläutern Sie die Aussage des SPIEGEL-Titels von 2008 und erörtern Sie, ob es in naher Zukunft einen Weltpräsidenten geben wird bzw. geben soll.*

Internationale Beziehungen und internationale Politik

Internationale Beziehungen

Die Staatenwelt des 21. Jahrhunderts hat sich nach einer kurzen Phase der scheinbaren Unipolarität im Nachgang des Zusammenbruchs der Sowjetunion und dem Fall des Eisernen Vorhangs spätestens nach dem 11. September 2001 zu einer multipolaren Welt mit einer Vielzahl von Mitspielern gewandelt. Insofern ist internationale Politik heutzutage mehr als nur internationale Beziehungen. Gerade auch, weil sich eine Vielzahl von Nichtregierungsorganisationen und zivilgesellschaftlichen Elementen inzwischen einen festen Platz in der internationalen Politik erkämpft haben. Dieses gesamte Spektrum der Mitspieler auf internationalem Parkett gilt es nun zu orchestrieren. Das ist die Aufgabe internationaler Politik.

Internationale Politik

Herausforderungen für die internationale Sicherheit und Friedensgefährdungen

Seit der Jahrtausendwende sieht sich die internationale Politik auch ständig vor neue Herausforderungen gestellt. Der Bogen reicht hier vom internationalen Terrorismus über den Arabischen Frühling mit zerfallenden Staaten bis hin zu Umweltzerstörung, Wirtschafts- und Finanzkrisen und oft aus diesen Krisen resultierenden Flüchtlingsbewegungen. Jede einzelne dieser Erscheinungen kann den internationalen Frieden, aber auch die nationale wie internationale Sicherheit gefährden. Für die internationale Politik heißt das, dass sie Antworten auf diese Herausforderungen suchen und auch finden muss. In diesem Zusammenhang stellt sich natürlich auch die Frage nach der Rolle der Nationalstaaten.

Realismus

Liberalismus

Institutionalismus

Eine zweite zentrale Frage, die sich daran anschließt, ist die Frage nach den Ordnungsstrukturen dieser Welt, d.h. nach den der internationalen Politik und den nationalen Außenpolitiken zugrunde liegenden Konzepten. In diesem Kapitel finden sich dazu die drei gängigsten Ordnungsmodelle, der Realismus, der Liberalismus und der Institutionalismus in ihren unterschiedlichen Ausprägungen. Der Realismus sieht dabei eine Konstellation von Macht und Gegenmacht vor. Diese beiden Pole sollen sich gegenseitig ausbalancieren, um Stabilität zu erreichen. Allerdings kann nur das Streben nach eigener Überlegenheit die eigene Macht sichern, was zwangsläufig zu einem Wettlauf um Macht im internationalen System führen muss. Der Institutionalismus hingegen baut auf ein System von Institutionen, allen voran die UN, die dem Völkerrecht zur Durchsetzung verhelfen und so Sicherheit garantieren. Auch hier fehlt das Gewaltmonopol in der internationalen Staatenwelt, allerdings wird dieses Problem hier mit Vergesellschaftung und der Schaffung von Institutionen angegangen. Vor der Idee, dass Staaten durchaus gemeinsame Interessen haben und an einem friedlichen Zusammenleben interessiert sein könnten, entsteht so eine funktionierende Weltordnung. Der Liberalismus schließlich baut auf das Prinzip der Freiheit, das zu Demokratie, Menschenrechten und Rechtsstaatlichkeit führt und so die Welt nach diesen Prinzipien ordnet. Nicht der Staat steht im Zentrum der Überlegungen, sondern das freie und vernunftbegabte Individuum. Der Staat soll die Rahmenbedingungen für die freie Entfaltung der Individuen schaffen, sich aber sonst eher zurückhalten. Das gilt auch und gerade für Wirtschaftsprozesse.

Krieg – Frieden – Sicherheit

Es ist relativ leicht zu definieren, was Krieg ist: Ein mit Waffengewalt ausgetragener Machtkonflikt zwischen unterschiedlichen Akteuren, i. d. R. Staaten, zur ge-

waltsamen Durchsetzung politischer, wirtschaftlicher, ideologischer oder militärischer Interessen. Diese qualitative Definition von Krieg greift aber gemeinhin zu kurz. Die AKUF hat fünf Kategorien von Krieg definiert, die eine erste Orientierung geben. Quantitativ gesehen handelt es sich um gewaltsame Massenkonflikte, bei denen in der Regel mindestens auf einer Seite reguläre Streitkräfte beteiligt sind, ein Mindestmaß an zentraler Organisation des Kriegsgeschehens vorhanden ist und dies sich durch ein Mindestmaß an Kontinuität und planmäßiger Strategie auszeichnet. Bei den Kriegen der Gegenwart handelt es sich nicht mehr um die klassische Konfrontation von zwei oder mehreren Staaten oder Militärblöcken, sondern meist um sog. asymmetrische Kriege, die mit den Mitteln konventioneller Kriegsführung zwar zu beenden, aber selten zu gewinnen sind.
Noch schwieriger scheint die Definition von Frieden. Dieser kann meist nur ex negativo definiert werden, also mit Aussagen darüber, was in Friedenszeiten nicht sein darf. Z. B. bedeutet Frieden die Abwesenheit von Gewalt. Die Politikwissenschaft unterscheidet hier sehr viel differenzierter. Johan Galtung unterscheidet etwa zwischen positivem und negativem Frieden. Die oben angeführte Definition wäre hier eindeutig dem negativen Friedensbegriff zuzuordnen, als Zustand (Waffenstillstand) zwischen zwei Konflikten oder Kriegen. Es handelt sich also um Nicht-Frieden. Positiver Frieden bezeichnet einen Prozess der Zivilisierung von Konflikten. Neben der physischen Gewalt gilt es hierbei auch jede Form der strukturellen Gewalt zu verhindern. Zusammengefasst hat diesen Zustand D. Senghaas in seinem zivilisatorischen Hexagon.

Vereinte Nationen (VN) United Nations [Organization] (UN/UNO)

Die Vereinten Nationen (VN; auch United Nations [Organization] UN/UNO) sind als internationale Organisation in erster Linie für die Friedenssicherung zuständig. In dieser Organisation sind zurzeit 194 Länder vertreten mit dem Ziel, den Weltfrieden zu erhalten und Konflikte auf friedliche Weise zu regeln. Diese Vorgehensweise basiert auf der Charta der Vereinten Nationen (UN-Charta), die als völkerrechtliches Dokument mit der Gründung der UNO 1945 in Kraft trat. Die UN sind die einzige internationale Organisation, welche die universale Gültigkeit ihrer Ziele und Grundsätze für sich in Anspruch nehmen kann.
Im Zentrum steht dabei der UN-Generalsekretär, der vor allem mit seiner Präsenz und Autorität versucht, Konflikte im Vorfeld zu entschärfen oder erst gar nicht entstehen zu lassen. Er steht in seiner Funktion der Generalversammlung vor. Das eigentliche Entscheidungszentrum neben der Generalversammlung ist der UN-Sicherheitsrat. Wegen seiner Kompetenz, Sanktionen auszusprechen und militärische Einsätze mit einem entsprechenden UN-Mandat zu legitimieren, gilt der Sicherheitsrat als das machtvollste Organ der UN. Allerdings zeigt die politische Praxis auch, dass sich der Sicherheitsrat durch das Vetorecht der 5 ständigen Mitglieder immer wieder selbst blockiert und die UN somit zur Untätigkeit verdammt. Deshalb ist die Zusammensetzung des Sicherheitsrats und das Vetorecht seit Jahren Gegenstand von Reformdiskussionen. Dass die UN reformbedürftig sind, steht dabei außer Frage, schließlich bilden sie in der heutigen Zusammensetzung mehr oder weniger das Weltgeschehen nach dem Ende des 2. Weltkrieges ab. Ob sie auch reformfähig sind, muss die nähere Zukunft zeigen.

North Atlantic Treaty Organization (NATO)

Die NATO mit Sitz in Brüssel wurde 1949 als internationale Organisation mit dem primären Ziel ein Verteidigungsbündnis gegen die Sowjetunion zu schaffen von den USA, Kanada und zehn europäischen Staaten gegründet. Nach dem Beitritt weiterer Staaten, darunter Deutschland (1955) umfasst das Bündnis inzwischen

28 Staaten. Die Mitglieder verpflichten sich untereinander zum friedlichen Interessenausgleich, zur Konsultation bei außenpolitischen und militärischen Bedrohungen und dazu, sich bei einem Angriff auf ein Land des Bündnisses zum gegenseitigen Beistand (Artikel 5 des NATO-Vertrags von 1949). Dieser Artikel wurde nach den Terroranschlägen vom 11.September 2001 zum ersten und bisher einzigen Mal in der Geschichte des Bündnisses aktiviert. Allerdings entscheidet jedes Mitglied über seine Art des Beistandes ohne Automatismus, souverän und im Einzelfall. Darüber hinaus verfolgt die NATO wirtschaftliche, kulturelle und politische Ziele, sofern sie dem gemeinsamen Nutzen der Mitgliedsstaaten dienen. Insofern gilt es zivile und militärische Institutionen in der NATO zu unterscheiden. Bei allen Entscheidungen gilt der Primat der Politik, d.h. die zivilen Entscheidungsträger in der NATO, dabei vor allem der Nordatlantikrat, treffen die Entscheidungen. Das Militär hat im Prinzip nur dienenden Charakter, auch wenn die NATO in der öffentlichen Wahrnehmung nach wie vor eher als Militärbündnis wahrgenommen wird.

Die neue Weltordnung – Ein Kampf der Kulturen?

Nach dem Ende des Ost-West Konflikts sah es zunächst danach aus, als würde sich das Demokratiemodell des Westens weltweit durchsetzen können und der Freiheit, der Rechtsstaatlichkeit und den Menschenrechten zum Sieg zu verhelfen. Durch die Auflösung der bipolaren Weltordnung fanden die UN zu neuer Stärke und sorgten dafür, dass Aggressoren überall auf der Welt Einhalt geboten werden konnte. Der amerikanische Politologe Francis Fukuyama sah vor diesem Hintergrund gar das Ende der Geschichte gekommen und die Demokratie weltweit auf einem unaufhaltsamen Vormarsch. George Bush sprach von einer neuen Weltordnung unter Führung der USA. Diese Aussagen sollten aber nur ein knappes Jahrzehnt lang gültig bleiben, ehe zu Beginn des 21. Jahrhunderts weltweite Terroranschläge das Ende dieser Epoche einläuteten. Mit dem Aufstieg Chinas und dem Wiedererstarken Russlands kam auch das Ende der unipolaren Welt. Plötzlich schien sich die eher düstere Sichtweise eines anderen amerikanischen Politologen, Samuel Huntingtons, zu bewahrheiten. Er sah die Welt im 21. Jahrhundert als einen Kampf der Kulturen, oder genauer gesagt, unterschiedlicher Zivilisationsmodelle. Alles schien auf eine Konfrontation zwischen westlichem Abendland und dem Islam hinauszulaufen. Vor diesem Hintergrund stellte sich die Frage nach einer neuen Weltordnung neu. Diese Frage kann heute noch nicht mit letzter Gewissheit beantwortet werden. Die These vom Kampf der Kulturen hat aber in letzter Zeit stark an Anziehungskraft verloren.

Ist das Frieden? – Alltag im Kosovo

Serben und Albaner haben die kosovarische Bergbaustadt Mitrovica faktisch geteilt. Von einer gemeinsamen Zukunft spricht niemand, beide Seiten vereint nur eins: die Unsicherheit über den zukünftigen Status des Kosovo. Während viele Serben die Trennung vom Mutterland fürchten, erhoffen die meisten Albaner die Unabhängigkeit.
Die Stadt Mitrovica braucht keine Mauer: Der Fluss Ibar bildet die Grenze zwischen dem südlichen Teil, wo vorwiegend Kosovo-Albaner leben, und dem Norden, wo Kosovo-Serben in der großen Mehrheit sind. Kaum jemand überquert in dieser Stadt die Brücken, beide Seiten vereint nur eines: Wegen des ungewissen Ausgangs der Verhandlungen über den Status des Kosovo macht sich große Unsicherheit breit. [...] Selbst Vertreter der UN-Verwaltung haben sich damit abgefunden, dass die multiethnische Gesellschaft hier Vergangenheit ist. Albaner und Serben wollen in Mitrovica nicht mehr zusammenleben. Auch wenn die meisten Menschen in dieser geteilten Stadt kein leichtes Schicksal haben, nicht alle verfallen in Depressionen. Der Alltag hat durchaus gute Seiten, wenn man vergessen kann und ein wenig Geld hat. Die meisten jungen Leute in einem der serbischen Cafés am Ibar scheinen sich keine großen Sorgen zu machen, wenigstens auf den ersten Blick. Dabei beginnt nur ein paar Hundert Meter weiter albanisches Gebiet. Dort zahlt niemand in Dinar, dort redet kaum jemand serbisch – schon gar nicht auf der Straße. Dort hoffen alle auf die Unabhängigkeit des Kosovo, im Norden kann sich das kaum jemand vorstellen.
Die meisten der Kosovo-Serben ahnen jedoch, dass sich irgendetwas bald ändern wird, und sie wissen, dass das nichts Gutes bedeutet. Auch an die Vergangenheit mögen sich die meisten Menschen hier nicht erinnern. Irgendwann einmal in Titos Jugoslawien war Kosovska-Mitrovica eine wichtige und wohlhabende Stadt. Serben arbeiteten mit albanischen Bergleuten zusammen, unter Tage gab es keine Probleme.
Auch im Norden von Mitrovica waren die Kosovo-Albaner in der Mehrheit. Nun leben hier viele serbische Flüchtlinge, die ihr Hab und Gut im Süden verloren haben, denen es dort zu unsicher ist, weil es immer wieder Zwischenfälle gibt. [...] Kein Serbe hier ist für die Unabhängigkeit des Kosovo, wenn es schon dazu kommt, hoffen viele auf die Teilung. „Zusammenleben, ja“, sagt einer der Händler, „aber in Serbien in Jugoslawien!“
Doch Jugoslawien gibt es nicht mehr und auch der Traum vom Vielvölkerstaat ist längst geplatzt. Serben aus dem Norden gehen nicht über die Brücke, auch die meisten Albaner bleiben dort, wo sie sind, im Süden. Seit dem Ende der NATO-Luftangriffe 1999 ist es auf der Brücke immer wieder zu schweren Auseinandersetzungen gekommen: Menschen demonstrierten, schlugen aufeinander ein, es wurde scharf geschossen. Vor ein paar Monaten haben sich die Soldaten der internationalen KFOR-Truppe von der zentralen Ibar-Brücke zurückgezogen. Dennoch ist auf der Brücke kaum jemand unterwegs.
Auf der anderen, der südlichen Seite hat sich die UN-Verwaltung des Kosovo in einem Hochhaus einquartiert. Der Ungar György Kakouk arbeitet seit Jahren in diesem Gebäude mit bester Aussicht auf die merkwürdige Grenze: „Der Fluss ist die Demarkationslinie, sie verläuft in den Köpfen der Menschen, Stacheldraht braucht man da nicht.“ Für das Prinzip der multiethnischen Gesellschaft ist in

Mitrovica kein Platz, auch Kakouk gibt das zu, obwohl er für die UN-Verwaltung arbeitet: „Es gibt hier kein multikulturelles Leben."

Immerhin haben sich Vertreter der serbisch-orthodoxen und der islamischen Gemeinde letztens getroffen, zum ersten Mal nach sechseinhalb Jahren. Da gibt es einiges zu klären, zum Beispiel was mit den Toten geschehen soll. Ausgerechnet auf den Friedhöfen finden sich noch Spuren des vergessenen multiethnischen Lebens dieser Stadt: serbische Gräber im Süden, albanische im Norden. Beide Seiten wollen das regeln.

Die Teilung ist in Mitrovica nicht mehr zu überwinden. Doch warum das kein Modell für das ganze Kosovo abgibt, lässt sich hier auch beobachten: Ein paar albanische Jugendliche spielen im Schneeregen Basketball, in einem Viertel, das sie Klein-Bosnien nennen, vielleicht weil hier früher so viele verschiedene ethnische Gruppen lebten. Jetzt sind es vor allem Albaner; eingeschlossen von ihren serbischen Nachbarn harren sie auf der nördlichen Seite des Ibar aus.

In drei Stadtvierteln im Norden leben immer noch einige Tausend Kosovo-Albaner. Ihnen geht es wie den Serben in den Enklaven des Südens, sie leben wie im Gefängnis und ohne Perspektive. Ein albanischer Jugendlicher sagt, dass er ständig von Serben verfolgt werde. Angeblich Zivilpolizisten, von Belgrad bezahlt. Ob das nun Verfolgungswahn oder Wirklichkeit ist, wenn er die Schule abgeschlossen hat, will der junge Mann weg, weil ihn dann nichts mehr halten kann: „Man kann hier nicht leben, 90 Prozent Arbeitslosigkeit, wenn du keine Arbeit hast, dann hast du kein Leben!"

Das denken auch die jungen Serben, die diesen Albaner noch nie getroffen haben, obwohl sie nur ein paar Straßenzüge weiter leben. In Mitrovica wagen Kosovo-Serben und Kosovo-Albaner nicht einmal daran zu denken, dass sie dieselben Schwierigkeiten haben – von gemeinsamen Lösungen ganz zu schweigen.

Gerwald Herter, „Nur Friedhöfe sind noch multiethnisch", www.tagesschau.de, 30.12.2005 [03.11.2009]

Aufgaben

1 *Erarbeiten Sie aus dem Text die Probleme, die eine friedliche Zukunft für das Kosovo erschweren.*

2 *Das Kosovo ist seit 2008 unabhängig, wird aber von einer Vielzahl von Staaten völkerrechtlich nach wie vor nicht anerkannt. Recherchieren Sie die Problemstellung, die sich mit der Anerkennung des Kosovo verbindet.*

3 *Erörtern Sie, inwieweit man in Mitrovica von Frieden sprechen kann.*

Politikanalyse

Info

Die **Politikfeldanalyse** beschäftigt sich mit der Untersuchung konkreter, materieller Politikbereiche (beispielsweise Umwelt-, Sozial-, Finanzpolitik oder ähnliches). Ziel ist es, aus der Politik Erkenntnisse zu ziehen und politische Maßnahmen zu beurteilen oder als Politikberatung weiterzugeben.

Politik beschreibt zunächst einmal nur das Streben nach Macht, also jede Art der Beeinflussung anderer zur Durchsetzung eigener Interessen. Hierbei spielt es keine Rolle, ob es um Ausgehzeiten von Jugendlichen, die Wahl des nächsten Urlaubsziels in der Familie oder um die Lösung der Rentenfrage geht. Mit wachsender Komplexität der Themen ist jedoch ein analytischer Zugang nötig. Eine grundlegende Beschreibung von Politik wird Ihnen im Folgenden vorgestellt. Daraus wird ein Analyseraster abgeleitet, das auch im Rahmen einer Politikfeldanalyse Berücksichtigung findet.

Mehrdimensionalität des Politischen

Die Unterteilung von Politik in verschiedene Bereiche folgt der Auffassung, dass das politische System als Subsystem des gesamten gesellschaftlichen Systems verstanden werden kann. Im Mittelpunkt dieser Auffassung von Politik steht die Analyse von politischen Entscheidungen. Um die Komplexität dieser politischen Entscheidungen aufzubrechen, werden zunächst innerhalb des politischen Bereichs drei Kategorien festgelegt (polity, policy und politics) und diese drei Zentralbereiche in den Rahmen der vier Grundkategorien von Politik (Macht, Ideologie, Normen und Kommunikation) eingebettet. Wenn man die einzelnen Kategorien und ihre Wechselwirkungen analysiert, erhält man ein tiefgreifendes Verständnis politischer Entscheidungen. Schwierigkeiten ergeben sich allerdings daraus, dass diese vier Kategorien sich nicht unabhängig voneinander analysieren lassen, da die gegenseitige Beeinflussung sehr groß ist.

Dimensionen	Erscheinungsformen	Merkmale	Bezeichnung
Form	• Verfassung • Normen • Institutionen	• Organisation • Verfahrensregeln • *Ordnung*	polity
Inhalt	• Aufgaben und Ziele • politische Programme	• Problemlösung • Aufgabenerfüllung • Wert- und Zielorientierung • *Gestaltung*	policy
Prozess	• Interessen • Konflikte • Kampf	• Macht • Konsens • *Durchsetzung*	politics

Bernhard Schreyer/Manfred Schwarzmeier, Grundkurs Politikwissenschaft: Studium der politischen Systeme. Eine studienorientierte Einführung, VS Verlag für Sozialwissenschaften, Wiesbaden [2]2005, S. 19

Fragen zur Untersuchung eines politischen Problems

Policy-Aspekte	Schlüsselfragen
Inhalt und Ausmaß	Worum geht es? Welches Problem soll gelöst werden? Welches Ausmaß hat das Problem?
Ursache	Welche Ursachen hat das Problem?
Folgen	Welche Folgen zieht das Problem nach sich?
Lösungen	Welche Problemlösungen werden genannt?
Nebenwirkungen	Welche Folgen sind bei einer Problemlösung vorherseh-bar? Welche unerwünschten Nebenwirkungen können eintreten?
Politics-Aspekte	**Schlüsselfragen**
Akteure	Wer ist an der Auseinandersetzung beteiligt?
Interessen	Welche Interessen verfolgen die Akteure? In wessen Interesse liegt eine bestimmte Problem- bzw. Konfliktlösung?
Macht, Herrschaft, Einfluss	Welche Möglichkeiten besitzen die Akteure, ihre Interessen gegenüber anderen durchzusetzen?
Methoden	Welche Methoden wenden die Akteure zur Durchsetzung ihrer Interessen an?
Legitimation	Sind die Akteure zu ihrem Vorgehen berechtigt? Welche Gründe führen sie zur Rechtfertigung ihres Vorgehens an?
Verlauf	Wie verläuft die Auseinandersetzung? Wer setzt sich durch?
Polity-Aspekte	**Schlüsselfragen**
Institutionen/ Organisationen	Welche Institutionen/Organisationen (z. B. Parteien, Verbände) vertreten die Akteure?
Aufgabe, Funktion	Welche Aufgaben hat die einzelne Institution oder Organisation?
Aufbau	Wie ist die Institution/Organisation aufgebaut?
Kontrolle	Wer übt in welcher Weise Kontrolle aus?
Recht	Welche rechtlichen Grenzen sind den Akteuren gesetzt? Welche Rechte und Beteiligungsmöglichkeiten besitzen die Bürgerinnen und Bürger? Welchen Schutz genießen Sie?

Gotthard Breit, Siegfried Frech, Politik durchschauen. Wie man sich erfolgreich Durchblick verschafft, Wochenschau Verlag, Schwalbach 2009

Analyse ökonomischer/politischer Konflikte

Die Undurchsichtigkeit und Komplexität vieler Konflikte verführt zu einfachen Erklärungsmustern, die möglicherweise Vorurteile verstärken. Deshalb finden Sie auf dieser Seite Leitfragen, mit deren Hilfe Sie internationale Konflikte analysieren können. Erst vor dem Hintergrund einer strukturierten Analyse lässt sich ein Konflikt verstehen, und es lassen sich darüber hinaus alternative Lösungswege suchen. Da jeder Konflikt anders strukturiert ist, sollten Sie für die Analyse eines bestimmten Konfliktes eine sinnvolle Auswahl unter den hier vorgestellten möglichen Fragen treffen.

1. Beschreibung des Konflikts und der Konfliktparteien
- Welche Akteure sind (un-)mittelbar an dem Konflikt beteiligt?
- Handelt es sich um einen Konflikt, bei dem die Konfliktparteien auf der gleichen Ebene stehen (symmetrischer Konflikt), oder verfügen sie über unterschiedliche Macht- und Einflussbereiche (asymmetrischer Konflikt)?

2. Problemdefinition
- Worum geht es im Einzelnen bei dem Konflikt? Geht es um Inhalte materieller Art, um unterschiedliche Werte, um Macht und/oder spielen nicht rationale, psychische Motive eine große Rolle?

3. Interessen- und Zieldefinition
- Welche Interessen und Ziele haben die beteiligten Akteure?
- Worin liegen die Unterschiede bzw. die Gemeinsamkeiten bezüglich der Zielvorstellungen der beteiligten Akteure?

4. Ursachenbeschreibung
- Welche (historischen, kulturellen, politischen, wirtschaftlichen etc.) Ursachen für den Konflikt sind erkennbar?
- Wie hat sich der Konflikt aus der Sicht der Kontrahenten entwickelt?

5. Mittelbeschreibung und Folgenabschätzung
- Welche Mittel stehen den Konfliktparteien zur Verfügung, ihre Interessen und Ziele durchzusetzen, und welche Mittel gebrauch(t)en sie?
- Welche Folgen gibt es bzw. sind aufgrund der Handlungsstrategien für die Akteure, Unbeteiligte, die Weltgemeinschaft etc. zu erwarten?

6. Konfliktlösungen
- Welche Konfliktlösung streben die Konfliktparteien an?
- Welche Folgen haben die von den Konfliktparteien angestrebten Konfliktlösungen für die Akteure, Unbeteiligte, die Weltgemeinschaft etc.?
- Welche (auch rein theoretischen) alternativen Konfliktlösungen sind denkbar? Welche Folgen hätten diese Konfliktlösungen für die Akteure, Unbeteiligte, die Weltgemeinschaft etc.? Sind sie realisierbar?
- Wie müssen internationale Organisationen, die auf Konfliktprävention setzen, beschaffen sein, und welche Aufgaben sollten diese Organisationen übernehmen?

7. Bewertung
- Welche Schlussfolgerung für die Beschaffenheit internationaler Beziehungen lassen sich aus dem Konflikt ziehen?
- Wie bewerten Sie den Konflikt, die Interessen und Ziele, die Konfliktlösungen oder die Lösungsansätze?
- Welchen Schluss ziehen Sie persönlich bezüglich Ihres Verhaltens aus der Beschäftigung mit diesem Konflikt?

Karin Herzig/Ute Keßner-Ammann (Hg.), Politik im Wandel, Kursstufe 2, Schöningh, Paderborn 2011, S. 41

Szenariotechnik

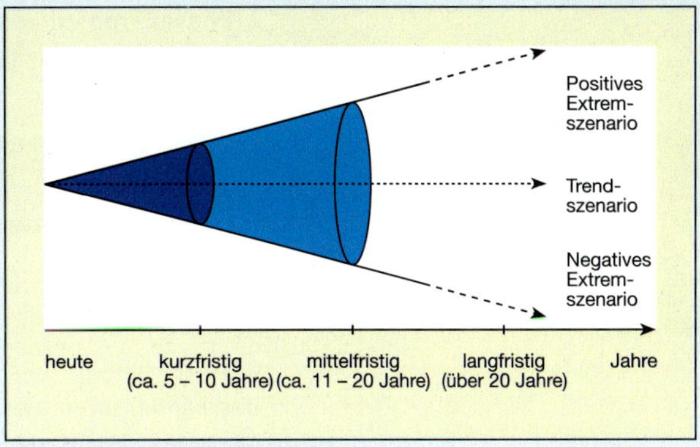

Die Gegenwart als Fundament der Zukunft Zukunftsfragen – Zukunftsbilder: Szenarien

Sie haben sich in diesem Buch mit einigen wichtigen gesellschaftspolitischen Zukunftsfragen, aber auch mit grundlegenden Problemen nationaler und internationaler Politik beschäftigt. Dabei haben Sie aktuelle Probleme kennengelernt und analysiert, über Lösungsansätze diskutiert und sich – zumindest in Ansätzen – ein eigenes politisches Urteil gebildet. Ihre Kenntnisse über wichtige Entwicklungen des politischen Prozesses konnten Sie dabei vertiefen und erweitern. Ziel sollte es sein, Ihre Kompetenzen so zu entwickeln, dass Sie künftig qualifiziert und mit eigenen Zukunftsvorstellungen an der Entscheidungsfindung teilnehmen können.

In diesem Zusammenhang stellen sich einige Fragen: Wie wird es nun mit der Demokratisierung von Staaten weltweit tatsächlich weitergehen? Werden sich die Erwartungen und Hoffnungen an eine universelle Gültigkeit der Menschenrechte erfüllen? Können die westlichen Staaten beim Aufbau von Demokratie anderswo auf der Welt helfen? Hier betreten wir das Feld der Spekulation. Sicherlich gibt es heute auf diese Fragen noch keine definitiven Antworten. Trotzdem ist es gerade für eine verantwortungsvolle und nachhaltige Politik wichtig, schon in der Gegenwart ein möglichst konkretes Bild von der Zukunft zu entwerfen, um mittel- und langfristig planen zu können, rechtzeitig negative Entwicklungen zu erkennen und möglichen Fehlentwicklungen frühzeitig zu begegnen. In Politik und Wirtschaft wird hier gerne mit der Methode des **Szenarios** gearbeitet. Diese Methode empfehlen wir Ihnen auch, um einen Blick auf die zukünftige demokratische Entwicklung von Staaten zu werfen.

Szenarien entwerfen Zukunftsbilder mit denkbar bestmöglichen (best case) und denkbar schlechtesten Varianten (worst case). Aufgabe der Szenario-Entwickler ist es, zu einem Thema Zukunftsbilder nach Ablauf einer gedachten mittleren oder längeren Frist zu entwerfen. Dazu überlegen sie, aus welchen Gründen es zu den prognostizierten positiven oder negativen Entwicklungen gekommen ist, und sie fragen, was ein angenommenes negatives Bild hätte verhindern können. Bei diesem Vorgehen lässt sich viel über zukunftsorientiertes persönliches und politisches Handeln lernen.

Ihre Aufgabe wird es nun sein, sich mit den Vorschlägen auf diesen Seiten zu beschäftigen und einen Blick auf die zukünftige demokratische Entwicklung von Staaten zu werfen, die bisher noch nicht demokratisch sind, bzw. auf Demokratien, die Gefahr laufen, ihre demokratische Legitimität und Problemlösungsfähigkeit einzubüßen.

Wichtig ist dabei, dass das Thema Sie persönlich interessiert, damit es Ihre Phantasie und Kreativität beflügelt, die bei der konkreten Ausarbeitung des Szenarios besonders wichtig sind.

Ein Szenario läuft idealtypisch in verschiedenen Phasen ab. Dabei sind folgende vier Phasen unerlässlich: 1. die Problemanalyse, 2. die Analyse möglicher Einflussfaktoren (Einflussanalyse), 3. die Entwicklung und Ausgestaltung von Szenarien (Entwicklungsprojektion) und 4. die Entwicklung von Strategien.

Für die Verbreitung der Demokratie auch in Ländern außerhalb der OECD (z. B. in ehemaligen Staaten der Sowjetunion, in Afrika und Asien), die in den letzten Jahren wieder ins Stocken geraten ist, könnte ein Szenario in etwa folgendermaßen aussehen:

1. Phase: Problembeschreibung

- Warum kommt Demokratie in unterschiedlichen Staaten/Regionen nicht voran?
- Welche Hemmnisse bestehen für die Entwicklung einer Demokratie in diesen Bereichen?
- Woran scheiterten die bisherigen Bestrebungen einer Demokratisierung?

2. Phase: Einflussanalyse

In dieser Phase heißt es, zunächst im Plenum festzustellen, welche Einflussbereiche und -faktoren bei dem erarbeiteten Problem eine Rolle spielen. Im vorliegenden Fall könnten dies u. a. sein:

- politisches und/oder wirtschaftliches System
- Einflussmächte innerhalb des Systems (sog. Vetomächte), die sozusagen als Staat im Staate fungieren
- religiöse oder kulturelle Traditionen
- keinerlei Erfahrungen mit Demokratie
- Abschottung vom freien Zugang zu Informationen

3. Phase: Entwicklungsprojektion

In dieser dritten Phase liegt es an den einzelnen Gruppen, für die einzelnen Bereiche der Einflussanalyse festzulegen, was bestenfalls (best case) und schlimmstenfalls (worst case) passieren könnte. Diese beiden Szenarien können die Gruppenmitglieder mittels grüner (best case) und roter Karten (worst case) an einer Pinnwand festhalten und so einen strukturierten Überblick über das Problem gestalten. Als Leitfragen könnten dabei z. B. dienen:

- Was wird passieren, wenn der Westen versucht, einen Demokratisierungsprozess von außen zu initiieren oder zu unterstützen?
- Wie wird die politische Führung auf die zunehmenden internationalen Verflechtungen im Rahmen der Globalisierung reagieren?
- Wie anfällig bzw. zugänglich ist das Regime für Druck von innen und außen?

4. Phase: Strategie-Entwicklung

Gestalten Sie nun in zwei Großgruppen den best case und den worst case für ein bestimmtes Land, eine bestimmte Region. Beschreiben Sie dabei auch die möglichen Wege in die jeweilige Situation und entwickeln Sie Strategien, wie das angestrebte Ziel einer weiteren Ausbreitung demokratischer Staaten weltweit erreicht werden könnte.

Wichtig ist es dabei, die Rolle der unterschiedlichen staatlichen (Politiker, Parteien, internationale Organisationen) und gesellschaftlichen Akteure (Interessenverbände, NGOs, Hilfsorganisationen, aber auch die Wirtschaft) zu beleuchten und ihre Möglichkeiten und Grenzen in diesem Prozess aufzuzeigen.

Dokumentieren Sie Ihre Arbeit abschließend in Form einer Wandzeitung, eines Plakats oder einer Filmsequenz zu dem Thema. Verwenden Sie Zeitungsmeldungen (oder andere Texte), Schlagzeilen, Fotos oder Grafiken zur Illustration. Ihrer Kreativität sind hier keine Grenzen gesetzt.

Die Karikatur als Medium der politischen Kommunikation

Die **Karikatur** (von ital. *caricare* = überladen, überspitzen) dient als **Medium der politischen Kommunikation** der pointierten Kritik gesellschaftlicher, wirtschaftlicher und politischer Sachverhalte. Mithilfe einer verzerrenden und überspitzten Darstellung von Typischem wird hier – oft verspottend, entlarvend, polemisch – zu einem bestimmten Problem kritisch Stellung bezogen.
Bei der Beschäftigung mit Karikaturen empfiehlt es sich, wie folgt schrittweise vorzugehen:

Erster Schritt: Beschreibung
- Wie ist die Karikatur aufgebaut (*Bildelemente – Textelemente, z. B. Überschrift*)?
- Welche Situation ist in der Karikatur dargestellt? Welche grafischen Mittel werden verwendet?
- Welche Personen sind zu erkennen? Welche Handlungen vollziehen sie? Wie werden sie dargestellt?
- Welche Einzelheiten sind in der Karikatur zu sehen? Wie werden sie dargestellt? Welche Bedeutung haben sie für die Gesamtsituation?

Zweiter Schritt: Interpretation
- Zu welchem politischen Problem nimmt der Karikaturist Stellung?
- Welche Dimensionen des Problems werden angesprochen, welche werden ausgeblendet (*z. B. Sachlage, Beteiligte, Betroffene, Institution, Interessen, Machtverhältnisse*)?
- Welche Haltung nimmt der Karikaturist gegenüber dem Dargestellten ein?
- Welche Lösungsmöglichkeiten des Problems werden verarbeitet? Wie bewertet sie der Karikaturist?

Dritter Schritt: Ermittlung der Kernaussage
- Was ist die Kernaussage der Karikatur (Unterscheiden von Kern- und Teilaussagen)?
- Vor welchem politischen, ethischen oder ideologischen Hintergrund wird die Kernaussage getroffen?

Vierter Schritt: Eigene Stellungnahme
- Worin ist dem Karikaturisten zuzustimmen?
- Was ist ihm entgegenzuhalten?

Statistiken kritisch hinterfragen

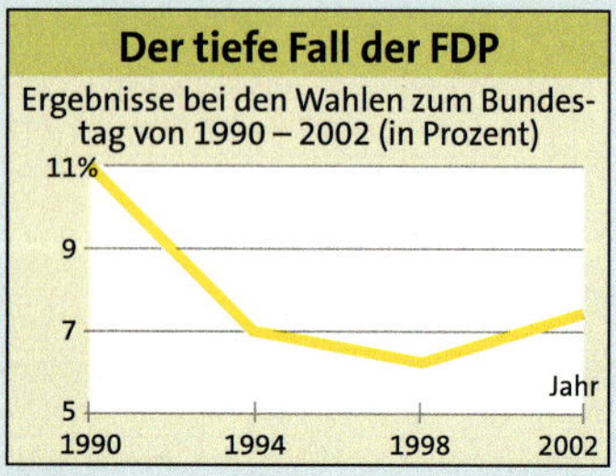

Abb. 1

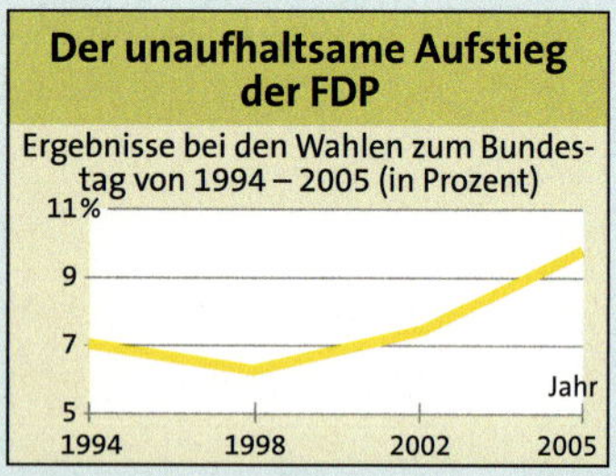

Abb. 2

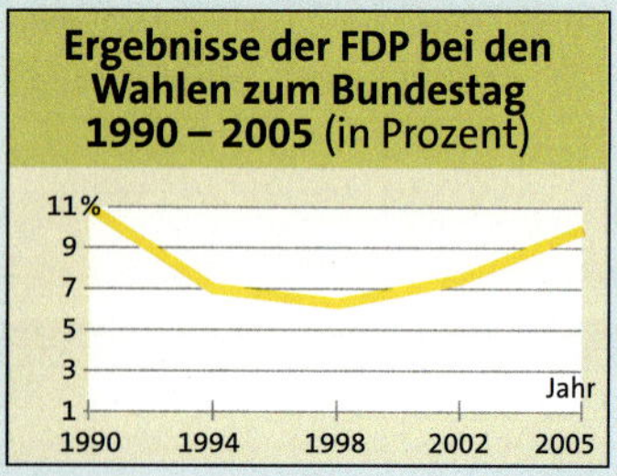

Abb. 3

„Ich glaube keiner Statistik, die ich nicht selbst gefälscht habe."

Diese viel zitierte Aussage von Winston Churchill zielt auf ein zentrales Problem im Umgang mit Zahlen und Daten ab: den Manipulationsmöglichkeiten bei Statistiken. Im Folgenden erhalten Sie einen Einblick in fünf zentrale Manipulationsmöglichkeiten bei Statistiken. Dieses Wissen soll Sie in die Lage versetzen, Statistiken kritisch zu hinterfragen.

1. Welches Jahr wird als Basiswert der Statistik genommen?

Grundsätzlich ist bei Statistiken immer dann eine besondere Vorsicht geboten, wenn der Basiswert selbst festgelegt wird. Da die Zahlen der Gegenwart umso besser aussehen, je kleiner der Basiswert aus der Vergangenheit ist, lässt man Statistiken, die einen Abwärtstrend hervorheben sollen, gern bei einem Höhepunkt beginnen (vgl. Abb. 1). Umgekehrt lässt man eine Statistik, die einen Aufwärtstrend darstellen soll, gerne an einem Tiefpunkt beginnen (vgl. Abb. 2).

2. Sind die Achsen des Diagramms abgeschnitten, gestaucht oder gedehnt?

Ein beliebtes Mittel, um mit einem Diagramm eine gewünschte Aussage zu erreichen, ist das Abschneiden, Dehnen oder Stauchen der Achsen. Ein gutes Beispiel für die Anwendung aller drei Möglichkeiten ist das Diagramm in Abb. 2. Hier ist die y-Achse abgeschnitten (d. h. sie beginnt nicht bei dem Wert 0) und gedehnt, die x-Achse ist gestaucht. Wie das Diagramm in Abb. 3 zeigt, das genau die gleichen Daten enthält, ist die Entwicklung der FDP weit weniger dramatisch, wenn an den Achsen nichts verändert wird.

3. Werden mit den Prozentzahlen wichtige Informationen versteckt?

Wenn zehn Personen gefragt werden: „Welche Partei würden Sie wählen, wenn am nächsten Sonntag Bundestagswahl wäre?", und vier entscheiden sich für die Partei X, so sind das 40 Prozent. Das ist eine beeindruckende Zahl, jedoch ohne Wert, da die Anzahl der Befragten viel zu gering ist (mit der Größe der Stichprobe steigt die Zuverlässigkeit der Daten). Entscheiden sich bei der gleichen Umfrage eine Woche später zwei Personen mehr für Partei X, so könnte die Partei gar damit werben, dass sie ihren Stimmenanteil im Vergleich zur Vorwoche um 50 % gesteigert habe. Die Beispiele verdeutlichen, dass sich Prozentzahlen besonders zum Verstecken kleiner Zahlen eignen. Deshalb werden bei seriösen Prozent-Angaben stets die Zahl der Befragten (Stichprobengröße) bzw. die Ausgangsdaten angegeben.

4. Ist die Auswahl der Befragten nach repräsentativen Kriterien erfolgt?

Möglichkeiten zur Manipulation bieten sich auch bereits bei der Erhebung der Daten an. So können beispielsweise bei einer Befragung nach dem Wahlverhalten unmöglich alle ca. sechzig Millionen Wahlberechtigten in Deutschland befragt werden. Deshalb wird eine begrenzte Anzahl von Personen – in der Regel ca. 2000 – ausgewählt, die repräsentativ für die Gesamtzahl der Wahlberechtigten sein sollen.

5. Wird durch die Fragestellung bereits eine bestimmte Antwort gefördert?

Eine andere Möglichkeit zur Manipulation von Daten liegt in der Ausgestaltung der konkreten Frage. Ein anschauliches Beispiel hierfür liefert eine Umfrage des Allensbach Instituts im Jahr 1995. Einer repräsentativen Stichprobe von Arbeitern wurde folgende Frage vorgelegt: „Finden Sie, dass in einem Betrieb alle Arbeiter in der Gewerkschaft sein sollten?" Das Ergebnis war: 44 % dafür, 20 % dagegen und 36 % unentschieden. Daraufhin wurde einer gleich großen und ebenfalls repräsentativen Stichprobe von Arbeitern die gleiche Frage gestellt, allerdings mit dem Zusatz „... oder muss man es jedem Einzelnen überlassen, ob er in der Gewerkschaft sein will oder nicht?" Das Ergebnis lautete nun: 24 % dafür, 70 % dagegen und 6 % unentschieden.

Karin Herzig/Ute Keßner-Ammann (Hg.), Politik im Wandel, Kursstufe 1, Schöningh, Paderborn 2010, S. 79

Erstellen eines Dossiers

Ein Dossier (französisch für Aktendeckel) ist eine Sammlung von Dokumenten zu einem bestimmten Thema. Meist werden die Schriftstücke in einer festen Hülle zusammengefasst. Dossiers können sich auf öffentliche Angelegenheiten beziehen, z. B. die Beziehungen zu einem bestimmten Staat, die Wirtschaftsentwicklung oder die Funktionsfähigkeit einer Einrichtung. Zum Dossier gehören dann neben den Quellen (also den zugrunde liegenden Unterlagen) auch die Berichterstattung sowie der Abschlussbericht. Der Begriff Dossier wird auch für eine Kategorie von Zeitungsartikeln verwendet, in denen Informationen aus Akten aufbereitet sind.

Im Sozialkundeunterricht kann das Anfertigen eines Dossiers verschiedene Funktionen haben:

1. Zur unterrichtlichen Aufarbeitung eines aktuellen emotionsbesetzten Themas: Die Schüler sammeln z. B. 14 Tage lang aus Tages- und Wochenzeitungen Nachrichten und Kommentare, klären dabei selbstständig die zugrunde liegenden Sachverhalte und erfahren die Mechanismen und Zyklen der Skandalisierung eines Themas – „... bis jemand eine andre Sau durchs Dorf treibt". Die Auswertung erfolgt, abhängig vom Verlauf des Skandals, in einer Unterrichtsreihe oder durch Abgabe der Dossiers und individuelle Benotung.
2. Als Vorbereitung auf ein neues Unterrichtsthema: Die Schüler sammeln Informationen und Beurteilungen aus politischen Tages- und Wochenzeitungen, Magazinen und audiovisuellen Quellen. Je nach Thema können auch ältere Materialien bis hin zu (Schul-)Büchern zugelassen werden. Die Recherche kann sich auf ganze Lehrplanthemen beziehen. Empfehlenswerter sind aber Fallstudien, die als Einstieg in ein größeres Thema genutzt werden können; z. B.: „Der Konflikt um die Rentenreform" für das Thema „Politische Willensbildung".
3. Als individualisierte Lernaufgabe zur Leistungsdifferenzierung oder um eine außerplanmäßige (Zusatz-)Leistung zu ermöglichen, z. B. bei längerer Krankheit eines Schülers oder in Zusammenhang mit einem Auslandsaufenthalt.

Verfahren und Form:

1. Sammlung aktueller Zeitungs- und Zeitschriftenartikel über einen begrenzten Zeitraum. Eine Ergänzung durch wenige grundlegende Texte aus anderen oder älteren Quellen ist bei bestimmten Themen zu erlauben. Grafiken, Tabellen, Karikaturen sind unbedingt einzubeziehen. Auf Seriosität der Quellen muss geachtet werden. Sie sind korrekt zu bibliografieren.
2. Bearbeitung der Materialien: Aufkleben auf Papier oder Karton. Sinnerschließende Bearbeitung durch grafische Hervorhebungen im Text, durch Randnotizen und/oder durch knappe Zusammenfassungen (Summaries) am Ende oder Anfang jedes Textes oder einer Sinneinheit. Es können auch eigene Materialien erstellt werden.
3. Anlage des Dossiers: Entwicklung einer analytisch sinnvollen Gliederung, die dem Dossier voranzustellen ist. Ordnen der bearbeiteten Materialien gemäß der Gliederung. Eine Orientierung an politischen Kategorien ist einer chronologischen Anordnung vorzuziehen. Summaries am Ende oder Anfang jedes Gliederungspunktes (ggf. auch schon am Ende langer oder schwieriger Texte).

WebQuest

... denn nur Surfen im Internet bringt nichts

WebQuests sind auf Fragen basierende Rechercheprojekte, bei denen Teile oder alle Informationen aus Internetangeboten stammen. Die Fragen werden durch eine fest vorgegebene Struktur unterstützt. Diese Struktur vermeidet, dass Lernende plan- und ziellos und ohne qualitativ befriedigendes Ergebnis im Internet recherchieren, wie dies beim unterrichtlichen Einsatz des World Wide Webs oft der Fall ist. Ziel ist eine selbstständige Aneignung und Aufbereitung von Wissen. Die Rolle des Lehrenden ist bei diesem Verfahren die eines unterstützenden Moderators und erfolgt auf inhaltlicher, organisatorischer, sozialer und kommunikativer Ebene. Dieses entdeckungsorientierte und schüleraktivierende Verfahren eignet sich vor allem als Methode für zeitlich überschaubare Internetprojekte auf Basis eines Sachthemas bzw. einer komplexen Fragestellung.

I. Struktur/Arbeitsschritte

1. Normalerweise beginnt ein WebQuest mit einer für die Lerner authentischen Fragestellung, Problemsituation usw., die idealerweise die Lernenden so motiviert, dass sie sich aus eigenem Interesse der Thematik widmen und ggf. einen Lösungsansatz finden wollen. **(Einführung, Thema)**

2. Hieran schließt sich die Aufgabenstellung an, deren Komplexität vom Thema und vor allem von der Zielgruppe abhängt. Die Aufgaben werden in der Regel in Gruppen bearbeitet. **(Aufgaben)**

3. Für die Bearbeitung der Aufgabenstellung ist eine Materialienaufstellung vorhanden, in der neben Links ins Internet auch auf weitere Materialien (Bücher, lokal vorhandene Software usw.) hingewiesen wird. **(Materialien)**

4. Die anschließende Prozessbeschreibung soll den Lernenden konkrete Handlungshilfen/Unterstützung für die Lösung der Aufgabenstellung geben. **(Prozess)**

5. Am Ende des WebQuests sollen die Lernenden die Möglichkeit erhalten, den Lernprozess kritisch zu reflektieren und zu bewerten. Hierzu kann auch eine Bewertung durch den Lehrenden herangezogen werden. **(Evaluation)**

6. Zum WebQuest gehört auch die Präsentation der einzelnen (Gruppen-)Ergebnisse in adäquater Form – beispielsweise als Internet- bzw. PowerPoint-Präsentation oder als Word-Dokument. **(Präsentation)**

Quellen: http://www.sowi-online.de/methoden/lexikon/webquests-meeh.htm,
http://www.webquests.de/eilige.html

II. Vorbereitung

1. Bilden Sie Arbeitsgruppen mit drei bis fünf Personen.

2. Lesen Sie gemeinsam (!) die Aufgabe. Beachten Sie bitte, dass die beschriebene Aufgabe einen Arbeitsprozess darstellt. Wir raten Ihnen, die unter Quellen angegebenen Internetressourcen zu sichten und die interessanten Fakten und Argumente herauszuziehen.

3. Teilen Sie die Aufgabe nach Ihrer eigenen Wahl auf. Zum Beispiel können Sie Gruppenmitglieder beauftragen, die Quellen zu einem Teilaspekt des Problems zu recherchieren. Sie sollten Ihre Gruppengespräche sehr intensiv führen, damit jedes Mitglied die Besonderheiten der einzelnen Internetquellen verinnerlichen kann!

4. Bestimmen Sie einen Sprecher Ihrer Gruppe. Dieser ist der Ansprechpartner Ihres Lehrers und hat die Aufgabe, die Kommunikation zwischen der Gruppe und dem Lehrer zu führen (z. B. wenn Sie Hilfe benötigen, wenn Sie Fragen haben etc.).

5. Treffen Sie sich zu Arbeitssitzungen mit Ihrer Gruppe (je nach Organisation durch Ihren Lehrer im Unterricht oder außerhalb der Schule), um Ihre Zwischenergebnisse zusammenzutragen. Am Ende wird nur EIN Gruppenergebnis akzeptiert.

6. Fertigen Sie bitte eine Präsentation (z. B. als PowerPoint-Präsentation) über Ihren Arbeitsprozess und die wichtigen Ergebnisse an, die dann im Unterricht präsentiert und diskutiert wird. Stellen Sie dabei auch Ihre Vorgehensweise, Schwierigkeiten und Besonderheiten dar.

Nach: edu-Consult, „Nachwachsende Rohstoffe und Klimaschutz“, http://idg.geographie.uni-frankfurt.de/nawaro1/einleitung.htm [11.01.2010]

III. Vorschlag für eine Evaluation

Die Phasen 4–6 (s. Punkt I.) sind individuell von den Lerngruppen zu erbringen (s. Punkt II.) bzw. auf sie abzustellen. Hier ein Vorschlag für eine Evaluation:

	Könner	Experten
Teamarbeit	Sie haben immer gut zusammengearbeitet.	Sie haben wie ein Redaktionsteam zusammengearbeitet und sich gegenseitig in der Gruppe geholfen.
Text	Ihr Artikel ist etwas kurz geraten, enthält aber fast alle wichtigen Informationen.	Anhand Ihres Artikels wird der Bezug zum Thema deutlich. Alle relevanten Aspekte werden in Ihrem Artikel angesprochen und klar dargestellt. Die nach Ihrem Artikel zu ziehenden Schlüsse sind anhand von Argumenten begründet.
Präsentation	Sie haben in Ihrer Präsentation die wichtigsten Informationen erklärt.	Ihr Artikel und Ihre Präsentation passten sehr gut zusammen. Es wurde deutlich, dass Sie wirklich zu Experten für die Fragestellung geworden sind.

Nach: edu-Consult, „Nachwachsende Rohstoffe und Klimaschutz“, http://idg.geographie.uni-frankfurt.de/nawaro1/bewertung.htm [11.01.2010]

Katalog der Basisoperatoren

I	**nennen**	Entweder Informationen aus vorgegebenem Material entnehmen oder Kenntnisse ohne Materialvorgabe anführen.
	herausarbeiten	Informationen und Sachverhalte unter bestimmten Gesichtspunkten aus vorgegebenem Material entnehmen, wiedergeben und/oder gegebenenfalls berechnen.
	beschreiben	Wesentliche Informationen aus vorgegebenem Material oder aus Kenntnissen zusammenhängend und schlüssig wiedergeben.
	charakterisieren	Sachverhalte und Vorgänge mit ihren typischen Merkmalen beschreiben und in ihren Grundzügen bestimmen.

II	**erstellen**	Sachverhalte inhaltlich und methodisch angemessen grafisch darstellen und mit fachsprachlichen Begriffen beschriften (z. B. Fließschema, Diagramm, Mind-Map, Wirkungsgefüge).
	darstellen	Strukturen und Zusammenhänge beschreiben und verdeutlichen.
	analysieren	Materialien oder Sachverhalte systematisch und gezielt untersuchen und auswerten.
	ein-, zuordnen	Sachverhalte, Vorgänge begründet in einen vorgegebenen Zusammenhang stellen.
	begründen	Komplexe Grundgedanken argumentativ schlüssig entwickeln und im Zusammenhang darstellen.
	erklären	Informationen durch eigenes Wissen und eigene Einsichten begründet in einen Zusammenhang stellen (z. B. Theorie, Modell, Gesetz, Regel, Funktionszusammenhang).
	erläutern	Sachverhalte im Zusammenhang beschreiben und anschaulich mit Beispielen oder Belegen erklären.
	vergleichen	Gemeinsamkeiten und Unterschiede gewichtend einander gegenüberstellen und ein Ergebnis formulieren.

III	**überprüfen**	Vorgegebene Aussagen bzw. Behauptungen an konkreten Sachverhalten und innerer Stimmigkeit messen.
	beurteilen	Aussagen, Behauptungen, Vorschläge oder Maßnahmen im Zusammenhang auf ihre Stichhaltigkeit bzw. Angemessenheit prüfen und dabei die angewandten Kriterien nennen.
	bewerten	Aussagen, Behauptungen, Vorschläge oder Maßnahmen beurteilen, eine persönliche Stellungnahme abgeben und dabei die eigenen Wertmaßstäbe offenlegen.
	erörtern	Zu einer vorgegebenen Problemstellung durch Abwägen von Für- und Wider-Argumenten ein begründetes Urteil fällen.
	gestalten	Sich produkt-, rollen- bzw. adressatenorientiert mit einem Problem durch Entwerfen z. B. von Reden, Streitgesprächen, Strategien, Beratungsskizzen, Szenarien oder Modellen auseinandersetzen.

Register

Bildquellenverzeichnis

Caro/Sorge: S. 6/7; © Giuseppe Porzani – Fotolia.com: S. 9; picture alliance/dpa: S. 10, 42, 51, 79o., 80, 81o., 89o.r., 152u., 161, 169u., 171, 192, 200, 208o., 210, 222, 232, 236, 239, 245, 260, 316, 317, 341o./u., 343, 383, 384o./u., 405, 409l., 415 (2 Abb.), 420, 424, 427u.l., 441, 443, 444u., 459o., 464, 503u., 508, 509, 516, 524, 551o.r., 555o., 556, 565, 570, 574o., 597 (2 Abb.), 599, 611; Süddeutsche Zeitung Photo/Teutopress: S. 11o.; © Superbass/CC-BY-SA-3.0: S. 12u.; picture-alliance/dpa-infografik: S. 13, 14, 23u., 55, 74o., 79u., 81u., 89l., 96, 99u., 105, 111, 114, 115, 117o., 119, 129o., 175 (5 Abb.), 205 (2 Abb.), 211, 223, 225 (2 Abb.), 228u., 243u., 244o./u., 276, 283, 284, 288u., 298 (2 Abb.), 299, 347, 363 (2 Abb.), 364, 365o., 394o., 395, 396o.r., 407u., 410 (2 Abb.), 417, 423r., 429, 430r., 432, 435o., 436, 440, 466, 471u., 473, 476 (2 Abb.), 487u., 493, 571, 579, 587, 591, 594, 604; Bundeszentrale für politische Bildung, www.bpb.de: S. 15, 22o., 24, 64, 359o., 394u., 396u., 404, 413o., 472, 486, 496, 519, 525, 528u., 530; iStock/© cunfek: S. 16; © DESTATIS. Statistisches Bundesamt, Wiesbaden 2014: S. 22u., 23o.; Franz-Josef Domke, Hannover/Verlagsarchiv Schöningh: S. 26, 31, 46, 57, 58o., 61, 62, 75, 107, 112u., 126, 128, 137u., 141u., 142, 143, 145, 152o./M., 156, 164, 177, 178o., 181o., 190, 193, 197, 207, 213o., 216, 224u., 244M., 267, 279u., 291o., 307, 308, 315u., 345o., 346, 351, 362, 396o.l., 397o., 400u., 412, 413u.l./u.r., 414, 418u.l./u.r., 419u., 422, 426, 442, 465u., 471o., 489o., 538u., 549, 552 (2 Abb.), 568, 572; Shell Deutschland Holding (Hg.): Jugend 2010 – Eine pragmatische Generation behauptet sich. Die 16. Jugendstudie, Fischer Taschenbuch Verlag, Frankfurt/Main 2010: S. 34; BeckGroeberKleine: S. 41; Rainer Geißler, Die Sozialstruktur Deutschlands im internationalen Vergleich, VS Verlag für Sozialwissenschaften, 5. Aufl., Wiesbaden 2008, S. 98/Franz-Josef Domke, Hannover/Verlagsarchiv Schöningh: S. 65; Rainer Geißler, Die Sozialstruktur Deutschlands im internationalen Vergleich, VS Verlag für Sozialwissenschaften, 5. Aufl., Wiesbaden 2008, S. 100/Franz-Josef Domke, Hannover/Verlagsarchiv Schöningh: S. 66; Sinus-Institut: S. 70; GfK: S. 73; action press/Henning Schacht: S. 74u.l.; Christian Ohde/McPHOTO/vario images: S. 77o.; © littlebell – Fotolia.com: S. 77u.; F.A.Z.-Grafik Walter: S. 81M.; Presse- und Informationsamt der Bundesregierung/Guido Bergmann: S. 83o.; Landeshauptstadt Stuttgart: S. 83u.; OECD, Berlin: S. 87; SPD: S. 89u.r.; © Monkey Business – Fotolia.com: S. 90; © Andreas P – Fotolia.com: S. 91; © Bergmoser + Höller Verlag AG: S. 93, 97, 106, 279o., 348, 350o., 373, 423l., 435u., 495 (2 Abb.), 506o., 507, 513, 515, 520, 528o., 585, 586, 588, 592; Jupp Wolter (Künstler), Haus der Geschichte, Bonn: S. 94; picture alliance/Geisler-Fotopress: S. 102; ver.di: S. 104o.; Dr. Jochen Pimpertz: S. 112o.; www.insm.de: S. 113u.; S.Falke/laif: S. 117u.; imago/Xinhua: S. 124, 388/389; imago/blickwinkel: S. 129u.; picture-alliance/Photoshot: S. 134/135, 586u.; picture alliance/Sueddeutsche Zeitung Photo: S. 136, 318o.; REUTERS/Desmond Boylan: S. 137o.; © dgfoto - Fotolia.com: S. 138; Bildarchiv Preußischer Kulturbesitz: S. 140, 560; ullstein bild – The Granger Collection: S. 141o.; picture alliance/landov: S. 146; © SeanPavonePhoto – Fotolia.com: S. 147; picture alliance/dpa-Zentralbild: S. 148, 153o.; picture alliance/akg-images: S. 149o.; ullstein bild – Raupach: S. 149u.; www.wikipedia.de/US Naval War College: S. 153u.; S.M./Süddeutsche Zeitung Photo: S. 154; Süddeutsche Zeitung Photo, München: S. 157; SPIEGEL 03/1967 „Inflation nach Maß?“: S. 159; Gunter Gluecklich/laif: S. 162; Denkwerk Demokratie e.V.: S. 165; Photo by Alfred de Montesquiou/Paris Match via Getty Images: S. 166; Ministerium für Glück und Wohlbefinden. http://ministeriumfuerglueck.de: S. 167; © Comugnero Silvana - Fotolia.com: S. 169o.; picture alliance/AP Photo: S. 176o./u.; Presse- und Informationsamt der Bundesregierung – Bundesbildstelle, Berlin: S. 180; ddp images/Henning Schacht: S. 181u.; ddp images/dapd: S. 186, 336; ullstein bild – BPA: S. 188u.; picture-alliance/United Archives/TopFoto: S. 189; ullstein bild – Süddeutsche Zeitung Photo/Scherl: S. 191; F.A.Z. Grafik Brocker, in: Catherine Hoffmann, „Warum ist Inflation gefährlich?“, www.faz.net, 27.08.2006: S. 204; picture alliance/John Greve: S. 208u.; Professor Dr. Hans Christoph Binswanger: S. 209; © Caro Fotoagentur/Markus Waechter: S. 218; picture alliance/AP Images: S. 220; © DBT/Julia-Nowak-Katz: S. 224o.; © 2013 Bundesministerium der Finanzen: S. 228o.; imago/Steinach: S. 229; picture alliance/dpa Fotografia: S. 231; Quelle: Sachverständigenrat (Hg.). Jahresgutachten 2013/14, Wiesbaden 2013, Schaubild 92, S. 378: S. 234; © 2013 IW Medien, iwd 48: S. 237; picture alliance/ZB: S. 241, 521, 534; picture alliance/ZB/euroluftbild.de: S. 243o.; wikimedia commons/Spitzl: S. 247; ddp images/dapd: S. 249; imago/Peter Sandbiller: S. 254/255; Illustration by Shepard Fairey for TIME: S. 257; F.A.Z-Grafk Heumann, in: Günter Bannas, „Ein teurer Sieg“, www.faz.net, 23.09.2013: S. 271; © National Portrait Gallery, London: S. 273; Mark Debus/Jochen Müller: S. 275; © Christoph Kohl/Dirk Siebenhaar: S. 288o.l.; AP Photo/Heinz Ducklau: S. 288o.r.; F.A.Z-Grafk Brocker, in: Daniel Deckers, Von Großen und Gernegroßen, www.faz.net, 24.09.2013: S. 289u.; Peter Leger (Künstler), Haus der Geschichte, Bonn: S. 295, 540o.; Axel Springer Syndication: S. 319; Günter Frohmüller: S. 329, 331; akg-images: S. 330, 371; Sage Ross: S. 335; SPIEGEL 37/2013: S. 345u.; Richter-Publizistik, Bonn (www.crp-infotec.de): S. 361o., 613; picture alliance / Uli Deck: S. 366; Andreas Vierecke/Franz Kohout/Bernd Mayerhofer: dtv-Atlas Politik. Grafische Gestaltung von Werner Wildermuth. © 2009 Deutscher Taschenbuch Verlag, München: S. 370 (2 Abb.), 505; APA-PictureDesk: S. 375; Handelsblatt Nr. 208 v. 29.10.2003, S. 5 © Handelsblatt GmbH. Alle Rechte vorbehalten.: S. 377; Hans-Böckler-Stiftung: S. 387; Hans-Jürgen Burkard, Hamburg: S. 391o.; Andreas Varnhorn, Bad Vilbel: S. 391u.; Infografik Die Welt/ Axel Springer Syndication GmbH: S. 397u., 452o.; ullstein Bild: S. 398, 419o., 494o.; © Nubar Alexanian/CORBIS: S. 399; Martha Stewart: S. 400o.; Bert Bostelmann/bildfolio: S. 401; picture alliance/chromorange: S. 406; © AFP/Getty Images: S. 409r.; picture alliance/Yannick Tylle: S. 427o.; picture alliance/JOKER: S. 427u.r., 462; © 2013 United Nations Development Programme (UNDP), Deutsche Gesellschaft für die Vereinten Nationen: S. 430l.; picture alliance / ZB: S. 437; picture-alliance/dpa/dpaweb: S. 438l.; VISUM Foto GmbH: S. 446; Kampagne für Saubere Kleidung/INKOTA-netzwerk e.V.: S. 447o.; Fairtrade/TransFair: S. 447u.; BMUB Bundesministerium für Umwelt, Naturschutz, Bau und Reaktorsicherheit: S. 451; Global Footprint Network, National Footprint Accounts, 2011 edition.: S. 454; plantagon, Illustration: Sweco (CC BY 3.0): S. 459u.; Photo by Kurita KAKU/Gamma-Rapho via Getty Images: S. 468; picture alliance/Sven Simon: S. 470o.; BUND: S. 475u.; © Marco2811 – Fotolia.com: S. 475o.; picture alliance/Ikon Images: S. 479; © Jörg Frank: S. 483; picture alliance/Stefan Sauer: S. 484o.l.; picture-alliance/Bildagentur-online/Klein: S. 484r.; Europäische Kommission: S. 484u.; Aus: Globus 8030, picture-alliance/dpa-infografik: S. 485; imago/Seeliger: S. 491; Europäische Union: S. 494u.l.; Policy officer for Water, Waste and European Works Councils, EPSU – European federation of Public Service Unions, Brussels: S. 501; REUTERS/Christian Hartmann: S. 503o.; © dimasobko – Fotolia.com: S. 504; ddp images/Ronald Dersin: S. 506u.; Wiktor Dabkowski/action press: S. 514o.; © FotoMedienService U. Zillmann: S. 523; Herbert Jakob: S. 535u.; blickwinkel/McPHOTOs: S. 535o.; picture alliance/AA: S. 537; © European Union, 2014: S. 543; picture alliance/Russian Look: S. 551u.r.; Foto: AP/Emile Warnsteker: S. 551o.l.; picture-alliance/dpa/epa afp: S. 551u.l.; Photo by Sarah L. Voisin/Washington Post/Getty Images: S. 555u.; akg-images/Erich Lessing: S. 561, 562; Bulls Pressedienst: S. 564r.; picture-alliance/Helga Lade Fotoagentur GmbH, Ger: S. 564l.; picture-alliance/dpa/dpaweb: S. 567; THE FUND FOR PEACE: S. 574u.; REUTERS/Feisal Omar: S. 576; REUTERS/Denis Sinyakov: S. 577; © AP Photo/Frank Franklin II: S. 583; vario-images: S. 601; AFP-Grafik: S. 607; REUTERS/Larry Downing: S. 610; SPIEGEL 46/2008: S. 615; weitere: Verlagsarchiv Schöningh

Sollte trotz aller Bemühungen um korrekte Urheberrechtsangaben ein Irrtum unterlaufen sein, bitten wir darum, sich mit dem Verlag in Verbindung zu setzen, damit wir eventuell notwendige Korrekturen vornehmen können.